辉煌历程

庆祝新中国成立60周年重点书系

中国信息化进程

【上册】

周宏仁 主编

人民出版社

在新的历史起点上再创辉煌

—— 《辉煌历程——庆祝新中国成立60周年重点书系》总序

柳斌杰

　　1949 年 10 月 1 日，中华人民共和国诞生了！中国人民从此站起来了，中华民族以崭新的姿态自立于世界民族之林！新中国成立以来的 60 年，是中国社会发生翻天覆地变化的 60 年，是中国共产党带领全国各族人民同心同德、奋勇向前、不断从胜利走向胜利的 60 年，是中华民族自强不息、顽强奋进、从贫穷落后走向繁荣富强的 60 年，是举国上下自力更生、艰苦奋斗，开创社会主义大业的 60 年。60 年峥嵘岁月，60 年沧桑巨变。当我们回顾 60 年奋斗业绩时，感到格外自豪：一个充满生机和活力的社会主义新中国正巍然屹立于世界的东方。

　　在新中国成立 60 周年之际，系统回顾和记录 60 年的辉煌历史，总结和升华 60 年的宝贵经验，对于我们进一步深刻领会和科学把握社会主义制度的优越性、党的领导的重要性，进一步增强民族自豪感，大力唱响共产党好、社会主义好、改革开放好、伟大祖国好、各族人民好的时代主旋律，高举中国特色社会主义伟大旗帜，坚定走中国特色社会主义道路的决心和信心，在新的历史起点继续坚持改革开放，深入推动科学发展，夺取全面建设小康社会新胜利、开创中国特色社会主义事业新局面，都有十分重要的意义。

一

中国走社会主义道路，是历史的选择，人民的选择，时代的选择。在相当长的历史时期内，中国是世界上一个强大的封建帝国。1840年鸦片战争以后，由于帝国主义列强的侵入，中国由一个独立的封建国家变为半殖民地半封建的国家，中华民族沦落到苦难深重和任人宰割的境地。此时的中华民族面对着两大历史任务：一个是争取民族独立和人民解放，一个是实现国家繁荣富强和人民富裕；需要解决两大矛盾：一个是帝国主义和中华民族的矛盾，一个是封建主义和人民大众的矛盾。近代中国社会的主要矛盾和我们民族面对的历史任务，决定了近代中国必须进行反帝反封建的彻底的民主主义革命，只有这样才能赢得民族独立和人民解放，也才能开启国家富强和人民富裕之路。历史告诉我们，一方面，旧式的农民战争，封建统治阶级的"自强""求富"，不触动封建根基的维新变法，民族资产阶级领导的民主革命，以及照搬西方资本主义的其他种种方案，都不能完成救亡图存挽救民族危亡和反帝反封建的历史任务，都不能改变中国人民的悲惨命运，中国人民依然生活在贫穷、落后、分裂、动荡、混乱的苦难深渊中；另一方面，"帝国主义列强侵入中国的目的，决不是要把封建的中国变成资本主义的中国"，而是要把中国变成他们的殖民地。因此，中国必须选择一条适合中国国情的道路。"十月革命一声炮响，给我们送来了马克思列宁主义。十月革命帮助了全世界的也帮助了中国的先进分子，用无产阶级的宇宙观作为观察国家命运的工具，重新考虑自己的问题。走俄国人的路——这就是结论。"中国的工人阶级及其先锋队——中国共产党登上历史舞台后，中国革命的面貌才焕然一新。在新民主主义革命中，以毛泽东同志为代表的中国共产党人带领全党全国人民，经过长期奋斗，创造性地开辟了一条农村包围城市、武装夺取政权的革命道路，实现了马克思主义与中国实际相结合的第一次历史性飞跃，最终建立了伟大的中华人民共和国。从此，中国历史开始了新的纪元！

新中国成立初期，西方国家采取经济封锁、政治孤立、军事包围等手段打压中国，妄图把新中国扼杀在摇篮中。以毛泽东同志为核心的党的第一代中央领导集体，领导全国各族人民紧紧抓住恢复和发展生产这一中心环节，在继续完成民主革命遗留任务的同时，有步骤地实现从新民主主义到社会主义的转变，迅速恢复了在旧中国遭到严重破坏的国民经济并开展了有计划的经济建设。从1953年到1956年，中国共产党领导全国各族人民有计划有步骤地完成了对农业、手工业和资本主义工商业的社会主义改造，实现了中国社会由新民主主义到社会主义的过渡和转变，在中国建立了社会主义基本制度。邓小平同志在《坚持四项基本原则》一文中，对中国为什么必须走社会主义道路作了明确的说明："只有社会主义才能救中国，这是中国人民从五四运动到现在六十年来的切身体验中得出的不可动摇的历史结论。中国离开社会主义就必然退回到半封建半殖民地。中国绝大多数人决不允许历史倒退。"

但是，探索社会主义道路是一个艰辛的过程。社会主义制度是人类历史上一种崭新的社会制度，代表着人类历史前进的方向。建设社会主义是前无古人的崭新事业，没有任何现成的经验可资借鉴，只能在实践中不断探索适合中国国情的社会主义发展道路。毛泽东同志很早就指出："我们对于社会主义时期的革命和建设，还有一个很大的盲目性，还有一个很大的未被认识的必然王国。"正是由于中国共产党人有这种认识，所以这种探索贯穿在社会主义建设的全过程。

在新中国成立之初，以毛泽东同志为主要代表的中国共产党人在深刻分析当时国内外形势和中国国情的基础上，开始了从"走俄国人的路"到"走自己的道路"的历史性探索。这表明中国共产党力图在中国自己的建设社会主义道路中打开一个新的局面，反映了曾长期遭受帝国主义列强欺凌的中国人民站立起来之后求强求富的强烈渴望。探索者的道路从来不是平坦的。到了50年代后期，党的指导思想开始出现"左"的偏差。特别是60年代中期，由于对国际和国内形势判断严重失误，"左"倾错误发展到极端，造成了延续十年之久的"文化大革命"。"文化大革命"的十年内乱，给我们党和国家带来了极其严重的创伤，国民经济濒临崩溃的边缘，人民生活十分困难。1976年我们党依靠自身的力量，粉碎了"四人帮"，结束了十年内乱，从危难中挽救了党，挽救了革命，使社会主义中国进入了新的历史发展时期。在邓小平同志领导下和其他老一辈革命家支持下，党的十一届三中全会开始全面纠正"文化大革命"及其以前的"左"倾错误，冲破个人崇拜和"两个凡是"的束缚，重新确立了解放思想、实事求是的思想路线，果断停止了"以阶级斗争为纲"的错误方针，把党和国家的工作中心转移到经济建设上来，做出了实行改革开放的历史性决策。改革开放是党在新的时代条件下带领人民进行的新的伟大革命。从此以后，社会主义中国的历史掀开了新的一页。经济改革从农村到城市、从国有企业到其他各个行业势不可挡地展开，对外开放的大门从沿海到沿江沿边、从东部到中西部毅然决然地打开了，社会主义中国又重新焕发出了蓬勃的生机和活力。以党的十一届三中全会为标志进行了30多年的改革开放，巩固和完善了社会主义制度，为当代中国探索出了一条真正实现国家繁荣富强、人民共同富裕的正确道路。

二

新民主主义革命的胜利，社会主义基本制度的建立，实现了中国几千年来最伟大最广泛最深刻的社会变革，创造和奠定了新中国一切进步和发展的基础。中国是有着五千年历史的文明古国，但人民当家作主人，真正结束被压迫、被统治的命运，成为国家、社会和自己命运的主人，只是在中华人民共和国成立后才成为现实。在中国共产党的领导下，中国人民推翻了"三座大山"，夺取了新民主主义革命的胜利，真正实现了民族独立和人民解放；彻底结束了旧中国一盘散沙的局面，实现了国家的高度统一和各民族的空前团结；创造性地实现了从新民主主义到社会主义的转变，全面确立了社会主义的基本制度，使占世界人口四分之一的东方大国迈入了社会主义社会；

建立了人民民主专政的国家政权，中国人民掌握了自己的命运，中国实现了从延续几千年的封建专制政治向人民民主政治的伟大跨越；建立了独立的、比较完整的国民经济体系，经济实力、综合国力显著增强，国际地位大幅度提高。社会主义给中国带来了翻天覆地的变化。

那么，面对与时俱进的世界，中国的社会主义建设如何在坚持中发展呢？这就要进行新的探索，新的实践。胡锦涛同志在党的十七大报告中强调，"我们党正在带领全国各族人民进行的改革开放和社会主义现代化建设，是新中国成立以后我国社会主义建设伟大事业的继承和发展，是近代以来中国人民争取民族独立、实现国家富强伟大事业的继承和发展"。正是在改革开放的伟大实践中，中国共产党人开辟了中国特色社会主义道路。这是一条能够使民族振兴、国家富强、人民幸福、社会和谐的康庄大道，是当代中国发展进步和实现中华民族伟大复兴的唯一正确的道路。在当代中国，坚持中国特色社会主义道路，就是真正坚持社会主义。

"中国特色社会主义道路，就是在中国共产党的领导下，立足基本国情，以经济建设为中心，坚持四项基本原则，坚持改革开放，解放和发展社会生产力，巩固和完善社会主义制度，建设社会主义市场经济、社会主义民主政治、社会主义先进文化、社会主义和谐社会，建设富强民主文明和谐的社会主义现代化国家。"改革开放是中国的第二次革命，给我国带来了历史性的三大变化：一是中国人民的面貌发生了巨大变化，许多曾经长期窒息人们思想的旧的观念、陈腐的教条受到了巨大冲击，人们的思想得到了前所未有的大解放，解放思想、实事求是、与时俱进、开拓创新开始成为人们精神状态的主流。二是中国社会面貌发生了巨大变化，社会主义中国实现了从"以阶级斗争为纲"到以经济建设为中心、从封闭半封闭到改革开放、从高度集中的计划经济体制到充满活力的社会主义市场经济体制的伟大转折。我国获得了自近代以来从未有过的长期快速稳定发展，社会生产力大解放，社会财富快速增长，人民的生活水平实现了从温饱不足到总体小康的历史性跨越。满目疮痍、饱受欺凌、贫穷落后的中国已经变成政治稳定、经济发展、文化繁荣、社会和谐的社会主义中国。三是中国共产党的面貌发生了巨大变化，中国共产党重新确立了马克思主义的思想路线、政治路线和组织路线，在开辟中国特色社会主义伟大道路的过程中，在领导中国特色社会主义现代化进程中，始终把保持和发展党的先进性、提高党的执政能力、转变党的执政方式、巩固党的执政基础作为党的建设的重点，实现了从革命党向执政党的彻底转变，成为始终走在时代前列的中国特色社会主义事业的坚强领导核心。

新中国成立60年来，特别是改革开放30多年来的伟大成就生动展现了我们党和国家的伟大力量，展现了13亿中国人民的力量，展现了中国特色社会主义事业的伟大力量。"中国特色社会主义道路之所以完全正确、之所以能够引领中国发展进步，关键在于我们既坚持了科学社会主义的基本原则，又根据我国实际和时代特征赋予其鲜明的中国特色。"胡锦涛同志在纪念党的十一届三中全会召开30周年大会上的重要讲话中强调："我们要始终坚持党的基本路线不动摇，做到思想上坚信不疑、行动上坚定不移，决不走封闭僵化的老路，也决不走改旗易帜的邪路，而是坚定不移地走中国特色社会主义道路。"

坚定不移地走中国特色社会主义道路，就必须牢牢把握和坚持中国共产党的领导这个根本，这也是我们走上成功之路的实践经验。中国共产党是中国工人阶级的先锋队，同时是中国人民和中华民族的先锋队，是中国特色社会主义事业的领导核心。自诞生之日起，中国共产党就自觉肩负起中华民族伟大复兴的庄严使命，带领中国人民经过艰苦卓绝的奋斗，取得了革命、建设和改革的一个又一个重大胜利。中国特色社会主义道路是中国共产党领导全国各族人民长期探索、不懈奋斗开拓的道路，党的领导是坚持走这条道路的根本政治保证和客观的内在要求。没有共产党，就没有新中国，就没有中国的繁荣富强和全国各族人民的幸福生活。

坚定不移地走中国特色社会主义道路，就必须牢牢把握和坚持解放思想、实事求是的思想路线，充分认识我国处于并将长期处于社会主义初级阶段的基本国情，深刻认识社会主义事业的长期性、艰巨性和复杂性。过去的一切失误，在很大程度上就是因为没有正确地认识中国的国情，离开或偏离了发展的实际。我们要牢记教训，一切从实际出发，一切要求真务实。

坚定不移地走中国特色社会主义道路，就必须牢牢把握和坚持"一个中心，两个基本点"的基本路线。以经济建设为中心是兴国之要，是我们党和国家兴旺发达和长治久安的根本要求。四项基本原则是立国之本，是我们国家生存发展的政治基石。改革开放是决定当代中国命运的关键抉择，是发展中国特色社会主义、实现中华民族伟大复兴的必由之路。我们必须坚持改革开放不动摇，决不能走回头路。

中国特色社会主义事业是一项前无古人的创造性事业，是一项极其伟大、光荣而艰巨的事业。我们必须清醒地认识到，"我们的事业是面向未来的事业"，"实现全面建设小康社会的目标还需要继续奋斗十几年，基本实现现代化还需要继续奋斗几十年，巩固和发展社会主义制度则需要几代人、十几代人甚至几十代人坚持不懈地努力奋斗"。在新的国际国内形势和新的历史起点上，只要我们不动摇、不懈怠、不折腾，坚定不移地坚持中国特色社会主义道路，坚定不移地坚持党的基本理论、基本路线、基本纲领、基本经验，勇于变革、勇于创新，永不僵化、永不停滞，不为任何风险所惧，不被任何干扰所惑，就一定能凝聚力量，战胜一切艰难险阻，不断开创中国特色社会主义事业新局面。

三

把马克思主义基本原理同中国实际相结合，坚持科学理论的指导，坚定不移地走自己的路，这是马克思主义的本质要求，是中国共产党人在深刻把握马克思主义理论品质、清醒认识中国国情的基础上得出来的科学结论。毛泽东同志指出："认清中国社会的性质，就是说，认清中国的国情，乃是认清一切革命问题的基本的根据。"邓小平同志指出："马克思列宁主义的普遍真理与本国的具体实际相结合，这句话本身就是普遍真理。它包含两个方面，一方面叫普遍真理，另一方面叫结合本国实际。我们历来认为丢开任何一面都不行。"中国共产党之所以成功地领导了革命、建设和改革，就是因为以科学态度对待马克思主义，正确地贯彻马克思主义基本原理与中国具体实际相结合的原则，推动马克思主义中国化，并不断丰富和发展了马克思主义。

以毛泽东为主要代表的中国共产党人，创造性地运用马克思主义的基本原理，认真总结中国革命胜利和失败的经验教训，重新认识中国国情，探讨中国革命的规律性，把马克思主义与中国革命的具体实践结合起来，提出了新民主主义理论，阐明了中国革命的一系列重大问题，实现了马克思主义和中国实际相结合的第一次历史性飞跃，产生了毛泽东思想这一马克思主义中国化的重要理论成果，引导中国革命不断走向胜利，完成了民族独立和人民解放的历史任务，创建了新中国，建立了社会主义制度。新中国成立初期，我们党在把马克思主义和中国实际相结合方面做得比较好，因而社会主义革命和建设都比较顺利，很快建立起了比较完备的社会主义工业体系和国民经济体系，显示了社会主义制度的优越性。

党的十一届三中全会之后的 30 多年，我们党紧紧围绕中国特色社会主义这个主题，在新的历史条件下继续推进马克思主义中国化，形成和发展了包括邓小平理论、"三个代表"重要思想以及科学发展观等重大战略思想在内的中国特色社会主义理论体系。以邓小平同志为主要代表的中国共产党人，开创了改革开放的伟大事业，并在总结当代社会主义正反两方面经验的基础上，在我国改革开放的崭新实践中，围绕着"什么是社会主义、怎样建设社会主义"这个基本问题，把马克思主义基本原理和中国社会主义现代化建设的实际相结合，系统地初步回答了在中国这样的经济文化比较落后的国家如何建设社会主义、如何巩固和发展社会主义的一系列基本问题，创立了邓小平理论，实现了马克思主义和中国实际相结合的又一次飞跃，奠定了中国特色社会主义理论体系的基础。党的十三届四中全会以后，以江泽民同志为主要代表的中国共产党人，在新的历史发展时期，把马克思主义的基本原理与当代中国实际和时代特征进一步结合起来，在建设中国特色社会主义新的实践中，进一步回答了什么是社会主义、怎样建设社会主义的问题，创造性地回答了在长期执政的历史条件下建设什么样的党、怎样建设党的问题，形成了"三个代表"重要思想，进一步丰富和发展了中国特色社会主义理论体系。党的十六大以来，以胡锦涛同志为总书记的党中央，站在历史和时代的高度，继续把马克思主义基本原理与当代中国实际相结合，在推进中国特色社会主义的实践中，全面系统地继承和发展了马克思列宁主义、毛泽东思想、邓小平理论、"三个代表"重要思想关于发展的重要思想，依据我国仍处于并将长期处于社会主义初级阶段而又进到新的发展阶段这个现实，进一步回答了新世纪新阶段我国需要什么样的发展和怎样发展的重大问题，形成了科学发展观等重大战略思想，赋予中国特色社会主义理论体系以新的丰富内容。

胡锦涛同志在党的十七大报告中强调："改革开放以来我们取得一切成绩和进步的根本原因，归结起来就是：开辟了中国特色社会主义道路，形成了中国特色社会主义理论体系。高举中国特色社会主义伟大旗帜，最根本的就是要坚持这条道路和这个理论体系。"中国特色社会主义理论体系坚持和发展了马克思列宁主义、毛泽东思想，凝结了几代中国共产党人带领人民不懈探索实践的智慧和心血，是马克思主义中国化的最新成果，是党最可宝贵的政治和精神财富，是全国各族人民团结奋斗的共同思想基础。在当代中国，坚持中国特色社会主义理论体系，就是真正坚持马克思主义。只有坚持中国特色社会主义理论体系不动摇，才能坚持中国特色社会主义道路不动摇，才能真正做到高举中国特色社会主义伟大旗帜不动摇。

四

站在时代的高峰上回望我国波澜壮阔的奋斗之路，我们感慨万千。正如胡锦涛同志所指出的，"没有以毛泽东同志为核心的党的第一代中央领导集体团结带领全党全国各族人民浴血奋斗，就没有新中国，就没有中国社会主义制度。没有以邓小平同志为核心的党的第二代中央领导集体团结带领全党全国各族人民改革创新，就没有改革开放历史新时期，就没有中国特色社会主义"。"以江泽民同志为核心的党的第三代中央领导集体"，"团结带领全党全国各族人民高举邓小平理论伟大旗帜，继承和发展了改革开放伟大事业，把这一伟大事业成功推向21世纪"。我们"要永远铭记党的三代中央领导集体的伟大历史功绩"。

新中国60年的辉煌历程充分证明，没有共产党就没有新中国，没有中国共产党的领导就没有国家的繁荣富强和全国各族人民的幸福生活，也就不会有社会主义现代化的中国。新中国60年的伟大成就充分证明，只有社会主义才能救中国，只有中国特色社会主义才能发展中国，只有走中国特色社会主义道路才能建设富强、民主、文明、和谐的社会主义现代化国家。新中国60年的宝贵经验充分证明，只要始终坚持马克思主义基本原理同中国具体实际相结合，在科学理论的指导下，不断丰富和发展中国特色社会主义理论体系，就能坚定不移地走自己的路。新中国60年特别是改革开放30多年的伟大实践昭示我们，中国的崛起是历史的必然，只要我们高举"一面旗帜"，坚持"一条道路"，在新的历史起点继续推进改革开放的伟大事业，不断开创中国特色社会主义事业新局面，当代中国、整个中华民族，就一定能走向繁荣富强和共同富裕的康庄大道。

庆祝新中国成立60周年，是今年党和国家政治生活中的一件大事。新中国60年的辉煌历程、伟大成就和宝贵经验，蕴含着丰富的教育资源，是进行爱国主义教育的生动教材。深入挖掘、整理、创作、出版有关纪念新中国成立60年的作品，是出版界义不容辞的责任和光荣使命。为隆重庆祝新中国成立60周年，中共中央宣传部、新闻出版总署组织出版了《辉煌历程——庆祝新中国成立60周年重点书系》，目的在于充分展示新中国成立60年来翻天覆地的变化，充分展示中国共产党领导全国各族人民在革命、建设、改革中取得的伟大成就，深刻总结新中国60年的宝贵经验，努力探索人类社会发展规律、社会主义建设规律、中国共产党的执政规律；宣传中国特色社会主义，宣传中国特色社会主义理论体系，进一步坚定走中国特色社会主义道路的决心和信心；大力唱响共产党好、社会主义好、改革开放好、伟大祖国好、各族人民好的时代主旋律，不断巩固全党全国各族人民团结奋斗的共同思想基础；为在新形势下继续解放思想、坚持改革开放、推动科学发展、促进社会和谐营造良好氛围，激励和鼓舞全党全国各族人民更加紧密地团结在以胡锦涛同志为总书记的党中央周围，高举中国特色社会主义伟大旗帜，为开创中国特色社会主义事业新局面、夺取全面建设小康社会新胜利、谱写人民美好生活新篇章而努力奋斗。

该书系客观记录了新中国60年波澜壮阔的伟大实践，全面展示了新中国60年来社会主义中国、中国人民和中国共产党的面貌所发生的深刻变化，深刻总结了马克思主义中国化的宝贵经验，生动宣传了新中国60年来我国各方面所取得的伟大成就及社会主义中国对人类社会发展进步所做出的伟大贡献。该书系所记录的新中国60年的奋斗业绩和伟大实践，所载入的以爱国主义为核心的民族精神和以改革创新为核心的时代精神，都将永远激励我们沿着中国特色社会主义道路奋勇前进。

目　录

第四篇　信息技术与新兴产业发展

第五篇　政府信息化与电子政务

第十篇　信息化环境建设

序

20 世纪中期以来，以信息技术为标志的产业革命浪潮在全球范围内不断扩散，引发了科技、经济、社会和军事领域的重大变革，信息化正在构筑新世纪经济发展和社会进步的新平台，推动着人类社会从工业社会向信息社会的转型。新中国走过的 60 年历史进程，伴随着信息技术日新月异的发展和应用的不断深化，伴随着改革开放和中国加入世界贸易组织，我国经济社会发生了翻天覆地的变化。新中国的发展历程，演绎了一个后发国家抓住新一轮世界产业技术革命的机遇、实现跨越式发展的典范，中国的和平崛起将是 21 世纪人类社会最伟大的事件之一。

把握趋势、调整战略、应对变革的能力是一个国家持续发展的关键。党中央、国务院高瞻远瞩，适时准确地把握大局，正确决策，引领着中国改革发展的道路。1984 年，邓小平同志就提出"开发信息资源，服务四化建设"，并于同年成立了国务院电子振兴领导小组。1991 年，江泽民同志指出："四个现代化，哪一化也离不开信息化。"1996 年国家成立了国务院信息化工作领导小组。2000 年党的十五届五中全会提出了"信息化是覆盖现代化建设全局的战略举措"，"大力推进国民经济和社会信息化"。2001 年 8 月，国家成立了由国务院总理任组长的国家信息化领导小组和国务院信息化工作办公室。2002 年，十六大提出"信息化是我国加快实现工业化和现代化的必然选择。坚持以信息化带动工业化，以工业化促进信息化。"2006 年国家发布了《2006—2020 年国家信息化发展战略》。2007 年十七大报告提出了

"推进信息化与工业化融合"的战略。面对信息化发展的大趋势，党中央国务院审时度势，在现代化发展的关键时期作出了一系列战略决策，不断推动中国信息化道路的发展，将信息化建设不断融合在中国的现代化进程中。

在中国波澜壮阔的现代化进程中，信息化建设是一道亮丽的风景线。中国的信息基础设施建设实现了跨越式发展，成为全球电话、手机、互联网用户最多的国家；信息产业规模持续增长，成为全球第二大生产国；信息化正成为经济结构战略性调整和产业技术升级的重要驱动力；电子政务已进入政府信息公开和官民互动、网上办事的新阶段；金关、金税工程投入全面使用，电子商务快速发展，国民经济许多重要管理系统已构建在信息网络上；国家基础性信息资源库已逐步投入使用，文化资源共享取得重要进展，社会信息化不断出现新局面。中国信息化建设取得的重大成就得益于党中央、国务院坚持把信息化作为覆盖现代化建设全局的战略举措，坚持把信息化作为转变经济增长方式的重要抓手，坚持把推进信息化与制度创新相结合，坚持加快发展与保障信息安全并重。

我们对中国信息化发展的未来充满了信心。在不远的未来，一个宽带、高速、融合、安全、泛在的基础网络设施将会形成，自主创新的信息技术将不断涌现，为国家信息化建设提供重要支撑，信息化与工业化的深度融合将成为现代产业体系的重要组成部分；电子政务将成为政府转变职能、建设服务型政府的基础；信息化将深入渗透到人们的工作、学习和生活之中，须臾不能离开。信息技术发展已走过了半个多世纪的历史进程，但它并没有停止，它的利用开发仅仅开始……我们更需要理智的创新精神和有利于它发展的体制机制，千万不能错失这场产业革命所带来的发展机遇。回顾历史是为了总结经验找准方向，把握趋势是为了引领发展。在新中国成立60周年之际，出版《中国信息化进程》就是试图在全球信息化发展的大潮中，审视我国信息化发展的历史进程，盘点信息化发展的成就，把握信息化发展的趋势，探索信息化发展的道路，推动中国的现代化进程。全书共分83章，从不同视角客观、系统地向读者呈现过去60年、尤其是近30年中国信息化建设的历程。在内容选择上，既突出重点，又兼顾全局；既立足实践总结，又向理论高度升华；既有历史回顾，又有未来展望。但信息化毕竟是个新事物，认识和把握它的规律性需要实践和时间，在我国信息化仍处于发展的初级阶段，因此，这本书也不可能尽善尽美，但它力图真实地记录这一重要历史阶段——中国信息化建设走过的路程。我相信，信息化建设将在中国现代化历史进程中成为不断引起关注的重要领域。

是为序。

曲维枝

二〇〇九年八月二十四日

前　言

值此中华人民共和国成立 60 周年之际，《中国信息化进程》与读者见面了！

出版本书的目的，是要通过中国信息化近 60 年的发展，反映过去 60 年来中国信息化领域所发生的翻天覆地的变化，反映满怀豪情壮志的中国人民在中国共产党和政府的领导下，百折不挠、艰苦奋斗，力图通过信息化实现跨越式发展、向着信息社会迈进的豪迈步伐和所取得的伟大成就。

本书由中央各部门和各地上百名知名专家学者共同写作而成，以历史性、工具性、知识性为目标，希冀成为一本可以帮助读者全面了解当代的信息革命和中国信息化发展进程的既有理论内涵，又有实际价值的图书。

就历史性而言，本书力求全面地反映新中国成立以来，在中国共产党和中国政府的领导下，中国广大的干部、信息化工作者、企业家和广大人民群众怎样地抓住了当代信息革命的机遇，为实现中国的跨越式发展而艰苦奋斗的历程，包括其间重大的历史事件、阶段性的主要成就以及所取得的宝贵的成功经验。

就工具性而言，本书以大量的史实和丰富的图文数据为依据，从经济、政治、社会、文化建设四个维度，阐述了中国各行各业，各省、自治区、直辖市及新疆生产建设兵团，信息化发展的历程和主要成就，及其对国家和地区经济社会发展和转型的巨大贡献，可以从时间和空间两个方面帮助读者查阅和了解中国信息化发展的全貌。

就知识性而言，本书以当代信息革命的发生和发展为主线，比较全面地介绍了中央各部门和地方历年来在信息化建设中所采取的方针、政策、战略、规划、计划，所完成的重大工程项目，所推动的信息化环境建设，所取得的主要经验，可以帮助读者掌握关于信息技术、信息革命、信息化和信息社会的相关知识，理解信息革命和信息化的要义和内涵。

本书试图通过 12 篇、83 章、2 个附录所提供的丰富内容达致上述目标。

第一篇为总论。第一章通过介绍当代信息革命的发展及其经济社会影响，为读者提供一个理解中国信息化进程的参考坐标。第二章介绍了历届中国党和政府，高瞻远瞩、审时度势，采取了一系列的英明决策，应对当代信息革命的挑战，使中国抓住了当代信息革命的机遇。第三章以大量的数据，无可辩驳地展示了中国信息化进程所取得的伟大的历史成就，及其对中国经济、政治、社会、文化建设的影响。第四章力求客观地反映国际舆论及相关领域的专家学者们对中国信息化进程的观感和评价。

第二篇以 1956 年中国下决心发展电子数字计算机作为中国信息化进程的开端，分四个阶段介绍了中国信息化发展的历史进程，以及在每一个阶段中，中国信息化进程的主要特征和成就。第一是艰苦创业阶段，从 1956 年至 1966 年 "文化大革命" 前夕；第二是 "文革" 中曲折发展阶段，从 1966 年至 1978 年改革开放前夕；第三是改革开放开创新局面阶段，从 1978 年十一届三中全会以后至 1999 年新世纪的前夜；第四是全方位高效益推进阶段，由 2000 年至今。其中，党的十五届五中全会提出的信息化 "是覆盖现代化全局的战略举措"，在中国信息化的发展史上带有里程碑的性质，是我国对于当代信息革命和信息化的认识的一次飞跃，对我国的信息化进程产生了极其深远的影响，为党的十六大以后，中国信息化走向全方位、深层次、高效益发展的新阶段准备了思想基础。

　　第三篇从第一、第二、第三产业的角度，重点介绍了信息化对于中国国民经济20个传统产业的改造情况。从中不难看出，信息化已经使中国国民经济的一些行业步入世界先进水平之列，其他的行业则正在缩小与国际先进水平的差距。令人遗憾的是，由于篇幅所限，这里无法向读者介绍中国所有的传统产业部门信息化改造的全貌。

　　第四篇重点介绍了中国国民经济中9个与信息化密切相关的信息技术和新兴产业的发展情况及所取得的显著成就。如果说国民经济与社会发展中的其他各行各业的信息化发展是扩大了中国信息化的需求，那么，这些新兴产业发展所解决的则是中国信息化的供给问题。这些新兴产业，特别是信息技术产业，是中国信息化的脊梁，对于中国信息化的可持续发展具有极为重要而深远的意义。

　　第五篇介绍了中国政府信息化和电子政务的发展历程。由于篇幅的限制，本篇仅介绍了金税、金关、金盾，以及公文管理系统和国家应急系统等重大政府信息系统工程的发展情况。但是，这决不意味着中国政府信息化和电子政务发展的成就仅止于此。实际上，中国政府的信息能力已经有了空前的提高，经济调节、市场监管、社会管理和公共服务的各项能力也有了大幅度的提升。

　　第六篇介绍了在中国信息化的大潮中，电子商务和企业信息化的发展。随着中国的人均GDP超过3000美元、中国的网民超过3亿4000万人，以及中国向两化融合的大步跨越，毋庸置疑，电子商务和企业信息化正是中国信息化未来的发展进程中，充满了潜力和希望的领域，中国将成为世界上最大的电子商务市场。

　　第七篇介绍了中国信息化推进在社会建设领域中所取得的进展和成就，包括教育、科学研究、人力资源与社会保障、公共卫生与医疗和司法。随着中国在继续坚持以经济建设为中心的同时，大力推进和谐社会的建设，中国社会领域的信息化正在迎来一个前所未有的发展机遇和市场空间。信息化将从根本上助力中国的社会建设。

第八篇介绍了中国信息化推进在文化建设领域中所取得的进展和成就。中国的信息化推进正在将当代最新的、先进的文化传送到中国历史上的穷乡僻壤，消除甚至工业化也难以解决的城乡和地区鸿沟，对于改变中国的面貌和新文化的发展产生着极为深远的影响。创意产业的发展也正在为改变中国的经济增长方式作出其特有的贡献，为中国经济、社会、文化的发展注入新的活力。

第九篇介绍了中国31个省、自治区、直辖市和新疆生产建设兵团信息化的发展情况和已经取得的成就。虽然各地的介绍详简不一，但是都反映了信息化正在怎样地为当地经济、政治、社会和文化的发展作出重大的贡献，改变着人们的生产、工作、学习和生活。本篇还专门介绍了中国数字城市的发展情况，读者可以从中看出中国的信息化进程已经走了多远。

第十篇介绍了中国信息化环境建设的发展情况，包括信息安全、信息化的法律法规以及信息化的标准规范建设。正是中国政府对于信息化环境建设的高度重视，才带来了中国信息化的快速和高效发展。当然，随着中国信息化进程的继续发展，信息化环境建设的许多问题还将不断地被提到议事日程上来，还有大量的工作需要完成。

第十一篇讨论了几十年来中国信息化发展的基本经验以及中国广大的信息化工作者对于中国特色的信息化道路的孜孜不倦的探索。在中国这样一个世界上最大的发展中国家成功地推进信息化是不容易的。中国自身的政治、经济、社会、文化背景，使得中国的信息化推进没有现成的经验可以借鉴。本质上，中国的信息化推进就是13亿中国人的伟大的创新活动和社会实践。因此，对于中国信息化进程的各种不同认识，对于中国信息化进程中的各种失误和挫折，都应该以一种鼓励创新的精神，抱持一种宽容和理解的态度。

第十二篇对中国目前的信息化水平进行了国际比较，在看到中国信息化飞速发展和不断进步的同时，也指出由于中国的人口众多，许多人均指标与信息化发达国家还有很大的差距。因此，中国的信息化进程依然任重而道远。本篇讨论了中国信息化进程未来发展需要关注的战略重点，也就 2020 年中国信息化的发展状况进行了展望。

本书附录一给出了中国信息化的大事年表，附录二给出了关于中国信息化水平的主要数据。

中国的信息化进程离不开企业的参与和发展。事实上，中国信息化的快速发展锻造了一大批成功的信息化相关企业，他们也为中国信息化的发展立下了汗马功劳。遗憾的是，由于出版的时间紧迫，本书仅简要地介绍了个别企业的发展情况，远不能反映参与中国信息化进程并作出杰出贡献的企业的全貌。

还要向读者深表歉意的是，由于本书从结构设计、组稿到出版的时间不足三个月，中国的香港、澳门和台湾地区的信息化进程和成就未能在此次收入本书。我们希望今后能有机会与这些地区的学者一起，再叙中华民族在推进中国信息化进程中的伟大成就。

本书能够在如此之短的时间之内，完成工作量如此之庞大、艰巨而复杂的编著和组织工作是极为不易的。借本书出版的机会，我们要向所有为完成《中国信息化进程》一书编撰工作的中央各部门，各省、自治区、直辖市和新疆生产建设兵团，该书各章的著作者、审阅者、编委，各有关单位，以及编委会秘书处，表示最衷心的感谢。其中，还要特别感谢国家信息化专家咨询委员会秘书处、国家信息中心、工业和信息化部电子科学技术情报研究所、中国电子信息产业研究院以及电子工业出版社，对本书编撰工作所给予的大力支持。国家信息化专家咨询委员会曲维枝主任对本书的组织和编辑工作给予了极大的关心和支持，也谨此表示衷心地感谢。

由于本书成稿时间仓促，疏漏、错误之处在所难免；虽然在编撰附录的过程中广泛地征求了许多部门的意见和建议，但是，挂一漏万仍然是可能的。为此，我们恳请各位读者批评指正并不吝赐教。

在庆祝中华人民共和国成立 60 周年之际，谨以本书献给所有为中国信息化事业而默默奉献的人们！

周宏仁

2009 年 9 月 5 日

第一篇

总　论

第1章

当代的信息革命

引　言

20 世纪 40 年代，有两件大事影响了人类文明发展的历程。一个是发生在中国的社会主义革命，以 1949 年中华人民共和国的成立为标志，开启了中国和平崛起的进程；1978 年邓小平同志倡导的"改革开放"，则大大地加快了这个进程。另一个是发生在美国，以 1946 年第一台电子数字计算机的发明为标志的、当代的信息革命；1971 年第一个微处理器芯片的发明和 1990 年代互联网在全球的普及应用，则大大地加速了这场革命。

60 年来，我们生活的这个时代是以这两个具有重大历史意义的事件为特征的。显然，这两个重大的历史事件具有紧密的相关性。因为，一方面，中国的和平崛起必须抓住当代信息革命所提供的机遇，才有可能加快经济社会的转型，实现一种跨越式的发展；另一方面，只有占全球人口五分之一的中国的加入和贡献，当代的信息革命及其所带来的经济社会成果才有可能变得更加灿烂辉煌。紧紧抓住这两个重大的历史事件的相关性及其所具有的基本特征的所有方面，使其相互促进、相得益彰，就是中国信息化的全部精髓。

当代信息革命的发生，源于现代信息技术的发明和发展。首先，是电子数字计算机的发明，开创了人类文明史上一个现代信息技术唱主角的新纪元。其次，由于现代信息技术的飞速发展和无处不在的应用，引发了当代的信息革命，使得人类社会生产体系的组织结构和经济结构产生了一次新的飞跃，导致了重大的经济社会变革。第三，正像工业革命在全球引发了一场工业化的历史进程一样，信息革命也在全球引发了一场信息化的历史进程。第四，如同工业革命和工业化的进程将人类社会由农业社会导向工业社会一样，信息革命和信息化的进程将会使人类社会由工业社会步入信息社会。

本章将主要介绍过去60多年来，当代信息革命在全球发生和发展的基本情况，为读者了解新中国成立以来中国的信息化进程提供一个背景和参考。

1.1 现代信息技术的发展

现代信息技术是指基于计算机和微电子技术的，与信息的生产、处理、存储、通信、交换、传播和利用相关的各种技术，主要包括：微电子技术、计算机技术、电子通信技术以及软件技术。当代的信息革命就是以1946年第一台电子数字计算机伊尼亚克（ENIAC）的诞生为标志的，而1971年第一个微处理器（Intel4004）的发明则大大地加快了当代信息革命的进程。微电子和计算机技术在当代信息革命的发生和发展中扮演着极为重要的角色。

微处理器技术的发明，促进了通信技术由模拟向数字的转变，使计算机技术和通信技术这两个一直被视为是相对独立的技术，开始走向融合。电信技术的数字化和数据通信技术的发展，刺激了电子通信网络的发展。

计算机技术和网络技术根本改变了人类关于信息的生产、存储、处理、交换、传播和利用的方式，并将当代的信息革命不断引向深入。

1.1.1　电子数字计算机的发明

"算"是人类生活中不可或缺的一个重要组成部分。使"算"机械化、自动化，是数百年来人类孜孜以求的目标之一。电子数字计算机的发明大约孕育了 300 年。

在很长的一段历史时期内，人们的努力一直集中在模拟计算机的发展上。1642 年，法国数学家帕斯卡（Blaise Pascal）在计算尺的基础上发明了世界上第一台机械计算机。1700 年前后，德国数学家莱布尼茨（Gottfried Leibniz）从《易经》的拉丁文译本中读到了八卦的组成结构，惊奇地发现与十进制或其他进位制相比，基本素数 0 和 1 的进位制是世界上最先进的数学进制，并率先提出了二进制数的运算法则。这个发现，对后来以二进制为基础的数字计算机的发明有重要的影响。1848 年，英国数学家布尔（George Boole）创立了二进制代数学，为现代二进制计算机的发明铺平了道路。1906 年，美国人佛瑞斯特（Lee De Forest）发明了电子管，为电子数字计算机的发明提供了技术基础。1937 年，申农（Claude Shannon）开创了二进制电子电路设计和逻辑门的应用。1936 年，英国数学家图灵（Alan M. Turing）设想的一个可以执行任何算法的"通用机器（Universal Machine）"，对现代电子数字计算机的发明和设计提供了重要的思路。

1941 年的夏天，世界上第一台电子计算机，即阿塔纳索夫·贝瑞计算机（Atanasoff-Berry-Computer）终于诞生。这台计算机采用了二进制计数，使用了真空管电路计算器，并且可以复用内存。但是，这还不是一台现代意义上的电子数字计算机。国际上公认的、世界上第一台电子数字计算机是由穆克利（John W. Mauchly）和艾克特（J. Presper Eckert）负责研制、1946 年 2 月 14 日开始在美国费城运行的依尼亚克（ENIAC）计算机。但是，这台计算机没有存储器，采用布线连接进行程序的控制，大大地降低了计算速度，因此还不够"通用"。

1945 年，冯·诺依曼（John von Neuman）和他的同事们发表了著名的"存储程序通用电子计算机方案"，提出并实现了存储程序的概念，构造了现代计算机的程序存储体系结构，导致了实用化的通用计算机的实现，对现代计算机的发展产生了极为深刻的影响。

电子数字计算机发明及其基本格局奠定以后，现代信息技术立即走上了一个飞速发展的坦途。对于现代信息技术的发展速度，科学家们有一个基本的测度，即就计算能力、存储量以及网络带宽而言，当各自的能力、容量或带宽增加一倍时，其价格均下降一半；而性能增加一倍的时间各约为 18 个月、12 个月和 9 个月。

1.1.2　现代信息技术发展的阶段性特征

过去的 60 多年间，现代信息技术及其应用的发展，有清晰的轨迹可以辨识。随着技术的进步，信息技术所处理的内容和应用信息技术的指导思想都在发生深刻的变化。就计算机技术而言，其发展过程可以划分为三个阶段，即主机阶段、微机加局域网阶段以及互联网或网络计算阶段。

1. 主机时代

1951 年，第一台商用计算机系统 UNIVAC-1 问世；到了 1953 年，世界上大约已经有 100 台电子数字计算机在运转。此后，各种各样的大、中、小计算机不断问世。然而，数字计算机基本上还是采用集中处理的模式，由一台主机或小型机带上若干个终端（包括非智能终端和智能终端），构成一个计算机系统。20 世纪 50 年代至 70 年代末也因此被称之为主机与小型机的时代，或简称主机时代。

1947 年，贝尔实验室的肖克莱（William B. Shockley）等人发明了晶体管。1956 年，以大量使用晶体管和磁芯存储器为主要特征的第二代电子计算机诞生；印刷电路、打印机、磁带、磁盘、内存储器等开始在计算机中使用，计算机体积更小、速度更快、功耗更低，而且性能更稳定。FORTRAN、COBOL、BASIC 等程序语言分别在 1957 年、1961 年和 1963

年问世，不仅使计算机编程更容易，也使计算机更容易适应不同的计算需求，更有效地服务于各种业务用途。与计算机生产和应用相关的专业分工开始形成，新的专业和就业岗位，如系统分析员、程序员、计算机系统专家等应运而生，软件产业也开始"独立门户"。

1952 年，英特尔公司的诺伊斯（Robert Noyce）获得了第一个集成电路专利。1958 年，美国得州仪器公司的工程师基尔比（Jack Kilby）发明了集成电路。以采用中、小规模集成电路为主要特征的第三代计算机于 1964 年开始出现，1960 年代末进入大量生产；运算速度可以达到每秒几百万次，甚至更高，并开始与通信设备相结合，发展为由多机组成的计算机网。这一时期计算机技术的重大进展，还包括使用了操作系统，使得计算机在中心程序的控制协调下可以同时运行多个不同的程序。

最初的小规模集成电路仅仅集成几十个晶体管；而后的中规模集成电路可以集成数百个晶体管。1970 年代中期，大规模集成电路已经可以在一个芯片上容纳数万个元件。1980 年代初期，超大规模集成电路在芯片上容纳了几十万个元件，而后来的极大规模集成电路则将集成数扩大到百万级。2007 年，集成数进一步扩大至几十亿个晶体管。集成度的提高，使计算机的体积和价格不断下降，而功能和可靠性则不断增强。1971 年微处理器发明以后，极大规模集成电路和微处理器被用于计算机之中，成为第四代计算机的主要特征。

极大规模集成电路的问世，特别是微处理器的发明，实际上预示了一场新的计算机技术革命的到来。1970 年代中期，小型机问世，带有用户友好界面的软件包、供非专业人员使用的软件和最受欢迎的字处理和电子制表软件，逐步入侵到传统的主机市场，为个人计算机的问世开启了先河。第一台超级计算机，即 Cray-1，于 1976 年问世，每秒钟可以完成 150 万次浮点运算。

2. 微机加局域网时代

20 世纪的 70 和 80 年代，微处理器技术快速发展，微机的性能不断提高，价格却不断下降。局域网的发展使"微机＋局域网"的计算格局开始形成，在 1980 年代中后期加速了计算机系统向小型化发展的趋势，标志着"主机时代"的结束和第二代"微机加局域网时代"的开始。

1971 年 11 月，英特尔公司的霍夫（Marcian E. Hoff）发明了世界上第一台微处理器 Intel4004，完全改变了现代信息技术和计算机技术发展的历史轨迹。这个发明被认为是 20 世纪最伟大的技术创新之一，也成为当代信息革命发展史上具有里程碑意义的事件。

1975 年以后，形成了一个个人计算机（PC）发展的高潮。1975 年诞生了以 8080 芯片为 CPU 的、世界上第一台个人计算机"牵牛星（Altair）"。1975 年，盖茨（William H. Gates III）和艾伦（Paul Allen）建立了微软公司，并开发出为牵牛星计算机使用的 BASIC 语言。1979 年 7 月 1 日，英特尔公司开发出了 16 位元、含有 29000 个晶体管的 8088 微处理器；IBM 随之在 1981 年 8 月推出了以 8088 为 CPU 的、在微软公司的磁盘操作系统 MS-DOS 上运行的个人计算机，成为现代个人计算机的原型。IBM 首次将个人计算机的组件生产外包给其他公司，如处理器的芯片来自英特尔公司，操作系统 MS-DOS 来自只有 32 人的微软公司，完全改变了计算机产业的生产方式、面貌和产业生态。从此，再没有一家公司能够生产一台计算机的全部软、硬件，计算机的生产由纵向的、集中的模式转向横向的、分工的模式，软件生产走向了专业化和产业化。个人计算机的发明极大地带动了计算机产业的发展，包括各种兼容机、软件及附属设备的生产。

此后的 30 年间，微机始终是沿着两个主要系列的方向发展：一个以英特尔公司的 CPU 系列芯片为基础，另一个则以摩托罗拉公司的 CPU 系列芯片为基础；前者通常称为个人计算机（PC）机，后者则被称为微机。从功能上讲，二者并无差异，只是 CPU 的体系结构不同，操作系统不同，并因而在很长一段时间之内互不兼容，迫使用户不得不在二者之间做出选择。

微处理器的发明革命性地改变了计算机的研发和生产模式。由于整个计算机的功能基本上集中在了一块集成电路芯片，即微处理器上，因此，芯片的设计变得非常复杂，而大规模的生产制造成本则可以变得非常低廉。相应的，个人计算机的研发重点和难点也发生了根本性的改变，即由整台计算机的设计制造转向了关键的微处理器或 CPU 的设计和制造。微处理器和 CPU 的设计和制造成为现代信息技术之中最为核心的技术。

微机的出现，使得通过电缆将微机连接在一起，实现数据/信息的交换，共享软、硬件资源和外部设备，如打印机等，成为用户迫切的需求。Datapoint 公司于 1977 年首先推出了 ARC 系统，成为全球第一个商用局域网。1973 年，梅特卡夫（Robert Metcalfe）提出了以太网（Ethernet）的概念；1979 年以太网被确定为局域网的标准。随后的二十几年中，以太网对分布计算、资源共享以及现代信息技术的发展作出了巨大的贡献。

3. 互联网与网络计算时代

1969 年，美国国防部研究计划署（ARPA）决定研发一个计算机通信网络，其初衷是在核战争条件下，保证联网的计算机可以经由不同的路由继续保持数据通信。最早的 ARPA 网连接了美国的 4 所高等院校，1971 年，有将近 24 个节点；1974 年，节点达到 62 个；1981 年，节点数超过 200 个。ARPA 网是第一个采用包交换网络连接不同种类的计算机的网络，也第一次使不同品牌、大小、型号、速度的计算机之间可以进行数据（信息）的交换。但是，ARPA 网并不是真正意义上的互联网，因为它连接的是主机，而不是网络。

20 世纪 70 年代初，许多国家希望加入 ARPA 网。ARPA 网也进行了许多改进，以便适应计算技术网络化发展的需要，使多种网络能够接入ARPA 网，铺平了互联网发展的道路。1983 年，ARPA 网开始向公众开放，并于 1984 年分成为两个部分，即面向研究活动的 ARPA 网（交由美国国家科学基金管理）和用于军事活动的国防数据网。

1990 年，美国国家科学基金管理的 ARPA 网更名为美国国家科学基金网（NSFNET）并成为互联网的骨干网之后，互联网的开放性导致了互联网的应用在全球急遽扩展。1990 年，伯纳斯·李（Tim Berners-Lee）编写了一个叫 WWW（World Wide Web，万维网）的程序，利用超文本标识语言（HTML）发展了一种对数据进行编码的标准系统，使人们只要"点击"，就可以编辑超文本（hypertext）文档，第一个 Web 服务器也随之问世。

互联网的重大特点之一是它所形成的是一个"一对多"通信的、互动的媒体，互联网上的任何一台计算机，原则上都可以向网上的所有其他计算机发布信息和实现双向通信，因而使以前的任何媒体，如报纸、电话、广播、电视等，均无法与之相提并论。互联网使信息处理的方式进一步走向分散化、分布式，使人们在任何时间、任何地点、与任何人交流和获取信息的梦想开始成为现实；使得各个联网的机构能够很容易地实现信息资源共享，促进业务人员之间的相互协作，同时也为网络上各种新的技术发明提供了一个试验基地。

互联网的迅速普及和广泛应用将信息技术在人类社会中的应用带入了网络计算和互联网时代。由于互联网所具有的开放式的特点，使得所有的行业，所有的单位和个人都可以接入，因而表现出了巨大的生命力。1990年代互联网在全球普及以后，各种基于互联网的计算技术层出不穷，如网机（网络计算机）、网格计算、算厂、普适计算、云计算等，都是人们发展基于网络的计算技术的各种尝试和努力。

1.2 信息化：一个经济社会变革的过程

信息的传递和交流是人类生存、生产、生活的基本需求。工业革命之后，拜机械化之赐，资金流、人流、物流等经济活动要素在全社会范围内的运动较之农业社会有了巨大的改善，效率有了很大的提高；而在信息流方面，虽然电报、电话、电视的发明极大地方便了信息的交流，但是，在信息的处理方面却没有取得实质性的进展。以纸张、印刷、杂志、图书、图书馆、档案馆等为基本手段，信息的处理在本质上依然是人工的、低效率的；在生产活动中，除了信息处理（例如将设想变成设计图纸）依靠手工之外，信息的传递在很大程度上也依赖纸质手段，图纸和各种报表的传递就是显著的例子。

过去的 60 年，信息革命对于人类社会生产体系的组织结构和经济结构的改造，就是从消除信息处理和交流的手工方式开始的。其结果便是在工业革命所实现的机械化、电气化和自动化的基础上，进一步实现了数字化、智能化和网络化，不仅在经济、政治、社会、文化领域带来了巨大的变革，使人类社会各种经济社会活动的劳动生产率上升到一个全新的高度；而且，革命性地改变了人类社会生产、管理和经营的方式。

1.2.1　经济领域

现代信息技术对于经济领域的渗透和影响，大致可以归结为两个方面。一方面，利用现代信息技术改造和提升传统产业，是信息化最早和最重要的领域之一；另一方面，在现代信息技术向全社会各行各业渗透的同时，也导致了大量的新兴产业，包括信息产业的诞生，使人类社会生产体系的组织结构和经济结构发生了深刻的、质的变化。

1. 工业

早在 1952 年，即商用电子计算机问世的第二年，美国柏森斯公司就以电子管元件为基础，试制了第一台三坐标数控铣床。1950 年代，美国诞生了第一台计算机绘图系统，成为计算机辅助设计（CAD）技术发展的开端。1960 年代初，计算机辅助工程（CAE）开始用于辅助求解复杂工程和产品的力学性能，如结构强度、刚度、稳定性等的分析计算。1960年代末，计算机辅助工艺过程设计（CAPP）的开发、研制已经在挪威展开。1971 年，计算机辅助制造（CAM）在法国雷诺（Renault）公司被首次用于汽车车身的设计和加工。1960 年代后期，美国为阿波罗飞船所设计的阿波罗导引计算机，被认为是世界上最早的嵌入式系统。不难看出，人类从来不会轻易放过每一个利用技术进步提高劳动生产率的机会。

几十年来，信息技术对传统产业，特别是制造业的改造和提升贡献巨大。在生产装备的信息化方面，主要是利用数字技术和微处理技术改造各种零部件和整机的生产工具，使其具备自动化和智能化的特征，如各种数字控制的机械制造设备。在生产流程的信息化方面，则包括从产品设计、制造到测试等全生产流程的信息化，如各种计算机辅助技术：计算机辅助设计（CAD）、计算机辅助工程（CAE）、计算机辅助工艺计划（CAPP）、计算机辅助制造（CAM）、直接数字控制（DNC）、产品数据管理（PDM）、产品生命周期管理（PLM）、柔性制造系统（FMS），以及计算机集成制造系统（CIMS）等等。实际上，各种计算机辅助技术（CAx）在生产制造过程中，扮演的早已经不是辅助的角色，而是唱了主角。因为，离开了这些 CAx 技术，任何一个现代化的企业将无所作为，陷于近乎瘫痪的境地。

现代信息技术还导致生产管理的信息化，不仅包括人、财、物管理的信息化，更包括产品供、销、存管理的信息化，以及企业客户关系管理的信息化。比较重要的工业软件，包括企业资源计划（ERP）、客户关系管理（CRM）、供应链管理（SCM）、业务智能（BI）、办公自动化（OA），等等，也已经成为任何一个现代化企业所必须具有的基本装备。

信息化也是使全社会经济活动质量不断提高的一个极为重要因素。除了提高劳动生产率和改进管理水平之外，信息化的贡献还包括：增加产品的信息技术含量，使产品具有自动化、智能化的特征；节约能源和原材料消耗；减污减排、保护环境等等。

2. 农业

早在 1960 年代中期，美国和荷兰就率先开展了作物生长计算机模拟模型的研究，并用于温室环境控制。1970 年代，很多国家开始利用计算机进行农业数据处理，开发了大量的农业数据库，用于农业企业的财会管理和作物生长管理；与此同时，管理信息系统，如商品牛场管理信息系统，也在欧美国家成功应用。1970 年代中期，奶牛编号电子自动识别器已经商品化。1978 年，美国开发了世界上应用最早的农业专家系统——大豆病虫害诊断专家系统 PLANT/ds。1970 年代末期，美国、印度、韩国等着手建立农业决策支持系统，涉及宏观决策、生产管理、经营管理、水土保持、环境保护等等。农用遥感、地理信息系统和全球定位系统（统称 3S 系统）在 1970 至 1990 年代之间快速发展。

数字化、智能化和网络化同样是农业信息化改造的基本特征，使现代农业发生别开生面的变化，向着高技术产业的方向发展。农业生产信息，包括地理环境、土壤及其环境、本地气候、水环境以及与作物生长状况相关的信息等，可以通过实时的自动信息采集，把握农田土壤养分、水分和结构等理化性状，对植物生长环境的监测提供技术支持；通过网络传送、处理和分析，可以及时了解作物的营养状况、长势和受胁迫状态，为提高农作物的产量和质量、省肥解水、改善生态环境等等进行有效的管理和决策。利用对环境和农作物生长数据的分析实现农业生产的自动化和智能化，也是信息技术的重要应用之一。各种高度专业化的机器人正在被用来完成计算机所制定的行动计划中规定的任务。现代信息技术还广泛地应用于农业生产过程的管理，包括通过采集数据和信息，利用各种仿真模型分析、预测农作物的生长，帮助农民正确地混合使用各种肥料以适应不同的土壤基础和含水量，选择最合适的预防各种病虫害和推荐各种减轻或消除其危害的方法，实现优化的农业生产目标，等等。

3. 服务业

信息化通过改造工业时代的资金流、人流、物流和信息流，正在彻底地改造工业时代的服务业，包括金融、商贸、教育、运输、物流等等。与此同时，在对整个国民经济和社会系统进行信息化改造的过程中，产生了一大批以计算机和网络技术为基础、以信息和知识的服务为主要内涵的现代服务业。

信息化改造了工业时代的金融业中传统的信息流的处理和运行模式，给金融业带来了别开生面的变化。在银行业中，信息系统大大地缩短了银行资金转账的时间，从以前的数日到现在的数秒，银行的在途资金大大减少，在提高银行资金使用效率的同时，也带来了更高的效益和利润。信息化使证券的交易完全在网上进行，只要设定的交易条件得到满足，买卖可以在瞬间完成。保险业的信息化也使担保和理赔可以以很高的效率、在很短的时间内完成。信息革命对于资金流模式的改造，不仅使金融业在效率上有了空前的提高，而且，正在不断创新金融业的业务模式和服务种类。

信息化不仅引导人流的方向，而且掌握人流的运动。以民用航空业为例，全球分销系统、空管信息系统、航空运行管理系统、机场管理系统、航空物流信息系统、电子票务系统等等，几乎覆盖所有的国际航路和国内干线航路，承担空中交通管制、航空气象与情报、飞行计划与动态、综合管理等业务传输和国际票务、数据交换服务。旅客可以轻松实现网上订票、网上支付、自助值机、自选座位、里程累计。民航机场在值机服务、数据分析、安全检查、行李托运、航班旅客信息管理等方面也取得了突破性的进展。旅游业的信息化可以对人流实行从订票、住宿、景点导游、租车、购票等全流程的网络服务，还可以与国外同业实现业务联网，形成全球化的行业管理数据库体系，掌握旅游行业的动向和趋势。

信息化正在塑造现代物流业——一种可见化的物流业。利用计算机信息系统和网络，不仅可以在全球范围内实现物品的调配，而且，与全球定位系统和射频辨识技术相结合，还可以在任何时间和任何地点掌握某一物品的所在位置和动向。信息化的物流对于粗放式的工业化物流的改造，大大地减少了交通运输工具运动的盲目性和空转，使工商企业实现零库存，减少资金的积压和资源的浪费，提高整个经济社会系统资源的利用率和运行的效率成为可能。

信息化对于资金流、人流、物流、信息流这四大流的改造，使涉及国民经济命脉的许多重要行业的日常运行，完全依赖于各种业务信息系统的支持。这些系统的稳定运行，不仅使国民经济系统整体上的运行效率大为提高，也直接关系到国家的经济安全和社会稳定，因而成为国家竞争力的一个战略要素。

信息化不仅提高了商业活动的劳动生产率和效率，而且导致了商业活动的结构性改变。互联网的普及应用导致了电子商务的发生和发展，使市场的性质和结构发生了重大变化，成为经济活动最主要的形式之一。早期电子商务的发展，关注的只是在现有的业务模式之下，消除中间环节、加快商品交易活动的速度和便捷性，提高效率和有效性；目前，许多新的电子商务企业则将重点置于商务业务模式的革命性转变上。

1.2.2　政治领域

政府是最大的公共信息的采集者、处理者和拥有者，发达国家如此，发展中国家也是如此。环顾当今世界各国，政府无一不是信息技术的最大用户。1951 年美国制造出的第一台商用计算机，被美国普查局买去，作为人口普查数据处理的工具，在全球首开政府部门计算机应用之先河。1954 年，美国联邦政府财政部建设了第一个利用电子数字计算机的公务员工资管理系统并投入应用，成为早期的政府管理信息系统。几十年来，政府信息化的努力经历了由数据管理向信息管理和决策支持发展的不同阶段，并在互联网于全球得到普及应用的 20 世纪 90 年代，以电子政务的方式，进入了一个全新的发展阶段。

1. 政府信息系统

政府信息系统的发展与政府的三层结构，即操作层、管理层和决策层，密切相关，经历了一个由低层次应用向高层次应用逐渐发展的过程，即运行、管理和决策信息系统。

在计算机技术发展的早期，人们致力于利用计算机来提高政府工作的效率，而繁杂的数据处理工作正是计算机的第一长项，计算机的应用很快便在政府中受到重视。由于几乎所有的政府数据处理活动都集中在操作层，因此，运行信息系统也常常位于操作层，为操作层的大量数据处理活动服务。在许多运行系统的基础上，都可以开发管理信息系统。管理信息系统是针对政府的各种管理职能而开发的信息系统，主要目的不仅仅是提高政府各种管理业务活动的效率，而且，更要提高政府业务活动的有效性，即有效地管理和控制政府日常业务的进行，保证政府职能的完成。在运行信息系统和管理信息系统开发的基础上，将这些系统中的数据和信息充分地加以利用，进一步开发决策信息系统，使其为政府的决策提供支持和服务。

2. 办公自动化

1980 年代中期，个人计算机大量上市并趋于普及，局域网技术逐渐走向成熟之后，办公自动化的概念开始出现并走向普及。传真机、台式打印机的发明和普及应用，也是办公自动化的概念得以形成的重要基础。办公自动化主要包括三个组成部分，即文字处理系统、数据处理和计算、通信设施。数据库和电子制表软件在办公室中被用于进行数据的处理和计算。多功能的电话机、传真机、电子邮件、电子会议等信息技术所提供的工具大大地改进了办公室之间通信交流的效率。

人们很快就发现，政府信息系统与办公自动化的一体化是一个必然的趋势。这种趋势在 20 世纪 90 年代初开始成为现实，并且，为电子政务的出现和发展准备了条件。20 世纪 80 年代微机加局域网浪潮的发展，办公自动化开始作为政府信息系统的一个有机组成部分，成为最方便用户使用的政府信息系统的接口，与政府信息系统全面地交换数据和信息，完成对于政府信息系统的各种数据处理和操作。

3. 电子政务

1990 年代初，互联网在全球的普及应用和电子商务的发展，促使政府信息化走上了向电子政务发展的新阶段。1992 年，美国前总统克林顿首先提出了电子政府的概念。电子政务在世界范围内的发展有两个主要的特征。第一个特征是以互联网为基础设施，构造和发展电子政务，以便充分利用互联网，帮助政府实现与企业和居民的互动。第二个特征是强调政府服务功能的发挥和完善。没有互联网的普及应用，就没有电子政务；电子政务则可以看做是政府信息化在互联网时代的一种新的形态。

信息化使处于传统管理体制下的政府在治国理政中获得很多前所未有的机遇，以提升政府治国理政的能力。数字化、智能化和网络化，使政府的信息能力得到空前的延伸和加强。

首先，业务流的数字化、智能化和网络化，使得任何一个单位的业务活动及其相关信息都随时记录在案，都可以在任何时间和任何地点被获取，按照需要进行处理和分析。在法律允许的范围内，充分利用这样的原始信息，理论上可以做到对整个社会系统的运行情况了如指掌；政府可以实现由信息所支持的管理和决策。

其次，政府信息化和电子政务的发展使政府能够对自身的业务流进行信息化的改造，不仅提高政府的有效性和效率，改进政府内部的工作文化，而且，使政府得以转变职能，从管制型政府向着一个以为公民服务为中心的服务型政府转变。利用信息技术，政府需要改革、需要重新定位、重新定义自己的功能；改革不仅是要更好、更快地对老百姓提供原有的服务，而且，要更好、更快地对老百姓的新的要求做出回应。

第三，现代信息技术正在成为新的促进政府与人民沟通互动的工具，从而改善政府和人民的联系，促进社会的和谐。这种直接的沟通，一方面可以避免官僚主义，使政府更好地掌握民情和舆情，惩治贪官污吏，避免某些社会矛盾的激化，使政府的决策充分反映民情、民意；另一方面，政府得以改变工作方式、行为方式和决策方式，更好地集中全民的智慧，推动民众参与政府的决策过程。

1.2.3　社会领域

现代信息技术在社会建设和管理中扮演着极为重要的角色，提供了许多极为重要的手段，并因而完全改变了社会建设和管理的思路、方法和结果。之所以如此，是因为现代信息技术可以帮助政府、企业和社会团体了解和掌握社会的基本情况，获取社会基本要素的重要信息，实现政府、企业和社会团体之间信息的有效沟通，从而达到提高社会建设和管理水平、有效地利用社会资源以更好地服务于公民的目的。从很多国家社会信息化的发展来看，主要的重点有以下几个方面，即：人口管理、就业服务、社会保障与福利、教育与培训、健康与医疗服务。

1. 人口管理

无论从社会建设、服务、管理的哪一个角度来看，人的信息的采集和管理，都是一个国家最重要、最基本的问题。也正是因为这个原因，世界各国无不高度重视人口管理和公民注册。目前，世界各国所广为采用的人口注册系统大约成形于 19 世纪中叶，而信息化则为一个完善的、高效率的人口管理和公民注册系统提供了前所未有的改造和升级的机遇。北欧国家，如瑞典，是较早实现计算机化的人口注册登记系统的国家。早在 1970 年代后期，瑞典人口注册中心就可以将瑞典全国的人口数据实时地显示在电子屏幕之上。

人口管理系统最基本的目标有两条，即：①为每一个公民和居民提供一个唯一的身份识别号码，并在政府所提供的所有的公共服务中作为基本的、涉及人的所有信息的识别码使用；②根据法律的许可和政府职能的需要，在各个政府和公共部门中共享人口信息。这两个目标，在没有现代信息技术的介入之前，是不可能实现的。目前，人口管理信息系统发展的一个主要趋势是将人口信息与地理信息系统相互耦合和匹配，使人口的地理信息在地理信息系统中有所对应，而由地理信息系统也可以获取各种人口的综合统计数据。有效的、信息化的人口管理，对社会建设和管理的进步无疑具有极为深远的意义，这方面的发展仍然值得高度关注。

2. 就业服务

帮助没有工作的人找到比较适合自己的工作，是一个社会大系统必备的功能之一。这方面，信息化可以发挥得天独厚的优势。早在 1960 年代，加拿大政府就开始设立加拿大"全国就业岗位库"；到了 1990 年代，这个就业岗位库也搬到了互联网上。这个网站在加拿大的全国范围内提供了一个雇佣方与求职方沟通的平台，是一个考虑非常周到、服务非常完善、对招聘方和求职方都有相当保护的网站。

类似的就业服务网站在欧洲和世界其他国家都发展很快，而且受到各国政府高度的重视。这种充分利用互联网和信息化手段提供就业服务的方式通常统称为电子就业（e-employment）。这种利用网络提供就业服务，原理看似非常简单，不过是雇佣双方的信息沟通而已。实际上，要使这个系统有效工作，需要相当复杂和精细的组织工作；对于每一个服务项目，都要从用户的方便和权益保护出发，精心地进行设计，才能够得到用户的信任，成为一个社会和谐的稳定器。此外，这些网站和服务基本上都由政府主导，以保持其可信性和权威性；同时，也由政府出资建设和维护，以避免利益驱使所产生的各种弊端。而且，只有政府出面，才有可能在政府部门之间实现公共服务信息的沟通和共享。例如，对招聘者和求职者信息的查证，需要政府相关部门的支撑，而私人企业是很难做到这一点的，除非这家私人企业得到了政府的授权。

3. 社会保障

社会保障体系的成功运行取决于制度和机制的设计，与管理水平也有密不可分的关系。信息化可以有效地提高社会保障体系的管理水平，防止各种欺诈和犯罪行为的发生，严格资金使用的管理，大大改进社会保障服务的水平。因此，广泛地在社会保障系统中引入信息化的手段，也成为一个国际性的趋势。

基于网络的社会保障系统是一个基本的发展趋势，在网络所覆盖的范围之内，不再有地域之分、城市与农村之分。任何人、任何时候、任何地方都可以获得社会保障的服务。不仅在国内没有地域之分，在国与国之间也将不会有地域之分。随着全球化的进展，人们工作的流动性大大增加，一段时间在这个国家工作，一段时间可能在另一个国家工作。为了避免重复交纳社会保障金，也为了避免国人因工作迁移而中断社会保障，已经有越来越多的国家签署了"整体化协定（即国际社会安全协定）"，使得国与国之间的社会保障金可以实现转移支付。自 1978 年起，与美国社会保障署签订"整体化协定"的国家已经有 22 个。显然，利用信息化手段，"整体化协定"可以更有效和有效率地得到实施。

4. 教育与培训

1970 年代末和 1980 年代初，发达国家的幼儿园和小学就已经利用计算机进行语文和算术的教学，现在，互联网则成为从幼儿园到研究生教育必不可少的教学工具。信息革命正在改变传统的教育思想和教学方式。所谓教育信息化，即 e-education，其最根本的意义在于利用现代信息技术提供一个公平分配教育机会和教育资源的机遇，无论什么人，在什么地方，只要他愿意，他就可以平等地接受质量相当的教育或培训。信息化的发展已经使得互联网成为一个大的知识平台、一个丰富的教学资源库、一个联系教师和学生的纽带。

利用信息化的手段对现有的教育制度、教育体系、教育内容、教（授）学（习）方法进行改造，已经成为一个全球极为关注的问题。数字化与网络化的发展正在引发一场教育革命。在这场教育革命中，首先遇到的问题并不是如何构造网络、实现远程教育、开发教育信息资源，而是教育——这个伴随人类文明发展的永恒的主题——如何与信息革命所带来的时代变迁相适应、如何满足信息化和信息社会的需求。因此，重要的任务是构建一个信息化的（而不仅仅是工业化的）国民教育体系，在各个层次、各个方面，全方位地展开信息社会的国民教育。除了从课程设置、师资结构、教材准备、经费投入、人才培养、市场供需等方面分析构建信息化的国民教育体系的主要战略和方法之外，需要特别关注的是农村信息化教育的现状和与城市的差距，关注利用信息化手段缩小教育方面的数字鸿沟。国际上，很多国家将数字扫盲（e-literacy）作为信息化推进的重要内容之一。

5. 医疗与健康

医疗与健康是世界各国在社会领域均极为关注的一个重大问题，也是一个非常困难和复杂的老大难问题。同时，世界各国也都认识到信息化为解决和改进全民医疗保健提供了巨大的机遇。从20世纪90年代起，各国在医疗信息化方面做了大量的工作，取得了很大的进展。电子健康（e-health）的发展也成为世界各国信息化发展的战略重点和优先领域之一。加拿大医生艾森巴赫（Gunther Eysenbach）是最早给出电子健康定义的科学家之一，他认为，"电子健康是由医学信息学、公共健康、医疗业务等领域形成的一个新兴的交叉领域。就广义而言，电子健康的特征并不在于其技术，而在于他是一种新意识、一种新思维、一种新态度，是一种网络化、全球化解决方案，通过利用信息与通信技术，在地方、区域乃至全球范围内改进医疗健康服务。"

电子健康涉及的范围十分广泛。首先，是电子病历的实现，为不同的医疗部门和专业人员提供一个可以方便地共享病人信息的基础。其次，是远程医疗，医护人员在看不见病人的情况下，仍然可以为病人进行物理上或心理上的各种检查。第三，是循证医学，通过建立一个在各种情况下如何正确诊断和治疗病人的、信息不断更新的信息系统，向医护人员提供一个参考系，帮助他们判断如何利用最新的医学研究成果和知识向病患提供正确的诊断和处理。第四，是面向公民的医疗健康信息，即向健康者或者病患提供他们所需要的医疗健康信息与知识服务。第五，是面向医疗专业人员的医疗健康知识管理，包括最新医学研究进展、新药、期刊杂志重要文献、诊断或治疗的新经验新成就、流行病跟踪，等等。此外，电子健康还可以包括各类虚拟的医疗健康团队，各种医疗学术研究的计算网格，等等。

1.2.4　文化领域

信息化对各国的文化和价值观产生了巨大的影响，既增加了全球文化的同质性，也带来了更大的异质性。信息无远弗届的、实时的、快速的传播，使世界各国、各个民族都受到多元、多价的社会文化影响。

特芮尼（Alain Touraine）认为，工业社会改造的是生产的方式，而信息社会则是改变了生产的最终结果，即文化。与工业社会不同，在信息社会的所有经济活动中，受到冲击和干预的对象正是社会本身，包括管理模式、生产方式、组织形态、分配结构以及消费行为等等。因此，后工业社会的非物质生产的性质将改变工业社会中物质生产和服务所形成的种种价值观、社会需求以及社会表征。

1. 文化符号的数字化

文化的存在依赖于人们创造和运用符号的能力。所谓符号，是指能够有意义地表达某种事物的任何东西。借助符号，人类可以传递和保存复杂的信息，可以创造文化和学习文化，可以帮助人们理解抽象的概念。现代信息技术的发展，为人类提供了全新的、数字化的"符号"。数字计算机的发明，首先使数字"符号"数字化了，用二进制表示了；随后不久，文字"符号"也数字化了。1980年代多媒体技术的发展，使图片、声音、视频"符号"都逐渐地实现了数字化，使人类创造和运用符号的能力急遽扩张，极大地促进了文化的全球化和信息时代的新文化的发展。

人类将模拟的音频信号数字化的努力，如古典音乐和爵士音乐，始于1960年代。1970年代初期，日本的Denon公司、英国广播公司（BBC）和英国的Decca公司都已经开发了可以商用的数字录音机产品。1976年，第一部16位脉码调制（PCM）录音机在美国问世。第一个全数字录音（DDD）的流行音乐唱片则诞生于1978年。次年，克莱默（Kane Kramer）设计了世界上最早的数字音频播放器。1991年，MP3音频数据压缩技术在德国成功问世。1980年代初，数字音频广播在德国源起，其所采用的Eureka147标准，即数字音频广播（DAB）系统标准，在1994年被国际电信联盟（ITU）正式确认为国际标准。目前，全球约有30个国家播出数字音频广播（DAB）节目，听众约3.3亿人。

视频信号的数字化努力可以追溯到20世纪的70年代末。当时，视频设备生产商，如Bosch、RCA、Ampex等，都在实验室中开发出了数字视频录像机的原型，将模拟的视频信号数字化以后记录在磁带上。1986年，索尼公司首次在专业的电视生产商中实现了数字录像机的商业化应用。1990年，快时（Quick-Time）公司和苹果公司以时基和流数据格式向消费者提供了数字视频产品，以计算机可读的模式将模拟视频转换为数字视频。随着播放标准和数字视频（DV）格式的引入，实现了视频信号的直接数字录入。1993年，飞利浦和索尼公司，东芝和时代华纳等公司分别开发了两种不同格式的、可以用于储存计算机数据的高密度光存储器，后来在IBM的主导之下，统一标准成为现在的DVD（Digital Video Disc）。DVD电影播放器和用于计算机的DVD只读存储器（DVD-ROM）随之在1995年12月进入市场。DVD的大容量存储功能，为数字化视频技术的普及提供了物质基础。

美国联邦通讯委员会（FCC）为了推动美国高分辨率电视的发展，在

1989 年成立了一个"先进电视服务顾问委员会（ACATS）"。美国的研究小组放弃了发展模拟式高分辨率电视的想法，在 1991 年提出了数字式高分辨率电视的方案。1993 年 5 月，ACATS 将美国高分辨率电视的主要研究机构组织在一起，成立了一个数字电视研究的大联盟。两年之后，数字电视方案在实验室和外场进行了测试，并在 1995 年 11 月获得 ACATS 的一致同意，成为美国数字高分辨率电视的标准。1999 年，第一批数字高分辨率电视机开始进入市场销售，与此同时，数字高分辨率电视节目也开始播出。目前，已经在全国范围内实现数字电视广播的国家有卢森堡和荷兰（2006），芬兰、安道尔、瑞典、挪威、瑞士（2007）、比利时、德国（2008），以及美国（2009），等等。

数字、文字、图片、语音和视频等人类信息交流符号的数字化，为以计算机和互联网为基础的信息时代的文化传播和发展准备了条件，正在创造人类历史上无可比拟的文化繁荣。

2. 新文化

按照《英汉辞海》的解释，"人类的文化是人类行为及其产品的总相：体现于思想、言论、行动和制品，并依赖着人类通过使用工具、语言和抽象思维的体系以学习知识和把知识传给后代的能力。"

信息化的结果，是在人们生活的物理世界之外，产生了一个新的数字世界。这个数字世界，是"人类行为及其产品的总相"的一个新的、极为重要的组成部分。数字世界有其自身的文化，包括行为及其产品；数字世界与物理世界的互动，也产生一种文化，也包括行为及其产品。这两类工业社会所没有的文化，构成了信息时代、信息社会的新文化，为人类文化的内涵和发展增加了一个全新的板块。对于这种新文化，已经有各种各样的称呼，如信息文化、电子文化、网络文化、虚拟文化、手机文化等等。无论如何，这种新文化，是工业时代所完全没有的文化，正在引发一场人类历史文化的大革命，是信息化对文化领域最大的冲击和贡献之所在。而且，这种冲击和贡献，绝不止于文化领域，一定会对人类经济、政治和社会领域的发展产生极为深远的影响，对人类文明的发展作出极为重大的贡献。

当然，这种新文化也体现在数字世界的"思想、言论、行动和制品"之中。计算机和网络在改变人们工作、学习和生活方式的同时，也在改变着人们的思维和行为方式；人类在物理世界的所有文化的成果，包括道德、信仰、风俗、艺术、美学、哲学、法律等等，都正在承受着数字世界的评估和检验，视其取舍和创新，而逐渐形成数字世界的新文化，形成信息时代和信息社会的新文化。

3. 新文化产业

现代信息技术的发展加快了新文化的产业化进程，催生了一大批新兴的文化产业——以计算机和网络技术为基础的新文化产业，使文化日趋数字化、网络化、产业化。

信息化对新文化产业的贡献主要表现在三个方面：①信息基础设施为文化产品的传播提供了史无前例的快捷和无处不在的条件；②信息技术为文化产品提供了数字化、智能化、网络化的工具，极大地缩短了文化创意和创新的过程；③信息化的规模应用极大地拓展了文化产品的市场。这种文化产业化的条件，即使在工业化时代也是不可思议的。按照所依据的技术基础的不同，新文化产业的发展可以分为以下几个方面。

以互联网为基础的新文化产业，特别值得重视的是Web2.0的发展。互联网由一对多的服务转向多对多的服务，扩大了用户的参与度，对互联网文化的发展有意义深远的影响。互联网实现了去中心化，任何人都可以在互联网上达到谋取大利或成就事业的目的。Napster和Google被看做是Web2.0的典型代表，博客（Blogging）则是Web2.0时代一项最受追捧的发展，对互联网文化产业的形成有重要影响。在博客快速发展的背后，实际上牵动着一个信息传递、思想交流、广告宣传，以及由"眼球经济"所形成的商业价值链。博客的商业化、博客市场、博客经济和博客服务提供商，以及围绕博客的商业模式的发展，除了正在形成一类新文化产业之外，还在逐渐发展成为经济、政治、社会、文化思想传播的载体，对意识形态和社会价值观的演变与扩散产生深刻的影响。此外，各种网络论坛、互动网站、社交网站对新文化的形成和传播也有重要影响。

以数字音、视频为基础的新文化产业，主要包括：数字音频广播，数字（广播）电视，有线（数字）电视，户外数字媒体，如楼宇电视广告、公交电视广告，触动传媒、列车视频、机场视频、飞机视频、校园视频、医院药店视频等等。此外，网络视听娱乐、在线音乐、动漫产品、网络游戏等，都成为新文化产业中影响较大、产业规模迅速发展的组成部分。

以数字出版为基础的新文化产业，主要包括：各种互联网期刊、多媒体网络互动期刊、数字图书馆、电子图书、数字报纸（如网络报和手机报）、互联网广告等等。其中，极富创意而又最负盛名的是在线百科全书——《维基百科（Wikipedia）》。与传统的百科全书不同，《维基百科》的实现基于一种看似不可能的观念，即每一个条目可以被任何一个互联网用户所复制、修改及添加，力图通过大众的参与，创作出包含人类所有知识领域的百科全书。创办两年多，它就拥有了几十万个词条和 40 多个语言版本，其内容的丰富性甚至可以挑战《大英百科全书》。2005 年，《维基百科》英文条目超过了 70 万条，已然高居世界网站百强之列；2007 年 4 月，维基的用户已经超过 2 亿 900 万人，按访问人数计算，已经名列世界网站十强，位居世界第六。奥瑞利（Tim O'Reilly）认为："这在内容创建方面是一种深远的变革。"

以手机为基础的新文化产业也在急遽发展的过程中。主要内容包括：移动传媒、移动电视，手机出版、手机报纸、手机书（E 拇指文学）、手机彩铃、手机游戏，以及手机动漫等等。随着手机用户的快速增长，基于手机的新文化产业的发展更使人有目不暇接之感。

以计算机技术为基础的新文化产业——设计产业和创意产业，前途也不可限量。信息化的设计工具（软硬件）的发展，例如，丰富多彩的各种二维和三维设计软件、虚拟现实技术等等，使得无论是工业设计、建筑设计、广告设计、展示设计和时尚设计都自动化和智能化了，设计流程逐步走向规范化和标准化，设计工作中复杂而繁重的重复劳动工作量不断减少，留给创意和创新的时间和空间则不断地扩大。

上述的以互联网，数字音、视频，数字出版，手机，以及计算机技术为基础的各类新文化产业，不仅出乎人们的想象，发展迅速，而且彼此交叉，互取所长，正在为形成信息时代的新文化谱写一曲又一曲的乐章。

1.2.5 管理领域

管理的对象是人，而涉及的主要活动包括：计划、组织、指挥、协调和控制；管理的目标则是达到团队的最大效益和效率。显然，所有的管理活动都与信息密切相关。无论是管理的对象，或者是管理者，在管理活动中，不是获取、接收信息，就是处理、产生信息。因此，信息化对于现代管理产生了极为深刻的影响。可以说，现代管理就是基于现代信息技术的管理；而且，现代管理的水平在很大的程度上与信息获取和处理的水平密切相关。

1. 现代管理模式

现代管理系统诞生于 19 世纪中叶，以铁路运输、电话和邮政作为管理的对象，距今已有 100 多年的历史。1850 年左右在铁路部门中形成的、以掌握铁路行车信息为目的的一套数据采集和快速传递系统，被历史学家认为是美国企业中第一个现代的、精心设计的企业内部管理系统。1920 年代，美国通用汽车公司的多部门组织模式和层次型的管理结构，成为现代管理模式的最主要的特征。每一个政府部门、企事业单位、社会团体，无论其大小如何，基本上都由一个三层的、金字塔式的实体构成，由下至上为操作层、管理层和决策层，在模式结构中，每一层次各司其职，各有着不同的控制和管理权限。

1970 年代以后，日本汽车制造业开始利用先进的信息技术，形成新的管理模式。其中具有代表性的便是所谓丰田模式。丰田模式的指导原则是将新的管理技术和日渐复杂的生产工具结合起来，以消耗较少的资源和劳动力而获得较大的产出。这种模式，以信息的彻底沟通为基础，将领导者、设计工程师、计算机程序员、以及车间的工人结合在一起。在工厂里，信息系统向所有的员工包括生产线上的工人，提供工厂内产生的所有计算机化的信息。这样，不但促进了工厂各个部门之间员工的合作，而且，也通过其他零部件生产改进信息的传递，鼓励工厂的每一个员工不断地考虑和改进他自己的生产活动。正是因为信息技术的支持，才使得"丰田管理模式"极大地改进了企业的生产和提高了效率。

2. 管理信息系统

信息技术在管理活动中的应用，与现代管理体制中的三个层次密切相关，经历了一个由低层次向高层次，由操作层向管理层和决策层逐渐发展的过程。

计算机应用于管理的早期，主要功能是进行数据的处理和管理，并由批数据处理逐渐走向实时数据处理。主要内容包括：数据采集、存储（数据库管理）和分析计算，以及数据的检索和利用等等。这种应用可以追溯至 1951 年，第一台商用电子计算机用于人口普查数据处理。1950 年代中后期，计算机强大的数据处理功能首先在银行和金融界获得了广泛的应用，随后又广泛地应用于各种企业的会计、财务管理之中。

在数据处理的基础上，从数据中提炼出对管理有用的信息成为一个必然的趋势。计算机在管理活动中的应用，逐渐向信息管理（包括多媒体信息的处理和管理）的方向发展，各种各样的管理信息系统应运而生。1967 年，戴维斯（Gordon Davis）在美国明尼苏达大学首创了第一个管理信息系统研究中心，并开始授予管理信息系统的学位，使管理信息系统正式成为高等教育和学术研究的一个领域。

在管理信息系统发展的基础上，决策支持系统也获得了快速的发展，使计算机在管理系统中的应用进一步上升到一个新的层次，即单位的决策层。1971 年，美国学者斯科特·摩顿（M. S. Scott-Morton）首先提出了决策支持系统的概念，1980 年代，决策支持系统迅速发展成为一个新的学科。人工智能和专家系统作为决策的辅助工具也迅速发展。

1990 年代互联网技术的飞速发展和广泛应用，出现了信息爆炸的局面，也促使计算机处理的内容更向着知识管理的方向发展，而知识管理也作为一个独立的学科在近十年逐渐形成。1990 年代中期，人们开始广泛地认识到，一些著名的跨国公司的竞争优势实际上是源自于他们的知识资产，如认识和适应市场的能力、客户关系、技术与管理创新等等，知识管理也因而成为任何一个希望在市场上取得领导地位的企业最重要的业务内容和管理目标之一。知识管理作为一种管理哲学和一种技术现象已经获得广泛的承认。

3. 管理理念转变

现代信息技术不仅为管理提供了所需的、各种不同层次的信息手段，而且带来了管理理念的巨大变化，对工业时代所形成的金字塔式的管理体制和管理模式提出了挑战。首先，信息获取方式转变。没有信息系统和数据库，信息只能在一个时间一个地点出现，或者，在有限的时间和有限的地点出现。通过信息系统和信息资源共享，信息可以在所需要的任何地方出现，并为所需要的许多人共享。其次，业务完成方式转变。信息可以无障碍地、迅速地获取，意味着业务活动的控制和协调可以更快捷地完成，而且，可以在决策的较低的层次上——更接近于实际活动的层次上来完成。第三，决策方式转变。在传统的管理结构中，所有的决策都是由经理或管理层完成；但是，借助于计算机和决策支持系统，几乎任何人都可以做决策，只要与决策相关的信息十分充分，关于如何决策的规则又十分明确。第四，集权与分权的统一。现代信息技术使得决策可以在最接近于业务活动的地点完成，而同时却保留了对信息的集中控制。信息化可以兴集权与分权之利，而去集权与分权之弊。第五，复杂问题可以简单化。随着人工智能和专家系统的发展，一般的工作人员也有可能做原来是一个专家才能做的工作。只要善于和充分利用互联网上的信息和知识，就可以使一般的工作人员变成为一个比较有知识的人。第六，强调团队合作，发挥集体智慧。网络提供了一个集思广益的平台，鼓励和促进人们交流信息和想法；提高集体合作的有效性和效率，每一个人既对集体的活动作出贡献，同时又从集体中其他人的思维、想法或信息中获益。

1.3 走向信息社会

现代信息技术的飞速发展和广泛应用所带来的经济社会变革，使人们认识到，一场信息革命正在席卷世界。2003 年 12 月，在瑞士召开的第一次"信息社会世界峰会"通过了《原则声明——构造信息社会：一个新千年的全球挑战》。在这个原则声明中，世界各国政治家"代表世界各族人民宣布"："我们深信不疑，我们正在共同迈入一个极具潜力的新时代，一个信息社会的新时代，一个扩展人类沟通和交流的新时代"，正式向全球确认了信息社会的来临。信息社会，作为当代信息革命的一个必然结果，将是人类历史发展的下一个阶段；人类文明正在由工业文明走向信息文明，人类社会正在由工业社会走向信息社会，既是世界各国政治家的共识，也是世界各国趋之若鹜、努力奋斗的目标。

像工业革命所导致的农业社会向工业社会的转变一样，信息革命所导致的由工业社会向信息社会的转变也可以从经济体系、产业结构、组织体系和社会结构等四个方面来认识。

1.3.1 经济体系

当代信息革命导致了生产力的飞跃发展，社会经济体系的劳动生产率有了质的飞跃。其根源在于：在工业化的机械化、电气化、自动化的基础上，进一步实现数字化、智能化和网络化。特别是传统的自动化技术，在经历了数字化的改造以后，有了质的飞跃。计算机技术完全介入到自动化之中，使自动化不仅更容易实现，而且，更有可能向着完全智能化的方向发展。1990 年代，由计算机辅助制造、计算机集成制造系统和柔性制造系统结合在一起的自动化生产系统，就已经将新产品设计的速度加快了16 倍，而产品更改和更新的速度则提高了数百倍。随着信息技术的不断发展，微处理芯片运算能力的不断增强和记忆能力的不断扩大，人类的逻辑思维在理论上完全可以用机器来替代，而其成本和效率依然在可以控制和承受的范围之内。在智能化的基础上组织的人类社会的生产活动、生产方式不断创新，劳动生产率则不断提高。然而，信息革命所带来的生产力的飞跃发展还远没有走到尽头。

经济系统中，在土地（农业社会经济系统资源构成的基本要素）和资本与各种物质资源（工业社会经济系统资源构成的基本要素）依然重要的同时，信息资源正在成为信息社会经济系统最重要的资源基础。随着信息化的发展，与社会经济活动密切相关的，反映各种生产要素状态和运动的信息，如人流、物流、资金流、信息流、技术革命与理论创新等重要信息都将实现数字化和网络化。能否及时掌握和利用这些信息资源，并将这些信息资源转换、加工为活的知识，成为国家、企业、乃至个人在信息时代的一个极为重要的竞争优势。在土地、物质和能源等资源依然十分重要的同时，信息资源的重要性和经济价值在信息时代可能更具有战略性。握有信息资源的优势，可以帮助国家或企业在获取和善用土地、物质和能源等资源的竞争中获胜，从而创造新的资源和财富。

各行各业所构造的信息系统完全改变了工业时代社会经济系统运行的方式。电子政务改变了国家的管理模式，电子商务改变了市场的交易模式，电子社区改变了人与人之间的交往模式。许多的生产、经营和管理活动转而在信息系统和网络上运行，不仅大大提高了社会经济系统运行的效率和有效性，而且，使人们对于经济社会活动的状况可以有更准确、更及时的掌握，增加了经济社会活动的可观性和可控性。

信息革命同样引起国民经济的基础发生革命性的变化，包括产业结构、地区经济结构和一、二、三产业结构，都将发生意义深远的变化。信息革命促进了信息的全球化，而信息的全球化又使运输全球化、金融全球化、投资全球化、生产全球化、物流全球化及经济全球化不仅可能，而且发展更快。

1.3.2　产业结构

国民经济的许多传统产业，通过信息化改造实现了产业升级，造就了信息化意义上的传统产业。与此同时，信息化使传统工业，即第二产业，在国民经济中将不再占有支配性的地位。在美国、德国、日本这三个全球最发达的经济体中，服务业在国民经济中的比重都占到了三分之二或以上。这种服务业的主体当然不是传统的餐馆、旅馆、家政等服务业，而是以计算机和网络技术为基础、以信息和知识的服务为主要内涵的现代服务业，是信息化带来的新兴产业。

美国传统产业中工人的百分比在 2005 年降至 20%，为 1850 年美国开始工业革命以来的最低点。这不是因为第二产业不重要了，而是因为信息化带来的劳动生产率的大幅提高，生产同样的，甚至更多的、质量更好的产品，已经不再需要那么多的工业劳动力了。原来搞工业的人，不得不转而从事与信息和知识的生产和服务相关的产业。

信息革命还对农业和农村的变化产生意义深刻的影响，促进了农业产业结构的转变。在发达地区，信息化促使农业向精准农业、高科技农业的方向发展；在欠发达地区，信息化促进农业生产技术知识和经营信息在农村和偏远地区的传播，推动农业生产的进步，加快农产品流通的市场化。信息的广泛传播释放了农民的智力，对农民观念的转变产生了难以估量的、潜移默化的影响，这种观念的转变不仅影响了农业生产，而且，也加快了农业劳动力的转移和城镇化的发展。

信息革命催生了许多的新兴产业部门。像工业革命催生了机械制造业一样，信息革命最重要的结果，是催生了支撑整个国民经济信息化进程的信息产业，特别是微电子、计算机、通信和软件产业；信息革命还使家用电器数字化、智能化和网络化，成为国民经济重要的基础产业之一。信息革命催生的技术发明和技术进步，还产生了互联网产业、数据通讯和移动通讯产业、信息内容产业、信息服务产业等等。其中，特别重要的是信息化导致了现代服务业的诞生，使各种信息/知识产品的生产、传播和利用成为经济增长的主要力量，如：电子政务、电子商务、电子社区、电子金融、现代物流、生产性服务、远程教育、远程医疗、电子认证、电子游戏、电子娱乐等等，第三产业在国家或地区经济中的比重日益加大，信息和知识的利用也对转变国家和地区的经济增长方式起着决定性的影响。这些产业的基本的、共同的特征就是以计算机和网络技术为基础，以信息和知识的生产、传播和利用为内涵。

目前，还很难看出信息社会产业结构的最终形态，因为一切都还在发展和变化之中。但是，可以预期的是，与工业化对农业社会的影响相比，信息化给工业社会所带来的产业结构的变化也将带有面目全非的特点。

1.3.3　组织体系

工业时代，规模经济带来了大工厂和高度的组织化。一个工厂可能有数以万计，甚至几十万的工人，而这些工人又被严密地组织在生产的流水线上，在一个完整的生产体系之中，使整个社会表现出一种高度的组织性和纪律性。在信息时代，随着生产自动化、智能化和网络化的高度发展，劳动生产率虽然不断提高，工业企业中产业工人的人数却在不断下降。传统的工作正在被知识工作和知识工人所取代，使社会有重新走向分散化的趋势，社会的组织程度与工业时代相比正在弱化。这是一种新形态的分散化，社会成员从无联络、无组织的分散发展到泛联络、泛组织的分散，是一种具有潜在的高易动员性和高可组织性的分散。网络化成为社会组织体系的基本特征，网络在社会组织体系中的作用日趋重要，瘫痪网络有可能瘫痪整个社会的组织体系。

小企业和个体户的兴起成为信息社会就业的一个新趋势。经济学家把这种现象称之为分子经济和社会经济活动的分子化。这些分子靠全社会，乃至全球的信息网络连在一起；其所形成的分子结构是动态的、弹性的和适应性很强的。分子与分子之间的联系和群聚，可有可无，可松可紧，完全视市场的需要而定，似流水之无形。

就社会生产的组织体系而言，最大的变革莫过于组织体系的全球化。

信息革命使传统的、集中的、大规模的工业生产，走向以资源配置最优化为目标的、分布式的、全球化的生产方式。工业化的大规模批量生产正在被信息化的大规模客户化生产所取代，企业的生产、管理和运营方式正在发生革命性的变化。

在信息革命的影响下，工业时代的专业化和社会分工被进一步强化。专业化和社会分工不仅在一个行业内完成，而且，在全社会的范围内实现；不仅在一个国家内进行，而且，在全球范围内寻找最优化的解决方案。计算机产业的发展由纵向的、集中的模式走向横向的、分工的模式是一个典型的例子。网络化甚至使同一个产品可以在全球范围内由不同的企业分工合作进行设计、研制和生产。

信息化正在对工业化时代的工厂制度进行改造。企业在工业化时代为了追求规模经济效益而构造的大而全的工厂结构正在发生重大改变。由于信息的全球化和运输的全球化，企业没有必要在物理上把各个生产环节都集聚在一起，工厂的各个组成环节可以分布全球。企业在工业社会中所具有的稳定性在信息社会将不复存在。为了在竞争中求生存，企业必须知道，什么是自己的核心技术，只做自己最好的，不断发现新的更经济、更有利的业务伙伴，不断调整业务方向和人员构成。因此，企业的内部结构和外部关系都处在一个非常动态的环境之中，企业的结构弹性必须适应这种动态变化的要求。

在工业时代所完成的规范化和标准化依然重要的同时，信息化对规范化和标准化的要求有了新的发展。工业化要求"硬产品"的规范化和标准化，信息化则要求"软产品"的标准化和规范化，特别是各种管理和业务流程的规范化和标准化。例如，电子政务和电子商务都要求业务流程的规范化和标准化，企业资源计划管理（ERP）要求企业管理业务流程的规范化和标准化。这种规范化和标准化既是全球化管理的需要，也是软件产业发展的需要。

信息化正在导致作为社会生产组织体系重要组成部分的管理体制的重大变革。以互联网为基础的网络化管理正在取代传统的、以多部门组织模式为基础的金字塔式的多层次管理结构。社会生产组织体系的全球化和网络化正在推动政府、企业和社会管理体制的变革，实际上使整个社会的组织更严密，管理更有效，而且极大地提高整个社会经济系统运行的效率。

1.3.4　社会结构

信息革命导致人类社会的知识结构发生重大变化。获取和利用信息知识的知识和技能，成为每一个人胜任工作、取得成功的至为重要的因素之一。在 20 世纪的人类知识结构中，面对工业化发展的需要，强调的是数学、物理、化学，有所谓"学好数理化，走遍天下都不怕"之说。信息革命使情况发生了很大的变化。信息革命所带来的产业结构的变化，使得与信息革命和信息技术相关的知识体系，已经成为信息时代人类知识结构中一个不可或缺的要素。钱学森在 1980 年代初期曾经说过，"近代科学技术的结构现在需要改革，而改革也不是没有办法，已经是一有线索，二有具体办法。有些特点，像微观到宏观，电子计算机技术革命的出现等等已经十分明显。"

信息化正在改造工业社会的就业结构。机械化、电气化、自动化加上数字化、智能化、网络化，无疑使传统意义上的产业工人在社会就业结构中的比例大幅下降，特别是制造业的就业人数不断下降，产生大量的工业剩余劳动力。与此相对应，信息产业的从业人数则大量增加，所有的经济部门也都增加了与信息技术相关的从业人员。人类社会的就业结构开始发生质的变化。

由于数字化和网络化带来的工作方式的变化，社会的就业形态已经发生了与工业社会相当不同的变化，中小企业和各种形式的个人就业，正在成为信息社会的重要就业形式之一。知识工作将在全社会的所有工作中占有越来越大的比重，从事信息与知识的加工和生产的所谓知识工人将会大量地增加。

信息社会的人才需求结构，也逐渐趋向两极化发展。越来越多的产品像是一个黑盒子，将高科技与傻瓜化统一在一个黑盒子里。一部分人研究、开发、设计和制造黑盒子，需要比较好的教育和比较高的知识层次；另一部分人只使用黑盒子，完全不需要知道黑盒子是什么，只要会操纵几个按钮就行。这种两极化的趋势，迫使原来的白领阶层向两极分化，一部分白领由于多种多样的原因不得不"蓝化"。这种两极化的趋势，还影响社会财富的分配。掌握信息和知识的人与不掌握信息和知识的人之间的收入差距可能会进一步加大，因为后者的工作将更趋简单化。新的社会两极化现象有可能出现。

在结束本章讨论的时候，应该强调，工业革命对人类社会的影响，是有形的、物质的、硬性的；而信息革命对人类社会的影响，则更多的是看似无形的、非物质的、软性的。如果说工业革命产生的是一种硬实力、是体现力量的"肌肉"的话，信息革命所产生的则是软实力、是体现智慧的"大脑"。前者使人更"强壮"，因为有形而容易受到重视；后者虽然使人更"聪明"，却因为看似无形而不易受到重视。

人类生活在物质社会中，必须解决衣食住行问题；人类不可能吃数据、穿信息、住数据库、走网络，这是显而易见的真理。工业革命、工业化是不能回避的、不可跨越的。在信息时代，没有软实力的硬实力，虽然只是一堆"俎上肉"；但是，软实力却必须依附于硬实力之上，通过硬实力来体现。换言之，信息革命只有植根于工业革命之上，信息化只有融于工业化之中，才能凸显其意义和价值。在重视信息革命带来的经济社会变革的同时，也必须避免因忽视工业化的重要性而带来另一种片面性。

（本章作者　周宏仁）

参考文献

［1］周宏仁：《信息化论》，人民出版社 2008 年版。

［2］周宏仁：《信息化概论》，电子工业出版社 2009 年版。

［3］刘世洪：《农业信息技术与农村信息化》，中国农业科学技术出版社 2005 年版。

［4］周宏仁：《信息革命与信息化》，人民出版社 2001 年版。

［5］Gunther Eysenbach, "What is eHealth", *Journal Med. Internet Res.* 2001; 3 (2): e20.

［6］Alain Touraine, *Return of the Actor*, Minneapolis, Minnesota, University of Minnesota Press, 1988.

［7］http://baike. baidu. com/view/3537. htm.

［8］Richard O. Hundley, Robert H. Anderson, Tora K. Bikson, C. Richard Neu, "The Global Course of the Information Revolution", *RAND Report*, 2003.

［9］"The Declaration of Principles-Building the Information Society: a Global Challenge in the New Millennium", *World Summit on the Information Society*, 12 December 2003.

［10］Don Tapscott, "Digital Economy", *The McGraw-Hill Companies, Inc.*, 1996.

［11］钱学森：《人体科学与现代科技发展纵横观》，人民出版社 1997 年版。

［12］Jeremy Rifkin, "The End of Work-The Decline of the Global Labor Force and the Dawn of the Post-Market Era", *G. P. Putnam's Sons*, 1995.

第2章
中国抓住机遇

引　言

　　当代信息革命的发生和发展，对世界上的每一个国家而言，既是机遇，也是挑战。无论是抓住机遇，或是迎接挑战，国家的最高领导层都扮演着关键的角色。世界各国的经验表明，一个国家应对信息革命的能力及其信息化发展的总体进展情况，与相似的社会、政治和经济特征并无直接的关联，而国家最高领导层对于信息化的洞察力、领导能力、政治意愿、资源调配和组织协调等因素，却是一个国家抓住信息革命的机遇和推进信息化的最为重要的关键成功因素之一。

　　本书第一章曾经指出，当代的信息革命是以电子数字计算机的发明为标志的。1956年，在周恩来亲自主持制定的《1956至1967年科学技术发展远景规划纲要》（以下简称《十二年科学规划》）中，将电子数字计算机的研制作为战略重点，以此揭开了中国应对当代信息革命挑战的序幕。因此，中国的信息化进程应该以1956年的这个《十二年科学规划》为起点。从这一点看，中国着手抓住当代信息革命的机遇，与其他国家比较，并不算晚。

在此后的 50 多年中，无论是在满目疮痍、百废待兴的建国初期，或是在"文化大革命"的劫难之中，还是在国民经济濒临崩溃边缘的改革开放之初，我国历届党和国家领导人都将抓住当代信息革命的机遇和大力推进信息化作为建国方略的一个重要组成部分，审时度势，在密切关注全球信息技术和信息化发展趋势的同时，千方百计地加快中国信息化的进程。在中华人民共和国成立 60 周年的今天，回顾过去几十年信息化在中国的发展，不难看出，正是中国几代党和国家领导人对于信息化的高度重视和远见卓识，确保了中国信息化取得一个又一个的成功。我们可以自豪地说：中国抓住了当代信息革命的机遇！

2.1 艰苦创业，奠定基础

1949 年 10 月 1 日，新中国成立以后，百废待兴。但是，对于世界上第一台电子数字计算机的诞生及其对人类社会可能产生的重要影响，中国人并没有视而不见。建国初期，党和国家领导人就十分关心我国科学技术的发展。他们指出，中国要搞尖端技术，并采取了一系列加快发展科学技术的政策。党的政策和中央领导同志的关怀，使 1950 年代的中期，中国出现了一个科学技术十分繁荣的景象。

新中国成立之前，我国的电子工业主要以通信工业为主要内容；而我国的电子计算机事业，则如上所述，开创于 1956 年。

我国国家领导人对电子计算机技术革命的性质和重要性早有认识。在 1956 年的一次会议上，周恩来总理说，"由于电子学和其他科学技术的进步而产生的电子自动控制器，已经可以有条件地替代一部分特定的脑力劳动。"这一年，在他亲自主持制定的我国《十二年科学规划》中，将原子能、喷气技术、计算机、半导体、电子学和自动化等六项列为该规划的重点，表现了对电子计算机、半导体和电子学的高度重视。在制定这个规划的过程中，关于我国科学技术发展的重点应该放在重工业方面，还是以新技术为主，发生了争论。对于这个争论，周恩来总理明确表示："决定一个国家国势国力的，将是新技术而不是传统技术"，表现了我国最高领导层高度的洞察力和远见卓识。因此，在《十二年科学规划》的六项重点中，四项与信息革命和信息化密切相关，决不是偶然的。

《十二年科学规划》最后呈送党中央和国务院批准。为了落实《十二年科学规划》，党中央和国务院在组织上采取了一系列措施。包括：组建科学院计算技术研究所，由著名数学家华罗庚担任筹建委员会主任，同时，从工业部门抽调工程师、管理干部和熟练工人，共同参与筹建；在高等学校组建计算机专业，先在清华大学电机工程系组建，随后，在北京大学、哈尔滨工业大学、哈尔滨军事工程学院等分别成立计算机专业和组织研究数字计算机的专门队伍；由中国科学院计算所负责组织计算机设计、程序设计、计算方法等专业内容的培训班，系统地培养急需人才。

与此同时，我国派出一批高级科研人员去苏联访问（1956 年），又派出部分工程技术人员到苏联作短期实习（1957 年），还争取到苏联派出专家组，来我国帮助解决电子数字计算机研制中的困难和问题。

1960 年代中期至 1970 年代中期，正是现代信息技术飞速发展，由晶体管走向大规模集成电路、微处理器发明和迅速发展的时期，电子计算机技术和产业也发生了深刻的变革。其时，我国正处于史无前例的十年动乱之中，国民经济和电子工业都遭受了严重的摧残。然而，即使是在这样的困难时期，党中央和国务院也仍然十分关注我国计算机工业的发展。

1972 年 8 月，周恩来总理高瞻远瞩地提出，电子工业要"天下为公，两个积极性，统筹安排，军民兼顾"。同时，周恩来总理指示，"要广泛发展电子计算机的应用"。周恩来总理的这些重要指示给遭受"十年动乱"严重创伤的计算机界的专家、学者、工程技术人员和广大职工极大的鼓舞。

为了贯彻执行周恩来总理的指示，第四机械工业部于 1973 年 1 月召开了"电子计算机首次专业会议"。这次会议对我国计算机工业的发展具有重要的历史意义。因为，这个会议回顾了我国计算机工业发展的历程，总结了我国计算机研制、生产和应用的经验教训，明确了系列机是我国计算机发展的必由之路。由此，我国的计算机研制和生产进入了一个新的阶段——系列化阶段。会议还提出了"大中小结合、中小为主、普及应用、发展通用兼容的系列化产品，加强外设、加强软件、积极采用建成电路，逐步实现产品换代"的计算机产业发展方针和技术政策。

1974年9月，经国务院、中央军委批准，中国科学院、四机部和国防科委联合召开了"计算机技术经验交流会"。会议的筹备过程受到党和国家领导人的重视。李先念副总理在1974年3月对会议做了批示，指出："开这个会是很有必要的，要发展电子工业，各部要大力支持。"会议期间，举办了全国第一次计算机展览会。全国人大朱德委员长参观了这个展览会，并做了长达半小时的讲话。他语重心长地说，"计算机对国防、国民经济的关系重大，你们要好好抓。"反映了党和国家领导人对电子计算机技术一以贯之的重视。

20世纪70年代中期，我国计算机的发展已经由科研为主逐步转向产业化发展的阶段，电子管、晶体管、集成电路计算机都开始了批量的生产。为此，四机部于1976年3月决定成立第三生产技术局，主管计算机工业生产和技术，我国计算机产业的发展也由此走上了一个新的发展阶段。

中国电子工业的发展无疑比中国计算机工业的起步还要早一些。由于解放战争和抗美援朝战争的需要，党中央和国务院对通信工业的发展一直高度重视。1940年，毛主席曾经亲笔给延安通信材料厂题词："发展创造力，任何困难可以克服，通信材料的自制就是证明。"

1949年7月1日，中国人民革命军事委员会电信总局工业管理处成立。1950年5月，中央人民政府政务院批准在重工业部建制内成立电信工业局，由中央军委通信部代管，负责统一管理全国的电信工业企业，从而诞生了新中国的电子工业。

1953 年，中央人民政府政务院原第一机械工业部电信工业局划归第
二机械工业部（国防工业部），改名为第二机械工业部第十局。主要任务
除了提供国防和民用的通信、导航设备之外，还包括广播设备和消费类通
信产品，如收音机、扩音机、电唱机等等。同年，我国开始执行国民经济
和社会发展的第一个五年计划。在苏联的帮助下，中国电子工业无论在技
术、产品和企业管理方面，都有了长足的进步。

1956 年 9 月，周恩来总理在中国共产党第八次全国代表大会上做的
《关于发展国民经济的第二个五年计划的建议的报告》中特别强调，要"积
极进行工业中的落后部门——石油工业、化学工业和无线电工业的建设"。

1958 年起，国民经济和社会发展第二个五年计划开始执行。民品方
面，主要是发展广播、电视设备，建设供应邮电及国民经济各部门所需要
的通信设备厂、电报机械厂，以及与之配套的电子器件和电子元件厂；逐
步地把电子测量仪器及电子专用设备这两个行业建立起来，以加强电子工
业自我武装的能力；加速建立电子学与无线电技术的科学研究机构，积极
开展科学研究工作；继续进行中等技术学校和成都、西安两个电讯工程学
院的建设，抓紧培养建设人才。

1960 年，中央军委确定把国防工业建设作为国防建设的首要任务，
并提出"努力发展喷气技术与无线电电子技术"的方针。将大力发展电
子工业提上了议事日程。

1963 年，党中央和国务院决定将第三机械工业部第十总局从部建制
中分离出来，单独成立电子工业部，即第四机械工业部，以加快我国电子
工业的发展。

2.2　拨乱反正，加快发展

1978 年，党的十一届三中全会提出了"以经济建设为中心"的口号，

全党的工作重点开始转移到经济建设上来。党和国家领导人基于对电子计算机在我国经济建设与社会发展中的重要性的认识，以强烈的政治意愿加强对电子计算机事业的领导，使计算机和微电子（亦即集成电路）的科研、生产、应用和人才培养开始以较快的速度协调发展。

由此，我国信息化的发展开始进入一个全新的发展阶段。这个阶段的主要特征是，党和国家对电子信息技术和产业的发展给予了高度重视，将大力推动电子信息技术应用摆到了党和国家重要的议事日程。在新的信息技术革命浪潮和国民经济发展需求的推动下，信息技术的地位和作用，日益被社会所认识，应用领域不断扩大，使我国的信息产业和信息化建设开始呈现出蓬勃发展的可喜局面。

1978年3月，邓小平同志代表党中央在全国科学大会的开幕式上明确指出："四个现代化，关键是科学技术的现代化。没有现代科学技术，就不可能建设现代农业、现代工业、现代国防。没有科学技术的高速发展，也就不可能有国民经济的高速度发展"。方毅副总理在这个大会上所做的报告中，充分肯定了计算机在我国国民经济建设中的特殊地位和作用，并把它作为国家重点发展的八大带头学科之一。

事实上，在会议召开之前，邓小平同志专门听取了有关计算机发展问题的汇报，并对我国计算机的发展，作了一系列重要指示。他指出：在计划、银行、商业、企业、学校等部门都应该用计算机；四机部一定要搞专业化生产，这样才能提高产量，提高质量，降低成本，不仅要专业化，而且要搞通用化、系列化、标准化。要成立计算机总局，下设一些公司等。党中央、国务院和邓小平同志的指示，对加速我国计算机技术和产业的研发产生了极为深远的影响。

根据邓小平同志的指示，1979年3月21日，国务院以1979国发（75）号文通知，决定成立国家电子计算机工业总局，直属国务院，由四机部代管。电子计算机总局的成立，是电子计算机工业开始在我国成为一个新兴的工业部门的重要标志。

全国科学大会以后，国务院各有关部委都对计算机的发展采取了积极的步骤。1978 年 3 月，根据邓小平同志的指示，中科院计算所和有关单位加快了"757"及"银河"巨型计算机的研制工作。1978 年 11 月，根据党中央批准的国家科委、国家计委"关于加速发展电子计算机事业的请示报告"的精神，成立了国家计算机委员会及其办公室。

1980 年代初，我国党和政府已经认识到，电子信息技术对改造我国传统工业、提高劳动生产率、降低成本和能源消耗，具有重大的现实作用，要求在工业生产中大力推广应用电子信息技术。但是，信息化的阻力仍然相当的大，包括一些做经济工作的领导同志，对计算机的作用存在种种片面乃至错误的认知。有些人认为，中国人口多，就业问题大，发展计算机不适合中国国情；有些人认为，计算机可有可无，没有它也不会对全局的发展产生影响；还有人认为，当前的任务是进行经济调整，发展计算机不是当务之急，等等。针对这种情况，党和政府的许多领导人都在不同场合反复强调计算机及其应用的重要性，并采取一系列组织措施，努力提高全党全国对信息革命和信息化的重要性的认识。

1982 年下半年，中国计算机工业酝酿着进入一个新的发展时期。党和国家的领导人对于当代的信息革命给予了高度的重视，并直接关注我国计算机事业的发展。1982 年 10 月，国务院决定成立"电子计算机和大规模集成电路领导小组"，由国务院副总理万里任组长，国家计委、国家经委、国家科委、国防科工委、电子工业部、机械工业部、教育部、中国科学院等部门领导人兼任领导小组成员。同时，成立了两个顾问小组，负责咨询工作。1982 年 12 月，电子计算机与大规模集成电路领导小组在北京召开了全国计算机系列型谱专家论证会，确定了我国在此后的一个时期，发展大、中型计算机，小型机系列机的选型依据。

时任国务委员、国家计委主任的宋平同志对中国信息化的发展极为重视，给予了极大的关注。1983 年 10 月，国务院批准组建了国家计委经济信息管理办公室，负责制定全国经济信息管理系统的长远建设规划和年度实施计划。

1983 年 10 月，国务院领导同志作了关于世界新的技术革命的讲话，强调重视微型机的生产和推广应用工作。1984 年，中央领导同志又及时指出，新的"工业革命"表明，西方国家要从工业社会转入信息社会，这对我们向四化进军来说，既是一个机会，也是一个挑战。同时，他强调要发展现代化的信息系统，要普遍应用电子计算机等。与此相应，国务院成立了"新的技术革命与我国的对策"研究小组，组织了计算机专项和光纤通信专项研究，包括发展方向、目标、重点、道路等。这些研究对后来中央的决策产生了重要的影响。随后，国务院各部门和许多省、自治区、直辖市相继成立了计算机应用领导小组，组织力量研究制定计算机生产和应用的发展规划，在我国形成了一个研究和应对当代信息革命、发展电子计算机和推进信息化的小高潮。

1983 年 5 月，电子计算机与大规模集成电路领导小组在北京再次召开全国计算机与大规模集成电路规划会议。党中央和国务院提出，要从战略高度来看待计算机和微电子学的重要性，而我国的战略目标是：采取好的政策、措施和组织形式，促进我国计算机和集成电路的发展，力争在20 世纪 90 年代的时候，将世界上经济发达国家在 70 年代和 80 年代初已经普遍应用了的、适合我国需要的先进技术在我国推广应用，形成具有这个特色的计算机应用体系。会议提出了若干政策措施，包括正确处理自主研制与技术引进的关系，积极引进国外先进技术，增强自力更生的能力，抓紧、抓好现有企业的技术改造；把品种、质量放在首位，把发展中小型机、特别是微型机、单板机作为重点方向；面向应用，大力加强计算机软件工作，迅速形成软件产业；把计算机的推广应用作为整个计算机事业的重要环节来抓；加速人才培养，建立一支强大的科技队伍等等。

1983 年，时任国务院副总理万里提出，电子计算机和集成电路是一种新技术，一种完全新型的生产力。电子工业产品已经深入到国家经济、文化教育、国防教育、社会生活等各个领域和各个方面，成为衡量一个国家经济和军事实力的重要标志之一。方毅同志撰文指出，要从战略的高度来看待计算机和微电子学的重要性。微型机的应用和发展超过了以往任何计算机的发展速度，已经渗入到各种机器，各个社会角落。可以毫不夸张地说，如果没有微电子学的发展，没有集成电路和计算机的普及，也就不会有中国现代化。计算机和集成电路工业是现代化的一个不可缺少的标志。

1984 年 2 月邓小平同志在上海参观少年学生操作微型机表演时指出："计算机的普及要从娃娃抓起"。1984 年 9 月，邓小平同志又为《经济参考》报题词："开发信息资源　服务四化建设"。1988 年 1 月 22 日，邓小平同志亲笔挥毫，为"国家信息中心"题名，体现了党和国家领导人对我国信息事业发展的高度关怀。

1984 年 6 月，针对关于电子计算机和信息技术的种种片面乃至错误的认知，胡耀邦同志指出：我们必须严重地注意到，现在还确有更多的领导者，首先是某些做经济工作的负责干部，对新的现代化科学知识基本没有多少兴趣，有的人以内行自居，对世界上的新鲜事物根本不放在眼里，某些人甚至把当代人类创造出来的新成果当做异端邪说，看成资本主义的糖衣炮弹。当时的国务院领导人指出，"未来的工业革命突出地说明了智力的重要性、掌握知识的重要性。有人称它为'知识革命'，这不是没有道理的。……要发展现代化的信息系统，要普遍应用电子计算机。"

1984 年 2 月，时任电子工业部部长的江泽民同志指出："我们正面临一场挑战。我看无非存在两种可能，两个前途：一是决策对头，抓住这个机会，善于利用它，大力加快我国电子工业的发展，从而缩小我们同发达国家的差距；另一种前途，是对策失误，指导不当，丧失了大好时机，影响了我国四化建设的进程，同发达国家的差距拉大。"

1984 年 9 月，国务院发出通知指出，为了迎接世界新的技术革命，加速我国四个现代化的建设，必须有重点地发展新兴产业；在现代新兴产业群中，信息产业是最重要、最活跃、影响最广泛的核心因素；要逐步装备我国的信息产业，并以各种信息技术手段为改造传统工业服务；应当把电子工业摆到国民经济发展的非常重要的位置上。为了加强对电子和信息事业的集中统一领导，有效地推动这项工作，国务院决定将国务院"电子计算机与大规模集成电路领导小组"改为国务院"电子振兴领导小组"。

1984 年 11 月，经国务院批准，电子振兴领导小组发布了《我国电子和信息产业发展战略》，指出我国电子和信息产业的发展要实现两个转移：第一，把电子和信息产业的服务重点转移到为发展国民经济、为四化建设、为整个社会生活服务的轨道上来，为此，必须把电子信息产业在社会各个领域的应用放在首位；第二，电子工业的发展要转移到以微电子技术为基础、以计算机和通信装备为主体的轨道上来，并确定集成电路、计算机、通信和软件为我国电子工业发展的重点领域。此后数十年现代信息技术和信息化的发展充分证明，这个《发展战略》所提出的两个转移是完全正确的。

1986 年 3 月，邓小平同志亲自批示"宜速作决断，不可延误"，启动了国家高技术研究发展计划，即"863"计划。该计划投资 100 亿元人民币，其中，与信息技术相关的项目投资约占投资总额的三分之二。

1986 年 2 月，国务院决定由国家计委和有关方面的负责同志联合组成国家经济信息管理领导小组，由宋平同志担任组长。1986 年 6 月，国务院召开了"全国计算机应用工作会议"，会议提出了"抓应用、促发展"的指导方针，"以效益为中心，以微机应用为重点、以传统工业改造为内容"的工作方针。会议全面规划了 12 个重大信息系统建设和传统产业改造的任务。

1988 年 5 月，根据国务院机构改革方案，成立机电部，并将振兴电子工业的任务交由机电部承担。随后，国务院常务会议决定，国务院电子振兴领导小组办公室，更名为国务院电子信息系统推广应用办公室，继续支持各行各业应用电子信息技术，取得非常好的经济和社会效益。1988年至 1992 年，国家经济委员会、机电部、国家科委和电子信息技术推广应用办公室，在推动传统产业技术改造、EDI 技术、CAD/CAM 以及 MIS 等领域，做了大量工作，不断推动电子信息技术应用向纵深发展。

2.3　全面部署，重点推进

1989 年，江泽民同志撰文指出，"振兴中国经济，电子信息技术是一种有效的倍增器，是现实能够发挥作用最大、渗透性最强的新技术。要进一步把大力推广应用电子信息技术提到战略高度，充分发挥电子信息技术对经济的倍增作用，我们就能够提高国民经济的效率，降低消耗，利用已经形成的相当规模的钢铁、煤炭、电力、石油资源，创造出几倍于当前的国民生产总值。"江泽民同志还指出，"进入 80 年代，世界电子信息产业以磅礴的气势，高速发展。……电子信息产业的巨大发展，电子信息技术的广泛应用，正在把世界推进到一个所谓信息经济的时代。"

1989 年，江泽民同志主持中央工作以后，鉴于中国微电子产业严重不适应电子工业发展的需要，下了很大的决心，在第八个五年计划期间实施了 908 集成电路专项工程，在第九个五年计划期间又实施了 909 超大规模集成电路专项工程，使中国微电子产业逐步摆脱了被动局面。

1991 年，江泽民同志又进一步强调，"四个现代化，哪一化也离不开信息化"，要求把推进信息化建设提高到战略地位上来。

同时，朱镕基同志对信息产业也作了一个恰如其分的评价："在信息时代，发展信息产业的效益是不可估量的。特别是我们执行改革开放政策，没有信息产业大发展，国民经济是不能够很好地发展的。"

20 世纪 90 年代初，在电子工业部和胡启立同志的大力推动下，明确提出了国民经济和社会信息化的概念，我国关于加快国民经济和社会信息化进程的问题，进一步受到中央和地方的重视，国家信息化的步伐明显加快。

1993 年，党和国家领导人江泽民、李鹏、朱镕基、李岚清等同志提出了加快我国信息化建设的任务，启动了金卡、金桥、金关等重大信息化工程，拉开了大规模开展国民经济信息化建设的序幕。朱镕基总理强调指出："金桥工程作为国家发展信息产业的重大工程，全面建成开通后，将会加快国民经济管理信息化的进程"。同年12月，成立了以国务院副总理邹家华为主席的国家经济信息化联席会议，加强统一领导，确定加快推进信息化工程的实施。1994年5月成立了国家信息化专家组，作为国家信息化建设的决策参谋机构，为建设国家信息化体系，推动国家信息化进程提出了许多重要建议。

1995年5月26日，为了进一步推动信息技术在企业和社会经济重点领域的应用，李鹏总理在全国科技大会上要求"在财务、税收、商业、贸易、交通、运输等社会服务领域广泛应用计算机技术，加快国民经济信息化进程"。

1996年以后，中央和地方都确立了信息化在国民经济和社会发展中的重要地位，信息化在各领域、各地区形成了强劲的发展潮流。国务院于1996年1月成立了以国务院副总理邹家华任组长，由20多个部委领导组成的国务院信息化工作领导小组，统一领导和组织协调全国的信息化工作。

1997年4月，经国务院批准，国务院信息化工作领导小组在深圳召开了第一次全国信息化工作会议。邹家华同志作了题为"把握大局，大力协同，积极推进国家信息化，为国民经济持续、快速、健康发展和社会全面进步服务"的主题报告。邹家华同志指出：国家信息化包含四层含义：一是实现四个现代化离不开信息化，信息化要服务于四个现代化；二是国家要统一规划、统一组织信息化建设；三是各个领域要广泛应用现代信息技术，深入开发利用信息资源；四是信息化是一个不断发展的过程。电子工业部部长、国务院信息化工作领导小组副组长胡启立在会议闭幕大会上发表了重要讲话。会议全面部署了国家信息化的重点工作，成为我国信息化建设发展中一个重要的里程碑。此后，全国的信息化工作开始从解决应急性的热点问题，逐步转移到有组织、有计划地为国民经济发展和社会进步服务的发展轨道上来。

1998 年 3 月以后，随着国务院机构的进一步改革，原国务院信息化工作领导小组办公室整建制并入新组建的信息产业部，负责推进国民经济和社会服务信息化的工作。为此，信息产业部专门成立了"信息化推进司"（又名"国家信息化办公室"）。1999 年 2 月，"国家信息化专家组"变名为"国家信息化办公室专家委员会"。

1999 年 12 月，根据国务院领导关于恢复国务院信息化领导小组的批示，成立了由国务院副总理吴邦国担任组长的国家信息化工作领导小组，以继续推进国家信息化工作。

2.4 两化融合，覆盖全局

20 世纪 90 年代，美国的信息高速公路计划和新经济的发展震撼了全世界，使世界各国的政治领导人认识到，一场信息革命正在席卷全球。各国纷纷采取对策，并因而在全球范围内掀起了一个信息化的高潮。对于国际上风起云涌的信息化浪潮，党和国家领导人始终给予密切的关注，同时，缜密地研究我国的对策。

2008 年 8 月 21 日，江泽民同志在第 16 届世界计算机大会开幕式上的讲话中指出："我们的战略是：在完成工业化的过程中注重运用信息技术提高工业化水准，在推进信息化的过程中注重运用信息技术改造传统产业，以信息化带动工业化，发挥后发优势，努力实现技术跨越式发展。"

2000 年 10 月 11 日，党的十五届五中全会通过了著名的《中共中央关于制定国民经济和社会发展第十个五年计划的建议》（以下简称《建议》），语重心长地指出，"对于当今世界形势的深刻变化和发展趋势给我国带来的机遇和挑战，我们要有清醒的认识，增强紧迫感和忧患意识。"

《建议》按照江泽民同志的思想，在确认"继续完成工业化是我国现代化进程中的艰巨的历史性任务"的同时，强调"大力推进国民经济和社会信息化，是覆盖现代化建设全局的战略举措。以信息化带动工业化，发挥后发优势，实现社会生产力的跨越式发展。"

《建议》在"必须着重研究和解决重大的战略性、宏观性和政策性问题"中，将加快国民经济和社会信息化放在《建议》所提到的 16 个问题中的第四位，紧接在农业、工业、服务业之后。《建议》指出：

"四、加快国民经济和社会信息化是当今世界经济和社会发展的大趋势，也是我国产业优化升级和实现工业化、现代化的关键环节。要把推进国民经济和社会信息化放在优先位置。顺应世界信息技术的发展，面向市场需求，推进体制创新，努力实现我国信息产业的跨越式发展。

"要在全社会广泛应用信息技术，提高计算机和网络的普及应用程度，加强信息资源的开发和利用。政府行政管理、社会公共服务、企业生产经营要运用数字化、网络化技术，加快信息化步伐。面向消费者，提供多方位的信息产品和网络服务。积极创造条件，促进金融、财税、贸易等领域的信息化，加快发展电子商务。推动信息产业与有关文化产业结合。各级各类学校要积极推广计算机及网络教育。在全社会普及信息化知识和技能。

"加强现代信息基础设施建设。抓紧发展和完善国家高速宽带传输网络，加快用户接入网建设，扩大利用互联网，促进电信、电视、计算机三网融合。健全国家公共信息网。加强信息化法制建设和综合管理。强化信息网络的安全保障体系。

"加速发展信息产业。重点推进超大规模集成电路、高性能计算机、大型系统软件、超高速网络系统、新一代移动通信装备和数字电视系统等核心信息技术的产业化。加快发展软件产业和集成电路产业，支持新型元器件、计算机网络产品、数字视听产品的发展，提高信息化装备和系统集成能力，满足市场对各类信息产品的需求。积极发展信息服务业特别是网络服务业。"

朱镕基总理在《建议》的说明中进一步明确指出："我们讲抓住机遇，很重要的就是要抓住信息化这个机遇，发展以电子信息技术为代表的高新技术产业，同时用高新技术和先进适用技术改造传统产业，努力提高工业的整体素质和国际竞争力，使信息化与工业化融为一体，互相促进，共同发展。"

《建议》掀开了全方位、深层次、高效益地发展中国信息化的序幕。《建议》关于信息化的论述，在中国信息化的发展史上带有里程碑的性质，是我国对于当代信息革命和信息化的认识的一次飞跃。"以信息化带动工业化"，成为引领我国工业化、信息化、现代化建设的基本战略方针，对我国的信息化进程产生了极其深远的影响。《建议》关于信息化的论述，极大地启发和教育了全党和全国人民，使大力推进信息化逐渐发展成为全党、全民的自觉行动；关于信息化的这个认识上的飞跃，为党的十六大以后，中国信息化走向全方位、深层次、高效益发展的新阶段准备了思想基础。

2000 年 7 月 11 日，胡锦涛同志在全国青联九届一次全委会和全国学联二十三大上指出，"以信息技术和生物技术为代表的高新技术及其产业突飞猛进，为生产力的发展和社会的进步开辟了新的广阔前景。所有这一切，既给中国在新世纪的发展带来新的历史机遇，也提出了新的严峻挑战。我们只有牢牢地抓住机遇，勇敢地面对挑战，卧薪尝胆，加倍努力，不断增强国家的经济实力、科技实力、国防实力和民族凝聚力，才能在未来激烈的国际竞争中争取更加主动的地位，逐步把我国建设成为富强民主文明的社会主义现代化国家。"

2000 年 9 月，胡锦涛同志在中央党校秋季开学典礼上又指出："世界科学技术突飞猛进，特别是信息技术的迅猛发展，为生产力和社会的发展开辟了新的广阔前景，对各国政治、经济、军事、科技、文化、社会等领域正在产生深刻影响。"

2000 年 9 月 30 日，朱镕基总理在庆祝中华人民共和国成立 51 周年招待会上的讲话中又特别说明："（我国）经济结构将进行战略性调整，在推进国家工业化的同时，加快国民经济和社会信息化，以信息化带动工业化，全面优化产业结构。"

2001 年 2 月，胡锦涛同志又多次强调："以信息技术、生物技术、新材料技术为代表的高新技术迅猛发展，孕育着一场新的产业革命。科学技术对经济社会发展的决定作用越来越明显，极大地改变着当今世界的生产和生活方式，为生产力和社会的发展开辟了新的广阔前景。特别是信息网络化的迅速发展，对各国政治、经济、军事、科技、文化、社会等领域正在产生深刻的影响。"胡锦涛同志还指出，"在科学技术的迅速发展中，发达国家和发展中国家的处境很不相同，'数字鸿沟'的出现和不断扩大，使得南北发展差距有增无减，世界经济有可能因此而出现新的失衡。如何利用高新技术缩小与发达国家的差距，已成为包括我国在内的广大发展中国家共同面临的紧迫课题。"

2001 年 8 月，由国务院总理朱镕基担任组长、国务院核心部委的领导同志为成员的国家信息化领导小组重新组建。随后不久，国家信息化领导小组的办事机构——"国务院信息化工作办公室"成立，具体承担国家信息化领导小组的日常工作；与此同时，组建了"国家信息化专家咨询委员会"，由 55 位涵盖经济、技术、政治、社会、法律、产业等不同专业领域的专家组成，作为国家信息化领导小组的参谋咨询机构。

2001 年 12 月，国家信息化领导小组第一次会议召开，讨论并原则同意了关于"十五"期间国家信息化工作的初步考虑，并提出了国家信息化建设的指导方针。为了贯彻这一方针，国家发改委编制了《国民经济和社会发展第十个五年计划信息化重点专项规划》，这既是我国的第一个国家信息化规划，也是指导全国信息化建设的纲领性文件。

2002 年 7 月，国家信息化领导小组召开的第二次会议审议通过了《国民经济和社会发展第十个五年计划信息化重点专项规划》、《关于我国电子政务建设的指导意见》和《振兴软件产业行动纲要》。国家信息化领导小组决定，把电子政务建设作为今后一个时期我国信息化工作的重点，政府先行，带动国民经济和社会发展信息化。

2002 年 11 月，江泽民同志在党的十六大报告中提出："本世纪头二十年经济建设和改革的主要任务是，完善社会主义市场经济体制，推动经济结构战略性调整，基本实现工业化，大力推进信息化，加快建设现代化，保持国民经济持续快速健康发展，不断提高人民生活水平。"报告强调，"实现工业化仍然是我国现代化进程中艰巨的历史性任务。信息化是我国加快实现工业化和现代化的必然选择。坚持以信息化带动工业化，以工业化促进信息化，走出一条科技含量高、经济效益好、资源消耗低、环境污染少、人力资源优势得到充分发挥的新型工业化路子。"报告阐明了工业化与信息化的辩证关系，对于处理我国现代化进程中信息化与工业化的关系问题有重要的指导意义。

2003 年 7 月，国家信息化领导小组第三次会议把大力推进国民经济发展和社会信息化建设提到了关系现代化建设全局的战略高度。会议强调，我国信息化建设既要加快步伐，又要从实际出发。总体要求是，坚持以信息化带动工业化，以工业化促进信息化，走新型工业化道路。

2004 年 10 月，国家信息化领导小组第四次会议讨论了《关于加强信息资源开发利用工作若干建议》和《关于加快我国电子商务发展的若干建议》。

2005 年 11 月，国家信息化领导小组第五次会议审议并原则通过了《2006—2020 国家信息化发展战略》（以下简称《战略》）。《战略》是根据国家信息化领导小组组长温家宝总理的指示，历时近两年制定，遵循了严格的科学决策程序，经过了认真的调查研究和分析论证，对全球信息化发展趋势和国内信息化形势的判断比较准确，指导思想、战略目标、战略重点既高瞻远瞩，又切合实际，既指明了国家信息化发展的方向和路径，又提出了具体的行动计划纲要。《战略》是经过党中央批准的国家信息化总体战略部署，是指导我国信息化发展的纲领性文件，包含了我国信息化发展的行动纲领和计划，是我国国家战略体系中非常重要的一个组成部分，对形成国家竞争优势和软实力有重要的支撑作用。

2007 年 6 月，国家信息化领导小组第六次会议审议并原则通过了《国民经济和社会发展信息化"十一五"规划》。规划全面地部署了"十一五"期间我国信息化发展的主要任务，明确了加快推进信息化与工业化融合的发展重点。

2007 年 10 月，胡锦涛在党的十七大报告中指出，要"科学分析我国全面参与经济全球化的新机遇、新挑战，全面认识工业化、信息化、城镇化、市场化、国际化深入发展的新形势新任务，深刻把握我国发展面临的新课题新矛盾，更加自觉地走科学发展道路，奋力开拓中国特色社会主义更为广阔的发展前景。"报告中同时提出，要"发展现代产业体系，大力推进信息化与工业化融合，促进工业由大变强，振兴装备制造业，淘汰落后生产能力；提升高新技术产业，发展信息、生物、新材料、航空航天、海洋等产业；发展现代服务业，提高服务业比重和水平；加强基础产业基础设施建设，加快发展现代能源产业和综合运输体系。确保产品质量和安全。"党的十七大以后，"五化并举，两化融合"成为了新时期中国信息化进程的指导方针。

2008 年 3 月，国务院根据大部制改革的试点，组建了工业和信息化部，原国务院信息化办公室的相关职能并入工业和信息化部，负责统筹推进国家信息化工作，组织制定相关政策并协调信息化建设中的重大问题。

十六大以来，我国经济、社会的快速发展，产生了对于信息化的强烈需求。在党中央和国务院的正确领导下，国家信息化的发展也开始步入快车道。我国信息化发展的速度远远超过预期，在经济与社会发展中的影响日益显现，特别是《2006—2020 年国家信息化发展战略》发表以后，我国信息化的发展更明显提速，信息技术应用覆盖了现代化建设的全局，已经成为经济、政治、社会、文化、军事等领域谋求发展不可或缺的战略要素。

（本章作者　周宏仁）

参考文献

［1］郭平欣：《中国计算机工业概览》，电子工业出版社 1984 年版。

［2］吕新奎：《中国通信工业的建立与成长》，《中国电子工业五十年》，电

子工业出版社 1999 年版。

　　［3］郭诚忠：《中国信息化发展历程和基本思路》，2002 年 8 月 1 日，http：//www. niec. org. cn。

　　［4］江泽民：《抓住大好时机　加快发展电子工业》，《经济日报》1984 年 2 月 10 日。

　　［5］江泽民：《论世界电子信息产业发展的新特点与中国电子信息产业的发展战略问题》，《上海交通大学学报》1989 年第 23 卷第 6 期。

　　［6］胡启立：《中国信息化探索与实践》，电子工业出版社 2001 年版。

　　［7］《中共中央关于制定国民经济和社会发展第十个五年计划的建议（2000 年 10 月 11 日中国共产党第十五届中央委员会第五次全体会议通过）》，http：//www. sina. com. cn，2000 年 10 月 18 日。

　　［8］胡锦涛：《在共青团十四届四中全会上的讲话》，《中国青年报》2001 年 2 月 19 日。

　　［9］江泽民：《全面建设小康社会，开创中国特色社会主义事业新局面——在中国共产党第十六次全国代表大会上的报告》，人民出版社 2002 年版。

　　［10］胡锦涛：《高举中国特色社会主义伟大旗帜　为夺取全面建设小康社会新胜利而奋斗——在中国共产党第十七次全国代表大会上的报告》，人民出版社 2007 年版。

第3章
信息化成就综述

引　言

　　建国60年来，特别是改革开放的30年来，可以毫不夸张地说，中国的信息化与中国的经济和社会发展一样，取得了举世瞩目的辉煌成就。总体而言，中国的信息化水平已经超过了世界的平均水平，基本上达到了世界上中等发达国家的水平；而在中国的一些经济比较发达的城市和地区，信息化的水平已经很高，比任何发达国家的发达地区不差。更为重要的是，中国信息化的各种基础环境比以往任何时候都好，加速发展的条件已经具备。随着中国经济的持续、稳定、快速发展，中国信息化更为光辉灿烂的未来就在明天。在一个满目疮痍、百废待兴的旧中国的土地上，创建一个灿烂的信息化的百花之园，是不容易的。这种辉煌的成就，既是中国党和政府英明领导的结果，也是伟大的中国人民的智慧、勤劳和创造力的结晶。

3.1　准备度水平快速提升

准备度（Readiness），或者就绪度，是对一个国家信息化发展基本环境条件状况的测度，不仅反映一个国家当前信息化发展的状况，也对一个国家信息化未来发展的潜力提供了重要的参考。中国的信息化就绪度水平快速提升，特别是在进入新世纪以后，成就骄人。

2009 年 ITU 发布的最新的信息化发展指数（IDI_{ITU}）研究报告指出，2002—2007 年，中国信息化水平的排名从第 90 名上升到第 73 名，是全球信息化发展指数增长最快的十个国家之一。中国在信息化可接入性和使用方面，是全球进步最快的国家。

2009 年，世界经济论坛发布了 2008/2009 年网络就绪指数（NRI）测算研究报告，对全球 134 个国家信息化发展情况进行了测评和分析。2008 年中国网络就绪指数排名由 2001 年的第 65 位升至第 46 位，首次在"金砖四国"中居于首位（参见本书第 81 章）。

3.1.1　信息基础设施

中国已建成了覆盖全国的高速传输网，广泛采用 SDH 和 DWDM 等先进技术，目前已经形成了以光缆为主、其他传输方式为辅的通信传输网络。截至 2007 年年底，全国光缆总长度约 676.8 万公里，使用光纤约 15500 万公里，形成了世界上最大的传输网络。已经建成并开通了中日、中韩、亚欧等多条国际陆地、海底光缆，为电信服务企业的国际业务传送提供了足够的传输带宽。

2004 年，中国电话网络规模已经跃升至世界第一。2008 年年底，长途自动交换机容量由 1978 年的 1863 路端增加到 1704.6 万路端，增长了9148 倍；局用交换机容量达到 5.09 亿门，比 1978 年增长 127 倍；移动通讯网络的交换机容量为 11.44 亿门。

2008 年，全国移动电话交换机容量达到 11 亿户，基站数量超过 78 万，覆盖了全国所有的县市和 98% 的人口，网络规模居全球第一。

2008 年，中国固定电话用户数达 3.4 亿户，固定电话普及率为 25.8%，为 1978 年的 68 倍。移动电话用户数达 6.4 亿户，为 1988 年 0.3 万户的 21 万倍；移动电话普及率达到 48.5%。中国电话用户总数达到 9.8 亿户，居全球第一位。

2008 年，全国通电话的行政村的比例已经达到 99.7%，自然村的比例达到 92.4%，超过 6 万个偏远村庄开通了移动电话。

2009 年 3 月，全国共有播出机构 2648 家（电台 257 家、电视台 277 家、教育台 45 家、广播电视台 2069 家）；开办节目 3999 套（广播 2643 套、电视 1356 套），广播电视节目制作机构 2442 家。此外，付费节目 179 套（付费电视 140 套、付费广播 39 套）。全国广播电视综合人口覆盖率分别达到 95.96% 和 96.95%。目前，广播电视系统拥有卫星上行站 34 座、卫星收转站 3000 万座、微波站 2749 座、发射台和转播台 6.6 万座。有线电视网络 300 多万公里、有线电视用户 1.64 亿户、有线数字电视用户超过 5000 万户。

3.1.2　计算机拥有量

改革开放以前，中国的电子计算机拥有量十分有限。1970 年，中国计算机装机台数仅约 500 台，1975 年及 1977 年则分别为 900 台和 1672 台。

改革开放以后，中国的计算机拥有量，特别是微机的拥有量开始以较快的速度增加。1980 年，大中小型计算机约 2900 多台，微机 4000 多台；1985 年，大中小型机为 7000 多台，微型机 13 万台；1990 年，大中小型机为 9000 多台，微型机上升至 50 多万台。随后，中国的计算机拥有量以几何级数增长，1994 年为 220 万台，1995 年为 330 万台，1998 年为 1100 万台，2000 年达到 2200 万台，比 1990 年增长了 44 倍。2001 年为 2800 万台，2002 年 3900 万台。2006 年，计算机拥有量为 6983.4 万台，较 2002 年（4 年之内）增长近 80%，年平均增长率为 20% 弱。

进入新世纪以来，计算机拥有量的发展速度更快。2008 年年底，中国的计算机拥有量达到 1 亿 1415 万台，较 2006 年（2 年之内）增长 64%，增长的提速非常明显，年平均增长率达 32%。

相对于计算机（台式机和笔记本电脑）而言，中国的服务器拥有量增长率则较慢。2008 年，中国的服务器拥有量为 257.8 万台，而 2006 年的服务器拥有量为 224.6 万台，两年的增长率仅为 14.8%，年平均增长率达 7.4%。计算机拥有量增长较快的主要原因是进入新世纪以来，计算机开始大量地进入城市和农村的家庭，当然也与中国信息化的全方位推进关系密切。随着中国信息化的继续快速推进，应用系统和项目的快速增加，可以预期，中国服务器拥有量的增速将会快速增加。

在计算机总量快速增加的同时，城乡居民家庭的电脑拥有量也快速增加。1998 年年底时，中国的计算机普及率约为每千人 0.9 台；家庭微机拥有量在 268 万台左右，城市家庭电脑普及率仅为 4.2%。2000 年，城市和农村的家庭电脑拥有量各为 9.7% 和 0.5%。进入新世纪以后，城乡居民家庭的电脑拥有量呈直线上升，到 2000 年的时候，已经分别达到 41.5% 和 2.1%，各有 4 倍以上的增长；而到了 2008 年年底，这两个数字已经被分别改写为 61.9% 和 5.2%。目前，在中国比较发达的沿海地区，城市家庭居民的电脑拥有量已经超过 90%；而农民对计算机的需求则呈现出强劲增长的态势，成为中国信息化发展的下一个战略空间。

3.1.3　互联网接入

在中国政府的大力推动之下，2008 年，全国 27 个省份已经实现了"乡乡能上网"，19 个省份基本上实现行政村"村村能上网"，全国 98% 的乡镇能上网，95% 的乡镇通宽带，能上网的行政村比例达到 89%。近年来，在中国信息化强力向农村推进的过程中，中国电信运营商对中国偏远地区信息化的发展作出了突出的贡献。

截至 2009 年 6 月底，中国网民规模达到 3.38 亿人，手机网民约 1.55 亿，[1] 拥有个人博客/个人空间的网民已经达到 1.82 亿人。2009 年 5 月，全球网民数约为 15.9 亿人，[2] 其中亚洲网民约 6.57 亿人，中国网民占世界网民的比例达到 21.2%，占亚洲的 51.4%；2008 年年底，中国首次超越美国，位居世界网民数第一。10 年前，在 CNNIC 第四次中国互联网络统计报告中，中国上网用户数仅为 400 万，10 年间，网民数量增长了 84.5 倍。更值得令人关注的是，2006 年以后，中国的互联网发展呈现出急遽增长的态势。2006 年之前，中国网民的增长率低于 10%，而在 2006 年以后，增长率开始爬升。2007 年 12 月以后直至 2009 年 6 月，每半年的增长率各为 16.0%、19.1%、22.6%、25.5%；两年之中，中国网民总数平均每年增加 8400 万人左右。尽管中国的网民规模和普及率持续快速发展，但由于中国的人口基数大，中国的互联网总体普及率为 25.5%，略为超过 23.8% 的世界平均水平。

值得注意的是，2008 年年底，中国农村网民规模达到 8460 万人，较 2007 年增长 3190 万，增长率超过 60%，而农村网民的增速远远超过城镇的 35.6%。2009 年中国农村网民已经达到 9565 万人。在中国东中西部地区中，西部省份网民增长最快，网民增速达到 52%，远远超过中部（40.6%）和东部（39.3%）地区。

2008 年年底至 2009 年 6 月，中国 IPv4 地址数量半年增长 2375 万个，目前已经达到 2.05 亿个，超过日本，居世界第二。截至 2009 年 6 月，中国域名的总数为 1626 万个，其中 CN 域名 1296 万个。中国网站数量为 306.1 万个，其中 CN 下网站数占 78.7%。中国国际出口带宽为 747541.4Mbps，半年增长 16.8%。

截至 2008 年年底，中国的网站数，即域名注册者在中国境内的网站数（包括在境内接入和境外接入）达到 287.8 万个，较 2007 年增长

---

① 中国网民是指过去半年使用过互联网的 6 周岁及以上中国公民。

② 数据来源：http://www.internetworldstats.com

91.4%，是 2000 年以来增长最快的一年。

截至 2008 年年底，中国网页总数超过 160 亿个，较 2007 年增长 90%。网页的增长速度与网站的增速基本一致。其中，静态网页约 79 亿，动态网页约 82 亿。自 2002 年开始，中国的网页规模一直保持在高位增长，反映了中国信息资源开发的力度在不断加大。

3.2 应用度向纵深发展

应用度（Intensity）是对一个国家在信息化推进中，信息技术应用的广度和深度状况的测度，反映了信息化对一个国家经济、政治、社会、文化、军事、科技等各个领域的覆盖程度和应用水平。十五届五中全会以后，在中央关于信息化"是覆盖现代化建设全局的战略举措"的战略思想指引下，中国的信息化应用度水平快速提升，出现了相当一批高水平的应用成果，为国民经济和社会发展水平的提升作出了不可替代的贡献。目前，各行各业的许多信息系统或信息化工程，已经成为该行该业赖以生存和发展的战略要素；中国国民经济和社会系统的正常运行，已经离不开各种各样的信息系统的支持。信息系统在中国国民经济和社会系统中的战略地位已经确立。

3.2.1 传统产业改造

本书的第 3 篇重点介绍了中国信息化推进对传统产业改造的情况。在对传统产业的一、二、三产业的改造中，令人印象最为深刻的是中国服务业的信息化发展；然而，第一、第二产业取得了出乎人们意料之外的发展和进步。

中国金融业的信息化水平，就基础设施而言，已经接近世界先进水平。以中国建设银行为例，截止到 2008 年年底，该行拥有大型计算机 27

台套，小型计算机 2883 台套，PC 服务器 11823 台套，刀片服务器 2966 台套，其他服务器 436 台套，共计 18135 台套。全行重大信息系统群组 43 个，包含 153 个以上的主要应用系统。信息化开始走上整体规划、集约经营的现代化发展道路。对客户而言，现在，在国外银行中能够享受到的服务，在中国的各商业银行中也同样能够享受到。

中国民用航空业的信息化水平也已经与国际接轨。民航信息化建设的全球分销系统、电子政务、空管信息化系统、航空运行管理系统、机场管理系统、物流信息系统、电子票务系统，已经使旅客可以轻松实现网上订票、网上支付、自助值机、自选座位、里程累计。

国内主要航空公司相继在国内航线全面推出电子客票业务，目前，纸质机票已经基本退出历史舞台。民航机场在值机服务、数据分析、安全检查、行李托运、航班旅客信息管理等方面也可以提供不逊于其他著名外国航空公司所提供的服务。

信息化对中国农业和农村发展的影响为许多人所始料未及。近年来，中央每年的 1 号文件关注和强调的都是农业和农村问题，包括农业和农村的信息化建设。在政府的主导和市场的驱动下，中国农业和农村的信息化加速发展。在经济比较发达的地区和大农业生产基地，先进的农业信息技术和农业信息化装备正在得到大规模的推广应用。与此同时，信息化迅速与广大农民结缘。2005 年，中国各省、97% 的地市、77% 的县农业部门设置了农业信息管理和服务机构，47% 的乡镇已经成立了信息服务站，发展了近 11 万人的农村信息服务员队伍。2007 年，全国 7 万多个农业产业化龙头企业、15 万左右农村合作及中介组织、近 100 万经营大户、200 多万农民经纪人能够定期得到农业部门的信息服务。截至 2009 年 6 月，中国农村网民规模达到 9565 万人，占全国网民的 28.3% 以上，而且，网民增加速度高于城市近一倍，势头喜人。据调查，农村网民中，14.8% 在过去半年内访问过农村、农业类网站；而网民中的农林牧渔劳动者使用农村、农业类网站的比例为 42.7%。

在第二产业方面，中国制造业的信息化也发展惊人。2004 年，中国制造企业每百人拥有计算机 21.83 台，较 2003 的增加额为 3.12 台，增长率为 16.66%。目前，该项指标已经超过意大利等国，接近中等发达国家水平。2004 年，中国流程型企业生产过程自动化控制率达到 40.8%，高出 2003 年 17.02%，增长率为 71.57%，远远高出 2003 及 2002 年增长比率；离散型企业主要产品生产线或关键工序的数控化率为 41.53%，高出 2003 年 21.24%，增长率达到 104.68%。

根据 2008 年度中国企业信息化 500 强调查报告，中国信息化 500 强企业中，34.5% 的整体信息化水平达到中等发达国家水平，6.4% 则居于国际领先水平。目前，CAD 应用已遍及 29 个省市，4 个行业、600 个示范企业，3000 个重点应用单位，工程设计行业和机械行业的骨干企业，CAD 普及率达 90% 以上，有 10 万家企业和设计院甩掉了图板，据五省市 69 个示范企业的统计，实施 CAD 应用工程累计投入 4.3 亿元，增加产值 74 亿元。全国大约 80% 的大中型企业已经上网，建立了网站，有了网址、主页，开展网上发布产品信息，进行网上洽谈、签约，开展网络经销。近年来，中小企业信息化有很大的发展，52.3% 的企业具有不同程度的信息化应用，虽然核心业务应用普及率尚低于 10%，已经应用 ERP 的中小企业仅为 4.8%，开展了电子商务的中小企业也只有 9%。

中国第二产业中的许多行业都在通过信息化进行企业的技术改造，实现对世界先进水平的赶超。如中国的石油石化业中的四大石油石化企业，信息化建设均处于国内先进水平，部分指标已经达到或接近世界先进水平。在这四家企业中，工程技术和企业经营管理人员人均一台计算机，各类信息系统用户数累计数百万，企业级电子邮件注册用户数超过 100 万，门户网站数过万；网络接点近百万，核心环网最大带宽达 10Gb，集中存储能力超过 2000TB；信息技术人员达到 2 万多人，其中从事集团企业统一信息系统建设的专业化支持队伍达 5000 多人；已经形成了高效、安全、稳定的，以数据中心为核心、网络为纽带、覆盖近百万企业内部用户的信息系统基础设施。

中国钢铁工业信息化的发展速度和成就也十分显著。2008 年年底，中国 57 家重点钢铁企业在用计算机达 18 万多台套，公司级主干网络 4 万多公里，计算机联网 15 万台以上；建成了局域网 1 千多个，视频会议系统 340 多个，工业电视监控系统 1 万多套；超过 90% 以上的企业建成了采购供应管理、销售管理、财务管理系统和企业网站，一半以上的企业实施了 ERP 系统、生产指挥调度、技术质量管理系统和固定资产管理系统。大部分企业面向生产经营的核心业务实现数字化，纵向贯通主要工艺流程的生产制造执行系统、生产过程控制系统和基础自动化系统，横向覆盖企业的核心业务。相当一部分企业梳理业务流程，以系统构建业务流程，固化先进流程，从而完成了财务、采购、销售、生产和库存的集中化，实现管理创新。实时跟踪物料和合同，生产线的计划排产，以销定产，产销一体，管控衔接，三流同步；业务与财务集成，精细成本核算，全面预算管理，提高了会计核算效率，达到管理创新。钢铁企业的信息化总体走向成熟。

3.2.2 电子政务全面推进

本书第 5 篇介绍了政府信息化和电子政务在中国的发展和已经取得的成就。30 多年来，中国政府信息化的发展从无到有，从小到大，逐步追赶并缩短与世界先进国家的差距，加速了政府经济调节、市场监管、社会管理和公共服务各项能力的提升，大大加快了经济社会发展的步伐，在政府网站、网络基础设施、信息资源、业务系统等方面都取得了令人振奋的成绩。

2008 年，中央部委政府网站的普及率达到 96.1%，省市政府网站普及率达到 100%，地市级政府网站普及率达到 99.1%。政府网站已成为发布权威政府信息的第一平台，沟通政民、汇集民智民意的重要渠道。根据中国互联网络信息中心的统计，截至 2009 年 1 月，全国 gov. cn 域名开通已 45555 个，与 1997 年 10 月的统计数字 323 个相比，增长了 141 倍。

国家电子政务外网建设取得阶段性成果，电子政务外网已横向连接 42 个国务院政府机构，纵向连接全国 32 个省级政务外网，并通过各省级外网进一步向下延伸，截至目前已有 12 项政府机构的横、纵向业务在政务外网上运行。

在政府核心业务系统建设方面，重点业务系统建设先后取得了重要成果，发挥了显著的经济和社会效益，也涌现出一批具有国际先进水平的重大信息系统工程。其中，国内外知名的"金关"工程是一个典型的代表。"金关"工程的建设，形成了由"电子海关"、"电子口岸"和"电子总署"组成的海关全方位信息化应用格局，是世界上最先进的海关信息系统之一，在利用信息化为国家"把好关"方面作出了重大的贡献（参见本书第 30 章）。

"十五"以来国家启动建设的重点电子政务工程项目中，"金税"二期工程、"金审"一期工程、"金盾"一期工程、国家电子政务标准体系建设项目一期工程等四个项目已经基本完成建设内容，通过了国家组织的工程验收；"金保"社保工程、"金保"低保工程、"金质"一期工程、"金土"一期工程等项目也都在稳步有序推进当中。"金审"工程的建设，使审计效率普遍提高 3 倍以上。"金税"三期工程建成后，税收征收率将从 2002 年的 63.5%，提高到 75% 左右，国税系统每百元税收成本将由 2002 年的 4.66 元降低到 2.5 元以下。在地方电子政务系统建设中，北京市东城区的"万米网格化管理系统"、宁波"求助服务热线 81890"、福建泉州市的行政服务中心"全程式网上审批"等一大批系统都收到了很好的效果。

电子政务的公共服务已经扩大到包括城镇居民、企事业单位、农村人口和外籍人员在内的几乎所有群体，针对不同类别的服务对象，提供差异性的、内容丰富的公共服务。越来越多的政府网站的服务功能开始由简单的信息发布向网上办事、在线办理转变。统计数据表明，超过半数的地市级以上政府网站已经开始整合政府职能部门所辖的在线业务资源，逐步从以信息发布为主向以在线办事为主过渡。随着政府依靠电子政务手段加强网上行政审批职能，网上审批项目持续增长，既为民众提供了便利，又使得政府可以快速、高效地完成繁琐的行政审批手续。

3.2.3　社会信息化发展提速

本书第7篇介绍了中国的信息化发展在社会建设领域中所取得的成就。其中，中国在教育和科学研究方面信息化发展的成就值得关注。

以中国教育信息化的发展为例，在基础设施建设、农村中小学远程教育、教育信息资源开发等诸多方面均成绩斐然（参见本书第36章）。

中国教育和科研计算机网 CERNET 连接了分布在全国 200 多个城市的高校、教育机构、科研单位 2000 多个，用户超过 2000 万人，已经成为世界最大的国家学术互联网。

CEBSat 覆盖全国，具备传输 8 套电视、8 套广播、25 套以上 IP 数据广播的能力，每年播出课件 5303G，教育视频 9645 个小时，是世界最大的公益性卫星远程教育专业服务网。CEBSat 承载农村中小学现代远程教育工程、农村党员干部现代远程教育工程、军队远程教育等四大国家级卫星远程教育工程，拥有终端站点 65 万多个，其中约 23% 的站点同时接入因特网，是中国广大西部及农村偏远地区主要的教育信息化传输体系。

2003 年至 2007 年实施的"农村中小学现代远程教育工程"，为中西部地区 23 个省、自治区、直辖市及新疆生产建设兵团配备教学光盘播放设备 40.2 万套，卫星教学收视系统 27.9 万套，计算机教室和多媒体设备 4.5 万套，覆盖中西部 36 万所农村中小学，初步构建了覆盖全国农村中小学的远程教育网络，1 亿多农村中小学生得以共享优质教育资源，意义十分重大而深远。

目前，绝大多数高校已建成校园网并接入 CERNET，多数高校校园网已覆盖校内主要办公楼、教学楼、实验楼、图书馆、教师住宅和学生宿舍，设立了网络中心等校园网管理职能部门。全国中小学每百名学生拥有的计算机台数从 2000 年的 1.26 台上升到 2007 年的 4.3 台，中等职业学校每百名学生拥有计算机台数从 2001 年的 11.7 台上升到 2008 年的 13.9 台。

此外，中国在教育信息资源的开发方面也取得了很大的成就。初步建成了国家基础教育资源库、高等教育精品课程资源库（1100 门）、职业教育资源库（130 多个网络课程，非学历成人继续教育资源 1804 门次）、高校网络教育课程资源（20834 门）、教师教育课程资源库等等。"中国高等教育文献保障体系"成员图书馆超过 500 家，联合目录数据库数据量达 180 万条，馆藏总量近 700 万条。"中国高校人文社会科学文献中心"收录近 2800 种外文期刊和 37 万种外文图书，面向全国高校开展文献传递服务，注册用户近 4000 个，成员馆过百家。建设了 28 家大学数字博物馆，涵盖地球科学、人文科学、生命科学和科学技术四大领域，初步形成高效共享机制和统一共享平台，数字化藏品资源总量超过 10 万件。

中国一半以上的高校建立了全校统一的教学资源管理平台，校均数字教学资源超过 600GB。80% 以上的高校建立了电子图书资源，校均电子图书资源达 32 万册。大多数中职学校拥有数字教学资源，85% 的学校拥有自主开发的数字资源，25% 的学校建立了统一的教学资源管理平台，25% 的学校为教师提供了专门的教学资源编辑软件。基础教育学校中 70% 拥有数字教学资源，27% 建立了统一的教学资源管理平台，58% 拥有自制资源。

高校普遍采用信息技术改进教学方式。52% 的高校、10% 的中职学校建有网络教学或辅助教学平台。100% 的高中、90% 以上的初中、20% 左右的中小学开设了信息技术课。2007 年，全国开设"计算机科学与技术"的高校有 598 所，有 847 个专业点。全国高校开设信息类专业点 11280 个，其中本科 4222 个、专科 5517 个、硕士点 1220 个、博士点 321 个。2007 年，普通高等教育信息类专业在校生总数已超过 278 万人。

在科学研究方面，所取得的成就也是多方面的（参见本书第 37 章）。2002 年，科技部启动了国家科技基础条件平台建设，包括研究实验基地和大型科学仪器、设备共享平台、自然科技资源共享平台、科学数据共享平台、科技文献共享平台、成果转化公共服务平台、网络科技环境平台等六个方面。同年启动的"科学数据共享工程"，先后在资源环境、农业、人口与健康、基础与前沿、工程技术、区域综合等六大领域共 24 个部门开展了科学数据建设与共享工作。截至 2005 年 12 月，该工程已经整合、改造了 864 个数据库，数据表单超过 1 万个，总数据量约 50TB。涉及中国约三分之一的公益性、基础性科学数据种类。先后为国家许多重大科研项目和工程提供了基础数据支撑。

2005 年年底，中科院科学数据库建库单位增加到 45 个，建成专业数据库 503 个，总数据量达到 16.6TB，并建成中国科学院数据库服务网站（www.csdb.cn）。"十一五"期间，中科院建立了由主题库、专题库、参考型数据库和专业库构成的科学数据库体系结构，建库单位增加到 62 个研究所，可共享的数据量超过 40TB，提供基于数据网格的科学数据服务。

在科学数据和信息的获取上，中国也不断取得进步。中国自主研制的对地观测遥感卫星形成了气象、海洋、资源卫星三大系列，并开始建设环境与灾害卫星星座。新型的科研仪器和设备，如巡天天文望远镜、正负电子对撞机、宇宙线观测设施等，直接产生海量的数字数据。在野外观测中，许多新兴的科学数据采集和获取手段，如数字传感器和传感器网络、移动数字终端等，也逐步应用到科学家的科研活动中。

此外，在高端计算方面，中国各个领域的科学家也取得了很多重要的成果，如空间天气预报模式、地震模拟模式、海洋灾害预报、基因测序、视化铸锻技术等等。

在社会建设的其他一些领域，如医疗卫生、社会保障、司法等，信息化的脚步也在不断加快之中。

3.2.4 文化信息化加快发展

本书第 8 篇介绍了中国信息化在文化建设领域中的发展和所取得的成就。

由中国政府为主体建设的全国文化信息资源共享工程，是中国公共文化服务体系的基础工程，是政府提供公共文化服务的重要手段，是实现广大人民群众基本文化权益的主要途径，是改善城乡基层群众文化服务的创新工程。目前，已经初步建成 1 个国家中心，33 个省级分中心，1687 个县级支中心，4797 个乡镇基层服务点，与农村党员干部现代远程教育工作和农村中小学现代远程教育工程合作，共建村级基层服务点 75 万个，其中配备文化共享专用设备的有 31.5 万个。

文化共享工程整合了数字图书馆、博物馆、美术馆、艺术院团及广电、教育、科技、农业等部门的优秀数字信息资源。截至 2008 年年底，文化共享工程资源量达到 73.91TB，比 2007 年的 65TB 增加了 8.91TB。其中，国家中心完成 18.8TB，国家图书馆提供了 2.62TB，各地建设 52.49TB。今年前五个月，国家中心新建资源 0.62TB，国家图书馆新提供 0.12TB，使工程资源进一步丰富。

国家中心建设的资源，主要包括地方戏曲 1486 部、2188 小时，影视作品 766 部/集、1326 小时，专题讲座 4324 场、3719 小时，农业专题片 6838 部、2798 小时，曲艺作品 1350 部、649 小时，文化专题片 2929 集、1473 小时、综艺晚会 436 场、480 小时等视频资源。国家图书馆提供的资源包括电子图书、专题讲座等内容。33 个省级分中心和 15 个副省级城市支中心自建了 34355 部/场、32338 小时的视频资源。

2008 年年底，国家图书馆数字信息资源总量已超过 250TB，其中，自建数字信息资源总量达 180TB，包括甲骨、拓片、敦煌文献、地方志、西夏文献、民国图书、民国期刊、博士论文、年画、中文图书、音频资源、在线讲座、在线展览等；外购数据库已达 127 个，包括中外文期刊、图书、报纸、学位论文、会议论文、多媒体数据库等。其中 30 个数据库可以通过代理服务器访问，39 万册中文电子图书可以通过读者卡远程访问；18 个数据库可以通过远程账号访问。

中国信息化的发展还为中国创意产业的发展提供了几乎无限的市场空间。关于这方面的情况，本书第 42 章做了专门介绍。

3.3　影响度日益显著

影响度（Impact）是关于一个国家的信息化推进程度对经济社会发展的影响的测度，反映了信息化对一个国家经济、政治、社会、文化、军事、科技等各个领域所产生的变革和经济社会转型的影响。中国信息化蓬勃发展所产生的巨大需求，不仅推动了中国信息产业的快速发展和产业升级，激励了现代信息技术领域自主创新的发展，提升了国民经济各个领域的技术水平；而且大大加快了信息化新兴产业的形成和发展，对中国经济社会的转型和产业结构的调整发挥了极为重要的作用。

3.3.1　信息产业成为国民经济支柱产业

2008 年，计算机产业实现销售收入 1.71 万亿元，占电子信息产业收入的 27.1%；工业增加值 2690.7 亿元，占电子信息产业的 17.9%，成为拉动电子信息产业增长的主要力量。微型计算机、显示器等主要产品产量位居世界前列，产品结构不断优化，笔记本计算机、液晶显示器等高端产品所占比重不断提高，2008 年微型计算机产量达 1.37 亿台，占全球产量的 60%，其中笔记本计算机 1.08 亿台；显示器产量达 1.34 亿台，占全球产量的 80%，其中液晶显示器 1.2 亿台。

计算机行业是中国出口创汇的龙头产业。2008 年实现出口额 2129 亿美元，占电子信息产业出口额的 40.8%。微型计算机出口 1.08 亿台，出口额 672 亿美元，占计算机产业出口额的 31.6%，是全行业出口增长的重要带动力量。

1998 年至 2008 年的 10 年间，我国集成电路的产量和销售额分别扩大了 18.8 和 21.3 倍，产量与销售额的年均复合增长率分别达到 38.3% 与 40.5%，销售额远远高于同时期全球集成电路年均 6.4% 的增长速度。国内集成电路总产量在 2003 年首次突破 100 亿块，总销售额则在 2006 年首次突破千亿元大关，在 2008 年达到 1246.8 亿元。中国的微电子产业从业人员已经从 90 年代的 3—4 万人发展到目前的十几万人。

2008 年，国内软件产业规模达 7573 亿元，同比增长 29.8%，比上年同期高 8.3 个百分点，是 GDP 增速的 3 倍多，增速在国民经济各行业中位居前列，占全国电子信息产业规模的 12.0%，比 2007 年提高了 1.6 个百分点；比 2000 年的 593 亿元高出近 12 倍，年均增长 37.5%。2008 年，国内软件产业规模占全球软件产业的比重由 2000 年的 1.2%，上升到 2008 年的 11.07%，提高了 8 倍以上。2000 年，我国软件出口仅为 4 亿美元；8 年后，出口额达到 142 亿美元，增加了 34.5 倍，年均增长 56.2%。2000 年，软件从业人员仅 3 万人；2008 年，超过了 150 万人，年均增长 63.1%。

2008 年，我国通信设备制造业实现销售收入 8460.1 亿元，占信息产业收入的 13.4%；手机产量达 5.6 亿部，占全球产量的 50% 左右，我国已成为全球移动通信终端的最主要生产大国；程控交换机产量达 4583 万台。2008 年，通信设备产品出口 870.5 亿美元，同比增长 13.4%，占信息产业出口额的 16.7%。手机出口 5.33 亿部，同比增长 10.4%，出口额 385.4 亿美元，同比增长 8.27%，占信息产品出口总额的 7.4%。

2008 年，我国信息产业实现销售收入 6.3 万亿，比 1978 年增加了 4000 多倍，年平均增长超过 30%，产业规模已居国内工业部门首位；产业增加值达到 1.49 万亿，是 1978 年的 400 多倍，年平均增长超过 20%；产业增加值占全国 GDP 的比重由 1978 年的 0.8% 上升到 2008 年的 5%。

3.3.2　新兴产业异军突起

2008 年，全国电信业务总量累计完成 2.24 万亿元，为 1978 年（11.65 亿元）的 1926 倍，年均增长接近 30%，电信业务收入累计完成 8139.9 亿元，为 1978 年的 652 倍，年均增长超过 20%。2008 年，全国电信业务收入占 GDP（30 万亿元）的比重接近 7.5%，而 1978 年邮电业务总量（含邮政业务）为 34 亿元（以 1990 年不变单价），只占 GDP（3624.1 亿元）的 0.097%。

2008 年，中国移动净利润 1128 亿元，中国电信为 9.79 亿元，中国联通为 339.1 亿元，中国网通（后与中国联通合并）为 120.95 亿元，而 1978 年邮电全行业利润（含邮政）仅 3237.6 万元；四家主要运营商的利润之和为 1978 年邮电全年水平（含邮政）的 4935 倍。

伴随着中国信息化的迅猛发展，传统电信业务业逐步向现代信息服务业转变。电信服务业加快了数据通信、信息服务等多种新业务的发展，增值电信业务逐渐成为电信业务新的增长点。2008 年年底，中国电信当年非语音收入达到 822.94 亿元，占固定网收入的比重，从 2004 年的 22% 提升到 46.1%；增值及综合信息应用服务收入为 256.58 亿元，其中增值业务收入达到 169.8 亿元，仅"号码百事通"业务收入即达 47.87 亿元。2008 年年底，中国移动的移动增值业务收入达 1134.44 亿元，占总收入的比重，从 2004 年的 15.5% 提升到 27.5%。其中短信业务量从 2000 年的 5 亿条增长到 2008 年的 6071 亿条，增长 1213 倍；彩铃收入 143.8 亿元；WAP 收入 129.91 亿元；彩信收入 28.78 亿元。中国联通的增值业务收入占比也从 2004 年的 10.2% 提升到 2008 年的 24.9%。

2008 年，全国广电系统年总收入超过 1452 亿，连续五年保持 10% 以上的增长速度。

3 亿多网民的存在，为中国网络经济和新兴产业的发展创造了极为有利的环境。2003 年至 2006 年，网络招聘市场由 3.1 亿元扩展至 11.5 亿元，年均增长率在 55% 以上；网络教育市场由 144 亿元（2004 年）增至 202 亿元，年均增长率在 18% 以上；网上旅行服务由 3.5 亿元增至 15.4 亿元，年均增长率在 65% 左右。2006 年，中国即时通信市场规模达到 31.5 亿元；2007 年，中国网络音乐的市场规模达到 55.8 亿元。2007 年 7 月，腾讯 QQ 同时最高在线人数突破 3000 万。截至 2007 年 3 月底，中国 WAP 活跃用户数约为 3900 万人，具有独立域名的 WAP 站点数量约为 6.5 万个。中国移动增值服务（短信、WAP、彩铃等）市场规模达到了 61.1

亿元。

在网络视听娱乐方面，CNNIC（2009）报告显示，2008 年，用户数量比 2007 年增长了 6700 万人，用户量年增长率为 36.8%。网络视频在网民中的使用率为 67.7%，相比 2007 年年底净增 4000 多万用户，达到 2.02 亿。IPTV 用户数稳步增长，截至 2008 年年底，达到约 200 万户，同比增长约一倍。

2008 年，中国电子商务交易总额突破 3 万亿人民币，占 GDP 总量的 10%，年增长率达到 50%。截至 2008 年年底，中国网络购物人数达到 7400 万人，国内知名的网上购物网站淘宝网 2008 年全年交易总额突破 999 亿元，超过沃尔玛集团在华的全年营业额（99.3 亿元），是北京王府井百货集团全年销售额的 9.4 倍。互联网应用的快速发展强有力地推动了中国现代服务业的发展，也大大促进了国民经济其他行业的发展和进步。中国互联网经济增长的速度远远高于中国经济增长速度，对中国国民经济的发展作出了突出的贡献。互联网的广泛应用促进了经济发展方式的转变，信息化新兴产业的发展解决了大量不同技能劳动人群的就业问题。

创意产业也是信息化催生的重要的新兴产业之一。根据《中国创意产业发展报告 2008》的数据，2007 年，中国创意产业发展较快的 8 个城市，即杭州、北京、长沙、上海、深圳、广州、重庆、南京，创意产业增加值占城市 GDP 的比重各为 12.1%、10.6%、9.8%、7.0%、6.7%、5.1%、4.4%、3.4%。发展之快及对 GDP 贡献之大，已经超乎人们的想象。2008 年，中国广告业经营额达 1899.56 亿元，同比增长 9.11%；而互联网广告规模接近 100 亿元，同比增长将近 50%。建筑设计业 2008 年营业额达到 102 亿元。2007 年，户外数字媒体产业进入高速增长阶段，市场规模为 1138 亿元。2008 年，中国网络游戏用户数达到 4936 万，比 2007 年增加了 22.9%；付费网络游戏用户达到 3042 万，比 2007 年增加了 36.0%；网络游戏市场实际销售收入为 183.8 亿元，比 2007 年增长了 76.6%。中国自主研发的民族网络游戏市场实际销售收入达 110.1 亿元，比 2007 年增长了 60%。2008 年，中国数字出版业整体收入达 530 亿元，同比增长 46.42%。根据上海市经委的统计数据，2008 年，上海创意实现增加值达 1000 亿元，其中形成 80 家创意产业集聚区，园区总建筑面积近 250 万平方米，共入驻 30 多个国家和地区的 4000 多家创意企业，从业人员 8 万余人，营业收入近 230 亿元。

随着两化融合的推进和中小企业信息化的发展，以计算机和网络技术为基础、以信息和知识服务为主要内涵的生产性服务业也将会有一个较大的发展。

中国人均 GDP 突破 3000 美元和经济社会的继续快速发展，信息化向经济、政治、社会、文化建设各领域全方位、深层次发展的趋势是不可阻挡的。利用信息化手段转变发展方式、增加发展活力、加快经济社会转型、提高国家的核心竞争力，是中国现代化进程中一个不可多得、极为难得的发展机遇。

3.3.3　城乡数字鸿沟开始缩小

随着中国农业与农村信息化的推进，全国文化共享工程、党员干部现代远程教育工程，以及农村中小学现代远程教育工程的开展，我国城乡的数字鸿沟开始缩小。国家信息中心信息化研究部的研究显示，2007 年，我国城乡数字鸿沟指数为 0.64，尽管仍然存在有较大的数字鸿沟，但总体上看，城乡数字鸿沟呈现稳步缩小态势，2002 年至 2007 年间，缩小了 13.5%。

2007 年起，我国农村网民连续两年大幅度增加。据中国互联网络信息中心（CNNIC）公布的数据，2007 年年底，我国农村网民数量达到 5262 万人，比上年增长了 127.7%，城乡互联网差距首次出现明显缩小。2008 年年底，新增农村网民 3190 万人，农村网民规模达到 8460 万人，年增长率超过 60%，远高于城镇网民 35.6% 的增长率。

在城市家庭计算机拥有率连续几年快速增长的情况下，城乡计算机相对差距指数连续几年稳定在 0.95（农村比城市落后 95%），2007 年还略有缩小（为 0.93）。

城乡电话差距进一步缩小。2002 年，全国有 85.2% 的行政村通电话，到 2008 年年底，通电话的比例已经达到 99.7%。农村固定电话普及率由 2002 年的 11.7% 上升到 2007 年的 16.1%，农村移动电话由 2000 年的 4.3% 上升到 2007 年的 77.8%。

城乡电视拥有量的差距逐年减少。农村居民彩电拥有量从 2000 年的 48.76 部/百户，增长到 2007 年的 113.89 部/百户。城乡相对差距指数由 2000 年的 67.82，下降到 2007 年的 43.51%。

国家在"家电下乡"试点成功之后，自 2009 年 2 月 1 日起，电脑也正式进入"家电下乡"行列，农民购买电脑与家电一样可以获得政策补贴。

3.4　小　　结

根据国家统计局制定的信息化发展指数（IDI_{CN}）进行的测算和比较研究表明（参见本书第 81 章），自 2006 年起，中国已经从信息化发展"中低水平国家"跨入信息化发展"中等水平"国家行列。2007 年，中国信息化发展总指数在比较研究的 57 个国家（地区）中，由 2000 年的第 44 位上升至第 42 位，上升了 2 位。2000 年，中国信息化发展总指数比世界平均水平低 17.3%，2007 年差距缩小为比世界平均水平低 4.1%。

2001 年至 2007 年，中国信息化发展总指数年均增长速度为 15.52%，居世界第 14 位，是世界平均增长水平的 2 倍。中国信息化五个分类指数的年均增长速度多数居世界前列，其中知识指数年均增长速度居所比较国家（地区）的第 7 位，环境与效果指数年均增长速度居第 12 位，基础设施指数年均增长速度居第 12 位，信息消费指数年均增长速度居第 13 位，使用指数年均增长速度居第 14 位。2008 年中国信息化发展指数继续较快增长，增长速度为 13.5%。

从信息化的各个分类指数来看，中国与最高水平国家和地区相比差距较大，其中基础设施指数差距最大，无疑与中国人口众多密切相关。2007年，中国基础设施指数相当于该分类指数值最高国家瑞典的25%，环境与效果指数相当于瑞典的56%，信息消费指数和使用指数分别相当于挪威的70%和81%；知识指数相当于爱尔兰的88%。中国在整体经济发展实力、研究开发经费投入以及计算机人均拥有率等方面与发达国家差距仍然较大。

显然，中国信息化进程依然任重而道远。

（本章作者　周宏仁）

参考文献

［1］江泽民：《论中国信息技术产业发展》，中央文献出版社2009年版。

［2］胡启立：《中国信息化探索与实践》，电子工业出版社2001年版。

［3］吕新奎：《中国信息化》，电子工业出版社2002年版。

［4］曲维枝：《中国特色信息化道路探索》，电子工业出版社2008年版。

［5］周宏仁：《信息化论》，人民出版社2008年版。

［6］郭作玉：《中国农村市场信息服务概论（修订版）》，中国农业出版社2008年版。

［7］《中国电子工业50年》，电子工业出版社1999年版。

［8］《中国计算机工业概况》，电子工业出版社1985年版。

［9］《中国信息年鉴2001》，中国信息年鉴期刊社2001年版。

［10］《中国信息年鉴2008》，中国信息年鉴期刊社2008年版。

［11］《数说互联网·1997—2007中国互联网络发展状况统计报告》，中国互联网络信息中心。

［12］《跨越与融合·中国信息化发展报告2009》，电子工业出版社2009年版。

［13］中国互联网络信息中心：《中国互联网络发展状况统计报告》，2009年7月，http://www.cnnic.org。

第4章
中国信息化进程的
国际影响和评价

引　言

新中国成立之后，中国与世界各国近乎同步地开始认识和触及电子数字计算机技术。由于当时复杂的国际环境的限制，中国只能依靠自力更生、自主创新，在不断的摸索和探索中，力求为中国的信息化奠定一个坚实的技术基础。

改革开放以后，中国的信息化进程开始与世界全面接触和互动。随着中国综合国力和在国际政治、经济领域中的地位的不断提高，中国信息与通信技术的研发和应用水平与国际水平的差距也在不断缩小，对世界其他国家和地区的影响也日益加强。这些发展和影响都引起了国际上的广泛关注和重视，得到了越来越多的认可和好评。应该说，这是我国信息化进程在改革开放的大环境下，立足于自主创新，成功地应对全球化挑战的必然结果；也充分证明了建国以来，我国在信息化发展道路上所采取的一系列政策和战略选择的正确性。

4.1　对于中国信息化的早期认识

新中国的成立，虽然在政治上标志着中国人民从此站起来了，但是，在国际上，中国人是"东亚病夫"、"一盘散沙"的印象并没有根本改变。这个连饭都吃不饱、衣服都穿不暖的国家，怎么有可能染指世界上最先进、最前沿的尖端技术呢？

人间正道是沧桑。当代信息革命发生以后的几十年来，在党中央和国务院的领导之下，中央和地方的许多领导干部、专家学者、工程技术人员和企业家，进行了艰苦卓绝的努力，千方百计地力求抓住当代信息革命的机遇，推动中国的信息化进程，为中国实现工业化和现代化、实现跨越式发展服务。

新中国成立之初，中国接触具有世界先进水平的计算机技术的渠道，主要是当时的"老大哥"苏联。据当年到苏联学习电子计算机、并参与了合作谈判的张效祥院士介绍，苏联专家当时的意见是，中国不具备制造计算机的条件，"中国计算机研究室"应该设在苏联。但是，中国更加渴望有自己的信息技术和研发机构。

1956 年秋天，中国历史上第一个计算机出国访问团启程，参加了在莫斯科主办的"计算技术发展道路"国际会议，到苏联去"取经"。据访问团的秘书何绍宗回忆，中国代表团在苏联停留的两个月中，与苏联科学院精密机械与计算技术研究所进行了深入的交流，而且特意对莫斯科、列宁格勒两地计算技术的科研、生产与教育机构和企业进行了考察，重点学习了当时最先进的 M－20 计算机。中国代表团表现出来的对计算机技术的浓厚兴趣和求知欲望，使苏联方面感受到中国发展计算机技术的迫切愿望。1957 年，中国购买了苏联 M－3 小型电子管数字计算机和 БЭСМ－Ⅱ 大型电子管数字计算机的图纸资料，并于 1958 年和 1959 年分别仿制成功。当然，中国人自己制造的第一台电子数字计算机是模仿而来。

1960 年代，中苏失和，中国信息技术与世界先进水平接触的渠道完全关闭，电子计算机的发展不得不走完全自力更生的道路。1965 年，中国曾冲破重重阻力，准备与法国和英国的两家公司签订协议，引进他们的电子计算机，进行研究和仿制。然而，由于"文化大革命"的干扰，这一计划也只能搁浅。可以说，在改革开放之前，中国计算机技术的发展主要是通过自力更生完成的，能够引起国外注意的成果，大多与重大事件联系在一起。例如，当 1970 年我国第一颗人造卫星（东方红一号）发射成功时，法国《费加罗报》曾撰文说，"发射一个空间卫星是困难的，这不是指发射本身，而是指发射所需的一整套技术和工业体系。简而言之，一个空间大国就是一个非常先进的国家。人们能够相信，中国的一切技术手段都是自己创造的，它没有向苏联购买一枚导弹，也没有向美国宇宙航行局要求使用后者的通讯网。"世界开始重新认识中国。

改革开放之后，中国经济快速腾飞，信息技术的发展和应用也迎来了春天。国际上在关注中国经济改革和发展的同时，也意识到中国在信息化的发展上必定会迎头赶上。1985 年，日本《经济往来》刊登了一篇题为"中国的信息化战略"的文章，认为"中国经济已完成起飞阶段，正处在进入重化工业化的入口。中国已经认识到，通讯、能源和交通是经济建设的战略重点，是经济发展的基础。中国现在已经强烈意识到，电信作为传播信息的有力手段，对经济开发和社会进步有重大作用。中国的经济改革将带来信息通信的革命，同时意味着，一个经济强国登上了亚洲和环太平洋经济区的舞台。"这个预言没有错，30 多年来，中国的信息化进程在信息技术的生产和制造，标准和产业，信息技术的推广应用，信息战略的制定和实施，以及信息安全治理等各个领域都取得了骄人的成绩，让世界为之侧目。

4.2 信息技术与产业

在过去的 60 年间，我国的计算机与通信技术和产业，从近乎是一片空白，发展到接近世界先进水平，使世界各国对中国计算机与通信技术和产业的看法，也逐渐地由"与世界先进技术有很大差距"过渡到惊讶于中国的雄心，进而担心中国成为未来的竞争对手。

4.2.1 计算机技术与产业

1983 年，中国第一台每秒运算一亿次以上的巨型计算机——"银河 I 型"研制成功，标志着中国加入了世界上拥有巨型计算机国家的俱乐部。法新社对此事件的评论是，"在 60 年代初，中国几乎没有计算机工业。在过去几年里，中国的计算机工业发展的速度很快。"2008 年 11 月 17 日公布的全球高性能计算机前 500 强排行榜中，我国研制的集群超级计算机——曙光 5000A 跻身世界超级计算机的前 10 名。这个成绩使我国成为世界上第二个可以研发生产超百万亿次超级计算机的国家。《纽约时报》评论说："超级计算机在中印等新兴国家的出现，既展现了这些国家越来越宏伟的目标，也体现了科学与经济的发展状况。"

当 2001 年中科院成功研制龙芯芯片时，路透社评论为："与英特尔 1995 年至 1997 年间的芯片性能相当，很可能用于对速度要求不太高的场合。"2005 年，英特尔微处理器技术实验室主管波克尔（Shekhar Borkar）在接受媒体采访时表示，对于中国在芯片设计能力方面所取得的成就，英特尔并不视之为竞争，而认为这是中国 CPU 技术取得进展的信号。2008 年 8 月，中科院带着国产龙芯 3 号处理器的架构设计在美国硅谷进行展览，引发了国内外媒体和网民的热烈讨论，焦点集中在龙芯 3 能否与 CPU 巨头英特尔等抗衡。新的龙芯处理器提高了与 X86 架构的兼容性，因此在一定程度上成为英特尔的竞争对手。龙芯的问世不仅仅在于中国自主研发出了自己的 CPU 产品，其更深层次的意义在于它证明了，凭借着自身的技术研发实力，中国同样可以自己研发生产出国外垄断的产品。

另一项中国在世界舞台上有影响力的信息技术突破，莫过于王选的计算机汉字激光照排系统。1992 年，他发明的汉字激光照排系统已经占领了国内 99% 和国外 80% 的中文电子排版系统市场。王选因此获得联合国教科文组织科学奖，日内瓦国际发明展览会金牌。

伴随着中国外向型经济的发展，经过十几年的艰苦努力，中国也成为电子信息产品的世界制造基地。2004 年，中国成为全球 IT 产品出口第一大国。2008 年中国生产的显示器、手机、彩电、激光视盘机、笔记本电脑分别占全球总产量的 50%、30%、43%、80% 和 40%。有人戏言，"如果东莞到香港的交通发生堵塞，世界上百分之七十的电脑市场都会受到影响。"2006 年 10 月，《观察家》杂志在一篇题为 "中国制造" 的文章说，"作为最具潜力的信息技术市场，中国还没有能够完全从它巨大的 IT 产品生产能力中获益"，但是 "随着研发能力的增强、信息人才的增加、以及越来越多企业应用信息技术，中国势必在未来的 IT 市场上处于领军地位。"

中国也已经成长为全球信息技术的外包大国，拥有 3000 家软件服务外包企业。美国《纽约时报》著名记者弗里德曼（Thomas L. Friedman）在他蜚声全球的著作《世界是平的》这部书中，详细描述了中国大连的软件和服务外包业务，将大连与硅谷和班加罗尔相提并论。书中写到："我得亲自去看看大连——这座中国的班加罗尔。"

中国的信息技术企业在逐渐占据国内市场的同时，也迈出了走向世界的步伐。其中的典型代表包括海尔和联想、中兴和华为等企业。2001 年《福布斯》杂志曾经报道海尔在美国及欧洲的成功。根据该杂志的排名，海尔位列全球第 6 大家电品牌。2006 年，海尔全球营业额超过了 139 亿美元，冰箱、洗衣机等 3 项核心产品进入全球前三位。中国信息技术企业在世界上最有影响力的事件莫过于 2004 年联想收购 IBM 的全球 PC 业务，而合并后的联想,总部设在纽约的 Purchase,不仅成为一个跨国经营的国际化公司,而且一跃成为世界上第三大微型计算机制造商,在中国北京和美国北卡罗莱纳州的罗利同时拥有两个主运营中心。通过联想自己的销售机构、联想业务合作伙伴以及与 IBM 的联盟,新联想的销售网络遍及全世界,全球员工多达 19000 多名。联想的研发中心分布在中国的北京、深圳、厦门、成都和上海,日本的东京以及美国北卡罗莱纳州的罗利。对于这一收购事件,美国《华盛顿邮报》撰文说,"这个集团通过价值 17.5亿美元的交易,将资本主义世界最显赫的 IBM 品牌收归旗下。这笔交易推动联想跻身于具有知名品牌的国际企业行列。这一交易也是中国日益放眼世界经济的重要标志。联想集团的崛起是这个世界人口最多的国家迅猛发展的传奇之一,是中国经济崭露头角的标志。"《纽约时报》发表了题为"IBM 出售个人电脑业务——架起中美公司之间和中美文化之间的桥梁"一文,认为"这一交易反映出了中国公司希望参与全球竞争的日益高涨的热情。一个接一个行业的美国公司正在匆忙进入中国,试图从中国巨大的潜在市场中获利。而与此同时,像联想这样的中国公司则越来越想进入海外市场,希望获得先进的管理经验和技术。"《洛杉矶时报》发表文章称,"对中国来说,此举的象征意义已经远远超出经济意义。中国进行了 20 多年的市场改革,并使自己成为鞋类、玩具和收音机的低成本制造者。现在,它想攀登新的高峰,以技术专门知识和著名品牌在全球高价值商品市场展开竞争。"

甚至中国的信息技术人才也成为其他国家希望吸引的对象。2000 年德国推出一项名为"绿卡工程"的吸收信息技术人才的计划之后,为了吸引中国大陆的人才,德国商会专门推出了"中德在线"网站,为那些希望到德国工作的大陆信息技术人才提供服务。2005 年,法国经济部长布雷东在一次参议院科技大会上发言指出,中国一个国家所生产的计算机的数量比其他国家加起来的还要多,中国所培养的计算机人才也是世界上最多的,法国希望接待所有希望来法国从事计算机学习和工作的人。

4.2.2　电子通信技术与产业

1994 年，我国第一个省级数字移动通信网在广东省开通，容量为 5 万门。很快，中国的通信市场因为其巨大的市场规模而引起了国外企业和媒体的持续关注。英国《金融时报》在 1996 年撰文称，全球电信业的重心正在向包括中国在内的亚太地区转移。中国电信市场令人惊异的发展速度，迅速引起了世界的惊叹。德国《商报》在 1999 年的一篇文章则惊叹当前没有一个国家的电信市场像中国这样火爆，尤其是移动电话飞速发展。同时，国外媒体也注意到中国通信市场正在成为经济增长的重要引擎。2000 年，《日本经济新闻》在一篇报道中认为，中国通信产业的迅速发展，通信基础设施的普及与通信需求的相互作用，成了推动经济增长的重要因素。2009 年 7 月，中国移动电话用户数量已经达到 6.8 亿，继续保持用户规模的世界第一。中国移动通信市场的迅猛增长，成为挽救许多国际通信设备厂商财务报表的依仗。对于像诺基亚这样的全球通信业巨头而言，中国已经成为其最大的市场；2008 年全球金融危机来临之际，诺基亚在全球市场深陷困境，唯独在中国市场一枝独秀。中国 3G 牌照的发放点燃了移动通信产业发展的熊熊烈火。数以万亿计的市场需求成为经济危机下最诱人的蛋糕。

借移动市场迅猛发展之势，中国的移动运营商以及移动通信设备企业也随之壮大发展，成为国际市场上不可忽视的力量。2001 年 11 月 26 日，中国移动第 1 亿个用户产生，中国移动成为全球客户规模最大的移动通信运营商。2006 年 8 月 10 日，中国移动在纽约股市以 33.42 美元收盘，市值达到 1325.8 亿美元，成为当时全球市值最大的移动通信运营公司。2007 年 2 月 14 日，中国移动宣布成功收购米雷康姆所持有的巴基斯坦巴科泰尔公司的股份，跨国经营实现了零的突破。

以中兴、华为为代表的中国本土通信设备企业开始进军国际市场。2005 年，华为海外销售首次超过国内销售，成为华为业务发展的一个拐点。在国外咨询机构的各种报告中，对于华为、中兴的分析更是连篇累牍，一再提醒全世界关注这两匹惊醒全世界的"中国狼"。中兴通讯跻身美国《商业周刊》"中国十大重要海外上市公司"，成为唯一上榜的中国通信设备企业。从品牌影响力来看，因为有了中兴、华为，国际通信设备业才有了中国企业的一席之地。在一场又一场的海外招标中，中兴、华为充分表现出自己的魅力。在技术上，他们能够和欧美老牌设备厂商较量，而在成本和价格上，中兴、华为在进入国际市场初期，就显示出无与伦比的优势。尽管目前全球通信设备市场的绝对份额中，中兴、华为还在老牌企业爱立信、诺基亚等之后，仍然是小字辈，但是，已经让这些巨头感到了十足的压力。阿尔卡特和朗讯合并、诺基亚联手西门子，国际通信业格局大变，某种程度上就是在中兴、华为进入全球通信市场所引发的连锁反应。

2000 年 5 月，中国的第三代移动通信标准 TD-SCDMA，经国际电信联盟（ITU）批准，正式成为第一个由中国提出的、具有自主知识产权的、被国际上广泛接受和认可的无线通信国际标准。这是我国电信技术发展史上一个重要的里程碑。目前，TD-SCDMA 已经开始走出国门，韩国于 2007 年 4 月开通了 TD 试验网，日本运营商 DoCoMo 和 WILLCOM 也开始在中国的推动下，研讨 TD 及其后续演进标准 TD-LTE。2009 年 1 月 7 日，中国第三代移动通信（3G）牌照正式发放，中国成为唯一一个同时运营三种不同 3G 标准网络的国家。国外媒体纷纷表示，在全球经济低迷的背景下，中国政府此项举措，有利于拉动国内需求和吸引国外的投资。加拿大《市场贸易报》撰文称，中国 3G 技术应用的起步，开创了中国手机的一个新时代，电信商和手机制造商们纷纷瞄准商机，准备在这个新时代大干一场。

4.2.3 知识产权与标准

在中国信息产业参与国际竞争的过程中，标准和专利之争也随之打响。2003 年 1 月 23 日，思科正式起诉中国华为公司及华为美国分公司，要求停止侵犯思科的知识产权。国内外媒体对这一起被称为"中美 IT 知识产权第一大案"，给予了极大的关注。《华尔街日报》文章指出：两家公司的商业纠纷超过了市场份额本身，中国高速成长的科技公司已经对美国公司的全球市场形成威胁，使它们开始用知识产权这个武器来遏制中国企业的进取之势。此案最终以双方和解告终，但是它所产生的影响是广泛和长远的。此后，中国企业认识到，知识产权将成为参与国际竞争不可或缺的工具。自1994年中国申请人可以通过"专利合作条约（PCT）"途径申请外国专利以后，中国每年申请的国际专利数逐年增加。2008年，在世界知识产权组织公布的全球专利申请排名榜上，中国成为申请专利第六多的国家；中国华为公司首次在企业（个人）申请数量榜上占据榜首，结束了飞利浦连续10年的榜首地位。

中国希望制定和实施自主可控的技术标准，从而为自身的信息产业发展和国家安全提供保障。但是面对中国这样巨大的市场，跨国IT企业并不愿意轻易屈服于中国企业的标准化战略。2003年12月，国家认证认可监督管理委员会发布公告，根据中国无线局域网的强制性安全标准WAPI，要求未获得强制性产品认证证书和未加施中国强制性认证标志的无线局域网产品不得出厂、进口、销售或者在其他经营活动中使用。此举受到了国外政府、企业和利益集团的强烈反对。但是经过不懈的努力，在2009年国际标准组织ISO/IECJTC1/SC6会议上，WAPI仍然获得包括美、英、法等10余个与会国家成员的代表的一致同意，以独立文本形式推进其成为国际标准。这意味着WAPI的技术优势，再一次获得与会各成员国的充分肯定，也是中国在国际信息技术标准领域的一次重要胜利。类似的成功，随着中国信息技术产业的不断壮大，已经越来越多。2008年7月，《信息设备资源共享协同服务（闪联/IGRS）国际标准研制》以高票通过成为国际标准，填补了我国信息产业在ISO领域的空白，从而使我国企业在全球3C协同技术领域拥有了话语权，标志着中国标准在国际标准格局中已经占有重要地位。中国制定了自己的《中文办公软件文档格式规范（UOF）》，并且正在与已经成为国际标准的ODF融合，成为国际标准。

4.2.4 互联网发展

1983 年，中科院高能物理所成为西欧核子研究中心的成员，由于当时电信费用很高，为了方便交流，双方尝试搭建一条直连的网络。1986 年，中国科学院和西欧核子中心联网，中国第一封电子邮件由中国科学院高能物理所发到日内瓦的核子中心。同年，中国科研网（Chinese Academic Network，CANET），与德国卡尔斯鲁厄大学合作，也实现了国际联网。1987 年 9 月，中国科研网给卡尔斯鲁厄大学的沃尔纳（Zorn Werner）教授发出了一封中国互联网发展史上知名的电子邮件，名为"越过长城我们能够达到世界的每个角落"。经过中国科技界同行持续不断的努力，1994 年春天，中国科学院和美国的自然科学基金会在华盛顿举行了一次会见。讨论的主要问题就是中国应该被接纳，接入互联网。随后，很快就开通了中国与国际互联网骨干网的全功能连接。

从那时开始到如今的 15 年间，中国互联网以令人惊异的飞速发展。在网民规模、宽带使用率、应用水平等方面，迅速缩小与发达国家的差距，成为全球互联网必须重视的重要组成部分。2008 年 6 月，中国网民数超越美国成为世界第一，《纽约时报》评论说，"这表明，过去数年中，这个国家在互联网应用方面掀起了一场巨大的应用浪潮"。电子商务伴随着中国国际贸易的发展而走向世界，"淘宝网"的触角已经伸向北美、欧洲、东亚、澳洲等国家和地区。《经济学家》杂志 2007 年的一篇文章评论说，"很明显，电子商务对中国要产生比对西方更大的影响。中国创造出来的网络贸易的新模式将扩散到西方世界。"

2008 年 6 月 20 日，胡锦涛主席通过人民网强国论坛同网友在线交流，引起外国媒体的广泛关注。BBC 报道称，胡主席与网友直接交流体现了中国共产党对民声、民意的重视。俄罗斯新闻网则说，随着中国网民数量的不断增长，网络媒体如今已成为中国大众传媒的重要组成部分，中国政府也越来越重视网络媒体在社会舆论中的推动作用，本次胡锦涛直接与网民对话，体现了在信息时代中国领导人更加开放和自信的执政风格。

2002 年，中国启动了下一代互联网的有关工作。工作伊始，中国的科研工作者就坚持以"开放性、标准化"为指导方针，积极开展国际交流，密切关注国际下一代互联网发展动向，努力实现与全球下一代互联网的高速互联；发起并积极参与下一代互联网核心技术的国际标准制定工作，以保证我国下一代互联网发展与国际同步，把握住国际竞争的主动权。2007 年，科技部部长徐冠华与欧盟信息社会与传媒委员瑞汀（Vivian Redding）女士在北京签署了《中欧高速网络基础设施及其重大应用战略合作的联合声明》，标志着中欧在下一代互联网研究与建设的合作全面启动。

4.3　信息化政策与战略

中国对信息化的认识和推进，一直紧跟全球发展的步伐。特别是进入新世纪以来，中国将国民经济和社会信息化作为覆盖现代化建设全局的战略举措后，中国的信息化战略和政策成为国际信息化有关人士讨论关注的焦点之一。世界银行专家达尔曼（Carl Dahlman）和奥伯特（Jean-Eric Aubert）（2001）在题为《中国与知识经济：抓住 21 世纪》的报告中，着重指出，中国信息化的战略地位较高、目标明确、措施得当，有力地促进了中国经济和社会的发展。《纽约时报》专栏作家弗里德曼出版的《世界是平的（2005）》一书，就是从信息产业的角度，讲述了全球化如何让中国和印度的信息技术产品和服务与发达国家站在了同一条起跑线上，并从此延伸到其对国家发展的影响的讨论。西格德森（Jon Sigurdson）在他的《中国：下一个技术强权（2005）》一书中，特别对中国的集成电路产业和自有技术 TD-SCDMA 的倾斜政策进行了制度化分析，认为对这些信息技术的保护性开发将把中国变成一个信息技术的强国，从而从产业的低端走向高端，最终变为强权。《千年终结（2004）》的作者卡斯迪尔（Manuel Castells）在其所编著的《网络社会》一书中，收录了刘（Jack Lin-chuan Liu）的一篇关于互联网时代中国技术变迁的文章。文章中，作者回顾了技术在中国发展的历史，指出由中国政府高层极力推动的信息化，比照大跃进等工业化的实践，是中国技术发展史上最成功的技术变革。文章指出，信息化伴随着市场化同时进行，深刻地改造了整个社会的文化传统，可以叫做"有中国特色的信息化"。

伴随着中国信息化的推进，在各类全球信息化水平的排行榜上，中国的排位也有了显著的上升。为了研究信息化程度对各国经济社会发展的影响，世界银行开发了知识评估方法（Knowledge Assessment Methodology-KAM）指标体系，基于一般从经济和制度、教育和培训、信息基础设施、创新体制等四大方面的数据，对各国知识经济的指标体系进行评价。中国信息化的各种指标体系从 1995 年的 97 位，上升到 2008 年的 77 位，对比发展水平相似的金砖四国的数据，中国虽然比巴西和俄罗斯的综合水平要差，但强于印度，而且在所谓的四个新兴国家中，以 94% 的增长率成为增长最快的国家，印度和俄罗斯则呈现下降的趋势。世界经济论坛从 2001 年开始发布《全球信息技术报告》，每年对世界各国的信息化水平进行排名。中国的排名从 2001 年的 64 位，逐年攀升到 2008 年的 46 位。

在经济合作与发展组织（OECD）出版的《OECD 国家信息技术概况 2006》的报告中，专门有一章介绍中国的信息技术产业和互联网发展情况。该报告指出，从本世纪初以来，虽然中国的信息技术产业掌握的核心技术有限，但信息技术却大力地扶持了国家的进出口贸易，信息技术公司和工厂的产能急剧增加，涌现了一批为国外代工的本土 IT 生产企业；同时，作为最大的 IT 产品消费市场，信息技术应用的需求迅速增大，成为世界第六大的信息通讯技术市场，PC 拥有量和互联网接入率快速提高。报告也指出，中国的信息服务产业尚待进一步发展。该报告分析了中国政府"走出去"的战略对中国信息通信技术出口的积极影响，并进一步预测，随着该政策的充分落实，中国的信息技术产品、软件产品将逐渐成为国际市场的主要竞争者；同时，中国政府鼓励创新、培育自有知识产权技术标准、信息产业的高附加值转型、网络融合和数字内容产业等诸多政策，将提升未来中国在信息技术产业的供给能力，并为中国国内的应用和扩展打下了良好的基础。OECD 的报告特别提到，中国对信息化认识的高度，特别是以信息化促进工业化的战略举措，被认为是中国全面转向信息化应用的标志。报告认为，随着信息技术应用在中国的持续推广，中国将成为最大和最重要的信息技术市场，中国本身对于信息技术应用的需求，将进一步带动信息技术产业的发展和互联网的发展。

2006 年，中国颁布《2006—2020 国家信息化发展战略》之后，在世界上引起了广泛的影响。世界银行在与原国务院信息办及国家信息化专家咨询委员会合作进行的一项关于中国信息化发展战略的研究之后，将研究报告以图书的形式出版，书名为《中国的信息革命：推动经济和社会转型》。在为该书所做的序言中，世界银行东亚和太平洋地区副总裁亚当（Jim Adam）说，"制定一部新的、更加高效的信息化战略，能够帮助中国促进创新、更高效地利用经济资源、提高劳动生产率和国际竞争力，从而助其实现经济和社会发展目标。"

2009 年 8 月，世界银行出版的《中国农村信息化》（Rural Informatization in China）一书，系统地分析了过去 15 年中，中国农村信息化的发展变化，作者认为中国农村信息化在消除贫困、提高农民生活质量、促进农村经济发展等方面发挥着越来越重要的作用。世界银行全球信息与通信技术部主任哈利尔（Mohsen A. Khalil）在为该书所作的序言中评论说，"中国的信息化发端于沿海地区，现在则正快速地向内地农村地区扩展，这将使中国的 7 亿农民受益。中国政府一直致力于将推进农村信息化作为消除贫困、提高农民生活质量的战略行动之一。寻找可持续发展模式将是中国实现区域统筹发展和缩小城乡差距的关键。"

中国积极参与各种双边和多边的国际信息化对话，向世界宣传中国的理念和进展。联合国于 2003 年在日内瓦、2005 年在突尼斯分两个阶段召开了"信息社会世界首脑会议"，中国政府都派了高级代表团参加。时任国务院副总理的黄菊率中国政府代表团出席了突尼斯阶段的峰会，并在会上发表了题为"加强合作，促进发展，共创信息社会美好明天"的主题发言，从促进协调发展、加强国际合作、充分尊重各国社会制度差异性和文化多样性等四个方面阐述了我国政府关于建设信息社会的观点和主张。他同时指出，互联网治理应遵循政府主导、多方参与、民主决策、透明高效的原则，建立有效的沟通、协商机制，防范、打击利用信息技术和资源进行经济欺诈、暴力、恐怖及危害国家安全等犯罪活动。

中国与美国、欧盟及其成员国、日本等多个国家开展了信息化政策与战略的对话，既有助于中国了解全球信息化的发展趋势和世界各国的主要对策；也可以帮助世界认识和了解中国，知道中国的见解和理念。毫无疑问，这种对话起到了重要的沟通作用。2002 年，中国和欧盟签署协议，启动了"中国—欧盟信息社会项目"，帮助中欧双方各界在信息化法律法规、电子政务、电子商务等方面进行了广泛的交流。2009 年 6 月，这个项目圆满完成，获得了欧盟的高度评价。

（本章作者　刘博　杨煜东）

参考文献

［1］"纪念中国计算机事业 50 周年"座谈会，2006 年 9 月 5 日。

［2］《信息革命的流金岁月》，《计算机世界报》2004 年第 26 期。

［3］《外国媒体记录的中国航天之路》，新华网 2007 年 10 月 26 日专稿。

［4］《参考消息》1985 年 4 月 10 日。

［5］《Computing From Weather to Warcraft》，美国《纽约时报》2008 年 11 月 18 日。

［6］http://news.zdnet.com.cn/zdnetnews/2002/1224/78978.shtml。

［7］《Intel lauds Chinese CPU development》，IDG 新闻，2005 年 10 月 18 日。

［8］《王选激光照排引发汉字印刷革命：创新文化之旅》，《新京报》2006 年 7 月 27 日。

［9］《当代毕昇激光照排之父王选》，王选接受央视访谈实录，2006 年 2 月 13 日。

［10］《参考消息》2008 年 12 月 10 日。

［11］《参考消息》2000 年 10 月 11 日。

［12］《法国经济部长呼吁借中国人才发展本国信息产业》，中新社巴黎 4 月 28 日电。

［13］《思科华为案：中国竞争力升级的喜与悲》，《商业周刊》2004 年第 1 期。

［14］China Surpasses U. S. in Number of Internet Users，美国《纽约时报》，2008 年 7 月 27 日。

［15］E-commerce with Chinese characteristics》，英国《经济学家网站，2007 年 11 月 15 日。

第二篇

信息化发展历程

第5章

艰苦中创业

引　言

世界各国没有相同的现代化道路。《简明不列颠百科全书》在解释"现代化"一词时指出："现代化过程是一种无最终目标的连续性变革，会影响到整个社会，其中包括经济、政治和社会制度。"该书还指出："现代化没有一定的典型模式，没有两个国家可以取同样的道路。因为各个社会的发展是不平衡的，社会和文化的变革并不是同时发生的，也不可能以同一速度发展。"

信息化也是现代化进程的一种描述，与各国的经济、社会、政治、文化发展状况密切相关。世界各国不会有相同的信息化道路。不仅国与国之间信息化的道路不会相同，就是在一个国家内部的各个地区之间，信息化的道路也不会完全相同。信息化也没有固定的模式。信息化在中国的发展，不是从信息化的概念或者信息化的定义出发的，也不是信息化是什么我们就做什么；不是从模仿出发，看看其他国家做什么，我们也做什么。中国的信息化，是结合中国的实际情况，从中国的国情出发，从中国经济社会发展的实际需要以及所面临的问题和困难出发,特别是从紧迫的需求出发的。

新中国成立以来的中国信息化进程,大致可以分为四个阶段。第一个阶段是艰苦创业的阶段,从中国《十二年科学规划》的制定至"文化大革命"前夕(1956—1966年);第二个阶段是劫难中曲折发展的阶段,从"文化大革命"开始至改革开放前夕(1966—1978年);第三个阶段是改革开放开创新局面阶段,从改革开放至十五届五中全会(1978—2000年);第四个阶段是全方位高效益推进,从中共中央十五届五中全会直到今天(2000年至今)。本书的第5—8章将对这四个阶段分别予以介绍。

5.1 电子数字计算机在中国的诞生

第一个五年计划(1953—1957年)的执行,奠定了中国电子工业的初步基础。《十二年科学发展规划》制定并开始实施,中国的计算机技术和产业发展开始起步。其中,中科院计算机技术研究所的组建,北京有线电厂建设,对日后中国电子计算机和通信产业的发展有重要影响。

在第二个五年计划和三年国民经济调整时期(1958—1965年),电子工业经历了曲折的发展过程。在民品方面,主要发展广播、电视设备,建设供应邮电及国民经济各部门所需要的通信设备厂、电报机械厂,以及与之配套的电子器件和电子元件厂;逐步建立电子测量仪器及电子专用设备两个行业,以加强电子工业自我武装的能力,加速建立电子学与无线电技术的科学研究机构,积极开展科学研究工作;成都和西安两个电讯工程学院开始建设,并抓紧培养电子工业的建设人才。

5.1.1 计算机技术在中国的传播

1946年第一台电子计算机在美国问世以后,1949年和1950年,英国和苏联先后制成了本国的第一台计算机；日本也开始关注计算机的研制。到了 1953 年，世界上大约已经有 100 台电子数字计算机在运转。

1952 年，中国科学院近代物理研究所，开始着手计算机的研究。1953 年，中国科学院数学研究所成立了计算机研究小组。1954 年 11 月 8 日，《光明日报》发表了科学院近代物理研究所副研究员吴几康题为《漫谈计算机》的文章；1955 年 11 月 14 日，闵乃大在《人民日报》上发表题为《一个新的科学部门——自动快速电子计算机》的文章，第一次向中国人民系统地介绍这种人类智力放大的工具。文章指出，历史上的发明，都是用于减轻人的体力劳动，但电子计算机的发明，却给我们开辟了一个新的时代，即人类开始用机器减轻人们脑力劳动的时代。这样，通过各种途径的传播，中国人民终于知道了计算机这一人类伟大的发明。

1956 年，《十二年科学规划》经党中央和国务院批准后开始执行。中科院开始筹建计算机技术研究所，华罗庚教授任筹建委员会主任。1959 年中科院计算所成立。

5.1.2 第一台电子数字计算机的诞生

中国第一台电子数字计算机的诞生，是周恩来总理亲自主持制定的《十二年科学规划》的重大成果，是党中央的英明决策，电子数字计算机发明的启迪，苏联的技术资料，以及新兴的中国电子工业相结合的产物。为了使中国的电子计算机技术和产业迅速取得突破，在科学技术准备、生产装备、技术力量、各种资源都极度缺乏的情况下，党中央和国务院采取统一指挥、集中力量、不拘一格、各尽所能的做法，用了不到三年的时间、很有限的资金，就取得了成功，开创了我国的计算机事业。

1. 中国第一台电子数字计算机——103 计算机的诞生

1956 年，为了进一步了解计算机技术，中国派出一批高级科研人员赴苏访问；1957 年，又派出一部分工程技术人员到苏联作短期的实习。随后，中国立即着手仿制苏联 M－3 小型电子管计算机和 M－20（后决定改仿 БЭСМ－Ⅱ）大型电子管计算机。在中国，仿 M－3 的计算机最后定名为 103 通用数字电子计算机（DJS－1 简称为 103 机），仿 БЭСМ－Ⅱ 的计算机定名为 104 通用电子数字计算机（DJS－2 简称为 104 机）。两机分成两支队伍，分头进行研制。试制工作于 1957 年下半年正式开始。1958 年 6 月 1 日，103 机全部装焊完毕，于 8 月 1 日进行了公开表演运算（曾因此被命名为"八一"机）。当时的中国科学院副院长张劲夫曾不无自豪地宣布说：中国有了计算机。

　　在时间上，103 机与美国的第一台电子计算机相差仅约 10 年。103 机只有二进制 30 位，运算速度每秒仅 30 次，以容量为 1K 的磁鼓作为内存储器，全机 700 多个电子管；外部设备由电传打字机、由苏式五单位 F50 型发送器改装；用了 3 个大机柜，机房占地约 40 平方米。虽然这台机器的指标落后，稳定性不高，但是，从计算机原理、生产组织、工艺、技术文件、元器件生产等方面，提供了有价值的资料和经验，锻炼了队伍，培养了一批技术人员和生产工人。

图 5.1　中国第一台电子数字计算机——103 计算机

　　2. 中国第一台大型通用电子计算机——104 计算机的诞生

　　1958 年 5 月，104 机开始试制；1958 年 10 月，基本完成部件的生产，并陆续集中到科学院计算所。1959 年夏天，调试工作结束。1959 年 10 月，中国第一台大型通用电子计算机——104 机试制成功。全机含 4200 个电子管，4000 个晶体二极管，用了 22 个大机柜，机房占地约 200 平方米，加上 200 平方米的电机组机房。这台机器的性能指标在当时来说也是相当先进的：字长 39 位，每秒运算 1 万次，以容量为 2048 个全字长的磁芯体作为内存储器（可扩充到 4096），2 台容量为 4096 全字长的卧式磁鼓为外存储器，还有每秒 15—20 行的快速打印输出机，2 单位光电纸带输入机，2 台 1/4 英寸磁带机，功能设备都较齐全。

在中华人民共和国建国十周年大庆前夕，104 机成功地通过试运算，工作稳定，试制任务胜利完成。《人民日报》为此发表消息，正式宣告中国的第一台大型通用电子计算机试制成功。104 机这台中国最早的计算机的生产，是在当时的北京有线电厂，以原职工食堂临时改建为生产车间的环境中诞生的。

图 5.2　中国第一台大型通用电子数字计算机——104 计算机

虽然 103 机未能稳定工作，104 机也只是一项科学研究的成果，并不是正式的工业产品，但是，它们的研制成功，是《十二年科学规划》的重要成果，在中国计算机发展史和信息化发展史上都具有里程碑的意义。这两台最早研制成功的计算机，随后都交给了国防部门使用，对促进中国尖端武器的发展作出了很大贡献。

从时间上来看，中国计算机事业起步晚于美国、苏联、英国，而与日本、法国、德国相差不多。中国用了不到三年的时间、不多的资金，先使中国有了电子计算机，进而成功地研制出当时技术指标比较先进的大型通用电子数字计算机，从无到有地开创了中国计算机事业，并使之及早地为中国国防和经济建设服务。在计算机研制之初，中国采用的就是研究所和生产厂的合作。这些做法在战略上都是正确的、成功的。

5.2 电子计算机产业的雏形

中国在电子数字计算机的研制之初，即着眼于尔后的批量生产和产业发展，而不是仅仅停留在电子计算机技术的研究上。为了实现电子计算机生产的产业化，中国政府采取了多管齐下的方针，包括利用 103 机、104 机研制所取得的经验，积极组建电子计算机的研究机构，在高等院校设立电子计算机的专业培养计算机的人才，在全国范围内建设电子计算机生产厂。这些举措，使中国的电子计算机工业紧跟当时世界上电子计算机技术发展的步伐，不断缩小中国与世界的差距。

5.2.1 计算机生产的产业化

1957 年至 1958 年间，北京、上海、江苏、四川、武汉等地区，以及部队、高等院校等纷纷着手筹建电子计算机的研究、生产、教育机构。其中，较为重要的有 1958 年在上海建立的华东计算技术研究所，1959 年在北京建立的华北计算技术研究所。1957 年到 1959 年，继清华大学和哈尔滨工业大学之后，哈尔滨军事工程学院、北京大学、交通大学、南京大学、北京工业学院、北京航空学院和中国科技大学都先后开设了电子计算机专业。一机部、二机部、石油部、水电部等，陆续成立了主管计算机研究、生产、应用的机构。1958 年，中国还向苏联和英国派出了计算机专业的留学生。中国科学院于 1958 年创办了第一个计算机的学术性刊物

《电子计算机动态》。

1962 年 12 月，103 机作为正式的工业产品，投入小批量生产。第一台生产的 103 机，1962 年在中国科学院大连化学物理研究所投入使用，直到"十年动乱"开始，该机用于科学计算，包括火箭燃料配方、量子化学计算、船舶螺旋推进器设计等重要课题。陈毅副总理曾到大连化学物理所参观过该机，对机器的良好工作状态给予赞扬。

中国第一代电子管计算机 104 机共生产了 7 台，103 机共生产了 36 台。到 1973 年，四机部直属和归口的企事业生产了各类电子数字计算机 250 台，电子模拟计算机 192 台，机床数控设备 69 台，台式计算机 100 余台。拥有计算机生产厂点 20 多个，成长起一支专业技术队伍，计算机企业的职工总数近 2 万人，其中工程技术人员 6 千人，占职工总数的 30% 左右。

5.2.2　晶体管计算机的研制和生产

20 世纪 60 年代中期，中国已经试制成功 5 种型号的晶体管计算机，并投入小批量生产，标志着中国的计算机工业进入了第二代。

1950 年代后期至 1960 年代初期，美国已开始拆除电子管计算机。中国的科学技术领导部门、科研单位和高等院校，也已经把握了世界上出现的这种新的技术趋势。1958 年，科学院研制了 109 乙晶体管计算机。1962 年，华北计算所也开始研制 108 甲晶体管专用计算机。1962 年，哈尔滨军事工程学院开始着手研制全半导体计算机；1963 年，开始试制通用的 441B 机（图 5.3）。441B 机稳定性很高，较之电子管计算机有明显的优越性，虽然直到 1965 年初才正式鉴定，但在试运行期间，已经在中国计算机业界造成很大影响，对中国电子计算机进入第二代的发展起到了很好的示范作用。1966 年，鉴定后的 441B 机，由天津电子仪器厂接产。

1963 年 10 月，国家科委提出试制三种晶体管计算机的任务，定名为 X-1、X-2、X-3。北京有线电厂则提出一个新的计算机——121 机的方案，指标略高于 X-2，字长为 42 位，运算速度每秒 3 万次，内存容量

图5.3 中国第一台全晶体管电子数字计算机——441B计算机

8192（可扩充到16384），配有宽磁带机，两台容量为16000的立式磁鼓，5—8单位光电输入机，快速打印机。同年，国防科委也向华北计算技术研究所下达了试制108乙机和108丙机的生产任务。1965年年初，108乙机和121机由华北计算所和北京有线电厂合作生产；121机以北京有线电厂为主，108乙机以华北计算所为主。121机由北京大学配以高级语言ALGOL，而108乙机则设计为121机的高档机，运算速度为每秒6万次，字长48位，带4台G-3磁鼓。121机，尤其是108乙机的技术指标，在当时有一定的先进性，而且价格也有一个数量级的下降。1964年12月，通过样机鉴定，121机成为中国最早能进行批量生产的第二代计算机。1967年，108乙机在北京有线电厂通过鉴定，正式投产。

1965年，北京计算机三厂与清华大学协作，成功研制并生产了112（DJS-5）小型晶体管计算机。该机字长21位，速度每秒约6000次，虽然规模较121机小，但工艺的先进性和121机相同。1966年，该机送至日本展出，成为中国第一台在国外展出的电子计算机。

这样，在1960年代中期，中国已经生产出441B机，121机（DJS-21），108乙机、112（DJS-5）机，X-2等五种晶体管计算机。这五种电子计算机的试制成功与投入小批量生产，标志着中国计算机工业成功地进入了第二代。中国已经有能力自行设计适合中国国情的计算机，尤其是108乙机、121机，技术指标较先进，产量都超过100台，也相继送到国外参展和使用。

"十年动乱"期间，中国开始生产第二代计算机，计算机事业受到严重影响，计算机事业的主要领导干部和技术人员的积极性受到挫伤，严格的工艺规程、规章制度和生产秩序被破坏，计算机的正常设计和生产被迫中断，产品质量下降，只是由于从事计算机工业的广大工人、技术人员和领导干部的努力，才使这一时期中国仍有一定产品问世，但与西方工业国家的差距不但没有缩短，反而拉大了。

5.3　相关技术与产业的发展

电子数字计算机的研制和生产，带动了相关技术和产业的发展。其中，首先是半导体和微电子产业的发展。因为，由电子管到半导体，再到集成电路和超大规模集成电路，靠的是半导体和微电子技术；他们是电子数字计算机的物质基础。其次，是计算机软件技术和产业，因为他们使电子计算机能够更有效地运行，提供更多的应用服务。第三，电子计算机的发展还促进了数据通信技术的发展，当然，数据通信的发展是建立在传统的语音通信技术和产业发展的进程之上的。

5.3.1　中国半导体和微电子技术的萌芽

1947 年，贝尔（Bell）实验室的肖克莱（William B. Shockley）等人发明了晶体管。1956 年，国际上以大量使用晶体管和磁芯存储器为主要特征的第二代电子计算机诞生。

1957 年 11 月，仅比美国落后 10 年，在王守武、林兰英和武尔桢等人的领导下，研制出了中国第一个锗晶体管。武尔桢于 1958 年用自己研制的晶体管装出了中国第一台半导体收音机，随即将这台收音机送到周恩来总理手中，向周总理汇报。1959 年和 1962 年，中国成功研制出硅单晶和砷化镓晶体材料。

1960 年，第二机械工业部第十总局决定组建河北半导体研究所，以加强中国半导体的科学研究和研发工作。1963 年 3 月，四机部部长王诤提出军事装备尽快实现半导体化、小型化、系列化、标准化、积木化的五化方针，为中国半导体产业的发展注入活力。1964 年，四机部在北京电子管厂建立锗低频小功率晶体管生产线，并于 1965 年投产。1966 年，全国半导体专业厂从 1963 年的 4 家增加到 45 家，年产量从 150 万只上升至 2700 万只。

中国自己研发的第一块集成电路（DTL 型数字逻辑集成电路）于 1965 年问世，仅比美国仙童公司（Fairchild Semiconductor, The Power Franchise）于 1959 年研制成功的世界上第一块集成电路晚 7 年。中国集成电路的研制工作起步于 60 年代初期。河北半导体研究所成立以后，在大力开发锗器件的同时，又着力开发硅和砷化镓等化合物材料及器件。1963 年，硅平面管研制成功；1964 年，又突破了集成电路中的二氧化硅和 PN 结隔离等关键工艺；1965 年，河北半导体研究所研制成功了中国第一块集成电路——DTL 集成电路。

中国的第一块集成电路研制成功以后，为了加速中国集成电路的发展，四机部于 1968 年组建了中国第一个专门从事集成电路研制、生产的专业工厂，即东光电工厂。而后不久，上海仪表局又组建了专门从事集成电路研制、生产的上海无线电十九厂。

5.3.2　中国电子计算机软件技术的发展

1959 年夏，中国试制成功规模较大的 104 机。尽管当时在美国已经出现了汇编语言和 FORTRAN 等高级语言，但是，由于国际环境比较封闭，当时中国的科技界对软件尚缺乏认识，在早期的电子计算机研制中，对系统软件方面没有能够给予足够的关注，计算机的应用程序都是按照机器指令编写。

1950 年代中期，许多大学开始开设计算数学专业，为中国早期的软件队伍培养了一批骨干力量。1964 年，南京大学和华东计算技术研究所合作，在国产 J501 计算机上研制出中国第一个 ALGOL 语言编译系统；1966 年年初，南京大学成功地为国产 103 机配上了 ALGOL 语言。同一时期，中国陆续出现了一些早期的管理程序。其中，比较早的有哈尔滨军事工程学院为 441B 机设计的管理程序，还有华北计算所为 320 机（DJS－8）研制的管理程序。因此，中国在 1960 年代中期研制出来的第二代电子计算机上，才开始配备管理程序、编译程序等系统软件。

随着中国电子计算机的应用由科学计算逐渐扩展到数据处理、过程控制等领域，在国外对中国实行封锁禁运的年代，中国依靠自主独立研制的计算机系统软件和应用软件，以自然科学为对象，以大型工程和军事、航天应用为目标，取得了一批应用成果。当然，这些软件的主要使用对象是科研单位和高等院校。因此，在发展的初期，中国的计算机软件更像是一种科学成果，而不是商品。但是，这些软件的应用，保证了许多重大国防工程的完成。

5.3.3　中国的通信设备制造业

旧中国的通信业极为落后。新中国成立之时，全国只有 31 万门交换机。建国初期，中国的通信产业在抗美援朝战争中锻炼成长，在自力更生的同时，学习苏联的通信技术，努力提高产品的技术水平和质量，发展通信的新产品。

党中央和当时的政务院非常重视通信工业的发展。1953 年至 1966 年间，中国对通信工业共投资 2.77 亿元，新建 12 个厂，搬迁 1 个厂，对 6 个重点老厂进行了技术改造，同时，扶持了 16 个省市 66 个地方企业的发展，为中国通信工业的长远发展奠定了重要的基础。

1953 年，中国开始执行国民经济发展第一个五年计划，新建了北京有线电厂和成都航空无线电设备厂，而且，系列地引进了十几种短波、超短波无线电台、发射机、接收机、通信终端设备技术等。

1958 年，中国开始研制和生产微波通信设备。经过 10 多年努力，设计试制成功了 17 种供通信和广播电视用的微波通信设备及多种数字化散射通信设备。

1963 年 9 月，第四机械工业部在北京召开中小型通信机专业会议，部署中功率中短波发射机、接收机的系列化和战术平台的半导体化、小型化的统一设计试制工作；1964 年 6 月，第四机械工业部又在北京召开大型发射机系列化会议，制定了 9 种大型发射机和相关大型电子管的系列化方案。上述产品先后在 70 年代初中期定型和大量投入生产，为国防建设和国民经济建设作出了贡献。

1950 年代中期开始，中国还组织了一些有线通信企业，大力开发人工长途交换设备和电报终端机等设计试制工作，先后完成成套人工长途交换设备等许多重要的专用通信装置。

5.4 电子数字计算机的应用

中国电子数字计算机的研制，并非出于纯学术研究的目的，而是源于中国经济社会发展的需要，特别是国防科技和武器研制的需要。新中国成立以后，为加速中国的工农业建设和国防现代化，自然科学如气象研究、资源勘探、数理研究、工程设计等，国防科技如原子能、飞机、火箭的研制等，都急需先进的计算工具。

因此，这一阶段，中国电子计算机的应用，就像发明电子计算机的初衷一样，是以科学计算为主要内容的。例如，紫金山天文台用于中国第一颗人造地球卫星运行轨道的计算，卫星地面控制中心控制卫星的发射与按预定的轨道的运行，导弹研制、发射和制导的大量复杂的计算和数据实时处理，原子能反应堆设计计算，受控热核反应研究的数值计算，核试验数据处理，等等。在工程计算方面，沈阳变压器厂从 1964 年开始，先后利用 103 机、108 机、121 机等进行设计计算。1965 年，华东计算所研制的655 机，承担了航天工业、核工业、建筑设计、水力工程等大型项目的计算。

值得一提的是，中国很早就认识到了电子计算机在工业控制中应用的重要性和巨大潜力。20 世纪 50 年代末期，中国开展了数控机床和仪表数字化技术的研究，试制巡回检测装置，促使工业计算机从过程输入、输出技术起步。当时的第一机械工业部上海热工仪表科学研究所，为风洞试验研制了一套大型的电子管巡检、记录、打印装置，1964 年在现场安装并投入运行。

20 世纪 60 年代，是中国晶体管工业控制机的发展阶段。采用第一批国产晶体管并投入小批生产的有通用巡检、报警、制表装置。这些晶体管工业控制机大量用于国防、科学试验、原子工程、电力、石油、冶金、化工、纺织、食品、机械等行业的数据处理。同时，数控机床，如数控升降台铣床，也开始向用户提供。

对于这一阶段的发展，江泽民同志曾经指出，"到 1965 年，我国研制的电子计算机进入第二代，并开始了中小规模集成电路计算机的研制，研制水平仅落后于美苏等少数国家几年的时间。在此期间，为我国军事、科研、教育和一些工业部门提供了一批计算机，为推进我国的国防建设、经济建设和科研工作，作出了贡献。在当时国外对我进行封锁的情况下，我们发扬自力更生、奋发图强的精神，开创了电子计算机工业，这是个重大成就。但由于当时历史条件的限制，过于强调一切靠自己，注意吸收国外先进技术不够，表现出一定的盲目性，也对后来计算机的发展产生了不利影响。"

（本章作者 周宏仁 杜巍）

参考文献

［1］《简明不列颠百科全书（Concise Encyclopedia Britannica）》第三册，中国大百科全书出版社 1985 年版。

［2］郭平欣：《中国计算机工业概览》，电子工业出版社 1984 年版。

［3］吕新奎：《发展中的中国半导体行业》，《中国电子工业五十年》，电子工业出版社 1999 年版。

［4］江泽民：《振兴计算机工业，努力为四化服务》，《中国计算机工业概览（郭平欣主编）》，电子工业出版社 1984 年版。

第6章
"文革"中曲折发展

引　言

　　"十年动乱"是中国电子计算机和通信技术所经历的曲折的、极为困难的发展阶段。当时，否定知识的作用，破坏了正常的科研和生产秩序，加之闭关锁国、盲目排斥国外先进技术，使中国的信息化发展受到了严重损害。但由于军事上的紧迫需要，为计算机及其软件、半导体、微电子技术等的发展提供了一定的机会和条件。经过广大工程技术人员和广大干部职工艰苦努力，在十分困难的处境下，仍把中国计算机的研制与生产推进到第三代，并开始了系列机的研制与生产和微型机的研制与应用开发。然而，这十年正是国际上计算机产业飞速发展时期，中国的计算机技术和产业虽说有所发展，但与国际水平相比，原来已经缩小的差距，又拉大了。

6.1　计算机技术与产业的发展

1960 年代中期至 1970 年代中期，正是国际上微电子和电子计算机技术和产业飞速发展、由量变走向质变的时期。电子计算机向着通用化、系列化和标准化的方向发展，而计算机应用则由科学计算向数据处理、信息管理和实时过程控制发展。微电子技术也发展很快。最初的小规模集成电路仅仅集成几十个晶体管；而后的中规模集成电路可以集成数百个晶体管；到了 1970 年代的中期，大规模集成电路问世，已经可以在一个芯片上容纳数万个元件。英特尔公司 1971 年推出的第一个微处理器芯片——Intel4004，更改变了计算机技术的发展方向和产业生态。中国的计算机技术和产业正是在这样的背景之下，在劫难中曲折地发展着。

6.1.1　中国第三代计算机的研制

1958 年，美国得州仪器公司的工程师基尔比（Jack Kilby）发明了集成电路。半导体集成电路芯片的使用，使计算机变得更小，功耗更低，速度更快。1963 年，IBM 成功地研制了 IBM360 系列计算机，利用集成电路的优越性，对计算机的硬、软件性能作了深刻的改进，成为第二代与第三代计算机交叉重叠时期的代表机型。1964 年，IBM 在全球 40 个国家和 62 个城市同时宣告集成电路的 360 系列计算机系统研制成功，引起了世界各国的高度重视。由于当时的中国，尚处于被封锁的状态，集成电路基本上只能依靠国内供给，而国内集成电路的生产能力和水平都很低，成为中国电子计算机向新一代过渡的主要障碍。紧接着的"十年动乱"，又打乱了计算机科研和生产的正常秩序，也大大地延误了中国第三代计算机的诞生。

中国第三代计算机的研制开始于 1965 年。1968 年，中科院计算所和四机部华北计算技术研究所采用国产集成电路装配了 111 型和 112 型计算机。但是，直到 1971 年，科学院计算所的 111 机和华北计算所的 112 机才基本试制成功。紧接着，1973 年，中国完成了较高水平的 150 机和 655 机的试制。

150 机是由北京有线电厂、北京大学、石油部地球物理勘探局合作研制的大型集成电路计算机，该机字长 48 位，每秒运算 100 万次，主存容量 130K。1973 年 7 月该机交石化部使用后，开机率 80% 以上。这是中国最早投入运行的第三代 100 万次大型计算机，它标志着中国集成电路计算机的成功。150 机先后生产了 4 台。

655 机由华东计算所于 1965 年开始研制，指标与 150 机相接近，承担了航空航天、核工业、建筑设计、水利工程等大型项目的计算，稳定工作十多年，开机率 80% 以上。655 机由上海计算机厂生产，于 1974 年向用户提供，总共生产了 15 台。

此外，还有北京有线电厂和长沙工学院（现国防科技大学）合作于 1975 年制成的每秒运算百万次的 151 机；华东计算所于 1976 年试制成功的每秒运算 50 万次的 1001 中型集成电路计算机等。这些机器的投入运行，标志着中国的电子计算机研制和生产已经进入了第三代。

鉴于当时中国计算机工业的全部技术、设备、原料、器件供应，都依靠国内解决，在短短几年内，在"十年动乱"的困难时期，能够实现中国的计算机由第二代向第三代的过渡，殊为不易，取得了令人满意的成绩。

6.1.2 中国系列计算机的发展

根据周恩来总理在 1972 年 8 月所做的关于电子工业的指示，为了制定中国发展电子计算机的政策，1973 年 1 月在北京召开了中国"电子计算机首次专业会议（7301 会议）"。这是中国电子计算机工业发展史上一次有历史意义的会议。

1. 三个系列

1973 年,中国已经实现了由第一代电子管计算机到第三代集成电路计算机的发展。当然,与国际上计算机技术先进的国家相比,中国仍然相差甚远。当时,中国电子计算机的设计技术大约只相当于国际上 1950 年代末、1960 年代初期的水平,有十几年的差距。

1970 年,IBM 又宣布了 370 计算机系统,性能较 360 系统提高了 3—5 倍。系列机成为电子计算机发展的主流。7301 会议回顾了中国电子计算机的发展过程,总结了中国电子计算机研制、生产和应用的经验教训,参照国际上电子计算机发展的趋势,确定了系列机是中国电子计算机发展的必由之路。

为此,7301 会议确定了"发展系列机,一机多用,多机通用,各型联用"的方针。同时,会议确定了发展三个系列机的任务:①小系列,即台式机和袖珍计算器系列,重点发展电子计算器;②中系列,即多功能小型计算机系列,要求稳定可靠、价格便宜、使用方便,以便于基层使用;③大系列,即运算速度每秒 10 万次至 100 万次的计算机系列,分大中小三档机器,大型机每秒 100 万次,中型机每秒 35 万次,小型机每秒 10 万次。会议同时决定,组织工厂、研究所、高等学校大力协作,开展系列机的软件研制。

2. 三条战线

7301 会议结束以后,四机部立即着手组织 100 系列(小型机)、200 系列(中、大型机)和台式机与袖珍计算器的设计研制工作。

第一条战线是 100 系列小型机的试制。1964 年,由于集成电路的发明和应用,小型计算机(minicomputer)成为国际上电子计算机发展的一个新潮流。小型机由于体积小,价格便宜,功能却可以与原来的主机(mainframe)媲美,因而一时成为电子计算机界的新宠。中国将小型机确定为电子计算机的发展重点之一,正是跟随这个国际潮流的一种努力。1973 年 5 月,四机部与清华大学联合召开了方案论证会,以 DJS130 计算机作为中国发展 100 系列小型机迈出的第一步。1974 年 8 月,DJS130 计算机由清华大学、北京无线电三厂、天津无线电技术研究所等多家单位，以科研、生产、使用三结合的方式研制成功，并通过四机部主持的鉴定。在"十年动乱"极为困难的条件下，取得这样的成就是极为不易的。130机诞生标志着中国系列化计算机研制和生产的开始。

1974年底，在DJS130机的基础上，上海组织了十几个单位联合会战，在上海无线电十三厂成功完成DJS131机的试制，并于1978年定型。1974至1983年间，该机共生产280多台，占全国100系列机装机总数的三分之一左右。

DJS130机向低端的扩展，产生了DJS110计算机，由常州无线电二厂（后为常州计算机厂）生产，共生产了15台；DJS130机向高端的扩展，产生了DJS140计算机，采用双列直插式中规模集成电路，北京计算机三厂生产的DJS140机于1981年4月通过鉴定，并于当年生产8台。

1979年以后，100系列机还有不少新的发展，如101、112、112A、132、135、142、152、153等先后研制成功。

1976年12月，华北计算技术研究所与贵州南丰机械厂合作研制成功DJS180系列小型机，与著名的PDP－11系列机在软件上完全兼容，并因而继承了该机的软件资源。DJS180系列先后研制了5个型号，即183、184、185、186和1804。其中，DJS186是180系列的高档机，运算速度为每秒100万次，有存储管理和高速缓存，以及46条指令的高速浮点处理机。该机于1979年秋正式开始设计，到1981年试产了2台，1982年正式通过国家鉴定，由工厂投产及工程应用。华北计算技术研究所将DJS186机用于国家重点工程，是中国第一次利用兼容计算机执行任务并取得成功的计算机系统。

180系列机是中国自行设计的另一个比较成功的小型计算机系列。

第二条战线是200系列中大型机的试制。200系列机的联合设计始于1973年，是中国自行设计和研制的第一个大中型电子计算机。比较重要的是，在系列机总体方案论证会上，初步拟定了200系列机软件设计的指导思想，计划在第一期工程中设计三档操作系统，并向上兼容，保持用户接口的一致性。为了满足科学计算、数据处理、实时控制这三个方面的需求，拟分别配置 ALGOL、FORTRAN、改进型 FORTRAN、汇编、COBOL、BASIC、可扩充等七种语言。此外，四机部于 1973 年 7 月召开了 200 系列机的数字集成电路配套技术协调会，制订了 200 系列机所需集成电路的配套方案，并与有关厂商作了对口安排。外部设备的配套安排也在 1973 年 6 月完成。

1973 至 1981 年间，相继研制成功四种型号的 200 系列机，即 DJS210、220、240、260 及其改进型 265。DJS210 生产 5 台，平均运算速度为每秒 5—7 万次；220 机生产 10 台，浮点 32 位字长，平均运算速度每秒 10—15 万次；240 机生产 4 台，平均运算速度每秒 40—50 万次；260 机与 265 机各生产 2 台，均为浮点 64 位字长，平均运算速度每秒 100 万次。

第三条战线是台式机和袖珍计算器的研制生产。1973 年 8 月，四机部在山东烟台主持召开了"台式机和袖珍计算器"专业会议，确定了台式机和袖珍计算器的通用技术指标，具体安排了 20 多个省、市的 31 个计算机厂进行试制和生产，掀起了中国研制和生产电子计算器的热潮。1977 年 8 月，中国 19 个省、市的 50 个厂点共生产了简易型、普通型、函数型、程序型以及专用型电子计算器，年产量达 2 万 5 千台。总的来看，质量不高、设计比较落后、价格比较昂贵、工艺也比较粗糙。1978 年 4 月，四机部召开了全国台式机和袖珍计算机的联合设计工作会议，明确了台式机和袖珍计算机的任务，落实了各项具体的改进和实施步骤。

1978 年底，党的十一届三中全会以后提出了对外开放、对内搞活经济的政策。许多地区积极引进国外先进技术和开展对外交流，从来料加工到进口成套件组装，再逐步发展到大部分材料立足国内，仅仅进口关键零部件，最后，除了进口大规模集成电路之外，其余均立足国内，并在引进生产技术创立国内名牌之后，较快地形成了批量生产能力。由此，袖珍计算器才得到了新的、较快的发展。

1974 年 9 月，经国务院、中央军委批准，中国科学院、四机部和国防科委联合筹备的计算机经验交流会在北京召开，钱学森等到会讲话。当时，中国各类计算机累计生产了 600 台，百万次的大规模集成电路计算机 150 和 655 已经投入生产和使用。全国已经有 2 万多人的计算机专业队伍，其中技术人员 6000 多人，研制计算机的厂、所 40 多个，设有计算机专业的院校约 40 所。这些数据都说明，中国计算机事业的进一步发展已经有了相当的基础。

3. 两种微型机系列的起步和发展

1971 年，美国 Intel 公司研制成功世界上第一个微处理器 Intel4004，对电子计算机的发展产生了深刻的影响。根据 7301 会议的精神，中国于 1974 年即开始着手组织微型计算机（微机）的研制工作，因此，起步并不晚。

1974 年，四机部决定组织由清华大学等单位组成的联合设计组，参照 Intel8008 微处理器，着手研制 DJS050 微型计算机。1977 年 4 月，经过两年多的努力，DJS050 研制成功，开创了中国微型机研制、生产和应用的新时期。

1977 至 1980 年的两年多时间内，四机部先后组织召开了全国性微型机专业会议 5 次，1977 年 4 月，四机部与中科院联合召开了全国第一次微型机专业会议。结合中国发展电子计算机的经验和国内当时的元器件水平，会议确定了发展两个微型机系列的方针：一个是 DJS050 系列机，以 Intel8008 为参照系，发展包括 DJS050、051、052、053、054 共 5 个机型；另一个是 DJS060 系列机，以摩托罗拉的 M6800 为参照系，发展包括 DJS061、062、063、064 共 4 个机型。到 1980 年前后，这两个系列机的产品相继研制成功。

与此同时，在全国建立了 DJS050 和 060 两个系列的软件调试中心。两个系列机使用的通用软件各达 20 种和 16 种。

1980 年以后，这两个系列机的应用项目已达 100 余种，在工业、农业、交通、医疗、教育、节能等领域起到了一定的作用。

纵观"十年动乱"这段时期中国电子计算机的发展战略，即三个系列，三条战线，及其实施的结果，应该说在当时的经济、政治和国际环境条件下，是相当成功的，也是很不容易的。因此，7301 会议确立的中国发展系列机的方针具有历史性的重要意义。100、180 小型系列机，200 中大型系列机，台式机和袖珍计算器，以及 050、060 微型机系列的研制，都是以 7301 会议的决策为基础的。

6.2 软件和汉字信息处理的发展

研究软件生产工程化的学科——软件工程系萌芽于 1960 年代末期，而在 1970 年代迅速发展。"软件工程"这个词，首先出现在 1968 年，在德国召开的北大西洋公约组织第一次软件工程会议上。软件工程方法的主要目的，是以一种工程化的方法，即系统化、专业化、可量化的方法，来开发、运行和维护计算机软件。由于这门学科产生和发展的重要时期，正是中国的"十年动乱"时期，所以直到 1976 年 10 月粉碎"四人帮"以后，软件工程学才逐渐传入中国。中国软件技术和产业的发展也因此而受到严重的影响。

在这个历史时期，为了发展国产小型机和微机，中国采取了与国际主流机种兼容的策略，软件开发和应用工作的重点，主要是移植和汉化国外软件及研制汉字信息处理系统。

6.2.1 计算机操作系统的研发

从 1973 年开始，中国计算机研制进入了一个新的阶段，即上述的系列化阶段。以 7301 会议为标志，确定了中国计算机发展要走系列化的道路。这个方针对中国计算机系统软件的研制工作也起到了很大的推动作用。

7301 会议之后，中国同时有三个系列机开始研制，即与 NOVA 兼容的 100 系列机，与 PDP 兼容的 180 系列机和借鉴 IBM360 和 370 的 200 系列机。

100 系列机开始研制时，联合设计组内设立了一个由 5 人组成的软件联合设计组。100 系列机软件保持分工协作的方式，成立了软件联合设计组，由清华大学派人任组长，北京无线电三厂、天津无线电所、苏州无线电厂等单位派人担任副组长。1974 至 1975 年，科学院计算所和四机部华北计算所的部分同志集中分析了 NOVAR DOS 操作系统，于 1976 年在清华大学举办了报告会，编写和出版了分析报告，对国内小型机操作系统的研制工作起到了一定的推动作用。

1970 年代中期，中国还开始自行设计了一些操作系统，比较有代表性的是：013 操作系统、1025 操作系统和 151 机操作系统。

总的来看，国产系列计算机的研制以两种不同的途径促进了中国软件事业的发展。DJS200 系列机走的是自行设计软件的道路，而 DJS100 和 180 系列机走的是与国外系列机兼容的道路。在当时的历史条件下，后一条道路因为可以移植国外的软件，可以比较充分地利用国外丰富的软件资源，从应用的角度看，收效较快。然而，事物都是有两面性的。只有走自主研发的道路，才有可能发展中国自己的软件技术和产业。

6.2.2 汉字信息处理技术的早期探索

汉字作为一种文字信息，处理工作可以追溯到 3000 多年以前。毕昇发明活字印刷术，使汉字信息置于纸张载体而得以广泛传播，被列为中国古代四大发明之一。公元 100 年，东汉的许慎，把所有汉字按 540 个部首分组，开创了科学的汉字检索、排序方法；到明代《字汇》，全部汉字归并简化成 214 个部首；《康熙字典》收汉字 49030 个，以 214 个部首为序；公元 1880 年（光绪六年）编的汉字四码电报码本，收 10000 个汉字，由莫尔斯（MORSE）码传输，一直沿用至今。1920—1940 年的初步字频统计，总字数 1577725 个汉字中出现汉字种为 5260 个。1926 年日本活字万能式打字机传入中国，常用汉字收容 2400 个。1956 年，国务院公布第一批《汉字简化方案》，简化了 2238 个汉字。1974 年日本首次在中国展出了汉字信息处理的成果，从此，日本的汉字信息处理热波及中国。

1974 年 8 月，五个单位向国务院提交了"关于研制汉字信息处理系统工程"的请示报告，拟名为"748 工程"。9 月 24 日，国家计委批准将"汉字信息处理系统"列为 1975 年国家科技发展计划，并成立 748 工程领导小组和办公室。这是一个有预见性的重大决策，它标志着中国汉字信息处理技术的崛起。这项系统工程分为键盘输入、中央处理及编辑、校正装置、精密型文字发生和输出照排装置、通用型快速输出印字装置、远距离传输设备、编辑及资料管理等软件系统，以及印刷制版成型共七个部分。

1975 年，748 工程组织字频统计，由原国家出版局直接领导，并得到 14 个部门共 19 个单位的支持。历时 2 年，采集内容来自工业、农业、军事、科技、政治、经济、文化、艺术、体育、医疗卫生、天文、地理、自然、化学、考古等书刊、报章，共 60 本书、104 本期刊的 7075 篇文章，总计出现的字数为 21629372 个字，其中使用汉字总字数为 6347 个。统计《毛泽东选集》四卷共 660273 个汉字，使用汉字 2975 个。这份频度统计表，为制定汉字标准交换码奠定了基础。

上述工作为中国汉字信息处理技术的发展做了极为重要的准备工作。

6.3　相关技术与产业的发展

虽然处于国内"十年动乱"和国外环境极为封闭的条件下，中国电子计算机、电子通信和相关技术与产业的干部、科技人员和广大职工，仍然兢兢业业，奋发图强，千方百计地为发展中国的微电子技术和产业、通信与广播电视技术和产业、微波和卫星通信技术而艰苦奋斗，而且取得了重要的成就。

6.3.1 半导体和微电子技术

1966 年底，上海元件五厂生产的逻辑门电路（TTL）产品通过鉴定。这些小规模双极型数字集成电路主要以与非门为主，还有与非驱动器、与门、或非门、或门以及与或非电路等，产品的成功标志着中国已经制成了自己的小规模集成电路。

1968 年，为了加速中国集成电路的发展，四机部组建了中国第一个专门从事集成电路研制和生产的专业工厂，即国营东光电工厂（878 厂）。不久，上海市仪表局又组建了专门从事集成电路研制和生产的上海无线电十九厂，并于 1970 年建成投产，形成中国集成电路产业的"两霸"。

同年，上海无线电十四厂首家研制成功以 P 型金属氧化物半导体（PMOS）电路为主要元件构成的集成电路（MOSIC），拉开了中国发展金属氧化物半导体（MOS）集成电路的序幕。1970 年代初，四川永川半导体研究所（现电子第 24 所）、上海无线电十四厂和北京 878 厂相继研制成功 NMOS 电路。之后，又研制成功了互补金属氧化物半导体（CMOS）电路。1972 年，中国第一块 PMOS 型大规模集成电路（LSI）在四川永川半导体研究所研制成功。1973 年，中国 7 个单位分别从国外引进单台设备，期望建成七条 3 英寸工艺线。北京 878 厂，航天部陕西骊山 771 所和贵州都匀 4433 厂取得成功。1976 年，国家投资，在 878 厂建立了 5000 平方米的净化厂房，从日本单项引进了一条 3 英寸硅园片集成电路前芯片"拼盘"设备生产线，并于 1979 年建成。这条生产线在有关研究机构的支持下，开始生产中国自行设计的高性能 4 位微处理器和 4K 动态随机存储器电路，集成度为 11000 个元件，最小线宽为 5—6 微米。

1974 年、1975 年和 1977 年，中国先后召开了三次全国大规模集成电路会战，在会上协调全国集成电路产业配套和落实科学技术攻关工作。1975 年，北京大学研制成功三种类型（硅栅 P 沟道、铝栅 N 沟道和硅栅 N 沟道）1024 位 MOS 动态随机存储器，得到了与会单位的多方面支持。这项成果，与英特尔公司 1971 年研制成功的 1104 硅栅 N 沟道 1024 位

MOS 动态随机存储器相差仅仅 4 年。

6.3.2 通信与广播电视

1960 年代中后期,四机部对中国电子产品的标准化、通用化、系列化、半导体化,主机和元器件的配套,科研、生产和使用的三结合,以及战略上赶上国际先进水平、战术上循序渐进等重要问题采取了许多的举措。1970 年代初中期,中功率中短波发射机、接收机的系列化,战术电台的半导体化、小型化,大型发射机,以及大型电子管系列产品等先后定型和批量生产,为国防和国民经济建设作出了贡献。与此同时,中国企业成功地开展了纵横制自动电话交换机的设计和试制工作,并顺利投入生产,大批装备国家电信网使用。

1970 年代初,中国从光纤原材料、元器件、光纤光缆直到系统设备,全面开始了光纤通信技术的研究。这些研究工作,在粉碎四人帮和改革开放后的 1980 年代取得了相当一批重要的研究成果。

1970 年 1 月,国家计委组织彩色电视机的全国会战,在北京、上海、天津、四川分四个"战区"进行。1971 年,四个"战区"的研制设备和试验成功在北京进行了演示和评议。1972 年 4 月,在国家计委召开的全国电视专业会议上,确定采用 PAL 制式作为中国彩色电视制式进行开路试播。1973 年 5 月,中国开始彩色电视广播,同时,北京电视设备厂试制成三讯道彩电中心设备样机。1973 年国庆节前又试制成三讯道彩色电视转播车。1975 年,北京广播器材厂研制成功采用中频调制的 10KW 彩色电视发射机。

1958 年,天津无线电厂试制成功中国第一台黑白电视机。整个 1960 年代,中国的电视机生产厂家只有天津无线电厂和上海广播器材厂两家,年产量始终徘徊在 2000 至 5000 台。1958—1969 年的 12 年间,中国黑白电视机的产量累计只有 3.86 万台。

1970 年代初,中国成功研制了彩色电视机。至 1978 年,共发展了 9、12、14、16、19 英寸共五个品种,实现了由电子管到半导体的过渡,年产量达到 51.73 万台。

然而，直到 1980 年，全国的电话交换机由新中国成立之初的 31 万门增加至 664 万门，电话机达到 418 万部，但电话普及率仍然非常之低，每 100 人的电话机拥有量为 0.43 部。通信成为国民经济的瓶颈，"装不上、接不通、听不清"是对当时中国电话服务的基本写照。

6.3.3　微波与卫星通信技术

1970 年，中国开始研究卫星通信技术。1975 年 11 月 26 日，中国成功地发射了自己设计制造的第一颗人造地球卫星。同年 12 月，南京无线电厂、南京电子技术研究所和长江机器制造厂联合设计研制成功中国第一座模拟制 10 米天线卫星通信地球站。1976 年，石家庄通信技术研究所和贵州都匀红旗机械厂又联合研制成功中国第一座数字制 15 米天线卫星通信地球站，为中国卫星通信事业的发展奠定了基础。

改革开放前，全国通信工业共有企业 179 个，其中中央直属企业 47 个、地方企业 132 个；固定资产原值 13.4 亿元；从业人员 17.91 万人，其中工程技术人员 2.30 万人，工人 10.9 万余人。

总的来说，"十年动乱"对中国通信工业的科研和生产的影响是巨大的，使中国通信技术与国际先进水平原先已经缩小的差距又拉大了。

6.4　电子计算机技术的应用

1973 年 1 月召开的 7301 会议已经认识到推广计算机应用的重要性。显然，计算机的生产是信息化的"供方"，而计算机的应用则是信息化的"需方"。没有需求，就没有应用，计算机没有市场，计算机的研制和生产就失去了动力。7301 会议提出的发展中国计算机的政策中明确提出了要"加强软件发展，加强服务工作，推动计算机的推广应用。"指出推广应用既是解决计算机为社会主义现代化服务的重大方向问题，又是决定计算机工业本身命运的重大方针问题。其中，推广应用的一个重要条件是加强计算机应用软件的开发研究。同时确定，以后生产的计算机不仅必须配上完备的系统软件，也要提供一定的应用软件。

早在 1972 年国民经济遭到严重破坏的时期，周恩来总理就高瞻远瞩地发出了"要积极推广电子计算机应用"的指示。为了落实总理的指示，1973 年 3 月国家计委向国务院报送了筹建国家计委电子计算中心的报告，利用现代信息技术为国民经济计划和统计服务。由此，不仅在中国政府部门首次揭开了应用电子数字计算机的序幕，也成为中国政府信息化开始起步的标志。

1975 年，国家计委首先开展了全国工业、农业、基建、物资、财贸年报统计汇总的工作；编制了中国 1973 年 61 种产品的投入产出表，并利用投入产出模型，为中国固定资产投资规模分析与预测、国民经济计划预测与综合平衡、进出口计划与平衡等提供了辅助参考性的服务；开展了对分布于全国的 32 个重点钢铁企业日产情况进行动态汇总的试验。

1975 年 10 月经国务院批准，国家计委决定建设"国家计委电子计算中心"，主要目的在于：及时准确地收集、加工、整理大量的统计资料，检查计划执行情况，迅速地进行生产调度；承担人口、物资、设备等重大经济普查资料的整理工作；建立可以随时调阅资料的"数据库"，供制定综合平衡的国民经济计划、选择最优计划方案和预测国民经济的发展服务。同时，国家计委还决定在全国 28 个省、市、自治区计委建立计算站；在重点城市、重点企业安装具有数据处理能力的终端设备；在各县安装具有输入输出能力的终端设备。这样，一个覆盖中央、省、地（市）、县 4 级的政府数据处理系统开始在全国形成。

1970 年代的初中期，中国小型工业控制机系列成套设备有所发展。机型包括：JS‐10 系列，CK‐700 系列，JS‐30 系列，JS‐440 系列（仿 PDP‐11），发展了低、中、高速过程输入、输出通道系列，以及远程过程输入输出装置，等等。通用计算机配置过程输入输出通道用于工业控制的有 DJS－154 和 DJS－180 等系列。

1973 年，开展了全国数控机床攻关，发展了 60—70 个数控机床品种。1974 年，开展了数控铣床自动编程语言的研究。与此同时，中国还开展了顺序控制装置和小型工业控制机数据通信系统的研究。1975 年，配合工业控制机的发展，开展了 25 种外部设备的研制并先后投入生产。

1970 年代后期，中国开始进入微型工业计算机系统和装置的研究和应用阶段，引进了微处理机和大规模集成电路，着手研制微型工业计算机系统；同时，还引进了微型机数控装置和可编程控制器技术；研制了 DJK－100C、DJK－200C、DJK－300C 微型工业控制计算机系列并投入生产。

在工业方面，例如，1972 年，哈尔滨工业大学电机研究所利用 DJS－7 电子计算机在水轮发电机、汽轮发电机、直流电机方面进行了大量设计计算，编制了系列程序。上海电缆厂利用一台 JS－10 计算机，对通讯电缆的电阻、电容、串音及 K 值的自动测试，进行数据处理、显示、记录，比手工使用电桥测试提高工效 10 倍以上，测试人员则减少一半以上。上海滚动轴承厂利用计算机进行轴承滚道内径磨床群控，可以控制磨床 12—15 台。上海第二机床厂电器厂用计算机控制 6 台仪表车床，工作系统可靠，提高了产品质量和加工精度，减轻了劳动强度。

1970 年代末，电子计算机已经在中国的原子能技术、人造卫星、导弹、航空、冶金、化工、机械、石油、水利、电力、交通、气象等 30 多个行业中得到了应用。这一阶段，中国计算机应用仍以科学计算为主，但是，已经逐渐扩展到了数据处理，过程控制等领域，以自然科学为对象，以大型工程和军事、航天为目标。电子计算机的主要使用对象也由科研单位和高等院校逐渐向政府机构和企业发展。

据统计，截止到 1978 年，中国的大中小型计算机累计装机 1672 台，其中，进口机占 143 台。应用领域也逐步扩大，约有三分之一应用得比较好，三分之一应用一般，三分之一应用较差或尚未投入使用。

（本章作者　周宏仁　杜巍）

参考文献

［1］江泽民：《振兴计算机工业，努力为四化服务》，《中国计算机工业概览》（郭平欣主编），电子工业出版社 1984 年版。

［2］郭平欣：《中国计算机工业概览》，电子工业出版社 1984 年版。

［3］吕新奎：《发展中的中国半导体行业》，《中国电子工业五十年》，电子工业出版社 1999 年版。

第7章
改革开放开创新局

引　言

从粉碎"四人帮"开始，特别是党的十一届三中全会以来，中国的信息技术和产业就像中国的国民经济一样，在春回大地之际，开始由复苏走向振兴。这个时期的主要特征是，中国的党和国家领导人将抓住信息革命的机遇放在了与国民经济恢复和发展密切相关的、极为重要的地位，对中国信息化的发展给予了极大的关注，也倾注了大量的心血。

在改革开放的大环境下，国际上先进的信息技术和应用成果，不断地传入和影响中国的决策者和科技界，信息化的地位和作用日渐为社会所认识；与此同时，改革开放也带来了技术引进速度的加快，提高了中国技术进步的起点和信息技术的应用水平；国家支持了大批的留学生走向海外，广泛学习世界各国的先进技术和管理，弥补"文化大革命"所造成的科学、技术、教育差距，为日后中国信息化进程的加速，准备了人才条件。

中国的信息化进程由此开始呈现出一派蓬勃发展的新局面。

7.1　信息基础设施与通信技术

从改革开放的 1978 年到 20 世纪末的 20 年间，是中国通信技术和产业取得飞速发展、成绩骄人的时期。通信技术和产业的迅猛发展，源于党中央和国务院所采取的一系列促进中国通信服务业发展的政策方针。1982 年，中国共产党的十二大上，明确提出了要"加快国家通信发展"，第一次把发展通信业写进了自己的纲领。此后，中国通信能力和信息基础设施的建设走上了一条迅猛发展的道路。为了贯彻十二大的精神，加快邮电业的发展，邮电部向国务院争取到一系列促进邮电发展的政策，包括"两个六条"、"十六字方针"、初装费、附加费、"三个倒一九"等等。1988 年，邮电部又提出"统筹规划、条块结合、分层负责、联合建设"的通信建设方针，使投资主体结构形成了"中央拨款、地方筹资、政策性集资、企业利润、国内外贷款"等多种模式。在这些政策的支持下，中国的信息基础设施、电信技术和产业、电信服务业开始腾飞。其间，当然也包括邮电部所坚持的"引进、消化、吸收、再创新"的技术路线，在技术上坚持实行跨越式发展的政策方针。

通信服务的应用需求带动了通信技术和产业的发展。回顾过去 50 多年中国信息化的进程，最为引人自豪的成功之处，莫过于中国通信服务业和中国通信技术和产业的发展。因为，这些发展不但使中国的信息基础设施和通信服务水平晋升到世界先进国家的水平，成为世界各国现代通信服务业发展的楷模，为举世所瞩目；而且，带动了中国有完全自主知识产权的电子通信技术和产业的发展，在电子通信的许多核心技术方面取得了突破，产生了当今中国在世界上有重要影响的中兴、华为、大唐等跨国企业，诞生了中国的第三代移动通信国际标准——TD-SCDMA。

7.1.1 信息基础设施飞速发展

1978 年，9 亿人口的中国只有电话交换机 406 万门，其中自动交换机 116 万门，尚不及仅 400 万人口的香港地区；电话普及率比当时非洲国家的水平还低。1980 年时，全国交换机增长到 664 万门、电话机达 418 万部，但电话普及率仍很低，每 100 人只有 0.43 部电话机。

1980 年，中国的电话主线为 214 万线，仅占世界总数的 0.67%；中国的长途电话电路为 2.2 万条，而美国是 180 万条，同为发展中国家的印度，也有 10 余万条，为中国的 5 倍有余。1980 年，中国拥有的电话机数相当于美国 1905 年、英国 1947 年、日本 1958 年的水平，分别落后 75 年、33 年和 22 年。当时，从北边的北苑打电话到市中心的复兴门，如果不坚持个把小时的拨号，电话是不可能打通的；如果不歇斯底里的大喊，对方是听不见的。通话难、装电话难，在中国极为普遍。中国还谈不上有什么信息基础设施，市内电话和长话设施均属于全球最落后国家之列。

1. 正确的发展战略和策略

1980 年代开始，邮电部根据党中央和国务院的政策指引，在经营上以市场为导向，在技术上实行跨越式发展，成功地跨越了发达国家电信业传统的发展阶段：电话交换技术跨越了由人工到机械、由机械到自动的传统阶段，一步进入全国范围程控交换系统的建设；长途干线建设跨越了同轴电缆阶段，迅速建设了纵横连接全国省、市、县的光缆网，构筑起中国的高速信息传输网。时任邮电部部长的吴基传同志积极推动"八纵八横"长途光缆建设，不仅为中国现代化的、世界先进水平的信息基础设施的形成奠定了基础，为中国电信服务业的发展准备了优良的环境条件，而且为中国电信技术的发展，如光纤技术和程控交换，创造了世界上最为庞大的市场条件，也为中国的经济增长和社会发展作出了杰出的贡献。1987 年，在发展固定电话的同时，中国又及时引入先进的蜂窝移动电话系统。1994 年，在全国邮电管理局局长会议上，吴基传同志确定并宣布引入数字蜂窝移动 GSM 技术标准，为中国电信事业的发展翻开了新的篇章。

1990 年代开始，国家对邮电通信业实施了邮电分营、政企分开、引入竞争等政策措施，对于打破垄断，促进电信业良性发展，意义重大。1999 年 2 月，国务院通过中国电信重组方案，实现专业化经营。2000 年 5 月，中国移动通信集团公司和中国电信集团公司挂牌成立。2002 年 5 月，中国电信集团公司进一步南北分拆；2008 年 5 月，电信运营商第三次重组，形成三家势均力敌的全业务电信运营商：中国电信，中国移动和中国联通。这些举措，都对中国电信事业的良性发展产生了重大的影响。

1997 年，在国务院领导同志的关心下，吴基传部长成功地组织了中国电信（香港）有限公司（后改为中国移动（香港）有限公司）在香港和美国的上市，开创了大型国有企业海外上市的先河。不但在海外资本市场为中国电信事业的可持续发展募集了大笔资金，而且，使中国的电信运营企业在国际资本严格的监管下，引入现代企业管理机制，为企业未来的发展和走向世界，奠定了坚实的基础。此后，中国联通、中国电信和中国网通先后在香港、美国成功上市；中国移动则成为全球市值最高的电信公司之一。

2. 基础设施跨越式发展

1988 年，邮电部在全国开始建设"八纵八横"通信干线光纤工程，1998 年比计划提前两年建成；光缆总长达 7 万公里，网络覆盖全国省会以上城市。2008 年底，全国光缆长度达 676.8 万公里，其中长途光缆 79.3 万公里。1990 年代末，建成并开通了中日、中韩、亚欧等多条国际陆地、海底光缆，为电信服务企业的国际业务传送提供了足够的传输带宽。显然，没有这些信息基础设施建设的成就，就没有后来中国互联网的快速发展。

中国固定电话主线每年的增长速度，从 1982 年的不到 5%，增长到 1996 年超过 30%，大大超过了世界电话发展最快的国家——美国的速度。就公用电信网的规模而言，中国的发展速度可谓有目共睹。1985 年，中国电话主线数在世界上总排名为第 17 位；1990 年上升为第 15 位；1995 和 1996 年，则迅速攀升至第 4、第 3 位。1998 年，中国公用固定电话网络已经成为仅次于美国的全球第二大通信网络，局用电话交换机容量达到1.349亿门，全国电话用户达到8735万户，移动电话用户达到2498万户，居世界第三位。2004年，中国电话网络规模的世界排名则跃升至第1位。

1989年，中国卫星通信已经开通2000多路卫星电话，建立了卫星通信地面站100多座，卫星接收站15000多个；建成了480路数字微波线路3000公里，广播电视设备已经能够满足国内中档水平需求，电视收看覆盖率由1980年代的29%提高到80%以上。

1987年，广东省首次引入模拟公用蜂窝移动电话系统。由于中国经济快速发展所产生的强烈需求，中国移动电话的发展从一开始就以超常的速度飞速发展。1995年，中国GSM数字电话网正式开通；1996年，移动电话实现全国漫游，并开始提供国际漫游服务。

20世纪末，中国通信工业已经成长为一个具有600多个工业企业，20多个研究院所，职工26万人，年工业产值超过1000亿元的重要产业；通信工业的年生产能力达到程控交换机4000万门、电话机1.5亿部、卫星通信与广播电视地面接收站25万套、光纤通信设备2万个系统、蜂窝移动通信交换机1300万门、基站80万信道和1300万部手机的规模。

7.1.2　电子通信技术的突破

截止到1998年，中国利用外资建立的合资通信企业约170家。上海贝尔电话设备制造有限公司是中国最早引进的第一家合资通信企业，生产当时世界上最先进的数字程控交换机，年设计生产能力30万线。此外，还有如中德合资北京国际交换系统公司，中日合资天津日电电子通信工业有限公司等。这些合资企业对加速中国通信企业的改造、生产技术水平的提高、企业管理的现代化，以及中国通信科学技术与产业的发展、通信网络的建设等等，都起到了很重要的作用。但是，运行合资企业的经验，也使中国通信业界认识到，以市场换核心技术的目标是难以实现的。合资企业任意扩大生产规模、挤占国内市场；不认真履行合同中规定的返销计划；不按合同如期履行技术转让，等等，都使中国通信业界认识到，唯有自力更生、自主创新是中国掌握信息化核心技术的必由之路。

中国电子通信工业长期坚持自力更生、自主创新的传统，在坚持改革开放，大胆引进世界先进技术的同时，也十分注重通过体制机制的创新，为自主开发和创新创造良好的环境条件。中国电子通信工业的科技工作者也不辱使命，始终坚持"创新是一个民族进步的灵魂，是国家兴旺发达的不竭动力"这个基本信念，在电子通信核心技术的许多领域不断取得突破，为中国电子通信技术与产业的发展谱写了新的篇章。

1. 光纤通信技术

这一时期，中国的光纤通信技术取得了突破性的进展。早在1970年代初，中国就开始研究光纤通信技术，从光纤原材料、元器件、光纤光缆到系统设备，全面地展开了研究。1980年，桂林激光通信研究所自主设计研制成功了国内第一条8.443Mb/s，全长10.35km光纤通信系统，并成功地用于北京地铁通信系统。1984年9月，该所又研制成功一套三次群光纤通信系统，应用于天津市的市话中继通信。1990年代，随着中国通信事业的迅猛发展，中国光纤通信研究开发工作也随之加快，成果迭出。例如：1993年，清华大学研制成功4×622Gb/s光纤通信系统；1996年，武汉邮电科学研究院研制成功2.5Gb/s光纤通信系统；1998年，北京大学研制成功4×2.5Gb/s，双向154km无中继波分复用系统，并成功地应用于北京至九龙的铁路通信系统中。4次群光纤通信技术进入商用线路试验阶段。此外，在光量子通信等最新技术领域，中国也取得了一些科研成果。

2. 数字程控交换技术

这一时期，中国的数字程控交换机取得了群体性的突破。1990年代初，中国人民解放军郑州信息工程学院的专家们创造性地自主开发成功了中国第一个局用大容量数字程控交换机——HJD-04。1992年初，洛阳邮电电话设备厂生产出了第一套用于市话局的程控交换设备，实现了国产大容量数字程控交换机"零"的突破。之后不久，深圳华为技术有限公司、深圳中兴通讯股份有限公司、金鹏电子信息机器有限公司和大唐电信集团公司等相继完成了 C&C08、ZXJ - 10、EIM - 601 和 SP - 30 四种型号的大容量数字程控交换机的研制和生产。这就是 1990 年代在中国通信发展史上著名的所谓"五朵金花"——交换机的"群体性突破"。到了 21 世纪初，国内通信设备制造商已经在数字程控交换机领域占据了国内大部分的市场份额。数字程控交换技术处于世界领先水平。

与此同时，中国石家庄通信研究所还研制成功了综合业务数字通信网（ISDN）全套设备，西南通信研究所研制成功了成套的分组交换通信设备。

3. 蜂窝移动通信技术

"八五计划（1991—1995）"期间，中国政府部署了第二代蜂窝移动通信技术的科技重点攻关工作，邮电部第一研究所和电子工业部第七研究所（广州通信研究所）分别承担了 GSM 移动通信交换机、基站和手持机的研究设计试制工作；1996 年，两所完成了科研样机试制并组织了鉴定。江泽民总书记等党和国家领导人亲自试用，使参与研制工作的科技工作者和生产工人受到巨大的鼓励。

1998 年，上海邮电一所又研制成功 1800MHz 基站系统。1999 年 1 月 18 日，大唐电信集团研制和生产的全套 GSM900/1800 双频段移动通信系统获准入网，成为中国第一家完成自主设计的 GSM 双频移动通信系统的企业。同年 3 月，华为、金鹏公司的双频系统也通过鉴定，获准入网，中兴公司则通过了有效性测试。这是继程控交换机之后，GSM 蜂窝移动通信系统设备在中国的又一次"群体突破"。

"八五计划（1991—1995）"期间，中国还组织了中国科技大学、东南大学等一些高等院校自主研究、设计了窄带码分多址（N-CDMA）蜂窝移动通信系统设备，也取得了重大进展。同时，开始了对第三代宽带码分多址（W-CDMA）蜂窝移动通信系统设备的技术标准研究制定和样机的研制工作。

7.2 计算机技术与产业

1978 年 3 月召开的全国科学大会前后，党中央和邓小平同志为加速我国电子计算机的发展做出了一系列重要指示。1978 年 11 月，国家科委和国家计委成立了电子计算机委员会及其办公室。1979 年 3 月，国务院决定成立国家电子计算机工业总局，直属国务院，由四机部代管；在发展方向、方针、政策和科学研究方面接受电子计算机委员会的指导。

虽然党和国家领导人多次强调电子计算机的重要意义，但是，仍然有相当多的人，包括一些做经济工作的领导同志认为，中国人口多，就业问题大，发展计算机不适合中国国情；计算机可有可无，没有也不会对全局的发展产生影响；当前的任务是进行经济调整，发展计算机不是当务之急，等等。

1979 年 7 月，四机部计算机总局主持召开了第一次全国计算机工业计划座谈会。会议总结了中国计算机工业 20 年来的经验教训，力图端正对电子计算机在四化建设中的地位和作用的认识，并提出今后发展的方针政策。

这次座谈会，阐明了以下几个对中国未来信息化发展十分重要的观点：①计算机科学技术水平和工业生产能力，是国家现代化的重要标志，由于计算机技术的出现，使人类最基本的活动——生产活动开创了新的历史纪元；②如果一个国家的计算机工业、计算机科学技术水平是落后的，那就不单是一个技术领域或某个局部方面的落后，而且会影响整个一个时代技术的发展，影响到科学技术水平的提高；③电子计算机技术和产业对于一个国家而言，特别对一个中国这样一个大国而言，决不是可有可无的。

30 年以后的今天，人们再来回味这些观点，仍然不能否认这些远见卓识的英明和正确。可以预期，在未来的 30 年，这些观点也依然会被证明是正确的。在宏观上、整体上是否承认和接受这些观点，无疑将影响中国的前途和未来；而对于这些观点的局部的怀疑和否认，无疑将使中国现代化的进程出现曲折、蒙受损失。

7.2.1　计算机技术的进步

1982 年起，中国计算机的发展进入一个新的时期。1983 年 5 月，国务院电子计算机和大规模集成电路领导小组在北京召开了"全国电子计算机和集成电路规划会议"，万里、方毅及其他领导小组成员出席了会议。会议确定的重要政策之一，是明确在相当一个时期之内，中国计算机工业的重点方向是发展中小型计算机，特别是微机和单板机。

1. 第四代电子计算机（微机）

中国第四代计算机的研制是从微机开始的。1980 年初，中国不少单位开始采用 Z80，X86 和 6502 芯片研制和生产微机。1983 年 12 月，电子部六所研制成功与 IBM PC 机兼容的 DJS－0520 微机。1985 年，电子工业部计算机管理局主持研制成功了与 IBM PC 机兼容的长城 0520CH 微机。

进入 1990 年代之后，微机领域中的 AST、COMPAQ、DELL 等在全球快速崛起，小型机领域中则有 IBM、DEC、天腾、SUN 等大行其道，这些跨国企业的产品对中国民族计算机工业实施了全面的"围剿"。由于当时的中国正处于经济体制改革的时期，企业尚缺乏经营的活力和驾驭市场的能力；而在技术上，由于"十年动乱"所造成的巨大技术鸿沟，国内企业无论在生产装备或技术储备方面，都没有足够的"内功"。因此，到了 1990 年代的中后期，国内市场中已经几乎见不到中国自己生产的电子计算机；即便还有，也只是军品（如国防大学的银河）或者组装机（如联想、同创、长城国际、方正等）。中国的民族计算机工业终于败下阵来，使几代人的梦想成为一个美丽的泡影。令人略感欣慰的是，虽然如此，在高速、通用、超巨型电子计算机方面，中国依然还能够有所作为。

2. 高速通用电子计算机

1978 年 3 月全国科学大会以后，根据邓小平同志的指示精神，中国科学院计算机技术研究所加快了"757"大型计算机的研制，国防科技大学开始了"银河"巨型计算机的研制工作。几年以后，这些努力终于取得了重大成果。1983 年 11 月，中国科学院研制成功了每秒运算速度为 1000 万次的大型向量机——757 大型计算机（图 7.1）

图 7.1　中国第一台大型向量计算机——757 机

图 7.2　银河—I 亿次巨型计算机

这一纪录，同年就被国防科技大学研制的银河—I 亿次巨型计算机（图 7.2）打破。银河—I 亿次巨型计算机是中国高速计算机研制的一个重要里程碑，它标志着中国"文革"动乱时期与国外拉大的距离又缩小到 7 年左右。

1992 年，国防科技大学研究成功银河—II 通用并行巨型计算机，峰值速度达到每秒 4 亿次浮点运算（相当于每秒 10 亿次基本运算操作），总体上达到了 1980 年代中后期的国际先进水平。

从 1990 年代初开始，采用主流的微处理机芯片研制高性能并行计算机成为电子计算机在高端发展的主要趋势之一。1993 年，国家智能计算机研究开发中心研制成功曙光一号全对称共享存储多处理机。1995 年，国家智能计算机中心又推出了国内第一台具有大规模并行处理机（MPP）结构的并行机曙光 1000（含 36 个处理机），峰值速度每秒 25 亿次浮点运算，实际运算速度登上了每秒 10 亿次浮点运算这一高性能计算机的台阶。

1997 年，国防科技大学研制成功银河—III 百亿次并行巨型计算机系统，采用可扩展分布共享存储并行处理体系结构，由 130 多个处理节点组成，峰值性能为每秒 130 亿次浮点运算，系统综合技术达到 1990 年代中期的国际先进水平。

1997 至 1999 年，国家智能计算机中心与曙光公司先后在市场上推出具有机群结构的曙光 1000A，曙光 2000 - I，曙光 2000 - II 超级服务器，峰值计算速度突破了每秒 1000 亿次浮点运算，机器规模已超过 160 个处理器。2000 年，又推出了每秒浮点运算速度为 3000 亿次的曙光 3000 超级服务器（图 7.3）。

图 7.3　曙光 3000 超级服务器

7.2.2　计算机产业的形成和发展

粉碎"四人帮"的经济成果很快就得到了体现。1979 年，中国计算机工业生产出现了很好的形势。全年生产大、中、小型数字机 399 台，模拟机 32 台，微型机 12 台，袖珍计算器 13.3 万台，台式机 2 万台，外部设备 6100 余台。工业生产总值 8.5 亿元。

1980 年底，中国计算机工业生产出现了下降。许多计算机厂家出现产品积压，人员、设备闲置的情况。主要原因在于，改革开放以后，国外计算机公司以其技术、经济的强大优势，将各种计算机品牌和产品大量倾入国内市场；而中国的计算机工业尚处于恢复调整之中，也缺乏足够的思想准备，一度陷入极为被动的局面。国产大、中、小型机的生产连续两年下降，由 1979 年的 399 台下降到 1980 年的 293 台，1981 年又下降到 187 台。此外，对电子计算机发展趋势的重大转折，即微处理器的发明和微型计算机（PC）的问世对计算机技术和产业发展的深刻影响，认识不足，缺乏应变战略，也是一个重要的原因。在战略上，没有及时地将电子工业的重点转移到超大规模集成电路和微处理器的研发、将国内计算机技术和产业的重要力量转移到基于微处理器的微型机和大中小型机的研制和生产上来，都使中国计算机工业的发展进入了一个暂时困难的时期。

1983 年底，中国计算机工业已经具备了一定的规模。全国共有 132 个企、事业单位，其中，产品研究所 8 个，生产厂家 111 个，应用服务单位 13 个；职工总数 9 万人，其中，工程技术人员 16300 多人，占职工总数的 18%；拥有金属切削机床 6700 余台，锻压设备 1600 多台，电子专用设备 3800 台，电子测量仪器 3000 台；全年生产大、中、小型计算机 360 台，比 1982 年增长 49.6%，微型计算机 5436 台，比 1982 年增长 265.6%，单板计算机 10499 块，比 1982 年增长 83.9%，外部设备 14204 台，比 1982 年增长 300.1%，袖珍计算器 331.4 万个，比 1982 年增长 88.1%；工业总产值完成 8.3 亿元，比 1982 年增长 70.5%；利润总值完成 1.43 亿元，比 1982 年增长 182%。

中国的微机产业始于 1985 年。1984 年，中国第一次出现微机热，1985 年 6 月，研制成功长城 0520CH 微机，组织了 13 家工厂生产，并组织了配套外设的批量生产和国产化，首年产量就突破 1 万台，标志着中国微机事业从科研迈入产业化的进程。1985 年中国微机市场仅为 5.42 万台；1990 年，微机销量为 8.5 万台；进入"八五"，开始高速增长，1995 年微机销量达 115 万台；1998 年微机销量达 408 万台。

1994 年，微机进入家庭的销量仅为 6.8 万台，占微机市场的 9.5%，城市家庭电脑普及率为 0.2%。1998 年，家用电脑销量达 118 万台，占微机市场的 29%，五年中增加了 17 倍。

截至 20 世纪末，中国已有 15000 家在工商管理部门等级注册的计算机类企业，从业人员 54 万人，其中约有 30 万人在各行各业从事计算机应用、教育和科研工作。中国已基本形成了门类较为齐全的计算机工业和应用体系，形成以微机生产为主体的制造业。形成了珠江三角洲、长江三角洲、环渤海湾地区的三大计算机工业生产基地。软件从硬件制造业中分离出来，成为独立的产业。随着中国经济建设的发展和信息化的推进，计算机市场稳步增长，1990 年市场规模达 55.1 亿元。进入 90 年代后，中国计算机市场开始高速增长，尤其是金融电子化和以"三金"工程为代表的国民经济信息化，对计算机市场产生了巨大的拉动作用，1998 年中国计算机市场达 1480 亿元，2000 年即快速增加到 2150 亿元。

7.3 微电子技术与产业

党的十一届三中全会以后，中国的半导体行业在国家的支持下，开始加快发展步伐。改革开放带来了中国经济社会的深刻变化，也为中国微电子技术产业的发展注入了新的生机与活力。1982 年 10 月，国务院为了加强全国计算机和大规模集成电路的领导，成立了以国务院副总理万里为组长的"电子计算机和大规模集成电路领导小组"，制定了中国 IC 产业发展规划，提出"六五"期间要对半导体工业进行技术改造。1983 年，领导小组明确提出要"建立南北两个基地和一个点"。

7.3.1 集成电路大生产的探索

1978 年，国家投资 2.7 亿元在江南无线电器材厂引进一条年生产能力为 2648 万块、为彩色电视机配套的集成电路生产线，并于 1984 年投产。后来，该厂又与四川固体电路研究所联合组成中国华晶电子集团公司，成为我国集成电路骨干企业之一。1998 年，华晶集团的集成电路产量超过 1.2 亿块，占全国集成电路总产量的 8%。

1986 年 5 月，中国电子器件总公司调集全国之力，在无锡华晶公司研制出中国第一批 64K 动态随机存储器，将我国集成电路的研发水平提升到一个新的阶段。

1986 年，中国电子器件工业总公司建立北京集成电路设计中心（即现在的中国华大集成电路设计中心），开创了中国集成电路设计业。同年，在厦门举行的电子部 IC 发展战略研讨会提出了中国 IC 产业"七五"发展规划、产品开发重点和"531"工艺技术发展战略。即，普及推广 5 微米技术，重点企业掌握 3 微米技术，开展 1 微米技术科技攻关。到 1990 年代末，中国的集成电路设计单位已经发展到 60 多家，从业人员 2000 多人。

1985 年末，中国主要的集成电路生产厂家大约有 30 余家，集成电路年产量 5300 万块。而从 1988 至 1992 年，中国集成电路的年产量一直徘徊在 1 亿块左右。这种状况，促使电子部和有关部门决定，对集成电路进一步实行开放政策。

7.3.2　集成电路重点项目建设

1989 年 2 月，电子部再次召开 IC 产业发展战略讨论会，提出了 1989 至 1995 年产业发展战略，包括：加速基地建设，形成规模经济生产，注重发展专用集成电路，加强科研和支撑条件，振兴中国 IC 产业。

这个战略明确了集中力量重点建设华晶集团公司、华越微电子有限公司、上海贝岭微电子制造有限公司、上海飞利浦半导体公司、首钢日电电子有限公司 5 个主干企业，并于 1990 年开始，部署国家集成电路重点工程建设项目。

在这一时期，既有发展，又有调整。1995 年，从事 IC 生产的主要工厂有 15 个，从事 IC 研究和设计的单位有 25 个。到 1995 年末，国内共生产 IC 近 18 亿块，对集成电路产业的投资累计达到 50 亿元。

1990 年 8 月，机电部提出了发展集成电路"908 工程"项目的方案，1992 年，国务院决定实施"908 工程"，并成立了全国 IC 专项工程

（"908 工程"）领导小组。1995 年，从美国引进的一条月投 6 英寸硅片
6000 片、最小线宽 0.8—1 微米的集成电路芯片生产线开始建设，并于
1998 年 1 月，通过对外合同验收。该项目的建成投产使国内集成电路生
产技术水平由 2—3 微米提高到 0.8—1 微米。同年，该生产线通过与香港
上华公司的合作合资，成为国内第一条从事芯片加工业务的标准工艺加工
（Foundry）线。

1995 年 12 月，继"908 工程"开工后，国务院总理办公会议正式决
策实施"909 工程"，投资 100 亿元人民币建设一条 8 英寸、0.5 微米的芯
片大生产线，以及月投 8 英寸硅片 2 万片的硅单晶生产和若干个集成电路
设计公司。1997 年 7 月，上海华虹 NEC 电子有限公司成立，生产线也正
式开工建设。1999 年 2 月，经过 18 个月的紧张建设，华虹 NEC 生产线建
成投产，技术档次达到 0.35—0.24 微米，主导产品为 64M 和 128M 同步
动态存储器（SDRAM），达到了当时的国际主流水准。"909 工程"是中
国第一条 8 英寸深亚微米生产线，它的建成投产，标志着中国集成电路的
大生产技术迈入了 8 英寸、深亚微米水平。

1998 年 3 月，"909 工程"在北京建设华虹 NEC 集成电路有限设计公
司。与此同时，中国华大、华为、航天科技、南京熊猫、TCL、电子科技
及上海冶金所等单位的集成电路设计项目也纳入"909 工程"之中，将中
国的集成电路设计提高到了一个新的水平。

7.3.3 集成电路产业的发展

1990 年代中国政府实施的"908 工程"和"909 工程"，吸引了外国
资本对中国集成电路市场的关注。至 1990 年代末期，已经有 20 多家世界
知名的半导体厂商在中国独资或合资开设半导体工厂，大多为后道封装工
厂，且逐渐向芯片前道工序发展。

1990 年代末，中国集成电路已经形成了设计业、芯片制造业、后封
装业三业并举，相对独立的发展格局。集成电路产业拥有 251 个企业、
14.5 万从业人员，其中半导体分立器件有 216 个企业、12 万人；集成电

路有 35 个企业、2.5 万人。产生了对中国集成电路的发展有着举足轻重作用的中国华晶电子集团公司、华越微电子公司、上海贝岭微电子有限公司、上海先进半导体有限公司和首钢日电电子有限公司五大骨干企业。然而，此时，中国半导体行业的销售额尚不足全球集成电路销售额的 1%，工艺技术水平、研发和生产能力比世界先进水平落后 10 年，相差 2—3 代。中国集成电路的生产能力约 20 亿块，仅能市场需要的 100 亿块的 20%，大量的集成电路仍需进口。即便是从满足中国国内各行各业和信息产业发展的需要出发，中国的集成电路产业尚有巨大的发展空间。

7.4　软件技术与产业

软件产业作为信息时代最重要的新兴产业之一，在 20 世纪 80 年代的微机问世之后，逐渐被世人所认识。作为一种高新技术产业，软件不仅可以形成庞大的经济规模，而且，对提高国民经济各个领域的数字化、智能化、自动化水平具有不可或缺的重要意义。

改革开放以后，随着关于"当代技术革命和我们的对策"的讨论不断深入，中国对于软件技术和产业的认识也不断加深，在政策上采取了一系列的举措，加快中国软件技术和产业的发展。

7.4.1　软件工程学与软件产业

改革开放以后，软件工程学也逐步传入中国。1979 年开始在期刊上出现一些介绍软件工程的文章。1980 年夏，在北京大学召开了中国第一届软件工程科学研讨会。同年，计算机工业总局颁布试行《软件产品计价收费办法》，软件作为商品开始进入市场。

1982 年原电子工业部第六研究所 CCDOS 的开发和商品化，推动了中文 DOS 的发展，直到现在希望公司的 UCDOS、UCWIN 依然有许多用户在使用。在教育系统，国内许多高校开始开设软件工程课程和开展科研活动。1983 年 5 月，国务院正式将"软件工程"列入"六五"国家科技攻关项目。软件工程攻关项目中的分项目，包括了软件工程支撑环境、软件工具系统、Ada 语言及其支撑环境、软件维护工具、软件可靠性定量估测、异种语言的自动转换、测试工具等项目；此外，软件工程标准与规范的研究也列入了国家科技攻关项目。

同时，为了促进软件产业的形成和发展，中国计算机服务公司（中软前身）、中国计算机软件公司、中国计算机系统集成公司等相关公司相继成立，对于中国软件产业的发展，起到重要的推动作用。

由此，中国软件技术和产业的发展开始走上一条规范化、系统化、产业化的发展道路。

在这期间，中国政府在促进软件产品商品化方面进行了大量的工作。北京有线电厂从 1978 年起，对 DJS－154 机的系统软件实行研制成本核算和定价。1979 年，国家计算机工业总局成立以后，采取了一系列促进措施。1979 年，研制成功的 DJS－220 操作系统 XT1，允许六个用户同时工作。DJS－200 系列的系统软件累计已超过二百万字节。1980 年，华北计算所设立了 180 系列软件中心，并于 1983 年 5 月改名为 2000 系列软件中心。在 183 机研制成功的几档机器上先后配置了 DOS，RT－11，RSX－11M 和 UNIX（V6）等操作系统，以及宏汇编、BASIC、FORTRAN、PAS-CAL 等高级语言。

1980 年代，中关村开始出现在人们的视野。随着科研要面向经济、服务于经济发展的观念深入人心，许多科研院所的研究员们也纷纷走向市场。提供代理销售、增值服务、应用软件开发的公司如同雨后春笋般纷纷成立，逐渐在中关村形成了"电子一条街"。1984 年，中国软件行业协会等相继成立，中国的软件产业开始了面向市场、面向客户的转变。1987 年，软件工程标准化委员会通过了《软件开发需求文件》和《软件测试文件》。1989 年，北京大学开发的华光 IV 型计算机——激光照排系统，获中国专利发明金奖。同时，向国际标准化组织（ISO）联合提出了《多八位汉字编码字符集》国际标准草案，于 1992 年正式获得批准。

1990 年代，中国的软件产业开始了集群式的发展，以发挥集群优势。与此同时，一系列金字工程的建立，更触发了软件在各个方面的应用。1991 年，中国正式颁布《计算机软件保护条例》，1992 年，《计算机软件著作权登记办法》颁布并实施，全国已经有从事软件开发的企业 800 多家，合资软件公司近 100 家。

1994 年，金山、巨人、王码 480 等 20 多种流行的字处理软件进入各类办公系统中。1998 年，原信息产业部成立，负责振兴电子信息产品制造业、通信业、软件业，推进国民经济与社会服务信息化。1990 年代末，财务软件成为应用软件中发展最为成功的一种产品，以用友、金蝶、安易为首的财务软件厂家所开发的财务软件在中国市场上占有了 65% 的份额。2000 年，随着国务院 18 号文件——《鼓励软件产业和集成电路产业发展政策》及《软件企业认定标准及管理办法（试行）》和《软件产品管理办法》颁布实施，软件产业获得了更好的发展环境、更大的发展空间，中国软件产业的发展全面提速。

1990 年初，中国的软件与信息服务业加在一起，只有 4.2 亿元，1997 年，这个数字已经改写为 260 亿元，增长了 60 多倍。1998 年，中国软件市场规模为 138 亿元，是 1994 年的 2.8 倍。到 1990 年代末期，中国约有软件从业人员 15 万人；企业 5000 家，其中，国有软件企业约占 30%，集体和民营企业占 60%，三资企业占 10%。这些软件企业，大部分是 50 人以下的小公司，但是，其中也开始涌现一批有较高知名度的软件公司，如东大阿尔派、中软公司、北大方正、中科院软件园、青鸟集团、神州数码、希望电脑、新天地、四通利方、用友、长城软件、浪潮商业、瑞星公司等等。

此时，中国国内企业约占全国软件市场的 40%，并且，主要集中在中文信息处理和应用软件领域。在财务、教育、防杀病毒、翻译软件方面，国产软件具有很大的优势，在管理信息系统（MIS）、商务软件、专用设计和处理软件、文字识别、语音识别等方面，国产产品具有较高的市场占有率。

7.4.2 汉字信息处理技术

1978 年 3 月 23 日，四机部王诤部长向国务院转呈了胡愈之先生"汉字标准化"的建议，这个建议立即得到邓小平副主席、方毅副总理的支持。1980 年 2 月 22 日，当时任国务院进出口管委会副主任的江泽民同志给几位副总理写了一封 4 页的亲笔信，明确反对引进，主张支持北大等单位研制的汉字系统，使之成熟。1980 年 10 月 25 日，邓小平同志又对此项目作了"应加支持"的批示。

1980 年 6 月，中国中文信息研究会召开筹备会，选举钱伟长教授为筹委会主任。1980 年 8 月，中国科协批准中国中文信息研究会为科协会员，并于 1981 年年初，成立了中国第一个中文信息研究的一级学会，得到邓小平、方毅同志的支持。中国中文信息研究会一开始就受到中央的关怀，所以在中国迅速打开了研究局面。

1982 年，在"六五"规划中，中国第一次把发展汉字信息处理系统列为国策。在第 31 项重点攻关项目中，把近 20 个汉字信息处理的课题列为国家重点攻关项目，资助相关的研究工作。

1983 年，在汉字信息处理系统工程的支持下，由北京大学负责总体设计，潍坊计算机厂、杭州邮电器材厂、无锡计算机厂、福建计算机厂等共同研制，采用高倍率信息压缩和高速还原技术，以及高精度激光扫描输出技术的"汉字计算机——激光照相排版系统"试制成功。该系统的主要性能为：以较高的速度提供每种具有 7000 个汉字的四种字体，大小各种字号七级可自动快速变倍，照排输出速度约为 60 字/秒，分辨率为 30 线/毫米。在软件方面，设计了该照排系统专用的操作系统、专用排版语言及其编译程序（17 万条指令）。1981 年 7 月，这台精密型汉字印刷照排系通过了由四机部和教育部联合组织的原理样机的鉴定。北京大学的王选和陈堃球在激光照排总体设计和照排软件的开发中，特别是字形压缩技术方面，作出了重要贡献。目前，激光汉字照排系统已经得到了世界各国的广泛采用，是汉字信息处理领域中，中国对于世界的重要贡献。

另一方面，中国在汉字信息处理软件方面也取得了令人可喜的开发成果。

1978 年 1 月，《计算机学报》发表了科学院计算所竺逎刚、倪光南、陈芷英的《汉字输入和人机对话》论文，提出了联想式的汉字输入方法及汉字熵值等一些关键问题，引起了国内外学术界的关注。1978 年 12 月，全国汉字编码研究会在青岛成立。探索汉字编码的高潮也逐渐在中国形成。

北京大学照排出的第一个报版，成为汉字信息处理软件方面一个可喜的成果。1979 年 8 月 11 日《光明日报》以《可喜的成果，有益的启示》为题发表评论员文章，向世界公布了这一进展。1980 年 11 月 26 日，美国斯坦福大学新闻首次报道了中国科学院副研究员董韫美探索的汉字信息处理成果，认为是计算机语言中的突破。

1970 年代末和 1980 年代初，国内开始应用微型计算机系统。由于微机上一般都使用 BASIC 等程序语言，国内也开始设计在高级程序级上调用汉字输入输出服务程序。

1980 年代初期开始，国内微机应用迅速推广，汉字信息处理技术也随之走向普及，汉字与西文信息兼容的功能也得到比较好的解决。汉字信息处理不仅可以享用西文系统中原有的一切软件资源（例如数据库资源），并且和西文信息处理同样方便，使汉字信息处理的软件技术提高到一个新的高度，并具有中国自己的特色。除了 CP/M 外，在 UNIX、PC-DOS、以及 PDP 系列小型计算机上运行的 RSX－11/M 等操作系统上都进行了汉字信息处理功能扩充，得到了良好的效果。

1983 年，王永民发明"王码五笔字型"输入法，突破了汉字数字化的瓶颈，并被迅速推广。1984 年，联想公司成立，半年后，推出了联想汉卡。1985 年，北大方正研制的激光照排 II 型机通过国家鉴定，成为中国第一个实用照排系统。1988 年，金山公司开始了中文字处理系统 WPS 的开发，填补了中国计算机文字处理的空白。

7.5　信息技术应用

改革开放以后，包括邓小平在内的多位党和国家领导人多次在不同场合强调要将电子计算机的推广应用放在重要位置。中国政府将电子计算机推广应用作为一项重要的政策予以实施，取得了显著的成绩，在国民经济信息化和传统产业改造中发挥了重大的作用。

电子计算机不仅在人造卫星轨道计算，运载火箭发射，全国人口普查，石油勘探与开采，铁路运输，冶金轻纺，科学研究等领域作出了重要的贡献，而且在医疗卫生，防治农作物病虫害，政府机关，中小企业管理，以至中小学校，农村粮棉收购等应用项目中，产生了比较显著的经济效益或社会效益。同时，党中央、国务院、人大常委会的机关也先后开始使用计算机，配置和设计计算机应用系统。1983 年年底，全国已经有 20 多个部委正在进行计算机应用系统的使用、安装或设计。

电子计算机的应用开始从小型的、分散的、局部的应用，走向大型的、集中的、系统化的应用，是这一时期中国电子计算机应用的一个重要转折，也是中国信息化发展的一个重要转折。

7.5.1　国民经济管理信息系统

1979 年，国务院决定进行第三次全国人口普查，并将过去普查资料人工汇总的方法，逐步改为使用电子数字计算机的现代化方法。在联合国人口基金的援助下，中国中央和省（自治区、直辖市）经济管理部门两级计算机系统的雏形开始形成，并首次完成了总人口达 10 亿、原始数据量达 400 亿字符的超大规模数据处理任务。此项大规模数据处理系统工程全过程的实践，受到联合国专家和国际组织的高度赞扬，也使中国政府部门大规模应用计算机的探索试验画上了圆满的句号。此后，国务院各相关部委也开始利用电子数字计算机进行各种业务活动中的数据处理工作。

1983 年 10 月，国务院提出，应当注意研究世界新的技术革命和中国的对策。由于现代信息技术已经成为生产力、竞争力、综合国力和社会经济成长的关键因素，中共中央在"关于经济体制改革的决定"中，明确提出了"改革计划方法，充分重视经济信息和预测，提高计划的科学性"的要求。为了统筹规划、建设中国国家经济信息计算机系统工程，1983 年 10 月，国务院批准组建了国家计划委员会经济信息管理办公室，负责制定全国经济信息管理系统的长远建设规划和年度实施计划、信息系统总体技术方案，并展开制定指标体系和统一编码等基础性的工作。国务院的这个决定，标志着中国政府信息化的发展开始由数据处理走向信息管理，进入了一个新的发展阶段。

1986 年 2 月，国务院批复了国家计划委员会《关于建设国家经济信息自动化管理系统若干问题的请示报告》，确定在"七五"期间，在国家计划委员会计算中心系统工程的基础上进行扩充和延伸，重点建设国家经济信息管理主系统，由中央、省（自治区、直辖市）、中心城市和县 4 级信息中心构成，作为中央和地方各级人民政府及主要综合经济部门进行宏观经济分析、预测、决策服务的主干系统。为了顺利地进行此项重大的系统工程建设，决定由国家计划委员会和有关方面的负责同志联合组成国家经济信息管理领导小组，国务委员宋平同志担任组长。1987 年 1 月 24 日，经国务院批准，国家经济信息中心正式成立。1988 年 1 月 22 日，邓小平同志亲笔为"国家信息中心"题名，充分表达了老一辈无产阶级革命家对发展中国信息事业的无限关怀和殷切期望。

"七五计划"期间，在各级政府和计划部门强有力的领导下，国家经济信息主系统于 1990 年底基本完成了初创阶段（一期工程）的任务，形成了一个由 28 个省（自治区、直辖市）、14 个计划单列市、150 个中心城市，以及 700 个县的信息中心构成的主系统基本框架（西藏和海南尚在建设之中），拥有各类大、中、小型计算机和微机 4000 余台（套），并形成了一支近万人的初步掌握现代信息技术，能够从事数据处理、软件开发、硬件维护以及经济分析和预测的专业技术队伍。在"边建设、边发挥效益"的思想指导下，在系统建设的同时，这支队伍紧紧围绕经济建设和改革开放的中心任务，积极为党中央、国务院、各级政府和计划工作服务，成为政府部门应用现代信息技术，建设管理信息系统，提供辅助决策的一支具有独特作用的力量。

在重点建设国家经济信息主系统的同时，1984 至 1990 年间，国务院先后批准经济、金融、铁道、电力、民航、统计、财税、海关、气象、灾害防御等十多个国家级信息系统的建设。在此期间，有 43 个部、委（局、总公司）先后成立了信息机构，总共投资约 200 亿元人民币，引进大、中、小型计算机 1391 台，安装微机约 6 万台，用户终端 3 万台，开发各类经济信息数据库 174 个，各类经济信息管理系统 252 个。这些系统都在不同程度上为提高政府的业务处理和管理水平发挥了重要的作用。例如，由中国人民银行牵头建设的全国金融信息系统，通过卫星开通了 400 个城市和银行的资金结算系统，可以将数万亿元的在途资金的结算时间由过去的 7—10 天缩短为 1—2 天。由铁道部牵头建设的全国铁路系统，初步建成了由铁道部至 12 个铁路局和 57 个铁路分局的计算机三级铁路基干信息网，并在 87% 的机务段和 67% 的车务段实现了联网。

7.5.2 三金工程

1993 年开始，为了加速推进中国的信息化进程，江泽民、朱镕基、李岚清等党和国家领导同志，在不同场合陆续作了重要指示，要求电子工业部会同有关部委，抓好几项重大信息化工程，即"金桥"、"金卡"、"金关"、"金税"等工程，拉开了中国大规模推进国民经济信息化建设的序幕。1993 年，成立了由国务院副总理邹家华任主席的国家经济信息化联席会议，正式部署了以"金桥"、"金卡"、"金关"工程（简称"三金"工程）金字头系列的重大系统工程，并列入国家中长期规划。新成立的电子工业部将抓好"三金"工程、推进国民经济信息化列为工作重点。经过几年的努力，"金"字工程的实施取得了重大成就。

　　"金桥"工程，即国家公用经济信息通信网工程，目的在于建成一个连接全国各省、自治区、直辖市，400 多个中心城市，以及几十个部委互联的专用基础通信网络，为国家宏观经济调控和决策服务。1995 年，"金桥"工程开通了 24 个省市卫星网络，初步具备了综合业务数字网的多种功能。1995 年 8 月 29 日，国家信息中心经济信息服务网（SICNET）正式对外开通运营服务，实时提供每日经济、金融、宏观经济、价格电信、外商投资、房地产以及境外信息等八大类、数百个可动态更新的信息服务栏目；同时，通过电信公用网或金桥网提供电子邮件、电子广告、联机会话和电子会议等八种增值服务。

　　"金卡"工程推动了银行卡跨行业务的联营工作，在 12 个试点城市全部实现了同城跨行的自动取款机联网，全国电子联行系统每天处理 5 万多笔业务，金额达 800—1000 亿元，每天为国家增加可使用资金 500 亿元；非银行智能卡也在公安、保险、劳动工资、交通管理和医疗卫生等各领域开始了广泛的应用。

　　"金关"工程是国家为提高对外贸易及相关领域的管理和服务水平而建立的现代化信息网络系统，制定并实施了进出口企业代码、进出口商品代码两项标准，建设了配额许可证管理系统、进出口统计管理系统、出口退税管理系统、出口收汇和进口付汇核销系统等应用系统。1999 年，金关工程取得了重大突破，实现了银行、外汇管理局和海关的计算机联网和信息交换。全国外汇指定银行、外汇管理局和海关计算机网络系统的建立，实现了进出口结汇业务的全国进出口报关单联网核查，有效地防止了利用假报关单骗汇、逃汇和套汇等违法事件的发生，同时，也大大提高了外贸企业进出口结汇的效率。

　　除了上述"三金"工程之外，为配合全国财税体制改革、推行以增值税为主体的流转税制度，严格税收征管、堵塞税收流失，"金税"工程作为一项全国性的信息系统工程，也开始实施。"金税"工程首期克服了种种困难和阻力，建立了增值税专用发票计算机稽核系统。据不完全统计，增值税计算机稽核系统投入运行后的 3 年中，共查出利用假发票违法、违纪案件 3 万多起，追缴税款 1.5 亿元。"金税"工程的一期工程还为日后的"金税"工程二期、三期的建设奠定了良好的基础。

实践证明，"金"字工程以政府的核心业务流为主线，极大地推动了现代信息技术在中国政府中的应用和中国政府信息化的发展，而且，凸现了效益优先的政府信息化发展原则。

1992 年，国务院办公厅下发了《关于建设全国行政首脑机关办公决策服务系统的通知》，对行政机关办公自动化的建设起到了积极的推动作用，在这个文件的指导下，全国各级政府的办公自动化建设开始加快步伐。1994 年中共中央办公厅、国务院办公厅为进一步推动政府办公自动化的发展，实施了旨在实现办公自动化的"金海"工程。在"金海"工程的示范和带动下，到 2000 年，全国已经基本建成了以国务院办公厅为枢纽，连接各省、自治区、直辖市政府和国务院各部委、各直属机构的全国政府系统办公自动化网络；党委、人大等系统也逐步建设了具有相当规模和水平的办公自动化系统。

7.5.3　互联网在中国的兴起

中国对互联网的研究始于 20 世纪 80 年代。1987 年 9 月，北京计算机应用技术研究所正式建成中国第一个国际互联网电子邮件节点，并于 9 月 20 日发出中国的第一封电子邮件："Across the Great Wall we can reach every corner in the world.（越过长城，走向世界）"，揭开了中国人使用互联网的序幕。

此后，经过中国科学院、清华大学等科研教育机构的不断努力，1994 年 4 月 20 日，中关村地区教育与科研示范网络（简称 NCFC）工程通过美国 Sprint 公司连入 Internet 的 64K 国际专线开通，实现了与 Internet 的全功能连接，至此，中国成为国际上第 77 个正式真正拥有全功能 Internet 的国家，开启了中国互联网发展历史上具有里程碑意义的一天。同年 5 月，中国科学院计算机网络信息中心完成了中国国家顶级域名（CN）服务器的设置，改变了中国的 CN 顶级域名服务器一直放在国外的历史。从此中国正式成为具有互联网国家。

1997 年 10 月，中国互联网的四大骨干网，即中国公用计算机互联网（CHINANET）、中国科技网（CSTNET）、中国教育和科研计算机网（CERNET）、中国金桥信息网（CHINAGBN）实现了互联互通，为中国互联网的普及应用奠定了基础。

1990 年代末，由于网络技术的快速发展和信息基础设施的不断完善，中国政府信息化和电子政务的发展开始突破部门和地域限制，向提高交互性和充分利用互联网的方向发展。1998 年 4 月，青岛市在互联网上建立了中国第一个严格意义上的政府网站"青岛政务信息公众网"。1999 年 1 月 22 日，中国电信和国家经贸委等四十多个部委（办、局）的信息主管部门，共同倡议发起了"政府上网工程"，目标是在 1999 年实现 60% 以上的部委和各级政府部门上网，在 2000 年实现 80% 以上的部委和各级政府部门上网。1999 年 9 月，招商银行率先在国内全面启动"一网通"网上银行服务，成为国内首先实现全国联通"网上银行"的商业银行。

至 1999 年 5 月，中国在 gov. cn 下注册的政府域名有 1470 个。这些成果有力地推动了中国各级政府信息化建设的发展，在全国引发了一场规模较大的政府信息化普及活动，大大提高了各级政府部门的信息化意识，为电子政务的全面展开和纵深发展打下了良好的基础。

根据中国互联网络信息中心的统计，截至 2000 年 12 月 31 日，我国的上网计算机数已经达到 892 万台，其中专线上网计算机为 141 万台，而拨号上网计算机为 751 万台；我国上网用户（平均每周使用互联网 1 小时或 1 小时以上的中国公民）的人数约为 2250 万人，其中专线上网用户人数约为 364 万，拨号上网用户人数约为 1543 万，同时使用专线与拨号的用户人数为 343 万，除计算机外同时使用其他设备（移动终端、信息家电等）上网的用户人数为 92 万。在. CN 下注册的域名数为 122099 个，WWW 站点约 265405 个，18 至 24 岁的网民占网民总数的 41.18%，高中（中专）以上学历的网民占网民总数的 93.56%。

计算机的广泛应用极大地促进了中国计算机产业的发展。1982 年底，

中国大、中、小型计算机安装台数为 3819 台，其中国产机 3145 台，占
82.35%；进口机 674 台，占 17.65%。1983 年，全国累计使用大、中、
小型计算机 4000 余台，微型计算机 3 万多台。1994 年，微机进入家庭的
销量仅为 6.8 万台，占微机市场的 9.5%，城市家用电脑普及率为 0.2%。
1998 年底，中国计算机保有量达到 1150 万台，计算机普及率上升到每千
人 0.9 台，家庭微机拥有量达 268 万台，中国城市家庭电脑普及率达
4.2%。1998 年，家用电脑的销量达到 118 万台，占微机市场的 29%，短
短的几年，增长了 17 倍。2000 年，中国生产微型计算机 860 万台，城镇
和农村居民电脑拥有量各为每百户 9.7 台和 0.5 台。

（本章作者　周宏仁　乔燕婷）

参考文献

［1］江泽民：《振兴计算机工业，努力为四化服务》，《中国计算机工业概
览（郭平欣主编）》，电子工业出版社 1984 年版。

［2］郭平欣主编：《中国计算机工业概览》，电子工业出版社 1984 年版。

［3］吕新奎主编：《发展中的中国半导体行业》，《中国电子工业五十年》，
电子工业出版社 1999 年版。

［4］中国互联网络信息中心（CNNIC）：《中国互联网络发展状况统计报
告》2000 年 1 月。

第8章

全方位高效益推进

引　言

党的十六大以来，中国经济、社会持续快速发展，产生了对于信息化的强烈需求。在党中央和国务院的领导下，在"信息化是覆盖现代化全局的战略举措"这一战略思想的指引下，国家信息化的发展开始步入快车道。中国信息化进入了一个全方位、高效益、深层次发展的新时代。国家信息化发展的速度远远超过预期，成绩斐然，对中国经济与社会发展的影响也日益显现。

8.1　信息技术与产业发展

进入新世纪以来，中国信息技术与产业发展的步伐明显加快。总的来看，中国在信息化核心技术的某些方面已经开始有所突破，或者有了挑战世界先进水平的能力，中国具有自主知识产权的技术和产品不断增加，对于相关国际标准的影响力也显著提升，在计算机和通信设备制造业方面都有长足的发展，软硬件产品的市场竞争力明显增强。这些，都是中国党和政府成功地实施国家信息化战略的重要成果（参见本书第 4 篇）。

8.1.1　CPU 与计算机产业

20 世纪 90 年代中后期，中国国内的计算机市场中，除了少数军品（如国防大学的银河）或者组装机（如联想、同创、长城国际、方正等）之外，自己研发和设计的计算机已经几乎销声匿迹。但是，在当代信息革命和信息化的这个核心领域，中国从来没有放弃参与国际竞争。在中国党和政府的领导下，各相关政府和地方主管部门从政策、战略、规划入手，尝试从中央处理器（CPU）芯片等基础技术和核心器件入手，大力倡导产、学、研、用结合，坚持改革开放与鼓励国际合作，加大资源投入，在短短的数年中，为中国自己的信息化核心技术和产业的发展逐渐打开了局面，取得了令人可喜的成就。

1. 中央处理器（CPU）

本书第一章曾经指出，微处理器的发明革命性地改变了计算机的研发和生产模式。由于整个计算机的功能基本上集中在了一块集成电路芯片，即微处理器上，因此，芯片的设计变得非常复杂，微处理器和 CPU 的设计和制造成为现代信息技术中最为核心的技术。

在中国科技人员的不断努力下，2001 年，中科院计算所研制成功中国第一款通用 CPU——"龙芯"芯片。2002 年 8 月 10 日，中国成功制造出首枚高性能通用 CPU——龙芯一号。同年，曙光公司推出了完全自主知识产权的"龙腾"服务器，该服务器采用了"龙芯—1"CPU、曙光公司和中科院计算所联合研发的服务器专用主板、曙光 LINUX 操作系统，是国内第一台完全实现自有产权的产品。

龙芯的诞生，打破了国外长期的技术垄断，结束了中国近 20 年无"芯"的历史。2006 年，中国科学院研发的龙芯处理器、北京大学研发的北大众志-863 CPU 系统芯片、大唐微电子公司研发的 COMIP 系统芯片等成果被列为国家"十五"863 计划高端通用芯片的标志性成果。

2. 超级计算机

2003 年，百万亿次数据处理超级服务器曙光 4000L 通过国家验收，再一次刷新国产超级服务器的历史纪录，使得国产高性能计算机产业再上一个新台阶。

2008 年 11 月，在美国得克萨斯州举行的全球超级计算机大会上发布了"第 32 届全球超级计算机前 500 名排行榜"。每秒进行 1105 万亿次计算的 IBM 超级计算机"走鹃（Roadrunner）"第二次排在首位。排行榜的前 10 名中，9 台超级计算机安装在美国，唯一的一台没有安装在美国的超级计算机，是中国制造的、采用 AMD 公司的皓龙处理器、运算速度峰值可以达到每秒 230 万亿次的曙光 5000A。显然，经过中国科技工作者几十年孜孜不倦的努力，中国的超级计算机研制水平已经显著提高，成为继美国、日本之后世界上第三个高性能超级计算机的研制和生产国。2009 年 4 月，超百万亿次超级计算机"曙光 5000A"通过由中科院组织的成果鉴定会。此外，LINKPACK 运算速度超过每秒 160 万亿次浮点运算，是目前中国速度最快的商用高性能计算机。

3. 产业发展

目前，中国的计算机产业链已经逐步建立，产业规模迅速扩大，自 20 世纪 90 年代以来，计算机产业和市场一直保持了较快的年增长率，成为中国电子信息产业的支柱产业。

8.1.2　电子通信技术与计算机

在成功地开发了国内巨大的通信市场的潜力之后，中国通信业界充分利用了通信业供给与需求两个方面的动态平衡原理，既紧紧抓住了发展通信核心技术和产业、扩大供给的机会，又竭力开拓新的电信和信息服务的市场，不断地挖掘新的市场潜力，扩大需求。如今，中国通信技术和产业体系基本建立，自主创新能力逐步增强，对国际通信标准化进程的影响逐步扩大，中国主要运营商的综合竞争实力已经跃居世界前列，华为、中兴等通信设备制造商也在国际市场上占有了重要地位。

1. 移动通讯技术

互联网的出现和飞速发展对全球信息业、通信业产生巨大的影响，移动通信和互联网正在走向融合。为顺应这一趋势，中国移动于 2000 年 9 月全面启动了 GPRS 建设工作，GPRS 与传统的 GSM 技术相比有高数据传输、永远在线、仅按数据流量计费等特点。2002 年 5 月 17 日，中国移动在全国正式投入 GPRS 系统商用，使中国真正迈入 2.5G 时代。同时，中国联通也积极启动 CDMA1X 网络的建设工作，并于 2003 年 3 月正式开通，中国的 CDMA 网络也进入 2.5G 时代。

2000 年 5 月，国际电信联盟在伊斯坦布尔会议上，正式公布了第三代移动通信标准，中国提交的 TD-SCDMA 正式成为国际标准，与欧洲 WCDMA、美国 CDMA2000 成为 3G 时代的三大主流技术之一。2001 年 3 月，3GPP 正式接纳了中国提出的 TD-SCDMA 第三代移动通信标准全部技术方案，并包含在 3GPP 版本 4（Release4）中。

2007 年科技部、国家发改委启动了实施第三代移动通信 TD-SCDMA 产业化专项第二期项目，侧重支持 TD-SCDMA 增强型技术和产品的研发和产业化。在这个重大项目的推动下，TD-SCDMA 及其增强型技术形成了完整的产业链，并且开始了规模化商用。

2007 年，信息产业部正式通过 3G 的三大国标：TD-SCDMA、WCMDA、CDMA2000，标志着 TD-SCDMA 作为中国第一个具有自主知识产权的通信行业标准已经成熟，能够指导企业进行研发、制造和生产。在政府的支持下，TD-SCDMA 的产业化发展迅猛。如今，中国移动担负起建设和运营 TD-SCDMA 的历史重任。2008 年北京奥运会，作为奥运移动通信合作伙伴的中国移动全力以赴，使这项中国自主的 3G 技术在世界通信舞台上完成首次演出，成功兑现"3G 服务奥运"的承诺。2008 年 12 月 31 日，国务院常务会议通过决议，同意启动 3G 牌照发放工作。2009 年 1 月 7 日，中国第三代移动通信（3G）牌照正式发放，中国移动获得 TD-SCD-

MA 牌照，中国电信获得 CDMA2000 牌照，中国联通获得 WCDMA 牌照。

2. 光纤通信技术

光纤通信是中国信息产业发展的重要战略方向之一。进入 21 世纪后，在国家 863 项目的支持下，中国自主研发的 160×10Gbps、40×40Gbps 的超大容量、超长距离（5000 公里以上）传输设备均获得成功。2002 年由，中国产、学、研联合开展了 ASON 的研究，于 2005 年在上海和杭州建成 3TNet（Tbps 路由、Tbps ASON、Tbps WDM）示范网，拥有 2.8 万个用户，为每个用户提供 40Mbps 的带宽，可以传送 1 路高清电视、2 路标清电视和 9Mbps 的数据带宽。2005 年后，国产 ASON 设备在中国电信、中国网通、中国铁通等运营商的网络上也开始了规模应用。2006 年，中国 40Gbps SDH 光纤通信系统、80×40Gbps 密集波分复用系统、大容量超长距离传输系统和光纤到户等高水准通信系统设备的研制成功，以及对相关配套器件研究取得的突破，使中国光纤通信研究达到了世界先进水平。2007 年，中国电信启动了 1.6Tbps 的波分多路复用（DWDM）国家一级传输干线项目的建设，连接上海、江苏、广东、湖北、江西、安徽等省市。国产 DWDM 设备不仅在国内市场站稳了脚跟，而且大量出口，远销国外。

3. 通信设备产业

中国已成为全球移动通信终端的最主要生产大国。以华为、中兴通讯为代表的企业已经在海外建立了十几个研发机构，产品、销售、研发人员的身影已遍及亚非美欧，在国际各大主流市场取得全线突破，成为国际电信市场的主流供应商。

8.1.3　微电子技术与产业

2000 年以来，中国集成电路产业进入快速成长期。在中央和地方政策引导下，国内掀起了一股集成电路投资热，中国 IC 产业发展进入了快速发展时期。据不完全统计，从 2000 年到 2007 年，投入资金超过 290 亿美元。这一投资额是中国集成电路产业 2000 年以前 30 多年间投资总和的

9 倍。

2000 年以来，信息产业部组织实施了"中国芯"工程，大力扶持国内具有自主知识产权的 IC 产品的研发。科技部在 863 计划中安排了集成电路设计重大专项，在这个重大专项的实施和带动下，北京、上海、无锡、杭州、深圳、西安、成都七个集成电路设计产业化基地的建设取得了重要进展。

技术创新能力不断提高，与国外先进水平差距不断缩小。从改革开放之初的 3 英寸生产线，发展到目前的 12 英寸生产线；IC 制造工艺向深亚微米挺进，研发了不少工艺模块，先进加工工艺已达到 80nm。封装测试水平从低端迈向中高端，在 SOP、PGA、BGA、FC 和 CSP 以及 SiP 等先进封装形式的开发和生产方面取得了显著成绩。IC 设计水平大大提升，设计能力小于等于 0.5 微米的企业比例已超过 60%，其中设计能力在 0.18 微米以下企业占相当比例，部分企业设计水平已经达到 90nm 的先进水平。设计能力在百万门规模以上的国内 IC 设计企业比例已上升到 20% 以上，最大设计规模已经超过 5000 万门级。在设备方面，100nm 等离子刻蚀机和大角度等离子注入机等设备研发成功，并投入生产线使用。在材料方面，已研发出 8 英寸和 12 英寸硅单晶，硅晶圆和光刻胶的国内生产和供应能力不断增强。

8.1.4 软件技术与产业

2000 年 6 月，《国务院 18 号文件》的发布，成为推动中国软件产业发展的一个里程碑。这一时期，中国信息化向全方位、深层次的发展，为中国软件产业的发展提供了巨大的市场空间。国内软件产业的发展速度明显加快，形成了一批软件骨干企业，涌现了大量的新技术、新产品，产业规模不断扩大。软件产业在发展速度、产业规模、出口创汇、对 GDP 的贡献、吸纳就业以及企业创新能力、产品技术、产品质量方面，都有明显贡献。中国的软件产业，开始向着国民经济的战略性、支柱性产业发展。

1. 软件技术与产业

中文 Linux 操作系统，如中科红旗、中标软件的 Linux 操作系统等开发成功，为国产应用软件的推广和应用奠定了基础。国防科技大学、联想、中软合作推出了麒麟操作系统。OpenBASE、达梦数据库、人大金仓 Kingbase、神州软件的 OSCAR 数据库、实方数据库管理系统等国产数据库系统，在政府、医院、制造领域都拥有大量的用户。中间件方面，东方通科技、中创、金蝶、中关村软件等都占有一定的国内市场。企业管理软件方面，用友、金蝶、新中大、浪潮、神州数码、速达、金算盘、博科等厂商发展很快。

在嵌入式软件方面，科银京成公司的 DeltaOS、凯思集团的"女娲 Hopen"和红旗 Linux 等嵌入式操作系统已进入产业化阶段；而嵌入式应用软件则种类繁多，对中国的家电、信息产品和制造业的产品升级贡献甚大。

国产信息安全产品和服务得到较快的发展。以天融信、启明星辰、联想网御等为代表的国内信息安全企业，积极参与奥运信息安全保障工作，充分展现了中国信息安全行业的水平。瑞星、金山、江民已取得国内杀毒软件市场 70% 的占有率。2008 年 6 月，瑞星杀毒软件在日本市场的销量首次超过 10%，位居日本杀毒产品市场前三名。

截至 2008 年 10 月，国内网络游戏研发公司已达 131 家。2008 年，国产原创网络游戏产品 286 款，同比增长 14.4%。2008 年，中国国产原创网络游戏开始进入海外市场。据统计，2008 年中国共有 15 家游戏企业涉足海外市场，全年共有 33 款原创网络游戏出口海外，实现网游收入 7074 万美元，同比增长 28.6%。

软件出口步伐加快，部分自主品牌产品进入国际市场。方正集团的激光照排系统出口美国、日本、英国等国家，占全球中文报业市场的 90%。新一代方正日文报业系统在日本 300 多种报刊中正式投入使用；永中 Office 产品成功进入日本、北美及非洲市场；用友的管理软件已经进入东南亚市场。

2. 汉字信息处理技术

中国已经开发成功世界上独一无二的、嵌入式电子信息终端中文平台及其"Minitype TM 嵌入式曲线字库技术",并于 2004 年 7 月获得了国家专利局授予的软件方法发明专利,已向世界八个国家和地区申请了专利。其技术优势得到了国内同行以及垄断的美国桌面出版软件企业奥多比(ADOBE)的承认。该技术从根本上解决了中国汉字字符、字体生成技术问题,并在嵌入式曲线字库上可完全替代美国微软、苹果公司的 TTF 技术并形成标准,打破了国外 Turetype 技术字库及其解释器技术的垄断地位,使中国在中文曲线字库产品方面拥有自己的核心技术,也为制定中文曲线字库的国家标准提供了实际参考范本。

8.1.5 互联网技术

1999 年,国家科技部在 863 计划信息领域中设立重大专项"中国高速信息示范网",集中攻克互联网核心路由器的关键技术问题。2002 年,国内已先后有国防科技大学、解放军信息工程学院、清华大学、华为公司和中兴公司研制出 IPv4 核心路由器,攻克了核心路由器体系结构设计、大规模软硬件集成复杂系统、高速分组路由处理和软硬件结合的系统级高可靠性和冗余性等技术难题,成为中国工程科技人员攻克和掌握互联网核心技术的重要里程碑。这也意味着中国已经掌握了互联网实现的关键技术。

2004 年,在国家 863 计划信息领域重大专项"高性能宽带信息网"和通信主题的支持下,国内先后有清华大学、国防科技大学、解放军信息工程大学和华为公司等研制出 IPv6 核心路由器,在攻克下一代互联网关键技术、支持国家下一代互联网示范工程 CNGI 示范网络建设方面作出了重要的贡献。

截至 2008 年 12 月,中国已经建成了由中国电信、中国网通、中国联通、中国移动、中国铁通以及中国教育科研网 Cernet2 共 6 个主干网组成的、全球最大的 IPv6 示范网。以国产 IPv6 设备为主体,CNGI 项目还包括

300 个驻地网，并通过北京、上海两个国际交换中心连接北美、欧洲的下一代互联网试验网。清华大学等 25 所高校建成的 CNGI-CERNET2/6IX 是目前世界上规模最大的纯 IPv6 大型互联网，取得了多项重大创新，总体上达到世界领先水平。CNGI 核心网已经完成建设任务，并通过验收。CNGI 项目实现了产学研用结合，促进了中国 IPv6 产业的发展。

8.2　传统产业的信息化改造

进入新世纪以来，在党的十一届五中全会提出的"信息化是覆盖现代化全局的战略举措"这一战略思想的指引下，中国传统产业信息化改造的步伐明显加快。可以说，中国目前最先进的传统产业企业，几乎无一例外是信息化水平较高的企业。信息化毫无疑问是传统产业企业技术改造的最具时代特征的主题。本书第 3、6、9 篇对此都有比较详细的描述和讨论。本节将向读者提供一个简要的介绍。

8.2.1　农业与农村

就信息化而言，农业、农村信息化是中国与发达国家差距最大的一个领域。中国农业、农村信息化的推进，大致沿着两个方向前进。一方面，是在农业生产基地和经济比较发达的地区，大力推广和使用最先进的工业化、信息化的农业生产技术，力求在较短的时间之内，赶上发达国家的农业生产水平。另一方面，则是在广大农村，根据现有的农业生产水平和农民的实际需求，在利用现代信息技术推广先进的农业生产技术的同时，以农民喜闻乐见的形式，为农民提供他们所急需的与生产和流通相关的信息服务，同时，提高农村的管理水平。

1. 信息化的现代农业

中国黑龙江、吉林、新疆等地的国家大农业生产基地，近年来在实现农业的工业化和信息化方面已经取得了超乎人们预期的进展，足以使人们认识到，先进的信息化农业并不仅仅属于发达国家。在大力推广和使用最先进的工业化、信息化的农业生产技术方面，新疆生产建设兵团的成就具有代表性（参见本书第74章）。兵团大力推广应用以信息技术为主导的精准播种、精准灌溉、精准施肥、精准植保、精准田管、精准收获六大精准农业技术，走出了一条低耗、高效、优质、安全的现代农业发展道路。2008年，全兵团高新节水灌溉面积达到900万亩，精量播种面积668万亩，机耕、机整、机播、中耕机械化水平达到100%，综合机械化水平达到85%，机采棉面积超过116万亩，气吸式精量播种机、变量施肥机、变量光谱识别除草机、GPS定位机械采棉机等智能化农机具在生产中得到广泛应用。农一师成为全国最大的滴灌自动化控制系统应用示范区。农二师十八团渠管理处被列入全国26个大型灌区信息化建设试点单位。

农业信息技术已经在中国许多农村地区获得广泛的应用。例如，北京市开发了蔬菜、果树、畜禽、水产管理等农业生产管理专家系统，提供广泛的专家决策支持，建立了20多个示范基地，示范面积6万亩，辐射11万亩。小麦和玉米生产管理专家系统，已在全市累计推广400万亩，获得了近1亿元的经济效益。天津建立智能化农业信息技术应用中心示范区20万亩，向全市累计推广548万亩，新增产量23577.8万公斤，新增产值23951.9万元。宁波推进城市数字农业建设，积极推动信息技术在农作物栽培管理、病虫防治等方面的应用，探索建立"精准农业"、灾害预警等信息系统。

2. 农业农村信息服务体系

目前，中国农业信息网已经形成以54个精品频道、28个专业网站以及各省（区、市）农业网站为一体的农业系统网站群，全国31个省（区、市）、80%以上的地（市）和60%以上的县级农业部门建立了网站，全国各级政府农业网站联网运行，成为具有权威性和广泛影响的国家农业综合门户网站。作为中国政府官方的农业网站，日均点击数600万次左右、访问量在国内农业网站居首位、全球农业网站第二位、绩效水平在中国政府部委级网站中也位居第二。中国县乡村三级农业信息服务平台及信息服务体系逐步建立。仅 2007 至 2008 年间，全国涉农网站即由 6000 个急遽增加至 18000 个。

2002 年，国家信息化领导小组提出，加快建设和启动 12 个"金"字工程，"金农"工程位于其中。2006 年，国家发展和改革委员会批准了"金农"工程项目建议书并正式立项，投资为 5.8 亿元。主要建设内容包括：建设农业监测预警系统、农产品和生产资料市场监管信息系统、农村市场与科技信息服务系统；开发整合国内、国际农业信息资源；建设延伸到县乡的全国农村信息服务网络。目前，"金农"工程一期项目建设工作总体进展顺利，预计到 2009 年底基本完成（参见本书第 9 章）。

8.2.2　机械制造业信息化改造

2002 年以来，机械企业的 CAD 已经得到普及，重点骨干企业 100% 甩掉了图板，还广泛地应用了三维 CAD、CAPP、CAE、VA（虚拟装配）、部分企业实现了 CAD/CAE/VA 的集成、少数企业实现了 CAD/CAPP/CAM 的集成，很多企业实施了 ERP，开展了电子商务。企业对信息化的重视程度加强，信息化投入加大。2008 年 5 月，调查 123 家机械制造企业的结果显示，2005—2007 年信息化投入占销售收入的比例，平均达到 1.68‰，而且呈上升趋势。大中型企业基本都建立了企业网站。相当多的企业应用了 MRP Ⅱ（ERP）、PDM、供应链管理（SCM）、客户关系管理（CRM）、制造执行系统（MES）、产品生命周期管理（PLM）和知识管理（KM）等企业信息化核心业务单元技术，但远低于办公自动化（OA）、财务管理系统、CAD 等单元的应用比例。一些先进的企业已经可以通过网络对客户所使用的产品进行远程诊断，如三一重工、沈阳鼓风机集团。2008 年，中国机械制造业的总产值已经是 2001 年的 5.36 倍。

在装备制造业的核心技术方面，中国业已取得显著的进展。以数控机床为例，进入新世纪以来，中国数控机床的产量近几年快速增长。2001 年至 2008 年间，中国机床产值的数控化率由 30.4% 提升至 52.5%；机床的市场占有率由 39.3% 提升至 61.0%；而数控机床的市场占有率则由 29.0% 提升至 53.6%。在工业机器人方面，中国已经具有有自主知识产权的工业机器人系列产品，并小批试产，完成了一批机器人应用工程，建立一批机器人产业化基地和科研基地；中国水下机器人技术已经步入世界前列。此外，近年来，中国快速原型制造技术（RPM）与装备发展较快，采用柔性、可重构工具的快速制造技术与装备，直接金属件快速制造技术与装备均已取得很好成果（参见本书第 10 章）。

8.2.3 钢铁工业信息化改造

2001 年，原国家经贸委审时度势，树立钢铁行业为信息化的示范行业，拉开了中国钢铁工业新一轮信息化建设的序幕。2008 年底，宝钢、武钢、马钢等 38 家钢产量占全国钢产量 53.4% 的钢铁企业或企业集团，实现了信息化阶段目标。钢铁工业信息化在融合中实现管理、技术、制度和流程创新，半数以上的信息化项目达到或者接近达到国际先进水平。

近年来，制造执行系统（MES）在钢铁企业中发展极快，10% 左右的炼铁工序、25% 左右的炼钢工序以及 50% 左右的轧钢工序采用了生产制造系统（MES）；仅 2008 年一年，中国钢铁企业就建成 91 个 MES 系统。

以 PLC、DCS、工业控制计算机为代表的控制系统已经取代了模拟控制，现场总线、工业以太网等技术逐步应用于生产过程控制。大中型焦炉基本实现了基础自动化，焦炉加热计算机控制及管理系统、焦炉烘炉计算机自动测温和管理系统等过程自动化技术已在推广应用；高炉冶炼过程引进专家系统，使炼铁过程智能化、自动化；钢铁企业普遍引进、研发和推广转炉自动化炼钢工艺技术，武钢等企业研制了具有自有知识产权"副枪控制系统"新技术设备，采用计算机及自动控制技术的先进炼钢方法，形成了包括"一键炼钢"在内的多项炼钢技术创新。

国内大、中型钢铁企业的轧钢工序都配备了四级计算机管理与控制系统，轧钢装备信息化水平明显提高。由于信息技术的发展，钢铁工业高速、大容量数据在线处理成为可能。由于海量实时数据处理技术的成熟，钢铁工业高水准的诊断、控制技术得以实现。在检测领域，高分辨、高可靠性 CCD 摄像可以实时取得高速板材的钢板表面的高分辨率图像。

随着高端产品比重加大，中国钢铁工业的自动化装备水平和技术水平迅速提高，连轧生产自动化技术、中厚板自动化技术、焦炉控管一体化、高炉专家系统、转炉自动化技术、连铸自动化技术、不锈钢综合自动化系统、能源信息采集调度优化技术等一批自主知识产权的技术以及上百种数学模型被开发出来，应用到钢铁工业生产中，对提高生产率、保证产品质量、节能降耗发挥了巨大作用。随着钢铁工业生产装备大型化、连续化、自动化，使钢铁生产效率提高了 90% 以上。

在利用信息技术努力降低能源和资源消耗，控制废气废水排放，建设环境监测系统，加大对环境污染的监控，促使钢铁工业循环经济发展方面，钢铁行业也已经取得了卓有成效的进展。至 2008 年，中国 58% 的钢铁企业已经对煤气、氧气等重点能源进行了管理（参见本书第 11 章）。

8.2.4　金融业

中国金融信息化的成就十分显著。"六五"以来，经过 30 余年的探索与实践，规模从无到有，从小到大；经营网点全面实现了电子化；应用范围从单一业务到综合业务服务；业务计算机从分散处理到全国集中处理，实现了业务系统的全国联网运行。各金融机构以信息化为重要的手段和基础，为客户提供跨行、跨地区完善方便的服务；电子支付工具得到大力发展，以银行卡为代表的新型支付工具发展迅速，银行业"一卡在手，走遍全球"的服务目标正在实现；金融中间服务业务日新月异，互联网金融服务发展迅速，包括网上银行、电话银行、移动银行、自助银行、电子商务网上结算、网上证券、网上保险、移动炒股、客户呼叫中心等，使客户不受时间、地域的限制得到安全便捷的金融服务。

与之同时，金融信息化服务于金融宏观调控和金融监管，在防范与化解金融风险中发挥了重要的作用。当前，中国金融业基于服务、经营、管理和监管的金融信息化技术体系框架已基本形成，方便、高效、安全的金融信息化服务体系以及金融信息安全保障体系已初步建成，推动与促进了金融的改革与创新，为提升中国金融业的核心竞争力作出了突出的贡献。金融信息化已成为中国金融平稳安全运营最基本的生存支撑环境，没有金融信息化就没有现代金融服务。

进入新世纪以来，数据集中、系统整合与互联网应用创新，成为中国银行业发展的主要特点。各银行开始进行业务的集中处理，利用互联网技术与环境，加快金融创新，积极开拓网上金融服务，努力发展各种中间服务产品，包括银行卡联网通用、网上银行、移动银行、代收代付、投资理财等。

以国有商业银行为代表的各银行机构已经完成了将全行的业务数据集中到全国性数据中心处理。以数据大集中模式为技术依托，完成了银行核心业务、客户关系管理、渠道平台、电子银行、管理信息等系统的整合和完善，正全面实现从"以产品为中心"到"以客户为中心"的革命性转变。数据集中处理为金融机构运营与管理提供全方位支撑，强化了一级法人治理结构，极大地提高了资金的运行效率和金融服务水平，增强了金融风险防范的能力。

2004年1月18日，银联网络正式开通香港业务。随后，澳门、新加坡、俄罗斯、日本、美国、德国、法国、瑞士、土耳其、澳大利亚等60多个国家和地区的受理业务陆续开通。目前，银联境外受理网络已经覆盖了95%以上中国人常去的国家和地区，银联卡日益成为全球重要的银行卡品牌。

截至2009年6月，全国银行卡累计发卡量达到19亿张，成为全球发卡量最多的国家。各商业银行已发行信用卡1.4亿张。银行卡已经渗透到经济生活的方方面面，成为居民在消费时使用最频繁的非现金支付工具。数据显示，在全国社会消费品零售总额中通过银行卡支付的比例近几年呈现持续上升的态势。2006年这一比例为17%，2007年和2008年分别达到了21.9%和24.2%。中国已经是全球银行卡业务增长最快、发展潜力最大的国家。

中国证券业和保险业的信息化也有了惊人的发展，基本上实现了与国际先进水平的接轨（参见本书第 17 章）。

除了上面所介绍的几个传统产业之外，本书第 3 篇的其他各章还对中国的石油石化业、交通运输业、民用航空业、铁路运输业、商业与外贸业，以及轻工、纺织、电力、煤炭、建材、汽车、水利、新闻出版、旅游、环保、邮政等行业的信息化发展情况进行了比较详细的介绍。当然，中国国民经济的行业很多，信息化推进的成就也遍布各行业之中，限于本书的篇幅，不可能一一介绍。但是，从本书已经介绍的材料，读者已不难看出，信息化已经使中国的传统产业发生了别开生面的变化。

8.3　电子政务

2001 年 12 月，国家信息化领导小组召开第一次会议，强调中央各部门和各级政府都要高度重视电子政务建设工作。领导干部要加强信息化知识的学习，充分利用信息化手段加强政府的有效管理，促进政府职能转变，提高政府办事效率和管理水平，促进政务公开和廉政建设。此次会议还明确了以电子政务带动中国经济、社会信息化发展的基本方针，并将电子政务建设列为国家信息化的首要工作。至此，中国的电子政务建设开始进入全面推进阶段。

2002 年 7 月 3 日，国家信息化领导小组召开第二次会议，审议通过了《国民经济和社会发展第十个五年计划信息化重点专项规划》和《国家信息化领导小组关于中国电子政务建设指导意见》（中办发〔2002〕17 号文件）。国家信息化领导小组决定，把电子政务建设作为今后一个时期中国信息化工作的重点，政府先行，带动国民经济和社会发展信息化。国家信息化领导小组的这个决定，对于应对中国加入世界贸易组织后的挑战，加快政府职能转变，提高行政质量和效率，增强政府监管和服务能力，促进社会监督，实施信息化带动工业化的发展战略，都具有十分重要的意义。会议明确指出，在实施规划中，要突出重点，抓好先行；着重抓好电子政务、电子商务和企业信息化建设，以此推动国内信息产业的发展，带动整个国民经济和社会信息化进程。《国家信息化领导小组关于中国电子政务建设指导意见》明确了"十五"期间中国电子政务建设的主要目标、任务和需要采取的措施，成为今后一段时期内指导中国电子政务建设的纲领性文件。

2002年11月，党的十六大进一步明确了"信息化带动工业化"，"大力加强电子政务建设"的方针，明确提出要"深化行政管理体制改革。进一步转变政府职能，改进管理方式，推行电子政务，提高行政效率，降低行政成本，形成行为规范、运转协调、公正透明、廉洁高效的行政管理体制"。党中央以电子政务带动政府管理体制改革的思路，标志着中国电子政务建设进入了一个崭新的发展阶段。至此，中国电子政务的发展在指导思想和政策上已经从单纯的技术应用和事务处理迈入了以加强政府有效管理和为民服务为目标的全面发展阶段。

进入21新世纪以来，中国的电子政务建设有了很大的发展。在"政府先行，带动国民经济和社会信息化发展"方针的指导下，不仅中国的电子政务建设发展很快，取得了重大的成就，而且，也实现了国家信息化领导小组提出的"政府先行，带动国民经济和社会发展信息化"战略方针。进入21世纪以来，中国经济与社会领域信息化的快速发展，事实上与中国政府大力推进电子政务的建设有着密不可分的关系。

8.3.1　政府核心业务信息系统建设

一批重点的电子政务工程和应用系统，如"金税"、"金关"、"金盾"、"金财"、"金审"等项目，已经建成或基本建成，并开始发挥重要作用。

以"金税"工程为例，至2006年底，全国2000多万纳税人和3万多亿税款实现了计算机管理，全国186万户增值税一般纳税人每年4亿份增值税专用发票实现了计算机稽核、网络协查，经济效益显著；随后，在继续完善增值税管理、综合征管、出口退税等核心业务系统的同时，基本完成了综合征管软件在全国国税系统内按照省级集中模式的统一运行；实施和完善了税控收款机管理、个人所得税管理、车辆购置税征管等各类业务管理系统；而且，34 个省及计划单列市的数据实现按月集中至总局，国家可以及时掌握税收及经济运行情况。

中国海关从 1978 年开始应用信息技术，在党中央、国务院的领导下，历经 30 多年的努力奋斗，信息化建设取得显著成效，并形成了由"电子海关"、"电子口岸"和"电子总署"组成的全方位应用格局。现在，以海关总署为中心，对内联结各地 46 个直属海关单位和 800 多个业务现场，对外联结政府各相关部委及进出口企业，推广应用大型应用项目 120 余个，中小型应用项目 600 余个，全面覆盖海关各项业务，为提高海关行政执法能力和工作效率，促进中国对外经济贸易持续、健康、快速发展，发挥了巨大作用。

"金盾"工程的应用系统建设涉及打击犯罪、维护稳定、社会管理、服务群众、队伍建设等公安工作各领域。八大公安信息资源库已经建成并投入运行，其中全国人口基本信息数据库覆盖 12.6 亿人，机动车驾驶员数据库涉及 3 亿人，累计出入境人员数据库原始记录达到 20 亿条，明显提高了户籍管理、交通管理、出入境管理的工作效率和服务质量。公安信息系统应用已经涵盖了主要警务工作领域，联网运行的应用系统有 7000 多个，公安信息网上开设的工作网站和发布的网页分别达到 1.6 万和 2900 万个。特别是户籍管理、出入境管理、交通管理、刑事侦查等业务工作在全国范围实现了信息化流程。目前，全国利用信息破案已占全部破案总数的 25% 以上，浙江达到了 53%，江苏达到近 40%。

目前，中国政府开展的"金"字号电子政务工程数目已达数十个。随着政府核心业务信息系统的进一步展开和建设，中国政府的信息能力将大大改善，治国理政的水平也将会大大提高。

8.3.2 建设服务型政府

在发展电子政务的过程中，建设一个服务型政府，更好地为民服务，一直是中国政府追逐的重要目标之一。

互联网已经成为了解社情民意、汇集民智的重要平台。2008 年 6 月 20 日，胡锦涛总书记通过人民网强国论坛同网友们在线交流；2009 年 2 月 28 日，温家宝总理通过中国政府网与网友在线交流，都对中国的民主政治建设产生了重要影响。

根据中国互联网络信息中心（CNNIC）2009 年 7 月的最新报告，在.gov.cn 下注册的中国政府部门的网站数已经达到 52447 个，占.cn 网站总数的 0.4%。如果注意到 2000 年的时候，在.gov.cn 下注册的中国政府部门的网站数只有 2479 个，就不得不感叹政府门户网站增长速度的惊人。

2006 年 1 月 1 日，中央政府门户网站正式开通，填补了中国顶级门户网站的空白。这个网站日均发布动态信息约 1000 条，日均页面浏览量达 220 万人次。2006 年，中国各级政府网站的总体拥有率已经达到 85.6%。其中：部委为 96.1%；省级政府为 96.9%；地市级政府为 97%；县级政府为 83.1%。与此同时，政府网站的内容保障机制逐步健全、内容不断丰富、功能逐步增强、整体绩效水平显著提高。

中国政府门户网站的发展以不断扩大公众服务为目标，高度关注民生问题，促进和谐社会建设。许多省市比较注重面向弱势群体，提供包括公共教育、医疗卫生、劳动就业、社会保障、居民住房、交通出行等方面的服务。各级人才市场招聘信息、社会捐助、退休养老、医疗保险等信息查询、医疗卫生信息查询、网上预约挂号、导医门诊、药品价格查询、房屋租售场景导航服务、规范房屋交易行为、全国主要城市之间的出行线路、航班查询及订票服务、电子地图与交通路况信息实时查询等等，都是政府网站常见的服务内容。

各级政府网站也非常注重面向企业经营管理的各项服务。企业登记注册、纳税申报、国际化经营；跨部门整合，提供涵盖工商、税务、质检等部门的企业登记注册服务；税务登记、纳税申报、地方税务发票在线查询；进出口信息查询和办事服务、中国产品信息查询，国内外进出口厂商信息查询，企业在线通关服务，各国贸易政策、壁垒通报等等，也是许多中央和地方网站的特色。

许多政府网站在规范政府行为、完善干部选拔培训机制、促进政民沟通三个方面发挥了积极作用，对促进政务公开、透明具有重要意义。包括：主动公开政府办事流程和办理结果；主动发布审批机关信息，及时公开审批进度；主动公开办事流程、依据、时限等，便于规范行为和公众监督；主动发布人事信息、干部选拔、任免信息，以方便公众监督；不断完善公众参与渠道，支持政府决策，保障公众基本政治权利，等等。

目前，北京、上海、浙江、天津、广州、深圳、武汉、大连等23家政府网站的办事指南数量已经超过了1300项，表格下载数量超过了900条。政府网站的经济和社会效益日趋显著并获得广大公民的认同和赞赏。

除此之外，中国政府在完善电子政务发展环境方面做了大量工作，为电子政务健康发展奠定了良好的基础，包括法律法规、标准规范、信息安全等等。

总的来看，电子政务的快速发展，不仅促进了政务公开，加强了市场监管，提高了公共服务水平，同时，也提高了政府的社会管理能力，带动了国民经济和社会信息化的发展。

中国政府正在迈入现代化政府的行列（请参见本书第5篇）。

8.4 其他领域的发展

本书以下的各篇章比较全面而详细地介绍了中国信息化进程所取得的主要成就，包括：信息化与传统产业的改造、信息技术与新兴产业发展、政府信息化与电子政务、企业信息化与电子商务、信息化与社会建设、信息化与文化建设、信息化与区域发展，以及信息化与环境建设。相信读者在阅读了这些篇章以后，一定可以体会到，中央关于"大力推进国民经济和社会信息化，是覆盖现代化建设全局的战略举措"的论断，寓意确实极为深刻，意义确实极为重大。

（本章作者　周宏仁　乔燕婷）

参考文献

［1］江泽民：《论中国信息技术产业发展》，中央文献出版社 2009 年版。

［2］胡启立：《中国信息化探索与实践》，电子工业出版社 2001 年版。

［3］吕新奎：《中国信息化》，电子工业出版社 2002 年版。

［4］曲维枝：《中国特色信息化道路探索》，电子工业出版社 2008 年版。

［5］周宏仁：《信息化论》，人民出版社 2008 年版。

［6］《中国电子工业 50 年》，电子工业出版社 1999 年版。

［7］《中国计算机工业概况》，电子工业出版社 1985 年版。

［8］《中国信息年鉴 2001》，中国信息年鉴期刊社 2001 年版。

［9］《中国信息年鉴 2008》，中国信息年鉴期刊社 2008 年版。

［10］《数说互联网·1997—2007 中国互联网络发展状况统计报告》，中国互联网络信息中心。

［11］《跨越与融合·中国信息化发展报告 2009》，电子工业出版社 2009 年版。

第三篇

信息化与传统产业改造

第9章

农业与农村

引 言

中国是一个尚未完成工业化的国家，既要完成从农业社会向工业社会的过渡，又要完成向信息社会的过渡。因此，关注"三农"问题，无疑是国家信息化的战略重点之一。对应农业这一古老的传统产业，农业信息化关注的是产业化改造问题；对应城镇化的进程，农村信息化关注的是农村的经济社会发展问题。世界上一些发达国家，由于农村劳动力的转移和城镇化已经基本完成，在农村地区，农业已经不是主导产业，在农村居住的人多数已经不再从事农业，这种情况下农业信息化和农村信息化可以相互独立、并行不悖。在中国，农村劳动力转移、农业产业化、粮食安全、农村社会保障、农村公共服务等众多发展问题交错而至、互相制约，所面临的压力和困难是上述发达国家所无法相比的。在这样的国情下，在相当长的一个时期内，农业信息化与农村信息化作为一个整体统筹考虑是十分必要的。

中国农业与农村信息化大体上历经了三个发展阶段，分别是农业电子信息技术应用阶段，农业信息化建设起步阶段和农业与农村信息化快速发展阶段。依照这一发展历程，本章对中国农业与农村信息化进程和成就的描述，分为农业信息化随改革开放起步、农业与农村信息化在全面建设小康社会进程中快速发展、农业与农村信息化典型案例和近期发展及展望四个部分。

9.1 农业信息化随改革开放而起步

改革开放以前，中国经济发展所关注的重点在于加快中国的工业化进程，特别是重工业的建设。即使在国民经济发展比较顺利的时期，发展农业的重点大多是在农田水利建设、良种培育、农业机械化等领域，对于计算机技术和电子信息技术的应用，则完全没有提到议事日程上来。"文化大革命"时期，由于极"左"思潮的影响，农村经济与中国的国民经济一样，实际上已经到了濒临崩溃的边缘，更谈不上有什么大规模的、普遍的先进科学技术或信息技术的应用。

9.1.1 农业信息化建设起步阶段

20 世纪 70 年代中后期，随着半导体器件和数字电路的应用和普及，中国在农业科研、农业机械和一些农牧生产领域，开始研究和应用电子技术，包括粮食水分速测仪、高压脉冲电围栏、电子计数的燃油泵试验台、播种机下种流量电子监测仪、可编程序计算器应用于优化施肥（测土配方施肥）等都有了一些应用，定型生产了一些产品。

20 世纪 80 年代，随着计算机技术的应用普及，特别是个人计算机的面市，计算技术开始在农业科研、农业生产管理中获得应用。1981 年，中国农科院从罗马尼亚引进了 Filex C－512 中型计算机和数据处理系统，建立了全国农口第一个计算机应用研究机构——中国农业科学院计算中心，并开始与国外知名的农业信息加工与传播机构 CABI 及权威的国际农业科技情报组织 AGRIS 合作，学习引进国外的农业文献检索和数据库技术。1984 年，农业部统计系统开始应用个人计算机进行农业统计，中国农业工程研究设计院也开展了计算机技术的应用研究。与此同时，农业温室环境控制系统开始应用微处理器。这些都为农业信息化起步做了观念、技术和人才上的准备。

9.1.2 农业信息化建设起步阶段

改革开放以后，党中央和国务院对中国农业、农村的发展高度重视。中国国民经济的改革首先是从农业、农村的改革开始的。与此同时，根据中央一系列政策指示的精神，农业部也采取了许多相应的措施，大力推动农业科学技术和信息技术在农业、农村发展中的广泛应用。

1. 农村改革催生农业信息化

1982 年，中央"1 号文件"《全国农村工作会议纪要》的发布，正式肯定了土地的联产承包责任制，充分调动了广大农民的生产积极性，中国农业发生了根本的变化。全国粮食产量 1978 年约为 3000 亿公斤，到 1984 年增加到 4000 亿公斤，同时农业总产值增长了 68%，农民人均纯收入增长了 166%。在取得令人瞩目的成就的同时，出现了新的问题。1984 年，在全国粮食大丰收的情况下，南方 5 省出现了粮食供给紧张的情况，使农业部的领导认识到，从过去的指令性的生产和收购到农民自主经营，对农业宏观决策的信息支持提出了新的要求。1984 年底，农牧渔业部决定筹备成立农业部计算中心，通过广泛调研和信息需求分析，编制了《农牧渔业信息管理系统总体设计方案》，并经部党组批准转发全国农牧渔业部门执行。1987 年，农业部正式成立信息中心，随后各省农（牧）业厅也相继成立了信息中心。

2. 政府职能转变促进农业信息化

1992 年春天，邓小平同志发表了重要的南方谈话。当年，党的十四大提出了建立社会主义市场经济体制的改革目标，明确要把政府的职能转变到"统筹规划，掌握政策，信息引导，组织协调，提供服务和检查监督"上来。1993 年，农业部成立了农村经济信息体系领导小组；1994 年，农业部成立了市场与经济信息司，负责农业信息体系建设的行政工作。

1993 年，经财政部批准，世界银行贷款资助的"中国农业支持服务项目"启动。该项目的第一项目标就是要"通过改善信息、计算机联网及监测和评价系统，以加强农业、畜牧、动植物检疫的管理能力"，投资为 300 万美元。项目建设规划方案中首次明确了"特别需要变单向收集为双向信息服务，把工作的重点由支持宏观决策转向指导农民的生产和合理经营"，提出"农牧业支持服务信息系统的建设，是为了使闭塞的、以分散方式经营的农户在产前、产中、产后的三个阶段，得到社会化信息服务的支持"，并把系统目标定位于"提供科技信息、生产资料质量监测信息和市场信息三个方面"。

工作重点的转移为农业信息化带来快速发展。1995 年 1 月，在经过两年的准备和试运行之后，农业部正式开通了全国农产品批发市场价格信息网。这个信息网具有鲜明的双向服务的色彩，从一开始，就确定了面向市场、面向农民、面向社会提供公共价格信息服务的宗旨，坚持做到每个工作日当日采集、当日处理、当日通过中国农业信息网和各类媒体对社会公开发布，并定期发布全国批发市场动态和价格分析报告。2006 年 1 月起，这个信息网开始向社会发布当日"全国农产品批发价格指数"；运行 14 年来，取得了良好的社会效益，对促进全国农产品价格形成、引导农产品流通、对接鲜活产品产销和支持宏观调控发挥了积极的作用。

1996 年，农业部接入了互联网。同年，设立了农业部的政府网站——中国农业信息网。目前，中国农业信息网已经形成以 54 个精品频道、28 个专业网站以及各省（区、市）农业网站为一体的农业系统网站群，全国 31 个省（区、市）、80% 以上的地（市）和 60% 以上的县级农业部门建立了网站，全国各级政府农业网站联网运行，成为具有权威性和广泛影响的国家农业综合门户网站。作为中国政府官方的农业网站，其对国内外的影响日益扩大。目前，日均点击数 600 万次左右、访问量在国内农业网站居首位、全球农业网站第二位、绩效水平在中国政府部委级网站中也位居第二。

3. 信息服务行动推动了信息工作体系形成

2001 年 9 月，农业部颁布了《"十五"农村市场信息服务行动计划》，计划用 3—5 年的时间，基本建立起覆盖全国省、市、县、大多数乡镇以及有条件的农业产业化龙头企业、农产品批发市场、中介组织和经营大户的农村市场信息服务网络。这个文件第一次提出了农业信息化的"最后一公里"问题，指出："在农村市场信息网络向县和乡镇延伸的同时，要重点抓好组织（队伍）网络的延伸。要充分发挥县、乡农技推广站、农经站和农广校学员的作用，联合其他涉农部门，依靠村组干部、农村经纪人、农业产业化龙头企业、中介组织和经营大户，形成'进村入户'的农村市场信息服务组织（队伍）网络，彻底解决信息服务'最后一公里'的问题，把信息及时传播到农民手里"。

农业部门围绕实施"'十五'农村市场信息服务行动计划"，狠抓信息服务网络延伸、信息资源开发和信息发布（服务）三个着力点，信息体系建设和信息服务工作取得了积极进展。目前各级农业部门信息工作机构基本健全，已发展农村信息员 20 多万人。农业部建立了信息采集渠道近 40 条，涉及农资和农产品生产、市场、供求等多环节，同时开始整合各涉农信息资源，信息报送与处理全面实现电子化。农业信息服务在政府职能转变中的重要地位得以确立，农业信息服务工作体系逐步形成。

4. 农业信息技术应用快速发展

在这个时期，以科学计算、数学规划模型和统计方法应用为主，现代信息技术也开始在中国农业科学技术的研究中迅速获得应用。1985 年，联合国粮农组织（FAO）的援华项目"计算机在农业上的应用"培训班为中国 21 个省、市的农科院培训了 34 位计算机农业应用人员。"七五"期间，农业部首次将计算机农业应用研究专题纳入行业攻关内容。数据处理（EDP）、大型数据库、管理信息系统开发在农业科技与管理部门中开始受到重视和应用。数学规划用于农业生产宏观分析和指导，作物育种、测土施肥、病虫害防治成为农业专家系统开放的热点。1989 年底，农口计算机装机量已经达到数千台，锻炼和造就了一批数量可观的应用研究人员队伍。

进入 20 世纪 90 年代以后，随着微机应用的普及和性能的提高，中国农业信息技术应用呈现出全面发展的特征。在数据处理和管理信息系统发展的同时，专家系统的研究出现了高潮。生产过程自动控制系统开始起步，网络应用提上了议事日程，部分研究机构开始了地理信息系统（GIS）的开发和应用。与此同时，计算机应用已经渗透到农业各学科，涉及的专业领域包括：作物栽培、作物育种、畜禽饲养、畜禽育种、土壤肥料、农业灌溉、植物保护、农用机械、农业区划、农业经济、农业气象和农业科技情报等等。个别农户和专业户开始购买微机。1994 年代，农口计算机装机量已经超过万台，专业人员已达数千人。

9.2 在全面建设小康社会中快速发展

1996 年以来，农业信息技术应用出现了一个新的普及高潮。在中国农业信息网建成之后，中国农业科技信息网也建设完成。本世纪初开始，中国农业与农村信息化进入一个快速发展的阶段，中国农业呈现出由农业现代化走向农业信息化，从现代农业走向信息农业的大趋势。

9.2.1 大政方针指导

2002 年，党的十六大提出了全面建设小康社会的目标，随后在农业和农村问题和构建和谐社会方面出台了一系列的重大政策。特别是 2004 年以来，连续六年，中共中央"1 号文件"对增加农民收入、提高农业综合生产能力、加强农业基础建设、发展现代农业、推进社会主义新农村建设、推进城乡经济社会发展一体化等重大问题作出重大决定，其中也多次提出农业与农村信息化问题。2007 年的"1 号文件"强调，发展现代农业要提高水利化、机械化和信息化水平，还把"加快农业信息化建设"单独作为一条工作布置。2008 年的"1 号文件"专门列出一条内容——积极推进农村信息化。2009 年的"1 号文件"明确提出，要"发展农村信息化"。党的十七届三中全会通过的《中共中央关于推进农村改革发展若干重大问题的决定》，多处提出要发挥信息化为农服务的重要作用。在党和国家推进农村改革发展的大政方针指导下，农业与农村信息化进入了快速发展时期。

《2006—2020 年国家信息化发展战略》确定了优先制定和实施战略行动计划。其中的国民信息技能教育培训计划提出，要"优先发展全国文化信息资源共享工程、农村党员干部远程教育工程等，积极开展国民信息技能教育和培训"。在缩小数字鸿沟计划中，提出了"坚持政府主导、社会参与，缩小区域之间、城乡之间和不同社会群体之间信息技术应用水平的差距，创造机会均等、协调发展的社会环境。把缩小城乡数字鸿沟作为统筹城乡经济社会发展的重要内容，推进农业信息化和现代农业建设，为建设社会主义新农村服务"。

9.2.2　国家工程项目带动

进入 21 世纪以来，在中央关注"三农问题"的一系列方针政策的指引下，党中央和国务院各部门启动了一批与农业、农村信息化关系重大的信息系统工程。这些工程，从不同的角度极大地推动了农业、农村信息化的发展，意义和影响均十分深远。

1. "金农"工程

2002 年，国家信息化领导小组《关于中国电子政务建设指导意见》（中办发［2002］17 号）提出，尽快建设和启动包括"金农"工程在内的 12 个"金"字头工程。2006 年，国家发展和改革委员会批准了"金农"工程项目建议书并正式立项，投资为 5.8 亿元。主要建设内容包括：构建三类应用系统，开发两类信息资源，强化一个服务网络。即：建设农业监测预警系统、农产品和生产资料市场监管信息系统、农村市场与科技信息服务系统；开发整合国内、国际农业信息资源；建设延伸到县乡的全国农村信息服务网络。国家发展和改革委员会于 2007 年 7 月核批了"金农"工程一期（中央本级）项目的初步设计。目前，"金农"工程一期项目建设工作总体进展顺利，预计到 2009 年底上述建设基本完成。

在"金农"工程等国家项目带动下，各地农业信息化步伐加快，各级农业部门的调控引导、监管服务等政务工作方式发生了新的变化，行政效率显著提高。农业部行政审批综合办公信息系统，为申报单位提供了"一站式"服务；一些地方农业部门通过网络系统，实现了监管事项办事程序、过程和结果的"三公开"，强化了服务型政府的工作基础。各地农业部门根据管理和服务需要，积极推广应用精准农业、人工智能、"3S"等信息系统，信息技术正逐步向农业生产经营各领域各环节渗透。

2. "三电合一"项目

为把农民急需的信息及时传播到乡镇村屯，农业部在有关部门的支持下，近几年开始推进电视、电话、电脑"三电合一"农业综合信息服务平台建设项目，深受农民群众欢迎。2006 年，农业部申请设立了农业系统公益性服务专用号码 12316。目前，各级农业部门建设的"三电合一"平台覆盖面已经超过 1000 个县，在促进产销衔接、引导结构调整等方面发挥着积极作用，涌现出河南三门峡、河北藁城、广西田东等一批典型。

3. 党员干部现代远程教育工程

2007 年，中共中央办公厅印发了《关于在全国农村开展党员干部现代远程教育工作的意见》，提出：为提高广大农村党员干部和农民群众的整体素质，推进社会主义新农村建设，经党中央同意，从 2007 年下半年开始，在试点的基础上，在全国农村普遍开展党员干部现代远程教育工作，力争到 2010 年底，在全国基本建成农村党员干部现代远程教育网络体系，包括在此期限完成基础设施建设任务，在乡镇、村基本实现站点全覆盖。目前该项工程进展较快，在许多地区，各乡镇、村的干部远程教育站点也已经成为开展农村信息服务培训的中心，为推进农村信息化的发展起到了重要的推动作用。

4. 全国文化资源共享工程

2002 年，由文化部和财政部启动并组织实施。其目标是以数字资源建设为核心，以农村服务网点建设为重点，以共建共享为基本途径，全面实施文化共享工程，到 2010 年，基本建成资源丰富、技术先进、服务便捷、覆盖城乡的数字文化服务体系，成为公共文化服务体系的重要支撑，使广大基层群众能够普遍享受到数字文化服务。截至 2009 年 5 月，各地已累计投入建设资金19.17 亿元。目前已经建成了 1 个国家中心，33 个省级分中心，1687 个县级支中心，4797 个乡镇基层服务点，与农村党员干部现代远程教育工程和农村中小学现代远程教育工程合作，共建村级基层服务点 75 万个，其中配备文化信息资源共享专用设备的有 31.5 万个。截至 2008 年底，文化信息资源共享工程资源量达到 73.91TB。

5. 农村中小学现代远程教育工程

2003 年以来，教育部、国家发展和改革委员会、财政部共同实施了这个农村中小学教育信息化工程，至 2007 年底全面完成。该工程共投入111 亿元，配备教学光盘播放设备40.2 万套，卫星教学收视系统27.9 万套、计算机教室和多媒体设备4.5 万套，工程覆盖了中西部 36 万所农村中小学，受益农村中小学生达 1.6 亿人，并基本形成了适应农村中小学教学需求的资源体系。

6. 其他国家重点工程

其他涉农的国家重点工程还包括科技部的《星火农业科技"110"信息服务项目》、商务部的《信福工程》、全国供销合作总社的《新网工程》、广播电视总局的《广播电视村村通工程》等。这些工程都从不同的层面促进了农业、农村信息化的发展。

9.2.3 政府主导，动员各种社会资源参与发展

在政府主导和带动下，农业与农村信息化得到了社会的普遍关注和支持。

各大电信运营商肩负历史使命和社会责任，对农村通信基础设施建设做出了突出的贡献。从 2004 年开始，原信息产业部组织当时的 6 大运营商在全国范围展开了发展农村通信、推动农村通信普遍服务的划时代工程——"村村通电话工程"。2005 年底，按期实现了第一阶段的任务，达到"全国95％以上行政村通上电话"的目标。第二阶段任务是继续实施行政村通电话项目、增加农村电话普及率，并将"村通工程"向自然村延伸，构建农村信息服务平台和开发应用农村适用信息资源，"十一五"末基本实现全国"村村通电话，乡乡能上网"。到 2008 年底，累计完成工程投资约 460 亿元，共计为约 13 万个行政村及自然村新开通电话，96％的乡镇开通了宽带。与此同时，中国移动、中国电信、中国联通等公司还在完善农村信息服务平台、推进"信息下乡"活动中做出了积极的探索和贡献，大大改善了农村信息化的面貌。

2003 年，山东邮政首先创新拓展服务功能，积极参与农资配送服务。通过几年来的探索和实践，依托邮政系统信息流、资金流和物流"三流合一"的平台优势，在电子商务网络的支撑下，农村邮政物流逐步形成了"连锁经营＋配送到户＋科技支撑"的综合服务模式，受到广大农民、涉农企业以及政府的欢迎。目前，全国邮政物流累计为农村配送农资、消费品和农产品（行情论坛）的价格总额达 400 多亿元，配送生产、生活资料近千万吨；配送产品涉及三大行业的 4300 多种单品，其中农业生产资料产品达到 73％；服务农资生产企业 960 多家；服务农民近亿户。为进一步推进该项工作，国务院办公厅转发了交通运输部、国家发改委、财政部、农业部、商务部、工商总局六部委《关于推动农村邮政物流发展的意见》，计划到 2012 年，基本建成"布局合理、双向高效、种类丰富、服务便利"的农村邮政物流服务体系。

2008 年，国家发展和改革委员会开始国家信息化试点，24 个单位被列入了新农村综合信息服务项目第一批试点名单。试点单位涉及各类农业信息服务机构、农业产业化龙头企业、农产品批发市场、电信运营商、信息技术企业。除此以外，中国致公党、中国扶贫开发协会等一些民主党派和社会团体也积极参与了农村信息化的建设。

9.2.4　城乡数字鸿沟开始缩小

随着农业与农村信息化的推进，中国城乡数字鸿沟开始缩小。国家信息中心信息化研究部的研究显示，2007 年，中国城乡数字鸿沟指数为0.64，尽管中国仍然存在有较大的数字鸿沟，但从总体上看，城乡数字鸿沟呈现稳步缩小态势，2002 年至 2007 年间，缩小了 13.5%。

2007 年起，中国农村网民连续两年大幅度增加。据中国互联网络信息中心（CNNIC）公布的数据，2007 年底中国农村网民数量达到 5262 万人，比上年增长了 127.7%，城乡互联网差距首次出现明显缩小。2008 年底，新增农村网民 3190 万人，农村网民规模达到 8460 万人，年增长率超过 60%，远高于城镇网民 35.6% 的增长率。

在城市家庭计算机拥有率连续几年快速增长的情况下，城乡计算机相对差距指数连续几年稳定在 0.95（农村比城市落后 95%），2007 年还略有缩小（为 0.93）。

城乡电话差距进一步缩小。2002 年，全国有 85.2% 的行政村通电话，到 2008 年底，通电话的比例已经达到 99.7%。农村固定电话普及率由2002 年的 11.7% 上升到 2007 年的 16.1%，农村移动电话由 2000 年的4.3% 上升到 2007 年的 77.8%。

城乡电视差距逐年减少。农村居民彩电拥有量从 2000 年的 48.76 台/百户，增长到 2007 年的 113.89 台/百户。城乡相对差距指数由 2000 年的67.82，下降到 2007 年的 43.51%。

国家在"家电下乡"试点成功之后，自 2009 年 2 月 1 日起，电脑也正式进入"家电下乡"行列，农民购买电脑与家电一样可以获得政策补贴。

9.3 农业与农村信息化典型案例

政府主导，动员社会广泛参与，是中国社会主义政治制度的制度优势。目前，按照"平台上移、服务下延"的原则，在全省范围集中推进，并取得明显成效的有宁夏回族自治区、吉林省和浙江省。

9.3.1 宁夏——新农村信息化工作省域示范

宁夏回族自治区党委、政府为把推进农村信息化作为一项战略性举措，下发了《关于贯彻落实国民经济和社会发展信息化"十一五"规划的实施意见》，明确了宁夏要走一条"平台上移、服务下延，低成本、高效益"的农村信息化之路。经过两年多的建设，农村信息化建设取得了很好成效，破解了资源整合、信息共享、长效机制建设等制约信息化建设的难题；初步建立了涉农信息资源和服务平台，实现了"三网融合"，组建了农村信息员队伍，在全国率先实现了村村通互联网、村村有信息服务站的目标。2008 年，国家工业和信息化部授予宁夏"国家级社会主义新农村信息化工作省域示范"称号。

农村信息基础设施建设实现跨越式发展。宁夏初步建成了大容量、高速率、覆盖全区城乡的信息通信网络。实现了 77% 的行政村通宽带；通过无线技术解决了约 600 多个山区行政村上网问题；全区农村宽带用户为 2.9 万，IPTV 用户 3200 个，全区出口网络总带宽达 30Gbps。

农村综合信息服务站普及到所有行政村。在全区完成了 2802 个农村信息服务站的建设，把政府服务、电影院、图书馆、文化站、农技推广站送到了农民的家门口，

自治区涉农信息资源和服务平台基本建成。平台包括互联网电视 IPTV 播放中心、三农呼叫中心和农村综合信息网。IPTV 平台已经初步实

现 60 路有线电视节目的实时播放、3 天的时移电视服务、1000 部影片和 2000 小时视频点播服务。三农呼叫中心整合了科技厅、科协、农牧厅等现有各类涉农呼叫，实现了专家与农民的视频、语音互动。农村综合信息网已经初步实现了党员远程教育、科技、农牧业等 8 个涉农部门的数据共享。

宁夏农村信息化试点的成功，使农民切身体会到信息技术带来的方便与快捷，有效激发了农民对信息化的需求，使农民得到了实惠。

9.3.2 吉林——新农村信息化建设

吉林的农村信息化经历了三个发展阶段。第一阶段，是先从农业部门做起，在农业体系内纵向发展，构建省、市、县、乡和重点村的网络平台和信息服务体系；第二阶段，是农业部门协调，相关部门联合建设阶段，重点加强服务手段建设，按照全省集中统一的方式，政、事、企多方合作，动员了社会的广泛参与，建设了"三农"综合信息服务平台，实现了门户网站、呼叫中心（12316 新农村热线）、短信平台（12582 农信通）等多种服务渠道的整合；第三阶段，是全省统筹建设、整体推进的阶段。在推进过程中，由于重视利益机制，内在发展动力强，走出了一条低成本建设和运行的道路，效益明显。

综合服务能力不断增强。从开始由省农委主办，到第二阶段 4 个部门联建，到第三阶段由省纠风办监督、协调，40 个涉农部门共同参与，服务能力不断增强。呼叫中心的电话日接访量由开始的 1000 个左右，增加到 5000—6000 个，峰值达 8700 个，短信平台定制用户达到 45 万，全省农民的认知度达到 70%。

服务手段多样，易于接受。呼叫中心主要采用人工接转、值班专家咨询、复杂和重要的问题直接转到相关专家的手机上解答的形式，主要解决个性化服务问题，农民亲切地称为"挂专家号"。共性问题主要通过网站发布、短信平台推送，省、市两级电台、电视台、报刊现场直播、专题专栏宣传。

服务效果显著。通过多部门合作，到 2008 年，吉林全省已经建设改造了 3000 多个村级信息服务点，从事信息服务的管理和技术人员达到1869 人。呼叫中心目前形成了 550 人的专家服务团队，每天处理 4000—5000 个咨询电话，平均每个电话时长 15—20 分钟。从建立来，已经累计回答了全省农民 450 万个专题咨询。短信平台的定制用户已经达到 45 万户。编辑出版的《12316 新农村热线——新农村建设丛书》已经达到 189个分册。

2009 年 4 月，国家发改委将吉林新农村信息化建设列入首批国家信息化试点单位。

9.3.3 浙江——农民信箱

2005 年 9 月，浙江省启动"浙江百万农民信箱工程"。"农民信箱"定位为一个由政府主导，集个人通信、电子商务、电子政务、农技服务、办公交流、信息集成等功能于一体的面向"三农"的公共服务平台。由省农业厅和浙江移动公司为主承建，其他通信运营企业参与建设，省、市、县三级农业部门负责管理、维护和培训，乡镇基层干部、农技人员、农村工作指导员等承担推广应用任务。平台为农民量身订制，立足用户需要，力求方便实用，以实名制注册，使用全免费。通过农民信箱，农民、客商和农村干部能借助电脑和手机短信进行网上双向交流，可以在网上推销、采购农产品。

2009 年初，农民信箱的注册用户已经突破 200 万个。三年多来，利用农民信箱产销平台，浙江先后开展杨梅、葡萄等 22 场专场活动，累计发布买卖信息 82 万条，达成交易额 51 亿元以上，全省节约营销成本 2.3亿元，节省电话费、纸张等行政成本 1.1 亿元。仅 2008 年初举办的网上农博会，成交额即达到 2.7 亿元。浙江农民信箱已经引起了全国同行和客商关注，不少农民通过这个平台尝到了甜头，走上科学发展现代农业的路子。比如，绍兴县建刚信息服务部，依托农民信箱搞花卉信息代理，仅三年时间就在网上成交 500 多笔，成交额达到 3000 多万元。

另外，浙江还利用农民信箱的手机短信提示功能，发送台风、强冷空气、病虫防治等灾害预报信息，及时指导农民采取减灾措施，三年来帮助农民减少因灾损失 45 亿元。

农民信箱工程的实施，大大提高了全省农民群众应用互联网的积极性。在此基础上，浙江省在 2008 年又继续推出了"浙江农民信箱万村联网工程"，为农村、农业企业、"农家乐"提供免费的自助建站服务。建立了"浙江新农村"万村联网集群平台，平台通过信息整合，整体宣传浙江新农村建设成果，为"农业增效、农民增收、农村繁荣"做出了积极的贡献。

9.4　近期发展及展望

随着中国农村改革和城乡统筹步伐的加快，农业与农村信息化将迎来一个新的发展时期。在党中央、国务院的倡导下，以信息化推进现代农业发展和社会主义新农村建设，已经成为各级政府和社会各界的共识。目前，各有关部门、各级各地政府正在结合制定国民经济和社会发展的第十二个五年规划，加紧研究出台有关农业与农村信息化的规划，同时，业已着手在新的领域启动一些信息化项目。

在食品安全管理监督方面，动物标识及疫病可追溯体系建设将会全面展开。北京、上海、四川、重庆四省市开展的动物标识及疫病可追溯体系建设试点工作以及全国面上的工作已经取得重大进展。规章制度逐步完善，二维码牲畜耳标佩带工作全面推进，中央数据库雏形基本建成，各地数据采集设备逐步到位，宣传培训工作已经陆续开展。

在农村社会管理和公共服务方面，按照城乡经济社会发展一体化的新格局，有关部门将启动农村社会保障、农村医疗卫生等领域建设等电子政务工程；一些地方已经分别开展了村务和村财公开、农村基本情况数据库建设、土地承包流转管理、农民工就业信息服务等信息化试点。

关于农业与农村信息化的推进策略，应该采取点面结合重点推进、尊重首创典型引路、从"要农民上"到"农民要上"、构造农村信息化的管理体制、推广成功经验等策略。在发挥农民和村级组织这个主体的积极性，引导他们投身信息化方面，福建省泉州市推广的"世纪之村"的做法，给人们带来新的启示。"世纪之村"是由泉州南安市新农民培训学校（民办非企业单位）开发和运行的信息化服务平台，是一个农民自主开发、自我管理、自己使用、自身受益的信息服务系统。平台整合了村务管理公开、村财管理、村级计生、农村社区服务、农村市场和科技服务等多种功能。信息点设在各行政村中已经具备上网条件的食杂店、电信代办点、供销合作社、合作医疗点，不需另外增加建设投资。这种发展模式，贴近农村实际，具有自身活力。这种模式得到了当地政府支持，并为每个信息员提供每月 100 元的公益服务补贴。启用 1 年来，已在南安市全市416 行政村的 500 个信息点推广应用，成效显著。2008 年底，泉州市党委和政府已经决定在全市 2300 个行政村全面推广。

解决"最后一公里"问题，是当前和今后长时期内农业与农村信息化的难点问题。解决的思路，首先是要摸准需求保证供给，需要发挥多重力量的作用，同时注意运用多种服务手段。在继续做好公益性服务的同时，要加强农村商务信息服务，重点是解决农产品买难卖难的问题，目标是使生产者、经营者和消费者利益公平化。

体制改革和制度推进是农业与农村信息化持续发展的根本保障。上述宁夏、吉林、浙江等省都是在领导体制、协调机制、制度保障方面有所突破，取得了宝贵的经验。2009 年 5 月 31 日，工业和信息化部制定了《农村综合信息服务站建设和服务基本规范（试行）》，进一步规范农村综合信息服务站的建设、管理和使用，文件下发后得到了各地的积极反响。

与全球经济一体化相适应，与各国缩小数字鸿沟行动相呼应，是当前和今后农业与农村信息化必须解决的问题。主要发达国家农业信息化与农村信息化的做法和经验，对中国农业与农村信息化有着很好的借鉴作用，值得我们学习与应用。

（本章作者　方瑜　郭作玉）

参考文献

[1] 周宏仁：《信息化论》，人民出版社 2008 年版。

[2] 陆贵生：《忆农业部信息中心的创立》，《中国农村改革开放经历回顾》，中国农业出版社 2008 年版。

[3] 文化部网站：《全国文化信息资源共享工程进村入户现场工作会在辽宁沈阳召开》，http://www.ccnt.gov.cn/sjzz/shwhs/gzdt/200906/t20090611_70832.html。

[4] 教育部网站：《国家西部地区"两基"攻坚计划完成情况》，http://www.moe.edu.cn/edoas/website18/14/info35614.htm。

[5] 工业和信息化部：《关于 2009 年度实施"村村通电话"工程推进"信息下乡"活动的意见》（工信部电管〔2009〕173 号），http://www.miit.gov.cn/n11293472/n11293832/n11294057/n11302390/12301527.html。

[6] 国家邮政总局网站：《新华网：全国邮政物流累计为农村配送商品总额达 400 多亿元》http://www.chinapost.gov.cn/folder108/folder2325/folder2331/2009/05/2009-05-2630598.html。

[7] 张新红：《中国数字鸿沟报告 2008》，2009 中国信息化报告会（报告 04）。

[8] 方瑜：《信息化推进现代农业发展和社会主义新农村建设》，《2008 高技术发展报告》，科学出版社 2008 年版。

[9] 刘世洪：《农业信息技术与农村信息化》，中国农业科学技术出版社 2005 年版。

[10] 郭作玉：《中国农村市场信息服务概论（修订版）》展望篇（第十九、二十章），中国农业出版社。

[11] 工业和信息化部关于印发《农村综合信息服务站建设和服务基本规范（试行）》的通知（工信部信〔2009〕256 号）。

企业文框 01：中软国际

中软国际有限公司（中软国际）是根植中国、服务全球的 IT 服务提供商，成立于 2000 年，总部位于北京，在全球拥有数十家分公司、办事处及研发机构，员工近 6000 人。集团业务涵盖以咨询为驱动的解决方案、以专业化为准则的 ITO 和 BPO 外包服务和以人才供应链为导向的培训服务，包括咨询服务、软件开发、系统集成、软件测试、软件本地化、企业应用平台建设与维护、IT 服务外包以及业务流程外包。

公司的创业产品是中国第一个 UNIX 中文外挂平台产品，Cyberwise，还被列入国家"八五"攻关项目。在长期行业应用项目的积累中，公司 2000 年开发出一套独立自主知识产权的中间件软件，ResourceOne，该软件在行业信息化的发展中得到不断深入地应用和升级，成为公司的核心产品。

2000 年开始，中软国际迅速从创业期走向发展期。2002 年成功中标为金审工程软件服务总集成商。项目动员数百人，跨度横贯全国，系统复杂，但中软国际成功克服各种技术和管理困难，成功完成一期工程，并中标二期。ResourceOne 有效解决了金审工程的重大技术和管理问题，成为审计行业的核心平台。

在金审工程的成功经验上，中软国际再接再厉，拓展烟草专卖管理为战略性的行业。为全行业的 100 多家工业企业和 400 多家商业企业部署了行业生产经营决策管理系统，并与国家烟草专卖局建立了战略伙伴关系。

继金审工程成为首个通过国家级验收的金字工程之后，中软国际在金农、金质和金保工程方面捷报频传。在联网审计、国有企业内审、食品和药品监管等领域的业务不断拓展，这进一步夯实了中软国际在泛监管行业领域的独特优势。承担了金农工程一期，国资委"中央企业惩治和预防腐败体系管理信息系统"，并与中国国家食品药品监督管理局签署合作备忘录，利用自行开发的平台软件，为药监局设计统一的技术和平台，为食品药品系统信息化提供咨询、项目管理、应用开发、技术支持及人才培训等综合服务。

在解决方案上，中软国际通过收购拓展了金融与公共服务领域。在金融支付与清算、信用管理、轨道交通自动售检票、交通"一卡通"方面，在行业细分市场上位居前列。

在服务外包领域，中软国际一直秉承"立志高远，谨慎经营"的理念。通过一系列的兼并和收购，如购并整合中软资源、HGR、正辰科技等，加上业务成长，目前中软国际在外包领域位居前三。在美国和日本均有前端销售和服务平台，服务涵盖ITO和BPO，成为微软在亚太地区最大的外包服务供应商，收入接近公司总收入的一半。在外包市场兴起的今天，已经成为影响市场的重要力量。

创造、分享、与中国软件产业共成长是中软国际的经营理念。公司将以"解决方案、服务外包、IT培训"为业务架构，"创新、互动、整合"，继续与中国软件产业共成长。

（编撰：刘博）

第 10 章

机 械 制 造

引　言

新中国成立以前，中国机械制造业基础非常薄弱，基本上是修造业。建国初期，百废待兴。为了经济建设和国防建设的需要，国家把建立中国自己的机械制造业放在头等重要的位置。经过 20 世纪 50—60 年代的艰苦奋斗，中国机械制造业粗具规模。改革开放以来，尤其是近十年来，中国机械制造业迅猛发展。如今，就规模和总量而言，中国机械制造业已经居于世界前列。随着电子信息技术的快速发展和变革，机械制造业在发展过程中不断吸纳、融入微电子技术、计算机技术、网络技术，产品水平不断提高，产业竞争力逐渐提升。信息化为中国机械制造业的发展插上了腾飞的翅膀。中国机械制造业的信息化起步于 20 世纪 80 年代微电子技术改造机械设备，其间经历了机电一体化技术的推广应用、CAD/CIMS 应用工程。在信息技术深入应用的过程中，直接促进了工业控制系统及仪表、数控技术与机床产业的发展，极大地推动了机械制造业的产业升级。目前，中国机械制造业已经进入了信息化与工业化融合的新阶段。

10.1　微电子技术改造机械设备

在中国机械制造业中有计划有组织地推广电子技术，开始于 20 世纪 80 年代。1984 年 5 月，《新华社国内动态清样》（第 1373 期）刊登了一篇关于南京微分电机厂采用微电脑（经济型数控装置）改造普通车床的报道，引起了胡耀邦总书记的重视，他批示："注意这件事"。时任国家经委副主任的朱镕基同志亲临现场进行调查，并向中央写了报告。报告认为："这是一项投资少、效益大、可以普遍推广的实用技术，符合新的技术革命的方向。它像春天的第一只燕子，预示着新兴技术应用于传统产业的广阔前景。"并指出："机电一体化技术的下一个推广目标，将是用微型机控制量大面广的通用耗电设备，如锅炉、水泵、风机等，使其在最经济状态下运行，以节约能源。"时任国务院电子振兴领导小组组长的李鹏同志，在报告上批示："这是一件很有意义的事，把微电子技术用于改造常规机床，可以提高效率，提高质量。不但是机床技术革新的方向，也是微电子技术使用的方向。"

1984 年 9 月，国家经委、国家科委、机械部、电子部和国务院电子振兴办公室在南京联合召开了"全国微电子技术改造普通机床现场会"。并由国家经委出钱，赠送各地区 28 套简易数控系统，供各地试用。其后，多次召开全国性会议，积极开展一系列工作，努力推动微电子技术改造机械设备，在全国形成了热潮。通过成立机构、确定突破口、开展试点、制定政策、选好系统，使微电子技术改造机械设备的工作深入进行，并取得了明显效果。

成立机构。国家经委、国家科委、机械部、电子部、国务院电子振兴办联合成立了"全国推广机械—电子技术联合领导小组及其办公室"，负责领导全国的微电子技术推广工作。

确定突破口。1985 年，成都会议确定微电子技术改造普通机床、微机控制汽车闭缸节油和工业窑炉改造，作为微电子技术改造机械设备的 3 个突破口（由于难以平衡的力学关系，汽车闭缸节油这项技术没有推广开来）。1987 年，沈阳会议增加化肥、橡胶硫化、水泥机械化立窑和电力负荷控制为新的突破口。

开展试点。1988 年，国务院电子信息系统推广应用办公室联合有关部委，在机械、冶金、建材、化肥、轻工和商业等 10 个行业 27 个地区和城市进行成片改造的试点工作。沈阳、洛阳、南京、武汉四市成为使用数控、数显、可编程序控制器（PLC）等技术改造机床的试点城市。

制定政策。国务院电子振兴办会同财政部、中国工商银行，每年投入两亿元贷款（国家补贴部分利息），可收回再贷，大力支持微电子技术的推广工作。

选好系统。在工业控制计算机中，选出包括工业控制微型机系统、单（多）回路调节器、可编程序控制器和工业控制功能模板等四个种类、21 个优选机型。在工业炉窑控制系统中，优选出包括工业锅炉、水泥机立窑和小氮肥三种炉窑、21 套获奖的控制系统。经济型数控装置主要生产厂家有南京大方数控公司、常州电机电器总厂、西宁高原工程机械研究所、西安微电机所等。

效果明显。1985 年之后的 10 多年中，国家累计贷款 21 亿元，各行业和各省市利用收回再贷以及企业自筹的方式，总投入 90 多亿元，取得经济效益在 150 亿元以上。据不完全统计，"七五"期间，共改造机床 5 万多台，改造关键生产设备和生产线 5000 多条（台），改造工业炉窑 6000 多座。用微电子技术改造机械设备，在节能、节材、提高效率和产品质量、产量方面效果十分突出。例如，在炉窑改造中，采用微机进行控制后，可以提高工业锅炉热效率 5%—10%，降低能耗 10% 左右，全国每年可节约标准煤 1500 万吨。数控装置改造旧机床经济效益显著，可提高机床工效 2 倍以上。

10.2 机电一体化技术的推广应用

机电一体化技术在 20 世纪 70 年代发展起来，曾经在世界范围内引起强烈反响。机电一体化技术是一项将机械技术、电子技术、信息技术、自动控制技术进行有机结合，实现技术装备（产品）和生产过程整体优化的技术。20 世纪 80 年代，机械工业部十分重视机电一体化技术的开发和应用，把机电一体化当作机械工业发展的重要方向，先后进行了分析预测、理清思路、明确重点、制订规划等项工作。机械电子工业部成立后，专门成立了部机电一体化领导小组及其办公室，把机电一体化作为机电部政绩考核的重要内容。提出了"两个层次，三个重点，四个一批"的工作思路，即，用机电一体化技术改造传统产业和开发数字化、自动化、智能化的机电一体化产品两个层次；着力开发和应用数控系统、新型工业控制系统和电力电子产品三个重点基础产品；按照推广一批、投产一批、开发一批、掌握一批的方针层层推进。

在当时机械部和之后机电部的大力推动和有效组织下，各地先后开展了机电一体化工作，不少省市的领导身体力行，亲自挂帅，主持制订了本地区的机电一体化发展规划，全国机电一体化工作蓬勃开展，大大促进了中国机电产品的结构调整，增强了机械工业的活力。为了更广泛地推动机电一体化工作，1989 年成立了跨行业跨部门的中国机电一体化技术应用协会。

机电一体化产品是机电一体化技术的物化，是采用微电子技术和计算机技术产生的新一代机电产品。构成机电一体化产品的要素包括机械本体部分、传感器部分、信息处理部分和执行机构部分。

在推广应用机电一体化技术和发展机电一体化产品中，机电部按照确定的工作思路，从 130 多大类机械产品中选择那些与机电一体化技术关联度较大、量大面广、技术成熟、效益显著的产品作为重点发展的机电一体化产品。数控机床，数显装置，铸造机械，焊接设备，电子化量具量仪，工业自动化控制仪表，中小电机、电气传动控制装置，电子化低压电器，工业机器人，电子化家用电器，微电子控制的轻工机械，微电子控制的纺织机械，机电一体化的医疗器械，汽车电子化产品，机电一体化办公机械，机电一体化印刷机械，电子式照相机等17种机电一体化产品列入重点。

在抓好上述重点发展的机电一体化产品的同时，着力抓好发展中的瓶颈，一是共性基础技术，如检测传感技术、信息处理技术、自动控制技术、伺服传动技术、精密机械技术、系统总体技术等；二是基础元器件，如传感器、专用集成电路、功率集成模块、伺服电机、滚珠丝杠等。

结合"七五"、"八五"科技攻关计划的实施，机电一体化技术的推广应用极大地改变了机械工业当时普遍存在的设备老化、产品老化、技术老化的局面，提高了机械工业的技术素质。发展机电一体化产品对机电产品结构升级，满足市场需要，在激烈的市场竞争中争取主动，起了不可磨灭的作用。这期间，中国数控机床的发展势头很好，经济型数控系统已形成生产能力，数显机床、数显转台、数显量仪等已可批量生产。工业机器人技术和产品从无到有，发展很快，研制出200多台机器人，开发出水下、喷漆、弧焊、点焊、锻压、装配、搬运、上料等机器人。PLC商品化生产企业达30家，年生产能力2万台，广泛应用于各种炉窑、轧机、锻压机床、压铸机、纺织机械、金属切削机床和生产线的控制。电力电子技术在改造四机一泵（电动机、风机、压缩机、电焊机和泵类）中发挥了作用，显现了巨大的经济效益。

机电一体化技术的推广应用，还培养了一批机电一体化技术人才，"七五"、"八五"期间，154所高校设置了机电一体化或机械电子工程专业，并开展了机电一体化技术的继续教育，为日后信息化的广泛深入开展打下了深厚的人力资源基础。

10.3　CAD/CIMS 应用工程

计算机辅助设计（CAD）/计算机集成制造系统（CIMS）的应用推广把机械制造业信息化向纵深方向推进，形成了机械制造信息化的高潮。

20 世纪 70 年代中期，机械工业部组织了北京机械工业自动化所、大连组合机床所和上海交通大学等单位，联合进行"组合机床多轴箱 CAD 系统的开发"，于 1982 年完成，成为中国自主开发的第一个 CAD 系统。

1983 年，机械工业部协助国务院电振办组织了由机械部、电子部、中船公司、石油部、化工部、建设部和江苏省等十一个部门和省参加的南通"CAD 技术工作会议"，提出了"计算机辅助设计是设计技术革命"的口号，开始在机械工业企业中大力组织和推动计算机辅助设计技术的应用。

"七五"期间，机械部组织完成了"重点机械产品 CAD 研究开发"国家科技攻关项目。在 CAD 数据库、支撑软件、应用软件三个方面安排了攻关任务。CAD 数据库主要建立为应用 CAD 所需的基础件、基础材料、基础工艺（如摩擦磨损）的数据库。支撑软件主要在引进 CAD 图形软件的基础上，组织高校、研究所，如浙江大学、华中工学院（现华中科技大学）、清华大学、北京机械工业自动化所、武汉外部设备研究所等，研究开发具有自主知识产权的二维图形软件、三维图形软件。应用软件开发则围绕机械工业 24 种典型产品，如数控机床、组合机床、中小电机、内燃机、轮式拖拉机、起重机械、工程机械、通用机械、液压件、变压器等，研究开发产品 CAD 应用软件。

该科技攻关计划完成后，开发了一批国产二维、三维图形软件，尽管这些软件没有达到商品化的程度，在日后 CAD 广泛应用中未能发展起来，但为中国 CAD 软件产业的形成和发展打下了基础。培养和形成了一支专业队伍，造就了一批知名专家。带动了 CAD 技术在中国的广泛应用，并为 CAD/CAM 技术集成打下了基础。为一批研究所和企业建立起 CAD 工作条件，这些单位在完成科技攻关计划中，添置了 100 多套 CAD 工作站。

1992 年，机械部参加了由国家科委牵头、多个部门联合组成的"计算机辅助设计应用工程协调指导小组"，并承担了"机电产品 CAD 技术应用与完善"课题，参与了"CAD 通用技术规范标准化研究"课题。

"八五"期间，在机械工业部制订的"机械工业十年规划和'八五'计划纲要"中，把开发应用 CAD/CAM、MRP Ⅱ（制造资源计划）、AS/RS（自动仓储和物流管理系统）、GT（成组技术）、MRP Ⅱ 与 AS/RS 集成系统；工程数据库的建立；CAD 开发和推广及机械产品设计基础和方法的研究等作为重点科技发展任务。并在各项相关文件中，突出强调了要把企业技改中推广应用计算机技术的工作作为一项战略性任务来抓，强调重点技术改造企业的主要产品都要采用计算机辅助设计，要求在技术改造方案中，必须有计算机应用及相应的人才培训内容，其资金一般不得低于项目总投资的 2%—5%。

1995、1996 年，按照国家科委主任宋健同志实现"甩掉图板"的指示精神，机械部组织实施了"CAD 应用 1215 工程"，选择了不同行业不同地区的有代表性的 12 家企业作为示范企业，以"甩掉图板"为目标，推广 CAD 技术。

"九五"期间，机械行业作为当时国家科委"九五"CAD 应用示范行业，组织实施了"机械工业 CAD 应用技术开发与示范"专题，即"CAD 应用 1550 工程"（以下简称"1550 工程"）。

"1550 工程"按照"抓应用，促发展，见效益"的指导方针，要建立起一个机械工业 CAD 技术应用推广咨询服务网络体系；开发一批 CAD 应用软件或专业软件；培育 50 家示范企业，并辐射、带动全行业的 CAD 技术应用工作。专题实施完成了预定目标，取得了丰硕成果。建立起了以机械工业 CAD 咨询服务中心为核心、由 20 个分布在不同行业和地区的分中心组成的咨询服务网络，为近千家企业提供了咨询服务；培育了 50 家

CAD 示范企业，直接带动近 500 家 CAD 重点应用企业，并通过辐射作用带动了全行业的 CAD 技术应用。示范企业覆盖了重型、矿山、工程农机、汽车、通用、电工、电器、仪器仪表八大行业 36 大类产品，分布于北京、上海、江苏、辽宁、青海、宁波、广东等 15 个省、市、自治区；示范企业和咨询服务网络累计培养各类 CAD 技术人才 21322 人次，其中 2400 人次为技术开发人员，占总量 10%。通过"1550 工程"的带动，全行业大面积开展了 CAD 技术应用，抽样调查结果表明，机械行业一般中型企业 70% 以上在不同程度上开展了 CAD 技术应用工作，其中 40%—50% 的企业 CAD 技术应用普及率较高，基本实现"甩掉图板"；大中型骨干企业的 90% 以上普及了 CAD 技术，设计工作的 80% 以上采用 CAD 技术。50 家示范企业应用 CAD 技术后，平均缩短设计周期 47%，设计成功率平均达到 98.5%，节省了原材料，减少了库存，加速资金周转，从而降低了生产成本，提高了产品的市场竞争力。

"1550 工程"专题直接投资累计 4.8328 亿元，其中国拨 800 万元，部门配套 197 万元，企业自筹 4.7331 亿元（其中贷款 1.118 亿元）。"1550 工程"的实施带来了显著的经济效益，其中，示范企业新增产值 74.2 亿元，降低设计成本 11.4 亿元，创汇节汇 7.9 亿美元；自主开发专用软件 298 个，开发的专业软件产值累计 2928 万元；培训与咨询服务产值累计 2.76 亿元；一批 CAD 软件和管理软件逐渐商品化，并成长起一批国产软件企业。

计算机集成制造系统（CIMS）是 863 计划自动化领域中的一个主题，1987 年 6 月正式启动。作为 863/CMIS 主题四个层次工作之一的 CIMS 应用示范工程，到 2000 年，经历了典型应用、推广应用、向深度和广度发展的三个阶段，对机械制造业信息化起了重要的推动作用。

1988 年，沈阳鼓风机厂、成都飞机工业公司、北京第一机床厂、上海二纺机、郑州纺织机械厂、东风汽车制造厂等企业作为试点企业，开始实施 CIMS 工程。1990 年初，扩展到 10 多家重点应用企业。到 2000 年底，全国已有 27 个省市自治区开展了 CIMS 的应用示范，共有 200 多家企业实施了 CIMS 应用示范工程，覆盖了机械、电子、航空、航天、化工、纺织、冶金等 10 几个行业，机械制造企业在其中约占 1/4，为探索符合中国国情的 CIMS 道路做出了重要贡献。

CIMS 应用示范企业中有 157 家（约占总数的 78%）增加了销售收入和利税。1998 年至 2000 年，销售收入共增加 615.5 亿元，平均年增 18.7%；利税共增加 76.3 亿元，平均年增 22.8%。按企业自报的数据，实施 CIMS 应用示范工程的直接经济效益共计 23 亿元，产品开发周期平均缩短 35.8%，库存资金占用平均减少 12.8%。

中国实施 863/CMIS 应用工程，在国际上也有很大影响。1994 年 11 月，清华大学"CIMS 工程技术研究中心（ERC）"，获得美国制造工程师学会（SME）颁发的国际大奖 CIMS 开发与应用"大学领先奖"，之后，北京第一机床厂 CIMS 工程又获得 SME1995 年度"工业领先奖"。

在 CAD/CIMS 应用工程实施前，计算机辅助管理开始受到机械行业的重视。1978 年，机械工业部批准沈阳鼓风机厂从意大利引进大型鼓风机的设计技术和从 IBM 公司引进 370/138 大型机，同时引进了 IBM 的 MRP Ⅱ 软件 COPICS。北京机械工业自动化所参与了整个项目的考察、培训和消化。之后，沈阳第一机床厂获得了联合国项目资助，从西德引进了 INTEPS 的 MRP Ⅱ 软件，北京机械工业自动化所参加了项目的调研和实施。通过上述两个项目的学习和实践，1982 年，北京机械工业自动化所承担了四川宁江机床厂计算机辅助企业管理信息系统项目 NJ－CAPMS。项目开发持续了四年，各个子系统陆续成功运行。1987 年，该项目通过机械部验收鉴定，获得了机械部科技进步一等奖，国家科委科技进步二等奖。这是中国第一个国产 MRP Ⅱ 软件 CAPMS。

CAD/CIMS 应用工程的实施，促进了国产 CAD 软件的开发和应用，也造就了一批研发 MRP Ⅱ/ERP 的单位，国产 ERP 的应用逐渐广泛。利玛、启明、开思、并捷、和佳、金航、金思维、用友、金蝶、浪潮、新中大、金算盘等相继诞生。如今，用友、金蝶、浪潮、神州数码、北京机械工业自动化所等企业的 ERP 活跃于机械制造企业。

"八五"、"九五"期间，机械制造企业还不同程度地开展了并行工程（CE）、产品数据管理（PDM）、精益生产（LP）、敏捷制造（AM）等先进管理理念和工具的研究和应用，普遍应用了计算机辅助设计和管理的各项单元技术，机械企业的信息化程度提升到一个新的高度。

10.4　工业控制系统及自动化仪表

工业控制系统及自动化仪表的主要服务对象是石化、化工、电力、冶金、建材等流程工业，是为上述行业的改造和提升提供信息化装备的重要机械制造行业，也是机械制造业信息化的重要表征。工业控制系统包括分散型控制系统（DCS）、可编程序控制器（PLC）、工业计算机（IPC），自动化仪表则主要是现场信息测量、采集、处理设备与执行机构。

自 1975 年 Honeywell 公司推出 TDC2000 分散型控制系统以来，DCS 技术不断发展，各国知名公司不断推出新一代产品。20 世纪 70—80 年代，中国各行各业所用的 DCS，多为进口。20 世纪 80 年代初，在国家支持下，西安仪表厂、四川仪表总厂、上海自动化仪表厂等单位先后引进了美国、日本等国家的 DCS 产品制造技术，并进行了消化吸收和生产应用，这为中国开发自主知识产权的 DCS 打下了一定基础。

实施"七五"国家重大科技攻关项目"工业过程自动控制"中，机械工业部组织了以重庆工业自动化仪表所和上海工业自动化仪表所为主的科研队伍联合攻关，独立自主地开发了 DJK‐7500 分散型控制系统，并由四川仪表总厂和西安仪表厂接受科技成果，当时，小型系统投入生产并开始广泛应用。航空航天部的友力—2000、电子部六所的 HS‐DCS‐1000、杭州万盛研究所的 FB‐2000 等也研制成功并得到应用。

20 世纪 80 年代初，中国引进 PLC 技术，形成了若干国内生产的品牌。"七五"期间，通过组织科技攻关，推动了国产 PLC 的发展。有些小型 PLC 品种已批量生产，中型 PLC 已有产品，大型 PLC 开始研制。国内已经能够商品化生产的厂家超过 30 家。

在微机（PC）优势日益显现的影响下，1993 年，中国出现了工业 PC 热，成为工控机发展的主流机型，国产工业 PC 的市场也很好。当年，国家科委、机械部、电子部、中国航天工业总公司、北京电子振兴办、中国计算机学会联合组建了全国工业 PC 联合开发委员会，成员有 20 多个，中国工业 PC 的联合开发自此有了良好的开端。

工业控制系统的发展与电子信息技术的发展密切相关，面向的用户各行各业、控制的对象十分复杂，用户对 DCS 的性能和可靠性要求又极高。刚刚起步的中国 DCS 产业面临巨大困难，国产 DJK－7500 未能发展起来。一时火热、品种颇多的国产 PLC 也纷纷退出市场。

经过一段时期的低落，在国内经济体制和科技体制改革的深化完善中，逐渐涌现出了一批民营企业，包括一批科技型企业，进入工业控制系统领域，为这个领域的发展注入了强大的活力。在 863/CIMS 主题的支持下，浙大海纳中控自动化有限公司研制成功 SUPCON JX－300X 分散型控制系统，技术、性能均达到国际先进水平。目前，新华控制技术有限公司、北京和利时系统工程股份有限公司、浙江中控技术有限公司、北京国电智深控制技术有限公司、上海自仪有限公司、四联仪器仪表集团公司、浙江威盛公司等一批企业活跃于国内 DCS 市场，打破了 DCS 被国外产品垄断的局面。

具有自主知识产权的国产品牌 DCS 的市场占有率，按销售收入计已在 30% 以上，按项目数计则超过 50%。在中小工程项目市场上，国产 DCS 以其较高的性能价格比逐渐占有优势，有些国外 DCS 不得不逐步从中小项目市场中退出。目前，国产 DCS 已开始从中小工程项目进军大型工程项目。北京和利时和北京国电智深自主研发的 DCS 相继在 600MW 亚临界和超临界火力发电机组上成功应用，并在国内数台 1000MW 超超临界火电机组中投运。北京和利时在山西晋城煤化工项目（24 万吨/年合成氨、40 万吨/年尿素、20 万吨/年甲醇）中标，浙江中控集团的 DCS 在 30

万吨/年合成氨、52 万吨/年尿素项目中投运成功，浙江中控还在武汉 500 万吨/年炼油项目上夺标。这些成果充分表明国产 DCS 已在大型工程项目领域取得令人振奋的突破。

国产工业 PC 也已广泛应用于化工、建材、机电、冶金、纺织、轻工、煤炭等十几个行业，成长起了研祥、康拓等一批已经具有一定实力的企业。国产 PLC 沉寂了一段时期后，这几年又有国内知名企业进入 PLC 市场，如北京和利时。

自动化仪表门类众多，可以电动执行机构和压力/差压变送器两类产品为例，说明信息化的发展状况。国产电动执行机构产品经历了三个阶段：20 世纪 60—70 年代，联合设计；20 世纪 80 年代，引进技术；20 世纪 90 年代末至今，自主研发。电动执行机构产品正朝着标准化、模块化、智能化方向发展。国内生产厂家引进技术消化吸收逐步取得成效，产品升级换代，已经开发出具有一定技术水平的智能化、模块化产品。一些具有实力的民营企业看好电动执行机构市场的广阔前景，高调进入该领域，如温州瑞基、特氟隆集团的产品，以较高的智能化水平、美观的外形进入市场，令人刮目相看。

20 世纪 60 年代，中国自行开发了力平衡器；80 年代初，引进金属电容式、硅压阻式、硅电容式等几种变送器技术；90 年代，成立合资企业生产变送器产品。压力/差压变送器的技术发展趋势是高性能、高可靠性、高适用性，其技术特征和标志是数字化、智能化和网络化。当前，国际上变送器按精度划分为三个档次，即测量精度为 0.2%、0.075%、0.04%，其中测量精度为 0.075% 的变送器是主流产品。中国达到规模生产的企业，如西仪、上自仪、沈阳仪表院、重庆伟岸、上海威尔泰、福建上润等，生产的变送器精度普遍达到 0.1%，其中部分单位的产品精度已达到 0.075%、0.05%，为国际同类产品的先进水平。在国内市场需求的拉动下，随着国内技术水平的提高，民营企业的进入，国内变送器市场前景看好。

10.5 数控机床与数字化装备

数控机床和数字化装备是典型的信息技术与机械制造技术相结合的产品，是衡量机械制造业信息化水平的标志，也是实现工厂自动化（FA）的重要装备。

中国数控机床的研制开发是与日本同期开始的。1958 年，北京第一机床厂和清华大学合作研制成功中国第一台数控铣床，但其后由于电子技术落后及政治环境等诸多因素制约，长期未能打开局面，直到 1965 年后才正式投产；1973 年，开始小批量生产。1958 年以来，中国数控机床的发展起起伏伏，经历了四个阶段。1958—1979 年为初始阶段，这个阶段中国数控机床发展缓慢，曾经三上三下，一直未能形成产业。1980—1991 年为平稳发展阶段，大量引进技术，同时消化吸收、国产化，并与自行开发相结合。1992—2000 年为曲折发展阶段，经历了国民经济调整，并受到大量进口数控机床的冲击，数控机床产业的发展遇到前所未有的困难。2001 年至今，为快速发展阶段，中国数控机床的产量快速增长，与国外先进水平的差距逐渐缩小。

国家对数控机床产业十分重视。"六五"后三年在引进技术的基础上，组织数控技术科技攻关，将 21 个数控机床及数控系统攻关专题列入国家科技攻关 38 项之内。"七五"期间，国家在"柔性制造技术系统和设备开发研究"和"数控机床引进消化吸收重大项目"两个重点项目中安排了数控技术的一条龙攻关。"八五"、"九五"、"十五"的科技攻关中，均安排了数控技术和数控机床的攻关。863/CIMS 主题也开展了相应的科研工作。"高档数控机床与基础制造装备"列入"国家中长期科学和技术发展规划纲要（2006—2020 年）"十六个重大科技专项。连续 30 年国家多方面的支持，行业内外科技人员、职工的不懈努力，终于使中国的数控机床产业逐步壮大，步入世界数控机床生产大国行列。

作为数控机床心脏和大脑的数控系统，一直是中国数控机床产业发展的关键。通过"六五"、"七五"科技攻关，初步建成了"三大""三小"六个数控系统生产点，即，机电数控集团、航天数控集团、东方—西门子集团；上海开通公司、辽宁精密仪器厂、南京大方数控公司。其后，由于多种原因和变迁，"三大""三小"未能发展起来，但又形成了另一批数控系统研制和生产单位。目前，中国数控系统产量最大的企业广州数控集团年产 5 万套以上，华中数控、北京凯恩帝、沈阳高精、航天数控、上海开通、大连光洋、大连大森等企业均已形成普及型数控系统批量生产的能力。近几年，国内数控系统的研制单位正在努力开发五轴联动高档数控系统。

数控机床企业近些年得到快速发展，沈阳机床（集团）有限公司、大连机床集团有限责任公司进入了世界机床产值前 10 强，沈阳机床年产数控机床已达 15000 台。

随着中国数控机床产业的快速发展，中国机床的数控化率大幅提高（表 10.1），国内机床和数控机床的市场占有率逐年提高（表 10.2）。

表 10.1　2001—2008 年机床产值数控化率的变化

年份	2001	2002	2003	2004	2005	2006	2007	2008
机床产值数控化率（%）	30.4	34.2	37.4	38.2	41.0	40.7	47.5	*52.5
其中：金切机床	32.5	36.9	43.7	40	43.5	44.5	54.9	*58.4
成形机床	23.4	23.8	22	28.7	31.7	29.1	35.5	*37.2

带 * 数据为估算值

表 10.2　2001—2008 年国产数控机床市场占有率变化

年份	2001	2002	2003	2004	2005	2006	2007	2008
机床市场占有率（%）	39.3	39.3	38.6	37.4	39.7	44.8	55.7	61.0
数控机床市场占有率（%）	29	28.9	28.1	26.9	30.4	37.0	47.5	*53.6

带 * 数据为估算值

在国民经济高速增长的内需拉动下和多年的技术积累基础上，中国数控机床的产量近几年快速增长，图 10.1 列出了 1980 年至 2008 年中国数控机床产量的变化。

工业机器人是另一类典型的数字技术装备。20 世纪 80 年代中期，中国机器人的研究和开发尚处于起步阶段，研究和应用的水平都比较低。"七五"期间，工业机器人和水下机器人的研究开发列入了国家科技攻关计划，由机械部等部门组织了电焊、弧焊、喷漆、搬运等型号的工业机器人的攻关，中国工业机器人一起步就瞄准了实用化的方向。1986 年，国家将智能机器人列入高技术研究计划，旨在跟踪世界先进水平，重点围绕特种机器人进行攻关。进入 90 年代，确定了特种机器人与工业机器人及其应用工程并重，以应用带动关键技术和基础研究的发展方针，实现了高技术发展与国民经济主战场的密切衔接，研制出有自主知识产权的工业机器人系列产品，并小批试产，完成了一批机器人应用工程，建立一批机器人产业化基地和科研基地。

目前，中国水下机器人技术步入世界前列。先后研制成功 1000m、6000m 水下无缆自治机器人并实现了工程化，使中国成为世界上少数几个具有深海探测能力的国家之一。无人驾驶振动式压路机、可编程挖掘机、自动凿岩机、大型喷浆机、装载机等机器人化工程机械的研制成功，促进了中国工程机械产品的升级换代。防核化侦察车、遥控移动机器人及爬壁机器人、防爆机器人、自动导引车（AGV）、各种罐体爬壁清扫机器人、高层建筑玻璃擦扫机器人等特种机器人得到了广泛应用。汽车车身自动焊接线、汽车后桥弧焊线、摩托车焊接线及自动码垛、小型电器自动装配线等多项机器人示范应用工程取得成功。已经形成了海尔机器人公司、沈阳新松机器人公司、哈尔滨博实机器人公司、北京机械工业自动化研究所机器人开发中心等机器人产业化基地。

中国现有机器人研究开发和应用工程单位 200 多家，其中从事工业机器人研究和应用的有 75 家，共开发生产各类工业机器人 800 多台，90%以上均用于生产中，在应用工程中引进的工业机器人约 500 台。

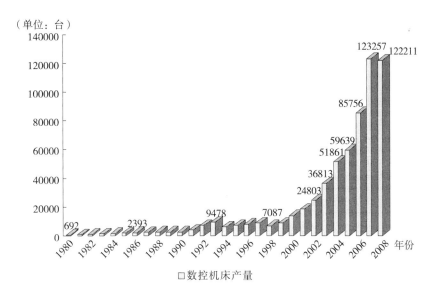

（单位：台）

图 10.1　1980 年—2008 年中国数控机床产量的变化

　　快速原型制造技术（RPM）涉及 CAD/CAM 技术、数据处理技术、数控技术、测试传感技术、激光技术等多种机械电子技术、材料技术和计算软件技术，是产品创新和快速开发的重要手段。快速原型技术 1988 年问世，美国 3D Systems 公司生产的 SL250 型光敏树脂选择性固化快速原型机 1991 年即被推介到国内。自此以后，国内快速原型技术和装备的研究迅速开展起来。快速原型技术的各种典型工艺，如，光敏树脂选择性固化、漏板光敏树脂固化、箔片叠层实体制作、粉末材料选择性烧结、粉末材料选择性粘结等，国内有关单位均开展了相应研究。如今，已有多家单位批量生产快速原型技术设备。一些规模较大的企业配备了此类设备，并且出现了快速制造技术及装备国家工程中心和汉信现代设计制造技术服务中心一类的机构，为广大中企业提供一站式产品研发服务。近年来，基于 RPM 的快速制造技术与装备发展较快，采用柔性、可重构工具的快速制造技术与装备，直接金属件快速制造技术与装备均已取得很好成果。

10.6　现场总线与工业以太网

现场总线是安装在生产过程区域的现场设备、仪表与控制室内的自动控制装置/系统之间的一种串行、多节点、数字式、双向通信的数据总线，也被称为开放式、数字化、多点通信的底层控制网络。它把单个分散的数字化、智能化的测量和控制设备作为网络节点，以现场总线为纽带，把它们连接成可以相互交换信息、共同完成自控任务的网络系统与控制系统。现场总线是面向工厂底层自动化及信息集成的数字化网络技术。

现场总线技术作为一种开放技术，自20世纪80年代中期产生以来，标准的统一一直是自动化领域的重点课题。但由于应用行业的差异与地域发展等原因，加上各公司和企业集团受自身利益的驱使，致使现场总线的国际化标准工作进展缓慢。经历了十多年的纷争，1999年形成了一个由8个类型（后增加到10种）组成的IEC61158现场总线国际标准体系，多种现场总线并存发展的局面成为现实。

现场总线广泛应用于机械、汽车、航空航天、石油、化工、电子、电力、交通、建筑、环保、冶金、制药等行业，其中机械、汽车、石油、化工行业应用较多。

现场总线技术的应用带来了明显的技术经济效益。突出体现在：节省电缆及工程安装的费用；设计、组态、安装、调试简便；远程参数化功能为工程调试、开通节省了大量时间；减少故障停机时间，系统的安全性、可靠性高；完善的系统故障诊断功能，与互联网技术结合，真正实现了远程故障维护；丰富的现场设备信息，可以为各层次生产管理、设备（资产）管理提供数据，从而完善了企业信息系统，使企业信息集成成为可能。

现场总线技术的应用，带动了新的产品和相关产业的发展，包括：基础技术研发及相关产品，如技术标准、产品测试、集成及安装技术、产品开发工具、网络诊断工具、协议芯片、软件工具等；产品研发制造，如网关、网桥、中继器、集线器、交换机、光端机、接插件、电缆等；工业控制网络系统设计与集成，如单元设备联网及监控系统、车间级监控系统等。自动化领域中将出现一个专门从事工业控制网络技术研发、产品、系统集成的新的产业分支。

国家"九五"科技攻关项目确定以 FF 现场总线为依据，开发符合 FF 通信协议的智能仪器、仪表等现场设备，主要用于化工流程自动化等领域，并以此为主要研究方向组织了有关单位的联合攻关。由于国际上现场总线技术在流程控制领域的发展比较缓慢，且 FF 现场总线技术起步晚、技术标准高，有待进一步完善，国家"九五"现场总线科技攻关项目主要目标和任务虽基本完成，但其后产业化目标没有按预期计划实现。

PROFIBUS 是国际标准 IEC61158 所包含的 10 种总线协议之一，广泛应用于离散型制造领域。PROFIBUS 系统与产品在中国目前现场总线市场占有率居首位。FF 则在流程控制行业领域应用最多。其他工业总线技术在国内也有不同程度的应用，如 DeviceNet、CCLink、Interbus 等。LonWorks 的应用则主要集中在楼宇自动化方面。另一方面，汽车应用电子控制技术越来越普遍，CAN 总线技术在这个领域应用具有明显优势。

为了推动现场总线技术在中国的应用发展，1997 年 7 月以"中国机电一体化技术应用协会现场总线分会"名义成立"中国 PROFIBUS 用户组织（CPO）"。经过十几年的努力，CPO 拥有 150 多名会员及 50 多名全额会员，并在中国建立了国际 PROFIBUS 组织认可的"PROFIBUS 产品测试实验室"和"PROFIBUS 技术资格中心"。CPO 积极推进国内企业自主开发 PROFIBUS 产品，目前国内有超过 50 家企业正在参与开发 PROFIBUS 产品，四联仪表集团、上海仪表集团、北京和利时、中科院沈阳自动化所；北京鼎实创新、安徽皖科等为其中主要企业。已有 38 种产品通过中国实验室产品测试并得到国际 PROFIBUS 组织的认证。自主创新技术产品不仅包括设备，也发展到芯片、开发工具、软件、测试工具等基础技术产品。CPO 还积极与国际 PROFIBUS 组织、中国 TC124 标准化技术委员会合作，已将 PROFIBUS 国际标准 IEC61158－3 转化为 GB/T 中国国家标准，极大推动了国内企业自主创新开发 PROFIBUS 标准产品。

为了推进 FF 现场总线在中国的发展与应用，中国仪器仪表协会也成立了 FF 中国专业委员会，建立 FF 技术培训中心。

为满足多通道、高速、高精数控系统发展的需要，中国高档数控系统研制单位已开展了数控系统现场总线标准研究，包括现场总线硬件接口标准；现场总线通信协议标准；现场总线的通信功能、性能、可靠性测试标准等。

用于流程控制的 DCS 正在向基于现场总线的开放式现场控制系统（FCS）发展。FCS 更好地体现了"信息集中，控制分散"的思想。

与其他现场总线或工业通信网络相比，以太网具有应用广泛、成本低廉、通信速率高、软硬件资源丰富、易于与 Internet 连接、可持续发展潜力大等优点，因此不仅垄断了工厂综合自动化的信息管理层网络，而且在过程监控层网络也得到了广泛应用，并且有直接向下延伸，应用于工业现场设备层网络的趋势。

工业以太网的兴起不仅反映了自动化对高速通信的技术追求，也说明工业控制网络更注重与 IT 技术的结合。现场总线及工业以太网技术正在企业信息化中扮演重要角色，为工厂信息集成提供必要的技术条件。目前兴起的 ERP（企业资源计划）系统、MES（制造执行系统）、EAM（设备资产管理）系统越来越显示出企业信息化对现场总线及工业以太网技术的依赖。

有鉴于工业以太网从管理层、控制层，向现场层渗透，IEC 已着手制订实时以太网国际标准 IE61784。目前纳入该国际标准的实时以太网（包括已通过 PAS 的）有 16 种之多，包括由中国浙大中控负责组织开发的 EPA 工业以太网，子集的编号为 CPF－14。

10.7 信息集成与两化融合

与 30 年前比，机械制造业信息化的广度和深度都大大地推进了。从 2002 年以来机械工业的历次调研结果看，目前机械企业的 CAD 已经得到普及，重点骨干企业 100% 甩掉了图板，还广泛地应用了三维 CAD、CAPP、CAE、VA（虚拟装配）、部分企业实现了 CAD/CAE/VA 的集成、少数企业实现了 CAD/CAPP/CAM 的集成，很多企业实施了 ERP，开展了电子商务。企业对信息化的重视程度加强，信息化投入加大。2008 年 5 月，对 123 家机械制造企业的调查结果显示，2005—2007 年信息化投入占销售收入的比，平均达到 1.68‰，而且呈上升趋势。大中型企业基本都建立了企业网站。相当多的企业应用了 MRPⅡ（ERP）、PDM、供应链管理（SCM）、客户关系管理（CRM）、制造执行系统（MES）、产品生命周期管理（PLM）和知识管理（KM）等企业信息化核心业务单元技术，但远低于办公自动化（OA）、财务管理系统、CAD 等单元的应用比例。一些先进的企业已经可以通过网络对客户所使用的产品进行远程诊断，如三一重工、沈阳鼓风机集团。

当前机械制造业信息化的推进重点，一是提高信息化的效果，尤其是 ERP 的实施效果；二是研发设计信息化深度应用及企业信息集成，企业内、集团内各个信息化单元技术的集成和信息资源的整合；三是产品中融入信息技术，开发智能化、数字化的产品和装备。为此，一要强调根据企业的实际情况，制订信息化规划，确定信息化的目标、步骤、进度，同时，加强信息化的基础工作，加强企业管理。二要强调企业信息集成。有的企业通过实施 MES，着手 ERP 与底层设备的信息集成。服务导向架构（SOA）、业务流程管理（BPM）及业务运行平台（BOP）等已引起不少企业的关注。三要强调以信息化提升机械产品，加快机械产品升级的步伐，进而实现机械制造业的产业升级。

走过了"以微电子技术改造传统产业"、"以信息化带动工业化，以工业化促进信息化"的历程，"信息化与工业化融合"更深刻地揭示了信息化与工业化的关系，指明了信息时代实现工业化的路径。两化融合内涵极其丰富，当前，在机械制造业的切入点主要有7个方面：实施制造业信息化科技工程，实现"两甩"（甩账表、甩图纸）；开发数字化、智能化产品，实现产品升级换代；开展节能减排，提高机械制造企业的效率和效益；企业间信息的互连互通，实现信息集成与资源整合；实施供应链管理优化，实现制造业与物流业的对接和联动；转变生产模式，推行网络制造模式；催生新兴产业，培育新的经济增长点。

机械制造业配套复杂、产业链长，每个机械企业的内部、外部都有大量的物流，形成一个庞大的供应链。而目前多数机械企业的供应链处于分割、低效、不畅的状态，致使制造业和物流业的效率、效益都不高。实施供应链管理优化，将使机械制造业从企业层面的精益生产走向产业层面实现精益生产，物流业也因此而实现精益物流。

机械制造企业原有体制下的生产模式"大而全""小而全"，资源未得到充分利用，目前，企业的生产模式虽已经有了很大的变化，但依然带有较深的原有体制痕迹。在信息时代，充分利用网络，实现协同制造，将各企业的资源通过网络而实现集成、整合，每个企业都做自己最强、最核心的部分，由若干企业按照动态联盟的形式组织起来，完成订单任务，将使有关企业的资源得到有效整合，消耗最小资源，实现双赢、共赢。

随着两化融合的深入开展，对信息技术及其产品的需求越来越大，如传感器、光电子器件、自动化控制系统、电子标签（RFID）、激光器件、内容服务等，在需求的拉动和技术发展的驱使下，这些产业将应运而生，并将逐步壮大，发展成为机械制造业新的经济增长点。

机械制造业信息化走过了30年，机械制造业的产业规模大大扩大，产业实力大大增强，产业层次也有了较大提高。2008年，机械制造业的总产值已经是2001年的5.36倍（图10.2）。

机械工业进出口贸易一直处于逆差。2006年，历史性地由进出口贸

（单位：亿元）　　　　　　　　　　　　　　　　　　　　（单位：%）

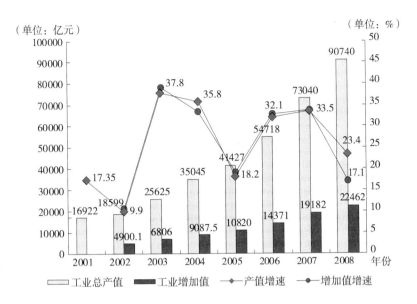

图 10.2　近几年机械工业总产值、增加值及增速

易逆差转为顺差。2004 年，机械工业进出口贸易逆差 365.7 亿美元，2008 年，则为顺差 477 亿美元（图 10.3）。

（单位：亿美元）

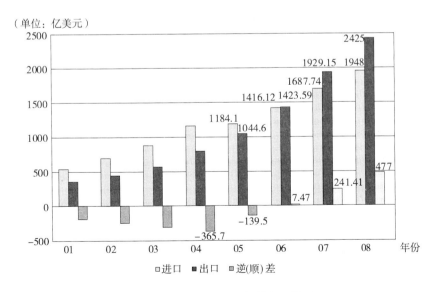

图 10.3　机械工业近几年进出口情况

表10.3 2001—2008年机械工业几种产品产量

	2001	2002	2003	2004	2005	2006	2007	2008
发电设备（万千瓦）	1340	2121	3701	7134	9200	11000	13000	13343
汽车（万辆）	233	325.1	444.39	507.4	570	727.9	888.24	934.55
其中：轿车（万辆）	70.5	109.2	202.01	231.4	277	386.9	479.77	503.44
金切机床（万台）	25.58	30.86	30.58	38.93	45.07	56.21	60.68	61.73
数控机床（台）	18593	26320	37901	51861	59639	85756	123257	122211
大中型拖拉机（万台）	3.82	4.53	4.88	9.88	16.24	19.93	20.31	21.71

表10.4 1981年—1985年机械工业总产值、增长速度

	1981	1982	1983	1984	1985
总产值（亿元）	342.46	398.64	479.73	588.7	726.63
增速（%）		16	20	22.7	23.4
汽车（万辆）	17.56	19.63	23.98	31.64	43.33
金切机床（万台）	10.26	9.98	12.1	13.35	16.72
发电设备（万千瓦）	139.50	164.53	273.98	467.37	562.97

目前，机械工业的很多产品在世界上名列前茅，有些产品在世界上已有很强的竞争力。表10.3列出了2001—2008年几种典型机械产品的产量，从中可以看出产量的增长速度，也可看出相应产业的规模。与20世纪80年代初期相比，机械工业发生了翻天覆地的变化。表10.4列出了1981—1985年机械工业总产值、增长速度以及几种重要产品的产量。拿现在的产业规模和一些重要产品的产量与那时的产业规模和产量比，几倍、几十倍甚至上百倍的数出现都不为奇。这些巨大的变化，离不开信息化的作用。当今时代，离开信息化，机械制造业将失去发展和生存的可能；随着信息化更深、更广的应用，随着信息技术的发展和变革加速，信息技术不断在机械制造业的渗透、融合，将使中国机械制造业发展迎来崭新的局面。

（本章作者 朱森第）

参考文献

[1] 吴本奎编著：《机电一体化及其发展策略》，机械工业出版社 1996 年版。

[2] 段明祥：《电子技术改造传统产业的发展与对策》，《计算机世界》1994 年 10 月。

[3] 中国机械工程学会（执笔：戴绪愚、陈佩云、胡传映、陈瑜）：《关于发展机电一体化的建议》，《机械科技》1988 年第 7 期，总第 100 期。

[4] 黄开亮：《机械工业"八五"成就卓著》，《计划工作参考资料》1995 年第 15 期（总第 392 期），机械工业规划审议委员会、机械工业部行业发展司编，1995 年 12 月 4 日。

[5] 朱森第：《在机械工业技术改造企业推广应用计算机工作座谈会上的讲话》，《机械工业技术改造企业推广应用计算机工作座谈会文件》，1994 年 6 月 14 日。

[6] 电子部六所、电子部微型机情报网、中国计算机用户协会华胜分会（执笔：龚炳铮）：《国内 CAD 市场预测分析研究报告》，《CAD 应用工程发展研究课题报告之三》，1993 年 6 月。

[7] 中国 CAD 年度报告编辑委员会编：《1999 中国 CAD 年度报告》，机械工业出版社 2000 年版。

[8] 中国 CAD 年度报告编辑委员会编：《2001 中国 CAD 年度报告》，机械工业出版社 2001 年版。

[9] 全国 CAD 应用工程协调指导小组办公室编：《甩图板之路——CAD 应用工程十年》。

[10] 朱森第：《先进制造技术与振兴机械工业》，先进制造技术发展战略研讨会文集《先进制造技术——中国工业现代化面临的机遇与挑战》，1995 年 4 月。

[11] 吴澄：《CIMS 在中国企业应用的进展及推广》，先进制造技术发展战略研讨会文集《先进制造技术——中国工业现代化面临的机遇与挑战》，1995 年 4 月。

[12] 全国制造业信息化工程协调领导小组、科学技术部高新技术发展及产业化司编：《中国制造业信息化发展报告（1986—2000）》，机械工业出版社 2003 年版。

［13］杨海成、祁国宁等编：《制造业信息化工程——背景、内容与案例》，机械工业出版社 2003 年版。

［14］胡家齐等编著：《制造业现代管理技术》，机械工业出版社 2004 年版。

［15］奚家成、董景辰：《中国 DCS 市场概况及发展趋势》，《自动化博览》2004 年。

［16］董景辰：《国产 DCS 系统发展的新阶段》，《世界仪表与自动化》2009 年。

［17］褚健、荣冈编著：《流程工业综合自动化技术》，机械工业出版社 2004 年版。

［18］中国工程院咨询研究项目"装备制造业自主创新战略研究"项目组：《装备制造业自主创新战略研究》，高等教育出版社 2007 年版。

［19］夏明、潘钢：《600MW 超临界机组 DCS 系统的研发及应用》，《世界仪表与自动化》2009 年第 2 期。

［20］马玉山：《中国控制阀现状与发展趋势》，《世界仪表与自动化》2009 年第 3 期。

［21］季锋：《国产电动执行机构现状及发展趋势》，《世界仪表与自动化》2009 年第 3 期。

［22］中国仪器仪表行业协会：《2008 年中国仪器仪表行业发展报告》，《中国仪器仪表》2009 年 6 月。

［23］朱森第等：《数控机床技术创新战略研究》1997 年 1 月。

［24］中国工程院咨询研究项目：《制造业可持续发展战略研究——机床制造业可持续发展研究（初稿）》，2009 年 6 月。

［25］孙立宁：《机器人技术国内外发展状况》，《国内外机电一体化技术》2002 年第 4 期。

［26］张曙：《分散网络化制造》，机械工业出版社 1999 年版。

［27］朱森第：《采用先进技术，加速新产品开发》，《新产品世界》（中国科技情报所与国际数据集团合办）1992 年。

［28］中国机械工业联合会专家委：《未来五年机械制造业技术研究（主报告）》，2003 年 9 月。

［29］中国机电一体化技术应用协会：《夏日花园，缤纷满目——记第 12 届国际现代工厂/过程自动化技术与装备展览会》，《国内外机电一体化技术》

2008 年第 6 期。

　　[30] 中国机电一体化技术应用协会：《北京地区现场总线技术发展研究》，2003 年 10 月。

　　[31] 唐济扬：《网关、网桥在未来自动化中的地位与作用》，《国内外机电一体化技术》2006 年第 5 期。

　　[32] 中国机电一体化技术应用协会市场部：《以太网与现场总线技术的现状》，2003 年 1 月。

　　[33] 中国机械工业联合会专家委员会企业信息化研究课题组：《推进机械制造业企业信息化的研究》，2002 年 7 月。

　　[34] 中国机械工业联合会专家委员会企业管理信息化课题组：《机械制造业企业管理信息化分类指导模型研究报告》，2003 年 12 月。

　　[35] 中国机械工业联合会：《信息化与东北老工业基地改造研究报告》，2004 年 12 月。

　　[36] 中国机械工业联合会专家委员会课题组：《机械工业企业信息化现状与推进重点的研究》，2008 年 8 月。

企业文框02：英特尔助力中国信息化进程

从1985年在北京设立第一个代表处，到英特尔中国公司成为英特尔全球独立的销售和市场机构，英特尔在华发展史同中国IT产业走向振兴的历程几乎同步。英特尔一直高度重视自身发展与中国宏观发展战略相一致。英特尔在中国的投资的三次高潮，与中国政府的国家开发开放战略实施高度吻合——投资上海，配合"浦东崛起"战略；投资成都，呼应"开发西部"战略；投资大连，紧跟"振兴东北"战略。

英特尔不断把最新的产品、技术和理念带到中国市场，推进中国信息产业的进步和信息化进程。例如，通过上述提及的大连芯片厂项目将采用采用英特尔先进的65纳米制程工艺和300毫米晶圆技术，这是美国政府批准的最高出口限制技术。自2000年至今，英特尔已经连续十年在中国召开春秋两季的"英特尔信息技术峰会"（Intel Developer Forum），将最先进的技术带到中国。目前，英特尔在中国已经建立起四大研发机构：英特尔中国研究院、英特尔亚太区研发有限公司、英特尔中国软件中心和英特尔亚太区应用设计中心——它们也是英特尔全球研发体系的重要组成部分。

在大力扶植本土企业，促进其创新能力提升的同时，英特尔还与北大、清华等国内近四十所高校在课程开发、联合科研等领域广泛合作，提升相关领域内国内教学和科研水平，促进中国本土原创技术开发。

投资也是促进产业的重要因素，英特尔深谙此道，自1998年起，已经通过战略投资计划（Intel Capital），支持中国60多家公司发展，其中已有10多家公司公开上市或被收购，对这些公司的投资总额超过其在亚洲投资的三分之一。

除了通过直接与厂商密切合作复制产业发展，建立产业联盟、导入行业标准对中国IT产业的完善具有更深远的意义。为此，英特尔实施"软件合作伙伴计划"（ISPP）从产品规划、开发再到市场推广和销售全程支持本土软件企业，目前加入该计划的中国软件企业已经超过 2000 家。在支持中国 IT 产业制定、推广重要产品及行业标准方面，英特尔自 2007 年在国内推广 SSI 刀片服务器规范时，就全力支持曙光及中国高性能计算机标准工作委员会制定中国刀片服务器及高性能计算机标准，2008 年，又全力支持中国移动多媒体广播电视标准，并与 CMMB 推动者——中广卫星移动广播有限公司及爱国者、联想、华硕、海尔、富士通及三星等厂商达成合作，宣布将共同推广基于 CMMB 标准的 MID、上网本和 UMPC 等移动计算产品。

迄今为止，英特尔已经在中国大陆设立了 16 个分公司和办事处，拥有本地员工 6000 多人，直接投资接近 45 亿美元，中国已成为英特尔在美国以外投资最大、机构设置最全的区域市场。自 2007 年 1 月 1 日起，中国成为一个独立的大区进行销售与市场运作，进一步深化了英特尔与中国产业界的合作。

（编撰：刘博）

第 11 章

钢　铁

引　言

新中国成立 60 周年，特别是改革开放 30 年来，中国钢铁工业的发展离不开信息化的贡献，这是毋庸置疑的客观事实。中国钢铁工业要实现由大变强，需要信息技术的支撑，需要信息化发挥作用。大量实例说明，信息化已经使钢铁企业的生产和管理水平明显提高，管理手段明显改善，创新能力明显增强，效益明显提高，信息化为钢铁工业发展的贡献逐渐清晰，以及融合所带来的巨大发展潜力。

11.1　钢铁工业与信息化

钢铁工业是国民经济重要的支柱产业和基础原材料工业之一，涉及面广、产业关联度高、消费拉动大，在经济建设、社会发展、财政税收、国防建设以及稳定就业等方面发挥着重要作用。新中国成立以来，中国钢铁工业的发展受到党和国家领导人的高度关注。改革开放、社会主义市场经济的发展为中国钢铁工业的崛起创造了条件。中国钢铁工业的健康发展有力支撑和带动了相关产业的发展，对保障国民经济又好又快发展作出了重要贡献。

11.1.1 钢铁生产和消费大国

随着国民经济的高速发展，中国已经成为钢铁生产和消费大国，粗钢产量连续多年居世界第一。2008 年，粗钢产量达到 5 亿吨，占全球产量的 38%，国内粗钢表观消费量 4.53 亿吨，直接出口折合粗钢 6 千万吨，占世界钢铁贸易量的 15%。2007 年，规模以上钢铁企业完成工业增加值 9936 亿元，占全国 GDP 的 4%，实现利润 2436 亿元，占工业企业利润总额的 9%，直接从事钢铁生产的就业人数 358 万。钢铁产品基本满足国内需要，部分关键品种达到国际先进水平。中国在实现了钢产量第一、产业结构得到了调整与优化之外，企业依靠科技进步有利的推动了钢铁工业的发展，各项重要技术经济指标明显改善。国民经济建设中需要的技术含量高、附加值高的产品产量增幅显著，新产品开发取得突破。

中国钢铁工业在快速发展的同时，也面临着巨大的挑战。一是国内外总体经济走势对钢铁工业发展提出了更高的要求，建筑、机械、汽车、造船、石化、电力、煤炭、交通、铁道等行业的发展，对钢材的消费将保持一定的增长需求，为中国钢铁工业的发展提供了市场空间；二是用于钢铁生产的资源（铁矿石、铁合金、废钢铁）和重要能源（煤、电、油）等价格上涨，造成生产成本加大；三是贸易摩擦不断，各国在保护自己钢铁产业经济利益的同时，新进入国际市场的中国钢铁工业在产品质量、品种结构、能源消耗、资源利用、环境保护、服务手段、管理模式、市场份额等方面面临严峻的竞争形势；四是节能降耗减排、淘汰落后等任务十分艰巨；五是中国钢铁工业粗放式管理模式已经不适应市场迅速发展的需要。

2008 年下半年以来，随着国际金融危机的漫延，中国钢铁工业经历着严峻的冲击和考验。国务院果断支持钢铁行业应对危机，出台了《钢铁产业调整和振兴规划》，提出了要深入贯彻落实科学发展观，按照保增长、扩内需、调结构的总体要求，统筹国内外两个市场，以控制总量、淘汰落后、企业重组、技术改造、优化布局为重点，着力推动钢铁产业结构调整和优化升级，切实增强企业素质和国际竞争力，加快钢铁产业由大到强的转变。

11.1.2　信息化的发展历程

1960 年代后半期，中国钢铁工业开始了应用电子计算机的尝试。1964 年，鞍钢第一台晶体管电子计算机被用于生产数据处理，是钢铁行业最早应用计算机的企业。当时，电子信息技术更多的是应用于生产过程中的检测和驱动设备。

1978 年，党的十一届三中全会决定将工作重心转移到经济建设之后，中国钢铁工业开始迅速崛起。原冶金工业部狠抓应用电子信息技术改造传统钢铁工业，提出了生产过程自动化、管理信息化、决策科学化的信息化建设目标，对钢铁工业优质高产、节能降耗、节约人力、提高经济效益起到了重大推动作用。信息技术在钢铁企业管理、生产控制方面得到普及应用。

1970 年代，武钢一米七轧机工程引进了日本和西德成套的计算机自动化系统，在钢铁生产过程中取得了较大的实际效果；1980 年代新建的宝钢，引进了具有当代世界水平的钢铁生产全流程计算机自动化系统，并进行了消化吸收，自主开发了多项管理软件，为中国钢铁工业应用信息技术树立了样板。首钢结合技术改造完善了高炉过程自动化，利用系数等多项主要工艺指标创造了同类高炉的新纪录。武钢研制出了适合武钢一米七轧机的数学模型，提高了冷轧带钢产品成材率和合格率。攀钢首次建成了在当时条件下全行业规模最大的网络计算机管理信息系统。应用信息技术改造冶金炉窑 600 多座，平均节能 5%—10%，其中鞍钢 231 座工业炉实现计算机控制后，每年可获利 5 千万元。济钢对高炉、转炉、中板轧机等进行信息技术改造，投入 823.5 万元，年获利 1966 万元。到"七五"末，大中型设备实现自动化的比重约为总生产能力的 30%。其中过程自动化为 13.3%，基础自动化为 16.7%。

按 1990 年的统计，用于信息管理的计算机达 6897 台，其中小型以上计算机 174 台，局域网 58 个。1994 年初，新建和改扩建的项目，冶金大型工艺设备已经不同程度地装备了过程计算机系统，在各主要工序提高了自动化水平。炼铁工序中，装备了过程计算机系统的炼铁能力占总能力 19%，炼钢工序装备过程计算机的炼钢能力占总能力 20%，数学模型、人工智能技术在生产过程控制中得到应用。

1995 年底，宝钢完成了光纤主干网络，开通了远程终端，办公自动化系统，电子邮件、文件系统开通运行，完成了销售、成本、能源一体化和辅助决策支持系统。材料管理、备件管理、成本会计、原料采购、生产计划、技术质量系统运行。首钢开发全厂管理计算机系统，网络覆盖 18 平方公里，全公司计算机应用的经济效益达到每年 5 千多万元。鞍钢生产经营计划管理信息系统提高了企业的经济效益和决策水平，

1997 年，在 112 家冶金企业中，信息化总投资 1 千万元以上的企业有 21 家，500—1000 万元的有 4 家，100—500 万元的有 30 家，100 万元以下的有 54 家；建成 389 个局域网络。首钢、攀钢、涟钢、武钢已有 21% 的企业基本建成管理信息系统（MIS）或联网实现数据共享；77% 的企业建设了财务、采购、销售、生产等单项业务管理信息系统；宝钢、鞍钢冷轧、沙钢、涟钢、天津钢管公司尝试了计算机集成制造系统（CIMS）的示范性建设；计算机辅助设计在冶金工程设计、产品设计方面迅速应用，提高了设计水平和效率。不少系统在局部业务中发挥了一定作用，80% 以上的企业通过信息化的探索，取得了明显进步，收到不等的经济效益。这些系统为日后钢铁企业的信息化建设积累了经验，奠定了基础。

1998 年，马钢管理信息系统工程覆盖全公司、200 多公里长、接入 70 多个局域网络的光纤主干网络建成，生产实时监控、经营销售、能源管理、物资供应、办公自动化等 20 多个应用系统同网运行。

国家科技部和原国家经贸委非常重视钢铁工业信息化建设，设立重点专项支持马钢、莱钢管理信息系统示范工程。"复合吹炼过程自动检测及控制系统开发"、"大型工业过程自动化控制技术研究"、"钢铁工业综合自动化技术开发研究"获得了国家科技攻关项目。这些项目的研发成果极大地带动了钢铁工业信息技术的应用。

1990 年代末，中国钢铁工业基本上普及了基础自动化，过程自动化水平随着装备的技术改造达到较高水平，生产制造管理即车间级管理开始起步。

但是，由于长期计划经济体制的束缚和信息技术应用水平的制约，钢铁行业的信息化拘泥于当时的管理模式和技术条件，缺乏管理创新和制度创新，信息孤岛使多数信息系统与钢铁企业生产经营的核心业务有隔膜，作为整体系统留用的不多。

11.2 信息化加快发展

进入新世纪以后，党中央作出了一系列关于信息化的重大战略部署，"以信息化带动工业化，工业化促进现代化，实现跨越式发展"为钢铁工业信息化的发展指明了方向。中国国民经济的持续、快速发展，对钢铁工业产生了极大的需求；同时，也要求钢铁工业充分利用信息技术，将生产和管理水平推向世界先进行列。钢铁工业的信息化与钢铁工业的大发展结伴而行，相得益彰，取得了极为显著的成果。

11.2.1 新一轮的信息化建设高潮

2001 年，原国家经贸委审时度势，树立钢铁行业为信息化的示范行业，与中国钢铁工业协会联合召开了重点企业信息化座谈会，拉开了中国钢铁工业新一轮信息化建设的序幕。

2002 年，在原国家经贸委的重点支持下，钢铁行业列为全国工业行业信息化重点，宝钢、鞍钢、武钢、首钢、攀钢、太钢、本钢、唐钢、邯钢、马钢、济钢、酒钢、昆钢 13 家重点企业信息化项目共获得 23.3 亿国债贴息贷款，总投资 36.2 亿元。这些企业认真分析了本企业在管理、技术创新和响应市场方面存在的问题，提出了明确的目标和切实可行的技术路线，全面投资估算和量化效益预测，在起步阶段就为工程项目的成功奠定了良好的基础，也带动了全行业的信息化建设。

2008 年底，宝钢、武钢、马钢、衡管、湘钢、涟钢、通钢、杭钢、石钢、承钢、兴澄特钢、天管、首钢、济钢、邢钢、昆钢、新兴铸管、攀钢、重钢、广钢、韶钢、东北特钢、鞍钢、本钢、邯钢、建龙、唐钢、酒钢、太钢、南钢、唐山国丰等 38 家钢产量占全国钢产量的 53.4% 的钢铁企业或企业集团，实现了信息化阶段目标。钢铁工业信息化在融合中实现管理、技术、制度和流程创新，半数以上的信息化项目达到或者接近达到国际先进水平。

根据 2008 年统计，57 家重点钢铁企业信息化投入 33 亿，其中软件开发 4 亿，系统运行维护 6 亿。在用计算机 18 万多台套，公司级主干网络 4 万多公里，计算机联网 15 万多台。建成局域网 1 千多个，视频会议系统 340 多个，工业电视监控系统 1 万多套。超过 90% 以上的企业建成了采购供应管理、销售管理、财务管理系统和企业网站，一半以上的企业实施了 ERP 系统、生产指挥调度、技术质量管理系统和固定资产管理系统。

已经实现信息化阶段目标的钢铁企业，结合实际，目标明确，领导重视，全员参与，按照总体规划、分步实施的原则，追求整体效益，持续进行了信息化二期、三期工程。其中大部分企业面向生产经营核心业务实现数字化，纵向贯通主要工艺流程的生产制造执行系统、生产过程控制系统和基础自动化系统，横向覆盖企业核心业务。相当一部分企业梳理业务流程，以系统构建业务流程，固化先进流程，从而完成了财务、采购、销售、生产和库存的集中化，实现管理创新。实时跟踪物料和合同，全产线的计划排产，以销定产，产销一体，管控衔接，三流同步；业务与财务集成，精细成本核算，全面预算管理，提高了会计核算效率，达到管理创新。钢铁企业的信息化总体走向成熟，位于前面的少数企业已经在进行深度应用，实施经营模式的创新。

表 11.1　57 家重点钢铁企业 27 项主要业务应用计算机管理系统的比例情况

应用系统名称	比例	应用系统名称	比例	应用系统名称	比例
企业全面资源管理	54%	企业门户网站	88%	生产调度指挥	63%
库存管理	93%	财务资金管理	93%	销售管理	91%
技术质量管理	77%	采购和供应管理	91%	设备及备品备件管理	70%
工程项目管理	44%	固定资产管理	70%	能源管理	60%
环保监测	30%	计量系统	89%	检斤化验管理	81%
产销一体化系统	60%	企业客户关系管理	23%	上下游供应链管理	11%
客户服务呼叫中心	14%	统计分析系统	53%	数据仓库及决策支持系统	40%
人力资源管理	84%	办公自动化系统	81%	电子商务	12%
电视电话会议系统	63%	产品和工艺辅助设计	21%	厂区运输调度系统	40%

11.2.2　钢铁工业信息化的主要成就

从总体上看，钢铁企业的发展战略中开始纳入信息化内容，信息化的目标、方针、内容、任务、技术路线逐渐明晰；信息化的管理体系逐步确立；企业最高决策层逐渐领衔信息化；管理信息化不断深化；生产过程自动化快速发展；信息技术广泛深入应用于生产经营管理各个层面；信息资源开发利用水平得到提高；信息基础设施建设不断完善；信息产业队伍逐渐强大，系统集成与维护、软件设计能力不断增强，自主创新、集成创新、引进消化吸收再创新的能力在信息化建设中得到提高；信息安全防范意识增强。信息化为推进钢铁企业实现精细化管理、优化业务流程提供了手段和平台，生产过程自动化为实现柔性制造、敏捷生产提供了条件。在钢铁企业信息化过程中，伴随着管理创新、技术创新、体制创新，造就了一批兼具管理与技术的复合型人才。钢铁行业已经逐步掌握企业信息化的关键技术，能够把握反映行业特点的信息化技术路线。企业内外合作，国内外合作，管理与技术合作，以至公开招标，延请独立专家顾问等措施也逐步引入。信息化已经逐渐成为中国钢铁工业实现跨越式发展的有效载体与平台。

1. 提高了企业管理水平

钢铁企业信息化抓住行业特点，在生产制造执行系统 MES、企业资源计划 ERP、信息资源深度开发和生产控制系统方面有突破性的进展，从每个企业来看，特点不同，各有所长。仅以部分企业为例：

宝钢信息化全面融入于现代化大型钢铁企业的管理和制造过程，投入力度大、技术先进、成效显著，成为钢铁行业信息化的先导。在创造性地应用扁平化的一贯制管理、消化先进的生产制造执行系统技术的基础上，采用冶金工艺流程编码技术诀窍，打通了从生产到销售的主线，即从订货合同到生产计划到作业计划到出厂计划的关键路径，集成质量管理和财务管理，建成了综合产销系统，按合同优化排产，生产节奏加快。

武钢是 1958 年中国自建的企业，生产装备和工艺状况及技术的改造过程，经营模式的变化过程与中国大多数传统钢铁企业相同或相似。武钢通过信息化改造和提升企业生产管理水平的经验为中国大多数钢铁企业作出了示范。武钢的信息化改变了传统的组织结构体系，增强了生产管理各环节的透明度，实现了对物流、资金流和信息流的管理和监控；对各类信息资源进行深度和广度的开发利用，建立了适应钢铁全流程的企业级管理系统、现场作业生产执行系统、过程控制系统的系统平台。

鞍钢是中国最老的钢铁公司，借助与国际接轨的现代化管理理念、管理模式和管理规范，自主开发鞍钢综合管理信息系统，更新管理理念、优化管理模式。以炼钢、连铸、热轧和冷轧等主流程生产线为突破口，建成以生产、销售、技术质量和成本管理为核心的企业基本运营管理信息系统，并培养出一批信息化复合型人才。

首钢信息化工程提出了建设集团公司信息平台和实现钢铁主流程全面资源规划的总目标和阶段性目标。结合引进具有先进管理理念的信息管理平台，实现对集团公司管理流程的优化重组，使管理更加透明、业务流程更加顺畅、业务活动更加高效。

攀钢整体产销系统的目标是推动企业制度创新、管理创新和技术创新，以"产销一体化"为龙头，坚持业务导向和流程设计，贯彻集中一贯的管理思想，实现一级生产计划管理、一级财务核算、一贯质量设计，突出以物流管理为主线、合同管理为重点、财务管理为中心的管理理念。

马钢的信息化工程随着新建生产线上线，在生产管理与生产制造的全流程中，对成本、物料、质量的监控和管理，实现管理水平、装备水平和技术工艺的同步提升。

重钢结合本企业的特点并针对国内外两个市场的变化，确定了信息化建设目标：根据产品品种和规格多、批量小的特点，依靠管理信息系统提升企业市场响应速度，提升客户满意度；根据生产物流线长的问题，利用信息系统实现物料的实时跟踪和生产过程的优化控制，提高生产能力，降低成本，提高效益；在激烈的市场竞争下，通过信息化手段挖掘现有设备的生产潜能，实现极限运转、满负荷生产、挖潜增产。

中钢集团是钢铁行业首家实施 ERP 管理的大型钢铁物流综合贸易公司。按照"总体规划、分步实施"的原则，科学推进信息化建设，满足了企业长远发展战略，优化了资源配置、改善业务流程、开展专业化和全球化经营，提高企业的核心竞争力，并对企业管理升级提供强有力的支撑手段。

钢铁企业信息化通过业务流程重组和 IT 平台，打破了条条块块的信息壁垒和信息割据，解决了信息孤岛现象，实现了统一平台上的信息共享。信息化强化了企业资金管理，所有的财务数据数出一门、数据不落地，会计账目的真实性有了实质性的保证。信息化使得客户资源和工艺规程数据库化，增强了企业的运行安全。企业信息化的效益从隐性提升为显性，武钢货币回笼加快了3天，财务月决算由8天提前到3天。湘钢、邢钢月财务决算提前到2—4天；钢铁企业信息化促进了企业面向市场，满足用户需求，按照订单组织生产，从以生产产品为中心向以市场、以客户

表 11.2 部分钢铁企业管理信息化实施情况

企业名称	项目起动时间	CIO 级别	实施的主要功能
济钢	2002 年 06 月	副总经理 总经理助理	采购、销售、生产、质量、财务、设备、OA、市场信息化
邯钢	2005 年 03 月	总经理助理 副总工程师	采购、销售、生产、质量、财务、设备、人力资源、产品研发 PLM＋ARIS、DW、OA、管理驾驶舱
石钢	2002 年 12 月	常务副总经理 自动化部部长	采购、销售、生产、质量、财务、设备、项目管理、人力资源、DW
太钢	2005 年 06 月	总工程师 项目部主管	采购、销售、生产、质量、财务、设备、DSS
首钢	2003 年 07 月	总经理助理	一业三地的采购、销售、生产、技术质量、财务、设备、工程项目、人力资源、OA、DW、矿山
宝钢	1996 年	总经理 总经理助理	产销系统、采购、质量、财务、设备、人力资源、DSS、OA、不锈钢生产指挥驾驶舱、电子商务、集团管控、主要产线 MES
湘钢	2001 年 09 月	副总经理 副总工程师	采购、销售、生产、质量、财务、设备、人力资源、电子商务、OA、资产管理、产销系统
涟钢	2002 年 08 月	副总工程师	采购、销售、生产、质量、财务、OA
鞍钢	2003 年 10 月	总经理助理	产销系统、采购、质量、财务、设备、DW；正在实施电子商务、CRM \ SCM \ BI
武钢	2001 年 12 月	总经理助理	产销系统、采购、技术质量、销售物流、财务、设备及工程、决策支持、人力资源、电子商务、OA、信息系统安全维护
安钢	2007 年 3 月	副总经理	公司主干网、采购、销售、生产、技术质量、销售物流、财务、数据仓库
韶钢	2005 年 2 月	副总经理	计划、采购、生产、质量、计量、销售、物流、财务、工程项目、人力资源、预算、电子招投标、商务智能
本钢	2005 年	副总经理	产销系统、设备、财务
攀钢	2001 年	副总经理	产销系统、财务
马钢	2001 年	副总经理	产销系统、财务
南钢	2007 年 1 月	副总经理	生产、质量、销售、采购、设备、财务、原料储运、人力资源、财务、板材 MES、计量、检化验

为中心转变。客户订货的响应速度由过去的数十天加快到数秒。宝钢、武钢等企业的产品交货期由月精确到旬，生产节奏加快，生产周期缩短10%以上；宝钢降低库存 3.5%；产品质量异议处理周期下降了 20% 以上，武钢用户异议率减少 50%、合同执行率达 100%、库存减少 20%、客户订单跟踪查询从 8 小时提高到 10 秒以内、资金预算周期从 110 天减少到 30 天；鞍钢订单平均交货周期由原来的 45 天缩短到 30 天，产成品与原料资金占用降幅 40% 以上。湘钢的交货期缩短一半，等等。

2. 生产制造执行系统（MES）效果显著

近年来，MES 系统在整个钢铁企业信息化中的重要性和关键作用已为广大的钢铁企业所认知。根据调查，10% 左右的炼铁工序、25% 左右的炼钢工序、以及 50% 左右的轧钢工序采用了生产制造系统（MES）；仅2008 年一年就建成 91 个 MES 系统。钢铁企业对 MES 的需求旺盛。国内钢铁行业 MES 领域有如下特点：

（1）MES 领域应用逐步趋于理性，对行业背景、实施经验和实施周期的要求日趋提高；

（2）随着企业信息化应用的逐步深入，为提升企业核心竞争力，应用高级排程技术以及具有进行精细化管理、差异化管理、适用柔性制造应用模块的 MES 越来越为企业所关注。

（3）MES 竞争的焦点已经从原来的重价格、重服务转化为能够为客户提供拥有先进的管理思想与理念、拥有行业技术诀窍、提升管理水平的整体解决方案上。

3. 向当今世界先进水平冲刺

钢铁企业在产品结构调整中，具有高附加值的高端产品和个性化产品生产线的增加，强化了对于"产销一体、管控衔接"的需求。产销一体化系统面向市场、以用户需求为导向组织生产，实现了钢铁业的敏捷制造。它是钢铁企业信息化取得成功的引擎，被认为是钢铁企业信息化的核心。宝钢、武钢、攀钢、本钢、南钢、马钢、涟钢、鞍钢、济钢等企业建成了产销一体化系统和主要生产线的 MES。钢铁工业制造执行系统 MES

和产销一体化的突破使中国钢铁企业信息化的水平迅速提升，达到或者接近国际先进水平。

表 11.3　部分钢铁企业 MES 覆盖的范围

企业名称	三级系统覆盖的产线范围
济钢	中厚板、热轧、冷轧产线
沙钢	宽厚板等其他主要产线
石钢	所有产线
太钢	新炼钢、新热轧、冷轧 4 套；铁前钢后 10 套，覆盖其余全部产线
首钢	全部产线、矿山；首秦、迁钢、顺义冷轧产线
宝钢	全部产线
湘钢	全部产线
涟钢	主要产线
鞍钢	全部产线
武钢	覆盖全部产线

注：南钢、本钢、韶钢、攀钢、安钢等企业在主要产线建设了 MES，取得了显著效果

　　信息化促成了体制创新和管理创新，使流程优化、管理水平提升、管理机构扁平化、管理人员减少。企业实现了一级财务核算、集中采购、集中仓库管理和统一的生产指挥调度，从而显著提高了竞争力。武钢、首钢、湘钢等企业延续多年的多级财务在信息化中变成了一级核算。武钢二级生产厂 18 个科室精简为 5 个，公司机构由 36 个减少到 22 个。新兴铸管将原有 7 个管理层级，优化为总经理、部门长、专业工程师和班组的管理机制，管理人员占职工总数由 10.8% 降到 4.8%。

　　济钢三炼钢—中厚板产线 MES 系统基于产线最优的设计思想，围绕订单对物料精细化设计，优化了资源，减少异常情况发生，实现产线统一管控，成材率提高 92.2%，年创经济效益 1302 万元。提高作业率

86.33%，年创经济效益 1054.62 万元。

在国际贸易摩擦中，直接从信息系统中出具的报告报表具有很好的公信性。2001 年，宝钢积极应对反倾销，维护企业合法权益，不但阻止了本企业 2.736 亿元的损失，而且使社会受益 6 亿元人民币。

钢铁企业信息化项目平均投资回收期 3.5 年，年经济效益在 1000 万元到 6000 万元之间。

4. 生产过程控制自动化提高了钢铁现代化制造水平

钢铁生产制造工艺复杂，流程和离散混合制造过程，高温、高速、高压的物理化学变化等特点，对生产过程控制自动化、智能化提出了更高的要求。随着钢铁工业生产装备大型化、连续化、自动化，使钢铁生产效率提高了 90% 以上。

以 PLC、DCS、工业控制计算机为代表的控制系统已经取代了模拟控制，现场总线、工业以太网等技术逐步应用于生产过程控制。大中型焦炉基本实现了基础自动化，焦炉加热计算机控制及管理系统、焦炉烘炉计算机自动测温和管理系统等过程自动化技术已在推广应用；高炉冶炼过程引进专家系统，使炼铁过程智能化、自动化；钢铁企业普遍引进、研发和推广转炉自动化炼钢工艺技术，武钢等企业研制了具有自有知识产权"副枪控制系统"新技术设备，形成了包括"一键炼钢"在内的多项炼钢技术创新，采用计算机及自动控制技术的先进炼钢方法，是转炉炼钢技术上又一次重大技术进步。宝钢、武钢、首钢等大中型转炉采用副枪终点动态控制技术取得好的应用效果，转炉全自动控制成功率达到 90%，碳控制精度为 ±0.02%，温度控制精度为 ±12 摄氏度，碳温双命中率达到 93%。马钢、本钢、攀钢等采用炉气分析技术实现转炉自动吹炼取得较好成效；大部分企业实现炼钢过程计算机自动控制，进一步提高转炉重点碳和温度的控制精度与命中率。轧钢工序是中国钢铁工艺流程中信息技术应用成效显著的领域，而轧钢自动化也是中国工业自动化的先进领域。轧钢领域普遍采用了较为完善的自动化控制系统，基本上普及了基础自动化，生产过程控制自动化发展也较快，近年来，全面引进了世界先进的控制系统、先进的数学模型和先进的控制应用软件。国内大、中型钢铁企业的轧钢工序都配备了四级计算机管理与控制系统，轧钢装备信息化水平明显提高。由于信息技术的发展，钢铁工业高速、大容量数据在线处理成为可能。由于海量实时数据的处理技术的成熟，钢铁工业高水准的诊断、控制技术得以实现。在检测领域，高分辨、高可靠性 CCD 摄像可以实时取得高速板材的钢板表面的高分辨率图像。

随着高端产品比重加大，中国钢铁工业的自动化装备水平和技术水平迅速提高，连轧生产自动化技术、中厚板自动化技术、焦炉控管一体化、高炉专家系统、转炉自动化技术、连铸自动化技术、不锈钢综合自动化系统、能源信息采集调度优化技术等一批自主知识产权的技术以及上百种数学模型被开发出来，应用到钢铁工业生产中，对提高生产率、保证产品质量、节能降耗发挥了巨大作用。

表 11.4　56 家重点钢铁企业主要工序自动化系统应用情况

应用系统名称	比例	应用系统名称	比例	应用系统名称	比例
焦化系统		炼铁系统		炼钢系统	
焦炉集中管控系统	54%	高炉专家系统	43%	转炉炼钢综合自动控制系统	77%
焦炉配料系统	66%	高炉综合自动化系统	77%	精炼控制系统	83%
焦炉加热控制系统	63%	高炉干发除尘自动控制系统	81%	连铸机计算机自动控制系统	91%
烧结系统		高炉热风炉自动控制系统	77%	轧钢系统	
烧结控制系统	79%			热连轧计算机控制系统	83%
烧结点火控制系统	68%			冷连轧计算机控制系统	43%

5. 信息基础设施适应发展需要

网络通信设施是钢铁企业信息化重要的基础建设之一。经过多年的建设，钢铁企业信息基础设施建设不断完善，综合通信能力继续增强，基本适应企业信息化发展的需要。

企业级信息网络建设发展迅速。钢铁企业普遍实施了宽带主干网和局域网建设，开通了互联网。数据传输网络规模已经达到 4 万多公里。数据通信网实现宽带化接入传输，网络带宽速度从百兆发展到千兆、万兆，互联网出口带宽在 2M—100M 之间。千兆以太网和无线网络广泛应用，网络快速传递从生产现场获取的实绩数据和生产指令的下达。

近年来，钢铁企业采用先进适用的现代通信技术为企业的生产管理服务，生产调度通信、无线对讲、生产现场视频监视系统、视频会议系统发展很快，"三网融合"已经在部分企业得到实现。

6. 电子商务促进营销方式转变

部分企业开展了有成效的电子商务活动。宝钢应用电子商务实现了向下游产业供应链的延伸，优化社会供应链。根据用户的需求随时组织生产，实现用户的零库存，建立稳定战略用户群。宝钢电子采购平台覆盖的供应商从 2006 年的 11 家扩展至 2009 年的 1061 家，实现订单网上协同率从 24% 增至 80%，最高节约支出 23%。宝钢建立了剪切配送中心，把宝钢产销一体化系统与上海大众采购系统进行衔接。武钢建设了面向电子商务的整体产销系统，电子商务与企业内部系统联通，服务客户，降低销售成本，客户通过商务平台实时查询订单执行情况。湘钢等企业开通了银行支付系统。通钢、广钢以及中国联合钢铁网、我的钢铁、东方钢铁在线、通化网航等从事钢铁业的第三方电子商务公司适时搭建了电子商务平台，推出新的服务方式和服务内容，或做网上采购和销售或做专卖交易，成绩斐然。

7. 信息资源深度应用

持续开发利用信息资源，为企业生产经营和科学决策服务。宝钢在建立生产经营数据仓库和知识获取方面走在国内同行的前列，开发了综合数据挖掘系统、基于数据挖掘的质量分析，创建了智能质量设计知识库，基于数据仓库的客户服务知识库，取得了显著成效。兴澄特钢建立数据集市，每天为企业高层提供决策数据 178 类上万条。鞍钢、通钢、济钢、湘钢、新兴铸管、武钢等企业在聚集了海量的企业生产经营管理信息资源的基础上进行深度开发，建立模型支持战略决策。宝钢股份不锈钢分公司率先建成了企业生产指挥驾驶舱。这些企业把信息资源的深度开发提高到企业竞争力的地位，提高了钢铁企业信息化的水平。

8. 信息及信息系统安全得到普遍重视

钢铁企业十分重视网络与信息安全管理，努力提高全员安全意识，维护企业重要的信息资源，坚持管理与技术并重；制定网络管理办法和信息安全管理办法。建立呼叫中心 7×24 小时的信息系统安全维护体系。计算机系统、网络管理中心、数据中心作为企业的重要场所得到安全防护。系统安全、机房安全以及入侵监测、漏洞扫描等安全技术普遍应用。武钢率先建立了集团公司信息安全管理体系。

表11.5 57家重点钢铁企业信息安全建设情况

内容	比例	内容	比例	内容	比例
系统安全		机房安全		安全技术应用	
单机运行	58%	消防系统	97%	防火墙	99%
双机热备	83%	防雷击系统	92%	防病毒	95%
冷备	67%	门禁系统	72%	网络管理	97%
N +1 备份	34%	安全电源	95%	入侵检测	76%
容灾备份	41%			漏洞扫描	72%
数据加密	39%				

9. 企业成为信息化自主创新的主体

在信息化建设中，中国钢铁企业引进、吸收、消化信息化核心的关键技术并快速使之国产化，形成了一批具有自主知识产权的信息及自动化系统、集成技术和软硬件产品。宝钢、武钢、鞍钢等企业消化了引进的冶金MIC 码技术，不但独立开发本企业的产销一体化系统，而且形成了自主创新的技术，向行业内外转让，在产业化、商品化方面取得了突破，产值上亿。

钢铁企业自动化控制技术的应用，提高了对生产过程的精确控制能力。大型化、高速化、精密化、连续化的生产线自动控制技术和三级计算机系统的应用，不仅改善了产品外形尺寸精度和表面质量，而且大大缩短了生产周期，提高了生产效率。过程控制的核心数学模型开发也取得了较大进展。部分先进的钢铁企业在研发新钢种中采用了计算机模拟技术，减少了实物冶炼测试，降低了研发成本，缩短了开发周期，增强了创新能力。

在自动化集成技术的国产化方面，拥有自主知识产权的鞍钢1700ASP快速过程控制计算机控制系统以鞍钢为主体、高校参与进行自主设计、开发全部应用软件，集成硬件系统，比成套引进节省近千万美元。该系统的成功应用实现了建设成本低、工程质量高的计算机自动控制系统，为中国轧钢自动化系统自主开发积累了经验，标志着中国已掌握了连轧成套设备的制造和工艺生产控制两大核心技术，并把这种技术成功应用于实际生产工艺中进而成套技术输出到济钢，对中国轧钢自动化的发展具有深远意义。首钢和二重合作研制成功的3500mm中厚板轧机及其控制系统，为缓解中国中厚板短缺创造了条件。

九年中，一批自主创新项目得到工信部的支持和表彰。武钢面向电子商务的整体产销系统、武钢焦炉控管一体化系统、太钢能源计量信息系统、鞍钢综合信息化项目、南钢ERP系统建设、萍钢信息化和自动化升级改造以及兴澄特钢、沙钢、通钢等企业的数十个项目被列为工信部信息技术应用（倍增计划）项目。济钢中厚板生产线物流跟踪系统、广钢物流交易系统、莱钢炼铁及配套工程自动化控制系统改造等项目被评为全国信息技术应用（倍增计划）优秀项目。武钢焦炉控管一体化系统、太钢喷煤自动控制系统被列为全国首批信息技术应用示范工程。宝钢敏捷制造系统荣获上海市科技进步一等奖，武钢面向电子商务的整体产销系统、宝钢现代化不锈钢企业综合自动化系统的开发与集成、烧结终点判断与智能控制系统研究、炼焦配煤优化系统、鞍钢高炉人工智能系统技术研究、宝钢铁水运输计算机仿真系统研究、板带钢集成制造执行系统等项目获中国钢铁工业协会冶金科学技术一、二等奖。

10. 信息产业队伍在信息化建设中成长

在钢铁工业信息化过程中，衍生出了一批以钢铁企业为依托的高新技术产业。宝钢、武钢、马钢、济钢、唐钢、湘钢、涟钢、太钢、昆钢、攀钢、首钢等企业整合了计算机、自动控制、网络通信、电信、计量等专业技术力量，发挥核心优势，提高综合技术服务能力，以适应信息化技术市场和企业发展。这些企业在致力于服务钢铁主业信息化的同时，把信息化成果向行业内外输出和产业化运作，成为其发展战略的重要组成部分，并取得了良好的经济和社会效益。如：宝信软件股份有限公司、武汉钢铁工程技术集团有限责任公司、攀钢信息技术工程公司、北京首钢自动化信息技术工程公司、马钢自动化公司、鞍钢自动化公司、本钢信息自动化公司、太钢自动化公司、重钢电子有限责任公司、南钢信息技术工程公司、昆钢自动化公司等。

这支信息化产业队伍是钢铁企业信息及自动化建设的主要力量，是把信息化技术转化为钢铁工业生产力的主力军，是钢铁行业信息化专业服务机构，也是中国信息产业不容忽视的组成部分。他们以工业软件开发、信息化工程建设、计算机信息系统集成、通信网络信息服务为主营业务，在为企业信息及自动化服务的过程中，加强队伍建设，积极拓展行业内外、国内外两个市场，技术实力和服务能力得到快速提高，取得了较好的经营业绩，企业品牌形象和市场占有率不断提高。根据2008年统计，57家钢铁企业信息产业队伍，共完成主营业收入超过30多亿，创造利润超过6亿元。全行业信息技术产业队伍人员1.5万余人，其中从事软件开发人员3900人。

表11.6　57家重点钢铁信息产业的创新能力和服务能力比较

创新 能力	省部级奖	专利	软件产品认证	资质/认证
	42 个	69 个	58 个	56 个
服务 能力	企业内系统 建设及维护	为钢铁行业 系统建设	为行业外 系统建设	国外工程建设
	48 家	20 家	7 家	4 家

11.3　节能降耗　减污减排

中国钢铁工业以构建循环经济和资源节约型社会为目标，利用信息技术，努力降低能源和资源消耗，控制废气废水排放；建设环境监测系统，加大对环境污染的监控，促使钢铁工业循环经济发展。应用信息技术是钢铁工业合理利用资源、节能降耗改善环境、可持续发展的重要途径。

"十一五"期间，国家要求推进钢铁工业发展循环经济，发挥钢铁企业产品制造、能源转换和废物消纳处理功能。国家发改委公布的《钢铁产业发展政策》中提出：按照可持续发展和循环经济理念，提高环境保护和资源综合利用水平，节能降耗，最大限度地提高废气、废水、废物的综合利用水平，力争实现"零排放"，建立循环型钢铁工厂。钢铁工业要实现这一目标，就要利用信息技术，走出一条产品质量高、经济效益好、资源消耗低、环境污染少、竞争能力强的钢铁强国的路子，实现又好又快的可持续发展。

钢铁工业的特点是规模大、工序多、流程长、高能耗、高物耗、排放物量大。钢铁企业在生产过程中主要消耗的是矿石、煤、焦炭、电、氧气、重油资源等，而同时伴生大量的可燃气体（氧气、氢气、煤气等）、蒸汽、热水、高温物料等，因此也是电能、热能、机械能、化学能等多种能源的相互转换过程。由于国内需求的拉动和世界经济的影响，中国钢铁工业在产能快速增长的同时，带来了资源消耗过大、环境污染严重、能源和运输供给不足等问题，制约着钢铁工业稳定快速发展，钢铁工业面临着各种资源、能源紧缺和环境保护的双重压力，因此，钢铁工业要解决钢铁工业的清洁生产，节能环保绿色生产。钢铁企业既要发展还要降低消耗，保护环境，既有社会发展的任务又要承担社会进步的责任，这是关系到钢铁工业未来可持续发展的大事。

近年来，信息技术在解决钢铁企业节能减排中发挥重要作用。对高能耗、高物耗和高污染生产过程进行信息技术改造是钢铁企业信息化的重要内容。

2005 年，为了贯彻落实党中央、国务院的指示精神，综合利用能源、清洁化生产，中国钢铁工业协会向全行业提出了"按照科学发展观的要求，加强节能降耗、降低成本，改善环保，提高可持续发展的能力"的号召，有力地推进了钢铁企业利用信息及自动化技术实现节能降耗和环境保护。目前，在钢铁企业的炼铁、炼钢、轧钢等工艺中，信息技术为实现全面、实时、动态监测和管理各种资源提供了现代化手段，应用信息技术实现高度的自动化和最优工艺控制，降低能源和资源消耗、改善环境，取得了八个方面的成效。①在资源开发和利用中，利用信息技术实现设计、制造和管理的优化；②通过对生产和消费过程实现数字化、智能化的实时监控，降低各种资源消耗和减少环境污染；③利用数据库技术对资源消耗量进行分析预测并实现预报预警；④利用网络和通信技术将远程数据采集点的资源消耗量的数据实时采集到信息系统中进行统计分析；⑤通过产销系统和制造执行系统，保证产品质量，减少废次品，以销定产，以产定料，压缩库存，合理资源调配，提高资源和能源的综合利用率；⑥利用设备管理系统对设备的检点维修状况进行动态管理，防止设备未及时检修造成资源的跑冒滴漏现象发生；⑦利用智能化仪表准确记录各种资源使用情况；⑧利用计算机软件实现余热控制发电。

信息化与钢铁工业融合，是钢铁工业合理利用资源、节能降耗、改善环境、可持续发展的重要途径。信息技术在解决钢铁企业能耗高、污染重中发挥的重要作用已经显现。到 2008 年，有 58% 的企业已经对煤气、氧气等重点能源进行了管理。

宝钢能源管理系统以能源调度为中心，建立能源消耗评价体系，完善能源信息的采集、存储、管理和有效利用，提高对全厂能源事故的处理能力，实现在公司层面对能源系统采用分散控制和集中管理，优化能源调度和平衡指挥系统，达到能源管理高效、敏捷、经济，实现能源管控一体化。宝钢能源系统将分布于全厂范围的全部变电所、排水泵站和给排水设施、煤气加压站、煤气混合站及能源分配设施等通过计算机网络联结在一起，综合能源供需，实现能源系统的分散控制、集中管理、优化分配。

南钢能源管理系统动态调整气电负荷、监视水电气运行，掌握实时运行参数。对异常参数，通过调节能源介质的发生量或用户的使用量进行及时调整，保证能源供需平衡，不断优化能源结构配置，使生产中的富余煤气和蒸汽得到有效利用，缓解了生产用电用热的矛盾。能源管理系统对全公司 2.8 万多个能源流监测点进行监控和计划调度管理，每年可以移峰填谷约 320 万千瓦时，综合废气回收率达到 99% 以上，实现"负能炼钢"。

鞍钢生产管控中心是鞍钢自主开发的现代化生产指挥中心。集生产、能源、环保、运输于一体的调度系统。通过对能源数据的监视和分析，达到生产指挥调度和能源调度功能，对能源需求和消耗状况的实时监控，及时处理各种异常情况，有效利用副产能源，降低生产能耗，实现"低成本、网络化、快产出、高效益"的生产目标。通过能源管网的闭环管理，加大对各种能源的综合治理，加强对污水处理设施的整改，实现对污水的有效处理。通过该中心对用水进行监察，从源头上减少新水用量，绝大多数工序水单耗同比有大幅度降低。

石钢基于实时数据库的能源调度与统计分析系统，实现了自动生成气体能源计量日报表，实现了能源产出及消耗数据的自动采集；能源计量系统使邯钢、莱钢、安阳钢铁公司、重钢等企业吨钢综合能耗指标大幅下降。太钢能源数据自动采集系统实现了主要耗能介质数据采集自动化、传输网络化、结算电子化、计量现代化和管理精细化的目标。石钢在转炉煤气供耗系统平衡分析中应用转炉煤气平衡分析数学模型，利用系统历史数据和趋势曲线，对转炉煤气供耗的总体情况进行分析，实时监控各种能源供应与消耗情况，及时发现现场检测设备的问题。2007年，根据系统提供的数据和曲线分析，少结算焦炉煤气40万立方米，为公司挽回损失36万元，实现远程集中监控，节省人工费用292万元。

利用信息技术优化能源结构，提高余热余能回收率，最大限度地回收利用钢铁生产中的余热余能并进行发电，缓解生产中电能和热能的供需矛盾。一些企业努力研发形成自主知识产权的燃气发电、余热发电、余压发电的自动控制技术和装置。莱钢高炉煤气余压发电控制系统投运后，高炉煤气放散率显著降低，年效益为379.5416万元。余压发电控制系统的投运，既回收了能量，降低了生产成本，也提高了炼铁装备水平和控制水平，改善了环境。武钢、包钢等企业都先后应用了高炉煤气余压发电控制系统，取得了不同程度的效果。

宝钢不锈钢分公司的生产制造执行系统投运后，降低能耗5%，仅降低煤气排放量一项每年可为企业节约资金3千万元以上。济钢大型焦炉集中控制系统应用了现代化大型工业网络技术、检测技术及控制技术，首次成功实现煤气净化半负压流程控制技术和低水熄焦控制技术的国产化。无蒸汽蒸氨控制技术的应用，消除传统蒸汽蒸氨带来环境污染，实现优化控制后能耗降低1.5%—3%。济钢大型高炉零返矿技术开发项目投运后，优化了原料生产工艺，消化了高炉产生的返矿，降低了高炉生产成本，节约了能源，缓解了原燃料供应紧张的局面。太钢能源数据自动采集系统实现了主要耗能介质的数据采集自动化、传输网络化、结算电子化、计量现代化和管理精细化的目标。重钢大型轧钢加热炉模糊控制系统，使炉温变化控制在5℃以内，提高了加热质量，降低了烧损，延长了炉窑寿命。减少了能源浪费，年节约天然气76.5万M^3；年节电43.9万kWh，年减排二氧化碳3112吨。武钢焦炉干熄焦自动化控制系统采用具有自主创新的干熄焦装置自动化控制技术，完成了控制系统应用软件的模拟调试和仿真运行，焦炭的冷强度M40将提高3%，M10降低至0.47%，热强度提高

2%，用干法熄焦产生的热能每年发电近4千万千瓦。

马钢基于网络的焦炉管理专家系统，通过建立知识库和数据库相结合的管理信息库系统、焦炉加热优化控制系统、机车自动定位与连锁控制系统，将焦炉管理的专家经验与先进的自动控制结合，充分发挥了设备潜能，对焦炉全方位监控实现全新的管理模式，在稳定炉温、延长炉体和设备寿命等方面起到了保障作用。马钢转炉煤气回收自动控制系统的实现对排放物的控制，使回收的煤气品质更佳，热值更高，可以再利用，既节能又环保。

昆钢大红山矿山管线脱水站浓缩机底流泵采用变频器比原来平均节约30%左右电能。包钢氧气厂冷冻机系统、氩系统、供水系统中采用了变频器技术，提高了控制和调节的精度，取得了良好经济效益。

利用数学模型、专家系统和智能控制理论对工业炉窑进行计算机优化控制，取得显著的节能效果。重钢大型轧钢加热炉模糊控制系统，使炉温变化控制在5℃以内，提高了加热质量，降低了烧损，延长了炉窑寿命。同时，由于对加热炉的风机采取了模糊控制变频调速，减少了能源浪费，年节约天然气76.5万 M^3；年节电43.9万 kWh，年减排二氧化碳3112吨，达到提高产品质量、减少设备故障、保障生产顺行，起到节能降耗的作用。

钢铁工业利用信息技术对粉尘、废气、废水、固体废物及噪声等主要污染源和污染物的进行检测和控制，实现生产、资源、环境相协调的可持续发展，建成环境友好型和生态保护型企业。武钢利用 GPRS 无线通讯技术开发出污染源监控系统，对烟气、水质、工厂噪声、空气质量进行在线监测，提高了环保监测管理工作的水平和质量。

钢铁工业信息技术应用实现节能降耗取得重要进展。"武钢焦炉控管一体化系统"、"太钢能源信息自动采集系统"、"武钢干熄焦控制技术模型的研究与应用"、"武钢炼焦配煤专家系统"、"攀成钢信息化系统建设"、"太钢高炉风口测堵视频图像处理系统"等列为工信部"国家信息技术推广应用（倍增计划）"项目。宝钢能源管理系统、济钢大型焦炉控制系统、重钢加热炉控制系统被列为国家信息技术应用示范优秀项目；济钢能源管理控制系统、南钢能源环保管理系统、马钢新区能源中心应用系统、石钢氧气供耗系统等 14 个节能应用项目列入工信部电子信息节能技术开发与应用方案推荐目录。这些信息化项目的特点是技术先导性强、节能降耗效果显著，在全行业具有带动作用。

11.4　向更高的目标迈进

中国钢铁工业信息化的过程既是信息技术应用的过程，也是践行信息化与钢铁工业融合的过程。工业和信息化部选择了钢铁行业作为试点，结合产业调整和振兴规划，2009 年 6 月 15 日在鞍钢召开了钢铁行业信息化与工业化融合座谈会。钢铁工业的信息化将从量变到质变，迈上一个新台阶，向信息技术深度应用的信息化与工业化融合过程探索。

中国钢铁工业信息化快速发展的动因，与近年来中国经济的快速发展密切相关。一是钢铁企业信息化的巨大进步是与近年来钢铁工业的持续发展同步的。钢铁工业的持续发展为企业信息化准备了足够的资金，品种结构调整、兼并重组、节能环保对信息化提出了迫切的要求。先进的信息技术为生产和管理创新提供了有利的手段，这是中国钢铁企业信息化发展的内因。二是企业运行环境的改变、用户和市场的改变、竞争形势的改变要求钢铁企业深度整合资源，加快企业的决策和反应速度，推进内部管理变革适应企业环境的变化，这是中国钢铁企业信息化发展的外因。三是瞄准国际先进水平自主开发。宝钢、武钢、鞍钢等企业的决策层在考察了韩国浦项、日本新日铁、中国台湾中钢、美国美钢联、德国蒂森克虏伯、奥地利奥钢联等国际知名先进钢铁企业的信息化实践后，作出了吸收先进管理思想、引进关键技术、自主开发本企业信息化的决策，宝钢、鞍钢、济钢、太钢等企业引进国外先进软件和管理思想，改造本企业的管理模式，通过消化吸收再创新自主开发其他分公司的信息化建设，这些形成了中国钢铁企业信息化的重要技术路线，有效地推进了中国钢铁企业信息化的步伐。四是用信息化武装起来的中国钢铁工业迎接国内外竞争的压力。宝钢、武钢、鞍钢、首钢、唐钢、邯钢、济钢、马钢、华菱、攀钢等大型重点钢铁企业的决策者直面国内外竞争和挑战，适时地调整注意力，把企业的生产以产品为中心转变为以市场以客户为中心，企业管理功能以财务为核心，资源的匹配以效益为中心，敏锐地意识到管理变革的需要，把握住信息化在改造传统产业中的作用，鲜明地提出了企业信息化的目标和任务。企业一把手出面进行调研、动员和委派 CIO 负责信息化工程成为潮流。五是信息技术的广泛应用提高了钢铁企业信息化自主创新能力。提高信息技术应用能力和自主创新能力；坚持引进消化先进技术与自主创新相结合，走国产化技术为主导的钢铁企业信息化道路。大力提倡引进消化吸收再创新和技术集成创新，减少自动化和信息化项目低水平重复引进。建立以企业为主体、产学研相结合的技术创新体系，依托钢铁工业重点工程建设项目，开展自主创新活动，培育有钢铁行业特点的国产化信息技术产品，大力促进信息化应用成果向市场产品的转化，发展钢铁行业的信息产业，积极推进重点信息化系统工程和信息技术产品的自主研发、集成制造和产业化，使中国钢铁工业信息及自动化装备水平达到国际先进水平。

11.4.1 继续发挥钢铁工业协会的重要作用

2000 年，政府机构改革，冶金工业部撤销，中国钢铁工业协会成立。作为中国钢铁行业中介服务组织，设立了信息化自动化专业管理机构，为协会会员企业架起了一个联系、交流、服务的平台。

协会坚持为企业信息化建设服务，围绕中国钢铁工业发展目标，依靠行业专家，研究信息化过程中的共性问题，交流经验，引导各钢铁企业不断消化吸收世界先进技术和先进经验，坚持自主创新；协会深入调查研究，发现问题，总结经验，交流不同类型钢铁企业中实施信息化的经验，树立样板，宣传推广国内外成功案例，先后在宝钢、武钢、马钢、首钢、济钢、攀钢、华菱钢铁召开企业信息化现场会，组织钢铁行业国际信息化研讨会；协会跟踪新技术发展，组织专家研究解决钢铁企业信息系统中的关键技术，解读冶金规范，降低技术诀窍的门槛。把握钢铁工业的特点，通过多种途径引入供应商的竞争，介绍多种解决方案、多种技术和多种产品，促使 ERP 产品提供商和实施商针对钢铁业的特点解决产品的适用性问题。积极扶持中国民族工业的 IT 产品和技术。

协会提出了产销一体、管控衔接、三流同步作为《钢铁企业可持续发展支撑技术》的重要组成部分；提出了钢铁企业信息化要"整体规划、分步实施、效益驱动、重点突破"的指导原则；提出了选择适用钢铁企业特点的技术、系统或解决方案建设自己的信息系统；提出了信息化要有量化效益。发布了《编制钢铁企业信息化总体规划和钢铁企业信息化建设（改造）项目可行性研究报告的指导意见》、《钢铁企业信息化分类编码指导意见》、《钢铁企业信息化及其效益指标体系（试用版）》、《钢铁企业信息化"十五"发展建议》、《中国钢铁企业信息化绩效研究》、《大型综合钢铁企业信息化与工业化融合发展水平评估指标体系》、《钢铁企业信息化自动化统计指标体系》。

协会为推进行业信息化自动化，加快企业信息化发展步伐，充分调动全行业建设信息化的积极性，2001 年组建了"钢铁工业信息及自动化推进中心"，该中心为推进钢铁工业信息及自动化发挥了重要作用。

11.4.2　向信息化的新高度攀登

中国钢铁工业信息化基于多年信息技术应用的基础上全面快速推进，涌现出一批大力促进钢铁企业信息化的决策者、优秀 CIO 和建设者，在总结国内外先进钢铁企业信息化经验的基础上，目标明确、起点高、步伐快、效益大。突破性地解决了产销一体、管控衔接、财务业务集成等重大关键技术难题，一批体现自主创新的信息化工程建成。以基础自动化（L1）、过程控制自动化（L2）、生产制造执行系统（L3）、管理信息化（L4）为体系结构，通过"纵向贯通、横向拓展"，产销一体、管控衔接、业务财务集成优化的协同集成的应用系统逐渐普及深化，并加速向信息挖掘、电子商务、资源能源管控等深度与广度应用方向延伸。

信息化为推进钢铁企业实现精细化管理、优化业务流程提供了手段和平台，生产过程自动化为实现柔性制造、敏捷生产提供了条件。信息化与钢铁工业的融合已经成为促进钢铁企业经营模式转型和创新，提升企业核心竞争力的重要举措。

信息化全面支撑企业发展战略。两化融合始终与钢铁企业发展战略同频共振，并坚持需求主导、业务驱动、两化融合与企业发展实际相结合、与企业发展战略相匹配，并根据企业发展情况进行动态调整。通过两化要素全面融合渗透，推动产品研发、制造、业务模式和业务流程的创新，推动企业战略转型。武钢利用信息化建设全面推进武钢战略转型、发展提速，支撑实现武钢第三次创业和中西南发展战略。

信息化与企业的技术改造同步规划、同步设计、同步实施、同步运行，并持续优化改进。宝钢、武钢、首钢、马钢等企业将技术改造、新产线的设计和建设纳入信息化项目，统筹安排，使两化融合理念贯穿于项目建设的全生命周期。兼顾先进性和适用性，避免重复建设，降低实施难度。

坚持一把手牵头、全员参与，建立健全信息化工作体系。鞍钢、南钢、首钢、湘钢发挥企业一把手领导作用，建立健全两化融合组织保障体系，强化全员教育培训，推进业务岗位人员对信息化的认知水平和应用能力，提升全员整体两化融合能力。

建立健全信息化条件下的管理制度和标准规范。鞍钢、承钢、南钢等企业建立数据标准，实现数据一致性和共享性；建立相关管理制度和规范，提高产品生产全过程控制能力和产品质量；建立制度使流程加以固化和优化，提高核心能力。

促进业务流程再造，推进企业经营管理模式转型。武钢、首钢信息化启动之初，就对原管理组织体系和业务流程进行梳理优化，减少组织层级，精简冗余部门，提高管理执行效率。

支撑钢铁企业实现技术和产品创新，推进产品结构调整优化。鞍钢集团创建了产品属性编码体系和质量设计编码体系，实现了在线、全自动、多工艺路径的智能化质量设计。

全面支撑构建以价值最大化为导向的企业财务管理体系，提升成本管理和盈利能力。南钢集团将原财务二级核算调整为一级核算，达到日成本核算并细化到品种规格，月关账时间缩短为 2 日，合同兑现率从 87% 提高到 96%。

实现大规模定制化生产，促进生产组织的模式转变。马钢搭建了客户需求与产品开发、技术开发及制造协同的产销一体化管控衔接的信息平台，实现了基于有限产能及工序平衡约束条件下的优化排程、机组作业计划编制及动态监控。

支持建设跨地域、多基地的产销一体化体系，实现集团管控模式创新。首钢公司按照搬迁调整的需要，推进信息化与集团管控体系的融合，支持实现"一业多地"，实现了"集中整体，分层能级"的管控模式。宝钢集团实施了集团管控一体化信息系统，从而有效地支持了多组织、多账套、跨区域的集中管控和有效运作，支撑了企业集团化的快速扩张和并购。

提升信息化综合集成能力，深化信息资源开发利用。宝钢、承钢、兴澄特钢、武钢、首钢等企业开发利用信息资源，建立完善知识管理、商务智能、决策支持和风险控制等体系。钢铁工业信息化已经从信息的整合到知识的挖掘。

坚持挖掘、总结企业两化融合的效益和效果。建立评估指标体系，推进企业信息化向效益型发展，提高企业信息化向业务融合渗透的能力。借助信息化不断推进业务创新和管理创新，持续优化升级。

面向钢铁业的工业服务业快速发展，提升了钢铁业的整体竞争力。一是涌现出了一批衍生于钢铁企业、为钢铁行业服务的信息化实施团队，诞生了新型的钢铁工业信息产业和信息服务机构；二是催生出一大批行业性信息化服务平台，为钢铁行业提供信息、交易、研发设计等服务；三是传统钢铁服务企业经过信息化建设，逐步向新型钢铁工业生产服务企业转型，实现了工业和服务企业互动互促、融合发展。

支撑建设能源管理中心，推进节能减排和新型循环经济模式发展。宝钢、济钢、南京钢铁、兴澄特钢、马钢等企业建设了企业能源综合平衡管理系统（EMS），优化能源结构，尽可能回收利用钢铁生产中的余热，缓解生产中电能和热能的供需矛盾，使能源资源得到有效利用，实现了企业能源的优化和平衡。

电子商务改变了传统的营销模式。宝钢、武钢电子商务与企业内部信息化系统有效衔接，提升企业市场响应速度和客户服务能力，逐渐由生产型企业向生产服务型企业转型。

发挥协会桥梁纽带和行业内外专家的作用，形成指导推进、总结交流、互帮互学、相互促进的行业推进工作机制。重视并发挥行业专家的作用，敏锐捕捉行业信息化发展的关键技术和共性问题，联合解决、及时指导。推广国内外先进企业的成功经验和教训，在行业形成相互学习的良好风气。

（本章作者　王巍巍）

企业文框 03：中国信息化产业缩影——神州数码

神州数码控股有限公司 2000 年从联想集团拆分而来，2001 年在香港联合交易所主板上市。神州数码一直致力于为中国用户提供先进、适用的信息技术，推进数字化中国进程。从早期 "IT 分销" "系统集成" 到如今 "IT 服务"，神州数码既是中国信息化的重要推动者，也是中国软件与服务产业的一个缩影。

神州数码是国内最早专门从事信息化工作的高科技企业之一。1987 年，神州数码的前身联想集成就开始为金融、电信、税务等几个行业用户提供信息技术产品、解决方案和服务。十几年来，神州数码储备了丰富的行业知识以及对客户需求的深刻理解，大大地促进了我国几大行业的信息化进程。1999 年，神州数码参与了国家税务总局 "全国统一税收征管主体软件（CTAIS）" 的开发和推广工作，十年间实现国税收入的 97% 通过 CTAIS 征收，此项贡献被国家税务总局列为 "我国税收信息化建设取得历史性进展的重要事件之一"。

2000 年成立之时，郭为先生第一次提出了著名的 "电子商务四段论"，指出当下中国电子商务发展的重点应在于发展网络基础设施和应用软件服务。在这一理论的指导下，神州数码增值分销业务取得了突破性发展，该项业务利润增长近 3 倍。2001 年，神州数码稳居国内 IT 产品分销商之首，几乎等于第二名和第三名的总和；在系统集成领域销售总额位居第一位。

2004 年，神州数码逐渐完成了在软件及服务领域的业务布局，提出了 "IT 服务 随需而动" 的理念，软件服务业务增长了近 10 倍，在金融、政府、电信等主要行业应用领域跻身中国市场前三甲。2007 年，神州数码全面向 IT 服务转型，并基于此战略开始实施第二个五年规划。通过 "以客户为中心，以服务为导向" 的战略变革，使整个神州数码彻底转型成为一家 IT 服务的企业。

发展过程中，神州数码不断加强技术和业务创新，并在核心技术取得重大突破。2007年神州数码发布国内首部《金融数据模型》的企业，填补了相关领域的空白；2009年2月神州数码在全球范围内首获IPv6 Ready DHCPv6 Server认证。与此同时，神州数码还连年获得"国内最具影响力IT服务品牌企业""电子政务IT100强第一名""2008中国十大软件创新企业"等重要奖项。目前神州数码拥有应用解决方案300余项，软件著作权180余项。

神州数码在帮助各大行业提高信息化水平，促进经济效益和社会效益同时，也给自身带来快速的发展。从分拆之初至今，神州数码营业额从112亿增长到423亿港元，年复合增长率达22.32%、并持续7年超越大势。如今，神州数码已经成为中国本土最大的整合IT服务供应商，与全球100多家顶尖IT厂商建立了合作伙伴关系。根据权威机构IDC最新数据显示，神州数码在政府、金融、电信等主要领域分别占据第一、第二、第三的领先地位。

当前，在国家加强自主创新，促进产业升级的背景下，神州数码以对信息化工作的深刻理解和多年的贡献，成为了中国IT标准工作组副组长成员单位，为推动中国信息行业的发展和整体信息化水平，做出新的贡献。

（编撰：刘博）

第12章
石 油 石 化

引　言

石油石化产业包括原油和天然气勘探、开发、输送、炼制、销售以及石油石化工程技术服务、工程建设、装备制造、产品和装备进出口贸易等相关业务，具有产业链长、业务关联度高等特点，产品广泛应用于国民经济、人民生活各个领域，是我国国民经济支柱产业，对国民经济发展和社会进步做出了重要贡献。

石油石化行业信息化经过近半个世纪的发展，实现了从无到有、从小到大、从分散到集中、从独立到集成的转变，取得了令人瞩目的成绩。特别是进入21世纪以来，按照党和国家的统一部署，在工信部和国资委等上级部门的正确领导和大力支持下，石油石化业的信息化建设日新月异，取得了一系列重要成果和重大进展，为企业生产经营管理和业务发展提供了强有力支撑。国资委公布的2007年中央企业信息化水平评价结果显示，四大石油石化企业信息化建设均处于国内先进水平，部分指标达到或接近世界先进水平，成为我国企业信息化建设的一个重要成就。地方石化企业结合各自实际推进信息化建设，信息系统应用不断深入，成为提升企业管理水平和市场竞争力的重要手段。

12.1　信息化发展概述

石油石化行业是国内最早大规模应用计算机技术的行业之一。早在20世纪60年代，计算机技术在石油石化业的应用就实现了零的突破。在油气勘探开发领域引入计算机技术进行地震数据采集和处理，促进了油气勘探开发的技术进步，为大庆、胜利等油气田发现、开发和发展做出了重要贡献。在炼油化工领域，利用计算机技术在常减压装置进行数据自动采集和过程控制，提高了生产自动化水平。

20世纪80年代，信息技术在石油石化专业技术领域得到广泛应用。随着以通信、微电子、计算机和软件技术为核心的信息技术的持续发展，以主机/客户端为主要模式建立起来的数字地震、数控测井、油藏描述和数值模拟等技术，成为油气田勘探开发的关键技术；数据自动采集和过程控制系统成为炼化企业保障生产装置平稳高效安全运行、提升生产管理水平的重要手段。

20世纪90年代，以业务部门和成员单位各自建设管理信息系统为主要标志，石油石化企业信息化建设进入了第一个发展阶段的高峰期。随着个人计算机、局域网和互联网技术的快速发展与大规模普及，信息技术在石油石化企业生产经营管理领域广泛应用。完成了包括广域网和局域网在内的石油石化企业计算机网络工程建设，为企业内部信息传递提供了便捷、快速通道；各业务部门和成员单位根据自身需要，先后开发了财务、人事、计划、统计等一批管理信息系统，提高了本部门的工作效率和管理水平。在油气勘探开发专业领域，盆地模拟、勘探评价、高分辨率地震、三维地震、处理解释一体化、成像测井、精细油藏描述等技术日臻完善，有效提高了勘探开发成功率。在炼油化工专业领域，数据采集、自动控制技术水平持续提升，先进计划和生产运行管理技术日趋成熟，有效提升了炼化生产管理效率和质量。

进入 21 世纪以来，以制定总体规划、按照规划建设统一信息系统平台为标志，石油石化企业信息化迈进了第二个发展阶段。为满足集团企业重组整合、集中统一管理的需要，石油石化企业充分认识到信息化从分散到集中的三个阶段发展规律，针对第一阶段出现的分散重复和信息孤岛问题，学习借鉴国际上"制定信息化发展战略，全面推进信息化建设"的经验做法，开始制定统一的信息技术总体规划，确定了与各项业务协同的信息技术应用架构，坚持按照总体规划统一组织、集中统一地推进信息系统建设。经过近十年的不懈努力，在各个领域建成应用了一批集中统一的信息系统，减少了信息孤岛，扩大了信息共享范围，对企业生产经营管理的支撑作用日益显著。例如：建成、应用了集团企业级电子邮件、信息门户、视频会议等基础应用系统，成为日常办公必不可少的平台和工具；建成、应用了一批集团企业级的生产运行系统，有效支持了油田生产、炼油化工、管道运输、油品销售、工程技术服务、工程建设、装备制造等业务领域的生产管理系统；建成、应用了集团企业资源计划（ERP）、电子商务平台等管理信息系统。同时，管理信息系统与生产数据采集、过程控制等专业系统集成应用，大大提高了信息处理速度和质量，促进了企业经营和生产过程管理的紧密结合和协调统一。

经过 40 多年的发展，石油石化企业信息化综合能力大幅度提高。在 4 家中央企业中，工程技术和企业经营管理人员人均一台计算机，各类信息系统用户数累计数百万，企业级电子邮件注册用户数超过 100 万，信息门户站点数过万；网络接点近百万，核心环网最大带宽达 10GB，集中存储能力超过 2000TB；信息技术人员达到 2 万多人，其中从事集团企业统一信息系统建设的专业化支持队伍达 5000 多人。这支队伍在系统建设和应用实践中学习提高、锻炼成长，已经具备了独立承担信息系统建设和运行维护任务的能力。

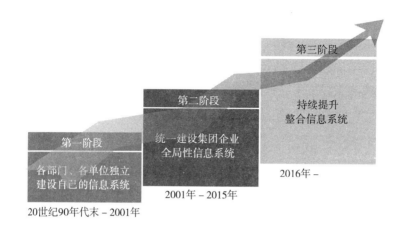

图 12.1　国内石油石化企业信息化发展阶段

12.2　信息化建设十大进展

进入 21 世纪以来，石油石化企业紧紧抓住信息化发展的历史机遇，深入贯彻落实中央"两化融合"的战略部署，坚持统一规划、统一建设、统一管理的方针，建设统一的信息系统平台，取得了一系列重大进展，实现了信息化的高起点、跨越式发展。

12.2.1　信息基础设施

经过多年的持续建设、完善与扩展，石油石化企业形成了高效、安全、稳定的，以数据中心为核心、网络为纽带、覆盖近百万企业内部用户的信息系统基础设施，整体上处于国内先进、接近世界同行业领先水平。以电信运营商数字链路为主、自建专线和租用卫星为补充，建成了统一管理、分级维护、带宽共享、安全可靠、高效传输的双链路信息网络体系，实现了 7×24 小时稳定运行，为信息高速传递、便捷共享提供了网络传输平台。按照主数据中心、同城备份数据中心、异地数据中心的"两地三中心"模式，建设应用了两路不同电网供电、柴油发电机应急备用的主数据中心，为建设和应用集中统一信息系统提供了保障。

12.2.2　勘探开发一体化信息应用平台

建成、应用了集团企业勘探开发技术数据管理系统和油气水井生产数据管理系统，实现了油气水井的技术与生产数据集中统一管理和应用，在石油石化行业勘探史上首次实现了横向支持地震、钻井、录井、测井、采油、作业等业务领域，纵向贯通采油队、矿、厂/作业区、油田、集团公司总部各级部门，全面覆盖井、间、站、库、油田生产的统一集成的信息系统平台，促进了数据、技术、业务流程的整合和优化，实现了系统软硬件平台、数据源及处理规则的规范和统一。一方面，研究人员从大量的数据收集整理中解脱出来，集中精力进行数据分析认识，提高勘探开发综合研究效率四分之一，缩短油藏评价到开发方案设计周期三分之一。另一方面，总部和油气田可以及时掌握油气水井的生产动态，提高油气生产的科学管理水平，为数字油田建设奠定了基础。

12.2.3　油气管输生产运行管理平台

利用集成统一的管道生产管理系统，将西气东输等 30 多条、总长度近 3 万公里的原油、成品油和天然气管道纳入系统管理。该系统具有自主知识产权，全面支持管道运输的计划管理、日指定管理、计量管理、需求预测、调度运行管理、能源及周转量管理、数据采集和统计分析等业务，有效提升了油气管道运输精细化管理水平，降低了生产运行风险，支撑着油气管道业务的全面、协调、快速发展。

12.2.4　统一的炼油化工生产管理平台

采用统一成熟的软件平台，建成了炼化物料优化与排产系统（APS）

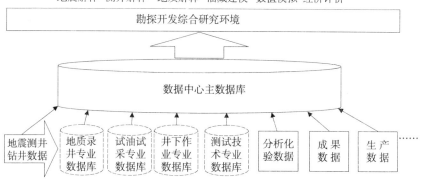

图12.2　油气田生产和技术数据管理应用示意图

和炼油与化工运行系统（MES），炼油化工生产管理效率和效益明显提升。APS形成了炼油化工一体化优化模型，包括原料采购、装置加工、产品调和、库存、公用工程、产品销售等功能模块，支持从原料采购、生产加工到产品销售整个流程上的优化。MES包括工厂基础信息管理、生产计划与排产、运行管理、物料移动、收率计算、物料平衡、实时数据库应用、实验室管理、生产统计、生产运行信息平台以及ERP接口、统计平衡等模块，以生产过程的实时数据为基础，实现了对炼化生产运行的全过程监督，提高了精细化管理水平。

12.2.5　加油站管理系统

统一集成的加油站管理系统主要由总部级系统、站级系统和卡软件系统组成，支持油品和非油品的进、销、存、价、量等业务的信息化管理，支持银行卡、IC卡、现金等多种支付方式，实现了加油站无障碍支付，在加强现金流管理、降低成本、减少损耗、改善业务流程、提高工作效率和服务水平等方面发挥了重要作用。中国石化全国统一的加油卡系统实现了"一卡在手、各地加油"，方便了用户，增强了市场竞争优势。

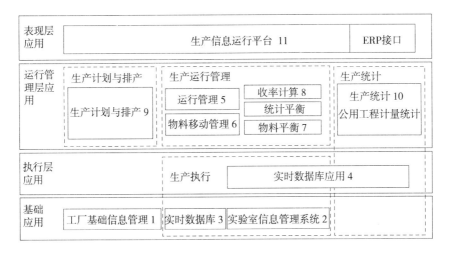

图 12.3　炼油与化工运行系统架构

12.2.6　全业务 ERP 系统平台

集成统一的 ERP 系统涵盖了勘探与生产、天然气与管道、炼油与化工、销售、工程技术、工程建设、装备制造等业务领域；支持财务、生产、库存、采购、销售、项目、设备等业务管理和集成应用。中国中化 ERP 系统实行全球集中统一管理，应用覆盖 5 大主营业务板块，年销售收入 95% 的数据在系统中进行管理。中国海油集中统一的 ERP 系统建成应用，覆盖率近 90%，取得了良好效果。石油石化企业 ERP 系统按业务领域集中部署，每个业务领域 ERP 系统采用统一的业务流程，对各业务领域 ERP 进行集成，形成了既具有业务特点又紧密集成的系统架构。

12.2.7　企业人力资源管理系统

集中统一的中国石油人力资源管理系统包括劳动组织、人事管理、考勤管理、薪酬管理、绩效考核、招聘管理、培训管理和员工发展八项功能；开发了经营管理、专业技术和技能操作三支队伍特色管理模块，将上百万企业员工纳入系统管理（系统管理的员工数全球最大），取代了数百个原有分散的信息系统，有效支持人力资源管理和决策分析。中国石化的人力资源管理系统使分布在全球各地的员工的绩效、招聘和管理可以由集团公司总部统一监控。

共享与协同	自助服务							
	协同管理与工作流（关键人事流程电子审批流转）							
人力资源战略规划	管理驾驶舱				数据仓库与多维分析			
人力资源管理	劳动组织	招聘管理	人事管理	考勤管理	薪酬管理	绩效考核	员工发展	培训管理
	经营管理人员							
	专业技术人员							
	操作技能人员							
基础数据	统一数据标准							

图 12.4　人力资源管理系统架构

12.2.8　健康安全环保系统

中国石油通过引入国际先进、成熟的 HSE 管理软件，搭建了适合企业自身实际需要的集中、统一的 HSE 管理平台，包括 60 个健康安全环保业务管理功能模块、4 项分析决策工具、5 种信息展现手段和 8 类应用管理工具，实现了 HSE 业务信息从基层到总部的集成和共享，有效支持了 HSE 管理决策，促进了石油石化企业 HSE 体系建设。

12.2.9　企业电子商务平台

中国石油的"能源一号"电子商务平台实现了电子采购、电子销售以及电子市场三大核心功能，支持目录式采购和谈价议价、网上招标、反向拍卖等动态交易模式，促进了现代化物资管理流程和制度体系建设，大幅缩减了采购中间环节，在获得采购价格优惠的同时，提高了采购效率，

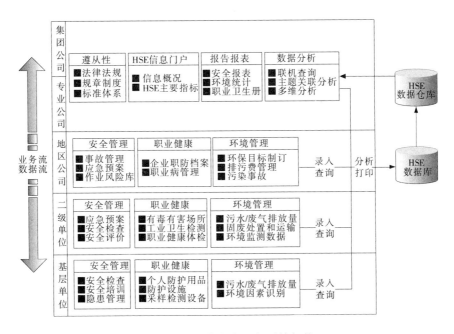

图 12.5　健康安全环保系统架构

节约了流通成本，保证了采购物资的质量。中国石化利用电子商务系统，平均每年网上采购额 750 亿元，节约采购成本明显。

12.2.10　集团公司级生产营运指挥系统

中国石化在总部和成员企业搭建了生产营运指挥系统，实现了油气田勘探开发、原油资源调运、炼油生产、化工生产和销售、成品油调运和销售、工程建设等主要核心业务数据的整体集成和集团总部生产综合管理信息一体化，为企业管理者和业务人员建立了准确、高效和可视化的信息沟通渠道，提高了整体资源优化水平，增强了突发事件的处理能力，在生产组织和指挥、保障生产安全平稳运行

图 12.6　"能源一号"电子商务系统界面

等方面发挥了重要作用。

除了以上主要进展外，石油石化企业结合内部办公管理业务的需求，采用统一平台，陆续建成一批集团公司级集中统一的办公管理系统，有效提升了办公管理的质量、效率和规范化水平。其中，电子公文系统用户数突破10万，年处理公文上百万份，大幅度提高了公文传输效率；合同管理系统年处理合同20多万份，标的总额上千亿元，成为加强合同业务管理和监督的重要手段；网上报销系统用户数突破20万，年处理票据数百万份，成为控制费用预算、方便报销业务处理的日常工具。

图12.7　生产经营指挥系统展示平台

在信息化建设过程中，石油石化企业重视自主知识产权信息系统的开发利用。在引进、消化吸收国际先进技术的基础上，通过与合作伙伴共同开发，实现了集成应用和再创新。如合作开发了油气水井生产数据管理系统、管道生产管理系统、工程技术生产运行管理系统、炼化生产执行系统以及电子公文、合同管理等系统，自主开发了圈闭评价、GeoEast地震数据处理解释一体化、KLSeis地震采集工程、EILog快速与成像测井等一批专业软件系统，增强了企业自主创新能力和核心竞争力。

随着信息系统建设和应用的不断深入，信息化的三大价值在石油石化行业日益凸显。在建设方法上，采用集中统一的技术架构，集中招标采购设备和服务，统一进行容灾备份，合理利用和共享软硬件及网络资源，获得了降低信息系统总体拥有成本、解决低水平重复和信息孤岛产生等建设方法价值。在建设过程中，集中设计业务蓝图和标准模板，统一规范各类数据，固化业务流程，加强业务人员培训，获得了理清家底、统一流程、提升员工素质等建设过程价值。在系统应用中，实现数据一次录入多部门、多层次共享，实时反映企业经营状况，获得了提高效率、精细管理、强化控制等系统应用价值。从而，形成了企业信息化三个环节的价值链条，提高了信息化的综合效益。

12.3　信息化工作方法和工作体系

石油石化企业充分理解信息化推进"三分技术，七分管理"的深刻含义，在信息化建设实践中，紧密结合自身实际，坚持公司发展理念，坚持集中统一管理，坚持持续投入机制，确立了"统一、成熟、兼容、实用、高效"的十字方针和"统一规划、统一标准、统一设计、统一投资、统一建设、统一管理"的六统一原则，深入抓好信息化与企业管理、技术创新、市场开拓的三结合，通过不断总结完善，形成了一套适合石油石化企业的信息化建设的工作方法和工作体系。

12.3.1　信息化建设的工作方法

1. 坚持按照规划组织信息系统建设，确保建成集中统一的信息系统平台

采用"现状需求调研、技术展望和整体规划"三阶段的规范方法，制定信息技术总体规划，是信息化建设的总纲。总体规划主要包括支持勘探开发、炼油化工、市场销售、工程技术服务等业务生产管理的专业应用

系统，支持各项业务经营管理的 ERP 系统，支持办公管理的综合管理系统，信息技术基础设施项目，以及信息化组织与保障项目。根据总体规划中项目之间的逻辑关系和优先级次序，分解制定年度项目计划，非规划中的项目原则上不予立项。对总体规划中的项目，认真做好项目可行性研究，对内作为立项的依据，对外作为项目招标的基础。通过按照总体规划实施，确保信息系统的集成统一和对企业各项业务的有效支持，形成企业统一的信息系统平台。

2. 坚持适度集中的技术架构，满足各层次业务需求

按照国内外的最佳实践，能够集中部署的信息系统尽量采用集中的技术架构。如在 ERP 系统建设方案中采取适度集中的技术架构，达到了集中统一的目标，不但节省大量硬件投入和后期运行维护费用，而且更好地满足了集团公司集中管控需要，满足各级业务部门管理和运作需要，实现全公司范围内的信息共享。

3. 坚持规范的项目管理方法，提高项目建设质量和效率

建立项目指导委员会、项目经理部、项目组三级项目管理体系，分别负责项目建设的统一领导、实施管理和具体实施工作。实行项目经理负责制，紧紧抓住项目范围、进度、成本、质量和风险五个关键点；采用联合项目组集中办公方式，加强项目组内部沟通交流，培养团队精神，充分调动各方面积极性，确保顺利实施。

4. 坚持选用成熟软件，最大限度降低系统实施风险

在信息系统建设中，注重选择成熟软件，不搞从头开发，有套件的不选择个件，尽量降低软件风险。根据成熟软件优化业务流程，努力减少客户化，减小实施难度，降低实施及维护成本。同时，在引进、消化、吸收的基础上，进行集成应用和再创新，开发出具有自主知识产权的应用系统软件，提高软件系统的自主开发程度。

5. 坚持引进先进管理理念，提高信息化建设整体水平

在项目前期研究和建设过程中，充分吸收咨询公司带来的国内外先进理念和最佳实践，借鉴成功经验，少走弯路，提升信息化建设整体水平，

大幅度缩小与国际领先石油公司在信息化方面的差距。

6. 坚持招标选商，选择性价比最优的产品和服务

对信息技术项目实施需要的软件、硬件和管理咨询商分别招标，提高对项目实施的控制力度。在项目评标过程中，技术和商务分别评标，取综合分最高的公司为中标供应商，获得最好的性价比。在合同执行方面，采取"一次招标、按项目进度和乙方业绩分期付款"的运作模式，降低项目实施风险，提升信息化投资收益率。

7. 坚持先试点后推广的实施策略，保证项目成功

在各信息系统建设中，选择领导重视、业务有代表性、规模适当、信息技术基础好的单位进行试点，通过试点制定标准模板，然后在其他同类企业推广实施。从而有效降低系统实施风险，提高项目成功率，并保证建成集团公司层面统一、集成的信息系统平台。

8. 坚持业务主导，最大限度满足业务需要

在信息系统建设和应用过程中，业务部门牵头组织需求确认、流程梳理、数据准备、用户培训和系统上线应用等工作，最大程度使所建信息系统符合生产经营管理实际，满足业务需求。信息部门充分发挥协调作用，在编制实施计划、组织内外部实施队伍、制定系统方案、进行系统集成、开展运行维护、完善基础设施等方面，有效发挥项目组织和总体协调作用。业务和信息部门在项目内加强合作，共同建成符合业务需求的信息系统。

12.3.2　信息化建设的工作体系

1. 制度体系

形成的信息化工作制度体系由管理规定、管理办法和管理细则三级制度体系层次构成。管理规定是信息化工作的总纲；管理办法明确了信息化建设中计划、招标、实施、验收、运维管理流程以及安全、标准、考核等各项管理措施；管理细则为每个信息系统制定了应用和运维规范，并在此基础上形成一系列信息系统日常应用工作手册。

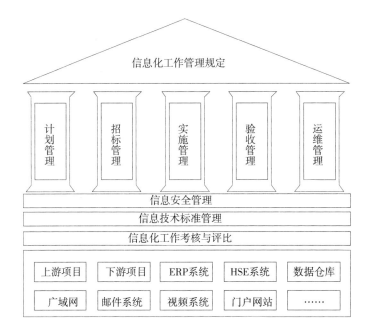

图 12.8　信息化工作管理制度体系

2.标准体系

制定的信息技术标准体系主要包括通用基础标准、数据层标准、应用层标准、基础设施层标准、信息安全标准、管理与服务规范等。伴随各信息系统建设，完成了一批行业、企业标准制修订，有效支持和保证了信息系统集成和数据共享。

3.安全体系

贯彻"以安全保发展，从发展中求安全"的方针，扎实构建信息安全体系，从信息安全管理、信息安全控制和信息安全技术三个方面，制定形成了信息系统安全保障的整体解决方案，在保证信息系统安全方面发挥了重要作用。

4.组织体系

普遍设置信息化工作领导小组作为信息化决策机构，在领导班子内明确一名主管领导负责，在总部层面，设置统一的信息管理部门，构建承担

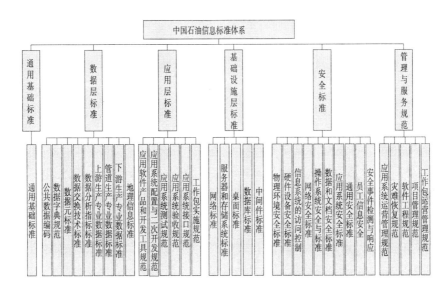

图 12.9　信息技术标准体系

统一信息系统建设和运行维护任务的专业化信息技术支持队伍，成员单位设置信息管理和服务机构，形成了"一个整体，两个层次，统一管理"的信息化工作组织队伍体系。

5. 考核奖励体系

实施了有效的信息化工作考核奖励措施，把信息化建设纳入各成员单位主要领导任期绩效考核体系；每年对成员单位和信息技术支持队伍进行考核，评选先进单位和优秀项目团队；对全面建成投入应用的信息系统项目进行专项奖励；在科技进步奖评定、技术专家评选和专业技术职称评审中，把信息技术单独作为一个专业序列。这些措施有效调动了各单位、各部门、广大业务人员和信息技术人员推进信息化建设的积极性。

6. 工作管理平台

石油石化企业注重用信息技术手段管理信息化工作，搭建了信息化工作管理平台，实现了信息化计划管理、项目管理、商务管理、资产管理、人员管理、统计报表、综合办公等功能，将信息化工作流程固化在系统

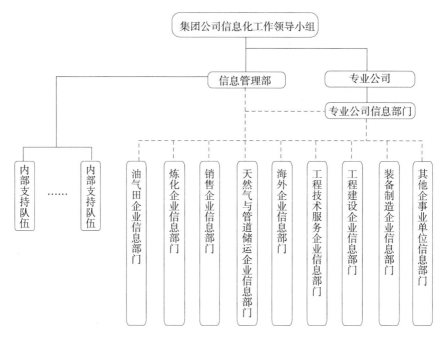

图 12.10　组织队伍体系

中，通过管理平台进行信息系统建设相关的业务处理和管控，及时掌握信息化投资费用下达和使用情况、项目进展状态、合同执行情况、实施队伍人员构成、软硬件资产状况等信息，规范了管理，提高了效率，提升了信息化工作水平。

12.4　展　　望

当前，石油石化企业信息化面临着良好的发展机遇。党的十七大做出了"大力推进信息化与工业化融合"的战略部署，石油石化企业深入贯彻落实中央精神，把推进信息化作为转变发展方式、实现科学发展的重要

综合办公	规划计划	项目管理
工作审批、工作日志、工作周报、部务会议、人员动向、日程安排、工作督办、信息化工作考核等。	五年投资规划、年度计划填报、汇总审批，以及资金下达申请与批复等功能。	项目基本信息、任务进展、资源月报（包括人员、资金、资产等信息）、项目周报及简报。
商务管理	**资产管理**	**人员管理**
招投标信息、合同与内部任务书信息、合同付款等功能。	机房、区域中心管理，项目资产登记与汇总统计。	内部和外部人员基本信息、考勤、考核，以及资源账号的管理。
统计报表	**应用配置**	**系统管理**
投资计划、运维费用、资产状况、商务、人员等报表。	主要用于运维人员及系统管理员对于权限范围、工作流程进行配置。	系统账号、菜单、角色的配置界面。

图 12.11　信息化工作管理平台功能

途径，作为实施发展战略、提升竞争能力的重要举措，普遍加强组织领导，加大资金投入，加快实施步伐，形成了企业上下、业务部门和信息部门合力推进信息化建设的良好局面。经过多年积累，特别是"十五"以来的快速发展，石油石化企业信息化具备了良好的发展基础：信息网络体系全面建成并持续完善，集团企业级集中统一的应用系统陆续建成应用，信息化工作方法体系日趋成熟，信息技术人才队伍数量和素质大幅度提高，与国际同行业相比具有人力成本较低、技术后发优势明显和管理集中度高等优势，这些都将成为全面推进信息化建设，实现新跨越，大幅度缩小与国际石油石化企业信息化差距的坚实基础和重要保障。

按照国资委提出的信息化"登高计划"和各自的信息化发展规划，当前和今后一个时期，石油石化企业将继续加快集中统一信息系统平台建设。到"十二五"末，全面实现信息化发展第二阶段目标，按规划建成支持油气勘探开发、炼油化工、市场销售等业务生产管理的专业应用系统，建成支持各项业务经营管理的 ERP 系统，建成有线、无线、卫星等多种方式的、可适化的、覆盖全球业务的网络传输平台，建成"两地三中心"的集团企业级数据中心，形成网络畅通、安全可靠、统一集成、先进实用的信息系统平台。信息系统集中度大幅度提高，信息系统数量大幅度减少，单一系统用户多、规模大，应用效率高，总体拥有成本低，对业务支持能力全面提升，信息化整体接近、局部达到国际先进能源公司水平。

"十二五"之后，石油石化企业将进入信息化发展的第三阶段，持续提升整合信息系统和深化应用。主要任务是：在已建统一信息系统平台基础上，持续进行面向业务应用的系统升级完善，开展针对不同管理层级的系统集成整合，系统数量进一步缩减，集中度进一步提高，信息化整体达到、局部超过国际领先石油石化公司的水平。通过信息化与生产经营管理业务深度融合，形成企业发展的新优势和核心竞争力，实现石油石化企业从传统企业向网络化、数字化企业转变。

（本章作者　刘希俭　李德芳）

参考文献

［1］刘希俭：《把握信息化发展规律　推进企业集中统一的信息系统建设》，在 2007 年国家信息化推进大会上的报告，2007 年 9 月 20 日。

［2］曲维枝：《中国特色信息化道路探索》，电子工业出版社 2008 年版。

［3］周宏仁：《信息化论》，人民出版社 2008 年版。

［4］刘希俭：《中国石油信息化管理》，石油工业出版社 2008 年版。

［5］国家信息化专家咨询委员会：《中国石油信息化建设的做法与经验》，《信息化决策参考》第 6 期（总第 24 期）。

［6］曲维枝：《中国特色信息化道路探索》，电子工业出版社 2008 年版。

企业文框 04：石化盈科

2002 年，中国石化为加快推进以 ERP 为主线的企业信息化建设，带动信息化工作全面发展，与电讯盈科有限公司建立中外合资的石化盈科信息技术有限责任公司。目前石化盈科已成长为技术领先、行业经验丰富、流程行业领先的 IT 解决方案提供商。

公司成立以来，认真分析以往国内外诸多公司在企业实施软件应用中存在的严重不足，认为以往大部分信息化建设停留在单项业务的开发实施阶段，信息难以共享、集成困难，无法发挥"信息、资金、物流"三流合一的功能。在借鉴国际 S95 规范和先进的信息化建设经验基础上，石化盈科确定了按照流程企业四层信息化建设框架，即从下而上的生产控制层（PCS）、生产执行管理层（MES）、经营管理层（ERP）和企业综合信息应用层，以各层面信息平台为基础，分别在其上整体推进软件应用、软硬件统一设计的技术战略定位。目前，公司已成长为中国石化信息化建设和运行维护的主力军，先后完成了中石化 ERP 系统、MES 系统、生产运营指挥系统、资金集中管理核心业务系统、中石化总部大楼智能化建设等大型工程项目。

石化盈科成功开发的国内首个石化行业 MES，是适应我国石化企业、具有自主知识产权、具有国际先进技术的 MES 系统软件——"石化企业生产执行系统（SMES）"。填补了国内空白，打破了国外在我国石化 MES 领域的垄断地位。

石化盈科开发的中石化集团级总部生产营运指挥系统及解决方案，形成了国内首个生产营运协同平台软件——POMP，并最终在中国石化实现了国内首例大型集团级"生产营运指挥系统"。该系统实现了油气田勘探开发、原油资源调运、炼油生产、化工生产和销售、成品油调运和销售、工程建设等主要核心业务数据的整体集成和集团总部生产综合管理信息一体化，使集团整体资源优化能力进一步加强，为企业管理者和业务人员建立了及时、准确、高效和可视化的信息沟通渠道，显著提高了应对突发事件的处理能力，在生产组织和指挥、保障生产安全、平稳运行等方面发挥了重要作用，对提高生产经营决策管理水平，规避经营风险，提高经济效益，具有重要意义。

石化盈科自主研发了电子商务产品平台，构建了中国石化物资采购电子商务系统。目前系统已实现了与46家企业ERP系统的业务集成，拥有供应商用户2万多家，中国石化生产建设所需的95%以上的物资实现了网上采购。中国石化借助电子商务系统，规范了采购业务，打造了阳光采购工程，降低了采购成本。迄今为止，网上采购累计6014亿元，节约采购资金约235亿元，节约率超过3%。

同时，公司积极服务于社会相关行业企业的信息化建设，如TCL股份有限公司ERP系统、李宁（中国）体育用品有限责任公司CRM系统、道康宁（张家港）有机硅有限公司的基础设施和环保监测等。

（编撰：刘博）

第13章
交 通 运 输

引 言

作为国民经济的基础产业，大力推动信息化建设对于促进交通运输又好又快发展具有重要的意义。在交通运输部党组的正确领导下，各级交通运输管理部门及交通企事业单位共同努力，公路水路交通运输信息化建设各项工作全面推进，取得了显著的成就，有力地推动了现代交通运输业的发展。

13.1 发展历程的回顾

交通信息化工作开始于20世纪70年代中期，经历了摸索起步、逐步实践到快速发展的三个阶段。30多年来，在交通部党组的重视和领导之下，取得了惊人的发展和进步。

13.1.1　摸索起步阶段（1976—1989）

交通信息化建设的起步原点在 20 世纪 70 年代中期。1976 年，交通部所属中远集团购置了行业第一台计算机，并应用于运费结算业务，部属有关科研单位和企业也开始将计算机技术应用于科学计算、工程设计和自动控制方面，并逐步拓展到交通运输管理领域。1984 年，交通部成立了电子计算机应用领导小组，后逐步更名为"交通部信息化工作领导小组"，统一领导和部署交通信息化工作。1986 年，交通部编制了交通行业第一个信息系统发展方案《交通运输管理信息系统计算机系统结构方案》，1987 年，根据交通运输管理现代化需求，编制了《交通运输信息系统总体规划方案》。1989 年，交通部成立了中国交通信息中心，专门负责部信息系统的开发，该单位在 1998 年的机构改革中，划入了中国路桥集团。

13.1.2　逐步实践阶段（1990—1999）

"八五"、"九五"时期，交通信息化的工作领域逐步从部机关信息系统建设为主，拓展到覆盖行业信息网络建设及业务系统开发。1994 年，交通部开展了部（机关）信息系统工程建设，第一次构筑了部机关局域网环境，并为有关司局开发了多个业务应用系统。1997 年，交通部启动了覆盖了全国交通系统的"中国交通运输信息网络"（CTInet）建设，由于租用通信卫星到期，该网络已于 2003 年正式停止服务。这一阶段，交通部通过组织实施国家重点科技攻关项目、部级科研项目、行业联合攻关项目等，推动了智能交通和现代物流的发展，其中的代表项目有："中国 ITS 体系框架研究"、"网络环境下不停车收费系统研究"、"国际集装箱运输电子信息传输和运作系统及示范工程"（简称 EDI 示范工程）、"交通运输网络 EDI 工程（一期）"、"GPS、航测遥感和 CAD 集成技术研究"（二公院）、"GIS 在公路设计中的应用技术研究"（公路所）等。特别是"九五"期间，交通部组织实施了港航电子数据交换（EDI）系统建设，先后在上海、天津、青岛、宁波、大连、中远、中海等 20 个港口或航运企业建立了 EDI 中心，20 多种电子报文在集装箱运输业务系统中进入实质性运作，大幅度提高了信息传输率，减少了船舶停时，取得了显著经济效益和社会效益，已成为我国港航运输生产中不可缺少的技术手段，为中国电子口岸建设奠定了良好的基础。

13.1.3　快速发展阶段（2000—2008）

进入"十五"以来，党中央和国务院对信息化工作重视程度的日益提高，一系列政策和指导意见相继出台，与此同时，随着交通行业对于现代化管理与服务需求的不断加强，交通信息化建设站在新的历史起点上逐步加快了发展的步伐。按照国家"以电子政务为龙头，推动行业信息化全面发展"的总体方针以及部党组"先部机关，再全行业"的有关部署，2001 年，交通部启动了部机关信息化一期工程，建立了部机关办公业务系统和交通部政府网站。2005 年，交通部又开展了部机关信息化二期工程建设，建立了行业信息专网、视频会议系统以及部级数据交换平台。2008 年，交通运输部又批复了公路水路交通运输信息共享与服务系统一期工程，将构建交通行业统一的信息资源平台，建设道路运输、公路管理、水路管理、交通法规、交通财会等五个信息服务系统和对外交通信息服务平台以及配套设施。

13.2　信息化发展现状

交通运输业涉及的门类众多，业务内容比较复杂。经过几十年的发展，交通运输信息化已经取得了重要的进展，交通运输信息化的标准体系逐步完善，信息化的基础设施粗具规模，电子政务建设成效十分显著，提高了交通运输行业管理和公共服务的水平。与此同时，智能交通在交通运输业普遍发展，物流信息化正在扎实的推进过程中。

13.2.1　信息化标准体系逐步完善

为加快交通信息化标准建设，规范行业信息化建设，提高交通信息化建设效率交通部编制了《交通行业信息标准体系》、《2007—2010 年公路水路交通信息化标准建设方案》，明确了今后几年交通信息化标准建设的目标、重点任务、保障措施以及重点制订、修订的 325 项标准，涵盖交通电子政务、智能交通、现代物流、信息通信等多个领域。2007—2008 年，交通部组织制订了公路、港口、航道、船舶、道路运输、水路运输、船员、建设项目、船舶检验、交通统计、船载客货、收费公路等 12 项交通信息基础数据元标准，起草了全国道路运输和水路运政系统接口规范和技术要求，颁布了《交通运输电子政务网络及业务应用系统建设技术指南（试行）》，组织制订了《物流公共信息平台应用开发指南》系列标准。这些标准的出台对于规范行业信息化发展，推动交通电子政务建设，促进交通信息资源整合将发挥重要的作用。

13.2.2　信息化基础设施粗具规模

截至 2008 年，交通运输部通过组织部信息化一期、二期工程和机关通信信息系统改造工程，实现了交通运输部与 42 个省厅级单位、80 多个大中型港口、21 个省级道路运输管理机构以及 180 多个政务信息报送单位的行业信息专网连通，为行业业务应用系统搭建了便捷、可靠、安全的基础网络平台。同时，交通部通过水上安全监督信息系统二期工程的实施，初步建成覆盖海事系统 14 个直属海事局、所有分支机构和部分派出机构的上下贯通的海事信息网，此外交通部长江航务管理局建设了全长2000 多公里的长江干线通信信息网。

与此同时，伴随我国高速公路蓬勃发展，高速公路专用光纤通信网络已铺设 5.5 万公里，并已有 16 个省市实现全部联网，12 个省部分联网，联网里程占总里程的 93%，形成了一笔价值百亿元的行业通信网络资产，部分省市交通部门已通过高速公路专网开展了电子政务系统的部署工作，有力地支撑了高速公路现代化运营管理和交通运输信息化的发展。

13.2.3　电子政务建设成效显著

交通运输电子政务建设对于提高行业管理和公共服务水平有着重要的作用。近年来，交通运输电子政务建设取得了显著成效，成为交通运输部建设"以服务为中心"的交通运输公共管理和公共服务的重要抓手。

1. 政府网站服务水平进一步提高

目前，全国主要交通行政主管部门均建有政府网站，交通运输部政府网站在连续四年的政府网站绩效评估中名列前茅，网站信息发布和服务功能显著增强，社会公众关注程度大幅提高。2008 年，交通运输部网站开通了政府信息公开子站，内设交通运输部政府信息公开指南、目录以及信息公开管理查询系统；开通了内地与台海间海上运输业务许可项目的网上办理；进一步完善了公路出行服务系统；在 2008 年"抗冰冻灾害"、"5·12抗震救灾"的重点工作期间及时发布道路路况、公路水路气象信息以及工作动态，网站日最高访问量达 42 万人次。仅在 2008 年，就利用网站平台共举办 17 次新闻发布网上直播、11 期政策解读、18 期在线访谈、答复公众留言 3000 多条，政府网站作为交通运输部信息发布和政民互动的主渠道作用已经凸显。

2. 行业管理与服务系统建设速度加快

目前，全国各省级交通主管部门普遍开发应用了公路、港航、运政、征稽和海事等管理服务系统，并已有 19 个省市相继开展省级公路交通信息资源整合示范工程，部级层面已相继开发应用了包括水运生产快速统计系统、交通政务信息平台、路况信息报送系统等 50 多套业务应用系统。交通政务信息网络交互平台建成应用一年，政务信息报送量大幅上涨，平均每月报送量增长 40%，取得了良好的应用效果。目前已有 23 个省市道路运政系统接入了部级数据交换平台，共上传业户、运输车辆、从业人员、运输线路、运输机构、稽查等信息共计 1700 多万条，迈出了部省联网整合行业信息资源的重要一步，受到交通运输行业的广泛关注。2008

年，交通运输部开始了治理超限超载管理信息系统建设，形成了标准规范和工作方案，并已接入三个省的治超信息数据。同年，通过完成国内船舶经营资质管理系统的开发应用，交通运输部初步建立了部级水路运政管理平台，全国水路运政联网部署工作即将启动。在海事管理领域，以海事业务应用为重点，重点推广船舶管理、船员管理、通航管理、事故应急、船载客货等应用系统；初步建成全国统一、共享的海事业务数据库。中国海事管理部门的船舶"一卡通"工程已建立了 18 个管理分中心，发放船舶卡 103591 张，船舶持卡签证率达到 81%，推动实现了船舶的全国统一管理。

3. 行政办公信息系统作用明显

目前，全国各省市交通主管部门已有 27 个省市建有办公自动化系统，25 个建有视频会议系统，10 个建有行政许可申报系统，20 个建有综合信息发布系统，为提高交通运输行政办公效率发挥了直接的促进作用。2008年，交通行业视频会议系统已累计召开各类部级会议 50 多次，交通运输IP 电话系统已投入使用，建立了政务内网安全认证系统，进一步加强了无纸化办公系统建设，提高了行政办公和应急处置会商的效率，降低了行政办公成本。

13.2.4 智能交通蓬勃发展，物流信息化扎实推进

近年来，我国智能交通已经实现从研究试验向集成应用的转变，特别在高速公路联网收费、交通运输 GPS 安全监管系统、水上 VTS 和 AIS 系统等方面取得了突破性进展。2008 年，交通运输部在京津冀、长三角地区五省三市组织开展的跨省市区域联网不停车收费示范工程，已取得阶段性成果。北京、上海、江苏、江西等 10 余个省市已开始 ETC 系统建设，北京市共建设 ETC 车道 87 条，人工刷卡车道 1206 条，上海市开通 ETC车道 80 条，江苏省开通 ETC 车道 23 条。截至 2009 年 7 月，全国已在 500多个收费站建成近 600 条 ETC 车道，用户量达到 53 万。同时，目前国内已有 14 家企业共计 31 种产品通过交通运输部检测并应用于各地的 ETC

系统。预计 2009 年底，浙江、安徽、江西也将开通系统。高速公路联网不停车收费系统的建设，为高速公路用户提供了更为便捷的出行服务，也有利于交通节能减排和环境保护。

在物流信息化领域，多年来交通运输部一直在政策保障、标准规范等方面作出不懈的努力。组织建设了 20 个港航 EDI 中心，规划了 46 个公路主枢纽信息平台。目前上海、天津、青岛、大连等大型港口普遍建立了物流信息平台，提供全方位的物流供应链服务，河南、浙江、广东、北京等省市也相继开展了省级公路货运物流信息平台建设，相继涌现出一批企业级大型物流信息平台，同时全行业正在积极推动 IC 卡和射频识别技术等物流关键技术在集装箱跟踪、港口管理、海事管理、道路运输管理等领域的研发和应用。上海港承担的国家科技支撑项目"现代港口物流服务示范工程"目前已取得显著成效，建立了现代散杂货码头数字化生产管理系统，开通了中美集装箱电子标签航线，这也是全球第一条带有电子标签的民用国际集装箱航线，实现了集装箱物流与信息流的实时交互。

13.3　主要做法和经验

为推动交通运输信息化发展，交通部相继编制印发了《公路水路交通信息化建设指南》、《中国交通电子政务建设总体方案》、《关于加强交通信息资源开发利用的指导意见》、《公路水路交通信息化"十五"发展规划》、《公路水路交通信息化"十一五"发展规划》、《公路水路交通"十一五"科技发展规划》、《公路水路交通运输电子政务网络和业务应用系统建设指南》等一系列指导性文件，为交通运输信息化的健康有序发展创造了良好的政策环境。

交通运输行业推动信息化发展的总体思路是按照"抓基础、整资源、促应用、出人才"的十二字工作方针。

"抓基础"就是抓好网络基础设施建设和标准化建设两个方面。一方面在网络基础设施建设上，交通运输部将进一步完善交通电子政务内网和电子政务外网的建设，加快行业管理信息系统在交通电子政务外网上的应用。另一方面，按照交通信息化标准建设方案，着力推动交通信息基础数据元标准的制定，加强交通电子政务建设的基础保障，同时通过产、官、学、研的合作，积极推动智能交通和物流信息化标准的制修订。

"整资源"就是通过部级行业系统建设、交通信息资源目录体系建设、部省联网工作、省级交通信息资源整合和服务示范工程建设等工作，推动交通信息资源在全行业逐层、逐级的整合。

"促应用"就是以路政管理、公路养护管理、道路运输管理、建设项目管理、航运管理、港口管理、海事管理等业务应用为主要内容的公路、水路两大行业管理应用系统的建设，同时加强以政务信息、科研管理、人事管理等为内容的综合类管理应用系统的建设。

"出人才"就是加强信息化人才队伍建设，为交通运输信息化建设提供智力支持保障。一方面是加强对专业技术人员的引进和培训，特别是做好对国家和行业标准规范的宣传贯彻。另一方面是通过各种形式，加强对行业工作人员的信息化素质培训，让行业工作人员弄懂、学会、用好信息技术，从而提升行业管理和服务水平。

13.4　发展重点和展望

虽然进入新世纪以来，中国的交通信息化取得了极为显著的发展和进步，我们仍然应该看到，中国是一个幅员辽阔的发展中国家，伴随着中国的现代化进程，中国交通运输业的发展空间仍然十分巨大，信息化的任务仍然十分艰巨。

13.4.1　发展重点

面对新的历史起点，交通运输行业所面临的机遇和挑战，针对当前交通运输信息化发展存在的突出问题，下一步交通运输信息化发展的重点主要包括以下几个方面。

1. 以信息资源开发利用为主线

信息资源开发利用是贯穿交通运输信息化全过程的主线，电子政务是交通运输信息化的龙头。今后一段时期，要继续加快交通运输电子政务建设步伐，主要工作包括：

（1）推动行业大系统建设。交通运输部将积极推动部级公路管理信息系统、道路运输信息服务系统、水路运输管理系统、交通应急处理会商系统等若干行业大系统的建设，提升交通行业整体的管理能力和服务水平。

（2）推动统一的行业数据交换平台建设。通过部省联网、部路联网、部港联网，采用数据交换技术，形成完善的数据交换指标体系，建立行业数据交换平台。

（3）推动统一的信息资源平台建设。建立公路库、航道库、运输业户数据库、运输车辆库、船舶库、从业人员库等大型基础信息资源库，建立部级公路水路数据中心，形成信息集中再反馈的互联互通机制。

（4）推动统一的对外信息服务平台建设。开展公路水路信息资源目录体系建设，逐步推动各级交通部门建设本级、本单位的目录体系，为行业信息资源的查询、导航、定位提供基础支撑，促进行业信息资源交换体系建立。通过政府网站平台，加强交通信息查询、网上行政许可、在线办事、目录体系检索等业务服务功能，使交通运输信息资源更好地为行业管理和社会公众服务。

（5）推动道路和港航运输公共信息平台建设。遵循《公路水路交通信息化"十一五"发展规划》，交通运输部将加快推动"港口物流公共信息服务平台"和"公路运输公共信息服务平台"建设，促进交通运输企业和从业人员资质和信用动态管理体系建立，建立和完善应急保障体系系统、大件运输和危险品运输系统等"市场失灵"的物流公共信息平台建设，从而为综合交通运输体系发展提供基础性保障。

2. 以推动标准应用为导向

标准化工作覆盖信息化发展的各个领域，是交通运输信息化建设中的一项基础性系统工程。交通运输部将按照《公路水路交通信息化标准建设方案（2007—2010）》，以电子政务应用系统数据元标准为核心，进一步完善交通行业信息化标准体系，编制若干重点的行业管理与服务系统的技术要求和接口规范标准，积极推动智能交通、现代物流、电子数据交换、交通通信与导航及电子地图等信息化标准的制修订和推广应用工作，开展标准应用检测和督导工作，确保交通运输信息化建设"有标可依，有标必依"。

3. 以关键技术研发和示范工程为引领

促进智能交通和现代物流的快速发展，是交通运输现代化的重要方向之一。

一是主导道路和港航运输公共信息平台建设。遵循《公路水路交通信息化"十一五"发展规划》，加快推动"港口物流公共信息服务平台"和"公路运输公共信息服务平台"建设，促进交通运输企业和从业人员资质和信用动态管理体系建立，建立和完善公路货运枢纽信息系统，推动农村物流系统、应急保障系统、大件运输和危险品运输系统等与人民群众关系密切或"市场失灵"的物流信息平台建设，为物流信息化提供基础性保障。

二是引导智能交通和物流信息化研究成果的推广应用，包括 ETC 技术、GNSS 技术、车路协调技术、RFID 技术、多式联运技术，采用"政府推动、第三方实施、市场化运作"的方式，积极开展公共服务模式的物流信息平台建设示范。

三是倡导物流企业间的联合与协作，鼓励各省级交通主管部门推动物流信息资源的整合，逐步形成若干具有较强的辐射功能和影响力的区域性物流信息平台。

13.4.2　发展远景和展望

以科学发展观为指导，交通运输部党组提出了推动综合交通运输体系建设，发展现代运输交通业的重要战略部署。发展现代交通运输业，关键是要依靠现代信息技术和管理技术，改造和提升传统交通产业，提高行业管理与服务水平，最大程度地降低交通发展所带来的负外部性，推动交通运输又好又快发展。

可以预计在未来十年，交通运输信息化将有更大的发展，从而不断推进交通运输行业的现代化步伐。

未来的交通运输管理将更加高效。交通运输行业数据中心、交通运输行业目录体系和交换体系的建立将为行业管理提供全面有效的决策支持手段。GNSS、RFID、ETC、遥感等技术的普及，将保证管理部门能够快捷地采集车辆、货物、船舶和从业人员的动态信息，从而更加高效地进行管理。

未来的交通运输服务将更加便捷。交通运输企业和社会公众利用网上行政许可在线办理平台，足不出户就可办理业务；驾车出行将享受到随处可在、触手可得的交通信息服务，包括出行路线、路况、气象、拥堵预警等，还能在服务区、客运站码头、客运车辆和船舶等场所欣赏旅客出行节目；货物运输将更加快捷，网上配货、即时送达，在线跟踪，多式联运。

未来的交通运输将更加安全，健全的应急处置和会商平台将更加快速地对突发事件进行预警和处置，先进的车路协调技术将为车辆在公路上行驶提供及时的安全提示，先进的船舶交通管理系统将为运输船舶的安全航行保驾护航。

事实上，交通运输信息化带来的不止这些，还包括环保、节能、人性化等诸多效益，交通运输信息化未来就在每个人的日常生活当中。

（本章作者　邹力　高翔）

企业文框05：博彦科技

博彦科技成立于1995年，是中国最资深的外包服务提供商，也是亚洲领先的IT服务外包公司，具备全球范围内的交付能力。创建伊始，博彦就独立承接了微软公司Windows 95操作系统的本地化和测试项目。此后，博彦科技一直不遗余力地专注于服务的高质量交付，并且因为这种专注，成为了IBM、微软、惠普、Sun、Google等国际知名客户所信赖的品牌，和客户保持了长期的合作关系，并保持了持续的业务增长，尤其是2003年之后，公司的业绩保持了70%的年增长率。

在持续不断地改进服务质量、更好地服务已有客户的同时，博彦科技也在积极开发自己的交付能力，改进客户管理机制。博彦科技为全球客户提供IT咨询、应用程序开发和维护、ERP和BPO（业务流程外包）等服务。博彦的总部位于北京，并在中国主要城市设立分支机构和研发中心，在美国、日本、新加坡和印度也都设有交付中心。博彦科技在2007年收购了印度ESS公司，成为行业中第一个收购印度公司的企业，也成为中国同行中唯一一家在印度具有很强交付能力的公司。这些国外分支机构，使得博彦科技能够更好地利用当地的资源，为客户提供更有价值的服务。博彦科技的全球交付能力以及灵活使用现场服务、近岸服务和多级离岸交付中心等交付方式的能力，使得博彦在全球范围内都能够以低成本交付高质量的服务。遍布全球的交付中心使得博彦可以和世界共享自己的服务、行业知识和成熟的流程管理。博彦还取得了ISO 27001的安全认证，公司内部严格的安全系统能够达到世界级的安全标准。

博彦与众多世界领先科技公司和垂直行业领先企业的成功合作经验是博彦科技在业内享有盛誉的原因之一。世界领先的科技公司中，3/5都是博彦的长期客户，这也从侧面证明了博彦对服务的专注和付出。作为一家提供端对端ITO和BPO服务的领先企业，博彦在垂直行业里专注于医药、金融服务、电信工程等领域，积累了丰富的经验，与行业内的领先企业均保持了良好的合作关系。

（编撰：刘博）

第 14 章

民 用 航 空

引　言

新中国成立 60 年来，中国的民航事业从无到有，从小到大，经历了翻天覆地的变化，为中国的改革开放、国际交往、经济发展和参与全球化的进程作出了巨大的贡献。快速的空中交通，便捷的民航服务，大大地提高了中国社会经济系统运行的效率。对于许多老百姓而言，坐飞机出行，以前是不可想象的，现在，则可以成为现实。中国民航事业的现代化是新中国成立以来，特别是改革开放以来的重要成就之一，也是中国现代化进程的重要标志之一。

然而，在中国民航现代化的进程中，信息化扮演了关键的、不可或缺的角色。国家民航管理局和中国的民航企业，始终将信息化放在核心地位，促进信息化和工业化的融合，不断发展先进、适用的民航信息技术，以应用、牵引民航业务的发展，以信息创造价值，是中国民航加速现代化进程的关键举措之一。

14.1 发展概况

1980 年以前，民航各单位几乎没有严格意义上的计算机应用，也没有专门的计算机管理机构和成型的计算机技术人员队伍。当时民航的生产运行活动，依靠手、笔、纸张和电话进行信息的传递，飞机的指挥调度依靠的则是传统的通信设备。

1979 年，民航计算机中心经民航总局批准开始筹建，迈出了中国民航信息化建设的第一步。1980 年，由空军负责引进空中交通管制系统并在首都机场建立了一个分系统，标志着民航空中交通管理信息化建设的起步。1985 年，民航计算机中心研发了中国民航旅客订座系统并投入使用，树立了中国民航信息化建设的里程碑。

根据中央 1984 年发布的《关于改革经济体制的决定》，民航于 1987 年实施了以政企分开，管理局、航空公司、机场分设为主要内容的体制改革。从 1988 年开始，航空公司、机场和民航政府部门开始在摸索中尝试和推广计算机应用。

经过此后 20 余年几代人的不懈努力，中国民航的企事业单位通过对国外先进信息技术的引进、吸收和再创新，实现了航空公司航班控制、销售、离港、结算、货运等主要业务流程的自动化，彻底改变了以前需要大量手工操作的局面。在此基础上，为适应民用航空运输业的网络化、全球化、联盟化发展趋势，中国民航总局和民航企业投巨资，进一步建设了航空公司运行控制系统、机场运行指挥系统、空中交通管理自动化系统、电子商务系统、电子客票、自助值机和电子政务系统等新一代信息系统。通过信息化建设，使中国民航企业实现了与全球行业的信息技术和标准对接，为中国民航企业开展国际竞争打下了坚实的技术基础。

从"七五"开始起步，经过"八五"、"九五"、"十五"和"十一五"的重点建设，民航信息化在基础设施建设、重要业务信息系统开发和运行，技术队伍建设和人才培训等方面取得了显著成绩，为我国从民航大国向民航强国的发展奠定了良好的基础。改革开放30年来，中国民航的信息化建设取得了以下成就：

第一，形成以空管通信网和民航商务通信网为骨干的两大专用通信网络。空管通信网以自动转报、分组交换和卫星通信为主，连接全国各地区管理局、省（区、市）分局和主要航站，覆盖所有国际航路和国内干线航路，承担空中交通管制、航空气象与情报、飞行计划与动态、综合管理等业务传输和国际数据交换服务。民航商务通信网覆盖国内300余个主要城市和近百个国外城市及港澳地区，网络用户终端数量超过30000台，通过多次技术改造形成支持多种主机系统和应用环境的、基于IP的开放网络结构，承担着民航客货运输业务数据传输。

第二，民航商务信息系统快速发展，信息服务体制改革取得新进展。订座系统年处理量已进入国际前四名；代理人分销系统与亚洲、美洲、欧洲等八大全球分销系统已实现连通；离港系统已在国内百余家机场使用，年处理旅客近2亿人次；货运系统已为国内十余家航空公司及多个机场提供实时货运服务；收入管理系统已为国内外300余家航空企业提供服务，清算业务涉及国内外400余家航空企业。

第三，航空企业信息化取得显著成效。航空公司围绕企业管理和市场营销组织开发了运行管理、收益管理、财务管理、机务航材管理和常旅客等信息系统，提高了企业管理水平和市场竞争能力。随着首都机场T3航站楼、上海浦东二号航站楼等一批现代化机场设置投入使用，标志着机场信息化进入新的发展阶段。

第四，政府信息化稳步推进，"民航电子政府"框架基本形成。民航管理信息系统完成了总局机关和华北、华东、中南、西南、西北、东北以及乌鲁木齐等7个管理局的硬件和网络建设，并实现了网络互联，航空安全、飞行标准等应用系统已推广使用。

经过30年的民航信息化建设，我国民航行业的信息化水平已经达到较高水平。2008 年，中国航信订座系统处理航班订座 2.1 亿航段，离港系统处理旅客量 1.9 亿人次；订座、离港系统规模已位居全球旅游分销系统（GDS）第四位；中国中性客票销售结算系统（BSP）处理 1.32 亿个单位交易量，已经成为全球第二大 BSP 数据处理系统；目前中国民航已经实现了 100% 电子客票，包括网上售票、机场自助值机、网上值机、手机值机等新技术和新应用已经进入成熟期。

14.2　民航商务信息系统

在中国的民航商务信息系统的发展中，在民航信息中心的基础上改组重建的中国民航信息集团公司发挥了重要的作用。由于体制机制比较适合发展的需要，在不长的时间内，中国民航商务信息系统的建设取得了重大的进展。不仅在航空公司订座系统、航空公司离港系统、代理人分销系统等重要系统建设方面硕果累累，而且自始至终坚持了独立、自主和本地化的低成本运作，大大降低了行业的信息技术应用及运营成本。

14.2.1　中国民航信息集团公司

1979 年，为了推进中国民航的信息化建设，民航总局成立了民航信息中心。这个中心就是中国民航信息集团公司（以下简称"中国航信"）的前身。目前，中国航信是隶属国资委监管的中央企业，是一家专门从事航空旅游信息服务的国有大型 IT 科技企业，是中国航空旅游业信息科技解决方案的主导供应商。

1985 年，结合中国民航实际，中国航信引进 UNISYS 技术研发了中国民航旅客订座系统并投入使用，国内航空公司第一次实现了航班控制销售自动化，并开始建立民航商务数据网络。1988 年，中国航信推出中国第一个机场旅客处理系统（DCS），为机场提供旅客值机、航班数据控制、登机控制、配载平衡等信息服务。

1993 年，完成了代理人分销系统（CRS）与航空公司航班控制销售系统（ICS）分离。1994 年，航空货运系统（ACS）的应用完成了货运业务信息化的变革。1994 年，中国航信的子公司结算中心引进新加坡航空公司的技术进行二次开发的收入管理系统正式投产，结束了中国民航几十年来收入会计手工作业的历史。

1996 年，计算机订座系统实现了外航航班直接销售。1997 年，实现了为国际航空运输协会（IATA）中国地区中性客票提供自动出票服务，为中国民航销售网络与国际接轨奠定了基础。2001 年中国航信承建的GDS 工程主体工程验收通过，标志着我国建成了全球分销系统。

2007 年，在民航总局和国际航协的指导下，中国航信协助国内各航空公司如期实现 BSP 电子客票普及率 100% 的目标。此后，2006 年通用自助值机服务（CUSS）、2007 年网上值机、2009 年手机值机等系列自主创新产品的相继推出，极大地推进了民航业的"简化商务"行动。

经过多年的发展，中国航信在全国各地以及新加坡、日本、韩国等国家设立了 39 个分、子公司，为国内及港澳地区 27 家航空公司、147 个机场、6500 余家机票销售代理提供技术支持和本地服务。所运营计算机信息系统通过国内电信网络、国际电讯组织（SITA）网络与全球旅游分销系统（GDS）及 25 个地区及海外航空公司实现系统直联，与 300 多家外国航空公司有业务联系，服务范围覆盖国内 300 多个城市、国际 80 多个城市。

14.2.2 民航商务信息系统的研发和建设

民航商务信息系统由航空公司订座系统、航空公司离港系统、代理人分销系统等几个重要的信息系统组成。近年来，这些系统的研发和建设都取得了相当的成就。

1. 航空公司订座系统

航空公司订座系统又称航空公司航班控制系统（ICS），是中央控制的多主机系统，载有航空公司主要航班供应情况，包括航空公司航班服务时刻表、票价、载客量及实际预订等记录，是航空公司管理供应、跟踪订座记录、控制空间分布、维护及分析重要资料及支持业务决策的强大后端管理系统。

中国航信本着从实际出发，考虑长远趋势，坚持经济性和实用性相结合的原则，在该系统的开发过程中通过充分利用国际先进技术并结合中国特色，采用国际标准，坚持开放的技术路线，使航空公司订座系统从建设之初就符合了国际最新发展趋势。

通过 20 多年的建设，除了技术上实现了国际标准化，中国航信在商务运作上也已经建立了覆盖全世界的分销网络，为我国综合交通运输体系下的旅客出行服务系统工程的建设打下了坚实的基础。目前，基于基础订座系统的其他航空公司关键商务系统也在中国民航业内得到了广泛的应用，如收益管理、常旅客、电子商务网站、电子客票和运价系统。

2. 航空公司离港系统

航空公司离港系统主要为航空公司的机场旅客服务和运营管理提供支持，包括为旅客值机、航班配载等关键信息应用。离港系统存储着所有实际乘机旅客的信息，在民航信息化进程中起着不可替代的重要作用。

2002 年，民航总局批准了在旅客吞吐量排名前 100 位的机场全面建设和推广离港系统及其前端系统（NewApp）的"百家离港"工程，对民航业的整体信息化建设产生极大的促进作用。经过 20 多年的建设和发展，离港系统发展成为集机场旅客值机、航班控制、配载、旅客服务、收益常客数据回收、多系统接入、离港前端系统等功能和业务在内的机场旅客和航班综合性信息处理平台，并且在如首都机场 T3 航站楼等世界先进水平的机场信息系统建设中起到了关键的作用。同时，离港系统集中式分布的特点为各机场信息系统建设节约了大量的成本，又充分体现了服务标准的统一，促使机场对旅客和航空公司的服务水准进一步提升。

作为安全保障要求很高的商务信息系统，离港系统在发展过程中建立了一整套符合国内信息安全要求的运营和维护流程，2008 年圆满完成了北京奥运会安全保障工作，标志着该系统已经成为目前全球安全运营性能最佳的民航信息系统之一。

3. 代理人分销系统

代理人分销系统实现了民航代理人对航班的实时预订，大大提升了航空公司的网络销售能力。该系统的建设使中国航空公司的航班控制与销售业务得到有机、合理的分离，促进了中国民航代理业的发展和行业标准的建立。该系统的建立推动了民航机票销售的正规化和标准化，在该系统基础上建立的中国 BSP 自动出票业务已经成为全世界最大的同类业务。

代理人分销系统与国际八大 GDS 以及超过 400 家航空公司实现了系统连接，任意一个经过授权的代理商都可以通过系统实时预订、销售国内外超过 400 家航空公司的机票，且能不受时间与空间的限制分销，同时实现了对国内外酒店客房、租车以及国内航空意外险等产品的实时销售。

14.2.3　民航商务信息系统的建设成效

中国航信自始至终坚持独立、自主和本地化的低成本运作，大大降低了行业的信息技术应用及运营成本。中国航信仅用了约行业成本的 0.5%，帮助中国航空公司分销了 94% 的票量。据初步估算，20 年间中国航信系统共为民航全行业节省了至少 48 亿美元的销售成本，而最初的系统建设投入只有 1000 万美元。经过几代航信人拼搏进取，中国航信已成为民航先进生产方式的展现和代表，取得了世界航空界瞩目的三大成就：一是将一家航空公司单独使用的订座、离港、结算等系统改造为多家航空公司的共用系统；二是将航空公司使用的订座系统改造为销售代理使用的分销系统；三是将世界上唯一采用 UNISYS 系统平台技术的分销系统与全球各大 GDS 系统无缝连接，改写了分销系统之间只有相互竞争没有多家合作的历史。

这些具有自主知识产权的科技成果，将先进的理念、制度和流程带给国内民航运输企业，引导民航业的销售、服务模式变革，极大地提高了信息系统的应用价值，保障了民航业信息流的高效运转，促进了中国民航的信息化、规范化、国际化发展进程。

14.2.4　发展规划和展望

研发新一代开放式旅客信息服务系统。中国航信将以新一代系统研发为龙头，准确判断未来技术发展方向，按照"自主、渐进、开放"的原则，建设"使用灵活、技术领先、产品丰富"的新一代系统，提升自主创新能力，增强企业的核心竞争力。

建设酒店及其他旅游产品的 ICS/GDS。发展面向旅客的电子商务已经成为国际 GDS 实现战略转型的重要举措。按照打通渠道、加强营销、构筑平台、升级渠道的思路，加快以分销平台、酒店订单管理为核心的航信酒店分销平台建设，实现酒店的自动分销服务，全面提升酒店业务的商务和技术水平。此外，积极探索并推进使用民航计算机客票销售系统销售铁路车票工作，加强游轮客票销售与座位管理系统的开发与推广工作。

建设公共物流信息服务系统。中国航信争取用 3—5 年时间，具备为整个航空物流产业链提供信息服务的能力，成为"客货并举"的民航信息综合服务商。广泛推广应用中国航信的航空物流信息平台，以提高航空物流运行效率，降低航空物流总费用，并在此基础上，将中国航信的航空物流信息平台建设成为中国的公共物流信息平台，在航空、公路、铁路、海运等领域推广应用。

14.3　民航空中交通管理信息化

民航空中交通管理是国家交通体系和社会公益事业的重要组成部分，是保障国家领空安全和航空运输健康发展的重要基础。作为维持空中交通秩序的"交警"，它所提供的运行指挥、空域管理、航线设计等服务为民航运输提供重要安全保障，在保障飞行安全等方面发挥着不可替代的作用。

14.3.1　发展概况

在民航信息化过程中，以通信技术和计算机网络为主体的空中交通管理信息化占有重要的地位，随着国民经济的发展以及对外交流合作的不断深入，我国的空中交通流量持续快速增长，空中交通管理信息化的建设水平直接关系到空中交通运行效率的提高、空中交通秩序的改善和民航的飞行安全。

经过"九五"、"十五"、"十一五"期间的建设，民航空管系统的信息化水平有了长足的进步，管制手段已由传统的基于电报的模式转变为基于信息技术为支撑平台的新模式。

在通信、导航、监视方面，建成了辐射全国各地区空管局、空管分局（站）的分组数据交换网/帧中继网、卫星网，建成了覆盖我国东部地区的一、二次雷达和自动化系统，VHF 甚高频地空数据链、空管指挥内话系统等；在气象方面，建成了自动观测系统、气象填图系统、气象数据库系统、数值天气预报模式系统及气象预报业务系统，航空重要天气警报系统等；在航行情报方面，建成了航行情报数据库系统、航线资料自动作图系统。上述业务信息系统的建成改善了我国空管系统设备落后的现状，提高了我国空管运行的技术保障能力。

在管理信息系统建设方面，通过广泛采用现代先进信息技术，统一搭建空管信息网络，深度开发和充分利用空管信息资源，大力培育空管信息化专业人才，积极发展空管信息技术和产业，建设完成了由民航局空管局、地区空管局、空管分局（站）三级组成的信息系统，使得空管生产、经营、管理、决策的效率和水平不断提高，进而提升了空管的整体服务质量和安全保障水平。

14.3.2　重要空管信息系统的建设

通过建设空管生产运行管理信息系统一期、二期项目，搭建了民航局空管局、地区空管局、空管分局（站）三级组成的信息系统，形成了以民航局空管局为核心，7 个地区空管局和 37 个空管分局（站）为接入点，覆盖全国空管系统的高速信息网络系统和数据信息整合平台。

建设了由民航局空管局、各地区空管局和空管分局（站）组成的局域网信息网络传输平台，依托民航 ATM 数据通信网互联构成的空管系统内部企业网（Intranet 网），是一个覆盖全国空管系统的统一网络平台。

民航局空管局搭建了信息整合平台并建成信息化门户网站。信息化门户网站集成了办公自动化、人力资源管理、项目管理、工程管理、安全信息管理、GNSS 系统、法规检索系统、空管业务统计系统、通导信息管理等应用系统，同时，在民航局空管局部署了异地访问消息服务器，以实现各地区空管局之间以及各地区空管局和民航局空管局之间的跨地区访问机制。

各地区空管局也分别建立了各地区的管理信息系统，都已经建成气象、航班、情报等综合信息子系统和人力资源、项目、工程、安全信息等管理子系统。

全面整合了全国空管气象、航班、航行情报等信息，实现了整个空管内部信息的互联互通，为空管的各级管理和运行人员提供了丰富的空管信息，为空管安全生产提供了强有力的信息保障，极大地提高了整个空管系统的信息化水平。

14.3.3　发展规划和展望

"十一五"期间，空管信息化建设将按照空管体制改革要求，为适应空管系统"三横三纵"运行服务保障体系，在全空管系统建成一个立体化、多层次、全面覆盖所有地区空管局、空管分局（站）的信息化平台，实现行政和业务信息高度共享。

在进一步完善一期已经建成的覆盖全国各地区空管局的网络传输平台及应用整合平台的基础上，建设覆盖所有空管分局（站）的网络传输平台，部署现有应用系统，实现系统网络的扩展与应用的延伸。

更新完善已有网络传输平台和应用整合平台，建设连接中小机场空管单位网络传输平台，加大空管分局（站）的信息化建设，全面整合各业务应用信息系统资源，建立集生产、管理、支持、服务于一体的，包含更丰富全面的气象信息、航行情报信息、飞行航班信息的民航空管综合业务数据管理信息系统。

研究空管运行信息集成和处理体系架构，信息一致性交换规范，信息定制、检索、发布、共享机制和接口模型，并进行技术验证，为实现民航全系统空管运行信息的一致、完整、准确、及时交换与共享奠定基础。

14.4　民航企业信息化

我国民航企业的信息化建设见证了新中国成立 60 年以来成就最为辉煌的 30 年，同时也经历了改革开放 30 年以来加速发展的新阶段。

14.4.1　发展概况

1990 年，中国国际航空公司（简称"国航"）的计算机离港系统于首都机场 T1 航站楼正式启用，实现了国航离港值机的自动化。这是国航历史上第一个自己部署的信息系统，标志着计算机应用在国航的起步。

1990 年，北京成功举办了亚运会，离港系统为来自亚奥理事会成员的 37 个国家和地区的体育代表团共 6578 人提供了安全可靠的旅客离港服务。同年，国航引进了中型计算机 UNISYS2200/403，并开始在此计算机上自主研发 IT 应用。

1993 年初，国航为了提高客座率，建立了航班座位控制中心，部署了国航第一个网络管理系统 RACAL CMS400。利用客运工程积累的技术经验以及搭建的技术平台，国航又相继完成了西安、大连、青岛、厦门、深圳、广州、上海等国内 20 个营业部的订座网络的新建、改建和扩建，并在国内外近 20 个营业部及办事处部署了客票打印机。截至 1998 年，国航累计安装订座终端设备近 500 台。

1994 年，首都国际机场应急指挥中心和 IBM 公司合作建设了第一个机场地面信息系统（简称 CATS—I）。由于当时信息资源的采集和使用都比较有限，因此该系统的终端用户数只有 40 多台联网计算机，并使用同一个广播域网段。从 1997 年到 1999 年，由于建设 T2 航站楼的需要，首都国际机场开始大规模建设以主干网络为主体的机场信息系统。

1997 年 7 月 1 日，中国南方航空公司（简称"南航"）投资 1.3 亿多元人民币，在国内首家引进了具有国际先进水平的航空公司运行控制系统（SOC），该系统于 2002 年投入运行使用，SOC 系统的实施帮助南航实现了规模经营、集约管理，把所有分公司的航线、飞行资源统一调配、合理安排，从而真正实现规模优势，节省成本效果显著。该系统获 2002 年度民航科技成果一等奖。

1999 年，国航基于网络技术平台成功设计部署了牡丹卡民航自助售票系统，即国航第一个电子商务平台。它是国内第一套以银行卡为支付手段的全天候、全自动的售票服务系统，旅客可在自助终端上自行完成售票、改签和退票等工作。这种创新式的机票销售方式，作为电子商务的雏形，带给了旅客全新的观念和体验，同时打开了航空公司市场营销的新思路。

1999 年，民航总局以科研及放大试验经费投资数千万元，在中国民用航空总局第二研究所（简称"民航二所"）立项研发行李自动分检系统。自 2002 年开始，陆续在贵阳机场、重庆江北机场新航站楼实施系统放大实验，并在成都双流国际机场候机楼国际厅行李自动处理系统建设项目应用。该系统是机场航班营运的核心保障系统之一，属国内首创。具有自主知识产权的行李自动分检系统为机场和航空公司提供了自动化、信息化水平高、性能可靠、质量优良、技术先进的高新技术产品，使我国民航机场行李处理的整体水平和能力得到全面提升。该系统获 2004 年度民航科技成果一等奖，并获 2005 年国家科技进步二等奖。

1999 年 6 月开始，厦门航空公司先后投资 130 余万元，与中国民航大学合作研发航空公司收益管理系统，该系统是我国第一个具有自主知识产权的航空公司收益管理系统。该系统在航班预测、多航段多等级座位优化、团队管理等方面达到了国际先进水平。该系统于 2006 年投入运行，为厦门航空公司带来了巨大的经济效益，据不完全统计，该系统的应用为厦门航空公司带来的年收入增加额约为 1.5 亿元。厦门航空公司收益管理系统标志着中国民航有了原创的"赢利第一利器"。

2000 年 3 月 28 日，南航成功推出了国内首张"B2C"模式电子客票，意味着南航步入了真正意义上的电子分销时代。南航网站销售系统从 2000 年推出至今，全年销售额已经翻了近 100 倍。B2C 最高日交易额 2008 年比 2007 年翻了 6 倍。B2B 最高日交易额 2008 年比 2007 年翻了 3 倍多。

2002 年 11 月开始，为有效实现新国航的业务整合，国航率先在航空公司实行了新国航 IT 一体化工作。至 2003 年 6 月底，完成了 CA 代码统一、运行管理系统、常旅客系统整合、门户网站、货运系统、订座/离港系统配置调整、SITA 及电报地址整合、四地网络互通互联等整合任务，保证了国航顺利通过运行合格审定，实现了一体化运营。

2004 年 9 月 20 日，中国东方航空公司（简称"东航"）的 AOC 项目正式运行，完成投资近 7000 万元，成为当时国内最先进的航空公司运行控制系统。

2005 年 10 月 28 日，南航推出国内首张自助值机登机牌。旅客使用在候机楼内摆放的自助乘机设备，自己挑选座位并打印登机牌，免去了排队等待值机员办理乘机手续的烦恼。

2006 年 9 月，国航启动 SOC 系统建设。2009 年初，国航 SOC 系统开始上线运行。SOC 系统使国航的运行控制业务流程得到了有效优化和完善，极大地提升了国航运行品质，成为国航发展进程中的重要里程碑，标志着国航整体运行控制实现了新跨越，运行控制管理水平迈入世界先进行列。

2006 年 10 月，为提高国航飞行安全水平，国航开始建设飞行安全管理信息系统，至 2008 年初一期建设完成，初步实现了利用计算机网络，实现对日常航班生产、飞行训练、飞行安全管理整个过程的信息化管理。

2007 年 3 月 23 日，南航电子客票系统实现与美大陆（CO）的电子客票联运销售，成功销售了第一张国际联运电子票。

2008 年 3 月 26 日，北京首都机场 T3 航站楼的第二次专场运行，标志着我国最大民用运输机场的信息系统建设取得圆满成功。北京首都机场形成了以信息中心为核心的五大中心联动机制。依托首都机场的巨型网络和200 余个信息系统，以机场信息运行控制中心为核心，机场运行监控指挥中心、航站楼管理中心、飞行区管理中心、安防中心、消防中心、顾客服务中心和物业管理中心等全系统的运营服务实现了信息化和自动化。

2008 年 7 月 8 日，南航正式向公众推出了"95539 一码通"短信服务，实现了南航 95539 服务号码在固话、移动、短信三种网络里的统一，这在国内民航业乃至世界民航业内都属首创。通过发送短信到 95539 特服号，顾客即可轻松、快捷地享受南航航班时刻、最低票价、机型、飞机起降时间、机场天气预报、明珠里程、提前办理登机牌、电子客票验真、货物订舱、货物承运、货物提取等 11 种信息查询服务。

14.4.2　重要信息系统建设情况

近年来，中国的民航企业成功地开发了一批重要的管理信息系统，在民航企业管理水平的提高和经营管理的现代化方面发挥了重要的作用。

1. 南航运行控制系统（SOC）

南航的 SOC 于 1996 年开始筹建，1997 年开始实施，2000 年投入生产，2002 年推广到分/子公司。系统的设计容量满足南航未来十年的机队发展规模。SOC 主要包括飞行计划、飞行跟踪、动态控制、配载平衡、机组管理、运行分析、航行通告、气象情报、语音查询、信息发布等辅助系统，以及支持系统运作的飞机性能、导航数据等数据库，目前，南航各分公司已加入 SOC 运行网络。

2. 厦门航空公司收益管理系统

1999 年到 2006 年，中国民航大学和厦门航空公司历时 7 年，共同开发了国内首例自主知识产权的"航空公司收益管理系统"。该系统强调将合适的产品在合适的时间以合适的价格卖给合适的人。项目组认真研究了国内外有关收益管理的理论成果与应用系统，结合国情开发了一套包含订座数据下载、航班预测、座位分配、团队管理、系统维护等功能的系统。该系统在航班预测和团队管理技术上，达到了国际先进水平。2006 年至今，厦门航空公司使用该系统实现了科学、高效的航班销售管理，年增加收入 1.5 亿元，替代了国外同类系统。

3. 行李自动分检系统

民航二所用 1 年的时间研制出了试验样机系统。总局将此项目作为成果产业化试点项目，2001 年 3 月，总局规划科技司组织召开了"行李自动分检系统产业化推广项目论证会"，同时民航二所获得了民航总局对该项目颁发的机场试运行许可。2002 年 8 月，在民航总局、总局空管局和民航西南管理局的支持下，二所将系统放大试验应用到贵阳龙洞堡机场技改项目，经过 1 年的研制改进和 2 个黄金周的客货流量考验，证明系统完全达到预期的设计要求及试验目的。2002 年 10 月，该系统通过民航总局科技成果鉴定，标志着中国民航拥有了第一套具备自主知识产权的行李自动分检系统。此后，在重庆机场以承建工程模式进行中型机场的放大试验，重庆江北机场新航站楼行李自动分检系统在国内率先采用全自动五级集中安检方式，以全面的功能设计、高新的科技运用、严谨的技术要求达到了国内领先水平。目前，该项系统已应用在首都国际机场（行李提取转盘）、天津滨海国际机场（集中安检模式下的行李自动处理系统）、青岛流亭国际机场（集中安检模式下的行李人工处理系统）。行李自动分检系统在奥运会期间为我国民航机场的正常运行发挥重要的设备保障和技术支持作用，为国内外旅客的行李航空运输提供更为安全、准确、快捷的服务平台。

4. 国航信息系统建设

围绕"一个枢纽，三个中心"的建设思路，国航自 2002 年以来相继建设了全球网、数据中心、地空语音通信和语音指挥等一批基础信息系统。经过几年建设，信息系统和网络建设逐步形成了以 OMIS 系统为中心，以常旅客、网上订票与舱单管理为支撑，以飞行调度排班、网上准备、短波通讯、内通等系统为基础，以成本管理与控制、数据仓库、收益管理等系统为手段，以各类网站为窗口，深入公司生产与管理各个领域，综合、有序、相互关联与支持的信息系统体系，实现了四个国内第一：国内第一家实现飞机动态全程监控以及全方位 3000 公里覆盖的地空语音通讯系统；第一个国航内部通信语音指挥系统；第一个数据仓库系统；第一家覆盖全球的广域网。

5. 首都机场信息系统建设

作为首都机场 T3 航站楼的配套工程，北京首都国际机场股份公司（简称"首都机场"）投资数十亿元建设了现代化的信息基础设施和信息系统。经过几年的建设，首都机场拥有涉及航班信息处理、地面资源管理、行李处理、安全管理、旅客服务、办公自动化、商业管理、航站楼管理、停车楼管理、工程地理信息、数据中心等各业务环节共计 200 余个信息系统。为保证这些信息系统的高效稳定运行，首都机场共投入 300 余套服务器、2000 余台网络设备、3000 余台终端以及 2500 余套航班显示终端；同时，在信息系统基础设施方面，首都机场建设了 22 个机房、1500 个机柜、264 个弱电通讯间、信息点 80000 余个，信息系统的线路总长可绕地球 3 圈。目前，拥有世界最先进机场信息系统的首都机场，为国内外旅客的航空旅行提供更加高效、便捷的服务。

14.4.3　发展规划和展望

为更好地支持与保障航空公司业务发展，航空公司的信息化建设将围绕各自战略，全力打造具有核心竞争力的 IT 体系，重点提升网络枢纽型运营管理控制的信息技术水平，实现航空公司在销售、服务、运控的信息技术应用创新，加强航空公司信息资源整合和基础建设，建立一体化运维体系和信息安全管控体系，为我国航空公司的更好更快发展提供全面的信息技术支持与保障。

大中型机场将围绕全面提升对航空公司和旅客的服务目标，推广旅客自助服务系统（如自助值机、网上值机、手机值机、城市值机），提供无线网络覆盖及互联网服务（如 Wi-Fi），建设基于无线电射频识别技术（RFID）的业务信息系统，建设航空物流信息系统平台，打造便捷中转服务平台，建设机场数据中心并搭建综合信息平台，实现对机场生产经营、安全管理、信息披露、应急指挥、现场服务等各项工作的信息化管理，大幅提升我国机场的服务水平和运营效率。

（本章作者　杨宏宇　吴刚）

企业文框 06：自主创新，开启国产 GIS 梦想

1992 年，"东方通科技"公司注册成立。1993 年，当时作为系统集成商的东方通在一次竞标的过程中发现，用户提出的可靠性、安全性等要求，都必须依靠中间件来实现。这使得东方通公司发现了中间件这个发展方向。

1997 年，东方通公司派员去美国硅谷考察了 3 个月，结果发现，中间件已经在美国形成了产业，我们与国外的差距主要是在商品化、产品化方面。美国之行更加坚定了东方通朝着中间件方向发展的决心和信心。

1998 年 5 月 22 日，公司召开了规模庞大的发布会，宣布：东方通从此退出系统集成商行列，成为独立软件商，专做中间件。在做系统集成时，东方通是惠普小型机代理商的前三甲，做代理做得这么好，怎么就放弃了呢？对此很多人都不理解。时任中国惠普总裁孙振耀就有疑问："人家都是做软件做不下去了来做代理，没有看到过那么好的代理居然不做了。"当时之所以急流勇退，东方通的目标就是要将中间件产品化，并形成规模。

开始确实很艰难，因为东方通没有自己的品牌影响力，与国外厂商抢订单无异于虎口夺食。这是东方通最艰难的时期，一是技术路线并不成熟，要做大型的基础软件，我们是摸着石头过河；二是要与 IBM、BEA 这些国外大厂商竞争，它们都是重量级的大家伙，而东方通却是轻量级的，它们的架势是要干掉东方通；三是当时国内在中间件产业方面的相关政策并不明晰，政府的扶持力度很弱。

创新并不是一句空谈，东方通的创新来源于市场需求和应用需求。一定要紧贴着应用的需求来发展，这是软件企业谋求发展之根本，东方通就是牢牢抓住了这条根，紧贴着用户的需求，又符合国际的标准，内部还有强烈的创新意识，不断开发新标准、

新产品，这几个要素铸就了东方通的核心竞争力。

2002年，东方通发觉，市场的需求不再是单一的某个产品，只凭销售中间件或交易中间件已经不能满足用户的需求了，而是要把多种中间件整合在一起。于是，东方通推出了基于应用服务器的整合平台；2003年年底，东方通推出集成中间件；2005年年底，东方通提出BOA（Business Oriented Architecture，面向业务的体系架构），以满足行业用户的业务需求；2007年8月，东方通推出了首款SOA产品——TongIntegratorV3.1。可以说，这一系列产品方面的变革都是基于对用户需求的把握。

东方通是扎根中国市场土生土长的，国外的软件确实功能庞大，但是任何一个用户都只能用到其全部功能的20%—30%，东方通的优势就在于将这最有用的30%做精、做强、做好。在中国，很多行业原本都对中间件没有概念，是东方通把中间件的概念引入到了金融、电信等行业。

目前，东方通中间件连续多年蝉联"中国中间件第一品牌"的殊荣。2008—2009年东方通以17.9%的市场份额继续领跑国内中间件市场，成为用户和市场的信赖品牌。

（编撰：刘博）

第15章

铁路运输

引　言

信息化是当今世界经济社会发展的必然趋势，已经成为推动人类社会高速发展的强大动力。铁路信息化是铁路现代化的重要组成部分，在铁路建设和发展中起着关键性、基础性的重要作用。大力推进信息化是实现铁路现代化的迫切需要和必然选择，是覆盖铁路现代化建设全局的战略举措。

15.1　信息化发展回顾

中国铁路信息化建设起步较早。铁路第一台电子计算机应用始于20世纪50年代末，主要应用于铁路运输计划和列车运行图编制等研究工作。20世纪60年代中期，铁道部引进了一台国外的晶体管商用计算机，用于铁路客货运输统计、月度货物运输计划、技术计划的编制应用试验。20

世纪 70 年代以后，铁路开始在运营管理、调度指挥、运输计划编制、运输统计、财务电算化、办公自动化等方面进行了系统的计算机应用，并组织路内外科技人员研究铁路计算机网络建设。信息技术的广泛应用带动了铁路行业整体技术的快速发展，行车指挥自动化、客货运输网络化、安全装备系统化，使传统行业的面貌焕然一新。实践证明铁路信息化是铁路行业发展的战略制高点和现代化的主要标志。特别是党的十六大确定了 21 世纪前 20 年全面建设小康社会的宏伟目标，铁路作为国家的重要基础设施、国民经济的大动脉和大众化的交通工具，在全面建设小康社会中肩负着提供运力支持、当好先行的重要历史使命。铁道部党组站在时代的高度，做出了建设和谐铁路、实现铁路现代化的重大决策，将信息化作为铁路发展的战略重点和实现铁路现代化的重要支撑，全面提升信息化在铁路运输组织、客货营销和经营管理等领域的作用。

中国铁路信息化经过几十年的建设和发展，特别是近 10 多年的快速发展，先后开发建设了铁路运输管理信息系统、客票发售与预订系统、列车调度指挥系统、调度集中系统、列车运行控制系统、列车运行状态信息系统、机车运用安全管理信息系统、车辆运行安全监控系统（5T）、车号自动识别系统、财务会计管理信息系统、办公信息系统、货运大客户管理信息系统、建设项目管理信息系统、统计分析系统等一大批应用信息系统和覆盖铁路干线的高速、宽带铁路通信和信息网络，取得了长足的进步，在全面深入推进铁路改革发展中发挥了重要作用。特别是在实施第六次大面积提速调图、建设铁路客运专线、青藏铁路和"3·18"铁路局直接管理站段体制改革中，铁路信息化为和谐铁路建设提供了强有力的支撑和保障。

15.2 铁路信息化建设取得重大成就

几十年来，中国的铁路信息化取得了显著的成就，无论是在铁路运输的组织、客货营销、经营管理以及信息化基础设施方面都有重大进展。

15.2.1　运输组织领域

经过几十年的艰苦奋斗，中国铁路的运输组织业务已经进入世界先进水平行列。无论是在调度指挥、运行控制、运输生产、运输安全与行车监控方面都取得了显著的成就。

1. 调度指挥步入世界先进行列

中国铁路运输的调度指挥整体水平已经步入世界先进行列。以中国自主研发的列车调度指挥系统（TDCS）、调度集中系统（CTC）为主要标志的铁道部、铁路局、车站三级调度指挥网基本建成。全路 18 个铁路局全部建成了 TDCS 中心，哈尔滨、沈阳、太原、呼和浩特、西安、南宁、成都、兰州、乌鲁木齐、青藏等 10 个铁路局全面建成了 TDCS，基本实现了对铁路 70 条干线的全面覆盖。全路 6000 余个车站、6 万多公里线路完成TDCS 建设。CTC 是集成信号、通信、计算机、运输管理等多项技术、实现远程调度集中指挥和控制的重要信息系统。新一代 CTC 已装备在京津、胶济、合宁、合武、石太客运专线及青藏线、陇海线、沪昆线等既有提速干线。TDCS 和 CTC 的成功运用，使列车调度指挥人员告别了"一部电话、一把尺子、一支铅笔、一张图纸"传统人工调度指挥模式，各车站区间的列车运行信息，在调度指挥中心一目了然，极大地提高了铁路调度指挥现代化水平和指挥效率。

2. 运行控制技术取得重大突破

中国的列车运行控制技术取得重大突破，设备质量和技术性能达到世界先进水平。具有中国自主知识产权的 CTCS－2 级列控系统的成功研制，解决了各种类型列车高密度混合运输、动车组跨线运营、系统设备互联互通等技术难题，形成了具有统一标准体系、满足提速和客运专线需求的列控技术平台，为确保高速条件下的行车安全奠定了基础。目前，在 3000多公里提速线路实施了 CTCS－2 级改造；时速 200—250 公里的合宁、胶济、石太、合武客运专线开通运行 CTCS－2 级；京津城际铁路开通运行

CTCS－3D。列控系统的应用实现高速运行下的列车运行速度、运行间隔的实时监控和超速防护，全面提高列车运行安全控制能力，确保列车运行的安全、可靠、高效。

3. 运输生产信息化成效显著

中国的铁路运输生产信息化建设成效显著，驱动了运输业务流程再造。货票信息管理系统建设范围涵盖了全路近万个货运制票点，实现了对全部货票和杂费的计算机制票，满足了铁路货运管理的需要，为财务、收入、运输统计等部门提供了所需信息，实现了资源共享。全路3544个车站均实施了货票系统2.0版，实现了取消手工制票、货票全部电子化目标，发送货票入库率达100%，全路货票品名正确率基本达到100%。集装箱管理系统在全路600多个集装箱办理站投产使用，使货主和铁路工作人员实时掌握集装箱运行的动态位置和状态。铁路车号自动识别系统（ATIS）通过无线射频识别技术（RFID）自动采集和识别安装在机车、车辆上的电子标签信息，实现了对机车、车辆、列车的实时追踪，为客户提供了货物追踪查询功能，提高了铁路货运服务质量。目前，全国铁路在1.7万台机车和70.8万辆货车上安装了电子标签，在7万多公里铁路线安装了地面识别设备（AEI）。铁路编组站综合自动化系统将编组站运输管理、决策、优化、调度、控制有机融为一体，实现了调度计划自动执行、调车进路集中控制、作业实绩真实透明、调度决策指挥自动化。

4. 运输安全与行车监控

中国的运输安全和行车设备监控手段已经发生了根本性的变化。充分利用各种监测技术、传感技术、视频图像技术、无线通信技术等，实时监测车辆轴温、车辆滚动轴承、列车运行状态、线路几何尺寸及状态、设备动静态特性、弓网关系等，对加强安全监督管理，指导设备维修，预防设备故障和行车事故起到了重要作用。货运计量安全检测监控系统完成了全路超偏载检测装置的补强改造和应用软件升级工作，实现116台超偏载检测装置的全路联网。18个铁路局共99台路产动态轨道衡在首批试点中实现全路联网。在提速干线上动车组开行区段的20个路网性货检站基本建成货检站安全集中监控系统。完成全部 1551 个危险货物办理站的危险货物运输安全监控系统安装工作，实现危险货物运输办理站与铁路局、铁道部的三级联网监控。车辆运行安全监控系统（5T）运行正常。目前全路投入应用红外线轴温探测系统（THDS）4675 套、货车运行安全监测系统（TPDS）64 套、货车滚动轴承早期故障枕边声学诊断系统（TADS）50套、货车故障动态检测系统（TFDS）67 套，已基本覆盖六大干线、大秦线、青藏线和其他干线；客车运行监控系统（TCDS）在 548 组列车上运用。

15.2.2　客货营销领域

随着铁路信息化的发展，中国的铁路乘客已经可以享受到越来越方便和先进的服务。无论是在客票发售和预订，还是货运营销和大客户管理方面，用户们都可以获得铁路信息化带来的方便和效益。

1. 客票发售与预订系统

客票发售与预订系统（TRS）历经 1.0 版本到 5.0 版本的升级和完善，特别是 5.0 版系统适应了票价结构调整、多种服务营销模式、满足铁路运输改革和客运营销发展等新业务需求。目前，已建成了铁道部客票中心、18 个地区中心，全路 1890 个客运营业站全部实现计算机联网售票，实现了票额资源的集中管理和集中利用，实现客运营业站全部取消常备手工客票。客票发售与预订系统的建设和应用突出了"以人为本"的理念，大大提升了客运组织的现代化管理水平，对提高客运服务质量和铁路市场竞争力发挥了重要作用。

2. 货运营销和大客户管理信息系统

货运营销与生产管理系统的应用缩短了货运计划编制周期，提高了计划编制质量，实现了快捷审批与下达和货运计划编制过程的透明管理。货运大客户管理信息系统对大客户的年运量、月计划、日装车、运费结算、运输服务等实行统一的信息化管理，为大客户提供手续简便、计划优先、运力倾斜的优质服务，为确保重点物资运输，提高铁路货运服务质量，扩大铁路货源，发展铁路与运输大客户战略合作关系提供了支持和保障。目前已在纳入大客户统一管理的 290 家托运人推广应用货运大客户管理信息系统，涉及全路 18 个铁路局约 520 个货运站，日装车量约 4 万车，日结算费用约 1.31 亿元。货运日计划计算机自动审批系统加强了货运日班计划的管理，实现了请求车审批的程序化、规范化、公开化、透明化，是推进请求车审批智能化管理的有效手段，是加强廉政建设、杜绝以车谋私的重要举措。目前，系统已在全路货运调度台完成建设，并建立健全了符合各铁路局特点的审批管理办法和监督管理机制，既减轻了货运调度人员的劳动强度，提高了作业效率，又在一定程度上约束了工作行为，防止了不正当人为因素对运输计划的干扰，得到了广大企业、货主和社会各界的好评。

15.2.3　经营管理领域

在铁路自身的经营管理方面，包括财会管理、建设项目管理、办公自动化系统等等，都从信息化中获益匪浅。中国铁路的管理水平有了大幅度的提高。

1. 财会管理系统

铁路财务会计管理基本实现信息化。会计核算系统、预算管理系统、资本监管系统、铁道货币资金结算与管理系统、客货运清算系统和成本计算系统的全面运用，实现了会计集中核算、资金集中管理、付费集中清算、成本实时控制，加速了货币资金周转速度，加强了资金的合理调配使用，保障了资金安全，推动了财务管理的创新，支持了财务体制改革，初步建立了自上而下的有效监管体系和自下而上的及时报告体系，为提高财务会计信息质量、实现精细化管理奠定了坚实的基础。

2. 建设项目管理系统

铁路建设项目管理信息系统在客运专线公司（筹备组）普遍应用。铁路建设项目管理信息系统是服务大规模铁路建设的重要信息系统。系统由铁道部和建设单位两级组成，用户包括铁道部机关和建设、设计、咨询、监理、施工单位。系统规模大，结构复杂，满足行业性多项目管理需要，涵盖多学科和多专业技术，兼顾现状管理与现代管理的需求，支持网上远程作业。目前，武广、郑西、哈大、福建、浙江等 27 家客专公司（筹备组）或项目指挥部不同程度地实施了系统，提高了铁路建设管理水平。

3. 铁路办公系统

铁路办公信息系统已成为各级管理部门不可或缺的工具。建成了铁道部、铁路局、站段三级联网的办公信息系统，基本实现了网络办公和信息资源共享，简化了工作环节，优化了业务流程，节约了办公成本，提高了工作效率。大力推进政务信息公开，通过铁道部政府网站发布各类法规、规章和办理行政许可。

15.2.4　信息化基础设施

铁路信息系统从无到有、从小到大，从单机版本到多层次的网络应用，已基本建成覆盖铁道部、铁路局、站段三级的信息处理平台，近万台大、中、小型服务器和30多万台微型计算机投入使用。

铁路所有干线和绝大多数支线实现了通信光缆化、数字化、宽带化，光纤通信网覆盖率达94.3%，通信线路总长度约为15万公里，接入网总长度约6万多公里，沿线车站基本具备了高速、宽带和综合接入能力，构筑了覆盖全路的高速宽带铁路数据通信网络。

铁路数字移动通信系统（GSM-R）在中国铁路成功应用。GSM-R 作为铁路专用移动通信传输平台，主要是为中国铁路客运专线、既有线和重载铁路的信息化建设提供语音、数据无线传输业务。GSM-R 系统在大秦线、青藏线、胶济线和京津城际铁路、合宁、合武客运专线成功开通应用，满足列车调度指挥、列车运行控制和机车同步操控对语音、数据通信等业务传输需求，提供了高速、安全、可靠的综合移动通信平台。

15.3 网络与信息安全保障体系

铁道部始终坚持把网络与信息安全工作作为铁路信息化建设的重点任务来抓，认真贯彻党中央、国务院关于网络与信息安全工作的重要指示精神，全力推进铁路网络与信息安全各项工作的开展，确保了铁路网络和信息系统的安全可靠、万无一失。

健全完善了铁路网络与信息安全的管理机制。全路认真按照"谁主管谁负责、谁运营谁负责、谁使用谁负责"的要求，切实加强信息系统的安全监控，健全预警机制和组织体系，制定网络和信息系统的安全保障策略，全力落实网络与信息安全的各项防范技术措施，积极开展铁路信息系统安全检查工作，深化对灾难备份的研究，有力地提高了铁路网络和信息系统的防范能力，确保了铁路网络与信息安全。建立了铁路网络与信息安全信息通报机制，制定了管理办法，落实了责任，圆满完成了节假日和重要敏感时期、重大政治活动期间铁路网络与信息安全信息通报工作。

强化铁路重要信息系统的安全保障能力。全面建成18个铁路局的计算机网络安全工程并投入使用；按照列车调度指挥系统（TDCS）和调度集中系统（CTC）组网方案和管理办法的要求，对各铁路局TDCS网络与信息安全进行全面评估和检查，18个铁路局完成了防火墙及入侵检测、防病毒、身份认证、漏洞评估等四项网络安全设施的安装任务；制定客票安全技术规范和管理办法，完成了铁路局客票发售与预订系统安全工程的建设和升级工作；落实铁路重要信息系统信息安全等级保护各项措施，进一步强化了铁路重要信息系统的安全，形成了全路网络与信息安全纵深防御体系，确保了铁路重要信息系统安全。

切实加强铁路网络与信息安全的应急管理工作，建立和完善应急协调机制。铁道部制定了《铁路网络与信息安全突发事件应急预案》和《铁道部信息系统应急协调预案》。铁路列车调度指挥、客票发售与预订、运输管理、办公、资金管理等五大重要信息系统和各铁路局、专业运输公司制定了网络与信息安全突发事件应急预案，并进行相应的应急实战演练，取得了实践经验，提升了应急响应能力，为确保铁路网络和信息系统的安全可靠打下坚实基础。

15.4　完善铁路信息化管理体制

加强领导，健全组织，是全面推进铁路信息化工作的组织保证。1974年，铁道部成立了电子计算机领导小组，负责组织研究铁路计算机网络建设及铁路运输管理信息化。1975 年，成立了铁道部直属电子所。1979 年，成立了铁道部电子计算中心，各铁路局、铁路分局相继成立局电子计算中心和分局电子所，基层站段设立了电子计算室，基本构建了一个由铁道部到铁路局、再到铁路分局乃至基层站段的计算机管理体系，形成了一支能承担信息系统建设、设备维护和应用软件开发等工作的技术队伍。

2003 年 6 月，为适应铁路跨越式发展对信息化的要求，铁道部成立了铁路信息化领导小组及其办公室。信息化领导小组负责制定铁路信息化建设和发展的重大决策，领导小组办公室主要承担铁路信息化的规划编制、标准制定、协调指导、组织推进、信息安全和监督管理等工作。

伴随着铁路改革发展的进程，铁路信息化管理体系逐步健全完善，目前为铁道部、铁路局、基层站段三级架构，不断锻炼和造就了一支技术精湛、素质过硬的信息化队伍。

与此同时，铁道部制定和完善了一系列加强铁路信息化管理工作的规章和办法，有力地促进了铁路信息化工作的规范化、制度化。

——修订的《铁路主要技术政策》和《铁路技术管理规程》将铁路信息化和铁路信息系统单独成章，规定了铁路信息化建设的基本原则、标准、条件和要求。

——制定了《铁路运输管理信息系统认定办法》，作为贯彻《铁路运输安全保护条例》的有力举措，进一步规范了铁路运输管理信息系统认定工作。

——制定了《铁路信息工程建设项目竣工验收交接细则》，印发了《关于信息工程建设项目验收工作的通知》，进一步明确了铁路信息工程建设项目验收和资产交接的程序。

——印发了《关于加强铁路信息系统运行维护工作的指导性意见》、《铁路运输管理信息系统运行管理规则》和《铁路运输管理信息系统运行故障处理规则》，强化了铁路信息系统运行维护管理，提高了运行维护水平。

——颁布了《铁路计算机信息系统安全保护办法》，印发了《关于加强铁路计算机网络与信息安全工作的通知》、《铁路网络与信息安全信息通报管理办法》，明确了铁路网络与信息安全保护的重点和责任，强化了铁路网络与信息安全的工作措施。

——印发了《关于进一步加强铁路计算机网络安全保密管理的通知》、《关于铁路综合调度系统等十个计算机信息系统列为工作秘密的通知》、《关于在全路开展计算机网络信息安全和保密工作专项检查的通知》和计算机网络信息安全和保密工作"十个不得"、"五个禁止"的规定，加强计算机网络信息安全和保密工作，为铁路信息系统安全运行奠定坚实的基础。

15.5　发展与展望

按照《中长期铁路网规划》（2008 年调整）和铁道部总体部署，今后一个时期至 2012 年，铁路信息化的目标是：以构建数字铁路为核心，实现运输组织智能化、客货营销社会化、经营管理现代化，其总体水平跃居世界先进行列。

15.5.1 铁路信息化发展规划

铁道部高度重视铁路信息化发展的规划工作。1974 年，铁道部组织路内外专家和科技人员着手研究铁路信息系统规划；1977 年，铁道部制定了《铁路运营管理系统总体规划》，基本描绘了铁路运营管理应用计算机的前景。之后，根据国家的有关要求，对规划作了调整和修订，有力地推进了信息技术在铁路的应用。特别是党的十六大以后，为适应铁路建设和发展的需要，2005 年 1 月，铁道部颁布了《铁路信息化总体规划》，提出了中国铁路未来 15 年信息化发展的指导思想、建设原则、总体目标、体系结构和战略重点。这是全路对信息化建设实践认识的升华，是铁路信息化建设思路的重大调整，标志着铁路信息化建设进入了一个新的发展阶段。

《铁路信息化总体规划》提出的总体目标是：以运输组织、客货营销、经营管理为重点，加强基础建设，整合既有资源，经过 5—10 年的努力，在东部地区和六大干线基本建成中国特色的铁路运输信息系统，至 2020 年在全路建成技术先进、结构合理、功能完善、管理科学、经济适用、安全可靠、具有中国特色的铁路智能运输信息系统，其总体水平跃居世界先进行列。实现调度指挥智能化、客货营销社会化、经营管理现代化，在提高运输效率、扩大运输能力、优化资源配置、保障运输安全、改进服务质量、提升管理水平、增加经济效益等方面发挥明显作用，为铁路现代化提供技术支撑与保障。《铁路信息化总体规划》首次提出了"统一领导、统一规划、统一标准、统一资源、统一管理"的铁路信息化建设原则，突出强调了加强信息资源规划、管理和综合利用的重要性。

以《铁路信息化总体规划》为依据，突出应用导向和资源共享的原则，开展了 24 个重点应用和基础平台专项规划的编制工作。各铁路局、专业运输公司也制定了信息化发展规划和实施方案，形成了全路统一规

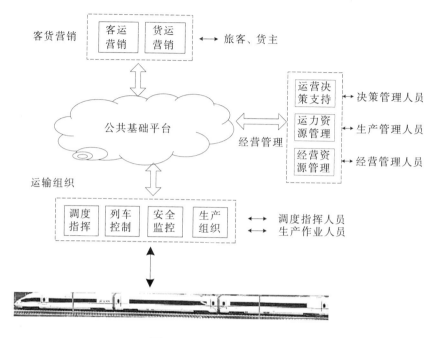

图 15.1 铁路信息化体系

划、上下联动、有机互补的信息化规划体系。

15.5.2 十个方面重点推进

实现铁路调度指挥智能化。在客运专线、城际铁路、煤运通道全面建成调度集中系统（CTC），其他路网干线及艰苦地区铁路线路广泛采用调度集中（CTC），调度集中覆盖 2 万公里以上铁路干线。既有线实现列车调度指挥系统（TDCS）全覆盖，建成功能完备的计划调度管理系统、车流推算与调整系统，全面提升铁路各级调度指挥信息化水平。建成铁道部调度指挥中心和北京、上海、武汉、广州客运专线调度所运营调度系统。实现铁路调度指挥的实时追踪、集中控制、透明指挥、智能决策。

实现铁路运输生产全过程信息化。在运输组织各环节广泛采用现代信息技术，完善原始数据采集，整合既有信息资源，实现列车、机车、车辆、货物的实时追踪，建成统一、完善、可靠、高效的货物运输管理信息系统。新建及改（扩）建编组站一次建成集控制、调度、管理、决策于一体的智能综合自动化系统，实现编组站货物信息流、车辆信息流、机车与调车机信息流、作业过程信息流的集成与再造，实现了列车编组自动化流水线作业。大力实施运输组织流程再造，创新管理方式，实现铁路运输组织模式的根本转变。

列车运行控制系统实现分等级装备。在高速、普速铁路装备不同等级的列车运行控制系统（CTCS），实现列车运行过程的计算机实时监控和超速防护，全面提高列车运行安全控制能力，确保列车运行的安全、可靠、高效。

铁路行车安全监控实现自动化。建成行车安全监控系统，实现对铁路移动设备、固定设施和大风、冰雪、雨情、地震等自然灾害的全方位实时监控和预警，全面提高运输安全保障能力。

建成现代化的铁路客户服务中心。以客户为中心，采用统一的客服号码，通过网站、短信、语音等接入手段，实现铁路客货运业务咨询与信息发布、业务办理、电子支付、投诉受理等服务功能，提供多方式、多渠道、全方位的营销策略和服务手段，满足旅客货主个性化、多样化的需求。

建成完善的社会化铁路客货运服务系统。从客票销售渠道、票款支付手段、营销优惠机制等方面，从旅客出行前、购票、进站、候车、检票、乘车、旅行、换乘、出站等环节为旅客提供宣传、商务、引导、求助、娱乐等灵活多样的信息服务。从货物运输计划、受理、承运、装车、运行、卸车、交付等业务环节，为货主提供全方位的信息服务。实现铁路客货运营销和服务由内部生产型向外部服务型的转变，满足社会对铁路信息及互动式服务的需求。积极发展铁路电子商务和现代物流，推进铁路与公路、水运、民航等交通运输方式的有机衔接，促进智能交通的发展。

铁路运力资源和经营资源管理实现现代化。建成铁路车务、机务、工务、电务、车辆等专业管理信息系统，实现运力资源的优化配置，铁路的核心竞争力得到全面提升。优化办公、公安、人力资源、财务会计、全面预算和统计等信息系统，进一步创新管理和调控方式。完成北京、武汉、上海、广州四个动车基地信息化建设，实现对动车组的精细化维修和集约化管理。全面推广应用建设项目管理系统，服务铁路建设需要。实现从立项、设计、招标、合同签订到项目执行、监理、验收、维护、后评价的全过程信息化管理和工程定额、勘察规范、设计标准、技术文档标准、业务管理规范、管理规章的标准化管理以及桥梁、隧道、轨道、道岔等固定设施的数字化管理，提高建设项目管理效率和经济效益。

建成覆盖全路的高速宽带铁路信息网络。对现有网络进行重新规划，整合铁路信息网络资源，采用先进、成熟的通信技术和网络技术，构建适应信息通道的宽带、可靠、高效、灵活要求的铁路信息网络，加大基层网络建设，提高基层网络覆盖率，提高基层数据传输和接入能力。建成铁路数字移动通信系统（GSM-R）核心节点，按线同步建设 GSM-R 网络，为铁路运输调度、列车控制、运营管理系统移动通信提供语音、数据、图像传输通道。

建成高效可靠的铁路信息资源共享平台。建成铁路信息共享平台，实现运输组织、客货营销、经营管理领域业务信息系统间及与路外相关系统间信息共享；建成铁路公用基础信息平台，为铁路各业务信息系统提供统一公用基础编码、运输基础信息和基础空间信息服务。

建成铁路决策支持系统。为铁路各级管理者提供决策所需信息和各种备选方案，并对方案进行评价和优选，通过人机交互功能进行分析、比较和判断，实现个性化、专题化、智能化决策支持。通过数字化、网络化管理，以技术创新促进管理创新，降低运营成本，提高工作效率和管理水平。

（本章作者　谷晓明）

企业文框 07：超图软件

1997 年 6 月 18 日，北京超图软件股份有限公司在北京正式成立。超图软件的发展壮大得益于这个时代，得益于对 GIS 发展趋势的敏锐洞察。在世纪之末，国家对地理信息技术的需要非常大。超图软件抓住这个难得的机遇，适时地同许多地方政府合作，投资大量的人力在国土、旅游、地籍等多个 GIS 领域的应用。超图承接的南宁和杭州两大成功的国土资源地理信息系统，被超图人称作"国土双雄"，成了超图软件在整个国土领域推进数字化的"活广告"。

宝剑锋从磨砺出，梅花香自苦寒来。经过不断的磨炼，超图的技术和产品渐渐成熟起来。2000 年，超图公司自主研发的新一代全组件式 GIS 软件——SuperMap 2000 终于隆重登场。SuperMap 2000 可编程对象位居所有全组件式 GIS 软件之首，二次开发接口数量多于国外任意两个全组件式 GIS 软件之和。这是超图软件发展的一个里程碑。

转眼已经 2007 年了。超图软件也在地理信息技术上更上一层楼，提出了共相式 GIS 这一具有创新意义的技术理念。共相式 GIS 以"核 – 壳"分离为核心思想，建立一套具有普遍适应性的共相式 GIS 内核（Universal GIS Core，UGC）。一旦相关技术环境发展变化，仅仅需要重新实现或调整外部功能模块，而不用调整 GIS 内核，这将大幅度降低技术升迁的代价。之后，随着市场应用的日益深入，超图软件又提出了具有划时代意义的新一代地理信息共享模式——Service GIS，形成了数据共享与功能共享并举、支持异构 GIS 平台集成应用、更高的系统安全性、带宽要求较低等特点，能够有效降低重复建设成本、提高共享效率。

如今，北京超图软件股份有限公司已经成为中国领先的地理信息系统平台软件企业，形成了以地理信息系统（GIS）、遥感（Remote Sensing）和卫星导航（GPS）软件的研制、生产、销售与服务为主的核心业务，为地理信息工程与地理信息服务提供了各种综合的解决方案。近年来超图的产品已经广泛应用于国土、水利、环保、海洋、测绘、农林、数字城市、应急、交通、通信、能源、金融等国民经济的各个领域，成功构建了数千个大型应用项目，发挥着举足轻重的作用。同时，超图软件是迄今为止唯一在中国大陆以外拥有合作机构的中国 GIS 企业，成功进入了欧洲、非洲、拉丁美洲、东南亚等海外市场，先后完成了东京湾流域流入负荷源数据分析和显示系统、瑞典 GeoGrafiks 服务系统、日本国家铁路（JR）管理 GIS、日立全球建筑机械监控系统、博茨瓦纳国土与住房部地理信息系统等许多国外大型应用项目的开发与建设，成为中国 GIS 软件国际化的代表。

（编撰：刘博）

第16章
商务与对外贸易

引　言

　　新中国成立 60 年来，中国的商业和外贸信息化取得了重大进展。商业的业务活动从简单的商业收款机应用发展到商业营销的计算机全过程管理，从单纯的 POS 系统发展到智能决策系统。中国的外贸信息化已经在企业外贸活动中发挥重要作用，无纸贸易手段在出口通关中得到广泛应用。信息时代的现代网上市场体系建设在中国已经显现雏形。

　　在商业和外贸信息化发展过程中，中国政府加强了商业和外贸信息化发展的政策法律建设；通过专项活动促进信息化和电子商务的发展；抓好企业、大城市和省会城市电子商务的推广应用；营造了信息化和电子商务发展的良好的人文环境。正是这些措施的落实，使我们国家的商业和外贸信息化获得了长足的发展。

　　展望未来，智能决策将引领商业信息化的新潮流，电子商务将在外贸活动中发挥越来越重要的作用，电子商务与产业发展的进一步融合，将形成经济竞争的新态势，电子商务服务业将成为国民经济新的增长点。

16.1　历史的回顾

中国是一个传统商业历史悠久的国家。新中国成立以后，随着经济和社会的发展，商业活动日趋活跃。特别是在改革开放以后，在社会主义市场经济的发展过程中，中国的商业与外贸事业都有了空前的发展。在过去几十年的发展中，现代信息技术对于中国商业和对外贸易的影响也日渐深化。

16.1.1　商业信息化的发展历程

中国商业信息化的发展大致可以分为三个阶段：商业信息化的起步可以追溯到 20 世纪 70 年代；在 20 世纪 90 年代形成了第一个大发展的高潮；而在进入新世纪以后，商业信息化的重点开始向网络转移，向更高层次发展，经济社会效益极为显著。

1. 20 世纪 70—80 年代：商业信息化的起步

1974 年，中国第一台商用收款机的样机经北京商业机械研究所研制诞生。它的问世标志着中国零售业变革传统结算手段的要求开始产生。1975 年，第一台商用收款机样机被送到北京东风市场（即现在东安市场的前身）试用，显示了收款结算的优越性，但因其不能分类累计，也没有打印和硬备件功能，加上应用的大环境诸多条件不成熟，未能广泛推广。

1978 年，中国召开了具有深远历史意义的全国科学大会。邓小平同志在会上提出了"科学技术是生产力"的著名论断，对于有关商业信息化的政策制定和实施进展起了决定性的推动作用。1979 年，原商业部在杭州召开科技工作大会，提出加强商业流通领域的科学技术工作，推动商业现代化的进程的要求，从而吹响了商业领域现代化、电子化的号角。

1980 年，"全国计算机工业规划工作会议"确定大连无线电厂为定点生产商业收款机的单位。要求在全国有计划地扩展商用收款机市场。

1981 年，原商业部组织北京商业机械研究所率先引进日本 OMRON 公司 528 型收款机，应用试点首先放在北京东风市场。由于该机功能较柜台现金结算器有更多的优点，使用效果也较显著，原商业部开始组织在全国各大城市的商场推广。1982 年，原国家计算机工业总局与新华书店总店在北京翠微路和王府井新华书店推广使用"售书计算机"；1983 年，广州市商业系统开始推行 POS（Point of Sale）系统，至 1988 年共投资 800 多万元。初期局限于一些单项软件的开发应用，随后逐步形成以若干取得良好应用效果单位为代表的先行试点单位群，其中如广州友谊商店、广州百货批发公司、广州商业储运公司、流花宾馆等。这些单位的实践为后行者提供了宝贵的经验和教训。

1986 年，商业零售业条码技术的开发应用起步。湖南省商科所的"条码生成系统应用开发"和沈阳第二百货大楼的应用实验列入商业部的计划项目。1987 年，国有大型企业大连商场的信息网络管理系统开始运行。商场由过去的静态滞后管理转为动态的实时管理，销售额和利税都有所增长。该项目获商业部和全国科技进步奖。

1989 年，在国务院电子信息技术推广应用办公室指导下，确定起步较早的大连和广州两市为商业行业应用计算机信息技术的试点城市，以期为全国商业系统提供一批应用效果好的计算机管理系统。两市制定了《试点实施规划》和《推广应用计算机暂行管理办法》。

但从整个行业情况看，整个 20 世纪 80 年代商业信息化推广的速度仍然比较慢。到 80 年代末，中国的商业收款机的装机量不过 3000 多台。直到 1990 年全国首届商用收款机选型研讨展示会的召开，才标志着收款机在中国应用启蒙的结束和规模化应用的开始。

2. 20 世纪 90 年代：商业信息化的大发展

1992 年，国务院电子信息技术推广应用办公室与商业部科技质量局在北京举办了"全国商用电子收款机选型及 POS 系统展示会",参展机型 54 种,厂家 26 家,其中有北京四通、广东京粤、深圳爱华、青岛电视机厂、中软总公司等一批较有实力的国营、民营电子企业。同时还有日本 TEC 和卡西欧,德国的西门子、美国优利和中国香港五奥环等外商、港商企业。所有企业都表现出积极的合作意向。

1993 年 11 月,中共中央通过的《关于建立社会主义市场经济体制若干问题的决定》首次提出"流通现代化"的概念,明确了商品流通业发展的方向和目标,给有关业界人士极大鼓舞。原商业部在"八五"发展规划中要求大、中、小型商场要推行计算机管理,部分重点大中型批发企业和仓储运输业要建立管理信息系统(MIS),建设全国商业综合管理信息系统。

以北京西单商场为代表的"老字号"大型国营商场和以北京燕莎友谊商城为代表的新建大型中外合资商城电子化建设的思路、投资、进程及效果受到全国商界广泛关注。西单商场计算机管理信息系统一期工程通过鉴定验收后,接待了全国各地商业系统的参观者。同时,燕莎和上海、广州、大连先行一步的大型商场也成为参观热点。

广州市在三年试点期间投入资金近 2900 万元,大中型商业企业计算机应用覆盖率达到 85.5%;应用上由单机、单项到网络系统,涌现了一批先进的应用项目,对 5 种软件进行了优化,加强了全员培训。

1994 年,原内贸部和中国工商银行总行决定在全国各大城市的主要商场推广使用牡丹卡和商业收款机。试点单位选在北京、天津、杭州、南京、广州、大连、青岛、保定等城市的商业企业和银行。上海南京路 102 家商场同时受理 4 种国内信用卡业务。这一跨行业的举措及其反映出的问题和矛盾均受到社会关注。

1996 年 6 月,原内贸部下达《关于加强流通领域电子计算机及电子技术推广应用的实施意见》。《意见》要求流通领域主管部门和企业领导,把应用电子技术改造传统产业作为流通企业国际化、现代化的重要措施,统筹规划,抓好典型,分期投资,分步实施。原内贸部同期颁布的《全国商品市场规划纲要》明确要求利用先进科技建设一套"与国际市场衔接、覆盖全国、沟通县以上城镇的具有双向反馈功能的商品市场信息网络"。

1997 年，原内贸部批准了餐饮业、饭店业计算机管理软件开发设计基本规范，两个推荐性的行业标准自本年 1 月 1 日起实施。这是中国餐饮业、饭店业第一个关于电子计算机应用方面的行业标准，标志着行业技术管理的进步。

商业自动化培训工作在 1997 年全面启动。原内贸部成立"商业自动化培训管理委员会"，建立"商业自动化培训中心"，并确定了北京、天津、上海、大连、杭州、重庆、兰州及黑龙江、海南等 10 个培训点。国家科委、内贸部、电子部、中国教育电视台等 6 单位联合举办了"中国商业自动化系列电视讲座"，发行了讲座教材及录像带。

1997 年，原内贸部下达了《关于在小型零售、饮食、服务业应用电子信息技术的意见》，《意见》明确了这一领域应用电子技术的实施原则、应用目标、推广方式、收款机票据、人员培训及有关政策。

1997 年春季广交会开幕期间，首场"在线"的"中国出口商品展示会"同时在互联网上举行。联想集团、四通集团、友谊商业集团、穆斯林大厦等 86 家北京大中型企业在网上向海外客商展示了企业产品和形象。不久后举办的网上"中国进出口企业商品促销会"在联合国及美国、俄罗斯、芬兰、比利时、印度、新加坡、韩国等 10 余国的贸易网络站点同时发布了产品信息。

经国家计委批准立项，由原内贸部市场司归口管理的中国商品订货系统（CGOS）经过 3 年筹备，1997 年投入试运行。这个"电子化商品市场"是一个以计算机广域网系统为基础建立的多功能、跨地域的商品流通服务体系，将为全国范围的商品供应商和采购商提供电子化交易手段及配套综合服务，包括交易撮合、实物交割、货款结算等。

中央银行和工商银行加大了支持实施商贸自动化的力度，安排落实商业流通科技贷款规模达 3 亿元，用于全国 34 个省、自治区、直辖市、计划单列市的 50 余家流通企业,分别建立连锁、批发、旧货市场以商品配送等为核心的计算机信息管理系统。此项贷款带动了商业企业运用电子技术的综合能力及自主开发实力,引导企业由局域网出发,增强开发性与互联性,向商业增值网发展。

在商业自动化科研方面,1996 年,"商业自动化技术集成及综合示范工程"被国家计委列为"九五"国家重点科技攻关项目;"现代商贸信息化关键技术研究与开发"被国家科委列为国家"九五"科技项目 15 个重中之重项目之一。1999 年 11 月,"中国淮海食品城"的信息中心又被国家科技部作为"城市电子商务试点工程"列入国家"九五"重大科技攻关项目。

1990 年,国家技术监督局发出文件,推动生产厂家和供应商在商品的包装上印制条码。年底分批通过了由中国物品编码中心制定的中国有关条码技术的标准,为商品条码应用规范化创造了条件,也为电子收款机的推广奠定了基础。1991 年,国家技术监督局所属的中国物品编码中心代表中国加入国际物品编码协会,分配给中国编码中心的前缀号是"690",这为中国商品进入全球大流通、中国商业与国际接轨创造了条件。1993 年,原内贸部组织编订了《社会商业商品分类与代码》,内设 59 个大类,近万个品种。截至 1993 年底,中国已有 8438 个制造商成为中国商品条码系统成员,获得国际通用商品条码资格,有近 40 万种商品采用条码标识。到 90 年代末,中国已有 2 万多个企业成为中国商品条码系统成员,20 万种商品印制了条码标识,扫描商店达 500 家。继"690"、"691"之后,国际物品编码协会又将"692"前缀码分配给中国物品编码中心启用。国家质量技术监督局颁布了《商品条码管理办法》,1997 年 12 月 1 日起实行。

到 20 世纪 90 年代末,中国商业流通领域以计算机技术为主的信息技术应用已具有一定的规模,广泛用于商业活动的购、销、调、存各个业务环节。北京、上海、广州、天津、大连、杭州及辽宁、江苏等中心城市和省市的商业计算机应用工作走在了全国前列,初步形成了规模,并显示了其应用效果。零售业、饮服业、批发业、仓储业分别排在商业各行业的前四名。但商业企业的主要群体——中小型企业的计算机管理应用水平仍然较低。

3. 21 世纪：高层次发展的商业信息化

进入 21 世纪后，商业信息化的重点开始向网络转移。2001 年 2 月 10 日，广州市北京路开通了"网上步行街"，有 120 多家商店、2 万多种商品在"网上步行街"亮相。2 月 15 日，国美电器网上商城开业，为厂家、商家和终端顾客群提供了一个信息交流的电子商务平台。在发展过程中，网上零售业开始涌现出一批典型企业。当当网（图书）、京东商城（IT 产品）、携程网（旅游产品）等都是这一行业的杰出代表。

2003 年，原国家内贸局启动了旨在引领传统餐饮企业加速迈向新经济的"万家餐馆上网工程"。集餐饮、零售、文化、娱乐于一体的"杭州西湖天地"通过无线局域网（WLAN）覆盖实现了宽带接入因特网。武汉楚灶王大酒店采用无线局域网络形成特色服务，并引起当地餐饮业同行广泛关注。

华南 MALL 与全球零售业 IT 巨头德利多富信息系统有限公司共同开创的中国首家智能信息概念店面积约 1000 余平方米，装备了最先进的信息化智能管理系统。由北京燕莎友谊商城、IBM 和富基三方协力打造的国际领先、国内首创的"可视化流程驱动"供应链管理系统——燕莎"蓝色引擎"2005 年 10 月正式全面运行。江苏省最大的零售流通企业苏果连锁超市占地 3.8 万平方米的配送中心也已部署了 Wi-Fi 无线局域网络，以提升仓库管理系统的运作效率，满足 1000 多家门店的实时配送需要。世纪联华在各个业务端进行数据采集后，通过无线网络通信技术实时传递和有效管理数据，移动终端的操作区域遍及商场的各个角落，包括收货区、商场区、仓库、财务室、洽谈室和培训区。

2005 年 6 月 9 日，国务院出台扶持流通业发展的文件：《国务院关于促进流通业发展的若干意见》。这是国务院首次对流通业的发展出台文件。2006 年，商务部启动了"万村千乡工程"。这是在农村建立现代流通网络的工程。在这项惠及亿万农民的工程中，众多流通领域的 IT 服务商积极参与，用信息化手段推动各地农村现代流通网络的发展。

2004 年，全球产品电子代码中心 EPC global 1 月 12 日授权中国物品编码中心（ANCC）为其在中国范围内进行有关 EPC 注册、管理和业务推广的机构。2005 年 3 月 1 日，《广东省商品条码管理办法》开始施行。新的《商品条码管理办法》从 2005 年 10 月 1 日起实施。2006 年中国二维条码标准问世，从而填补了中国自主知识产权二维条码标准的空白。2007 年 8 月 23 日，国家标准化管理委员会批准发布了 GB/T21049 "汉信码"国家标准。同年 8 月，中国物品编码中心启动了"汉信码应用推广计划"。

16.1.2　外贸信息化的发展历程

改革开放以后，中国的对外贸易有了突飞猛进的发展。其中，信息化扮演了极为重要的推波助澜的角色。其中，进出口通关的信息化，企业外贸活动的信息化，国际电子商务在外贸各环节的应用，以及国际电子商务标准化的建设都起到了非常重要的作用。

1. 国际电子商务在出口通关中的应用

中国海关从 20 世纪 90 年代初开始 EDI 的研究与推广工作。1992 年 9 月，EDI 通关系统工程正式立项。1994 年，先后在首都机场海关和上海浦东外高桥保税区海关进行 EDI 通关系统的试点应用工作。到 1997 年底，北京、上海、广州等 10 余个海关开通了 EDI 通关业务。2005 年，全国 62 个许可证发证机关已全部实现许可证计算机联网管理和电子数据网上核查，企业通过网络申领的出口许可证占出口许可证发证总数的比例由 2002 年的 14.43% 上升到 2005 年的 81.73%。在经历了单项应用、系统化应用和跨部门、跨地区联网应用三个发展阶段后，中国逐步建立和完善了"电子海关"、"电子口岸"、"电子总署"三大系统。

"十五"期间，海关充分发挥科技工作在海关现代化建设中的基础性、先导性作用，开发科技应用项目多达 124 个。"电子海关"、"电子口岸"、"电子总署"建设取得长足发展，在通关作业网络化、监控手段智能化、职能管理数字化、行政决策科学化等方面取得了巨大进展。其中，"电子海关"建设实现了升级换代，完成了从 H883 到 H2000 的切换，开发应用了一大批通关应用项目，增强了海关执法的统一性、规范性，从整体上提高了海关监管效能；"电子口岸"建设在中央和地方两个层面取得突破性进展，增强了口岸执法能力；"电子总署"建设成效显著，开发应用了风险管理、执法评估、税收分析监控等分析决策系统，提高了海关风险分析、科学决策、政务办公和办事服务水平。

依托国家电信公网建立的跨部门、跨地区、跨行业的公共数据中心和数据交换信息系统——中国电子口岸，自 2002 年下半年启动地方电子口岸建设以来，到 2005 年底已有 27 个地方政府与海关总署签署了合作建设地方电子口岸备忘录，其中 15 个地方电子口岸平台已经上线运行；共开办 207 个办事类和查询类项目；入网企业已超过 20 万家。

2. 信息化在企业外贸活动中的推广

中国开展国际贸易类的企业，除直接从事进出口的贸易企业（含生产型出口企业）外，服务贸易类的企业如物流货代企业、银行保险企业、船主承运企业等与之密切相关。一般出口贸易业务的完成，主要流程从获取贸易机会信息起，还要经历合同制订签订、确定付款方式、商品采购订货、外汇许可证审批、委托货运代理、办理货物保险、商品报检报验、报关结关、装货运输、银行收款、收汇核销、出口退税等诸多环节，其中还涉及诸多政府主管部门审批管理的环节。每一个环节的业务电子化水平都对企业的电子商务作业产生影响。

中国贸易企业的信息化建设和电子商务应用的基本状况可以归纳为以下几点：

（1）贸易企业的信息化建设具有了一定的深度和广度。涉及客户资源管理（CRM）、业务流程管理（BPM）、电子数据交换（EDI）等方面的信息化建设已全面展开；办公自动化和库存管理相对于其他应用来说应用较好，业务流程管理、EDI、ERP 和人力资源管理也有较多的应用。

（2）贸易企业的业务对外信息传递和交换方式开始转向因特网。电子邮件、QQ、MSN 等因特网通讯工具开始广泛使用。

（3）企业利用因特网搜集"贸易机会"信息已成为一种普遍方式。80％的贸易类企业已经开始利用网络方式采集"贸易机会"信息。82.40％的企业已经开始选择第三方电子商务平台获取贸易机会信息。

（4）贸易类企业在 B2G（Business to Government）业务中的应用进展迅速。随着中国"金关工程"建设的不断深入，中国外贸主管部门的多项进出口贸易管理业务实现了网上审批。其业务主要涉及的部门是商务、外汇、质检、海关、税务等。货代企业使用信息系统主要进行单证管理、运输管理（海运、陆运、空运）、货物追踪管理等业务处理，对内外部的信息管理、单据处理等信息化程度较高。

（5）电子商务发展仍然存在一些障碍和问题。一是环境障碍。对电子合约的保护不足，电子商务立法不成熟，整体社会缺乏对国际电子商务的认知不够，严重阻碍了电子商务在外贸企业的应用。二是组织障碍。政府对国际电子商务项目的组织力度不够，上下游企业电子商务的发展不协调，很多企业也缺乏对电子商务应用的有力组织。三是国际电子商务人才缺乏。企业对当前国际电子商务人才的质量、结构状况不满意。学校培养出来的电子商务人才很难完全掌握电子商务和外贸业务；对业务运营类人员的电子商务培训已经显得非常迫切。

3. 国际电子商务在外贸各环节的应用

无纸贸易在检验检疫中的应用。中国检验检疫总局建成了以检验检疫广域网主干网、改革现有检验检疫监管模式、建立健全关检协调机制为基础，以先报检后报关和数据共享、电子通关为主要内容的通关放行新体系。中国电子检验检疫业务网（www.eciq.cn）目前提供的服务项目包括：电子报检、产地证电子签证以及国家质量监督检验检疫总局开展的其他相关电子业务服务。国家质检总局和海关总署还开发了电子通关单联网核查系统，已于 2003 年 1 月 1 日在主要口岸推广应用。

无纸贸易在产地证申领中的应用。1999 年 8 月，中国香港推出产地证电子服务，2000 年 9 月 25 日起全面使用电子产地证。中国台湾也于 2002 年 1 月开始推出产地证电子服务，现在正与韩国等经济体开展双边的电子产地证的合作项目，以实现真正的电子化服务。

无纸贸易在许可证申领中的应用。为实现无纸贸易，作为"金关工程"主要项目之一，贸易许可证管理从 1986 年单机应用开始到全面实行网络化，不断发展和完善。截至 2007 年，全国 62 个许可证发证机关已全部实现许可证计算机联网管理和电子数据网上核查，已有 27 个省、4 个直辖市的 4922 家企业参与许可证网上申领，企业通过网络申领的出口许可证证书与系统核发的出口许可证证书发证总数的比例，由 2002 年的 14.43% 上升到 81.73%。许可证网络化管理这一现代化的管理模式得到了发证机构和企业的普遍认可。

无纸贸易在国际物流领域的应用。中国集装箱运输 EDI 采用国际、国家和行业制定的代码标准。在 EDI 示范工程中港航企业所使用的报文中所涉及的数据元都遵照《UN/EDIFACT 数据元目录》，其中代码型数据元首先采用现有的国际、国家和行业标准。各示范工程点 EDI 中心的管理软件均采用交通部统一选购的 AMTrix 软件。

无纸贸易在国际结算中的应用。海关总署与银行系统在电子口岸网上支付业务方面开展了全面合作，建立了银关通业务。银关通将进出口业务的资金流、物流与信息物有机整合，具有全辖集中式系统对接、跨关区异地报关支付、网上支付银行担保、7×24 小时全天候服务等多项特色，向进出口企业提供集支付结算、融资授信、财务控制等为一体的综合化服务。目前，工商银行、建设银行、农业银行、招商银行、浦发银行等 12 家银行都开通了银关通业务。

4. 国际电子商务标准化建设

从 20 世纪 90 年代开始，中国国际电子商务标准的建设工作，与无纸贸易相关的国家标准已经基本完成（参见表 16.1）。

表16.1 无纸贸易相关标准化现状表

标准分类	标准数量	对应国际标准	备注
基础数据	74	ISO/IEC、UN/EDI-FACT、ISO、UN/ECE	包括数据元/信息分类编码/元数据等
描述技术	10	ISO9735、W3C、ISO/IEC	置标语言/语法规则
文档格式	44个EDI报文标准 14个纸面单证格式 3个XML报文标准	UN/ECE、UNSM	包括发布和制定中的文档标准
业务过程	8	UN/CEFACT、BIM、ISO/IEC	建模语言/业务过程标准
电子支付	20	VISA、MASTER-CARD、SWIFT	银行卡/现金/支票
安全标准	97	RFC、FIPS、ANSI、ISO/IEC、ITU	密码算法/安全技术/E-MAIL安全/WEB安全/EDI安全（包括正研制中的标准）

中国国家标准GB/T19709—2005《用于行政、商业和运输业电子数据交换 基于EDI (FACT) 报文实施指南的XML Schema（XSD）生成规则》是在相关国际标准基础上，结合中国实际情况而研究和制定的有关将EDI报文向XML Schema转化和映射的一项国家标准。该标准描述了如何从EDI（FACT）报文实施指南导出XML Schema（XSD）的规则，同时提供了表达语义信息的主要方法。按照该标准中提供的方法和规则，可以将任一XML Schema报文实施指南的内容转化为对应的XML Schema。

2006年12月，关于RFID动物应用的推荐性国家标准《动物射频识别代码结构》已由国家质量监督检验检疫总局、国家标准化管理委员会发布，并在2006年12月1日开始实施。国家动物代码是动物个体（包括家禽家畜、家养宠物、动物园动物、实验室动物等）身份的唯一标识代码，它对维护国家和公民的生命财产安全，便利管理部门系统的、准确地对动物个体进行管理提供了保障。

2007年1月，国家标准化管理委员会发布了《信息安全技术 公钥

基础设施　数字证书格式（GB/T20518—2006）》、《信息安全技术　公钥基础设施　特定权限管理中心技术规范（GB/T20519—2006）》和《信息安全技术　公钥基础设施　时间戳规范（GB/T20520—2006）》三项信息安全国家标准。三项标准分别对网络通行证——数字证书、网络权限管理以及加密时间的格式、内容进行了明确规定。

16.2　主要成就

近年来，中国在商务和对外贸易方面持续不断的信息化努力，已经结出了丰硕的果实。各种信息系统和信息平台的建设，已经使无纸贸易成为企业进出口的主要手段；具有多种不同网上服务功能，包括监管功能的网上市场体系逐步形成；商业 POS 机也在国内商业零售业得到了全面推广；一个覆盖城市、延伸农村的规模化信用卡商业受理网络在中国已经形成。

16.2.1　无纸贸易成为企业进出口的主要手段

以无纸贸易作为商务与外贸信息化的主要目标之一，商务部组织开发了一系列重要的信息系统和网络平台，在促进中国对外贸易的发展和拓展外贸领域中发挥了重要的作用。

1. 建设并成功运行8个外贸电子政务平台

商务部针对进出口监管已经建设了8个电子政务项目，分别为：外贸招标管理系统，进出口商品监测预警系统，纺织品临时出口许可证签发系统，自动进口许可证发证系统，化肥关税配额进口许可证发证系统，农产品进口关税配额管理系统，对外贸易经营者备案登记系统和国际货运代理企业信息管理系统。

另外，商务部配额许可证事务局现有进出口许可证管理与签发系统政务平台。目前该系统可实现不同的自动进口发证系统之间的数据交换；实现自动进口与海关的全面联网；可以为用户提供良好的数据服务；实现和政府其他管理部门的全面联网；实现属地化领证；实现部分许可证的无纸化。

商务部网站积极推动电子订单、电子合同、网上招标的开展。2006年，使用加工贸易电子联网审批管理系统的审批机关共有 1043 家，参与企业共有 68899 家；通过商务部网站共处理加工贸易合同 224 万份，共有 37844 家/次企业参加了纺织品出口配额网上招标。

2. 中外经贸合作网站

中外经贸合作网站是为中外企业特别是中小企业集中提供双方国家的经贸信息服务的信息技术平台。自 2004 年以来，商务部已分别与俄罗斯、新加坡、印度尼西亚、越南、南非、肯尼亚和上海合作组织等国家和多边组织商务主管部门合作建立了经贸合作网站。中外合作网站使用中外两种语言文字，设置"经贸资讯"、"招商贸易政策法规"、"贸易投资机会"、"经济技术合作项目"、"企业与产品"等栏目。

3. 中国商品和世界买家数据库促进中国进出口贸易

为提高中国产品在国际市场上的竞争力，促进中国进出口贸易发展，2000 年 8 月，商务部开始建设中国商品数据库及世界买家数据库。目前中国商品数据库共包含 40 万家企业数据、200 万条产品数据和 100 万张产品图片；世界买家数据库共包含全球 217 个国家及地区的 56 万家进口商资料。9 年来，中国商品数据库和世界买家数据库在帮助企业扩大产品宣传等方面发挥着越来越大的作用和影响力，取得了明显的社会效益和经济效益。

4. 各种类型的第三方网上服务平台发展迅速

2006 年 4 月，商务部中国国际电子商务中心正式启动了中国国际贸易企业应用电子商务平台——TradeMatics "贸自通"。第一阶段推出的企业应用电子商务平台"贸自通"包括两大核心平台：国际贸易电子商务执行平台以及全球贸易交易管理协同作业平台。其中执行平台基于互联网模式，通过对国际贸易全过程的工作流程分析，可为外向型企业提供规范的国际贸易操作流程，实现从咨询报价、订单、信用证、质检、单证、报关、运输、保险、收汇、核销、退税等各环节的客户端浏览器操作；实现对商品、客户及国际贸易必备基础资料和报关代码的管理、查询和调用；将逐步实现与国内政务平台、其他商务平台、政府监管系统、服务企业系统等的对接。这将大大简化中国外贸业务操作流程、提高中外贸易伙伴的沟通效率、降低外贸企业的运营成本，实现外贸企业内部无纸化操作和对外电子数据的高效交换。

至 2009 年 6 月底，中国国际电子商务中心已经与福建、天津、重庆、青岛、新疆、江西、东莞、汕头、绥芬河等省市合作建立了区域电子商务平台。目前，已经建成和正在建设的区域平台覆盖全国 27 个省市。

上海市将原有的 EDI（电子数据交换）中心、港航 EDI 中心和经贸网络公司三家单位合并重新组建了亿通公司，实现了原有三个平台上的"大联合"，形成一个数据信息共享的统一平台。亿通公司通过市场化运作方式，整合口岸物流信息资源，建设和运营上海大口岸物流信息和电子商务统一平台，推进上海国际航运中心信息网络的建设。上海大口岸物流信息和电子商务统一平台的建设围绕着电子交易、电子监管、电子物流和电子支付四个主要环节推进。目前已初步建成了跨国采购平台、联网监管平台、公共物流平台和电子支付平台等功能性的子平台。在跨国采购平台上，可以实现跨国采购商和供应商的交易撮合、发布供求信息；监管平台可以为政府部门采集管理信息，并及时将处理意见和结果反馈给相关部门和企业；物流平台可以实现各种运输方式的有机结合，实现货物运输的全程跟踪和管理；支付平台可以实现货物运输和进出口过程中各种税费的支付，真正实现商务电子化。

阿里巴巴已经建立起一个全球最大的跨境中小企业贸易平台。截至 2009 年 3 月底，阿里巴巴国内、国际两个交易市场已经在全球拥有了 4025 万名注册用户，其中付费会员 48.1575 万名。国际交易市场的商铺达到 104.3 万个，国内市场方面增加至 399.8 万个。

16.2.2　现代网上市场体系建设取得重大成果

商务部建设的网上市场体系，包括了市场运行监测和调控体系。充分利用网络技术的在线广交会与实体广交会（中国进出口商品交易会）相互配合，有力地促进了中国外贸进出口的发展。新农村商网成为积极发展农产品现代流通方式，探索城市支持农村的有效途径。

1. 网上商业市场监管体系基本形成

为了发展大市场、实现大流通，商务部构筑了市场运行监测和调控体系。全国城乡市场信息监测体系初步形成，涉及22个流通行业、600种消费品和300种生产资料，样本企业超过2万家。建立了生活必需品市场应急管理系统，确定应急商品44种。完善肉、糖等重要商品的中央和地方储备制度，23个省（区、市）建立了22个品种的储备，具备了应对严重自然灾害和重大动物疫情引发的市场波动的能力。

中国电子商务协会全面开展推进中小企业电子商务信息计划。本着"完善法规、特许经营、商业运作、专业服务"的方向，通过建立健全相关行业网站信用管理机制，规范行业网站发展，提高了中小企业电子商务信用管理意识和应用水平。2009年2月，在印度举行的"2009年世界信息峰会大奖"全球专家评选中，中国农业门户网站农博网（www.aweb.com.cn）荣获2009年世界信息峰会大奖。

深圳市政府依据《深圳市企业信用征信和评估管理办法（市政府122号令）》于2003年设立了深圳市企业信用信息中心。该中心创办的深圳信用网（www.szcredit.com.cn）为政府各部门和社会公众提供因特网信用查询、信用调查、信用评估、信用培训服务。经过五年的运营，已经集成了56家行政机关、司法机关、行业协会、中介服务机构提供的内容，涵盖了全市109万多家各类市场主体的登记、监管、资质认证、表彰与处罚、纳税、信贷、诉讼、立案、结案等工作，汇集信息4000余万条，初步实现了各政府部门之间的企业信息互联互通、资源共享，截至2008年底累计访问量超过550万人次。

2004 年开始，重庆市工商局建立了重庆企业信用网（http://www.cqcredit.cn）。通过该网，可以查询到重庆市 158 余万户经营者的身份信息、信用记录。截至 2008 年，重庆企业信用网已经录入了重庆市 158 万余户企业的身份信息、不良行为信息和警示信息等，信息量比 4 年前扩充了 7 倍。自 2004 年以来，全市累计清理各项欠款 400 多亿元，2008 年全市金融机构不良贷款率则从 2004 年的 18.61% 下降到 2.68%，城市信用水平得到了明显提高。

福建省工商局自 2008 年 12 月开始在全省推开网络市场监管工作。按照"稳步推进、先行先试、总结经验、完善提高、有所突破"二十字工作方针，本着"宽进主体、规范行为、严于执法、重在信用"的基本原则展开工作，探索网络经营主体信用信息采集办法，统一纳入企业信用监管体系。当前已办理了 4012 家网络经营主体个案登记，查办了一批网络违法经营案件。2008 年以来全省共立案查处 603 起网络违法案件，罚没金额 311 万元，案件性质涵盖不正当竞争、商标侵权、虚假广告、网络传销、消费侵权、无照经营等多种类型，其中不乏案值较大、影响较广的案件。如泉州市工商局组织查办的 3 起 MYCOOL 麦酷网络传销案件并已移送公安机关追诉刑事责任。

吉林省企业合同信用协会发挥桥梁和纽带作用，与吉林省信用评价认证中心联合建立了吉林企业信用网站，为会员单位（企业）提供信息交流、展示企业风采的平台，切实起到推介诚信经验、赢得经济活动商机的作用。不断开拓信息交流途径，提供与生产经营活动密切相关的法律政策导向、市场动态、企业信用信息；加强了与外省（市）协会的联系与交往；以协会组织为纽带，把吉林省的企业推介出去，促进了信用企业间的投资与合作、为赢得更多商机提供了发展的平台。

在浙江省工商部门的牵线下，阿里巴巴、淘宝网、中国化工网、中国小商品城网等 31 家浙江著名互联网企业 2009 年 6 月 30 日共同签署信用自律公约，成立了全国首个网站信用联盟。本着诚信为本，"合作、公平、发展、自律"的精神，网盟成员今后将使用统一的网盟标志，并将标志放置在网站首页醒目位置。

为适应当事人以快捷方式解决电子商务交易纠纷的需要，2009年5月1日《中国国际经济贸易仲裁委员会网上仲裁规则》正式实施。《规则》原则上适用于所有的契约性或者非契约性的经济贸易等争议，在现阶段，《规则》可主要适用于解决电子商务争议。《规则》与中国已经颁布实施的与电子商务有关的法律、法规密切衔接，充分保证了网上仲裁与中国法律体系的兼容性；根据现有法律规定的现状、互联网络的普及程度以及网络用户对网络技术和网络工具的掌握程度，《规则》采取网上和网下相结合的方式，以网上通讯方式为主，以常规通讯方式为辅，现实与虚拟兼顾；在体例上，《规则》在"普通程序"之外根据案件争议金额大小分别规定了"简易程序"和"快速程序"，以真正适应在网上快速解决经济纠纷的需要。

企业自律监管也在不断加强。阿里巴巴为提高网上交易的安全系数，分别从外部和内部采取多项措施。根据2009年3月阿里巴巴公司向社会公布的针对中国市场和全球B2B交易的诚信报告，在中国最大的B2B网站上，有98.77%的国际市场会员为诚信会员，而约99.99%的中国市场付费会员为诚信会员，总体上，会员出现纠纷的比率非常之低，仅为万分之一。为了改变"模糊评价"造成的不能真实反映网络卖家信用度的问题，易趣、拍拍网、百度网购平台等网络交易平台都推出了信用评价体系，形成了规范的网上购物环境。

2. 广交会成为"永不落幕的交易会"

从20世纪90年代起，商务部就开始了"在线广交会"的建设，重点打造"永不落幕的交易会"。在线广交会与实体广交会（中国进出口商品交易会）相互配合，有力地促进了中国外贸进出口的发展。经过十余年的发展，今天的"在线广交会"已经成为中国商品交易市场平台上最大的商品出口网上交易平台，同时也是首家全面提供广交会参展、交易信息的专业站点。"在线广交会"有中、英文两种版本，覆盖广交会参展企业及其商品信息、非参展企业及其商品信息、外商采购需求、国际买家数据库以及展会综合要闻等多方面内容，并提供商机订阅服务和网上洽谈、订单管理等电子商务工具，全球互联网用户可查询所有内容。"在线广交会"凭借有效的政府管理、真实的企业介绍、优质的产品信息、先进的网络技术、完善便捷的电子商务工具，以及强有力的政府权威推介，已经发展成为国际客商对华贸易的首选网络平台，被誉为"永不落幕的交易会"。

2007 年，"在线广交会"全面升级为"中国商品交易市场"，该网站不仅继续为中国的外贸企业出口服务，同时也为内贸企业、海外企业提供完善的展示、推广和撮合服务，致力于成为企业推广服务、交易服务、咨询服务、金融服务、信用服务为一体的、行业领先的第三方电子商务平台。

在第 103 届（2008 年 4 月）广交会期间，"在线广交会"网站累计访问量 5195 万次，国外访问量累计 779 万次，访问人次累计 409 万，网上咨询及回复数量累计 2536 万；线上线下撮合、洽谈所达成的意向成交额为 3.19 亿美元，确认成交额 1.15 亿美元，成为企业与客商建立高效便捷的、跨越时空的网上贸易桥梁。

第 105 届广交会（2009 年 4 月）投入巨资打造数字化展馆。在广交会展馆内安装超过 1000 个无线网络发射点，建立覆盖展馆区域包括公共区域在内的无线网络体系，实现成交的时空延伸；并在保障广交会网络系统安全平稳的同时，创新推出广交会网站信息管理系统、广交会展位网上指引导向系统、广交会网络宣传多媒体平台等，为展客商提供全方位电子商务服务。

3. 农村商务信息服务初见成效

长期以来中国部分地区、部分农产品滞销卖难现象时有发生。随着农业生产水平的提高，农产品的供销矛盾越来越突出，已经显现出品种增多、数量加大、波及面广的特点。为适应不断发展变化的农业、农村经济形势，着力强化农产品市场流通工作的重要地位，2006 年商务部启动了"新农村商务信息服务体系建设"。

新农村商网通过网络传播农产品信息，沟通生产者和销售商；通过举办农产品网上购销对接会，帮助农民解决农村商务信息服务"最后一公里"问题。

2006 年 8 月，新农村商网开通以来，累计访问量已超过 15.8 亿人次。日均访问量从 2006 年的 53 万人次上升至 2009 年的 258 万人次；已为农民发布新闻、市场等各类信息 934.8 万条，为 1.76 万家农民制作了信息发布网页；解答农民在农产品流通方面问题 7.4 万余人次；累计帮助农民销售农产品 1100 多万吨，成交金额 289 多亿元。

2008 年，商务部和农业部联合下发了《商务部、农业部关于开展农超对接试点工作的通知》，提出积极发展农产品现代流通方式，探索城市支持农村的有效途径，推进新货农产品"超市＋基地"的供应链模式，引导大型连锁超市直接与鲜活农产品产地农民专业合作社对接。2009 年，农业部在中国农业信息网上建设了"中国农产品促销平台"，在原有中国农业信息网提供信息流的基础上引入资金流等电子商务服务方式，利用电子商务进一步沟通超市与农产品生产基地的联系。

16.2.3　商业 POS 机在国内零售业全面推广

在各有关部门、商业银行和各地方政府的大力支持下，中国商业系统的 POS 机推广速度不断加快。截至 2009 年 6 月底，境内联网商户和联网 POS 终端分别达到 135 万户、211 万台，一个覆盖城市、延伸农村的规模化信用卡商业受理网络在中国已经形成，它的作用和影响已经深入到经济、生活的各个领域、各个方面，和老百姓的关系越来越密切。

图 16.1 反映了 2002—2009 年中国联网金融特约商户数和 POS 机数发展的情况。

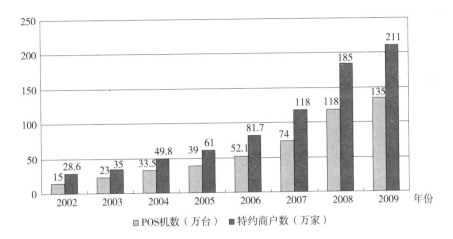

图 16.1　2002—2009 年中国联网金融特约商户数和 POS 机数发展情况

（资料来源：中国银联 2002—2009 年统计数据，中国银联网站：http://corporate. chinaunionpay.com.）

16.3　主要做法与经验

在多年的信息化实践中，商务与外贸业界在成功地推进信息化方面，已经形成了一套行之有效的工作方法，积累了丰富的经验。主要包括加强信息化发展政策的研究和法规的建设，通过专项活动促进电子商务的发展，抓住业内的重点问题和重点企业进行推动，以及营造良好的人文环境等多个方面。

16.3.1　加强信息化发展的政策法规建设

2004 年，商务部发布的《流通业改革发展纲要》明确提出，要加快流通企业信息化建设，积极稳妥地推进电子商务发展，推广先进流通经营与管理技术，发展现代流通，大中型商场要建立销售时点管理系统（POS），应用条形码技术，建立管理信息系统（MIS），积极应用电子数据交换系统（EDI）、全球卫星定位系统（GPS）和互联网等现代信息技术，推进企业信息化建设和电子商务，提高整体管理水平。

2007年，为推动网上交易健康发展，逐步规范网上交易行为，商务部发布了《关于网上交易的指导意见（暂行）》。该意见首次提出了网上交易的行为规范，并对交易的买、卖方进行了界定，同时还提醒用户防范交易风险。2008年，商务部又发布了《商务部关于促进电子商务规范发展的意见》。该意见从规范电子商务信息传播行为、规范电子商务交易行为、规范电子商务支付行为、规范电子商务商品配送行为等4个方面提出了电子商务规范发展的意见。2009年发布的《商务部、财政部关于完善流通领域市场监管公共服务体系的通知》明确要求运用现代信息技术，搭建后台支撑服务系统，为流通领域市场监管公共服务体系提供电子数据信息传输通道，实现数据统计汇总、综合分析、分类查询等功能。

为了推动商业和外贸信息化建设，规范网络交易活动，商务部还加强了相关标准建设。2009年4月，商务部颁布了15项国内贸易行业标准，包括其中电子商务模式规范、网络交易服务规范、饭店信息化设施条件与规范。

北京、福建、江西、广东、河北、安徽等省市相继发布了电子商务发展"十一五"规划，明确了电子商务在国民经济发展中的作用，对本地电子商务发展的目标和措施做了详细的规划。2008年，上海市人民代表大会通过了《上海市促进电子商务发展规定》（简称《规定》）。该《规定》确立了以促进发展为主线、规范经营为补充作为立法的总体定位，着力在营造环境、推广应用、保护消费者权益等方面作出规定，并补充了必要的规范制度。

16.3.2　通过专项活动促进电子商务发展

通过专项活动促进企业开展电子商务是一项非常重要的措施。为了加强中国外贸信息化的建设，2004年商务部就发布了《关于在驻外经商机构子站上建立驻在国（地区）投资项目招商信息库栏目的通知》和《关于在各驻外使（领）馆经商参处（室）网站上建立投资中介服务机构子栏目的通知》。通知要求各驻外经商机构子站主页上要增设"驻在国（地区）投资项目招商信息库"栏目；各驻外经商机构子站上要搭建驻在国（地区）投资项目招商信息库栏目。通知要求各驻外经商机构从加快实施"走出去"战略的高度重视信息库栏目的建设工作，指定专人做好信息的收集、整理、核实、发布和更新工作，商务部信息化司将对各机构的信息库栏目建设进行指导、检查和评比。通过这样的专项工作，有力地促进了中国外贸信息化的建设。

为全面贯彻落实《国务院办公厅关于加快电子商务发展的若干意见》，从2005年起，国家发展和改革委员会就设立了电子商务专项，2006年又继续组织实施了电子商务专项。2006年，电子商务项目共24个，重点支持了第三方电子商务交易和服务类项目，力求通过发展公共服务平台，降低传统行业和中小企业电子商务应用成本，推进百万中小企业上网培训和中国中小企业信息网的建设，助力中小企业信息化。

商务部于2006年8月建立了"新农村商网"专项，通过项目的实施，有力地促进了农村信息化的开展，大大促进了农村商品的流通。

16.3.3　抓住重点　形成突破

抓好商业和外贸信息化的应用推广，商务部和各级政府重点加强了三个方面的工作：

第一，抓好企业电子商务的推广应用。充分发挥骨干企业在采购、销售等方面的带动作用，推进以行业骨干企业为主导的企业间（B2B）电子商务应用，完善大企业电子采购与销售系统，深化大企业主导的供应链整合与协同应用，在钢铁（如宝钢）、石化（如中国石油）、汽车（如一汽）、物流（如中海物流）等先进制造业和现代服务业的重点领域，有计划、有步骤地扶持行业电子商务平台做大做强。

第二，抓好大城市和省会城市电子商务的应用。大城市（如北京、上海）和省会城市（如杭州、福州）要利用自身的辐射力带动周边城市和农村电子商务的应用。通过中心城市的带动，使更多的中小城市的中小企业涉步虚拟市场，并通过网络将中国的小农生产带入国内国际大市场。

第三，大力推进规模化的第三方电子商务服务平台建设，使之形成服务网络。通过整合资源，加快提高服务平台的公信力，增强企业和消费者对网络消费安全的信心和交易服务的满意度。中国政府大力支持诸如阿里巴巴、中国纺织网、拍拍网等第三方电子商务服务平台的发展，鼓励与中小企业业务联系紧密的服务商规模化发展。

16.3.4 营造良好的人文环境

为了推动促进商业和外贸信息化，各种媒体采用多种形式加强了有关方面的宣传、知识普及和安全教育工作。从 2000 年 1 月 1 日到 2009 年 7 月 31 日，中央电视台共播发有关电子商务的视频节目 7390 条，平均每天播发 1 条；中国政府网共发表涉及电子商务的报道 1301 篇，平均 2.68 天刊登 1 篇。广泛的电子商务宣传，提高了社会各界对发展电子商务重要性的认识，增强了企业和公民对电子商务的应用意识、信息安全意识。

商务部高度重视电子商务的宣传和推广工作。先后举办了"中国国际电子商务应用博览会"（1999 年）、《第二届 APEC 电子商务工商联盟论坛》（2006 年 5 月 19 日）、《电子商务理论高级研讨会》（2006 年 6 月 9 日）、《APEC 无纸贸易能力建设与知识产权保护峰会》（2007 年 8 月 14 日），广泛宣传电子商务。2003 年、2005 年和 2008 年三次组织编写并发布了《中国电子商务报告》，真实客观地反映了中国电子商务的发展现状。

商务部充分发挥网站平台传播快、信息量大、覆盖面广的优势，努力为全社会提供丰富的信息服务。2008 年，商务部网站（www. mofcom. gov. cn）访问量达到 225 亿次，是 2003 年的 37 倍；网站从 2003 年起累计发布各类信息 567 万条，日均发布信息 2600 条。在 2008 年国务院信息化工作办公室开展的政府网站绩效评估活动中，商务部网站第六次获得第一名。

目前商务部网站已经建成包括中文主站和 345 个子站在内的网站群，

开办了"新农村商网"、"电子商务网"、"保护知识产权网"、"反商业欺诈网"、"品牌万里行"、"中国企业境外商务投诉服务中心"等专题子站，开设了"商务新闻联播"和"商务天气预报"等栏目，为反映商品流通状况、传导商品信息发挥了积极有效的作用。

从 1997 年到 2009 年，中国电子商务协会一共召开了 12 次中国国际电子商务大会。每次大会都根据国内外电子商务发展的具体情况确定会议主题。例如，第九届大会以"推进电子商务诚信体系建设"为中心任务；第十届大会以"守信用、创和谐、促发展"为主题词；第十二届大会突出在金融危机的大环境下电子商务发展的方向和思路探讨，推动现代服务业的快速发展。

学历教育和职业培训是加快电子商务人才培养的两条主要途径。在学历教育方面，截至 2007 年 6 月底，教育部批准开设电子商务本科专业的学校已达 323 所，有 100 余所学校开始招收硕士研究生或博士研究生；有 736 所高职高专院校开设了电子商务专业。从 2002 年至 2008 年底，全国共计 312127 人参加了电子商务师职业资格鉴定，全国从事国家职业资格电子商务师培训鉴定的机构有 522 所，其中本科类院校 70 所、高职类院校 297 所、中专技校类 120 所，其他社会培训机构有 35 所。

16.4　发展重点与展望

随着现代信息技术不断地推陈出新，商务与外贸领域信息化的发展也在酝酿新的突破。对此，我们将继续保持密切的关注，不放过每一个可以促进中国商务和外贸发展的机会。

16.4.1　智能决策引领商务信息化的新潮流

世界超级市场或大的连锁企业的信息化发展，首先，是通过收银台的

POS 机，实现了商品的时点销售管理；接着，应用商业信息管理系统，对商业企业物流、资金流、商流、信息流进行一体化整合和集成化管理；然后，走向商业智能。商业智能就是能够帮助用户对自身业务经营做出正确明智决定的工具。一般现代化的大型零售企业的业务操作，通常都会产生大量的数据，如订单、库存、交易账目及客户资料等。如何利用这些数据增进对业务情况的了解，帮助经营者在业务管理及发展上做出及时、正确的判断，这就是商业智能的课题。现代商业企业的智能决策和行业管理决策支持系统已经成为未来商业信息化的重点开发与应用的内容。

16.4.2　电子商务在外贸活动中日益重要

在外贸活动中广泛应用电子商务，已经是外贸行业未来发展的必然趋势。在经济危机环境下，不仅大宗产品的生产厂家，如钢铁、石油、矿产、机电等迫切需要利用电子商务跨越贸易壁垒的限制，更多的中小企业更是迫切需要利用电子商务走出国门，寻找更多的海外买家。但是中小企业却缺乏大企业所拥有的外贸部门，甚至出口基本的票据、舱单都不知如何办理，这就需要电子商务由原来的信息平台升级为能够服务客户的在线交易平台。经济危机催生了新一代电子商务买家和卖家的出现，他们与第一代的需求有明显的差异。因此第三方网络交易平台正在从以前的信息提供平台转向直接提供买卖交易的服务平台。

定位在第二代电子商务的国际电子商务网站，以在线贸易为核心，以交易佣金的收费模式为王牌，吸收大量中小企业主，并促成了大量的在线交易。以敦煌网为例，该网站已经拥有来自 230 个国家的注册买家 140 万人，过去三年，平均业务成长率在 1600%，营收增长率超过 30%，而其成交订单大多是来自中小企业的几百美元到几万美元不等的小额生意。第三方在线贸易平台的存在，带来了一大批原本对于中国商人来说是不可能接触到的新买家和新订单。通过第三方网络交易平台，直接小批量多频次地采购各种中国商品。对于这些海外中小采购商来说，不仅大大降低了采购成本，而且可以大幅度扩大商品选择种类，获得更高的性价比，进而提高商品的周转率和降低库存。

16.4.3　电子商务与产业发展深度融合

电子商务广泛深入地渗透到生产、流通、消费等各个领域，改变着传统经营管理模式和生产组织形态，电子商务与产业发展的融合度不断加深，加速形成经济竞争的新态势。

在综合性电子商务网站已经占据综合类 B2B 领域绝大部分市场的情况下，越来越多的行业电子商务网站已经在综合网站市场之外开始寻求专业化细分领域的发展。同时，大型综合性网站也开始着手细分行业市场的争夺。细分行业和领域将成为商业行业电子商务网站竞争的热点之一。

通过横向并购，规模化扩大行业覆盖面将成为行业网站的重要策略。部分行业中的成功网站开始探索横向规模化发展之路，一方面通过建立横向的行业推广和信息共享联盟，组建能与综合类行业电子商务大型网站抗衡的综合类行业电子商务联盟；另一方面，通过注册和并购的方式入侵关联行业，培育横向网站群，形成行业电子商务服务集团。

由于资源和创业者自身限制，目前国内大多数行业电子商务网站的业务范围还仅限于国内市场，但也有部分行业电子商务网站的业务内容涉及国际市场。竞争者数量的激增和新知识群体（一部分具有外贸资源和经验的企业开始涉足行业电子商务网站）的介入将会推动行业电子商务网站将服务领域拓展到海外，寻求国际国内双向市场。

综合类电子商务网站与行业电子商务网站将进一步走向竞合。综合类电子商务网站一般包含了众多行业子网站，将服务范围延伸多个行业之中。位于综合类电子商务网站中的各行业子网站与各细分行业电子商务网站之间将长期保持竞争关系。处于高热度下的行业电子商务网站不断地发展壮大并活跃起来，在经历了长期的竞争之后，逐渐开始形成了合作意识。一方面，各行业电子商务网站将弥补综合类行业电子商务网站在行业资讯方面的不足；另一方面，综合类电子商务网站为各行业电子商务网站提供了极好的展示平台。

16.4.4　电子商务服务成为国民经济新的增长点

电子商务服务业在未来的发展中将突出表现出三个趋势：

1. 电子商务服务通过建立全球化的交易规则、标准和服务体系，在不同国家地区贸易商之间、贸易商和政府之间形成高效的电子化业务流程，进而实现跨境电子化贸易和贸易效率化。

2. 政府公共服务带动企业供应链电子商务发展。国际电子商务发展明显呈现出以政府公共服务带动企业供应链电子商务发展的新趋势。为充分发挥政府引导、市场驱动优势，APEC 经济体的各国政府纷纷建立创新服务体系，并通过实施电子商务"单一窗口"服务，统一电子商务标准，完善法律规则体系，以及加快贸易手续简化进程等举措，为提升企业供应链功效创造有利条件。以中小企业为主体的发展中国家，在电子商务发展初期，更需要将政府的引导与企业行为相结合，选择政府有限干预的运行模式，制定与社会和经济发挥水平相适应的发展战略，以寻求成本低、见效快、可持续的发展。

3. 电子商务服务的全球化时代即将到来。电子商务服务将实现以物流为依托、信息流为核心、商流为主体的全新模式。目前，随着国际电子商务环境的逐步完善，电子商务服务正从区域内信息聚合向跨区域、跨境和全球化电子商务交易服务发展。电子商务服务将带动全球电子商务发展，成为未来电子商务发展的焦点。

（本章作者　李晋奇）

参考文献

［1］中国国际电子商务中心，APEC 电子商务工商联盟：《中国无纸贸易进展报告》，2005 年 9 月。

［2］海关总署网站：《海关开发应用项目 124 个　大大增强了把关服务能力》，http://www.gov.cn/gzdt/2006-05/17/content_283066.htm。

［3］新华社：《中国已有 15 个地方电子口岸上线运行》，http：//www. gov. cn/jrzg/2005－11/16/content_ 100517. htm。

［4］新华网：《世贸会议上中国简化通关手续等提议得到代表支持》，http：//www. gov. cn/jrzg/2005－12/16/content_ 129306. htm。

企业文框 08：广联达

广联达软件股份有限公司（简称：广联达）成立于 1998 年，是一家民营股份制高科技企业。公司在中国建设领域信息化服务产业中拥有 53% 的市场份额，并连续四年被评为国家规划布局内重点软件企业，是当前中国规模最大的建设领域信息化服务提供商，为中国建设领域信息化的建设与发展作出了积极的贡献。

广联达公司致力于为基本建设领域核心业务提供信息产品与专业服务。建筑业已经成为国民经济支柱产业之一，据相关行业报告显示，中国每年在建项目 80 万个左右，参考发达国家统计，通过项目管理信息化手段可以帮助项目节约成本 10%，我国即使节约 4%，根据 2007 年 13 万亿的建筑业投资总额，亦可节约 5000 多亿。因此，中国建筑业的信息化已然成为行业增产增效、优化产业的重要举措，正在被相关部门大力推进。而广联达也以其先进的业务理念和广泛的产品应用，积极地推进了工程建设这一传统行业的信息化进程。

广联达创业时，在选择公司业务上，前瞻性地认识到行业的前景和软件业的格局，在软件热潮中选择了竞争少、前景好的建设领域行业软件。"没有软件业，谈信息化是不可能的。针对行业信息化来说，信息化的本质是进行知识的积累，把业务中的岗位、部门、公司、行业的资源竞争力固化到软件系统里，借助于管理信息化过程，进行企业管理模式和业务流程的梳理与重塑，最大限度提高企业的管理水平和管理效率。"广联达创始人刁志中这样理解两化融合与软件企业的关系。"在未来的一段时期，对于建筑业来说，需要实现从过去的通过加大投资、扩大规模、多接工程、粗放管理到提高单产、压缩成本、提高效益、精细管理的一个转变和提升，最重要的战略途径就是通过信息化"。

企业发展的本质是准确地把握到用户的需求，并能创造出有价值的产品与服务，做到了就能获得更好的成长。广联达无疑是建筑行业信息化发展过程的重要参与者和推动者。广联达的发展历史恰恰是中国建筑行业信息化发展进程的一个缩影。中国建设领域信息化的发展进程，大体上经历了设计工作信息化、工程造价与招投标管理信息化和项目管理信息化三次浪潮，广联达作为行业领军企业，成功引领行业实现了第二次浪潮的跨越，推动行业应用普及率达到80%以上，极大地推动了行业信息化应用普及，提高企业管理水平。

现阶段广联达已形成工程造价管理、项目管理、项目招投标和教育培训与咨询四大业务30余个产品，市场覆盖全国32个省市地区，无论是在建筑、电力、石化、邮政、民航等各个领域，还是在举世瞩目的东方广场、奥运鸟巢、国家大剧院等工程中，广联达的产品都得到了最为广泛的深入应用，并赢得了用户的好评。

2008年，广联达正式入驻美国马里兰大学中美科技园，建立海外产品研究中心。未来十年，广联达将坚定不移地走"专业化、服务化、国际化"的发展战略，并通过努力，让广联达成为全球工程项目管理整体解决方案首席提供商，成为全球工程项目招标电子商务平台和中国工程造价信息中心。

（编撰：刘博）

第 17 章

金　　融

引　　言

　　金融是现代经济的核心。金融信息化是中国国民经济信息化的重要组成部分。在党中央、国务院的领导下，随着中国经济体制和金融改革的不断深入，在全体银行、证券、保险金融机构的共同努力下，中国的金融信息化取得了很大的成绩。中国金融信息化从"六五"以来经过 30 余年的探索与实践，发展十分迅速，规模从无到有，从小到大；经营网点全面实现了电子化；应用范围从单一业务到综合业务服务；业务计算机从分散处理到全国集中处理，实现了业务系统的全国联网运行。各金融机构以信息化为重要的手段和基础，为客户提供跨行、跨地区完善、方便的服务；电子支付工具得到大力发展，以银行卡为代表的新型支付工具发展迅速，银行业"一卡在手，走遍全球"的服务目标正在实现；金融中间服务业务日新月异，互联网金融服务发展迅速，包括网上银行、电话银行、移动银行、自助银行、电子商务网上结算、网上证券、网上保险、移动炒股、客户呼叫中心等，使客户不受时间、地域的限制得到安全、便捷的金融服务。与之同时，金融信息化服务于金融宏观调控和金融监管，在防范与化解金融风险中发挥了重要的作用。当前，中国金融业基于服务、经营、管理和监管的金融信息化技术体系框架已基本形成，方便、高效、安全的金融信息化服务体系以及金融信息安全保障体系已初步建成，推动与促进了金融的改革与创新，为提升中国金融业的核心竞争力做出了突出的贡献。金融信息化已成为中国金融平稳安全运营最基本的生存支撑环境，没有金融信息化就没有现代金融服务①。

17.1 金融业信息化发展历程

中国的金融业主要由四大部分组成，即：银行业、证券业、保险业和金融监管。银行业虽然历史悠久，但是，信息化的起步却始于 20 世纪 70 年代；证券业、保险业以及金融监管的信息化则是在 20 世纪 80 年代以后，随着中国金融业的现代化发展而逐渐发展起来的。

随着中国金融信息化的发展，银行业经历了脱机业务处理、联机业务处理、综合业务系统、集中化与虚拟化等四个发展阶段；证券业也经历了自动撮合竞价、虚拟席位、系统升级扩容、集中化与虚拟化等四个阶段；而保险业则由业务处理电子化向综合业务系统和保险网络化发展（图17.1）。

17.1.1 信息化发展的回顾

中国金融业信息化的起步虽然不是很早，但是，发展的步伐很快。为了适应中国社会主义市场经济的发展和改革开放的需要，中国金融业迅速

---

① 中国建设银行、中国工商银行、中国农业银行、国家外汇管理局、交通银行、招商银行、中国人民银行清算总中心、证监会信息中心、保监会统计信息部、保监会信息中心、保监会统计信息中心等为本章提供了大量参考资料，作者谨此致谢。

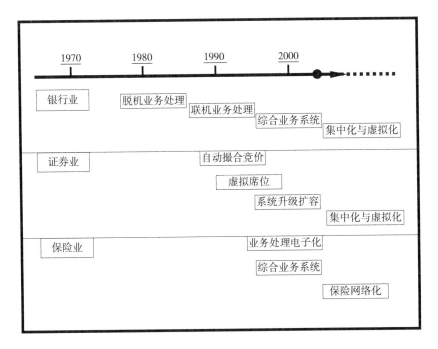

图 17.1　中国金融信息化的发展历程

地走向现代化。然而，可以说，没有信息化，就没有中国银行业的迅速崛起，也没有中国银行业的现代化。

1. 银行业

中国的银行业信息化建设经历了重要的、具有历史意义的四个发展阶段。

第一阶段，单机处理阶段。大约从 20 世纪 70 年代末到 80 年代，银行的储蓄、对公等业务以计算机处理代替手工操作。

第二阶段，联机实时处理阶段。大约从 20 世纪 80 年代到 90 年代中期，逐步完成了银行业务的联网处理。这一时期，中国银行业开始较大规模地引进、消化、吸收和推广应用计算机系统和技术。

第三阶段，联机网络阶段。大约从 20 世纪 90 年代中期到 90 年代末，实现了银行全国范围的计算机处理联网，互联互通。

第四阶段，数据集中、系统整合与互联网应用创新阶段。从20世纪90年代末开始到现在。各银行开始进行业务的集中处理，利用互联网技术与环境，加快金融创新，积极开拓网上金融服务，努力发展各种中间服务产品，包括银行卡联网通用、网上银行、移动银行、代收代付、投资理财等。

2. 证券业

中国证券业信息化历程始于20世纪90年代初的上海、深圳证券交易所的电脑自动撮合竞价系统的建设。上海证券交易所于1990年5月开始筹建。1991年4月，取代实物股票的电子化股票账户在上海证券交易所诞生。1991年11月，柜台交易系统正式投入运行，基本上能够替代营业部的全部手工操作。1991年底，深圳证券交易所也完成了股票无纸化改革。股票交易和股票发行的无纸化是中国证券信息化发展的重要里程碑，极大地推动了证券市场的发展。

1992年后，随着两个证券交易所和证券营业部信息化应用水平的不断提高，各证券营业部开始与交易所的计算机系统联网。1992年5月，深圳证券交易所的自动撮合系统、自动报盘系统上线，投资者的委托通过营业部的报盘系统，可以瞬间进入交易所的撮合系统。从此无形席位宣告诞生。1993年4月，上海证券交易所采用卫星数字广播方式传送交易所行情。目前，上海、深圳证券交易所的交易和结算网络覆盖了全国各地；证券交易所的交易席位由计算机系统中的席位代码取代了人工席位的有形席位；交易撮合、价格的产生和发布完全自动化和集中化；具备高效可靠的交易通信网络，实现了卫星网和地面网的互备；具有实时的成交回报；能够提供及时准确的行情等信息等。经过十多年不懈的努力，中国证券交易技术已处于世界先进水平。

3. 保险业

起步阶段：从20世纪80年代后期到90年代前期，中国人民保险公司先后从国外引入多套大中型计算机，并与之配套在全国开发推广了15个应用系统。1992年，中国太平洋保险公司开始启动保险业务的电子化建设，先后开发了产、寿险业务处理系统，迈出了信息化建设的步伐。计算机信息处理主要以单机或是终端/服务器模式为主。全国只有为数不多的地区能够使用计算机处理业务，大部分还不能实现电子化处理。

发展阶段：1997 年，中国人寿保险公司推出了寿险业务核心处理系统，并在全国分步实施。1998 年 11 月，中国保险监督管理委员会（以下简称"中国保监会"）正式成立，进一步加强了保险信息化工作行业管理力度，有力地促进了保险信息化工作的发展。这一阶段，各保险公司逐步建立了覆盖全国各营业网点的基础网络，实现了各分支机构之间的网络互联。

腾飞阶段：党的十六大以来，保险业的发展进一步加快。保险公司结合业务发展战略，启动了数据集中、系统整合、IT 架构再造、决策支持等工作，利用信息技术不断推动保险业的产品创新、营销渠道创新、经营管理创新。截至 2008 年底，保险业已基本实现了数据大集中。当前，保险业已逐步进入了"后集中"时代，在数据集中的基础上，利用数据仓库和商业智能（BI）技术开展数据挖掘和深度应用以发挥数据资产的效用正在成为新的应用趋势，信息化已成为保险业全面协调可持续发展的重要动力。

17.1.2　基础设施和环境条件

金融信息化基础设施由计算机硬件、软件、通信网络、安全设施等组成，是金融信息技术应用的基础平台，是建立科学、健全的金融信息化服务体系的技术保障。中国金融业在自身努力和国家信息化基础设施不断完善的推动下，经过 30 多年的发展，从无到有，由点及面，已经建成了比较完整的金融信息基础设施体系。

中国银行业各类计算机拥有量已经达到相当规模。以中国建设银行为例，截至 2008 年底，该行拥有大型计算机 27 台套，小型计算机 2883 台套，PC 服务器 11823 台套，刀片服务器 2966 台套，其他服务器 436 台套，共计 18135 台套。全行重大信息系统群组 43 个，包含 153 个以上的主要应用系统。

以国有商业银行为代表的各银行机构已经完成了将全行的业务数据集中到全国性数据中心处理。以数据大集中模式为技术依托，完成了银行核心业务、客户关系管理、渠道平台、电子银行、管理信息等系统的整合和完善，正全面实现从"以产品为中心"到"以客户为中心"的革命性转变。数据集中处理为金融机构运营与管理提供全方位支撑，强化了一级法人治理结构，极大地提高了资金的运行效率和金融服务的水平，增强了金融风险防范的能力。

图 17.2 说明了中国工商银行的全国数据中心为全行业务运营提供统一的技术支撑的基本情况。

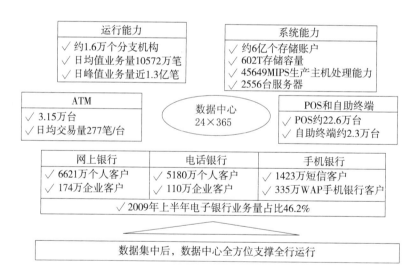

图 17.2 工商银行的数据中心全方位支撑全行运行

信息化的发展离不开人才培养和队伍建设，银行业高度重视科技人才队伍的培养和建设。据不完全统计，银行业科技人员占比已经超过全员人数的 4%。例如中国农业银行，1984 年底全行科技队伍约有 100 人；1993 年底，建成了一支 3000 人的科技队伍；2002 年以后，形成了一支 10000 余人的科技队伍。2008 年底，工商银行全行科技人员达到 11000 多人，总行信息化部门已形成约 4500 人的测试、研发、生产运行等的科技队伍。

1991 年，在电话通信都困难的情况下，中国人民银行开始建设专用卫星通信网和城域通信网，连接全国所有的省分行和地市中心支行，为支付清算和央行的重要监管信息服务。1996 年，基本实现了"网络到县"工程，建成并不断完善覆盖总行到所有大区分行、省会中心支行、地市中心支行、县支行的现代化通信网络。1999 年，建成了连接所有省分行和地市中心支行的加密电视会议系统和安全的内部公文传输系统等，进而推动人民银行不断实现办公自动化、业务处理信息化，为履行中央银行职责提供了基础技术保障。

中国证券业方面，上海证券交易所、深圳证券交易所分别组建了证券通信网，网络覆盖全国 3300 多家证券公司、证券营业部、证券登记结算公司、基金管理公司、商业银行等机构。证券通信网由证券卫星通信网和证券地面通信网两部分组成。在建立和完善地面网络的同时，上海、深圳证券交易所还建立了卫星通信实时备份系统（即天地互备工程），保证交易所与证券公司之间的通信链路的高可用性。两个交易所的卫星通信系统建立了互联通道，实现了两交易所之间卫星广播行情的实时备份。

保险公司的信息化治理在优化组织结构、实施战略规划、完善规章制度等方面均取得显著的成绩。保险业信息化投入稳步增加，2008 年达到 58.9 亿元，比上年增长近 30%，占全年保费收入的 0.6%。全行业信息技术人才队伍达到一定规模，到 2008 年底共有专业技术人员 10771 人，占行业职工总人数的 1.8%。

17.1.3　信息安全保障体系

信息安全保障工作是确保中国金融业以及国民经济安全稳定运行最重要的基础。中国金融业从电子化建设初期就高度重视信息系统安全保障工作。以银行业为例，20 世纪 90 年代初，中国人民银行建设卫星通信系统时，就同步规划与建设了相关的数据加密系统。从"八五"开始，中国人民银行先后组织了计算机稽核、信息安全管理、银行间信息传输安全等专项科技攻关。2000 年 1 月，召开了第一次全国银行计算机安全工作会议，决定从组织体系、制度体系和技术体系三个方面入手，建设中国银行信息安全保障体系。中国人民银行明确要求各银行金融机构建立"一把手"负责的信息安全领导机构；成立独立的、专业化的信息安全管理部门；信息安全的资金投入原则上不低于信息化总投入的 15% 等。中国银行业已经建立了完整的组织管理体系，制定了完善的管理制度体系，正在形成银行信息安全标准体系。"十五"到"十一五"期间，各银行金融机构开始建设同城和异地灾难备份中心，对于核心业务系统，实施应用级备份，对于其他应用系统，实施系统级或数据级备份。

金融机构已将信息安全工作放在了信息化建设与管理的重要位置。随着金融数据集中处理模式的实现，各金融机构对信息安全的重要性有了更深刻的认识，不断加大信息安全资金投入。如 2008 年，交通银行为建设灾难备份中心仅一项就投入 6600 万元。中国证券业在集中交易的大趋势下，根据《证券公司集中交易安全管理技术指引》以及监管需求，证券公司重要信息系统必须建立灾难备份中心，确保关键应用的高可用性。针对各证券公司的规模与技术水平的不同，以及建立灾备的成本与技术专业性的要求。2003 年 11 月，中国保监会设立了统计信息部，负责对全行业信息化工作进行规范和指导，提高全行业信息化管理水平、切实加强信息安全工作。

目前，各金融机构已完成本系统信息系统安全技术总体设计，配置了各种加密设备，采取了网络链路层加密、终端加密、口令加密、地址校验、身份认证、柜员签到、密押等安全措施，以保障核心业务数据的传输安全。同时针对非法入侵和计算机病毒等安全威胁，配备了防火墙、入侵监测、病毒防治、数据备份等技术防范措施。仅以人民银行为例，截至 2009 年 6 月，人民银行总行和地市以上分支行共配备防火墙 442 套，入侵监测（IDS）439 套，总行县级以上分支行终端病毒防治系统近 8 万套。网上金融普遍采用了身份认证、高强度支付网关、专用区域隔离、实时监控等技术，以保证通信网络和各业务系统的安全。

17.1.4　金融标准化

金融标准化建设对于规范金融信息化建设，为金融机构之间、金融与行业外计算机应用系统之间的互联互通、互操作提供基础保障，对提高信息系统建设与管理的效率和质量具有重要作用。伴随着中国金融信息化的发展，中国的金融标准化工作不断发展与完善，现已基本形成具有中国特色的完整的金融标准化体系。

1992 年，中国金融业成立了全国金融标准化技术委员会（"金标委"）。1996 年 9 月 11 日，人民银行与 SWIFT 国际组织就加强双方在报文信息格式标准方面的合作签署了协议。1999 年，建立全国金融认证中心（CFCA）。2002—2007 年，金融国家标准和行业标准项目共 127 项，其中自主编制和修订项目 64 项，国际标准采标项目 63 项；127 个项目中，已正式发布了 20 项国家标准和 30 项行业标准，形成研究报告 22 项，23 项已形成报批稿，其余 32 个项目处于起草、征求意见或送审阶段。到 2008 年，"金标委"共制定和发布了 32 项金融国家标准和 58 项金融行业标准。其中，银行业 2006 年发布了《征信数据元》、《信贷市场和银行间债券市场信用评级规范》等行业标准。对实现征信信息跨系统、跨行业共享起到了重要的支撑作用，为规范信用评级机构运作程序和评级人员职业操守以及科学管理评级业务提供了重要的技术依据。证券业 2007 年发布了《证券及相关金融工具　国际证券识别编码体系》（GB/T 21076—2007）。《证券期货业与银行间数据交换消息体结构和设计规则》、《证券机构编码》、《证券行业集中交易信息安全管理技术指引》、《证券期货业信息系统灾难恢复工作指引》等金融行业标准的制订都取得了明显成果。在保险业方面，《中国保险业标准化五年规划》及《保险术语》、《银行保险业务人寿保险数据交换规范》也已经发布。

金融业国际标准采标工作取得了很大进展。到 2008 年，"金标委"先后将 69 项国际标准列入采标制修订计划。已经发布了 26 项涉及金融业务报文、信息安全、金融交易卡等领域的国际标准。引进、消化、吸收并使用这些标准有助于中国金融业借鉴发达国家先进经验，提高金融行业的管理、技术和服务水平，促进金融业与国际接轨。

17.2 信息化与金融宏观调控

改革开放 30 多年以来，中国国民经济快速发展，国内外经济金融形势复杂多变，货币政策作为经济杠杆调控的作用日趋明显。为保障宏观经济数据的准确可靠，货币政策实施的及时、有效，中国人民银行作为中国的中央银行，高度重视信息技术在实施货币政策中的应用，已经建设的一批信息系统发挥了重要作用。各金融监管部门和金融机构建设的一系列应用信息系统也在金融宏观调控的各个方面作出了重要的贡献。

17.2.1 实施货币政策

中国人民银行和其他金融监管所建成的许多重要信息系统已经成为支持中央政府货币政策实施的重要手段。例如：

中国货币市场信息系统，建立了利率生成、加工、监测、调控的信息处理平台和用于支持利率报备的综合信息查询分析平台。

再贷款信息管理系统，能够有效、及时、全面地分析存量再贷款的基本情况及存在的问题，为利用再贷款工具制定货币政策、发挥中央银行最后贷款人职责奠定了基础。

银行家景气问卷调查系统，将银行业景气相关问题和货币政策相关问题作为问卷，对银行家进行调查，统计分析银行家对本行业景气状况和银行经营状况的判断和预期，编制景气指数，及时、灵敏地为中央银行货币政策决策服务，为宏观管理部门判断金融形势，制定宏观调控政策服务，同时也为社会各界了解银行业景气状况和货币政策意图，判断宏观经济运行状况服务。

宏观经济运行先行指标与计量经济预测模型系统，通过比较所选指标与基准指标序列，可以判断指标的先行、一致和滞后性。一致指标反映并监测经济景气变化的当前形势，滞后指标进行事后验证并作为修订前一轮政策的依据，而先行指标先于经济状态变化，可以预示经济变化的方向与幅度，对政策制定具有非常重要的参考价值。该系统建立了中国宏观经济运行的先行指标体系，从当前的中国经济时间序列中遴选出一定数量的、具有先行性质的指标。针对宏观经济主要经济指标（如 GDP、投资、消费、工业生产、进出口、CPI、M2、贷款等），建立政策分析和模拟的计量经济模型。

公开市场业务支持债券交易系统，进行公开市场业务操作。该系统依托中央国债登记结算公司的技术平台，通过信息网络与人民银行以及交易商连接。从 1998 年 5 月恢复债券公开市场业务到 2002 年 5 月，通过该系统进行债券交易金额达 4.4 万亿元人民币，调控基础货币，调节商业银行流动性，引导货币市场和债券市场利率水平，有效地支持实现货币政策目标。

2007 年 1 月，全国银行间同业拆借中心的上海银行间同业拆放利率（Shibor）系统正式运行，打造了市场进程中的货币政策工具，使中央银行的金融宏观调控措施更精准有效。作为中央银行建立的前瞻性基础设施，Shibor 的日臻完善，将为创建完全市场化的基准利率体系奠定坚实的基础。

中央银行会计核算系统（ABS），实现对商业银行的存款准备金考核。货币政策部门向会计营业部门提供再贷款、准备金存款利率等信息，ABS凭此进行利率控制。再贷款信息管理系统负责中央银行再贷款业务管理，定期与 ABS 进行账务核对。

17.2.2　调控货币发行

货币发行与管理是中央银行的重要职责之一，其工作基础是掌握货币流通规律，及时了解货币金银工作运行和货币的发行和供需情况。20 世纪 90 年代起，人民银行加快了相关信息化的建设，取得了显著的成效。

1990 年前，货币发行业务会计核算工作始终采取手工记账，邮局电报传递信息的落后方式，人民银行的各级分支机构费工费时，相关部门每天都不能准时下班。

进入 20 世纪 90 年代，经济高速增长，经济运行中不确定因素增加，货币发行量快速增长且变化加剧，现金供应压力逐步加大，对货币发行信息的快速采集、精细加工提出了更高的要求。1990 年，人民银行利用微机电传网络传递货币发行信息的业务系统，这是人民银行首次在全国范围内应用计算机技术处理货币发行业务信息。1993 年至 1997 年，人民银行运用现代信息技术，建设了货币发行管理信息系统。该系统既能满足货币金银账务自动化处理需要，又能为货币金银工作提供必要的决策信息，极大地推动了货币金银管理工作的现代化进程。

2005 年 5 月 8 日，新一代货币金银管理信息系统在全国试运行，同年 10 月 8 日在全国正式运行。至 2005 年底，货币金银管理信息系统已在人民银行 15 个总行重点库、32 个分库、337 个中心支库、1155 个县支库及商业银行代理发行库正式运行。货币金银管理信息系统涵盖了货币金银全部基础业务的应用，为货币金银工作提供了完善的业务处理功能，极大地提高了货币金银业务信息处理效率，货币发行基金的统计及时准确，为货币政策的制定提供了相关依据。该系统实现了会计核算与实物出入库的同步，现金管理检查与报告、资料汇总同步，印制产品入库与费用结算同步，钞票自动处理系统数据生成与货币金银管理信息系统数据接收同步，反假货币信息报送与发布同步。同时，该系统采用了 CA 个人身份安全认证技术，具有较高的安全性。该系统也是人民银行第一个采用全国数据集中处理的业务应用系统，它顺应了人民银行整合科技资源、提高设备利用率的趋势，便于根据货币发行业务发展的需要随时维护与升级，大大减轻了系统维护人员的工作量，降低了系统运行费用，是人民银行提升信息化建设水平的成功尝试。

17.2.3　金融统计监测

在复杂多变的国际经济大环境中，维护中国金融稳定是保障中国国民经济平稳发展、社会安定和谐的重要因素。金融稳定离不开相关金融、经济信息的监测与分析。为了适应中国经济、金融改革和发展的要求，准确、及时、完整、高效地做好金融统计工作，提高对金融业的统计、调查、分析和预测的能力，为货币政策决策的制定提供科学依据。人民银行根据需要，建立了一批立足于真实数据进行监测分析的应用信息系统。

1999 年 12 月金融统计监测管理信息系统正式投入运行。系统覆盖人民银行总行、分行、地市中支、县行的统计部门，以及部分商业银行。数据从县、地市、省逐级上报到总行。为中国金融业的统计、调查、分析和预测工作提供了实时可靠的数据，在货币政策决策支持上发挥了积极作用。2008 年，该系统升级成新一代金融统计综合信息服务系统。升级后的系统包括金融统计监测管理信息系统、金融市场统计分析系统、物价调查统计系统、城镇储户问卷调查系统以及中央银行宏观经济数据库与计量分析模型系统。新系统实现了以数据集中为基础的金融统计，是统计数据管理模式的一次大变革。进一步完善了金融调查统计体系，建立了中国宏观经济指标环比分析体系。

人民银行利用金融调查统计的资源优势，使制度性监测和临时性调查相结合，进行热点、难点调查，形成一批高质量调查报告。利用新一代金融统计综合信息服务系统，针对复杂多变的国内外经济、金融形势，加大了宏观分析和预测的资源整合力度，运用先进的分析方法和手段，加强了宏观形势判断和分析能力，利用金融稳定监测指标数据，结合金融市场运行，分析中国金融业稳定状况，揭示潜在的系统性风险。

仅 2008 年一年，累计编制月、季度金融统计报表 1 万余张，采集、加工生成各类数据 5 亿多条，采集数据源 2 亿多条，生成和核对各类统计报表近 5000 张。

17.2.4 "金宏工程"人民银行子系统

宏观经济管理信息系统简称"金宏工程",是由国家发展和改革委员会牵头,人民银行等相关 8 个宏观经济管理部门联合共建的国家电子政务重点工程"十二金"之一。"金宏工程"人民银行子系统主要包括金融共享数据库和金融运行分析信息系统两个部分。重点提供货币政策执行情况、金融运行分析、企业景气状况等共享信息内容。金融运行分析信息系统则是建立在人民银行业务应用系统基础上,采集包括人民银行统计系统等重要业务系统的数据,以及来自于金融行业其他监管部门、金融机构和"金宏工程"共建部门的数据。数据内容涵盖储户问卷指标、金融市场指标、货币信贷指标、企业景气指标等与金融运行相关的指标。对金融运行数据进行分析、监测、预警,为宏观金融调控和决策支持服务。

该子系统已实现与国家发展和改革委员会的联网试运行。到 2008 年底,人民银行提供了 575 个指标、约 13 万个以上的数据。

17.3 信息化与金融监管

各金融监管部门和金融机构建设的一系列应用信息系统在金融监管中同样发挥了十分重要的作用,包括金融机构监管、国家外汇管理以及反洗钱监测。

17.3.1 金融机构监管

各金融监管部门已建立了较为完善的包括市场准入、退出,非现场监管,现场检查,高级管理人员管理、风险预警等监管业务的金融监管信息系统。建立了辖区金融监管信息系统,采集辖区内金融机构的相关基础数据,集中进行加工处理,按月、季产生下属各级分支机构需要的监管信息。2006 年，金融监管工程（以下简称"金监工程"）启动，由人民银行牵头，银监会、证监会、保监会（以下简称"三会"）共同参与，是国家"十二金"重点信息化建设项目之一。该工程旨在实现金融监管机构之间的信息共享，实现监管业务协同，进而提高监管水平和质量，正在抓紧建设中。

国家外汇管理局与海关总署等联合建设、推广了电子口岸执法系统，通过银行与海关联网，建立起监管部门之间电子数据的共享和交换机制，实现了核销单证的网上发布和自动核对。对于打击走私活动，杜绝企业出口骗汇，偷逃进出口税，提高中国进出口的外汇管理和服务水平起到了重要作用。

17.3.2　国家外汇管理

国家外汇管理局信息化建设从 1986 年建立中国外债统计监测系统起步。1993 年开始逐步转向开放式平台。1994 年推出了中国外汇交易系统。1996 年建立国际收支申报统计监测系统，到 2005 年，中国国际收支申报笔数由 243 万笔增至 1929 万笔，金额由 1617 亿美元增至 15467 亿美元。2008 年，中国国际收支申报笔数为 3118 万笔，金额为 32209 亿美元，比 2005 年翻了一番。借助信息化技术并依托统计核查管理，国际收支统计数据质量稳步提高，系统分析功能不断完善，在外汇管理工作中发挥着日益重要的作用。

国家外汇交易中心 1996 年启用人民币信用拆借系统，1997 年 6 月开办银行间债券交易业务，1999 年 9 月推出交易信息系统，2000 年 6 月开通"中国货币"网站，2001 年 7 月试办本币声讯中介业务。2002 年 6 月开办外币拆借中介业务，2002 年 10 月受托运行黄金交易系统，2003 年 6 月开通"中国票据"网，推出中国票据报价系统，初步建成了交易、信息和监管服务"三大平台"，在支持人民币汇率稳定、传导央行货币政策、服务金融机构和监管部门等方面发挥了重要的作用。

为适应中国外汇管理体制改革的需要，国家外汇管理局信建立了包括出口收汇核销系统、国际收支统计监测系统等 12 个主要的应用系统（见表 17.1），初步构建了完整的信息化管理体系。

表 17.1　国家外汇管理局主要业务和应用系统一览表

序号	外汇业务	应用系统
1	国际收支统计监测	国际收支统计监测系统
2	结售汇管理	银行结售汇统计监测系统
3	核销管理	出口核报系统
4		进口付汇核销管理系统
5	服务贸易管理	服务贸易外汇业务非现场监管系统
6	外汇账户管理	外汇账户管理系统
7	个人外汇管理	个人结售汇管理系统
8	直接投资管理	直接投资外汇管理系统
9	外债管理	外债统计监测系统
10		高频债务数据采集系统
11	外汇储备管理	外汇储备经营管理系统
12	综合管理	企业档案数据库系统
13	对外网上服务	出口收汇核销网上报审
14		贸易信贷（延期付款、预收货款、延期收款、预付货款）网上登记
15		银行结售汇综合头寸和外汇牌价网上报送
16		出口换汇成本网上抽样调查
17	政务公开	国家外汇管理局政府互联网站
18	部门间信息共享和业务协同	海关联网数据交换平台（与海关）
19		出口核销退税数据传输系统（与税务局）
20	办公事务	内部信息门户网
21		办公自动化 OA 系统
22		电子档案调阅系统

17.3.3　反洗钱监测

为履行国家反洗钱法律法规赋予的反洗钱数据接收职责，实现信息化的反洗钱监测，中国人民银行反洗钱监测分析系统和反洗钱信息系统，从2004 年 8 月至同年年底，逐步实现了与 16 家全国性商业银行总行的数据联网，在 2005 年拓展到全国各银行金融机构。

2006 年《中华人民共和国反洗钱法》及配套法规颁布实施后，一年多的时间内建立了覆盖全国银行金融机构的新标准反洗钱数据接收平台，新建立了覆盖全国证券期货业、保险业、信托投资公司、金融资产管理公司、财务公司、金融租赁公司、汽车金融公司、货币经纪公司、保险资产管理公司的反洗钱数据接收平台。标志着中国反洗钱监测分析具有了依法履行"妥善保存金融机构提交的大额交易和可疑交易报告信息"职责的技术能力。截至 2009 年 6 月底，已与全国近千家报告机构实现了反洗钱大额和可疑交易数据的电子联网报送。

信息化在中国反洗钱监测分析工作中正发挥着越来越重要的作用。为面向全社会宣传反洗钱工作，接收反洗钱举报，同时为经互联网的数据报送提供统一入口，于 2005 年 9 月建成了互联网网站并进行了一系列安全升级和改造，有效地保障了反洗钱数据的及时性和安全性。

17.4　信息化与银行金融服务

银行业的信息化应用主要集中在业务处理、资金核算与清算、办公事务处理、管理与监督等领域，目前各类计算机应用系统已经覆盖了银行业全部业务和管理工作。

银行业利用信息化优化了企业机构和经营模式，保障了重要数据和业务的安全和连续性，推出了各种创新型的服务于民的金融产品和金融服务，例如个人金融以个人客户为中心，实现全国的通存通兑，并为客户提供 7 × 24 小时本/外币资金的存、取、转账、消费、汇款等业务，网络银行、电话银行、手机银行的兴起使客户足不出户就能办理各种银行业务。

极大地方便了人民群众，为中国经济发展和人民生活水平的提高提供了良好的社会金融环境。

图 17.3　中国工商银行的中央控制中心

17.4.1　商业银行金融服务

中国各主要商业银行提供的现代化银行服务可以举例如下。

1. 中国农业发展银行

农业发展银行自成立以来，始终把信息化建设工作当做立行之本，全行上下十分重视信息化建设在业务发展中的支持作用，按照现代农业政策性银行的要求，顺应国内外金融信息化发展趋势，实施科技兴行战略，充分利用现代信息技术，建立全行的科技支撑平台，全力推进信息化建设跨越式发展。2001 年，组织开发了电子联行系统，使支付业务处理手段得到了较大的改善。2003 年，启动了综合业务系统的建设工作，并于 2005 年 5 月在全系统推广试用，实现了全行数据大集中，实现了与人民银行支付系统的直联，建立了统一的账务处理平台；2005 年，开始引入工商银行在业界领先的 CM2002 信贷管理系统，并通过接口改造使之与农发行综合业务系统实现实时连接业务处理。2007 年 9 月，信贷管理系统 CM2006 成功上线运行。同时，服务于全行日常管理工作的管理信息系统建设也取得显著进展。

从 2001 年开始，先后组织进行了 4 次网络升级工作，对三级广域网线路的带宽进行升级，所有网络线路实现了双路热备，更新网络关键设备。配备了网络防火墙。办公网络和生产网络相互隔离。形成一个具有高可用性、高安全性的完善的网络体系。

2. 中国工商银行

中国工商银行自 1984 年成立以来，始终高度重视信息化建设，围绕总体发展目标，确立了"科技兴行"、"科技引领"的方针。在"七五"阶段，工商银行开发了零售、对公业务处理系统，积极推广计算机系统替代手工操作；"八五"期间大力实施柜面业务的自动化处理，率先在国内同业推出全国联行对账等应用，首创资金划拨 24 小时到账；"九五"期间在国内第一家实现实时电子汇兑，实施"大机延伸"工程，将数据集中到省分行，建设了覆盖全行的三级计算机网络；"十五"期间，完成了全行数据集中、数据中心整合等一系列工程建设。自主研发并推出了综合业务系统（CB2000）与全功能银行系统（NOVA）两代核心银行系统，建立了集约化的运行、灾备、测试和研发整体科技架构，为全行业务发展构建了强大的信息技术新平台，实现了科技发展由业务处理电子化到经营管理信息化的转变；"十一五"以来，完成了核心应用系统重构等重点工程建设，研发并推广了境外机构综合业务系统，启动了第四代核心应用系统建设，在客户服务、经营管理、风险管理等业务领域实现了应用产品的快速创新。

在业务量不断攀升的情况下，该行研发了由 209 个应用组成的核心银行系统，建成了涵盖所有业务、功能丰富的应用产品体系。信息系统一直安全稳定运行，信息系统可用率始终保持在 99.95% 以上的高水平，确保了全行业务发展及经营管理的顺利进行。全行不断完善灾备体系建设，具备了同城和异地灾备能力，并开展了集中式营运中心场地灾备建设。银行户口、本外币理财、客户营销、现金管理、财智账户、手机银行等客户服务类产品日益丰富；数据仓库、客户关系管理、财务集中管理等系统实现了经营管理的新突破；内部评级法、业务运营风险管理、市场风险核心管理等系统有效控制了各类经营风险。

3. 中国农业银行

1983 年农业银行电子化建设起步。1985 年底开始建设微机储蓄和对公系统，至 1988 年底，全行计算机营业网点 2107 个，自动柜员机（ATM）140 余台。1993 年底，全行计算机营业网点已达 14200 个，完成了 120 个城市同城网络建设。1997 年底，计算机营业网点达 37000 个，自动柜员机（ATM）2500 余台，完成了总行到省级分行一级骨干网建设，覆盖城市达 278 个。2002 年底，建成了 36 个省域数据中心，实现核心业务全部入网运行。2006 年，实现了全国数据集中。2008 年底，通过数据中心集中处理的核心业务日均交易量达 5728 余万笔，网上银行日均交易量达 400 余万笔；自动柜员机及存取款机合计达 3 万余台，POS 机 25 万余台。

经过 20 多年的不懈努力，农业银行科技自主研发和创新能力有了实质性的提高：依托坚实的信息技术基础架构，研发应用了包括 5 大产品系列、8 大基础技术平台的以 ABIS 为核心的金融产品体系；建成了网上银行、电话银行、客服中心以及自助终端在内的较为完备的电子银行交易渠道；研发推广了以"三类应用"、"五大技术平台"为重点的管理信息系统，为所提供的金融产品遍及各个业务领域，全行业务经营和快速发展提供了有效的技术支撑，使农行成为能够提供全方位金融服务的大型商业银行。

在新的历史机遇下，农业银行将进一步重视信息化建设，通过新一代核心银行系统的建设，在保证系统持续运行和平稳过渡的前提下，对现有信息系统进行全面的升级改造和整合，协调推进应用架构、基础架构、数据架构和 IT 治理架构的完善和优化。实现由以建立信息系统基础架构为核心任务向提升信息化应用水平转变；由以业务流程的自动化、网络化为主要目的向以信息的深度挖掘和充分利用转变；由以支持业务经营为主向全面推动业务创新和管理决策转变。

4. 中国建设银行

建设银行信息化工作自 1984 年起步，经历了从单点作业到网络化覆盖全行、从各分行自成体系到全行大集中、从专注柜面业务综合处理到多渠道建设并行的发展历程，信息技术在服务与产品创新、流程再造、管理改革和风险防范与控制等层面的应用日趋广泛和深入，在推动业务发展、商业化改制、海外上市、战略转型方面发挥了重要的支撑作用。近几年来，建设银行的信息化开始走上整体规划、集约经营的现代化发展道路。

建设银行不断加强信息技术创新力度，不断改造业务流程，推动网点转型，加强产品创新，加强信息技术的推广应用。在个人业务系统建设方面，一批关联客户密切的金融服务创新项目陆续建成，网上银行、手机银行、信用卡系统和证券等重要系统先后优化投产，个人贷款系统项目、呼叫中心整合项目完成全国推广；公司业务系统建设方面，重点客户系统、CTS 系统在优化原系统的同时，逐步完成新系统建设，CLPM 系统完成全国推广，网上贸易融资系统（e-Trade）稳步推进；后台业务系统建设方面，ERPF 系统、对公信贷资产十二级分类项目全行投产，数据仓库系统功能不断扩展，内部评级系统与 ODSB 等系统不断完善，有效支撑了全行管理能力提升；在控制操作风险系统建设方面，"柜面业务风险监控系统"应用，加强了对账户可以交易、柜员的操作进行准实时监控。现金出纳管理系统的应用，加强了对柜员尾箱、网点、金库的现金管理和监控。授信业务监控系统建立和应用，实现对 CLPM 和 A + P 中的公司和个人授信业务（流程）进行分析和关键风险点的监控；在基础应用系统建设上，通过操作型数据存储系统（ODS）、内容管理平台（ECM）、企业客户信息整合系统（ECIF）、全行网络管理（NMS）以及信息系统认证授权平台（UAAP）的建设，对其他各类信息系统提供强大的数据支持。

5. 交通银行

数据集中工程建设使交通银行分布在全国各地和海外的近百个数据处理中心整合到总行数据中心，建立起一个全行统一的信息化体系。

在实施数据集中工程建设的同时，交行适时调整 IT 发展战略，采用先进成熟的 IT 技术和大型机平台，对银行核心业务系统进行全新的规划和设计，构建先进的银行业务信息化体系。在系统开发上改变原来单系统开发模式，采用多系统同步并进，统一技术框架，涵盖银行关键业务的应用数据项，保证了银行各个系统的有机集成，最终形成了一套统一、开放、灵活的业务系统。同时还进行了外围系统的改造和渠道整合，建立综合前置系统，构建中间业务平台，将多个零散的外挂前置系统整合归并到综合前置系统和中间业务平台上，进而建立清晰的集中模式下的整体架构。

为了保障业务连续性，交通银行除了加强数据中心建设，还建立了同城和异地两个备份中心，实现了"两地三中心"的灾难备份体系。通过实战演练，验证和完善应急管理体系架构和机制，提升应对信息系统突发事件的处置能力，构筑起银行信息安全的"终极防线"。

6. 招商银行

招商银行成立于 1987 年。伴随着中国经济的快速增长，不断深化体制机制改革，加快产品与服务创新，由一个只有资本金 1 亿元人民币、1个网点、30 余名员工的小银行，经过 22 年的快速发展，成为资本净额 1040 多亿元人民币、资产 18000 多亿元人民币，机构网点 660 余家、员工 37000 余人的中国第六大商业银行。在香港、纽约设有分行及子公司，与 93 个国家及地区的 1756 家海外金融机构保持着业务往来，跻身全球前 100 家大银行之列。

招商银行向客户提供各种公司及零售银行产品和服务，招商银行在 1995 年依托信息技术在全国率先推出银行卡"一卡通"业务。"一卡通"集各种本外币定活期，存折于一卡，在银行支付、理财服务方式以及"以客户为中心"的转变上，实现了一次重大突破。据统计，在不到一个月的时间里累计发卡 33902 张，累计吸收人民币存款 13022 万元，美元存款 54 万元，港币存款 3846 万元。"一卡通"储蓄存款净增占整个储蓄存款增加额的 71.2%。依托先进的信息技术，招商银行不断拓宽服务渠道，建立了国内先进的银行卡、网上银行、电话银行、手机银行等服务产品，为客户提供快捷、方便、安全的金融服务。

7. 中国邮政储蓄银行和农村信用社

中国邮政储蓄银行和农村信用社是银行金融机构的生力军。它们认真吸取了其他银行的发展经验，从一成立开始，就高度重视信息化建设。依托信息技术的应用，发挥"后发优势"。如特色银行卡服务：利用其 6.4 万个县及县以下的经营性网点，积极开展为农民工所急需的相关银行卡服务，极大满足了广大农民工异地存取款需求。农民工特色业务开通以来，累计成功实现交易 1714 万笔，计 102.8 亿元。其中，2008 年累计成功实现交易 1269.8 万笔，交易金额 79.8 亿元。该业务对于改善农村地区用卡环境、提升农村金融服务水平发挥了明显的促进作用。

17.4.2 中央银行金融服务

中国人民银行作为中国的中央银行，其金融服务目标和主要内容均与商业银行有所不同。目前，中央银行经过信息化的改造，已经可以为中国的金融各行业提供优质、高效、安全、可靠的各种服务。

1. 现代化支付体系

支付清算系统是金融市场和经济运行的核心基础设施，安全、高效的支付体系对于畅通货币政策传导，密切各金融市场有机联系，维护金融业稳定，提高资源配置效率都具有十分重要的意义。新中国成立 60 年来，中国的支付清算系统发生了翻天覆地的变化，其发展可主要分为以下几个阶段。

①计划经济时期：人民银行手工联行清算

计划经济时期，国家有计划地组织和调节商品流通，全国从事支付结算服务和管理机构只有人民银行一家。中国人民银行建立基于手工处理方式的三级联行清算体制，即县内联行、省内联行、跨省（区）联行，处理各类非现金支付业务的资金清算。由于联行报单需通过邮寄或电报方式处理，支付业务的资金到账时间一般在一周左右。

②改革开放初期：启动支付清算电子化进程

改革开放初期，中国的银行体制进行相应改革，四家专业银行相继设立，人民银行专门行使中央银行的职能。为配合"拨改贷"政策的实施，加强信贷总规模控制、打破专业银行吃人民银行联行资金"大锅饭"的局面，人民银行于1984年至1987年先后进行了两次较大规模的联行清算制度改革。第一次改革取消了全国大联行，实行多家专业银行自建联行系统，划分了人民银行和专业银行的联行资金。第二次改革实行专业银行跨行相互转汇，划分了专业银行之间的联行资金，以扭转资金相互挤占状况。

为提高支付清算效率，实现汇划款项与资金清算同步，减少对客户资金的挤占挪用，支持金融宏观调控政策实施，中国人民银行于1991年4月建成基于卫星通讯网的电子联行系统，揭开了中国异地跨行支付电子化处理的序幕。1995年5月，人民银行组织实施电子联行"天地对接"工程，以解决电子联行"天上三秒，地上三天"的突出问题，提高电子联行系统处理速度，实现异地跨行资金当天到账。到20世纪90年代末期，电子联行系统覆盖了全国所有省、自治区和直辖市。

与此同时，各专业银行加强行内电子资金汇兑系统的建设，改变了各行"先汇划、后清算"的清算体制，促进了异地汇兑业务的开展，提高了资金汇划的效率。中国的银行卡在这一时期也取得了较快发展。

总体上看，这一时期中国支付清算系统的建设基本适应了改革开放和社会主义市场经济发展的需要。以电子联行系统为核心、各地同城清算系统、各行电子资金汇兑系统为基础的支付清算网络体系得以确立。

③进入21世纪：全国统一的现代化支付清算体系

进入21世纪，中国经济金融市场化进程进一步加快，对外开放水平空前提高。在此背景下，中国人民银行按照党中央、国务院的部署和要求，以构建安全、高效的支付体系为目标，组织引导，积极推进，中国支付清算系统取得跨越式发展。目前，中国已建成以人民银行大、小额支付系统为中枢，银行业金融机构行内业务系统为基础，票据支付系统、银行卡支付系统、境内外币支付系统为重要组成部分的支付清算网络体系，对加快社会资金周转，降低支付风险，提高支付清算效率，促进国民经济健康平稳的发展发挥着越来越重要的作用。

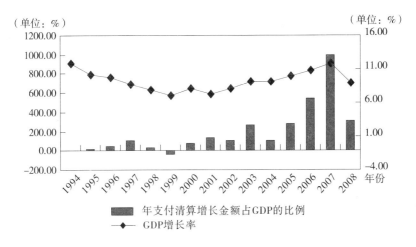

图 17.4　15 年支付清算业务金融变化与经济增长示意图

2000 年 10 月，中国人民银行决定加快中国现代化支付系统建设，大额支付系统于 2002 年试点运行，2005 年 6 月在全国推广完成。该系统采用实时全额清算机制，支付指令实时传输，资金清算不到一分钟即可完成。通过连接各银行业金融机构行内支付系统、中央债券综合业务系统、银行卡支付系统、人民币同业拆借和外汇交易系统等多个系统，为银行业金融机构及金融市场提供了安全高效的支付清算服务，实现了债券交易和央行公开市场业务的"付款交割（DVP）"结算。目前，大额实时支付系统连接 1.6 万多家直接参与者，8 万多家间接参与者。2008 年，大额实时支付系统共处理支付业务约 2.14 亿笔，金额 640.23 万亿元，处理金额达到同期 GDP 的 22 倍；日均处理支付业务 80 万笔，交易金额 2.43 万亿元。

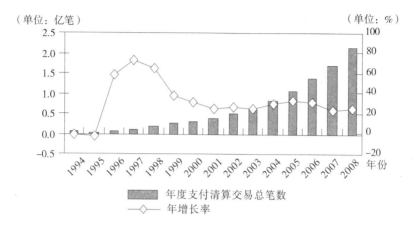

图 17.5　1994—2008 年银行间大额支付业务笔数及增长率示意图

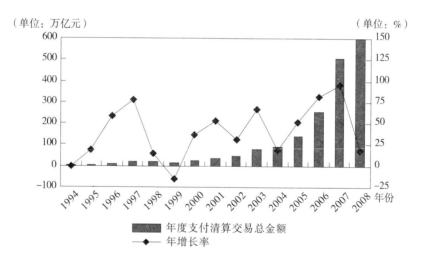

图 17.6　1994—2008 年银行间大额支付业务金额及增长率示意图

　　人民银行小额批量支付系统于 2006 年 6 月在全国推广运行。该系统实行 7×24 小时连续运行，支撑多种支付工具的应用，为银行业金融机构提供了跨行清算和业务创新的平台。2008 年，小额批量支付系统共处理支付业务约 1.4 亿笔，金额 5.12 万亿元。

近年来，为适应日益激烈的市场竞争，各银行业金融机构围绕经营集约化、数据集中化、管理扁平化、决策科学化的经营管理思路，纷纷加快以综合业务处理系统为核心的信息化系统建设，建成了新一代行内业务系统，较好地适应了业务竞争和发展的需要。新一代支付系统主要体现三大特征：一是面向客户进行功能设计。以客户多样化的业务需求为导向，将原先较为分散的业务系统进行整合，实现客户关系管理、风险管理、业务流程管理和授权管理四个方面的统一，客户在银行办理多项业务可"一站式"完成。二是与产品线紧密连接。系统面向市场和业务管理，与服务产品紧密相连，以适应经营发展和业务不断创新的需要。三是深度的数据挖掘功能。在业务数据集中的基础上，通过强大的数据挖掘和统计分析功能，为管理部门科学决策提供信息依据。2008 年，各银行业金融机构行内业务系统共处理支付业务 4.34 亿笔，金额 72.21 万亿元。

人民银行全国支票影像交换系统于 2007 年建成运行，基于影像技术实现支票截留，通过变革支票清算模式，提高了支票的清算效率，并实现了支票全国通用。2008 年，全国支票影像交换系统共处理业务约 619.23 万笔，金额 2718.9 亿元。

2008 年 4 月，由中国人民银行组织建设的境内外币支付系统成功上线运行。境内外币支付系统是一个全额实时结算系统，目前可以进行美元、港币、日元、欧元、澳大利亚元、加元、英镑和瑞士法郎 8 个币种的结算。境内外币支付系统的建成运行，提高了境内外币结算效率、降低了结算风险和结算成本。2008 年，境内外币支付系统共处理支付业务约 7.2 万笔，金额折合美元 80.5 亿美元。

2. 现代化国库服务体系

经理国库是中央银行的法定职能。国库服务信息化是建设现代化和科学化新型国库的重要基础之一。借助现代信息技术，国库业务摆脱了繁杂的手工操作，国库会计核算工作和管理工作实现了质的飞跃。

从 20 世纪 80 年代开始的人民银行国库服务信息化发展经历了三个发展阶段。

第一阶段是探索阶段，主要是解决国库报表数据汇总、报表生成和报表通讯，以及账务核算信息化的问题。1985 年，部分国库开始使用计算机进行报表汇总。1989 年开始利用传真通讯报解国库资金报表。1997 年，借助人民银行卫星"快通"工程，全国各级国库的资金报表基本上实现了电子通讯报解。这一时期国库信息化主要是各级国库自行推进，呈现分散状态，各地发展不平衡。

第二阶段是起步阶段，主要是建立全国统一的国库会计核算系统。1999 年，中国人民银行组织开发的全国统一的国库会计核算系统开始在部分地区试运行，2001 年开始在全国国库系统推广应用，2002 年，成功地实现与大额支付系统联通。全国统一的国库会计核算系统是国库信息化发展史上的里程碑，它具有完备的会计核算功能，能够处理不同财政体制下的国库会计业务；能够实时处理国库资金支付清算业务；同时还提供了国库与财政、税务、海关等相关业务系统的联网接口。

第三阶段是发展阶段，主要是建设国库信息处理系统和国库会计数据集中系统。

国库信息处理系统是财税库银横向联网信息交换和交易处理的核心系统。通过 TIPS，建立国库与税务、商业银行、财政等部门之间的联网，实现缴税及税款入库的全程电子化。2006 年 2 月，TIPS 在北京市、湖南省、贵州省等三个试点省市投入运行。截至 2008 年年底，共有 23 个省（市）的部分税务机关、国库部门、财政部门以及国有、股份制商业银行和地方性商业银行或信用社接入 TIPS；成功处理各种收入业务 3029 万笔，金额 8730 亿元。

财税库银横向联网系统建设实现了各参与方的共赢。一是方便纳税人。纳税人可以灵活选择各种缴税方式，足不出户就完成缴税工作。二是加快税款入库速度、防止税款延压。三是有利于加强税收征管。税务部门可以及时得到税款入库信息，为其提高征管能力奠定基础。四是有利于商业银行公平竞争，尤其是有利于中小商业银行。五是采用全国集中的模式，避免了各地的重复建设，实现了资源的节约使用和合理配置。

为进一步提高国库会计核算效率，增强国库服务能力，中国人民银行启动国库会计数据集中系统建设，于 2008 年 7 月在重庆成功上线运行，2009 年开始在全国推广。该系统对国库会计核算的基本流程进行了优化，极大地提高了国库会计核算业务的处理效率、提升了国库服务水平。

财税库银横向联网建设以及国库会计数据集中系统成功上线运行是国库信息化发展史上的又一里程碑，标志着国库信息化发展取得了重大进展，迈上了新的台阶。

3. 现代化征信体系

改革开放以来，中国社会主义市场经济得到长足发展，国家建设取得了巨大成就，人民生活发生了翻天覆地的变化。市场经济在某种意义上也是信用经济，中国社会经济中信用的缺失扰乱了市场经济的正常秩序，严重不适应中国经济、社会的发展。据统计，在 20 世纪 90 年代末，经国家工商部门查处的经济案件有 71 万件，2006 年全国工商查处的案件近 200 万件，短短六七年时间，翻了一番半，比同期的经济增长速度还快。征信体系的建设成了全社会关注的突出问题。

为满足经济社会发展的迫切需求，根据中国的国情，人民银行借助信息化发展的最新成果，组织商业银行建设并不断完善了企业和个人征信系统。提高了商业银行防范信用风险的管理水平，促进了信贷市场的发展和社会信用体系的建设。征信系统建设和完善的过程，充分见证了信息化技术所带来的巨大生产力。

中国征信业的发展大致经历了三个阶段。

第一阶段，起步和初期发展阶段（1987—1994 年）。最初主要是适应企业债券的发行和管理，由人民银行各省分行成立资信评级机构，对发行的企业债券进行评级。从 1990 年开始，深圳、厦门等地人民银行率先推出纸质的银行间信贷信息共享平台——贷款证，以文本簿记的形式登记企业在各家银行的借还款情况并据此查询。1992 年，第一家由民间投资、专门从事企业资信调查的企业征信机构——北京新华信商业风险管理有限责任公司成立，标志着新中国私营企业征信开始起步。

第二阶段，民营征信业发展和外资进入阶段（1995—1997年）。这一时期中国经济得到快速发展，商品的买方市场开始形成，银行信贷和商业信用规模不断扩大，各类民营征信机构数量有所增加，业务也有一定发展。一些外资企业征信机构和信用评级机构开始登陆中国市场。

第三阶段，政府重视征信业发展，企业和个人征信体系进入全面建设阶段（1998年至今）。1998年银行信贷登记咨询系统开始建立和运行，该系统于1999年底推广到全国301个地级以上城市，2001年底完成省域分系统的建设，实现了省辖内城市间的联网查询。一些省市配合贷款卡管理开始组织对借款企业进行信用评级。2000年上海开始个人联合征信试点工作。2002年2月，中共中央、国务院下发《关于进一步加强金融监管，深化金融企业改革，促进金融业健康发展的若干意见》，提出"要在试点的基础上，抓紧建立全国企业和个人征信体系，使具有良好信誉的企业和个人充分享有守信的益处和便利，使有不良记录的企业和个人付出代价、声誉扫地"。3月，国务院办公厅下发文件，成立了由人民银行牵头，国家计委、国家经贸委、公安部等16个部委参加的"建立企业和个人征信体系专题工作小组"，负责研究中国企业和个人征信体系建设的总体方案、征信立法及实施步骤等问题。自此，中国企业和个人征信体系开始进入全面建设阶段。

2004年，人民银行开始建设全国统一的企业和个人征信系统，2006年企业和个人征信系统实现全国联网运行。征信系统已经完成了与公安部、全国组织机构代码系统的联网，实现了公积金、社保、电信、环保、法院等16个部门非银行信息的入库，信息采集全面，覆盖面广。信息技术使得征信系统建立了覆盖全国的信用信息服务网络。目前，征信系统已经联通了全国所有银行类金融机构，截至2009年6月，个人征信系统开通查询用户15.5万个，企业征信系统开通查询用户14.7万个。企业和个人信用报告日均查询量分别为14.5万笔和70万笔。

截至2009年4月底，企业征信系统共收录企业及其他组织1520.7万户，其中借款人为706.8万户；个人征信系统收录自然人数近6.5亿人，其中，收录各项信贷业务账户3.6亿个（其中贷款账户1.41亿个，信用卡账户2.23亿个），人数1.55亿人；收录个人结算账户20.7亿个，人数为4.9亿人；收录公积金账户近5601万个，人数近4716万人；收录养老保险缴存账户4821万个，人数近4551万人；收录养老保险发放账户1394万个，人数为1356万人；收录电信正常缴费账户1170万个，人数近896万人；收录电信欠费账户463万个，人数近347万人。

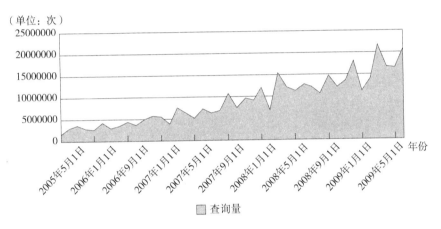

图17.7　商业银行信用报告查询量变化趋势图

征信系统的运用改变了商业银行的经营理念、管理模式和业务流程，促进了商业银行经营管理水平的提升；有效防止了信用风险，在商业银行成功抵御此次国际金融危机的冲击中发挥了重要作用；促进了信贷市场的发展，为推动解决中小企业融资难问题的解决发挥了积极作用；提高了政府部门行政执法力度，促进了地方和行业信用建设；改善了社会信用环境，大大提高了企业和个人的信用意识，全社会良好的现代信用文化正在形成。

4. 现代化银行卡服务体系

银行卡作为现代化的电子支付工具，在银行金融服务体系中占据重要位置。银行卡的发展利国利民，可促进消费、减少现金流通、降低交易成本、加强反洗钱、扩大税基、提升国际形象、促进衍生产业发展。中国银行卡服务产业历经多年的发展，从无到有，从小到大，见证了改革开放的伟大历程，记录了百姓生活的历史跨越，成为新中国经济发展、社会进步的缩影。

银行卡业务是传统金融业务与现代信息技术结合的产物。中国的银行卡业务始于20世纪70年代末，改革开放初期，经济社会全面发展，人民群众迫切需要快捷方便的个人支付工具。1979年12月，中国银行广州分行与东亚银行签署协议，代理其信用卡业务，这是中国银行业第一次开展银行卡业务；1985年3月，中国银行珠海分行发行了中国第一张银行卡——"中银卡"，这是中国第一张自主品牌的银行卡，也是中国第一张信用卡。此后，其他银行也纷纷开始发行自主品牌的银行卡。

1993年，为了实现POS与ATM机具与网络资源共享，改善用卡环境，江泽民总书记亲自倡导了"金卡工程"。1994年，"金卡工程"作为国家信息化重点工程之一正式实施。"金卡工程"主要包括建设银行卡跨行信息交换系统，实现各发卡行的业务联营以及技术标准的统一，率先在12个城市进行试点。1997年，人民银行组织各商业银行组建了全国银行卡信息交换总中心，并建设银行信息交换系统。到2000年底，陆续建立了18个银行卡信息交换中心，部分实现了当地城市的同城跨行通用和部分城市之间的异地跨行通用。信用卡的发卡量、交易量以及ATM机具、POS机的布放也取得较大程度的发展。

2002年3月26日，经国务院同意、人民银行批准，中国自己的银行卡组织——"中国银联股份有限公司"正式宣告成立。中国银联的成立标志着中国银行卡业务进入新的发展时期。银行卡跨行支付系统于2002年建成运行，专门处理银行卡跨行交易信息转接和交易清算业务，由中国银联建设和运营，具有借记卡和信用卡、密码方式和签名方式共享系统资源等特点，为境内外人民币银联卡跨行业务的集中、高效处理提供了技术保障。在国务院和人民银行的领导支持下，通过中国银联及各商业银行的共同努力，2002年，联网通用"314"目标基本实现。"314"工程是

2001 年底温家宝同志在人民银行考察银行卡工作时提出的，要求到 2002 年底，在 300 个以上城市实现各商业银行系统内的银行卡联网通用，在 100 个以上城市实现银行卡的同城跨行通用，在 40 个以上城市提高认识普及"银联"标识卡，全面实施异地跨行联网通用。银行卡服务范围已经由 ATM 取现、POS 消费等传统渠道，扩展到支持银行卡在水、电、气以及航空、医院、学校、海关等与老百姓生活密切相关的行业领域的广泛应用，极大地方便了持卡人的日常支付活动。

依托银行卡支付系统，2005 年 12 月，农民工银行卡特色业务在贵州开通试点。该项业务为广大农民工携款返乡带来了便利，避免了携带大量现金的安全问题，为农村地区打通了一条连接城乡的金融汇路。同时，该项业务实现了银联卡受理网络向广大农村地区的拓展延伸，大大改善了农村地区的银行卡受理环境。目前，该项业务已经覆盖全国各地 6.6 万个农村金融网点，广大农民工朋友可在遍布全国的近 180 家银行业机构办理银联卡并存入现金，返乡后可在家乡就近的邮政储蓄银行和农村信用社网点提取现金和查询余额。截至 2009 年 6 月底，农民工银行卡特色服务业务累计实现交易金额 165.1 亿元，全国农民工银行卡特色服务业务再创新高。其中，2009 年上半年该项业务交易金额和取款交易笔数分别达到 62.9 亿元和 485.8 万笔，较去年同期分别增长 68.9% 和 88.2%。这表明越来越多农村地区的外出务工人员通过该项业务享受到了"打工地挣钱，家门口取款"的巨大便利。

近几年，银行卡创新支付业务发展迅速。手机、互联网、固定电话等新兴支付渠道不断涌现而且迅猛发展，各种过去人们不曾想象的支付方式已纷纷变为现实，并日益渗透人们的日常生活。随着银行卡产业的持续快速发展，各类基于银联卡的创新支付业务呈现迅速发展的良好势头，无论是用户量，还是交易笔数和交易金额，都实现了大幅增长。由中国银联携手各商业银行以及移动通信运营商，联合推出的手机支付业务发展迅速，截至 2009 年 6 月底，全国手机支付定制用户总量突破 1920 万户，其中，今年上半年共计实现交易 6268.5 万笔和 170.4 亿元，较去年同期分别增长 42.4％和 63.7％。通过手机支付，民众可以实现包括手机话费查询及缴纳、银行卡余额查询、银行卡账户信息变动通知、水电燃气费缴纳、彩票投注、航空订票等多种支付服务。截至 2009 年 6 月底，固定电话支付终端布放量达到 56.6 万台，上半年的交易笔数和交易金额达到 3720 万笔和 3353 亿元，同比分别增长 3.7 倍和 2.7 倍。

与此同时，银联卡网络不断向境外延伸，2004 年 1 月 18 日，银联网络正式开通中国香港业务，中国银行卡品牌的国际化之路迈出了划时代的一步。随后，中国澳门、新加坡、俄罗斯、日本、美国、德国、法国、瑞士、土耳其、澳大利亚等 60 多个国家和地区的受理业务陆续开通。目前，银联境外受理网络已经覆盖了 95％以上中国人常去的国家和地区，基本实现"中国人走到哪里，银联卡用到哪里"的目标，银联卡日益成为全球重要的银行卡品牌。

截至 2009 年 6 月，全国银行卡累计发卡量达到 19 亿张，成为全球发卡量最多的国家。2009 年上半年，全国银行卡交易总额达到 65 万亿元，同比增长 22％，各商业银行已发行信用卡 1.4 亿张，上半年信用卡交易金额 4.9 万亿元。银行卡已经渗透到经济生活的方方面面，成为居民在消费时使用最频繁的非现金支付工具。全国社会消费品零售总额中约四分之一是用银行卡来进行支付的。数据显示，在全国社会消费品零售总额中通过银行卡支付的比例近几年呈现持续上升的态势。2006 年这一比例为 17％，2007 年和 2008 年分别达到了 21.9％和 24.2％。目前中国已经被公认为全球银行卡业务增长最快、发展潜力最大的国家。

银行卡作为现代化支付工具，代表了中国个人支付未来发展的方向，这一产业今后的发展，必将对人们支付习惯的改变、金融服务水平的提高、人们生活水平的改善等各方面，发挥更重要的促进作用。

5. 现代化公民信息服务系统

银行账户是资金运动的起点和终点，保留着资金运动的轨迹。落实银行账户实名制，对于保护银行和社会公众的财产权，维护正常的经济金融秩序，从源头上打击偷税漏税、贪污受贿、金融诈骗、洗钱等违法犯罪活动有着十分重要的意义。

国务院于 2000 年颁布的《个人存款账户实名制规定》规定，个人在商业银行开立个人存款账户时，应当出示本人身份证件，使用实名；商业银行应当要求其出示本人身份证件，进行核对，并登记其身份证件上的姓名和号码。2006 年国家颁布的《反洗钱法》规定，商业银行应当按照规定建立客户身份识别制度；商业银行不得为身份不明的客户提供服务或者与其进行交易，不得为客户开立匿名账户或者假名账户。

为促进银行账户实名制的落实，中国人民银行于 2005 年建成了人民币银行结算账户管理系统，组织了单位银行结算账户的清理核实，加强了对银行账户的管理。上述举措对于落实银行账户实名制，维护正常的经济金融秩序发挥了积极的作用。然而，长期以来，由于缺乏有效的技术手段，不法分子利用虚假身份证骗取开立假名账户时有发生，账户实名制的实施效果并不理想，落实银行账户实名制的任务仍然十分艰巨。

2006 年 11 月，公安部"金盾"一期工程通过验收。作为"金盾"一期工程的重要组成部分，公安部信息共享平台存储了近 13 亿中国公民的姓名、公民身份号码、性别、民族等人口基本信息。中国人民银行和公安部决定共同为商业银行搭建联网核查公民身份信息系统，商业银行可以联网核查这些信息，更加有效地识别客户身份，进一步落实银行账户实制，促进社会征信体系建设和反洗钱工作。

2007 年 7 月，银行业金融机构联网核查公民身份信息系统建成运行。人民银行信息转接平台以人民银行现有的内联网和网间互联平台为基础，向公安部的信息共享平台转发人民银行用户以及通过账户系统、征信系统、反洗钱系统发出的核查请求；接收并转发商业银行用户以及通过其综合业务系统发出的核查请求；接收并转发公安部信息共享平台的核查结果。自此，银行机构在办理银行账户业务以及以账户为基础的支付结算、信贷等业务时，可通过联网核查系统方便、快捷地验证客户出示的居民身份证的真实性。除少数边远地区的农村信用社因技术条件限制外，联网核查系统已接入银行业金融机构网点 18 万个，占全国银行业金融机构网点总数的比例达到 93% 。

截至 2009 年 6 月底，全国共发生联网核查业务 19 亿笔，日均业务量达到 400 万笔。据不完全统计，银行业金融机构通过联网核查系统发现客户出示虚假居民身份证的案例共 12 万起，其中 4460 多起具有违法犯罪嫌疑的案件已移送公安机关；身份信息可疑的相关个人自动放弃办理业务的事件近 110 万人次，联网核查的社会效果初步显现。

联网核查系统的建成运行，具有重大意义和深远影响。一是有利于进一步落实银行账户实名制，规范经济社会秩序。联网核查系统为银行机构识别客户身份、辨别身份证件信息真伪提供了一种权威、有效的手段，客观上将对骗取开立假名账户的行为产生巨大的威慑和预防作用，从而有利于从源头上遏制贪污受贿、偷逃骗税、洗钱等违法犯罪活动，维护正常的经济金融秩序。二是有利于银行机构完善基础管理制度，健全内控机制，降低经营风险，履行社会责任，持续健康发展。三是有利于减少因账户假名或匿名造成的经济纠纷，遏制金融欺诈特别是针对普通百姓的金融诈骗，保护社会公众的资金安全和银行机构的合法权益，切实维护人民群众的根本利益。

17.5　信息化与证券业务服务

经过 20 年的发展，中国证券业信息化建设取得了举世瞩目的成绩，不仅在很多方面形成了自己的特色，而且在某些技术指标上达到了世界一流水平，强有力地支撑了中国证券市场的快速发展。

17.5.1　证券交易系统

上海、深圳证券交易所的交易系统经过多次升级，其功能在不断完善、性能在明显提高。1993 年 4 月，上海证券交易所采用卫星数字广播

方式传送交易所行情。1996 年 12 月，上海证券交易所的新交易系统通过
了每天 360 万笔交易的峰值考验。2003 年，系统容量达到日委托 4000 万
笔，成交 6000 万笔；深圳证券交易所的系统日处理能力为 1000 万笔。上
海证券交易所，进一步发展了原微机系统中独特的实时交易前端风险控制
功能，对进入系统的每一笔委托的席位交易权限、账户合法性、委托价格
范围、股东持股余额等一系列指标进行实时事前检查。深圳证券交易所，
通过技术改造，在同一套技术平台上先后顺利实现了主板、中小企业板、
创业板以及报价转让等多个层次市场的运作，不仅节约资源，提高市场的
集中运维管理，又实现了不同市场差异化的交易机制，满足了市场和监管
机构的需求。

随着证券市场投资者规模的扩大，新产品及创新业务的推出，加上电
子化交易的广泛应用，市场对交易系统的处理性能要求呈现出几何性的增
长（见图 17.8）。特别在以散户投资者为主、证券账户数多达数千万的中
国证券市场中，对系统性能的高要求也是世界上独一无二的。因此，证券
交易所始终十分重视对交易系统的投入与技术攻关，使得整个市场的处理
性能达到世界领先水平（见表 17.2）。

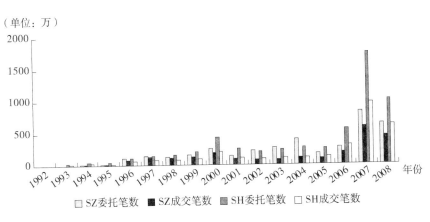

（单位：万）

图 17.8 沪、深证券交易所日均委托笔数与成交笔数

表17.2　上海、深圳证券市场交易系统的处理性能

		上海证券交易所	深圳证券交易所
交易系统	持续订单处理性能	3.5 万笔/秒	3.5 万笔/秒
	委托处理性能	8000 万笔/日	7000 万笔/日
	成交处理性能	10000 万笔/日	10000 万笔/日

17.5.2　证券结算系统

中国结算系统主要由业务处理系统、数据仓库系统、数据通讯系统、网上办公系统、网站系统和监控系统等组成。业务处理性能在世界同类系统中也处于领先水平（见表17.3）。

表17.3　上海、深圳证券市场结算系统的处理性能

		上海证券交易所	深圳证券交易所
结算系统	实时账户处理性能	20000 个/分钟	28800 个/分钟
	实时清算处理性能	7000 笔/秒	7000 笔/秒
	系统可处理容量	12000 万笔/日	10000 万笔/日

中国证券结算系统分布在京、沪、深三地运行。核心业务系统包括沪、深证券登记结算系统和开放式基金登记结算系统，为方便参与人资金划拨和信息沟通，证券结算公司通过上海的"参与人远程操作平台"（PROP）系统和深圳的综合结算平台（IST）系统分别向沪、深参与人提供服务。市场信息服务和网上业务办理通过公司网站统一提供。证券结算公司建设了覆盖京、沪、深三地的专用通信网络系统，为监管机构、证券市场参与人、投资者及公司内部事务提供通讯支持。

17.5.3　通信网络系统

随着证券公司运营模式的转变，实施集中交易后证券公司营业部功能

弱化，单向与双向卫星通信小站的数量出现了下降的趋势，并且卫星网络建立和维护成本高，租用的网络带宽有限。同时，随着光纤网等网络新技术的应用，地面通信技术的性能和稳定性可以更好地满足证券市场的交易要求。因此，地面网络的通信带宽的不断增加（见图 17.9），使地面网络逐渐取代卫星网络成为市场主要的网络通信方式。

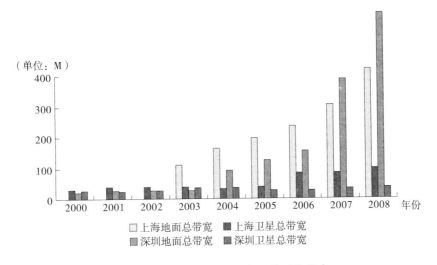

图 17.9　上海、深圳证券市场的通信带宽

17.5.4　证券公司

随着多层次资本市场的逐渐建立、产品与业务的不断创新、市场竞争的日趋激烈，证券公司的信息技术应用发生了巨大的转变，一是由以往以营业部为单位的分散交易方式转化为以证券公司为中心的集中交易方式，二是客户交易方式以过去的现场交易方式为主转换成以互联网交易为主的交易方式，三是数据集成与数据管理成为证券公司提高信息系统价值的重点工作。

2000 年 3 月中国证监会颁布了《网上证券委托暂行管理办法》，大力推进了网上证券交易业务的发展。目前，97% 以上的证券公司总部、营业部和服务部都已提供网上交易，通过网上交易所完成的成交量已占到整个市场交易的65%以上。

证券公司技术系统逐步向集中交易模式转变，带来业务模式转变与处理性能大幅提高。

中国证券集中交易系统从最初区域集中到全国大集中，经历了一个从尝试到大规模发展的过程。从2001年开始，部分中小规模券商开始进行集中交易的尝试，同时一些规模较大的证券公司开始进行区域集中交易系统建设，基本达到了数据集中与管理集中的目的。2004年，以中信证券和国泰君安证券为首的几家大型券商开始进行全国性的集中交易建设。由于整个行业多年的经验积累，加上2006年8月《证券公司集中交易安全管理技术指引》的制订与发布，这时的集中交易系统不论在技术性能还是业务整合创新方面都有了很大的提高。迄今为止，全国绝大部分证券公司已基本实现集中交易。

集中交易不仅使证券公司实现了集中交易和集中管理，降低了业务风险，还大幅提升了柜台系统的处理能力，尤其是2007年中国证券交易市场交易量飙升后，证券集中交易系统与外围周边的客户支持数、日处理委托笔数与峰值处理能力都有了显著提高。

17.5.5 灾备系统

随着信息技术在证券市场广泛深入的应用，信息系统的安全性对市场的正常运作日益重要。特别是美国"9·11"事件引起各国证券市场对信息系统灾难备份的高度重视，纷纷建设灾难备份中心。

作为证券市场的核心，证券交易系统的灾难备份对于保障整个证券市场高可用性至关重要。上海、深圳证券交易所分别对交易系统在同城异地建立了实时灾难备份系统，主备系统之间实现数据同步，确保数据的零丢失和100%完整性，使交易系统具有较高的高可用性。

中国证券结算公司在对沪、深登记结算系统建立初步的灾难备份系统后，根据市场发展状况不断优化完善，逐步形成了完备的同城异地灾难备份系统，并建立了涵盖整个核心信息系统的集中、实时、直观的监控系统，使得灾难备份的切换时间缩短在 45 分钟之内。这些技术的改进与完善为登记结算业务的连续性提供了可靠保障。

17.6　信息化与保险业务服务

1997 年，中国人寿保险公司推出了寿险业务核心处理系统，并在全国分步实施，逐步取代了各地分公司自己开发系统的建设模式。其后，中国人寿又建设推广了会计核算和财务管理系统、个人代理人管理系统、精算责任准备金系统等应用系统，这些系统的建成，标志着中国人寿业务、财务处理过程实现了自动化处理，支撑了各项业务的快速发展。同时，借助网络技术的成熟，各保险公司逐步建立了覆盖全国各营业网点的基础网络，实现了各分支机构之间的网络互联，为保险业务信息的及时处理提供了数据交换平台。

2002 年，太平人寿保险有限公司、泰康人寿保险股份有限公司以及中国平安保险等公司相继开始推进数据大集中，而新设立保险公司均把建成大集中基础上的业务系统平台作为开业的首要条件之一，数据大集中成为保险信息化的新主题。数据集中带来了管理集中，是保险经营由"以保单为中心"向"以客户为中心"转变的基础，可以有效地降低保险业的经营成本，加强经营管理中的风险控制能力。截至 2008 年底，保险业已基本实现了数据大集中，全行业通过信息系统管理的有效保单数量超过5.2 亿份，涉及保险客户超过 9.1 亿人次，对数据资产的开发应用工作正在逐步深入。

在新时期保险公司的信息化治理水平也进一步提高，在优化组织结构、实施战略规划、完善规章制度等方面均取得显著的成绩，成为保险信息化工作在新的发展阶段的又一个亮点。保险业信息化投入水平稳步增加，2008 年达到 58.9 亿元，比上年增长近 30%，占全年保费收入的 0.6%。全行业信息技术人才队伍达到一定规模，到 2008 年底共有专业技术人员 10771 人，占行业职工总人数的 1.8%。中国太平洋保险（集团）公司在 2001 年成立了信息技术管理委员会，并结合业务发展战略制定了信息化战略规划，构建了包括 IT 管理、IT 基础建设和业务应用等三类共 18 个项目的建设蓝图。从 2002 年起，陆续启动了"集中的财务系统"、"产、寿险核心业务系统"、"保险数据仓库建设"、"集中的 IT 运行平台"、"网络和安全系统"等信息化建设项目，通过几年的建设，显著地提高了信息系统的整合应用能力，为业务发展提供了有力的支撑。

中国平安保险（集团）公司于 2007 年在上海张江建成了全国统一的后援中心，集中支持各子公司的信息化服务管理工作，将全国 3000 多个分支机构的后台数据中心全部统一到该平台下处理，平台以电话中心和互联网为核心，为前线业务提供全面的金融产品和服务支持，并依托网点服务中心和专业业务员队伍建立了"3A"（任何时间、任何地点、任何方式）服务模式，为保险客户提供全国通赔、定点医院、网点"一柜通"等差异化的服务。保险客户不论身在何地，只需拨打统一的客户服务电话，在后台信息系统的统一支持下，即可得到保险公司及时全面的服务。中国人寿作为 2009 年世界排名第 133 位的《财富》500 强企业，近年来也在积极建设"IT 治理卓越、应用架构灵活、运维体系高效、数据管理科学、基础设施先进、专业队伍一流、业务支持敏捷、创新能力突出"的信息技术体系，根据"前后端整合、中间核心处理系统分立"的基本原则，不断深化应用系统建设，努力构建适应集团化发展的应用体系，为中国人寿实现国际顶级金融保险集团的发展目标提供强大的科技支撑。

1997 年，中国保险学会发起成立了中国第一家保险网站——中国保险信息网。同年 11 月 28 日，由中国保险信息网为新华人寿保险公司促成了国内第一份网上保险单，标志着中国保险业迈入互联网时代。2000 年，国内首家集保险、银行、证券及个人理财于一体的个人综合理财服务网站——中国平安保险公司的 PA18 正式向外界亮相，PA18 从开始创立即

定位为"网上综合理财服务平台"。同年，泰康人寿保险股份有限公司的
保险电子商务网站——"泰康在线"全面开通，成为国内第一家真正实
现在线投保的网站，也是国内首家通过保险类 CA 认证的网站。此后，保
险业的电子商务取得快速发展，逐步成为保险业务的新渠道，2008 年共
实现保费收入 248.6 亿元，同比增加 57.3%，占总保费收入的 2.5%。

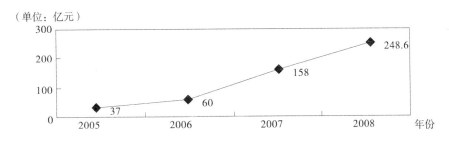

（单位：亿元）

图 17.10　2005—2008 年以来保险业电子商务保费收入情况

中国保监会成立后，按照"总体规划、分步实施、注重实效"的建
设方针，组织实施了多个信息化项目，保险监管信息化工作取得一系列突
破性进展。2004 年，中国保监会研发推出了"中国保险统计信息系统"，
以"全科目、大集中"的方式自动采集、分析全行业的各类保险经营数
据，彻底改变了中国非现场保险监管的面貌。随后，中国保监会又陆续推
出了"保险稽核系统"、"保险产品管理信息系统"、"保险机构和高管人
员管理信息系统"、"分类监管信息系统"等一系列应用系统，覆盖了保
险监管的各个领域，有效地提高了保险监管的水平和效率。

从 2002 年起，保险信息化建设进入提升阶段，保险业对信息化的认
识不断深入。通过实践，信息化的作用和地位逐步显现，信息技术是保险
业经营管理不可或缺的重要组成部分已成为全行业的共识，信息化已提升
到全行业的战略高度。网络信息技术应用的广度和深度进一步提高，数据
大集中成为保险信息化建设的主流，保险业务和信息技术的融合程度越来
越高，信息化在发挥传统支撑作用的同时，逐步成为保险公司创新驱动的

重要组成部分。当前，保险业已逐步进入了"后集中"时代，在数据集中的基础上，利用数据仓库和商业智能（BI）技术开展数据挖掘和深度应用以发挥数据资产的效用正在成为新的应用趋势，信息化已成为保险业全面协调可持续发展的重要动力。随着信息化和保险业务的深度融合，保险信息化将助推保险业不断取得新的辉煌。

（本章作者　陈静　张海燕　潘润红）

参考文献

［1］陈静、林铁钢、吴树森、李沁芳、张智敏、吴健南、陈天华、吕大成、龙琪：《中国银行业信息化建设成就》，《金融电子化》2002 年版。

［2］中国金融信息化发展战略研究课题组：《中国金融信息化发展战略研究报告》，中国金融出版社 2006 年版。

企业文框09：用友软件

　　用友公司成立于1988年，致力于把基于先进信息技术（包括通信技术）的最佳管理与业务实践普及到客户的管理与业务创新活动中，全面提供具有自主知识产权的企业管理/ERP 软件、服务与解决方案，是中国最大的管理软件、ERP 软件、集团管理软件、人力资源管理软件、客户关系管理软件及小型企业管理软件提供商。目前，中国及亚太地区超过 70 万家企业与机构通过使用用友软件，实现降低成本、提高效率，加快市场响应速度，提升绩效的业务价值。用友软件股份有限公司连续多年被评定为国家"规划布局内重点软件企业"，是中国软件业最具代表性企业。"用友牌 ERP 管理软件"系"中国名牌产品"。

　　1988 年，用友软件的创始人当时就职于国务院机关事务管理局，负责中央国家机关行政财务的电算化工作，由此感觉到会计电算化很快会在全国铺开，这必然会创造一个庞大的财务软件市场，但当时缺少专业软件公司以商品化方式提供软件和服务，于是用友公司的创始人决计填补这个空白。

用友初创时就把"发展民族软件产业，推进中国管理现代化"确立为自己的使命，并确定了"自主研发，自有品牌"的发展方针。当时用友的规模很小，但是用友不断适时更新发展目标，先后提出要成为中国最大的财务软件厂商和最大的本土管理软件厂商，这些目标在当时看来有些遥不可及，然而在1991年和2002年就已分别得到实现。

用友取得这些成绩的关键，在于抓住了中国经济和市场发展带来的一波又一波的增长浪潮，在对老业务持续深耕的同时，不断培育出适合市场情况的新业务。

用友公司也曾向一些国际领先的同行学习，希望开发出一个包罗万象的高端产品，然后根据用户的具体需求进行简化和组合，但很快发现这种"大材小用"的模式并不适合中小企业（也就是中低端业务），因为它不仅会造成功能冗余，而且会导致成本太高。这无异于放弃中低端市场，放弃高端客户的培养基地。

如今，用友的目标是希望成为一家"世界级公司"，在产业水平、产业规模、市场份额等方面比肩国际同行，并且作出相应的产业与社会贡献。

（编撰：刘博）

第18章

其他行业信息化
发展概述

引 言

将信息技术向传统产业部门的渗透和扩散，用信息化改造传统产业，加快传统产业的技术、产品和结构升级，建立现代产业体系，一直是中国工业化和信息化发展所共同面对的一项重要任务。除了本书前面各章所介绍的信息化对传统产业的改造之外，中国国民经济中几乎所有的行业，都在不同程度上利用信息技术将传统行业提高到一个全新的水平，使之跨入同行业的世界先进水平之列。然而，遗憾的是，由于篇幅的限制，本书不可能对中国数以百计的各行各业都做一个全面而详尽的介绍。为了满足读者的需要，本章再就中国对国民经济的 11 个行业信息化的发展情况做一个概述。

尽管信息化在推动传统产业技术改造和升级、建设现代产业体系方面的作用已经成就卓著，但是由于传统产业门类繁多，行业之间的技术、产品特性差异极大，不同行业对信息技术的需求千差万别，信息技术在传统产业各行业的应用和扩散也呈现出明显的个性。因此，在回顾传统产业部门的信息化发展历程时，观察各行业如何结合自身的产业和行业特征推动其信息化的发展，可能对我们会有更多的启发。

18.1　轻工业信息化

轻工业的信息化经历了从技术改造引入单项应用，逐步上升到生产经营流程管理，再上升到各环节的综合集成等成长阶段。

18.1.1　轻工业信息化历程

20 世纪 70 年代末，轻工业信息化开始起步，个别行业和企业在技术改造中逐步引入单项的信息技术应用，计算机开始用于数据管理，物料需求计划（MRP）等简单的系统开始应用于企业物料管理；到了 80—90 年代，随着改革开放的深入，轻工企业取得了快速的发展，由于企业的内在发展需求以及信息技术的迅猛发展，轻工企业信息化取得了长足的进步，从计算机辅助设计和辅助制造（CAD/CAM）、制造执行系统（MES）、计算机集成制造系统（CIMS）等工具和流程控制软件到办公自动化系统（OA）、财务管理、制造资源计划（MRPII）、企业资源计划（ERP）等管理软件都开始逐步在大中型企业中应用；到 90 年代后期，随着国内、国际两个市场的迅速发展，以及互联网应用不断深入，电子商务及供应链管理系统（SCM）、客户关系管理系统（CRM）等应用逐步普及，而 ERP 等大型集成软件应用也开始升级，优化内部经营管理流程成为重点；到 2000 年以后，尤其是最近几年，在企业完成自身生产经营各环节的综合集成之后，许多轻工企业信息化建设重心逐步过渡到对市场的快速反应、加强企业针对市场变化的研发、培育企业核心能力并更好地适应环境上。

18.1.2 轻工业信息化现状及趋势

在行业层面，中国轻工业联合会作为轻工业全国性、综合性的、具有服务和管理职能的工业性中介组织，坚决贯彻执行党中央、国务院关于推进信息化建设的精神，结合轻工实际，积极研究和探索推进企业信息化的方法和手段，在信息化推进方面做了大量工作。注重和加强与政府管理部门的联系，及时了解和掌握国家信息化的方针、政策，认真完成交办的工作，同时积极主动进行沟通和汇报，反映行业和企业的呼声和诉求。分类指导、按行业推进企业信息化。制定了推进企业信息化工作指导意见，引导和促进企业信息化建设进程。积极开展信息化宣传和培训，促进信息化知识传播和人才培养。开展信息化先进表彰工作，以点带面，促进企业信息化发展。加强行业信息化公共服务平台建设，重点建立了"中国轻工业网"（http://www.clii.com.cn/）。

在企业层面，轻工业领域的一些重点企业在信息化建设中已经取得了良好的效果，像海尔、奥克斯、泰格林纸、杰克等大型企业信息化发展水平已经实现了综合集成，达到了国内企业信息化的先进水平，为培育企业核心竞争力、提升经营绩效发挥了重要作用。为数众多的中小企业信息化则相对滞后。

在未来一段时间，轻工业领域将以推进信息化与工业化融合为重点，坚持以产业结构优化升级和转变经济发展方式为主线，以自主创新和扩大开放为动力，加强行业引导和服务，发挥企业主体作用，促进产学研结合，努力研发适应我国轻工业发展特点的关键信息技术，大力推进信息技术在轻工业各领域的应用、渗透和融合，提高自主创新能力，推进科技进步，促进轻工业转型升级和全面协调可持续发展，加快实现由世界轻工大国向轻工强国的跨越。

18.2　纺织工业信息化

纺织工业的信息化起步较早，进展较快。多数企业的信息化历程也包括从技术改造引入单项应用，逐步上升到生产经营流程管理，再上升到各环节的综合集成，现在许多企业逐步进入企业信息化与市场环境的互动融合。

18.2.1　纺织工业信息化历程

20 世纪 70 年代后期，纺织行业信息化进入起步阶段，上海部分棉纺、织布企业首先采用国产计算机进行织机监测等单项应用；20 世纪 80 年代，纺织行业信息化迎来快速发展期，一些试点企业开始建立整个车间的监测系统和简单的管理信息系统，开发了织布车间监测系统等多种管理和控制系统，生产过程部分实现了计算机管理；20 世纪 90 年代，纺织行业信息化迎来一个小高潮，企业信息化投资迅速增加。据行业管理部门 1996 年的调查，开展信息化项目的企业大部分是国有大中型企业，占当时企业总数的 25.8%，北京、上海等大城市达到 52%—56%，遍及棉纺、化纤、纺织、印染、针织等行业，投资百万元以上的企业有近 60 家。在这一时期，集成管理软件开始出现，管理信息系统（MIS）、MRP、MR-PII、ERP 系统应用逐渐增加，局域网快速发展。但随着 20 世纪 90 年代后期纺织行业的不景气，信息技术应用的深化受到了明显影响；进入 21 世纪，纺织工业迎来了快速发展，纺织工业信息化也取得了长足进步，多项数字化技术研发成功，纺织技术取得突破，全世界最先进的纺织技术在中国都有了应用，信息技术在企业综合集成管理中的应用增长迅速，基于互联网的电子商务应用基本普及，上百家大中型企业实施 ERP 系统，如仪征化纤、雅戈尔、美特斯邦威等少数大型企业的信息化应用已经达到较高水平。

18.2.2　纺织工业信息化现状及趋势

在行业层面，中国纺织工业协会负责引导、组织和协调全行业各个细分行业的信息化，并牵头完成了"中国纺织信息服务平台"建设，纺织行业门户网站——"中国纺织经济信息网（CTEI）"已经完成了平台核心部分及超过 10 个产业集群地网站节点的建设，并开发了资讯中心、行业经济运行、纺织知识库、行业预警、数据中心、产业集群、质量标准、价格指数、海关提单检索系统、市场行情等信息服务栏目。2009 年项目完成后，"中国纺织信息服务平台"的网站节点数量将超过 30 个。行业内各个细分行业也开发了类似的资源平台和服务中心，纺织工业的行业信息化服务达到了较高水平。

在企业层面，绝大多数规模以上企业基本完成了单项信息技术应用，开始进入信息化管理阶段。根据 2007 年中国纺织工业协会对行业 2600 多家规模以上纺织企业进行的抽样调查，已经实施 ERP 系统建设的企业约 7%，从事信息服务、电子商务类网站约 200 多家（不含企业自己网站）。总体而言，纺织工业领域一些重点企业在信息化建设中已经取得了良好的效果，但大多数中小企业的信息化建设还难以令人满意。

在未来一段时间，在行业层面，国家将大力推进两化融合，按照调整振兴规划的要求，中国纺织工业协会加大力度推动纺织行业的公共服务平台建设，更大范围实现信息资源共享，为纺织企业特别是广大中小企业服务，促进结构调整，提升行业效率。在企业层面，越来越多的企业更加重视管控一体化应用、综合集成管理应用，更加注重信息化的实效性。同时，电子商务手段的广泛应用必将成为纺织服装企业开拓市场，提升品牌，实现升级的重要途径。

18.3 电力行业信息化

电力行业的信息化起步较早，发展也比较快，电网企业和发电企业的信息化水平都比较高，多数企业已经实现从单项信息技术应用到生产经营流程管理信息化的升级。

18.3.1 电力行业信息化历程

20世纪60至70年代，电力行业信息化进入起步阶段，主要是实现电力生产过程自动化、发电厂自动监测以及变电站自动监测；到20世纪80至90年代，开始实现电网调度自动化，计算机辅助设计等专项业务应用开始在企业迅速普及；到20世纪90年代，电力企业的OA、MIS系统等企业管理软件应用迅速增加，电力信息化逐渐从生产操作层走向管理层，并向更深层次拓展，电力基础设施取得跨越式发展并逐步完善，仅电力专用通信网就已投入近百亿元。

1997年8月，原电力工业部制定并实施《全国电力计算机网络建设规划》，加大电力信息网络建设推进力度。1998年，国家调整电力建设战略，筹资3000多亿元，将电力建设重点转向电网建设和"两网改造"，电力行业信息网络基础设施也有了突飞猛进的改善。

进入21世纪以后，各电力企业得益于电力行业信息基础设施的升级，企业信息化得到长足发展，各类过程控制和企业综合管理系统应用不断深入。2007年，《关于"十一五"深化电力体制改革的实施意见》正式下发，行业的流程优化、系统整合协同与管理规范化成为重要方向，电力信息化重点转移到信息技术的集成和综合利用，推动了管理软件在电力行业的快速普及与应用深化。

18.3.2 电力行业信息化现状及趋势

"十一五"以来，电力行业信息化发展迅猛，信息基础设施进一步完善。信息化建设取得显著成效，网络与信息安全工作稳步推进，信息产业自主创新取得突破，行业的信息化水平和网络与信息安全防护水平都上了一个台阶。

在行业层面，国家电监会承担了电力行业网络与信息安全监督管理职责，为加强行业网络与信息安全工作，一是组织建立了电力行业网络与信息安全管理体制，落实了信息安全责任；二是初步建立了电力行业信息安全法规建设，使信息安全工作逐步走上法制化、规范化的轨道；三是组织开展了以关键网络安全防护为主要内容的电力行业信息安全基础设施建设工作；四是组织完成了首批电力企业的信息系统安全等级保护定级工作。在电监会及电力企业的共同努力下，电力行业圆满完成了十七大、奥运会等重要时期的行业信息安全保障任务。

在企业层面，一是基本建成了电力信息基础设施。电网企业以电力通讯网为基础，形成了覆盖各电网企业，涵盖发电、输电、配电等各个环节的国家电力调度数据网络和信息网络。发电集团利用电力通信网和电信公众网的传输通道，采用安全的接入技术，分别建立了以集团公司、区域分公司为主节点的核心网络，并延展到各基层电厂的二级网络，基本实现了集团公司内部各单位的互联互通和信息共享。二是信息技术与生产经营业务深入融合。国家电网公司实施了"SG186"信息化工程，构筑了纵向贯通、横向集成的一体化企业级信息集成平台，建成了适应现代化管理需求的八大业务应用与六个保障体系，在效能、效益、效率等方面取得初步成效。南方电网公司通过构建由数据中心、应用集成、企业门户、IT 基础设施与信息安全、技术架构体系及 IT 管理和服务等组成的信息一体化体系，统一了从总部到各分子公司的业务标准和信息标准，实现了电网支撑数字化、业务管理信息化、分析决策智能化的目标。各发电集团公司面对激烈的竞争格局，以管理创新为基础、以提高工作效率为手段、以信息资源管理为核心、以网络系统和数据中心为支撑、以企业信息门户为主导，增强市场竞争力、降低发电成本，建成了功能完善、高效实用、高度集成、体现自身管理特色的管理信息系统。三是自主创新取得突破。通过技术引进、消化和自主开发，电网自动化领域总体达到了国际先进水平，部分成果领先国际，自主研发的能量管理系统等关键控制系统已在我国电网调度系统中得到应用；SG186 等多个应用系统平台、电力信息安全专用装置已基本开发完成，并广泛投入使用，电力行业信息产业化工作取得了重要突破。

　　未来一段时间，电力行业信息化重点是继续推动 ERP 等综合集成性管理软件应用、加快"大集中"规划建设、加快应急指挥中心建设、加强数据中心和网站建设、加快行业信息共享平台建设、加强信息安全建设，实现生产自动化向管理信息化的转变、资源收集向资源综合利用的转变和辅助管理向提升经济效益转变。

18.4　煤炭工业信息化

　　中国煤炭工业信息化相对国内其他工业领域起步较早，但"九五"期间因一度整体行业经济亏损，信息化进展比较缓慢，甚至出现短暂停滞，之后开始了快速发展并取得明显成绩。

18.4.1　煤炭工业信息化历程

　　煤炭工业信息化道路经过 20 世纪 80 年代开始的起步阶段和随后的"单项应用"、"系统应用"再到"协同应用"等发展过程，取得了明显成绩，部分煤炭企业初步呈现了"信息化矿井"的雏形。

　　起步阶段。20 世纪 70—80 年代，煤炭工业改革以调整、整顿、行业总承包和推进煤矿机械化为主。煤炭工业部 1984 年成立信息中心，提出了"两年起步，三年发展，五年联网"和"四落实一连通"的整体发展思路，在全行业各领域组建专业队伍，开展人才培训、普及微机应用，从国外引入煤矿安全监控等技术和系统，并组织开发了生产调度、计划统计等应用系统并在全行业广泛推广。

发展与调整阶段。20世纪90年代，煤炭工业改革，逐步转换经营机制、加强煤矿基础工作、走向市场。"九五"期间煤炭信息化进入调整期，煤炭部提出信息系统开发建设服务于煤炭企业改革总目标，加强了信息基础设施建设，应用系统从单项开发走向综合集成。当时煤炭工业信息化总体水平处于我国工业行业的中上水平。1995年，国有重点煤矿大都进行了信息基础设施改造，用了5年时间，53%的矿区与公网实现了联网。同时，借着企业管理体系改革之机，许多企业开发了许多管理软件，安全生产监测监控与MIS系统开始向综合集成发展。"九五"后期，煤炭行业经济低位运行，企业资金运转相当困难，煤炭信息化陷入停滞，大批优秀的信息化人才外流。

优化和提高阶段。2000年以后，煤炭工业市场化改革取得一定成效，开始转向优化结构、构建新型煤炭工业体系阶段。"十五"期间，煤炭工业经济状况改善，企业信息化开始重新回暖，一批大型企业信息化水平迅速提高并达到了国内企业的先进水平。以兖矿为例，兖矿在前期完成诸多单项应用后，CAD、CAPP、PDM、CIMS、DCS、DAS等系统应用达到了较高水平，并于2003年，ERP系统的第一、二期成果先后上线。

18.4.2 煤炭工业信息化现状及趋势

煤炭工业信息化总体水平相对落后，在不同的经营管理领域、不同企业之间存在发展的不平衡。除个别大型企业（如兖矿、神华集团等）管理比较规范、信息化应用已经具备较高水平之外，多数煤炭企业的信息化主要限于生产环节的过程控制，但企业经营管理信息化普遍存在较大不足。

在近年来，我国的煤炭工业信息化取得了明显成效。一是，煤炭行业群体信息化意识有了很大的提高，信息化开始进入行业发展战略。二是，应用电子信息技术提升煤炭综合生产力，为实现煤矿高产高效、确保安全生产发挥了重大作用。三是，信息基础设施建设有了一定的规模，为信息化建设打下了坚实的基础。四是，信息系统的开发建设，从单项应用走向系统集成，已成为煤炭企业新的经济增长点之一。

在行业层面，中国煤炭工业协会在国家安全生产监督管理总局及相关部门的指导下，与煤炭工业通信信息中心等单位合作建设了"中国煤炭工业网"（www.chinacoal.org.cn）等一批网站和行业信息服务平台。在企业层面，以安全生产为重点，以建设矿井综合自动化为突破口，大多数国有煤炭企业安装使用了安全生产监测监控系统、运输机集控系统，有的矿井安置了煤位、水位监测系统、井下运输信号集中闭锁系统、井下移动通信系统、人员定位系统、工业电视系统等信息化系统和技术产品。不少高产、高效工作面选用了嵌入式计算机系统，这些装置和系统在实现采矿自动化，实现高产高效，确保安全生产方面起到了非常重要的作用。信息系统已经成为许多煤矿企业指挥生产不可缺少的基础系统。

未来一段时间，煤炭工业信息化将由生产环节向综合集成管理发展，企业经营的各个环节信息化水平更加均衡，整体效益更加突出。同时，安全问题依然是该行业的基本问题，信息化工作的重点之一是将安全生产控制系统融入企业集成管理，让企业不能跳过安全监控进行生产。

我国煤炭工业现阶段是沿着机械化、规模化、信息化和节约、清洁、安全、高效的道路发展。为深入贯彻落实党的十七大所提出的"五化并举"、"两化融合"的新战略、新思想，逐步建立起与社会主义市场经济体制相适应的煤炭企业信息化体系结构，促进煤炭工业信息化建设的健康发展，今年全国煤炭行业召开了"煤炭工业信息化推进大会"，提出了《煤炭工业推进"两化融合"指导意见》，明确煤炭工业的"两化融合"要逐步由技术融合、业务融合、产业融合、部门融合等方面分步进行，阐述了煤炭工业"两化融合"的阶段、内容、保障措施和当前工作重点。按照科学发展观的要求，扬弃先工业化、后信息化的发展模式，大力推动和加快信息化与工业化的融合，则新型煤炭工业化的发展必将拥有前所未有的美好前景。

18.5　建材工业信息化

中国建筑材料工业信息化应用起步较早，发展较快，尤其是水泥、玻璃等主要行业的大型企业信息化应用水平较好，整个行业的信息化应用取得明显成效。

18.5.1　建材工业信息化历程

中国建筑材料工业早在 20 世纪 60 年代开始研发侧重于工业控制领域应用的信息化，70 年代得到推广应用。

80 年代，计算机开始应用于企业管理，许多企业自行开发了人事管理、财务管理方面的专用软件，取得了良好效果。同时，商业化管理软件（如财务管理系统、OA 系统等）也开始进入，为企业信息化水平进一步提高奠定了基础。至 80 年代末，计算机单项技术应用在建材工业领域已经比较普及。

90 年代，建材企业的信息化应用进一步深化。生产过程自动控制系统（DCS）得到了不断优化，一些企业对不同的控制系统进行了集成，实现集约化管理，提高了经营决策水平。基于网络化管理信息系统快速普及，电子商务、行业生产服务平台开始出现并逐渐发挥作用。

从 2000 年前后开始，建材工业加速了市场化和国际化的步伐，外资开始大量进入，刺激了建材工业信息化水平的快速提升。IT 规划和 IT 专业化管理开始引入企业信息化，建材工业企业与专业咨询公司和大型软件企业的合作越来越多。企业生产过程控制系统与企业财务、销售、物流等各方面信息开始综合集成与信息共享，ERP 系统成为许多企业的信息化方向。

18.5.2　建材工业信息化现状及趋势

在行业层面，在原国家建材局和中国建材联合会的领导和支持下，已经建成了中国建材行业信息服务平台。该平台通过 20 兆光纤连通互联网，已经建成水泥、玻璃等 50 多个专业数据库，建立了以"中国建材信息总网"（http://www.cbminfo.com）为代表的行业网站群。该平台拥有近 500人的信息员队伍，建立了比较完善的信息采集发布渠道，发挥了重要的经济和社会作用。

在企业层面，生产过程控制系统已经基本普及，企业管理信息系统的应用水平迅速提高。几乎所有的大、中型水泥厂装备了生产过程自动控制系统，2000t/d 及以上新型干法水泥生产线、全部浮法玻璃生产线普遍采用了先进的集散型控制系统（DCS）；单机、单项采用信息技术的设备在建筑材料各行业中普遍应用。部分企业实现了管控一体化，许多大中型企业已经开始引入 ERP 系统，逐步进入综合集成管理阶段。

建筑材料工业信息中心的调查显示，建材工业企业中约 75% 建立了专门的信息化机构，超过 1/3 的管理人员拥有 PC 机，超过 87% 的企业有内部网，92% 的企业建立了互联网门户网站。财务系统普及率超过 89%，生产管理系统达到 40% 以上，销售管理系统达到六成。

未来一段时间，建材工业信息化将继续向综合集成阶段深入，建材企业信息化水平将成为行业和企业经营效益的保障、竞争能力的重要指标，信息通讯技术将为建材工业实现节能减排、结构优化、可持续发展提供更加有力的支撑。

18.6　汽车工业信息化

中国的汽车工业已经成为中国国民经济极为重要的支柱产业之一，对中国经济的发展和人民生活水平的提高贡献巨大。然而，中国的汽车工业也面临着剧烈的国际竞争。毫无疑问，信息化是中国汽车工业发展壮大、赶超世界先进水平的不可或缺的必经之途。

18.6.1　汽车工业信息化历程

汽车工业是中国信息化起步较早的产业部门之一。中国第一汽车制造厂的信息化历程在全行业中具有典型的代表性。1966 年，中国第一汽车制造厂就成立了"生产技术控制队"（电子计算机站），计算机开始应用于企业的开发研究。1975 年，一汽的"企业管理数据处理中间试验项目"顺利通过验收。1980 年，一汽从东德引入 EC1040 电子计算机，开始有计划地建设管理信息系统。1987 年，IBM4381 计算机系统全面投入使用，到 1989 年，一汽已拥有各类计算机 598 台，电算专业人员 400 多人，主要生产过程实现了计算机辅助管理，CAD、CAM、CAPP 得到普遍应用。1995 年，推行精益生产方式取得明显成效。1998 年，一汽信息高速网络建成，实现了企业网、国内网、国际网三网联通。2000 年，成立一汽启明信息技术有限公司，信息技术部门分化独立出来成为独立的企业法人，为一汽信息化建设提供专业化服务。

从整个行业的信息化历程看，基本都经历了"简单信息技术应用"、"系统的信息技术应用"、"业务流程驱动的信息技术应用"等几个阶段。除了一汽集团信息化起步较早外，其余汽车企业在 20 世纪 80 年代才纷纷开始简单的信息技术应用，少部分企业在进入 20 世纪 90 年代之后，才刚刚进入计算机部分代替手工操作的阶段。从 2000 年左右开始，汽车工业加速了国际化步伐，国外汽车巨头也纷纷登陆中国，企业之间展开了广泛的合并重组，基于现代高新技术的市场竞争刺激了汽车工业信息化水平的快速提升。汽车企业信息系统开始综合集成，内部生产与外部营销逐渐衔接，信息技术对经营管理的支撑服务作用明显增强。从 2005 年开始，SCM、ERP 等大型软件开始在汽车工业领域的大企业普及，汽车电子商务发展迅速，汽车工业整体信息化迎来了一个快速发展期。

18.6.2　汽车工业信息化现状及趋势

总体而言，中国汽车工业的信息化应用水平在各工业部门中处于前列，外资企业、合资合作企业、大型汽车企业的信息化接近国际水平，整车生产企业优于改装车及零部件生产企业。

全行业各类企业已经普遍引进设计、生产过程管理软件（CAD、CAM、CAE 等），以及计算机辅助工艺编制（CAPP）、柔性制造系统（FMS）、计算机集成制造系统（CIMS）、制造执行系统（MES）等；CRM、SCM、ERP 等企业管理软件也在大中型企业迅速普及。超过 20% 的企业拥有门户网站。

行业电子商务发展迅速。包括上市公司里面的宇通客车、东风电仪、三爱海陵、一汽四环、上海汽车等均在大力挺进电子商务领域。奇瑞汽车集团推出盖世汽车网（www. gasgoo.com），努力打造全球领先的汽车零部件采购电子商务平台，目前已拥有稳定买家资源超过 20 万家，活跃买家1 万多家，有 8000 多家中国零部件供应商通过盖世网平台联系国外买家，寻找全球商机。

未来一段时间，汽车工业信息化将继续向综合集成阶段深入。企业内部信息化建设进程加快，电子商务的应用将更加普遍和深化，行业和企业信息服务平台逐步完善，信息技术将对汽车工业的整体竞争力提升带来更大帮助。

18.7　水利信息化

伴随着水利事业的快速发展和信息技术的广泛应用，水利信息化经历了起步、推进、发展等三个阶段，水利信息化逐步成为水利工作不可分割的一部分，成为事关水利发展全局的战略性任务。

18.7.1 水利信息化历程

中国水利信息化建设发展历程大体可分为以下几个阶段：

1. 起步阶段。我国在 20 世纪 70 年代末开始水利信息化建设。限于当时信息化技术水平和应用技术水平的限制，这一阶段，水利信息化主要以单机应用为主，先后开发了《PDP 和 VAX 系列机实时水情信息接收处理系统》和《水情、气象信息传输实时处理预报调度系统》，以及实时水雨情电报的翻译和存储，改变了以往依靠密码电报传送水雨情信息的落后手段，利用计算机进行了水文数据的整编和汇编。由于当时受到信息系统规模不大、应用面窄、信息技术相对落后、业务规范化程度较低等方面的限制，水利信息化的管理、实施、运行维护等工作分散在各个部门。

2. 推进阶段。随着国家防汛抗旱指挥系统工程等大型水利信息化工程的筹划和启动，水利部在 1997 年成立了由副部长任组长的水利信息化工作领导小组，统一领导全国水利信息化工作。在这一个阶段，水利信息化主要围绕着为防汛工作服务，利用数据库管理和网络等先进信息技术，先后开发了《淮河干流实时水情预报综合分析系统》、《全国防洪调度系统研究（第一期）》、《长江防洪系统水情监测和预报技术研究》、《水情信息及洪水预报预测业务系统》和《雨情气象信息接收处理应用系统》等应用。1995 年，以《全国实时水情计算机广域网系统》为代表的信息系统的建成和投入生产运行，解决了实时水情信息的网络传输，实时水情信息的收集时间和信息量都得到了明显的提高，为防汛指挥决策赢得了时间，标志水利信息化进入了网络时代，水利信息化逐步步入快速发展阶段。

3. 发展阶段。2001 年，水利部党组确立了"以水利信息化带动水利现代化"的发展思路，2003 年，《全国水利信息化规划》（"金水"工程规划）正式出台，首次明确提出全国水利信息化的发展思路，将水利信息化建设定名为"金水工程"并召开了第一次全国水利信息化工作会议。之后，水利部、各流域机构、各地水利部门纷纷在机构和队伍建设、规划制定、项目立项、资金投入、技术标准编制等方面加大水利信息化工作力度，全国水利信息化工作逐步走向规范化、系统化，水利信息化的地位不断提升。2006年的第二次全国水利信息化工作会议推动水利信息化不断向纵深快速发展，重大项目立项实施加快，特别是水利信息化基础设施建设取得重大进展。网络、通信、存储、服务器、视频会议系统等基础设施不断完善，水文水资源、地理空间、防汛、水土保持等重要水利信息资源和防汛抗旱、水土保持、水资源管理、电子政务、门户网站等重要业务系统建设取得了显著成果，水利信息系统已成为水利工作不可替代的平台。2009年4月，水利部在上海召开全国水利信息化工作会议，水利部陈雷部长在讲话中提出加快水利信息化步伐，以水利信息化带动水利现代化，是一项事关水利发展全局的重大战略任务。

18.7.2 水利信息化发展成就

全国水利系统坚持以水利信息化带动水利现代化，紧紧围绕水利中心工作，认真组织实施全国水利信息化规划，初步形成了由基础设施、应用系统和保障环境组成的水利信息化综合体系，有力推动了传统水利向现代水利、可持续发展水利转变。

第一，信息采集和网络设施逐步完善。全国省级以上水利部门已建成各类信息采集点约2.7万个，其中自动采集点占47.5%，信息采集的精确性、时效性、有效性以及工程监控的自动化水平显著提高。水利信息广域网、水利通信网、视频会议系统不断扩展，服务器等硬件设备日趋完善。

第二，水利业务应用系统开发逐步深入。国家防汛抗旱指挥系统工程、国家水资源管理信息系统、水利电子政务系统、全国农村水利管理信息系统、全国水土保持监测网络与管理信息系统、全国水库移民管理信息系统、国家水利数据中心、水利网络与信息安全保障系统等近期八大重点工程进展顺利，已成为水利工作不可或缺的平台。

第三，水利信息资源开发利用逐步加强。在线运行数据库内容覆盖水利业务方方面面，一些单位还初步构建了数据中心。空间地理基础信息资源开发取得重大进展。

第四，水利信息安全体系逐步健全。在安全管理、物理环境安全、网络安全、系统和数据安全等方面均取得了明显的进展，为水利业务系统的正常运行和信息安全保密提供了保障。

第五，信息化新技术应用逐步扩展。遥感技术已广泛应用于灾害性天气预报和水旱灾害监测；以地理信息系统（GIS）技术为支撑的水利空间数据建设、管理和业务应用迅速展开，全球定位系统（GPS）在长江、黄河等大江大河的水下地形及部分河道、蓄滞洪区以及大比例尺地形测量中得到实际应用；视频会议系统在防汛抗旱远程会商和指挥调度过程中发挥了突出作用；可视化技术正逐步应用于流域和水利对象的跟踪、模拟展示与管理，越来越多的数学模型、分析软件在水利工作中得到应用。

第六，水利信息化行业管理逐步强化。水利信息化建设的组织体系初步建立，《水利部信息化建设管理暂行办法》、《关于进一步推进水利信息化工作的若干意见》、《关于加快推进水利信息化资源整合与共享的指导意见》、《水利网络与信息安全事件应急预案》和《水利信息系统运行维护定额标准》等水利信息化建设、管理、资源整合等方面的制度和指导意见相继正式颁布。水利信息化标准体系不断完善，水利部已颁布水利信息化行业标准24项，82项信息化标准列入2008年新修订的水利技术标准体系。水利信息化队伍不断壮大，人员结构渐趋合理，业务技能稳步提升。水利信息系统运行维护明显加强，部机关及直属单位运行维护经费纳入中央财政预算，规模逐步增加；各地也多渠道落实运行维护经费。

水利信息化建设的加快推进，有力地支撑了水利勘测、规划、设计、科研、建设、管理、改革等各项工作，特别是在应对频繁发生的洪涝、台风、干旱等灾害，防范汶川特大地震次生灾害，抗御南方低温雨雪冰冻灾害以及黄河水量统一调度、珠江压咸补淡应急调水、北京奥运会供水安全保障、解决太湖蓝藻暴发供水危机、水土保持科学考察等工作中，发挥了极其重要的作用，水利发展方式正在发生深刻转变。

18.8　新闻出版信息化

伴随着新技术、新设备、新媒体的广泛应用,新闻出版业在产业组织形式、产品结构、市场结构和行政管理方式等方面都发生了巨大变化,中国新闻出版业信息化建设也取得了长足的进步。传统出版在保持一定发展速度的同时,已在向以网络化和数字化为特征的数字出版转变。

18.8.1　新闻出版信息化技术应用

在图书出版方面,以整合业务流程为基础的管理信息系统、ERP 系统在相当一部分出版集团和出版社得到应用,生产效率和综合管理水平大为提高;跨媒体编辑平台的建设,促使多媒体出版展现出良好的市场发展前景。在出版物流通领域,大多数新华发行集团构建以连锁经营为特征,立足本省、辐射全国的现代营销体系和以网络信息技术、计算机技术为支撑的现代化出版物物流配送系统基本建成;出版物发行信息交换格式标准的颁布实施,为建立统一开放、竞争有序的出版物市场起到了积极的推动作用。在报纸出版方面,新闻业务采编系统、报业经营管理系统、内部信息管理系统、办公自动化系统、激光照排系统、卫星异地传版系统得到广泛使用;随着网络技术的发展,报纸媒体的网站发布也应运而生,手机报、卫星报、电子纸等新的传播方式和新技术在部分报社开始推广和应用;数字化技术促进了数字报业的发展,大多数报业集团和主要报社建立起了数字化的采编业务平台和内容资料数据库,部分报社建立了 CRM 系统,ERP 系统也开始引入并投入运行。在印刷复制方面,CTP 直接制版系统、数字印刷及印刷全流程数字化管理技术的发展及快速推广,使我国印刷工业在告别了"铅与火"的时代后开始了又一次技术上的跨越。

18.8.2 新闻出版信息化建设成就

新闻出版行业各种应用业务系统建设逐步深入。国家版权监管平台对作品版权进行认证和监管。国家出版物信用监管系统将构造一个能够将政府管理部门、出版单位、经销单位和消费者直接联系起来的覆盖全国的信用监管体系。全国图书在版编目系统通过互联网实现与全国570多家出版单位CIP数据的在线申报和返回。"农家书屋"工程数据管理系统对全国"农家书屋"工程相关数据进行采集，通过对相关数据的管理、分析和使用，为"农家书屋"的建设和管理提供科学有效的信息。著作权登记管理信息系统（二期）将开发网上登记系统；建立基础资源数据库；编制著作权登记管理信息系统标准等，为相关个人、企事业单位、科研单位等权利人进行版权登记提供更便捷的服务。新闻出版行业监管和服务信息系统将借助信息化手段，建立数字化监管和服务平台，实现新闻出版总署与直属单位、省级新闻出版局之间的互联互通、信息共享，提升行业监管水平，构建公共服务体系。书号实名申领信息系统将出版管理流程和出版生产流程通过网络系统进行了链接，实现了所有出版社可随时在线申领书号，提高了工作效率，加强了对出版物的管理。"中国共产党思想理论资源数据库及传播工程"将把一整套马克思主义思想理论图书资源进行数字化处理，通过网络平台免费向社会提供公益性传播。网络出版监管小型试验系统每天监测网页50万个，正在建设的网络出版监管系统建成后预计每天监测网页将达600万个，筛选报警信息1800余条，将有效查禁违法违规网络出版物和非法网站。

新闻出版行业正在建设的重点工程中，"国家数字复合出版系统"工程、"数字版权保护技术"研发工程已经正式启动，"中华字库"工程和国家知识资源数据库等工程即将启动。同时正加快组织实施以《中华大典》编纂出版工程、《中华数字古籍全书》出版工程、"创新学术"出版工程、国产动漫振兴工程等为代表的国家重大出版工程。

新闻出版信息化的法规和标准化建设取得积极进展。2005年4月，

《互联网著作权行政保护办法》正式发布，加强了互联网信息服务活动中信息网络传播权的行政保护。2006 年 7 月，《信息网络传播权保护条例》正式施行，有效保护了著作权人、表演者、录音录像制作者的信息网络传播权。2006 年，《图书流通信息交换规则》和《出版物发行标准体系表》等标准正式发布实施。2008 年 1 月，《中国标准书号条码》颁布。2008 年 4 月，中国音像制品技术质量的第一个系列行业标准《音像制品质量技术要求》发布实施。《音像制品制作管理规定》、《电子出版物出版管理规定》、《书号实名申领管理办法（试行）》、《经营性图书出版单位等级评估办法》颁布。《中国标准录音作品编码》、《图书、音像制品、电子出版物营销分类法》、《出版物物流标签》等标准发布。2009 年 4 月，发布了《MPR 出版物》5 项行业标准。

目前，《数字出版标准体系》、《动漫出版标准体系》、《手机出版标准体系》、《数字印刷标准体系》等标准正在研究制定。

18.9　旅游业信息化

中国旅游业信息化建设取得实质性进展，传统旅游开始向现代旅游、网络旅游的方向转变。信息化为中国旅游业的发展提供了前所未有的机遇。

18.9.1　旅游信息化发展历程

从信息技术的应用来看，计算机技术应用于中国旅游企业是 20 世纪 80 年代初期。1981 年，中国国际旅行社引进美国 RRIME550 型超小型计算机系统，用于旅游团数据处理、财务管理、数据统计；1983 年，上海锦江宾馆引进美国 Conic 公司的电脑管理系统。之后，适用于旅游企业的办公自动化等计算机系统开始逐步推广，但能实现全球电脑预订的网络还很少。目前，中国旅游信息化正走向快步发展阶段，重点是积极建设旅游业信息网络，并利用它逐步开展旅游定制和营销。

18.9.2 旅游业信息化建设成就

旅游电子政务取得了长足进展。已建成星级饭店的管理系统、旅游投诉系统、旅游统计系统、旅游财务指标管理系统、旅游项目投资管理系统、景区点管理系统和导游管理等十余个业务管理系统，规范了行业管理，形成了全国行业管理数据体系，基本覆盖了行业管理层面，为宏观决策提供了较客观的数据基础。国家旅游局官方网站也不断完善，2008 年 6 月进行了第五次改版，实现了政务网和商务网的分离，形成了中华人民共和国国家旅游局网站和中国旅游网两个网络体系，各自服务于不同的网络受众。

旅游企业的信息化应用逐步普及。据调查，业务管理系统、财务管理系统在旅行社中应用比例高达 57%，面向市场营销的信息系统的应用比例为 8%；饭店管理系统，特别是前台系统在饭店中应用比例高达 76%，面向市场营销和客房预订的系统应用比例为 21%。星级饭店信息化应用程度普遍比较高，其内部管理基本采用了饭店信息管理系统，商务客房提供互联网接入服务，普遍参加多个网上预订系统，且网上销售已逐步成为酒店的主要销售渠道之一。大中型的旅行社普遍采用了信息管理系统和业务管理系统，与国外同业有网络连接，并通过互联网进行宣传和服务。相对于中高星级饭店、大型旅行社和管理集团，大多数中小规模的旅游企业的信息化水平依然较低，专业系统缺乏，信息化手段落后，没有进行系统和数据整合，专业人才缺失等问题也较为普遍。旅游景区普遍处于信息化应用和管理营销脱节的状态。

在旅游信息化环境建设方面，已完成旅游电子商务标准（草案）和饭店信息管理标准（草案）两个标准草案的草拟工作。配合科技部黄山现代服务业数字旅游建设，国家旅游局信息中心草拟了旅游地理信息系统信息规范、旅游遥感信息规范、旅游卫星定位信息规范等多项行业规范。

随着信息技术和网络技术的广泛应用，中国传统旅游业将向现代旅游业发展，各种信息系统如计算机预订系统、电视会议、可视图文系统、航空电子出票系统、电子货币交易系统、移动通讯等的应用将会极大地提升旅游业的竞争力和服务能力。

18.10　环保领域信息化

环境信息化（环保领域信息化）起步较晚，但进展较快。在以需求为导向，以应用促发展的理念指导下，经过 10 多年集腋成裘式建设，实现了从无到有，从小到大，由弱变强的跨越式发展。

18.10.1　环境信息化历程

环境信息化早期主要以计算机应用为主，零星且分散。"七五"期间，在国家级层面开始引入 VAX 小型机和微机进行数据管理和科学计算，辅助管理和科研工作。"八五"期间，环保部门开始制定全国环境信息化工作总体规划，一些省份制定了环境信息系统建设规划，并通过世行贷款，建设了"中国省级环境信息系统"。到"八五"末期，在全国建成了27 个省级环境信息系统，相应配置了软、硬件设备，为省级环境信息化工作提供了工作条件。

"九五"开始，随着我国环境保护工作的不断深入和发展以及国家信息化的不断推进，环境信息化建设进入第一个高速发展时期。这一时期，环境信息化发展思路逐步明确，环境信息化组织管理体系初步建立，环境业务应用开发不断深入，信息服务得到明显加强。

在基础能力建设项目的带动下，以办公自动化及各类环境管理应用软件的开发和应用为基础，推进应用能力建设，产生了良好效果。环境信息化建设重点开始由初期的"重建设，轻应用"转化为"重应用，以应用促发展"，强调环境信息化必须服务于环境管理的实际需要，使环境信息化迈入一个"以需求为导向，以应用促发展"的发展轨道。环境质量监测、污染源监控、环境统计、环境评价、生态保护、核安全与管理以及环境信息发布等环境管理业务广泛应用信息技术，为环境管理和辅助决策提供信息技术支持与服务，提高了环境管理工作的效率。

进入"十一五"，随着污染减排工作力度的加大，环境保护与信息化呈现多方位融合趋势，以污染减排"三大体系"能力建设为契机，环境信息化工作的重要性、迫切性日益显现。环境保护部组织实施《国家环境信息与统计能力建设》这一信息化重大建设项目，构建覆盖国家、省、市、县（四级三层）的环境信息网络系统，建立国家和省两级减排综合数据库、数据交换与共享平台以及各级环境信息管理与应用协同工作平台，对污染物减排工作提供重要的支撑，实现污染源数据的传输交换与共享。同时，这一项目建设形成的能力将成为环境信息化整体推进的重要基础条件。

18.10.2　环境信息化建设成就

"九五"以来，环境信息化建设取得长足进步，成效显著。

信息传输网络建设粗具规模。2005 年年底，基于 SDH 宽带网络连接全国各省级环保厅（局）和计划单列市环保局的全国环境保护电子政务外网建成。视频会议系统覆盖了环保部、31 个省（自治区、直辖市）环保厅（局）、新疆生产建设兵团环保局和 5 个计划单列市环保局，初步实现了环境保护部与省级环保厅（局）之间的较为先进、快速、安全的 IP 广域网络互联、视频会议与应急指挥。其中部分省份的网络已连接到地市、县级环境管理部门，有些省份环境信息网络已延伸到监测数据采集站，实现了大气、水质自动监测和污染源在线监测数据采集站的联网。

环境业务应用开发不断深入。环保部通过组织一系列建设项目的实施，陆续开展了办公自动化、环境质量自动监测数据管理、卫星遥感监测、环境统计、建设项目环境影响评价管理、排污申报与收费、污染源在线监测管理、生物多样性管理、自然保护区管理、核电厂在线监测管理、环境应急管理等业务应用系统的建设工作。相继开发了《全国环境统计管理信息系统》、《全国环境质量监测管理系统》、《全国排放污染物申报登记信息管理系统》、《全国生态环境状况调查信息管理系统》等一系列环境管理应用软件，并在全国范围内推广使用，实现了环境监管等业务的信息化管理。

电子政务建设稳步推进，信息服务得到明显加强。2002 年，环保部组织开发建设了电子政务综合平台，形成了集环境管理业务应用、信息资源共享与信息服务于一体的应用环境，全方位支持政府办公、政府监管、管理决策、资源共享、信息服务等工作，为环境管理和决策提供了有力的支持。通过加强环保部政府网站建设，为社会公众提供权威性、综合性、规范性的信息服务，促进了政务公开，提升了政府形象。网站在信息量、时效性、影响力、功能性等方面不断增强，社会公认度不断提高，已连续几年被评为优秀政府网站。"十五"期间，除西藏外，省级环保厅（局）均建成了政府网站，相当部分地市级环保局也建成了自己的政府网站。

2007 年，环保部启动了全国环境保护专网政务信息交换平台建设。依托环保专网，实现了环保部与 31 个省（自治区、直辖市）、5 个计划单列市和新疆生产建设兵团的联网贯通，为信息交换、协同工作创造了条件。已建成信息交换平台门户，实现了环保部与地方环保部门信息资源的共享和交互，同时完成了非涉密文档传输系统的建设，实现了公文、简报等政务类信息的传输和交换。

环境管理手段向现代化迈进。环境与灾害监测小卫星成功发射，为完善环境污染与生态变化及灾害监测、预警、评估、应急救助指挥体系提供了良好的平台，使环境监测预警体系进入了从"平面"向"立体"发展的新阶段。

环境信息标准与规范研究编制工作取得显著进展。环保部颁布实施了《环境污染源自动监控信息传输、交换技术规范》（HJ/T352—2007）；发布了《环境信息化标准指南》、《环境信息网络建设规范》、《环境信息网络管理维护规范》3 项行业标准；完成了 10 项技术规范编制，包括：信息传输能力项目建设标准、水体污染物名称代码、废水类别代码、废水排放去向代码、废水排放规律代码、水域功能区类别代码、气污染物名称代码、燃烧方式编码、燃料分类编码、减排业务流程规范（项目审批业务、监督验收业务、排污许可证业务）。同时，多项环境信息化标准和技术规范编制工作正在开展。

环境信息化规划和研究工作取得实质性进展。2007年下半年开始，结合中国环境宏观战略研究，组织开展了环境信息化保障战略研究，从宏观和发展的角度，对环境信息化发展战略进行了构思和设计，对环境信息化体系的建设和行动作出了安排。2007年，结合污染物减排、污染源普查等重大项目建设的需求，在《国家环境信息化"十一五"发展规划》的基础上，组织开展了《国家环境信息化2008—2015年总体发展规划》编制工作。

18.11 邮政信息化

随着固定电话、移动电话以及互联网在中国的飞速发展，传统的邮政事业正面临着严峻的挑战。中国的邮政事业正处于一个重大的转型时期。相信没有人会怀疑，信息化是帮助邮政实现这种转型的最有力的帮手。

18.11.1 邮政信息化发展历程

中国邮政的信息化建设起步较早。回顾邮政的信息化历程，其建设过程可以划分为四个阶段：

1994—1998年，起步阶段。1993年，国务院国家经济信息化联席会议启动"三金"工程，在其带动下，当时的邮电部启动了"绿卡工程"，用计算机技术支持传统的邮政储蓄业务，同时建设报刊省际要数统计和速递跟踪查询系统，形成了报刊计算机网和速递计算机网。从此，中国邮政信息化建设开始起步。

1998—2001 年，邮政综合计算机网建设阶段。这一阶段重点完成了邮政系统综合计算机网的建设，完善邮政基础信息化网络和设施。同时面对市场需求，开始了储蓄系统等业务应用系统的软件开发和建设。

1998 年 3 月，国家邮政局开始启动建设邮政自己的信息化基础网络平台——邮政综合计算机网，该网络覆盖了 236 个中心城市，是语音、数据、图像传输的综合计算机网。1999 年下半年，启动绿卡系统二期改造。2000 年 3 月，中国邮政提出充分发挥邮政"三流合一"的优势，依托邮政综合网，开始建设电子邮政。2000 年 7 月，开始建设电子汇兑系统，取代传统汇兑手工作业的模式。同时，中心局生产作业系统和邮运指挥调度系统的建设开始启动，EMS（邮政特快专递）、报刊发行、邮资票品等业务系统的建设也有了很大进展。

2001—2004 年，全面应用阶段。在这三年的时间内，邮政进行了全面的应用软件的开发和上线，几乎把所有的关键业务和核心业务的应用系统都建立起来。这些系统包括绿卡系统、报刊省际要数、邮资票品管理系统、速递跟踪查询系统、电子汇兑系统、183 网上应用、支付网关、认证系统、185 客户服务中心系统等等。

2003 年，国家局党组认真分析了金融行业信息化发展趋势，从邮政储蓄业务发展的长远战略出发，决定实施邮政储蓄应用软件统一版本工程。到 2004 年 12 月 13 日，全国 31 个省（区、市）全部切换上线，整个工程建设取得了决定性的胜利。随后，代理保险和代理开放式基金、国际电子汇兑等其他金融类应用系统开始建设。

2003 年 10 月 18 日，中心局生产作业系统和邮运指挥调度系统开始大规模工程建设阶段。两个子系统不仅仅是对现有业务流程的简单计算机化，更是对邮政实物运递网业务流程的再造，对百年邮政事业产生了深远影响，具有划时代的进步意义。此外，速递系统的"卡哈拉改造"也开始进行，量收等经营管理类应用系统也开始建设，电子邮政应用系统尤其是支付网关、11185 客户服务中心的应用取得了重大进展，中国邮政掀起了一个信息化应用建设的热潮。

2005 年至今，系统整合和优化阶段。从 2005 年开始，邮政进入到一个新的信息化阶段，即开始实施应用系统的整合和优化。同时，业务发展和经营管理方面的信息化工作启动，优化整合办公、管理类应用系统资源。随着邮政信息化的推进，对网络的信息安全开始加大措施，逐渐形成了邮政信息化的安全机制和 IT 管理机制。

18.11.2 邮政信息化现状

1. 基础网络平台基本完备

邮政综合网已经覆盖全国（除港澳台以外）270 多个中心城市，2600 多个县市，联网的电子化支局已超过了 2.9 万个，联网的储蓄网点近 3.6 万个，加上邮政各级管理部门、内部生产部门，全网各级设备已估计超过 20 万台套。在邮政综合计算机网的基础上，经过 10 多年不懈的建设和完善，已初步形成了基于邮政业务的业务应用平台和基于金融业务的业务应用平台，全面支撑邮政的经营和发展。作为一个自有自营的企业数据网，邮政综合网的覆盖范围、节点规模、承载的业务种类、网络数据流量，无论是在国内还是国外都名列前茅。

在网络结构上，邮政综合网构建在 ATM 传输网之上，拥有三个相对独立和平行的 IP 网，分别承载着金融业务、邮务类业务和电子商务业务，且在保证安全的情况下，实现了互联互通。

2. 业务应用系统支撑业务运行和经营管理

邮政信息化最基本的目标就是支撑邮政的业务生产经营并随着系统的建设逐步提升到更高的层次，去支撑管理和决策。到目前为止，全国邮政开发部署的软件和实施的工程近百项，正是这些系统支撑着绝大部分的邮政业务运行，大体可以分为四类。

①邮务类 包括中心局生产作业系统、邮运指挥调度系统、速递综合信息处理系统、邮资票品管理系统、国际普邮跟踪查询系统和报刊发行省际数据通信与业务管理系统等。

②金融类　包括邮政储蓄统一版本系统、电子汇兑系统、外币储蓄与国际汇兑整系统、邮政储汇安全认证系统、代理保险和代理开放式基金业务系统、客户关系管理系统、电子稽查系统、ATM/POS/银联前置系统和金融灾难备份系统等。

③电子商务类　包括 11185 邮政呼叫中心、邮政支付网关系统、183 网站和 CPCA 认证系统、邮政短信平台系统和电子商务平台系统等。

④基础类　包括邮政名址信息系统、量收管理系统、电子化支局作业系统、商函投递系统和企业服务总线（ESB）平台等。

3. 队伍建设

伴随着邮政信息化的历程，一支具有较高技术水平和较强业务能力的信息技术队伍已经初步建立。据不完全统计，到目前为止，中国邮政现在拥有 1 万多名专业信息技术人员。他们承担了全网 32102 个储蓄网点、18428 个电子化支局网点和 6141 台 ATM、4880 多台 POS 机以及各级信息中心的计算机、网络设备、应用系统的维护工作和多项工程项目的建设工作。这支队伍正把学习型能力转化为企业的竞争力。

4. 其他快递企业信息化状况

我国快递行业信息化起步较晚，相对实力雄厚的国有快递企业和经验丰富的国际巨头，国内众多中小型民营快递公司信息化程度较低，在很大程度上制约了企业发展。但快递企业为满足行业运行的时效性、可靠性、准确性，正在不同程度地推进着快递信息化进程。

我国民营快递企业当前建设的主要系统可以分为四类：一是满足快递邮件运转的系统，如下单系统、货物跟踪系统、网站查询系统、运输管理解决方案（TMS）；二是客服系统，所有民营快递企业都很注重客户服务，这些企业的呼叫中心建设都比较完善；三是邮车安全监控系统，主要是利用 GPS 定位技术；四是为业务拓展开发的系统，如与淘宝网合作开发淘宝递运系统。

（本章作者　张新红　王渝次　李红升）

参考文献

［1］刘武艺、邵东国、张鹏：《我国水利信息化建设的难点与对策》，《水利水电科技进展》2005 年第 2 期。

［2］中国信息年鉴期刊社：《2007—2008 年水利行业信息化发展概况》，《中国信息年鉴 2008》。

［3］孙寿山：《加快推进新闻出版行业信息标准化工作》，《全面提高行业信息化技术管理和应用水平》2007 年 8 月 28 日。

［4］中国信息年鉴期刊社：《2007—2008 年新闻出版行业信息化发展概况》，《中国信息年鉴 2008》。

［5］王嘉：《新经济条件下旅游信息化发展策略研究》，《重庆邮电学院学报（社会科学）》2006 年第 4 期。

［6］中国信息年鉴期刊社：《2007—2008 年旅游行业信息化发展概况》，《中国信息年鉴 2008》。

［7］中国信息年鉴期刊社：《2007—2008 年环保领域信息化发展概况》，《中国信息年鉴 2008》。

企业文框 10：中国长江三峡工程开发总公司信息中心

三峡工程是世界上最大的水利水电工程，工程规模大，其技术代表了当今世界水利施工的最高水平，信息管理系统在三峡工程实现科学高效管理过程中发挥了不可估量的重要作用。

三峡工程管理极为复杂，迫切需要有一个科学高效的管理体系对其实行系统的、全面的、现代化的指挥和管理。为此，三峡总公司决定引进现代计算机信息技术、现代管理科学理论方法及技术建设大型集成化工程管理系统 TGPMS。TGPMS 是在项目管理知识体系（PMBOK）的基础上引进西方先进管理理念、方法、模型并结合中国及三峡工程建设的实际情况，然后对西方有十多年成熟应用的工程管理系统原型进行再造与开发而形成的，是一套既蕴涵西方先进管理理念又具有中国特色和符合中国国情的项目管理系统。系统于 1997 年开始逐步投入三峡工程使用，如今系统已管理、控制了三峡工程在建合同的 100%，控制了三峡当年建设基金使用的 100%。系统全面覆盖了三峡工程管理的各个层面，成为三峡总公司各部门及三峡工程参建各方进行工程管理不可或缺的工具。国家审计署对三峡工程的全面审计中，利用 TGPMS 信息平台的支持，大大提高了审计效率，保障了审计工作的质量和进度。TGPMS 已经走出三峡，应用到新疆、贵州乌江流域、湖北清江流域等多个水电工程，还应用于北京奥运水立方工程建设管理，并拓展到长江堤防隐蔽工程、高速铁路、广州亚运工程、昆明新机场等国内大型工程建设项目上。伴随三峡总公司第一个大型海外项目马来西亚沐若水电站 EPC 总承包项目建设，TGPMS 把工程管理信息化的三峡品牌带到了海外，让中国和世界在更多的工程项目建设中分享三峡成功的经验。

三峡电厂筹建之初即开始规划建设电力生产管理信息系统（ePMS）。系统借鉴国外成熟的电厂管理模式和先进管理软件并结合三峡电站的管理特点进行开发建设。系统与实时计算机监控系统的互联，涵盖了电站生产业务的各个环节，实现了信息的高度集成化，形成了一个以设备为管理对象、以工单为运行载体、与运行维护及财务管理高度集成的电力生产 ERP 系统，生产管理信息系统在三峡电厂投产前就全面实施成功就位，为三峡电厂创建"建管结合，无缝交接"的管理模式创新实践提供了有力的支撑，开创了电厂接机发电准备与配套管理信息系统建设同步进行的成功范例。

三峡水情测报及梯级调度、地震、水文泥沙、环境监测、大坝监测等专业系统的建设，在自然、生态、社会、生产多领域协同，与地方和国家有关管理部门共享信息资源。IT 技术的高密度投入和应用，保障了三峡工程枢纽建设、安全运行及综合效益的发挥，价值显著。

（编撰：刘博）

第四篇

信息技术与新兴产业发展

第19章
微电子技术与产业

引　言

以集成电路为代表的微电子技术是当代信息社会的基石。微电子产业作为战略性的国民经济基础产业，其技术水平和产业规模已经成为衡量一个国家经济发展、科技进步和国防实力的重要标志。微电子产品，特别是集成电路，广泛地应用于国民经济和社会的各个领域，对人类的物质文明和精神文明的发展起着重大的作用，产生了深刻的影响。事实上，微电子是无处不在的，微电子工业不仅是电子工业的基础，而且已经成为整个国民经济的基础。

集成电路产业不仅需要综合利用诸多前沿学科的最新成就，而且必须在规模化大生产中加以实现；其工艺技术和产品性能遵循摩尔定律持续快速发展，面对国际化产业的激烈竞争环境而难以承受滞后；其产品所集成的器件和电路数量巨大，然而其应用价值却需要经过整机系统产品整个价值链的实现才得以体现。在发展中国家，建立和提升集成电路产业必然是一个充满艰辛和变数的历程。

在党中央和国务院的领导下，经过半个多世纪艰苦卓绝的努力，中国已经建立和形成了包括半导体材料制备业、集成电路设计业、芯片加工制造业、封装和测试业的微电子产业生态链，产业发展环境和政策环境日趋完善；微电子技术创新能力提高、产品供应水平提升，已具备高性能 CPU 等高端集成电路芯片的设计、开发和量产能力，培养和引进了一大批微电子专业人才队伍；集成电路芯片大生产技术达到 65 纳米、12 英寸的水平。

19.1　发展历程

建国 60 年以来，中国微电子技术和产业的发展过程，大约经历了四个发展阶段，即：1978 年以前中国微电子技术独立自主、自力更生的初始发展阶段，1979 年至 1989 年改革开放初期集成电路大生产的探索阶段，1990 年至 1999 年集成电路大生产产业链的实现阶段，以及 2000 年以来市场经济环境，政策引导下的微电子产业快速成长期。

19.1.1　初始发展阶段（1956—1978 年）

在新中国成立后的大规模经济建设初期，半导体这门国际刚刚兴起的科学技术就受到了党和国家的高度重视。1956 年，周恩来总理亲自主持制定了《1956 年至 1967 年科学技术发展远景规划纲要》（以下简称《十二年科学规划》），为在短时期内改变现状，接近国际水平，半导体技术被列为实施《十二年科学规划》采取的六项紧急措施之一。同年，中国科学院举办了半导体培训班，请回国的专家讲授半导体理论、晶体管制造技术和半导体线路；北京大学、复旦大学、吉林大学、厦门大学和南京大学五校联合在北京大学开办了半导体物理专业，培养了中国第一批微电子领域的专业人才。

在微电子材料和器件方面，1957 年，中国成功研制锗单晶、锗晶体
二极管和三极管。1959 年和 1962 年，成功研制硅单晶和砷化镓晶体材
料。在集成电路方面，1965 年，成功研制中国第一块集成电路（DTL 型
数字逻辑集成电路）。在 1966 年至 1975 年间，成功研制 TTL 集成电路产
品和 CMOS 电路。1968 年，采用国产 DTL 型数字电路研制成功中国第一
台第三代计算机。到 1970 年，国内集成电路的年产量已经超过 4 百万块，
产品门类主要是 TTL 系列小规模电路。

20 世纪 70 年代初，中国已建成 40 多家集成电路工厂，建立了三条
三英寸集成电路生产线。1972 年，研制成功第一块 PMOS 型大规模集成
电路。1975 年，研制成功 1024 位硅栅 N 沟道动态随机存储器。

从 1956 年国家把半导体和集成电路技术列为发展重点到 20 世纪 70
年代末，在国际技术封锁的情况下，中国科技人员以自力更生、艰苦奋斗
的精神，发挥聪明才智，为中国微电子产业的诞生和早期发展做出了卓越
的贡献，奠定了中国微电子技术和人才的基础。

19.1.2　集成电路大生产探索阶段（1979—1989 年）

1978 年，中国共产党第十一届三中全会拉开了改革开放的序幕。为
加速计算机和集成电路产业的发展，1982 年，国务院成立了由万里副总
理任组长的电子计算机和大规模集成电路领导小组，制定了中国集成电路
发展规划，并提出"六五"期间要对半导体工业进行技术改造。1983 年，
针对当时集成电路工厂多头引进，重复布点的情况，国务院电子计算机和
大规模集成电路领导小组明确提出要"建立南北两个基地和一个点"，南
方基地主要指江苏、上海和浙江，北方基地主要指北京、天津和沈阳，一
个点指西安。

1980 年，江苏无锡 742 厂从日本引进彩色和黑白电视机集成电路生
产线，引进包括三英寸集成电路成套设备和生产工艺，这是中国第一次从
国外引进集成电路技术。到 1984 年，该生产线的产量达到 3 千万块，成
为当时中国第一家技术最先进、规模最大，具有现代化工业化生产特点的

专业集成电路生产厂。

1985 年，国内主要集成电路工厂已有 30 余家，技术人员 5000 人左右，集成电路年产量 5300 万块。1986 年开始执行第七个五年计划，原电子工业部在厦门集成电路发展战略研讨会上提出了中国集成电路产业"七五"发展重点和"531"工艺技术发展战略，即在"七五"期间，普及推广 5 微米技术，重点企业掌握 3 微米技术，开展 1 微米技术的科技攻关。"七五"期间，国家有重点地部署了无锡微电子工程项目建设，项目含 2—3 微米生产线、制版、引导线和科研中心。该项目于 1988 年开工建设，1993 年投入大规模生产。

1989 年，原机械电子工业部正式批准组建专业从事集成电路和半导体分立器件两大类产品研发、生产和销售的中国华晶电子集团公司。随后，相继建成了代表国际 20 世纪 90 年代水平的，当时国内最先进的 MOS 集成电路、双极集成电路和分立器件三条大生产线；形成了开发和规模化生产双极、MOS 型集成电路芯片和各类晶体管器件产品的能力。在建成的大生产线上，1987 年生产出了中国第一块 64K 位动态随机存储器芯片，1993 年生产出中国第一块 256K 位静态存储器芯片，1995 年研制出中国第一块 1 微米工艺集成电路。在这个阶段，中国集成电路设计业开始起步，1986 年北京集成电路设计中心正式成立。

19.1.3　产业链实现阶段（1990—1999 年）

1989 年 2 月，原机械电子工业部在无锡召开"八五"集成电路发展战略研讨会，提出了"加快基地建设，形成规模生产，注重发展专用电路，加强科研和支持条件，振兴集成电路产业"的发展战略。在新战略指导下，明确集中主要财力和人力，启动了"908 工程"和"909 工程"两个重点建设工程，重点支持主干企业建设。

1990 年 12 月，中央政治局同意实施"908 工程"计划。1992 年 11 月成立了以邹家华副总理为组长的"908 工程"领导小组，正式启动"908 工程"。"908 工程"总投资 27 亿元，主要建设内容包括：建立一条

0.8—1.0 微米工艺、月产能 1 万片晶圆的集成电路生产线；建设一个规格品种比较齐全的集成电路专业封装厂，形成年封装 2—3 亿块集成电路能力；建设 18 个集成电路产品设计中心；重点实施 0.8 微米技术档次的关键设备和测试仪器项目；建设包括 6 英寸硅片、多晶硅、光刻胶、塑封材料、化学制剂、特种气体和石英制品等关键材料项目。

"908 工程"的六英寸生产线于 1995 年开始建设，1998 年 1 月通过验收，该生产线是中国第一条 6 英寸芯片生产线，具备月投产 6000 片六英寸晶圆的生产能力。它的建成投产使国内集成电路水平由 2—3 微米提高到 0.8—1.0 微米，使中国集成电路加工工艺进入了亚微米时代。

1995 年 12 月，国务院总理办公会议正式决策实施"909 工程"。"909 工程"的主体项目是在上海建设一条 8 英寸 0.5 微米集成电路芯片生成线，同时配套建设 8 家集成电路设计公司。"909 工程"是国家重大投资项目，也是 20 世纪中国电子行业投资规模最大的项目。"909 工程"明确两个重要的指导思想，第一，以我为主，引进国外先进技术、设备和管理；第二，讲求效益，形成半导体产业投入产出的良性循环。

1997 年 7 月，由上海华虹集团和日本 NEC 公司合资组建了上海华虹NEC 电子有限公司，负责"909 工程"超大规模集成电路生产线的建设。1999 年 2 月，上海华虹 NEC 电子有限公司建成并试投片生产，工艺技术从原计划的 0.5 微米提升到 0.35 微米，生产 64M 位和 128M 位同步动态存储器，2000 年，华虹 NEC 达到月投产 2 万片晶圆的生产能力。"909 工程"建成了中国第一条八英寸深亚微米生产线，它的投产，标志着中国集成电路大生产技术迈入了 8 英寸、深亚微米的国际主流水平，使中国在世界集成电路界占有一席之地，为国内集成电路产业的进一步发展打下了良好的基础。

1998 年，中国华大集成电路设计中心推出了熊猫 2000 系统。这是中国自主开发的一套可处理规模达百万门级电子设计自动化（EDA）系统，可以满足亚微米和深亚微米工艺的需要。

1995 年，中国从事集成电路生产的主要工厂（包括芯片制造和封装）

已有 15 个,从事集成电路研究和设计的单位有 25 个,初步构成了集成电路产品设计、芯片制造和封装测试共同发展的产业结构。整个产业总人数约 3.5 万人,其中技术人员约一万人。至 1995 年,中国集成电路产业累计投资共计 50 亿元,共生产集成电路近 18 亿块。

19.1.4 微电子产业快速成长期(2000 年至今)

2000 年 6 月 24 日国务院发布了《鼓励软件产业和集成电路产业发展的若干政策》(国发 18 号文)。2001 年 9 月 20 日,国务院又以国办函 [2001] 51 号函的方式,对集成电路产业政策作了补充和完善。国发 18 号文从鼓励产业发展、税收减免、投资优惠、进出口政策、加速设备折旧、支持研究开发、加强人才培养、鼓励设备本地化以及知识产权保护等方面对集成电路实施优惠政策。随着国家的优惠政策和相应措施的出台,中国集成电路产业发展进入了政策引导、改善环境、多方吸引资金和广泛吸引人才的新的快速发展时期。

在国务院政策的鼓励下,各地相继制定本地区发展集成电路产业的配套优惠政策,积极改善集成电路产业发展环境,设立集成电路设计园区和产业发展园区,不断提高政府为企业服务的水平,外资和内资掀起了一股全国范围的集成电路投资热。2000 年,中芯国际(上海)集成电路制造有限公司成立;2001 年,在上海建成两条 8 英寸集成电路生产线;2004 年,中芯国际在北京建立了中国大陆第一条 12 英寸集成电路生产线,将集成电路加工工艺水平提升到 0.13 微米—90 纳米。2001 年,上海宏力半导体有限公司成立;2003 年,建成 8 英寸集成电路生产线。2003 年,台湾联华电子公司(简称联电)在苏州建立 0.25 微米 8 英寸集成电路生产线。2004 年,全球最大的集成电路代工厂台湾积体电路制造公司(简称台积电)在上海松江建成 0.25 微米 8 英寸集成电路生产线。2007 年全球最大的集成电路企业 Intel 公司宣布在大连建设 90 纳米工艺 12 英寸芯片制造厂。全球集成电路制造中心呈现出向中国大陆转移的态势。

　　为促进中国集成电路设计业快速发展，科学技术部在"十五"863 计划中设立了超大规模集成电路设计重大专项，该重大专项还与地方政府合作，先后建立了北京、上海、无锡、杭州、深圳、西安、成都等 7 个国家集成电路设计产业化基地。2005 至 2006 年，北京中星微电子有限公司、珠海炬力集成电路设计有限公司、展讯通信（上海）有限公司相继在美国纳斯达克上市。2006 年，中国科学院研发的龙芯处理器、北京大学研发的北大众志—863CPU 系统芯片、大唐微电子公司研发的 COMIP 系统芯片等成果被列为国家"十五"863 计划高端通用芯片的标志性成果。2006 年 2 月 9 日，国务院发布了《国家中长期科学和技术发展规划纲要（2006—2020 年）》，确定了未来 15 年力争取得突破的 16 个重大科技专项，其中"核心电子器件、高端通用芯片及基础软件产品"和"极大规模集成电路制造技术及成套工艺"重大专项的核心任务，就是紧密结合经济社会发展的重大需求，大力发展微电子关键性技术、显著提升中国微电子产业的自主创新能力和国际竞争力。

19.2　发展水平和现状

　　建国 60 年以来，中国集成电路产业结构逐步由大而全的综合制造模式走向集成电路设计、芯片制造、封装测试三业并举，支撑配套业共同发展的较为完善的产业链格局。微电子产业已经在京津环渤海、长三角、珠三角形成三大聚集区。全国集成电路产业 95% 以上的销售收入集中于上述三个沿海地区。其中包括上海、江苏和浙江的长三角地区是中国最主要的集成电路制造基地，在国内集成电路产业占据重要地位，全国 55% 的集成电路制造业、80% 的封装测试企业以及近 50% 的集成电路设计企业集中在该地区。另外，环渤海地区主要集中了国内重要的集成电路研发、设计和制造基地。珠三角地区作为国内重要的电子整机生产基地和主要的集成电路市场，依托发达的整机制造业，形成了有特色的微电子产业环境。这些地区已经初步形成了包括设计、制造、封装、测试到设备、材料较为完整的产业链条。

微电子产业是一个资金密集、技术密集、人才密集的产业。近十年来，随着投资渠道日趋多元化，国内外各种资源加速汇聚，中国微电子产业的资金投入远远超过历史总量，推动了中国微电子产业的快速发展。随着具有国际化运营经验的高级经管人才和技术人才的引进和国内人才队伍的成长，微电子产业从业人员已经从90年代的3—4万人发展到目前的十几万人。

从1994年开始，中国集成电路产量迅速上升，并以高增长率稳步提高。图19.1总结了1998年—2008年中国集成电路产量及增长状况，图19.2总结了1998—2008年中国集成电路产业销售收入及增长情况。十年间，产量和销售额分别扩大18.8和21.3倍，产量与销售额的年均复合增长率分别达到38.3%与40.5%，销售额远远高于同时期全球集成电路年均6.4%的增长速度。国内集成电路总产量在2003年首次突破100亿块，总销售额则在2006年首次突破千亿元大关。

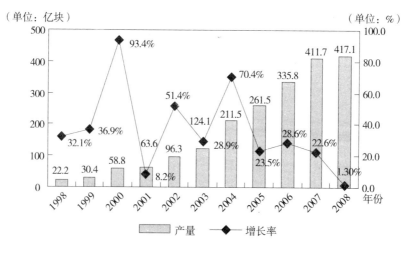

图 19.1　1998—2008 年中国集成电路产量及增长状况

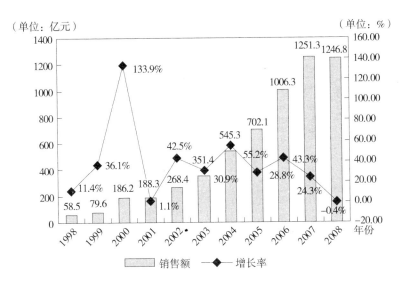

（单位：亿元）

图 19.2 1998—2008 年中国集成电路产业销售收入及增长情况

图 19.3 总结了 2001 至 2008 年中国集成电路设计业、制造业和封测业销售收入情况。可以看出，2000 年后中国微电子产业结构日趋完整，集成电路设计业、芯片制造业、封装测试业整体进入高速发展阶段。2001年，三大产业的销售收入分别为 11.0 亿元、27.2 亿元、161.1 亿元，分别占总销售额的 5.8%、14.4%、85.6%，产业结构初具形态。近年来，中国微电子产业根据市场需求和国民经济发展的总体目标不断进行结构调整并使之趋于合理，设计业和芯片制造业在产业中的比重显著提高。2008年中国设计业、芯片制造业、封装测试业的销售收入分别达到 235.2 亿元、392.7 亿元、618.9 亿元，各占国内集成电路产业总销售额的 18.9%、31.5%、49.6%。

中国微电子产业近年来更呈现多元化发展趋势。除了高端集成电路设计和加工制造业之外，分立器件产业也已经形成了一定的产业规模。在新兴的微电子技术延伸领域，如太阳能光伏电池、半导体 LED 照明、半导体传感器、微电子机械和液晶显示器等产业，也取得了显著成效。这些产

（单位：亿元）

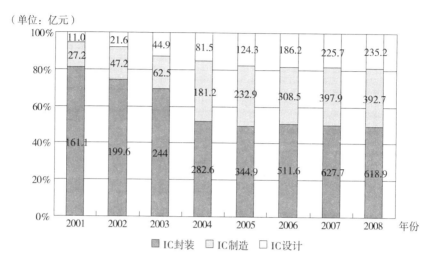

图 19.3　2001—2008 年中国集成电路设计业、制造业和封测业销售收入情况

品及其技术都不同程度地采用了与集成电路平面工艺相关的技术，在未来有着广阔的应用领域和发展前景。

19.2.1　设计业的水平和现状

1986 年北京集成电路设计中心正式成立，标志着中国集成电路设计业发展的开端。在 2000 年 6 月底国务院颁布 18 号文件后，中国集成电路设计公司犹如雨后春笋般纷纷问世。目前，中国以各种形态存在的设计公司、设计中心、设计室以及具备设计能力的科研院所等集成电路设计单位已经有近 500 余家，设计行业从业人员已达 5 万余人。设计能力小于等于 0.5 微米企业的比例已经超过 60%，其中设计能力在 0.18 微米以下企业的比例上升非常之快，部分企业设计水平已经达到 65 纳米或 45 纳米世界先进水平。国内集成电路的年设计能力已经超过 1000 种，产品设计的门类涉及计算机与外设、网络通信、消费类电子以及工业控制等各个整机门类和信息化工程的诸多方面。设计能力在百万门规模以上的国内集成电路设计企业比例已上升到 20% 以上，最大设计规模已经超过 5 千万门级。

在企业规模上，国内年销售额过亿元的集成电路设计企业已经有近 30 家。

集成电路产品的渗透力和生命力在于产品创新力。中国集成电路产品设计，借助于微细加工技术的进步，进入极大规模集成、系统芯片和多芯片封装时代，并使各种新的电子信息标准、协议、规范（如 3G 移动通信等）在集成电路成本降低和性能提高的双重促进下快速推广。2000 年以来，中国以集成电路产品设计为突破口，着力解决产品开发与国内市场衔接的问题，配合信息安全、网络通信、多媒体处理及信息家电、工业控制等方面的应用需求，有效地拉动了集成电路设计产业链上下游的发展。

国内集成电路技术创新能力的不断提升，推动了一批创新产品的涌现。在政府、企业等各方的共同努力下，首先以二代身份证、手机 SIM 卡、金卡工程等为代表的 IC 卡芯片领域实现了突破。以"龙芯"为代表的兼容指令系统 CPU 和以"北大众志"为代表的自主指令系统 CPU 等一批"中国芯"产品的研制成功，结束了中国计算机有机无"芯"的历史。自主知识产权 TD-SCDMA 基带芯片、网络通信芯片、国标高清数字电视、自主音视频编码标准、射频/微波集成电路等重要技术的发展和产业化都有力地推动了中国集成电路设计业的快速成长，造就了一批技术实力强，具有市场竞争力的集成电路设计企业，部分企业的产品进入国际市场并占据了可观的市场份额。

19.2.2　制造业水平和现状

中国集成电路加工制造技术水平不断提高，集成电路生产线规模数量不断增大。截至 2007 年底，国内已经有集成电路芯片制造企业近 50 家，已量产的集成电路生产线有 50 条。目前，12 英寸生产线 3 条、8 英寸生产线 12 条、6 英寸生产线 12 条、5 英寸生产线 9 条以及 4 英寸生产线 14 条。涌现出中芯国际、华虹 NEC、宏力半导体、和舰科技、台积电（上海）、上海先进等集成电路制造代工企业。

中国集成电路制造企业已经进入国际市场，融入全球产业竞争。2005 年，集成电路代表企业中芯国际产量超过新加坡特许半导体公司，成为全球第三大代工厂。目前，中芯国际已经具备65纳米工艺生产能力，并获得 IBM 的 45 纳米半导体加工工艺技术许可，开始追赶世界领先水平。另外，华虹 NEC 凭借较高的市场销售额也进入全球芯片加工企业前十名。

19.2.3　测试及封装业水平和现状

随着全球主要芯片制造厂纷纷在中国设立封装厂，以及国内本土封装企业的快速发展，国内封装业已经在全球占据举足轻重的地位。目前国内具有一定规模的集成电路封装测试企业已经超过 70 家，年封装量超过 10 亿块的企业超过 20 家。在国内骨干封装企业增资扩产、国际半导体市场需求上升、促进国内集成电路出口大幅增长两方面因素的带动下，2004 至 2007 年，国内封装测试也总体呈现持续快速增长的势头，四年的时间年均增幅达到了 21.7%。2007 年封装测试业产值已达 627.7 亿元，约为 84 亿美元，已占全球封测业产值约 40%。

中国封装企业经过努力，积极开发中高档封装技术，具备了国际接单的能力，加入到全球封装代工的行列。封装测试水平从低端迈向中高端，已具备 SOP、PGA、BGA、FBP、CSP、MCM 以及 MEMS 等先进封装技术的开发和生产能力。

19.2.4　半导体材料和分立器件业的发展现状

根据中国电子材料行业协会统计，2008 年，中国单晶硅行业产量为 5160 吨，其中直拉单晶 505 吨，区熔单晶 55 吨，太阳能级单晶 4600 吨。硅圆片市场需求量为 2.1 亿平方英寸。2008 年，中国多晶硅产量为 4500 吨，市场需求量约为 1.8 万吨。2008 年，中国分立器件产量为 2461.13 亿只，分立器件产业销售额为 937.8 亿元。2008 年，中国汽车电子类分立器件实现销售额 106.7 亿元。在指示灯/显示屏市场方面，2008 年中国各类产品销售额已接近 100 亿元。2008 年，功率晶体管已经在产业结构上占据了 51.6% 的整体市场份额。总体来看，中国分立器件产业已经形成相当大的规模，国内目前共有各类分立器件企业（包括所有从事半导体分立器件芯片制造、封装及测试）300 余家。太阳能光伏电池、半导体 LED 照明、半导体传感器、微电子机械和液晶显示器等产业，也有很大的发展。

19.2.5　半导体设备制造业发展水平和现状

中国半导体设备产业在国家相关政策和重大专项的引导下，经过多年的技术攻关和积累，企业在前道工序生产中所使用的刻蚀机、离子注入机、扩散炉、快速热退火设备、清洗机、涂胶显影设备、互联镀铜设备、全自动光学测量等设备以及后道工序中所使用的粘片机、划片机、塑封机等设备等方面发展迅猛，日趋成熟。材料制备中所需的单晶炉、研磨机、抛光机、多线切割设备等装备发展很快。这其中很多设备都已经被成功应用到国内 8 英寸和 12 英寸生产线上。

半导体前道工序设备领域中，北方微电子 12 英寸高密度等离子刻蚀机已经能够满足 65 纳米工艺技术指标，并进入了生产线工艺评价阶段。中微半导体设备（上海）有限公司已经开发了 65 纳米、45 纳米等离子刻蚀设备，已经在 4 条生产线上进行考核评价。中国在半导体常规封装设备已具备了成套组线能力，在部分关键设备领域，已具备参与国际竞争的能力。

19.3　主要经验与展望

建国 60 年来，党和国家领导人一直把发展微电子产业作为振兴国民经济的重中之重，在新中国经济建设初期，在国际技术封锁的情况下，引领中国科技人员通过自力更生、艰苦奋斗，奠定了中国微电子技术、产业和人才基础；在改革开放的新时期，又通过具有前瞻性的产业政策和各项重大科技计划的实施，促使集成电路和半导体产业快速度过了萌芽期，走上了稳步快速发展的道路。政府的远见卓识对于中国的集成电路产业发展有着不可估量的作用。

微电子产业是国际化特征非常强的产业，任何游离于国际环境之外，局限在一国或一个地区内的闭门自我建设都难以持续健康发展。微电子技术的快速发展，设备和工艺不断更新，是在跨国范围合作的基础上实现的。巨大的资本投入和研发投入，要求从全球市场得到快速的响应和回报。从应用角度看，整机厂商要在全球范围内采购先进的集成电路产品，才能保障其整机产品的先进性和竞争力。因此，缺乏国际竞争力的集成电路产品，也难于长期占据国内市场。只有在国际市场上立足的产品才是企业安身立命乃至整个行业发展的引擎，企业只有在世界微电子产业格局中找到了自己的定位，才能生存和持续发展。

中国微电子技术与产业在半个多世纪以来，特别是近20年的快速发展经验表明，坚持改革开放的方针，提高开放水平，充分利用技术、人才和资金三种资源和国内和国际两个市场，扩大国际合作和积极有效地参与国际产业重构，对于快速提升中国微电子技术与产业水平发挥了至关重要的作用。

微电子产业作为基础性、战略性高技术产业，各国和地区的发展都是"官产学研用金"有效协同合作的结果。30多年来，中国不断扩大对外开放，成功实现了从封闭、半封闭到全方位开放的伟大历史转折。坚持对外开放已成为中国的基本国策，发展中国的微电子技术与产业，一定要从增强国家创新能力出发，加强原始创新、集成创新和引进消化吸收再创新的有机结合；选择具有一定基础和优势、关系国计民生和国家安全的关键领域，集中力量、重点突破，实现跨越式发展；从现实的紧迫需求出发，着力突破重大关键技术和共性技术，支撑经济社会持续协调发展；着眼长远，超前部署前沿技术和基础研究，创造新的市场需求，培育新兴产业，引领未来经济社会发展。

微电子产业已经并将继续成为今后几十年中国的主导产业。为了有效支撑中国经济社会发展转入以人为本、全面协调可持续发展的轨道，必须加快从"微电子产品消费大国"转变成为"微电子技术和产业强国"。2009 年 2 月 18 日，温家宝主持召开国务院常务会议审议并原则通过了《电子信息产业调整振兴规划》。根据该规划，未来三年，为了进一步突破集成电路产业的关键技术，中国将"完善集成电路产业体系。支持骨干制造企业整合优势资源，加大创新投入，推进工艺升级。继续引导和支持国际芯片制造企业加大在中国投资力度，增设生产基地和研发中心。完善集成电路设计支撑服务体系，促进产业集聚。引导芯片设计企业与整机制造企业加强合作，依靠整机升级扩大国内有效需求。支持设计企业间的兼并重组，培育具有国际竞争力的大企业。支持集成电路重大项目建设与科技重大专项攻关相结合，推动高端通用芯片的设计开发和产业化，实现部分专用设备的产业化应用，形成较为先进完整的集成电路产业链。"

2006 年 2 月 9 日，国务院发布的《国家中长期科学和技术发展规划纲要（2006—2020 年）》确定了 16 个重大专项。重大专项是为了实现国家目标，通过核心技术突破和资源集成，在一定时限内完成的重大战略产品、关键共性技术和重大工程，是中国科技发展的重中之重。

"核心电子器件、高端通用芯片及基础软件产品"重大专项的目标就是"在芯片、软件和电子器件领域，追赶国际技术和产业的迅速发展。通过持续创新，攻克一批关键技术、研发一批战略核心产品。到 2020 年，中国在高端通用芯片、基础软件和核心电子器件领域基本形成具有国际竞争力的高新技术研发与创新体系，并在全球电子信息技术与产业发展中发挥重要作用；中国信息技术创新与发展环境得到大幅优化，拥有一支国际化的、高层次的人才队伍，形成比较完善的自主创新体系，为中国进入创新型国家行列做出重大贡献"。"极大规模集成电路制造装备及成套工艺"重大专项的重点，是推动集成电路关键制造装备的制造，掌握具有自主知识产权的成套集成电路生产先进工艺及相关新材料技术，打破中国高端集成电路制造装备与工艺完全依赖进口的状况，带动相关产业的技术提升和结构调整。

展望 2020 年，国产微电子产品销售额占世界市场份额将大幅提高；

国产集成电路产品结构将以中、高档产品为主；国家安全和国防建设所需要的重要和关键的微电子产品可以实现自主可控；中国将拥有大量微电子技术专利和自主知识产权产品标准；国产关键设备和材料应该能够基本自给自足地支撑产业发展的需求；集成电路大生产技术水平可以与国际先进水平同步。中国将坚定地从微电子产品消费大国向微电子技术和产业强国迈进。

（本章作者　程旭　罗文）

参考文献

［1］江泽民：《努力把握微电子、软件和计算机产业的技术主动权》，《论中国信息技术产业发展》，中央文献出版社、上海交通大学出版社 2009 年版。

［2］朱贻玮：《中国集成电路产业发展论述文集》，新时代出版社 2006 年版。

［3］王阳元、王永文：《中国集成电路产业发展之路——从消费大国走向产业强国》，科学出版社 2008 年版。

［4］中国半导体行业协会：《集成电路产业改革开放三十年》，2008 年。

［5］中国半导体行业协会、中国电子信息产业发展研究院：《中国半导体产业发展状况报告（2009 年版)》，2009 年 3 月。

［6］胡锦涛：《坚持走中国特色自主创新道路为建设创新型国家而努力奋斗》，人民出版社 2006 年版。

［7］中华人民共和国国务院：《电子信息产业调整振兴规划》，2009 年 2 月 18 日。

［8］中华人民共和国工业和信息化部电子信息司：《国家科技重大专项简介——核心电子器件、高端通用芯片及基础软件产品》，http://www.miit.gov.cn/n11293472/n11505629/n11506482/n11961155/n11961950/n11961995/12038797.html。

［9］《"极大规模集成电路制造装备及成套工艺"专项实施》，中国政府网http://www.gov.cn/jrzg/2009-03/27/content_1270373.htm。

企业文框11：浪潮集团

浪潮集团拥有计算机、软件、智能终端、移动通信、半导体五大业务群和"浪潮信息""浪潮软件""浪潮国际"三家上市公司，分支机构遍布全国，在美国、日本、委内瑞拉、香港等地设立研发生产机构，员工5000余人。2008年，浪潮集团实现营业收入232亿元人民币，位居2008年中国大企业竞争力500强第3位，综合实力位居我国IT企业前两位。

1982年浪潮开始参与中国第一代微机的研发；1983年3月研发生产出我国第一台微机；1985年在全国微机质量评比中获一等奖；1988年，浪潮微机的市场占有率已经占到了全国市场的20%，位列全国第二，成为当时中国向美国出口电脑主板的唯一厂商；1990年微机销量突破一万台。

1990年，浪潮研制出全球第一台汉字寻呼机，"传呼通信用汉字信息表示及其编码字符集"，被专家们命名为"中国一号码"。

1993年，中国第一台服务器在浪潮诞生。SMP2000的大规模市场化应用，打破了国外对中国的技术封锁、应用限制，降低了服务器市场的产品价格。1993年至今，浪潮先后获得两项国家科技进步二等奖、一项三等奖，重大技术发明奖一项，连续12年蝉联国产服务器第一品牌。

2003年，中国商用领域第一台高效能服务器—64位天梭TS20000诞生，是可以替代国外商用高端服务器的自主品牌产品。

2004年11月，中国第一颗商业智能终端芯片SOC在浪潮研发成功，并获五项发明专利，是提高移动通信、网络、信息家电、多媒体应用及军用电子系统性能的核心器件。已经在部分领域替代了进口形成产业化应用。

2005年10月，浪潮承接的航天供应链平台项目顺利通过国家验收。该项目是国家"863"重大计划制造业信息化工程中最大、最复杂的重点课题和集成示范项目之一。

2007 年 7 月，国家科技部批准设立"浪潮高效能服务器与存储技术国家企业重点实验室"，这是我国 IT 领域首个设在企业的国家级重点实验室。2007 年底，该实验室正式承接国家"863"重大专项"浪潮天梭高端容错计算机"的研发，国家支持项目经费达 2.6 亿元、是我国"863"项目信息化领域第一大单。

2007 年 12 月，浪潮的"服务器操作系统安全加固系统（SSR）"达到国内领先水平，能有效防止病毒、木马、黑客等对操作系统和数据库的破坏，成功地应用于国防、政府领域。浪潮的安全产品"防泄漏计算机"被中宣部采用，成功地部署于党的十七大特殊文字处理系统。

2007 年 12 月 9 日，浪潮"面向事务处理的高性价比、高性能服务器体系结构设计和优化技术"项目荣获信息产业领域最高奖"信息产业重大技术发明奖"。

（编撰：刘博）

第 20 章
计算机技术与产业

引　言

电子数字计算机的发明研发了当代的信息革命，使形形色色的通用和专用电子计算机技术和产业，成为一个大国或强国应对当代信息革命不可或缺的技术和产业。新中国成立后，由于党和国家领导人的远见卓识，以及中国的科学家和工程技术专家的杰出贡献，中国电子计算机事业快速发展，从无到有，从小到大，取得了辉煌的成就。在庆祝建国 60 年的今天，回顾中国计算机技术与产业的发展历程，具有格外重要的历史意义。

20.1　令人难忘的拓荒创业

新中国建国初期，国家刚刚从战乱中恢复元气，百废待兴。就在这样薄弱的基础上，党中央发出了"向科学进军"的号令。发展经济，建设国防，特别是为研制两弹一星提供计算能力，迫切需要先进的计算工具。1956年，周恩来总理主持制定了《十二年科学技术发展规划》，选定了"计算机、电子学、半导体、自动化"作为"四项紧急措施"，提出了"任务带学科"的发展战略，并制定了计算机科研、生产、教育发展计划。中国计算机事业由此起步。张劲夫、杜润生、钱三强、罗沛霖、阎沛霖等在制定计算机技术发展规划时起了重要作用。

鉴于当时人才奇缺，很少人懂计算机，国家果断地采取了"先集中，后分散"的发展原则。以中国科学院为主，集中了当时二机部、总参三部、高教部、国防部五院等全国科研力量，共同筹建中国科学院计算技术研究所（下称中科院计算所）。从1956年起，连续举办了四期计算技术训练班，共培养了约700名大学本科水平的计算机和计算数学方面的专业人员，这些"种子"后来分撒到全国各地开花结果，成为中国计算机行业的骨干。

现在，中国的国力已经大大增强，面对计算机领域新的挑战，如高性能通用CPU、下一代网络、量子与生物计算等等，我们更需要像前辈一样，不分单位、不分你我，发扬全国一盘棋的精神，集中力量办大事！回顾中国计算机事业的创业史，我们不能不由衷地钦佩毛泽东、周恩来、陈毅、聂荣臻等国家第一代领导人的高瞻远瞩和英明决策，不能不对开拓中国计算机事业的老一辈科学家和工程技术人员表示崇高的敬意！

追根溯源，中国计算机事业最早的拓荒者是华罗庚教授。早在1952年，在他的领导与推动下，中科院数学所（后转到近代物理所）就成立了中国第一个电子计算机研究小组，由闵乃大、夏培肃、王传英三人组成（闵乃大、王传英后来未继续做计算机研究）。1956年，华罗庚教授被任命为中科院计算所筹备委员会主任。他参与研究提出了对中国计算机创业有重要影响的"先集中、后分散"原则，确定了一些大政方针，而且还提供了他向冯·诺依曼等国外学者索取到的珍贵资料。1956年起，中国开办的计算技术培训班的教材，许多都是根据华罗庚等教授从美国带回的资料翻译而成。当计算机开始进入千家万户时，我们不能忘记华罗庚教授为启动中国的计算机事业所做出的特殊贡献。

像华罗庚一样，中国一大批数学家为发展计算数学和计算机科学作出了重要贡献，其中最突出的代表是冯康教授。20 世纪 50 年代末 60 年代初，当时在中科院计算所第三研究室工作的冯康先生，在解决大型水坝计算问题的研究实践基础上，独立于西方创造了一整套解微分方程问题的系统化计算方法，命名为"基于复分原理的差分方法"，现在国际上通称为"有限元方法"（Finite Elements Method），这是全世界工程计算中应用最广泛的算法之一。冯康先生留给我们的不仅仅是有限元方法等知识原理，更重要的是他从实际中发现科学问题的大师级的科学研究方法和独创精神。

另一位在计算机领域做出杰出贡献的科学家是中国自主创新的楷模——王选教授。王选教授去世以后，中宣部等三部委联合决定，在广大知识分子中开展向王选同志学习的活动。20 世纪 70 年代他凭着科学家的自信，勇敢地跳过印刷排版的第二代第三代技术，直接跨越到第四代激光照排。他关于自主创新的许多文章和精彩报告已在年青一代科技工作者中流传，这是他留给我们的宝贵精神财富。中国计算机学会专门设立了"王选奖"，希望以此激励计算机界的创新。

20.2　中国计算机领域具有代表性的科技成就

半个多世纪以来，中国几代计算机科研人员顽强拼搏，锐意进取，取得了一个又一个科研成果，获得国家级二等奖以上的奖励成果就有几十项，在这里不可能一一列举，只能回顾几项最具代表性的重大科技成就。

20.2.1　高性能计算机研制

中国计算机的研发是从研制模拟计算机开始的，1950 年代哈尔滨工业大学等单位已经研制成功了模拟计算机。但是，自1956年以来，研制当时最先进的通用数字计算机一直是国家支持的计算机科研任务的重要内容。中科院计算所一成立，就在苏联专家的帮助下，着手仿制和改进苏联设计的M－3机和ЪЭСМ计算机。1958年8月1日，103机研制成功（当时称为八一机，定型生产后称为DJS－1电子计算机，北京有线电厂共生产了36台），这是中国最早研制成功的第一台基于电子管的小型通用数字计算机，《人民日报》当天报道了这一消息。103是定点32位计算机，最初速度只有每秒30次，后来提高到每秒2500次。1958年，北京大学与空军合作，自行设计研制了"北京一号"数字电子计算机，并交付空军使用。同年，哈尔滨军事工程学院研制成功901型电子管专用计算机。清华大学1958年也开始研制911计算机。1959年10月1日，中国第一台大型通用数字电子管计算机——104机在中科院计算所研制成功，计算速度每秒1万次（浮点40位），定型后称为DJS－2电子计算机，北京有线电厂生产了7台。1958至1962年，总参下属的研究所也研制成功了一些计算机，由于保密未对外公布。与世界上第一台电子管计算机ENIAC相比，我们的起步晚了12年。但在与西方几乎隔绝的条件下，两年左右的努力就能把电子计算机造出来，说明只要齐心协力，中国人是有能力研制、生产自己的电子计算机的。

1960年，中科院计算所研制成功中国第一台自行设计的小型通用电子计算机——107机。从此中国的通用计算机设计进入自主设计阶段。1964年，中国自主设计的第一台大型通用电子管计算机——119机在中科院计算所研制成功，运算速度每秒5万次。119机是世界上速度最快的电子管计算机（当时国外已经转入晶体管计算机时代）。1965年，华东计算技术研究所研制出大型电子管计算机—501机，并与南京大学合作配制了ALGOL语言。从103机到119机，参加第一代电子管计算机研制的人员来自全国许多单位，这些成果是全国科技人员合作的结果。1950至1960年代，中国计算机领域的拓荒者是一个群体，这个群体有解放前或建国初期从海外归国的学者，也有建国初期从苏联留学回国的学者，还有一些从相邻领域转过来的学术带头人，以及一批受过专业教育的 20 多岁的青年骨干，其中有些学者后来成为中国科学院或中国工程院的院士。

从第二代晶体管计算机开始，中国派往苏联进修人员、经过计算技术训练班培训的科研人员和按"先集中、后分散"方针参加第一代电子管计算机研制的人员，已经回到各单位，国防科研部门的科研力量也已成长起来，使得中国的计算机研制呈现出你追我赶、百花齐放的繁荣局面。1964 年，哈尔滨军事工程学院研制成功了每秒 8000 次的 441B 小型晶体管计算机。1965 年，大型通用晶体管计算机 109 乙机在中科院计算所研制成功，浮点运算速度每秒 6 万次。改进后的 109 丙机 1967 年投入使用，在国防部门服务了 15 年，有效算题 10 万小时以上，被国防用户誉为"功勋机"。1965 年，华北计算所研制成功 108 乙晶体管计算机，生产了 156 台，运行稳定，是很受欢迎的一种中型机。此外，华东计算技术研究所也研制成功了 X - 2 晶体管计算机。截止到 1971 年底，中国共生产数字计算机 250 台。

进入 1970 年代，中科院计算所、华东计算所和一些国防研究所等单位都开始研制第三代集成电路计算机。1971 年，中科院计算所和华北计算所分别研制成功 111 机和 112 机。1973 年，北京大学与 738 厂联合研制的集成电路计算机——150 计算机问世，使中国拥有了第一台自行设计的百万次集成电路计算机，也是中国第一台配有多道程序和自行设计的操作系统的计算机。华东计算技术研究所也研制出性能和 150 机相当的 655 机。1973 年到 1981 年，在当时的四机部的领导下，分别以清华大学和电子部华北计算所（15 所）为集中地点，组成联合体研制 DJS - 100 系列和 DJS - 200 系列计算机。这一联合研制，不但使中国计算机设计水平上了一个新台阶，而且带动了软件、芯片和外部设备的研制与生产，形成了系列计算机生产能力。《中国计算机学会通讯》2009 年第 5 期发表了一组专题文章：《一座闪亮的里程碑——DJS - 100 系列》，回忆了 30 多年前清华大学等单位精诚合作联合设计 DJS - 100 系列计算机的历史。

1980 年代以后，中国开展了向量机、大规模并行机和机群系统等各种高端计算机研制，陆续推出了银河、神威、曙光等系列成果和产品，形成了以国防科大、江南研究所和中科院计算所为代表的科研团队。1983年，中科院计算所研制成功每秒运算一千万次的757向量计算机，在体系结构上有重大创新。同年，国防科大研制成功的银河一号，使中国设计的计算机上了每秒一亿次的台阶，与国外的差距（CRAY－1计算机）缩小到7年。1991年中科院计算所研制成功石油物探用的大型机KJ8920。近十几年内，中国自主设计的超级计算机先后突破十亿、百亿、千亿、万亿、十万亿、百万亿次大关，中国与国外高端计算机的差距在逐步缩小。图20.1反映了中国高性能计算机与国外同档次计算机推出年份的比较。以国内外推出各代第一台计算机的时间差距来衡量，第一代电子管计算机的差距是12年，第二代晶体管计算机差距是6年；由于"文化大革命"的干扰，第三代集成电路计算机的差距扩大为9年；向量机的差距是7年，大规模并行机是5年，机群系统只有4年，而且在进一步缩小。2010年中国将推出千万亿次计算机，比国外推出千万亿次计算机的时间（2008年）将缩短到2年。1990年代以来，中国研制高端计算机的步伐明显加快。以曙光计算机为例，从曙光一号（1993年）到曙光4000A（2004年），11年时间内，Linpack性能提高了约2万倍，而国际上TOP500的超级计算机11年内平均只提高了1,000倍。

进入21世纪，中国高端计算机研制和应用紧跟国际发展趋势，取得新的成绩。近几年内，中科院计算所、江南计算所、国防科大和联想集团等都分别推出了国际先进水平的曙光、神威、银河、深腾系列超级计算机。国产超级计算机在石油勘探、核模拟等国防科研、水稻和人类基因组测序等方面发挥了不可替代的巨大作用。2004年，中国研制的超级计算机（曙光4000A）第一次正式进入国际超级计算机排行榜第十名。2008年，曙光5000A的浮点运算峰值处理能力达到每秒230万亿次，实测Linpack速度达到180.6万亿次，再次跻身世界超级计算机前10名，成为唯一进入前10名的非美国制造超级计算机。

中国高性能计算机的快速发展，与国家的持续支持密不可分。除了国

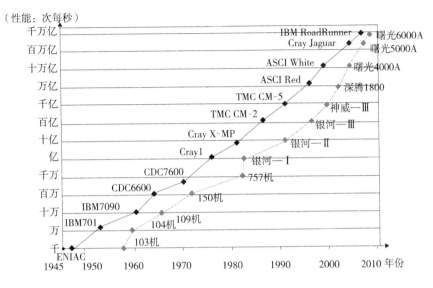

（性能：次每秒）

图 20.1　中国与国外同档次计算机推出时间比较图

防科研方面的支持之外，近 20 多年，科技部主管的 863 计划一直优先支持高端计算机的研制，一批计算机科学家为制定中国高端计算机的正确发展战略作出了重要贡献。几十年的高端计算机研制，为中国造就了一批杰出的高端计算机设计领军人物，其中金怡濂院士 2002 年获得国家最高科技奖。

20.2.2　计算机科学与关键技术

中国的软件研究开发与计算机研制同时起步。1956 年，中科院计算所就与北大联合开设了计算数学训练班。1980 年代以前，中国对系统软件的研制较为重视。1959 年研制成功的 104 机，就运行了自主设计的 Fortran 类型的编译程序；119 机上运行了中国自主设计的 Algol 类型的 BCY编译程序；441 机上率先配置了自行研制的 FORTRAN 语言；北京大学研制的 150 机上运行了中国自主设计的操作系统。1970 年代 DJS－100 和DJS－200 系列机联合研制中，十分重视系统软件的开发。100 系列配置了

RDOS 和 MRDOS 操作系统，软件与 NOVA 机兼容。200 系列配有 14 个软件系统，包括 XT‑1/XT‑2/XT‑3 共 3 种操作系统，自行设计的 XCY 语言，FORTRAN、COBOL、BASIC 编译系统等。

1980 年代以后，中国系统软件开发的重点转向软件开发环境、中间件及构件库等，影响较大的成果有面向对象的大型软件开发环境——青鸟系统和 Starbus 中间件等。1990 年代以后，在 Unix 和 Linux 基础上，先后开发了 COSIX 和麒麟等操作系统，国产数据库也开始占领市场。以中科红旗为代表的开源操作系统近几年来有较大的发展。进入 21 世纪以来，中国开展了网格技术研究，VEGA、CROWN 等网格系统软件开始得到应用。

中国有不少计算机科学家是从基础数学或数理逻辑转到计算机软件领域的。因此，中国在软件理论方面的重大成果，与欧洲学者有较多联系，如可执行的时序逻辑语言和 XYZ 系统，区段演算理论、开放逻辑、形式语义学等。吴文俊院士是在计算机领域做出杰出贡献的数学家，20 世纪 70 年代后期，他开创了数字机械化的新领域，发明了用计算机证明几何定理的"吴方法"。鉴于他的杰出贡献，2000 年他获得了首届国家最高科技奖。图灵奖获得者、美籍华人姚期智教授近几年在清华大学建立了理论计算机科学研究中心，培养了一批国际一流水平的博士，在过去国内学者几乎没有参加过的计算机科学顶级国际会议上发表了多篇论文，并获得了最佳论文奖，得到国际同行的认可。姚期智教授为发展中国的理论计算机科学做出了特殊贡献。

人工智能理论与技术是中国计算机科学研究的一个重要方向，几十年来取得了不少成绩。中国在这一领域较突出的成就体现是汉字识别、中文信息处理、知识处理和专家系统、神经网络、模糊逻辑等方面。

计算机的基础器件是 CPU 等集成电路芯片，中国发展集成电路有成功的经验，也有失败的教训。钱学森曾经说过："60 年代，我们抓两弹一星，是一得；70 年代没有抓微电子，是一失。"1970 年代，中国各部门、省市引进了几十条较落后的集成电路生产线，由于体制机制不顺，又不掌握核心技术，后来纷纷被淘汰。1980 至 1990 年代，经中央批准，国家采取战略措施，先后建设了 908 微电子集成电路工厂和 909 微电子集成电路工厂，逐步缓解了被动局面。进入 21 世纪以来，中国采取更加开放的发展模式，大胆吸引国内外资金与技术，建立了中芯国际等十几条先进的集成电路生产线，为中国自主发展 CPU 等芯片创造了条件。但中国微电子产业从一开始就与计算机产业脱节，比较忽视计算机专业人才在集成电路设计中的作用，因此，集成电路与计算机的两张皮现象一直延续到今天。

2002 年，中国自主研制的龙芯一号通用 CPU 问世，在发展高性能通用 CPU 的征程上迈开了快速前进的步伐。随后，中科院计算所相继研制成功龙芯 2C、龙芯 2E 和龙芯 2F，龙芯 CPU 以每 14 个月左右提升 3 倍性能的超常规速度跨越发展。目前龙芯 CPU 的性能、功耗已经达到国际先进水平，成本低于国外同类芯片。2009 年流片的龙芯 3 号，是服务器用的 4 核 CPU 芯片，包含 4.25 亿个晶体管。在龙芯 CPU 的研制过程中，胡伟武研究员作出了重要贡献。除中科院计算所以外，北京大学与有关国防科研单位也研制成功通用 CPU 芯片。这些令国人扬眉吐气的重大进展说明，中国完全有能力掌握计算机的核心技术，建立自主可控的计算机产业基础技术平台。

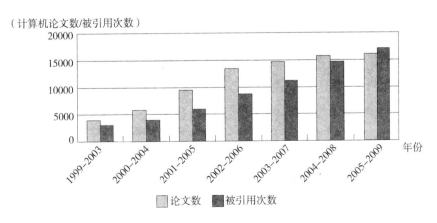

图 20.2　按 4 年周期统计的中国计算机论文与引用数

在学术期刊和高水平学术会议上发表的论文质量和数量、申请和已授权的专利数量，可以从一个侧面反映一个国家的科学研究总体水平。近几年来，中国计算机领域发表的论文和专利授权都成倍增加。图 20.2 显示了中国 1999 年以来发表的 SCI 论文数和引用次数（引自 ESI 数据），按每 4 年一个时间段进行统计。图 20.3 显示了中国 1985 年以来每年授权的专利数，因专利授权有三年左右的审查时间，2006 年申请的专利有一部分还未审查完。中国已经是"论文大国"和"专利大国"，但计算机领域的论文的篇均引用率还小于 2 次，明显低于发达国家，专利的实际利用率也不高，需要加强专利的谋划和技术转移。

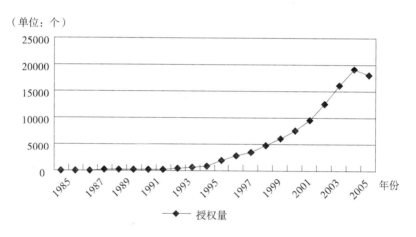

图 20.3　中国计算机领域专利授权统计

20.3　计算机产业与应用

中国计算机工业从引进苏联计算机技术开始，从单机起步到系列机，并形成批量生产，逐步发展成为包括整机、外部设备、零部件等硬件制造业、软件业和信息服务业的完整工业。50 年代研制 103 机和 104 机的时候，北京有线电厂（738 厂）就发挥了重要作用。此后，738 厂和 15 所、32 所等工业部门研究所陆续研制成功 108 甲机、108 乙机、320 机、655 机，分别为国防 154 工程，1125 工程，7010 工程，核工程计算，石油地震勘探，气象预报等提供了关键装备。

70 年代以前，中国的计算机研制主要为国防服务。第四机械工业部于 1973 年在北京召开了"电子计算机首次专业会议"（7301 会议），总结了中国计算机的研制、生产和应用的经验与教训，提出了"大中小结合、中小为主、普及应用、发展通用兼容的系列化产品、加强外设、加强软件、积极采用集成电路，逐步实现产品换代"的产业发展方针和技术政策。7301 会议确立了中国计算机工业发展的正确方向。

1974 年 8 月，DSJ－130 机通过鉴定，宣告系列化计算机产品研制成功。该机一共生产了几千台，标志着中国计算机工业走上了系列化批量生产的道路。1975 年，清华大学等单位开始研制 DJS－140 计算机，自行设计国产中规模集成电路，重点突破磁盘等外部设备。继 100 系列机之后，华北计算技术研究所等单位开始研制 180 系列机，先后共研制生产了DJS－183、184、185、186 和 1804 共 5 个机型。DSJ－200 系列机的联合设计始于 1973 年，由华北计算所、北京有线电厂和北京大学等 15 个单位承担，200 余人参加。200 系列机的总体方案强调了软件兼容性在系列机设计中的重要性，200 系列机操作系统的研制是中国软件从科研走向产品的转折点。华北计算技术研究所的 4 台 240 计算机和 4 台 260 计算机是当时中国航天测控网的主力机型，在 718 工程、巨浪工程和 331 工程 3 项国防重点工程中作出了重要贡献。

1974 年 8 月四机部联合一机部、中国科学院、新华社、国家出版事业管理局联合召开了 748 会议，提出了"关于研制汉字信息处理系统工程"（748 工程）的建议，得到国家计委批准。748 工程启动了中国印刷技术的第二次革命，告别了铅与火的时代，研制成几种汉字输入输出设备和几种用途的汉字处理系统，制成了精密型汉字印刷照排版系统—华光系统和方正系统，为汉字进入现代信息社会做出了不可磨灭的贡献。

1979 年，中国成立了国家电子计算机工业总局，这是中国计算机工业成长与发展的重要标志。1977 至 1980 年前后，中国先后研制成功 DJS‒051、052、053、054、055 微机以及 060、062、063 微机，还组织了台式微机，以及一位机和四位机的研制，主要用于工业控制。从 80 年代开始，以 PC 为主的计算机产业开始兴起。1983 年 12 月，电子部六所开发成功中国第一台 PC 机——长城 100（DJS‒0520 微机）；同年，中科院计算所研制成功在操作系统核心部分进行改造的汉字微机系统 GF20/11A。1985 年 6 月，第一台具有字符发生器汉字显示能力、具备完整中文信息处理能力的国产微机——长城 0520CH 开发成功。由此中国微机产业进入了一个飞速发展、空前繁荣的时期。

国内 PC 机产业的代表是联想公司。联想的前身是"中国科学院计算技术研究所新技术发展公司"，由计算所投资 20 万元，于 1984 年成立。倪光南带着他的"联想式汉字系统"加盟联想公司，对联想初期争得"第一桶金"发挥了重要作用。联想公司的成立是中国技术转移和产学研结合的一个样板，联想成立初期的经验值得认真总结。联想后来在市场竞争中发展壮大，先在香港上市，后又收购 IBM 公司笔记本电脑业务，公司的营业额已超过 1 千亿元，进入了世界 500 强企业。这主要是以柳传志、杨元庆为代表的联想电脑公司领导层按照企业家的思维方式"搭班子、定战略、带队伍"的结果。除联想公司以外，长城、方正、同方等公司也已成为中国计算机产业的骨干企业。

除微机产业外，中国的服务器产业特别是高性能计算机产业也有长足的发展。1990 年代初，中国的主机（Mainframe）和服务器几乎全部依赖进口，外国大公司还派专人到用户的机房内监控中国进口的高性能计算机的使用。经过十多年的努力，这种局面已经改变，国产 PC 服务器已占到国内市场 20% 以上。值得高兴的是，在 2008 年中国 TOP100 高性能计算机的统计中，国产高性能计算机的总计算能力已超过国外机器，其中曙光高性能计算机的计算能力占 33%，位居第一，超过 IBM 和 HP 公司，见图

20.4。但是在银行等关键部门，目前基本上还是 IBM 公司独家垄断。

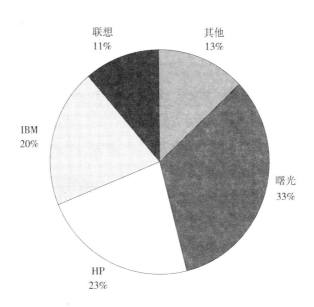

图 20.4　中国 TOP 100 高性能计算机的机器供应商份额

　　改革开放政策使中国成为全球化大趋势的受益者。改革开放以来，大量跨国公司在长江三角洲和珠江三角洲等沿海城市设立零部件和整机加工企业，中国已经成为计算机领域名副其实的国际加工基地。从 1990 年代初以来，中国的计算机制造业的总收入一直保持 20% 以上的年增长率，有些年份增长率超过 50%。2008 年，中国计算机行业规模以上企业的销售总收入达 17134 亿元，是 1991 年计算机行业销售收入（70 亿元）的 248 倍。图 20.5 表示了 1991 至 2008 年中国计算机制造业年总收入突飞猛进的发展变化。（由于每年的统计口径不完全统一，2002 年以前的数据是计算机行业总销售收入）。以计算机产业为重要部分的信息产业已成为中国的第一支柱产业。

　　改革开放以来，中国计算机应用在城市得到一定程度的普及。2008 年，中国城市居民家庭每百户拥有计算机已达 60 台；2007 年，国内销售台式 PC 机 2105 万台，笔记本计算机 629.7 万台。谭浩强编写的《BASIC

（单位：亿元）

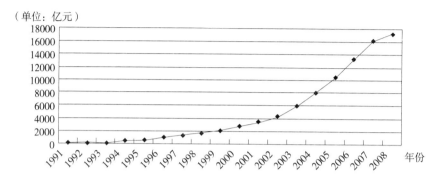

图 20.5　中国计算机制造业年总收入的快速增长

语言》一书，现在仍以每年 30—40 万册的速度发行，总发行量已经超过 1200 万册；他编写的《C 程序设计》也发行了 1000 万册，创造了科技书籍发行量的世界纪录。这两本书的广泛流行，也从一个侧面反映了中国计算机的普及程度。由于其他章节已阐述了计算机在各个行业的应用，此处不再赘述。

20.4　计算机技术与产业发展的基本经验

50 多年来，中国计算机事业经历了风风雨雨，在成长壮大的同时，也积累了丰富的经验教训。应该看到，要赶上世界先进的计算机科学、技术和产业的水平，我们还有很长的路要走。为了适应中国现代化和迈向信息社会的需要，为了适应中国经济社会和科学技术发展的需要，中国的计算机事业必须继续密切跟踪当代信息革命发展的趋势和全球信息技术发展的动向，不断地总结中国计算机技术和产业几十年来的经验教训，使中国尽早实现由一个信息技术和产业的大国向信息技术和产业的强国的转变。

20.4.1　坚定信心，自主创新

1950 至 1960 年代，国外对中国实行技术封锁，除了最早仿制的两台计算机外，国内研制的大大小小的计算机都是依靠中国自己的科技力量研制出来的，这些计算机的主要设计者大多是年轻人。改革开放以后，以"市场换技术"的设想并没有换来信息化的核心与关键技术，而中国计算机技术的每一点实质性的进步，都还是自主创新的结果。特别是通用 CPU 这一计算机核心技术的突破，花钱之少，进展之快，出乎人们的意料。取得这一重大进展的前提，是科研人员的坚定的民族自信心。他们在一片怀疑声中有"做出来给你看"的自信，这一成功也说明创新人才是逼出来的，国家的战略需求可以造就高水平的人才，所谓"时势造英雄"，也就是这个道理。

20.4.2　面向市场，依靠科技

在计划经济时代，中国的计算机科研主要面向国防需求，特别是两弹一星研制的需求。这一段时期，计算机科技工作者的成绩不能抹杀，他们曾经为共和国的独立自主作出了巨大贡献，出色地完成了上级下达的科研任务。不能因为当时的中国计算机发展没有走市场化道路而怪罪这些科技工作者。但是，历史已经证明，计划经济的道路是走不通的，市场经济是人类社会发展的必然选择。像过去的苏联一样，仅仅为备战和国家安全发展科技，国家不但不会富强，反而可能被拖垮。近 20 年来，中国计算机产业每年以 2 至 3 倍于 GDP 增长的速度发展，正是得益于改革开放和社会主义的市场经济。科研工作也只有面向市场，从市场中获得需求，才能产生可持续的、真正的原动力。

另一方面，中国计算机产业的发展史也证明，发展产业必须依靠科技进步。中国计算机产业规模已经很大，但利润率却低于传统产业，没有体现出高技术产业的特点。这是因为迄今为止，中国的计算机产业基本上还是组装加工产业，大部分处于产业链的下游。要改变这种局面，必须加大计算机的科研投入，尽快掌握计算机的核心技术，争取向计算机产业的上游发展。特别是要抓住计算机产业更新换代的机会，发展新的应用，开拓新的市场。近几年，中国的腾讯、盛大、百度等网络服务企业崭露头角，对计算机、网络及软件技术提出了新的需求，实际上也为计算机产业的发展开辟了新的研究方向。

20.4.3 坚持开放，竞争发展

计算机的发展史已经证明，开放的技术繁荣昌盛，封闭的技术则会逐步衰亡。微处理器发明以后，计算机产业从垂直集成发展到水平集成，产业链的分工已经十分明确。计算机产业比通信产业更开放，这是计算机产业的优势，我们决不能违背这个计算机发展的潮流。中国的市场是世界市场的组成部分，世界市场也是中国企业的市场。发展中国的计算机技术和产业，必须坚持改革开放的方针，在经济全球化的背景之下，走市场竞争的道路，才有可能为中国的计算机技术和产业的发展，找到一条可持续发展的道路。这意味着中国的企业只有在国际竞争中占得上风，才有能力获得国内市场。最近"闪联"等技术在走向国际标准的道路上有所进展，就已经说明，只要我们的技术先进，我们完全有可能在国际标准中占有一席之地，有能力在开放和竞争中赢得主动。

20.4.4 政府主导，精心组织

1950 至 1960 年代中国计算机技术的自主发展，取得令人骄傲成绩，得益于政府的投入和精心组织。据统计，1950 至 1960 年代中国的研发（R&D）投入占 GDP 的比重，平均为 1.28%，最高的年份达到 2.32%。这充分说明，中国第一代领导人对自主创新和发展科技的高度重视。近20 年来，国家实施了 863 等高技术计划，投入也在不断增加，但对计算机产业的长远发展尚缺乏整体谋划，企业从国家科技计划的成果中，还难以找到更新换代的核心技术。各国发展史的统计表明，一个国家 R&D 投入占 GDP 的比重在 2% 以下时，政府的研发投入一般都在 50% 以上，而

中国目前只占 30%。当然，政府的主导作用，并不仅仅体现在科技的投入上，更应该体现在制定战略规划、营造公平竞争的产业环境和促进产学研的合作等许多方面。世界各国的经验证明，市场看不见的手和政府看得见的手，两手都要硬，才能更有效地发展高科技产业。对于市场竞争十分激烈的计算机产业，更不能忘了政府这只看得见的手。

（本章作者　李国杰　张复良）

企业文框 12：从"IBM 中国"到"中国 IBM"

IBM 与中国的业务联系源远流长。早在 1934 年，IBM 公司就为北京协和医院安装了它的第一台商用处理机。1936 年，IBM 公司在上海设立了办事处，这是当时 IBM 在远东的第一个办事处。此后，战事频繁等原因隔断了 IBM 与中国的联系。伴随着中国的改革开放，IBM 公司再次来到新中国。1979 年，IBM 为沈阳鼓风机厂安装了一台 IBM370 型计算机，这是中华人民共和国成立后安装的第一台 IBM 中型计算机。80 年代，IBM 先后在北京、上海设立办事处。1992 年，IBM 在北京建立了国际商业机器中国有限公司，这是在中国最早期的全资独资企业，此举使 IBM 在实施在华战略中跨出了实质性的一步，掀开了在华业务的新篇章。

多年来，IBM 和中国经济一起成长，共同发展。现在，基于全球整合企业的定位，IBM 在中国实施全面覆盖、扎根深入的战略。到现在，IBM 在中国的办事机构扩展至北京、上海、广州等 27 个城市，业务遍布全国。IBM 中国员工队伍不断壮大，目前超过 1.8 万人。三十年来，IBM 的各类信息系统已成为中国金融、电信、冶金、石化、交通、商品流通、政府和教育等许多重要业务领域中最可靠的信息技术手段。

IBM 中国公司不断地把全球最先进的商业理念引入中国。

1995 年左右，IBM 带来了"电子商务"这一 IT 界最重要的概念。2002 年底，IBM 又进一步提出"电子商务随需应变"战略。面对当前的全球化浪潮，从 2006 年开始，IBM 又将实践多年的"全球整合企业"理念带到中国，和中国各界分享"全球整合企业"这一创新的模式，共同探讨如何倚重全球资源、发挥中国的巨大优势。

在引入最新的理念和技术产品的同时，IBM 也一贯地支持中国本地化技术的开发。1995 年 9 月，在众多跨国企业中，IBM 率先在中国成立研究中心（2006 年更名为 IBM 中国研究院），成为 IBM 在全球设立的八个研究中心之一，也是 IBM 第一家在发展中国家成立的研究中心，表明了 IBM 对中国研究素质和技术的高度认可。1999 年 IBM 中国开发中心成立，这是 IBM 唯一同时从事软件、硬件和服务开发的实验室，也是唯一同时进行 IBM 全部五个软件品牌开发的实验室。随后，IBM 中国系统中心、IBM 中国系统与科技研发中心、IBM 创新中心等创新机构纷纷成立。IBM 中国总体研发力量已经达到 5000 多人，其中绝大多数都是中国本土的人才。

IBM 在中国的历程，不仅仅是 IBM 在中国的发展史，更是见证中国 30 年改革开放的辉煌业绩史。正如 IBM 公司董事长、总裁兼 CEO 彭明盛先生所说："仅仅被看成是中国最好的外国企业是不够的，我们要成为中国最好的公司。"

（编撰：刘博）

第 21 章

通信技术与产业

引　言

中国通信技术的发展与通信事业的发展紧密相连。新中国成立时，中国通信事业与通信技术都处于落后状态，全国的通信基础设施严重匮乏，生产能力有限，产业基础极为薄弱。

建国初期，中国的电信网只是通过购入前苏联和东欧国家的一些电信设备，再加上整合解放区和原国统区的电信网络，初步建立起一个低水平的全国通信网。1958 年，中国开始自主研制电信设备，直至改革开放前夕，中国科研人员自力更生、艰苦创业，以自主开发为主，建成了具有一定容量的通信网，但与国际先进水平相比仍有很大差距。

改革开放后的 20 世纪 80 年代，通过大量引入国外较先进的设备和生产线，中国逐步建立起了一个大容量、现代化的通信网；同时，先进技术的引进也为中国制造业的整体突破奠定了人才、技术、产业基础。

20 世纪 90 年代，中国通信制造业首先在程控交换机方面获得突破，并且在国内市场上占据了主导地位，而后，相继在移动通信、光传输、数据通信、接入网等方面掌握了先进技术。但是，我们还没有原创性的技术，主要还是依靠他国的原创技术进行集成和整机系统的研发。

目前，中国已经成为全球最大的固定电话和移动电话市场，形成了全球最大的固定网络、移动网络，运营企业也已提供了从语音、数据到视频、流媒体的多种业务；中国互联网网民总数已经超过 3.4 亿，位居世界第一；已经形成了覆盖全国的光缆干线网，全长超过 500 万公里；网络体系从公共计划电话网络（PSTN）逐步向以网间互联协议（IP）为核心的网络过渡。中国的通信制造业依靠党的改革开放的政策和中国巨大的电信市场，得到了突飞猛进的发展，不仅可以提供从终端、接入、城域、核心、业务、应用全套的通信网络产品，而且经过这些年的磨练和沉淀，已经在第三代移动通信、下一代网络、光通信领域实现了核心技术的突破，并形成了以 TD-SCDMA 为代表的一批具有自主知识产权为依托的技术。

纵观中国通信技术 60 年的发展，历经艰苦创业、引进吸收、群体突破、创新崛起四个阶段，经历了由低水平的自主研发、引进吸收、产品创新，到拥有自主知识产权核心技术的螺旋式上升发展过程，中国通信制造业在改革开放的大环境下，坚持开放、转型、创新，已经形成了具备国际竞争力的比较完整的产业链，实现了跨越式发展，取得了举世瞩目的成就。如今中国通信技术体系基本建立，自主创新能力逐步增强，对国际通信标准化进程的影响逐步扩大，中国主要运营商的综合竞争实力已经跃居世界前列，华为、中兴等通信设备制造商也在国际市场上占有了重要地位。

21.1　艰苦创业阶段（1949—1978 年）

建国初期，中国通信网的传输几乎全部依赖架空明线。新中国成立后，通过新建一些架空明线和整治旧有线路，自行开发了 88 式交叉技术，使得一条明线杆路上有 8 对以上线可以开放 12 路载波。同时，从国外购入了大量 12 路载波机用于装备干线。交换设备是老式旋转制和步进制，以人工交换为主，网络容量很小，组网极为简单，所有设备均从国外购入，除苏联步进制自动交换机外，还引进了生产线，开始自行生产 47 式步进制交换机；终端为老式传统终端，类型单一，功能简单。

1958 年，中国开始自行研制开发通信设备。1960 年代初期，中国研制出合格的架空明线 12 路载波机，国产化率 100%，改变了完全依赖进口国外通信设备的状况。此后，又相继研制出了具有中国特色的高 12 路载波机和更高容量的传输系统"双 60 路系统"（60 路对称电缆和 60 路微波）、双 600 路系统（即 600 路微波系统和 600 路微波用载波终端）和 960 路系统（即 960 路微波系统和 960 路微波用载波终端），并建立了 600/960 路微波系统网，通达绝大多数省会城市，主要用于传送电视，在卫星通信开通前发挥了重要作用。

1969 年，中国立项研究同轴电缆传输系统。该项目立项时，正值电子技术由真空管向晶体管转变时期，中国通信科技队伍跳过真空管系统，直接研制成功了晶体管 1800 路中同轴电缆载波通信系统，实现了一大飞跃。1976 年，京—沪—杭 1800 路中同轴电缆载波通信干线工程竣工，于 1970 年代末全线投入运行。系统经过改进和完善，又建成了京—汉—广干线，这两条干线在中国光缆网全面建成以前，一直担负着全国主要干线的通信传输任务，直至 1990 年代中期。1800 路同轴电缆系统的研制成功，使中国通信技术和设备向前跨越了一大步，缩短了与国际先进水平的距离。在 1800 路载波系统的基础上，1980 年代中国又研制出 4380 路中同轴电缆系统，实现中同轴电缆载波商用最大容量，获得国家科技进步一等奖。

1970 年代，中国通信科技队伍采用全晶体管技术，开发了 6GHz1800 路微波通信系统。交换技术方面，研制开发了纵横制的长途自动交换机，并与京—沪—杭、京—汉—广干线配合，在各省会城市进行装备，同时制订了中国长途自动的一些基本技术规范，其中长途区号采用不等位编号制，成为后来全国长途自动化的基本依据，并一直采用至今。此外，在电报、传真、数据方面也有了相当的进展，其中，代表性的成果是具有中国特色的中文电报译码机。

在1949—1978年这个国际上对中国严密封锁先进技术的年代，邮电部邮电科学研究院克服困难、艰苦创业，虽然技术水平很低，还是自主研制和建立了满足当时政治、经济和国防需求的通信网，国产化率达到95%。在此期间，中国的程控交换机尚是完全空白，大量的交换设备是步进制、纵横制，县级以下几乎是清一色的"摇把子"人工电话服务。中国电话交换设备的整体技术水平落后发达国家大约有50年之遥。

21.2 引进吸收阶段（1978—1991年）

改革开放之初，长期封闭的国门被打开，商品经济大潮风起云涌，对作为基础设施的通信业提出了强烈的要求。然而由于历史欠账严重，中国通信能力非常落后。当时，中国电话普及率只有0.4%，通信网络的发展已经严重制约了国民经济的发展。为此，通信主管部门制定了"引进来"的战略。一是通信网急需而国内不能提供的技术，直接从国外购入，在引入设备的同时，要求引进其先进的技术；二是通信网大量需要而国内开发比较困难的技术，直接从国外引入生产线在国内生产，并消化、吸收，向开发设计延伸，逐步实现国产化。

1982年，福建省福州市引进并开通了日本富士通F150程控数字交换机，拉开了中国通信业从人工走向自动时代的序幕，是中国通信业发展史乃至改革开放史上具有里程碑意义的事件，引发了随后十几年交换网络的跨越式发展。全国各地陆续引进了北方电信、西门子、爱立信、NEC、阿尔卡特、诺基亚等公司的程控交换设备，史称为"七国八制"。这个阶段，大规模的引进吸收有效地缓解了中国通信的供需矛盾，满足了改革开放迫切的通信需求，实现了通信网由模拟技术向数字技术的跨越，为后期的群体突破孕育了商机和能力。

1983 年 7 月 30 日，中国和比利时贝尔公司在北京人民大会堂签订了《上海贝尔电话设备制造公司合营合同》。中方坚持了三条原则，一是中方占大股，二是外方必须持续转让技术，三是专用芯片必须在中国生产。合资公司引进了贝尔公司的 S－1240 交换机的技术和生产线，但是，在当时 S－1240 并不是最成熟的系统，特别是软件部分根本没有预计到中国的通话量会如此巨大，因此，上海贝尔在引进和吸收原有 S－1240 的交换机的基础上，根据国内的需要进行开发，解决和满足了市场的需求。同一时期，中国引进的其他生产线，交换技术方面有北京西门子、天津日电、青岛朗讯、顺德北电；光纤光缆方面有武汉长飞；数字传输方面有重庆 Ital-tel，上海朗讯、成都 Alcatel；移动通信有杭州东方、北京 Nokia、北京 Ericsson、上海西门子；数据方面有南京北方电信等。

1986 年 9 月，邮电部第一研究所成功研制出容量达到 2000 门的数字市话程控交换样机，年底通过国家鉴定，并荣获当年的国家科技进步一等奖。1989 年，邮电部第一研究所和第十研究所又研制成功容量为 10000 门市话、8000 门的长市合一型数字程控交换机样机。这些研发成果虽然最终没有商用化，但是标志着中国已经掌握了国外 1980 年代初程控数字电话交换机的主要技术，为中国程控交换机国产化，改变完全依靠进口的局面和研制适合中国国情的万门程控交换机打下了良好的基础。

1990 年代初，大规模从国外引进先进的通信技术和生产线，不仅为中国电信事业建设了一个具有先进技术通信网络，更重要的是带动了国内电信产业，包括集成电路企业在内的配套产业的整体发展。通过自主开发程控技术领域积累的知识和经验，使中国通信设备制造业的整体技术水平得到了长足的提升，为后期中国通信制造业的整体突破奠定了人才、技术、产业、资金等全方位的基础。

21.3 群体突破阶段（1991—2000 年）

1980 年代引进、消化吸收国外先进技术的同时，促进和加速了国内自主研究、开发程控交换机的步伐。从 20 世纪 90 年代初期，国内制造业在引进、消化吸收国外生产的程控交换机的基础上，以"巨大中华"为代表的一批制造企业乘势而上，敏锐地抓住了难得的历史机遇，形成了有世界影响的群体突破。

1991 年，以解放军信息工程学院为主，历时三年多，研制成功了HJD04 型大容量程控交换机，即后来由巨龙集团生产的 04 机。04 机的研制成功，掀起了中国企业、院校、研究所独立开发，或相互协作，或共同开发程控交换机的高潮。中国制造企业乘势而上，以 04 机为开端，自主开发了一批程控交换机，其中标志性的大型交换机包括巨龙 HJD04 机、大唐 SP30 机、中兴 ZXJ10 机和华为 C&C08 机，被时任邮电部部长和业界称誉为"巨（龙）大（唐）中（兴）华（为）"。

在程控交换机领域，国内厂商实现的群体突破，彻底地改变了中国通信市场长期引进的局面，极大地增强了民族通信企业的信心。中兴、华为、大唐等企业在经历了创业和起步阶段后，开始大跨步地向其他通信设备领域进军，产品从单一交换机向多元市场转换。

在移动通信领域，国内通信制造业在第二代移动通信技术上取得了关键性突破。1992 年，原邮电部上海一所就开始了 GSM 技术的研究开发，并于 1996 年通过了国家技术鉴定。但是，由于研发体制的制约，科技成果距离商用化的产品还有一定的距离。1998 年，华为率先推出了商用GSM 数字蜂窝移动通信系统，具备了提供 GSM 移动通信全套网络设备的能力。其后的两年间，中兴、大唐等企业也纷纷推出了自主研发的 GSM系统。1998 年，国产 GSM 移动通信交换机、基站、手机等三个主要产品实现了零的突破。

在光传输领域，1995 年，国内成都——攀枝花国产 SDH 设备 155Mbps 和 622Mbps 光纤通信示范工程开通。1996 年，武汉邮电科学研究院开发成功 2.5GSDH 产品，并于 1997 年开通了海口——三亚试验电路。1997 年，武汉邮电科学研究院开发出首套 DWDM 系统，1999 年又开发出了 10GbpsSDH 系统。华为、中兴公司也陆续实现了传输领域的突破。

面对激烈的市场竞争和国外企业的垄断，中国通信厂商在数据通信产品上坚持自主研发。华为公司自 1995 年开始研发路由器产品，1998 年正式进入路由器市场；中兴公司也于 1999 年进入路由器市场。国内厂商初期面向中低端路由器、交换机市场，逐步在市场上站住了脚跟。之后，国内厂商继续坚持自主创新，在高端路由器产品市场也取得了丰硕成果。

2000 年前后，中国企业自主研制的产品已经涵盖了电信的主要领域：程控交换、光传输、移动通信、智能网、接入网、数据通信、多媒体通信、视讯技术、No.7 信令网、高频智能开关电源等。

从引进吸收到"巨大中华"的群体突破，中国国内的通信设备制造业出现了一大批制造企业，经过大浪淘沙，中兴、华为、烽火、大唐、普天等国内企业已经进入国际知名通信制造企业的行列。通信制造业的群体突破，彻底地改变了中国通信市场的竞争格局，打破了国外通信企业在中国市场上的垄断地位，推动了中国通信业的快速发展，提升了中国企业的国际竞争力。

这一阶段，庞大市场的吸引、宏观政策的引导，对于中国通信产业的发展起到了重要的推动作用。到 20 世纪末，中国通信产业界的技术水平得到了迅速提升，并在人才、知识、资金、市场、基础技术方面有了长足的准备，为后续阶段的腾飞和崛起奠定了物质基础。

21.4 创新崛起阶段（2000 年至今）

进入新世纪以来，经过近十年的发展，中国在通信技术的各个领域都有长足的进步。中国通信设备制造业坚持技术创新和自主研发，已经形成了一个较为完整的通信设备制造业产业体系，产业链逐步完善，技术、标准、产业化协调发展，自主创新能力明显提升，并产生出了一批具有国际竞争力的企业，通信领域核心技术空心化问题得到初步解决，个别领域的产品进入全球领先行列，中国通信业已经迈向了创新崛起的新时期。

21.4.1 核心技术取得突破

近十年，中国通信技术领域自主知识产权成果丰硕，掌握了一定数量的核心技术及专利，自主知识产权从边缘技术向核心技术渗透，在第三代移动通信、下一代网络、光传输等领域率先取得突破，不仅具有自主知识产权的领域增多，而且具有自主知识产权的科技成果转化能力也显著提升。

1. TD-SCDMA 技术

TD-SCDMA 技术是中国通信领域自主创新的典范。2000 年 5 月，在土耳其召开的国际电信联盟（ITU）全会上，经过对 16 个标准提案的投票表决，由中国提出的 TD-SCDMA 系统，与欧洲提出的 WCDMA 和美国提出的 CDMA2000 同时被采纳为国际第三代移动通信（3G）的三大主流标准之一。2001 年 3 月，TD-SCDMA 标准被移动通信的国际标准化组织（3GPP）所接纳，成为了真正意义上的可商用国际标准。这是中国百年通信史中零的突破，从此结束了中国在通信领域的重要标准中没有自主知识产权的历史。

2004 年 3 月，国家发改委、科技部、信息产业部联合推动了 TD-SCD-

MA 研发和产业化专项。2007 年科技部、国家发改委启动了实施第三代移动通信 TD-SCDMA 产业化专项第二期项目，侧重支持 TD-SCDMA 增强型技术和产品的研发和产业化。在这个重大项目的推动下，TD-SCDMA 及其增强型技术形成了完整的产业链，并且开始了规模化商用。目前，在中国移动二期和三期网络的建设中，已经全部采用新型的分布式 TD-SCDMA 基站设备和双极化智能天线。

在 TD-SCDMA 的发展进程中，有关各方坚持自主创新和产学研用合作，经过十年的发展，不仅产业全球领先，也成功地走出了一条从技术到标准、标准到产品、产品到试验、试验到规模化商用的特色鲜明的技术创新与产业化发展相结合的产业科技创新之路。中国在 TD-SCDMA 的关键技术、核心专利、关键芯片、解决方案、系统设备、网络试验、业务创新等方面都取得了可喜的成绩，在技术创新、管理创新等方面也积累了宝贵的经验。

2. 下一代网络

在下一代网络领域，中国已经积累了很强的技术实力。2007 年，由信息产业部电信研究院、中国电信和华为技术有限公司联合完成的《下一代网络国际标准》项目，首次在国际电联形成了比较系统和完整的下一代网络国际标准，攻克了下一代网络资源管理的难题，实现了根据业务需求对业务进行接纳控制和动态部署网络资源的有效机制，从而保证网络的服务质量，形成国际电联 Q.3301.1、Q.3302.1、Q.3303.1、Y.2112 四项国际标准。此外，该项目还自主设计了下一代网络中新型的多媒体会话业务，实现固定和移动环境下用户数据库的统一，使所有用户对多媒体服务具有相同的体验，形成国际电联 Q.sup54、Q.sup56、Y.2211 三项国际标准。在制订上述标准的同时，还产生了 16 项具有自主知识产权的专利。

2007 年，在新一代承载网领域，信息产业部电信研究院提出了一种全新的包交换网络（FPBN-Future Packet Based Network）体系结构。FPBN 采用了全新的思路来设计可运营、可管理、可维护的 IP 网，重点解决新型 IP 承载网的服务质量问题，同时也很好地解决了 IP 网的安全可信问题。目前，FPBN 技术标准草案已经成为 ITU-T 的标准，完成了 3 项 ITU-T 标准：Y. 2601（General requirements of Future Packet Based Networks）、Y. 2611（High level architecture of Future Packet Based Networks）、Y. 2612（Generic requirements and framework of FPBN addressing, routing and forwarding）。同时，华为、中兴、成都迈普等公司研发了包括 FPBN 边缘设备、汇聚层设备、核心层设备、地址翻译设备等系列设备与系统，这些设备已经成功地组成了具有一定规模的 FPBN 试验网络，设备的可靠性和有效性得到了验证。

中国十分重视下一代互联网技术的研究。国家 8 个部委联合支持的中国下一代互联网示范工程项目（CNGI）已经建成了由中国电信、中国网通、中国联通、中国移动、中国铁通以及中国教育科研网 Cernet2 共 6 个主干网组成的、全球最大的 IPv6 示范网。以国产 IPv6 设备为主体，CNGI 项目还包括 300 个驻地网，并通过北京、上海两个国际交换中心连接北美、欧洲的下一代互联网试验网。CNGI 项目实现了产学研用结合，促进了中国 IPv6 产业的发展。

3. AVS 技术

在数字音视频编解码技术标准（AVS）技术领域，中国打破了国外对音视频技术和标准的垄断，在第二代音视频编码标准中形成了三足鼎立的局面。2002 年 6 月，信息产业部成立了中国数字音视频编解码技术标准工作组（AVS 工作组），适时启动了 AVS 标准的研究与制定工作。2005 年，AVS 通过了国家广电总局广播电视规划院和信息产业部广播电视质量检测中心的测试，建立了知识产权池的管理，相关产业联盟也应运而生。2006 年 1 月，AVS 视频标准通过信息产业部审批，正式上报国家标准化管理委员会审批发布。

2008 年底，AVS 工作组申报了称为《信息技术新型多媒体编码》的第二代 AVS 国家标准的立项计划（简称 AVS2），并启动了更高效率的高清、超高清、三维视频的标准制定工作，新一代 AVS 还同时启动了面向国际标准化的进程。国际上从事同类标准制定工作的 ISO/IEC MPEG、

ITU-T VCEG 也分别开展了新一代的 HVC（高效视频编码）和 H. NGC
（下一代编码）的标准制定工作，换而言之，中国与国际同步启动了新一
代视频编码标准的制订。

21.4.2 国际标准影响力显著提升

中国历来重视国际电信联盟（ITU）的国内对口研究工作，积极参与
ITU 的各项国际标准化活动，重点跟踪 4G、NGN、IPTV 等 ITU 国际建议
的研究，共参与并主导了 70 余项国际建议的研究。据统计，2008 年全
年，中国共派出 870 余人次专家参加 ITU 会议，提交文稿超过 830 篇，文
稿的质量、采纳率显著提高。中国专家在 ITU 各研究组中担任主席、副主
席、报告人、建议起草人、编辑等各种职务的人数近 100 人。2008 年 10
月，在国际电联世界电信标准化全会（WTSA‐08）上，中国推荐的九名
主席、副主席人选全部当选。这是自 2004 年上届世界电信标准化全会五
位中国专家当选研究组副主席后，中国在国际电信标准化领域取得的又一
次重要突破。

在积极参与 ITU 活动的同时，近几年中国还积极参与 3GPP、IETF、
OIF、OMA、TMF、OFC、ETSI 等区域性组织和论坛标准化组织的活动，
影响力日益提升。以 3GPP 为例，据不完全统计，2008 年中国共向 3GPP
提交文稿超过 8800 篇。中国企业围绕 TD-SCDMA 增强型技术标准，牵头
开展了 TDHSPA +、TD-SCDMA 终端 TTCN 测试集等项目。在全面参与
3GPP LTE/SAE 标准制订的同时，中国企业重点主导了 TD-LTE 标准，并
确保 TD-LTE 标准进程与 LTE FDD 同步。在 LTE-Advanced 标准制订中，
中国企业也针对其需求、技术框架和关键技术点全面推进。

中国在 IETF 的工作也取得了很大的进展，发展势头良好。近两年，
中国主导或署名的文稿 RFC 数量快速增长。中国目前署名的 19 个 RFC
中，有 12 个是 2008 年以后发布的。其次，中国标准类 RFC 的数量实现
"零"的突破。在 19 个 RFC 中标准类（Standard）的占 8 个。另外，中国
主导完成或署名的 RFC 开始涉及互联网路由、网际互联、安全等核心技

术领域。2008 年以前，中国主导完成的上述 RFC 主要集中在中文编码、中文邮件、中文域名等方面；2008 年以后，中国开始涉及 IPv6、网络安全、路由协议、无线通信等领域，特别是通过 CNGI 项目的研究，中国主导提出了 IPv6 源地址认证和 IPv6 over IPv4 等标准化研究领域，表明中国对互联网核心技术的影响力逐步增强。

21.4.3 通信设备制造业长足发展

2008 年，中国通信设备制造业实现销售收入 8460.1 亿元，占信息产业收入的 13.4%；手机产量达 5.6 亿部，占全球产量的 50% 左右，中国已成为全球移动通信终端的最主要生产大国；程控交换机产量达 4583 万台。2008 年通信设备产品出口 870.5 亿美元，同比增长 13.4%，占信息产业出口额的 16.7%。手机出口 5.33 亿部，同比增长 10.4%；出口额 385.4 亿美元，同比增长 8.27%，占信息产品出口总额的 7.4%。

经过十余年的奋斗，中国企业已成功拓展了海外市场。华为公司海外销售收入从 1999 年的 5000 万美元，逐年上升，2007 年超过了 160 亿美元，2008 年更是达到了 175 亿美元；中兴从 2003 年至 2008 年，国际市场收入比例从 12% 增长到 61%，销售收入从 160 亿元增长到 2008 年的 443 亿元。

中国通信制造业坚持走技术创新道路，每年的研发投入都保持在年收入的 10% 以上，这些企业的研发人员数量大多占员工总数的 40% 以上。此外，这些企业在国际化开发方面都迈出了重要的步伐，以华为、中兴通讯为代表的企业已经在海外建立了十几个研发机构，产品、销售、研发人员的身影已遍及亚非美欧，在国际各大主流市场取得全线突破，成为国际电信市场的主流供应商。

21.4.4 通信产品市场竞争力明显增强

2000 年之后，基于对核心技术的掌握，中国通信设备制造业已经能够更加灵活地按照客户需求提供量身订制的通信网的全套产品和全面解决方案。

核心网方面，推出了基于全 IP 网络架构下一代网络产品，包括业务管理、网络控制、核心交换、边缘接入等各个层面的产品与解决方案，例如移动网和固定网核心网的软交换、互联网多媒体子系统（IMS）设备，以及接入网的基站、基站控制器等产品；在 IPv6 领域，以 IPv6 路由器为代表的国产关键技术及设备产业化初成规模，已经形成从核心网络设备、软件到应用系统等较为完整的研发及产业化体系，产品已经在中国 CNGI 的各个层面均有应用；传送网方面，国内厂家系统和设备的研发能力已经达到了国际先进水平。例如 SDH 设备、基于 SDH 的 MSTP 设备、从 2.5Gbps 到 40Gbps 的 DWDM 系统等；在宽带光接入领域，国内厂商华为、中兴、烽火等公司在无源光网络 EPON 和 GPON 在国内市场上占据较大市场份额；目前，国内光器件厂商也可以提供 PON 系统光模块和光器件，部分光纤光缆制造商已经开发了多种类型的针对 FTTH 应用的光纤和光缆。

21.5　结　束　语

纵观中国电信业发展的 60 年，"翻天覆地、脱胎换骨"可以说是最好的总结。

改革开放之前，中国通信业基础薄弱、资金有限，平均每百人不足半部电话，采用的技术从原始的人工电话、架空明线、步进制交换机，到后来的微波、铜缆、纵横制交换机。虽然中国通信科研队伍自力更生、艰苦创业，仍然无法满足当时中国的通信需求。

1980 年代，改革开放为中国通信技术的发展创造了巨大的市场空间。通过引进设备和生产线，中国通信网基本实现了交换自动化、程控化，传输数字化，引进、消化、吸收为中国的设备制造业技术的提升和产品的换代打下了一定的基础。

20 世纪 90 年代和本世纪的 10 年,中国的通信技术和设备制造业得到了快速的发展,成为中国经济亮丽的、新的增长点。在高度开放和竞争的环境中,中国通信设备制造业之所以能够得到迅速的发展,在某些主导产品方面形成自主开发的能力和国际竞争能力,在某些领域形成具有自主知识产权的技术,有很多经验值得总结。这些经验,为中国信息产业的后续发展和调整、实现产业升级,可以提供极为有益的启示。

1. 局部突破　全面崛起

1990 年代初期,以程控交换机作为突破口,中国通信制造业开始在国外设备一统天下的局面中找到了一个突破口。在随后的几年中,中国通信制造业坚持走技术创新道路,在光通信、接入网、数据通信、移动通信、通信芯片和软件等市场上迅速突破,并且在多个领域成长出一大批具有专业化竞争优势的企业和一批具有全面解决方案提供能力的综合通信设备制造企业。

2. 掌握技术占先机　提升产业竞争力

通信业是高科技行业,其核心竞争力主要体现为技术的竞争能力。20世纪 80 年代,中国通信制造业的能力还无法满足中国通信事业发展的需求,因此,当时的通信网络建设主要依靠进口设备。多年来,中国的华为、中兴、烽火等企业,基于对核心技术的掌握,已经能够更加灵活地按照客户需求,提供量身订制的产品和全面解决方案,同时加强了对产品质量和成本的控制能力,使产品在国际、国内市场上更有竞争力,灵活的技术方案、高质量和低成本成为赢得客户青睐的主要原因。

3. 扎根国内立基业　冲击世界辟新天

在国内市场扎根的同时,中国通信制造业开始大规模走向国际市场。目前,中国通信设备在海外市场的拓展,已经进入规模化阶段,无论是技术含量、市场范围,还是订单的数额,均获得了突破性的进展,使全球电信市场越来越认可中国电信设备制造商的技术实力和服务能力。中国通信设备在海外运营商网络中的规模应用,主要得益于中国巨大的通信市场,给了中国通信制造业摸爬滚打、学习练兵的机会，使得中国的通信制造业从小变大、从弱变强，从引进、学习，到跟随和创新的阶段。如果说前几年中国通信设备在海外的拓展，主要依赖的是价格优势，今天则可以说已经提升为整体优势。

总之，中国通信制造业正在全面崛起，已经引起了全球业界的关注。然而，这只是一个开始。按照目前的发展势头，中国通信制造业将会继续大踏步地向前迈进。在国家科技重大专项和支撑计划，包括 863 计划的支持下，中国通信科技研发实力和产业化能力还将得到进一步地加强。我们有理由相信，未来的几年内，随着中国信息化进程的持续和快速发展，中国通信制造业必将成为一支改变世界通信技术、产业和市场格局的强大力量，将为全球客户提供新一代的优质服务。

（本章作者　邬贺铨　曹淑敏）

参考文献

［1］吴基传：《大跨越——中国电信业三十春秋》，人民出版社 2008 年版。

［2］李正豪、韩笑等：《改革开放 30 年通信业史记》，《通信世界周刊》，2008 年 12 月。

［3］邮电部：《DS－2000 程控数字交换机科研样机部级鉴定会会议纪要》，1986 年 9 月。

［4］吴重阳：《中国光纤光缆产业三十而立》，《通信世界周刊》，2008 年 12 月。

企业文框 13：坚持自主创新 走"中国创造"发展之路

——大唐电信发展 TD – SCDMA 的成功实践

1998 年 6 月 30 日，大唐电信代表中国政府向 ITU 提交了具有自主知识产权的第三代移动通信技术标准——TD-SCDMA 标准。从那时算起，TD-SCDMA 的创新之路已经超过十年，以大唐电信为代表的中国电信业界矢志不渝，坚持自主创新，实践着科技强国信念。

2000 年 5 月世界无线电行政大会正式接纳 TD-SCDMA 为第三代移动通信国际标准。从而使 TD-SCDMA 与 WCDMA、CDMA2000 并列为三大主流标准之一。

2004 年 12 月 9 日晚，温家宝总理在阿姆斯特丹飞利浦总部展厅接通了从大唐移动 TD-SCDMA 综合试验室打来的第一个电话，这是全球 TD-SCDMA 商用手机的首次国际长途电话，标志着 TD-SCDMA 设备开发工作取得了突破性进展。

为了加速 TD-CDMA 产业化，2002 年，在原信息产业部和业界的关心支持下，由大唐牵头，包括大唐、华立、中兴、华为、普天、CEC、联想、南方高科等 8 家企业组织成立了 TD-SCDMA 产业联盟。大唐通过对自身拥有核心专利的无私释放和转让，直接推动了 TD-SCDMA 产业联盟的成立和发展，并有效加速了产业链各环节企业产业化的进程。

2005 年 3 至 6 月，TD-SCDMA 进行了产业化专项测试，验证了 TD-SCDMA 优越的网络性能与多厂家产品（包括系统、终端、芯片）的互操作性，TD-SCDMA 的关键技术得到了充分验证，技术性能也得以不断完善，产业链基本形成。

2006 年 2 月，TD-SCDMA"3 + 2"模式规模网络应用试验全面启动。大唐电信自测试开始就全力以赴参加了规模测试网，并承建了青岛、保定及北京试验网，取得了优秀的测试结果。2007 年 3 月到 2008 年初，在包含所有奥运城市的共十个城市进行的扩大网络试验全部完成。实验证明，TD-SCDMA 已经具备规模组建商用网能力。

2008 年 4 月 1 日，TD-SCDMA 正式开始社会化测试和预商用，并成功服务于 2008 年北京奥运会。大唐电信专门成立了170 多人的一线技术保障队伍，制订了三级保障机制，24 小时不间断地保障奥运期间的 TD 网络安全。同时，大唐电信还全力协助中移动及其他 TD 厂商解决应急保障问题，并为此特设了一支技术保障工作组。

大唐电信还一直主导着 TD-SCDMA 后续技术标准的演进和相关标准的制定，为我国在未来 4G 国际通信标准竞争中继续处于有力地位打下良好基础。

在推进 TD-SCDMA 研发和产业化的同时，大唐电信在政府部门的支持下，先后在韩国、中国香港、中国台湾与当地企业合作建立试验网，同时还与韩国 SKT、日本 NTT DOCOMO、西班牙电信、和黄、沃达丰等国际电信运营巨头广泛交流业务开发与网络运营的经验，将 TD-SCDMA 介绍给这些国际电信运营商，促进 TD-SCDMA 国际化。

大唐电信在推动 TD-SCDMA 的发展过程中，成功走出了一条"技术专利化、专利标准化、标准产业化、产业市场化"的科学发展道路，带动我国电信制造企业群体发展，提升了我国电信制造业的整体竞争力。温家宝曾指出，大唐电信发展自主创新的 TD-SCDMA 是真正实践了"中国创造"的发展模式。

（编撰：刘博）

第 22 章
软件技术与产业

引　言

　　软件产业是国民经济的先导性、支柱性和战略性产业。今天，随着数字技术和计算机应用的普及，各种软件已经广泛地深入到社会生活的各个层面，无论手机、电视，或者汽车、轮船、飞机、火箭，无不需要软件的支持，否则，就不能正常地运行和实现其功能。

　　新中国成立以来，中国软件产业从无到有、从小到大，在中国信息产业和信息化进程中，已经占有了非常重要的地位，扮演着不可或缺的角色。2008 年，中国已经形成了 7573 亿元的软件产业规模，形成了几十家产值上 10 亿元的企业，为上百万人提供了就业机会，从基础软件、应用软件、到嵌入式软件，各个领域都涌现出了一批关键技术和重点产品，广泛地应用于中国信息化建设的各个领域。

22.1 软件技术启蒙（1956—1973 年）

中国的软件技术启蒙于 20 世纪 50 年代。在中国计算机技术和产业的这个初创时期，计算机软件基本上依附于计算机硬件而存在，为特定的需求服务，也随着硬件的发展而不断有所创新。这个阶段，经历了电子管、晶体管、中小规模集成电路、大规模集成电路计算机等四个重大的技术变迁，中国科研人员自力更生，成功地开发了语言、工具、管理程序和应用程序，为国防、重大工程、国民经济重点领域作出了突出贡献，同时也为中国软件产业的发展奠定了人才、技术基础。

22.1.1 软件服务于硬件

在软件技术的启蒙时期，是硬件的升级换代促进了软件技术的快速发展。电子管计算机时代，主要使用机器语言和汇编语言根据特定的目的来完成计算程序的开发。服务领域主要是国防、科学研究等重大工程。晶体管计算机时代，高级语言开始出现，批处理管理程序大大地提高了计算效率。用户开始拓展到工业、商业和银行等对计算工作有迫切需求的国民经济部门。中小规模计算机使计算机的价格大幅降低，而应用范围则开始拓展到更多部门。操作系统增强了计算机的管理功能，应用软件也开始丰富起来，促进了更多行业的用户使用计算机，也吸引来更多的资金投入软件开发。大规模集成电路使计算机性能跃升到一个新的层次，分布式操作系统、数据库操作系统开始出现；软件工程的标准化提升了软件开发效率、改进了软件的性能，计算机系统开始逐步进入行业应用。

该个阶段形成了中国软件队伍的雏形，为中国软件产业的诞生奠定了基础。软件开发队伍大多集中于科研院所、大学及重点工程单位。

22.1.2 软件服务于重大工程

1956 年是中国第一个五年计划的开局之年。中央发出了"向科学进军"的号召,制定了《十二年科学发展规划》。根据"重点发展,迎头赶上"的指导方针,《规划》共拟订出 57 项重点任务。随后选取了 12 个重大科学技术任务,制定出发展计算技术、无线电技术、核科学、喷气技术、半导体和自动化等六项紧急措施。这些重大科学技术任务,大多需要高密度的数学计算和精确的自动化控制。为满足两弹、飞机、武器设计、造船、天文、气象、铁道、建筑、电力、石油等重大工程、重点行业的需要,计算机、计算技术、计算机软件、自动控制软件成为当时研发的重点工作。

1958 年,中科院计算技术研究所研制成功中国第一台计算机——103 机。利用该机,完成了人民大会堂主席台的力学结构计算,为国内培养了一批计算机结构设计、程序设计人才。随后的 104 机丰富了软件功能,增加了检查程序、标准子程序库、自动更换地址程序计算法语言与编译程序,同时借鉴 ALGOL60 程序语言成功地引入了汉字。104 机成功地完成了原子弹研制过程中的计算任务、铁路车站最优分布计算、大型水坝应力计算等任务,据 1960 年的统计,在完成的 450 个计算项目中,属国防尖端学科的共占 103 个。

1964 年 11 月,哈尔滨军事工程学院研制成功运行速度为每秒两万次的、中国第一台晶体管计算机 441 - B。同年,南京大学、华东计算机所在国产 J501 机上开发出 ALGOL 语言。随后,中科院计算技术研究所于 1965 年研制出 109 乙晶体管计算机,该机最初计划是为了满足导弹防御系统计算、控制的需要。该机研制成功后,通过开发适合各领域应用的计算程序,在核试验、水利工程机构、建筑设计、天气预报、生物物理等国防、国民经济领域发挥了重要作用。

1969 年,中科院计算技术研究所研制了 109 丙型电子数字计算机。该机在体系结构设计和软件开发方面有很大的突破:完善了指令系统,指令功能较强；访问指存、数存、变址操作与运算四种操作可同时进行。建立了较完善的编译系统 BCY109 丙，并广泛使用。109 丙 2 机 90% 的用户程序用 BCY109 丙编写，在国内实现了普遍应用高级程序语言编制应用程序。109 丙机还具备功能比较完善的设备管理程序。在 109 系列机基础上，开发的应用程序为火箭发射、"东方红"人造地球卫星飞行轨道提供了可靠的计算数据。

1970 年，441－B 后续机型 441-B/Ⅲ 开发成功，这是中国第一台具有分时操作系统和汇编语言、FORTRAN 语言及标准程序库的计算机。

22.2　软件产业起步（1973—1993 年）

1973 年，中国软件产业进入起步阶段。这个阶段，国内软件技术的发展从中文信息处理开始切入，在操作系统、办公应用软件、财务软件等多个领域展开，取得了明显的成效；一批适应社会需求的应用软件产品面世，取得了良好的经济效益和社会效益。这个阶段，软件技术创新的步伐加快，应用领域不断拓宽，经过近 20 年的努力，终于在这个阶段的后期，在政策的引导下逐步了形成覆盖整个产业链的产品体系。

22.2.1　产品门类增多

1973 年 1 月，四机部召开了电子计算机首次专业会议（即 7301 会议），提出联合研制小、中、大三个系列计算机的任务，以中小型机为主，着力普及和运用。这样，软件技术和产业的发展开始有了明确的政策性指导，即为开发国际先进机型的兼容机、研制汉字信息处理系统和发展微机开发相关的软件系统。

随后，在 100 系列和 200 系列计算机的研制和生产中，加强了应用软件的开发，实现了产、学、研、用的结合。其中，200 系列计算机操作系统的研制，是中国软件从科研走向产品的转折点。

计算机在中国推广应用，首先面临的问题是中文信息处理。1974 年 8 月，四机部召开了计算机工作会议（简称 748 会议），肯定了 7301 会议制定的发展系列机、加强计算机外部设备的发展、加强软件的发展、加强应用服务工作和加速产品更新换代的方针。同时提出了"关于研制汉字信息处理系统工程"的建议，并和原机械部（一机部）、中国科学院、新华社和新闻出版总署（原国家出版事业管理局）联合向国家提出了关于 748 工程的报告。这项工程，经原国家计委批准，列入了 1975 年国家科学技术发展规划，并成立了 748 工程领导小组。748 工程引导了中国印刷技术的第二次革命，加速了汉字数字化和智能化的集成，为汉字进入现代信息社会作出了不可磨灭的贡献。

这个项目的执行，制定了汉字处理的相关标准，奠定了中文信息处理的基础。中国自主制定 GB2312 编码，是一个简体汉字字符集的中国国家标准，全称为《信息交换用汉字编码字符集·基本集》，于 1981 年 5 月 1 日实施。GB2312 编码通行于中国大陆，新加坡等地也采用该编码。后来，几乎所有的汉字系统和国际化软件都支持 GB2312。GB2312 还收录了拉丁字母、希腊字母、日文字母、俄语西里尔字母在内的 682 个全形字符，基本满足了汉字的计算机处理需要。以 GB2312 为基础的大字符集 ISO10646 成为国际标准，标志着中国汉字信息处理技术已经走向世界，为汉字走向世界做出了重大贡献。

748 工程带动了国内在汉字信息压缩与还原、汉字输入方法、激光照排、汉字数据库系统、全自动中文情报检索系统、计算机信息处理等领域的快速发展，一批成果出现。1975 年，北京大学王选教授主持的"汉字精密照排"项目的研究开发，跨越当时日本流行的光机式二代机和欧美流行的阴极射线管式三代机，开创性地研制出当时国外尚无产品的第四代激光照排系统，而西方是在 10 年之后才开始采用与之类似的信息处理技术。1979 年 10 月，王选用中国第一台激光照排机排出了样书。至今，这种激光照排机仍然主导着全球华文报纸、期刊的编辑、出版系统。与此同时，涌现出了大量的汉字输入法，极大地方便了汉字的输入。1983 年，王永民发明的五笔字型输入法，大大提高了中文计算机输入的效率。1985 年，汉王科技创始人刘迎建，研制出国内第一套汉字联机手写识别装置，其后又开发出印刷体汉字识别系统（1992 年）、语音识别技术（1997 年）等。

为方便操作，汉字操作系统在这个阶段也不断有新品推出。1983 年，原电子部第六研究所研制成功 CCDOS 汉字磁盘操作系统，大大地促进了微型计算机在中国的推广、应用和普及。CCDOS 和希望公司的 UCDOS 等中文操作系统，以及联想汉卡等中文操作环境的出现，使得国产 PC（最初是长城 0520 机）能够在国内推广。汉字操作系统的流行也使得一大批国际上流行的软件，如 BASIC、dBASE II、AutoCAD、WordStar 等，被汉化并在中国得以推广应用。

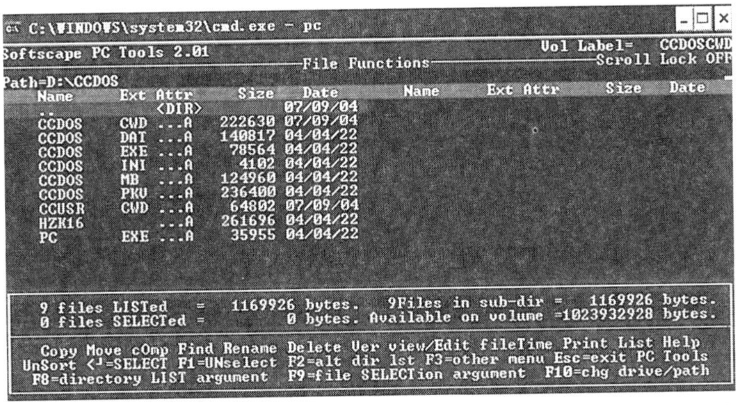

图 22.1　CCDOS 操作界面

改革开放以后，中国的国民经济和社会信息化建设逐步形成第一波浪潮，不断扩大的需求推动软件技术、软件产品推陈出新。软件开始独立于硬件发展，独立软件开发商（ISV）开始出现。高级编程语言逐步成熟，软件工程开始在软件开发中发挥效力。中国初步形成了从操作系统、数据库、中文输入、办公软件、工程软件到大型应用系统软件等覆盖整个产业链的产品体系，部分产品进入市场化竞争，取得良好的市场业绩。软件开始比较多地应用到行业、企业、政府部门。1988 年，软件行业企业为 216 家，从业人员超过 3 万。1993 年软件产业规模为 40 亿元，软件产业粗具雏形。

自主基础软件、软件工程环境不断完善。国家立项并投入开发 COS-IX、中文平台 COSA、中文数据库 COBASE 及中文网络 CONET，以及大型软件工程环境青鸟 JB－I 和 JB－II 等。

22.2.2 应用促进发展

随着 PC 性能的不断提高、价格的不断下降、应用软件的不断丰富，PC 市场开始进入高速增长期。1986 年，中国已经拥有 5500 台计算机，其中 80% 为小型机，PC 的应用受到广泛重视，增长较快。在工业交通、科研教育、军事、医疗卫生，农业气象等部门的应用逐步扩展。1988 年底，中国的 PC 产量已经达到 37.5 万台。1995 年，国内 PC 销量突破百万台，并有几十万台的出口。PC 开始广泛应用于政府、企业的办公自动化、工程设计、财务管理领域。应用的增多带来了大量的应用软件需求，软件企业数量快速成长，骨干企业逐步形成，各种应用软件产品推向市场。财务软件和办公软件首先得到了较为广泛应用。1988 年，国内第一套文字处理软件 WPS1.0 发布。用友、万能、安易基本主导了 1988 至 1996 年的国内财务软件市场。

由中国政府牵头组建的中国计算机服务公司、中国计算机系统工程公司、中国软件技术公司、中国机房设施公司和中国计算机租赁公司等，推动了产业结构从单纯的计算机硬件制造发展到软件、应用、信息服务业三业并重，软硬件协调发展，形成产业与应用相结合的较为完整的计算机信息产业；同时启动了包括咨询、服务、培训、维修等在内的、覆盖全国的"一体四网"，即计算机信息服务体系建设。

与此同时，中国政府从规划、应用策略、环境等多个方面出台政策措施，促进软件产业持续健康发展。

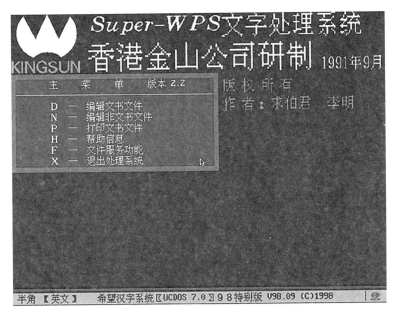

图 22.2　WPS 操作界面

　　1983 至 1985 年，中国在制定国家科技和行业发展规划时，已经将软件单独作为一个学科和行业来进行规划。1984 年，国务院通过了《关于中国电子和信息产业发展战略》，重点内容之一是把计算机应用工作放在产业发展的首位，提出"以应用为目标，以应用促制造"。在七五期间规划了 12 个大型信息和业务系统建设，开启了中国信息化建设的大门。12 大系统是：邮电通信系统、国家经济信息系统、银行业务管理系统、电网监控系统、京沪圈铁路运营系统、天气预报系统、民航旅客服务计算机系统、科技情报信息系统、公安信息系统、军事指挥系统、航天实时监控与数据处理系统和财税系统。

　　从 1984 年开始，为了加强计算机推广应用工作，在财政部、中国人民银行的支持下，电子工业部专门设立了支持计算机应用的《国家倍增计划》项目，安排了专项贷款资金支持计算机应用，进一步强调计算机与信息技术应用对中国传统产业改造、结构调整和企业升级，以及对国民经济各行各业发展的渗透、加速和倍增效应。

1986 年，第一个关于软件产业发展规划的指导性文件《关于建立和发展中国软件产业的报告》出台。1986 年，邓小平批示《关于跟踪研究外国战略性高技术发展的建议》，863 计划随后启动。1989 年，电子工业部进一步提出了创建和发展中国软件产业的四项措施，包括：加强软件的宏观管理、统一规划，发挥各方面积极性，加快软件法律保护的立法；抓好研究、制订软件的标准、规范，根据统一的标准、规范进行软件开发；以及建立评定、完善和提高软件产品的开发维护中心与评测中心三个环节，尽快发展软件商品生产；积极组织软件出口，以多种方式扩大软件出口；加强对软件人员的培养，不断扩大和提高中国的软件队伍。这些规划和措施在引导中国软件产业发展过程中起着重要作用。

为鼓励企业应用软件，中国政府多次展开特定领域的应用宣传推广工作。1991 年，时任国务委员的宋健提出"甩掉绘图板"，推动 CAD 应用。此外在应用微型计算机对全国旧机床进行数字化改造，炉窑改造等专项应用工程方面，也取得了明显的经济与社会效益。

完善法律，改善产业发展环境。1985 年，成立了由原电子部为组长单位的全国软件法律保护工作组。1991 年，正式实施《中华人民共和国著作权法》、《计算机软件保护条例》。1992 年，《计算机软件著作权登记办法》颁布。

当时中国正由计划经济向市场经济转型，产生大量新的需求；科研体制改革让部分科研人员脱离科研单位走向企业；催生出大量以计算机销售、培训、维护、支持，软件开发、运行维护为重点服务内容的企业，尤其是科研、院校集中的中关村成为这类企业的聚集地，使中关村在中国高科技领域迅速崛起。从早期的联想汉卡、四通的 2401 打字机、北大方正的激光照排系统，再到今天的龙芯、中星微芯片、闪联标准、TD-SCDMA标准等一系列重大技术创新成果，都产生于中关村，这些成功对中国高技术产业的创新发展产生了深远的影响。1997 年形成的中关村软件一条街，有用友、安易、恒远等财务软件公司，面向市场，形成了原始资金积累；

后来财务软件企业大都转型为 ERP 管理软件厂商。2007 年底，中关村科技园区共有高新技术企业 20339 家，总收入达 8995.8 亿元，实现地区生产总值占北京市的近 20%，成为拉动首都经济增长的重要引擎。

22.3   软件产业快速发展（1993—2000 年）

1993 年，"三金"工程把中国软件产业带入了一个新的、快速发展的阶段。这个时期，中国开始了信息基础设施和重大信息系统工程的建设。"金"字系列国家信息化重大工程的启动和深入进行，带动了相关行业、企业、政府部门大量投资软件产业，以对接各种国家信息化系统工程。由此带来的大量软件应用需求，促使国内外软件企业激烈竞争，中国软件产业逐步形成一定的规模，一批销售过亿元的软件企业成长起来。

22.3.1   软件产业成形

2000 年，国内软件产业为 593 亿元，比 1996 年的 92 亿元，增长了 5 倍以上，比 1993 年的 40 亿元增长了近 14 倍。到 2000 年底，国内从事软件开发、研制、销售、维护和服务的软件企业有 3000 家左右，加上兼营软件的企业，总数大约有 5000 家。软件产业从业人员为 16 万左右，其中软件技术人员约 12 万；另外还有 30 万人在各行业中从事计算机与软件应用、科研与教育工作。

1990 年代早期，国内 PC 市场年销售为 50 万台左右；而 1996 年为 210 万台，1997 年为 300 万台 PC，1998 年为 420 万台，至 2005 年销量达 1646 万台。到 2000 年底，中国 PC 保有量达 2150 万台，PC 普及率上升到每千人 17 台。

表 22.1　1994—2000 年中国软件及信息服务市场

（单位：亿元）

		1994	1995	1996	1997	1998	1999	2000
软件	销售额	49	68	92	112	138	176	235
	增长率	22.5	38.8	35.3	21.7	23.2	27.5	30.7
信息服务	销售额	58	77	113	148	187	239	325
	增长率	18	33	47	31	26	28	34
合计	销售额	107	145	205	260	325	415	560
	增长率	20	36	41	26	25	28	33
占计算机市场比重		26.3	23.6	22.3	20.0	22.0	24.4	26.0

　　1994 年 4 月 20 日，中关村地区教育与科研示范网络（NCFC）完成了与国际互联网的连接，从此，中国打开了通向国际互联网的大门。1996 年元月，中国公用计算机互联网（China Net）在全国骨干网建成并开通，全国范围的公用计算机互联网开始提供服务。互联网用户数从 1990 年的 6 万迅速增至 2000 年的 2250 万。信息基础设施建设给硬件带来强大需求的同时，也给软件产业带来广阔的市场空间。

　　这个时期，高级编程语言已经相当成熟，图形化的编程语言大大地提高了编程效率。操作系统、数据库、办公软件、工程设计开发软件及其他应用软件技术和产品不断推陈出新。图形化操作系统给应用软件的发展带来前所未有的市场空间，一些企业借助此次技术变迁的机会，赢得市场。互联网的使用带来又一次软件创新浪潮，已有的大量软件产品被开发出适应网络需求的新产品，更多的原来没有的软件产品不断涌现，满足人们对互联网应用不断增长的需求。软件几乎渗透到所有的行业，软件在行业的应用效果也更加明显。

　　同时，大量国外软件涌入中国，国内产品与国外产品展开激烈的竞争。很多企业在竞争激烈的环境中生存下来并不断壮大。初步形成了十几家年销售额超亿元的软件骨干企业，中软总公司、东大软件集团、用友软件集团、北大方正等就是这些企业的代表。

22.3.2　三金工程带动软件产业发展

为推动中国信息化进程，1993 年 12 月，中国启动了金卡、金桥、金关等重大信息化工程，提出了"信息化带动产业发展"的战略。

"三金"工程成为中国计算机规模化应用的起点。提高应用水平、扩大应用市场是发展软件产业的突破口，也是推动软件产业持续做大做强的永不衰竭的动力。软件产业主管部门积极引导软件企业与传统产业改造相结合，开发满足企业信息化需求的软件产品和应用系统，推动在机械、化工、冶金、有色、石油、造船、汽车、电力等传统产业的大量应用。软件产业与第三产业紧密结合，各类软件产品和应用系统在金融、保险、社会服务等生产和星火服务部门得到应用。

金字系列工程的实施，加强了国家对金融、财税等经济工作的调控力度，促进了电子货币的应用与信息卡业务的联营与发展，繁荣了商贸、旅游业；为 1994 年国家税制改革保驾护航，强化了税收征管工作；大力推行电子数据交换 EDI 和电子商务应用，为外贸、海关领域的信息化建设服务；软件的广泛应用，改变了人们传统的工作、学习、生活方式，提高了人们生活质量，推动了国民经济与整个社会服务的信息化进程，全面带动了中国信息产业的发展。

金字工程大体经历了以下三个发展阶段。

第一阶段，1993 至 1995 年为起步阶段。1993 年 7 月，在原电子工业部召开的"全国电子工业电视电话会议"上，提出了金桥、金卡和金关工程，即"三金"工程，从此拉开了金字工程建设的序幕。

第二阶段，1995 至 2002 年为推广阶段。1995 年，三金工程已经取得了阶段性的显著成果。为了满足国民经济建设和管理的需要，中国信息化建设的步伐随之加快，越来越多的项目依次纳入"金字"工程系列。金税工程是较早纳入金字工程系列的重大信息系统工程之一，随后金海工程（宏观经济信息系统）、金蜂工程（通信产业工程）等被相继纳入。各部委也提出了一些金字工程，如卫生部提出了金卫工程，交通部提出了金交工程等。由于国务院机构调整，1998 年后，金字工程渐渐不再由某个部委主导，而是由各部委自己去建设。

第三阶段，2002 年至今，是金字工程蓬勃发展的阶段。2002 年 7 月，国务院 17 号文件《中国电子政务建设指导意见》又把金字工程提到前所未有的新高度，明确提出"要加快十二个重要业务系统建设"：继续完善已经取得初步成效的办公业务资源系统、金关、金税和金融监管（含金卡）四个工程，促进业务协同、资源整合；启动和加快建设宏观经济管理、金财、金盾、金审、社会保障、金农、金质和金水等 8 个重要业务系统，统称为十二金工程。

十多年的金字工程建设，遵从了"统一规划、统一标准、统一协调、统一部署、分步实施"的推进方针。金字工程建设带动了各地垂直部门的信息化发展，提升了当地的信息化水平。金字工程以应用为主，软件产业在金字工程中担当了主角，承担金字工程的单位和企业也成长为中国软件企业的骨干和中坚力量。

22.3.3　软件园区成为软件企业聚集地

1992 年，借鉴国外发展软件产业的成功经验，中国政府开始规划建设软件园区。原机电部计划建设的、中国最早的三大软件基地是：以中软总公司为骨干的北京软件基地（不久升级为北方软件基地）、上海浦东软件基地和珠海的南方软件基地。随后，国内软件园建设迅速走上快车道。1996 年，科技部开始在软件领域实施火炬计划，对整个软件产业格局产生了深远影响。截至 2008 年底，由火炬计划命名的软件园（软件基地）已达 34 个，而在 54 个国家级高新技术开发区中，几乎都建有不同规模的软件园区。1988 开始的火炬计划，原先是以在全国建设和发展高新技术产业开发区作为其主要内容，而随着国内软件产业高速崛起，软件园建设逐渐成为火炬计划的一项重要内容。

软件园成为软件产业的聚集地，软件产业国际化的"先锋"和软件企业成长的"摇篮"，也是中国软件产业自主创新、加速发展的一面旗帜。截至 2005 年，全国已形成 29 个国家火炬计划软件产业基地，基地软件企业超过 1.2 万家，软件从业人员 37 万多人，总销售收入达 1638 亿元，软件产业收入已占到中国软件产业总收入的 60% 以上。

22.4　软件产业规模化（2000 年至今）

2000 年 6 月，国务院发布了《鼓励软件产业和集成电路产业发展的若干政策（国发 18 号文）》（以下简称《国务院 18 号文件》）。这个文件的发布，是中国软件产业发展的一个里程碑。十五届五中全会以后，中国的信息化进程进入了一个新的历史时期，信息技术的应用开始向国民经济和社会领域广泛普及和渗透，软件的需求不断增加，而应用范围不断拓宽，应用水平不断提升。这个文件的出台，极大地调动了各级政府和企业的积极性，促进了国内软件产业的发展，形成了一批骨干企业，涌现了大量的新技术、新产品，产业规模不断扩大，软件产业发展进入了快车道，无论是发展速度、产业规模、出口创汇、对 GDP 的贡献、吸纳就业，还是企业创新能力、产品技术、产品质量，都有明显的提升。中国的软件产业，发展成为国民经济的战略性、支柱性产业。

22.4.1　发展环境不断完善

《国务院 18 号文件》是国内除汽车之外，唯一一个产业扶植的政策文件。18 号文件明确提出了 2010 年中国软件产业的研发与生产能力要达到或接近世界先进水平的发展目标，并从投融资、税收、技术、出口、收入分配、人才、装备及采购、企业认定、知识产权保护、行业管理等多个方面为软件产业和集成电路产业提供了良好的政策环境。2002 年 9 月，国务院办公厅又转发了九部门联合制定的《振兴软件产业行动纲要（2002 年至 2005 年）》（简称 47 号文件），务实推进 18 号文件各项政策的落实，推动产业发展。发改委的专项、科技部的中小企业创新基金、电子生产发展基金等都有力地推动着软件产业的发展。

为贯彻落实 18 号文件和 47 号文件的各项规定，原信息产业部会同有关部门制定了《软件企业认定标准及管理办法》、《软件产品管理办法》、《国家规划布局内的重点软件企业认定管理办法》、《国家软件产业基地管理办法》等相关配套措施，引导和推动各地方政府主管部门制定适合本地的政策措施，把 18 号文件和 47 号文件的各项政策落到实处，有力地支持了软件企业的发展。为提高用户的正版意识，加大知识产权的保护力度，原信息产业部会同有关部门制定和发布《政府使用正版软件产品推荐目录》、《关于预装正版操作系统的通知》，有效推进了软件正版化工作，增加了市场有效需求。

2002 年，中办发布《国家信息化领导小组关于中国电子政务建设指导意见》（简称 17 号文），电子政务标准化工作全面启动。第二年《政府采购法》正式生效，进一步明确了国家对软件产业的政策倾斜：首先，加大了对国产软件的采购力度；其次，颁布了《国产软件采购目录》，目录中的软件产品获得强制优先采购资格。

2005 年，《软件政府采购实施办法（征求意见稿）》出台，并征求企业意见。该文件旨在规范政府采购软件行为，为软件企业创造公平竞争的市场环境。同年《中华人民共和国电子签名法》正式实施，国务院办公厅发布《关于加快电子商务发展的若干意见》促进了电子商务的发展，电子商务网站、销售管理、物流、电子认证等信息系统的建设也需要相当比例的软件投入。

2006，国务院办公厅发布的《2006—2020 年信息化发展战略》明确了中国信息化 2020 年的宏伟建设目标，重点强调深化应用，在战略行动中突出系统软件、关键应用软件的创新。该战略的逐步实施直接带来了庞大的软件市场需求。

2007 年，国务院发布《保护知识产权行动纲要》，加大行政司法保护力度。实施服务外包"千百十工程"，强力挺进国际服务市场。相关部门确立了软件统计分类体系，软件产业作为单独统计产业列入了国民经济统计。

2008 年，《国家知识产权战略纲要》发布，力图完善和优化中国知识产权制度。国务院批准启动了"核心电子器件、高端通用芯片及基础软件产品"科技重大专项，加大对软件关键技术研发和基础软件产品和平台产业化的投入。国务院组建工业和信息化部，增设软件服务业司，强化软件服务业的管理。

2009 年，国务院办公厅批复《关于促进服务外包产业发展问题的复函》，批准北京等 20 个城市为中国服务外包示范城市，并在 20 个试点城市实行一系列鼓励和支持措施，加快了中国服务外包产业发展。

2009 年，为积极应对金融危机，国家发展改革委、工业和信息化部研究制定《电子信息产业调整和振兴规划》，其中明确了促进软件产业调整和振兴的有关配套措施。

这一系列的政策为中国软件产业创造良好的发展环境，极大调动了各方积极性，软件产业的做法进入了快车道。

22.4.2　形成一批骨干企业

在软件产业规模不断扩大的同时，国内软件企业的规模、技术开发水平、管理能力、市场开拓能力也不断增强。

截至 2008 年底，全国累计认定软件企业 61673 家，登记备案软件产品 61641 个，其中，2008 年新认定的软件企业 2836 家，新登记备案软件产品 10842 个。

一批有实力、有特色、有品牌影响力的软件骨干企业脱颖而出。软件年销售收入超过 10 亿元的企业，从 2001 年的 12 家增加到 2008 年的 32 家。2008 年，软件百强企业入围门槛为 3.1 亿元，共实现软件业务收入 2039.5 亿元，比上届增加了 362.6 亿元，占中国软件业务总收入的 26.3%。2008 年，软件百强企业第一名是华为技术有限公司，软件业务收入 555.6 亿元，连续 8 年名列前百家榜首。中兴通信股份有限公司以

248 亿元排名第二；神州数码综合有限公司以 110 亿元排名第三。

"十五"期间，国家相关部门整合 30 亿元资金，支持软件技术创新。原信息产业部通过电子发展基金，加大对软件企业的支持力度，认真组织对软件产业链具有带动作用的操作系统、数据库、中间件等重大项目的研发工作，带动了各级政府和企业用于研发资金的投入。具有自主知识产权的操作系统和数据库相继开发成功，并投入行业、政府信息化应用。

中文 Linux 操作系统开发成功，为国产应用软件的推广和应用奠定了基础。中科红旗、中标软件的 Linux 操作系统已在政府、教育、金融领域有所应用。国防科技大学、联想、中软合作推出了麒麟操作系统。

国产数据库系统有 OpenBASE、达梦数据库、人大金仓 Kingbase、神州软件的 OSCAR 数据库、实方数据库管理系统等，在政府、医院、制造领域都拥有大量的用户。

东方通科技、中创、金蝶、中关村软件等约占 25% 的国内中间件市场。

国产企业管理软件也有长足的发展，用友、金蝶、新中大、浪潮、神州数码、速达、金算盘、博科等厂商在 ERP 市场占有一定的份额。

2008 年，中国嵌入式软件实现收入 1118.2 亿元，占软件产业的 14.8%。在嵌入式操作系统领域，科银京成公司的 DeltaOS、凯思集团的"女娲 Hopen"和红旗 Linux 等已进入产业化阶段。嵌入式应用软件种类繁多，对家电、信息产品、和制造业的拉动作用很大，对于中国电子制造产品的结构转型具有重要意义。

2008 年，中国信息安全产业规模达到 293.61 亿元，同比增长 24.71%。国产信息安全产品和服务得到较快的发展。以天融信、启明星辰、联想网御等为代表的国内信息安全企业，积极参与奥运信息安全保障工作，为北京奥运会的顺利举办发挥了积极作用，充分展现了中国信息安全行业的水平。

杀毒国产软件在国内市场的优势进一步得到巩固，瑞星、金山、江民已取得国内杀毒软件市场 70% 的占有率，同时积极开拓国际市场。2008

年 6 月，瑞星杀毒软件在日本市场的销量首次超过 10%，位居日本杀毒产品市场前三名。

2008 年，中国网络游戏市场销售收入为 183.8 亿元人民币，比 2007 年增长 76.6%，为相关行业带来的销售收入为 478.4 亿元。预计 2013 年，中国网络游戏市场销售收入将达到 397.6 亿元。2008 年，国内企业自主研发的民族网络游戏市场销售收入达 110.1 亿元，比 2007 年增长了 60.0%，占中国网络游戏市场销售收入的 59.9%。国产民族原创网络游戏，已经连续四年成为国内网络游戏产业的主导力量。截至 2008 年 10 月，国内网络游戏研发公司已达 131 家。2008 年，国产原创网络游戏产品 286 款，同比增长 14.4%。

2008 年，中国国产原创网络游戏开始进入海外市场。据统计，2008 年中国共有 15 家游戏企业涉足海外市场，全年共有 33 款原创网络游戏出口海外，实现网游收入 7074 万美元，同比增长 28.6%。

软件出口步伐加快，部分自主品牌产品进入国际市场。方正集团的激光照排系统出口美国、日本、英国等国家，占全球中文报业市场的 90%。新一代方正日文报业系统在日本 300 多种报刊中正式投入使用；永中 Office 产品成功进入日本、北美及非洲市场；用友的管理软件已经进入东南亚市场。

互联网的飞速发展给软件产业带来了广阔的发展空间，互联网软件的不断丰富又进一步推动互联网用户的增多，两者相辅相成。2009 年 1 月，中国互联网用户突破 3 亿人，是 2000 年 2250 万人的 13 倍以上。成立于 1998 年的腾讯，于 1999 年开发出即时通信系统，2000 年的注册用户便超过 2000 万，截至 2008 年 12 月 31 日，QQ 注册用户数达到 8.919 亿，最高同时在线数达到 4970 万；8 年时间，注册用户增长 43.6 倍。QQ 占了国内即时通信系统份额的 80% 以上。

互联网内容不断丰富，搜索引擎几乎成为互联网用户的必需。搜索引擎在给人们生活带来检索信息便利的同时，也给其自身发展带来广阔的空间。自 2002 年开始，中国的网页规模一直保持在高位增长的态势。2002

年网页数仅为 1.6 亿，2008 年则达到 160.9 亿，8 年增长近 100 倍。目前，网民使用搜索引擎的比例为 68% 左右，2008 年全年中国网页的搜索请求量累积达 1500 亿次，比 2007 年的 911 亿次，增长 63.2%，其中百度的份额占 73% 左右。创建于 2000 年的百度，专注于中文互联网搜索引擎技术开发和市场推广，2003 年已经成为国内知名的中文搜索网站。2008年 1 月，百度日本公司正式运营，国际化战略全面启动，目前市值近百亿美元。

22.4.3　走向战略性、支柱性产业

2000 年，中国开始逐步进入信息化全方位、深层次、高效益发展的新阶段，软件在各个领域的应用不断深化，软件产业进入了规模化的发展阶段。

2008 年，国内软件产业规模达 7573 亿元，同比增长 29.8%，比上年同期高 8.3 个百分点，是 GDP 增速的 3 倍多，增速在国民经济各行业中位居前列，占全国电子信息产业规模的 12.0%，比 2007 年提高了 1.6 个百分点，在世界软件产业规模的比重也较 2007 年提高了 2.33 个百分点。

表 22.2　2004—2008 年中国软件与信息服务业产业规模及比重表

（单位：亿元，出口为亿美元）

	软件与信息服务业	电子信息产业	所占比重	软件出口与服务外包	电子信息产业出口	所占比重
2004 年	2780	30700	9.0%	28.0	2075	1.3%
2005 年	3900	38400	10.2%	35.9	2682	1.3%
2006 年	4800	47500	10.1%	60.6	3640	1.7%
2007 年	5834	56000	10.4%	102.4	4595	2.2%
2008 年	7573	63000	12.0%	142.0	5218	2.7%

2008 年，国内软件产业规模为 2000 年 593 亿元的近 12 倍，年均增长 37.5%。占全球软件产业的比重由 2000 年的 1.2%，上升到 2008 年的 11.07%，提高 8 倍以上。

1980 年代开始，中国软件开始出口，出口软件产品与服务的质量和数量快速提高。2008 年，中国软件出口 142 亿美元，同比增长 39%，其中完成软件与信息服务外包出口 15.9 亿美元，同比增长 54.3%。2000 年，中国软件出口仅为 4 亿美元；8 年后，出口额增加了 34.5 倍，年均增长 56.2%。

软件人才培养加速，吸纳就业成效明显。到 2008 年底，国内共有普通高校近 2000 所，设有计算机科学、计算机软件、软件工程等专业的院校有 1000 多所。经国家批准设立的独立软件学院 315 所，经国家审定的分校办学点共 95 个，接近 80% 的院校都开设有软件及软件相关专业。2008 年，本专科软件相关毕业人数在 86 万以上。软件学院每年为国家输送超过 2 万名软件人才。面向软件人才培养的企业和社会专业培训机构遍布全国各地，为软件产业源源不断输送人才。2000 年，软件从业人员 3 万人；2008 年，软件从业人员则超过 150 万人，年均增长 63.1%。

22.5 展　　望

中国"十一五"软件与软件服务业所规划的 2010 年目标是实现 1 万亿元。目前看来，这个目标有望提前实现。随着软件在社会各个层面的渗透程度不断加深、国内信息化水平的不断提高、工业化与信息化融合力度的加强、国内城市化水平的逐步提高，国内软件产业将迎来更为广阔的市场空间。

在《世界经济论坛网络化准备指数 2008》中，中国排名第 57，居于 127 个国家和地区的中游。中国目前的企业信息化水平相当于发达国家 90 年代中期的水平，社会信息化的水平还要落后一些。随着国内信息化进程的加快、软件投入比重的提高，软件产业仍将保持快速发展的态势。

表 22.3　预测三种不同情况未来软件产业规模

	2008 年	增速	2010 年	增速	2015 年	增速	2020 年
悲观	7573	18%	10545	12%	13227	7%	15144
中性	7573	21%	11088	15%	14663	10%	17743
乐观	7573	24%	11644	18%	16213	13%	20703

对未来 11 年软件产业增速,可以分别采用悲观、中性和乐观的预测方法来计算未来中国软件产业的规模。这样,悲观预测,中国 2020 年的软件产业规模为 15144 亿元;乐观预测,2020 年产业将超过 20000 亿元;中性预测则为 17743 亿元。

(本章作者　杨天行　刘九如)

参考文献

[1]工业和信息化部:《改革・创新・跨越式发展——中国电子信息产业改革开放 30 年》,电子工业出版社 2009 年版。

[2]中国计算机学会:《中国计算机事业创建 50 周年大事》,2007 年。

[3]中国软件行业协会:《中国软件产业年鉴》,各年出版。

[4]电子工业部、信息产业部:《中国电子工业年鉴》,电子工业出版社,各年出版。

[5]娄勤俭:《1998—2008 年电子信息产业重要文件资料汇编》,2009 年。

企业文框 14：振技术创新之翼 展新闻出版宏图

——方正集团发展侧记

　　北大方正集团由北京大学 1986 年投资创办。二十多年来，方正集团从王选教授研发的"汉字激光照排技术"起步，坚持持续不断地技术创新，奠定了在汉字排版软件市场上的重要地位，成为全球最大的中文电子出版系统开发商和供应商，在中国 IT 产业发展进程中占据着重要的地位。2008 年集团总收入达 450 亿。

　　1988 年，《经济日报》全面采用王选研发的激光照排系统，在全国第一个废除了铅排作业。1989 年底，在中国研制和销售激光照排系统的英国蒙纳、美国王安、日本写研等公司全部退出中国市场。

　　在王选的带领下，方正集团不断推出引领中文报业和印刷业技术革命的创新之举，使《人民日报》通过卫星向全国 22 个城市传送版面，平均两分钟就能传完一版。这一发明，使中国新闻出版业彻底告别了"铅与火"的时代。方正的汉字激光照排技术，目前已占领国内 85% 的市场，海外华文 90% 以上的市场，中文照排市场份额居全球第一，方正日文排版系统在日本市场取得成功。方正 RIP 软件在海外推广西文系统，在美、英、德、日等国家已经有近百家全球合作伙伴，是全球仅有三家从事印刷软件业务的企业之一。

　　在继承并发展了方正传统出版技术优势的基础上，将出版印刷领域二十年的技术积累与信息技术最新发展趋势相结合，自主研发了 DRM（数字版权保护）技术、CEB（版式文件）技术、数字报刊和移动阅读技术。数字出版是方正的第二次技术革命，能全方位满足互联网环境下可读、可听、可视的出版需要。

　　目前，全球有 4000 多家各类图书馆、科研院所、政府和企事业单位应用方正阿帕比（Apabi）电子资源及数字图书馆软件为读者提供网络阅读及信息检索服务。应用方正阿帕比（Apabi）数字出版平台出版发行电子书的出版社已有 500 多家，占全国出版社总量的 90% 以上。全国 500 多家报社都在采用方正阿帕比数字出版技术发行数字报。

在 IT 硬件领域，方正以设备制造为业务平台，不断突破创新。PC 业务连续七年位居国内 PC 市场前两位和亚太四强。并沿着 IT 产业链向高端环节延伸，已成为价值链高端厂商，PC、电路板、芯片三级产业阶梯已形成，产业链良性循环并实现规模化生产。

21 世纪全球化进程明显加快，市场需求也发生了深刻的变化，我国新闻出版事业也面临"中国创造"的新课题。而"中国创造"的中心就是自主创新，掌握核心技术。方正给当代中国最有价值的贡献，就是勾画了在中国现实状况下，实现中国创造的其中一条成功路径：产学研结合所支撑的持续创新。今天的方正集团，正实践着我国新闻出版业信息化的"中国创造"之路。

（编撰：刘博）

第 23 章
电信服务业

引　言

电信服务起始于向公众提供电话、电报等通信服务。1844 年，美国开通了第一条华盛顿到巴尔的摩电报线路，莫尔斯拍发了人类历史上第一条电报信息。1876 年，贝尔用其本人称之为"磁性收发机"的装置第一次进行交互式的通信，电话作为通信工具的时代诞生了。紧随其后的技术发展，例如增音机、交换技术，以及以后的载波电话、同轴电缆和海底电缆的出现，使电信作为通信手段日臻完善。1895 年，21 岁的意大利人马可尼发明了高效无线电报系统，无线电逐渐成为重要的通信手段。

23.1　电信服务业的发展

在中国，电话、电报的引入是在十九世纪末，但最初只是少数权贵的玩物。此后，逐渐有极少数普通民众享受到电信服务，但是覆盖区域以及人群非常有限。解放前夕，中国 90% 以上的县没有电信设施，电信设备非常匮乏，电信技术十分落后。

23.1.1 建国前的电信服务业

根据新中国建国初期的电信设备和线路的统计：

全国电话用户 21.8 万户，电话的普及率仅为 0.05%；本地局用交换机容量只有 31.2 万门，其中自动式 20.9 万门，共电式 4.3 万门，磁石式约 5.9 万门；长途交换全部为人工交换，总容量为 991 门。

全国电报合计 1128.6 万份，载波电报终端机仅为 76 部，传真机仅有 4 套。

全国的传输线路：长途杆路总长度为 7.7 万杆公里，架空明线线条长度为 14.6 万对公里，长途电缆长度为 1635 皮长公里。

23.1.2 建国后电信服务业稳步发展

新中国成立后，党和国家非常重视通信事业的发展。1949 年，邮电部成立，在毛主席"人民邮电"题词的指引下，国家迅速恢复了北京至全国各主要城市的长途通信，全国的电信业得到统一。在百废待兴的环境下，电信事业稳步发展，取得了较大的成绩。在重点保障党、政、军电话、电报需求的同时，电话、电报等电信服务进入了寻常百姓家。到 1978 年，全国已通电话的乡（镇）比重达到 96.5%。

1. 网络规模持续壮大

1950 年 12 月 12 日，北京至莫斯科的电话电路开通，这是新中国建设的第一条国际有线电路。到 1978 年，全国共铺设长途电缆 8019 公里，长途微波线路近 1.4 万公里。全国共有 8400 多条电报电路，其中无线电报电路 2500 多条（包含卫星 97 条）；300 多条传真电路，其中无线 51 条（包含微波 19 条，卫星 16 条）；国际及港澳台直达电路已达 318 路，其中电报电路 156，电话电路 125，传真电路 37。

与 1949 年相比，1978 年，全国城乡电话交换容量增长超过 10 倍，局用交换机达 397.2 万门。长途交换机已达 1.1 万部，其中自动交换机 1863 部，人工长途交换机 9190 部。

2. 电信业务稳步上升

随着通信建设的发展，各项电信业务和通信能力都有了相应的增长，全社会对电信业务的需求日益增加。1956 年，在全国开放了会议电话业务；1960 年代，在全国 20 几个大中城市开放了相片传真业务，在 13 个城市开放了报纸传真业务。1976 年在北京、天津、上海等 8 个城市之间开放了长途电话自动拨号业务。

1978 年，中国电话用户达到 192.5 万户，接近 1949 年的 9 倍，全国电话普及率为 0.38%，全国有 96.5% 的乡镇通上电话。全国长途电话业务量达 1.86 亿次，比 1949 年增长了 20 倍，全国开办长途自动直拨的城市达到 26 个。电报达到 1.27 亿份，为 1949 年的 11 倍；传真达到 10.9 万份。电信业务收入合计 7.34 亿元，其中国际及港澳台业务收入 2912 万元，长途电信收入 4 亿元。邮电业务总量为 1949 年的 12 倍，邮电固定资产原值为 1950 年的 6 倍。

3. 技术水平显著提高

为了尽快恢复和发展通信，邮电部门白手起家，自力更生，初步建立了邮电工业和科研体系。1956 年，中国第一个专门从事通信技术研究开发的邮电科学研究院成立。从 1964 年到 1970 年代初，邮电部组织了以提高传输能力为中心的几个工程会战。例如，1964 年的"6401 工程会战"，在北京-天津之间开通自主研制成功的 600 路微波中继系统及配套的 600 路载波终端设备；1969 年的"2109 工程会战"，在北京-天津之间安装了 1800 路中同轴载波通信系统，随后又延伸到上海、杭州；1970 年代中启动的"4201 工程"，将中同轴电缆载波通信系统的容量扩展到 4380 路；1975 年和 1978 年，PCM24 路和 30 路系统先后研制成功并投产。此外，京沪杭 1800 路中同轴电缆干线建成并投入使用，中国研制的光纤通信系统开始在市内电话局间中继线路上试用，等等，这些工程都使中国电信网络技术水平有了较大提高。1980 年的统计显示，市话交换机总容量 200 万门，自动交换机已达 131 万门，占到 65.5%。

23.1.3 改革开放让电信服务业踏上辉煌征程

改革开放是中国电信服务业发展历程中的一个分水岭，而之后的 30 年是中国电信服务业迅猛发展和逐步领先全球的 30 年。

1979 年 4 月，全国第十七次邮电部会议召开，会议贯彻落实了党的十一届三中全会精神，理清了邮电业的发展思路，实施了邮电为社会经济服务为主的重大职能转变。1982 年，在党的十二大上，中国明确提出要"加快国家通信发展"，这是中国共产党历史上第一次把发展通信写进自己的纲领。

改革开放初期，经济的发展使电信业务的需求量猛增，而中国电信服务业就整体而言，与世界先进水平有很大的差距。当时中国的主线普及率只有 0.2 线/百人。1980 年，以可比的电话主线指标作比较，当时世界电话主线总数为 3.2 亿线，美国为 9428 万线，前联邦德国为 2053 万线，英国为 1789 万线，日本为 3861 万线，而中国为 214 万线，仅占世界总数的 0.67%。中国长途电话电路为 2.2 万条，而当时美国的长途电话电路已有 180 万条，同为发展中国家的印度，也有 10 余万条。1980 年，中国拥有的电话机数相当于美国 1905 年、英国 1947 年、日本 1958 年的水平，分别落后 75 年、33 年和 22 年。打电话难、装电话难在中国是非常突出的问题。全国绝大部分电路在业务繁忙时常常发生阻塞、逾限，退号现象严重。在北京，长途电话超过 1 小时接通的占 15% 左右，由于电话打不通而销号、退号的占 20% 左右。济南至广州只有一条直达电路，尽最大的努力，一个月只能接通 2750 次长途电话，而实际需求量是 6000 次，50% 以上根本无法接通。在有些地区，长途电话要一、两天才能接通，很多地区则根本不通长途电话。国际通信更为困难，有些外国人宁愿乘飞机到香港打电话。

考虑到仅凭国家财政无法满足公众电信通信设施投资的需要，为了贯彻十二大的精神，加快邮电业的发展，时任邮电部部长的文敏生同志向国务院汇报，争取促进邮电发展的政策，包括"两个六条"、"十六字方针"、初装费、附加费、"三个倒一九"等。1988 年，邮电部又提出"统筹规划、条块结合、分层负责、联合建设"的通信建设方针，使投资主体结构形成了"中央拨款、地方筹资、政策性集资、企业利润、国内外贷款"等多种模式。在这些政策的支持下，中国电信业实现了快速发展。邮电固定资产投资额，从六五时期的 58.87 亿元增长到八五时期的 2423.89 亿元；邮电固定资产平均增长速度，从六五时期的 32.98% 增长到八五时期的 75.46%；邮电固定资产投资占全国固定资产投资的比例，从六五时期的 1.10% 增长到八五时期的 6.60%。从六五时期到八五时期，尽管国家预算内投资差别不大，但是占邮电固定资产总投资的比重，则从 1981 年的 50% 下降到 1995 年的 0.5%。

1980 年代开始，邮电部坚持"引进、消化、吸收、再创新"的技术路线，在经营上以市场为导向，在技术上实行跨越式发展，跳过"纵横"直接上"程控"，跳过电缆直接上光缆，成功地跨越了国外电信的传统发展阶段；电话交换技术跨越了由人工到机械到自动的传统阶段，一步进入程控交换机的体系建设；长途干线建设跨越了铜轴电缆阶段，迅速建设了纵横连接全国省、市、县的光缆网，构筑起中国的高速信息传输网。原邮电部部长吴基传同志积极推动"八纵八横"长途光缆建设，为中国信息化发展奠定了坚实的网络基础。在发展固定电话的同时，1987 年又及时引入先进的蜂窝移动电话系统。在 1994 年的全国邮电管理局局长会议上，吴基传同志确定并宣布引入数字蜂窝移动 GSM 技术标准，为中国电信业翻开了新的篇章。

1990 年代开始，为了打破垄断，促进电信业的良性发展，国家对邮电通信业实施了邮电分营、政企分开、引入竞争等措施，进行了多次拆分以及重组。1990 年代初，电信运营业放开了无线电寻呼及部分增值电信业务；1994 年 3 月，邮政总局、电信总局分别改为单独核算的企业局；1994 年 7 月，中国联合通信有限公司（以下简称中国联通）成立，基础电信领域开始引入竞争；1997 年 1 月，邮电部做出在全国实施邮电分营的决策，1998 年 4 月，全国同时启动政企开、邮电分营，在不到一年的时间内完成了全国的分营工作，同年中国电信集团成立；1999 年 2 月，国务院通过中国电信重组方案，实现专业化经营，2000 年 5 月，中国移动通信集团公司（以下简称中国移动）和中国电信集团公司（以下简称中国电信）挂牌成立；2002 年 5 月，中国电信集团公司进一步南北分拆；2008 年 5 月，电信运营商第三次重组，形成三家势均力敌的全业务电信运营商：中国电信，中国移动和中国联通。

1997 年在国务院领导同志的关心下，吴基传部长亲自指挥，成功地进行了中国电信（香港）有限公司（后改为中国移动（香港）有限公司）在香港和美国的上市，开创了大型国有企业海外上市的先河。这不但为电信的大发展在海外资本市场募集了大量资金，最主要是在国际资本严格的监管下，中国的电信运营企业开始引入现代企业管理机制，以市场为导向，积极进行管理机制的改革，为企业发展壮大，走向国际奠定了坚实的基础。此后中国联通、中国电信和中国网通也陆续成功在香港、美国上市。目前中国移动已成为全球市值最高的电信公司之一。

1. 网络规模"几何提升"

通过机制改革、引入竞争，电信服务业适应了市场经济的发展。经过 30 年电信运营商的努力，全国建成包括光纤、数字微波、卫星、程控交换、移动通信、数据通信等覆盖全国、通达世界的公用电信网络。

改革开放的 30 年间，中国进行了大规模的光缆传输网建设。邮电部于 1988 年开始的"八纵八横"通信干线光纤工程，历经"七五"、"八五"、"九五"时期，于 1998 年提前两年建成，总长达 7 万公里，网络覆盖全国省会以上城市。到 2008 年底，全国光缆长度达 676.8 万公里，其中长途光缆 79.3 万公里。在上个世纪 90 年代末建成并开通了中日、中韩、亚欧等多条国际陆地、海底光缆，为电信服务企业的国际业务传送提供了足够的传输带宽。

中国固定电话主线每年增长速度，从 1982 年的不到 5%，增长到

1996 年超过 30%。美国在电话发展最快的时期，电话交换机容量年增长是 700 万门，而中国在八五时期的后三年，仅邮电公用网的局用电话交换机就分别增加了 1137 万门、1878 万门、2277 万门，大大超过了世界电话发展的最快速度。公用电信网的规模，基本上是几年上一个台阶，1985 年中国电话主线数在世界上总排名为第 17 位，1990 年为第 15 位，到了 1995 和 1996 年迅速攀升到第四、第三位。1998 年，中国公用固定电话网络已经成为仅次于美国的全球第二大通信网络，局用电话交换机容量达到 1.349 亿门，全国电话用户达到 8735 万户。2004 年，中国电话网络规模在世界排名跃升到第一位。到 2008 年底，长途自动交换机容量由 1978 年的 1863 路端增加到 1704.6 万路端，增长了 9148 倍；局用交换机容量达到 5.09 亿门，比 1978 年增长 127 倍。

1987 年，广东首次引入模拟公用蜂窝移动电话系统。由于正赶上中国经济快速发展的时期，中国移动电话的发展从一开始就以超长的速度飞速发展。1995 年，GSM 数字电话网正式开通；1996 年，移动电话实现全国漫游，并开始提供国际漫游服务；至 2008 年，全国移动电话交换机容量达到 11 亿户，基站数量超过 78 万，覆盖了全国所有的县市和 98% 的人口，网络规模居全球第一。

2. 用户数量迅猛增长

2008 年底，中国固定电话用户数达 3.4 亿户，固定电话普及率为 25.8%，是 1978 年的 68 倍。移动电话用户数达 6.4 亿户，为 1988 年 0.3 万户的 21 万倍，移动电话普及率达到 48.5%。中国电话用户总数达到 9.8 亿户，居全球第一位，电话用户总数是 1978 年的 510 倍，是 1949 年的 4500 倍。全国电话普及率（包括固定电话和移动电话）达 74.3%，为 1978 年的 195 倍。电话普及率最高的上海和北京，分别有固定电话用户数 1015.4 万户和 884.9 万户，移动电话用户数 1880.9 万户和 1616.2 万户；电话普及率（固定电话加移动电话）均超过 150%，达到 1978 年全国的平均水平的近 360 倍；移动电话普及率均超过 95%，其中上海移动电话普及率超过 100%。

（单位：万户）

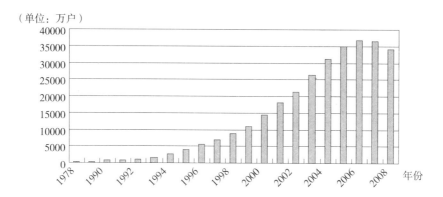

图 23.1　1978 年以来固定电话用户数的增长

（单位：万户）

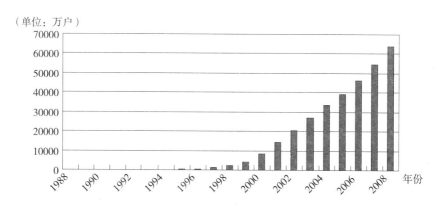

图 23.2　1988 年以来移动电话用户的增长

　　中国不少电信用户通过固定或移动手段接入到互联网，截止到 2008 年 5 月，全国互联网拨号用户 1657.5 万，互联网宽带接入用户 7444.8 万户，手机网民 1.17 亿户，为中国互联网普及率的迅速提高奠定了基础。

　　3. 技术水平日新月异

　　在改革开放以后的 30 年，中国电信网完成了人工向自动的过度，实现了模拟技术向数字技术的转变。在传送网络上，中国成功地跨越了同轴电缆模拟传输和光纤准同步数字传输两个阶段，直接建立了光纤同步传输网络；在电话交换方面，跨越了纵横制交换机和模拟电子交换机两个技术阶段，直接采用了数字程控交换机。1996 年，长途传输数字化重比和局用电话程控化比例，分别达到 96.2% 和 99.4%。1998 年，中国县以上城市全部开通程控电话交换机，程控化比例达到 99.8%，全国长途传输数字化比例达到 99.6%，局用交换机程控化和长途传输数字化比例均超过包括美国在内的大多数发达国家的水平。

1994 年，中国开始在长途干线引入大容量、高速率的 2.5Gb/s SDH 光纤传输系统；1997 年，开始引入第一条 WDM 省际干线。1998 年，中国建成跨越东西南北的"八纵八横"光缆网。1999 年开始，省际干线不再引进单波长的 SDH 系统，全面转向承载多个 SDH 的开放式 WDM 系统。

在 GSM、CDMA 移动网络中，中国广泛采用软交换、IP 等技术，积极探索绿色、节能基站技术等，基本上保持了与国际先进技术水平的同步。2009 年初，中国三大运营商获得 3G 牌照，中国移动采用了具有中国自主知识产权的 TD-SCDMA 技术，标志着中国在无线通信上全面进入先进技术的 3G 时代。

4. 业务范围不断拓展

电信服务业加快了数据通信、信息服务等多种新业务的发展，增值电信业务逐渐成为电信业务新的增长点。2007 年，电信服务商增值业务收入达到 1487.2 亿元，占电信业务总收入的 20.1%。2008 年底，中国电信当年非语音收入达到 822.94 亿元，占固定网收入的比重，从 2004 年的 22% 提升到 46.1%；增值及综合信息应用服务收入为 256.58 亿元，其中增值业务收入达到 169.8 亿元，仅"号码百事通"业务收入即达 47.87 亿元。2008 年底，中国移动的移动增值业务收入达 1134.44 亿元，占总收入的比重，从 2004 年的 15.5% 提升到 27.5%。其中短信业务量从 2000 年的 5 亿条增长到 2008 年的 6071 亿条，增长 1213 倍；彩铃收入 143.8 亿元；WAP 收入 129.91 亿元；彩信收入 28.78 亿元。中国联通的增值业务收入占比也从 2004 年的 10.2% 提升到 2008 年的 24.9%。

5. 经济贡献大幅提高

从 1984 年开始，邮电发展速度连续二十多年超过国民经济增长速度，其中，在七五实现了大发展，八五、九五实现了高速增长，增长速度比国民经济年增长速度分别高出 10、20 甚至 30 多个百分点。面对中国经济社会发展的新形势对电信服务业的旺盛需求，电信部门逐年加大投资规模，30 年来，中国电信业年投资额从 1978 年的 2.6 亿元猛增到 2008 年的 2953.7 亿元，增长 1135 倍。

2008 年，全国电信业务总量累计完成 2.24 万亿元，为 1978 年（11.65 亿元）的 1926 倍，年均增长接近 30%，电信业务收入累计完成 8139.9 亿元，为 1978 年的 652 倍，年均增长超过 20%。2008 年，全国电信业务收入占 GDP（30 万亿元）比重接近 7.5%，而 1978 年邮电业务总量（含邮政业务）为 34 亿元（以 1990 年不变单价），只占 GDP（3624.1 亿元）的 0.097%。

2008 年，中国移动净利润 1128 亿元，中国电信为 9.79 亿，中国联通为 339.1 亿，中国网通（后与中国联通合并）为 120.95 亿元，而 1978 年邮电全行业利润（含邮政）仅 3237.6 万元；四家主要运营商的利润之和为 1978 年邮电全年水平（含邮政）的 4935 倍。2007 年，中国电信集团公司纳税 142 亿元，中国移动通信集团公司纳税 486 亿元，网通公司纳税 74 亿元，联通公司纳税 73 亿元，四大运营商 2007 年纳税总计 775 亿元，接近 1978 年邮电全行业利润的 2400 倍。

6. 国际地位不断提升

随着中国电信服务业的快速增长，中国主要电信运营企业的国际竞争力也在稳步提升。在 Global100 发布的 2008 年度电信运营商 50 强名单中，中国电信服务企业的排名分别为：中国移动（第 8 位）、中国电信（第 15 位）、中国联通（第 23 位）、中国网通（第 27 位）。在 2009 年发布的"福布斯 2000 强"榜单上，中国移动、中国电信和中国联通分别位列 55 名、139 名、351 位。根据 2008 年明略行发布的全球品牌价值百强榜，中国移动以 572 亿美元排名第 5，紧随在谷歌、通用、微软和可口可乐之后。

7. 电信惠及百姓生活

固定电话和移动电话的普及，使电话从地位的象征变为普通百姓日常生活中的重要工具，同时也深刻改变着老百姓的生活方式。亲朋好友之间互相拨打电话聊天、问候已经成为生活习惯，尤其在重要节假日，电话更是必不可少。以 2007 年为例，春节期间上海移动接通的从上海至四川、重庆、陕西、云南等方向的长途话务量较平时增长超过 100%。短信业务的发展也创造了新的"拇指文化"，2006 年春晚发起了"给赠台大熊猫征乳名"的活动，并进行短信投票，直播过程中就收到超出 7000 万条短信；2007 年，仅北京移动除夕全天拜年短信总量就达到了 3.38 亿条，全天彩信的发送量也达到 108 万条。中国有超过 6 亿的手机用户，有超过 1 亿的手机上网网民，手机上网的年增长率达到 133%。通过上网，用户在家里，足不出户就可知天下事，更有手机炒股等业务给用户带来意想不到的方便……，这些业务正在改变人们的工作、学习、生活的方式。

电信网络在国家的应急、救灾等重大活动中发挥了不可替代的重要作用。例如，2008 年 7 月，受第 7 号强热带风暴"海鸥"影响的福建省宁德、莆田、福州等 3 市，有 17 万人首次收到了通过移动手机小区短信系统发送的重大气象灾害预警信息。2008 年 8 月 8 日，为了配合奥运会开幕式的工作，北京市应急办从 16 点至 23 点通过区域短信预警信息发布平台向国家体育馆内的人群成功发送公益提示短信 5.6 万条。

8. 走出国门，立足国际

电信服务企业不但使中国的电信网络、用户规模成为全球第一，而且，还确定了走国际化道路的发展策略，力图将企业打造成具有国际竞争力的世界一流企业。

中国电信采取了"配合国家走出去"的海外拓展思路,主要体现在业务、网络、服务在海外的延伸。2000 年起,中国电信先后在美国、欧洲和中亚设立分公司或办事机构,通过收购美国、日本、欧洲等多家公司的国际海底光缆,建设横跨北美大陆的光传输网络,使中国电信跨太平洋方向和泛亚洲地区的传输能力分别提高了 421% 和 94%。中国电信还参与了原信息产业部牵头建设的"大湄公河次区域信息高速公路",以及中缅、中越、中老传输等多个国家级建设项目,扩大了国际网络覆盖范围,有效提升国际网络通信能力和业务开通能力,进而更好地满足国内客户对国际通信的需求,并为海外中资企业提供了国际到国内的通讯承载。目前,中国电信已形成以美国公司、香港公司、欧洲公司为主体的海外拓展格局。

中国移动在成立伊始就制定了"争创世界一流企业"的战略目标,针对"走出去"战略进行了系统研究。2005 年开始稳步推进国际化进程。2006 年 3 月,中国移动投资 33.84 亿港元收购香港华润万众公司,成立了第一个国内电信运营商拥有 100% 股权的大陆外运营子公司;2006 年 6 月,中国移动投资 12.78 亿港元参股香港凤凰卫视 19.9% 的股权,并达成了深层战略合作协议;2007 年 1 月,中国移动投资 4.6 亿美元收购巴基斯坦 Parktel 公司,成立中国移动在海外的第一个全资子公司 CMPARK。除此之外,中国移动还先后在美国和英国设立了办事机构,并在硅谷设立了美国研发中心,为建立全球性研发网络、吸纳人才资源奠定基础。通过跨国并购与运营,中国移动在输出优势和拓增价值两方面都收到了良好的效果。

2002 年,中国联通在美国注册成立了全资子公司——中国联通美国公司;2005 年 3 月,中国联通获得澳门地区的 CDMA 运营牌照,并于2006 年 10 月正式在澳门开通本地业务。2006 年 11 月,中国联通与越南电信运营商签署和实施了一系列合作与业务协议,标志着中国联通国际业务"走出去"的战略迈出了坚实的一步。2003 年,原中国网通(后与中国联通合并)完成对亚洲环球电讯的有关收购交易并开展运营。2005 年初，原中国网通购入香港电讯盈科有限公司两成股权，双方建立战略合作关系，共同拓展内地及国际业务。

23.2　电信服务业对国家信息化的贡献

随着互联网和 IT 技术的发展，信息化在各个领域向纵深推进。在国家"以信息化带动工业化，以工业化促进信息化"战略的指引下，电信服务运营商需要提供更好的网络服务来支持国家信息化战略的发展。同时，随着 VoIP 等技术的出现，电信服务运营商传统的语音业务受到了冲击。为了适应三网融合的发展趋势，各大电信服务运营商纷纷提出向信息服务转型的战略。2004 年，中国电信提出了由传统基础网络运营商向现代综合信息服务提供商转型；2006 年初，中国移动提出了从移动通信专家向移动信息专家的转型。

23.2.1　承担国家电信普遍服务的责任

1. 承担社会责任，建设村通工程。

2004 年，为了提高农村的通信水平，电信服务运营商开始在全国范围内开展村通工程建设，五年来累计投资 460 亿元，共计为约 13 万个行政村及自然村新开通电话。仅 2008 年一年，用于村通工程和农业信息化建设的工程直接投资即为 122 亿元。经过几年艰苦卓绝的努力，截止到 2008 年，全国通电话的行政村的比例已经达到 99.7%，自然村的比例达到 92.4%，超过 6 万个偏远村庄开通移动电话；全国 27 个省份已经实现"乡乡能上网"，19 个省份基本上实现行政村"村村能上网"，全国 98%的乡镇能上网，95%的乡镇通宽带，能上网的行政村比例达到 89%。

2. 缩小数字鸿沟，推动农村信息化建设。

电信服务运营商大力支持农村信息化建设，中国电信以信息化乡镇为载体，整合提供电子政务、党员远程教育、平安乡镇、天翼应用等综合信息服务。2008 年，中国电信已发展信息化乡镇 3000 多个，建立了 18 万个乡村综合信息服务站，各省信息田园平台年访问量已突破 5000 万次。中国移动开发了"农信通"、"务工易"、"农政通"、"供销通"等针对农村的信息产品，并建设农村信息服务站。截至 2008 年，中国移动共与各级涉农政府部门签署合作协议 400 余项，全国建设农村信息服务站 3 万余个，全国发展农村信息员 2 万 8 千多人，全国"农信通"用户已超 5000 万户，推广农村信息机十万台。到 2009 年 2 月，125826"务工易"热线累计拨打 28 万次。近年来，中国农村信息化的快速发展，与中国电信服务运营商所作出的巨大贡献密切相关。

23.2.2　提供信息化网络基础设施

由于电信服务企业有良好的基础网络、技术支撑和维护管理力量，电信网络不但可以保障优良的电信服务，而且还可以为国家信息化提供大量的网络基础设施。

电信服务业提供多种信息网络接入，例如 ADSL、FTTx 等固定宽带接入，GPRS、3G、WiFi 等无线接入，此外还提供互联网专线接入业务。截止 2008 年，仅中国电信互联网专线接入约 600 万户，覆盖全国 31 个省、自治区、直辖市。2009 年，ITU 发表的《全球 ICT 发展指数》中，中国的 ICT 发展指数（即 IDI）排名从 2002 年的第 90 名升至 2007 年的第 73 名。在 IDI 的重要指标"ICT 接入"方面，中国的排名由原来的 71 位跃升至 64 位。

电信服务业提供的信息化网络基础设施，包括电信传输通道、互联网数据中心（IDC）租用、存储器、服务器等信息化网元，此外还包括信息网络建设以后的维护外包等服务。例如，中国电信积极参与了国家电子政务网络中央传输骨干网建设，建成了覆盖全国 47 个副省级以上地方，以及珠海、汕头、庐山等若干地方党委、人大、政府、政协、法院、检察院的纵向传输网络。截至 2008 年底，在全国已经建设 6 个五星级 IDC，49

个四星级 IDC。为政府部门和银行、保险、证券、制造业等企业提供信息系统的灾难备份服务。2004 年开始，中国电信与某公司开始沟通全国广域网项目，由中国电信提供广域网链路、视频会议、设备维护等一揽子服务解决方案，使该公司从以前自建专网的模式改变为使用中国电信的网络及 IT 外包服务业务，不但在线路上得到了高质量的保障和服务，而且将公司的 IT 人员从日常维护中解脱出来，以更多精力投入到公司的核心业务，缓解了人员不足的问题。2008 年，中国电信基于 IT 服务及应用的收入为 35.17 亿元；中国联通的信息化服务收入超过了 74 亿元。

23.2.3　提供全面的信息服务

在提供电信服务的同时，电信服务企业还面向广大用户、企事业单位及各级政府，提供如下各种信息、内容方面的服务。

1. 为广大用户提供丰富多彩的信息服务

中国电信推出了"号码百事通"、"爱音乐"、"189 邮箱"、"互联星空"等众多面向公众的信息服务业务，其中"号码百事通"业务自推出至今持续快速发展，2008 年业务收入继续保持 50% 以上的同比增长。"号码百事通"年语音搜索量超过 14 亿次，签约企业超过 240 万户。同时，"号码百事通"结合自身优势，与携程、艺龙等十余家行业领先企业开展了广泛的业务和技术合作。

中国移动推出了"12580"、"飞信"、"139 邮箱"、"手机报"、"手机音乐"、"掌上股市"、"手机二维码"、"手机动漫"等各类信息服务。以音乐为例，中国移动构建了 12530 中国移动音乐门户，成立了 M. Music "无线音乐俱乐部"，并与上海文广新闻传媒集团宣布联手主办"中国移动无线音乐排行榜"，2008 年，中国移动全年彩铃订购超过 13.5 亿次，无线音乐俱乐部高级会员达到 5273 万户，全曲下载累计 7600 万次，手机音乐发展已渐入佳境。其他增值业务，如"手机报"，2008 年付费用户达4149 万户；"飞信"注册用户超过 1 亿，活跃用户达到 3724 万户；"139 邮箱"活跃用户达到 1000 万户等等。

中国联通也推出"电话导航"、"联通在信"、"炫铃"、"如意邮箱"、"宽带我世界"、"网视机"、"宽视界"等丰富多彩的信息服务。

2. 为企事业客户提供一揽子端到端的信息服务

中国电信为银行、保险、物流、医药、汽车、电子制造、宾馆酒店、商厦、会展、旅游等行业和领域提供信息化应用解决方案。向广大企业客户推出了"商务领航"业务,提供包括定制化的网络通信、增值应用、IT外包等服务整体解决方案,目前已经覆盖石油、石化、电子制造、物流、等20多个行业领域;为20多个行业和系统推广"全球眼"网络视频监控,目前已开通20多万个监控点,为16家大型中央企业提供服务。截至2008年底,已构建各行业信息通信大型应用网络超过400个,同时还为700多万户中小企业提供各种信息化应用服务,提供"网络传真"、"商务彩铃"、"企业短信"、"百事通加盟"等信息化产品。

中国移动为200多万家大中小型企业提供移动信息化服务,涉及农业、教育、金融、电力、交通、商贸、政府信息、制造业等20多个行业。开发出企业"一卡通"、"车务通"、"商务宝"、"移动OA"、"电梯卫士"、"移动执法"、视频会议、视频监控、手机对讲等产品。其中视频监控应用一项,在北京奥运会期间提供了34对公交专线、68个站点的实时视频监控服务。

中国联通在四川整合移动网络、数据网络、寻呼网络、互联网等资源,着手建设"天府农业信息网",服务"三农",帮助农民及时掌握和利用信息,实现增收致富。2006年,已累计发展用户90万户。此项目荣获突尼斯世界信息峰会电子商务项目大奖。

3. 为政府信息化提供支持

中国电信帮助各级党政机关推进电子政务,提供全程全网综合信息服务、应急通信保障。例如提供基于固定移动融合网络的电子政务公文处理、效能监察,应急指挥联动、平安城市监控、检验检疫电子监管、污染源在线监测监控,数字城市管理、工商移动执法和商品监管、社区司法矫正等应用,并为政府提供数据灾备中心、呼叫中心运营外包等服务。截至 2008 年底，中国电信的政府客户数超过 100 万，为各级人民政府搭建电子政务网络平台 260 个，其中使用电子申报服务的用户已接近 50 万。

中国移动则利用移动业务的特点助力政府的信息化建设，例如在政府的大力推动下，2008 年 8 月，厦门市政府与中国移动福建公司共同签订了《合作备忘录》，利用 TD-SCDMA 技术建设厦门无线城市。在很多城市，围绕着无线政务、无线产业、无线生活三大领域，积极开展多种无线信息化应用，如城市 BRT 快速公交装上视频监控的"天眼"；全天候远程监控全市工地噪音；"掌上 110"随时随地查询路况信息；通过手机随时随地收看"两会"现场直播；发彩信快速处理交通事故等等。

中国联通斥资 350 亿推进"数字广东"建设，与广东省人民政府签署战略合作框架协议，深入贯彻实施《珠江三角洲地区改革发展规划纲要（2008—2020 年）》，大力推动信息技术和互联网技术在经济社会各领域的广泛应用，全面构建"电子政府、信息经济、网络社会、数字家园"，力争到 2010 年，基本形成全面网络化、高度信息化的"数字广东"框架，使全省信息化水平达到中等发达国家水平，珠三角地区信息化水平初步迈入世界先进行列。中国联通还与上海市政府签署框架协议，双方将在信息化领域开展更为广泛的合作，三年内联通将在上海投入 200 亿元。此外，中国网通（后与中国联通合并）还承担了河南电子政务网以及农村党员干部远程教育等系统的建设。

23.3　电信服务业的创新与科学发展

电信服务业在向用户提供电信和信息服务的同时，也在应用信息技术对电信服务这个传统行业进行信息化的改造。

23.3.1 用信息化促进电信服务业健康发展

始建于 1995 年的市话业务计算机综合管理系统（九七工程），是中国电信服务业最早的信息化系统。在 2001 年电信重组之后，电信运营企业纷纷构建各自的业务支撑系统。例如，中国电信先后建设了 CRM、10000 号客服等 IT 系统。2008 年，中国电信 10000 号客服系统的日平均呼入量就达 500 万次。中国移动进行了 BOSS 集中化改造和经营分析系统建设。业务支撑系统逐渐成为企业运营的核心业务支撑平台。中国移动拥有连接到全国所有省、地、市的、全球规模最大的业务支撑网络和最大的分布式数据仓库，仅 2006 年受理业务的总量就达到了 2292 亿次，为超过 5 亿的用户提供精准、灵活的计费服务，向用户提出了"收费误差，双倍返还"的承诺。中国移动的实体营业厅已遍布全国所有县市和主要村镇，此外还构建了包括网上营业厅、WAP 营业厅、短信营业厅和自动语音电话服务（IVR）在内的多种服务渠道。2007 年底，仅中国移动山东公司的短信营业厅便提供了 900 余项服务功能，每月受理业务数量超过 3500 万笔。中国联通则启动了综合营账及信息管理系统的建设，顺应集中化、服务化的发展趋势，实现了从支撑企业内部运行维护向保障客户服务质量的转变。现拥有连接到全国所有省、地、市的业务支撑和客户服务网络，推出了全国通用的手机充值业务——"一卡充"充值缴费卡，实现了一地购卡，全国充值。

电信服务企业拥有规模庞大、类型复杂的电信网络，各电信服务企业陆续引进和自主开发了网络管理系统来管理和维护电信、信息网络，以保证向用户提供良好的服务。例如中国电信建立了覆盖国内所有省市、并延伸至美洲、欧洲、南亚以及日本等国家和地区的 49 套网络管理系统，实现了对全球 18 张骨干网络及设备的实时监控，使长途电话网络接通率达到 98%，DC1 软交换网络接通率达到 95%、传输网络百公里光缆故障次数降低为 0.145 次，平均故障修复时间为 91 分钟，在业务提供能力、加急开通能力、故障恢复时限、服务覆盖等方面都处于世界先进水平。

中国移动经过 10 余年的持续建设和发展，形成了以专业网管、动环监控、信令监测、业务拨测、电子运维 5 大类系统为主体的立体化网络运维支撑系统，实现了对无线网、核心网、GPRS 网络、智能网、信令网、IP 承载网、数据业务平台、光缆管道、传输设备、信令链路的全面管理和监测，管理范围覆盖全网 40 余万个基站、4 千余个核心网网元、3 万余台数据设备、41 万余套传输设备、235.7 万皮长公里光缆，大量网元设备实现了少人或无人值守。从 2002 年至 2008 年，中国移动用户总数由 1.38 亿发展到 4.57 亿，而全网运维人员总数始终保持在 2 万人左右，运维人员人均服务用户数增长 3.4 倍，人均维护基站数增长 3.8 倍，人均承担话务量增长 8.1 倍。同时，网络质量始终保持优异，从 2002 到 2008 年，无线掉话率由 0.80% 降低到 0.65%，短信接通率由 95.24% 降低到 99.33%，每万用户投诉比由 2.78 降低到 0.43，业务开通局数据制作时间由 7 天提升到 1 天，省内电路调度时间由 30 天加快为 3 天，普通客户网络故障投诉的平均处理时长由 2006 年的 19.36 小时下降为 2008 年的 12.96 小时，VIP 客户网络故障投诉的平均处理时长由 1.96 小时降低为 1.57 小时。

中国联通实现了对传输、语音、数据、动力环境等专业网络设备的综合管理和"总部—省—地市"集中调度的网络资源管理，覆盖移动网络 22 余万个基站和 400 余个核心网网元。从 2006 至 2008 年，中国联通 GSM 网络接通率由 92.21% 提升到 95.38%，无线掉话率由 0.94% 降低到 0.46%，长途交换网网络接通率平均保持在 98.6% 以上，PHS 掉话率由 1.12% 降低到 0.68%，PHS 短信发送成功率由 97.24% 提升到 99.61%，省内互联网网络时延由 16ms 降低到 12ms，省内互联网网络丢包率 0.06% 降低到 0.03%，国内省际业务网中继电路全程开通时间由 10 个工作日缩短为 8 个工作日，业务开通局数据配置由 2 个工作日缩短为 1 个工作日，大客户电路故障恢复及时率由 99.79% 提升到 99.93%，宽带用户申告故障修复及时率由 98.91% 提升到 99.05%。

电信服务企业还建立了完善的信息化管理系统，覆盖企业财务、人力资源、供应链、办公自动化、信息共享、管理决策等多类应用。例如中国电信以省公司为单位集中建设了 OA 系统，实现公文管理、事务管理、信息发布、企业邮箱、流程固化等五个方面的功能，提升了企业管理和运营的水平。在引入企业 ERP 系统后，实现了重要管理数据准实时查看，实时财务结账；实施了统一的人力资源管理。通过建设集中采购系统，仅 2008 年集团总部节资率达 44%。通过企业办公系统建设，实现了无纸化办公，提高了企业内部沟通时效性。中国移动在企业的 ERP 系统上线后，财务报表的汇集生成时间由 7 天缩减为 3 天，营收资金入账周期由原来的按旬、按月入账缩短为每两天入账。集中采购系统上线后第一年设备采购价格平均下降了 27%，为企业节约资金 127 亿元。

中国移动的企业统一信息平台集成超过 170 个功能模块，为超过 1500 名总部员工提供公文处理、项目管理等办公服务，实现了"办公无纸化"、"办公自动化"，仅 2008 年度平台流转的公文数量超过 16 万份，与 2001 年相比公文处理效率提升了 4.6 倍。企业的综合统计系统和管理决策支持系统实现了财务、人力资源、网络、运营、供应链等管理数据的有效整合，支持按照日、月、季、年等不同粒度提供分析报告和指标预测、预警，并提供每日全国关键 KPI 运营指标的手机推送服务。中国移动构建了覆盖总部、香港和 31 个省公司 46 个信息化系统的手机综合服务平台，为 2.75 万名员工提供基于手机的移动办公服务。

中国联通也建立了庞大的 MSS 平台，用现代信息手段管理公司，提高效率。2009 年上半年，平台流转公文数量超过 10 万份，与 2002 年同期相比公文处理效率提升 5.1 倍，企业 ERP 系统上线后，中国联通的财务报表的汇集生成时间由 7 天缩减为 3 天，营收资金入账周期缩短为每两天入账，集中采购系统上线后实现了采购流程的全部电子化。

2008 年 8 月，中国移动、中国电信、中国联通等电信服务企业在国资委首次组织的 145 家中央企业信息化水平评价工作中均被评为信息化 A 级企业。

23.3.2　科技创新提升企业实力

随着经济全球化的发展，中国的电信服务运营企业越来越关注技术创新，提升企业的自身实力。各运营企业建立和不断健全自己的科研开发机构。例如，中国电信在整合原有科研力量的基础上，先后成立了北京研究院、上海研究院和广州研究院；中国移动成立之初，立即组建了中国移动研究院，并于 2009 年 1 月在美国硅谷设立了美国研发中心。

各运营企业还积极参与国际、国内标准制定工作，重视自主知识产权的拥有，并已经初步建立起了一支标准化活动的人才队伍。

2008 年，中国电信共向 ITU-T、OMA、3GPP、OIF 等国际标准化组织提交文稿 79 篇，通过 63 篇；承担和参与国内标准化组织 CCSA 的研究课题合计 130 项。截止到 2008 年，中国电信有 9 人担任 13 个国际标准化项目的编辑人、召集人、报告人的职位，有 17 人在 CCSA 担任相关标准组织的主席和组长职务。

截止到 2008 年，中国移动向 3GPP、OMA、GSMA、ITU、NGMN 等重要国际标准化组织提交文稿共计 3000 余篇，通过 1600 余篇。2007 和 2008 年度先后在 3GPP、OMA、GSMA 等国际组织中主导成立了 15 个工作项目（Work Item），仅 2008 年就向国际通信标准化组织提交了超过 600 篇的文稿。中国移动先后在国内标准化组织 CCSA 中牵头、参与了超过 60 项行业标准的制定工作。目前有 3 人在国际标准化组织中担任董事或董事会成员，10 余人在国际标准化组织中担任主席、副主席等重要职务，14 人在 CCSA 中担任高级管理职务。

中国联通在 CCSA 组织中也牵头、参与了超过 150 项行业标准的制定工作，有 11 人在 CCSA 中担任高级管理职务。

在专利方面，截至 2008 年底，各电信运营商已公开的发明、实用新型和外观设计专利数量分别为：中国移动 855 件，中国电信 253 件，中国联通 142 件，中国网通 96 件；已授权的专利数量分别为：中国移动 202 件，中国电信 26 件，中国联通 64 件（含原中国网通 8 件）。

通过积极实施科技创新战略，中国的电信服务企业逐步从引进、消化吸收、跟随国际先进技术向参与、推动、引领国际、国内标准的方向迈进，以实现做大、做强，成为世界一流电信运营企业的宏伟目标。

（本章作者　李默芳　张炎　胡伟）

参考文献

[1] 信息产业部综合规划司：《历史的跨越——中国邮政电信50年统计资料汇编1949—1999》，1999。

[2] 邮电部计划局：《邮电三十年：1949—1978邮电统计提要》，1999。

[3] 吴基传：《中国通信发展之路》，新华出版社1997年版。

[4] 吴基传：《大跨越——中国电信业三十春秋》，人民出版社2008年版。

[5] 邮电部计划局：《邮电统计资料汇编：一九七八年》，1999。

[6] 中国电信：《中国电信股份有限公司2008年年报》，2009。

[7] 中国电信：《中国电信股份有限公司1998年年报》，1999。

[8] 中国移动：《中国移动有限公司2008年年报》，2009。

[9] 中国联通：《中国联通股份有限公司2008年年报》，2009。

[10] 工信部运行监测协调局：《2008年电信业统计公报》，2009。

[11] 国家统计局：《中国统计年鉴（1978—1992）》，中国统计出版社。

[12] 国家信息中心经济预测部：《中国电信行业运行报告：2008年1—5月》，2008。

[13] 国家统计局：《改革开放30年：中国通信业在拓展中快速发展》，2008。

[14] 国家统计局工业交通司：《中国运输邮电事业统计资料》，中国统计出版社1983年版。

[15] 国家税务总局计划统计司：《2007年度中国企业集团纳税500强》，2008。

[16] 中华人民共和国工业和信息化部：《2007中国通信统计年度报告》，人民邮电出版社2008年版。

[17] 中国通信企业协会：《2008年中国通信业发展分析报告》，人民邮电出版社2009年版。

［18］信息产业部电信经济专家委员会：《新电信经济论坛》，人民邮电出版社 2006 年版。

［19］朱金周：《电信转型：通向信息服务业的产业政策》，人民邮电出版社 2008 年版。

［20］中华人民共和国信息产业部：《2005 年中国通信统计年度报告》，人民邮电出版社 2006 年版。

［21］国家税务总局计划统计司：《2007 年度中国企业集团纳税 500 强》，2008。

［22］中国互联网络信息中心：《中国互联网络发展状况统计报告》，1997—2009 年版。

［23］曾剑秋：《电信产业发展概论》，北京邮电大学出版社 2001 年版。

［24］《中国信息年鉴》，中国信息年鉴期刊社 2007 年版。

［25］中华人民共和国国家统计局：《2008 中国统计年鉴》，中国统计出版社 2009 年版。

［26］诸幼依、钱忠浩：《当代世界电信经济》，文汇出版社 1995 年版。

［27］信息产业部：《1998 年通信业发展统计公报》，1999。

企业文框 15：威盛电子

威盛电子（简称 VIA）成立于 1987 年，是全球 IC 设计与个人电脑平台解决方案领导厂商，唯一一家同时拥有 X86 CPU、GPU 和移动通讯芯片自主知识产权的华人企业，以自有品牌进军国际市场。威盛电子总部位于台湾台北市，产品市场遍及世界各地，于欧洲、美国及亚太地区建立多个分支机构。

20 世纪 80、90 年代，计算机科技突飞猛进。台湾逐渐发展成为全球 70% PC 主板生产基地，台湾的 IC 产业也已经做好了进阶到产品设计，乃至自主创新的准备。威盛电子就是在这样一个技术浪潮席卷全球的历史背景下应运而生。公司成立之初，威盛就确定了不选择做门槛低、回钱快的代工厂，而是要为提高华人高科技核心竞争力做点实事。

20 世纪 90 年代 PC 市场的快速膨胀，给了威盛电子巨大的发展空间。凭借着自身无晶圆厂的经营模式，以及具有前瞻性的研发和经营，威盛电子在芯片组领域取得了巨大成功，将全球近70%的芯片组市场份额收入囊中，成为芯片领域举足轻重的厂商和知识经济时代的企业典范。1999年，威盛电子在台湾成功上市，并成为台湾的股王。在以往被西方发达国家牢牢掌握的芯片设计领域里，威盛怀揣"中国芯"理念走出了一条自主创新、光耀民族的企业发展之路。

但是威盛电子并没有满足于这样的成绩。因为作为计算机产业最上游的CPU技术领域，核心技术一直是掌握在欧美发达国家企业手中。如果无法在CPU技术上掌握自主知识产权，"中国芯"就仍然无法摆脱受制于人的局面。

从1999年开始，威盛电子陆续并购美国Cyrix和IDT两家CPU设计企业，并进一步与专攻图形显示技术的S3 Graphics合组公司，不仅获得了完全自主知识产权X86架构CPU研发能力，更具备了完整计算平台的整合研发基础。

2000年，威盛电子正式进入中国大陆地区，在不断整合国内外技术研发优势的基础上，立足本土市场需求，实施"中国芯"发展战略，推动绿色计算科技，为繁荣中国的半导体产业发展作出贡献，并不遗余力地履行企业公民责任。

2001年，威盛电子发布了全球第一款采用当时最先进的0.13微米制程的CPU——VIA C3，打破了发达国家对于IC产业的垄断格局，让国际同行业竞争者暗自吃惊。

此后，威盛电子通过自身努力，先后发布C7系列处理器，并于2008年5月发布了中国人第一款完全自主知识产权65纳米64位处理器——凌珑Nano处理器。该款处理器已经为联想、三星、戴尔、清华同方等国内外知名品牌广泛采用。加之在移动通讯领域尤其是CDMA基带芯片设计方面的研发实力，威盛成为当今世界唯一同时拥有X86架构CPU和移动通讯芯片核心技术的高科技公司。

"VIA, We Connect!"（我们连接世界!）这是威盛的信念，也是威盛的企业精神。正是在这样一种"Connect"的理念统摄之下，威盛电子的芯片技术不仅成为连接电脑与网络的核心，也成为连接产业链上下游的关键环节，并将成为连接世界与人类未来的推动力量!

（编撰：刘博）

第 24 章
广播电视业

引　言

　　中国广播电视业的发展是在革命战争年代解放区广播事业的基础上发展起来的。1939 年，中共中央就成立了广播委员会，由周恩来担任主任，负责筹建广播电台。1940 年 12 月 30 日，延安新华广播电台开始播音；1941 年 12 月 3 日，开办了日语广播，这两个日子成为中国广播事业创建日和对外广播事业创建日。1949 年 3 月 25 日，中共中央由西柏坡迁进北平，新华广播电台也由平山迁至北平并更名为北平新华广播电台。1949 年 10 月 1 日下午 3 点，新华广播电台将毛泽东豪迈有力的声音："中华人民共和国中央人民政府今天成立了！"传遍了世界各地。正是这个豪迈有力的声音揭开了新中国广播电视事业的序幕。

24.1 语音广播事业的发展

为适应广播事业日益扩大的需要，1949 年 6 月 5 日，中共中央发出通知成立中央广播事业管理处，由廖承志任处长，与新华总社平行，同受中共中央宣传部领导，各中央局所属广播电台受该中央局宣传部和中央广播事业处两方面领导，各地广播电台和中央广播事业处的关系和各地新华分社和新华总社的关系相同，首次确立了广播事业的管理体制。中华人民共和国成立后原中央广播事业处改组为广播事业局，由李强任局长。经过对国民党广播电台的接管、私营广播电台的社会主义改造、地方广播电台和少数民族语言广播的建设、广播收音站和农村有线广播体系的建立和对台对外广播的开展，到第一个五年计划结束新中国广播体系基本形成。

1956 年底，中央电台对国内广播使用的发射机从 1950 年的 8 部，总功率 94 千瓦，全天播音 9 小时 20 分增加到使用 42 部发射机，总功率 760 千瓦，全天播音 39 小时以上。1950 年到 1956 年，中央台先后开办了藏、蒙古和朝鲜语少数民族语言广播，内蒙古、新疆、西藏、云南、四川、青海等电台也开办了少数民族语言广播。对外广播方面，1950 年开办了越南、缅甸、泰、印尼和朝鲜语广播以及广州、厦门、潮州和客家话方言广播。1955 年 12 月，毛泽东提出"把地球管起来，让全世界都能听到我们的声音。"1956 年底又开办了西班牙、老挝和柬埔寨语广播，北京电台当时已有 15 种语言，其中外语 10 种。当时英国广播公司的一份调查认为，中国对外广播就其规模而言，在 1950 年居世界 12 位，1956 年上升到第5 位。

解放初期，收音机还是奢侈品，当时对收音机的登记和普查，全国收音机拥有量约为 100 万台。经中央人民政府政务院批准，新闻总署于1950 年 4 月发布《关于建立广播收音网的决定》，是中国广播史上第一个政府无线电广播法令，要求各地建立广播收音站，任务是：抄收中央和地方电台的新闻；向群众介绍和预告广播节目；组织群众收听重要节目。那时对农民听广播是很隆重的事，他们敲锣打鼓，举着红旗迎接收音员的到来，有时三四百人围着一台收音机，人多听不清就排队轮流听。到 1952 年底，全国已有收音站 2.05 万个，专兼职人员 4.26 万，组织收听人数超过 1800 万。

有线广播用扩音机通过有线网络将声音广播送到高音喇叭或到户的舌簧喇叭，主要任务是转播无线电台节目。建国以前东北和华北解放区的一些大中城市就在大街上安装了高音喇叭，转播电台的广播。到 1949 年 10 月，已有有线广播站 11 座，黑龙江省 5 座，吉林省 3 座，河北省 3 座，高音喇叭共计 975 只。建国后有线广播在工矿、部队、机关和学校得到发展，但有线广播的大规模发展是农村有线广播。1951 年吉林省九台县县委书记张凤岐在乡下给县委打电话时偶尔听到有唱戏的声音，查明原因是县城一家工厂的有线广播线路和电话线靠得太近。张凤岐得到启发，请人研究如何通过电话线将广播送到全县各乡、镇、村。1952 年 4 月 1 日，全国第一座县广播站开始播音，10 条广播干线从县城通向各区、乡，总长 348 公里，通往各村线路 104 条，全县 330 只舌簧喇叭。1955 年 11 月，毛泽东先后和 15 个省委自治区党委书记就全国农业发展问题交换意见，出台关于农业发展 17 条，第 16 条就是"在七年内，建立有线广播网，使每个乡和每个合作社都能收听有线广播"，最后列入了中共中央《1956 年到 1967 年全国农业发展纲要（草案）》第 32 条。农村有线广播是广播事业的重要组成部分。

"大跃进"期间，全国广播电台迅速扩张。1957 年，全国有广播电台 61 座；1958 年增加至 91 座；1959 年为 122 座，1960 年达到 137 座。收音机的拥有量，1960 年为 158.7 万台，比 1957 年的 35.2 万台增加了 3.5 倍。同时，广播系统也具备了一定的工业基础，形成中小型广播工厂 45 个。1959 年，中国生产扩大机 9514 个，短波机 1766 部，广播喇叭 25 万只，为农村有线广播网的普及作出重要贡献。1958 年 10 月，成立了广播事业局广播科学研究所，1959 年与北京广播器材厂合作，试制调频广播发射机。

1976 年底，全国县级广播站增加到 2503 座，广播喇叭 1.13 亿只，全国 97% 的人民公社、93% 的生产大队、86% 的生产队通有线广播，农户入户率达 60%。到 1988 年，尽管已经有其他覆盖手段，全国农村有线广播仍保持在 8000 多万，入户率 41%。到目前为止，农村有线广播仍然在发挥作用，和有线数字电视一起发展。

24.2　电视广播事业的发展

电视广播事业在中国的兴起可以追溯到 20 世纪的 50 年代。1954 年毛泽东就有了关于要办电视和发展对外广播的指示。1955 年，周恩来总理在广播事业局提出的在北京建立电视台的计划上做了重要批示。1957 年 8 月 17 日，广播事业局成立了北京电视实验台筹备处。经过广播事业局、清华大学和北京广播器材厂的科技人员和工人半年多的奋战，于 1958 年初试制成功了 1 千瓦图像发射机和 500 瓦伴音发射机各一部以及电视中心设备一套，并联调成功。1958 年 5 月 1 日 19 时整，在即将竣工的广播大楼的临时电视台，中国第一次电视节目播出成功，在北京仅有的几十台黑白电视机屏幕上，出现了中国第一位电视播音员沈力的形象和声音。同年 6 月 15 日，在面积不到 60 平米的演播室，成功地直播了中国第一部电视剧《一口菜饼子》，6 月 19 日，转播车转播了八一男女篮球队和北京男女篮球队的比赛实况。经过 4 个月的试播，北京电视台于 1958 年 9 月 2 日正式播出，节目由每周两次增加到每周四次。

由于受"左"的思想的影响，各地出现了不顾条件、不注意质量，而盲目扩张的问题。有些电台电视台建成以后，由于缺乏资金、技术和电力等条件，开播后不久便停播，有的改为他用。1961 年，党的八届九中全会提出"调整、巩固、充实、提高"八字方针，对广播电视的发展也作出相应的调整。1962年，全国保留了134套广播节目，减少了53套；电视台只保留了北京、上海、广州、沈阳和天津五座。

1959年，广播科学研究所与北京广播器材厂和有关院校合作，开始研制彩色电视。1960年5月1日，在北京建成了彩色电视实验台，成为世界上第六个进行彩色电视试播的国家，后因国民经济困难而暂时终止。从1972年底开始，中国工程技术人员克服重重困难，研制出了彩色电视转播车和彩色电视中心设备。1973年4月14日，北京电视台试播了彩色电视节目，并于同年10月1日正式试播。与此同时，上海、天津和成都也都开始了彩色电视节目的试播。到1976年底，全国电视台增加至39座，1千瓦以上的电视转播台达到144座，覆盖全国近3亿人口。

1978年，改革开放带来了广播电视发展的春天。在第十一次全国广播电视工作会议上，决定将原来的"四级办广播、两级办电视、分级覆盖"的广播电视事业方针，修改为"四级办广播电视、四级混合覆盖"，广播电视事业得到了迅速的发展。1987年，全国广播电台达到386座，电视台为366座，广播发射台、转播台达1016座，电视发射台、转播台17，570座，调频广播发射台、转播台392座，对外广播实力也有所增强。

24.3 现代广播电视技术的应用

几十年来，中国广播电视不断采用国际、国内的先进科学技术成果，使中国的广播电视事业向着现代化的方向发展，不断地为中国人民提供优质的电视广播服务。同时，也为全球听众和观众开拓了多种语言的广播和视频服务。

1. 卫星广播电视

1984 年 4 月，中国自行研制的第一颗试验通信卫星发射成功。1988 年 3 月和 12 月，又有两颗自行研制的通信卫星发射成功。1985 年 10 月，中央电视台在使用国家微波干线网向全国传送电视节目的同时，开始采用 C 波段卫星向全国传送节目，明显改善了传输质量。1987 年底，全国卫星收转站已达 4609 座，各省、自治区广播电视专用微波线路 37，362 公里。1993 年 7 月中星 5 号启用，中央电视台一、二、三套节目和西藏、新疆、四川、山东、浙江等省、自治区也先后使用中星 5 号，云南、贵州分时租用亚洲 1 号传送节目。随后卫星节目传输逐步扩大到所有省、自治区。

中国卫星广播电视经历了从 C 波段到 Ku 波段，从模拟到数字的发展，1995 年底，亚洲 2 号卫星发射成功，1996 年开始采用数字卫星传输技术，2000 年底，中央和省级电视台卫视节目全部上星，有约 50 套节目落地，使电视覆盖方式发生了质的变化。1999 年 1 月，中央电视台建成卫星直接到家（DTH）平台，总共 44 套节目，直播卫星启用后逐步关闭，目前为拥有 33 套节目的境外节目平台，用于 3 星级宾馆涉外节目的服务。到直播卫星开通前，村村通平台的用户已达 3000 多万。直播卫星 2008 年 6 月开通，奥运会期间进行了 4000 户村村通接收试验，取得圆满成功。2009 年完成 336 万套村村通卫星直播卫星接收机的安装任务。

2. 有线电视

有线电视的应用从共用天线系统开始。1964 年，在北京饭店安装了中国第一个共用天线电视系统。20 世纪 80 年代，有线电视开始在大型企业推广。1989 年国庆前夕，湖北沙市有线广播电视台试验播出，成为中国第一个被广电部批准的有线广播电视台。随后在全国迅速扩展。有线电视发展的初期，国家对有线电视发展的政策并不明朗，国家也没有投入，主要依靠业主向用户收取有线电视建设费和维护费自行发展。

1991 年底，中国有节目制作能力的有线电视台已经达到 451 座，企业有线电视网 1098 个，小规模有线电视站 10037 座，共用天线系统 13383

个，用户 1500 万。1996 年，河北、山东和江苏等省采用广电部无线局提供光缆的办法建设干线网，启动了全国干线网联网的序幕。1997 年 10 月，有线电视国家干线网 18 个项目立项，1999 年 8 月一期工程完工，于国庆 50 周年前夕，开通了北京、天津、河北、山东、河南五省市有线电视国家干线网。2000 年初，开通了东南沿海 14 个城市。二期工程增加了 10 个城市，三期工程完成了全国除西藏以外 30 个省市自治区的有线电视国家干线网的联网。有线电视国家干线网总长度达 41，200 公里，整个有线电视网络总长度约 300 多万公里。

3. 广播电视监测

中国广播电视监测机构的成立，已经有 56 年的历史。从中短波监测开始，目前已经发展为中短波监测、调频与地面电视广播监测、有线电视监测、卫星广播电视监测和互联网音视频节目监测的全方位监测系统。广播电视监测是为了检查播出质量是否达到技术要求，监测传播秩序是否安全规范。初期的监测主要以监听为主，手工记录，仅有北京、上海、海南等少数地点。目前全国 31 个省（区、市）全部建立了省一级广播电视监测中心，部分地级市也成了监测部门，极大地保障了广播电视的播出质量和播出秩序。

监测中心先后在 30 个省（区、市）设立了 300 多个遥控监测点，中短波广播监测 247 个市、县播出的节目，核查是否"满功率""满时间""满调幅"工作。调频和地面电视监测近 1700 个调频广播频率和 1500 个地面电视频道的 700 套电视节目。有线电视监测 13000 多个模拟频道的 1500 多套不同的节目。卫星广播电视监测 7 颗卫星，47 个转发器 71 个频率，205 套 251 路卫星电视，318 套 370 路广播。

4. 广播电视的外向发展

中国的广播电视走出去步伐加快，长城平台覆盖持续扩大。中央电视台继英语频道之后，相继开通了法语和西班牙语频道，中文国际频道对亚洲、欧洲和美洲分版播出，海外用户数超过 8，400 万。中国国际电台建有 11 家整频率调频台，149 家调频/中波合作电台（117 家调频，32 家中波），1 家北欧网络电台和 1 家北美镜像站。每天播出总时数达 55.6 小时，其中 30 种外语，4 种汉语方言和普通话广播。覆盖全球 60 多个国家和地区。

国际广播电台还大力开拓多种语言的网络广播业务。2007 年底，"国际在线" 43 种语言网站，每天更新在线收听节目 210 小时，拥有 502G 存储容量 23，240 小时的音频节目，共全球网民在线点播收听，日均收听人次为 70 万，最高达 86 万！"国际在线" 还推出多语种播客平台和网络电视平台。

24.4　广播电视的数字化

中国广播电视的台内数字化很早就已经开始。20 世纪 80 年代初，数字设备主要用于完成模拟电视不能完成的任务，如时基校正、帧同步机、数字特技和电脑绘图等。随后，这一趋势逐步向通用演播室设备扩展，数字切换台、数字录像机、数字摄像机、虚拟演播室等数字设备逐步取代了原有的模拟设备。

从 1990 年第十一届亚运会开始，国产字幕机崭露头角，逐步完全取代国外设备。从此，以 IT 和计算机为基础的一批国内企业逐步进入台内设备领域，并在非线性编辑、台内新闻网、制作和播出网等领域达到并领先国际水平。目前，中国台内数字化和网络化率高达 80% 以上，远远高于欧洲的 30%，设备几乎全部来自国内民族企业。此外，中国电视台和电台的台内数字化和网络化率正在进一步提高，向采编播流程优化、内容的网络共享、媒资管理和高清、立体声制作发展。

近年来，广播电视技术研究有多方面取得突破。地面数字电视广播标准，CMMB 卫星/地面移动多媒体广播标准，ABS-S 直播卫星广播标准，dMs 农村放映系统标准，AVS 视频压缩标准，DRA 多声道数字音频编解码标准等，都是近年来中国自行开发的具有自主知识产权的国家或行业标准。

1994 年，国家科委成立了"国家高清晰度电视专家组"，开始了中国地面数字电视标准的制定工作，负责制定国家高清晰度电视的发展战略和地面传输标准。专家组确定了先制定地面传输技术标准，再启动芯片和接收机产业化发展的"两步走"的战略。为了实施上述方案，国家科委成立了总体组，有多个大专院校参了上述方案的硬件实现。1999 年国庆 50 周年前夕，为了采用该系统对庆典进行实况转播，对已有的研发成果进行了实用化改进。与此同时，为确保转播工作顺利完成，广电总局广播科学研究院又提供了改进的 QAM 系统。在 50 周年庆典期间，中央电视台用上述两套系统成功地转播了现场庆典，接收地点各有 50 多个。国庆 50 周年前夕，成立了数字电视领导小组，除了协调 50 周年庆典数字地面高播出，国家计委向数字电视的多种标准和产业的启动投入了相当数量的资金，如数字电视地面标准、中间件、EPG、用户管理系统、投影机等。

国庆庆典以后，新一轮的测试评价工作由中国工程院主持。测试完毕后，广科院、上海交大和清华的方案将在工程院的主持下进行新一轮的组合，形成最终的国家标准。2006 年 8 月 16 日，地面数字电视国家标准颁布；2007 年 8 月 1 日正式实施。2008 年元旦，北京开通了 CCTV-HD 和数字 CCTV－1、2、少儿、音乐、BTV－1、CETV－3 同播。北京电视台地面奥运高清在 2008 年五一试播，现在已经正式播出。2009 年，中国将开通 100 个城市的地面数字电视广播，其中 37 个城市有地面高清广播；2010 年初，将完成 300 个城市的地面数字电视广播建设。

2008 年，国务院发布的 1 号文件《关于鼓励数字电视产业发展的若干政策》明确指出："广播电视数字化是国民经济和社会信息化的重要组成部分。"

"以有线电视数字化为切入点，加快推广和普及数字电视广播，加强宽带通信网、数字电视网和下一代互联网等信息基础设施建设，推进'三网融合'，形成较为完整的数字电视产业链，实现数字电视技术研发、产品制造、传输与接入、用户服务相关产业协调发展。"

"加快有线电视网络由模拟向数字化整体转换。2008 年，通过数字高清晰度电视向世界播出北京奥运会节目；2010 年，东部和中部地区县级以上城市、西部地区大部分县级以上城市的有线电视基本实现数字化；2015 年，基本停止播出模拟信号电视节目。"

2003 年，中国开始大力推进有线数字电视，到户的数字电视由有线切入，建立全国有线数字电视新体系。以青岛经验的"以信息化推动数字化，以数字化带动信息化"为总体思路，把有线电视数字化与国家信息化、社会信息化相结合，使家家户户的电视机变成了家庭的多媒体信息终端。在有线电视数字化中，以信息业务、电视广播、交互业务和高清广播为推动，加快中国有线电视从模拟向数字转换。特别是以电子政务、文化教育和百姓生活为主要内容的信息服务，受到了广大群众的普遍欢迎。中国彩色电视机城镇的普及率为 133%，农村为 75%，远大于计算机的普及率。数字电视成为中国信息化的最经济的载体，最普及的工具。2006 年，以深圳会议为标志，城市有线电视数字化从试点进入全面发展阶段，并进一步向双向化和三网融合业务方向发展。

辽宁省将利用有线电视推送视频的方法推进全省的文化共享工程。文化共享工程每天信息更新量不大，但总量很大，而且用户端要查阅所有内容。在有线机顶盒中加装硬盘，利用有线网大容量信息推送和电视机的操作简单的优点，使辽宁文化共享工程的经验快速向全国传播。中共中央在全国建立面向广大党员干部的现代远程教育系统。广东省委组织部利用深圳有线电视系统建立了国内第一个采用高清技术的党员干部远程教育系统。

以 2006 年深圳会议为标志，城市有线电视数字化从试点到全国范围全面推进。2009 年 3 月，229 个城市进行整转转移，106 个城市完成整体转换，有线数字电视用户已经超过 5000 万。2008 年 12 月，科技部与广电总局共同签署了《国家高性能宽带信息网暨中国下一代广播电视网自主创新合作协议书》。其目标是：以有线电视网数字化整体转换和移动多媒体广播（CMMB）的成果为基础，以"高性能宽带信息网（3TNet）"自主创新的核心技术为支撑，开发适合中国国情的、"三网融合"的、有线无线相结合、全程全网的中国下一代广播电视网技术体系，突破相关核心技术，开发成套装备，建设覆盖全国主要城市的示范网，形成符合中国下一代广播电视网技术与产业需求的可持续发展创新平台和管理机制，为最终建成中国下一代广播电视网奠定基础。第一期目标是建一个由全国 36 个省（市、区）有线数字电视运营商互联互通而组成的广域示范网络，对双向互动、多业务和跨域业务进行运营示范，示范区将实现对 1920 万数字电视用户的覆盖，实现音视频、信息、应用、消息共五大类业务的跨域运营，同时还将完善广播电视业务的管理体系。

24.5　移动多媒体广播的发展

中国手机和移动多媒体设备发展很快，市场很大，仅手机一项用户就超过六亿。如何满足移动人群随时随地获取广播电视节目和信息的需求，是广电人应尽的义务。移动多媒体广播就是为此而开发的技术，是广播电视传输覆盖的延伸和补充，填补了广播电视对移动终端服务的空白。具体来说，移动多媒体广播就是通过卫星或地面无线广播方式，为 7 寸以下小屏幕、小尺寸、移动便携的手持终端如手机、PDA、MP3、MP4、数码相机、笔记本电脑等，随时随地接收广播电视节目和信息服务。

2007 年，国家广播电影电视总局颁布了移动多媒体广播行业标准。2008 北京奥运会期间，在包括 6 个奥运城市在内的 37 个城市成功进行了试播，其中 18 个城市建设了单频网。2009 年 7 月，开通了 187 个城市，计划年底开通全部 337 地级城市。目前，中广移动公司正在全国范围组建各省分公司，并和中国移动签订合作协议，共同推动 TD-SCDMA 和 CMMB 手机，计划在 3 年内覆盖人口 5 亿，用户 5000 万，上海已经开始商用。

目前移动多媒体广播的设备和终端产品发展迅速，已经有产品的芯片厂家包括泰合志恒，创毅视讯，中科院微电子所和展讯，一些国际知名芯片企业如 siano，夏普等也已推出 CMMB 的芯片。CMMB 终端已经有包括手机类、PMP/PAD/GPS 类、Dongle 类、液晶眼镜等 600 多种终端产品。

中国的视听新媒体发展迅速。到 2009 年 3 月，国家广播电影电视总局共颁发了 4 个全国性 IPTV 执照；11 家通信方式手机电视执照（其中有 4 家可以覆盖全国，其他只能覆盖本地）；在互联网音视频业务方面，共颁发了 311 家全域网，29 家局部网络视音频执照。截至 2009 年 2 月，全国 IPTV 用户已经超过 300 百万。全国 27 家省级电台、电视总台开办了网络广播业务，167 套广播频率实现网上直播，25 家电台电视台开办网络电视直播。在党的十七大召开期间，有 911 万人次通过央视国际网络收看十七大视频直播。央视国际奥运台覆盖网民 2.1 亿，5.47 亿部手机，32 个城市的 5 万辆公交车，8 万块显示屏。2007 年底，央视 16 个开路电视频道中的 12 个实现了网络同步直播；400 多个电视栏目中，280 个已经建立了网络专题。2007 年，春晚央视国际与 53 家电视台网站合作春晚联盟，创造中国网民收看视频的最高纪录，4 个半小时直播有 1390 万用户观看，最高同时在线 140 万。

24.6 小　　结

回顾新中国成立以来中国广播电视事业的发展，不难看出，是改革开放以后，中国的广播电视才迎来了真正的大发展时期。

2009 年 3 月，全国共有播出机构 2,648 家（电台 257、电视台 277、教育台 45、广播电视台 2,069）；开办节目 3,999 套（广播 2,643、电视 1,356），广播电视节目制作机构 2,442 家。此外，还开办了 179 套付费节目（付费电视 140、付费广播 39）。全国广播电视综合人口覆盖率分别达到95.96%和96.95%。目前广播电视系统拥有卫星上行站34座、卫星收转站3,000万座、微波站2,749座、发射台和转播台6.6万座。有线电视网络300多万公里、有线电视用户1.53亿、有线数字电视用户超过5,000万。全国广电系统年总收入超过1,452亿，连续五年保持10%以上的增长速度（图24.1）。

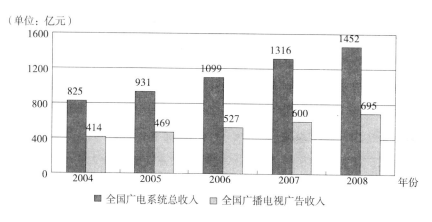

（单位：亿元）

图24.1　全国广电系统总收入与广播电视广告收入

2008年，奥运会电视转播达到了中国广播电视历史的巅峰水平。北京奥林匹克电视转播有限公司（BOB）国际信号覆盖了全部28个大项比赛，首次全部采用高清制作，时长大大超过雅典奥运会的3,800小时，达到5,400小时。中央电视台在短短的17天内，对全国城市37座体育场馆的28个比赛大项，302枚金牌颁发进行了报道。据美国尼尔森媒体研究公司（Nielsen Media Research）提供的数据，全球47亿人观看了北京奥运会，相比雅典的39亿和悉尼的36亿有较大的增长。整个奥运会期间共使用65辆高清转播车，1000多部高清摄像机和若干水上及室外无线摄像机，水下摄像机和高速摄像机，动用了7架直升机。仅开幕式和田径转播就使用了7辆高清转播车，50多台摄像机，2个摇臂，35个定位区域场景，5台肩扛，2台流动和10几个场外场景。奥运会以后的许多国际赛事，如世界大学生运动会等也都采用了全高清转播的方式，中国电视直播技术水平已经达到世界前列。

毋庸置疑，国家随着信息化和三网融合的发展，中国广播电视事业更加灿烂辉煌的前景还在后面。

（本章作者 杜百川）

参考文献

［1］国家广播电影电视总局发展研究中心：《2008 年中国广播电影电视发展报告》，新华出版社 2008 年版。

［2］徐光春主编：《中华人民共和国广播电视简史 1949—2000》，中国广播电视出版社 2001 年版。

［3］张海涛：《2009CCBN 主题报告》。

企业文框 16：北京华旗资讯数码科技有限公司

北京华旗资讯（爱国者）数码科技有限公司，是一家 1993 年创立于北京中关村的高新技术企业，目前共有员工 1900 余人，公司除北京总部外，在全国拥有 17 个平台机构，并先后成立了新加坡、法国、美国海外分公司，目前业务领域涉及电脑外设、移动存储、数码娱乐、信息安全、电子教育，以及新兴领域。

在华旗的快速成长中，以品牌建设为核心的自主创新一直成为华旗发展的核心。自有品牌"爱国者"已经成长为中国数码第一品牌，旗下爱国者移动存储产品市场销量连续九年遥遥领先，并带动中国移动存储行业迅猛发展，成为中国第一个大规模领先国际市场的 IT 产品领域；爱国者 MP3 播放器入市第一年市场占有率即超越众多国际品牌，将垄断此领域长达四、五年之久的众多韩国品牌远远甩在后头；继 MP3 之后，MP4 播放器在不到一年的时间里成为中国市场占有率第一；2007 年推出全球首款可播放 RMVB 格式的 MP5 播放器，打造国人自有多媒体播放器事实标准；2007 年自主研发的爱国者妙笔成为奥林匹克中国巡展唯一指定导览系统，受到国际奥委会称赞；2007 年 11 月 22 日，爱国者成为首个进驻奥林匹克博物馆的中国高科技品牌。在数码相机领域，爱国者是仅存的一个中国民族品牌，由于民族品牌的存在，日本数码相机在中国市场的价格普遍低于国际市场，即使中国消费者购买日本数码相机，每年也可以帮助中国消费者节省数十亿人民币的支出，产生了巨大的社会效益，进入 2009 年，爱国者数码相机 T60 在国美销量更是首超日系品牌，全面吹响民族品牌"自信"号角。

2005 年 10 月 17 日，"神舟六号"载人航天飞行获得圆满成功。在此次"神舟六号"的飞行任务中，华旗爱国者圆满完成了"神舟六号"录音和存储装置的研发任务及设备提供。2008 年，爱国者再次为"神舟七号"提供录音及存储设备。

2007 年开始，华旗爱国者携手迈凯伦车队步入欧洲顶级赛事 F1 大奖赛，这是中国元素首次出现在 F1 的国际高端赛事中。"aigo 爱国者"随着迈凯伦战车，在全球 5 亿 F1 车迷面前，光芒闪耀，尽显中国高端品牌的质感。

2009 年 4 月 21 日，华旗爱国者发起"百万雄师越大洋，民族品牌自信走出去"活动，向全世界发布一系列国际领先的崭新创新技术，包括有 69 专利技术的 MP6；中国人拥有完全自主知识产权的并开始量产的数字水印相机；世界领先的，能够带动全球环保事业的电源节能新标准 power85 标准；在互联网时代，能够为全球消费者带来随身娱乐新体验的 WALKSHOW；还有插上了 3G 翅膀，目前领先全球的最小的口袋电脑——爱国者 3G MID 等等，用实际的行动号召中国民族品牌抓住金融危机全球机遇，共同自信"走出去"！

（编撰：刘博）

第25章

计算机网与互联网

引　言

　　计算机网络和互联网在中国的发展已有 30 年的历史，可以分为三个阶段。第一阶段是从 20 世纪 70 年代末到 90 年代初期，中国科技人员自行研制计算机网络并得到应用和发展。第二阶段是从 20 世纪 90 年代初期到 2000 年左右，中国引进和学习设计、建设、运行和管理互联网，在互联网的核心设备关键技术上取得一系列重要突破，互联网应用和相关产业也得到了快速发展。第三个阶段是从 2000 年左右至今，中国大力推动下一代互联网的研究和技术开发，启动和完成了包括中国下一代互联网示范工程 CNGI 在内的一批国家重点和重大互联网工程，取得了一批关键技术的突破，在下一代互联网的网络设备制造、互联网软件开发、互联网运营服务方面初步实现了产业化。

25.1　计算机网络在中国的诞生和发展

世界上第一台计算机问世之后，由于计算机信息处理的快速发展，计算机信息传递和交换的需求也应运而生。随着计算机技术和通信技术的进步与结合，计算机通信技术受到关注。随后，计算机网络及其技术不断进步和发展，并得到初步的推广应用。

25.1.1　初期的计算机通信

计算机通信是以计算机为中心，与通信设备联机完成数据编码、传输、转换、存储和处理的通信技术。随着20世纪50—60年代中国一些单位自行设计和研制成功电子计算机系统，并开始在各领域的应用中与当时各种通信技术相结合，进行了以分组交换技术为基础的计算机通信技术的开发和应用。例如：20世纪60年代初期国内研制成功飞行器遥测数据自动收集与处理系统（计算机与无线通信结合的系统）；60年代中、后期研制的卫星地面测控系统（计算机与电话网专线结合的系统）。70年代，随着一些国外计算机系统的引进，先进的计算机通信技术和系统被消化、吸收，并且当时国产计算机系统也开发成功相应的通信系统，大大推动了这些计算机系统在一些国民经济领域的应用。世界许多计算机公司都为自己生产的计算机系统设计了能够相互通信的专用网络体系结构，例如：IBM的系统网络体系结构 SNA，DEC 公司的数字网络体系结构 DNA 和国产DJS100/200 系列计算机通信技术和系统在国内得到较多的应用。

1969 年 11 月，在美国国防部高级计划研究局 ARPA 的资助下，世界上第一个远程连接 4 台计算机的计算机网络在美国诞生。随后 ARPANET 不断发展，技术不断改进，逐步形成了以 TCP/IP 协议为核心的互联网体系结构。由于 ARPANET 当时的特殊需求，TCP/IP 采用了无连接的分组交换技术，成为互联网成功的最重要的技术因素。

25.1.2　X.25 分组交换网络和 ISOC/OSI 网络参考模型

CCITT X.25 是 1976 年国际电信联盟 ITU-T 为广域计算机通信所建议的一种分组交换数据网络的标准通信协议，它定义了数据终端设备 DTE 和数据电路终端设备 DCE 之间数据以及控制信息的交换规则。X.25 分组交换网是以 X.25 协议为基础的一种计算机数据通信网络，可以满足不同速率、不同型号终端与计算机、计算机与计算机间以及计算机局域网之间的通信。无论连接到 X.25 分组交换网络上的是什么类型的计算机系统，只要实现了 X.25 协议，就可以方便地与同样实现了 X.25 的系统进行方便的数据传输和相互通信，并且可以在其网络平台上构架各种增值业务，如：电子信箱、电子数据交换、传真存储转发等。X.25 分组交换网是 20 世纪 70 年代末和 80 年代初，许多发达国家通信公司都优先建设的广域计算机分组交换网络。

为了实现全球计算机系统联网和相互通信，国际标准化组织 ISO 在 X.25 分组交换网等技术的基础上，于 1983 年发布了著名的开放系统互联参考模型 OSI，即 ISO/IEC7498 标准（简称：ISOC/OSI 参考模型）。ISO/OSI 定义了网络互联的七层功能模型，包括：物理层，数据链路层，网络层，传送层，会话层，表示层和应用层。其中，X.25 成为包括物理层，数据链路层和网络层在内的广域分组交换网的标准协议。为了实现不同厂商计算机系统的联网，许多计算机公司的网络体系结构开始支持 X.25 协议和 ISO/OSI 参考模型。这样，在 20 世纪 70—80 年代，世界上形成了两种主流计算机网络体系结构的技术研究。一种是美国 ARPANET，另一种是 ISO/OSI 网络体系结构。尽管 ISO/OSI 网络体系结构原理上可以支持有连接和无连接两种分组交换技术，但是 X.25 中的虚电路有连接分组交换技术仍然成为研究的主流。

中国科技人员研究计算机网络技术开始于 20 世纪 70 年代末期。改革开放初期的中国科技人员，面对发达国家当时把计算机网络技术当成尖端高技术看待并对中国实行全面的技术封锁，只有完全自行设计和研制计算机网络一条路可走。在 ARPANET 和 TCP/IP 技术相对更封闭的情况下，从已经成为国际标准并且相对公开的 X.25 协议和 ISO/OSI 网络体系结构开始研究就成为不得已的技术选择。

20 世纪 80 年代初期，清华大学、中科院计算所、电子部研究所和东南大学等单位先后自行设计和研制成功 X.25 通信卡和网络分组交换机，并且开始组建中、小规模的低速的 X.25 分组交换远程网络和局域网络。例如：第一代清华大学 X.25 校园网，中科院早期的计算机网络等等。

20 世纪 80 年代中后期，在国家"七五"科技攻关计划项目的支持下，由原电子工业部第十五研究所牵头，联合国内十几个单位，成功地自主设计和研制了符合 ISOC/OSI 七层协议参考模型、具有自主版权的大型标准化计算机网络系统，还在 VAX/VMX、SUN/UNIX 和 IBM/VM/CMS 三类主流计算机系统上，自主设计研制成功了符合开放系统互联 OSI 标准的信报处理系统 MHS，文件传送访问和管理 FTAM、虚终端 VI 和联系控制服务元素 ACSE 等协议软件，并推广应用。这些工作为中国计算机网络的研究和发展奠定了初步基础，并且培养了一批骨干研究人才。

1990 年，在北京举办的第十一届亚运会上，中国计算机网络的研发能力得到了一次系统的检阅。在这届亚运会上，计算机网络系统是亚运会电子服务系统的"信号中枢"，主要由成绩处理系统和信息查询系统两部分组成。整个计算机系统是一个分散式三级网络结构，即主机——现场机——终端，系统连接的现场机为 70 余台，终端机达 600 余台。网络系统的异步终端使用清华大学研制的分组装/拆设备 PAD 通过光纤连接到分组网络，用于比赛成绩的实时查询。这个计算机网络系统大大提高了信息量的汇集速度，缩减了人们大量烦琐的事务劳动，精确而迅速地为各方面提供了所需的信息，成为计算机网络在亚洲体坛成功应用的典范。

25.1.3　CHINAPAC

1988 年开始建设、1993 年 9 月开通的中国分组交换公用数据网 CHI-

NAPAC（简称：CNPAC），是中国第一个全国范围的商用 X.25 分组交换网。CNPAC 是邮电部门建设和发展最早的基础数据通信网络，1996 年底覆盖了全国县以上城市和一部分发达地区的乡镇，与世界 23 个国家和地区的 44 个数据网互联。

CNPAC 由国家骨干网和各省、市、区的省内网组成。骨干网覆盖所有省会城市，省内网覆盖到有业务要求的所有城市和发达乡镇。通过和电话网的互联，CNPAC 可以覆盖到电话网通达到的所有地区。CNPAC 由一个网络控制中心（北京）、七个分组交换集中器（沈阳、天津、成都、西安、南京、武汉、深圳）、三个节点机（北京、上海、广州）构成。CNPAC 在北京和上海设有国际出入口，广州设有到港澳地区的出入口，以完成与国际数据的联网。

CNPAC 具有以下特点：分组交换节点机分别于两个交换机连接，某个节点故障时刻以迅速切换到另一路由；三个节点机采用多条 9600bps 以上链路，最高达到 64Kbps 高速传输；支持存储交换，具有速率转换、规程转换、编码转换功能；支持与国际分组交换网、卫星分组交换网、各类电话交换网、用户电报网、ISDN 以及各类局域网的相互通信；具有很强的纠错功能。

25.1.4 其他计算机网络

20 世纪 70 年代末到 80 年代初，计算机网络研究和开发工作百花齐放、蓬勃发展，在网络的规模和数量上都得到了很大的突破。这一时期，各个厂家都采用自己独特的技术开发自己的网络体系结构，陆续还产生了基于 X.25 的网络、包交换无线网络、卫星网络以及逐步成熟的 TCP/IP 协议网络等等。与此同时，法国、挪威、欧洲、日本、英国都在借鉴 AR-PANET 的成功经验，使用不同的协议建设自己的计算机网络。

DECNET 是一种基于数字网络体系结构 DNA（Digital Network Architecture）的、较为全面的分层网络体系结构，采用类似于 OSI 的体系分层结构，支持众多的标准 OSI 协议以及底层 TCP/IP 协议，并能够实现在

TCP 传输协议上的 DECNET 流量传输。

中国在"七五"期间实现了 DECNET 网络系统的设计、安装运行、维护和管理等网络技术，开发研制了与 DECNET 兼容的异步通信接口板和同步通信接口板，以及与局域网接口的设备等，并实现了部分进口替代。铁路行业专网是当时国内最大的 DECNET。

20 世纪 80 年代后期，各个行业的内部信息化建设提上日程，在局域网建设基础上，逐步扩展到国内行业专网建设。当时，中国已经在国防、金融、民航、铁路、石化、气象、教育科研等行业引进了以微小型计算机为主的局域网，多数为以太网、3COM 网、TOKENRING 网，部分采用了 UNIX 支持的多用户和多任务的 NOVELL 网等，开发了局域网服务器、八端口集线器、局域网接口板和以太网门阵列 ASIC 芯片等，并且可以替代部分进口产品和部件。

1986 年，中国广播卫星公司引进 V-NET 卫星数据通信网络系统和生产技术，开始建立国家信息系统、地震、海关、民航、铁路等部门的 VSAT，进行卫星数据通信。

1988 年 7 月，中国科学院高能物理研究所通过奥地利无线电公司的卫星线路，采用 X.25 协议使一台 VAX785 机成为瑞士日内瓦欧洲核子研究中心 CERN 的一个节点。实现了计算机国际远程联网以及与欧洲和北美地区的电子邮件通信。

1988 年 12 月，清华大学校园网使用从加拿大 UBC 大学引进的 X400 协议电子邮件软件包，通过 X.25 网与加拿大 UBC 大学相连，开通了电子邮件应用。

1989 年 5 月，中国研究网 CRN 通过当时 CNPAC 实现了与德国研究网 DFN 的互联。CRN 的成员包括：位于北京的电子部第 15 研究所和电子部电子科学研究院，位于成都的电子部第 30 研究所，位于石家庄的电子部第 54 研究所，位于上海的复旦大学和上海交通大学，位于南京的东南大学等单位。CRN 提供符合 X.400 标准的电子邮件 MHS，符合 FTAM 标准的文件传送，符合 X.500 标准的目录服务等功能。

1993 年 3 月 2 日，中国科学院高能物理研究所租用 AT&T 公司的国际卫星信道接入美国斯坦福大学直线加速器中心 SLAC 的 64K 专线正式开通。专线开通后，在国家自然科学基金委员会的大力支持下，包括许多学科的重大课题负责人在内的中国几百名科学家能够通过电话拨号连入高能物理研究所的这根专线，在国内使用电子邮件。

可以说，从 20 世纪 70 年代末期到 90 年代初期，是中国计算机网络和互联网发展的重要技术储备期，主要由高等院校和科研院所的一些学者倡导和推动，为中国计算机互联网的形成和发展在技术和人才方面准备了条件。

25.2　互联网在中国的发展

在世界上第一个基于 TCP/IP 技术的互联网主干网 NSFNET 诞生数年之后的 1993 年 9 月，美国克林顿政府率先推出让全世界为之兴奋的"国家信息基础设施 NII"全球信息高速公路计划，由此拉开了全球互联网迅猛发展的序幕。

加拿大、英国、法国、欧共体、日本等发达国家和地区也先后宣布了雄心勃勃地实现信息高速公路计划，新加坡宣布要建立智能岛，韩国要建成通往信息高速公路的第一批国家。欧洲委员会还负责组织召开了"七国信息社会部长级会议"，专门讨论实现全球信息社会宏伟计划的有关问题。一个全球化互联网络运动蓬勃兴起。

几乎与此同时，1993 年 12 月，中国政府也着手规划建设中国国家信息基础设施，并成立了国家经济信息化联席会议，确定了推进信息化工程实施、以信息化带动产业发展的指导思想，启动了"金卡"、"金桥"、"金关"等一系列重大信息化工程，并提出了《国家信息化"九五"规划和 2010 年远景目标（纲要）》。

1989 年 11 月，国家支持的"中关村地区教育与科研示范计算机网络 NCFC"正式启动，由中国科学院主持，联合北京大学、清华大学共同实施。1993 年 1 月 20 日，中科院计算机网 CASNET、北京大学校园网 PU-NET 和清华大学校园网 TUNET 通过国家计委验收，同年 10 月初步完成 NCFC 主干网建设。其中，清华大学校园网 TUNET 采用 FDDI 技术，是中国第一个采用 TCP/IP 体系结构的校园网。

毋庸置疑的是，中国对国家信息化高度重视的政策环境和工程实施，以及全球互联网浪潮蓄势待发的外在环境，为中国互联网技术的突破，为互联网在中国的诞生和发展，奠定了良好的基础。

25.2.1　中国互联网的技术突破

互联网进入中国的最初几年，中国科技人员除了学习设计、建设、运行和使用互联网之外，开始互联网技术的初步研究和开发工作。尤其是在 1997 年，国家启动"九五"攻关项目，设立了中国第一批共六大互联网关键技术课题，包括：网络运行管理系统、网络安全保障系统、路由器设备、中文信息处理和网络测试技术，以及网络应用技术（包括远程教育、网上招生系统、网络分配系统等），对中国互联网的发展起了重要的推进作用。

1. 核心路由器技术从无到有

核心路由器是互联网的心脏，由于其技术复杂，以前只有美、日等国家掌握其关键技术。长期以来，中国互联网大量采用国外进口路由器组网，不仅经济效益低，也给国家安全造成了重大隐患。1999 年，国家科技部在 863 计划信息领域中设立重大专项"中国高速信息示范网"，集中攻克互联网核心路由器的关键技术问题。

2002 年，国内已先后有国防科技大学、解放军信息工程学院、清华大学、华为公司和中兴公司研制出 IPv4 核心路由器，攻克了核心路由器体系结构设计、大规模软硬件集成复杂系统、高速分组路由处理和软硬件结合的系统级高可靠性和冗余性等技术难题，成为中国工程科技人员攻克和掌握互联网核心技术的重要里程碑。这也意味着中国已经掌握了互联网实现的关键技术。

2. 网络传输和接入技术推陈出新

IP 网络是面向无连接的分组交换网，IP 网络的早期发展依托于公用通信网和专线网（STM 体制）来建立骨干网。1995 年邮电工业总公司与原邮电部第五研究所联合开发出 155 和 622Mbit/sSDH 产品。1996 年，武汉电信科学院第一个开发出 2.5G SDH 产品。后来中国又开发出 10G 的 SDH 系统。

武汉电信科学院、北京大学、清华大学和原邮电部第五研究所开展 WDM（波分复用）研究。北京大学在 1996 年把四路波的 WDM 系统投入商用，即广州到汕头线。

1998 年，中国科学院开始研究 IP 直接在光纤上传输的技术。中国武汉电信科学院向 ITU 提交 IP OVER SDH 和 IPOVER WDM 标准，其中 IP OVER SDH 获得通过，成为 ITU 标准。其中华为公司和中兴公司在 SDH 和 DWDM 研发上投入了巨大力量，并取得了市场上的成功，逐渐与国外产品分庭抗礼。

20 世纪 90 年代中期，互联网的快速发展对传送的容量提出了很大的需求。面对这种挑战，产生了密集波分复用（DWDM）和掺铒光纤放大器（EDFA）两种技术。综合采用这两种技术，互联网只要增加少量的额外成本即可提供较大的容量，同时解决了光纤的损耗问题。

在"十五"期间，光电子技术在分布式喇曼放大器、超强前向纠错（FEC）、色散管理、光均衡以及高效的调制格式等关键技术方面取得了重大突破，出现了基于超长距离 ULH 技术的密集波分复用 DWDM 系统。由于全光传输距离大幅度延长，基于 ULH 的 DWDM 系统可大大减少电再生点的数量，降低初始投资成本和后期运营成本。2003 年底，基于 ULH 技术的 800G 和 1.6T 的 DWDM 系统开始商用。

由此，中国互联网的传输技术得到了长足的发展，覆盖范围越来越大，成为国民经济生产和生活的重要基础设施。

3. 网络安全技术发展和联动

随着互联网的发展，病毒不断困扰着计算机和互联网相关的各个行业，严重影响互联网的效率和可用性。1997 年，国家在"九五"攻关项目中，产生了中国第一批防火墙，从而促进了国内网络安全产业的迅速发展。

与此同时，在网络安全防范能力方面，网络病毒肆虐全球，向中国的计算机网络安全应急响应体系提出了挑战。事实证明，在抵御大规模的网络安全突发事件面前，中国的计算机网络安全防范的基础设施和管理体系仍然存在着许多薄弱环节。

CERNET 在国内最早建立起了自己的应急响应体系 CCERT，为 CER-NET 的安全管理作出了贡献。随后的 2000 年 10 月，国家计算机网络应急技术处理协调中心（简称 CNCERT/CC）成立，为国家公共互联网、国家主要网络信息应用系统以及关键部门提供计算机网络安全的监测、预警、应急、防范等安全服务和技术支持，及时收集、核实、汇总、发布有关互联网安全的权威性信息，组织国内计算机网络安全应急组织进行国际合作和交流，保障了中国公共互联网的运行安全。

4. 进军互联网标准

互联网技术和标准化工作工程组织 IETF，是致力于推动互联网标准规范制定的国际组织。IETF 一般制定两种文件：ID（Internet Draft）和 RFC（Request For Comments）。RFC 是最终完成的互联网国际标准。RFC 有三种类型：信息类（Informational）、实验类（Experimental）和标准类（Standard Track）。其中，实验类 RFC 必须是经过实验验证的技术，标准类 RFC 必须是已经有多家使用并推荐为标准的技术。

1996 年，清华大学的研究人员联合其他亚洲国家的研究人员，向互联网技术和标准化工作工程组织 IETF 提交的《互联网信息传输中文字符编码标准》，被 IETF 批准为 RFC1922（信息类），成为由中国科技人员提出和制定的第一个互联网国际标准。该标准主要解决互联网上中文字符信息如何编码传输的问题。自此，中国在互联网标准设立方面终于有了自己的声音。

2004 年 4 月 14 日，IETF 正式批准了中科院研究人员为主参与提交和制定的《中日韩多语种域名注册标准》，编号为 RFC3743（信息类）。

25.2.2　中国互联网应用和产业

1996 年 6 月，刚刚成立的国务院信息化工作领导小组决定：大力发展中国互联网事业。从那时开始，中国互联网开始进入大发展时期。互联网的大发展在本质上离不开应用技术的突破和网络应用的推广。

1. 互联网基础应用改变了生活

随着互联网的覆盖范围迅速扩大，网络应用的迅速普及，新的应用层出不穷，电子杂志、BBS（论坛）、电子邮件、搜索引擎、网络视频等互联网的基础应用，不断改变人们的生活和工作方式。

中国教育和科研计算机网 CERNET 在 90 年代初期就率先开发了中国第一批 Web 网站。1995 年 1 月，由国家教委主管主办的《神州学人》杂志，经中国教育和科研计算机网 CERNET 进入互联网，向广大在外留学人员及时传递新闻和信息，成为中国第一份中文电子杂志，结束了中国大陆没有互联网出版物的历史。

BBS 也是互联网重要的应用之一。1994 年 5 月，中国国家智能计算机研究开发中心开通了曙光 BBS 站，这是中国大陆的第一个 BBS 站。随后陆续开通清华大学的"水木清华"和南京大学的"小百合"等高校论坛聚集了越来越高的人气。天涯论坛、强国论坛等主题论坛则凭借其特色的主题细分吸引着众多网民的关注。BBS/论坛已经成网民表达个人情感、观点和诉求的重要平台。

另外一个重要的网络通信应用——即时通讯，更是成为网民们通讯和交流的首选。即时通讯工具，包括 QQ、MSN、SKYPE 等，可以让远隔重洋的人们通过文字、语音或者视频进行实时的交流，相比电话等传统通讯工具，即时通讯工具有着方便、多样化和廉价等优势。

互联网的另一个重要应用技术就是搜索引擎技术。中国的高校很早就对搜索技术进行研究。早在"九五"期间，北京大学（天网搜索引擎）、清华大学（网络指南针搜索引擎）、华南理工大学（木棉搜索引擎），在中英文网页全文检索及主题分类查询的高效分布式搜索引擎技术取得突破，开启了国内研究搜索引擎的浪潮。

2. 互联网重大应用推动了社会进步

中国互联网还支持和保障了一批国家重要的网络应用，如支持着高等教育文献保障系统 CALIS、中国教育科研网格 ChinaGrid、仪器设备和优质资源共享系统、中国大学数字博物馆、远程教育、网上招生等教育信息化重大应用。

1997 年，在教育部的支持下开始网上高招录取的尝试，2001 年开始，教育部正式开始全面进行网上录取。目前，每年有超过 600 万的考生的录取工作在此平台上完成，极大地提高了工作效率，并为国家节省了大量经费。这是迄今为止世界上容量最大、应用范围最广的网络招生系统。

另外，互联网支持"金桥"、"金卡"、"金关"、宏观经济管理、"金财"、"金盾"、"金审"、社会保障、"金农"、"金质"和"金水"等一系列国民经济的重要业务应用。

3. 互联网产业成为新经济时代的活跃因素

如今，互联网上的新兴应用层出不穷。根据 CNNIC 发布的《第 24 次中国互联网络发展状况统计报告》显示，目前排名前十位的网络应用是：网络音乐、网络新闻、即时通信、搜索引擎、网络视频、网络游戏、电子邮件、博客应用、论坛/BBS 和网络购物。而这些网络应用几乎无一不与欣欣向荣的互联网产业息息相关。

发端于 1995 年的中国互联网创业大潮，虽曾经遭遇过互联网泡沫的洗礼，但仍保持骄人的业绩，呈现更诱人的前景。新浪、搜狐、网易、百度、阿里巴巴、腾讯，这些行业中的明星企业，在喧嚣的互联网泡沫中起步，经过不断摸索，业已成为行业的标杆性企业。

我们欣喜地看到，随着网络规模不断扩张，业务类型不断翻新，网络内容不断丰富，应用领域不断延伸，互联网用户群持续增加。互联网正在促进中国传统产业的改造、升级，推动人们工作、学习、生活方式的改变，推动经济的高速发展和增长方式的转型。

25.3　下一代互联网在中国的发展

20 世纪 90 年代中期，鉴于互联网的引擎作用，美国政府从国家层面开始重视下一代互联网的研究。1996 年，美国国家科学基金会设立了"下一代互联网"（即：NGI）研究计划。同年，美国 34 所学校发起了下一代互联网 Internet2 的项目。随后，欧洲、日本等国家和地区也迅速推出了自己的下一代互联网计划。目前，世界上著名的下一代互联网计划（组织）及其试验网主要包括：美国的 Internet2 计划的主干网 Abilene，第二代欧盟学术网的主干网 GEANT2，亚太地区先进网络 APAN 及其主干网，跨欧亚高速网络 TEIN2 及其主干网，中国下一代互联网示范工程 CNGI 及其主干网，日本第二代学术网 SUPER SINET 和加拿大新一代学术网 CA * net4 等。

25.3.1　下一代互联网研究

中国从 1996 年起就开始跟踪和探索下一代互联网的发展，并在随后短短几年间，逐渐拉近了与美国、欧洲等西方发达国家的互联网研究与建设的距离。此后，在 CNGI 项目的推动下，通过积极参与国际研究，通过关键技术的攻克和互联网标准的突破，以及在下一代互联网体系结构基础理论上的探索与创新，中国正逐渐改变第一代互联网跟随者的角色，有望扮演国际互联网研究舞台上的领跑者。

1. 参与国际下一代互联网研究

自 1998 年开展下一代互联网研究以来，中国科技工作者积极参与国际下一代互联网研究组织，在开展广泛的国际学术交流和合作方面取得了实质性进展。

1998 年 6 月，CERNET 就正式参加国际下一代互联网 IPv6 试验床 6Bone。1999 年底，中国教育和科研计算机网 CERNET 和中国科技网 CST-NET 与美国留美科技协会和 Internet2 等组织合作，发起每年一度并交替在中美召开的"中美高级网络技术研讨会"（CANS），建立了中美科技人员在下一代互联网技术方面的高水平交流和合作渠道。至今 CANS 已成功举办了八届。2000 年 5 月，CERNET、CSTNET 和 NSFCNET 与美国 Internet2 签署了合作备忘录，正式成为 Internet2 的国际合作成员。

1999 年，CERNET 和 CSTNET 联合加入亚太地区下一代互联网学会 APAN，四次在中国召开 APAN 学术大会，在亚太地区 IPv6 和下一代互联网技术研究和发展中发挥了重要作用。2007 年 8 月开始，由中国科学家担任新一届 APAN 主席。

2004 年 1 月 15 日，在比利时首都布鲁塞尔的欧盟总部，包括美国 Internet2、欧盟的 GEANT、加拿大 CANET4、日本的 SINET、中国 CERNET 在内的全球八个国家的学术网络共同宣布开始提供 IPv6 服务。这是国际下一代互联网研究和发展的重要里程碑。

在中国政府的支持下，中国成为第二代跨欧亚信息网络 TEIN2 的重要合作伙伴，在 TEIN2 项目中发挥着重要作用。经过激烈的国际招标，欧盟选择清华大学负责运行和管理 TEIN2 主干网，并把 TEIN2 运行中心 TEIN2—NOC 设立于香港。这是中国科技人员首次运行和管理大型跨洲际的国际学术网络。

2004 年，由中国科学院、美国科学基金会、俄罗斯部委和科学团体联盟共同出资建设的高速中—美—俄环球科教网络 GLORAD 正式开通，支持三国乃至全球先进的科教应用和下一代互联网研究。

2. 关键技术突破和互联网标准突围

2004 年，在国家"863"计划信息领域重大专项"高性能宽带信息网"和通信主题的支持下，国内又先后有清华大学、国防科技大学、解放军信息工程大学和华为公司等研制出 IPv6 核心路由器，在攻克下一代互联网关键技术、支持国家下一代互联网示范工程 CNGI 示范网络建设方面作出了重要的贡献。

同时，中国在国际互联网工程组织 IETF 中，也突破了核心技术领域的空白，促使 IETF 建立专门的标准工作组 softwire 以及 SAVI，讨论 IPv4 与 IPv6 过渡机制，以及研究和实现真实地址寻址结构。其中，"真实 IPv6 源地址网络寻址体系结构"，解决了复杂的路由寻址、分级源地址认证和互联互通等难题，推动 IETF 于 2008 年成立了专门工作 SAVI，向 IETF 提交标准草案 4 项，IETF 批准"基于真实 IPv6 源地址的网络寻址体系结构"为 RFC5210（Experimental）。此外，"IPv4 over IPv6 网状体系结构过渡"，解决了 IPv4 向 IPv6 过渡的兼容性、可管理、可扩展、可靠性和自动配置等技术难题，推动 IETF 于 2006 年成立了专门工作组 Softwire，IETF 批准通过了两项标准，分别为 RFC4925（Informational）和 RFC5565（Standards Track）。

3. 探索下一代互联网体系结构基础理论

互联网体系结构说明了互联网的各部分功能及其相互关系，是互联网基本形态的描述。互联网体系结构基础研究是互联网基础研究的重要组成部分。人们在研究下一代互联网的过程中，始终认为应该首先研究下一代互联网体系结构的基本问题。

2003 年，清华大学、国防科技大学、北京邮电大学、东南大学和中科院网络信息中心等五个单位共同承担了国家"973"计划项目"新一代互联网体系结构理论研究"。经过五年的研究，项目在探索新一代互联网体系结构所面临的基础问题上，取得了初步的研究结果。2009 年开始的新一轮的基础"973"计划项目"新一代互联网体系结构和协议基础研究"，更是在前期研究工作的基础上，重点突破下一代互联网体系结构中的协议算法和实现机理等。

25.3.2　中国下一代互联网的发展

1998 年，清华大学依托中国教育和科研计算机网 CERNET，建设了中国第一个虚拟的 IPv6 试验床，并且连接到国际 IPv6 下一代互联网试验床 6Bone。

2000 年底，国家自然科学基金委支持启动了"中国高速互联研究实验网络 NSFCNET"项目，在北京研制成功中国第一个地区性下一代互联网试验网络。

2002 年，国家发展改革委与日本经济产业省分别立项，中日双方二十多个单位联合参加了高技术研究开发项目"下一代互联网中日 IPv6 合作项目"（IPv6-CJ），通过在中国国内 IPv6 试验网建设和试验验证，进行下一代互联网络的研究开发，促进下一代互联网 IPv6 技术的应用和发展。

面对互联网的主要技术挑战和下一代互联网的重大需求，2003 年，由国务院批准，国家发改委等八部委联合组织的"中国下一代互联网示范工程 CNGI"，把中国下一代互联网技术的研究和发展推到一个新的高度。

1. 建成了大规模下一代互联网 CNGI 示范网络

CNGI 工程在中国工程院的具体组织协调下，建设中国下一代互联网示范网络，连接一定数量的大学、科研机构和大型企业研究机构，推动科学研究和技术开发；攻克网络设备、网络应用、网络工程等方面的关键技术；开发一批重大应用；在网络设备制造、互联网软件开发、互联网运营服务方面初步实现产业化。

示范网络包括 6 个主干网、2 个交换中心、273 个驻地网。其中，由中国教育和科研计算机网 CERNET 网络中心、中国电信、中国联通、中国网通、中科院、中国移动、中国铁通承担建设了 6 个 CNGI 主干网，覆盖了全国 22 个城市，连接了 59 个核心节点。在北京和上海分别建成 2 个 CNGI 国际/国内互联中心，实现了 6 个主干网之间的互联，并连接了美国、欧洲、亚太地区的下一代互联网。在全国 100 所高校、100 个科研单位、73 个企业建成了 273 个 IPv6 驻地网，通过核心节点接入主干网。清华大学等 25 所高校建成的 CNGI-CERNET2/6IX 是目前世界上规模最大的纯 IPv6 大型互联网，取得了多项重大创新，总体上达到世界领先水平。

2. 提供了重大科研和新型业务的试验床

CNGI 不仅为中国下一代互联网技术研究、标准制定、产品开发提供了科技创新和成果测试平台，也为自然科学基金，"973"、"863"、"科技支撑"计划，中国科学院、教育部等部委组织的国家科研计划重大项目的实施提供了技术研究和开发试验环境，有关单位已在科学数据网格、虚拟天文台、高能物理研究、中国地学研究数据网、国家科学数字图书馆等一系列重要科研活动中结合 CNGI 开展工作，为中国参与全球下一代互联网及其应用研究提供了开放性的试验环境。此外，各基础电信运营企业积极参与 CNGI 示范网建设，开展新型电信业务应用试验和技术研究，获取了大量宝贵经验。CNGI 示范网络已成为中国电信运营商开展新型电信业务，进行企业转型和技术演进的试验网。

3. 推动了标准制定和国产网络设备产业化

加强技术标准研究制定是推动中国产业快速健康发展的关键环节。CNGI 组织实施过程中注重技术标准研制，目前初步制定了较完善的 IPv6 标准体系。在国内标准方面，形成国家标准 4 项，提交国标草案 10 多项，中国通信标准化协会（CCSA）等行业标准 10 多项。在国际标准方面，向国际移动通信组织提交文稿 27 项；向国际电信联盟远程通信标准化组（ITU-T）提交文稿数十篇，获得批准 2 项建议；向国际标准化组织 ISO 信息安全技术领域（IEC JTC1/SC27）提交草案 1 项；向国际互联网标准化组织（IETF）提交 RFC 技术标准草案 12 项，其中 2 项获得批准，开始参与互联网核心技术的国际标准制定。

CNGI 示范网络建设中，坚持以国产设备为主，大量采用国产设备，带动了国内产业成熟，加速了中国下一代互联网核心设备产业化进程。据统计，CNGI 示范网络的国产设备使用率达到 50% 以上。许多产品已经批量投入市场，技术水平达到国际先进水平，如华为、比威等公司的路由器和交换机，上海贝尔阿尔卡特公司的宽带接入设备，武汉烽火公司的互联网关，北京中星微公司的音/视频监控摄像终端等。

4. 取得了大量示范性应用成果

通过 CNGI 建设，相关企业、科研单位取得了大量示范性应用成果，部分已经在中国经济和社会建设中发挥了积极作用。例如：四川汶川特大地震灾害发生后，利用 CNGI 项目支持的中欧高速互联线路，使欧洲联合研究中心卫星观测的高分辨率的灾区遥感图片实时传送到中科院对地观测中心，为抗震救灾及时提供了重要信息；北京公达公司和中科院的 P2P 电话系统也在地震发生后投入使用。北京奥运会期间，在 CNGI-CERNET2 上开通的 IPv6 奥运官方网站镜像站点，成为中国面向全球的 IPv6 重要应用示范，在国际上引起了很大反响；中国网通在 50 个奥运场馆 100 个点部署了支持 IPv6 的实时视频监控系统，为奥运提供安全保障。又如：中国科学技术大学"基于 IPv6 无线传感网络的环境监测系统"以开发淮河流域水资源污染监测系统为目标，为实现流域综合管理和灾害预警提供可靠、先进的手段；北京理工大学"在澜沧江—湄公河次区域资源环境安全区域合作中的应用示范"项目针对区域生态监测需要开发建立了试验平台。可以说，CNGI 正在开花结果，应用效果逐步显现。

5. 增强了下一代互联网领域的自主创新能力

CNGI 瞄准国际前沿，技术起点高，取得了一大批创新成果。如：CNGI 骨干网中的 CNGI-Cernet2 项目"基于真实 IPv6 源地址的网络寻址体系结构"、"IPv4 over IPv6 网状体系结构过渡技术"均属国际首创，达到了世界领先水平，该项目被两院院士评选为"2006 年中国十大科技进展"第一名，并获得 2007 年国家科技进步二等奖。据不完全统计，在 CNGI 建设过程中，共申请国内专利 619 项（已取得授权 11 项，绝大多数为发明专利），国外专利 5 项，向国际标准化组织提交文稿数十篇，并有多项建议获得批准。其中仅 Cernet2 骨干网项目，清华大学等单位就申请发明专利 13 项，向国际互联网标准化组织提交标准草案 9 项。

6. 锻炼和培养了一批下一代互联网专业人才

CNGI 项目的实施为下一代互联网技术研发、标准制定、测试专业人才提供了一个良好的发展平台。据不完全统计，参与实施 CNGI 研发、产业化及试验应用项目的人数达 6400 人/年，平均每个项目 70 人/年，培养研究生 1270 余人，其中博士生 300 余人。CNGI 的实施使数千科技人员特别是青年科技人员得到锻炼，培养了一支团结协作、共同奋斗的下一代互联网技术研发队伍，为中国互联网事业的发展奠定了良好人才基础。

2008 年底，国家开启了下一代互联网大规模应用的规划，国家发改委下发了加快实施"下一代互联网业务试商用及设备产业化专项"，中国吹响了 IPv6 试商用的号角。

（本章作者　吴建平）

企业文框 17：中芯国际

中芯国际集成电路制造有限公司成立于 2000 年 4 月，注册在开曼群岛，是一家专门从事集成电路代工的企业，为客户提供包括设计服务、掩膜版制造、晶圆代工、电路封装和测试等全方位服务，公司于 2004 年 3 月在美国纽约证交所和香港联交所成功挂牌上市，成为国内率先在国外上市的半导体企业。

自 2000 年以来，公司先后在上海、北京、天津建设了 8 英寸和 12 英寸晶圆厂，在成都建立了封装测试厂，深圳工厂正在建设中，公司还协助管理由地方投资的成都 8 英寸厂和武汉 12 英寸厂。中芯国际累计完成近 60 亿美元的投资，目前产能折合 8 英寸为每月 20 万片晶圆，技术能力覆盖 0.35/0.25/0.18/0.13/0.09/0.065 微米，产品涵盖通讯、计算机、消费类、汽车电子、工业控制及信息化等各个领域，产品 85% 出口，并正在承担国家重大专项中 65/45/32 纳米全套工艺技术开发，配合相关单位进行高档芯片代工、国产设备和材料的检测和试用工作。

中芯国际十分重视技术研发和自主创新，拥有一支 800 多名高水平技术人才组成的研发团队，每年投入的研发费用都在 1 亿美元左右，2008 年申请的专利量达到 738 件，目前已累计申请专利超过2000件。中芯国际2006年的发明专利授权量居全国第十位，2007年的发明专利申请量居全国第七位。

中芯国际北京公司拥有国内第一条12英寸集成电路生产线，投资总额30亿美元。中芯国际北京项目自启动以来，已累计投入20亿美元，90纳米产品已于2006年实现量产，65纳米产品也通过了用户认证，45/32纳米技术攻关已列入议事日程。

中芯国际为中国集成电路产业缩小与国外的差距作出重要贡献。中芯国际2008年销售额为13.55亿美元，约占国内芯片制造业当年产值的23%，为我国集成电路产值从2000年占世界市场份额的1.7%提高到2004年占世界市场份额的15%（中芯国际占世界芯片代工市场份额为7%），从而使中国的集成电路产业在世界占有一席之地作出了贡献。中芯国际目前的加工水平已达65纳米，而65纳米正是当前世界集成电路的主流技术水平，特别是中芯国际北京公司12英寸生产线的商业运营，已使中国的集成电路加工技术开始步入世界先进水平。

（编撰：刘博）

第 26 章

互联网应用

引　言

互联网是 20 世纪最伟大的基础性科技发明之一。作为信息传播的新载体、科技创新的新手段，互联网的普及应用和创新发展引发了前所未有的社会变革。

互联网在中国起步较晚，虽然全功能接入距今只有 15 个年头，但从事互联网早期研究的工作却是始于 20 多年前。从建成第一个互联网电子邮件节点，到拥有自己的 CN 顶级域名、教育网、商业网，到"中国概念股"登陆纳斯达克，创造了一个又一个的惊喜。如今，互联网的应用已经涵盖工作、学习和生活的各个领域，影响并改变着社会的方方面面，为当代中国的经济、政治、社会发展注入了新的观念、模式与力量。

26.1 发展历史的回顾

正如中国互联网协会理事长胡启恒院士所述，"中国的互联网不是八台大轿抬出来的，而是从羊肠小道走出来的"。中国互联网的诞生，可谓筚路蓝缕，历经坎坷。往事回首，有很多让人难忘的人和事件。

26.1.1 第一阶段 网路探索（1987—1994 年）

1. 第一封电子邮件

1987 年 9 月 14 日 21 时 07 分，北京市计算机应用技术研究所。一封内容为"越过长城，走向世界（Across the Great Wall, we can reach every corner in the world）"的电子邮件正发往德国。这封电子邮件，通信速率最初为 300bit/s，在网上整整走了 5 天，几经辗转，于 9 月 20 日才到达德国卡尔斯鲁厄大学。当时，德国人拥有互联网才 2 年时间，整个欧洲拥有互联网也不过 4 年时间。

此前，中国刚刚建立第一台本地邮件服务器，这一通过拨号方式首次实现的与国际间的电子邮件传输，揭开了中国人进军互联网的序幕。

2. 正式加入 Internet

1994 年 4 月 20 日，注定是中国互联网发展历史上具有里程碑意义的一天。这一天，中关村地区教育与科研示范网络（简称 NCFC）工程通过美国 Sprint 公司连入 Internet 的 64K 国际专线开通，实现了与 Internet 的全功能连接，至此，中国成为国际上第 77 个正式真正拥有全功能 Internet 的国家。

1994 年 5 月 21 日，中国科学院计算机网络信息中心完成了中国国家顶级域名（CN）服务器的设置，改变了中国的 CN 顶级域名服务器一直放在国外的历史。

26.1.2　第二阶段　蓄势待发（1993—1996 年）

1993 年开始，四大 Internet 主干网的相继建设，开启了铺设中国信息高速公路的历程。

1. 科技网先行——中国科技网建设

1996 年 2 月中国科学院决定将以 NCFC 为基础发展起来的中国科学院互联网络正式命名为"中国科技网（CSTNet）"。

2. 金桥试水——金桥网建设

1993 年 3 月 12 日，朱镕基副总理主持会议，提出和部署建设国家公用经济信息通信网（简称"金桥工程"）。1996 年 9 月 6 日，中国金桥信息网（CHINAGBN）连入美国的 256K 专线正式开通。中国金桥信息网宣布开始提供 Internet 服务，主要提供专线集团用户的接入和个人用户的单点上网服务。

3. 搭建公共服务平台——中国公用计算机互联网（CHINANET）建设

1994 年 9 月，邮电部电信总局与美国商务部签订了中美双方关于国际互联网的协议，中国公用计算机互联网（CHINANET）的建设开始启动。1995 年 5 月，中国电信开始筹建中国公用计算机互联网（CHINANET）全国骨干网。并于 1996 年 1 月正式开通提供服务。

4. 中国教育和科研计算机网建设

1994 年 8 月，由国家计委投资，国家教委主持的中国教育和科研计算机网（CERNET）正式立项。1995 年 12 月，"中国教育和科研计算机网（CERNET）示范工程"建设完成。

5. 网路畅通——四大骨干网互联互通

1997 年 10 月，中国公用计算机互联网（CHINANET）实现了与中国科技网（CSTNET）、中国教育和科研计算机网（CERNET）、中国金桥信息网（CHINAGBN）的互联互通。

26.1.3　第三阶段　规范引领（1996—1998 年）

在中国政府的大力支持和推动下，互联网相关管理部门成立，颁布了一系列法律法规。中国互联网进入了一个空前活跃的时期，应用和管理齐头并进。

1996 年 2 月 1 日，国务院第 195 号令发布了《中华人民共和国计算机信息网络国际联网管理暂行规定》。

1996 年 4 月 9 日，邮电部发布《中国公用计算机互联网国际联网管理办法》，并自发布之日起实施。

1997 年 5 月 30 日，国务院信息化工作领导小组办公室发布《中国互联网络域名注册暂行管理办法》，授权中国科学院组建和管理中国互联网络信息中心（CNNIC）。

1997 年 12 月 30 日，公安部发布了《计算机信息网络国际联网安全保护管理办法》。

1998 年 3 月 6 日，国务院信息化工作领导小组办公室发布《中华人民共和国计算机信息网络国际联网管理暂行规定实施办法》。

1998 年 3 月，第九届全国人民代表大会第一次会议批准成立信息产业部。

26.1.4　第四阶段　网络大潮（1999—2002 年）

这一阶段，中国互联网进入了普及和应用的快速增长期。

1. 资本燃烧的岁月

2000 年 4—7 月间，新浪、网易、搜狐在美国纳斯达克相继上市，掀起了对中国互联网的第一轮投资热潮。然而，物极必反。2000 年 11 月底，纳斯达克"网络泡沫"破灭，大量中小网站没有能够挺过这一波巨大"泡沫"的袭击，或倒闭或裁员，纷纷成为"先驱"。中国互联网经历了一场"挤水分"式调整的严酷洗礼。

2. 信息化风起云涌——三大上网工程相继启动

1999 年 1 月 22 日，由中国电信和国家经贸委经济信息中心牵头、联合四十多家部委（办、局）信息主管部门在京共同举办了"政府上网工程启动大会"，倡议发起了"政府上网工程"，政府上网工程主站点 www. gov. cn 开通试运行。

2000 年 7 月 7 日，由国家经贸委、信息产业部指导，中国电信集团公司与国家经贸委经济信息中心共同发起的"企业上网工程"正式启动。

2001 年 12 月 20 日，由信息产业部、全国妇联、共青团中央、科技部、文化部主办的"家庭上网工程"正式启动。

3. 与世界对话

1994 年 11 月，由 NCFC 管理委员会主办，中国科学院、北京大学、清华大学协办的亚太网络工作组（APNG）年会在清华大学召开。这是国际 Internet 界在中国召开的第一次亚太地区年会。

1996 年 3 月，清华大学提交的适应不同国家和地区中文编码的汉字统一传输标准被 IETF 通过为 RFC1922，成为中国国内第一个被认可为 RFC 文件的提交协议。

2002 年 10 月，国际互联网名字与编号分配机构（ICANN）在上海举办会议，这是 ICANN 会议第一次在中国举行。此次会议由中国互联网中心和中国互联网协会共同举办。此次会议由中国互联网络信息中心（CNNIC）和中国互联网协会（ISC）共同承办。

2004 年 4 月，中国互联网络信息中心（CNNIC）主导制定的"中日韩多语种域名注册系统"被 IETF 发布为 RFC3743，这是中国的第二个 IETF 标准。

2006 年 10 月 13 日，国际互联网技术标准制定组织 IETF 正式发布了由中国互联网络信息中心（CNNIC）主导制定的《中文域名注册和管理标准》，编号为 RFC4713。

4. 跻身国际互联网组织

1995 年 3 月，清华大学李星教授第一次当选为亚太网络信息中心（APNIC）执行委员会委员。

2000 年 7 月 18 日，中国计算机网络与数据通信专家、中科院研究员钱华林研究员全票当选为亚太地区顶级域名组织（APTLD）理事会主席。

2001 年 11 月，中国科协副主席、CNNIC 工作委员会主任委员胡启恒院士被聘任为 ICANN 多语种域名委员会委员。

2003 年 6 月 26 日，中国计算机网络与数据通信专家、中科院研究员钱华林当选 ICANN 理事，任期三年。这是中国专家第一次进入全球互联网地址资源最高决策机构的管理层。

5. 网络扩建

2000 年 5 月 17 日，中国移动互联网（CMNET）投入运行。

2001 年 12 月 22 日，中国联通 CDMA 移动通信网一期工程如期建成，并于 2001 年 12 月 31 日在全国 31 个省、自治区、直辖市开通运营。

6. 打造产业链

2000 年 11 月 10 日，中国移动推出"移动梦网计划"，打造开放、合作、共赢的产业价值链。

2002 年 5 月 17 日，中国电信在广州启动"互联星空"计划，标志着 ISP 和 ICP 开始联合打造宽带互联网产业链。

7. 应用初露锋芒

1999 年 9 月，招商银行率先在国内全面启动"一网通"网上银行服务，成为国内首先实现全国联通"网上银行"的商业银行。

1999 年 9 月 6 日，中国国际电子商务应用博览会在北京举行，这是中国第一次全面推出的电子商务技术与应用成果大型汇报会。

26.2　发展现状及成就

经过了 20 多年的奋起直追，中国互联网已经在不少领域取得不俗的成绩，为世人所瞩目。根据 CNNIC 第 24 次统计调查报告，截至 2009 年 6 月底，中国网民数、宽带网民数以及国家顶级域名数（CN）已跃居全球第一；网络基础设施、基础资源得到快速发展；各种网络应用以及各类专业网络信息服务保持快速发展的态势。中国互联网已经跨入互联网大国的行列，同时，也应该清醒地认识到，中国离互联网强国还有一定差距。

26.2.1　基础资源成就显著

1. IP 地址，居全球第二位

IP 地址分为 IPv4 和 IPv6 两种，作为互联网的基础资源，是上网的先决条件。目前主流应用是 IPv4，但是，随着 IPv4 资源的短缺形势越来越严峻，向 IPv6 过渡已经是大势所趋。由于中国互联网迅速发展带来的需求，加上中国各 IP 地址分配单位的努力，中国的 IPv4 地址资源依然保持快速增长，截至 2009 年 6 月底，中国大陆 IPv4 地址数量约为 2.05 亿个，仅次于美国，居全球第二位。

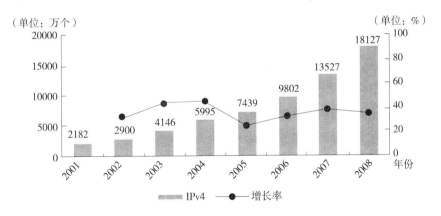

图 26.1　2001—2008 年中国 IPv4 地址资源变化

（资料来源：CNNIC）

尽管 IPv4 地址保持较快的增长速度，但其增长速度已经连续两年落后于中国网民的增长速度，人均 IPv4 地址数持续下滑。作为访问互联网必需的基础资源，未来几年，中国 IPv4 地址的增速如果不能够获得更快速的发展或者过渡到 IPv6，极有可能成为制约中国互联网发展的瓶颈因素。

表 26.1　全球主要国家或地区 IPv4 地址数（截至 2008 年 12 月底）

排名	国家/地区	IPv4 地址数量	排名	国家/地区	IPv4 地址数量
1	美国	1, 458, 147, 584	11	意大利	29, 636, 288
2	中国大陆	181, 273, 344	12	中国台湾	24, 004, 864
3	日本	151, 562, 752	13	俄罗斯	22, 807, 624
4	英国	86, 311, 256	14	西班牙	21, 665, 952
5	德国	81, 754, 552	15	墨西哥	21, 504, 000
6	加拿大	74, 487, 808	16	荷兰	20, 803, 624
7	法国	68, 039, 872	17	印度	18, 056, 448
8	韩国	66, 657, 792	18	瑞典	17, 628, 064
9	澳大利亚	36, 256, 512	19	南非	13, 992, 960
10	巴西	29, 754, 880	20	波兰	13, 420, 136

2. CN 域名——居全球国家顶级域名第一

截至 2009 年 6 月，中国的域名总数为 1626 万个，其中近八成是 CN 下域名。十年前，CNNIC 的第四次互联网统计报告中，CN 域名总量仅为 29045 个，CN 域名 10 年增长 446 倍。值得一提的是，2008 年第 29 届北京奥运会官方网站已经正式启用 beijing2008. cn 为主域名，这也是奥运会历史上，首次以国家顶级域名作为官网主域名。

2009 年 6 月 CNNIC 发布的《中国域名产业报告》显示，2008 年中国域名相关产业规模逾 42 亿元人民币，从业人数逾十万人。

表 26.2　中国大陆分类域名数（截至 2009 年 6 月底）

	数量（个）	占域名总数比例
CN	12, 963, 685	79.7%
COM	2, 811, 383	17.3%
NET	398, 801	2.5%
ORG	85, 693	0.5%
合计	16, 259, 562	100%

中国域名规模的增长，主要受益于国家顶级域名.CN 的增长。2001 年中国的国家顶级域名.CN 在中国只有 16% 左右的份额。2007 年，中国国家域名.CN 的注册管理机构启动"国家域名腾飞计划"，一举超越.COM，占据了中国域名市场的龙头地位。2008 年 7 月底，中国.CN 的注册量为 1236.5 万个，首次跃过全球所有国家顶级域名，而高居第一位。

3. 网站数——超过 300 万

截至 2009 年 6 月，中国的网站数，即域名注册者在中国境内的网站数（包括在境内接入和境外接入）达到 306 万。十年前，CNNIC 的第四次互联网统计报告中站点数约为 9906 个，10 年间，网站数量增长 309 倍。

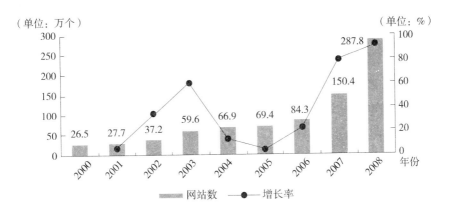

图 26.2　2000—2008 年中国网站规模变化

注：数据中不包含.EDU.CN 下网站数。　　　　　　　　　　（资料来源：CNNIC）

从中国互联网络信息中心（CNNIC）目前管理的 gov.cn 域名下的政府网站来看，中国近十年来政府网站数量持续上升，到 2008 年底已经达到 2.5 万个，政府网站建设取得明显成效，如图 26.3 所示。

4. 网页数——总数超过 160 亿个

网页是互联网内容资源的直接载体，网页的规模在一定程度上反映了互联网的内容丰富程度。自 2002 年开始，中国的网页规模一直保持高速

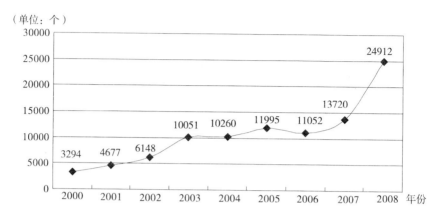

图 26.3   2000—2008 年中国以 GOV. CN 结尾的网站数量

（资料来源：CNNIC）

增长。这不但是因为中国网站数增多，更因为 Web2.0 时代所带来的用户
自创内容的大量增加，以及草根内容自下而上的信息流动方式的变革。截
至 2008 年底，中国网页总数超过 160 亿个，网页的增长速度与网站的增
速基本一致。

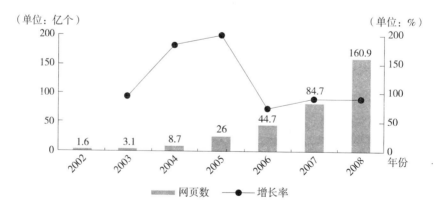

图 26.4   2002—2008 年中国网页规模变化

（资料来源：CNNIC）

5. 网络国际出口带宽

网络国际出口带宽反映中国大陆与其他海外国家和地区的互联网联通速度和能力。截至 2009 年 6 月，中国网络国际出口带宽达到 747541Mbps，增速超过了网民增速，中国网民访问国外网站的速度有所提升，使用体验进一步优化。十年前，CNNIC 的第四次互联网统计报告中，中国国际线路的总容量为：241M，10 年间，出口带宽增长了 3100 倍。

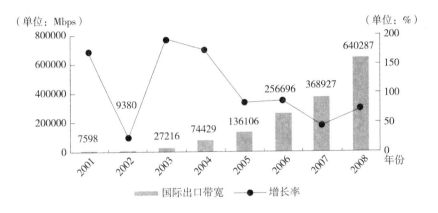

图 26.5　2001—2008 中国国际出口带宽变化

（资料来源：CNNIC）

26.2.2　中国网民规模高速增长

1. 网民总规模，居世界第一

截至 2009 年 6 月底，中国网民规模达到 3.38 亿人[①]。2009 年 5 月，全球网民数约为 15.9 亿人[②]，其中亚洲网民约 6.57 亿人，中国网民占世界网民的比例达到 21.2%，占亚洲的 51.4%；2008 年底首次超越美国位

[①] 中国网民是指过去半年使用过互联网的 6 周岁及以上中国公民。

[②] 数据来源：http://www.internetworldstats.com。

居世界网民数第一。而在十年前，CNNIC 的第四次互联网统计报告中，中国上网用户数仅为 400 万，10 年间，网民数量增长了 84.5 倍。

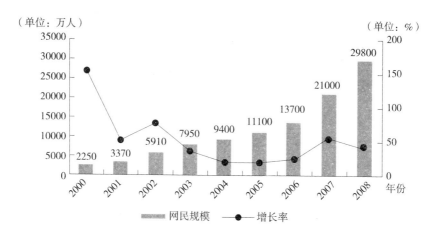

图 26.6　2000—2008 年中国网民规模与增长率

（资料来源：CNNIC）

　　尽管中国的网民规模和普及率持续快速发展，但由于中国的人口基数大，中国的互联网总体普及率为 25.5%，刚刚超过 23.8% 的世界平均水平。因此，总的来看，中国互联网应用还处于较低的水平，网络信息化的优势还没有充分发挥。可以相信，随着国家经济实体的快速发展，网络基础设施的不断完善，互联网普及率还会随之攀升。

　　2. 宽带网民数，位居世界第一位

　　宽带网民规模继续扩大，截至 2009 年 6 月底，已有 3.2 亿网民使用了宽带访问互联网，占比高达 94.3%。但是，根据经济合作与发展组织（OECD）的统计，2007 年 10 月，OECD 主要国家的平均宽带网络下行速率已经达到 17.4Mbit/s，而中国以 ADSL 为主的网络接入，大多数下行速率都不超过 4Mbit/s。

　　由此可见，目前中国宽带接入速度远远落后于世界上互联网发达国家。未来需要进一步加大互联网基础设施建设，不断提高网络连接速度，

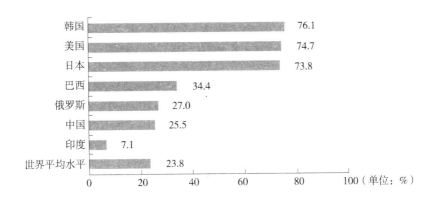

图 26.7　部分国家的互联网普及率（来源：CNNIC）

（资料来源：http://www.internetworldstats.com）

推动中国互联网向高速互联网发展。

3. 中国农村网民增势喜人

截至 2009 年 6 月底，中国农村网民规模达到 9565 万人①。与中国农村人口远多于城镇人口的现状相反，目前中国农村网民只占了总网民的 28.3%，而中国农村人口却占了总人口的 55.1%②。由此可见，中国农村网民的发展空间很大，未来几年内仍将是中国网民增长的重要力量，农村将会成为政府和电信、互联网企业发挥力量的重要市场。

农村互联网的快速发展，得益于以下因素的助推：首先，农村党员干部现代远程教育工程的深入推广，建设了一大批远程教育终端接收站点，这些站点对互联网的发展起到了客观的推动作用；其次，农村信息服务站建设工作的扎实推进为农民上网提供了终端设备与场所；再次，配合远程教育工程的推进和农村信息服务站的建设，电信运营商为这些地区提供了资费优惠政策，客观上能够推动这些地区的互联网使用。

----

① 中国网民是指过去半年使用过互联网的 6 周岁及以上中国公民。

② 数据来源：http://www.internetworldstats.com。

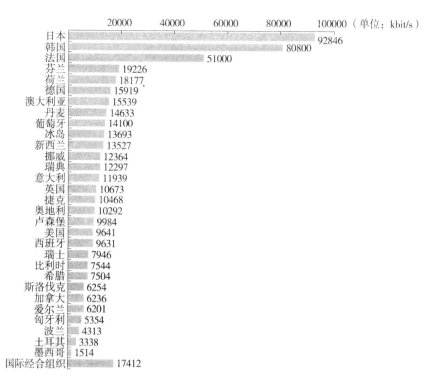

图 26.8　经济合作与发展组织主要国家宽带下行带宽

(资料来源：CNNIC)

目前，城镇与农村的互联网发展水平仍然存在很大的差异，城镇居民的互联网普及率是 35.2%，农村仅为 11.7%。但是长远来看，随着互联网网民结构的不断优化，互联网逐步向女性群体、低学历群体的渗透，城乡互联网的差距将逐步得到改善。

4. 中国手机网民增速惊人

截至 2009 年 6 月，使用手机上网的网民达到 1.55 亿人。而在 2008 年底手机网民数量为 1.176 亿，半年内增长了 32.1%，呈现快速增长态势。

手机网民的快速增长源于以下几方面的原因：首先，政府和运营商的合力推动。2009 年 1 月 1 日国务院通过了 3G 牌照发放工作启动的决议，

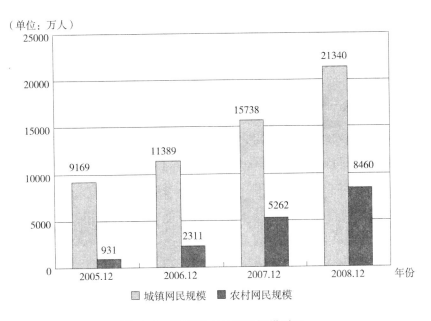

（单位：万人）

图 26.9　城镇和农村网民规模对比

（资料来源：CNNIC）

3G 牌照的发放为运营商提供了更大的发展空间，同时强化了移动互联网概念；其次，上网和时尚理念结合，随着具有上网功能手机的普及以及手机上网平台的便利，手机不仅是更便利的上网工具，同时也成为时尚潮流和流行文化的代表符号，手机上网的时尚色彩吸引年轻用户使用，从而带来了移动互联网网民规模的快速增长；再次，上网内容和应用功能丰富，手机上网内容的数量和质量逐步提升，手机博客、手机视频，乃至手机电视都发展迅猛，给用户提供了更为丰富的选择，促进了手机上网用户的扩张。

26.2.3　中国互联网市场放大，应用丰富

1. 互联网市场规模不容小觑

"十五"以来，中国网络招聘、网络教育、网上旅行服务、网络游戏、即时通信，以及网络音乐市场的年均复合增长率均在两位数以上。

2008 年中国电子商务交易总额突破 3 万亿人民币，占 GDP 总量的 10%，年增长率达到 50%。中国互联网经济增长的速度远远高于中国经济增长速度。截至 2008 年底中国网络购物人数达到 7400 万人，国内知名的网上购物网站淘宝网 2008 年全年交易总额突破 999 亿元，是北京王府井百货集团全年销售额的 9.4 倍。可见，中国互联网市场规模潜力巨大。

2. 面向网民的应用更为丰富、多样

2000 年底，互联网应用还不丰富，互联网应用主要以文字类为主，主要为网站向网民单向信息传播及网民间点对点的信息传播。

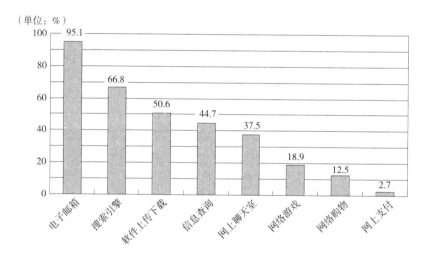

（单位：%）

图 26.10　网民常用的互联网应用（2000 年 12 月）

（资料来源：CNNIC）

宽带的普及以及移动互联网的兴起，推动了各项互联网应用的发展。互联网从一开始的网站单向向网民传递信息，发展到网民与互联网之间的互动，形式从以文字为主，发展到图像、视频等更为丰富的形式占据重要地位。

到 2008 年底，互联网应用领域不断加深拓宽，发展到 6 大类（网络媒体、信息检索、网络通信、网络社区、网络娱乐和电子商务）、14 种不同应用（如网络新闻、搜索引擎、即时通信、博客、网络游戏、网络音乐、网络购物、网上支付、网络金融等）。

表 26.3　2008 年 12 月中国网络应用

应用分类	网络应用	网民使用比例
网络媒体	网络新闻	78.5%
信息检索	搜索引擎	68.0%
网络通信	电子邮件	56.8%
	即时通信	75.3%
网络社区	拥有博客	54.3%
	更新博客	35.2%
	访问论坛/BBS	30.7%
	交友网站	19.3%
网络娱乐	网络游戏	62.8%
	网络音乐	83.7%
	网络视频	67.7%
电子商务	网络购物	24.8%
	网络售物	3.7%
	网上支付	17.6%
	酒店、旅行预订	5.6%

（资料来源：CNNIC）

26.3　中国互联网蓬勃发展主要因素

中国互联网之所以取得惊人的发展和成就，虽然得益于中国经济的高速发展、人民生活水平的迅速提高、电信网络等信息基础设施的不断完善，但是也与中国政府的高度重视和大力倡导，与应用互联网相关的法律法规的及时出台和落实，与相关管理机构的逐步健全密不可分。

26.3.1 政府支持，政策引导

1. 政府支持

1997 年 4 月，全国信息化工作会议确定了国家信息化体系，并通过了"国家信息化'九五'规划和 2010 年远景目标"。确立了加强国家信息网络建设和管理，加快建设和调整布局，充分利用已有的网络资源，尽快形成国家信息网络；积极发展电信网、广播电视网和计算机网；为中国互联网长足发展奠定了坚实的基石。

在国家制定的《2006—2020 年国家信息化发展战略》、《国民经济和社会发展信息化"十一五"规划》等一系列政策指导下，各地政府和相关机构也投入了大量的资金和人力建设网络基础设施，搭建信息化服务平台，满足人们的上网需求。

2. 法制保障

国家陆续颁布了一系列法律法规来规范互联网。1996 年 2 月 1 日，国务院第 195 号令发布了《中华人民共和国计算机信息网络国际联网管理暂行规定》。1996 年 4 月 9 日，邮电部发布《中国公用计算机互联网国际联网管理办法》。1997 年 5 月 30 日，国务院信息化工作领导小组办公室发布《中国互联网络域名注册暂行管理办法》。1997 年 12 月 30 日，公安部发布了《计算机信息网络国际联网安全保护管理办法》。1998 年 3 月 6 日，国务院信息化工作领导小组办公室发布《中华人民共和国计算机信息网络国际联网管理暂行规定实施办法》。2000 年 9 月 25 日国务院颁布的《互联网信息服务管理办法》。2002 年 4 月中国互联网协会发布《中国互联网行业自律公约》。这些法律、法规的陆续出台，保障中国互联网行业健康、有序发展。

3. 机构健全

1998 年 3 月，第九届全国人民代表大会第一次会议批准成立信息产业部。1997 年 5 月 30 日，国务院信息化工作领导小组办公室授权中国科学院组建和管理中国互联网络信息中心（CNNIC）。2001 年 5 月 25 日，

中国互联网协会成立。这些管理机构、组织的成立，更加有效地对互联网进行管理，更好地进行行业自律，促进整体行业的良性发展。

26.3.2　重视基础设施建设及投入

1. 四大骨干网建成并实现互联互通

如上所述，历经 7 年建设，至 1997 年 10 月，中国公用计算机互联网（CHINANET）实现了与中国科技网（CSTNET）、中国教育和科研计算机网（CERNET）、中国金桥信息网（CHINAGBN）的互联互通。

2. CNGI 项目启动，核心网通过验收

2003 年启动的中国下一代互联网示范工程（CNGI 项目）是国家级的战略重点项目，很好地将科学研究、技术开发、网络建设和产业发展结合，将高技术产业化项目与科学工程结合，为科学研究提供了一个通用平台，也为制造商提供了试验平台，成为可商用的网络，为下一步大规模应用打下了坚实基础。2007 年 2 月，CNGI 核心网项目通过国家验收。

3. 加快农村网络基础设施建设

中国的"十一五"规划中，把加强农村通信能力建设作为协调发展重点，加快农村通信基础设施建设、加速新一代农村信息产品作为工作和发展重点。工业和信息化部实施"村村通电话，乡乡能上网"工程五年来，累计完成工程投资约 460 亿元，共计为约 13 万个行政村及自然村新开通电话，接入宽带工程，大大改善了农村通信、上网面貌。

26.3.3　上网门槛降低，移动互联网让上网更为普及

1. 上网设备及终端价格下降

随着技术进步、产业发展和网络运营商的重组及其竞争程度的加剧，网络接入的软硬件环境在不断优化。同时，网络接入和用户终端产品（PC、笔记本）的价格不断下降，产品性能和用户体验的日新月异，也使得网络使用的门槛不断降低。

2．无线上网普及

通信和网络技术向宽带、移动、融合方向发展，数据通信正在逐步取代语音通信成为通信领域的主流。3G 技术的推广，使得手机作为网络终端使用更为便利。随着电信运营商重组，移动接入竞争日益激烈，手机包月接入价格下降到大多数用户可以接受的合理水平，同时 3G 承载着短信、图铃下载、移动音乐、手机游戏、视频应用、手机支付、位置服务等丰富多彩的移动互联网应用，也催生无线互联网的迅猛发展。

26.3.4 经济环境良好，公众上网意识增强

中国改革开放使得经济快速发展，从 1991 年至今，中国 GDP 已经连续 18 年保持 7% 以上的高增长，良好的经济环境为互联网产业发展和创新创造了条件。同时，开放的环境、优惠的政策在 1997 年后吸引了一大批海外留学生归国创业，这期间创立了众多知名的互联网企业，带来美国等互联网发达国家先进的经验、成功的模式，吸纳了大批高科技人才投身互联网产业。同时，国内高校也先后开设计算机、互联网等相关专业，为互联网企业源源不断地输送专业人才。

同时，随着社会经济的发展，人们的生活水平不断提高，对物质的需要达到一定满足之后，社会交流和信息获取成为精神生活的重要成分。公众上网意识较为积极，上网需求旺盛。现代社会人际交流方式更加间接，网络作为媒体和交流工具填补了人们在日常生活中信息和社会交流的空缺。加速了互联网在公众的迅速普及。

26.3.5 奥运契机，加速互联网新媒体发展与应用

2008 北京奥运会在奥运会历史上首次采用包括网络媒体在内的各种新媒体（5 种视频媒体平台）进行全方位报道：互联网网络视频共享（播客）、互联网 P2P 流媒体（广播、点播）、手机电视（移动互联网电视，CMMB 广播）、公交移动电视和户外电视屏以及 IPTV。互联网新媒体提供交互性、个性化服务，包括各种 Web2.0 社区交互业务：网络社区、论

坛、贴吧、群组、博客、播客。

网络视频在 2008 年取得飞速发展。例如，北京奥运会期间，央视网开设全部 28 个大项的直播频道，全程转播 3800 小时赛事，有 1000 万用户观看了 600 万小时的奥运会报道，观看数量达到 5600 万次。

26.4　中国互联网发展的未来

尽管当前世界经济笼罩在金融危机的阴影之下，中国互联网发展遭遇了不少挑战，但是，由于中国具备网民数量巨大、市场需求旺盛、商业模式相对成熟、国家政策支持等优势条件，中国互联网未来的发展空间无限广阔，向互联网强国迈进可以预期。

26.4.1　高速互联网发展将加速应用繁荣

在当今的信息社会，不论是有线高速互联网还是无线高速互联网，对于以计算机和网络为基础的现代服务业来说，都是必不可少的。根据世界银行最近对 120 个国家的计量经济分析发现，宽带服务普及率每增长 10 个百分点，就会带来 1.3 个百分点的经济增长，而且这种经济增长效应在发展中国家比在发达国家更加凸显[1]。

随着中国下一代互联网（CNGI）建设的推进，将可实现：100M 比特/秒以上的端到端高性能通信。同时，IPV6 地址协议的启用，原来有限的 IP 地址将变得无限丰富，真正的数字化时代将会来临，家庭中的每一个物件都将可能分配到一个 IP 地址，并可以通过网络来调控。中国在下一代互联网研究上，已经处于世界前列，在技术领域逐步由跟随转向主导。

---

[1] 来源：世界银行"Information and Communications for Development 2009"。

高速互联网可以带动网上应用的不断丰富，更好地推动中国经济的发展，带动更多的社会就业，进而实现国家和社会稳定。

26.4.2 互联网由"可用"转变为"可信"

根据 CNNIC 调查显示，到 2008 年底，中国共有网站 287.8 万个。目前，大多数网站还主要停留在"可用"的层面，营造健康和谐的网络秩序，使互联网由可用转变为可信，将有助于推进电子商务的广泛应用。在技术层面：随着下一代互联网的推进及普及，可以实现网络对象识别、身份认证和访问授权，具有数据加密和完整性。因而，有可能从技术角度实现一个可信任的网络。在法律层面：相关主管部门需要全面研究发达国家的互联网法律法规，加快中国互联网的立法工作，保障互联网的健康有序发展，保障网民和互联网企业的合法权益。

随着技术的发展，法律的完善，互联网将由"可用"逐步转变为"可信"，电子政务、电子商务等体现互联网价值的应用，将得到较大、较快的发展，也将由目前娱乐的互联网迈向商务的互联网。

26.4.3 移动互联网前景无限

据工业和信息化部公布的数据显示，截至 2008 年底中国手机用户已达 6.41 亿户，全球手机用户已达 30 亿。中国手机用户已经超过全欧洲国家手机用户的总和，是全球最大移动通信市场。截至 2009 年 6 月，使用手机上网的网民已达 1.55 亿人。预计未来，手机上网用户数还将迅猛增长。

随着中国第三代移动通讯（3G）商用进程的不断加快，手机互联网在产品内容和用户规模上，正直追传统互联网。基于 3G 的主要应用，除了视频通话以外，都将从现有的移动互联网业务中延伸而来。在移动互联网浪潮的推动下，移动支付、移动商务、RFID、NFC 和二维码等技术应用将获得快速发展。为用户打造高速率、全域覆盖、使用便捷的手机互联网使用体验，全方位满足用户的互联网商务、娱乐、生活、信息咨询等需求，中国将迎来真正的移动互联网时代。

26.4.4　网络文化走向繁荣

2009 年，国务院原则通过《文化产业振兴规划》，振兴规划特别强调要加快数字内容、动漫等新媒体产业的发展。这将加速网络文化产业的规模化、专业化、国际化水平，形成一批"立足中国、放眼世界、社会责任感强"的网络文化骨干企业。增强中国网络文化产业的自主创新能力，推动网络文化产品的创作和生产向原创为主转型升级；以中华文化为重点，创新文化服务方式，大力加强数字图书馆、博物馆、文化馆、艺术馆建设，努力形成一批具有中国气派、体现时代精神、品位高雅的网络文化品牌。

未来，中国需要加强网络文化建设的战略研究，制定产业发展的中长期规划，建立网络文化产业协调机制，优化网络文化产业企业发展的基础环境，指导规范网络文化产业健康发展；建立网络文化产业高端交流平台，展示、交流网络文化产业新进展新成就，提高网上公共文化服务水平，坚持先进文化的前进方向，引领网络文化产业健康良性发展。

（本章作者　毛伟　郝建彬）

企业文框 18：于无声处成长　于低调中前行
——记启明星辰的品牌历程

启明星辰公司成立于 1996 年，是由归国留学人员创建的拥有完全自主知识产权的网络安全高科技企业，是国内安全领域最具技术创新和产品研发实力的企业之一。公司拥有国际一流的信息安全攻防技术研究团队，国际一流的安全运营服务团队，国内一流的安全体系设计及咨询团队，国内一流的安全系统集成团队和国内首家企业网络安全博士后工作站。雄厚的技术实力使得启明星辰成为国内信息安全领域承担国家级重点项目最多的企业，拥有国家级网络安全技术研发基地，获得100多项自主知识产权，遥遥领先于业界。

十年前的中国，互联网才刚刚兴起。启明星辰所倡导的信息安全在大多人看来十分超前。千里之行，始于足下，但是第一步该从何迈起呢？

开始，启明星辰与国家信息中心、国际计算机安全协会共同合作出版了《网络安全基础》、《网络安全结构设计》、《计算机网络安全工具》、《防火墙的选型、配置、安装和维护》、《黑客分析与防范技术》等网络安全系列丛书，这套网络安全丛书为传播安全知识撒下了第一批种子。1996至1998年的三年中，启明星辰的团队耐住寂寞，潜心开发自己的核心技术。20世纪90年代末，信息产业在中国迅猛发展起来，网络建设如火如荼，网络安全问题也因病毒蔓延、黑客入侵事件的发生而越来越受到关注，随之而来的是网络安全公司的兴起。而此时，先行一步的启明星辰已顺利步入了发展的快车道。

根据当时的市场需求，启明星辰1999年开发出了自己的第一款产品——WebKeeper网站监测与修复系统，这种产品能够有效保护网站，防止网页被非法篡改。产品一经推出，就获得了市场的积极回应，当年，启明星辰就实现了盈亏平衡。

2000年，默默耕耘的启明星辰适时推出了"天阗黑客入侵检测与预警系统"，创造了国内第一个IDS硬件产品。自2002年至今，天阗一直雄踞国内入侵检测产品的第一品牌，更奠定了启明星辰公司在国内入侵检测市场的领导者地位。

在IDS厚积薄发的辉煌后，启明星辰没有放慢脚步。从2003年开始，启明星辰陆续推出全线安全产品、专业安全服务和安管平台，从而转为综合安全产品和服务提供商。在检测技术领域的深厚积累，为企业这种转变做了水到渠成的铺垫。

2008年奥运期间，启明星辰不仅勇敢承担了奥组委、奥帆

委等 4 大奥运会核心网络安全保障工作，而且协助公安部、第
29 届奥运会安保工作小组、CNCERT/CC、北京市公安局、北京
市信息办等多个主管部门完成奥运技术保障应急工作。此外，启
明星辰还出色完成了政府、金融、电信、能源、运输等 50 多家
行业用户的奥运安保任务。

（编撰：刘博）

第 27 章

信息服务业

引　言

　　信息服务产业一般也称为信息服务业，是指从事信息的采集、加工、存储、传输、利用及提供服务的行业。信息服务产业可以分为传统信息服务业和现代信息服务业。传统信息服务业主要以手工和机械方式为服务特征，如情报处理中的文献登录、上架、二次加工、检索服务，主要包括传统的文献情报、图书档案、新闻报道、邮政电报等。现代信息服务业的特征是从信息的采集、加工到提供服务的全过程充分利用以计算机和网络技术为代表的现代信息技术手段，主要包括数据库产业、咨询服务业、电信和广播电视传输服务业、互联网信息服务业、软件业等。随着信息网络技术的深入应用，传统信息服务手段正逐渐为现代信息服务手段所代替，传统信息服务业得到改造提升，现代信息服务业成为发展主流。本章谈及的信息服务产业主要是指现代信息服务业。鉴于与通信服务业相关的信息服务业本书另有章节专门介绍，本章不再赘述。

表 27.1　信息服务产业分类

信息服务产业	传统信息服务产业	文献情报
		图书档案
		新闻报道
		邮政电报
	现代信息服务产业	数据库
		咨询服务
		电信、广播电视和卫星传输服务
		互联网信息服务
		软件业

现代信息服务产业具有高增长、高效益、低消耗、低污染等特点，是现代服务业中发展最快、最活跃、最基础的行业，不仅构成现代服务业的重要部分，而且为现代服务业的其他领域提供重要的支撑。同时，信息服务产业是国民经济新的经济增长点，其发展水平已成为决定国家现代化水平和综合国力的关键因素。世界主要发达国家都将信息服务产业作为参与国际经济角逐的制高点，给予不遗余力的支持和发展。发展信息服务产业也是中国经济发展的必然选择。中国政府一直非常重视信息服务业的发展，2007 年颁布实施的《国务院关于加快发展服务业的若干意见》提出要"积极发展信息服务业"。

27.1　发展历程

建国之初，信息服务产业以传统信息服务产业为主。以 20 世纪 50—60 年代计算机开始应用于数据处理为标志，现代信息服务产业的发展先后经历了起步阶段、形成阶段和发展阶段。

27.1.1 起步阶段（1956—1979 年）

在图书情报发展方面，1956 年，中国成立了第一个科技情报机构——中国科技情报研究所，接着国务院各部门中有 17 个部委建立了 50 个专业情报机构，15 个省、市、自治区、直辖市建立了综合性情报机构，基层一些厂矿企业、科研设计单位也陆续建立起一批情报机构。与此同时，一些单位开始提供专利、标准、档案等信息服务。

中国数据库产业处于雏形的阶段，主要是学习借鉴国外数据库理论，并引进数据库系统做一些实验性的服务。一些图书情报部门成立计算机应用研究小组，研究图书馆自动化问题。由于没有解决计算机汉字处理问题，中文数据库的建设只能通过手工方式进行。1974 年 8 月，中国科学技术情报研究所和北京图书馆组织全国 505 个单位、1300 多专业人员，历时 4 年，编辑出版了一部 10 万余词条的大型综合性计算机检索用词表——《汉语主题词表》。1975 年，北京文献服务处引进了美国政府研究报告 GRA 数据库，并开展了实验性服务。与此同时，汉字信息处理工程也开始实施，为建设中文文献数据库奠定了基础。

这一阶段的发展特点是：（1）信息服务产业在国民经济第一个五年计划以后才真正起步，信息服务机构主要是政府事业单位。（2）在高度集中的计划经济体制下，信息服务机构接受指令性任务，服务方式单一，服务手段落后。（3）服务内容以文化、科技服务为主，服务对象主要是科技研究人员、工程技术人员和在校师生。（4）公益化、非营利，一切费用由所依附的行政机构承担。这一时期的信息服务业，主要根据社会需要陆续创办或起步，远没有形成真正意义上的信息服务产业。

27.1.2 形成阶段（1979—1992 年）

1984 年，邓小平同志提出"开发信息资源，服务四化建设"。中央政府开始建立信息系统。"七五"期间，中国政府投资 200 多亿元，重点建设经济、科技、统计、银行、邮电、电力、铁路、民航、海关、人口等

12 个国家信息管理和服务系统，初步构筑起国家综合信息服务系统的基本框架。数据库建设和服务开始从点到面全面铺开，蓬勃发展。到 1991 年底，在国家科委登记注册的各类数据库数量达到 805 个。

中国在努力引进利用国外数据库资源的同时，积极建设中文数据库和信息管理系统。20 世纪 80 年代初，数据库服务以引进国外机读文献磁带进行小规模批式服务为主。1984 年，中国加入了国际科技数据委员会，由中国科学院组织国内各有关部门，成立了 CODATA 中国委员会。1986 年，国家海洋局首次引进两种 CD-ROM 光盘数据库。1987 年，北京图书馆引进美国 ERIC 光盘数据库。与此同时，自建数据库也有了很大进展。1979 年，建立中国药学数据库；1980 年，建立了中国化学化工文献库；1988 年，建立了中国产品信息数据库。到 1988 年底，中国自建的中西文数据库已有 260 多个，还有相当部分的数据量是通过国际联机检索获得。1982 年，兵器部情报所率先在国内设立电传终端，实现与 DIALOG 联机。1983 年，中国建筑技术开发中心与专业部委的 9 个情报研究所利用香港大东电报局的国际卫星通讯线路与美国的 DIALOG 和 ORBIT 系统联机。1983 年，中国科技情报所和欧洲 ESA-IRS 系统联机，并通过意大利公用数据网连通了 DIALOG 和 BRS 两大联机数据系统。

在国内联机数据库系统方面，建立了全国科技情报联机服务系统、中国信息共同体数据库联机检索网络系统、北京图书馆光盘网络电子阅览系统、CESECPAC（军队数据网络）、AMMSNET（全军医药信息网络）、CETCNET（全国电子行业信息网）和 CHINANET（中国公用计算机互联网）等。1989 年，国家教委提出，全国科技情报计算机检索系统的建设要突出数据库建设的主导地位，各科技情报单位应把工作重点转移到数据库建设上来，明确了数据库建设的重要性。这一时期，计算机性能大有提高，解决了汉字在计算机处理中的难题，计算机在国内一些大中图书、情报、科研等单位得到广泛应用，CD-ROM 技术取得实质性进展，开始利用国外光盘数据库。有能力的图书情报单位开始研究并建立中文文献数据库。中国数据库建设进入了一个快速发展的时期。

所有这些成果，为中国信息服务产业的进一步发展提供了社会、经济、科技条件。信息服务机构逐步树立了信息产品商品化的观念，开始试行有偿服务经营，拓展服务范围，有条件的单位引进并采用新技术和现代化手段。经济、金融、政务信息服务机构雨后春笋一般涌现，并很快发展壮大。以国家经济信息系统为例，1986 年国务院批准成立国家信息中心，到 1991 年底，已经有 55 个部委，30 个省、自治区、直辖市，14 个计划单列市，150 个地市，700 个县市相继建立了信息中心，总人数达上万人。在这一时期，最引人注目的是民营信息服务机构的崛起，其从业人数在 1988 年前后达数万人，并涌现出一批颇具影响的民营信息服务企业。

这一阶段的主要特点是：（1）信息服务内容涉及科技、经济、政务、文化等诸多领域，信息服务机构大量涌现，国家、集体、个人等多种所有制形式并存。（2）在完成指令性任务的同时，开始重视市场调节作用，一大批信息市场开始出现，一些信息产品陆续进入市场流通。（3）政府加强系统职能管理，开始注重协调信息服务机构的关系，力求发挥整体功能。（4）注重信息服务现代化手段建设。据统计，1992 年，中国大、中、小型计算机总数约 1 万台，微机约 60 万台，其中相当部分用于信息服务，已经可以通过计算机系统查询世界上大部分的文献。

27.1.3 发展阶段（1992 年至今）

以 1992 年初邓小平同志南方谈话和 1992 年 6 月中国政府作出关于发展第三产业的决定为主要标志，信息服务产业迈入了新的发展阶段。1993 年 11 月，《中共中央关于建立社会主义市场经济若干问题的决定》明确提出信息市场是当前培养市场体系的重点之一，并特别强调信息服务机构要面向市场，逐步实行企业化经营，增强自我发展和市场竞争能力；从而确立了信息服务产业的战略地位，明确了信息服务产业的发展方向。1993 年 12 月 10 日，国务院国办通 ［1993］38 号文件批准成立国家经济信息化联席会议。1994 年 2 月 19 日，国家经济信息化联席会议第一次全体会议召开，会议主题是研究国家经济信息化和金桥工程总体方案问题，原则同意金桥工程总体设计的基本框架和建网原则。"金卡"、"金关"、"金桥"等"金"系列工程的实施，拉开了中国大规模推进信息化建设的序幕，极大地带动了信息服务产业的发展。1994 年 3 月，全国第一所信息学院——中国人民大学信息学院在北京宣布成立，它的任务是"研究信息科学，培养信息人才，推进信息产业，为国家经济信息化做出应有的贡献"。1994 年第四季度，北京大学火星人电信工程公司和人民出版社联合推出一本拥有独立书号和版权的电子图书——《邓小平文选》第三卷电子版，掀开了电子出版物在中国推广普及的序幕。1996 年 3 月，由全球信息基础设施委员会（GIIC）、电子工业部、中国人民银行，与信息基础设施和经济发展中心联合举办电子商务论坛，把电子商务概念引入中国，会议通过了推进全球电子商务北京原则宣言。在各级政府和全社会共同努力推动下，信息服务产业在国民经济和社会各领域持续深入发展。

数据库资源深入开发利用，数字内容产业发展壮大。

在数据库建设方面，1993 年 2 月 18 日，中国第一家数据库专业公司——北京市万方数据公司宣告成立，标志着数据库产业开始由政府控制向企业化、产业化方向迈进。维普、清华大学学术期刊（光盘版）等一些数据库生产经营公司开始涌现。中国数据库建设倾向于结合国家发展计划中的信息系统建设项目，在组织实施上重视国家宏观调控，统一安排。

在电子政务基础信息库建设方面，2004 年，宏观经济数据库建设通过了原国务院信息办的规划论证；2006 年，通过了中国国际工程咨询公司组织的专家评估，2008 年 4 月完成了《宏观经济数据库项目建议书》技术方案和概算的修订。法人单位基础信息库建设项目由国家质检总局牵头，中央编办、民政部、国家税务总局、国家工商总局、国家质检总局、国家统计局等部门参与共建。自然资源和地理空间基础信息库由国家发展和改革委员会牵头组织，会同国土资源部、水利部、中科院、测绘局、林业局、海洋局、气象局、航天科技集团等十个部门和单位共同建设，项目初步设计和投资概算于 2007 年 9 月得到国家发展和改革委员会批复，建设周期为两年。

在文化共享工程建设方面，在文化部全国文化信息资源建设管理中心通用资源建设的基础上，各省级分中心结合本区域特色组建了一批地方特色文化资源，初步形成了通用资源集中管理、特色资源分布存储的分布式资源库群。国家数字图书馆工程是国家重点文化设施建设项目之一。1998年，文化部提出建设"中国数字图书馆工程"的设想，成立"中国数字图书馆工程"筹备领导小组。2000年4月，文化部牵头建立"中国数字图书馆工程建设联席会议"，召开了"中国数字图书馆工程第一次联席会议"，数字图书馆工程正式进入实质性操作阶段。截至2007年底，数字资源建设超过200TB，自建数字资源总量达130TB。部分数字资源通过国家数字图书馆平台和全国文化信息资源共享平台传输到国内其他图书馆，为公众提供服务。

在数字内容产业发展方面，已初步形成以网络服务、数字影音动漫、无线数字内容服务为主，数字教育、数字出版等市场快速发展的产业格局。2006年，国产动画片产量达到82000分钟，是1993—2003年累计生产数量的1.8倍；数字教育市场规模达202亿元，是2001年的2.7倍；网络游戏市场规模为65.4亿元，比2005年增长73.5%。不断涌现的新兴热点成为数字内容产业发展的强大动力，IVR、WAP等业务也表现出不可忽视的发展潜力。

这一阶段的发展特点是：（1）信息服务机构、人员数量急剧增加，信息服务企业开始向集团化、综合化方向发展。（2）服务内容由单一的文化、科技服务向与经济结合多种服务发展，向全社会方方面面综合服务发展。（3）服务性质由公益性无偿服务向不以营利为目的的有偿服务发展，并开始企业化经营。（4）服务手段由传统的服务方式开始转向利用计算机局部联网、系统联网和国际互联网的现代化服务方式。

27.2　发展现状与特点

在党和政府的关心支持下，信息服务产业逐渐发展壮大，已经成为并将继续作为推动经济和社会发展的重要力量。

27.2.1　规模不断扩大，成为推动经济和社会发展的重要支撑力量

信息服务业已成为国民经济的重要组成部分和新的经济增长点，在促进经济结构优化调整、经济增长方式转变中发挥了重要作用。信息服务产业的壮大有力促进了经济发展和社会进步。对一个经济体来说，即使对它的投入不做任何增加，只要对其现有的资源进行优化配置，那么它的产出也能够大幅增长，信息服务产业在国民经济发展中能够充当这种"催化剂"。根据赛迪顾问的数据，2007 年，现代信息服务业产值达到 9073.3 亿元，比 2006 年增长 15%，产业整体呈现加速发展的势头。目前，信息服务产业的产业格局已基本形成，产业规模不断扩大并保持快速发展势头，形成了互联网增值服务、软件与信息技术外包服务、数字内容服务等新的增长点。

表 27.2　2005—2007 年中国现代信息服务业产业规模及增长情况

	2005 年	2006 年	2007 年
产值（亿元）	7101.2	7888.0	9073.3
比上一年增长（%）	10.0	11.1	15.0

（资料来源：赛迪顾问）

信息服务产业不仅自身发展能耗低，还促进国民经济和社会综合能耗

的下降。发展信息服务业，可以改变传统工业经济模式中能源、资源等的"硬性消耗"，实现经济的可持续发展。据统计，北京市信息服务业万元GDP能耗仅占国民经济万元GDP能耗的十分之一，资源消耗少，对缓解北京能源资源供应紧张起到非常突出的作用。2005年，广东获得全国GDP最高和单位能耗全国最低的"双冠军"，现代信息服务产业起到了重要的节能降耗增效作用。

27.2.2 传媒信息服务产业发展较快，新兴信息服务业态迅速崛起

图书、期刊、报纸等传媒信息服务产业保持了较快发展。1978年，全国图书、期刊、报纸种类分别为14987种、930种和186种。到2007年，图书、期刊和报纸种类分别达到248283种、9468种和1938种。1979年，全国广播电台和电视台数量为99座和38座。在2007年，广播电台和电视台数量分别达到263座和287座。当前，各类传统媒体的数字化步伐日趋加快。图书报刊等印刷媒体，尽管最后的形态是以纸介质形式呈现在读者面前，但制作全过程已经数字化。

表27.3 图书、期刊、报纸、广播电台和电视台发展情况

	1978 年	2007 年
图书（种）	14987	248283
期刊（种）	930	9468
报纸（种）	186	1938
广播电台（座）	99（1979 年）	263
电视台（座）	38（1979 年）	287

（资料来源：根据《中国统计年鉴》整理）

近年来，随着互联网技术的迅猛发展，新兴技术不断涌现，Web2.0、P2P、Wiki等的影响日渐提升，不断地催生出各种基于互联网的新兴服务业态。一是基于互联网的新媒体服务，如社区网络服务SNS、垂直门户等

具有双向互动性质的网络媒体。二是创新空间的互联网服务，如移动互联网服务等。三是创新的内容传播手段，如高效率的内容分发手段 P2P 等。四是面向企业和行业用户提供的创新服务，如基于互联网的软件服务等。这些迅速崛起的新兴信息服务是现代服务业中的新兴服务业态，在世界范围内的竞争格局正在形成，在中国已经形成一批拥有自主品牌的龙头企业，有力带动了新兴服务业发展。其中，百度成为全球最大的中文搜索引擎，腾讯成为中国最大的互联网综合服务提供商之一，搜狐和新浪是综合类和门户类网站的杰出代表，阿里巴巴成为全球企业间（B2B）电子商务的著名品牌，用友、金蝶、浪潮等一批软件企业的竞争力不断提升。据统计，2007 年中国互联网基础服务总收入规模达到 480 亿元，互联网增值服务总收入规模达到 577 亿元。2008 年，中国已发放 ISP、ICP 牌照 2.2 万余张，互联网网站达到 280 多万个。

表 27.4　冉冉升起的新兴信息服务企业

公司	2007 年营业收入（亿美元）	业务特色	备注
百度	2.5	全球最大的中文搜索引擎	2005 年在美国纳斯达克上市
搜狐	1.9	中国综合门户网站的创始者	2000 年在美国纳斯达克上市
新浪	2.5	服务于中国及全球华人社群的领先在线媒体及增值资讯服务提供商	2000 年在美国纳斯达克上市
盛大	3.4	中国领先的互动娱乐传媒公司	2004 年在美国纳斯达克上市
携程	1.6	中国领先的在线旅游服务公司	2003 年在美国纳斯达克上市
阿里巴巴	3.1	世界排名第一的国际贸易和中国本土贸易网络交易市场	2007 年在香港联合交易所主板上市
用友	1.9	中国及亚太最大管理软件提供商	2001 年在上海证券交易所上市

（资料来源：《现代服务业发展战略研究总报告》）

27.2.3　生产性信息服务业比重增加，民生性信息服务业蓬勃增长

在信息服务产业中，主要是面向经济和生产的信息服务产业。以软件外包发展为例。目前，中国软件出口群体逐渐形成，外包层次不断加大，自主知识产权软件产品出口不断增多，出口价值链逐渐从低端向中高端转移，利润率也有所提高。2007 年，中国软件出口达到 102.4 亿美元，比 2006 年增长 70.7%。形成了一批软件出口和服务外包骨干企业，如软通动力、博彦科技、大连华信、东软集团、海辉软件、浪潮集团等。2007 年，软件外包服务收入 140.6 亿元，同比 2006 年增长 34.9%。在电子商务领域，据统计，到 2007 年底，企业间电子商务交易额达到 2.12 万亿元，比 2006 年增长 65.9%。部分大型骨干企业的电子商务应用正在向网上设计与制造、供应链管理等全方位业务协同的纵深方向发展。钢铁、化工、煤炭、建材、汽车、纺织、轻工、医药等行业涌现了大量电子商务服务平台，为行业内的企业提供产品供求和市场价格等信息服务。第三方电子商务交易与服务平台数量从 2005 年的 2200 多家增加到 2007 年的 4500 多家。应用电子商务的中小企业数量占中小企业比重由 2005 年的 5% 增加到 2007 年的 9%。

面向社区、教育等领域的民生性信息服务产业蓬勃发展。中国社区信息服务是从 20 世纪 80 年代的社区服务基础上发展起来的。随着各级政府越来越重视社区群众的信息服务需求，努力增加信息产品的数量，不断提高信息服务的水平，信息服务总量有较大的增长。当前社区信息服务发展重点是：整合各类服务资源，建设市（区）、街道、社区呼叫联动的城市统一服务系统；完善有线数字电视服务平台，开展以便捷购物、家政信息、交通旅游、就学就业等便民服务；推进在社区（小区）布设信息亭、信息服务自助终端、多功能金融服务终端等便民生活的信息服务设施。

教育信息服务产业在 20 世纪 90 年代后期以信息化基础设施建设为重

点，当前进入以应用能力为重点的发展阶段。《面向 21 世纪教育振兴行动计划》要求"实施现代远程教育工程"，对远程教育尤其是网络教育的发展作了宏观上的规划。2004 年，中国第一个下一代互联网 CERNET2 主干网建成开通。中国教育科研网格（ChinaGrid）整合各种资源，并开始应用。1600 多所高校、3 万多所中小学、5600 多所中职学校建成不同程度的校园网。仅"农村中小学现代远程教育工程"在 20 个中西部省份的顺利开展就为 8 万所农村中小学建成了光盘播放点、近 5 万个卫星教学收视点和 7000 多个计算机教室。教育数字资源建设初具规模。教育部先后实施"新世纪网络课程建设工程"和"高等学校精品课程建设工作"，开发了一批基础性、示范性网络课程、案例库、试题库、课程平台和国家级精品课程。现代远程教育试点高校已建成 1.8 万门网络课程，并有部分试点高校实行了校内外资源共享和学分互认。

27.2.4 政策环境逐步形成，政府公共信息服务能力不断增强

党中央、国务院历来重视信息服务产业的发展，先后出台了一系列政策举措，涵盖信息传输、信息技术和数字内容服务业等领域。特别是 2007 年颁发的《国务院关于加快发展服务业的若干意见》（国发〔2007〕7 号），明确提出要"积极发展信息服务业"。很多省市也出台了具有可操作性的政策予以引导和扶持，达到了很好的效果。如浙江省根据实际情况将部分信息服务企业纳入软件企业认定范围，对软件收入和软件产品进行规范认定。深圳市出台了《关于加快我市高端服务业发展的若干意见》，明确了发展高端信息服务业的战略意义、指导思想、目标任务、发展策略、战略布局、战略重点，并且提出了一系列行之有效、具有可操作性的措施。这些政策对信息服务业发展起到了重要的促进作用。

当前各级政府、各个部门更加注重利用信息技术提供面向公众的公共服务。政府网站普及率不断提高。根据工业和信息化部的数据，2008 年，中央部委政府网站的普及率达到 96.1%，省市政府网站普及率达到 100%，地市级政府网站普及率达到 99.1%。政府网站已成为发布权威政

表 27.5 电子政务公共服务的主要内容

服务对象	服务内容
面向城镇居民提供的服务	教育、文化、卫生保健、公用事业、户籍管理、婚姻登记、计划生育、住房、出入境、兵役、民主参与、就业、社会保障、交通、纳税
面向企事业单位提供的服务	企事业单位设立、纳税、年检年审、质量检查、安全防护、商务活动、对外交流、劳动保障、人力资源、资质认证、建设管理、破产登记
面向农村人口提供的服务	涉农政策、科技知识、气象、农产品和农资市场信息、劳动力转移、教育、合作医疗、农用地规划、乡村建设、灾害防治等服务
面向外籍人员提供的服务	出入境、商务投资、旅游观光、文化教育、在华就业等服务

府信息的第一平台，沟通政民、汇集民智民意的重要渠道。电子政务的公共服务已经扩大到包括城镇居民、企事业单位、农村人口和外籍人员在内的几乎所有群体，针对不同类别的服务对象，提供差异性的、内容丰富的公共服务。越来越多的政府网站的服务功能开始由简单的信息发布向网上办事、在线办理转变。统计数据表明，超过半数的地市级以上政府网站已开始整合政府职能部门所辖的在线业务资源，逐步从以信息发布为主向以在线办事为主过渡。随着政府依靠电子政务手段加强网上行政审批职能，网上审批项目持续增长，既为民众提供了便利，又使得政府可以快速、高效地完成烦琐的行政审批手续。

（本章作者 高新民 赵争朝）

参考文献

［1］胡启立：《中国信息化探索与实践》，电子工业出版社 2001 年版。

［2］吕新奎：《中国信息化》，电子工业出版社 2002 年版。

［3］国家信息中心、中国信息协会：《中国信息年鉴 2008》，《中国信息年鉴》期刊社 2008 年版。

［4］北京市信息化工作办公室：《北京市信息服务业发展报告 2007》，中国

发展出版社 2008 年版。

　　[5] 上海市信息化委员会：《上海市信息服务业产业地图 2007—2008》，社会科学文献出版社 2008 年版。

　　[6] 邹生：《广东省现代信息服务业发展研究报告》，电子工业出版社 2008 年版。

　　[7] 信息产业部、中国软件行业协会：《2008 中国软件产业发展研究报告》，2008 年。

　　[8] 刘渊：《互联网信息服务理论与实证》，科学出版社 2007 年版。

　　[9] 王守法：《现代服务产业基础研究》，中国经济出版社 2007 年版。

　　[10] 张秋生：《面向 2020 年的"十一五"期间中国现代服务业发展纲要研究报告》，中国经济出版社 2007 年版。

　　[11] 张文俊：《数字新媒体概论》，复旦大学出版社 2009 年版。

　　[12] 夏杰长等：《高新技术与现代服务业融合发展研究》，经济管理出版社 2008 年版。

企业文框 19：文思创新

　　文思创新软件技术有限公司于 1995 年创立，是在中国居领先地位的离岸软件开发公司，是第一家，也是目前唯一一家在纽约股票交易所上市的中国软件服务外包企业。据国际数据公司（IDC）的统计，以 2008 年销售额衡量，文思继 2007 年后，再度在为欧美市场提供离岸软件开发行业中位居中国第一。

　　2009 年第一季度，文思入选由国际外包专业协会（IAOP）评选的"2009 年全球外包 100 强"名单。这是继 2007 年后，文思第二次入围该名单。在 IAOP 排名中，文思位列 54 位，排名上升 42 位；并成功晋级"领袖企业名录"（Leaders category），被评为"研发服务 10 强"。目前，文思已成为众多财富 500 强企业的重要合作伙伴，主要客户包括 Microsoft，IBM，TIBCO，HP，EMC，NEC，Mitsubishi，华为，联想，ABB，3M 等著名公司。

　　为了满足客户对全球交付和 IT 支持日益增长的需求，文思将总部设在北京，在中国上海、南京、深圳、杭州、大连、广州、成都、武汉、西安、天津、香港，日本东京、马来西亚、美国圣地亚哥、西雅图、旧金山和英国伦敦设有分支机构，为客户提供一站式的实时服务。

2004 年，文思通过为跨国公司在中国建立离岸研发中心（ODC），为客户多样化战略提供更高层次的专业服务。同年 8 月，文思为 PeopleSoft 建立了中国研发中心，成为当时中国软件企业针对美国市场离岸外包服务的典型案例。目前，文思运营着中国数量最多的百万美元级的离岸研发中心，同时还拥有最多的对美项目工程师。文思也是中国第一个使用 BOT 模式（Build–Operate–Transfer 建设–运营–移交）建立 ODC 的公司。这些研发中心的建立，为跨国公司解决了设立在华机构时在投入产出、研发能力等方面的后顾之忧，加快了跨国公司进入中国市场的步伐。

2006 年，文思承建的 TIBCO 中国研发中心在北京正式成立，TIBCO 首次将研发外包由印度转向中国，文思从印度外包巨头 Infosys 手中夺得该项目，当时被称为"象口夺食"。

从中长期发展来看，中国在占全球发包量最大的对欧美外包上，与印度相差六到七年，在未来，中国外包产业要利用自身的人才优势积极发展，形成中国软件外包品牌，在世界舞台上分到更多羹，文思也会把握住天时地利人和的机会，继续保持在中国外包产业的领军企业地位，同时在世界范围内参与更广泛的竞争。

斯坦福大学商学院在 2009 年 1 月 23 日发表了关于文思的案例分析，该案例将被收入斯坦福商学院 2009 年的《组织行为学》课程中。文思案例着重分析了文思的快速增长，以及支持公司迅速发展的人才管理战略。

（编撰：刘博）

第五篇

政府信息化与电子政务

第28章

政府信息化发展综述

引　言

伴随着电子技术、信息科学的不断发展和创新，计算机的应用范围迅速拓展，信息革命逐步席卷全球。60多年来，当代信息革命的发展深刻地影响了世界各国政治、经济、社会、军事、文化等诸多领域，有力地推动了人类社会的变革和发展，加速了世界文明的进步。政府信息化就是在这样的背景下出现的。

从全世界范围来看，20世纪50年代至80年代，信息技术在政府行业的主要应用集中在政府内部的数据处理和信息管理，政府信息系统由少数专业人员管理、使用。随着80年代初期个人计算机、桌面办公设备（打印机、传真机）以及存储外设的发明和逐步普及，局域网络技术也开始逐步成熟，无纸化办公方式——办公自动化系统出现在世人面前。随着互联网的逐渐兴盛、信息技术进步带来的信息化装备成本持续降低，社会环境对政府管理能力要求的日益提升，加之公众对于更加便捷、深入的公共服务的强烈需求，电子政务应运而生。1992年，美国当选总统克林顿首次提出，他的政府将是一个电子政府，以此拉开了电子政务蓬勃发展的序幕，政府信息系统通过互联网向社会的各个角落扩展、延伸。

中国的政府信息化发端于20世纪70年代，起初的应用，集中在辅助宏观经济决策的数据处理上；进入80年代后，随着信息技术的进步，应用逐步向政府信息管理、办公自动化扩展；从90年代开始，政府核心业务信息系统开始建设，电子政务开始起步；进入21世纪后，随着互联网的蓬勃发展，人才、技术的储备以及政府信息化需求的不断提升，中国政府信息化和电子政务进入了一个全面建设的新时期。

28.1　发展历程

世界上最早的政府计算机应用是美国普查局于1951年使用UNIVAC计算机进行的人口普查。中国受技术条件所限，在1973年之前的计算机应用主要集中在国防科研、地质勘探、大规模科学计算等领域；自1973年起，计算机首次应用于政府管理，中国政府信息化开始起步，历经了数据处理、信息管理、电子政务起步和电子政务全面发展四个阶段。

28.1.1　数据处理阶段（1973—1983年）

这一时期政府信息化的主要内容是"辅助宏观决策的计算机数据处理"应用。1972年，周恩来总理指示"要积极推广电子计算机应用"。1973年3月，为落实周总理的指示，国家计委向国务院报送了筹建国家计委电子计算中心的报告，利用现代信息技术为国民经济计划和统计服务。此事不仅在中国政府部门首次揭开了应用电子数字计算机的序幕，也是中国政府信息化起步的标志。

1975年，国家计委首先开展了全国工业、农业、基建、物资、财贸年报统计汇总的工作；编制了中国1973年61种产品的投入产出表；开展了对分布于全国的 32 个重点钢铁企业日产情况进行动态汇总的试验。1975 年，经国务院批准，国家计委决定建设"国家计委电子计算机中心"，在全国 28 个省、自治区、直辖市计委建设计算站；在重点城市、重点企业安装具有数据处理能力的终端设备；在各县安装具有输入输出能力的终端设备。一个覆盖中央、省、地（市）、县四级的政府数据处理系统初具雏形。

1979 年，第三次全国人口普查数据处理由国家计委电子计算中心负责，在联合国人口基金的援助下，首次完成了总人口达 10 亿、原始数据量达 400 亿字符的超大规模数据处理任务。此项大规模数据处理系统工程全过程的实践，受到联合国专家和国际组织的高度赞扬，也开创了中国政府部门首次大规模应用计算机开展业务的先例。

1983 年 7 月，由国家计委牵头编制完成了 1981 年全国投入产出表（包含 26 个部门的价值型表和 146 个部门的实物型表），为经济数学方法在中国经济计划和预测工作中的应用开创了一个成功的先例。

28.1.2　信息管理阶段（1983—1992 年）

这一阶段政府信息化的主要内容是政府信息管理的早期应用。1983 年 10 月 15 日，国务院批准组建国家计委经济信息管理办公室，负责制定全国经济信息管理系统的长远建设规划和年度实施计划、信息系统总体技术方案，并展开制定指标体系和统一编码等基础性工作。国务院的这个决定，标志着中国政府信息化的发展开始由数据处理向信息管理升级。

1984 年 9 月，邓小平同志为《经济参考报》题词："开发信息资源，服务四化建设"，为国家经济信息系统的建设指明了方向，更深刻地阐明了国家信息化的基本宗旨是要服务于国家全面建设。

1984 年 11 月，经国务院同意，电子振兴领导小组发布了"中国电子和信息产业发展战略"，指出中国电子和信息产业要实现两个转移：第一，把电子和信息产业的服务重点转移到为发展国民经济、为四化建设、为整个社会生活服务的轨道上来。为此，必须把电子信息产业在社会各个领域的应用放在首位；第二，电子工业的发展要转移到以微电子技术为基础、以计算机和通信装备为主体的轨道上来，并确定集成电路、计算机、通信和软件为发展的重要领域。

1986 年 2 月，国务院确定在"七五"期间，在国家计委计算中心系统工程的基础上进行扩充和延伸，重点建设国家经济信息管理主系统，由中央、省、中心城市和县四级信息中心构成，作为中央和地方各级人民政府及主要综合经济部门进行宏观经济分析、预测、决策服务的主干系统。为了顺利地进行此项重大的系统工程建设，决定由国家计委和有关方面的负责同志联合组成国家经济信息管理领导小组，国务委员宋平同志担任组长。1987 年 1 月 24 日，经国务院批准，国家经济信息中心正式成立。1988 年 1 月 22 日，邓小平同志亲笔为"国家信息中心"题名，充分表达了老一辈无产阶级革命家对发展中国信息事业的无限关怀和殷切希望。

1990 年年底，国家经济信息系统基本上完成了一期工程的任务，形成了一个由 28 个省、自治区、直辖市（西藏、海南在建），14 个计划单列市，150 个中心城市，以及 700 个县的信息中心构成的主系统基本框架，拥有各类大、中、小型计算机和 PC 机 4000 余台（套），并形成了一支近万人的初步掌握现代信息技术，能够从事数据处理、软件开发、硬件维护以及经济分析和预测的专业技术队伍。

在重点建设国家经济信息主系统的同时，1984—1990 年间，国务院先后批准经济、金融、铁道、电力、民航、统计、财税、海关、气象、灾害防御等十多个国家级信息系统的建设。有 43 个部、委（局、总公司）先后成立了信息机构，总共投资约 200 亿人民币，引进大、中、小型计算机 1391 台，安装微型计算机约 6 万台，用户终端 3 万台，开发各类经济信息数据库 174 个，各类经济信息管理系统 252 个。这些系统都在不同程度上为提高政府的业务处理和管理水平发挥了重要的作用。例如，由中国人民银行牵头建设的全国金融信息系统通过卫星开通了 400 个城市和银行的资金结算系统，可以将数万亿的在途资金的结算时间由过去的 7—10 天缩短至 1—2 天。由铁道部牵头建设的全国铁路系统，初步建成了由铁道部至 12 个铁路局和 57 个铁路分局的计算机三级铁路基干信息网，并在 87% 的机务段和 67% 的车务段实现了联网。

在为政府和公众服务的数据库资源开发方面，中国虽然与发达国家尚有很大的差距，但也已经具备了一定的规模。据原科技部情报所（现中国科学技术信息研究所）1991 年提供的资料，当时全国共开发各类数据库 806 个，信息总量约 5000 万条。

28.1.3　电子政务起步阶段（1993—2000 年）

这一阶段政府信息化的主要内容是政府业务系统的起步探索。20 世纪 90 年代以来，互联网开始在世界范围内普及应用，一些政府关键业务迫切要求建设信息系统满足业务开展需要，办公自动化系统建设开始起步，政府上网工程兴起。在此期间，中国利用日元贷款进一步建设了国家经济信息系统，国务院首次成立了国家信息化领导小组。

1. 核心业务系统先行

为了加速推进中国的信息化进程，适应政府关键业务管理需求不断发展的需要，1993 年年底成立了由国务院副总理邹家华任主席的国家经济信息化联席会议，正式部署了以"金桥"、"金关"、"金卡"工程（简称"三金"工程）等"金"字头系列的重大系统工程，并列入国家中长期规划。

"金桥"工程的目的在于为国家宏观经济调控和决策服务，建成一个连接全国各省部级单位、四百多个中心城市的专用基础通信网络，实时提供每日经济、金融、宏观经济、价格、电信、外商投资、房地产以及境外信息等八大类、数百个可动态更新的信息服务栏目，以及电子邮件、电子广告、联机会话、电子会议等八种增值服务。

"金关"工程是国家为提高对外贸易及相关领域的管理和服务水平而建立的现代化信息网络系统，实现了银行、外汇管理局和海关的计算机联网和信息交换，实现了进出口结汇业务的全国进出口报关单联网核查，有效地防止了利用假报关单骗汇、逃汇和套汇等违法事件的发生，大大提高了外贸企业进出口结汇的效率。

"金卡"工程推动了银行卡跨行业务的联营工作，在 12 个试点城市全部实现了同城跨行的自动取款机联网，全国电子联行系统每天处理 5 万多笔业务，金额达 800 亿—1000 亿元，每天为国家增加可使用资金 500 亿元；非银行智能卡也在公安、保险、劳动工资、交通管理、医疗卫生等领域开始了广泛的应用。

在此期间，"金税"工程也开展了首期的建设工作，建设了增值税专用发票稽核系统，取得了较好的经济效益，为日后"金税"二期、三期的建设奠定了基础。

实践证明，"金"字工程以政府的关键业务流为主线，极大地推动了现代信息技术在中国政府中的应用和中国政府信息化的发展，产生了巨大的经济效益和社会效益，为中国电子政务的起步奠定了坚实的基础。

2. 办公自动化

1992 年，国务院办公厅下发了《关于建设全国行政首脑机关办公决策服务系统的通知》，对行政机关办公自动化的建设起到了积极的推动作用，各级政府的办公自动化建设开始加快步伐。1994 年，中共中央办公厅、国务院办公厅实施了旨在实现办公自动化的"金海"工程。在"金海"工程的示范和带动下，到 2000 年，全国已经基本建成了以国务院办公厅为枢纽，连接各省、自治区、直辖市政府和国务院各部委、各直属机构的全国政府系统办公自动化网络，绝大多数地区、部门也建立了机关内部的办公业务网络，有些地区的办公自动化网络延伸到了市（地）、县，有些部门还建立了全系统的办公自动化网络。与政府系统办公自动化建设成就相类似，党委、人大等系统也逐步建设了具有相当规模和水平的办公自动化系统。

3. 政府上网工程

1998 年 4 月，青岛市在互联网上建立了中国第一个严格意义上的政府网站——"青岛政务信息公众网"。1999 年 1 月 22 日，由中国电信和国家经贸委经济信息中心主办，联合四十多家部委（办、局）的信息主

管部门，共同倡议发起了"政府上网工程"，目标是在 1999 年实现 60%
以上的部委和各级政府上网，在 2000 年实现 80% 以上的部委和各级政府
部门上网。此次政府上网工程在全国引发了规模较大的政府信息化普及活
动，大大提高了各级政府部门的信息化意识，为电子政务的全面开展和纵
深发展打下了良好的基础。

4. 利用日元贷款建设国家经济信息系统

国家经济信息系统（SEIS）在原有业务条件基础上，利用日本政府
贷款进一步建设。由国家计委委托国家信息中心牵头，涉及 23 个中央部
委（局），38 个省、直辖市、自治区和计划单列市，共计 61 个项目单位，
系统包括一个公共网络平台和七个业务系统，网络连接国家计委、国家信
息中心、部委信息中心与部分省市信息中心，实现资源共享。国家经济信
息系统的建设为"金税"、"金关"等系统的深入建设、为地方信息化全
面展开打下了坚实的基础，加速了中国信息化建设的进程，在中国政府部
门信息化建设历程中具有典型示范的先导作用和重大的意义。

28.1.4　电子政务全面发展阶段（2001 年至今）

这一阶段政府信息化的主要内容是电子政务的蓬勃发展。2001 年 8
月，中国重新组建了以国务院总理朱镕基为组长的国家信息化领导小组；
国家信息化领导小组的常设办事机构——国务院信息化工作办公室，以及
国家信息化专家咨询委员会，亦随之成立。2001 年 12 月，国家信息化领
导小组召开了第一次会议，强调中央各部门和各级政府都要高度重视电子
政务建设工作。领导干部要加强信息化知识的学习，充分利用信息化手段
加强政府的有效管理，促进政府职能转变，提高政府办事效率和管理水
平，促进政务公开和廉政建设。此次会议还明确了以电子政务带动中国经
济、社会信息化发展的基本方针，并将电子政务建设列为国家信息化的首
要工作。至此，中国的电子政务建设开始进入全面推进阶段。

2002 年 1 月，国务院信息化工作办公室和国家标准化管理委员会联
合在北京成立了电子政务标准化总体组，全面启动电子政务标准化工作。

电子政务标准化总体组的成立，为有效支持中国电子政务工程的建设、加快电子政务标准的研究和制定工作提供了组织保障。

2002 年 7 月 3 日，国家信息化领导小组召开第二次会议，审议通过了《国民经济和社会发展第十个五年计划信息化重点专项规划》和《国家信息化领导小组关于中国电子政务建设指导意见》，后者在会后以中办、国办文件形式下发（中办发 2002［17］号）。会议明确指出，在实施规划中，要突出重点，抓好先行；着重抓好电子政务、电子商务和企业信息化建设，以此推进国内信息产业的发展，带动整个国民经济和社会信息化进程。17 号文件明确了"十五"期间中国电子政务建设的主要目标、任务和需要采取的措施，成为今后一段时期内指导中国电子政务建设的纲领性文件。文件规定了"一站两网四库十二金"的建设内容："一站"，是指政府门户网站；"两网"，是指政务内网和政务外网；"四库"，是指建立人口、法人单位、空间地理和自然资源、宏观经济等四个基础数据库；"十二金"，是指要重点推进办公业务资源系统、宏观经济信息系统等十二个业务系统。

2002 年 11 月，中国共产党第十六次全国代表大会进一步明确"信息化带动工业化"、"推行电子政务"的方针。至此，中国电子政务的发展在指导思想和政策上已经从单纯的技术应用和事务处理，迈入了以加强政府有效管理和为民服务为目标的全面发展阶段。

2004 年 8 月 28 日，十届全国人大常委会第十一次会议表决通过了《电子签名法》，于 2005 年 4 月 1 日起施行。《电子签名法》的通过，标志着中国首部"真正意义上的信息化法律"已正式诞生。该法首次赋予电子签名与文本签名具有同等法律效力，并明确电子认证服务市场准入制度，保障电子交易安全。

2004 年 12 月，中办、国办印发了《关于加强信息资源开发利用的若干意见》（中办发［34］号文），这是中国第一次专门针对信息资源开发利用而提出的重要指导性文件，文件指明了中国信息资源开发利用的指导思想、主要原则和重点任务，对提高认识和在信息化工作中重视信息资源的开发利用，推动中国信息化建设的健康发展，产生了很大的影响。

2006 年 1 月 1 日，中国政府网正式开通。作为中国电子政务建设的重要组成部分，中国政府网是政府面向社会的窗口，是公众与政府互动的渠道，对于促进政务公开、推进依法行政、接受公众监督、改进行政管理、全面履行政府职能具有重要意义。

2006 年，国家信息化领导小组正式下发了《国家电子政务总体框架》（国信字 2006〔2〕号），框架简单概括为：服务是宗旨，应用是关键，信息资源开发利用是主线，基础设施是支撑，法律法规、标准化体系、管理体制是保障。国务院副总理曾培炎指出："这是国家电子政务的骨架，有了这个骨架，全国电子政务体系就能竖起来。框架从战略高度明确了电子政务发展的思路、目标和重点，为加快中国电子政务建设打下了重要基础。"

2007 年 1 月 17 日，国务院通过《中华人民共和国政府信息公开条例》，自 2008 年 5 月 1 日起施行。政府信息公开是中国政府民主政治理念和行政管理理念的重大变革，是一场深刻的思想政治革命，必将极大地促进中国电子政务公共服务能力和水平的提升。

2007 年 10 月，中国共产党第十七次全国代表大会提出"推进决策科学化、民主化，完善决策信息和智力支持系统"，增强决策透明度和公众参与度，还要"推行电子政务，强化社会管理和公共服务"。这不仅表明民主决策要更多地依靠信息化，更明确了"公共服务"也是电子政务的一个重要职责。

2009 年 4 月，国家电子政务外网（一期工程）完成初步验收。在2008 年四川汶川地震引发的唐家山堰塞湖排险过程中，电子政务外网很好地承载了国务院应急指挥系统的运行，网络和指挥系统都发挥了重要作用。

虽然中国的电子政务建设近年来发展很快，也取得了很大的成绩和进展，我们仍然应该冷静地看到，与发达国家和一些新兴的工业化国家相比，就全国范围而言，中国的电子政务建设仍然处于发展的初期，要真正实现建设一个现代化政府的战略目标，前面还有很长的路要走。

28.2 取得的成就

30 多年来，中国政府信息化发展从无到有，从小到大，逐步追赶并缩短与世界先进国家的差距，加速了政府经济调节、市场监管、社会管理和公共服务各项能力的提升，大大加快了经济社会发展的步伐，在政府网站、网络基础设施、信息资源、业务系统等方面的建设取得了令人振奋的成绩。

调查和统计数据表明，截至目前，中央政府各政府机构（除个别部门外）已经全部开设了互联网网站，除中国台湾、中国香港和中国澳门地区之外，全国 31 个省、自治区、直辖市的地方政府也全部开设了门户网站，各省区市政府绝大部分政府机构、地级市州和相当一部分区县都已开通了门户网站，并提供了程度不同的信息发布、网上办事等服务。根据中国互联网络信息中心的统计，截至 2009 年 1 月，全国 .gov.cn 域名已开通 45555 个，与 1997 年 10 月的统计数字 323 个相比，增长了 141 倍。图 28.1 为 1997 年以来中国政府网站域名统计变化情况。

在网站建设方面，中国政府网开通三年多来，面向社会提供政务信息和与政府业务相关的服务，穿插新闻报道内容，逐步实现政府与企业、公民的互动交流，在国际国内产生了重要影响。商务部网站突出网上办事功能，将近 70 项在线业务统一纳入网上政务大厅，该网站连续五年在全国部委级评比中获得第一名。在评比的带动下，各部委网站的建设水平稳步提高。地方网站方面，北京、上海、浙江、深圳、青岛、广州，上海虹口区、北京大兴区、深圳福田区分别列 2008 年度政府网站绩效排名的省级、市级和区县级的前三名。

在国家政务基础网络建设方面，国家电子政务外网建设取得阶段性成

（单位：个）

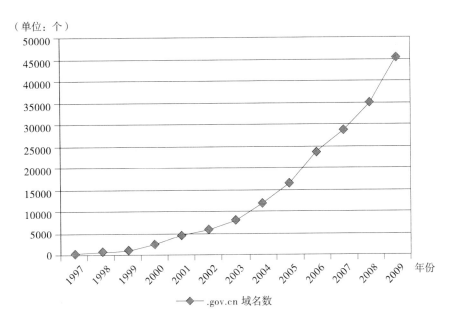

图 28.1　1997 年以来中国政府网站（.gov.cn）数量增长情况统计

果，电子政务外网已横向连接 42 个国务院政府机构，纵向连接全国 32 个
省级政务外网，并通过各省级外网进一步向下延伸，截至目前已有 12 项
政府机构的横、纵向业务在政务外网上运行。国家电子政务内网的建设也
在积极论证推进中。

在信息资源建设方面，人口、法人单位、空间地理和自然资源以及宏
观经济等四个基础信息库建设稳步推进。特别是在地方，由于各自电子政
务发展情况的不同，需求不同，基础数据库的建设力度各有不同，一些地
方的基础数据库已经建成并投入使用，在电子政务管理和公共服务中发挥
着巨大作用。除了重要基础数据库外，一些部门还根据实际情况组织建设
了一系列信息资源，如文化部、财政部牵头组织建设的"全国文化信息
资源共享工程"，旨在整合全国文化信息资源，实现优秀文化信息资源在
全国范围内的共建共享，以及国家知识产权局建设的专利数据库、国家图
书馆建设的中国数字图书馆工程等，都产生了巨大的社会效益，正在满足

广大人民群众日益增长的信息资源获取需求。

在政府核心业务系统建设方面，重点业务系统建设先后取得了重要成果，发挥了显著的经济和社会效益。"十五"以来国家启动建设的重点电子政务工程项目中，"金税"二期工程、"金审"一期工程、"金盾"一期工程、国家电子政务标准体系建设项目一期工程等四个项目已经基本完成建设内容，通过了国家组织的工程验收；"金保"社保工程、"金保"低保工程、"金质"一期工程、"金土"一期工程等项目也都在稳步有序推进当中。通过这些重点工程的实施，政府部门的行政效率得到明显提高，电子政务建设的成效开始显现。例如，"金盾"一期工程的实施，显著提升了公安机关侦查破案打击犯罪的能力和水平。通过开展网上侦查、网上串并案件，带动和促进了公安机关打击犯罪工作方式的转变，全国利用信息破案数已占破案总数的 20% 左右，浙江和江苏分别达到了 38.5% 和 25%。通过"金审"工程的建设，审计效率普遍提高 3 倍以上。"金税"工程建设实践证明，信息化不仅是加强税收管理的重要手段，也是税务干部队伍建设的重要基础，通过信息化建设，税收征管的质量和效率不断提高；"金税"三期工程建成后，税收征收率将从 2002 年的 63.5% 提高到 75% 左右，国税系统每百元税收成本将由 2002 年的 4.66 元降低至 2.5 元以下。在地方电子政务系统建设中，北京市东城区的"万米网格化管理系统"、宁波"求助服务热线 81890"、福建泉州市的行政服务中心"全程式网上审批"等一大批系统都收到了很好的效果。

28.3 展　望

对于政府信息化发展的展望，本质上是政府管理体制与信息结构互动进程的展望；政府管理体制的演化过程，本质上是政府管理和决策结构科学化、民主化发展的过程。政府公共管理和公共服务的优化要求立法、执法过程更加公开、透明、程序化；要求财税管理更加科学化、合理化；要求监督信息趋于集中化、共享化；要求服务方式更加社会化、中介化。毫无疑问，政府信息化和电子政务将在这些方面扮演非常重要的角色。

信息化的发展过程，从根本上说是一个使信息对于所有群体、个人同样对称、透明的过程，它使得信息的获取、分析、加工、传播、存储和利用，无论对于政府和公众而言，都变得更加容易、便捷。一方面，政府掌握、分析、处理信息的能力极大加强，效率显著提升，成本快速降低，宏观政务活动的微观化管理以及微观政务活动的宏观化管理开始具有可行性基础，政务行为的科学性、有效性将得到大幅提高；另一方面，加强政务信息公开、政务决策问计于民、政务行为接受公众监督，提供更加便捷、周到、低成本的服务，营造开放的信息化氛围，主动适应信息化趋势要求，积极、稳妥地推行政府机构重组，是政府信息化和电子政务发展的必然。本着执政为民的理念，中国政府信息化和电子政务未来的发展过程一定会顺应"信息对称"的趋势，转变固有观念，为中国的经济和社会发展以及社会主义民主政治的发展提供新的机遇。

（本章作者 杜链 王江）

参考文献

［1］周宏仁：《信息化论》，人民出版社 2008 年版。

［2］国家信息中心日元贷款办公室：《利用日本政府贷款建设国家经济信息系统专题材料》（内部资料）。

［3］宁家骏：《十七大与下阶段电子政务》，中国信息化网。

［4］中国互联网络信息中心：《中国互联网络发展状况统计报告》（第 1 次至第 23 次）。

［5］于施洋、吴昊：《2007 年中国电子政务发展回顾与 2008 年展望》，《中国电子政务发展报告（2008）》，社会科学文献出版社 2008 年版。

［6］章祥荪、杜链：《电子政务及其战略规划》，科学出版社 2004 年版。

企业文框20：锐捷网络

锐捷网络是一家全系列网络产品线及解决方案的专业网络设备及解决方案供应商。产品及解决方案广泛应用于政府、金融、教育、医疗、企业、运营商等行业市场，在东南亚、北美、南美、独联体、中东等地区实现规模化应用。2007—2008年，锐捷网络在中国网络市场占有率综合排名中，位居国内厂商综合排名第一位。

锐捷网络连续五年入围中央国家机关政府采购，并且在中共中央直属机关政府采购以及国家税务总局协议供货项目中实现了全系列产品的入围，为政府机关提供了最优质的产品和服务。正是因为像锐捷一样的国有自主创新企业的崛起，实现高端产品的完全国产化，很好地满足了政府机关信息化应用的需求，从而也推动政府集中采购真正能够采购到性能好、服务佳、价格低的产品。

2008年锐捷网络成功服务于北京奥运村、奥林匹克森林公园、天津奥体中心、新华社奥运移动报道等项目的网络建设，为成功举办奥运会保驾护航。

2008年，在锐捷网络的配合下，审计署启动涉密内网骨干网、专网的一级骨干网以及专网数据中心的建设。项目建设以经济实用为重要出发点，在保障性能的同时，很好地利用了原有"金审"工程一期的设备，为国家节省了宝贵的资金。

在工业和信息化部领导的大力支持下，从2008年开始，锐捷网络与北京大学建立了战略合作关系，正式启动了中国政府CIO人才培养计划。每年将有50名以上的政府信息化负责人，免费参加北大政府CIO班的学习。

锐捷网络从成立伊始就始终致力于中国的金融信息化建设。从推出业界第一台金融行业定制路由器、金融局域网解决方案到2008年针对金融网点推出分布式路由交换一体机，锐捷一步一个脚印，帮助客户全面提升工作效率和竞争优势。迄今，锐捷网络所服务的金融行业用户超过650家，成功服务了全国范围内的23家工行一级分行、28家建行一级分行、20家农行一级分行、35个人寿省级分公司、29个人保省级分公司和中华联保全国各省级分公司。

锐捷网络在教育信息化的发展方面也建树颇多。2002年，锐捷网络与华中科技大学共同合作，率先在业内推出了"SAM安全计费管理"解决方案。2005年，锐捷网络成为全国中职实训基地项目的唯一供应商。2007年，锐捷网络和教育部合作，向国内100所中等职业学校捐赠了总价值1658万的网络实训设备及教学服务。到2008年，锐捷网络服务的高校用户数量已经突破了1600家，覆盖高教用户数达到80%。2009年，锐捷网络全面入围CNGI校园网IPv6技术升级与应用示范项目。

从2004—2009年，胡锦涛、吴邦国、温家宝、贾庆林、曾庆红等党和国家领导人先后莅临星网锐捷科技园及锐捷网络公司参观考察，对锐捷取得的成绩和坚持走科技创新之路、发展民族信息产业的经营理念给予了充分肯定。

（编撰：刘博）

第 29 章
税　　务

引　　言

　　税收是政府最重要的管理职能之一。国家不能没有税收；否则，政府将无法运作，国家想做的许多事情都无法进行。然而，自愿按时、按量缴税的人并不多，特别是在缴税不方便，或者缴税人十分忙碌的情况下，国家的税收会受到一定的影响。因此，税收的有效管理是每个国家和地区的政府都十分关心的事情；因而，也是许多国家和地区电子政务发展的第一优先领域。电子税务系统通过向居民和企业提供各种报税事务处理的方便和效率，鼓励居民积极报税、纳税，同时，也通过现代信息技术提供的手段对税务工作进行严格而有效的管理。

　　税收信息化是利用信息技术提供的可能性来改造政府对于税收的管理，实现税收管理的现代化，在提高政府税收管理的有效性和效率的同时，也对广大依法纳税的企业和个人提供便捷、优质的税收服务。随着现代信息技术的诞生和发展，信息化为税收管理提供了重要的技术手段，成为税收管理领域的重要生产力。中国政府实施的著名的"金税"工程，是中国电子政务建设最重要的成就之一。

29.1 税收信息化概述

信息技术在中国政府税收管理中的应用，始于20世纪80年代。20多年来，电子计算机在税收中的应用领域不断拓宽，信息化管理机构逐步健全，以增值税专用发票的管理系统为突破口，在依法治税的同时，从严治队，在管理理念、管理体制、管理方法上努力创新。中国的税收信息化有了快速的发展，取得了惊人的成就。

29.1.1 税收信息化的发展历程

中国税收信息化的发展可以划分为五个阶段。从会计、统计报表、税收月报的数据处理，重要的管理信息系统的建设，发展到充分利用以计算机和网络为核心的现代信息技术，建立完善的中国税收管理信息系统。

1. 20世纪80年代

这一时期，税务系统启动了电子计算机的应用，主要集中在会计、统计报表、税收月报处理等方面，以减轻手工劳动。1985年，国家税务总局对税务系统开发运用计算机工作做了统一部署，拉开了全国税务系统计算机开发和应用的帷幕。1988年，国家税务总局成立了计算机管理处。

2. 1990—1994年

国家税务总局积极推进信息技术在税收领域的应用，提出了税收征管电子化的目标。计算机应用领域拓宽，从税务系统内部延伸到外部，从报表拓展到税收征管的各个方面，如基层征管、出口退税、涉外税收等；应用深度提高，建立了简单的纳税人档案和纳税申报资料，征管软件中征管数据和会统账已经建立了有机联系和监控关系，计算机应用已从省市一级逐步转移到了征管第一线，县市级基层单位普遍使用微型计算机办理征税业务；技术层次有所提高，普遍使用局域网，并开始尝试小型计算机应用；管理水平有所提高，出台了《税收征管软件业务规范》、《税收业务分类代码》等规范性文件。

1990 年，召开了全国税务系统第一次计算机应用工作会议，税收电子化被提上重要议事日程。1994 年，国家税务总局信息中心成立。

3. 1994—1998 年

这一时期，国家税务总局根据国务院领导的指示，启动了"金税"工程一期，将增值税专用发票在计算机系统上进行管理，开税务系统信息化网络建设之先河。

同时，为适应征管改革的需要，国家税务总局启动了世界银行税收征管改革（CTAIS）技术援助项目，完成了新征管业务规程的设计和征管软件原型系统。在此基础上，利用日元贷款项目进行了税收征管信息系统的开发与试点应用。

为适应行政管理现代化的需要，启动了办公自动化建设，完成了信息采编等系统建设和公文处理系统的开发和试点工作。

这一时期，各地也积极进行开发税收征管软件在内的信息化建设，支持机构分设后税收工作的需要。税务系统网络化和全局化应用开始起步，积累了经验，培养了人才。

4. 1998—2003 年

这一时期，国家税务总局进一步推进了增值税专用发票管理系统、综合征管软件的建设和推广，并将税收信息化建设提高到与依法治税、从严治队相并列的地位。

1998 年，国务院正式批准"金税"工程二期立项。2001 年，"金税"工程二期开始投入运行，2003 年，全部一般纳税人所使用的专用发票均纳入此系统管理，项目全部完成。此项目获得国家科技进步二等奖。

1998 年，在世界银行贷款项目和日元贷款项目的支持下，国家税务总局进行了综合征管软件的开发设计工作，并在 19 个城市推广使用。2001 年 12 月，总局部署一些地区开展了以信息化支持下的税收专业化管理为核心内容的征管体制改革试点，作为配套措施，综合征管软件在山东、河南、浙江和深圳等和其他省选取一个市国税局试点推广。

公文处理软件在全国税务系统推广使用。税务监控系统开发试点推广，实现对内、对外两方面的综合数据挖掘、目标考核、评估分析、特性监控等功能，开始了信息资源综合利用的探索。

这一期间，国家税务总局提出信息化建设的一体化思想，并进行一体化的总体规划和设计。在"金税"工程二期取得成功的基础上，提出了功能范围更广的"金税"工程三期的立项申请。2002年，召开了全国税务系统信息化工作会议并明确提出，要充分利用高科技尤其是以计算机和网络为核心的现代信息技术，为税收管理提供现代化手段，在管理理念、管理体制、管理方法上创新，使之成为依法治税和从严治队的重要依托。2001年通过的新征管法，第一次将税收信息化和现代化写进法律。

5. 2003年至今

国家税务总局根据新时期税收工作总的指导思想和税收工作主题，根据新阶段税收信息化的实际，提出税收信息化建设必须坚持一体化要求和"统筹规划、统一标准、突出重点、分步实施、整合资源、讲求实效、加强管理、保证安全"的原则，进一步明确了税收信息化建设的总体目标和主要内容，加强了信息化建设的集中统一领导，调整了信息化建设的工作机制，将信息化各项工作全面纳入一体化管理。

这一时期，国家税务总局对"金税"工程二期进行了延伸，实行了在增值税申报环节对增值税专用发票和增值税申报表的有关数据项进行增值税申报票表比对，同时对货运发票等其他增值税凭证以人机结合的方式加强管理，完善了增值税管理信息系统；以数据省级集中处理方式推行总局综合征管软件，基本实现对国税系统的覆盖；开发或升级出口退税、个人所得税管理、税收执法管理、财务管理、公文处理等系统；推行信息资源整合，进行信息资源一户式储存，增值税发票管理、综合征管、出口退税等三大系统之间的数据整合；推行房地产税收一体化管理、车辆税收一条龙管理等；开展税收数据分析利用，加强税源管理和各税种管理，进一步落实"以申报纳税和优化服务为基础，以计算机网络为依托，集中征收，重点稽查，强化管理"的新征管模式，推进税收科学化、精细化管理措施的落实。

在此基础上，国家税务总局将税收信息化建设的总体目标确定为建立和完善中国税收管理信息系统，简称为"金税"工程，英文缩写为"CTAIS"，各税收管理信息化需求都一体化地在"金税"工程中实现。这些目标将在"金税"工程三期及以后工程中逐步实现。

2005年，"金税"工程三期项目建议书获得国务院批准，2008年9月24日，"金税"三期工程第一阶段中央投资部分初步设计和投资概算获得国家发改委的批准，"金税"三期工程正式启动，"金税"三期工程管理办公室成立。

国家税务总局成立征管和科技发展司，将信息化的行政管理职能和征收管理的行政职能进行整合。

税收信息化的发展取决于税收管理方面的需求、信息技术提供的可能性、政策法律、社会环境和人的主观能动性等几个因素，是一个渐进发展的过程。

29.1.2　税收信息化的贡献

税收信息化能有效提高税收管理的效率，有效支持税收管理创新和服务创新。从实践来看，税收信息化的作用主要体现在以下四个方面：

1. 有效地支持了新税制运行。通过信息化，使得增值税复杂的管理性和操作性要求得到支撑，使得增值税税制和以增值税为主体的整个新税制在中国运行良好。

2. 有效地提高了征管的质量和效率。通过信息化，在人员没有增加、管户和工作量增加的情况下，实现了税收征收率的逐年增长。

3. 有效地提高了内部管理水平。通过信息化，有效实现了上级对下级的监控，制约了自由裁量权，一方面执法水平提高、各项税收政策更加落实，一方面税务系统内部上级行政管理（包括人、财、物、公文等）

的要求更加落实。

4. 有效地提高了决策水平。通过信息化，实现信息的数字化。通过对数字化信息的反复使用和校验，提高了数据的质量。相对完整和准确的信息，使税务系统各层次的决策水平有了大幅度提高。

29.2 增值税管理信息化

1994 年，中国实施了以推行增值税为主体的工商税制改革，增值税成为中国现行税制下的最大税种。但是，增值税采用发票计税、凭票抵扣办法，容易诱发不开发票、虚开发票、骗取抵扣税款等问题，管理不好，会危及新税制，干扰国家的税收秩序和经济秩序，极大影响着国民经济能否稳步、健康地发展。国务院领导高度重视，指示国家税务总局引入现代化技术手段加强对增值税发票的控制管理，即建设"金税"工程，并要求与有关部门"联合攻关，务期必克"。1997 年，"金税"工程被确立为国家信息化建设重大项目。

29.2.1 增值税管理信息化简介

1994 年 2 月 1 日，国务院指示要尽快建设以加强增值税发票管理为主要目标的"金税"工程。据此，航天部和电子部各自开发了相互独立运行的防伪税控系统和交叉稽核系统，即"金税"工程一期。1994 年下半年两个系统开始试点。其中，稽核系统在全国部分地区 50 个城市试运行，防伪税控系统在珠海、鞍山和镇江三市试运行。试运行中发现交叉稽核系统存在一些缺陷，影响了系统功能的发挥，主要是专用发票数据靠人工录入，存在大量的采集错误，导致计算机产生的稽核结果多为垃圾信息，由于试点范围有限，只在部分城市建立了稽核网络，对其他地区的专用发票没有办法进行交叉稽核。由于运行结果与预期目标相差甚远，"金税"工程一期停止运行。

1998 年 6 月，经请示国务院批准，国家计委对"金税"工程二期正式立项。2000 年 8 月，国务院领导正式批准"金税"工程二期总体设计方案和推行方案，明确"金税"工程二期由四个子系统组成，即在增值税一般纳税人范围内全面推行防伪税控开票子系统，在税务部门建立发票认证、计算机稽核和发票协查三个子系统。2001 年 1 月 1 日起，"金税"二期四个系统在辽宁、江苏、浙江、山东、广东和北京、天津、上海、重庆等"五省四市"开通运行。2001 年 7 月 1 日，在其他 22 个省、自治区开通运行，国家税务总局到省、市、县国税局的四级网络全部联通，"金税"工程覆盖到全国所有省市县。2003 年 7 月底，防伪税控开票子系统全面覆盖全国所有约 140 万增值税一般纳税人，从 2003 年 8 月 1 日起，一般纳税人使用手写版专用发票的历史从此宣告结束。"金税"工程二期建设目标圆满完成。

2003 年，国家税务总局开始全面实施增值税管理信息化。完成了增值税专用发票和增值税申报表的比对审核；采取措施加强农副产品收购发票、货运发票、废旧物资收购发票、海关代征增值税完税凭证（简称"四小票"）和其他增值税凭证的管理，实现了对"四小票"的"人工采集、网络传输和计算机比对"和清单管理；推行货运发票税控系统，对货运发票参照增值税专用发票的管理办法进行管理；推行"一机多票"系统，使增值税防伪税控系统能够开具和监控增值税普通发票；开发"四小票"核查功能；逐步实现对"四小票"的"电子采集、网络传输和计算机比对"和自动票表比对；加大了数据分析力度。

29.2.2 增值税管理信息化基本做法

凭票抵扣是增值税制的优点，也是弱点。必须将发票管好，实行"以票控税"，才能从根本上解决增值税的管理问题。要实现"以票控税"，至少做到以下五点：一是这张标明进项税额的票是真的；二是这张标明进项税额的票与对应的那张标明销项税额的票的票面数据是一致的；

三是那张标明销项税额的票已纳税申报；四是以上三个方面有问题后有渠道去查证；五是在设计信息系统解决以上问题时还必须保证数据采集的自动化，避免人工干预，数据能够完整准确。

从逻辑上讲，增值税管理信息系统应由增值税凭证管理、申报纳税管理、数据分析等几部分组成。其中，增值税凭证管理包括对增值税专用发票、"四小票"和其他增值税凭证的管理；申报纳税管理包括增值税凭证和纳税申报之间的比对、申报、缴款、入库的管理；数据分析则包括宏观纳税评估和微观纳税评估等。

增值税专用发票管理是问题的关键。防伪税控开票子系统保证专用发票销项税额的票面数据采集的真实性和完整性；防伪税控认证子系统保证专用发票进项税额的票面数据采集的真实性和准确性；专用发票交叉稽核子系统保证同一张票的进项税额数据与相应的销项税额数据相符，比对结果异常的，移送协查子系统进行检查；协查子系统对问题进行核实；通过实行增值税申报票表比对，保证销项发票已进行纳税申报，进项税额没有多抵扣。

对"四小票"和增值税其他凭证的管理问题采取类似的思路解决。

通过以上设计，若干子系统紧密相连，相互制约，构成完整的增值税管理信息系统。

29.2.3　增值税管理信息化效果

增值税管理信息系统的建设取得了显著的经济和社会效益。

这个重要的信息系统的主要贡献包括：

1. 加强了对增值税的管理，促进了增值税收入的稳定增长。税务机关初步实现了对增值税管理的规范化和系统化，促进了增值税宏观税负、征收率和税收收入的稳定增长。如增值税征收率由 2000 年的 52.60% 提高到 2007 年的 83.83%。

2. 有效解决了犯罪分子利用增值税专用发票偷骗国家税款的问题，虚开增值税专用发票大要案呈明显下降趋势，保证了新税制改革的成功。

如因增值税专用发票犯罪被判处死刑的人数由 2001 年的 16 人下降至 2005 年的 1 人，稽核有问题的专用发票比例从 2001 年的 8.51% 下降至 2005 年年底的 0.033%。

3. 完善了税务系统队伍建设的保障机制，树立了税务部门的良好社会形象。税务机关实现了增值税管理各个不同环节在信息共享基础上的相互监督制约，形成了防止腐败产生的机制，推动了税务干部队伍建设。如税务人员参与虚开增值税专用发票案件的数量从 2000 年的 224 人下降至 2002 年的 10 人。

4. 促进了出口退税管理水平的提高。随着增值税专用发票稽核、协查信息质量的提高，推行了使用增值税专用发票稽核、协查信息审核出口退税的办法，实现了对大部分出口货物增值税专用缴款书的替代，在推进出口退税机制改革，简化出口退税凭证、强化监管、服务企业等方面发挥了重要作用，加快了出口退税进度。

总的看来，增值税管理的信息化有效地保障了增值税这一新税制的实施。没有增值税管理成功地实现信息化，1994 年实施的以增值税为主体的新税制和建立在新税制基础上的分税制都将难免失败的命运。

29.3　综合征管信息化

虽然各个税种有其不同的特点和管理要求，但税制要素和征管要素结构、征管流程基本类似，如都需要登记、申报、征收、会计、检查、复议等，这就为开发各税种共同遵循的征管规程和综合征管软件提供了基础。从 1994 年引入世界银行中国税收征管技术援助项目开始，国家税务总局开始了开发推广统一的综合征管软件的历程。

29.3.1 综合征管信息化简介

1994 年，国家税务总局和世界银行达成税收征管改革技术援助项目（简称世行技援项目）后，即进行《税收征管业务规程》编写工作，1998 年最终完成。与此同时，进行了综合征管软件系统需求和软件需求分析工作，并进行了世行技援项目软件原型系统的设计与开发，1997 年 4 月完成。在此基础上，1997 年 12 月，完成了日元贷款项目综合征管软件的开发工作。1998 年，在前述工作的基础上，开始了总局综合征管软件的开发，1999 年完成。随着时间的推移、业务需求的变化、推广策略和技术要求的变化，国家税务总局对综合征管软件进行了持续的维护和版本更新，目前形成了总局综合征管软件 1.1 版和 2.0 版，这两个版本都支持省级集中处理数据的方式，均适用于国税系统。鉴于"金税"工程三期项目已经批准，国家税务总局没有也不再开发推广适合于地税的综合征管软件，而是推荐鼓励各地税局实现综合征管软件的省级集中，并推荐使用广东地税局的综合征管软件。

1999 年，总局综合征管软件在国税系统世行技援项目的 19 个试点城市按县区集中处理数据的方式选点推广，此后又辐射到山东潍坊等日贷项目城市，2001 年按地市级集中处理数据的方式在山东、浙江、河南、深圳"三省一市"全面推广，2002 年开始在每省选择一个地市级国税局推广应用。2005 年开始以省级集中处理数据的方式在全国各省级国税局推广。2007 年，除上海、西藏外，其他省级国税局均以省级集中处理数据的方式推广运行总局综合征管软件，各省级国税局都将综合征管数据上传到了总局。

29.3.2 综合征管信息化基本做法

各税种和各地适用的统一的综合征管软件必须解决下述问题，一是必须提炼出各税种适用的业务规程；二是必须实现各环节之间的信息共享；三是必须基于信息共享而形成对各环节工作的制约；四是解决好与别的系统的衔接问题；五是要适应各地的不同情况。

为了解决以上问题，系统从以下几个方面进行设计：

1. 对税收征管业务进行了梳理，形成了管理服务、征收监控、税务稽查、税收法制和税务执行等几个业务模块。

2. 提出岗位和角色的概念，功能模块可以与岗位和角色挂接，支持多种岗责体系下的权限设置，以适应税务系统不同的机构模式和岗责体系；引入了工作流机制，可以方便定义各项税收业务的流程，并通过待办事宜进行衔接；大量使用代码和参数设置，提高系统应用的灵活性和方便性。

3. 采用标准开放的体系架构，在应用层开放应用访问接口，提供多元化申报、银税扣款、储蓄扣税以及单项查询功能，并提供数据格式转换传输等集成服务，使得系统非常易于和其他系统进行功能衔接和集成。

29.3.3 综合征管信息化效果

经过几年的努力，综合征管信息化取得了明显的效益。

1. 促进了税收征管改革，使得新的税收征管模式能够有所依托。

2. 加强了税源监控，对摸清纳税户数，全程监控纳税人的应征税款、入库税款、欠税、罚款、滞纳金等数据，增强税收执法和清缴欠税的刚性都具有非常重要的作用。

3. 强化了税收执法监督，税收工作各个环节都置于计算机的监控之下，形成了税务干部与计算机的机控机制，实现了由人管人到制度管人、程序管人的跨越，有效地减少了人工作业条件下税收执法的随意性。

4. 增强了决策能力，提高了工作效率，不仅有利于提高领导层的决策水平，而且把基层税务干部从烦琐的统计报表工作中解放了出来，带来了税收工作的革命性变化。

国家税务总局税收综合征管信息系统的建成和综合征管软件的推广运行，提高了税务机关的综合管理能力和监控水平。

29.4 其他税收管理信息化

在几个主要税种的信息系统建设取得显著成效的同时，国家税务总局不失时机地抓紧进行了几个其他税种的信息化建设。

29.4.1 出口退税管理的信息化

从1985年开始，中国全面实行出口退税政策。采用手工操作的做法，退税人员就单审单，不可避免地会出现一些问题。一是很难防范出口骗税。人工审核难以识别伪造涂改的退税单证，90年代中期骗取出口退税的案件在许多地区相当严重。二是很难做到及时退税。办理出口退税，工作量巨大，加之出口退税政策调整频繁，手工操作无法满足及时退税的需要。为了解决以上问题，从1992年开始，国家税务总局开始着手进行出口退税管理系统的开发工作。主要思路是充分利用其他执法部门如海关、外汇管理局、外贸管理部门和税务机关内部征税环节提供的权威电子数据，如出口报关单、出口收汇核销证明、出口货物专用税票等，与企业退税申报数据进行核对，加强出口退税工作的科学性和严谨性。同时，在企业申报和税务局审核等环节加强信息化建设，提高退税效率，1996年开始在全国税务系统推广，经不断调整完善，效果良好。例如，2002年国家税务总局与国家口岸电子执法系统直接联网，基于税务系统广域网络的出口退税相关电子信息传输体系建成，大大推进了出口退税网络化管理。2004年1月，基于"金税"工程二期成功这一坚实基础，取消出口退税重要凭证之一的出口货物专用税票，出口退税审核从以往审核出口信息为主，逐步转移到在审核出口信息的同时，依靠增值税管理系统提供的专用发票信息、增值税申报票表比对信息重点审核进项是否申报纳税，出口退税审核更加简便严格。

29.4.2 纳税服务的信息化

中国的税收征管模式中将"自行申报和优化服务"作为基础，新的征管法也有纳税服务的内容。但如果不能清晰界定纳税服务的内涵和外延，并在此基础上充分利用信息技术改进纳税服务领域的工作，则会导致纳税服务停留在微笑服务、便利纳税等低层次上，不能满足信息化状态下纳税人的期望。虽然整个税务系统内部运作等诸多方面并不是特别适应系统提升纳税服务水平的要求，但在当前，税务系统还是在纳税服务信息化方面进行了一些尝试。税务机关一方面主动依职权做好管理性服务，创造公平的纳税环境；另一方面也为纳税人依申请而进行的活动提供便利性服务。主要形式是部署税控系统，为纳税人创造公平的税收环境；主动为纳税人提供税收信息系统纳税人端软件；利用税务网站、"12366"热线电话及其他信息技术手段，为纳税人了解纳税知识、办理纳税事宜等提供便利。

29.4.3 税收执法管理的信息化

税务系统作为国家重要的执法部门，相关法律法规都要求对其执法行为进行考核和监督考核，但在手工模式下这些工作遇到一些问题。一是内容不够全面，只能采用抽查或重点检查的方式进行；二是检查工作量大。因为纳税人、税收执法的环节、流程和内容都非常多，环节间的流转和关联也较为复杂；三是差错率高；四是人工干预的影响较大，难免因为人情等因素影响考核和监督的结果；五是工作效率低。为了解决以上问题，国家税务总局从 2003 年开始开发推广税收执法管理信息系统。基本思路是充分利用近年来征管领域信息化的成果和税收执法信息资源，严格按照税法要求，根据税收执法工作流程设计，对税务人员的执法行为进行全程考核和监督。该系统由"执法考核系统"和"执法监察系统"两个子系统组成。

29.5 税收信息化展望

20 多年的税收信息化建设虽然取得了很大成绩,但从国家对整个税收工作的要求来看,税收信息化建设依然任重而道远,主要表现在:信息技术尚没有覆盖税收管理的全部领域,现有各系统间的功能需要整合,利用信息技术改造税收工作以加强管理、改进服务的目标还远没有实现。虽然税收信息化建设远非增值税管理信息化这一项内容,但由于"金税"工程一期和二期已广为人知,"金税"工程已成为税收信息化建设的代名词。为此,国家税务总局提出了作为"金税"工程三期的全面税收信息化立项申请,得到了国务院的批准。

29.5.1 "金税"工程三期简介

根据税收信息化建设总体规划,"金税"工程三期项目建议书按照当时的需要和可能,将工程目标设定为在全面建成并发挥效益后实现如下目标:

1. 税收征收率。将从 2002 年的 63.5% 提高到 2009 年的 75%。

2. 计算机网络化覆盖面。已办理税务登记的纳税人将全部纳入"金税"工程三期管理,其网络化覆盖面将从 2002 年纳入全国统一应用系统管理的 41% 提高到 2009 年的 100%;"金税"工程三期还将全面覆盖申报征收、税款入库、发票管理、税务稽查、纳税评估等主要征管工作环节和增值税、消费税、营业税、企业所得税、个人所得税等国、地税征收的主要税种。

3. 税收服务面。将通过信息网络为全国所有纳税人提供 7 × 24 小时全方位的纳税服务,包括税收宣传、纳税咨询、纳税申报、涉税申请、涉税查询等;并依法为政府各有关部门提供纳税人纳税信用等级信息。

4. 税收成本。国税系统每百元税收成本将由 2002 年的 4. 66 元降低至 2009 年的 2. 5 元以下。

"金税"工程三期的项目建议书将建设内容设定为：计划用四年时间，完成"一个平台，两级处理，三个覆盖，四个系统"的建设。其中，"一个平台"是指建立一个包含网络硬件和基础软件的统一的技术基础平台；"两级处理"是指依托统一的技术基础平台，逐步实现税务系统的数据信息在总局和省局集中处理；"三个覆盖"是指应用内容逐步覆盖所有税种、覆盖税务管理的重要工作环节，覆盖各级国、地税机关，并与有关部门联网；"四个系统"是指通过业务的重组、优化和规范，逐步形成一个以征管和外部信息业务为主，包括行政管理和决策支持等辅助业务在内的四个信息管理应用系统。具体建设内容包括相应的应用系统建设、网络建设、硬件建设、安全体系建设和运行维护体系建设等。

29. 5. 2 税收信息化的展望

可以预期，随着税收事业的发展，人们对信息化认识的不断加深，国民经济和社会信息化水平的不断提升，电子政务建设的不断推进和信息共享水平的不断提高，信息技术的不断进步，税收信息化将会在改进税务工作，满足国家、纳税人和社会对税务工作不断提高的要求方面作出更大的贡献。

1. 税制设计和优化能力将得到更大的提高

由于有大量的税制执行数据和信息化手段作支撑，税制执行中的效果能更好地得到检验，问题更容易得到发现，也更容易有针对性地提出优化的措施。

在信息化条件下，税制设计更容易得到测算和模拟运行的支持，从而尽早修正不足。同时，由于征管手段的信息化，复杂的、调控更到位的税制能够执行到位。原来无法实行的税制将有可能得以实行，原来无法实现的调控目标将有可能得以实现。

这大大增强了税制设计和优化的自由度，使税制设计和优化更加符合税收参与经济分配和调控的需要。

2. 税收征管方式将发生更大变革

更多信息（包括人、事物、活动）将被采集并数字化，更多涉税信息为税务部门所共享。需要纳税人上门来传送的信息越来越少，许多对纳税人的管理和服务将通过网络完成，如登记、申报、缴款等，纳税人将更多地通过网络与税务局接触互动。

信息处理的层次将大幅度减少，对信息不产生增值作用的层级控制将不复存在。利用一切可以利用的信息对税源和税基进行监控核实，以此为后盾评估和检查纳税人申报的真实性，为纳税人提供优质的涉税服务，促使纳税人自觉遵从，将成为信息化后税收征管工作的基本模式。

信息的收集处理、信息的质量保证、信息的分析利用将会处于整个税务管理工作更加重要的地位，现在许多花费大量人力的工作将由信息系统自动完成。由此，税务管理流程、机构设置、人员结构与过去相比将发生重大变化。

3. 税收的宏观调控职能将得到更好发挥

由于税收信息化提高了税收征管能力，实际上是提高了税务部门将税制落到实处的能力，也是国家利用税收进行宏观调控能力的增强。海量涉税数据的分析利用将成为国家宏观经济管理和宏观经济决策的重要参考；税制调整后，相应的税务管理工作能够较快做出调整。由于大量的具体处理工作都是由信息系统自动完成，因此只需调整信息系统，而组织结构可以保持相对稳定。

4. 内部管理将更加科学化

每个税务人员在信息系统中都有唯一的身份标识，都是信息系统的用户，其工作主要依托信息化平台进行。通过信息系统，可以为每个用户设定工作范围和权限，可以对每个用户的活动进行详细的日志式记录。上级可以对下级的工作状况进行实时监控。每个用户在信息系统中有如在透明的鱼缸中，暗箱操作和舞弊难以进行，内部管理将更加科学透明。

（本章作者 许善达）

企业文框21：航天信息　信息中国
——记蓬勃发展中的航天信息股份有限公司

回顾航天信息股份有限公司（以下简称"航天信息"）自1993年成立至今的发展历程，点点滴滴的成绩让每一位航天信息人为之动容。90年代初，社会上假发票、阴阳票盛行，不法分子利用发票偷税骗税现象十分严重，国家税收大量流失。尽管国家采用了钞票印刷技术印制发票并用荧光机识别发票的真伪，但不能从根本上解决增值税的偷漏税问题。为此航天信息人主动请缨，经过激烈的竞争获得了防伪税控系统的独家开发权，并成功研发了增值税防伪税控系统。

防伪税控系统是国家"金税"工程的重大项目，曾被朱镕基总理誉为新税制的"杀手锏"和"生命线"，为我国的纳税体系提供了强大的技术保障，在维护税法的严肃性、改善税制环境、增加国家财政收入、规范我国商品流通市场的经营行为、建立正常的市场经济秩序等方面发挥了重要作用。从2003年大规模推广以来，在成功打击和防范了增值税涉税犯罪的同时，每年为国家增加税收的贡献在千亿元以上，为国家财政税收的增长作出了突出贡献。

防伪税控业务依靠航天技术优势不断巩固，但航天信息并没有只停步于防伪税控业务，特别是2005年以来，借助公司在税务行业的影响力，通过自主创新，又陆续推出了围绕"金税"工程二期、三期以及其他税种延伸的系列产品，如网上认证、接口软件、电子申报、远程抄报等众多防伪税控延伸及配套产品。这些产品在全国范围内的推广获得了较好的业绩，使公司税控业务得到进一步延伸发展。此外，公司业务还成功扩展到地税的税控收款机、国税集中采购、税收执法监察系统等税务信息化其他领域。通过三年来的市场运作，航天信息一举成为了税务行业最大的信息化解决方案提供商。

值得一提的是，经过 2005 年以来对主业的积极拓展，公司的产业结构也发生了根本性变化，非税控业务逐年增速。从 2006 年起公司的非税控业务规模已经成功超过了税控业务，2008 年年底的统计显示，公司非税控业务收入占总收入的比例由 2005 年年初的 24%，增长到了 2008 年年底的 70.6%；非税控业务毛利比例由 2005 年年初的 9% 增长到了 2008 年的 38.9%。主业单一的局面已经改变，产业结构日趋合理，公司的市场化转型获得了成功。非税控业务这几年迅速增长，不仅说明公司产业结构调整取得成效，同时也反映航天信息已经从垄断型企业发展成为具备相当实力的市场竞争型企业。

公司成立以来，经营规模不断壮大，经济效益不断提高，到 2008 年 12 月底，累计实现收入 236 亿元，累计实现净利润总额 29 亿元，上缴税金 6.6 亿元。

（编撰：刘博）

第 30 章
海　关

引　言

　　中国海关是国家的物品进出境监督管理机关，改革开放以来，随着对外经济贸易和科技文化交往迅速发展，中国海关业务量逐年激增。为了既严密防范和打击走私、违法、侵权、恐怖活动，又尽可能为合法进出提供便利，海关在人力资源严重不足的情况下，主要依靠信息化和提高人员素质，并在此基础上进行深化业务改革。

　　中国海关从 1978 年开始应用信息技术，在党中央、国务院的领导下，历经 30 多年的努力奋斗，信息化建设取得显著成效，并形成了由"电子海关"、"电子口岸"和"电子总署"组成的全方位应用格局。现在，以海关总署为中心，对内联结各地 46 个直属海关单位和 800 多个业务现场，对外联结政府各相关部委及进出口企业，推广应用大型应用项目 120 余个，中小型应用项目 600 余个，全面覆盖海关各项业务，为提高海关行政执法能力和工作效率，促进中国对外经济贸易持续、健康、快速发展，发挥了巨大作用，获得中央领导和社会各界高度评价。以海关信息化为主要内容的"金关"工程,是中国政府电子政务推进最为成功的项目之一。

30.1　发展历程

中国海关业务信息化的发展大致经历了以下五个阶段。

1. 单项应用阶段（1978—1988 年）

以 1978 年开始在旅客行李物品征税工作中应用计算机为标志,中国海关启动了信息化进程。这一阶段主要是利用计算机系统的快速运算、查询、分类和大容量信息存储能力,对征税、统计等海关业务开发单项的计算机应用。计算机在提高工作效率和工作质量方面的效果很快就开始体现,发展信息化逐渐成为全国海关共识。

2. 系统化应用阶段（1988—1998 年）

1988 年开始,以海关通关管理系统（H883 系统）的设计开发应用为标志,计算机开始用于通关手续全过程的自动化处理,并逐步扩大到运输工具监管、载货清单核销、加工贸易管理、许可证管理和税费减免等全方位的业务管理。这一阶段受网络通信条件所限,每个海关都各自使用本地的计算机系统,在本关区内做到数据一次输入,各方多次使用。各作业环节和岗位之间实现了信息共享和沟通,大大促进了通关效率和业务规范化水平的提高。但是网络条件的限制使全国海关联网还无法实现,统计数据还要靠人工送磁带到总署汇总。

海关计算机的系统化开发、应用涉及全方位的海关业务法规、制度、流程的清理和规范化建设,对海关业务的深化改革和法制建设产生了深刻影响,是海关业务建设和信息化发展历程中具有里程碑意义的重大事件,海关信息化进程从此开始和海关的中心工作及业务改革紧密结合起来。

3. 全国海关联网应用阶段（1998—1999 年）

海关总署 1994 年从国外购置了一套中小型的卫星网络通信系统,初步解决了总署与各地海关信息系统每月的统计数据传送，以及转关运输等业务数据交换的需求。后来，随着国内电信公网基础设施的逐步发展完善，到1998年以配合通关作业改革推出 H883 系统 4.0 版为标志，各地方海关信息系统逐步开始在全国范围内通过总署实现跨关区联网运行，初步形成了对全国各地进出口业务统一进行信息化管理的"电子海关"，海关信息系统全面进入网络化应用阶段。

网络化运作使全国海关形成统一的整体，原先钻各地海关间联系不畅的空子，利用假手册、假批文的走私违法活动很快全面消除，信息化应用效益发生了质的飞跃，大大提高了全国海关监管的整体效能。

4. 跨部门联网综合应用阶段（1999—2001 年）

以1999年海关、外汇管理局、银行及进出口企业在应对亚洲金融危机期间开始联网进行对外付汇业务的核查、核销为标志，开始了以"电子底账 + 联网核查"为主要内容的"电子口岸"建设。中国参与进出口业务管理的部门和单位原先手工作业时相互之间直接联系的渠道很少，使走私和各类不法分子钻了空子。他们或是用伪造的假许可证件骗海关，或是用假报关单骗外汇、税务管理部门，猖狂进行走私、骗出口退税或逃、套汇等违法犯罪活动。"电子口岸"密切了部门之间的合作，进一步在大通关管理的范围内发挥了综合治理的优势，不仅有效地提高了各部门行政管理的效能，而且方便了企业办理各项进出口相关手续，全面体现了"1 + 1 > 2"的效益倍增作用。

同时，在国务院办公厅的统一组织领导和推动下，全国海关内部涉密办公和对外政务公开、接受网上业务申办的应用也全面推广实施。

5. 业务监控分析及决策支持应用阶段（2001 年至今）

从2001年开始，以海关执法评估系统为代表的一批业务与廉政风险监控、进出口预警监测及法规管理项目纷纷投入开发应用，初步建成了海关总署和直属海关两级管理的"电子总署"。信息化用于业务监控和风险分析使海关信息化应用水平和效益上到一个新的高度。一方面信息系统开始更多地用于管理和领导层，广泛推广实施了风险管理等创新的思路和理念，全面提高了海关工作效能；另一方面将全国进出口动态及时准确上报国务院，并向其他管理部门反馈，为及时调整政策和作出决策提供了信息数据支持。

30.2　信息化基础建设

经过近 30 年的不断探索、积累和发展，海关信息化在基础建设方面已取得长足进步，为实现通关作业网络化、物流监控智能化和职能管理数字化奠定了比较坚实的基础。

30.2.1　海关信息系统概况

海关信息系统由位于内部网和外部网的两部分系统组成。内部网仅限海关内部使用，由三个相互隔离的独立子网组成，即用于"电子海关"的业务运行网、用于"电子总署"的业务管理网以及用于涉密办公的涉密办公网，如图 30.1 所示。

外部网即"电子口岸"，由各有关部委的信息系统及各省市的电子口岸分中心互连构成，如图 30.2 所示。"电子口岸"由海关与各有关部委共同筹建，电子口岸数据中心是其中心节点，由海关负责承建。数据中心在互联网上设门户网站，供企业接入。

30.2.2　"电子海关"基本情况及特点

"电子海关"承担运输工具和货物通关管理、行邮物品监管、保税加工监管、物流监控、税费征收与减免、知识产权保护等海关一线的核心、关键业务，对安全性、可靠性、可用性、可扩充性及响应速度都有很高要求，而且也是电子口岸、电子总署应用的基础。"电子海关"主要由双运行主中心、41 个子中心、全封闭的业务运行网及信息安全保障系统组成，

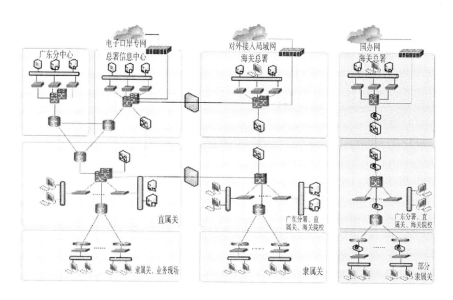

图 30.1　海关内部网：业务运行网/业务管理网/涉密办公网

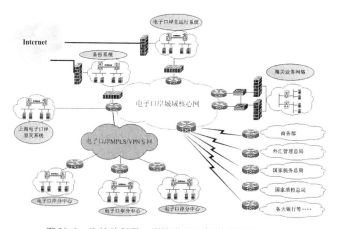

图 30.2　海关外部网：联结进出口各管理部门和企业

共装备 Unix 小型机 386 台、Windows 服务器 3790 台、存储子系统 250 套、网络设备 5800 余台。电子海关系统的主要特点：一是较能适应业务改革需要，便于流程变动和系统整合；二是高可靠、高可用，安全、高效。

1. 适应业务改革，便于流程再造和系统整合

为适应国家对外贸易发展和结构调整的需要，海关业务不断深化改革，业务流程与职责分工的调整比较频繁，信息系统就要相应进行整合、修改。电子海关为此采用了多平台、松耦合的架构，在内部网和外部网之间，通过内外网数据交接子系统作为中介进行数据交换；当数据交换的参与方或数据种类改变时，都只需要修改该交接子系统的相关参数表或专用软件即可。在总署与各关之间，则通过内网实时数据预订和内网批量数据交接两个子系统进行间接方式的交换数据。当海关进行改革而变动业务岗位和流程时，一般只需修改这些子系统内的派单表或预订表，作业流程和数据流就能随需改变。

这种结构尤其适于系统的切换和整合。2000 年，海关计划将分布式的 H883 系统向集中式的 H2000 系统进行新老系统切换时，要求信息系统运行不停，并将分布在全国各地的 41 套老系统，抽出需要集中统一的部分形成新的主系统，各自特色内容仍然继续留在当地与新的集中式主系统协同配合运行。这一切换、整合过程最终顺利完成，实现了无缝衔接，平稳过渡。

2. 容灾方案切实可行

电子海关从分布式系统转换到数据大集中的系统后，为保障主中心安全、可靠、高效，电子海关采用了双运行中心（Active-Active）的容灾方案。两个中心远距离安装在不同地震带，通过采用数据双向复制技术保持双方数据一致，并同时处于活动状态运行。这一方案省去了系统应急切换时的状态转换等复杂操作，使测试、演习及功能切换变得非常简单易行。

海关信息系统的两个中心分别设在北京和广州，称为总署信息中心和广东分中心，各地海关的数据处理工作可以由两边分担或一边单独承担。从 2005 年以来，北京与广州两个中心轮流承担全部海关业务工作负荷，每 4 个月交换一次至今，充分显示了这一种结构模式便于测试和切换的特点，使海关信息系统的高可用性和容灾能力在未发生灾难或突发事件的情况下预先得到证实。图 30.3 所示为海关信息中心全天候严密监控业务现

场网络和系统安全运行。

图 30.3　海关信息中心全天候严密监控业务现场网络和系统安全运行

同时，机房环境也是信息系统安全、稳定、可靠的基础，机房环境建设集成了建筑、电气、网络等多种专业技术，需要满足场地、供配电、空调、温湿度、安保监控、防泄漏、防震、防雷等一系列要求。根据不同的计算机系统和环境条件要求，两个主中心及各关的中心分别建设了符合不同类型要求的机房及配套环境，并实施严格的安全管理制度。

30.2.3　网络系统建设情况

海关计算机网络覆盖了全国各直属海关、分关以及业务现场，并要与众多进出口企业和相关管理部门相连，功能由以往的单一数据传输发展到集数据交换、语音通信、视频播送多功能合一，为海关信息化应用提供了良好的网络环境。图 30.4 所示为海关信息网络通信节点机房。

海关内部网租用电信部门 SDH 及 ATM 信道组网，以连成一体的两个主中心为核心节点，覆盖 46 个直属海关单位和 800 多个业务现场，并在纵向划分为三个相互独立的物理子网，即业务运行网、业务管理网和涉密办公网。其中，业务运行网以实时性项目为主，封闭式管理，主要支持"电子海关"系统运行；业务管理网以"电子总署"职能管理项目为主，

图 30.4　海关信息网络通信节点机房

按内部开放式管理，支持政务办公系统、执法评估系统及风险分析系统的运行；涉密办公网则是依托国务院办公厅建设的全国政府系统第二代电子邮件系统，按规定的物理隔离模式，利用专用安全信道，在海关总署机关与全国海关直属单位之间建成的专用涉密网。

电子口岸租用电信部门 SDH 和 MPLS VPN 信道将总部数据中心与分布在全国各地的分中心连成一体，各地的进出口企业和地方电子口岸的信息系统只需利用本地信道就可取得总部数据中心的各项服务。海关、公安、商务、国税、环保、外汇以及企业之间的数据交换均通过数据中心，并由中心对数字签名进行验签和数据存证。

30.2.4 信息系统安全运行情况

由于业务特点和工作环境的需要，海关一直把保持安全和效率作为信息系统建设的重中之重。1999年海关与国内专业单位正式签订合同，制定海关内网信息安全系统总体方案及进行安全认证系统开发。2000年安全认证系统启用，总署和直属海关组建两级安全管理组织，配套制定安全管理制度，定期开展安全检查，必要时组织模拟攻击演练。2001年海关内部网络进行"三网隔离，一点接入"改造，并建立全国网管系统，加强网络的运行监控，几年来网络可用性保持在99.9%左右。2005年电子海关启动双运行中心工作机制，北京和广州两中心每年三次轮流切换运行，至今已切换12次。目前，海关规定信息系统灾难恢复指标为：

● 灾难恢复时间指标（RTO）

计划性切换	30分钟
应急切换（工作时间）	2小时
应急切换（非工作时间）	4小时

● 灾难恢复数据指标（RPO）　10分钟

信息中心为保障业务安全、持续、稳定，规范开发与运维管理，2004年引入集成软件成熟度模型（CMMI），现已通过CMMI3级认证，年平均模型覆盖率为86.57%，采用率均值为74.86%，符合率均值为66.32%。为进一步提高运维管理规范化水平，信息中心还引入ITIL管理理念，采用专业化的三级技术支持体系，先后建立起故障管理、变更管理、问题管理及配置管理流程。从2005年到2008年，电子海关核心系统以及全国海关骨干网的故障次数及中断时长减少了60%左右，取得了较好的效果。

30.3　应用发展及水平

目前，海关正在进行的信息化应用项目建设涵盖了以 H2000 系统为代表的"电子海关"项目 120 余个，与有关部门联合开发了以进口付汇联网核查和出口收汇联网核销为代表的"电子"口岸项目 50 余个，以及以风险管理、税收分析、执法评估和政务信息化为代表的"电子总署"项目 40 多个。此外，各直属海关还开发了 600 余个适应本关区特点的地方性应用项目。

30.3.1　海关作业网络化、物流监控智能化、现场执法规范化

"电子海关"应用范围覆盖全国海关各项进出口管理业务，其主要目标是实现通关监管网络化、物流监控智能化、现场执法规范化。通过联结海关各职能部门及各地方海关，电子海关系统为完成海关的职责，包括税收征管、打击走私、通关监管、加工贸易和保税监管、统计、稽查等任务，以及不断深化业务改革，发挥了重要作用。

1. 通关作业网络化

海关利用国家电信公网，建成了联结海关总署、直属海关和业务现场的海关三级虚拟专网，实现了通关业务现场的各作业环节之间、业务现场与职能管理部门之间及各地海关之间的联网应用。大集中的数据库进一步方便了全国各地海关全程链接、环环相扣，既互相支持又互相制约的信息化作业流程，为地区性和全国性的计算机自动审核和专业人员人工复核的有机结合，促进全国海关各业务现场通关作业管理的规范统一提供了有利条件。

通过跨关区数据共享和联网核查，从源头上有效地防范和打击了利用假单证、假批文、假印章等手法进行的走私违法活动。据统计，全国海关

联网前 1996 年查获的"三假"走私案案值为 7 亿元，1997 年为 14.74 亿元，1998 年达到 21.22 亿元；实现跨关区数据共享和联网核查后，1999年"三假"走私案案值下降至 3.13 亿元，2000 年绝迹（见图 30.5）。

（单位：亿元）

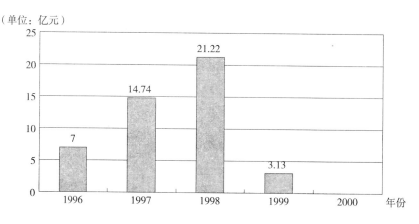

图 30.5　全国海关联网消除"三假"走私

2. 物流监控智能化

海关已开始在部分现场对进出境运输工具和货物开展实际监控。一是将计算机技术与现有的集装箱检查设备、GPS 卫星定位系统、电子地磅、电子闸门、电子车牌、摄像监控等一系列技术相结合，把进出境运输工具和货物的状态、重量、图像、位置等信息与舱单、报关单等电子数据进行核对和判别处理；二是通过海关与港口、仓储、运输、理货等相关部门及企业联网，及时采集进出境运输工具及货物的出入、装卸、存放、移动等各类信息，建立电子底账，作为海关通关管理的支持数据。图 30.6 所示为组合移动式集装箱检查设备和物流监控中心。

3. 通关作业规范化

电子海关启用数据大集中的 H2000 系统后，通过采用先进的体系结构、集中式数据库、开放式标准化软件技术，适应全国范围海关通关作业要求，使全国海关在建立统一的通关作业模式、作业流程、作业规范、管

图 30.6 组合移动式集装箱检查设备和物流监控中心

控标准方面前进了一大步，同时在信息系统支持下，强化职能部门的内部执法监督和内审督察，从而促进全国海关在执法的统一性方面取得了显著进步。

30.3.2 跨部门联网实施综合治理

海关、公安、商务、国税、国检、环保、外汇等有关部门分别从不同方面对进出口实施管理，各管理部门为相互沟通信息实现综合治理而共建电子口岸。电子口岸包括中国电子口岸和地方电子口岸两个层面，其中，中国电子口岸主要用于中央有关部委间的业务协同，交换大通关管理的底账数据，开展信息共享和联网底账核查，实施综合治理；地方电子口岸则主要用于将大通关管理流程与当地相关的口岸物流、国内物流相结合，将物流业的电子政务和电子商务服务整合到统一的信息平台上，更多关注单一窗口、简化手续等寓管理于服务的应用项目。图 30.7 所示为国家电子口岸和地方电子口岸的管理体制。

中国电子口岸包括进口付汇报关单核查、出口结汇报关单核查、出口

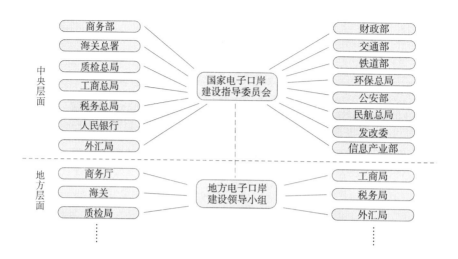

图 30.7 国家电子口岸和地方电子口岸的管理体制

退税报关单核查、进口增值税缴款书核查、铁路口岸信息交换平台、CE-PA 原产地证明核查、保税加工联网监管等 32 个应用项目。这些电子底账联网核查的应用项目都发挥了显著作用，特别是由海关总署和国家外汇局联合开发的第一个应用项目"进口付汇报关单联网核查系统"，1999 年 1 月该系统在全国推广后，一是迅速打击了非法逃、套外汇，保障了国家外汇储备安全，从而支持了国家关于人民币不贬值的承诺，在应对第一次亚洲金融危机中发挥了重要作用，并从此使外贸顺差和外汇顺收趋于平衡。二是切断了走私的资金链，有力遏制了走私活动。据统计，报关单联网核查项目实施前，1998 年外汇顺差收入的九成，即将近 400 亿美元流失；联网核查实施后，当年外贸顺差就与外汇顺收趋于平衡，海关关税也逐年与进口同步增长（见图 30.8 和图 30.9）。

　　"电子口岸"的应用一方面有效地打击了走私、犯罪；另一方面对合法企业的正常进出口业务和办理各项备案、申报、审批手续则大大提高了效率，简化了手续，降低了企业运作成本。例如，进口付汇报关单联网核查系统、出口退税联网核查系统等项目，使企业办理进口付汇、出口退税

（单位：亿美元）

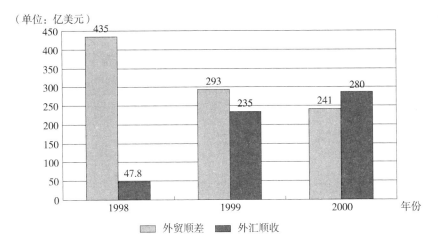

图 30.8　外汇顺收与外贸顺差联网核查前后对比情况

（单位：亿元）

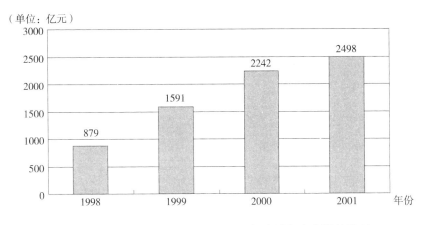

图 30.9　进口付汇报关单联网核查后海关税收稳步增长情况

手续的时间从几天至一两周缩短为一两小时，而且备案、申报、核销都可数字签名后网上办理，足不出户就可完成。又如，铁道部、公安部、质检总局与海关总署合作开发的铁路口岸信息系统平台，实现了铁路运输部门与海关的数据交换，目前已在满洲里、阿拉山口、二连、绥芬河等四大铁路口岸正式运行，使车辆停留时间减少了 1--10 小时。此外，不少地方

"电子口岸"还开展了"单一窗口"、"一次录入，多点申报"等多种应用。

30.3.3　业务管理决策数字化

为提高海关总署和各直属海关两级职能管理及行政决策的科学化水平，根据海关垂直管理体制的特点，海关总署决定在 H2000 系统基础上拓展管理层和领导层的应用，开发并完善"电子总署"系统，实现业务监控分析和辅助决策的数字化。一是及时采集汇总通关数据，运用数理统计方法和在线分析处理技术进行进出口贸易统计、风险分析和监测预警；二是收集并分析全国海关行政执法及管理处置数据进行业务管理和廉政风险综合评估；三是通过动态调整业务决策及通道设置参数表，实现对通关业务的分类决策和宏观调控；四是通过涉密办公网络保证海关系统政令畅通。

"电子总署"自 2001 年开始建设，目前已经开发推广风险管理平台、进出口统计分析和预警监测系统、执法评估系统、税收监控分析系统、价格资料及估价分析系统、查私案件管理系统、涉密办公系统等重点业务管理及决策支持应用项目。图 30.10 所示为海关执法评估系统的页面。

30.3.4　政务信息化应用系统建设

伴随着海关信息化的进展，全国直属海关统一的网上办公系统及海关门户网站也已经建设完成，在提高办公效率、决策支持以及为民服务等方面都取得了实质性的进展。

1. 政务办公系统

海关政务办公系统属于"电子总署"的组成部分，用于行政办公和非结构化数据信息传输、处理。日常工作中很多原则性的政策指令或模糊形态的风险分析经验等都难以用结构化方式表达，有些紧急下达的指令需要临时进行手工控制，还有许多现场的反馈意见和情况反映也需要通过政务办公系统传递上报，因此政务办公系统是海关信息化不可或缺的一环。

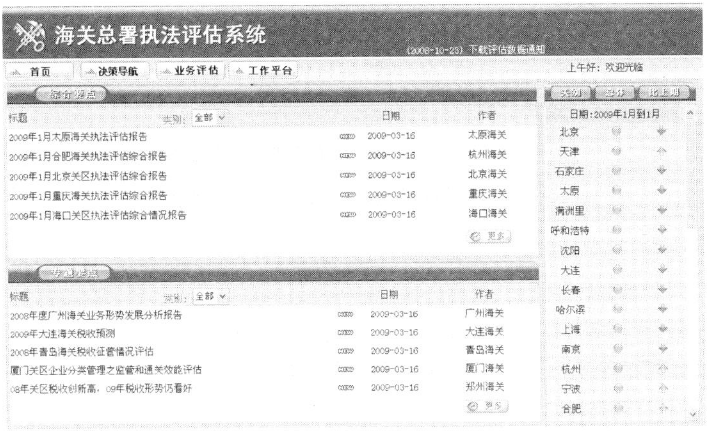

图 30.10　海关执法评估系统的页面

1998 年海关总署在管理网上使用 Outlook 窗体进行电子文件网上流转，2002 年总署网上办公系统切换到涉密办公网上运行，截至 2008 年累计处理各类文件 17.8937 万份，基本实现了总署机关无纸化办公。图 30.11 所示为海关总署网上办公系统页面。

图 30.11　海关总署网上办公系统页面

2004 年，海关开始设计开发全国直属海关统一的网上办公系统（HB2004 系统），当年建成并开始试运行，图 30.12 所示即为直属海关统一的网上办公系统 HB2004 页面。2006 年 10 月，在全国海关完成推广，在海关内部实现了公文、信息的无纸化传输和处理。

图 30.12　直属海关统一的网上办公系统 HB2004 页面

2. 中国海关门户网站

2005 年 9 月 9 日，海关总署正式开通中国海关门户网站（见图 30.13），其后各直属海关单位又建立了面向当地服务的 44 个子网站，形成海关互联网门户网站群。网站内容由最初以宣传介绍海关为主，转变为向服务企业、便利通关、增强政策透明度、促进政务公开等方面全面发展。2008 年发布进出口通关新闻 4.3 万余条，年浏览量约 3 亿次，日均访问人数 1.6 万人，业务咨询、人民来信等互动渠道共受理网民问题 3 万多个。在中国政府网站评比中，2008 年度海关网站综合排名第 10 位。

30.3.5　物流监控技术应用

进出口货物通关的实际物流必须与报关单等信息流协同处理，海关对实际货物检查监控技术的应用经历了从手工操作到自动化、智能化的发展过程。20 世纪 90 年代深圳口岸开始安装使用电子车牌（ETC），后又试点安装 OCR 集装箱号识别装置，2002 年开始在各业务繁忙的沿海口岸海关监管场所扩大试点，设置自动化卡口，联网接受"电子海关"系统发

图 30.13　海关总署门户网站网页

出的查验放行指令,进行物流管控。自动化卡口由电子车牌、OCR 集装箱号识别仪、电子地磅、电动栏杆、电子指示牌组成,不同规模的场地配置有所变化,重要口岸还配备大型国产集装箱检查设备。至 2008 年年底,全国海关监管现场共配备集装箱检查设备 59 套、卡口系统设备 414 套、电子地磅台、物品检查 X 光机 440 台、闭路电视监控系统 22 套(见图 30.14)。为加强奥运安全保障工作,海关总署还为涉奥口岸海关配备核辐射探测设备 30 余台,防爆桶、防爆毯等防护设备 100 余套。监控技术的应用,特别是集装箱检查系统和自动化卡口系统的应用,改变了海关监管和通关的作业模式,对海关货运查验工作产生了重大而深远的影响,促进了海关文明执法和廉政建设,提高了海关通关效率和把关服务水平,极大地震慑了各种走私违法活动。截至 2008 年 5 月,大型集装箱检查设备陆续投入使用以来,共查验进出口集装箱、火车车皮、货柜车 639 万个,不仅查获走私违规案件 45327 宗,总案值 79.59 亿元人民币,更重要的是大量正常的集装箱、车皮避免了不必要的人工开箱查验,提高了口岸效率,给守法企业带来方便。

图 30.14　闭路电视监控及移动式集装箱检查设备

30.4　信息化的效益

海关信息化建设坚持"以需求为导向，以应用促发展，以效益为根本，以实用为目的"的基本原则，并通过与海关中心工作紧密结合，应用信息化技术取得了明显的效益，表现在以下几个方面。

1. 增强海关把关服务能力

改革开放以来，中国对外贸易连续多年保持两位数增长，由 1978 年的世界第 29 位跃升至 2007 年的世界第 3 位。伴随着中国对外贸易的高速发展，海关的业务量也出现了迅猛增长。多年来海关的税收、监管量每年以 20% 以上的速度增长，而海关的人员却很少增加。面对迅猛增长的业务量，海关实现"管得住，通得快"的重要途径就是依托信息化技术，提高信息化应用水平，大力推行业务改革。通过信息化建设水平的提高，业务、科技一体化发展，增强了海关把关服务能力，缓解了海关业务量迅猛增长与人力资源相对不足的矛盾，为海关履行把关服务职责、圆满完成各项任务，提供了强有力的支撑和保障。

2. 奠定现代海关制度建设基础

现代海关制度建设采用"两步走"的发展战略，分别以通关作业改革、风险管理机制建设为中心环节，目标是要实现中国海关通关管理的"全面、协调、可持续"，建设"耳聪目明"的智能型海关。实践证明，海关制度的现代化必须依靠科技应用水平的不断提高，现代海关制度每一步发展战略的突破，都必须以先进技术尤其是信息化技术为基础。近十年来，中国海关通过技术创新和应用，建成了比较先进的通关作业和风险管理等各类信息系统平台，初步实现了通关管理的智能化，较好地整合了各类资源，提高了风险防控水平，完成了第一步发展战略规划，第二步发展战略也正在全面实施中。

3. 提高防范"两大风险"的有效性

海关工作的性质和特点决定了执法风险和廉政风险是海关始终应予以重视的问题。中国海关业务量迅猛增长和人力资源相对不足的矛盾决定了海关不可能对货物在通关口岸这一狭小的时空内进行细查细验，要实现海关的有效监管，就必须抓住主要的风险点，实施有针对性的分类管理，否则平均使用人力必然导致重大风险疏漏。同时，海关现场关员进行审单、估价、归类、查验时有较大的决定权，加之执法环境的不良影响等等，又使海关关员面临廉政风险。这两大风险实际上往往是相互关联的，必须采取有效措施，实行同步防控。近年来，中国海关通过运用现代科技手段，通过风险管理平台、执法评估系统、队伍建设信息系统、廉政风险分析系统等业务和队伍方面的管理、监控信息化系统，有效提高了海关执法水平和风险管理能力，强化了海关内控和监督制约机制，增强了防范执法风险与廉政风险的能力。

4. 促进业务规范和进出口管理的透明度

海关在对进出口货物实施监管时，需要检查、核对 30 余种由其他部委签发的监管证件，涉及的业务管理规范性文件种类繁多，各地海关在理解和执行时往往各不相同。在开发通关管理系统的过程中，海关按照"结构化分解、逻辑化综合、数字化表达"的方法，将有关业务政策文件全部整理、规范、统一到通关管理系统的软件和参数表中，并通过系统的推广应用，逐步将全国海关的业务统一起来，促使进出口管理业务提高了透明度和规范化水平。

5. 提高通关效率，降低企业贸易成本

随着经济全球化，中国日益成为全球加工中心，企业要求海关进一步加快货物的进出口验放速度，甚至将其作为投资落户的首要前提条件。在当前国际金融危机的影响下，企业的订单更趋于批次多、周期短，大量订单要求 1—3 天交货，因此口岸通关速度直接关系企业能否接这些订单，成为企业的生命线所在。海关通过加快信息化建设，开发应用了"快速通关"、"便捷通关"、"无纸通关"等信息系统功能，既提高了有效监管力度，又缩短了备案和通关时间，降低企业运转成本，帮助和支持国内企业提高国际市场的竞争力。

6. 为国家宏观经济调控提供决策支持

近年来，随着海关集中式信息系统的不断开发和完善，建立了全国海关统一的实时通关数据库和分析监控平台，大大提升了海关进出口数据的统计分析和监测预警能力，以向党中央、国务院提供更为全面、及时的进出口统计分析数据，为国家宏观经济政策提供决策支持。同时，通过全国海关统一的通关管理信息系统，海关在全国范围内快速准确地执行国家进出口宏观调控政策，更加快速、及时地实现政策调控的原意，反馈政策执行的实际效果。通过面向企业的数据分析服务，为企业经营决策或调整产品结构与市场方向提供支持帮助，提高中国企业参与国际市场的适应与竞争能力。同时，海关信息化应用也为海关参与研究和执行国家宏观调控政策提供了有力手段。

7. 为创新口岸大通关机制创造条件

口岸通关涉及多个口岸执法部门，通过信息技术整合各部门的业务流程和执法数据，实现信息共享，形成虚拟化的口岸大通关运行机制，是现行口岸管理体制下提高口岸通关效率的有效途径。电子口岸作为海关科技工作的重要内容之一，自 1998 年开始建设以来，已经实现了 11 个部门、47 万家企业的联网，开发运行项目共 53 个；各地已开通地方电子口岸门户网站 35 个，累计开发上线应用项目 400 多个。电子口岸建设对突破现行口岸管理的体制性障碍，推进口岸管理部门联合执法，提高口岸大通关效率，提升中国企业的国际竞争力发挥了重要的作用。

8. 为全面加强海关队伍建设创造条件

随着海关信息化建设工作的不断发展，信息化建设已全面融入海关业务改革、内部管理和队伍建设的方方面面。全国海关应用统一的信息系统和建立统一的参数库，大大降低了海关人员执法的自由裁量权，保障了海关队伍执法的统一性、规范性；风险管理平台、执法评估系统、队伍建设信息系统等一大批业务执法、内部管理系统的开发应用，既有效提高了海关业务的执法水平和执法能力，又增强了海关防范队伍风险的能力。海关信息化使海关业务建设和队伍建设形成合力，提高了海关队伍的政治、业务素质，使海关队伍廉政建设走上抓源头、重预防之路。

30.5 展　望

海关的信息化建设在一代海关科技工作者的不断努力下，为海关建设和海关发展作出了突出的贡献，起到了很好的促进和保障作用，也为今后海关事业的发展奠定了基础。

随着时代的发展，在现代海关制度第二步发展战略目标基本实现的基础上，海关总署党组提出，要在现有基本体制框架下构建海关大监管体系，以有效监管为目标导向、以风险管理为中心环节、以综合监管为基本模式、以形成整体功能为根本要求，通过进一步统筹海关各项工作，优化通关模式、优化监管体系、优化管理机制、优化队伍素质，形成四肢协调、耳聪目明、标准规范、运转高效的现代化海关业务管理体系，进一步优化海关监管和服务。要实现大监管体系的目标，必须采用现代化管理手段，建立新一代信息管理系统，实施有效的管理。为此，中国海关在2009 年全国海关关长会议上明确提出，将抓紧研发适应构建大监管体系新需求、与通关管理改革相匹配的新一代信息管理系统（简称 H2010 系统），不断提升把关与服务能力，建设让中央放心、让人民满意的海关。

2009 年，中国海关的新一代信息系统 H2010 工程建设已全面启动，中国海关将继续贯彻实施科技强关战略和可持续发展战略，遵循"统筹规划，优化整合，标准规范，协调发展，安全第一，服务至上"的理念，建立起与全面建设数字化智能型海关相适应、与先进的现代海关制度相配套、与国际通行规则相衔接、项目建设与安全运行管理并重的信息化发展机制，建成功能强大、应用配套、技术先进、运行安全的海关信息系统，实现海关信息化建设的科学、高效、安全、持续发展。

（本章作者　杨国勋）

企业文框22：首信公司

首都信息发展股份有限公司（以下简称首信公司）是一家城市信息化应用基础设施外包服务提供商，成立于1998年，是由北京市国有资产经营有限责任公司等五家股东共同投资建设的国有控股企业。公司正式员工近700人，2008年度营业额为33950万元，赢利5322万元。

1998年年初，在市政府的支持下，首信公司借鉴国际领先的资源外包（outsourcing）方式，创造性地提出了总体统筹负责制，即BOO（Budiling-Owning-Operation）建设模式，亦即建设、拥有、运营，由企业投资建设、提供运行维护服务，政府以市场化的方式考核服务绩效，向企业支付运行维护费用，并由此开始了首都信息化基础设施——首都公用信息平台（CPIP）的建设，并相继在CPIP上承建了北京市城市信息化若干重大应用工程，包括北京市有线政务网络、北京市医疗保险信息系统、北京市社区公共服务平台、首都之窗政府门户网站群、奥运多语言综合信息服务系统、北京市住房公积金系统、北京市应急指挥系统、北京市城市管理信息平台系统等，为北京市及18区县政府机关和客户提供IT服务，形成了独具特色的城市信息化重大工程的建设和运维模式，为北京市的政务公开、信息惠民发挥了重要作用。以下仅举两例。

首都之窗政府门户网站群整体外包项目是北京市政府门户网站群管理机构首都之窗的整体外包项目，从2007年起由首信公司负责承担。迄今，首都之窗网站群先后经历了中非论坛、全国"两会"、北京"两会"、汶川地震、奥运保障、中欧峰会等重重考验，出色地完成了首都之窗运维保障工作，并在2007、2008年国务院信息化工作办公室组织的全国政府网站绩效评估中连续两年蝉联第一名。

首信公司作为"北京2008奥运会多语言服务供应商"，在北京市政府、国家科技部、北京奥组委的指导下，成功向国际奥委会申请并获准将"多语言服务"列入 2008 年北京奥运会服务分类，进而代表中国将科技奥运计划中的重点成果奥运多语言综合信息服务系统（简称奥运多语言信息系统）首次应用于奥运及残奥赛期间，为奥运大家庭和广大奥运参与者提供了满意的多语言服务，圆满完成了奥运会、残奥会观众服务保障任务，成功兑现了北京申奥时的承诺，真正做到了 4 个 any，即基本实现任何人，在任何时间、任何奥运相关场所，使用任何终端设备都能够安全、快捷地获取可支付得起的、无语言障碍的、个性化的信息服务，成为北京"科技奥运"的一大亮点，获得了奥组委和社会各界的一致好评。

经过 10 余年的实践，这种创新的 BOO 建设模式不仅充分实现了资源共享、避免了重复建设，节约了政府资金和人员成本，还为政府部门提供了持续改进、高效稳定的 IT 运维服务，保证了首都的各项信息化应用。

（编撰：刘博）

第31章
公 共 安 全

引　　言

公共安全的信息化管理对于确保社会稳定和国家的长治久安意义重大，是很多国家电子政务重点建设的对象。金盾工程是中国政府实现公共安全信息化管理的重大电子政务工程。

1998 年 9 月，按照中央关于以公安信息化建设为主导、加快科技强警步伐的指示，公安部作出了在全国公安机关组织实施公安信息化建设工程——金盾工程的战略决策。《中共中央关于进一步加强和改进公安工作的决定》（中发〔2003〕13 号）指出："金盾工程是公安机关实施科技强警战略的重要载体，是国民经济和社会信息化的重要组成部分，是国家信息化建设的重点项目。各级公安机关要坚持统一领导、统一规划、统一标准，以需求为导向，以应用为核心，加快推进金盾工程建设，实现公安工作的信息化，带动和促进公安工作的现代化、正规化。"经国务院批准、由国家发展和改革委员会按照国家基本建设项目审批程序立项，金盾工程作为我国电子政务建设的十二大业务系统之一，一期建设于 2003 年 9 月全面启动，并于 2006 年 11 月通过了国家发展改革委组织的竣工验收。2008 年 2 月，国家发展改革委批准了金盾工程二期建设项目。目前，按照公安部的统一部署，全国公安机关正抓住金盾工程二期建设的契机，进一步推进公安信息化建设，坚持以公安工作信息化引领公安工作现代化，努力推动新一轮公安工作的发展进步。

31.1 发展历程

在 2003 年 9 月金盾工程开始实施之前，公安信息系统的建设和应用走过了近 20 年的发展历程。推进公安信息化建设，核心是公安信息资源的开发利用，实质是实现信息共享，关键是信息技术的普及和应用。公安信息系统建设的规划、开发工作起步于 1984 年，并紧跟国家信息化建设的发展步伐，处在政府信息化建设的重要位置。经过全国公安机关近 20 年的实践探索和不懈努力，积累了公安信息系统建设和应用工作的宝贵经验，为金盾工程的全面实施奠定了思想认识、组织管理、物质技术和人才队伍的坚实基础。

1983 年 9 月，公安部成立了计算机管理和监察局，负责全国公安计算机信息系统建设、应用、培训及计算机数据的监察工作。1984 年 9 月，国务院电子振兴领导小组成立。同年 11 月，国务院批准公安部成立公安信息系统工程领导小组，并作为国务院电子振兴领导小组下的一个专业组，开展公安信息系统建设的总体规划和计算机信息技术的应用开发与推广工作，标志着公安信息化建设历程的起点。

1993 年之前，由于全国公安信息网络基础设施薄弱，公安机关重点在治安行政管理部门先后开发、建设了以基层所队使用为主的，以单机、简项业务数据处理为模式的，以派出所对人口基本信息、车管所对机动车辆和驾驶人信息、边防检查站对入出境人员信息实行计算机管理为代表的业务信息系统。

1993 年 3 月，中央首次提出了加快国民经济信息化建设的战略任务。1994 年 5 月，国家信息化专家组成立。1996 年 1 月，国务院信息化工作领导小组成立，并启动了"金卡"、"金关"、"金桥"等重大信息化工程建设。这一阶段公安信息系统建设的重点是，以 DDN 数字专线初步建立全国公安信息通信网络主干网，逐步开展联网应用，并先后于 1994 年启动了全国违法犯罪信息中心 CCIC 的建设，1995 年启动了全国联网的公安出入境管理信息系统建设。

1997 年 4 月，国务院信息化工作领导小组首次召开全国信息化工作会议，明确提出国家信息化建设的指导方针是"统筹规划，国家主导；统一标准，联合建设；互联互通，资源共享"。我国信息化建设步入了为经济社会发展服务，有组织、有计划推进的轨道。1998 年 9 月，公安部决定在全国公安机关组织实施公安信息化建设工程——金盾工程。为加强领导，有效组织开展金盾工程总体设计和按照国家基本建设项目审批程序推进立项工作，公安部成立了金盾工程领导小组，并抽调专业人员组成了金盾工程领导小组办公室。在公安部金盾办的统一组织下，各级公安机关一手抓金盾工程总体规划和最急迫的网络基础设施建设，一手抓业已形成规模的业务系统的应用普及和民警计算机操作技能培训，初步形成了公安信息化建设统一领导、统一规划、统一标准的"三统一"建设原则和建设、应用、管理、培训四位一体的工作体系。

特别是 1999 年 7、8、9 月开展的全国"网上追逃"专项行动，各级公安机关立足本地、本职、本岗，依托全国公安信息通信网和 CCIC "在逃人员数据库"，三个月共抓捕全国逃犯 23 万人，以里程碑式的辉煌战果载入公安工作史册，使全警初尝信息化应用的甜头，感受到信息化在提高工作效率、降低办案成本、推动警务机制创新方面的神奇作用。由此，以需求为导向，以应用为核心成为全国公安机关推进公安信息化建设的根本方针。

1999 年起至 2003 年上半年，作为金盾工程方案设计、立项审批的前期准备工作阶段，公安机关主要业务信息系统的建设和应用工作不断向深度和广度拓展，解除"信息孤岛"，实现跨地区、跨部门、跨警种互联互通和信息共享，日益成为主要需求。

1. 人口管理信息系统。到2002年，全国已有80%以上的派出所开展了人口及户籍、居民身份证信息的计算机管理工作，纳入数据库的常住人口信息超过11亿，实现了户籍管理的前台办公，既规范了工作程序，提高了办事效率，也方便了广大群众。通过2000年起实施的百城人口信息联网工程，已将200多座大中城市人口信息数据库联入全国公安信息网，实现了对7亿人口信息的共享查询。

2. 出入境管理信息系统。全国所有的出入境管理和边防检查部门实现了入出境信息、港澳居民来往内地信息、台湾同胞回乡信息、中国公民因私出境信息及其护照申领、审批和发放工作的计算机管理，于1998年建成的全国联网的入出境管理信息系统于1999年全面投入使用。

3. 交通管理信息系统。全国400个车管所全部建设了机动车和驾驶人信息管理系统；各地车管所对各种汽车的注册登记、牌照业务实现了计算机管理，并应用了进口汽车和被盗抢机动车信息联网核查系统。

4. 全国违法犯罪信息中心CCIC。在公安部建立了在逃人员、被盗抢机动车、被盗抢枪支、被拐卖妇女儿童及DNA以及犯罪现场指纹等信息数据库，存储了大量信息，并初步为各级公安机关和各警种共同打击、防范违法犯罪活动提供跨地区、跨部门的快速查询查证信息服务。

5. 城市公安综合信息系统。首先在信息系统应用水平较高的城市开始建设，最初形态是以公安信息网为依托，以各类业务信息数据库为基础，以建立综合信息数据库为主线，通过开展各警种业务信息关联应用，直接为一线执法工作提供信息共享服务。许多城市公安机关还加强了流动人口、特种行业、枪支和爆炸物品等治安管理信息系统的建设和应用。

在公安业务信息系统建设和应用方兴未艾的同时，各级公安机关信息通信网络基础设施建设、信息网络和系统运行维护与安全保障、信息技术标准规范和普及培训等技术支撑和服务管理工作不断得到加强。这些都为高起点、高标准地开展金盾工程建设创造了条件。

2000 年 10 月，党的十五届六中全会通过的《中共中央关于制定国民经济和社会发展第十个五年计划的建议》明确提出：大力推进国民经济和社会发展信息化是覆盖现代化建设全局的战略举措。为进一步加强对推进我国信息化建设的领导，党中央、国务院重新组建了国家信息化领导小组，并明确提出了政府先行、带动我国信息化发展的方针。2002 年 8 月 5日，中共中央办公厅、国务院办公厅联合转发了《国家信息化领导小组关于我国电子政务建设指导意见》，明确把金盾工程作为电子政务建设的十二大重要业务系统建设项目之一，同时把公安部牵头建设的人口基础信息库与法人单位基础信息库、自然资源和空间地理基础信息库、宏观经济数据库，一并列为我国重点建设的四大基础性、战略性政务信息库。

2003 年以来，按照《中共中央关于进一步加强和改进公安工作的决定》和第二十次全国公安会议精神，加快国家信息化重点项目——金盾工程建设，实现公安工作的信息化，业已成为关系公安工作发展进步和公安现代化建设全局的战略任务。

31.2　"金盾"一期　成果丰硕

2003 年 9 月，金盾工程开始全面实施。在公安部党组的高度重视和强有力的领导下，各相关部门团结协作，努力奋斗，短短两年时间，金盾一期工程的建设就取得了丰硕的成果。

31.2.1　第一次全国金盾工程工作会议

2003 年 5 月，为进一步加强对全国金盾工程建设工作的组织领导，公安部调整了部金盾工程领导小组及办公室领导成员，并抽调精兵强将充实金盾办各专门工作组，集中精力、集中办公，确保了金盾工程建设各项工作的顺利进行。

2003 年 8 月 11 日，国家发展改革委正式批复了《关于全国公安信息化工程（金盾工程）初步设计方案和投资概算》。

2003 年 9 月 2 日，公安部在北京召开了"全国金盾工程工作会议"，标志着金盾工程建设正式全面启动。

第一次全国金盾工程工作会议以"全面实施金盾工程，走中国特色公安信息化之路"为主题，站在国家信息化和公安工作发展进步全局的高度阐述了公安信息化建设的重要意义，明确提出了金盾工程建设的指导思想、总体思路、总体目标和工作原则，部署了一期建设的重点项目特别是应用系统的建设思路与任务要求。会议要求全国公安机关按照公安部的统一部署，从 2003 年下半年起，加快建设和完善维护稳定、打击犯罪、服务群众和行政管理等方面急需的应用系统，加快建设和完善共享性强、覆盖面广、使用频率高的公安信息资源库和部、省、市三级公安信息中心，加快建设和完善全国公安信息三级主干网，到 2005 年年底基本上完成金盾工程主体建设。在此基础上，再通过推进金盾工程二期建设，加快实现公安工作信息化。

31.2.2　金盾工程一期成果

金盾工程一期建设取得了重要成果，初步形成了公安信息化的框架体系；也是 2003 年全国公安机关全面实施金盾工程建设以来，公安信息化建设取得的长足的进步。

1. 公安信息网络全面建成，计算机装备水平显著提高。目前，公安信息通信网已经全面覆盖了县级以上公安机关和绝大多数基层所队。县级以上公安机关实现 100% 联网，基层所队接入网覆盖率达到 95%。未接通的基本上是西部边远地区不具备通电条件的所队。公安一、二、三级主干网全面优化了网络结构，大幅度提高了网络带宽，开通了多套视频指挥和会议电视系统，实现了数据、语音和图像综合传输。全国公安机关配备的计算机数量和联入公安信息网的各类设备成倍增长，每百名民警拥有联网计算机达到 88 台。

2. 公安业务应用系统建设和信息资源开发利用取得重大成果。目前，公安信息系统应用已经涵盖了主要警务工作领域，联网运行的应用系统有7000 多个，公安信息网上开设的工作网站和发布的网页分别达到 1.6 万和 2900 万个。特别是户籍管理、出入境管理、交通管理、刑事侦查等业务工作在全国范围实现了信息化流程。实现信息化流程的一个重要标志，是指在全国范围内建库、能够实现自下而上的信息及时采集、应用和维护。公安部建成了全国人口、违法犯罪人员、在逃人员、被盗抢汽车、出入境人员/证件、机动车/驾驶人、警员、消防安全重点单位等八大公安信息资源库，存储了数百亿条基础数据；在此基础上，组织开发了综合查询、搜索引擎和请求服务等综合信息应用工具，已面向全警提供服务，初步实现了跨地区、跨部门、跨警种的信息共享和公安信息资源的综合开发利用。

3. 公安信息化安全保障体系基本形成。公安部成功实施了国家发展改革委批准的信息安全示范工程，建成了公安身份认证和访问控制（PKI/PMI）管理系统。该系统在杜绝非法用户访问公安信息网、方便识别民警身份并按授权开展查询应用的同时，制止了内部用户越权访问公安信息资源，保证了应用系统和各类数据库的安全。该系统在公安机关的成功应用，填补了我国电子政务建设中大规模使用"数字证书"进行授权访问的空白。同时还建成了覆盖全国公安信息网的微机注册管理、违规外联监测与自动阻断、病毒预警防范等监控系统；建立了公安信息网安全管理制度和应急处置机制；建成了公安部异地数据备份中心。公安网络与信息安全保护能力不断增强。

4. 公安信息化运行管理机构初步健全，运行管理和服务保障能力明显提高。按照把金盾工程建设好、使用好、管理好的总体要求，组建了部、省、市三级公安信息中心，全面承担起网络运行、系统运行、安全监测和应用开发等服务管理职能。建立了应用系统运行平台，整合、优化了各类设备和信息资源。大力加强了运行管理和服务保障工作，确保网络不断、系统不瘫、数据不丢。并通过实行聘用制的用人机制创新，为有效吸纳人才和加强公安信息技术专业队伍建设提供了组织保障。

31.2.3　第二次全国金盾工程工作会议

自 2003 年下半年至 2005 年年底实施的金盾工程一期建设，于 2006 年 11 月 16 日通过了国家发展改革委组织的竣工验收。验收委员会对金盾工程建设给予了高度评价，认为：金盾工程（一期）已全面完成项目建设任务，经过一年试运行和相关测试，各项指标符合初步设计要求和国家有关标准；金盾工程规范了公安基层基础工作，降低了警务工作成本，提高了行政管理工作效率，增强了打击犯罪和公共服务能力，显著提升了公安工作的信息化水平。

2006 年 12 月 18 日，公安部召开了第二次全国金盾工程工作会议，全面回顾总结金盾工程一期建设的主要成果和经验，集中表彰在金盾一期建设中涌现出来的先进集体和个人。会议认为，通过金盾工程一期建设，建成了基本满足当前急需的科学、规范、实用的公安工作信息化框架体系，基本实现了信息化基础设施比较完备，信息应用种类比较齐全，部分公安业务工作在全国范围内实现信息化工作流程的目标要求，初步呈现了纵向贯通、横向集成、互联互通的整体公安信息化应用格局。会议指出，金盾工程二期建设是一期的延续，要求各地公安机关金盾办按照公安部的部署，积极推进金盾工程二期建设的准备工作。

31.3　金盾工程实施的主要经验

金盾工程在大型信息系统的组织、实施和管理等方面积累了丰富的经验，不仅为金盾工程的继续发展创造了条件，也为国家大型电子政务工程建设提供了有益的借鉴。

31.3.1 边建设边应用

各地公安机关在推进金盾工程过程中，坚持"边建设边应用"的原则，使公安信息化在建设过程之中，成熟的应用项目就已经在各个警务工作领域发挥重要作用。

1. 显著提升了公安机关侦查破案、打击犯罪的能力和水平。各地公安机关普遍建立并应用了违法犯罪人员、刑事案件、在逃人员、被盗抢汽车、指纹、DNA 等信息系统，并积极利用社会信息，开展网上侦查、网上办案，促进了公安机关打击犯罪工作方式的转变，提高了工作效率和执法质量。目前，全国利用信息破案已占全部破案总数的 25% 以上，浙江达到了 53%，江苏达到近 40%。2008 年，全国公安机关每天平均抓获 1400 多名网上在逃人员。

2. 进一步加强了公安基层基础工作，提高了公安行政管理工作的水平和服务群众的能力。全国所有户籍派出所、车管所、出入境管理部门及边防口岸都实现了计算机管理和全国范围的联网应用，证件办理和审验都在窗口前台办公，并基于信息化手段不断推出网上户口迁移、证照一站式办理、边检快速通道、自助通关等便民利民措施，提高了工作效率、管理水平和群众满意度。

3. 规范执法活动，降低警务成本，在队伍建设和管理方面取得了新的突破。利用信息化手段进行侦查办案和服务管理，既提高了工作效率，也节省了办案经费，降低了警务成本。利用网上执法监督手段，规范工作内容和执法程序，分解审批权力，强化监督制约，实行绩效考核，建立了网上管理、网上监督、网上考核等工作机制，提高了公安队伍管理的正规化水平。

4. 一些先进地区公安机关信息化应用达到了较高水平。如安徽芜湖、江苏南京、浙江杭州、内蒙古乌海等城市公安机关，建立了警务综合信息系统，全警采集，全警应用，各项警务工作实现了网上协同，信息高度共享，警务效能明显增强，基本实现了公安工作信息化。

31.3.2　信息化推动警务改革创新

各级公安机关领导和广大民警在公安信息化应用过程中，更新了观念，开阔了思路，创新了工作方法和工作机制，给公安工作和队伍建设带来了许多新变化。（1）广大民警的思想观念、能力素质和工作方法发生了新变化，全国90%以上的民警掌握了计算机应用技能，在实战中创造出许多灵活实用的技战法，信息意识和应用能力普遍提高。（2）传统的侦查方式和破案手段发生了新变化，网上追逃、网上排查、网上串并等信息化工作方法和指纹、DNA 等技术手段的联网应用，明显提升了公安机关打击犯罪的能力。（3）基础工作和执法活动的内容和方法发生了新变化，各类基础信息进网入库，案件办理网上流转，规范了执法办案流程，提高了办案质量，加强了基层基础工作。（4）服务群众和管理社会的方式发生了新变化，不少地方推行了一站式、一卡式网上服务，既堵塞了内部管理漏洞，又提高了工作效率和服务水平，实现了警务公开和有效监督，提升了人民群众的满意度。（5）公安机关的领导方式和决策指挥模式发生了新变化，许多地方通过网上信息研判，全面了解掌握各类警情动态，提高了科学决策和组织指挥的能力。这些新变化充分说明，公安信息化已经开始改变并将继续改变公安工作的思维方式、管理理念、工作机制和资源配置，成为公安工作和队伍建设发展进步的强大推动力。

31.3.3　建设与管理并重

金盾工程是由公安部统一领导部署、各地分头实施的重大信息化工程，是公安机关历史上最庞大、最复杂、科技含量和普及程度最高、投资最大的系统工程，具有基础性、全面性、长远性、战略性。组织实施金盾工程，必须努力把握公安信息化建设的特点与规律，立足我国的国情和警情，开创一条具有中国特色的公安信息化新路子。实践证明，在坚持边建设、边应用的同时坚持建设与管理并重，在中央和地方分工明确的基础上，做到领导重视、组织落实、制度健全、管理规范、监督有力，是确保金盾工程一期建设取得成功的主要经验。

1. 站在国家信息化和公安工作发展进步全局的高度，深化认识，加强领导，争取支持。经过全国公安机关多年不懈努力，在党中央、国务院的高度重视和关心支持下，金盾工程纳入了国家信息化建设重点项目，并得到了各地党委、政府的高度重视和有关部门的大力支持。同时，各级公安机关都成立了由"一把手"挂帅的领导小组，统筹谋划、关键决策、资源保障、强力推动，配强金盾办作为指挥协调机构，加强组织协调和督促检查，紧密围绕业务应用的当前需求，把信息化手段用在公安工作最急需的地方，以信息化应用破解长期困扰公安工作的难题。

2. 按照高起点和科学、规范、实用的总体要求，贯彻统一领导、统一规划、统一标准的工作原则。我国地域辽阔、人口众多，公安信息网络覆盖面广、业务应用种类多、数据量巨大，地区之间情况差异较大等因素决定了金盾工程整体设计和实施难度较大。公安部根据国家发展改革委批复的《金盾工程项目初步设计和投资概算》，充分考虑实用性与先进性的统一，对全国统一部署了金盾一期建设任务要求。各级公安机关根据公安部下达的建设任务书和标准规范，因地制宜，因情施策，制定切实可行的实施方案，上下一心，精心组织，精心实施了金盾工程一期建设计划。

3. 集中力量开展全国人口信息管理系统建设攻坚，以重点突破带动整体推进。鉴于人口信息管理系统是公安机关所有应用系统中处于基础性、先导性的龙头项目，公安部金盾办两次召开全国会议专门部署和督促检查，部治安管理局和各地公安机关纷纷制定了有目标任务、有时间要求、有量化指标、有工作措施、有责任追究、有考核奖惩的建设方案，制定推进表，实行倒计时，采取超常规措施开展工作。经过全国公安机关的艰苦努力，建立全国人口基本信息资源库的目标如期实现，有力拉动了其他信息系统的建设。

4. 采取有力措施支持基层，充分发挥地方公安机关的积极性和创造性。公安部为部分地区增拨了 5000 万元专项补贴，用于派出所开展人口信息管理系统建设。根据人口信息管理系统对基层接入网建设的迫切要求，各地按照公安部下达的指标，克服重重困难、打破常规，迅速超额完成了基层所队接入网建设。2005年9月，公安部在安徽芜湖召开了全国公安信息化应用现场会，重点介绍了芜湖在人口信息系统建设中，通过出租房屋管理地理信息系统（GIS）的应用实现了实有人口管理，进而全面夯实公安各项基础工作的创新做法。会后在全国迅速掀起了学习芜湖的信息化应用高潮。

5. 加强项目管理，严把工程质量关。各级金盾办围绕金盾工程重点项目建设，按照《国家电子政务工程项目管理办法》，坚持规范管理、阳光作业，在立项审核、政府采购、质量监督等方面建立健全了管理制度，引入了项目监理制，加强了内部审计监督。公安部开发并推广了金盾工程项目管理信息系统，项目建设责任单位和项目审核管理部门均在网上办公，将项目需求书的提交、审核、进度、资金等情况形成完整的电子文档。在金盾工程一期建设中，公安部制定颁布了529项行业标准规范，开发了校验数据质量的检验软件，确保了工程质量。

31.4 金盾二期将进一步推进公安信息化建设

金盾工程二期建设是金盾工程一期的延续，在公安部的统一领导下，各地公安机关金盾工程办公室正按照公安部的部署，积极推进金盾工程二期建设的准备工作。

31.4.1 "三基"工程

金盾工程二期的重要内容之一是围绕"三基"工程，展开市级警务信息综合应用平台的建设。2006年作为全国公安机关"基层基础建设年"，公安部组织开展了抓基层、打基础、苦练基本功，并坚持不懈，一抓三年的"三基"工程建设。作为金盾工程二期立项的准备工作阶段，公安信息化建设的重点是围绕"三基"工程，以市级警务信息综合应用平台建设为抓手，大力推进信息化应用与公安基层基础工作的有机融合。这一平台是市级公安机关各个业务部门和基层民警开展执法、办案、管理、服务、监督、考核等工作的综合性工作平台。在这一平台上，派出所等基层所队按照工作流程采集各类基础信息，所有数据统一录入市局中心数据库，在各部门和基层所队按照执法办案程序和规范流转操作的基础上，各警种可以构建符合自身业务需求的应用系统，并与已有的信息系统相关联，开展综合应用。在江苏南京、安徽芜湖等地的成功探索中，破解了社区警务有效开展实有人口管理服务、案件办理按流程网上流转从而有效促进执法规范化等难题。实践证明，这一平台的应用将各种业务工作基础数据的采集、录入、更新、维护与管理有机结合，把基层民警的工作绩效与基础工作信息化水平紧密相连，能够激励基层民警不断提高信息化应用能力和业务工作水平。为此，公安部要求各地在深化"三基"工程和部署金盾工程二期任务中，加快市级警务信息综合应用平台建设，以基础工作信息化促进形成"全警采集、全警应用、全警共享"的应用格局。

31.4.2　强化资源整合

强化资源整合，实现更大范围、更高层次的信息共享，是公安信息化发展坚持不懈的目标。

2007 年，公安部连续出台了《公安信息通信网联网设备及应用系统注册管理办法》、《公安信息通信网运行服务管理规定》、《关于稳步开展公安信息资源共享服务工作的通知》等文件，进一步明确了对公安信息通信网上各类软硬件资源实行统一注册和安全管理、开展集中监控和运行维护、优化资源配置和服务保障等制度规定；提出了按照"统一共享平台、统一接入渠道、统一共享策略、统一运行管理"的原则，在部、省、市三级公安信息中心建立统一归口的部门间信息共享与服务平台的政策要求。为加大资源整合力度，拉动实现更大范围、更高层次的信息共享和综合利用提供了制度和政策保障。

2007 年，公安部先期组织开展了向银行机构提供公民身份信息联网核查服务工作，下一步将继续稳步推进与其他政法机关、政府其他部门以及金融、保险、民航、电信等相关机构的信息资源共享服务工作。推进公安信息资源共享服务工作，是公安机关服务经济建设和社会发展大局的重要体现。同时，公安机关在维护国家安全和侦查破案中也需要共享其他政府部门和社会公共服务行业掌握的信息。为提升公安信息化应用的综合水平，公安部已将建设部门间信息共享服务平台及边界接入平台纳入金盾工程二期建设重点项目。2008 年，在科技部的支持下，公安部承担了国家科技支撑计划"全国警用地理信息基础平台应用技术研究与规模应用示范"（PGIS）项目。公安部要求以统一研发的 PGIS 平台软件为技术支撑，把警用地理信息平台作为金盾工程二期建设重点项目，积极推动地理信息技术与公安信息系统的综合利用相结合，在公安指挥调度、实有人口管理、重点场所管理、案件时空分析等方面开展可视化应用，提高公安机关快速反应、协同作战和决策指挥能力。

31.4.3 以信息化为载体，推动公安工作的发展进步

2008 年 9 月，公安部在南京召开全国公安厅局长座谈会，提出要把大力推进公安信息化建设、加强执法规范化建设和积极构建和谐警民关系的"三项建设"，作为当前和今后一个时期推进公安工作发展进步的战略举措。作为落实"三项建设"部署的一项重要任务，11 月，公安部印发了《关于以实施"金盾工程"二期建设为契机，进一步推进公安信息化建设的意见》。该意见指出："信息化已带动了整个公安工作的新的革命。近年来各地公安机关开展信息化建设和应用的实践表明，信息化不仅是提高公安机关战斗力的重要途径，也是提升公安基层基础工作水平的重要措施，是推动公安机关体制、机制创新的重要动力。"该意见进一步明确了当前和今后一个时期公安信息化建设的总体思路、基本目标、工作原则和金盾工程二期建设的主要任务。

为期三年的金盾工程二期建设将以平台建设、资源整合、信息共享为

主线，进一步创新信息化与公安业务工作紧密结合的有效工作机制，全力推动信息化应用普及和深化。通过建设，网络、安全等信息化基础设施进一步完善，基层所队接入网全面普及；80％以上的公安业务工作信息在采集、使用、维护上实现信息化流程；全国人口基本信息等八大信息资源库的数据质量全面达到完整、准确、鲜活的要求；社会信息资源的共享利用进一步拓宽和充实；公安信息资源综合开发利用的水平明显提高。通过应用机制创新，建立健全基础工作信息化、信息工作基础化的有效机制，建立健全信息主导警务的综合研判和动态管控工作机制，建立健全信息共享服务机制；"全警采集、全警应用、全警共享"的公安信息化应用格局基本形成，在应用信息化加强公安队伍建设及公安机关内部管理上实现新的突破，全面提高公安信息化整体应用水平，进一步推动公安工作的发展进步。

2009年1月14日，公安部在郑州召开全国金盾工程二期工作会议，全面部署二期建设任务。5月14日，国家发展改革委批复同意《金盾二期工程中央本级建设项目初步设计方案和投资概算》，标志着金盾工程二期建设实施工作全面启动。全国公安机关从新的起点，向着更高的目标，开始了进一步推进公安信息化建设，以公安工作信息化引领公安工作现代化的新征程。

（本章作者　吴恒）

企业文框23：长风联盟

长风开放标准平台软件联盟（以下简称长风联盟）是在北京市科委等政府有关部门的支持下，由坚持自主创新发展之路的软件与信息服务企业、科研机构、高等院校、用户和第三方机构联合成立的一个创新型产业联盟。长风联盟成立于2005年4月，首批成员22家，截至2009年6月，成员已达73家。长风联盟汇聚了全国一半以上的骨干软件企业，联盟企业电子政务市场占全国电子政务市场近 1/3 的份额。

长风联盟成立的初衷，是针对中国软件产业企业规模小，核心竞争力弱，品牌效应不突出，产学研用结合不够紧密的问题，通过组织创新与机制创新，汇聚产业资源，构筑"产学研用"协同创新的产业创新链，引导产业集群创新，促进企业实质性联合，形成紧密结合的整体，提升产业整体竞争力。长风联盟成立以来，得到了国家科技及信息产业主管部门的鼓励与支持，逐渐成为政府主管部门与产业各方的桥梁和纽带，为产业发展发挥着日益重要的作用。

长风联盟秉承"联合是力量"的宗旨，在技术、资本、市场及品牌四个方面实践着该宗旨。

技术联合方面，长风联盟遵循开放标准的基本理念，联合各方面力量推动开放标准的制定和实施，实施和推广开放的国际标准，并积极参与国际化标准工作。2006 年 3 月，联盟正式加入了 OASIS（世界结构化信息标准促进组织）；2007 年 1 月 1 日，由长风联盟主持的 OASIS 中国办公室正式成立；在联盟的组织下，首批四家中国软件企业加入 OASIS。自加入 OASIS 以来，长风联盟已多次率领企业走出国门，参加国际会议，在国际舞台上发表了来自中国的声音，国际地位日益巩固。另外，近年来，长风联盟在全面推进软件向服务转型，推动以开放源代码和开放标准为主导的开放创新模式，促进 SOA（面向服务的架构）技术标准研究和应用实践等方面都走在全国前列，在某些技术标准研究上已经进入国际主流阵营。

资本合作方面，长风联盟的三家基础软件厂商共同出资成立了"长风联盟基础软件联合实验室"（法人实体），职能是协同研发协同服务。研发实体的最大特征是利益绑定，实现的是企业间的实质合作。

市场合作方面，长风联盟成立了市场委员会，进一步整合包装联盟产品，集中支持联盟工作形成的和咨询服务过程中形成的优秀产品（方案），构建长风联盟市场推广体系，巩固联盟在电子政务领域的市场优势，同时在重点区域和重点领域，拓展新的市场空间，使联盟在行业信息化占有更多的市场份额。

品牌联合方面，长风联盟成立三年来，通过市场宣传、网站、通信以及相关媒体报道，大大提升了联盟的品牌影响力。除此之外，长风联盟多次携联盟企业集体参加软博会，向业界集中展示了长风联盟集群创新的力量。

（编撰：刘博）

第 32 章

公文管理系统与
国家应急系统

引　言

公文是国家行政机关履行职能的重要工具。改革开放以前，围绕公文和公文管理的方法虽然不断改进，但是，由于公文管理的重要性、复杂性和特殊性，在手工管理条件下，改进的余地十分有限。改革开放以后，国家行政管理工作量大幅度增加，对公文质量和公文处理的效率要求越来越高。20 世纪 80 年代后期，信息化的大潮席卷全球，运用信息技术建设以公文和公文处理为对象的计算机"公文管理系统"，成为最重要的政府信息系统工程之一。20 年来中国行政机关信息化建设的实践表明，公文管理系统从无到有，从单机应用发展到网络化运行，从单纯的、以辅助办公为特征的办公业务系统发展到集成整合的、以辅助决策为特征的信息资源开发利用系统，取得了巨大的成绩，不仅极大地提高了公文与公文处理的质量和效率，而且，公文与公文管理也开始走向规范化、制度化和科学化。

经济社会的飞速发展及各种社会矛盾的不断凸显，自然灾害、安全生产事故、公共卫生事件、社会安全事件和群体性事件都在明显增加。为了贯彻落实党中央提出的以人为本、构建和谐社会、实现可持续发展的战略目标，更好地履行政府公共管理和社会服务职能，从中央政府到市县基层政府都成立了应急管理工作机构，制定了应急管理工作预案，从而有效提升了政府处理应急事务的能力。随着应急管理体系的健全，中国应急管理信息化建设也得到了充分的重视，取得了很好的进展。

32.1 公文管理系统的发展

在电子政务的信息资源库中，有一类特殊的信息资源具有唯一性、可靠性、权威性，这就是国家机构和社会组织为开展各项业务和行政管理活动而形成的、具有特定效用的凭证性信息——文件，以及由文件转化而成的历史记录、现行工作的信息源——档案。这种独特的信息资源是机构和国家的核心信息资源，是机构正常运行的信息支持和信息保障，也是国家信息资源最重要的组成部分。"一个没有计划和控制的文件保管系统和文件收集系统对一个机构来说是十分危险的，它会毁了这个机构，甚至是整个社会。"① 随着中国电子政务的发展，中国政府公文信息化的发展也积累了丰富的实践经验，在技术形态和应用形态上取得了很大进步。回顾公文信息化的发展历程，能够得到很多有益的启发和规律性启示，这对于把握电子公文发展趋势和指导今后工作，具有重要的现实意义。本章主要从电子公文的发展和纸质公文信息化发展两个方面对这一历程进行回顾和总结。

---

① Mike Steemson：Globale-Government What We Can Learn from Other People，Nederland-Government Conference，November 2001.

32.1.1 电子公文的发展

电子公文的内涵目前主要是按照《电子公文传输管理办法》的规定，即电子公文是指通过统一配置的电子公文传输系统处理后形成的具有规范格式的公文的电子数据。电子公文与相同内容的纸质公文具有同等法定效力，电子公文的处理应当符合《国家行政机关公文处理办法》的有关规定。目前，电子公文的范畴还没有从根本上超越纸质公文，广义上电子公文的运作主体是指国家机构及其他社会组织，电子公文的处理依赖于计算机网络和设备环境，其存在形态为电子文件，电子公文具有法定效力和规范体式。基于上述认识，电子公文可以归纳为党政机关通过计算机网络和设备处理的具有法定效力和规范体式的电子文件。随着中国政务信息化进程的不断推进，中国政府办公自动化发挥着越来越重要的作用。据统计，中国从中央到地方拥有 OA 和业务系统的比重分别达到 83.3% 、69.4% 、47.7% 、27.1% 、10.4% 。

电子公文作为电子政务建设的重要组成部分，是从属于电子政务发展进程的，因此可以沿着办电子政务的发展这条主线，考察电子公文的发展历程。

1. 第一阶段：普通电子邮件时期（1999 年以前）

20 世纪 80 年代中期，办公自动化在中国兴起。1986 年夏季，国务院召开了国民经济信息化工作会议，在国务院综合部门和业务部门部署了 12 项大型业务信息系统建设。与此同时，作为增补项目，党中央和国务院在中南海实施定名为"海内工程"的信息化建设项目。这项工程的目标是在党中央和国务院的所在地，在党和政府的行政首脑机关率先开展办公自动化建设，逐步在宏观管理与科学决策方面实现信息网络化。为了保证"海内工程"的顺利实施，成立了由党中央和国务院的四位领导同志组成的"海内工程领导小组"，负责领导这项建设。

国办秘书局明确了"海内工程"首批开展的主要的计算机应用项目是：针对秘书局的核心业务——公文运转管理，开发公文管理系统；针对领导同志和机关工作人员的决策参考需求——历史公文档案查询，开发国务院要事数据库；针对中央与地方政府办公厅之间的关联业务——公文与信息交换，开发实现了信息共享的远程数据交换系统。

1988 年年底，国务院办公厅秘书局开发完成了以国务院公文管理系统、国务院档案管理系统、国务院信息管理系统及国务院要事数据库为标志的基于小型计算机的大型应用系统。国务院办公厅的示范作用和组织协调使各种计算机应用系统从无到有，办公自动化不断深入发展。国务院办公厅秘书局编制了"公文主题词表"以利于对公文的标引和检索。吉林省政府办公厅率先开发成功"微机档案管理系统"。该系统从档案的分类、立卷、目录编排、案卷清单打印，乃至封面制作，在档案管理工作的全过程实现了计算机管理，且完全符合国家档案管理的有关规定，得到了吉林省档案局的认可和好评。上海市人民政府办公厅率先开发成功公文与档案一体化管理系统，对原有的档案管理规定做了适合计算机管理的大胆创新，大大提高了档案管理的效率，引起广泛重视。青岛市人民政府办公厅在政府信息管理上开发成功集信息筛选、编排、刊物生成、印刷为一体的"青岛市政府信息管理系统"，使政府信息刊物的编辑出版周期大幅度缩小。利用国家刚刚建成的程控电话系统，在全国政府办公厅系统办公自动化工作指导协调小组的共同决策和积极组织下，全国政府办公厅系统的"第一代远程数据传输网"（简称为第一代电子邮件系统）于 1989 年 7 月起部署运行。在不到半年的时间内，当时的全国 30 个省、自治区、直辖市之间首次实现了计算机数据传输。

1990 年 2 月，国务院办公厅秘书局组建全国第一代数据通信网，完成了基于小型机的加密数据通信系统的研制与应用部署，并在全国范围正式开通了全国政府系统第一代电子邮件系统。1990 年 10 月，当西藏自治区程控电话系统开通之后，中国大陆所有的省级地方政府实现了数据通信。信息报送、全国共享信息下发、国务院文件清样下发等应用步步深入，1992 年国务院文件版式下发，率先在全国实现了国务院重要公文的同版异地印刷，开创了国务院文件下发县团级地方政府的新路子。

1999 年实施政府上网工程以前的中国电子公文发展阶段可以称为"邮件公文"时期。因为自 1989 至 1999 年，中国大多数地级以上政府先后建立了基于 Lotus ccmail 和 Notes 邮件技术的政务信息传输系统。1998 年以前是 ccmail 系统，1998 年以后是 Notes 系统，分别称为政府"第一代电子邮件系统"和"第二代电子邮件系统"，简称"一邮"和"二邮"。这一时期各地邮件系统的主要功能是用来传送政务信息，电子公文的概念还处于萌芽状态，或者说这一时期电子公文本质上就是电子邮件。这种纯粹作为邮件附件被传输的电子公文，缺乏对发文单位、收文单位和公文完整性的有效认证机制，还谈不上规范性，电子公文的应用缺乏制度和法规保障，其与纸质公文等同法定效力的地位还没有确立。

1994 年，国务院办公厅率先在全国开通了由中国科学院软件所研发的远程用户强制身份认证系统，进一步保障公文数据远程交换的安全保密性，并于 2000 年后升级为智能卡系统。国务院最后的由手工管理的重要公文、档案——绝密级文档，也在这一年在国家有关主管部门的主持和华中理工大学的攻关下，在全国率先实现了计算机管理。国务院绝密文档管理系统集中了数据库加密技术、高强度密码技术、低电磁泄射技术等最先进的信息安全保密技术，联合攻关，历时 10 年，终获成功，使我国的公文管理系统应用水平再上新台阶。

2002 年，为政府第二代网络系统研发了可与国务院公文管理系统相融合的公文无纸化传输系统。该系统可以保证公文在网络传输中的完整性和不可抵赖性，不仅使地方政府上报国务院的公文所需时间从以天计算转变为以秒计算，而且还实现了上报公文的初次登入信息全部自动入库，大大提高了地方政府上报公文的运转效率。1989 年至 1999 年的 11 年间该系统共管理了约 14 万件公文，而 2000 年至今的不到 10 年时间，管理的公文数量几乎增加了一倍。

中共中央联络部通过深入探索研究行政机关公文管理的本质特征，以开发出能全面满足机关业务需求的应用系统为动力，从公文管理系统应用入手，透过公文运转管理的表象，抽象出各种业务模型、管理模型与关联权限控制机制，在应用需求的推动下（例如最多三次操作即可获得所需信息的高效性需求），通过全新的系统架构设计，集成整合网络、信息安全、办公套件、多媒体等几乎所的有办公应用技术，甚至融入地理信息技术成为随处可用的模块，使原本单一的公文管理系统在应用的广度上，逐渐覆盖了该部所有业务，发展成为该部一体化的、具有信息资源开发利用特征的电子政务综合办公业务系统。在国家有关部门的立项支持和指导监管下，通过组织国内 IT 企业联合攻关和进一步的系统架构设计，发展成为具有强大适应能力、在国家机关具有通用性的"新一代电子政务系统"，并在推广中成绩斐然；在应用的深度上，则涵盖了包括绝密级公文处理在内的所有行政管理业务层次。中联部项目组织我国数十家 IT 企业大胆创新和攻关，全部关键成果拥有自主知识产权，实现了国产化，带动了我国信息产业发展，显现出良好的社会和经济效益。

2. 第二阶段：政府上网工程时期（1999—2001 年）

从 1999 年至 2001 年，电子公文推进速度之快、应用规模之大既是前期实践积累的结果，也是当时技术进步和政府信息化快速发展的反映。1999 年，国家开始实施政府上网工程，各级政务信息网络在区域层面得到大规模横向扩展，以工作流为核心和以知识管理为核心的办公自动化系统大行其道。文档管理、电子邮件、公文流转、流程审批、会议管理等功能成为新一代 OA 系统的核心功能。第二代邮件系统在大部分县级以上政府开通运行。随着电子公文应用规模的扩大，人们发现，单纯基于邮件平台的电子公文的安全得不到有效保障。当时的情形是，一方面，巨大的电子公文市场需求激活了国内 OA 市场，书生、方正、浪潮等一大批 OA 软件企业开始围绕公文流转的问题，研发文件起草、签发、压缩、分发、盖章等各个环节的安全技术，书生安全型电子公文系统先后在银行和国办率先试用并得到推广。另一方面，电子公文越来越成为政府 OA 系统的主体功能，电子公文作为纸质公文的替代品，已被各级政府信息化工作人员和文秘人员所接受。电子公文大范围的规模化应用亟须在国家层面制定统一的规章制度，电子公文的法定地位和效用亟须确定。

3. 第三阶段：确定法定地位时期（2001 年以后）

至 2001 年，政府电子公文经过十余年发展，80% 的县级以上政府部门开通了电子公文系统，这时的电子公文在技术上已达到实用程度、在应用规模上已具备进行全国推广的基础、在管理运行机制上积累了一些好办法好经验。一批商品化的电子公文系统产品相对完善、成熟和实用。国家电子公文立法的时机已经成熟。2001 年，国家电子政务总体框架初步确立，国家电子政务总体标准开始制定，电子公文成为国家电子政务总体框架中的重要组成部分。2001 年，国务院办公厅秘书局制定的《电子公文传输管理暂行办法》首先在 6 个省、直辖市试点推行。

2002 年 3 月，国务院成立国家电子政务协调小组时，专门确定国家档案局为成员单位。2002 年 8 月，国务院办公厅在部署全国政府系统办公业务资源网传输电子公文工作时，提出由国家档案行政管理部门制定电子公文归档工作相关法规任务。之后，国家档案局及时研究制定了《电子公文归档管理暂行办法》并得到中央领导同志的肯定。

在试点的基础上，2003 年国务院办公厅正式下发了《电子公文传输管理办法》（国办函［2003］65 号）文件。文件首次提出了"电子公文"的概念，确立了电子公文的法定效力地位，规定了电子印章的管理等同实物印章等。这一时期，国家还出台了《电子文件归档与管理规范》（GB/T18894—2002）、《电子公文归档管理暂行办法》（国家档案局令第 6 号）等，就电子公文的生成、发送、接收、归档、管理等作了具体规定。此后，《中华人民共和国电子签名法》等相关法律规章的发布实施，进一步促进了电子公文的发展和制度环境的完善。电子公文已经在某些办公领域、某些办公环节确立了纸质公文所不可替代的地位和优势。

32.1.2　纸质公文信息化的发展

纸质文件信息化，本书主要是指文件的后期形态——档案的信息化。2000 年年底，国家档案局制定出台的《全国档案事业发展"十五"计划》据此提出了加快档案信息化建设的任务。信息化带动策略在档案部

门开始提出和实施。2002 年，国家档案局作为成员单位加入国务院电子
政务协调小组。2002 年，国家档案局制定《全国档案信息化建设实施纲
要》，对全国档案信息化建设作了进一步部署，这是国家档案行政管理部
门统揽档案信息化建设的一个纲领性文件。全国各级档案信息网站对外公
布开放档案目录超过数千亿条。现行文件网上查询利用工作开展较为普
遍。2003 年 8 月，青岛、北京、天津、上海、江苏、浙江等省市数字档
案馆相继建设。各地档案部门积极参与当地电子政务建设，力争把档案信
息化建设纳入当地国民经济和社会发展计划，一批重大档案信息化建设工
程项目相继启动和实施，档案信息化建设逐步实现与各地信息化建设同步
发展。同时，政府机关档案管理中对纸质文件管理信息化还出现了一个新
趋势，从针对一个个单位的档案部门到机关联合文档管理部门。由于档案
自身的特性，中国政府的档案管理体系亦比较复杂，分散管理是其突出特
点。政府各部门分头管理各自的文件档案，各有归档方法与规范，甚至有
管理体系和政策上的不同，造成了管理难以标准化。随着政府机构改革和
电子政务建设的推进，一些省市政府批准成立了文件中心或文档管理中心，
保管现行文件和档案。最早结束档案多头管理的是深圳市，该市于 2002 年
10 月，经市编办正式发文成立了深圳市档案局文件管理中心，统一管理市
民中心各单位移交的文件，各单位不再单独设立专门的档案管理机构。

32.1.3　公文信息化发展的特点

公文信息化与一般的管理信息系统还有所不同，在发展过程中有其自
身的特点。

1. 公文信息化发展的宏观特点

（1）技术成熟度往往滞后于应用需要。如电子公文至今没有实现全
国统一的技术标准。在各地的电子政务实践中，有的地方采用了邮件技术
平台，有的采用了 WEB 技术平台，平台的技术架构缺乏科学规划。电子
公文的登记、签收、审核等处理流程缺乏规范性。手写签名技术和手写批
文技术还不够成熟稳定和实用。电子印章技术需要进一步改善。数字版权

技术在电子公文中的应用还处于初级阶段。公文的制作版式、传输、办理、归档等技术还不完善。"随时随地应变"的设备环境要求和领导"随需应变"的办公要求，决定了技术跟着应用跑的电子公文发展常态。

（2）制度往往滞后于实践需要。制度滞后于实践是中国公文信息化发展历程中折射出的一条轨迹。电子公文作为信息时代的新事物，制度滞后于实践既有实践上的必然性，也有技术自身发展变化的规定性。因此，跟踪技术和实践变化，及时反映电子公文发展需求以安排合理的制度环境，是今后电子公文健康持续发展的根本保证。

（3）人员的操作技能往往落后于技术发展。公务员的信息技术能力和技能水平落后于应用是一个客观现实。特别是对于县处级以上的公务员领导来讲，其岗位能力重点强调的是概念技能，弱化的是操作技能，其信息技术技能水平普遍不高。然而县处级领导又往往是阅批公文的主体，操作技能的不足限制了电子公文在最后"一米"的电子化进程。

2. 公文信息化发展的微观特点

（1）不少机构尚未将电子文件视为"正式文件"，更没有作为重要的信息资源看待。电子文件在完成处理程序之后并不能获得法定的身份，而是通过打印成纸质文件留作凭证，系统中的电子文件得不到有效的保管，由此造成许多重要数字信息的流失。一个重要原因在于电子文件的法律效力尚未得到认可。对电子政务系统中"文件"的范围没有全面的界定，往往比照纸质文件限定于正式文件或红头文件。不了解在邮件系统、网站、数据库和其他信息系统中也有不少具有文件性质的信息，不注意鉴别文本文件之外的图形、图像、多媒体、超文本等复杂或复合信息中的"文件"性质和"档案"价值。一些业务系统（包括"一站式"办公模式）中，一些有价值的业务活动记录也没有被看做文件加以留存和管理。

（2）未真正实现现代办公环境中的文件、档案一体化管理，大多停留在按传统管理模式分别开发 OA 和档案管理系统、实行简单对接的层面，档案管理大多是处于系统末端的一个独立模块，未能以"前端控制"的理念将档案管理需求有机地嵌入系统流程当中。电子政务系统中对文件的管理措施大多模拟纸质文件，非常粗放，许多适合电子文件特点、已经在国外应用并得到验证的管理措施在中国鲜有使用。例如，电子文件的实时归档，从邮件、数据库、网站等系统中实时"捕获"和"鉴别"反映机关活动情况的不表现为格式化的文件，基于电子文件保管期限表的自动鉴定（包括初始鉴定和后续鉴定），实时采集反映文件本身（内容、结构、背景信息）和运转、使用情况的元数据，反映文件稿本情况的版本管理，着眼于长久保存与利用的定期转录和实时迁移等，而这些措施已经被理论和实践证明对于保障电子文件的完整、真实和长期可读是行之有效的。

（3）现有的电子政务系统对电子文件信息安全和保密所采取的措施大多是技术性的，缺少充分的管理配套措施，如生成文件登记、配发文件模板、定制文件流程、监控文件运行过程等。如果这些管理性措施缺位或不完全到位，仅靠信息安全技术本身不足以保证系统内电子文件的现实安全，更难以确认电子文件的长久真实。目前，中国许多电子政务系统中或多或少地存在安全隐患，以至于重要文件、涉密文件无法在网络上流转、办理，无法真正开展电子政务和其他无纸化业务，管理性措施的缺乏是其重要原因之一。

32.1.4 公文信息化发展趋势展望

随着现代信息技术的发展，公文信息化也会随之继续发展。主要的发展趋势可以探讨如下。

1. 公文处理流程向规范化发展

电子公文处理流程的规范化是党政机关跨平台、跨部门电子公文交换的基础。现阶段的情形是，一方面，相关的技术标准还在修订完善，还需要假以时日进一步试点检验；另一方面，国家只出台了电子公文传输管理办法和归档办法，各地在电子公文的办理（包括发文办理和收文办理）方面的应用水平参差不齐，缺乏制度约束。主要表现在：发文办理的草拟、审核、签发、复核、缮印、用印、登记、分发等环节和收文办理的签收、登记、审核、拟办、批办、承办、催办等环节不规范、不完整。电子公文在这些关键环节上的缺失和功能缺位，制约了电子公文行政作用的发挥，同时也说明电子公文处理流程的规范化极其重要。在制定有关文件、档案管理标准时注意借鉴国际经验和与国际标准接轨。

2. 公文内涵外延向扩大化发展

德国哲学家拉普曾断言："技术是复杂的现象，它既是对自然力的利用，同时又是一种社会文化变迁过程。"人类文化的变迁与技术进步之间存在着紧密的关系，纸质公文的电子化不仅体现了传统公文载体的工具性变革，也体现了其文化属性和功能的变化，包含着丰富的文化内涵。电子公文改变了公文表达、传播的工具、手段和方式。它具有高时效性，具有集文字、图像、声音、视频于一体的多媒体优势，具有特殊的时空存储特征。这种对传统公文属性、存储、传输、处理等形态形式的变革必然导致公文内涵外延的扩大化。因此，研究跟踪电子公文的这些新变化新发展，及时反映其技术需要和实践需要，是目前社会发展需要的一项重要课题。

3. 公文处理管理全程化

电子文件处在电子政务系统中的主干信息流和核心信息资源位置，在电子政务系统设计报告中应包括全面、确切的电子文件管理功能需求，实施对电子文件的"全程管理"。借鉴国内外电子文件管理系统的经验，从根本上走出按照纸质文件管理方式设计电子文件管理系统的思维定式，根据网络应用引起的机构组织方式和管理模式的变革，设计相应的文件生成、处理、处置的运转模式，采用国际主流技术，建立满足电子文件管理功能需求的系统框架与技术途径。理顺电子环境中文件、档案管理体制，实行一体化、专业化管理，明确文件、档案管理人员和机构的职责，赋予他们相应的管理权限。促进机构业务流程与文件流程的集成，以现代管理思想和理念指导机关业务流程和文件档案管理流程的科学重组，提高业务工作效率和文件管理水平，减少疏漏、重复和摩擦。促进地区和国家电子政务系统互联中档案馆的准确定位。

32.2 国家应急体系的信息化建设

《国家突发公共事件总体应急预案》中提出要加强公共安全科学研究和技术开发，采用先进的监测、预测、预警、预防和应急处置技术及设施，充分发挥专家队伍和专业人员的作用，提高应对突发公共事件的科技水平和指挥能力，避免发生次生、衍生事件。预案对应急管理中的科技支撑也给予了高度重视，提出要积极开展公共安全领域的科学研究；加大公共安全监测、预测、预警、预防和应急处置技术研发的投入，不断改进技术装备，建立健全公共安全应急技术平台，提高中国公共安全科技水平；注意发挥企业在公共安全领域的研发作用。

中国应急管理领域的信息化，作为特殊的电子政务建设，主要是由业务体系和技术平台（应急信息系统）组成。业务体系通常指"一案三制"（预案、体制、机制、法制），主要包括应急的组织结构、突发事件处置的业务流程、相应的专业技能，应急手段和专业人员的岗位责任等，业务体系是应急信息系统的核心和基础，而应急信息系统则是业务体系的保障和支撑，两者互为表里，推动应急管理信息化的深入发展。

32.2.1 "一案三制"：中国应急管理信息化的业务体系梳理

"一案"为国家突发公共事件应急预案体系，"三制"为应急管理体制、运行机制和法制。中国政府在加强应急管理中，突出重点，抓住核心，建立制度，打牢基础，围绕应急预案、应急管理体制、机制、法制建设，构建起了应急管理体系"一案三制"的核心框架。

1. 应急管理体系中的预案建设

预案是应急管理体系建设的龙头，是"一案三制"的起点。预案具有应急规划、纲领和指南的作用，是应急理念的载体，是应急行动的宣传书、动员令、冲锋号，是应急管理部门实施应急教育、预防、引导、操作等多方面工作的有力抓手。制定预案，实质上是把非常态事件中的隐性的常态因素显性化，也就是对历史经验中带有规律性的做法进行总结、概括和提炼，形成有约束力的制度性条文。启动和执行预案，就是将制度化的内在规定性转为实践中的外化的确定性。预案为应急指挥和救援人员在紧急情态下行使权力、实施行动的方式和重点提供了导向，可以降低因突发公共事件的不确定性而失去对关键时机、关键环节的把握，或浪费资源的概率。正如很多从事应急管理的领导人所说：应急预案就是将"无备"转变为"有备"，"有备未必无患，无备必定有患"，"预案不是万能的，但没有预案是万万不能的"。鉴于此，国务院在组织预案编制过程中，从明确要求，制定指南，到成立机构，督促指导，工作十分细致缜密。国务院办公厅专门为制定预案出台了《应急预案编制指南》，要求预案编制要做到"纵向到底、横向到边"，纵向贯通行政和各类组织层级，横向覆盖行政和社会层面。在国务院的直接领导和精心指导下，经过几年的努力，全国已制定各级各类应急预案130多万件，涵盖了各类突发公共事件，应急预案之网基本形成。预案修订和完善工作不断加强，动态管理制度初步建立。预案编制工作加快向社区、农村和各类企事业单位深入推进。地方和部门联合、专业力量和社会组织共同参与的应急演练有序开展。应急预案体系的建立，为应对突发公共事件发挥了极为重要的基础性作用。

2. 应急管理体系中的体制建设

应急管理体制，主要是指应急指挥机构、社会动员体系、领导责任制度、专业救援队伍和专家咨询队伍等组成部分。

政府应急管理体制的基本要求是整合化。重点要解决三个问题：一是要明确指挥关系，建立一个规格高、有权威的应急指挥机构，合理划分各相关机构的职责，明确指挥机构和应急管理各相关机构之间的纵向关系，以及各应急管理机构之间的横向关系；二是要明确管理职能，科学设定一整套应急管理响应的程序，形成运转高效、反应快速、规范有序的突发公共事件行动功能体系；三是要明确管理责任，按照权责对等原则，通过组织整合、资源整合、信息整合和行动整合，形成政府应急管理的统一责任。

中国应急管理体制按照"统一领导、综合协调、分类管理、分级负责、属地管理为主"的原则建立。目前，已初步形成了以中央政府坚强领导、有关部门和地方各级政府各负其责、社会组织和人民群众广泛参与的应急管理体制。从机构设置看，既有中央级的非常设应急指挥机构和常设办事机构，又有地方政府对应的各级应急指挥机构，县级以上地方各级人民政府设立了由本级人民政府主要负责人、相关部门负责人、驻当地中国人民解放军和中国人民武装警察部队有关负责人组成的突发公共事件应急指挥机构；根据实际需要，设立了相关突发公共事件应急指挥机构，组织、协调、指挥突发公共事件应对工作；建立了志愿者制度，有序组织各类社会组织和人民群众参与到应急管理中去。从职能配置看，应急管理机构在法律意义上明确了在常态下编制规划和预案、统筹推进建设、配置各种资源、组织开展演练、排查风险源的职能，规定了在突发公共事件中采取措施、实施步骤的权限，给予政府及有关部门"一揽子授权"。政府在突发公共事件中职能缺位问题正在得到解决。从人员配备看，既有负责日常管理的从中央到地方的各级行政人员和专司救援的队伍，又有高校和科研单位的专家。例如，2008 年 5 月 12 日汶川特大地震发生后，党中央、国务院先后成立抗震救灾总指挥部和四川前方指挥部，全面负责组织指挥抗震救灾工作，各级政府和有关方面应急管理机构也迅速行动，成为抗震救灾工作的坚强领导和高效指挥中枢，充分发挥了应急管理体制的作用。

3. 应急管理体系中的机制建设

应急管理机制是行政管理组织体系在遇到突发公共事件后有效运转的机理性制度。应急管理机制是为积极发挥体制作用服务的，同时又与体制有着相辅相成的关系，建立统一指挥、反应灵敏、功能齐全、协调有力、运转高效的应急管理机制，既可以促进应急管理体制的健全和有效运转，也可以弥补体制存在的不足。经过几年的实践努力，中国初步建立了应急监测预警机制、信息沟通机制、应急决策和协调机制、分级负责与响应机制、社会动员机制、应急资源配置与征用机制、奖惩机制、社会治安综合治理机制、城乡社区管理机制、政府与公众联动机制、国际协调机制等应急机制。另外，特别针对薄弱环节，有针对性地加强机制建设。例如，以往在信息披露和公众参与方面存在缺失，四川汶川地震发生后，党和政府注意发挥信息发布机制和志愿者机制的作用，主动向社会发布灾情报告，举行记者招待会或以其他形式与社会直接面对面沟通，大量媒体记者包括境外媒体记者被允许进入灾区进行采访和报道，增强了政府信息公开的时效性与权威性，避免了谣言的传播，有效引导了舆论导向，稳定了人心。又如，在突发公共事件中，关于怎样开展与国际社会合作的经验以前并不多，经过近几年实践摸索，建立了减灾国际协作机制，在特大灾害中邀请有丰富经验的外国和境外救援人员参与救灾。同时，中国在建立应急管理机制的过程中还与探索建立绩效评估、行政问责制度相结合，已形成了灾害评估、官员问责的一些成功实践范例。

除此之外，中国在培育应急管理机制时，重视应急管理工作平台建设。国务院制定了"十一五"期间应急平台建设规划并启动了这一工程，公共安全监测监控、预测预警、指挥决策与处置等核心技术难关已经基本攻克，国家统一指挥、功能齐全、先进可靠、反应灵敏、实用高效的公共安全应急体系技术平台正在加快建设步伐，为构建准确、快速、一体化的应急决策指挥和工作系统提供支撑和保障。

4. 应急管理体系中的法制建设

法律手段是应对突发公共事件最基本、最主要的手段。应急管理法制建设，就是依法开展应急工作，努力使突发公共事件的应急处置走向规范化、制度化和法制化轨道，使政府和公民在突发公共事件中明确权利、义务，使政府得到高度授权，维护国家利益和公共利益，使公民基本权益得到最大限度的保护。应急法制建设注意通过对实践的总结，促进法律、法规和规章的不断完善。

目前，中国应急管理法律体系基本形成。现有突发公共事件应对的法律 35 件、行政法规 37 件、部门规章 55 件，有关法规性文件 111 件。这些法律、法规、规章和法规性文件内容涉及也比较全面，既有综合管理和指导性规定，又有针对地方政府的硬性要求。2007 年 8 月 30 日全国人大常委会通过、2007 年 11 月 1 日起正式实行的《中华人民共和国突发公共事件应对法》，是中国应急管理领域的一部基本法，该法的制定和实施成为应急管理法治化的标志。

在"一案三制"中，法制是基础和归宿。应急管理法制的确立，表明中国应急管理框架的形成。2008 年，在全国人大会议上，国务院郑重宣布："全国应急管理体系基本建立。"总的来说，中国"一案三制"在应对重大突发公共事件中发挥了重要作用，经受住了实践的检验。

32.2.2　应急管理信息系统建设的发展

近年来，中国国家应急管理信息系统发展很快，系统建设的过程、主要特点和功能可以概述如下。

1. 中国应急管理信息系统建设阶段

以 SARS 事件为分界点，中国应急管理信息系统建设大致可以分为两个阶段，第一个阶段的主要特点是重视部门联动，着力构建社会应急联动系统，一般主要涉及城市管理的主要业务领域，如公安、卫生、消防、交通、通信等众多部门，系统建设涵盖政府管理与各部门业务流程整合再造，以及业务系统的互联互通，较为典型的是 2002 年 4 月，南宁联动系统正式运行，以及其后的深圳、广州、上海、成都等地启用应急联动。城市管理应急联动系统的建立成为应急管理信息系统建设第一阶段的标志性成果。但随着社会突发事件的日益增多，以及电子政务的发展，应急管理信息化整合的工作越来越重要，特别是 SARS 危机的发生，更加深了这种必要性。因此，以 SARS 为起点，开始进入应急管理信息系统建设的第二阶段。全国开始建设应急体系的同时，也着手搭建应急体系的信息化平台。2005 年 8 月第二届中国政府电子政务论坛召开，主题就是突发事件政府应急系统的建设。在"数字城市"规划中，一般都有城市运行监控及应急指挥中心、城市重大事故应急联动等应急系统。2006 年 4 月，第二次全国应急管理工作会议出台了《关于全面加强应急管理工作的意见》；2006 年 12 月，通过了"十一五"期间《国家突发公共事件应急体系建设规划》；2007 年 8 月，通过《突发事件应对法》，对应急管理信息系统建设都给予了很大重视，应急管理信息系统建设也取得了很大的进步，既对应急管理信息资源进行了整合，又对应急管理信息系统的功能进行了拓展。如深圳市应急管理信息化系统归并整合了全市的各类应急信息资源，在相关部门之间实现资源共享、互通互用。包括接入公安、交警、城管、口岸等重点单位的视频和数字监控系统，机场、车站、场馆等重点部位的视频监控系统，接入电子地图系统、气象卫星云图、气象雷达云图、灾害性气象预报、三防系统，连接车站、机场、大型主题公园等人员聚集部位的广播系统和广播电视直播系统、公安无线通信指挥系统，全面整合资源，实现了资源共享，通过技术化手段的应用满足了应急指挥的要求。

2. 应急管理信息系统建设的特点

（1）以应急管理体系为载体

中国应急管理信息系统的建设，是随着中国应急管理体系的逐步完善而发展起来的。目前，全国已制定各级各类应急预案 130 多万件，涵盖了各类突发公共事件，应急预案之网基本形成，应急管理的体制、机制、法制基本建立，应急管理信息系统建设，是以"一案三制"为核心的应急管理体系为依托的。正是我们有基础建立起了横向互联与纵向贯通的国家突发公共事件应急管理体系，纵向到底，涉及国家、省、市、县和基层，横向到边，涉及自然灾害、事故灾难、公共卫生和社会安全，围绕着应急预案体系的实施，服务于应急机构的职能，应急管理信息系统建设才有了可靠的载体。

（2）以电子政务系统为依托

中国电子政务的发展，经历了开展办公自动化、建设政府网站、实施各种"金"字号工程到推进电子政务系统建设、国家电子政务顶层设计，取得了巨大成就，初步形成了统一的国家电子政务网络平台，规划和开发了国家政务信息资源及其目录体系和交换体系，建立了电子政务网络和信息安全保障体系等。当前，电子政务建设正迈向资源整合、公众服务、信息共享、政务协同等信息资源深层次开发利用阶段。应急信息系统作为各级政府应急管理部门和应急指挥机构的一个应用性信息系统，以电子政务系统的体系结构为依托，通过电子政务系统体系结构，包括网络基础设施、应用业务支撑层、应用业务层、服务层，以及安全保障系统和管理服务系统等，也获得了长足的发展。

（3）以应急管理需求为导向

应急管理信息系统在建设过程中，始终以应急管理实践为基础，为各级应急管理机构信息共享、决策支持等为建设导向，提供服务。在应急管理体制中，国家、省、市各级政府的应急管理部门担负着领导和决策的职能，各级政府的应急指挥平台主要是起应急指挥协调的作用，各级专业应急指挥中心负责所属专业突发公共事件应急指挥的前沿阵地，而应急管理信息系统在其中扮演着信息枢纽的角色，将各种信息在各级各类相关机构之间及时传递，为辅助应急指挥决策发挥了重要作用。

3. 应急管理信息系统功能初步健全

中国应急管理信息系统的建设方针可以概括为统筹规划、资源共享、条块结合；联专互动、突出重点，目前这一系统的功能已经初步成型。

（1）基本功能

①视频会议功能。按照目前中国党政机关的惯例，开会是常用的而且是主要的布置工作以及贯彻落实方式，特别是当有应急事件发生时，往往也是层层开会布置和贯彻，但由于应急事件发生时，时间特别紧急，不可能快速组织集中开会，因此利用视频会议系统进行开会就能较好地满足这种需求，在应急管理信息系统建设中，视频会议成为一个基础性工作。

②视频监控功能。视频监控在平时是预防和侦察的手段，在处置突发事件时，现场的视频监控信号可为负责决策指挥的领导提供丰富、直观、可靠的信息。有了视频监控信号，应急指挥可以在指挥室就能运筹帷幄、决胜千里。

③语音指挥调度功能。语音指挥调度是了解现场情况和指挥调度各种应急救援队伍的必备手段，它能保证总指挥决策指令的快速实施，对处置效果起决定作用。

④辅助决策功能。辅助决策功能是整个应急系统的精髓，是系统的大脑，是决策者的参谋和智囊团。该系统是一个以处置预案为主线，以各类应急数据库（如预案、法律法规、专家、救援队伍、物资装备、危险源、避难场所、典型案例数据库等）为基础，可为各级领导在处置各种突发事件时提供丰富的信息资料，提出建设性的意见和建议，设置规范的处置程序，实现了从个性决策、拍脑袋决策、临时处置向预案决策、科学决策、规范处置的转变。

目前，各地的应急管理信息系统已经基本具备上述功能，同时，很多应急管理信息系统还具备了下述这些拓展功能：

（2）拓展功能

①应急信息管理。采用数据库管理系统和地理信息系统相结合的方式，将与应急管理相关的各类基础数据、应急资源和地理相关信息进行统一管理，为预测预报、指挥调度、辅助决策等提供基础信息支持。

②应急演练管理。应急演练管理是指对来自各部门组织或群体的人员，针对所模拟的紧急情况，执行在实际应急中各自应承担任务的演习和排练活动。在应急信息系统中提供对应急演练的管理功能，可以了解应急准备状况，发现并及时完善存在的缺陷和不足，识别应急资源需求，澄清相关机构、组织和人员的职责，改善不同机构、组织和人员之间信息与通信的协调问题等。

③预测预警管理。对各类重大危险源、关键基础设施、灾害易发场所、各类致灾因素等进行监测监控，是预防灾害发生和降低灾害损失的重要措施。在应急信息系统中提供对监测监控系统进行管理的功能，对监测信息进行采集、传输、存储、处理、分析，及时发布和采取控制措施，从而发挥监测监控系统的作用。

应急管理信息化建设是应急管理体系建设的基本组成部分，对全面提升政府应急管理的能力和水平起着至关重要的作用，中国应急管理体系信息化水平和能力在不断提高，取得了巨大成绩，但仍有巨大的提高空间。应急信息系统是各级政府应急管理主管部门履行应急管理职责的重要载体，它既不能脱离业务而孤立存在，也不能与它的使用者割裂开来，只有真正实现使用主体、应急业务和应急系统的高度融合，才能充分发挥应急信息系统应有的作用。换句话说，应急信息系统的建设不能陷入"技术导向"的陷阱，必须最大限度地将使用者的要求、应急业务的需求融入应急信息系统建设中去，以确保应急信息系统适用、实用、好用、管用，使其能在应急管理的实践中发挥最大的作用。

（本章作者　高小平　陈拂晓　刘悦）

参考文献

［1］Mike Steemson: "Global e-Government: What we can learn from other people", *Nederland e-Government conference*, November 2001.

［2］王鹏：《政府电子公文归档管理研究》，《兰台内外》2008 年第 3 期，第 21 页。

［3］柳新华、董相志、陈伟波：《中国电子公文发展历程回顾与发展趋势展望》，信息化建设网，2007 年 3 月，http://www.chinaeg.gov.cn/tabid/132/InfoID/2160/Default.aspx。

［4］冯惠玲、王健：《电子政务建设中的文件管理风险探析》，《中国行政管理》2005 年第 4 期。

［5］王文俊：《政府应急管理信息系统的现状及发展》，《第四届国家信息化发展论坛论文集》2007 年 9 月。

［6］张成福：《公共突发事件管理：全面整合的模式与中国的战略选择》，《中国行政管理》2003 年第 7 期。

［7］高小平：《综合化：政府应急管理体制改革的方向》，《行政论坛》2007 年第 2 期。

［8］吴忠民：《汶川抗震救灾的新特点》，《中国党政干部论坛》2008 年第 6 期。

［9］温家宝：《在第十一届全国人大一次会议上所做的政府工作报告》，《人民日报》2008 年 3 月 6 日。

［10］《整合资源　完善功能　努力提高应急管理信息化水平》，《信息化建设第二届中国政府电子政务论坛会议论文》，2005 年第 C00 期。

［11］徐开军：《应急管理信息化系统建设应注意的几个问题》，电子政务工程服务网，2008 年 9 月，http://industry. ccidnet. com/art/12129/20080924/1578263_ 1. html。

［12］刘铁民、李湖生：《突发公共事件应急信息系统的高端设计》，《专家论坛》2006 年第 3 期。

企业文框 24：东方正通

北京东方正通科技有限公司（以下简称东方正通）成立于 2002 年 3 月 12 日，多年来专注于城市应急指挥信息化体系的研究和政府应急平台的技术和产品开发，针对应急指挥领域提供标准研制、咨询规划、软件开发和系统集成等一系列服务。公司业务涵盖政府应急管理平台、政府应急资源整合、能源生产大型企业应急指挥系统建设等领域。公司于 2008 年年底投资成立了东方正通国际减灾与应急管理研究院，是国内为数不多的应急管理领域的研究机构。

截至 2009 年 7 月份，东方正通已建设完成了 52 个应急行业信息化规划研究与建设服务的成功案例，包括国务院"国家应急平台体系关键技术研究与示范"课题、2008 年北京奥运运行指挥（应急）技术保障系案总体规划、农业部动物疫情应急指挥子系统等。

公司密切跟踪研究国际应急管理发展的动态和趋势，积极参与公共安全领域重大国际项目的研究与合作，先后加入了联合国信息通讯技术与发展全球联盟（UN GAID）、美国应急管理技术委员会（EMTC）、国际应急管理学会（TIEMS）、美国医疗信息和管理系统协会（HIMSS）、国际结构信息标准化组织（OASIS）

等国际应急组织、机构，还与英国利兹大学、英国拉夫堡大学、美国麻省理工学院等国际知名大学建立了稳定的交流和合作机制，整理、翻译和发表大量应急资讯。通过借鉴世界各国在灾害预防、紧急处置和应急体系建设等方面领先的研究成果和经验，提升国内应急项目规划建设水平。

近年来，国家安监总局、国家民政部、中国地震局、中国科学院等单位不断加强与 TIEMS 的学术性合作。2008 年 4 月底，经与国际应急管理学会探讨，正式成立国际应急管理学会中国国家委员会（TIEMS China Chapter），秘书处设在东方正通。

东方正通与国际应急管理学会的合作，不仅对开拓公司的国际化视野有很好的推动作用，还有助于使中国的应急行业建设始终与世界接轨，从而能不断提升国内的应急管理水平。

（编撰：刘博）

第 33 章

服务型政府建设

引　言

新中国成立以来，中国十分重视政府建设与改革，特别是改革开放以来，为了改变高度集中的行政管理体制，适应市场经济发展，中国曾多次对行政管理体制进行了改革，并提出了建设服务型政府的目标。这一目标的提出，不仅为政府自身建设与改革指明了方向，也为服务型电子政务的发展提供了巨大的空间。

33.1　中国行政体制改革与建设
服务型政府目标的提出

33.1.1　中国行政体制改革的历程

1949 年新中国建立以来，中国就十分重视政府建设。在 60 年的发展历程中，有关政府建设和行政管理体制改革以 1978 年党的十一届三中全会为界，大体可分为两段，即从 1949 年至 1978 年为前 30 年；从 1979 年至 2008 年为后 30 年。前 30 年，主要是对行政管理体制进行过多次调整和完善；后 30 年，则主要是针对计划经济体制下高度集中的行政管理体制进行改革。

早在"文化大革命"前，根据新中国成立以后中国经济社会发展的要求，曾于 1954 年、1957 年、1960 年多次对行政管理体制进行调整。其主要目的是围绕党和国家的工作中心如第一个五年计划实施、大跃进、克服三年困难等展开的。至于 1966 年至 1976 年十年"文革"期间中国行政体制所发生的变化，严格讲是在一种非正常的情况下进行的。期间，全国绝大多数党政机关受到严重冲击，领导干部被批斗，正常的工作秩序被打乱。总的看，前 30 年中国行政体制几经曲折，经历了一个复杂的调整演变过程。这一过程，既与经济发展以及社会主义建设事业的展开有关，但更主要的是受到政治气候、特别是"左"的错误的发展、演变的影响。这种现象告诉我们，行政体制的变革与完善，如果离开了稳定的政治环境、良性的政治运作以及健康有序的经济社会发展，是很难取得成功的。

1978 年党的十一届三中全会后，中国的行政管理体制进入一个深刻的变革时期。从 1982 年起，我们先后经历了五次大的行政管理体制改革：即 1982 年、1988 年、1993 年、1998 年、2003 年。应该说每一次改革，面临的环境和任务都是不一样的；同样每一次改革的结果，也是有差异的，总体上看，我们的行政管理体制经历了螺旋式发展的过程。

1982 年的改革。当时主要面临的问题是，干部队伍严重老化、领导职务终身制、党政部门机构庞大臃肿、人浮于事等。通过这次改革，将国务院部门由 100 个精简到 61 个，同时裁减了大量的行政人员。这次改革的成效是显著的。其主要表现在：开始建立干部正常的离退休制度，把打破领导职务的终身制确定为一个重要目标；开始用邓小平提出的干部四化标准，改造党政干部队伍，使一大批知识分子走向了领导岗位；在地方政府，探索"地市合一"，实行市管县的新的管理模式。

1988 年改革。当时主要面临的问题是，经济体制改革重点由农村转向城市后，我们面临高度集中、政企不分等计划经济体制与市场化导向改革的冲突。为了简政放权，实现政企分开，国务院机构由 72 个精简为 66 个，并第一次提出了转变政府职能这样一全新的改革目标。这对后来的改革产生了深远的影响。

1993 年的改革。这次行政管理体制改革，是在邓小平发表南方谈话、中国的经济体制改革目标明确定位为社会主义市场经济体制的大背景下展开的。既然经济体制的改革目标是市场经济体制，那么我们过去按照计划经济模式构建起来的政府，就必须进行大的调整和改革。当然，1993 年的行政体制改革，由于市场经济体制目标才刚刚确立，因此改革本身肯定会有一些不足。但从 1994 年起中国推行的五大改革，即财税体制改革、金融体制改革、计划体制改革、外贸体制改革以及流通体制改革，无疑为建立市场经济体制产生了重要影响，也可以看做是这次行政体制改革的深化和延续。

1998 年的改革。这次行政体制改革，被很多人看做是新中国成立以来规模最大的一次改革。当时面临最大问题，就是政府职能转变迟缓，机构臃肿，政府的管理运作难以适应市场经济快速发展的需要。这次改革的最大成果，就是将国务院的 40 个组成部位撤销、整合成 29 个，撤销了 11 个。其中把直接管理工业的部门多数都撤销了。与此同时，还对各级政府特别是中央政府的公务员进行了大规模的精简。

2003 年改革。鉴于 1998 年行政改革的力度较大，而且一些地方政府的改革还在进行之中，所以，2003 年的改革主要是针对中国政府管理中的一些突出问题进行了微调，撤销一些部门如国家经济贸易委员会、国家对外经济贸易部等，新组建了商务部、国资委、银监会等，以适应加入世界贸易组织以后等经济社会形势变化的需要。

纵观改革开放以来行政改革的发展，给人们的启示是深刻的。首先，中国的行政体制改革，是一个异常艰难的过程。因为行政体制改革，既涉及权力重组，也涉及利益的重新分配，同时还会关系到每个公务员的职业选择。这就使行政体制改革必然遇到种种阻力。其次，行政体制改革又是一个逐步深化的过程，很难一步到位。这种现象是与中国的整体渐进式改革联系在一起的。再次，行政体制改革与经济体制改革是相辅相成的，互为因果的。可以说，每一次行政体制改革的任务，几乎都是由经济体制改革深入后提出来的；反过来，每一次行政体制改革的实施，又为经济体制改革的进一步深入，扫清了障碍。最后，中国行政体制改革的发展趋势，也符合国际社会政府改革潮流。我们知道，从 20 世纪 70 年代以来，国外政府在持续的变革。政府管理变革的内容涉及面很广，但主要集中在四个方面：大刀阔斧地裁减政府机构，裁减行政人员；将政府的一些服务性职能，向社会转移，让第三部门、民间组织参与公共治理；政府放松对市场、社会的管制和规制，更加注重发挥市场和社会自身的作用，减少政府不必要的干预；大力推进公共服务市场化，把企业管理的理念、价值观引用到政府管理中来，在公共管理活动中讲投入，讲产出，讲成本，讲效益。如果仔细分析一下中国这些年行政体制改革的实践和探索，就会发现，其实我们的很多改革尽管带有中国特色，但总体上说是与国际社会的公共管理变革紧密相连的，也是符合这一国际社会的变革潮流的。

33.1.2　建设服务型政府目标的提出

把建设服务型政府定位为中国行政体制改革的大目标，尽管是在党的十七大政治报告中正式提出的，但是这一目标的酝酿、形成，则经历了一个较长的过程。

在某种意义上说，服务型政府目标的提出，既凝聚着专家学者们的理论探索成果，也隐含着政府管理在社会管理和公共服务方面的教训。从理论层面看，服务型政府的说法是由 "服务行政" 推演而来的。而 "服务行政" 一词最早见之于德国行政法学家厄斯特·福斯多夫 1938 年发表的题为 "作为服务主体的行政" 一文中。20 世纪 90 年代，伴随西方新公共管理运动的发展，公共管理理论也在中国开始快速传播，结合中国的行政管理体制改革的实践，许多学者开始探讨政府转型和政府模式。由此提出.

了公共服务型政府或服务型政府的概念。

从中国政府管理的实践以及决策层的认识来看，2002年党的十六大把中国现阶段的政府职能，重新鉴定为"经济调节、市场监管、社会管理和公共服务"四个方面，表明高层已经开始关注社会管理和公共服务职能。2003年，当新一届政府刚刚组成不久，中国遭遇了"非典"突发公共事件。在这场危机中，尽管中国政府做出了很大的努力，但是由于我们以往缺乏这方面的准备，仍然显得有些慌乱。其突出表现，就是暴露了政府在社会管理和公共服务方面的许多薄弱环节。正是"非典"的深刻教训，使我们开始逐步意识到强化政府的社会管理和公共服务职能、提升政府的公共服务能力的重要所在。就在这一年，党的十六届三中全会明确提出"要完善政府社会管理和公共服务职能，为全面建设小康社会提供强有力的体制保障"。同样是在这个时候，胡锦涛总书记开始阐述"以人为本、科学发展"的理念，后来形成一套完整的科学发展观的理论。

2004年2月21日，温家宝总理在中央党校为省部级领导干部作报告时，明确提出"建设服务型政府"的目标，并在其后召开的十届人大二次会议期间进一步阐述了管理和服务的关系。他指出，管理就是服务，我们要把政府办成一个服务型的政府，为市场主体服务，为社会服务，最终为人民服务。2006年10月，党的第十六届六中全会通过《关于构建社会主义和谐社会若干重大问题的决定》决定中，明确指出要"建设服务型政府，强化社会管理和公共服务职能"。这是在党的指导性文件中第一次明确提出建设服务型政府的理念和目标。

当然，真正把建设服务型政府作为行政体制改革的目标，还是党的十七大以及十七届二中全会制定的《关于深化行政管理体制的意见》（以下简称《意见》）。党的十七大政治报告在阐述未来中国民主政治发展时，把加快行政管理体制改革，建设服务型政府作为中国民主发展和政治体制改革的重要内容。2008年2月，在《意见》中，进一步对新一轮行政体制改革的指导思想、基本原则和总体目标、主要内容、改革路径等作出了明确规定。指出：深化行政管理体制改革，要高举中国特色社会主义伟大旗帜，以邓小平理论和"三个代表"重要思想为指导，深入贯彻落实科学发展观，按照建设服务政府、责任政府、法治政府和廉洁政府的要求，着力转变职能、理顺关系、优化结构、提高效能，做到权责一致、分工合理、决策科学、执行顺畅、监督有力，为全面建设小康社会提供体制保障。《意见》规定，深化行政管理体制改革，必须坚持以人为本、执政为民，把维护人民群众的根本利益作为改革的出发点和落脚点；必须坚持与完善社会主义市场经济体制相适应，与建设社会主义民主政治和法治国家相协调；必须坚持解放思想、实事求是、与时俱进，正确处理继承与创新、立足国情与借鉴国外经验的关系；必须坚持发挥中央和地方两个积极性，在中央的统一领导下，鼓励地方结合实际改革创新；必须坚持积极稳妥、循序渐进，做到长远目标与阶段性目标相结合、全面推进与重点突破相结合，处理好改革发展稳定的关系。

《意见》明确了未来中国行政管理体制改革的总目标，这就是：到2020 年建立起比较完善的中国特色社会主义行政管理体制。通过改革，实现政府职能向创造良好发展环境、提供优质公共服务、维护社会公平正义的根本转变，实现政府组织机构及人员编制向科学化、规范化、法制化的根本转变，实现行政运行机制和政府管理方式向规范有序、公开透明、便民高效的根本转变，建设人民满意的政府。今后 5 年，要加快政府职能转变，深化政府机构改革，加强依法行政和制度建设，为实现深化行政管理体制改革的总体目标打下坚实基础。

按照中央的部署，2008 年 3 月后，国务院开始改革开放以来第六次行政体制改革，按照大部制的思路，重点围绕调整宏观部门的职能、探索新形势下的行业管理职能以及加强社会管理和公共服务职能三条主线，对国务院的机构进行了调整，并推出了工业与信息化部、交通运输部、人力资源和社会保障部、住房和城乡建设部以及环境保护部等大部。2009年 9 月，中央进一步部署地方改革，由此展开了地方政府的行政体制改革。

33.2　服务型政府的理论构建与实践进展

33.2.1　服务型政府的基本内涵及其特征

作为行政体制改革的目标，建设服务型政府必将是我们长期努力的方向。尽管包括党的十七大报告在确立行政改革目标的时候，有时也提到要建设法治政府、责任政府和廉洁政府，但服务型政府是总目标。这就是说，服务型政府当然应该是一个法治政府，应该是一个对社会公众承担责任的政府，也必然应该是一个廉洁、高效的政府。从这个意义上说，服务型政府与法治政府、责任政府和廉洁政府是不矛盾的。然而，究竟什么是服务型政府，它的本质、基本内涵是什么，中国为什么要把建设服务型政府作为未来行政体制的目标，这些问题，都需要我们从理论和实践的结合上弄清楚。

服务型政府，就其形态来说，无疑是一个为人民群众提供优质服务的政府，是一个把人民群众利益最大化的政府，也是一个以公众为中心并使人民满意的政府，而不是以政府自己为中心的政府。换句话说，服务型政府要求政府围着民众转、老百姓转，而不能让民众围着政府转。

服务型政府的本质，体现了主权在民、人民群众是国家权力主体的基本理念。这就是说，政府的所作所为，说到底都要最大限度地满足人民群众的利益诉求，体现为代表国家权力主体地位的人民群众提供服务的根本属性。与此相联系，服务型政府决不是不要管理，而是要寓管理于服务之中，并总体反映着政府的宗旨、理念、价值、目标和追求。

服务型政府的时代特征，集中地表现为以下五个方面：一是有限性和公共性。所谓有限性，就是说政府在履行自己职责的过程中，有其明确的边界，对社会承担有限责任，而不是包罗万象，无所不管，扮演全能政府的角色。所谓公共性，就是说政府作为的领域只能限定在公共领域，要处理好政府、市场和社会三者之间的关系。那些不属于公共领域的事务，严格讲就不是政府应该作为的领域。由此可以把政府的公共属性概括为六个公共，即行使公共权力，代表公共利益，管理公共事务，提供公共服务，维护公共秩序，承担公共责任。二是公平性和公正性。与其他公共机构不同，政府是凌驾在社会之上最具权威的公共机构，也是社会公平正义最终的代表者和实践者。政府代表公平和公正最重要的方式，就是制定公共政策并将之付诸实施。因此，保证政府制定公共政策本身的公平和公正，就成为体现政府公平、公正最重要的途径。三是公开性和透明性。公开、透明是现代公共治理的重要理念，也是服务型政府必须遵循的准则。之所以如此，在于政府的所有活动说到底都是为人民群众提供服务的，作为国家权力的主体，民众有权利了解政府的管理和运作，并要直接参与到公共治理中去。这在客观上就决定，政府的管理和服务活动必须是公开、透明的，并通过这样的公开、透明为公众参与、监督创造条件。四是法治性和责任性。走法制化轨道，是现代社会区别于传统社会的一个重要特征。政府作为社会公共秩序的维护者和责任者，不断强化自身的法制建设，进而实现整个社会法治，是政府的重要使命。从这个意义上说，法治性和责任性既是现代政府必须遵循的原则，也反映着服务型政府的特征。五是廉洁性和高效性。控制腐败、提高政府的效率，是政府管理永恒的主题，也是现代社会公众普遍关注的重要问题。作为体现时代特征的新型政府形态，服务型政府无疑要把降低行政成本，提高行政效率，最大限度地扼制公权力的腐败，放在重要位置，这样才能取信于民，并在公共治理活动中扮演好自己的角色，更好地发挥政府的作用。

33.2.2 建设服务型政府的探索和实践

服务型政府建设不可能一蹴而就，特别是对于中国这样一个人口众多的发展中国家而言，更是如此。建设服务型政府，首先，要确立明确的目标。服务型政府说到底是要建设以人为本的政府，其使命就是以服务为宗旨，通过公开透明的运作，公众的广泛参与，为社会成员提供高质量的公共产品和公共服务。因此，确立社会目标优先于经济目标的原则，加快完善政府的社会管理和公共服务职能，逐步实现社会成员"学有所教，病有所医，劳有所得，老有所养，住有所居"，必将成为建设服务型政府最重要的民生目标，也是各级政府必须始终遵循的准则。

其次，建设服务型政府，要完善公共服务体制。建设服务型政府的关键在于完善体制和机制。在这方面，最重要的是要改革和调整中央与地方的关系，特别是要调整和完善中央与地方的财税体制，合理划分中央、省、地、县各级政府的事权范围，界定各级政府在公共服务方面的责任、义务和权力，在此基础上核定各级政府在财政税收方面的比例和规模。从近几年各地在建设服务型政府的实践看，目前这方面存在的主要问题是，中国地区发展不平衡，相当多的一些地方政府、特别是主要承担提供公共服务的县级政府财政能力比较薄弱，与其承担的公共服务责任不匹配，再加上中国目前的财政转移支付制度还不够规范和完善，使得这个问题更加突出。因此，在建设服务型政府过程中，要把解决建设服务型政府中最突出的体制和机制问题，放到重要位置，只有这方面有了实质性进展，才能为服务型政府建设提供体制保障。

再次，建设服务型政府，创新公共服务模式。政府要为公众提供高质量的公共服务，除了要解决财政资金等体制机制外，还有一个十分重要的问题，就是要建立符合本国国情、本区域特点的公共服务模式。在这方面，国外的一些做法值得我们借鉴。从国际社会的经验看，由于各国的国情不同，经济社会发展水平差异很大，各国的公共服务的模式也有很大差别。一个显著的例子，就是经济发达的欧洲国家，如德国采用的是强调社会保障制度中权利和义务对等性的公共服务模式，英国采用的则是强调机会平等、鼓励个人自助的公共服务模式，而瑞典、芬兰、挪威等北欧国家采用的是强调全面公平的公共服务模式。可见，世界上也许不存在所谓最好的公共服务模式，一种模式的好坏优劣，不是它的具体形式，而是能不能真正适合本国的国情，并被民众所接受。中国是一个发展中的大国，公共服务的基础整体薄弱。2008 年中国的 GDP 总量为 30 万亿人民币，人均刚刚达到3000美元，而中国的人口总数则占了世界的21%。换句话说，我们要用占世界6%的经济总量，解决占世界21%人口的基本公共服务，这既是一个奇迹，但也肯定是低水平起步的。因此，立足国情创新公共服务模式，就是我们在服务型政府建设中必须认真探索的问题。这些年来，中国的重庆、成都等一些城市在公共服务模式方面所做的探索，已经取得了一些重要进展。

最后，建设服务型政府，加快公共服务体系建设。公共服务体系建设包含诸多内容，对建设服务型政府有重要影响。一般来说，公共服务体系建设，既包括公共服务边界、范围的选择，也包括提供服务的手段、方式以及提供主体等。在公共服务特别是基本公共服务的边界、范围选择方面，我们要根据中国的国情，针对目前城乡之间、地域之间存在的发展不平衡的现状，确定公共服务的范围和标准。当前，不仅要加强城镇的基本公共服务保障，更要加强广大农村的公共服务保障，要把农村的义务教育、基本医疗、社会保障、劳动力转移、公共设施建设等纳入到公共服务的范围，解决政府在这方面的欠账。

在公共服务提供主体的改革等方面，政府要尽量减少直接提供，要充分发挥事业单位在提供公共服务中的重要作用，同时还要重视社会、民间组织以及市场的力量。这就要加快政府职能转变的步伐，加大事业单位改革的力度，提高事业单位提供公共服务的能力，规范其行为。同时要发挥社会组织的作用，适度引入市场机制，以此提高政府的公共服务能力和水平。

33.3 电子政务在服务型政府建设中的作用

电子政务所特有的开放性、便捷性、互动性特征，为改进政府服务提供了新的途径。近年来，中国各级政府围绕以电子政务促进构建服务型政府这项根本任务，坚持以人为本、应用主导和统筹协调，着力发展服务型电子政务，在提高政府透明度、促进政民互动、提升行政效能、改善公共服务等方面进行了认真探索，并取得了重要成效。

2008 年 6 月 20 日，中共中央总书记、国家主席、中央军委主席胡锦涛到人民日报社考察。上午 10 时，来到人民网，在"强国论坛"兴致勃勃地与网友们在线交流。其间，胡锦涛说："网友们提出的一些建议、意见，我们是非常关注的。""通过互联网来了解民情、汇聚民智，也是一个重要的渠道。""网民们在网上发给我的一些帖子，我会认真地去阅读、去研究。"总书记首次与网友们在线交流，国内外反响强烈。网民认为，此举体现了党中央对广大网民的尊重与肯定，也强烈昭示出中国民主政治发展的新航向。香港《大公报》评论说，"胡锦涛与网友在线交流，是党和国家领导人对网络的首肯，表明了国家领导更加开明、自信。"英国广播公司（BBC）报道：胡锦涛主席在网络论坛里出现"十分出人意料"，胡主席与网友直接交流体现了"中国共产党对民声民意的重视"。

33.3.1　电子政务大大提高了政府工作的透明度和公开性

随着信息化及其电子政务的快速发展，人民群众对政府的施政理念、方式等也提出了更高的要求。因此，实行阳光行政，畅通人民群众对行政权力运作的监督渠道，切实保障公民的知情权，最大限度地实现政务信息公开，就成为建设服务型政府的首要内容。本世纪初以来，中国各级政府积极推进政务信息公开，强化信息公开规范性，保障公开工作顺利开展。自 2002 年广州市率先推进政府信息公开立法以来，各省市陆续出台了相关法规和管理办法。2008 年 5 月 1 日《中华人民共和国政府信息公开条例》（以下简称《条例》）正式实施，首次以法律的形式明确了政府作为信息公开主体所应承担的责任和义务，明了政府网站作为政府信息公开的主渠道，是中国民主法治建设进程中具有里程碑意义的事件，蕴涵着深远的历史意义。

随着政府网站普及水平的提高和服务质量的提升，政府网站已经成为政府信息公开的第一载体。《条例》实施以来，中央各部门、各省市不断探索开展信息公开工作的新方式，完善配套措施，做了大量富有成效的工作。各级政府通过政府网站不断丰富信息公开内容，完善内容保障机制，普遍加强政府信息资源梳理和政府信息公开目录编制工作，促进政府信息网上全面、规范公开。"三聚氰胺"事件发生后，北京、天津、广州等政府网站加强了食品安全管理信息透明度，实时发布奶粉事件相关动态信息，及时权威地公开三聚氰胺专项检查结果。国土资源部组织开展了全国国土资源政务信息网上公开检查，促进各级国土资源部门依照政务信息公开目录公开信息，全国 333 个市级国土资源管理部门中，有 292 个实现了政务信息网上公开，占 87.68%。国家质检总局网站建立了信息公开目录，共梳理出对外公开业务 523 项、信息资源 837 类，办事服务项由 2008 年的 89 项增至 2009 年的 237 项。江苏省级政府门户网站每天发布信息 200 条左右，基本做到与人民群众普遍关心和涉及群众切身利益的信息能公开的都及时公开。安徽省开通运行政府信息公开网站，初步形成了目录规范、编码统一、结构合理、层次清晰、覆盖面广、易于监测的全省政府信息公开网站体系。部分地方政府加强信息公开统一平台建设。天津市信息公开系统正式上线运行，历史数据全部入库，全市各级政府部门利用平台发布公开信息，并接受群众的依申请公开。甘肃省立足省情，开发部署了全省统一的政府信息公开平台，为省市两级政府及组成部门提供统一入口，为社会公众获取政府信息提供了统一平台。江西省政府信息公开平台在省政府门户网站上建设了集中统一的信息公开平台，汇集了全省各设区市、省直各部门的公开信息，各部门不再另行建设信息公开平台。

政府网站成为倾听群众呼声、反映社情民意和群众参政议政的重要渠道。目前，绝大多数省区市都开通了领导电子信箱和热线电话，很多政府网站设立了公众留言板，有些政府部门还开通了领导在线访谈，这些方式已经成为公众与政府部门直接沟通的重要手段。中央和各级政府部门领导在网上与群众互动，征集社会建议，不少领导同志还在网上开办个人博客，加强了与群众的沟通。2008 年元旦，部分国务院部委、省市领导通过新华网向海内外网友恭贺新年，引起网民的热烈回应。全国人大实现了立法工作的网上全民征求意见，物权法等重要法律公开向社会征求意见，开辟了科学立法、民主立法、开门立法的新途径。网上信访促进了信访工作的公开、公正和透明，为最大限度地把矛盾化解在基层、解决在萌芽状态提供了有效手段。2008 年"两会"期间，为方便国内外人士全面跟踪了解"两会"召开动态，理解"两会"精神，各政府网站聚焦"两会"主题开设了"两会报道"专栏，陕西、云南、北京、广州、武汉等省市政府网站策划"两会"专题。在深化医疗体制改革方面，各部委及省市政府网络充分利用网络信息优势，加大了政府深化医疗体制改革的信息公开力度，提高了医疗体制改革方案制订过程中的公众参与度。

33.3.2　电子政务改善了政府的公共服务

2008 年，党的十七大对发展电子政务，推进服务型政府建设提出了新的要求，中央各部门和各地方政府都更加突出电子政务以人为本、为民服务，更加注重提高服务质量和成效，特别是在解决重大民生问题、改善城市公共服务和促进建设新农村方面取得了成绩。

中央各部门在运用电子政务着力解决重大民生问题方面下大力气，取得了成效。财政部完成全国农民补贴网络信息系统的升级完善，截至 2008 年 12 月 5 日，通过全国农民补贴网络信息系统汇总的粮食直补与农资综合直补的资金量达 826.37 亿元，占全部应发补贴资金（872.88 亿元）的 94.7%，大大提高了服务"三农"工作的质量。在四川汶川大地震发生后，国务院通过应急管理平台，辅助实现远程指挥控制，促进加强了部门间协同，即时公布地震信息。在三鹿奶粉事件中，为贯彻党中央国务院对三鹿牌婴幼儿奶粉重大安全事故应急处置的重要部署，国家质检总局网站建立了"三鹿婴幼儿奶粉重大安全事故应急处置工作专题"栏目，以公开、透明、及时、准确的原则，向社会公众公布质量检查情况和结果，以及相关应急处理工作，同时利用网站政务公开平台与政民互动渠道向社会公众答疑解惑，从而保障公众对总局产品质量与食品安全相关工作的知情权、监督权、参与权。

进入新世纪,中国城市化进入快速发展期,通过信息技术应用创新和发展模式创新,电子政务与城市发展的结合更加紧密,为促进经济社会和谐发展发挥了重要作用。《2008 年中国政府网站绩效评估报告》显示,有18 家省级政府网站按照用户对象生命周期整合服务资源,提供一站式服务,10 多家省级政府工作报告网站提供办事指南超过 1700 项,表格下载超过 800 项,60% 以上的省级政府网站策划了"百件实事网上办"。北京市已建成电子政务系统 590 多个,劳动、人事、民政等部门的就业服务系统覆盖了全市所有的 300 多个就业服务管理机构和 1000 多家就业服务单位,北京的首都之窗服务范围涉及与群众密切相关的社会保障、劳动就业、公共安全、交通出行、医疗健康等 10 大类,全市 1900 多项行政办事事项中,除涉密事项外,100% 的办事指南做到了在线提供,极大方便了群众。江苏省在网站上集中提供了省级机关 720 多项行政审批和社会服务事项、420 多项在线办理业务、100 多项常用查询服务、60 多项投诉监督。广州市电子政务数据中心及时将从市级部门汇集的法人、自然人数据返还给区级政务数据中心,初步满足区政府和街道、社区的管理需要,促进市区两级业务联动,支撑城市管理和服务重心下移。武汉市以武昌区为试点开展的社区公共服务与管理信息平台,是依托网格化管理系统建设面向城市管理的电子政务应用工程,该平台将政府实施的社会管理和公共服务的各项工作落实到社区,是集政府城市管理与公共服务于一体的便民信息化项目。

为适应新农村建设的需要,近年来全国普遍开展农村信息化建设,电子政务在促进新农村建设方面取得了成绩。农业部牵头建设了金农工程,组织建设了"中国新农村建设信息网"。中组部启动了农村党员远程教育系统建设,该系统整合各部门网络和信息资源,带动了农村信息化建设,使农村党员受到教育,农民得到实惠。信息产业部提出"十一五"期间实现"村村通电话,乡乡通网络"的目标,商务部开通了"新农村商网",其他相关各部门也都积极提供服务"三农"的信息产品。各省市在通过电子政务服务"三农"方面都不断加大投入力度，在整合已有资源建设服务体系、利用多种接入终端提高服务普及率等方面都取得了成绩。浙江省围绕农村信息化国家试点，推进电子政务和服务向农村延伸。通过"百万农民信箱工程"整合了农业、教育、科技、组织人事等部门的信息资源，建立了覆盖全省 95% 以上乡镇的农业信息服务站。吉林、广东、安徽等地方政府组织建设了各类涉农信息服务平台，通过语音电话、手机短信、农科 ATM、农业网吧等多种方式为农民提供服务，大大提高了涉农信息的普及率。内蒙古呼伦贝尔市在被列为全国首批农村信息化综合信息服务试点城市之后，把农村信息化列为重要工作之一。除此以外，江苏省、河南省、河北省、海南省、黑龙江省、成都市等地也都在农村信息化方面加大了推进力度。这些涉农电子政务服务在提高农业科技水平，促进提高农民收入，丰富农村文化生活等方面都作出贡献。

33.3.3 电子政务提升了政府的行政效能

经过十多年的建设，国家主要经济社会管理部门的电子政务发展水平都得到了不同程度提高，政府日常运行和经济社会管理已经离不开电子政务的支撑。20 世纪 90 年代，国家在海关、税务、银行、工商、交通等经济社会发展重要领域启动政府信息化建设，进入新世纪，又重点建设了审计、公安、社会保障等一批重大电子政务业务系统，这些业务系统建成后大大提高了各级政府的行政效能。金税工程全面提高了税收征收率，增值税征收率由 2000 年的 61% 提高到 2008 年的 90% 以上，国税系统税收成本大幅下降，每年节约税收成本上百亿元。金关工程大幅提高进出口业务的办理效率，各级海关及其所有监管现场实现 24 小时联网运行，日均处理各类单证 50 余万份。金盾工程覆盖了 90% 的公安基层所队，形成了拥有 13 亿常驻人口信息的数据库，提升了公安机关侦查破案打击犯罪的能力和水平，2008 年网上抓逃犯超过 39 万人。从总体上看，政府行政效能的提高已经越来越离不开电子政务的支撑。

近年来，在完善以部门为主的纵向电子政务建设的基础上，跨部门信息共享和业务协同建设取得较快进展，政府行政效能进一步提高，经济和社会效益更加明显。人民银行与国家税务总局联手推进"税—库—银"联网协作，通过联网协作，大大减少税款在途和沉淀，减轻了税务部门缴款书销号的工作量，使税务机关无须直接面对多家商业银行，降低了协调难度和征管信息系统的复杂性与互联成本。原国务院信息化工作办公室、国家税务总局、国家工商行政管理总局、国家质量监督检验检疫总局四部门联合在北京、青岛等10多个省市分两批开展了企业基础信息共享试点工作。各试点省市通过工商、税务企业登记信息的实时交换，发现了大量在工商机关登记但未作税务登记或已注销工商登记仍然营业的行为，堵塞了监管漏洞，促进了财税增收，较好地解决了有关部门交叉稽核问题，提高了监管工作效率。公安部和人民银行共同建设了人口信息联网核查系统，为全国160多家银行的15万多个网点机构提供联网核查，利用假名开设账户进行诈骗的案件得到有效遏制。国土资源部与银监会共同开展建立银行与国土资源部门信息查询机制，积极促进部门间的业务协同。同时，地方信息共享试点工作也陆续展开。沪苏浙加快区域信息化平台建设，深化电子口岸、市民服务卡等应用，有力地提高了长三角地区的政府部门间协同工作水平和区域经济社会一体化发展水平。广州市加强对流动人口信息、残疾人就业信息的交换与共享，大大提高了流动人口暂住证管理、残疾人就业保障服务等工作水平。

近一年来，各级政府网上行政审批与电子监察系统广泛应用，各级政府的行政审批工作效率大幅度提高。河北建设完善了网上审批系统，实现了行政许可事项的统一受理、结果反馈和信息公开，并首创了具有效能投诉、审批监察、评估评议、信息发布等项功能的河北效能网，共对54个省直部门31991个行政许可项目进行了网上监察。江西省启动建设全省网上行政审批和电子监察系统，全面建设省、市、县三级行政服务中心，逐步实现100%的行政服务事项集中在行政服务中心办理。广东省目前共有48个省直部门的465项行政许可事项和247项非许可审批事项、746个市级部门的8569项行政审批事项纳入监察范围，并实现了省与21个地市和

31 个县（市）的联网监察。成都市并联审批正式运行后，全市所有无前置审批事项的办理时限由原来承诺的 9 个工作日，缩短为 2 个工作日；有前置审批事项的办理时限将在原来承诺时限内缩短 71.7%。武汉市网上行政审批信息平台逐步从各区内联网向全市联网发展，全市 15 个区和开发区都建设了行政审批系统，全市有近 1300 名工作人员，420 个窗口利用该系统提供对外服务。

应急管理是近年来各级政府面临的新课题、新挑战，电子政务在促进提高应急管理效能方面发挥了越来越重要的作用。很多省市开始利用信息化手段整合各类应急资源，城市应急管理系统向综合化、可视化和互动性方向发展。北京、上海等城市率先建立了城市统一应急联合指挥系统，初步实现公安、交警、消防、急救、城管等多个部门的联动，大大提高了城市应急反应能力。福建省建成省应急视频会商指挥系统，在整合防汛、防火、农业、海洋渔业等应急视频指挥系统资源的基础上，依托政务网和广电网建设覆盖全省 1103 个乡（镇、街道）的综合性应急视频会商指挥系统，形成省到市、县、乡四级应急指挥中心的视频指挥体系。重庆市实施了公共安全视频图像信息系统建设工程，在多个区县建成了公安监控中心、派出所监控分中心和大量视频监控点。宁夏建设完成自治区应急平台，应急指挥中心可将公安、水利、交通、地震、气象、人防等部门的视频信号、视频会议信号、电子地图信息、辅助决策信息等集中显示，实现了自治区应急指挥中心的网络连通。

（本章作者　汪玉凯）

参考文献

［1］汪玉凯：《电子政务在中国——理念、战略、过程》，国家行政学院出版社 2006 年版。

［2］王长胜主编：《中国电子政务发展报告》一至四集，社会科学文献出版社。

[3] 王长胜等：《中国电子政务发展报告》，社会科学文献出版社 2009
年版。

[4] 汪玉凯等：《中国行政体制改革 30 年的回顾与展望》，人民出版社
2008 年版。

企业文框 25：中科汇联信息技术有限公司

中科汇联信息技术有限公司（以下简称中科汇联）成立于
1999 年，总部设在北京，在上海、杭州、广州、武汉设有办事
处，并在美国、中国香港等地设有办事机构，是一家致力于软件
开发、咨询服务并拥有自主知识产权的高新技术企业，在全球拥
有 2500 多家政府和企业机构用户，也是中国最大的内容管理平
台技术提供商。中科汇联在内容管理、电子政务、协同应用与电
子商务方面均有自己独到的产品和解决方案，其技术始终保持着
业界领先的地位。

中科汇联的成长很好地见证了中国政府门户建设和电子政务
的发展历程。中科汇联成立时，正处于中国政府门户网站基本技
术建设的开启时期，中科汇联敏锐地抓住了互联网和电子政务的
发展机遇，全力投入政府门户网站建设平台软件的研究和开发，
完成了 easySite 内容管理系统平台的研发，成为政府门户网站建
设的技术基础和支撑平台。也成功完成了中国海关总署门户网站
集群等大量政府门户网站建设工作。

《中华人民共和国政府信息公开条例》施行后，根据国家的
相关法律法规，中科汇联针对政府行业的特点，率先提出了政府
门户 2.0 时代的理论框架，并结合自身 easyPub 政府信息公开系
统、SSO 统一用户认证系统等多个系统产品，结合中央办公厅、
中国海关总署、中国保监会、国家外汇局、中国人民银行、国土
资源部、国家文物局、国家气象局等政府门户网站建设的成功实
践，将中国政府门户全面带入政府门户 2.0 时代。2009 年后，

我国政府网站必将进入到以服务为导向阶段成熟发展阶段。中科汇联率先研发完成符合政府行政许可和网上办事审批的全新支撑平台 easyGov 网上服务大厅平台，元数据技术、自定义表单技术、自定义工作流技术以及自定义模版技术，为中国政府构建网上办事与审批支撑平台，提供了充分的技术保障，也为中国政府构建集约化的电子政务体系、统一的政府门户集群体系，提供了完善的解决方案。随着中科汇联的产品和技术的不断发展，中科汇联已经成功为 2500 多家政府或企业客户提供产品和技术服务，中科汇联也经过十年的发展，从一个只有几个人的小公司，发展成为中国 3C（内容、协同、商务）管理领域的领先企业。

（编撰：刘博）

辉 煌 历 程

庆祝新中国成立60周年重点书系

中国信息化进程

【下册】

周宏仁 主编

人民出版社

第六篇

企业信息化与电子商务

第34章
电　子　商　务

引　言

　　中国电子商务作为网络化的新型经济活动正以前所未有的速度迅猛发展，逐步成为国家增强经济竞争实力，赢得全球资源配置优势的有效手段。作为信息技术的核心应用之一，电子商务是加快信息化与工业化的融合、走新型工业化道路的客观要求和必然选择。发展电子商务，有利于促进中国产业结构调整，推动经济增长方式由粗放型向集约型转变，提高国民经济运行质量和效率，形成国民经济发展的新动力，实现经济社会的全面协调可持续发展。发展电子商务，将有力地促进商品和各种要素的流动，减少妨碍公平竞争的因素，降低交易成本，推动全国统一市场的形成与完善，更好地实现市场对资源的基础性配置作用。发展电子商务，有利于应对经济全球化挑战、把握发展主动权、提高国际竞争力和中国经济的国际地位，电子商务成为了经济信息化的核心内容。

34.1　发展历程

　　中国电子商务有近 20 年的历程。20 世纪 90 年代，中国开始开展 EDI 的电子商务应用。1990 年开始，国家计委、科委将 EDI 列入"八五"国家科技攻关项目，如外经贸部国家外贸许可证 EDI 系统、中国对外贸易运输总公司中国外运海运、空运管理 EDI 系统、中国化工进出口公司"中化财务、石油、橡胶贸易 EDI 系统"等。1991 年 9 月，由国务院电子信息系统推广应用办公室牵头，会同国家计委、科委、外经贸部、国内贸易部、交通部、邮电部、电子部、国家技术监督局、海关总署等部门发起成立"中国促进 EDI 应用协调小组"，同年 10 月成立"中国 EDIFACT 委员会"并参加亚洲 EDIFACT 理事会。1994 年 5 月，中国人民银行、电子部、全球信息基础设施委员会（GIIC）共同组织"北京电子商务际论坛"，来自美、英、法、德、日本、澳大利亚、埃及、加拿大等国约 700 人参加。1994 年 10 月，"亚太地区电子商务研讨会在京召开"，使电子商务概念开始在中国传播。1997 年，国务院信息化领导小组组织有关部门起草编制中国信息化规划。1997 年 4 月，在深圳召开了全国信息化工作会议，各省市地区相继成立信息化领导小组及其办公室各省开始制订本省包含电子商务在内的信息化建设规划。

　　1997 年 4 月，中国商品订货系统（CGOS）开始运行。1998 年 3 月，中国第一笔互联网网上交易成功。1998 年 7 月，中国商品交易市场正式宣告成立，被称为"永不闭幕的广交会"。中国商品现货交易市场，是中国第一家现货电子交易市场，1999 年现货电子市场电子交易额当年达到 2000 亿人民币。中国银行与电信数据通信局合作在湖南进行中国银行电子商务试点，推出中国第一套基于 SET 的电子商务系统。1998 年北京、上海等城市启动电子商务工程，开展电子商场、电子商厦及电子商城的试点，开展网上购物与网上交易，建立金融与非金融认证中心和有关标准、法规，为后来开展电子商务打下基础。1999 年兴起政府上网、企业上网、网上教育，远程诊断等广义电子商务进入实际试用阶段。电子商务逐渐以传统产业 B2B 电子商务为主体。由于基础设施等外部环境和电子商务应用方式的进一步完善，现实市场对电子商务的需求正在成熟，电子商务软件和解决方案的"本土化"趋势加快，国内企业开发或着眼于国内应用的电子商务软件和解决方案逐渐在市场上占据主导地位。

2000 年，为满足政治经济体制改革对行业协会培育和发展的迫切需要，适应电子商务跨部门、跨行业和国际化，经信息产业部申请，国务院批准，国家民政部核准登记注册，中国电子商务协会成立，从此中国电子商务行业有了自己的组织。2001 年 4 月，在珠海召开了全球化时代的电子商务大会，发表的《珠海宣言》提出，发展电子商务，要尽快确定整体战略和实施措施，建立规范标准，开发研制拥有自主知识产权的技术产品，建立和健全相关的法律法规，建立统一的电子商务平台，要与传统产业紧密结合，走中国电子商务产业化的道路。

2005 年，据国家统计局的统计，中国电子商务交易额达 12992 亿元，比 2004 年增长了 39.8%。其中，电子商务销售额达 9095 亿元，增长 35.7%，占全部商品和服务销售额的 2.0%；电子商务采购额达 16889 亿元，增长 42.1%，占全部商品和服务采购金额的 8.5%。2006 年国家统计局对中国大中型工业企业电子商务应用情况的跟踪统计表明，中国 19267 个大中型企业全年电子商务采购金额达到 5928.6 亿元，全年电子商务销售金额达到 7210.5 亿元。在大中型企业中，通过电子商务进行销售和采购的业务比重逐年上升；在中小企业中，电子商务已经逐渐起步，应用电子商务的中小企业约占全国中小企业总数的 10%。2006 年以来，行业企业应用进一步普及，电子商务服务业发展迅速，中国电子商务进入稳步发展阶段。

34.2 发展环境日益完善

中国政府及相关企事业单位相当重视构造一个良好的电子商务发展环境。经过十余年的努力，中国的电子商务发展环境已经日趋完善。

34.2.1 政策法规不断完善

2004年8月28日，第十届全国人大常委会第十一次会议通过了《中华人民共和国电子签名法》。2005年4月正式实施。《电子签名法》中明确了电子签名与手写签名或者盖章具有同等的法律效力。

2005年1月，国务院办公厅发布了《国务院办公厅关于加快电子商务发展的若干意见》，该《意见》阐述了电子商务对中国国民经济和社会发展的重要作用，提出了加快电子商务发展的指导思想、基本原则和具体建议措施，是中国发展电子商务的纲领性文件，对电子商务的发展具有十分重要的指导意义。

2007年6月，国家发展和改革委员会、国务院信息化工作办公室联合发布了《电子商务发展"十一五"规划》，进一步明确了电子商务的发展方向。

2006年3月，全国人大通过的《中华人民共和国国民经济和社会发展第十一个五年规划纲要》提出：积极发展电子商务，建立健全电子商务基础设施、法律环境、信用和安全认证体系，建设安全、便捷的在线支付服务平台；发展企业间电子商务，推广面向中小企业、重点行业和区域的第三方电子商务交易与服务。2006年5月，中共中央办公厅、国务院办公厅印发的《2006—2020年国家信息化发展战略》提出了中国电子商务发展的"行动计划"：营造环境、完善政策，发挥企业主体作用，大力推进电子商务；加快信用、认证、标准、支付和现代物流建设；完善结算清算信息系统；探索多层次、多元化的电子商务发展方式。2007 年 3 月，商务部发布了《关于网上交易的指导意见（暂行）》，2007 年 12 月发布了《关于促进电子商务规范发展的意见》，从电子商务信息传播行为、交易行为、电子支付行为、商品配送行为等 4 个方面提出了电子商务规范发展的意见，为推动网上交易健康发展，逐步规范网上交易行为提供了政策支持。2007 年 3 月，国务院发布了《国务院关于加快发展服务业的若干意见》，提出要积极发展信息服务业，发展增值和互联网业务，推进电子商务，降低社会交易成本，提高资源配置效率。

近年来，各地政府也先后出台了一些政策法规，促进电子商务的发展，规范电子商务的运作，如《广东省电子商务交易条例》、《上海市促进电子商务发展规定》、《浙江省网上商品交易市场管理暂行办法》，分别从不同角度作出了明确的规定，电子商务行为得到规范，电子商务企业和个人的利益得到了进一步的保护。

34.2.2　技术标准工作全面开展

2007 年，中国国家电子商务标准化总体组在北京成立。作为中国电子商务标准化工作的总体规划和技术协调机构，总体组的成立标志着中国电子商务标准化工作进入新阶段。总体组由来自政府、科研院所、电子商务骨干企业等单位的 31 名代表组成，其中来自企业的代表超过了 50%。总体组重点组织开展国家电子商务标准体系、面向服务的技术体系、电子商务数据与报文、政府采购、信用服务、在线支付、现代物流、安全认证等标准的研究和制定。经过多年努力，中国已经较完整地建立了 EDI 标准化体系，并研制出一套标准体系表，包括约 60 多项 EDI 国家标准和行业标准。国家"十五"科技攻关相关课题启动了电子商务基础性标准化工作，2003 年出台了基于 XML 的电子商务关键技术标准的基础部分；2006 年中国基于 XML 的电子商务关键技术标准体系基本形成，有 14 项基于 XML 的电子商务国家标准通过验收；发布了《电子商务术语标准》和《电子商务标准化指南》等。此外，中国对征信、物流、射频识别等与电子商务密切相关的领域也制定了部分标准。

中国电子商务协会成立了标准应用推广中心，参与研究制定的《全程优化服务编排规范》、《全程优化服务的业务评价规范》、《全程优化服务业务协议规范》、《全程优化业务服务质量规范》等一系列的国际标准，均通过了国际标准化组织 ISO 的投票认证。参与了电子商务信用标准的研制工作，目前形成的 13 个电子商务信用标准的报批稿和 1 个草案稿。中国电子商务协会标准应用推广中心参与研制了《基于电子商务活动的交易主体　企业信用档案规范》、《基于电子商务活动的交易主体　企业信用评价指标体系与等级表示规范》等行业标准。

34.2.3　信用环境建设取得突破

党的十七大报告中提出规范发展行业协会，健全社会信用体系的要求。中国电子商务信用体系建设行业协会将发挥重要作用。2007 年，全国整顿和规范市场经济秩序领导小组办公室印发《关于加强行业信用评价试点管理工作的通知》明确指出要加快建设社会和行业信用体系。2007 年 1 月，中国电子商务协会经全国整顿和规范市场经济秩序领导小组办公室、国务院国有资产监督管理委员会专家评审通过，在整规办发〔2007〕3 号《关于加强行业信用评价试点管理工作的通知》中被列为首批行业信用评价试点单位。目前这项工作得到广大企业的积极参与和拥护，正在持续深入开展，为中国电子商务信用环境建设起到积极作用。

34.2.4　电子支付发展成效显著

电子支付作为电子商务的一个重要环节，同时也是现代支付体系的重要组成部分，受到了各方的高度重视。中国支付系统等基础设施建设取得新的重要进展。1997 年，招商银行在国内率先推出自己的网上银行——"一网通"。1998 年，"一网通——网上支付"投入运行，成为国内首家在互联网上提供支付服务的银行。2000 年，国内各商业银行相继开通网上支付业务。2002 年年底，国有银行和股份制银行全部建立了网上银行，开展交易型网上银行业务的商业银行达21家。2008年4月28日，人民银行组织建设的境内外币支付系统成功上线运行，并先后开通了港币、日元、欧元、美元等八个币种的支付业务，为境内金融机构提供了安全、高效和低成本的外币清算平台，进一步夯实了中国的金融基础设施。银行卡应用更加广泛。截至2008年年末，全国人均持有银行卡1.36张，其中城镇人口人均持卡2.97张，全年银行卡持卡消费额在社会消费品零售总额中占比达24.2%，银行卡已经成为中国个人消费最频繁使用的非现金支付工具。银行卡受理环境进一步完善。公务卡推广工作在各级财政预算单位全面展开。2008年，中国支付系统运行平稳，业务量增长稳定。全年各类支付系统共处理支付业务93.82亿笔，金额1131.04万亿元。

　　第三方支付平台发展迅速。1999年，阿里巴巴公司和C2C的个人拍卖网站易趣网先后成立；同年3月，首信易支付成立，首次提供了跨银行跨地域在线交易的网上支付服务平台。2000年，上海环迅电子商务有限公司成立，是国内首家提供外卡实时在线支付的平台。2002年9月，由中国人民银行牵头，14家全国商业银行联合共建的中国金融认证中心（CFCA）通过测评，标志着网上支付安全建设有了重要突破。从2005年开始，为C2C、B2C等电子商务和其他增值服务提供良好技术支撑的第三方支付，引起风险投资者、支付企业、银行、政府、学界和媒体的浓厚兴趣，独立的第三方支付平台数量至2005年就已达50多家。受益于风险投资的新兴支付平台Yeepay，推出国内首家支持互联网、手机和电话的一站式集成化支付解决方案。2005年，阿里巴巴旗下的淘宝网联合国内多家金融机构共同打造出"支付宝"交易服务工具，运用由第三方提供的账号，进行交易资金代管的形式来保障电子交易的安全，并承诺对买卖双方在交易中的资金风险进行全额赔付。同年7月11日，全球最大的在线支付商Paypal宣布落地中国，推出第三方支付平台"贝宝"，最大的互联网即时通信开发商腾讯公司推出第三方在线支付平台财付通。为用户提供信用保障的功能。浦东发展银行推出大宗电子商务交易，防范交易风险。2008年4月，在中国人民银行的指导和支持下，在第十一届中国国际电子商务大会上宣布成立了中国电子商务协会支付工作委员会。

34.3   发展成就与贡献

中国电子商务的快速发展为中国的国民经济和社会发展作出了显著而突出的贡献，在推动中国经济增长方式转变、提高国民经济系统运行效率、经济结构和产业结构调整、为国民经济发展提供新的增长点等方面都发挥了不可替代的作用。而且，电子商务还在提高人民生活品质、应对突发性事件、应对全球金融危机等多个方面有所贡献。

34.3.1   推动经济增长方式转变，促进经济发展

电子商务促使经济增长从以物质生产为主的产业经济发展模式向以信息生产和知识生产为主的经济发展模式转变，即向信息经济、知识经济转变。例如，"中国轻工业网"是在中国轻工业联合会的领导下，由中国轻工业信息中心组织建设的中国轻工行业最具权威的政府网站、门户网站和电子商务平台。2008年，为全面推进轻工行业电子商务，进一步完善电子商务服务，在中轻网上推出了独立的电子商务平台。截至2008年年底，中国农村网民规模达到8460万人，较2007年增长3190万。从近年来参加五届"全国农业网站百强评选"网站数目看出，2008年，全国有1458家农业网站（其中有67.5%的农业网站有电子商务服务）参加评选，而2004年仅有433家农业网站参加（其中有11.4%的网站提供电子商务服务）。随着农业互联网的普及农村网民的增长，农业电子商务呈现直线上升态势。

中国电子口岸是在国务院推动下，由15个部委共建的公众数据中心和数据交换平台。2008年电子口岸处理进出口报关单4767万票，核销单3410万票，收结汇报关单5062万票，快件报关单6520万票，提单460多

万份，日处理电子单证量达 120 万笔，受理热线电话 62 万余个，国税、外汇、银行等部门和企业通过中国电子口岸办理了出口退税 6 千多亿元、结付汇 2 万多亿美元、网上支付 3 千多亿元、抵扣增值税 5 千多亿元。2008 年，网上税费支付系统网上支付业务量达 3 千亿元人民币；进出口快件通关系统通过电子口岸传输快件报关单 6520 万票。

国资委所属 100 多个中央企业协同电子商务初显成效。网上销售商品和服务总额占总销售额的比例平均为 17.6%，网上采购商品和服务总额占总采购额的比例为 13.4%。据中国电子商务协会 NIEC 中国企业信息化 500 强调查统计，2007 年电子商务交易额为 7528 亿元，比 2006 年 4312 亿增长 74.6%，电子商务销售比例均值 22.81%，电子商务销售比例均值 23.17%，网上销售订单比例均值为 27.96%，网上采购订单比例均值为 26.29%。2008 年电子商务销售比例均值 19.87%，电子商务销售比例均值 23.62%。例如，中国石化物资采购电子商务网是联接中国石化总部、各分公司与供应商三方，实时互动的大型 B2B 交易网站。网站经过近 9 年的持续推进，网上采购工作实现了快速发展。网上采购物资品种从最初的钢材、煤炭、机电设备等 8 个大类约 5000 个品种，扩大到全部 56 个大类 76 万余个品种，增加 152 倍；网上交易用户从 2400 个发展到 2.7 万个，其中注册供应商从 300 家发展到 2 万多家；网上采购成交金额从 2000 年网上采购 10 亿元、2001 年 76 亿元，提高到 2008 年 1600 亿元。截至 2008 年 12 月 31 日，物资采购电子商务网站共成交合同 777458 笔，采购资金 6018.55 亿元；2008 年成交合同 208480 笔，采购资金 1681.29 亿元。宝钢东方钢铁 2008 年完善了采购、销售、电子交易、数据交换以及基础服务五大核心平台，建立了专业的采购、销售、交易专业电子商务服务团队。2008 年，宝钢通过东方钢铁电子商务平台实现网上交易额 831 亿元。2008 年，海尔集团对网上销售进行重大升级，成立更大的组织来全面推进电子商务。重新建设了海尔商城，海尔商城除提供产品销售外，还提供了网上资讯、网上沟通、网上调查、网上设计、网上下载、网上娱乐等更多增值服务。2008 年，海尔网上销售突破了 2 亿元，而 2009 年的目标为

5 亿元。海尔与苏宁、三联、永乐等建立 B2B 直联系统，渠道客户通过网站下订单，每年通过该方式获取和执行的订单超过百亿元。

中国中小企业电子商务在电信运行商及第三方电子商务服务平台帮助下发展迅速。"十一五"末，经常性应用电子商务的中小企业占中小企业总数的比重将由"十五"的2%提高到30%。山东省企业电子商务发展迅速，全省近60万家企业中，已有近一半的企业开展了电子商务。调查显示，2002 年，山东省电子商务交易额为 700 亿元，2008 年，电子商务交易额已超过 5000 亿元。全省企业电子商务交易达到经济流通总量40%左右，规模以上工业企业和商贸流通企业全部具备在线交易的条件和能力，80%以上的中小企业都能从电子商务中获益。

电子商务促进了区域经济的发展。例如，2008 年，上海市电子商务交易额达 2758.17 亿元，其中 B2B 交易额占比达到 92.95%，而 B2C 和 C2C 的交易额占比虽然较小，但增长幅度高达 36%。目前，上海个人级的 B2C、C2C 电子商务交易额，在过去一年内从 142.9 亿元快速增至 194.5 亿元，消费者日均上网交易为 5300 多万元。上海的"付费通"平台已能支持水、电、煤、通信 4 大类 24 种公用事业费及交通罚款、公路养路费的支付，截至 2008 年 11 月累计交易 9260 万笔，累计交易额 82.44 亿元。2007 年，北京市电子商务交易规模继续保持高速增长，全市电子商务总交易规模约为 1610 亿元；B2B 交易规模约 1468 亿元，占全市电子商务交易总额的 91.2%；B2C 交易额达到 140 亿元，约占总体的 8.7%。浙江省以互联网业务、动漫游戏、电子商务为主的信息服务业发展迅速。广州将着力发展塑料、金属、粮食、建材等行业电子交易中心，加快发展电脑、音像、汽车、中药材、茶叶、蔬果、服装等大型专业市场电子商务，积极发展化工、电子元器件、花卉等网上交易市场，加快建设特色优势农产品电子商务平台，形成一批国内外有影响的电子商务品牌。同时，广州还将加快旅游、会展、酒店、商务、餐饮等服务信息化，构建网上旅游综合服务平台。还将推动房地产经营、中介和物业管理等企业信息化，发展网上购房、租赁、拍卖和评估等新型服务。安徽省在"数字安徽"

战略指引下，电子商务应用不断普及深化。全省近 30% 的大中型企业建立了网站，不少大中型企业直接在网上开展了电子商务，部分企业网上销售额占全年销售额的比重逐渐上升。特色行业开展电子商务卓有成效。安徽粮食批发交易市场 2006 年 4 月网上挂牌，现已成为全国大型区域性粮食批发交易市场。和县皖江蔬菜副食品批发交易市场，投资 500 多万元建立了电子交易平台，2007 年完成交易量 56 万吨，实现交易额 7 亿多元，成为长江中下游地区最大的蔬菜集散基地，步入全国百强市场行列。东莞市石龙镇大力发展电子商务取得成效，大力支持、扶植本地电子商务服务提供商的成长与发展，如 2004 年开始为品牌商和加盟商提供 B2B 的信息交互平台的"品牌加盟网"、2008 年开始运营的 B2B/B2C 的多方交易平台"万店城"、2008 年开始运营的 B2B 电子信息产业集群电子商务公共服务平台"网商 365"等。

中国电子商务服务业已初具规模，网络公司、电信运行商、软件及系统集成商积极开展电子商务服务，日渐成为电子商务服务业的主力。例如，2008 年，阿里巴巴的国际、国内两个交易市场较 2007 年共增加了 1050 万名注册用户及 170 万个网上商铺。各大电信运营商都加大了电子商务平台建设和服务的力度。截至 2008 年年底，中国电信"商务领航"和"我的 e 家"两大品牌客户群分别达到 253 万户和 2393 万户，联通的电子商务业务有进出口公司网上业务系统、网上商城、代收费系统、掌上股市业务等。

34.3.2　提高了居民生活质量

近年来，面向消费者的电子商务服务范围不断拓宽，网上消费服务模式日渐丰富，基于网络的数字化产品与服务不断涌现，丰富了人民群众的物质和文化生活，提高了百姓的生活质量。消费者能足不出户，查询各类商品的性能价格，货比三家，方便地选购商品；远程医疗能使居民享受最好的医疗服务，远程教育有利于提高全民的科学化水平，视频点播网上游戏娱乐能改善居民文化娱乐生活、休闲方式。

近年来为居民生活服务的网站大量涌现，例如旅游电子商务的发展迅速。从 2003 年开始，国家旅游局加大了对旅游电子商务的建设和推广力度。并以"旅游目的地营销系统（DMS）"等服务为突破口，推进旅游电子商务网络平台的建设和普及。并在目的地营销系统试点的基础上，构架省级或区域级目的地营销系统，以网络形式构建目的地营销宣传体系。旅客通过黄山电子商务子系统实现了黄山及其周边景区的门票、索道票、酒店、线路等旅游产品的网上浏览查询、网上预定及网上交易；旅游企业通过该平台完成信息发布、网络营销、信息交互等功能。实现了示范景区票务预订，截至 2008 年 12 月底，累计实现网上交易达 7.6 亿。

民航、铁路、航运客票发售与预订系统为老百姓网上查询、购车、船、机票提供便利。民航、铁路、航运客票服务进一步优化完善，全国各地用户都可以拨打中国移动 12580，进行机票酒店等商旅信息的查询和预订，以及餐饮、娱乐、交通、旅游、便民等信息的查询服务。中国移动截至 2007 年年底，系统已实现用户容量 8000 万，交易处理能力达到 800 笔/秒。百度公司不断地为消费者提供基于搜索引擎的各种搜索服务，其中包括以网络搜索为主的功能性搜索，以贴吧为主的社区搜索，针对各区域、行业所需的垂直搜索，MP3 搜索，以及门户频道、IM 等，覆盖了中文网络世界所有的搜索需求。

34.3.3 在社会重大事件中作用独特

2003 年抗击"非典"期间，中国电子商务协会向全体会员发出倡议，加快电子商务工作进程，扩大电子商务应用，全力以赴战胜非典。协会在抗击非典期间开通免费电子商务法律咨询信箱，并与有关机构推出了非典期间免费网上电子商务培训和在线电子商务实验课程。在此期间，电子商务成为社会各界抗击非典，从事生产经营活动的有效途径和手段，电子商务的应用得到快速发展。

电子商务在战胜南方雪灾与四川地震自然灾害中发挥重要作用。2008年，在抗击南方部分省（市）发生的冰冻灾害，特别是汶川特大地震以及支持灾后重建方面，人民银行及时应对，确保了支付系统的高效、稳定、连续运行，为受灾地区群众、企业和金融机构提供了优质的支付清算服务和政策支持。及时启动支付清算系统应急处置预案，大额支付系统节假日照常运行、放开小额支付系统贷记业务金额上限，全力保障支付系统的安全稳定运行，为救灾款项的及时划拨开辟了"绿色通道"。切实贯彻国务院《关于向地震灾区困难群众发放补助金的决定》，专门开辟特殊支付渠道，使补助金发放得以快速、准确、自动化处理。及时组织制定恢复灾区支付结算秩序、维护灾区群众和企业利益的政策措施。网上捐款平台提供高效便民服务。在2008年春节前后易宝支付与北京红十字会合作开展的"红十字风雪救援行动"中，半月募集善款近30万元；在红十字汶川地震救援中，半月内7万多名网友捐款逾1850万元，在此次地震救援中涌现出的三大捐款平台——支付宝、财付通和易宝支付，创造了互联网史上的公益奇迹。

数字奥运包括奥运电子商务网站、奥运智能卡、数字奥运信息亭、奥运移动电子商务应用服务系统、奥运电子支付应用管理平台、电子物流配送体系服务网等一整套电子商务应用系统。任何人在任何时间、任何地点都能享受电子商务服务，实现了中国申办奥运时向国际社会的承诺。

34.3.4　在应对金融危机中发挥重要作用

电子商务在应对金融危机中发挥重要作用，尤其是在帮助中小企业应对金融危机中，扩大了国内外市场，降低了交易成本。例如，阿里巴巴集团开展了一系列支持中小企业过冬的举措。2008年7月，阿里巴巴与浙江省启动"万企工程"，到10月，浙江省新增诚信通会员已有10000余家，阿里巴巴已向浙江企业赠出旺铺46000余个，带动了广大中小企业参与电子商务，10月，阿里巴巴大规模启动"帮助中小企业过冬生存发展"特别行动计划，同时宣布投入3000万美元进行全球推广。11月，阿里巴巴秉承"投资于企业，让利于客户"的理念，以1.98万元的低门槛价格推出"出口通"服务，让更多的中小企业能够用上电子商务。截至2008

年年底，银行与阿里巴巴合作，在浙江试点发放面向中小企业的贷款13亿元，获贷企业超过684家。这一基于网络诚信度的创新，有效地解决了中小企业"缺乏信用积累和担保"的难题，缓解了中小企业的融资需求，也在一定程度上推动了银行业的机制创新。

福建今日特价在金融危机中创新营销模式，帮助遇到困难的企业和广大网民开展协同数字营销，取得了显著效果。不仅使四家濒临破产的企业迅速地恢复生机和活力，而且开辟了广泛网络营销市场。2009年3月30日，由中国电子商务协会主办，用友移动商务公司承办的"移动电子商务行业应用工程"在北京正式启动，此活动旨在使众多行业企业，通过移动电子商务和3G技术的推力，积极应对全球经济危机，加速产业振兴。

34.4 中国电子商务发展的特点和经验

中国电子商务的发展虽然起步较一些发达国家为晚，但是发展很快，大有后来居上之势。其中的原因，除了得益于中国经济的快速发展之外，也与政府和行业主管部门、行业协会采取的一系列重要举措密切相关。

34.4.1 提升区域经济发展的战略举措

一大批有战略眼光的地方领导把发展电子商务作为提升区域经济发展的战略举措，是中国电子商务迅速崛起的重要原因之一。

各级政府营造良好环境把电子商务作为振兴经济的重要战略举措。"中国电子商务之都"成为杭州市的一张新名片；广州市致力于建设"中国电子商务应用示范城市"；广东省着力打造珠三角地区国际电子商务中心；浙江省金华市正在不断完善创业环境，建设"中国电子商务创业示范城市"；成都市武侯区正在创建"中国西部电子商务核心产业区"；福建省依托海西区位优势，通过电子商务加强两岸商贸活动，提出"两岸三通、电子商务先行"。重庆市把电子商务作为统筹城乡发展的重要手段，2008 年 12 月，由中国电子商务协会和中国农业银行共同主办的"首届中国统筹城乡发展与电子商务论坛"在重庆市召开。电子商务逐步成为城市名片和区域经济发展的重要战略资源。

34.4.2　复合型电子商务人才队伍在茁壮成长

目前，已有 1000 余所职业院校开设电子商务专业、300 余所本科院校开设电子商务，100 余所学校开始招收硕士研究生或博士研究生，培养了一支宏大的既懂管理又懂技术的电子商务人才队伍。2005 年教育部成立了"教育部高等学校电子商务专业教学指导委员会"，并与中国电子商务协会合作编制了《普通高等学校电子商务本科专业知识体系（试行版)》，完整地介绍了电子商务专业建设需求、基本定义、总体框架、实践要求、与课程体系的关系、在专业评估中的作用以及内容分类描述等。为各高校电子商务专业的规范化建设起到积极的规范和引导作用。

教育部与中国电子商务协会在征求有关政府部门、行业组织和企事业单位意见基础上，成立了中国电子商务行业技能委员会，广泛联合各行业推进电子商务人才培养。委员会成立后，陆续开展了"石油石化电子商务人才培养工程"、"纺织服装电子商务应用人才培养工程"等系列工作，谱写了行业电子商务应用的新篇章。2008 年，教育部将中国电子商务协会主办的"全国大学生电子商务竞赛"确定为"高等学校本科教学质量与教学改革工程"重点项目，作为电子商务专业唯一的学科性竞赛。竞赛正式更名为全国高校"创意　创新　创业"电子商务挑战赛。进而，进一步推动产、学、研合作，创新人才培养与选拔的新模式。

国家职业资格电子商务师培训工程得到广泛开展。全国从事国家职业资格电子商务师培训鉴定的机构有 522 所，国家职业资格电子商务师鉴定的考试获证人数已经突破 310000 人。2008 年参加助理电子商务师和商务员职业资格鉴定的人数全国共计 312127 人。参加了电子商务师职业资格鉴定，电子商务员考试 61250 人次。有 2000 人获得了国家职业资格电子商务师师资培训。

34.4.3 创新文化生产方式，培育新的文化业态

党的十七大报告指出，解放和发展文化生产力，是繁荣文化的必由之路。随着电子商务的逐步发展与成熟，电子商务从技术到推广应用，走向全社会，其自身的商务模式和特点也日益显露。公众也期待着一个有着鲜明文化理念的可以信赖的电子商务出现在人们的生活之中。电子商务的发展，必然会形成适应信息社会发展的道德规范和行为准则，由此给人们的意识形态带来深刻影响。由中国电子商务协会主办、以促进电子商务诚信为主题的"首届中国电子商务文化节"于长沙市举办，此项活动对推动电子商务文化的发展进行了有益探索和尝试。

34.4.4 网商成为发展信息经济的生力军

中国电子商务的快速发展，培养和锻造了新一代网商。一大批网商已经在电子商务的实战中站立和成长起来。他们已经成为了中国网络经济发展的中坚和骨干。

中国电子商务协会与杭州市政府、阿里巴巴集团共同打造网商大会，至今已经成功举办五届，这是政府、行业、企业共同推动中国电子商务事业发展的重大举措。5 年来，杭州市政府、中国电子商务协会、阿里巴巴集团与千千万万网商一道，勇于探索、敢于实践，从提出网商的概念到把网商推向世界的今天，网商用自己的智慧和勤劳的双手，收获了成功，实现了自己的人生价值。

在当今历史阶段，由于中国电子商务发展刚刚起步，中小企业成为网商的主要构成群体，在推动中国电子商务发展进程中，中小企业发挥了特殊的历史作用。同时，网商的崛起，使得互联网应用促进中国经济发展的作用真正得以体现。网商快速的崛起，已经开始吸引了世界的目光，引起了国际电子商务界的关注，并加快了中国网商走向世界的进程。

34.4.5　行业协会的桥梁作用成为关键要素

行业协会充分利用信息资源优势、专家资源优势、企业资源优势和跨部门协调优势，在立法、辅助政府决策、促进行业自律、营造电子商务发展环境、人才培养、标准化及国际交流与合作等领域充分发挥行业协会功能和作用。中国电子商务协会协助政府开展有关政策的研究制定和规划的编制工作。针对电子商务发展中一些热点、难点问题，协会主动开展课题研究并完成政府委托的有关课题研究任务。

综观中国电子商务的发展历程，不难看出，20 年的发展已经取得了显著的成就。伴随着中国经济持续、稳定、健康的发展，信息化和工业化的深入融合，以及电子商务技术和模式的不断创新，人们有理由相信，中国电子商务将继续向着发展的深度和广度进军，在加速中国经济发展、构建和谐社会中作出更大的贡献。

（本章作者　宋玲　龚炳铮　王汝林）

参考文献

　[1] 宋玲主编：《电子商务：21 世纪的机遇与挑战》，电子工业出版社 2000 年版。

　[2] 宋玲主编：《电子信息技术与企业发展》，新华出版社 2001 年版。

　[3] 宋玲主编：《中国企业电子商务指南》，新华出版社 2001 年版。

　[4] 宋玲主编：《中国电子商务年鉴（2004—2008）》，2008 年。

　[5] 龚炳铮主编：《EDI 与电子商务》，清华大学出版社 2000 年版。

　[6] 宋玲主编：《全球化时代的电子商务专题会议论文集》，2001 年。

　[7] 宋玲主编：《中国国际电子商务大会论文集》，2005 年，2007 年。

企业文框26：中盈优创与电信事业相伴

中盈优创是中国电信集团与香港电讯盈科在2003年共同出资创建的，经过多年来持续的技术创新，中盈优创已经发展为综合网络信息服务解决方案的领先者。

新中国成立60年是电信事业发展突飞猛进的60年。电信运营商经历了转型、重组，已经从过去的封闭和垄断实现了开放和竞争，由传统的基础网络运营商发展为现代的综合信息服务提供商。电信行业为经济建设和社会进步提供了便捷的信息通讯服务，是社会经济前进不可或缺的主导力量。中盈优创一直致力于电信运营商IP网络建设和业务创新，多年来成为运营商发展的战略合作伙伴，与电信事业共启未来篇章。

中国电信于1995年开始建设基于Internet网络技术的中国公用计算机互联网——Chinanet，当时完成了北京、上海两个骨干节点，一条速度为64K/s国际专线出口。从2003年起，中盈优创接办了中国电信Chinanet全国骨干网的集成服务，为中国电信企划网络综合解决方案。如今的Chinanet已覆盖全国各省会城市，并开通北京、上海和广州三个国际出口，速率达10M/s以上。在2007年，中国电信Chinanet已经成为全世界实时用户最多的网络。

随着互联网业务的迅猛发展及业务和终端IP化的趋势下，中国电信提出了建设下一代承载网络的发展思路，并于2005年携手中盈优创共同设计、规划了中国电信第二张全IP网络——CN2。这是中国电信在向下一代网络和业务的演进中领先迈出了关键的一步。如今，中盈优创连续4年承担着CN2的网络扩容和优化工作，本着可盈利、多业务融合的建设目标，CN2已经被建设成为一个具备高可用性、高扩展性、高安全性的，能够承载商业大客户、语音、视频、数据等多种业务的综合承载网络。

目前，公司在上海、广州、南京设立了三家分公司，武汉、南京、重庆、成都等城市部署了客服中心和销售团队，业务和客服体系已覆盖到了全国 31 个省份。

中盈优创在不断深刻理解电信运营商和行业信息化需求的同时，紧跟国际通讯及 IT 产业的发展步伐，目前成功打造出拥有核心技术和独立知识产权的产品，成为国内领先的高新技术企业。

（编撰：刘博）

第 35 章

企业信息化

引　言

　　企业信息化是指在企业研发、生产、管理、经营、决策等各个层次、各个环节和各个方面，应用现代信息技术，充分开发和广泛利用企业内外信息资源，实现企业组织和制度创新，提高活力和竞争力，转型为现代化企业的过程。

　　60 年来，计算机在中国从无到有，企业应用从少到多，中国的企业信息化经历了由慢到快不断加速的过程。1961 年，大庆油田大庆勘探指挥部首次将国产 103 机应用于石油油藏模拟与动态研究。从最早的水利、电力等工程设计、石油地质勘探及银行数据处理，发展到今天各行各业的企业在各环节广泛应用计算机、互联网等信息技术，实现企业转型，建设信息化企业，中国的企业信息化发生了质的飞跃。今天，中国最先进的企业，信息化已经达到了世界的先进水平。其中水平最高的中远集团，因信息化建设而成为哈佛大学案例，为全球提供了来自中国的普世经验。中国企业信息化的成就巨大。

35.1　发展历程

中国企业信息化开始于电子计算机在企业中的应用。企业信息化的阶段划分，主要以计算机应用为核心，50 年间经历了几个不同的发展阶段。

35.1.1　按计算机类型划分阶段

20 世纪 60 年代（1956—1970 年），中国研制成功并小批量生产第一代电子管计算机和第二代晶体管计算机，计算机主要应用于国防科研单位的科学计算、水利、电力等企业的工程设计、石油地质勘探及银行的数据处理。

20 世纪 70 年代（1971—1980 年），研制生产了第三代集成电路计算机，发展了大、中、小微机系列。这阶段计算机应用已进入工业、交通运输、文教卫生、商业、金融等企业部门，并开始在实时控制与数据处理方面应用。

20 世纪 80 年代（1981—1990 年），中国研制成巨、大、中型机，引进了大量大中小型机及高档微型机和工作站。1982 年，国务院成立了大规模集成电路及计算机领导小组，先后更名为电子振兴领导小组、电子信息系统推广应用办公室（1988 年），组织领导电子信息技术推广工作。其间，企业计算机应用发展迅速，成效显著。应用范围从大城市向中小城市及乡镇发展；从数值应用向非数值应用发展；从大企业进入中小企业，从单项应用向综合应用发展；从单机系统向多机网络系统发展。随后，国家"863"计划的实施也初见成效；在辅助工程，实时控制，数据、文字及图形、图像处理，经济管理与辅助决策，以及人工智能与专家系统等方面的企业应用取得了上万项成果。

20 世纪 90 年代（1991—2001 年），中国研制成功银河、神州系统巨型机、曙光系列并行计算机系统，国产服务器、工作站、工控机、分布式控制系统进一步发展并扩大市场的份额。企业信息化进入了有组织、有领导的发展阶段。1993 年，成立了国民经济信息化联席会议；1996 年成立了以副总理为首的国务院信息化领导小组及其办公室，统一领导信息建设。EDI 的推广，金字系列信息化工程启动建设，电子商务开始较快的发展，工业自动化、企业信息化、社会各领域的信息化进一步发展。

35.1.2　按应用领域和水平划分阶段

按计算机在企业中的应用领域，可以划分为研发与设计（辅助设计）、生产过程自动化（实时控制）、经营管理（数据处理）；按应用水平可以划分为单项应用、综合应用、集成应用、深化应用等阶段。

1. 企业信息化起步阶段——单项应用阶段

企业计算机的应用从单机、单项应用开始。20 世纪 70 年代水利、电力、机械、石化等设计部门用计算机进行工程设计。沈阳鼓风机厂用国产机进行刀具设计、机床编程，兰州化肥厂用国产机合成氨生产，长春第一汽车厂用国产机编制生产计划、工资、定额成本计算等数据处理。DJS－130 机成功应用于大庆石油化工厂油品储运自动化系统，获得 1985 年国家科技成果二等奖，北京供电局电网调度系统 1986 年获电子部科技成果一等奖。

1983 年，四机部六所做的全国计算机应用调查，给出了如表 35.1 所示的结果。就应用效果而言，大致有三分之一应用效果较好，三分之一应用效果一般，三分之一应用效果较差。

表 35.1　全国计算机应用调查结果

	计算、设计		数据处理		过程控制		合计
1975 年	165	52.5%	60	19.1%	89	28.3%	314
1977 年	294	36.0%	329	40.3%	193	23.7%	816
1982 年	1130	32.3%	1078	30.8%	779	22.2%	3503

1984 年，国务院电子振兴领导小组提出用微电子技术改造传统产业，以微电子技术改造机床、工业窑炉、电力负荷控制为突破口，确定京、津、沪、沈阳、南京、黄石等 23 个省市推广应用示范城市。至 1989 年，共召开了四次全国性的会议，时任总理李鹏和宋健、邹家华等领导同志到会并讲话，提出单项推广为好，关键是抓好典型，大力推广。1988 年，据 16 个省市统计，改造机床 1.1 万台、工业窑炉 2200 台（座）；冶金系统改造 500 台炉窑，每台节能 8%—10%，年均新增效益 20 万元。沈阳改造老机床 970 台，增加税利 2600 万元；166 台老机床，实现数控后，增加产值 1.6 亿元，四年来安排 1500 多个项目，贴息贷款 8 亿多元，投资效益比 1:1.7 左右，经济效益显著。

20 世纪 90 年代初，国务院批准国家科委等八部委关于"大力协同，开展 CAD 应用工程"的报告，成立了 CAD 应用工程协调指导小组，制订 CAD 应用规划，在全国推广应用 CAD。20 世纪 90 年代末，中国绝大多数企业已经普及 CAD/CAM（计算机辅助设计/制造）应用，其中大型企业已经基本建成较完整的二维 CAD 系统，部分大企业已应用三维 CAD 技术。另外，据中国信息产业发展研究院（CCID）研究报告表明，截至 2003 年年底，90% 以上的工程设计和机械行业企业已普及 CAD 应用，72% 以上的中小企业应用了二维 CAD 技术。

CAD 及各项应用取得了重大进展，创造了巨大的经济与社会效益。目前，CAD 应用已遍及 29 个省市、4 个行业、600 个示范企业、3000 个重点应用单位，工程设计行业和机械行业的骨干企业，CAD 普及率达 90% 以上，有 10 万家企业和设计院甩掉了图板。据五省市 69 个示范企业的统计，实施 CAD 应用工程累计投入 4.3 亿元，增加产值 74 亿元。

企业管理方面，基于单机的财务、工资、销售等管理软件已广泛普及应用，而且，软件供应已经立足于国内。中小企业中，大约有三分之一开展了单项应用，仍有近半数还在观望之中。

2. 企业信息化初步发展阶段——综合应用阶段

20 世纪 80 年代，沈阳第一机床厂、沈阳鼓风机厂、北京第一机床厂先后引进物料需求计划 MRP、制造资源计划 MRP II 等技术产品。1986 年，国务院批准高技术研究发展计划（"863"计划）把集成制造系统 CIMS 立为主题之一，确定 60 个试点企业北京第一机床厂、沈阳鼓风机厂、成都飞机工业公司、广东华宝空调器厂、杭州三联电子有限公司等一批试点企业取得显著效益。

基于网络和数据库的内部跨部门信息系统，已在中国传统产业大企业中广泛推广。据有关机构对中国 300 家国家重点企业的调查分析，80% 以上已经建立了办公自动化系统（OA）和管理信息系统（MIS），70% 以上接入互联网，60% 以上实施了计算机集成制造系统（CIMS），50% 以上建立了内部局域网，40% 以上的企业开展了管理信息化建设。大企业内相关部门通过局域网在一定程度上实现了跨部门的信息交换和共享，为实现企业系统集成、信息资源整合，消除"信息孤岛"，进一步开展深化应用，奠定了基础。

20 世纪 90 年代中期，中国部分重点企业开始进行企业内部的全面信息集成，将企业内各个单元的计算机应用，如 CAD、CAE、CAPP、CAM、MRPII/ERP、质量保证以及办公自动化、辅助决策等集成起来，实现信息资源共享，使企业产品上市更快、质量更好、成本更低、服务更好，同时实现管理制度和管理思想的创新，增强企业的竞争能力。

全国 19 个省市 20 个行业的 201 家企业完成了 CIMS 应用示范工程，建立了现代集成生产制造系统，实现了管理控制一体化，平均缩短了产品开发周期 36%，减少库存 13%，管理人员减少 1/5—1/3，库存占有资金压缩 20%，产值提高 50%—100%，降低成本 20%。

全国电网调度自动化系统发展很快，包括 32 个网省调、240 个地调和 500 多个县调，都已经配备了计算机监控系统，实现了电网调度自动化，促进了电网安全、优质、经济运行。

少数骨干中小企业开始综合应用。

3. 企业信息化全面发展阶段——深化应用阶段

21 世纪初，中国企业信息化进入全面集成、深化应用的新阶段。党的十六大提出的信息化带动工业化，走新型工业化道路，以及党的十七大提出的信息化与工业化融合，为企业信息化深化应用进一步指明了方向。

全国大约80%的大中型企业已上网，建立网站，有了网址、主页，开展网上发布产品信息，进行网上洽谈、签约，开展网络经销。

实现企业内部全面信息集成是今后相当长一段时期传统产业企业信息化建设的重要任务。据原国家经贸委信息中心对488家重点骨干企业的调查，今后一段时期，299户企业将建ERP项目，占61.3%；200户企业将建OA，占41%；139户企业进行数据整合/数据仓库建设，占28.5%。

部分骨干企业加大了基于互联网络的企业间信息集成应用力度，充分利用各自在采购、销售、市场等方面的聚集效应和带动作用，以供应链管理为重点，整合上下游关联企业相关资源，实现供应商、制造商、消费者以及其他业务伙伴之间业务流程和信息系统的融合与集成，逐步将信息流、物流和资金流进行"三流合一"管理，推进了企业间的协同电子商务。在实现企业内部ERP管理基础上开展网络营销、网上采购，已经或已在建设供应链管理和客户关系管理。如联想、海尔、宝钢、中石油、中石化、方正、一汽等骨干企业，在企业资源管理（ERP）应用的基础上，引入了客户关系管理（CRM）和供应链管理（SCM），协调不同企业间的关键数据，实现供需链的信息集成，开展协同电子商务，降低企业运行成本，提高了企业群体的市场反应能力和综合竞争力。

中小企业信息化有很大发展，52.3%的企业具有不同程度的信息化应用，但核心业务应用普及率普遍低于10%，已经应用ERP的中小企业为4.8%，有86.2%的企业还没有应用ERP。仅有9%的中小企业开展了电子商务。

35.2　企业信息化水平与成果

新中国成立以来，在党和国家领导人及政府有关部门的大力支持和推动下，经过数十年的努力，中国企业信息化建设取得了丰硕的成果。

在企业信息化应用方面，中国企业信息化的优秀代表不断赢得世界级大奖和声誉。2003 年，招商银行代表中国企业首次登上了被誉为国际信息技术应用领域奥斯卡的 CHP（Computer-world Honor Program，计算机世界荣誉组织）大奖的领奖台。2004 年，中国人财保险有限公司荣获 CHP"计算机世界荣誉奖" 21 世纪贡献大奖提名奖。2005 年，中远集团成为第一个因为出色的企业信息化成果而入选哈佛管理案例的中国企业。2008 年，武钢集团成为首个因企业信息化而获得"国家科技进步二等奖"的企业。

在企业信息化制度建设方面，中国企业不断完善企业信息化管理，建立了以 CIO 为代表的现代企业信息化管理制度体系，使企业信息化的认知度和领导力得到大幅度提升。

在企业信息化治理方面，中国企业正与世界全面接轨，建立以信息化年报为代表的企业信息化治理与信息披露机制。2009 年 3 月，国内首份年度信息化报告《国家电网公司 2008 年度信息化报告》在北京正式发布。《报告》从战略融合、信息化能力、信息化价值三方面，阐明了公司信息化发展目标，总结了 2008 年信息化建设成绩，分析了公司信息化能力和价值，并对 2009 年信息化工作进行了展望。目前已有越来越多的企业开始面向社会公开发布企业年度信息化报告。

在信息化人力资源方面，国家人力资源和社会保障部根据国家职业资格证书制度，适时制定并颁布了《企业信息管理师国家职业标准》。标志着中国企业信息管理人员的职业培训和资格认证有了统一规范和科学依据，必将积极促进中国优秀 CIO 人才的大批涌现。

在企业信息化评价方面，国家信息化测评中心（CECA）连续 6 年开展"年度中国企业信息化 500 强"评选活动，发现了一大批信息化与工业化融合、走科学发展道路的优秀企业的代表。同时国家信息化测评中心还分别于 2004 年和 2006 年完成了两次"中国企业信息化标杆工程"标杆企业评选活动。2008 年，国家信息化测评中心《中小企业信息化绩效评价指标体系》课题顺利通过国信办验收。

在企业信息化服务能力方面，中国涌现出联想、用友等一大批具有先进技术和管理理念的企业信息化服务供应商。据相关统计，中国企业信息化建设所需的各种软硬件设施、咨询服务、数据服务等产品和服务的国产化率已经超过了 50%。

35.2.1　中央企业信息化水平与成果

为加快推进中央企业信息化工作，提高信息化水平，国资委依据《关于加强中央企业信息化工作指导意见》制定了《中央企业信息化水平评价暂行办法》，开展了 2007 年度中央企业信息化水平评价工作。评价结果显示（表 35.2），中央企业信息化平均指数为 65.2，中央企业信息化总体水平处于国内平均水平以上。

表 35.2　中央企业信息化测评结果

级别	级别含义	企业数量	企业占比
A	国内先进水平，部分达到或接近世界先进水平	10	6.9%
B	基本达到国内先进水平	27	18.6%
C	在国内平均水平以上	59	40.7%
D	国内平均水平	35	24.14%
E	低于国内平均水平	14	9.66%
合计		145	100%

（资料来源：2008 年李伟在第二次中央企业信息化工作会议上的讲话）

信息化对于中央企业实现科学发展，转变企业发展方式，提高核心竞争力，发挥了重要的作用。其效果主要表现在：

信息化对于提高企业管控能力和管理水平具有明显效果。通过信息化，中央企业对78%的核心企业实现了资金集中监控；对79.5%的核心企业实现了集中全面预算管理，对75%核心的企业实现了集中理财管理和统一风险管理。

信息化对转变发展方式具有明显效果。75.2%的企业通过信息化提高了生产效率，73.8%的企业通过信息化提高了决策与执行效率，58.6%的企业通过信息化对企业组织机构扁平化发挥了重要作用，39.3%的企业通过信息化增强了企业柔性和应变能力。

信息化的长期效益正在逐步显现出来。有86.9%的企业通过信息化规范了管理流程，有67.6%的企业通过信息化降低成本、节能降耗，有61.4%的企业通过信息化提升竞争力，有61.4%的企业通过信息化使企业先进的管理模式更好发挥作用，有44.1%的企业通过信息化对企业产品和服务创新发挥重要作用，有41.4%的企业通过信息化提升产品质量，有33.1%的企业通过信息化对支持企业转型起到显著作用，有27.6%的企业通过信息化对商业模式持续创新起重要乃至决定性作用，有24.1%的企业通过信息化提高了参与国际分工的能力。

35.2.2 中国企业信息化500强企业信息化水平与成果

在国务院有关部门的指导和支持下，从2003年起，国家信息化测评中心（CECA）每年面向全国规模最大企业中的数千家，开展企业信息化发展水平的调查，连续6年发布"中国企业信息化500强"调查报告，全面了解当前中国大型企业信息化发展现状和水平，总结企业信息化成就和信息化企业经验，按照科学发展观推进信息化与工业化融合，推动大型企业在信息化中进一步发挥带动和示范作用。根据2008年度中国企业信息化500强调查报告，2008年参评企业销售收入总额11.6万亿，同比增长30.2%，相当于当年GDP的38.6%，信息化500强企业整体信息化

34.5%达到中等发达国家水平，6.4%居于国际领先水平。历年调查结果显示：

企业信息化领导力逐步增强。目前已有83.2%的企业由企业的高层担任信息化工作的主管，其中由企业一把手、高级副总裁、CIO主管信息化工作的企业分别占11.7%、52.9%和4.4%。

信息化战略规划水平得到明显提高。信息化战略规划已经得到企业的充分重视，500强企业中目前已经有98.44%企业制定了信息化规划。已制定信息化规划的企业中，有87.15%企业的信息化规划是基于业务战略制定的，企业平均审视信息化战略的周期为11.32月，大部分企业都会每年重新审视信息化战略规划，使之符合企业业务战略的需要。

信息化基础建设高潮已过，企业信息化进入深化应用的阶段。信息化投入占固定资产投入比重继2002年的15.5%、2003年的12.2%、2004年的10.9%三次下降后，在2005年略有回升，达到11.94%，2006年再次下降到10.33%。这一结果说明：第一，由于企业的基础设施技术已经基本完成，投资重点向软件和服务转移。第二，随着IT产品应用范围的拓展和应用水平的提高，企业对于IT服务提供商所提供服务的需求正在逐步细化和复杂化、投资日趋理性化，对于服务价值的认可度和接受度也在相应提高，对信息化价值的判断力增强。第三，信息化效益稳步提升，核心业务贡献率上升。

决策支持能力提升明显。目前，有97%的信息化500强企业开始进行信息化决策支持的建设，其中有31.47%的企业建设了BI系统，并有21%的企业信息化决策支持程度达到中级以上的水平，其中有7%已经达到高级水平。该数据表明，随着企业信息化建设的不断深入，信息化决策支持的建设得到重视，并取得了显著的成效。

企业信息化开始关注商业价值。从企业信息系统覆盖的管理范围来看，80%的企业信息系统已经覆盖了人力资源管理、财务管理、资产管理，其中财务管理更是达到了100%。信息系统覆盖监察审计、风险管理、战略管理的企业的比例均超过40%。50%以上的企业在决策支持上准备了统计分析和业务分析工具；64.8%的企业已经开始应用经营数据分析；决策支持数据覆盖了企业经营管理的大部分管理活动，在财务管理上表现尤其突出，80%的企业进行了财务管理的决策支持。

信息化500强调查发现了一批具有信息化企业特点的企业。不少企业认识到传统的信息化企业理论已经无法满足企业现有信息化建设需要，开始向信息化和企业高度融合、具有基业长青因子和新价值观、呈现出世界先进企业特征的企业转型。

信息化在民营企业成长过程中作用明显，信息化500强中民营企业的数量从2007年的9.2%上升到16.8%。

35.2.3 制造业企业信息化水平与成果

制造业企业是企业信息化的主力军，在企业所占比例最大，其信息化水平的高低一定程度上代表了中国企业信息化的进展程度。为了进一步加强对全国制造业信息化的宏观指导，客观地评价制造业信息化工程取得的成效，使社会各方面更准确地了解制造业信息化工程进展情况，提高对科学决策的支持，全国制造业信息化工程协调领导小组决定，从2003年起，定期公布中国制造业信息化指数。2006年，由国家信息化测评中心承担、历时3年完成的国家高技术研究发展计划（"863"计划）课题《制造业信息化指数设计及测评实施方案研究》顺利通过验收。研究指出：

1. 制造业由单项应用向内部集成发展

企业信息化发展阶段持续提高。处于市场定义阶段和处于管理变革阶段的企业保持着连续三年高增长的势头。其中，处于市场定义阶段的企业比例从2003年的4.55%增加到2004年的6.47%，增长率为42.2%；处于管理变革阶段的企业比例2004年也增加到21.40%，较2003年增长了3.37%，占18.69%。相比之下，2004年处于内部集成阶段的企业的比例增长较缓，较2003年仅增加了0.68%。与处于其他三个发展阶段的企业逐年增加相对应，处于个别流程信息化阶段的企业逐年减少。2004年，该比例已降为41.32%，比2003年的47.28%下降了12.61%。

2. 信息化基础装备建设已经接近中等发达国家水平

2004 年，制造企业每百人拥有计算机 21.83 台，较 2003 年略有增加，增加额为 3.12 台，增长率为 16.66%。目前该指标已经超过意大利等国，接近中等发达国家水平。

2004 年，企业实现平均 70.84% 的计算机经常性连入企业内部网，包括局域网、内联网、外联网等。该比例比 2003 年 68.40% 的计算机内部联网率提高了 2.44%，连续三年保持增长。

2004 年，流程型企业生产过程自动化控制率达到 40.8%，高出 2003 年 17.02%，增长率为 71.57%，远远高出 2003 年及 2002 年增长比率；离散型企业主要产品生产线或关键工序的数控化率为 41.53%，高出 2003 年 21.24%，增长率达到 104.68%。

3. 制造业企业信息化组织建设和内部管理逐步完善

2004 年，有 38.69% 的企业正式设立了首席信息官（CIO）。该比例比 2003 年 32.30% 的比例增加了 6.39%，增长率为 19.78%。从连续三年的增长率看，2004 年，企业中设立 CIO 的企业增长幅度放缓，明显小于 2003 年 23.71% 的增长幅度，略高于 2002 年的增长率。

4. 在信息化投资比率逐年渐低，信息化效益逐步提升

企业信息化投入总额占主营业务收入的比例是逐年降低。与 2003 年相比，2004 年企业信息化投入总额占主营业务收入的比例为 0.972%，下降了 0.014%。这说明，目前企业更重视的是如何更好地将信息系统与企业经营有机地结合起来，提高企业效益的问题，而不是简单投入信息系统的问题。

在信息化投入逐年降低的同时，制造业企业的劳动生产率在逐年提升，增长水平超过国家 GDP 的增长速度，制造业企业的效益得到明显的提高；制造业企业的库存资金占用流动资产比率逐年降低，2004 年已经降低到 30% 以内，制造业企业的效益得到明显的改善和提高。

5. 信息化有力地支持了制造企业的产品研发与创新

制造业通过企业信息化有力的支持的企业的创新，平均年度新产品开

发数量逐年提升，新产品开发的周期明显缩短。自 2002 年起，企业连年缩短新品开发周期。到 2004 年，平均新品开发周期已缩短为 187 天左右，比 2003 年缩短了 14 天之多，降低率为 6.97%。

35.2.4　中小企业信息化水平与成果

国家发展改革委中小企业司、信息产业部信息化推进司、国务院信息办推广应用组作为调查的指导单位，于 2006 年 8 月联合下发《关于开展中小企业信息化调查和典型案例收集工作的通知》，要求各地政府发改委、信息产业和信息化主管部门支持中小企业信息化调查工作。该调查显示：

中小企业经营状况持续好转，信息化投资能力不断增强。据第一次全国经济普查，中小企业法人单位营业状况良好。全国中小企业法人单位中，正常营业的法人单位为 205.68 万户，占企业法人的 88.6%。非正常营业的法人单位占 11.4%。调查显示，由于中小企业经营情况持续好转，对信息化的投资能力在不断增强。

中小企业最优先的需求是市场与营销。调查中了解到，有 52.7% 的企业首先关注市场与营销（销售）方面的问题。说明中小企业对于信息化的主要需求，集中在解决眼前急迫的生存问题，明显有别于更多关注长期效益和无形效益，更加关注战略、管控问题的大企业。此外，17% 的企业强调管理方面的需求，13.3% 的企业更加关注客户管理方面的需求，11.2% 的企业强调生产与研发方面的需求。

绝大部分中小企业具有互联网接入能力。80.4% 的中小企业，具有互联网接入能力，其中，44.2% 的企业将接入互联网用于企业信息化建设；只有 16.7% 企业有自己网站，14.0% 的企业已经建立了企业门户网站。

电子邮件系统是中小企业的主要应用。32.8% 的企业具有电子邮件系统应用，管理层有 39.3% 使用电子邮箱，相应的比例对于老板是 32.4%，对于基层员工是 15.6%；26.2% 的群体不使用电子邮箱。在使用电子邮箱的人中，57.5% 使用免费邮箱。

超过半数的企业已经开展信息化应用。52.3%的企业具有不同程度的信息化应用，但是，核心业务应用普及率普遍低于10%。

35.3　企业信息化推进的主要做法和经验

企业信息化在全球各国的发展是不平衡的。与其他各国比较，中国企业信息化的主要做法与众不同，其经验也较为独特。以下从政府推进政策与企业自主选择发展两个方面进行讨论。

35.3.1　政府的主要做法和经验

中国政府在推进企业信息化方面的主要做法和经验包括：

1. 提高信息化领导力是有组织推进企业信息化的关键成功要素

与同等客观条件的发展中国家相比，中国企业信息化表现得更为优异，成功的关键因素在于信息化领导力作用的发挥。

第一，建立信息化领导小组及其办公室，通过工程推动，加强对企业信息化的组织领导。

各级政府建立信息化领导小组及其办公室，加强了对企业信息化的组织领导。

掌握国民经济的主要命脉、主导中国重要行业的中央企业中，信息化全面处在高层次、强有力的领导体制保障之下。中国在全部150家中央企业中，都成立了信息化领导小组。

2000年1月，原国家经贸委、原信息产业部、科技部决定共同发起"企业信息化工程"；"十五"期间，科技部从"863"计划和攻关计划中专门拿出8亿元资金，与地方省市密切结合，组织实施制造业信息化关键技术攻关及应用工程（简称"制造业信息化工程"）；2005年8月8日，在原国务院信息办指导下，国家发展改革委和原信息产业部正式启动

"中小企业信息化推进工程"。

第二，营造良好环境，特别是政策环境。

在国家政策环境方面，政府各部门出台了一系列重大政策和文件，引导企业信息化健康发展。2001 年，原国家经贸委发布《关于推进中小企业信息化有关工作的通知》。2002 年，原国家经贸委、原信息产业部联合出台了《关于大力推进企业管理信息化的指导意见》（国经贸企改〔2002〕123 号）。2006 年，中国发布《2006 — 2020 年国家信息化发展战略》，成为中国企业信息化建设的纲领性文件。2007 年 2 月，国务院国有资产监督管理委员会、原国务院信息化工作办公室发布《关于加强中央企业信息化工作的指导意见》（国资发〔2007〕8 号文件），2008 年 7 月国务院国有资产监督管理委员会《中央企业信息化水平评价暂行办法》（国资发〔2008〕113 号文件），2009 年 4 月国务院国有资产监督管理委员会发布《关于进一步推进中央企业信息化工作的意见》（国资发〔2009〕102 号文件）。国家发展改革委、原国务院信息办、科技部、原信息产业部、商务部、人民银行、税务总局、统计局联合发布《关于强化服务　促进中小企业信息化的意见》（发改企业〔2008〕647 号）。

第三，培植各类企业信息化示范典型，以点带面推广。

在不同历史时期，根据不同行业的发展要求，政府始终大力开展企业信息化的试点、典型示范和应用推广工作。

2000 年 6 月，原国家经贸委选择上海、深圳、成都、哈尔滨、青岛、镇江、抚顺、温州、兰州、滁州 10 城市进行了中小企业服务体系建设试点。原国家经贸委和原信息产业部联合召开了企业信息化现场工作会议。吴邦国副总理作《大力推进企业信息化建设　带动各次工业创新和升级》的讲话，联想、海尔、斯达三家企业在会上介绍了企业信息化建设的经验。

国资委在中央企业中，评出十个 A 级信息化企业，作为中央企业登高追赶的对象。10 家 A 级企业分别是中国远洋运输（集团）总公司、中国联合通信有限公司、宝钢集团有限公司、国家电网公司、中国石油天然气集团公司、中国石油化工集团公司、中国电信集团公司、中国移动通信集团公司、原中国网络通信集团公司、中国五矿集团公司。

鉴于中小企业在进行信息化决策时，有 24.9% 的企业主要看样板企业的经验，有 25.4% 的企业靠朋友介绍，针对中小企业注重经验的特点，政府主要采取典型示范、体验中心等形象生动的方式，通过企业追求利益的动力机制和市场竞争的压力机制，提高他们对信息化作用的认识和实施信息化的自觉性；针对中小企业千差万别的特点，区分不同阶段、不同层次、不同行业，进行分类指导。

实践证明，在市场经济条件下，政府加强对企业信息化工作的领导，是中国企业信息化整体水平迅速提高的重要保障。

2. 技术与应用相结合的做法与经验

中国将信息化技术应用于经济的战略转变，始于 20 世纪 80 年代。1984 年，国务院电子振兴领导小组发布了《中国电子和信息产业发展战略》，指出把电子和信息产业的服务重点转移到为发展国民经济、为四化建设、为整个社会生活服务的轨道上来。这使企业信息化产生和发展，具备了战略性的前提条件。然而，中国推进信息化应用特别是企业信息化的做法与美欧又有很大不同。在推进的早期，企业还处在计划经济之中，政府主导的特点十分明显。体现在企业信息化的早期推进，具有较强的行业先行特点。1993 年 12 月，成立了以时任国务院副总理邹家华为主席的国家经济信息化联席会议，加强统一领导，确立了推进信息化工程实施、以信息化带动产业发展的指导思想。随之提出了"金桥"、"金关"、"金税"等一系列重大信息化工程，通过国家主导的重大信息化工程，加快了行业和领域信息化的步伐。这一时期的主要做法，是以重大应用工程推动信息化建设，政府在信息化建设中的统筹规划作用。具有自上而下、宏观带动的特点，与美欧自下而上的做法不同。在这一背景下企业信息化主要是以行业信息化试点的形式发展。例如 CIMS 在机械、航空、纺织行业等十几家工厂试点取得显著成绩。北京第一机床厂荣获美国机械工程师协会颁发的"工业领先奖"。随着市场环境、产业环境的不断改善，中国的企业信息化逐步从国家主导，顺利地转向了企业主导。

实践证明，在企业信息化推进过程中，将 IT 研发、产业化与应用结合起来，是取得成功的必由之路。

3. 抓应用，促发展的做法与经验

1983 年 5 月 15 日，计算机与大规模集成电路领导小组在北京召开全国计算机与大规模集成电路规划会议。会议提出了若干政策措施：正确处理自己研制与技术引进的关系，积极引进国外先进技术，增强自力更生的能力，抓紧、抓好现有企业的技术改造；把品种、质量放在首位，把发展中小型机特别是微型机、单板机作为重点方向；面向应用，大力加强计算机软件工作，迅速形成软件产业；把计算机的推广应用作为整个计算机事业的重要环节来抓；加速人才培养，建立一支强大的科技队伍。

中国强调国内应用，最初是着眼于信息产业发展，为研发和产业化提供应用基础和保障。这种做法的独特之处表现在两个方面：一是这种做法与诸多国家推进做法形成鲜明对比。由于中国的做法强调"抓应用，促发展"，因此提高本国企业对本国信息技术的应用和需求水平，成为政府关注和大力推进的目标。这种做法与多数发达国家和发展中国家中的小国的做法产生了明显不同。例如在新加坡，不会为了推进本国信息产业发展而由政府推进企业信息化应用，而是直接应用美国现成的 IT 产品。中国特色在于，以企业信息化为代表的信息技术应用，要建立在自主技术和产业发展基础上，战略意图在于降低信息化成本和门槛，这是由中国大陆国家的地位和所处特定的国际环境决定的。二是这种做法又与印度等发展中大国忽视本地应用的做法有明显区别，印度虽然也强调发展自主的信息技术和产业，但应用主要建立在美欧的需求之上，长期忽视本国企业应用本国技术和产品，而中国则一方面强调引进国外先进信息技术和产品改造传统产业，一方面强调以企业信息化的内需支撑信息产业发展。这一政策施行的结果，造成了中印两国企业信息化发展的明显差异，使中国出现了一个足以支撑国内信息产业发展，同时大量吸纳国外信息技术与产品的企业信息化应用市场。

实践证明，抓应用，促发展，让企业信息化应用与信息技术产业发展相互促进的经验，对于大国推进企业信息化，具有普遍意义。

4. 发挥市场机制和企业主体作用的做法和经验

"国民经济和社会发展第十个五年计划信息化重点专项规划"提出了新的发展思路，即"应用主导，面向市场，网络共建，资源共享，技术创新，竞争开放"。2006 年国家信息化发展战略提出了"统筹规划，资源共享；深化应用，务求实效；面向市场，立足创新；军民结合，安全可靠"的总体思路。这些发展思路都强调在强化政府统筹规划作用的同时，发挥市场机制的作用。

中国在推进企业信息化过程中，逐步认识到发挥企业主体作用的重要性。吸取推进 ERP 等企业信息化应用中的经验教训，进入 21 世纪，逐渐改变了国家主导的做法，转而强调在企业信息化中发挥企业主体作用。企业开始把"建设有效益的信息化"，作为推进企业信息化工作的共识。"建设有效益的信息化"，强调以市场需求引导应用，强调企业信息化战略与业务战略的结合，强调业务部门对信息化部门的主导作用，强调信息化的无形效益与长期效益。

在以企业为主体推进的新形势下，政府的作用开始转向营造环境、提供服务，方法也从直接指挥、投资（如制造业信息化工程），转向典型示范，不再强制企业。

建设有效益的信息化，引领企业信息化取得了明显的效果。近年来企业信息化投资明显更加理智，表现为投资比重下降但投资效果显著提高。当国家的信息化机构发展变化时，企业信息化的积极性仍普遍高涨，企业信息化的动力，已经从国家要做，变为企业自己要做。

实践证明，企业信息化必须以企业为主体推进，政府包办代替是不可行的。

5. 政府分类指导的主要做法和经验

国资委对于中央企业信息化有明确要求：以体制创新和机制创新为动力，紧紧围绕转变经济增长方式、做强做大主业的中心任务，积极推广和应用信息技术，开发利用信息资源，提高企业管理水平，提高集中管控能力，增强企业核心竞争力，促进中央企业持续、快速、健康发展，更好地实现国有资产的保值增值。到 2010 年，基本实现中央企业信息化向整个企业集成、共享、协同转变，建成集团企业统一集成的信息系统，多数企业的信息化基础设施、核心业务应用信息系统和综合管理信息系统达到或接近同行业的世界先进水平。

在市场经济条件下，各国政府对中小企业都在不同程度上采取扶持政策，中国政府对于中小企业信息化，采取了不同于大型企业的推进政策。与美国的联邦政府主导型、日本的地方公益机构主导型、德国的公私伙伴关系模式、韩国的公益机构主导型相比，中国的特色在于社会服务推进型。为了解决中小企业信息化建设中存在的小生产与大社会的矛盾，形成了以社会化服务为核心的推进思路。通过强化社会化服务，包括支持具有规模化带动能力的龙头企业、第三方服务平台，以及行业和区域服务组织，解决中小企业无力自建信息化系统的困难，引导中小企业选择以社会服务方式走上信息化道路。

35.3.2　企业的主要做法和经验

作为信息化的主体，中国企业在推进自身信息化方面的主要做法和经验包括：

1. 领导力决定信息化成败

领导力是决定信息化水平的关键因素。信息化领导力平均得分数据分析显示，信息化领导力强的企业信息化水平相对较高，说明信息化领导力是信息化水平的关键影响因素。

2. 以信息化引领企业战略

随着信息化的深入应用，信息化真谛已被一批企业领导者掌握。在这些企业，信息化开始引领企业战略，信息化和企业战略、企业业务高度融合，信息化给企业带来巨大的价值。

中远集团以信息化引领企业战略，在战略的高层次获得效益，取得转型和变革效应。

中钢集团将信息化列为中钢四大发展战略之一。信息化有效与整体发展战略和管理变革相结合，取得"战略驱动"效果。带动中钢企业管理提升和促进管理变革；立足长远，适应做强做大的战略目标要求；支撑全集团整体管理、运营和发展的需求。国家电网公司信息化与企业高度融合，建立在信息化基础上的电力生产控制系统、电网调度自动化、安全生产管理已成为国家电网的命脉，成为国家经济运行的重要保障。五矿集团在转型过程中，通过信息化建设，实现科学决策，成功地由资源贸易商向资源控制型企业转型。宝钢集团在系统创新和运营改善中将信息化与业务融为一体，建立了一体化经营管理系统，包括基础自动化、过程控制、生产控制、制造管理组成的区域性执行、全局性经营与全局决策三个层次，实现了产销一体、管控衔接、物流、信息流、资金流三流同步的目标，极大提高企业核心竞争力。

3. 加强信息化执行力

优秀企业信息化经验表明，集团信息化要落在实处，一要抓信息化战略规划，二要抓年度计划，三要落实信息化预算。

强大的执行力还来源于机构的完善。宝钢集团信息化部门的职能中包括了企业运营改善流程和组织系统创新，集团总部设立运营改善部，股份公司设立系统创新部，各分公司运营改善部，主管信息化工作。

4. 牢牢抓住集团管控能力建设，防范企业风险

许多大企业认识到，信息化对加强企业管控能力，防范、规避和化解企业风险，具有重大意义。成功企业注重集团管控能力建设，在信息化总体架构上下功夫，建立集团风险控制机制，把决策、财务、主营业务等方面的管控牢牢抓住，建立相应的制度，明确责任，提高能力，信息化在很多企业中已经成为风险管理必不可少的战略部署、管理手段和基本环节。

中国电信的内控管理应用程序控制 34 大类流程，IT 一般性控制分为 12 大类系统。他们下大力提升收入风险管理水平，进行收入端到端流程稽核点设计（包括 6 大流程 89 个稽核点），有效提升了财务风险管理水

平，为业务转型提供了有力的支撑。五矿集团公司借助信息化实现对经营风险和市场风险的有效控制，提升集团公司管理水平和抗风险能力。

5. 坚持四统一原则，发挥信息化的整体优势

四统一原则在大部分的企业得到了贯彻执行。在主营业务系统建设中，70%—80%的中央企业贯彻了四统一原则。中石油、中石化等大企业在这方面为其他业务集中型中央企业树立了榜样。中国网通集团公司和中国电信集团公司等全国性分布的公司实现了全集团统一，有效实现了集团级集成。

6. 在主营业务信息化上把功夫做扎实

切实加强主营业务信息化，是信息化与工业化融合取得效果的重要途径。

中国远洋集团公司集中力量，花大力气建成具有世界先进水平的集装箱业务经营系统和散货业务经营系统，形成具有强大国际竞争力的业务能力。

7. 要建设一支好的信息化队伍

中远集团通过激励机制，调动了全员参与信息化的积极性。使企业队伍整体成为信息化队伍。国家电网将人才建设作为信息化六大保障体系之一，通过"SG186"工程的实施，打造出了一支6000多人的精干队伍，开展各类培训50余次，促进系统应用，加强运维管理，增强全员信息安全意识。召开了2007年国际电力信息化论坛和近5万人参加的信息化知识大赛。加快了人才队伍培养。

8. 要有充分的信息化投入作为保障

中国电信每年信息化的投入达33亿元以上。2007年，中国网通信息化预算总额为20.7亿元，预算完成率为100%。中国远洋集团公司敢于在航运低潮、公司经营困难的情况下，仅在一个核心业务系统上就集中投资10亿元，建成了一流的信息系统，取得丰厚回报，成为中国企业在哈佛大学的第一个信息化案例。中石化新建的现代化的信息化指挥中心，达到了世界先进水平，为信息化提供了优越的基础设施条件。事实证明，只

要企业重视，加强规划，充分的投入将为信息化建设提供了良好的保障，带来巨大效益。

9. 借助社会化服务是中小企业实现信息化的必由之路

政府推进中小企业信息化的出发点，主要不是为少数企业锦上添花，而是为大多数企业雪中送炭。要结合中小企业成长工程的实施，围绕推动中小企业提升整体素质和市场竞争力的要求，大力推进信息技术在中小企业业务中的应用，切实提高中小企业信息化的综合效益。针对中国中小企业信息化技术普及率高而应用普及率低的现状及与国外的差距，当前应以推进大规模应用普及作为推进中小企业信息化的阶段性重点。

中小企业信息化应以企业为主体，但政府的推进作用也是必不可少的。实践表明，政府关注程度的悬殊会导致中小企业与大型企业信息化积极性有很大差异，在信息化的认识上也出现很大的差别。政府要在充分发挥中小企业主体作用的基础上，加强和改善指导和引导，着眼于激发中小企业信息化建设的积极性、主动性和创造性，立足于让发展环境外因通过企业内因起作用。在对中小企业信息化的推进方式上，应以间接方式为主，主要不是推动市场化的部分，而是推动难以市场化和需要规范市场的部分，做好企业不愿做、不能做、做不了的事。政府推进中小企业信息化，主要通过政策引导、营造环境、协调力量、提供服务来达到目的。政府对企业的直接服务，应多以典型示范等形象生动、企业容易接受的方式进行。

35.4　下一步发展的重点和展望

2008 年 3 月，中国政府组建成立了工业与信息化部。工信部的成立，标志着中国政府将企业信息化，特别是制造业和装备制造业的信息化，作为国家信息化的战略重点之一，更加明确了将推进"两化融合"的切入点放在促进工业和企业的发展上。可以预期，中国的企业信息化将以更快的速度、更高的质量和水平向前发展，逐步地接近和赶上世界先进水平。

35.4.1 工业信息化将加快企业信息化的推进

工信部成立后，明确将推进"两化"融合的切入点放在促进工业发展上。从工业研发设计、生产过程、管理、产品流通等方面推进工业化与信息化的融合。其重点：一是工业研发设计方面，重点是在机械、电子、冶金、化工等领域应加快推广应用计算机辅助设计、个性化定制等技术，适应未来小批量、多品种、高质量、低成本、短周期、生产柔性、环境友好工业生产模式的发展。二是工业生产过程方面，重点在电力、煤炭、钢铁、有色、建材、石化、机械、纺织等行业中推广计算机辅助制造、计算机辅助工程、计算机辅助工艺、计算机集成制造系统、柔性制造系统等生产控制技术，实现设计、制造、测试全流程的信息化。特别是机床、锅炉、电动机、发电设备、内燃机等装备制造业生产过程自动化建设，向国民经济各部门提供智能化工具。积极倡导绿色生产。三是企业和行业管理方面，在企业生产、经营、管理、决策等各层次推广应用企业资源计划、产品数据管理、客户关系管理、决策支持等信息系统，促进企业流程再造和管理创新，促进企业资源优化和产业链的合理化，有效提高企业的管理水平、技术创新能力和市场竞争力。四是产品流通方面，在工业企业推广供应链管理，实现精益生产和精益物流，通过物流信息化，加速供应链企业群体的发展，建立工业现代流通体系。五是新兴产业发展方面，在工业领域，加快发展电力电子、汽车电子、机床电子、船舶电子、航空电子等新型工业应用产品，加快工业从生产型制造向基于信息和网络技术的服务型制造转变。重视扶持软件产业、互联网产业、信息服务业等新兴产业。六是培育新一代产业大军。

在工业化与信息化融合的思想指导下，国资委明确指示，中央企业必须深化信息技术应用，树立增长靠效率，效率靠信息化的意识，大幅提高信息化对经济发展的贡献率。国资委领导明确指出：我们不应该再走发达国家"先工业化、后信息化"的发展老路，只有借助信息化带来的对传统产业和高技术产业的技术改造与提升，借助信息化对推动工业的结构调整和优化，借助信息化对促进企业管理的现代化，借助信息化大幅度提高对经济发展的贡献率，降低自然资源消耗，才能发挥"后发优势"实现跨越式发展。中央企业走"两化融合"的新型工业化道路，不仅关系着企业核心竞争力、抗风险能力和可持续发展能力的提高，而且对推动整个国民经济的现代化意义深远，中央企业有责任也有能力率先走新型工业化道路。为此，要求中央企业将信息化战略与企业战略充分融合。一些发展水平高的中央企业，正在向着建设信息化企业的战略目标迈进。

35.4.2　中央企业信息化将迈向世界先进水平

信息化对企业转变发展方式，增强核心竞争力，具有关键的促进作用。国资委要求中央企业充分利用信息化促进企业发展的战略转型。面对全球化竞争的新形势、新要求，中央企业要积极、主动地以信息化为支撑核心业务的发展转型，全力打造具有国际竞争力的企业。

下一步中央企业信息化发展，要提高信息化对节能减排、保护环境的贡献。要以节能降耗减排为切入点，利用信息技术改造提升传统工业，加强对钢铁、有色金属、建材、煤炭、电力、石油、化工、建筑等重点行业的能源消耗、资源消耗和污染排放的监测。要利用信息化手段，充分挖掘利用各种潜在的信息资源，改进检测、预警手段和控制方法；广泛推行清洁生产、文明生产方式，发展绿色产业、环保产业；加强环境和生态保护，使经济建设与生态环境建设相协调；推动新技术、新工艺、新设备、新材料的开发和推广，探索一个资源节约和环境友好的工业模式，实现节约发展、清洁发展、安全发展。

下一步中央企业信息化发展，还要充分利用信息技术提高企业技术创新和开发能力。信息化为创新提供更加高效的研发工作平台，要充分利用研发管理信息系统把研发人员的经验等无形的知识，变成"可共享可传承的企业的有形的知识"，彻底改变了企业知识和能力积累的方式；要采用信息技术推进产品创新，提高产品的技术含量和附加值；要应用信息化提高企业人力资本水平，提高企业的学习能力，推动创建"学习型企业"。

国资委还要求 A 级企业与国际先进水平全面对标，全面达到和超过世界先进水平。探索建立首席信息官（CIO）制度。

35.4.3 中小企业信息化社会服务将得到不断强化

下一步中小企业信息化发展，将突出政府服务（主要是营造环境）与社会服务（主要是建立服务体系）两个服务。为解决这些制约中小企业信息化发展的问题，要求发挥中小企业的主体作用，以满足企业市场、信息、技术、人才、资金、生产、经营、管理等实际需求为导向，强化服务理念，营造发展环境，提高公共服务能力，完善社会服务体系，鼓励公益性服务，促进市场化服务，让广大中小企业共享信息化的成果。把市场服务摆在各项服务之首，因为调查充分显示，中小企业对于信息化服务的需求，有 50% 以上集中在市场拓展上。

预计到 2012 年，中小企业信息化的相关政策将基本配套，发展环境将明显改善，社会服务能力将显著提高；中小企业利用互联网发布和获取信息的比例超过 90%，利用信息技术开展生产、管理、创新活动的比例超过 40%，利用电子商务开展采购、销售等业务的比例超过 30%。作为社会服务体系建设的重要一环，下一步支持社会服务平台发展，重点将是支持大型企业（集团）、行业和地区信息技术服务商、电子商务运营商建设规模化服务平台。推动电信运营商与应用服务商紧密结合，为中小企业提供低风险的服务。协调推动规模化应用服务商与金融、物流等企业深度合作，形成服务产业链和配套服务网络。鼓励多渠道、多方式参与服务平台建设。鼓励功能衔接和互补的服务平台相互链接和协作。展望未来，社会服务体系将向现代服务产业方向继续演进，中小企业的社会服务将进一步建立在市场化的坚实基础之上。

（本章作者　胡建生　龚炳铮　姜奇平）

参考文献

[1]《中国计算机事业四十年纪念册（1956—1996）》，清华大学出版社 1996 年版。

[2] 陈正清主编：《电子信息应用指南》，电子工业出版社 1995 年版。

[3] 国家信息中心企业信息化与新型工业化课题组：《中国企业信息化发展报告》2003 年。

[4] 四机部电子技术推广应用研究所：《中国计算机在国民经济各部门应用情况》，1975 年。

[5] 龚炳铮：《中国计算机应用概况》1979 年，《国内外应用发展基本情况》1983 年。

[6] 龚炳铮：《中国计算机应用 30 年》，《计算机世界》1992 年第 9 期。

[7] 龚炳铮：《计算机应用推动自动化与信息化的发展》，《自动化博览》2001 年第 10 期。

[8] 龚炳铮：《分层次分阶段推进信息技术应用》，《管理科学》2007 年增刊。

[9] 国家信息化测评中心：《全国中小企业信息化调查报告》，2008 年。

企业文框 27：北京中油瑞飞信息技术有限责任公司

为不断提高中国石油信息化建设能力和水平，按照构建专业化信息技术队伍的部署，中国石油东方地球物理公司成立了"北京中油瑞飞信息技术有限责任公司"（以下简称"中油瑞飞"），注册资本 4000 万元，在北京东城区歌华大厦拥有 5400 平米办公场所。中油瑞飞的发展战略是：结合 IT 发展趋势与专业技能推动中国石油信息化发展，同时积极拓展外部信息技术服务业务，从行业解决方案的深度和服务领域的广度满足客户对 IT 服务的要求，努力发展成为国内规模领先的综合 IT 服务公司。中油瑞飞是北京市高新技术企业认证标准修改后，第一批通过的 100 家高新技术企业之一，拥有多项软件著作权和专利权，取得了 ISO 9000 质量体系认证，是北京市科委认证的双软企业。

中油瑞飞共有员工 1200 余人，博士、硕士研究生员工 200 余名，大学以上学历占员工总数的 95%，取得 SAP/Oracle 资质认证 52 人，CISCO 网络架构认证 12 人。经过多年积累，已经沉淀出一批熟悉软硬系统、融合大型国有企业文化、理解用户业务需求的核心骨干队伍，具备从总体规划、业务咨询、基础设施建设、应用软件开发、专业数据管理等"一体化"服务能力。

中油瑞飞先后承担了中国石油 24 个信息技术项目，主要包括勘探与生产 ERP 系统实施、勘探生产技术数据管理系统实施、工程技术生产运行管理系统实施、广域网及海外网络建设等大型项目，成为中国石油规模最大、实力最强的信息技术服务企业。公司最近三年的经营收入年复合增长率达到 73%，2009 年已落实合同额 3.1 亿元。在做好中国石油内部信息化项目同时，积极开展外部信息技术服务，中油瑞飞的品牌优势逐步显现，市场影响力逐步提升，2008 年承担中国石油外部 IT 项目达到合同总额的 23%。在国内，先后实施了河北省涿州市电子政务系统、石家庄职业技术学院办公平台、北京医药集团信息门户和办公平台等多套办公系统，2008 年承担了央视国际奥运信息网络安全加固工作，确保了奥运期间系统安全稳定运行；在海外，2007 年全面承担了土库曼阿姆河天然气公司的 IT 建设任务，开创了海外信息化项目一体化运作模式，继而又承担了绿洲公司伊拉克卫星接入项目和中亚管道公司哈萨克斯坦基础设施建设项目，海外 IT 服务成为新的业务增长点。

经过多个大型项目的开发、管理与实施，中油瑞飞已经积累了一定的技术实力。基于公司自主开发的协同办公平台成功应用，被国家信息化测评中心授予"最佳协同办公（OA）应用奖"、"最佳知识管理（KM）应用奖"、"最佳自主创新支持奖"；初步形成了中油瑞飞自主研发的软件技术架构 OFS（面向构架的服务），加快了项目开发进度，增强了系统平台运行的稳定性；通过中国石油 ERP 系统的实施和应用，初步形成了大型国有企业的咨询实施方法论。

中油瑞飞秉承"激情创新，真情合作"的文化理念，依托中国石油行业背景，基于石油行业不断积累提升的技能，深入发掘石油企业的 IT 需求，积极进军外部信息技术服务领域，以职业化团队、专业化能力为广大客户的信息化进程助力。

（编撰：刘博）

第七篇

信息化与社会建设

第36章

教　育

引　言

　　教育信息化是国家信息化的重要组成部分，是构建现代国民教育体系、形成学习型社会、促进科技创新和社会和谐的内在要求。

　　"教育信息化"的概念是20世纪90年代随着信息技术迅速发展和广泛应用而提出的，是指全面深入地利用信息技术，开发利用教育资源，促进知识创新和共享，推动教育思想、观念、模式、内容和方法等深刻变革的历史进程。教育信息化的技术特点是数字化、网络化、智能化，基本特征是开放、共享、交互、协作，建设内容涉及基础设施、信息资源、重大应用、标准规范、法律法规、人才培养、技术攻关、国际交流等各个层面，渗透各级各类教育管理、教学、科研的各个环节，影响和决定着教育改革与发展的全局与走向。

　　教育信息化有利于优化教育结构、合理配置教育资源、缩小东西部及城乡教育差距、提高教育质量和管理水平、提高教育投资效益、推进素质教育和培养创新人才。教育信息化是教育现代化的重要标志，以教育信息化带动教育现代化，已成为中国教育事业发展的战略选择。

36.1　发展历程

电子计算机在中国教育领域的应用可以追溯到世界上第一台电子计算机发明以后不久的 20 世纪的 50 年代。然而，中国在教育领域大规模地推动信息化建设，则始发于 20 世纪 90 年代所形成的全球信息化高潮时期。

36.1.1　序　幕

教育信息化建设始于 1994 年中国教育和科研计算机网（CERNET）筹建。20 世纪 90 年代初，Internet 在发达国家迅猛发展，对社会、政治、经济和文化产生了巨大影响，逐步成为国家信息基础设施的重要组成部分，并成为国家综合实力的重要标志。面对国际发展新形势，中国政府作出战略性决策，建设中国的计算机互联网络。

根据发达国家经验，全国性互联网首先要从具有科研实力的大学做起。1994 年初，国家教委（1998 年 3 月更名为教育部）组织清华大学等高校向国家计委（2003 年更名为国家发改委）提交了《中国教育和科研计算机网 CERNET 示范工程》项目建议书。同年 7 月，国家计委批复了项目建议书，11 月批复了可行性研究报告。从此，在国家投资支持下，在国家教委领导下，在清华大学、北京大学、东北大学、西安交通大学、东南大学、上海交通大学、华中理工大学、电子科技大学、华南理工大学和北京邮电大学共 10 所高校的共同努力下开始了 CERNET 的建设和发展历程，拉开了中国教育信息化建设的序幕。

CERNET 示范工程于 1995 年 12 月通过验收，建成中国第一个全国性学术性互联网，主干网用 64Kbps DDN 专线连接八大城市，联网高校 108 个，覆盖除港澳台和西藏以外的所有省（自治区、直辖市），用户 3 万多人，是当时中国最大的互联网；用 128Kbps 线路实现了国际联网；建成了 CERNET 全国网络中心、八大地区网络中心和两个主节点，初步形成主干网、地区网和校园网三层管理结构，以及由管理委员会、专家委员会、全国网络中心、地区网络中心和主节点组成的较为完善的网络管理和运行体系；开发研制了一批网络资源和应用系统，包括中国第一个电子期刊《神州学人》，中国第一个 BBS 站点"水木清华"等。

CERNET 示范工程是中国第一个覆盖全国的计算机网络，为国家其他大型项目的协作攻关，提供了宝贵的经验，对推动中国计算机互联网络及其应用发展起到了重要的示范作用。

36.1.2　现代远程教育的开端与初步发展

20 世纪末，中国教育需求不断增长与教育资源短缺、学校容量不足的矛盾日益突出，迫切要求扩大教育规模，提高教育质量，消除人才短缺与人口素质不高对各项事业发展的制约。同时，信息技术飞速发展，已使中国的开放教育由单向非实时的函授和广播电视教育，向以网络技术为基础的双向实时现代远程教育过渡。

为顺应世界教育发展新趋势，1996 年前后，清华大学、湖南大学等高校开始自行探索现代远程教育的发展模式，成为中国现代远程教育的先驱。1997 年 9 月，清华大学初步建成远程教育卫星电视传输网，并在全国 20 多个省（自治区、直辖市）建立了 40 多个远程教育校外站，通过卫星开始远程教育试播。同年湖南大学在湖南若干城市间进行了远程网络教学实验，举办了多次课程培训。1997 年 10 月，湖南大学成立多媒体信息教育学院，由院本部和 16 个网上教学点组成，初步形成网上大学的组织结构模式。1997 年前后，浙江大学、南京大学、哈尔滨工业大学、北京医科大学等高校也在不同部委的领导和组织下，开展了现代远程教育实验。

高校开展远程教育实验的强劲趋势，以及各自为战、多头管理的弊病，引起了教育部的重视，使现代远程教育的统一规划和组织成为必要。

1997 年底，时任教委副主任的韦钰同志召开专家会议，第一次讨论在小范围进行现代远程教育试点的问题，并开始研究现代远程教育试点的技术方案。

1998 年春，九届政协一次会议，全国政协委员游清泉在其提案《面向 21 世纪构建中国现代远距离教育的开放体系》中，建议加快发展远程教育，得到了党中央、国务院高度重视。时任国务院副总理的李岚清同志当即将此提案批转教育部阅研。同年 5 月，教育部起草了《关于发展中国现代远程教育的意见》，涉及专家组成、技术方案和试点工作等方面，报国务院审批。7 月 10 日，李岚清同志批示："远程教育是利用现代信息技术，发展高素质教育的一种教育方式，是一件很大的事。我们应作为一项重大工程来研究实施，请你们组织一些同志进行周密研究，提出方案。"从而使中国现代远程教育的统一规划和组织建设提上日程。

1998 年，教育部科技司、高教司、电教办开始联合编制《全国现代远程教育发展规划》。1999 年初，规划正式完成，提出了中国现代远程教育的发展模式与目标：以 CERNET 和卫星电视教育网为基础，初步建立现代远程教育网络；一批高校和地区利用网络开展远程教育；继续开发教育软件和资源信息建设，培养软件产业；通过试点，探索适应中国国情的现代远程教育教学模式、管理体制和运行机制；到 2010 年，基本形成多规格、多层次、多形式、多功能，具有中国特色的多元化的现代远程教育体系，为社会成员的终身学习提供更好条件。

1998 年 8 月，教育部召开了"启动高校远程教育试点工作会议"，清华大学、浙江大学、北京邮电大学和湖南大学汇报了试点工作准备情况，并研究了远程教育教学和管理有关政策。9 月，教育部制定了《关于启动现代远程教育第一批普通高校试点工作的几点意见》，高校现代远程教育试点工作正式启动。

1998 年 10 月，教育部科技司、高教司、电教办、职成司联合在中国人民解放军陆军参谋学院召开了全国多媒体教学网络应用现场会，学习和总结该院在多媒体教学网络应用方面的经验。此次会议后，教育部开始尝试大规模地将网络应用于教学，使现代远程教育进入了快速发展的阶段。

现代远程教育的出现和初步发展，使中国教育在体制、思想、手段、内容、方式方法等方面开始发生变革，为解决中国教育所面临的一系列难题提供了重要而有效的解决途径。

36.1.3 教育信息化建设全面展开

教育部十分重视教育信息化建设，"十五"期间，成立了部长任组长的教育信息化领导小组，确立了教育信息化在教育改革与发展中的龙头地位，并在《面向 21 世纪教育振兴行动计划》、"985"工程、"211"工程等重大规划和建设中，对教育信息化建设给予了重点支持，使教育信息化建设有了体制与经费的初步保障，走上了快速发展轨道。

1999—2003 年，教育部组织实施了《面向 21 世纪教育振兴行动计划》"现代远程教育工程"，共投资 4.6 亿元，设立了基础设施建设、资源建设、标准化研究与制定、关键技术攻关、远程教育试点等重大专项，取得巨大成绩，使中国教育信息化建设全面铺开。（1）CERNET 和卫星教育网络扩展扩容、升级改造与互连互通，使"天地合一"的现代远程教育网络粗具规模。（2）各级各类教育资源开发成果丰富。其中，大学数字博物馆高起点、高质量，走在了国内前列。（3）解决了阻碍远程教育发展的多项难题，为现代远程教育的全面、深入发展提供了强劲的技术支撑，探索了网络联合办学新模式。（4）构筑了完善的教育信息化技术标准体系，为各种应用系统互连互通和教育资源共享奠定了基础。（5）陆续开展了视频会议、网上合作研究、网上招生以及远程教育试点等多项重大应用，初步发挥了"天地合一"的现代远程教育网络的投资效益。

36.2　主要成就

20世纪90年代以来，为满足教育改革与发展对教育信息化建设的巨大需求，各级教育行政管理部门及各级各类学校多渠道筹措资金，组织开展了多项信息化建设工程，取得了巨大成就，主要体现在以下几个方面。

36.2.1　教育信息化基础设施有了较快发展

中国教育和科研计算机网（CERNET）与中国教育卫星宽带传输网（CEBsat）覆盖全国、互联互通，初步形成"天地合一"的现代远程教育传输网络，成为教育信息化基础设施和构建学习型社会的重要平台。

CERNET连接了分布在全国200多个城市的高校、教育机构、科研单位2000多个，用户超过2000万人，已成为世界最大的国家学术互联网。主干网传输速率2.5Gbps—10Gbps，地区主干网速率N×155M—2.5G，高速传输网通达全国31个省（自治区、直辖市）的36个城市，核心节点接入能力1G—10Gbps。与国内其他互联网互联带宽25.7G，国际互联总带宽11.9Gs。除提供互联网基础服务外，CERNET还支持多项教育信息化应用，包括网上高招、远程教育、数字图书馆、数字博物馆、教育科研网格等，为中国教育信息化发展做出了突出贡献。

CEBSat覆盖全国，具备传输8套电视、8套广播、25套以上IP数据广播的能力，每年播出课件5303G，教育视频9645小时（不包含CETV-1、空中课堂的电视节目），是世界最大的公益性卫星远程教育专业服务网。CEBSat承载农村中小学现代远程教育工程、农村党员干部现代远程教育工程、军队远程教育等四大国家级卫星远程教育工程，拥有终端站点65万多个，其中约23%站点同时接入因特网，是中国广大西部及农村偏远地区主要的教育信息化传输体系，也是中国唯一覆盖部队的卫星教育传输体系。在2003年"非典"和2008年汶川地震期间，CEBSat及时开通"空中课堂"，维持正常教学秩序，开展应急教育，体现了教育信息化的特殊价值。

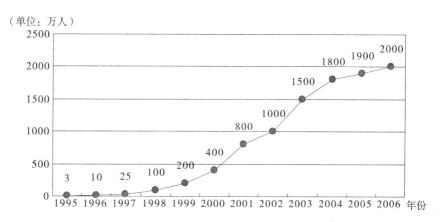

图36.1 CERNET历年用户人数

（资料来源：CERNET网络中心）

2003—2006年建设的中国教育科研网格ChinaGrid通过自主研发的网格公共支撑平台CGSP，集成了全国13个省市20所重点高校的计算、存储、数据、软件等资源，建立了聚合计算能力逾16万亿次、存储能力逾180TB的网格环境，开发部署了一系列重要影响的网格应用，成为高校公共服务体系的重要基础设施，为科研和学科建设提供了先进技术手段和重要基础平台。

2006年以来，为支持教育信息化长远发展，教育部组织清华大学、北京大学等上百所高校，承担建设了中国下一代互联网起步工程——中国下一代互联网示范工程CNGI中规模最大的核心网CNGI‐CERNET2、国际/国内交换中心和100个高校IPv6驻地网，完成了相当一批研发、试验、应用示范及产业化项目，取得了一系列成果。尤其是立足国产关键设备和自主研发，设计并建成了世界最大的纯IPv6下一代互联网主干网CNGI‐CERNET2，首次提出了"真实IPv6源地址网络寻址体系结构"、

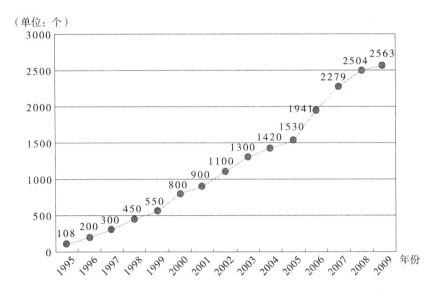

图 36.2　CERNET 历年用户人数

（资料来源：CERNET 网络中心）

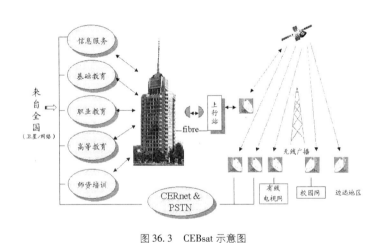

图 36.3　CEBsat 示意图

"IPv4 over IPv6" 等创新技术，为中国互联网领域摆脱对国外技术及产品的依赖做出了贡献。CNGI－CERNET2 是中国第一个，也是世界最大的纯

IPv6 互联网主干网，它以 2.5G—10G 连接分布在全国 20 个城市的 25 个核心节点，为高校和科研单位提供 1G—10G 的高速 IPv6 接入服务，并高速连接全球下一代互联网。自 2004 年开通以来，CNGI－CERNET2 主干网已连接 200 多个大学和科研单位的 IPv6 网络，支持中国下一代互联网科研、技术试验、应用示范和试商用等众多课题，已成为中国研究下一代互联网技术、开发重大应用、推动下一代互联网产业发展的关键基础设施。

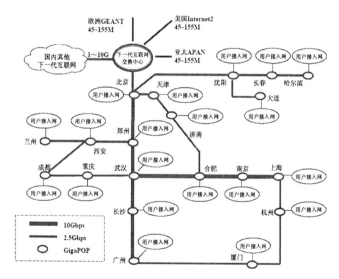

图 36.4　中国下一代互联网示范工程 CNGI－CERNET2 主干网拓扑图

2002—2005 年，国家投入 9 亿元实施西部大学校园计算机网络建设工程，在中国西部 12 个省（自治区、直辖市）及湖南、湖北、吉林的民族地区的 143 所高校建成了技术先进、性能稳定的校园网，全部接入 CERNET，并在西安、成都等 11 个省会城市建成了高速教育城域网，大大缩小了东西部教育数字鸿沟，为西部高等教育发展乃至西部经济腾飞和社会进步奠定了坚实基础。

2003—2007 年实施的"农村中小学现代远程教育工程"，为中西部地区 23 个省、自治区、直辖市及新疆生产建设兵团配备教学光盘播放设备 40.2 万套，卫星教学收视系统 27.9 万套，计算机教室和多媒体设备 4.5 万套，覆盖中西部 36 万所农村中小学，初步构建了覆盖全国农村中小学的远程教育网络，1 亿多农村中小学生得以共享优质教育资源。

各级各类学校信息化设施持续发展。目前，绝大多数高校已建成校园网并接入 CERNET，多数高校校园网已覆盖校内主要办公楼、教学楼、实验楼、图书馆、教师住宅和学生宿舍，设立了网络中心等校园网管理职能部门。绝大多数高校校园网主干带宽达 1000M，网络流量以 VOD 视频点播、FTP、办公应用、信息服务等业务为主。全国中小学每百名学生拥有的计算机台数从 2000 年的 1.26 台上升到 2007 年的 4.3 台，中等职业学校每百名学生拥有计算机台数从 2001 年的 11.7 台上升到 2008 年的 13.9 台。

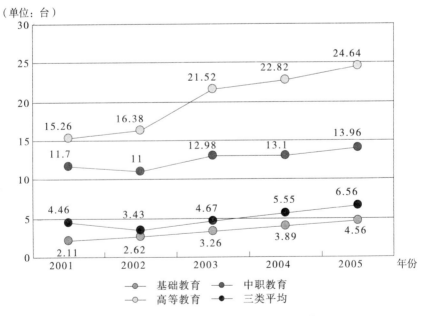

图 36.5　各类学校历年每百人计算机台数

（资料来源：中国教育统计网）

36.2.2 数字资源体系具备雏形

初步建成了国家基础教育资源库（包括学科知识点教学资源，学习辅导、专题教育和教师培训视频资源，多媒体教学素材，覆盖1—9年级多种版本教材的教育教学内容）、高等教育精品课程资源库（1100门）、职业教育资源库（130多个网络课程，非学历成人继续教育资源1804门次）、高校网络教育课程资源（20834门）、教师教育课程资源库、全国教师教育网络联盟资源网站、政务信息资源库、教育管理基础数据库等各级各类教育教学资源库，建设了一批"远程职业教育资源建设、共享与应用基地"（10个）。

初步建成了中国高等教育文献保障体系、重点学科信息服务体系、中国高校人文社科文献中心、中国大学数字博物馆等资源共享服务体系。"中国高等教育文献保障体系"成员图书馆超过500家，联合目录数据库数据量达180万条，馆藏总量近700万条。"中国高校人文社会科学文献中心"收录近2800种外文期刊和37万种外文图书，面向全国高校开展文献传递服务，注册用户近4000个，成员馆过百家。建设了28家大学数字博物馆，涵盖地球科学、人文科学、生命科学和科学技术四大领域，初步形成高效共享机制和统一共享平台，数字化藏品资源总量超过10万件，为高校教学、科研和社会科普提供支持服务。

绝大多数高校已建立教学资源库，包含多媒体素材库、多媒体课件库、电子教案库、教学案例库、题库等。一半以上高校建立了全校统一的教学资源管理平台，校均数字教学资源超过600GB。80%以上的高校建立了电子图书资源，校均电子图书资源达32万册。大多数中职学校拥有数字教学资源，85%的学校拥有自主开发的数字资源，25%的学校建立了统一的教学资源管理平台，25%的学校为教师提供了专门的教学资源编辑软件。基础教育学校中70%拥有数字教学资源，27%建立了统一的教学资源管理平台，58%拥有自制资源。

36.2.3　信息化教育教学取得长足进步

高校普遍采用信息技术改进教学方式。52%的高校、10%的中职学校建有网络教学或辅助教学平台。100%的高中、90%以上的初中、20%左右的中小学开设了信息技术课。

网络教育已成为职业教育、高等教育和终身学习体系的重要组成部分。设立国家级远程职业学校2个，省级分校50多所，地级分校660多所，县级分校（站点）5300个，每年学员达80多万人次。教育部共批准68所高校和中央电大开展现代远程教育试点，网络高等学历教育共开设11个学科，299种专业，1560个专业点，年招生规模100万左右；截至2008年底，累计招生820万，毕业400多万。高校网络教育学院设立校外学习中心4580个（近1/4在西部），中央电大设立开放教育教学点3175个。中央电大现代远程教育公共服务体系设立学习中心1352个，建设了公共服务支撑平台和呼叫中心，为36所授权试点高校网院、200多个专业、22万网络教育学生提供支持服务。

积极利用现代远程教育手段，促进优质资源服务社会。"一村一名大学生计划"面向农村招收网络教育学员15万人。成立了中央电大八一学院、总参学院和空军学院，通过网络培养士官9万人。现代远程教育试点高校与20多个行业合作开展专业技术人才继续教育，为"专业技术人才知识更新工程"建设了教育培训资源、信息库、远程教育平台与网络。"数字化学习港与终身学习社会建设与示范"教改项目，依托中央电大现代远程教育公共服务体系，建立了若干个乡镇、社区、行业和企业型数字化学习示范中心，初步探索了信息技术条件下终身学习型组织建设的新模式。

36.2.4　电子校务蓬勃发展

所有省级教育行政部门及绝大多数高校建立了门户网站，提供政务信息与公共服务。教育部门户网站几经改版，网上服务项目和内容不断丰富，增设了国家助学贷款查询、留学生在线注册、公派汉语教师派出在线申请等网上办事功能，开设了在线问答栏目，实现了与学生、家长和社会公众的信息互动。

一大批特色专业网站陆续建成。"教育涉外监管信息网"提供中外合作办学项目与留学预警信息。"高等教育学历认证网"提供学历证书认证服务，成为查处伪造和假冒学历的有效途径。"中国高校毕业生就业服务信息网"与"全国大学生就业公共服务立体化平台"联合相关部门、行业和高校，举办网络招聘会，推出求职招聘服务新功能——双选自助厅，并提供"远程面试"等视频服务，全面提升高校毕业生就业服务水平。这些系统为师生和公众提供了大量专业服务，标志着教育行政部门正由管理型政府向服务型政府转变。

教育管理信息系统得到迅速发展。2002 年，教育部开始推行网上招生，目前已基本实现全国普通高校网上招生录取，并逐步扩展到成人和研究生招生领域，成为高校招生"阳光工程"的重要支撑和载体。全国教育电子文件信息交换系统实现了教育部与省级教育行政部门和直属高校的文件信息传输，部分省区已延伸到市县和学校，提高了文件信息交换处理效率。北京、上海、安徽、湖南等省市建设了覆盖市（区、县）的数据库应用系统，集中管理学校、教师等基本信息，为管理决策提供了重要依据。

教育部建立了教育视频会议系统、远程教育监管系统、中国教育经济信息网、科技管理平台等司局级办公和业务系统，在实时会议、新闻发布、直属高校资金监控、西部"两基"攻坚项目管理、教育审计、科技项目网上申报与评审等方面发挥着重要作用。

高校高度重视业务应用系统建设，开展了教务、办公、财务、图书、后勤、保卫、科研等一批信息化综合应用，数字化校园网络服务体系初步形成。部分高校在提供传统的 WWW、FTP、E-mail、BBS 等公共服务的基础上，开始提供无纸化办公、网上教学、短信平台、校园一卡通、消息中心、招生就业数据仓库等增值服务，并逐渐渗透到教学、科研、管理公共服务、生活服务等各个方面。部分大学借助信息化系统，实现了学生注册、选课、学习、考试、答疑、作业以及教学过程的一体化管理。

36.2.5 信息化人才培养发展迅速

高校基本建立信息类专业人才培养体系，办学条件和办学质量不断提高，信息类专业人才培养已有相当规模，并呈逐年增长态势。已开设计算机科学与技术、软件工程、信息与计算科学、信息安全、自动化、通信工程、电子信息科学与技术、微电子学、光信息科学与技术、集成电路设计与集成系统等多个本科和研究生专业。2007 年，全国开设"计算机科学与技术"的高校有 598 所，有 847 个专业点。全国高校开设信息类专业点11280 个，其中本科占 4222 个、专科占 5517 个、硕士点 1220 个、博士点321 个。2007 年，普通高等教育信息类专业在校生总数已超过 278 万人。2007 年，教育部等六部委联合发布了《关于进一步加强国家重点领域紧缺人才培养工作的意见》，将软件、微电子、信息安全、动漫等领域的紧缺人才培养作为优先支持对象，进一步加快学科专业结构调整，积极扩大培养规模，推动产学研合作，建立和健全人才培养长效机制。

教育部以国家重点发展的软件、集成电路、信息安全等信息技术关键行业的战略性和紧缺型人才需求为突破口，实施一系列重大举措，初步探索了培养适应产业发展需要、具有国际竞争力的多层次、实用型、高水平信息技术人才道路。成立了 37 所示范性软件学院，建立了 20 个集成电路人才培养基地，成立了 40 个国家 Linux 技术培训与推广中心，并在数字媒体与动漫、信息服务、电子政务、电子商务、数字化制造等新兴信息产业领域积极推动信息人才培养。截至 2008 年底，示范性软件学院累计开设双语教学课程 1750 门次，建立 1197 个企业实习基地和实训基地，先后有 22834 名学生进入基地实习，累计为国家输送毕业生 59624 名，为中国软件产业的可持续发展，参与国际竞争提供了高素质人才保证。

为加强急需的信息安全专业人才培养，自 2001 年起，教育部先后批准 49 所高校设置信息安全本科专业，并于 2007 年成立了高校信息安全教学指导委员会。此外，教育部还批准 11 所高校设立信息对抗技术本科专业，并在多所高校设置密码学专业硕士点和博士点，缓解了社会对不同层次信息安全人才的需求。

在对中小学教师进行了一轮信息技术全员培训基础上，教育部于 2005 年 4 月启动了"全国中小学教师教育技术能力建设计划"。截至 2008 年底，累计培训省级信息技术骨干教师近 2.4 万人，学科教师 200 多万人。截至 2009 年 5 月，教育部考试中心共组织 7 次全国教育技术能力水平考试，参加考试教师共 60 万人，合格 51.96 万人。此外，教育部还通过国际合作项目对一大批中小学教师进行了信息技术或教育技术能力培训。其中，"英特尔未来教育项目"培训了 110 万名中小学教师，"微软'携手助学'信息技术师资培训项目"为中西部地区培训了 11 万余名中小学信息技术专任教师。

36.2.6　标准化建设与关键技术研究取得明显进展

2002 年底成立的"全国信息技术标准化技术委员会教育技术分技术委员会"（CELTSC），负责教育信息化相关标准的规划、引进、研究、编制、评审及推广应用工作，发布了 40 多项标准，构建了教育信息化技术标准体系（CELTS）。提交了 10 个国家标准送审稿，其中 3 项成为国家标准。举办多次学术研讨会和各类标准培训班，启动了标准化测评与认证工作。CELTSC 积极参与国际标准化活动，是 ISO-SC36 委员会和 IEEE LTSC 的国家团体成员，被 ISO 确定为其教育信息技术标准的起草者之一。

制定发布了一系列语言文字规范标准，颁布了中国第一个中小学教师专业能力标准《中小学教师教育技术能力标准（试行）》，颁布了《全国现代远程职业教育资源开发指南》。2003 年颁布的《教育管理信息化标准》在指导教育电子政务建设中已卓有成效，20 个省（自治区）的 42 个地区获得教育部批准建设应用示范区，对各区域《教育管理信息化标准》的推广应用起到了示范和宣传作用。

在天地网结合、互连互通、资源共享、网络教学等方面，解决了阻碍现代远程教育发展的多项关键技术难题，初步开创了东西互动、课程互选、学分互认、天地合一的网络联合办学新模式，为现代远程教育的全面、深入发展提供了技术支撑。

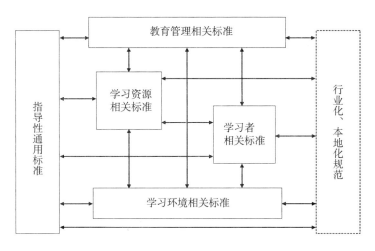

图 36.6　教育信息化技术标准体系（CELTS）

36.2.7　教育软件走上产业化、市场化之路

中国教育软件产业起步较晚。20 世纪 80 年代初，教育部在几所学校开展计算机辅助教学试点工作，教育软件主要在大学里使用。90 年代，教育软件产业正式起步，经历了"学校管理软件（1990—1995 年）——家庭软件（1995—1999 年）——学校应用软件（1999 至今）"三个阶段，目前正处于学校应用软件的兴起阶段。许多以前从事家庭教育软件开发的企业转向学校信息化市场，电子备课室、校校连网、城域网、校园网出现，针对学校用户销售的软件或系统逐渐增多，占据教育软件市场主要份额。目前，教育软件已成为中国软件产业链中非常重要的一环。据有关部门统计，国内教育软件开发厂商已超过 200 家，相关产品 3000 种以上。2008 年中国教育软件销售额已占软件销售额的 1/3，在京沪等大城市，这一比例已超过 50%。

教育软件产业发展过程中，成长与壮大了一批品牌教育软件企业，为学校信息化提供了丰富的产品选择，包括备课系统、评价与考试系统、教学教务管理系统、在线点播系统、题库系统、资源管理系统、模拟仿真系统、学科资源库、研究性学习平台、课件制作平台等软件。当前，在当当、亚马逊卓越、8844连邦软件商店、华军软件商城等各大网站展示的热销教育软件（多为面向家庭用户）中，主要涉及英语学习、儿童趣味学习、童话学习、新课标教学套装等，学科专用软件还鲜少出现。

36.3　存在的主要问题

从总体上看，中国教育信息化已经进入发展提高阶段，但仍面临下列问题和矛盾。

管理体制不顺。教育行政部门及学校的信息化建设与管理条块分割现象较为普遍，统筹协调和综合管理不足。重复建设、政出多门现象仍然存在，投资效益还不高。

运行机制不健全。缺乏战略研究与咨询机构。统计、监管和评估机制还不完善。技术研发不够重视，标准推广应用滞后，采标率低。

资金投入无保障。投入总体不足，没有经费保障机制。资源建设、基础设施、信息系统及重大应用工程的运行、维护和可持续发展，没有根本保证。

法律法规不完善。教育信息化相关法律法规、规章条例等体系还不健全。

36.4 展　　望

21 世纪前 20 年是我国现代化建设的战略机遇期，教育在现代化建设中具有基础性、全局性、先导性作用，应该也必须率先实现现代化。教育信息化是教育现代化的重要标志，为在 2020 年初步实现教育现代化，教育信息化发展必须走在国民经济与社会信息化发展的前列，成为率先实现教育现代化的突破口。

下一步发展的指导思想是：

以科学发展观为指导，不断加深对教育信息化作用与建设规律的理解和认识，以构建学习型社会、促进和谐社会建设、实现全面小康的需求为动力，逐步消除不适应的思想观念、体制障碍和技术壁垒。坚持"统筹规划、融合集成、共享知识、支撑创新"的原则，以网络建设为基础，标准化为保障，资源共享与应用为核心，提高全民信息素养和培养信息化人才为重点，管理体制、运行机制、技术水平的不断创新为增长点，以信息化促进优质教育资源共享，缩小教育差距，提升教育质量和管理水平。

建设重点为：

加强教育信息化基础设施建设和教育信息技术研发。推动各级各类学校的教育信息化应用。建设与推广教育信息化国家标准体系。建设国家数字化教学资源库和门户服务系统。建设国家教育基础信息库、动态监测分析系统和电子政务平台。建设开放的终身学习网络平台。

总体目标为：

到 2012 年，教育信息化管理体制和运行机制基本完善，现阶段凸现的矛盾与问题基本解决，资源整合与应用集成水平明显提高，初步形成全方位、多层次的"中国教育信息化公共服务体系"。到 2020 年，整合现代国民教育服务体系与社会各类教育和培训资源，形成支持我国初步实现教育现代化的知识共享渠道和机制，推动教育观念、教育方法、学习方式、管理模式的深刻变革，建成覆盖所有学校、遍及城乡的先进信息基础设施和应用体系，支持全民随时、随地、个性化学习，为实现教育现代化和构建学习型社会奠定重要基础。

（本章作者　冯吉兵）

参考文献

[1] 教育部教育信息化工作办公室（教育部原教育信息化领导小组办公室）在日常工作中积累的有关数据与资料，来自教育部办公厅、科技司、基础教育司、高等教育司、师范教育司、职业与成人教育司、教育管理信息中心、科技发展中心、中国教育电视台、中央电化教育馆、中央广播电视大学、（CERNET）网络中心、赛尔网络有限公司等有关单位。

[2] 教育部在中国教育统计网（http://www.stats.edu.cn/）上公布的 2001年以来历年全国教育事业发展统计公报，以及历年高等教育、基础教育、职业与成人教育等专项统计数据。

[3] 教育部教育信息化领导小组办公室：《面向 21 世纪教育振兴行动计划——现代远程教育工程项目进展报告》，高等教育出版社 2004 年版。

[4] 教育部教育信息化领导小组办公室：《2002 中国教育信息化绿皮书》，高等教育出版社 2003 年版。

[5] 教育部科技司：《教育部教育改革和发展战略与政策研究重大课题——"教育信息化建设与应用研究"课题研究报告（初稿）》，2009 年 4 月。

[6] 王珠珠、刘雍潜、黄荣怀、赵国栋、李龙：《中小学教育信息化建设与应用状况的调查研究报告（上）》，《中国电化教育》2005 年 10 月。

[7] 教育部—微软"携手助学"项目评估组，教育部—微软"携手助学"项目评估报告（FY2008），2008 年 10 月。

企业文框 28：信城通

北京信城通数码科技有限公司是 2001 年在北京中关村科技园丰台园注册成立的高新技术企业，专注于电子政务领域的研究，目前在上海、广州、深圳等地成立了控股公司，在大连、西安、成都、武汉等地建立了直属分公司

2001 年，为了解决国家信息化重点项目"大通关"项目实施人员编制不足、维护稳定性和安全性要求高的问题，国家质检总局信息中心成立北京信城通公司为总局信息化和电子政务建设提供服务。经过八年多的发展信城通公司已经创造了一系列的显著成就，其中在国内第一家打造的"信城通电子政务公共服务平台"最具代表性。

在"信城通电子政务公共服务平台"建设以前，进出口企业办理检验检疫报检业务需要派专人奔波于企业和检验检疫机构之间，进行填写申报表、盖章、拿报检结果等工作，消耗了企业大量的人力、物力和时间。而检验检疫机构的工作人员则需要进行繁杂的数据录入等工作。这种工作方式办事效率低、周期长，还可能出现不可控的人为因素，已不适应于当前进出口贸易快速放行的要求。

2002 年，信城通公司在电子政务公共服务平台上为检验检疫构建电子申报服务，通过公共服务平台，进出口企业随时随地通过互联网进行申报并查询回执，检验检疫机构亦可随时处理企业的申报信息。检验检疫机构在内部原有业务系统不作调整的情况下，利用信城通平台实现了对全国几十万进出口企业的电子化服务。

目前，"信城通电子政务公共服务平台"为政府和企业提供的服务涵盖运营服务、数据交换服务、安全认证服务、网上支付服务、短信增值服务等。

现在，"信城通电子政务公共服务平台"已经覆盖了国家质

检总局、35 个直属检验检疫局、600 多个分支局及办事处；不仅为政府机构节省了一次性投资和日常维护、服务费用，而且还减轻了一线检验检疫人员工作强度，提高了工作效率，提升了政府形象。对企业而言，该平台覆盖了 40 多万家进出口企业，可以为企业提供多种便捷的申报方式，如 Web 方式、ERP 提取方式、短信方式，企业坐在家中足不出户就能完成相关申报工作，使服务更加的人性化；另外，据统计 2004 年累计为企业节省直接费用近 4.976 亿元，2007 年度为企业节约费用近 8 亿元。

随着近年来国家外贸经济的不断发展，"信城通电子政务公共服务平台"的作用也日益突出，平台的业务数据量从 2001 年完成进出口货物申报 97 万批次，发展到 2007 年近 5000 万批次，增长 50 多倍；企业完成时报的时间也有过去的几天到现在的几分钟，为企业大大缩减了时间成本。

"信城通电子政务公共服务平台"创新了电子政务建设新机制，运营模式成为国家行政学院和美国政府技术研究中心课题研究。

（编撰：刘博）

第37章

科 学 研 究

引 言

在信息化引发当今世界深刻变革的时代，科学研究的信息化极大地改变和拓展了传统的科研方法，推动了前沿交叉学科领域的产生，对当代科学和技术前沿开拓起着不可替代的作用，正在引发一场新的科学技术革命。科研信息化的需求将促进信息技术领域的原始创新，而信息技术的突破将推进各领域信息化的发展。因此，科研信息化又是信息化发展的重要推动力，必将对各行各业的现代化发展产生巨大影响。①

---

① 本文中有关资料由中国科学院计算机网络信息中心的王龙、金钟、黎建辉、虞路清、张丽丽提供，在此表示衷心感谢。

37.1　科研信息化的内涵和意义

科研信息化就是在科学研究与工程设计活动中系统地应用最先进的信息技术成果，发展新的科研手段、科研模式、科研环境，是信息时代科学研究环境和科学研究活动的典型体现。

37.1.1　科研信息化的内涵

科研信息化包括两个基本方面：一是信息化基础设施，包括网络设施、高性能计算设施、数据存储管理设施、科学数据库、数字图书馆、数字标本馆等信息化基础设施；也包括数字化的科研装置、仪器，以及进行各种观测的数字化传感器及其网络，还包括基于这些设施、装备和计算机网络的应用软件、中间件、工具和提供的服务。尤其是网格（Grid）和协同工作环境，提供了通过网络跨越地域和机构实现资源共享、进行科研活动的能力，这为建立新型的研究方式——虚拟研究组织（Virtue Research Organizations）创造了条件。最后，科研信息化基础设施还包括它的软环境：由于资源共享和虚拟研究组织，以及网络信息安全等问题产生的标准、规范、制度、政策、法规的环境，以及为推动信息化不断发展深化的服务和人才的培养环境。

科研信息化的另一个基本方面是信息化的科研活动。科研活动涉及各种学科领域的工作，它们的规律、需求、工作方式和特点各不相同，又强烈依赖于科研人员的脑力活动。必须针对各领域科研活动的具体需求，在基础资源共享和协同工作的基础上，建立起与之相适应信息化的设备、工具、系统和工作环境。

可以把科研信息化的内涵描述如下：科研活动的基本手段包括观察实验、理论分析。当前，科学计算与数值模拟已经成为第三种基本手段。而交流合作是科研活动中的基本要素，特别是在信息化条件下的虚拟研究组织，已经成为科研活动的重要模式。为了支持这些研究活动，人们建立了科学实验装置、野外观察台站、图书馆、标本馆、文献库等传统研究基础设施。信息化的发展推动了上述传统设施的网络化、数字化，同时又产生了新型科学研究设施，包括由信息技术直接支撑的科学数据库、高性能计算设施、存储设施、各种科学研究与工程设计软件以及管理与服务软件等，在网络环境下，形成了协同科研环境，为虚拟研究团队、虚拟研究组织的产生提供了基础。信息化提供的新型技术和方法，包括计算与数值模拟方法、数据库技术、信息获取技术（例如遥感、数字传感器及其网络、数字化实验仪器与装置）、数据挖掘等数据处理和分析技术、可视化技术等，将显著地拓展科研能力，加快推动科学发展。

37.1.2　科研信息化的意义

信息化对科研活动的影响十分深刻，不仅极大地延伸和增强了人们分析处理问题的能力和超越地域交流合作与远程工作的能力，而且必然会发展新的工作方式和创造新的科研思路，极大地改变传统科研模式、拓展人们的科研能力、深化科学认知、开辟新兴领域，进而加快推动学科的交叉和发展。

现代科学研究的问题越来越复杂，科学的前沿正在进入到一个空前复杂深奥的世界。无论是对宇宙演化、暗物质、暗能量的探测，对原子、分子甚至电子的调控，对生命起源和进化的探索，对人类健康与疾病防控的深入研究，对极为复杂的系统工程设计，还是对人类社会发展与全球环境变化的认识，都对科研方法和手段提出了新的挑战。现代科学研究，如果没有信息化科研环境的支持，研究周期将会大大增加，许多研究工作甚至根本无法进行。

科研信息化必然引发科学研究的新一轮革命，是科学技术现代化的必由之路。如果一个国家不能在科研信息化方面走在前面，就不可能在科学技术上处于竞争的优势地位，就会在新一轮全球的科技革命中落伍。

37.2　中国科学研究信息化的进程

中国科研信息化的进程可以分为三个阶段,新中国成立初期至 20 世纪 70 年代为初期阶段,20 世纪 80 年代和 90 年代为起步阶段,2000 年至今为加速发展阶段。

37.2.1　初期阶段（新中国成立初期至 20 世纪 70 年代）

新中国成立初期,中国现代高新科技几乎是一片荒漠。1956 年,在中国《十二年科学技术发展远景规划》制定中,为了尽快在改变中国在高新技术中的落后状态,国务院科学规划委员会提出了《发展计算技术、半导体技术、无线电电子学、自动学和远距离操纵技术的紧急措施方案》(后来人们称之为"四大紧急措施")。后来在中国科学院（以下简称"中科院"）成立了计算技术研究所、半导体研究所、电子学研究所和自动化研究所。这些技术的发展,为中国信息科技与产业发展奠定了基础,为工业和国防现代化提供了必要的科学技术条件。可以认为这也是中国信息化的开端。

科研信息化开始于计算机在科学与工程领域的应用。

中国从 1957 年开始研制通用数字电子计算机。从 1958 年到 70 年代末,中国研制了从电子管、晶体管到集成电路的各种电子计算机,包括仿制苏联的 103 型和 104 型电子管数字电子计算机,自主设计的 119 型电子管计算机,109 乙型和 109 丙型晶体管计算机,655 型、013 型集成电路计算机等等,完成了国防、航空、水坝、油田、大地测量等领域的许多计算任务。特别是 1967 年研制成功的 109 丙机（见图 37.1）,中国第一颗人造卫星"东方红一号"的飞行轨道计算,第一代核弹的定型和发展中的计算,中国运载火箭各型号从方案设计、初步设计、飞行试验、飞行精度

分析到定型生产的各个阶段的理论计算都由该机承担,服务时间超过 10
年。由于该机为"两弹一星"的研制做出的重要贡献,被国防科委领导
人誉为"功勋计算机"。

图 37.1 "功勋计算机"——109 丙机

数字电子计算机的出现,极大推动了科学计算及其应用的发展。在中
国科学院计算所成立的从事科学计算及其应用的第三研究室,曾经发展到
200 多人,承担了大量国家科研计算任务,为中国培养了大批科学与工程
计算人才。

从 20 世纪 50 年代开始,中科院地球物理所叶笃正等人开创了大气运
动的适应理论和数值天气预报研究,为 80 年代建立中国现代化数值天气
预报业务模式奠定了基础。叶笃正先生是把数值模拟方法引入中国大气科
学研究的开创者,他指出:计算模拟使得大气科学从定性描述进入到定量
计算、从经验型学科进入"实验"和理论学科。由于叶笃正先生对中国
大气科学一系列重大贡献,2005 年获得了国家最高科学技术奖。

地震物理勘探方法是寻找石油矿藏的主要方法,需要大规模的计算。
20 世纪 50 至 70 年代,同济大学马在田教授提出了一系列地震勘探计算
方法,领导和参与了中国大型计算机地震勘探数据处理系统的创建工作。
此后,马在田与中科院计算所张关泉等人开展了地震偏移成像和三维地震
勘探方法的研究,张关泉结合马在田提出的分裂算法,系统地构造了

叶笃正先生

"大倾角差分偏移算法"，被石油天然气总公司地球物理勘探研究院等多家行业单位采用。该成果曾获 1987 年国家科技进步二等奖。

有限元方法是求解椭圆型偏微分方程问题的一类数值方法，在许多科学与工程领域有广泛应用，是 20 世纪计算方法的重大进展。在承担了一系列水坝建设的大型弹性力学计算任务中，中科院计算所冯康等人开展了椭圆型偏微分方程计算方法的系统研究。1964 年、他们独立于西方创立了以变分原理和剖分插值为基础的有限元方法（当时称为基于变分原理的差分方法），编制了通用计算机程序，在解决中国当时最大的刘家峡水坝应力分析等问题方面发挥了重要作用。1965 年，又在极广泛的条件下证明了方法的收敛性和稳定性，给出了误差估计，从而建立了该方法严格的数学理论基础。1982 年获得了国家自然科学二等奖。

从 1960 年起，中科院计算所开始承担导弹和卫星的气动力及气动热数值方法研究。60 年代中期，朱幼兰等提出了基于分离奇性和特征理论的一套系统化、高精度计算方法——初边值问题差分方法与无粘绕流，并于 1973 年给出了方法的数学基础。这套方法的精确度很高。利用中国自行研制的计算机就可以较好地对飞行器气动力与流场进行计算。曾为中国第一颗返回式卫星提供了流场数据结果，为卫星安全、准确地返回地面

冯康先生

做出了贡献。

37.2.2 起步阶段（20世纪80年代和90年代）

20世纪80年代以后，信息技术在全世界迅速发展，每秒千万次到10亿次计算能力的高性能计算机出现，计算机网络和数据库技术的发展，使得信息化有了全面的基础。这时中国的信息化也进入了全面起步阶段。

1. 高性能计算机和计算科学的发展及应用成果

进入20世纪80年代以后，中国政府、企业、学校需要的计算机系统已经可以从国外采购，由于当时中国计算机工业很薄弱，市场化不够，自行研制计算机的工作遇到很大困难。但是，由于西方国家对我出口高性能计算机指标和应用的限制，中国自行研制高性能计算机的努力一直在进行。1983年11月，中国自行研制成功了第一台千万次向量计算机"757机"。同年12月，国防科技大学研制成功中国第一台亿次超级计算机"银河-I"（见图37.2），它向世界宣布：中国成了继美、日等国之后，能够独立设计和制造超级计算机的国家。1992年11月，"银河-II"10亿次超级计算机研制成功；1997年6月，"银河-III"并行超级计算机通过国家鉴定，综合技术达到当时国际先进水平。

图37.2　中国第一台亿次超级计算机"银河-I"

在国家"863"高技术研究发展计划的支持下，1993年10月，中科院计算所李国杰等研制成功了中国第一台用微处理器芯片构成的全对称多处理机系统"曙光一号"；1995年5月，面向大规模科学工程计算的"曙光1000"千万次并行计算机系统研制成功。"曙光1000"大大增强探油与天然气预报能力，用于模拟计算以设计新飞行器、新材料、新药、新催化剂等等，满足了基础研究工作对高性能计算机的迫切需要。此后，1998年和1999年研制成功机群（Cluster）体系结构的"曙光2000-I"，和"曙光2000-II"超级服务器系统。这种机群体系结构正是当前高性能大规模并行计算系统的主流结构。

在此阶段，计算技术在各个学科领域获得了更广泛和更深入的应用，各学科领域的计算科学蓬勃兴起。中国科学家逐步把计算机模拟技术应用到物理学、生命科学、材料科学以及药学等众多学科研究领域，推进了计算物理、计算力学、计算化学、计算材料学、生物信息学等计算科学的发展。

这一阶段，中国在计算技术和大规模科学计算的应用方面取得了显著成果。

中科院数学所吴文俊先生领导的研究小组，建立了数学机械化算法基础，提出了在国际上有巨大影响的"吴方法"。数学机械化方法除了数学研究外，还可应用于力学、理论物理、机械机构学、计算机技术、图像压缩、信息保密、新一代数控机床、计算机图形学、计算机辅助设计、机器人等许多领域。由于吴文俊先生的重大贡献，他获得了2000年首届国家最高科学技术奖。

1984年，中科院计算中心冯康在国际上首次系统提出哈密尔顿系统的辛几何算法，此后，又把哈密尔顿保辛结构算法推广到一般动力系统中。大量的数值实验表明：这种算法在天体力学、弹性力学、大气、海洋计算、微观分子动力学计算中显示出优异的计算性能。此项成果1997年获国家自然科学一等奖。

吉林大学唐敖庆教授，在配位场理论、分子轨道图形理论和高分子反应统计理论等领域取得了一系列杰出的研究成果，对中国理论化学和计算化学学科的奠基和发展做出了贡献。

中国的生物信息学从 20 世纪 80 年代初开始起步，经过中国科研人员多年不懈的努力，取得了包括人类基因组测序、非编码基因、基因组序列信息结构研究等一批在国际上颇有影响的成果。

2. 中国互联网的起步和发展

互联网的起步和发展是这一阶段中国科研信息化进程中最重要的事件。1989 年 10 月，国家计委批准了世界银行贷款重点学科项目"中关村地区教育与科研示范网络"（NCFC）。项目由中国科学院主持，与北京大学、清华大学共同实施。为了实施 NCFC 项目和推进科研信息化，中科院在原计算中心成立了网络中心现在中科院计算机网络信息中心（CNIC）的前身。1993 年 11 月，NCFC 主干网网络开通并投入运行。这是中国第一个服务于科研和教育的地区性计算机网络。

1994 年 7 月，清华大学等六所高校建设的"中国教育和科研计算机网"（CERNET）试验网开通，后来发展为联结全国高校系统的网络。1996 年 2 月，以 NCFC 为基础发展起来的中国科学院网正式命名为"中国科技网"（CSTNET），实施了中科院百所联网工程，连接了中科院研究院所和院外科技单位，成为面向科技用户、科技管理部门及与科技有关的政府部门服务的全国性网络。

3. 科学数据库的发展和应用

科学数据是人类在认识自然、发展科技的活动中产生和积累的数据，是人类长期科学活动的知识积累，是重要的基础资源和战略资源。

20 世纪 60 年代末发展起来的数据库技术，为科学数据积累和应用提供了先进的手段，20 世纪 70 年代末中科院有关研究所就开始建立了一些学科专业数据库。1982 年，中科院决定把科学数据库建设列入重大基本建设项目，组建了科学数据库筹备处。1986 年，国家计委批准了中科院的"科学数据库及其信息系统"项目，从"七五"到"十一五"作为国家和中科院的重点工程项目得到持续支持。科学数据库的范围亦由化学领域进一步拓展到生物、天文、高能物理、材料、能源和资源环境等多种学科领域。科学数据库已成为实现科研信息化的重要的基础设施之一。

1984 年，中国加入国际科技数据委员会（CODATA），由中国科学院牵头组织成立了 CODATA 中国委员会，协调全国科学数据的国内外交流合作。1988 年，中国加入世界数据中心（WDC），在中科院设立 WDC 中国国家协调委员会，负责协调管理国内 9 个 WDC 学科中心。

卫星遥感是科学数据的重要获取手段，在科学研究和国民经济的许多领域有广泛的用途。1979 年 1 月，邓小平访问美国时签订了《中美科技合作协议》，根据协议中国从美国引进遥感卫星地面接收技术，由中国科学院负责建立"中国遥感卫星地面站"，于 1986 年 5 月底建成并投入试运行。遥感卫星地面站获得的大量影像数据在地球科学研究、资源勘探、国土普查、环境监测及农业等方面得到了广泛应用，取得了显著的社会效益和经济效益。

4. 科技文献情报的信息化

图书馆是人类知识的仓库。图书、文献、情报是科研工作者制定研究规划、启发新的研究思路、开展研究工作不可缺少的资源。查阅资料是科研工作者学习和利用已有成果、了解外部工作进展的主要渠道。因此，文献情报工作的信息化也是科研信息化的主要内容之一。

早在 1976 年，中科院图书馆就曾试验 QT－11 计算机文献检索系统。1986—1991 年，先后开发了多用户联机情报检索软件 LASIRD、西文联合目录系统、中国物理文献检索系统、中国科学引文数据库等。1993 年 4 月，作为 NCFC 网络应用的建设内容，在国家自然科学基金委员会资助下，中科院图书馆（即中科院文献情报中心）北京大学图书馆和清华大学图书馆联合开发了书目文献信息服务系统 APTLIN。在 NCFC 网上实现了以统一的界面和命令对三大图书馆的查询服务、网上预约服务和联机合作编目作业。

37.2.3　加速发展阶段（2000 年至今）

进入 21 世纪以来，国家对信息化建设越来越重视，科技部、教育部、国家自然科学基金委员会、中国科学院等都投入了大量资金支持科研信息化建设，启动了一批重大项目和计划。科研信息化进程进入加速发展阶段。

1. 中国科研信息化的规划和计划

中科院非常重视信息化建设，"十五"开始制定了信息化发展规划，提出了打造数字科学院（digital CAS）的长远发展目标。以科研活动信息化（e-Science）和科研管理信息化（Academy Recourse Planning, ARP）为目标，实施了信息化建设专项。中科院的信息化规划首次描绘了科研活动信息化的蓝图，系统提出了科研信息化的建设内容。

2002 年，科技部启动了国家科技基础条件平台建设，充分运用信息、网络等现代技术，对科技基础条件资源进行的战略重组和系统优化，以促进全社会科技资源高效配置和综合利用。重点包括研究实验基地和大型科学仪器、设备共享平台、自然科技资源共享平台、科学数据共享平台、科技文献共享平台、成果转化公共服务平台、网络科技环境平台等方面。

国家高技术研究发展计划（"863"计划）"十五"期间实施了"高性能计算机及其核心软件"重大专项，研制每秒万亿次计算能力的超级计算机和建设"中国国家网格"（CNGrid），并在全国 8 个省市部署建立了 10 个网格结点，其中在北方主结点（中科院计算机网络信息中心）和南方主结点（上海超级计算中心）分别装备了深腾 6800（5TFLOPS）和曙光 4000A（10TFLOPS）超级计算机系统。研发了网格软件 CNGrid GOS。CNGrid 还在资源环境、科学研究、服务业和制造业等领域部署了10 个应用示范。2007 年 3 月，"863"计划又启动了"高效能计算机及网格服务环境"重大项目，计划研制计算能力达到每秒千万亿次的高效能计算机系统，并进一步建设中国国家网格。

教育部在"十五"的"211"工程公共服务体系建设计划中设立了

"中国教育科研网格"（ChinaGrid）重大专项。ChinaGrid 从 2003 年开始建设，旨在基于 CERNET，利用高校丰富的计算资源和信息资源，实现资源有效共享，形成服务于国家教育科研的大平台。

2003 年，国家自然科学基金委员会启动了"以网络为基础的科学活动环境研究"重大研究计划。该计划主要开展网络计算环境的基础科学理论、综合试验平台、典型应用示范三个层次中的基本科学问题和关键技术研究，实现计算资源、数据资源和服务资源的聚合和共享，从而建立一个分布式协作的虚拟科研和实验环境，以支持大规模计算和数据处理为特征的科学活动，如高能物理、大气和生物信息等网络计算环境实验应用系统。

2. 科研信息化基础设施快速发展

近年来，中国科研信息化基础设施建设进一步加强。科研和教育网络的覆盖范围不断扩大，普遍服务能力不断提高；超级计算基础设施建设呈现出全国各地蓬勃发展的态势；科学数据资源建设和共享稳步推进。

（1）互联网络的发展

下一代互联网及其应用是中国中长期科技发展规划纲要中的优先主题。在"十一五"国民经济与社会发展规划纲要中明确将下一代互联网作为信息领域的重大产业化项目。2003 年，由国家发改委、科技部、教育部、国家自然科学基金委、中国科学院、中国工程院等八个部委联合发起并经国务院批准启动了中国下一代互联网（CNGI）示范工程项目。目前，CNGI 项目建成全球最大的 IPv6 试验网，为建设国家创新能力信息基础设施平台提供了基础性研究和技术开发试验环境。

截至 2008 年 9 月，中国科技网核心层具有 10Gbps 交换能力。广域网连接北京、广州、上海、新疆等 13 个地区分中心。通往美国、俄罗斯、日本等国的国际线路出口总带宽为 5.5Gbps，国内出口总带宽达 8Gbps。由中科院、美国 NSF、俄罗斯部委与科学团体联盟发起建设的"中美俄环球科教网络"（GLORIAD），扩展到韩国、加拿大、荷兰等国家，有力地支持了国际科研交流与合作。中科院在香港地区建立的开放交换节点

（HKOEP），成为亚太地区互联网的汇聚中心和国际互联网在亚太地区的交换中心。

图 37.3　中美俄环球科教网络（GLORIAD）开通仪式

CERNET 目前已成为世界最大的教育科研网，拥有光纤干线超过 30000 千米，DWDM 高速传输网超过 20000 千米；覆盖全国 31 个省（自治区、直辖市）的 200 多座城市；主干网传输速率达到 2.5Gbps—10Gbps，国际出口带宽超过 3Gbps，与国内其他互联网连接带宽超过 10Gbps，支撑了现代远程教育、网上招生远程录取、数字图书馆、中国教育科研网格、数字博物馆等教育信息化重大应用。

（2）高性能计算的发展

近年来，中国高性能计算机研制和应用水平有了很大提高。在 "863" 计划 "十一五" 重大项目 "高效能计算机和网格服务环境" 项目支持下，作为项目的一期任务，2009 年研制成功了深腾 7000（140TFLOPS，见图 37.4）和曙光 5000A（240TFLOPS，见图 37.5），分别在中科院计算机网络信息中心和上海超级计算中心投入使用，并作为

CNGrid 的南北主节点向全国提供服务。这两台计算机在 2008 年 11 月公布的世界高性能计算机 TOP500 排行榜上分别居于第 19 位和第 10 位。目前，"863"计划已经启动了研制千万亿次高性能计算机的任务。

图 37.4　深腾 7000 超级计算机

图 37.5　曙光 5000A 超级计算机

以中科院过程工程所李静海院士为首的团队提出了化学工程流态化拟颗粒模拟算法，并在基于 GPU 的可扩展集群系统上实现了拟颗粒计算模型的并行化。2009 年 4 月，他们与国内相关企业合作研制成功了中国第一套基于 GPU、单精度峰值超过每秒 1000 万亿次浮点运算的超级计算系统。这套计算机不仅可用于过程工业设计的拟颗粒模拟计算，而且正在探索其他领域的应用,已经引起各方面的关注。

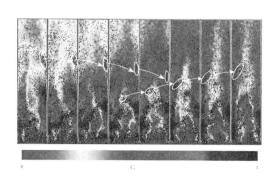

图 37.6　拟颗粒模拟计算结果的可视化展现

目前,高性能计算也得到了地方政府的高度关注,除上海超级计算中心外,天津、无锡、广州、深圳等地也在建设超级计算中心,为半导体、动漫、生物化学、新材料、汽车设计、IC 设计等传统产业和新兴产业提供大规模运算以及海量存储服务。

(3)科学数据及其应用的发展

信息技术的进步,使得科学数据获取和处理的能力极大提高,科学研究与工程设计日益成为数据密集型或数据驱动型的工作,科学数据从支撑科技活动的基础资源提升到支撑国家科技创新的战略资源,受到高度重视。

2002 年科技部启动的"科学数据共享工程",先后在资源环境、农业、人口与健康、基础与前沿、工程技术、区域综合六大领域共 24 个部门开展了科学数据建设与共享工作。截至 2005 年 12 月,该工程支持的试点和项目已经整合、改造了 864 个数据库,数据表单超过 1 万个,总数据量约 50TB。涉及中国约 1/3 的公益性、基础性科学数据种类。先后为国家许多重大科研项目和工程提供了基础数据支撑。

中科院科学数据库建设从"十五"开始得到了院信息化专项的强化支持,到 2005 年底,中科院科学数据库建库单位增加到 45 个,建成专业数据库 503 个，总数据量达到 16.6TB，并建成中国科学院数据库服务网站（www.csdb.cn）。开展了科学数据库的标准规范与共享政策研究，研制实施了 21 个标准规范和数据共享政策。"十一五"期间，中科院建立了由主题库、专题库、参考型数据库和专业库构成的科学数据库体系结构，建库单位增加到 62 个研究所，可共享的数据量超过 40TB，提供基于数据网格的科学数据服务。中科院集中建设了存储能力达 6PB 的数据资源中心，为全院提供数据存储备份与长期保存服务。

目前，中国一些部门建立了相应的信息或数据中心，生产和提供数据服务，如中国化工信息中心、农业部信息中心、海洋信息中心、国家地理信息系统、中国地震局地震数据信息中心、国家药品监督管理局信息中心等。此外，中国若干高校在承担国家科研项目时，也产生了大量的科学数据，如第三军医大学采集完成的中国首例可视化人体数据、欧洲分子生物学网络组织（EMBnet）中国国家节点——北京大学生物信息中心（CBI）积累了大量生物信息数据。

在科学数据和信息的获取上，中国也不断取得进步。中国自主研制的对地观测遥感卫星形成了气象、海洋、资源卫星三大系列，并开始建设环境与灾害卫星星座。新型的科研仪器和设备，如巡天天文望远镜、正负电子对撞机、宇宙线观测设施等，直接产生海量的数字数据。在野外观测中，许多新兴的科学数据采集和获取手段，如数字传感器和传感器网络、移动数字终端等，也逐步应用到科学家的科研活动中。

（4）数字图书馆

中国数字图书馆在这一阶段发展较快。目前国家级层面的数字图书馆项目主要有国家数字图书馆工程（NDL）、全国文化信息资源共享工程、中国高等教育数字图书馆（CADLIS）、国家科学数字图书馆（CSDL）、国家科技图书文献中心（NSTL）以及党校和部队院校数字图书馆工程。

国家数字图书馆工程是国家"十五"期间重点文化建设项目。建设目标是有重点地收藏、建设和长期保存中文数字信息，在互联网上形成超大规模的、高质量的中文数字资源库群，并通过国家骨干通信网向全国以及全球提供中文数字信息服务，使国家数字图书馆成为世界最大的中文数字信息保存基地与服务基地，成为国家重要的信息基础设施。

2000年6月，科技部组织国家相关科研部门，成立了由中国科学院文献情报中心、中国科学技术信息研究所、冶金工业信息标准研究院、机械工业信息研究院、中国化工信息中心、中国农业科学院农业信息研究所、中国医学科学院医学信息研究所等单位组成的国家科技图书文献中心，形成数字化的理、工、农、医四大科技文献信息资源服务网络系统。

从2001年开始，中科院构建了为科学研究和国家创新体系服务的科技文献信息支撑系统。采用开放、集成和用户为中心的设计理念，应用了学科信息门户、开放链接和跨库检索等实用的技术。面向分布在全国各个省市的科研院所的科研人员提供网上联合编目、跨库检索、跨库集成浏览、馆际互借与文献传递、学科信息门户和参考咨询等服务。

3. 科研信息化应用成果不断涌现

科研信息化的发展对科学研究产生了深刻影响，应用成果不断涌现，迅速提高着中国的科研水平。

2000年科技部启动了"973"计划项目。"材料计算设计与性能预测基础问题"该项目通过对典型材料特定性能的计算和预测，取得了系列成果，培养了一批学术带头人与研究骨干，使中国材料计算领域在方法探索和典型应用方面取得了长足的进步。

近年来，随着高性能计算的发展，中国在地球科学模式开发和数值模拟方面取得了长足的进步，提出了一批自主开发的模式，如中科院大气所的FGOALS、RIEMS，中国气象局BCC-CM1、GRAPES、CUACE等气候模式，中科院空间中心开发的中国第一代空间天气预报模式，中国地震局和中科院力学所开发了地震模拟模式LURR等。在大气环流、海洋环流和气候变化的数值模拟方面，中国发展了独具中国特色的四代气候系统模式，利用它们在高性能计算机上模拟了人类活动对全球变化的可能影响以及未来气候可能演变趋势，其结果被政府间气候变化委员会（IPCC）已有的四次气候评估报告所采纳，为世界各国经济发展长远规划和科学研究提供了重要参考；在业务数值天气预报方面，不仅能对全球范围的天气形势做3—10 天的中期天气变化预报，而且通过同化各种观测资料，能对区域尺度的剧烈天气事件做 24—48 小时短期精细预报；在海洋灾害预报方面，不仅能利用高性能计算机对厄尔尼诺作长期预测，而且能对风暴潮、海浪、海流和海冰作日常业务预报以及对溢油等紧急事件作应急预报。

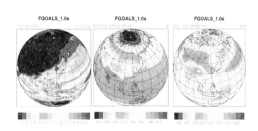

图 37.7　中国第四代气候系统模式 FGOALS
模拟的降水、温度和海平面气压

基因组研究对高性能计算有巨大需求。在超级计算机的帮助下，中国科学家在基因测序方面取得了丰硕的成果。中科院北京基因组研究所参与完成了国际人类基因组单体型图计划，独立完成了"中国超级杂交水稻基因组计划"、家蚕基因组计划及家鸡基因多态性图谱等，率先在国内完成 SARS 病毒的基因组测序及诊断试剂研制。

中科院金属所发展了可视化铸锻技术，利用高性能计算模拟，将材料成形过程"可视化"，指导大型铸锻件的加工工艺过程，成为提升中国铸造、锻造等传统材料加工水平的有效方法，已经在船用曲轴毛坯、大型铸钢支承辊、大型空心钢锭和核电用关键锻件等的制造技术上成功应用，解决了中国不能加工特大型铸锻件的难题。

中科院科学数据库为科学研究、经济建设和社会宏观决策服务发挥了重要作用。"中国自然资源数据库"支持了包括国家发改委与中科院重大创新课题"中国西部生态——经济区划及典型区可持续发展模式与对策研究"、国家基金委重大研究计划"中国西北近 50 年城市与环境互动作

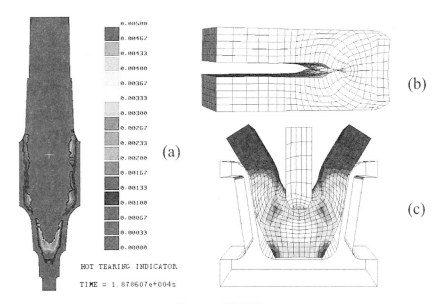

图 37.8　计算模拟
（a）预测大型铸钢支承辊在铸造过程中的热裂倾向
（b）大型船用曲轴曲拐
（c）大型船用曲轴曲柄的弯曲成形过程

用机理研究"等一批重要项目的研究。"病毒资源数据库"支持了中科院多个研究所在禽流感方面的联合重大研究计划。"大气科学与环境数据库"支持了大气物理研究的一系列国家和中科院重要项目，如"中国重大气候和天气灾害形成机理和预测理论的研究"、"亚洲季风区海-陆-气相互作用对中国气候变化的影响"等，并为院内外多家单位提供了数据服务。"空间环境数据库"密切结合"双星计划"、"子午工程"等重大空间环境探测计划和研究工作，提供实时空间环境数据，支持了"空间环境预报模式研究"、"地球空间暴多时空尺度的物理过程研究"等重要项目，特别是为载人航天工程提供了及时可靠的空间环境预报服务，为保障"神舟"系列飞船发射飞行的空间环境安全做出了贡献。"遥感卫星图像检索数据库"支持了全国国土资源大调查，3 年来共计提供了 1122 万平方公里的卫星数据，提供的数据服务为中国遥感应用各相关领域实用化、产业化发展，特别是在农业估产、林业调查、土壤、水文、地质分析、海洋环境监测、城市土地利用、国土资源调查、多种自然灾害监测与评估等方面发挥了显著的作用。

互联网络对科研的支持已经从网页浏览、电子邮件、文件传输、超级计算的远程登录等基本应用发展为包括视频会议系统、多媒体视频点播、远程教学、科研协同工作等综合网络应用，特别是为科研活动提供了动态、实时、安全的海量数据传输支持。现在，网络已成为科研工作不可缺少的基础设施。例如，通过网络，中国参与了欧洲核子研究中心（CERN）的高能物理研究网格。国家气象信息中心与国际各大气象科研机构，如美国 NCAR、欧洲 ECMWF 等实现可靠、高速的大规模数据传输。中国科技网为中国、澳大利亚、日本三方提供了 e-VLBI（甚长基线射电天文观测）实时观测数据专用光通道及技术支持。

4. 科研组织方式的变革

互联网络连接了各种科研信息化设施，消除了地域、组织的界限，使得虚拟科研组织成为一种新型的科研组织方式，并得到了迅速发展。这大大改变了传统的科研组织方式。

2004 年 8 月，依托于中科院计算机网络信息中心成立了"计算化学虚拟实验室"（VLCC）。它由来自国内外多家研究机构的 40 多位计算化学领域的学者组成，是一个集科学研究、软件开发、学术交流、技术培训、高性能计算应用培育、计算化学普及、实验与计算融合为一体的虚拟科研组织。在虚拟实验室中，一大批高水平的计算化学信息化应用成果涌现出来，如中科院大连化物所韩克利研究员对立体动力学和含时波包方法的研究、清华大学帅志刚教授对有机功能材料的研究和模拟、北京大学刘文剑教授的相对论密度泛函方法、西北大学文振翼教授在高精度电子组态相互作用计算上的研究、中国科技大学杨金龙教授在线性标度方法上的研究和四川大学李象远教授的非平衡溶剂化模型等。

2002 年，中科院国家天文台提出了建设中国虚拟天文台（China-VO）的计划，在国家"863"计划、国家自然科学基金委重大研究计划等项目

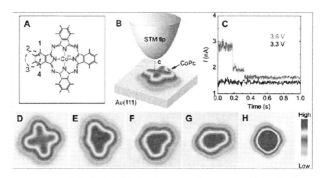

图 37.9　中国科技大学用深腾 6800 研究利用 STM 针尖诱导的
CoPc 分子脱氢过程

的支持下，中国虚拟天文台设计开发了多套网络化的工具集和服务，在数据管理、数据访问、数据挖掘等方面取得了进展，并在国家重大科学工程项目"大天区面积多目标光纤光谱望远镜（LAMOST）"中提供服务。

2007 年，中科院计算机网络信息中心、动物所、武汉病毒所、遥感所等六个中科院研究所与青海湖国家级自然保护区管理局联合成立了"中国科学院青海湖国家级自然保护区联合科研基地"。该联合科研基地整合了多个单位和领域的科研人员，组成了一个虚拟科研组织，建立了跨学科、跨领域的协同科研环境，实现了野外网络视频监控系统、基于 GPS 定位的候鸟迁徙跟踪监测系统，开发了基于 PDA 的可定制野外移动数据采集系统，支持多学科交叉的科研研究，为青海湖区域生态环境保护和重大科学问题的研究提供解决方案。

37.3　中国科研信息化的展望和建议

信息化使科学研究产生了一系列革命性的变化，科研信息化是世界的大趋势，也是中国科学技术现代化的必由之路。可以预期中国科研信息化

图 37.10　青海湖网络视频监控系统和青海湖野生候鸟栖息地发掘系统

进程必将进一步加快，成为中国建设创新型国家，实现 2050 年达到当时世界中等发达国家、全面实现建设小康社会战略目标的重要基石。

37.3.1　展望

未来中国科研信息化的主要发展趋势是：

（1）科研信息化的基础设施将进一步得到完善。

中国将逐步建设先进光网络基础设施，在此基础上融合 IP 与光网络技术建设先进的高速科研数据网，覆盖全国科研场所密集的区域，延伸到所有科研单位、大科学装置、野外台站，联接高性能计算资源、海量数据资源中心、科学数字图书馆、大型专业软件等信息化基础设施与资源，能够支持端到端动态专用光路传输服务，满足高速海量科学数据传输的需求。

随着更高性能计算机的面世以及新型技术的发展，中国高性能计算的能力将进一步提升。国家级超级计算中心将部署千万亿次（PFLOPS）高性能计算机，还将向百亿亿次（EFLOPS ＝ 1000PFLOPS）计算能力发展，并在一些城市建设一批地区超级计算中心，形成多层次的、覆盖全国的高性能计算基础设施，满足各种不同类型的科学计算需求。

中国将建设国家级数据资源中心和分布在全国主要科研基地的若干个地区分中心，形成统一的、分布式、网格化海量科学数据存储环境，提供高质量、安全可靠和长期保存的能力以及海量数据分析处理和可视化服务。

（2）信息技术将进一步渗透到科学研究的各个方面，与科研活动和过程更紧密地结合在一起，使得科研信息化更加广泛和深入。中国的科研信息化发展也必将从示范牵引进入到全面发展阶段。

37.3.2 问题和建议

近年来，中国的科研信息化发展非常迅速，取得了显著的成果，但是目前还存在一些问题，主要是：

（1）中国虽然已经有一些重要计划，但是总体来说，还缺乏国家层面的整体战略和规划，对科研信息化基础设施缺少总体部署、协调和有力的政策支持。

（2）中国科研网络、超级计算设施、科学数据等基础设施较为落后，国家层面的部署和支持不够，不能满足科研活动的需要。

（3）中国科研信息化目前还处在发展的初期阶段。目前中国整体上科研信息化应用水平不高，科研信息化应用和服务人才缺乏，和美欧等科技发达国家差距甚大，也面临许多发展中国家的竞赛。这种情况严重影响中国科研水平创新能力和科技国际竞争力。

（4）对科研信息化基础设施重"硬"轻"软"，对信息技术的基础研究特别是应用支撑技术研发投入不够，尚未形成在各研究领域共同支持信息化应用的态势，这已经成为限制科研信息化基础设施发挥能力的重要因素。

（5）对信息化条件下科研活动的政策研究，包括资源开放共享政策、数字化数据的版权、认证、授权、标准规范等等问题研究不够，亟须制定相应的法规、制度与政策。

因此，对中国科研信息化的发展，我们建议：

（1）在国家层面高度重视科研活动信息化对提高中国科研水平与创新能力、实现科学技术现代化的重大意义和关键作用。科研信息化的建设需要长期持续稳定地投入，应当把科研信息化纳入国家信息化规划，从国家层面给予高度重视和资金与政策支持。

（2）实施"中国科研信息化基础设施计划"，从国家层面统筹科研信息化的基础设施建设。建设一个面向科研工作者、覆盖全国重要科研场所、支持跨学科、跨组织、跨地域的科学与工程研究并能够可持续发展、安全稳定的科研信息化基础设施。它通过下一代高速互联网络，连接高性能计算资源、海量科学数据资源、科学数字图书资源、野外观测台站、大型科学装置、科学普及资源等，实现科技资源和教育资源的集成共享。不仅对提升国家科技自主创新能力提供支撑，同时还对区域性技术创新体系形成、促进科技创新与经济的结合形成重要支撑。

（3）大力提升中国科研信息化应用的广度和深度，提高科研信息化应用的水平。通过制定和实施科研信息化应用项目计划，大力推进科研信息化在各学科领域的发展。特别注意年轻的科研工作者和新兴领域、学科交叉领域的工作。

（4）加大对科研信息化基础设施应用支撑技术研发的投入。开展科研信息化相关基础设施体系结构的研究，加强系统软件、编程工具、中间件、管理软件、应用软件，科学数据采集、传输、存储、分析处理、可视化系列相关软件和工具以及协同科研环境的研发以及应用系统的研发，并持续不断地改进和维护，使科研人员能够充分享用到信息化基础设施的全部能力。

（5）建立科研信息化的运行服务的合理体制与机制。加强支撑服务队伍的培养，建设高水平的支撑服务队伍。大力宣传普及科研信息化的理念与技术，加强用户培训，把科研信息化的基本内容和技术纳入科研工作者的职业教育计划之中，不断扩大应用队伍。

（6）重视科研信息化软环境的建设。加强有关科研信息化的法规、政策、制度和信息安全保障体系建设。资源共享是信息化的核心问题，特别应当重视数据等信息资源的认证、授权、使用、核算、版权管理等制度以及标准、规范、协议的制定，建立科研信息化良好的"生态环境"。

（7）加强国内科研单位、行业部门、学科领域间的科研信息化合作；重视国际科研信息化的合作与交流。

（本章作者　阎保平　桂文庄　罗泽）

企业文框29：宇图天下

中科宇图天下科技有限公司（简称"宇图天下"）成立于2001年，是以中国科学院遥感应用研究所、国家遥感应用工程技术研究中心为技术依托的高新技术软件企业，是中国科学院地理信息技术和遥感应用技术产业化与成果转化的产业基地。公司总部坐落于北京。

从"3S"行业〔遥感技术（Remote Sensing, RS）、地理信息系统（Geographical Information System, GIS）、全球定位系统（Global Positioning System, GPS）〕起步，到电子地图在国内通信等行业中的销售名列前茅，再到国内数字环保行业的领军企业，宇图天下的创业之路颇多艰难坎坷，但是宇图天下克服种种困难，奇迹般地实现了跨越式的发展。

宇图天下公司成立开始只是承接一些电子地图数据的小活儿。随着GIS业务的不断发展，客户资源积累越来越多，项目规模也愈来愈大。空间信息技术应用到通信、物流、电力、烟草、交通、公安、石油、环保、国土等业务领域，延伸至遥感应用技术服务、导航定位、位置服务等大众化应用。依靠深度的行业分析、专业的解决方案以及完备的运营服务不仅赢得了社会的信任和尊重，更赢得了客户对宇图天下的良好口碑。

在与环保行业接触过程中，宇图天下发现，虽然国内各行业的计算机信息化工作做得热火朝天，环保行业却迟迟没有动静。在广泛调研后，宇图天下坚信环保行业信息化的时机总会到来的，公司专门聘用软件和环保专业人员，进行这方面的调研和模型研究，潜心进行积累。

2005 年，松花江污染事件在全国影响巨大，专家学者和社会呼吁建立环保应急联动机制，辅以科技手段，加快环保行业信息化进程，各级环保部门迅速投入力量，进行信息化建设。宇图天下的前期积累发挥的重要作用，迅速与江西、河南、张家口等各地环保局合作，推出了环境事故应急处置系统、环境政务信息管理系统、环境在线监测监控系统、放射源监控地理信息系统、主要污染物总量减排系统、环境基础地理信息系统、环境三维地理信息系统、污染源普查信息系统、生态环境系统。

在长期从事环保信息化建设的基础上，宇图天下在业内提出了"数字环保"概念，并具备"数字环保"整体解决方案，并提出具有前瞻性理念的"整体设计、分步实施"建设方案。数字环保就是利用数字技术、信息技术和虚拟现实技术手段，对环保的数据要求和业务要求进行深入的挖掘和整理，实现对环保业务的严密整合和深度支持，从而最大限度地提高环境信息化水平、监管执法水平、工作协同水平和创新水平，使环境信息系统空间化、感性化、使环保工作科学化、规范化、公众化的一项系统工程。

（编撰：刘博）

第 38 章

人力资源与社会保障

引　言

新中国成立 60 年来，中国人力资源和社会保障事业取得了举世瞩目的成就，为实施人才强国，保障和改善民生，促进社会公平正义，维护社会和谐稳定，推动经济全面协调可持续发展做出了重要贡献。同时，随着国家信息化进程的逐步推进，信息技术与人力资源社会保障事业工作越来越紧密地结合在一起，成为支撑人力资源社会保障事业工作的重要基础。

38.1　发展历程

随着国家信息化自 20 世纪 80 年代中期开始的规模化建设与发展，人力资源社会保障信息化建设也从无到有，从小到大，在人力资源社会保障工作中发挥着越来越大的作用。概括人力资源社会保障信息化的发展历程，大体经历了三个阶段。

38.1.1 第一阶段（20 世纪 80 年代中期—90 年代中期）

单业务、单机或局域网建设，是这个阶段的主要特点。

人力资源社会保障信息化建设始于 20 世纪 80 年代中期。1985 年，劳动人事部决定成立计算中心，开展了统计数据的电子化处理工作。1988 年机构调整后，劳动部和人事部分别成立了信息中心，各省市劳动部门、人事部门也相继组建或指定了信息化工作机构，承担信息系统建设工作。

在劳动方面，劳动部在 20 世纪 80 年代末制定了《劳动管理信息系统总体设计方案》，稳步推进劳动领域信息系统建设。为了提高统计工作的效率和准确性，劳动部开通了与省区市和计划单列市的计算机远程网和电子邮件系统，开发了支持常规统计报表和抽样调查信息处理的统计信息管理系统，实现了常规统计的采集、汇总、传输过程的自动化处理。为配合劳动力市场建设，劳动部在 60 个城市进行劳动力市场信息微机管理试点，组织开发了职业介绍系统应用软件，许多地区在此基础上进行本地部署实施，促进了就业工作的开展。随着养老保险制度改革起步，养老保险的信息系统建设探索应用亦开始起步。一些中心城市利用世界银行贷款和其他国际援助项目，开始使用单机版软件和建立小型局域网处理经办业务。

在人事方面，人事部组织开发的"全国通用人事信息管理系统"软件，顺利通过国家质量技术监督局组织的专家鉴定，在全国人事系统推广应用。利用第三期日元贷款建设"中国专业技术人员管理系统"项目，实施并开通了原人事部内部局域网，实现了与省级人事部门的点对点通信，使原人事部机关和部分省市人事部门的信息化水平上了一个新台阶。

在这一阶段，无论是劳动领域还是人事领域，信息系统建设主要是靠"技术推动"，其目的是用电子技术代替手工操作。实现从手工到电子化的转变，将工作人员从手工操作的繁重事务性工作中解脱出来，提高了工作效率。由于应用软件是由各地根据自身需求开发的，因此软件极不统一，标准化和规范化无从谈起，基础设施建设也相对滞后。这一时期的信息系统建设还局限在一些主要业务领域，大都是单独考虑，自成体系，采用的软件多是单机或局域网版本。

38.1.2 第二阶段（20世纪90年代中期—2002年）

多业务分系统分别建设，是这个阶段的主要特征。

20世纪90年代中期，"两个确保"工作的全面开展，劳动力市场"科学化、规范化、现代化"要求的提出，使得加快信息系统建设成为必然要求。1995年，结合组织民工有序流动工作，劳动部指导部分省市，开始建立区域信息网。1998年国务院机构改革，劳动保障部组建之初，即提出将劳动保障信息化建设作为劳动保障系统的"一号工程"，出台了《劳动和社会保险管理信息系统建设规划要点》，明确提出在中心城市建立各种模式的资源数据库，以养老保险、失业保险子系统为重点，带动医疗保险等其他保险的业务管理系统建设的工作思路。配合劳动力市场三化建设的开展，以及城镇养老保险、医疗保险等制度的实施，原劳动保障部相继印发了《劳动力市场信息网建设实施纲要》、《城镇基本养老保险信息系统建设实施纲要（1999—2001年）》、《城镇职工基本医疗保险信息建设指导意见》等指导性文件，开发了"劳动力市场信息系统"（劳动99一版）和"社会保险核心平台"（一版）等统一应用软件，并逐步在各地推广实施，提高了各地劳动保障业务信息化水平，也为进一步的统一实施奠定了良好基础。1999年，劳动保障部制订了《社会保障卡建设总体规划》，初步建立了相关的密钥管理体系，上海、长春等地区也相继开始发放和应用社会保障卡。到2002年年底，全国劳动力市场"三化"建设工作以点带面，整体推进，在网络建设、服务功能、市场管理等方面取得了长足进展。全国大部分城市已基本建立了劳动力市场信息系统，91个城市实现了城区劳动力市场信息联网，17个省份建立了省级劳动力市场网监测中心。在社会保险信息系统建设方面，全国90%以上的地级城市社会保险经办机构业务前台使用了计算机，部分城市在医疗保险信息化方面已经实现了经办机构与定点医院、定点药店的实时联网。

与此同时，人事人才信息系统建设也取得了较大进展。人事部于1995年发出《关于加快全国人事信息系统建设的通知》（人办发〔1995〕145号），部署人事人才基础数据库建库工作。1998年人事部发文在全国机关和事业单位启动人员基础信息数据库建设，为人才信息资源开发应用奠定了基础。1999年人事部开通了公众信息服务网网站，为社会公众提供人事法规查询与咨询服务，实现中央国家机关招考公务员工作网络化，极大地提高了人事公共服务水平和工作效率。2002年人事部建成内部办公局域网，为机关办公自动化建设奠定了基础。

这一阶段的信息化工作，几乎覆盖了劳动保障工作和人事人才工作的各主要业务领域，对业务工作的开展起到了重要的支撑作用。但由于"业务拉动"占主导地位，往往是出台一个政策，建立一个系统，呈现各业务分建系统、信息难以共享的局面。

38.1.3　第三阶段（2002年至今）

这个阶段是统一规划、统一平台、统一建设的"金保"工程阶段。

2002年，中共中央办公厅、国务院办公厅转发了《国家信息化领导小组关于我国电子政务建设指导意见》（中办发〔2002〕17号），对我国电子政务工作进行了总体部署，人力资源和社会保障领域信息化建设也进入新的一页。

中办发17号文件将社会保障信息建设列为我国电子政务建设的12个重点建设和完善的业务系统之一。2003年，经国务院同意，国家发改委正式批复了金保工程一期建设项目建议书，"金保"工程在国家整体立项。随后国家发改委也相继在2003年和2004年批复了"金保"工程一期中央本级可行性研究报告、初步设计和投资概算。各地的立项工作也随之有序展开。在此基础上，各级劳动保障部采取一系列措施，推动"金保"工程建设进程。一是完善全国系统的总体设计和规划标准体系。劳动保障部先后下发了一系列关于信息化建设的指导性文件；制定或完善了社会保险、劳动力市场等业务系统指标体系以及社会保障卡、劳动保障业务专网

IP 地址等方面的标准规范；制定了"金保"工程调度制度、社会保障卡发行管理制度等一系列规章制度。二是多次召开全国性劳动保障信息化工作会议，进行部署，明确"金保"工程统一建设的总体目标、建设任务、建设原则以及各项建设任务的具体要求。同时通过抓示范城市等措施，形成示范带头整体推进的局面。三是突出重点建设任务，全力推进系统建设。在部省市三级统一的数据中心建设、全国联网工程建设、统一应用软件开发和实施、劳动保障电话咨询服务中心建设、社会保障卡建设、统一的网络安全信任体系建设以及联网应用等方面，都取得了较为显著的成效。目前部本级金保工程一期建设已进入收尾阶段，即将进行验收，各省市"金保"工程建设也正有序进行，总体上看呈现出健康、良性的发展态势。

在人事领域，人事部制定了一系列人事人才信息系统建设标准，开发了《中国人事信息管理系统》、《中央国家机关招考公务员网上报名系统》、《全国公务员登记信息系统》、《全国人才统计年报数据汇总系统》、《全国机关、事业单位工资统发系统》和《办公自动化系统》等一批具有自主知识产权的人事业务应用软件，在应用中取得了较好的效果，在数据库建设方面也取得了一定的实效。人事部自 2002 年开始，在中央国家机关新录用公务员招考工作中实施网上报名以来，网上报名人数逐年增多，网站点击浏览量逐年增大。7 年来网上报名人数累计达到 574 万人。2005年开通"全国人才市场公共信息服务网"以来，无偿为高校应届毕业生、军转干部和各类流动人才，以及用人单位提供人才供求信息服务。北京、上海、广州、青岛、深圳等省市人事部门，通过建设网上人事、数字人事，开展网上人事业务审批、网上人才中介服务、网络培训和网上公务员招考等便民服务项目，方便了群众，增加了人事部门工作的透明度，拉近了人事部门与公众的距离，树立了政府人事部门的良好形象。

2008 年国务院机构改革，按照"大部门制"的要求组建了人力资源和社会保障部，人力资源和社会保障信息化工作面临着新的发展机遇。人力资源和社会保障部党组从人力资源社会保障事业发展的全局高度，提出了统筹人力资源社会保障各业务领域信息化建设，建立统一规范的人力资源和社会保障信息系统的宏伟构想。按照这一构想，人力资源和社会保障部开展了专题调研，初步形成了统一建设的总体思路，为信息化建设的长远发展奠定了基础。

在这一阶段，人力资源和社会保障信息化建设体现出两个突出特点，一是由分散到整合，特别是在劳动保障领域，五险合一、劳动保障一体化建设的趋势日显突出，全国一盘棋，建设一个标准统一、互联互通、各业务之间信息共享、流程衔接的信息系统，已成为系统上下的普遍共识。二是由"业务拉动"到"良性互动"。越来越多的地区在信息化建设中，根据业务发展方向和信息化管理的特点，优化业务流程，创新管理模式，通过业务与技术的良性互动，推动了人力资源社会保障管理能力和服务能力的提升。

38.2　建设现状

人力资源和社会保障信息化建设取得了较为显著的成效。概括起来，有以下几个方面。

1. 数据中心统一程度普遍提高

人力资源和社会保障部数据中心基本具备对"金保"工程一期各项应用需求的技术支撑能力，省、市两级数据中心的统一程度也逐步提高。全国地市级以上劳动保障部门均不同程度建立了数据中心，其中按照金保工程建设标准，建成统一规范的数据中心248个（包括4个直辖市、26个省级劳动保障部门和218个地市）。为实现各项劳动保障业务的协同办理以及人力资源社会保障领域信息化的协调推进，奠定了坚实基础。

2. 全国网络架构初步形成

全部省级人力资源社会保障部门，实现了与人力资源社会保障部数据中心的联网，全国 25 个省区市实现了与所辖全部地市的联网，87.32% 的地级以上城市实现了与省数据中心的联网，城域网覆盖了 87% 的经办机构，并向街道、社区及乡镇延伸。部省市三级互联工作取得新进展，19 个省份实现了部省市三级网络互联，其中 11 个省份可召开部省市三级视频会议，初步形成了主备双链路、多业务共享、高效传输、统一管理、分级维护的全国网络体系。

3. 联网应用稳步推进

养老、失业、医疗、工伤、生育等五项社会保险联网监测工作已全部启动。其中，养老保险联网监测数据上传的数据量已达到每月 1.68 亿参保人员，占同期参保人员总数的 89.2%。失业保险联网监测平均每月有 25 个省份上报了失业监测数据，共上传数据 372.5 万条。医疗保险、工伤保险联网监测进入数据上报阶段。开展了企业军转干部数据接收工作，采集、汇总企业军转干部数据 94.1 万多人。加强了数据分析工作，联网数据在支持宏观决策方面的作用进一步体现。在上海、浙江、江苏等长三角地区及新疆兵团开展的异地业务联网应用试点正稳步推进。

4. "金保"工程一期统一应用软件研发和实施取得实效

"金保"工程一期规划建设的社会保险核心平台三版、基层管理平台、联网监测软件、基金监管软件、宏观决策支持软件等 11 个"金保"工程一期统一应用软件基本上完成开发工作，相继进入验收、试点和推广部署阶段。各地社保核心平台等统一应用软件本地化实施也取得实效，江苏、河南、安徽、山东、广东、湖北等全省统一进行核心业务软件本地化实施的省市，都取得了较大的进展，在服务业务经办工作中发挥了重要作用。目前，《社会保险核心平台软件》已经在 340 多个统筹地区使用，《劳动 99 软件》基本实现全覆盖。

5. 人力资源应用系统建设逐步开展

各地开展了机构编制管理、公务员管理、军转安置、专业技术人员管理、工资统发、劳动保障监察等应用系统建设，92% 的地市不同程度地建立人事人才基础信息数据库。各地的公务员网上报考系统已成为招考工作中难以替代的支持保障手段。仅 2009 年度中央机关公务员招考网上报名工作就涉及网上招考单位 130 个，网上报名人数达到 154 万人次。各地的劳动用工备案系统推广工作也正在有序进行。

6. 公共服务系统建设和应用效果进一步显现

目前全国已有 299 个地级以上劳动保障部门和 304 个地级以上人事部门建立了政府网站，部分地区根据机构改革的进展情况，建立了统一的人力资源和社会保障政府网站，为社会公众提供政策法规信息发布、网上咨询、网上审批、网上职介、信访应用等服务，取得了一定的应用效果。全国 229 个地级以上城市开通了 12333 专用公益服务电话。具备社会保障卡发卡资格的地级以上城市已达 120 多个，已批准的发卡人数 1.3 亿人，实际持卡人数达到 5500 多万人。

7. "示范带头、整体推进"的工作局面初步形成

人力资源和社会保障部组织开展了"金保"工程示范城市建设，69 个示范城市经过验收，成为首批挂牌示范城市。建立了示范城市建设情况报告制度，已挂牌示范城市系统建设和应用水平稳步提高，典型示范作用日益显现。进一步扩大了示范城市范围，确定了 69 个城市为第二批"金保"工程示范城市，促进了这些城市的信息化系统建设步伐。在示范城市带动下，其他城市信息化建设也取得了较大进展，在全国范围内形成"示范带头，整体推进"的工作局面。

8. 系统安全性能进一步提升

人力资源和社会保障部本级重要信息系统等级保护和涉密信息系统分级保护测评和整改工作基本完成。开展了全国统一的基于 PKI/CA 技术的人力资源社会保障网络安全信任体系建设，印发了《关于建设统一的人力资源社会保障网络安全信任体系的指导意见》，制定了相关的标准规范，完成了部级安全平台的升级并开展了相关应用设计，在部分地区发放了近千张 PKI/CA 证书，对全国性联网应用提供安全支持。统筹谋划全国各级容灾备份建设布局，开展了部本级容灾备份系统建设，推动有条件的地区积极开展灾备中心建设，在确保数据安全的基础上逐步提高系统的可

持续服务能力。各地相关工作也正在有序进行。

9. 与其他部门的信息资源逐步共享

各级人力资源和社会保障部门积极推进与公安部、银行、民政部、统计局等部门的横向数据交换与数据共享。人力资源和社会保障部与中国人民银行参与了国务院制定的征信体系的建设。企业养老保险费缴纳情况、个人的养老保险交换数据，已全部纳入到人民银行的征信系统当中，得到有效应用。许多地区在社会保障卡的应用中，将公安部门对农民工的管理、对外来人口的管理，以及对住房公积金的管理、对公交卡的管理等，集于社会保障卡一张卡上，实现了相关部门间的一卡多用。

38.3 取得的经验与存在的问题

人力资源和社会保障部在开展信息化建设工作中，积极探索，勇于实践，克服了许多困难，积累了宝贵的经验。概括地讲，主要有以下几个方面。

1. 领导重视

人力资源和社会保障信息化建设涉及部门多，覆盖业务面广，需要进一步完善政策、优化流程、创新体制，如果没有人力资源和社会保障系统的各级党委、各级领导，特别是厅局"一把手"的重视和支持，是难以顺利推进的。无论是原人事系统，还是原劳动保障系统，各地都普遍成立了"一把手"任组长的信息化工作领导小组，健全了工作机制，形成了"一把手"亲自抓，分管领导具体抓，规划财务部门、信息化管理部门、经办机构等部门通力合作、齐抓共管的工作局面，保证了人事人才信息化建设、劳动保障信息化建设的顺利开展。

2. 广筹资金

资金是信息化建设的物质基础，突破资金的瓶颈，对于推进信息化建设至关重要。据统计，"金保"工程启动几年来各地陆续投入的系统建设资金在 50 亿元以上，投资超过 5000 万元的有 19 个城市。在资金的筹集和使用上，各地积累了许多宝贵的经验：一是积极协调争取立项，二是广开门路筹集资金，三是形成合力节约资金，四是强化管理用好资金。相比之下，人事人才信息化建设的经费投入普遍较低。但各地人事部门也是努力克服困难，想方设法，积极争取建设资金。

3. 统一建设

人力资源和社会保障信息化建设是全国统一的电子政务工程，只有各个地区、各项建设内容按照全国统一的规划和设计实施，才能充分发挥系统的整体效益。从系统建设的实际情况看，从分散到整合，从各地市独自建设到全国集中和统一，已经成为当前人力资源和社会保障信息化建设，特别是"金保"工程建设的总体态势。建立"完整、正确、统一、及时、安全"的劳动保障信息系统，以此全面加强社会保障工作的整体行政能力，已成为各级人力资源和社会保障部门的共识，初步形成了集全系统之力，共建"金保"工程大业的局面。

4. 应用为先

人力资源和社会保障信息化建设的最终目标是提升人力资源和社会保障管理服务水平。各地在"金保"工程建设过程中，坚持"以需求为导向，以应用促发展"，牢固树立两个服务对象的理念，紧密围绕人力资源和社会保障中心工作的需要，坚持"以人为本"开展信息化建设，并及时将统一建设的成果应用到人力资源和社会保障的实际工作中，将建设成果切实转化为现实的管理服务能力。各地也是边建设边应用，对于系统中暂时存在的不足，能够在应用中去查找，以积极的态度去改进，在应用中不断提升系统的成熟度和稳定性。

5. 良性互动

信息化的过程，是依靠现代信息、网络技术，不断优化人力资源社会保障业务流程，提升服务手段，完善管理模式的过程。在信息化建设中，既涉及"业务"，又涉及"技术"，如何处理好二者的关系显得尤为重要。

不断的探索和实践表明，业务部门绝不能固守过去的流程习惯，技术部门也绝不能闭门造车，只有二者很好地结合起来，"互补"而不是"互耗"，相互促进而不是相互扯皮，信息化建设才能顺利推向前进。

6. 夯实基础

机构、队伍、制度等，都是信息化建设的基础，只有把这些基础打牢，人力资源和社会保障信息化建设才能取得长远发展。在多年的信息化工作中，各地信息化机构建设也在稳步推进，为信息化建设提供了组织保障。同时，通过引进、培养，初步建立了一支熟悉人力资源和社会保障业务、掌握现代信息技术、能吃苦、肯奉献的信息化队伍。许多地区还建立健全了项目管理、资金使用、运行维护、安全管理等方面的规章制度，将信息化建设纳入规范化的轨道。

从总体上看，人力资源和社会保障信息化建设取得了大量的成绩，但同时也应该认识到，人力资源和社会保障信息化建设中仍存在一些急需解决的问题。主要表现在：一是思想观念有待统一。一些部门对信息化工作的重视程度不够，对统一建设、网络互联、信息共享观念比较淡薄，系统自行建设、自成体系、地区或部门所有的观念依然存在。二是组织机构尚不健全。一些地区缺乏专门的信息化机构，职能定位不清、专职人才队伍薄弱、建设机制尚不健全。三是资金短缺。部分地区信息化建设经费不足，信息化运维资金也得不到保证。四是发展水平尚不均衡。部分业务领域、部分地区的信息化水平相对滞后，影响了一体化建设和全国的互联互通。五是信息安全建设尚不完善。安全体系建设刚刚起步，异地容灾备份中心和全国统一的人力资源社会保障网络安全信任体系尚不健全等。面对这些问题和困难，我们更要充分认识人力资源和社会保障信息化建设的长期性、艰巨性和复杂性，要进一步增强责任感和使命感，坚定信心，扎实工作，迎难而上，努力开创人力资源和社会保障信息化建设的新局面。

38.4 下一步努力的方向

"大部门制"改革，预示着人力资源和社会保障信息化建设工作进入了一个以统筹推进为主要内容的新的发展阶段，既要一如既往地为各项既有政策的落实提供技术支持，又要为各项新政策的实施提供技术保障；既要继续大力提升人力资源管理和社会保障领域的信息化水平，又要按照统筹推进人力资源和社会保障工作的需要，实现相互融合。

38.4.1 建设目标

以全面提高人力资源和社会保障行政能力和服务社会的水平为目标，紧密围绕人力资源和社会保障事业的重点工作和发展方向，全面实现各项业务领域的信息化，并通过系统整合和信息共享，为各项人力资源社会保障业务之间的协同办理及跨地区协作提供技术支持；建立基本统一的面向社会的人力资源和社会保障信息化公共服务体系；建立包括统计分析、监测预警、预测分析、风险分析在内的多层次的宏观决策支持和基金监督模式，为人力资源和社会保障事业可持续发展提供技术保障。

2009—2010 年，初步搭建覆盖全国的信息网络，实现本地业务经办工作全程信息化，探索跨地区业务办理支持模式，具备对公共服务、基金监管和宏观决策的基础支持能力。

2011—2015 年，统筹人力资源和社会保障各业务领域信息化建设，以社会保障卡和跨地区社会保障业务服务为抓手，全面带动全国人力资源和社会保障信息系统的统一建设，实现就业服务和社会保障工作的有效衔接，实现业务、人群、功能、网络的"全覆盖"，实现社会保障"一卡通"。

2016—2020 年，适应社会保障体系建设的不断深入，形成覆盖城乡居民的社会保障体系的技术支撑环境。

38.4.2 重点任务

为完成上述建设目标，人力资源社会保障部将在完成"金保"工程一期的基础上，启动和实施"金保"工程二期建设。人力资源社会保障各业务领域的信息化工作，将一并纳入"金保"工程二期当中，统筹规划，统一建设。重点建设任务如下：

1. 夯实信息化基础设施，构建统一的技术支持平台

按照统筹各项人力资源社会保障信息化应用的需要，本着共用共享的原则，建设统一的数据中心、统一的信息网络、统一的安全基础设施，为各项人力资源社会保障业务的协同办理提供统一的技术支撑平台。

完善中央数据中心功能，建立异地数据交换平台，增强实时服务能力。省、市两级的统一数据中心建设也要按照统筹各项人力资源社会保障信息化应用的需要，对机房进行合理布局和科学划分，确保在功能上不仅能够保证当前开展的各项业务应用的需要，要为逐步推进的各项人力资源社会保障业务做好预留，如人才交流、人才配置与农民工就业工作的深入发展、社保关系转移接续、养老保险省级统筹、农民工养老保险、异地就医等。既要实现硬件设备的物理集中，又要实现各类数据的统一管理，还要积极探索适应各项要求的数据分布策略，建立各级数据中心的数据双向流动机制。

完善中央—省—市主干网络，提高网络性能，完善骨干网的网络管理和监控机制，确保网络的稳定和畅通，在满足当前各项联网应用的基础上，确保将来各项人力资源和社会保障业务联网监测和跨地区业务的逐步开展，适应数据进一步向上集中的要求。进一步推进城域网建设，整合原劳动保障部门及人事部门分别建设的城域网，将网络覆盖到各类人力资源和社会保障业务部门，并向下延伸到街道、社区、乡镇等所有服务网点，形成覆盖全国、上下左右互联互通的人力资源和社会保障信息网络。同时，借助国家电子政务外网，适时实现与国家相关部门的联网。

进一步完善网络安全基础设施建设，统筹设计涵盖人力资源社会保障各业务领域信息化应用的安全体系，实行统一的安全策略。建立统一的网络信任体系，完成电子认证系统和全国应用系统的集成，确保人力资源和社会保障各业务领域的相互信任。统筹谋划全国各级容灾备份建设布局，建设中央级容灾备份中心，有条件的地区也可积极开展灾备中心建设，在确保数据安全的基础上逐步提高系统的可持续服务能力，实现"本地应用级，异地数据级"的灾备机制。加强信息安全制度建设，建立信息安全事件响应机制，做好重要信息系统的等级保护和涉密信息系统的分级保护工作。

2. 拓展信息化应用领域，推动信息资源共享

在社会保障方面，要继续推进"金保"工程建设，按期完成"金保"工程既定的各项建设任务。同时，按照建立覆盖城乡社会保障体系的需要，配合各项新的社会保险政策的出台，构建政策实施的技术保障环境。主要是：配合医疗卫生体制改革方案的出台，重点抓好提高医保统筹层次、职工和城镇居民医保扩面、医保关系转移、异地就医结算，以及与新农合对接等工作的技术保障；配合农民工养老保险和社保关系跨地区转移接续工作的实施，建设农民工养老保险查询系统和信息交换平台；配合"新农保"试点和被征地农民社会保障业务开展，做好各项支持工作。

在人力资源管理方面，按照建立统一的人力资源市场的要求，对目前的劳动力市场和人才市场的信息系统进行整合，建立统一开放、竞争有序的人力资源市场，为劳动者就业和用人单位招用人员提供服务。通过对流程进行优化重组，实现公共人事管理服务与就业服务的衔接，为各类人员提供统一的管理服务。建立统一的劳动关系管理平台，推动劳动合同备案、劳动保障监察、劳动争议仲裁等工作的一体化管理。推进公务员管理、军转安置管理、技能人才管理、专业技术人才管理，以及事业单位管理、工资福利管理等人事人才管理领域的信息化建设，变静态管理为动态管理，变定时更新为实时更新。

在推进两大业务领域信息化建设的同时，研究确定信息共享策略，推

进两大领域信息系统的整合，实现两大领域信息系统的一体化建设。

3. 借助三级网络互联，推进联网应用工作

扩展"金保"工程联网应用，继续做好各项联网监测工作，扩大联网监测业务范围，提高数据质量，增强数据时效性，充分挖掘联网数据的价值，做好数据加工分析，为科学决策提供数据支持。全面建立通过网络采集信息的采集机制，形成常规统计、抽样调查、网络采集等多渠道相结合的决策信息采集模式，将各种渠道获得的、各项人力资源和社会保障业务领域的信息纳入统一的数据仓库平台，形成中央、省、市三级人力资源和社会保障宏观决策数据库；建设统一的宏观决策支持系统，实现包括统计分析、监测预警、预测分析、风险分析和精算在内的多层次决策支持模式。

4. 提升信息化应用水平，健全信息化公共服务体系

将网站建成人力资源和社会保障系统对外服务的"无形"窗口，积极拓展网站功能，为社会公众提供统一、便捷的信息查询和"一站式"网上服务，形成"网上受理—后台办理—网上查询"的服务模式。

拓展12333电话咨询服务业务范围，使其成为人力资源和社会保障系统对外服务的"有声"热线，推进电话咨询服务的全国联网，实现"一地呼入，全国咨询"。抓好"12370"公务员咨询服务系统的建设工作，与12333按照"一个后台，两个号码"的方式，实现后台系统的整合。适时开展12333短信息服务。

抓好社区信息平台建设。将街道社区信息窗口建成人力资源和社会保障系统对外服务的"零距离"平台。通过向街道社区的联网，将信息和服务送到老百姓身边，实现"服务向下延伸"，为社会公众提供规范、准确、便捷、高效的服务。同时，一体化考虑公共服务系统的整体建设，探索建立政府网站、12333、社区平台等各个部分之间的联动机制。

大力推进社会保障卡建设。逐步扩大发卡人群，加快发卡，推进用卡，争取2012年做到参保人员人手一卡。拓展社会保障卡应用领域，探索跨地区应用，努力实现"一卡多用、全国通用"。规范社会保障卡的发行和管理，保证发卡质量，提高卡的安全性。

人力资源和社会保障工作关乎民生，服务于人民大众。人力资源和社会保障信息化建设的效益，不是简单地体现在资金或者经济方面的收益，而是体现在政府的效率、政府的形象和人民群众所得到的实惠上，这是其最大的价值所在。作为社会的减震器，作为为人民群众解决实际问题的部门，"金保"工程建好了，老百姓方便了，社会和谐了，社会价值才能够体现出来。人力资源和社会保障信息化工作责任大，压力大，意义也很大。人力资源和社会保障部将按照既定的建设目标，根据人力资源和社会保障业务面临的新形势、新要求，与其他部门共同合作，将"金保"工程建设好、应用好。

（本章作者　赵锡铭　张加会　王旭景）

企业文框30：软通动力

软通动力控股有限公司是国内领先的业务咨询、IT 外包及 BPO 服务提供商，在金融服务、电信、高科技/制造业、能源/公用事业、医疗保健等领域，软通动力为欧美、日韩及中国的客户提供端到端全面 IT 服务及 BPO 服务，并具有强大的海内外业务拓展和服务实施能力。

成立于 2001 年的软通动力，在短短几年间就迅速崛起成为行业内知名企业，除了得益于政府的大力扶持外，也与其在发展的过程中逐渐明确的国际化战略思维有着密切的关系。软通动力从最初主要面向中国企业提供 IT 咨询及软件开发服务，到现在经过几次成功融资和并购后覆盖全球的服务实施能力，已经走在一条具有战略性思维的国际化征途上了。随着公司的不断发展壮大，软通动力也在朝着它的全球化继续迈进着——通过获取各项资质认证，提高公司内控机制，在欧美、日韩建立办公室，立足国内建立人才培训基地和交付中心等。除此之外，融资并购也是实施全球化战略的重要而有效的手段，软通动力通过成功的融资并购，完成了其在全球三大区域的战略布局。

国际服务外包市场的一个重要趋势是如果要得到海外大订单，关键要具备全球交付能力。这就要求外包服务商必须在全球布局，在不同的国家和地区设立多个业务拓展和交付中心。软通动力以北京为总部中心，在美国、日本、韩国及中国的台湾、香港、上海、大连、武汉、深圳、天津、无锡、广州、南京等地设有分支机构，以便更好地就近承接和服务客户，提高反应速度及沟通效率。通过自有投资和地方政府的大力扶持，除北京外，软通动力先后在无锡、天津、广州等地建设了三大全球服务交付基地，并在上海、南京、大连、武汉、深圳、香港、台北等多个城市设立了区域交付中心。以更合理地配置资源，进一步完善全球交付能力。

软通动力 2009 年初对深圳四达荣合科技公司和环亚先锋公司的并购，是针对政府出台的《电子信息产业振兴规划》而进行的行业战略布局。前者是一家专注于国内电信运营和电信服务的软件服务企业，主要客户是华为、中国移动等，后者的服务外包业务覆盖中国内地、香港和台湾地区。软通动力希望通过这两起并购，获得在电信行业的竞争优势，与中国的电信行业一同发展、积累，同时增强在大中华区的业务覆盖能力。

2009 年软通动力携手无锡滨湖区政府与埃卡内基（iCarne-gie）合作在无锡太湖新城科教产业园共建埃卡内基国际高级 IT 人才学院。作为卡内基梅隆大学控股的 IT 教育培训机构，埃卡内基采用卡内基梅隆大学的课程体系，专注于提供世界级软件开发教育培训服务。本次与软通动力的合作，是埃卡内基首次以直接投入、课件定制和派出师资的方式在中国内地开展的高级 IT 人才培训合作。

（编撰：刘博）

第 39 章
公共卫生与医疗

引 言

卫生服务体系所从事的主要业务活动广义上可以分为公共卫生与医疗服务两部分。公共卫生以关注人群健康为重点，通过有组织的社区（社会）干预活动，构建一个适应全体居民健康生活的环境条件，从而实现预防疾病发生和促进居民健康的目的。医疗服务则以关注个体患者为重点，通过运用医学知识、医疗设备、护理技术、手术和药物治疗等临床方法实现诊断和治愈患者疾病的目的。

卫生服务活动中需要处理和利用大量的信息。在信息处理和网络技术普及应用之前，无论是在医疗服务机构还是公共卫生部门，人们都需要付出大量的时间和精力填写各种各样的表格和记录信息，工作效率低，信息利用差。改革开放 30 年也是卫生信息化从手工向信息技术应用发展的 30 年。卫生信息化提高了医疗服务效率和服务的可及性。目前全国近 2 万所医院中，80% 以上建立了院区业务网络。公共卫生的主要工作是通过掌握居民健康信息，实现预防疾病、保护和促进人群健康的任务，但是长期以来我国公共卫生信息化建设工作一直非常薄弱。在经历了 2003 年"非典"疫情事件后，我国公共卫生信息化得到了快速发展。现已建立了全国疾病监测网络系统、卫生监督执法信息系统、突发公共卫生事件应急指挥与决策信息系统、社区卫生服务和农村合作医疗信息系统。卫生信息化的普及和推进极大地促进了公共卫生服务能力的提高。

39.1 发展历程

随着信息技术的迅猛发展，卫生领域信息技术应用在公共卫生、医疗服务领域全面开展。回顾几十年卫生信息化发展历程，发展的机遇与挑战并存，各种应用系统从无到有，从简单到复杂，走过了不平凡的路程。

39.1.1 探索起步阶段

早在 1934 年，IBM 公司就为北京协和医院安装了我国第一台商用高级统计分类处理机，用于病案统计工作，但是在以后的几十年里，卫生领域中的信息处理技术应用几乎没有发展。尽管卫生工作非常需要技术手段支持数据采集、加工和处理工作，但是也仅有医学科研部门使用计算机。在微型机尚未面世之前，由于计算机设备硬件价格昂贵，卫生系统内部开展信息化建设的单位如凤毛麟角。

为了推进计算机应用和普及，1986 年 10 月，卫生部成立了卫生部计算机领导小组。1987 年，卫生部利用世界银行贷款项目资金引进 15 台 VAX 小型机，配备到卫生部、部直属院校、医院及科研单位，开创了卫生系统计算机应用的先河。这些小型机承担的主要任务是：数据处理、统计分析、计算机教学和医院病案统计和管理等。

1991 年，卫生部引进 VAX 中型计算机系统，用于支持卫生统计调查数据处理和分析工作，并利用与其配套的网络设施和办公管理软件初次尝试机关办公自动化工作。1992 年，卫生部机关建成 DEC/net 局部网，同年 7 月建立电子邮件系统。1993 年，开始与地方卫生厅（局）建立远程拨号网络，部分省卫生厅（局）使用 Desktop/All-in-1 软件系统与卫生部传输数据文件。

1994 年年底，中国医学科学院情报所建立了全国医学院校医学情报检索网络。1997 年 5 月，卫生部建立局域网，并采用微波通信线路经中国科学院网络中心接入因特网。1997 年 10 月，卫生部正式申请注册因特网域名 moh. gov. cn，卫生部网站开始在网上发布信息。

39.1.2　整合与逐渐发展阶段

1996 年，卫生部提出了关于"金卫"工程的初步设想，工作重点定位在医院信息化和建立医疗结算与支付网络系统，有条件的地方推进远程医疗应用发展。随着对信息化本质认识提高，1997 年年初，"卫生部计算机领导小组"更名为"卫生部信息化工作领导小组"。

1998 年，我国遭受严重的洪涝灾害，在国务院研究科技救灾工作会议上李岚清同志提出，应加强国家卫生信息网建设，整体提高我国疫情报告和疾病防治水平。经过深入调研，结合我国实际，卫生部提出以"统筹规划、分步实施、连点成网、疫报先行、资源共享"为原则，建设国家卫生防疫信息系统。1999 年 7 月，财政部批准立项，中央财政拨款 1 亿元、地方财政拨款 1.3 亿元，用 3 年时间建立了覆盖全国的传染病报告网络系统。该系统建成后，实现了从县级疾病控制机构到卫生部的传染病逐级报告网络，这对于提高传染病报告时效、监控传染病报告质量、做好数据分析和利用工作产生了重要的作用。特别是在紧急情况下可以实施疫情"日报告"和"零报告"制度，满足了当时重大疫情情况下收集个案疫情报告的要求。

随着国家卫生信息网建设项目推进和医院信息化发展，卫生部逐步加强对信息化工作的规范和管理，制定了《互联网医疗卫生信息服务管理办法》、《医院信息化建设基本功能规范》和《医院信息系统评审管理办法》等卫生信息化政策性文件。2002 年 10 月，卫生部组织召开全国卫生工作会议，研究制定了《2003—2010 年全国卫生信息化发展纲要》。

39.1.3 深入开发拓展应用阶段

2003 年春夏之交，"非典"疫情的爆发敲响了加强公共卫生工作能力建设的警钟。当时由于信息不通，指挥不灵，导致疫情蔓延，造成了严重的后果，社会和政府进一步提出了加强公共卫生工作能力的要求。2003 年卫生部拟订了《国家公共卫生信息系统建设方案》，明确了当时公共卫生信息系统建设的五项任务：（1）建立和完善国家公共卫生信息系统基础网络，实现国务院提出的网络建设纵向到底，横向到边，建立五级网络和三层平台的要求；（2）建立疫情和突发公共卫生事件监测系统，实现医疗机构信息网络直报的要求，基层单位通过网络直接报告疫情和突发公共卫生事件；（3）建立医疗救治信息系统，提高应对重大疫情和其他突发事件的响应能力，将灾情和疫情造成的损失控制在最低限度；（4）建立卫生监督执法信息系统，增强防范能力，避免和减少公共卫生事件产生和出现；（5）建立突发公共卫生事件应急指挥与决策信息系统，建立疾病监测、卫生监督和医疗救治信息交换平台，实现各系统之间的信息共享，辅助实现应对和处理重大突发公共卫生事件的指挥与决策。

在医疗服务领域，随着信息化程度广度和深度发展，医院信息化从初级的管理信息系统，转向以病人为中心的医护工作站、临床检验信息系统、医学影像系统、电子病历和远程医疗为特点的数字化医疗发展。远程医疗咨询，远程医学教育和药品集中招标采购等工作也开始进入实质性应用阶段。

2006 年 6 月，国务院成立了深化医药卫生体制改革部际协调工作小组，研究制订深化医药卫生体制改革的总体思路和政策措施。在国务院医药卫生体制改革文件中提出了要加快医药卫生信息系统建设，充分发挥信息技术作用，实现改善管理，加强监控，提高管理水平和工作效率的要求。深化医药卫生体制改革提出的具体任务是：以统一的卫生服务信息平台为基础，完善以疾病控制网络为主体的公共卫生信息系统建设；以建立居民健康档案和基础信息网络平台为基础，实现公共卫生均等化；以医院管理和电子病历为重点，推进医院信息化建设；促进城市医院与社区卫生服务机构共同发展。

39.2　主要成就

我国公共卫生与医疗服务领域信息化已经经历了探索起步阶段和全面普及阶段，开始进入深层次应用发展阶段。信息技术应用已经成为公共卫生与医疗业务活动必不可少的支撑和手段。卫生信息化提高了公共卫生保障能力，增强了医疗服务效率和质量。国务院深化医药卫生体制改革意见中提出了要进一步建立健全医药卫生信息系统，以适应卫生改革与卫生事业发展，满足人民群众日益增长的医疗卫生服务需求。

39.2.1　增加公共卫生保障能力

我国公共卫生机构的信息化应用情况与医院相比，无论是在资金投入、人才队伍、技术积累和制度建设方面都存在一定差距。2003 年"非典"疫情导致的一场重大公共卫生危机，敲响了警钟。在疫情爆发初期，由于组织指挥不统一，信息渠道不畅通，应急处理能力差，疫情的蔓延给国民经济和社会发展造成了严重的损失。党中央、国务院十分重视公共卫生信息系统建设并提出了具体指示，胡锦涛总书记要求建立健全全国疫情信息网络，温家宝总理强调要建立从中央到乡、村的畅通的疫情信息网。在随后的 6 年里，公共卫生信息化建设得到了高度的重视和快速的发展。

1. 突发公共卫生事件应急领域

随着我国改革开放政策实施和全球经济一体化发展趋势，我国经济得到了快速发展。但是这种快速发展同时导致了公共卫生危险性的增加。日趋严重的环境污染、城市地区人口快速扩张、国际和国内人口大量流动，原有生物病原体的耐药性变异、新发传染病的出现，使得我国社会逐渐进入突发公共卫生事件的高发时期。

突发公共卫生事件是指突然发生，造成或者可能造成社会公众健康严重损害的重大传染病疫情、群体性不明原因疾病、重大食物和职业中毒以及其他严重影响公众健康的事件。突发公共卫生事件应急业务包括：应急流行病学调查、传染源隔离、医疗救护、现场处置、监督检查、监测检验，以及卫生防护等有关物资、设备、设施、技术与人才资源的储备。突发公共卫生事件应急工作还要应对其他突发公共事件（如自然灾害、事故灾难、社会安全以及环境污染）引发的人员伤亡和健康威胁情况。

据世界卫生组织（WHO）统计，近 30 年来世界新发现的传染病有 30 多种，如埃博拉出血热、艾滋病、疯牛病以及 2009 年的甲型 H1N1 新病毒流感等，WHO 于 2004 年专门修订了《国际卫生条例》，以便于利用全球资源来应对突发公共卫生事件。为了有效预防、及时控制和消除突发公共卫生事件的危害，保障公众身体健康与生命安全，我国政府在 2003 年发布了《突发公共卫生事件应急条例》。随后我国的突发公共卫生事件应急组织体系逐渐形成。

根据国务院发布的《国家突发公共卫生事件应急预案》要求，建立突发公共卫生事件应急决策指挥系统，承担突发公共卫生事件及相关信息收集、处理、分析、发布和传递等工作，并采取分级负责方式进行实施。2005 年开始，中央对中西部经济欠发达地区、东北老工业区的辽宁省及新疆生产建设兵团等 24 个单位，提供 1.1 亿元的财政支持建立省级应急指挥中心。各省提供配套建设资金，项目总预算近 3 亿元。东部经济发达地区，按照卫生部统一要求，由地方财政自筹资金。经过 3 年建设，全国突发公共卫生事件应急指挥与决策信息系统逐步形成，为突发公共卫生事件的危机判定、命令部署、沟通提供了技术支持。该系统在 2005 年的四川省人感染猪链球菌疫情，2008 年安徽省阜阳手足口病疫情，以及在 2008 年四川省"5·12"汶川地震抗震救灾医疗救治工作中发挥出重要的作用。特别是在四川抗震救灾工作中，利用突发公共卫生事件应急指挥信息系统实现了网络化救治资源调度、伤病员转运、现场消毒、疾病预防和安全饮用水及食品卫生保障工作的科学管理。

我国突发公共卫生事件应急信息系统建设从以下几个方面提升了应急工作能力：第一，提高了突发公共卫生事件信息收集和处理能力。我国于 2004 年开始建立突发公共卫生事件监测预警和信息报告网络系统和自然灾害卫生应急信息报告管理系统，县级以上各级人民政府卫生行政部门指定的突发公共卫生事件监测机构、各级各类医疗卫生机构、卫生行政部门通过网络按规定的时限将事件信息报送中国疾病预防控制中心，提高了各级政府应对突发公共卫生事件的预警响应效率。第二，建设突发公共卫生事件相关数据库，使卫生应急工作心中有数。卫生部建立了应急队伍数据库、公共卫生事件危险因素和卫生资源数据库，包括：全国卫生机构基本情况、卫生人员和大型医疗设备个案数据库。第三，建立了卫生部与各省的视频网络系统，定期开展内地与香港、澳门三地间网络信息沟通和视频指挥演练，提高了合成应急、协同应急的能力。

2. 疾病预防控制领域

疾病预防控制领域信息化主要内容包括：传染病监测与预警，重大传染病防控、免疫规划、地方病防治、行为危险因素监测与慢性病控制、公共卫生监测以及其他健康促进工作。

2004 年，全国疫情网络直报系统建成并投入运行。目前，使用疫情网络报告的卫生机构超过 8 万个，包括县及县以上医院、社区服务中心、乡镇卫生院、疾病控制中心和各级卫生行政部门。该系统直接从基础医疗机构采集疫情信息，过去从医疗机构发现疫情到县级疾病预防控制机构收到疫情报告平均需要 5 天的时间；县级疾病预防控制机构经过逐级汇总报告，最终到达中国疾病预防控制中心平均需要 24 天。实行疫情网络直报后，从医疗机构做出诊断到国家收到疫情报告的平均时间缩短到 1 天以内，各级疾病控制与卫生行政部门能及时掌握疫情，提高了传染病疫情控制能力。就全国范围内利用网络采集和处理传染病和应对突发公共卫生事件来说，我国已经走在了世界的前列。

免疫规划管理信息系统的推广应用，促进了免疫接种工作的规范化和科学化。2008 年国务院提出扩大国家免疫规划任务后，对免疫规划管理信息系统建设提出了更高的要求。我国是一个人口大国，实现每一个接种对象能在特定的时间，接种特定的疫苗（15 种）是一件复杂的任务，需要信息化手段的支持并不断完善。中国疾病预防控制中心启动了全国儿童免疫接种信息管理系统建设，依托网络平台，建立儿童免疫接种数据中心，实现了管理流动儿童异地接种的要求。我国部分地区利用信息化手段，建立区域性儿童免疫接种网络系统，实现了一地建卡多地接种，儿童应接种疫苗自动推算和报警通知，方便了接种对象，提高了接种监测信息报告质量，提高了预防接种异常反应调查和相关处理工作的效率。

重大传染病防控工作中，各地区疾病预防控制部门实现了从疫情报告、患者注册登记到措施干预的一体化应用。例如，艾滋病和结核病管理工作中，利用信息系统手段，实现了患者跟踪和实行免费诊治管理。

为了通过社会渠道获取突发公共卫生事件举报信息，宣传我国重大疾病防治有关的政策、法律、法规等，并为居民提供疾病预防控制、健康与保健咨询服务。2004 年卫生部启动"12320"全国公共卫生公益电话工作，在 2007 年底覆盖全国。"12320"公共卫生公益电话的具体服务内容有：突发公共卫生事件举报及相关知识宣传；重大传染病防治知识，主要包括艾滋病、乙肝、结核病、鼠疫、霍乱、非典、禽流感、流脑、乙脑、性病、出血热、流感等介绍；食品卫生安全与营养知识；饮水安全与卫生知识；居室安全与卫生知识；运动与健康的相关知识；计划免疫及相关知识；职业防护及职业病防治知识；就医指南；卫生方面的投诉、举报；重大疾病防治的有关政策、法律、法规等内容。

3. 农村卫生领域

2002 年，中共中央和国务院《关于进一步加强农村卫生工作的决定》提出要逐步建立新型农村合作医疗制度，到 2010 年，新型农村合作医疗制度要基本覆盖农村居民。2009 年我国新型农村合作医疗制度实现了全面覆盖农村地区，参合人数达到8.3亿，农村居民医疗负担得到减轻，农民因病致贫、因病返贫的状况得到缓解。

随着新型农村合作医疗制度迅速推进，建立与新型农村合作医疗业务模式相适应的信息系统已经成为必要的技术支撑手段。卫生部2006年及时提出了《关于新型农村合作医疗信息系统建设的指导意见》。指导意见要求各地区要利用技术手段实现实时向社会公布新农合管理制度、用药范围、药品价格、收费标准、补偿程序和补偿比例，定期公布基金使用和补偿等信息，增进透明度，使农民群众获取知情权，增强了参与新农合保障制度的积极性。截至2008年年底，全国2729个县实现了利用农村合作医疗信息系统实现对8.15亿农民的合作医疗基金统筹与报销业务工作。很多地区实现了新农合管理经办机构与定点医疗机构之间的网络化数据结算应用，实现参合农民当日结算报销和实时报销制度，使农民群众直接得到实惠。资金管理部门利用信息系统及时获取医疗服务费用发生和报销情况信息，对医疗服务诊疗和用药活动实时监管，使合作医疗基金监管从事后审查变为实时监管，规范了医疗服务行为，保护了参合农民的利益。

4. 基层卫生与妇幼保健领域

为了落实国务院关于发展城市社区卫生服务工作的要求，各地政府相继加强了社区卫生工作的建设工作，社区卫生信息化成为加强社区卫生工作科学化管理、提高居民健康保障水平的重要内容之一。社区卫生信息系统的建设，对于掌握社区居民的总体健康状况、疾病流行态势及影响居民健康的主要因素，落实预防保健任务具有重要的战略意义。

在经济条件比较好的地区，一方面是通过社区卫生信息系统建设，将居民疾病控制、预防保健和健康促进工作落到实处，使常住人口的预防保健主要指标处于良好水平；另一方面，通过信息系统建设，实现为居民，特别是长期连续治疗的慢性病患者，提供方便、快捷、高质量的医疗服务。

为了规范社区卫生信息化建设工作，卫生部加强了社区卫生信息系统的规范化、标准化研究工作。妇幼保健与社区卫生司与科技教育司密切合作，以科研课题形式支持社区卫生信息相关标准的研究工作，以满足当前各地对社区卫生信息化建设发展的要求，促进社区卫生信息化工作发展。

5. 卫生监督领域

卫生监督业务的重点是保障各种社会活动中正常的卫生秩序，预防和控制疾病的发生和流行，保护公民的健康权益。卫生监管的范围包括卫生许可管理，对各级各类卫生机构、个体诊所和采供血机构的监管以及卫生专业人员的执业许可和健康许可以及食品安全等。2000 年卫生部发布《关于卫生监督体制改革的意见》后，我国卫生监督体系逐渐形成和完善。随着卫生监督工作机制的完善和监督职能的健全，各地政府对推进卫生监督工作提出了更高的要求。一些城市十分关注并建立网络化的卫生监督执法系统，采用移动终端结合 IC 卡等技术手段，为卫生监督执法管理搭建一个统一的信息化平台，以提高卫生监督执法综合能力、工作效率和科学化执法管理的水平。

39.2.2 提高医疗服务效益

目前人们已经很难想象，没有计算机和网络，医院的门诊和住院业务如何处理。对于一个大型医院，即使是医院信息网络的暂时瘫痪，也会使得医院业务活动难以为继。医疗信息化应用提高了医疗业务工作效率和服务质量。

1. 医院管理信息系统

我国医院信息化应用开始于 1987 年，卫生部利用世界银行贷款项目资金为 3 家综合医院引进 VAX 小型机，用于医院病案统计和分析工作。20 世纪 80 年代初期，随着苹果 PC 机的出现和 BASIC 语言的普及，一些医院开始开发一些小型的管理软件，如工资软件、门诊收费、住院病人费用管理、药库管理等。80 年代中期，随着 XT 286 机的出现和汉字处理水平提高，以及 dBASE 数据库和 DOS 及 UNIX 操作系统的普及，一些医院开始建立小型的局域网络。90 年代，快速以太网和大型关系型数据库产生，完整的医院网络管理系统的实现已经成为可能。医院管理信息系统设计理念开始强调以病人为中心，注重以医疗、经济和物资信息三条线贯穿整个系统。

根据卫生部统计信息中心2007年对全国3765所医院进行信息化现状调查，结果显示：门急诊划价收费系统、门急诊药房管理系统、住院病人费用管理系统、药库管理使用最为广泛，均超过80%，以管理为中心的信息处理工作已在大部分医院展开；住院病人入出转管理系统、住院病人床位管理系统、住院药房管理系统使用的医院超过70%。

使用医院管理信息系统的主要目的是实现对医疗活动中所涉及的人、财、物的管理。应用医院信息系统，提高了医务工作效率，减少了病人就诊和等待时间，根除"三长一短"（挂号、收费、取药时间长、医生看病时间短）的弊病，有效地解决了看病排队问题，堵住了收费、药品管理中的漏洞，提高了医疗服务效率。

2. 医院临床信息系统

临床信息系统是指以提高医疗质量和医疗工作效率为目的的病人医疗信息采集、处理、存储、传输系统。一般而言，医院信息系统的发展逐步由管理信息系统向临床信息系统过渡。医务统计、收费、药品管理等相关管理信息系统不仅直接满足了医院管理的需要，并且为临床信息系统的实施提供了基本的数据基础和流程支撑；反过来，临床信息系统在为医护人员服务的同时，采集了更加详细和实时的医疗数据，也为管理信息系统服务功能的深化提供了基础数据。

临床信息系统包括：病人监护信息系统、麻醉监护信息系统、医嘱处理系统等。这些系统直接采集和记录了病人的医疗过程，包含病人的生命体征信息、护理记录、医嘱记录等。临床信息系统还包括各类辅诊科室与病人信息有关的信息系统，如检验信息系统、医学影像信息系统、心电信息系统、临床药房系统等。目前我国医院临床信息系统建设中，应用比例最高的是实验室信息系统，其次是医技科室信息系统、病房医生工作站、门诊医生工作站、放射科信息系统，应用比例最低的是临床决策支持系统。医嘱处理系统是医院较早普及应用的临床信息系统。医嘱处理不仅仅是诊疗活动的过程记录，更重要的是可以与医学知识库结合，降低医疗差错。根据近年来医院信息化调查，我国已有 25% 的医院开展了临床信息系统应用。

3. 远程医疗应用

我国远程医疗和诊断服务采取政府政策导向，社会运作的推动模式。远程医疗信息技术服务单位与医疗单位合作，提供远程医疗咨询服务。远程医疗应用的作用是利用大城市医疗服务资源，特别是医疗专家资源，为偏远地区提供服务。为了规范远程医疗会诊活动，1999 年卫生部发出关于加强远程医疗会诊管理的通知，对远程医疗活动的业务内容、责任主体和行为规范提出要求，规定了远程医疗会诊属于医疗行为，必须在医疗机构内进行，网络管理中心不能从事医疗会诊活动，远程医疗属医疗咨询范围，医疗责任在申请方医院。

深化医药卫生体制改革意见精神，提出了城市医疗机构与西部地区医疗机构对口支援的政策要求，对口支援单位的远程医疗应用将在新政策层面支撑下逐步得到发展。

39.3　主要做法和经验

卫生信息化具有应用内容复杂，业务管理层次化与领域化交叉，信息化投资渠道不统一，以及信息化基础研究薄弱，信息标准缺乏等方面的特点。特别是由于信息化投入主体多样性，全国使用集中和统一的软件，在技术上既难以满足各种各样的应用需要，在管理和实施上也难以操作。为此，我国卫生信息化采用市场机制为主、协调管理为辅的发展模式。一方面可以调动各单位和业务领域信息化建设的积极性，使卫生信息化发展出现了百花齐放的喜人局面；另一方面通过制定卫生信息化建设规范，降低整体开发成本，避免无序竞争，实现信息交换与共享的要求。

一是，政府部门承担起卫生信息化工作中应尽和必尽的责任。公共卫生信息系统基础性建设工作、系统运行保障工作、卫生信息标准体系建设工作、卫生信息系统应用的法规和管理规范研究工作等，是政府和卫生部门的职责。尽管目前政府在整体资金投入，业务管理，信息交换和利用上仍存在困难，但是，政府首先注重提升管理和协调能力，冲破传统画地为牢的落后观念。同时，政府要继续加强国家卫生信息资源共享系统建设，特别是提高信息分析和利用能力，提高将信息转化为政策依据的能力，利用信息监测手段评估政策的实施，提高科学化管理水平。

二是，组织研究和制定医院信息系统发展目标和策略。医院信息化发展应采取市场机制为主，"百花齐放，百家争鸣"的发展模式。但是如果不注意弥补市场失灵的漏缺，也会导致开发资源分散、软件开发成本高、开发失败率高和难以持续发展等方面的问题。1997年卫生部制定《医院信息系统功能规范》，对医院信息系统软件提出规范性设计要求，并采取商品软件评审制度，以保护医院信息系统软件质量。在医院卫生信息化向深层次应用发展后，2002年卫生部又提出第二版《医院信息系统功能规范》，引导医院信息化发展方向。随着医院信息化应用普及，信息化市场机制的逐渐成熟，卫生部取消了软件评审制度，通过数字化医院示范方式，引导医院信息系统建设工作的健康发展。

三是，发挥学术团体和中介组织作用。政府通过支持学会建立学术组织，开展信息化专业领域的学术研讨活动，为信息技术厂商、卫生单位用户和相关机构之间建立信息沟通和经验交流的渠道；通过组织培训和技术推广工作促进信息技术应用普及。近年来，卫生信息化学术团体每年都要组织多次全国性信息化学术交流活动。地方性卫生信息化学术团体通过组织信息技术普及活动，为基层单位信息技术和相关人员提供交流空间，促进基层和欠发达地区卫生信息化发展。2004年经卫生部批准，成立了中国卫生信息学会，该学会职责是：组织卫生信息理论与应用技术研究，开展卫生信息技术交流，宣传和普及卫生信息化知识。2006年4月成立卫生部电子病历委员会，研究电子病历技术规范与标准。2006年10月11日成立了卫生部卫生信息标准专业委员会，负责医疗卫生领域卫生信息相关处理技术、管理体系、信息处理相关设备、信息技术、管理认证和网络安全等标准的制定与研究工作。

39.4　发展重点与展望

信息和网络技术应用发展今后将对以知识密集服务为特征的医药卫生行业产生重大影响，卫生信息化是实现提高公共卫生与医疗工作效率，降低卫生费用成本、减少差错和提高服务质量的必由之路。为了在 2020 年实现人人享有基本医疗卫生服务的重大战略目标，国务院深化医药卫生体制改革文件提出，要建立覆盖城乡，服务于居民健康，促进疾病预防控制和医疗服务各个工作环节的，统一高效、资源整合、互联互通、信息共享、透明公开、使用便捷、实时监管的医药卫生信息系统。公共卫生和医疗信息化必将得到快速发展，重点领域是建立居民健康档案、推进电子病历应用和深化公共卫生信息化工作。

39.4.1　居民健康档案

居民健康档案是实施健康管理过程的记录，是动态收集和积累居民在不同生命阶段健康状态和医疗活动信息的技术手段。推进居民健康档案应用，一方面作为公共卫生均等化工作的技术支撑，另一方面是为疾病预防、医疗服务、社区卫生和居民自我保健等活动提供必要的数据与信息基础。建立居民健康档案是国务院医药卫生体制改革 5 项重点任务中，是促进基本公共卫生服务逐步均等化项目的重要内容。国务院要求，到 2009 年年底，城市居民健康档案规范化建档率要达到 30% 左右，农村居民试点建档率达到 5%，以后每年渐进发展。

居民健康档案是居民健康的历史记录文件，由于居民的流动性以及在不同机构和地区参与公共卫生和接受医疗服务活动，实现信息整合与共享是对建立电子化居民健康档案的基本要求。卫生部 2009 年组织制定了《健康档案基本架构与数据标准》，各地区在国家制定的标准化健康档案中选取相应指标，建立适应本地要求的居民健康档案系统，实现与相关业务部门的数据交换和信息共享，满足健康相关部门和单位信息共享需要，满足居民个人使用健康档案信息、识别健康危险因素、改变不良行为和增强自我保健意识需要。

39.4.2　电子病历应用

电子病历是连续、动态记录患者就医过程中各种医疗信息的电子文档。建立电子病历系统能产生的核心价值是实现医疗信息共享，就是将以前以医院为单位的封闭的医疗诊断信息通过网络实现不同医疗机构之间的共享，为医务人员提供及时、全面和可靠的病历信息。电子病历应用的主要作用和意义在于：第一，提高医疗工作效率。医生使用病历模板书写病历可以提高病历书写效率；计算机自动处理医嘱，可减少护士不必要的转抄工作。第二，提高医疗工作质量。医生对病人进行诊断并做出治疗决定的过程，实质上是依据他所掌握的信息做出判断的过程。计算机虽然不能取代医生决策，但却可以为这一过程主动提供有效的参考信息，辅助医生做出判断。第三，提高医院管理质量，医院管理部门通过监控病历处置过程信息，变期末管理为环节控制，各种原始数据可以及时地采集，形成管理指标并及时反馈，达到环节控制的目的。

推进电子病历深层次应用的基础建设重点包括：第一，开发电子病历信息参考架构或数据模型。病历记录内容种类繁多，结构千差万别，将分散在不同机构，不同历史时期，不同信息类别的数据重构为一个逻辑完整的电子病历，并能够在特定访问控制条件下实现共享，必须研究开发广泛适用的信息参考架构。第二，电子病历系统应用集成规范。实现电子病历信息系统之间互连互通，需要厂商按照统一的技术规范实现广泛的集成。第三，研究开发医学知识库。电子病历系统不仅仅是记录信息，更重要的是通过智能化应用提高医疗服务质量。例如通过医学临床路径应用，规范医疗行为和控制费用。第四，信息安全与隐私保护体系。电子病历信息需要给不同类别用户使用，但是只有在实现了患者隐私保护和信息安全基础之上，电子病历才可能被大家所接受。要从技术上和制度上建立统一的安全控制规范，使电子病历得到法律认可。

推进电子病历应用发展的方法是：一方面通过推进医院内部电子病历应用，丰富电子病历数据资源，并逐步实现标准化；另一方面通过建立区域卫生信息共享平台，实现电子病历信息交换与共享。

39.4.3　公共卫生信息化

公共卫生信息化的发展重点是信息资源的整合与共享以及促进不同业务系统之间的业务协同。在经历了 2003 年"非典"疫情危机之后，我国公共卫生信息系统建设得到了快速发展，先后形成了覆盖全国的传染病与突发公共卫生事件报告网络，部分省、市层面的突发公共卫生应急指挥系统、医疗救治信息系统、卫生监督信息系统、卫生统计网络报告等卫生管理信息系统。这些以特定业务管控为目标的信息系统在各业务领域发挥了重要的作用，但是独立和分散的建设又形成了众多"信息孤岛"和"信息烟囱"。

卫生部提出逐步建立中央、省、市（地）三级综合信息平台，为公共卫生、医疗服务、社区卫生、医疗保障、药品器械供应、卫生管理、卫生监督等业务应用系统资源整合打好基础。通过综合信息平台实现跨机构、跨部门数据交换和信息共享，满足不同系统之间、不同地区和不同管理层级之间的公共卫生信息共享。

进一步完善卫生监督信息系统建设和国家食品安全信息系统建设，加强疾病控制信息系统建设，完善妇幼保健信息系统，完善各级卫生政务信息系统建设，为卫生政策和管理的科学决策提供信息服务，满足社会上卫生相关机构和公民对政务信息公开和进行信息沟通的要求。建立卫生统计网络直报系统，从卫生基层单位获取一手信息资料，政府对卫生工作监管提供实时的统计分析数据等内容。

（本章作者 王才有）

企业文框31：广通信达

北京广通信达科技有限公司最初成立时，做的是新闻软件，还接下了新华社的业务，赚了些钱。但是广通信达的管理团队意识到，做公司，要有核心竞争力。新闻采编和OA类软件很难成为一个产品，而网管软件则有更多发展潜力。从此，广通信达确定了公司的发展方向，转型做网管软件。

2001年，国内某著名电信行业集成商在找合作伙伴时，找到了广通信达，寻求合作开发适用于电信行业的IP网管系统，广通信达抓住了这个机会，完成了业务方向的转型。它们开发出的网管软件，在技术上，处于国内领先的地位。

现在，曾经的竞争对手，有的已经转行，有的已很少听到声音了，而广通信达却在持续快速地成长。5年前，国外的一些软件，如IBM Tivoli、HP Openview，广通信达很难与它们正面较量，如今开发每个项目几乎都会跟它们遭遇。

现在，满足政府需求还是广通信达的主打市场，同时公司逐渐进入电信和金融软件开发领域。公司产品成为国内IT运营维护管理软件的首选品牌，打破了国外软件在电信和金融行业的垄断地位，撑开国产IT运营维护软件的一片天。

（编撰：刘博）

第40章

司　法

引　言

　　根据中央统一部署，最高人民法院和地方各级人民法院大力加强信息化建设，在审判活动和司法实践中，积极引入并推行发展电子政务理念，以信息化的手段，促进人民法院各项工作。经过多年的建设与发展，最高人民法院和地方各级人民法院的信息化基础建设初具规模，行政办公、案件管理、信息交互等信息化和电子政务方面的应用初见成效，在实施"从严治院、公信立院、科技强院"工作方针，扩大信息公开、增强司法能力、加强法院管理、拓宽群众参与、倾听群众呼声、沟通社情民意等方面发挥了越来越重要的、不可替代的作用。信息化和电子政务的推行，是人民法院全面贯彻落实科学发展观的重要保证。

　　现代信息技术服务于检察工作始于20世纪80年代初期。20余年来，随着信息技术的进步和信息化理论的发展，人民检察机关信息化基础建设成果突出，信息技术应用领域不断拓展，信息化的目标和推进思路逐步明晰，信息化建设已经成为检察机关的重要组成部分，并成为推动检察工作创新发展的重要推动力。

40.1　人民法院信息化建设发展历程

人民法院的信息化建设发展历程大致可以分为启动、展开和发展三个阶段。

40.1.1　启动阶段（2000 年年底以前）

20 世纪 80 年代中期，部分人民法院开始探索使用计算机管理法院工作。1988 年，全国法院系统开始使用计算机进行司法统计报表和法院干警信息管理。1996 年以后，中央确立了信息化在国民经济和社会发展中的重要地位，信息化在各领域、各地区形成了强劲的发展潮流，带动了人民法院信息化的发展。1996 年 5 月，最高人民法院在南京市中级人民法院计算机网络系统建设试点的基础上，召开"全国法院通信及计算机工作会议"，观摩南京中院的计算机网络系统，布置全国法院的计算机网络建设工作，确定北京、上海、江苏、辽宁、河南、海南、广东、福建等八个高级法院及其所辖法院作为全国法院计算机网络系统建设的试点单位，制定了《全国法院计算机信息网络系统建设规划》和《全国法院计算机信息网络系统建设管理暂行规定（试行）》。本次会议，标志着人民法院信息化工作的起步。至 2000 年底，全国约 300 个法院建设了计算机网络，探索了刑事、民事、行政、执行、国家赔偿、审判监督等审判信息和办公、外事、人事、司法行政等行政信息的计算机管理，在管理法院审判工作和其他各项工作中发挥了一定的作用。

40.1.2　展开阶段（2001—2005 年）

2001 年，最高人民法院制定并下发了《国家"十五"计划期间人民法院物质建设计划》，要求各级人民法院在"十五"期间积极推进计算机网络建设工作。2002 年国家信息化领导小组提出"实现电子政务先行，进而带动整个社会信息化"，各地掀起了电子政务建设的高潮。最高人民法院成立了信息化建设领导小组，进一步加强了对信息化工作的领导。2002 年 10 月，最高人民法院在山东召开了全国法院信息化建设工作会议，总结人民法院信息化建设经验，部署法院信息化建设工作。之后又组织修订印发了《人民法院计算机信息网络系统建设规划》、《人民法院信息网络系统建设管理规定》、《人民法院专网建设技术方案》等相关技术及管理规划、规范、标准、方案等近 20 项。开始着手法院一级专网的建设工作，进行了相应的技术培训和技术研讨，统一组织了专网数据库、密码机等安全产品、网络设备、视频设备、应用系统软硬件项目的商务谈判和招标。

这一系列措施，使人民法院信息化迅速得以展开。首先，局域网建设快速向下级法院延伸，局域网建设的重点开始从个人办公环境向网络支撑环境转变，各级法院司法统计、文书处理、庭审记录等工作已逐渐采用计算机进行管理，应用重点开始从审判流程管理向审判实体信息管理转变；其次，法院专网建设及应用快速展开。2003 年底最高法院至各高级法院和计划单列市中级法院的一级专网建成，同步开展了视频系统和通信系统的应用，审判信息及其他工作信息传输和交换等数据系统应用也在逐步开展。各省在加强二、三级专网建设的同时，探索全省（市）视频会议、案件讨论、案件信息管理、公文传输等方面的应用。一些法院还在电子签章、远程取证等方面进行了尝试。

2005 年，最高法院制定《国家"十一五"规划期间人民法院物质建设规划》，开始把信息化建设的重点，转向司法审判信息资源的管理，以实现案件管理类、司法统计类、法官管理类、案例管理类等业务的规范化、电子化、网络化。2005 年，最高人民法对以庭审音视频管理和证据管理为中心的案件实体信息管理提出了明确要求，并制定了相应的技术标准和规范。

40.1.3 发展阶段（2006年至今）

2006年，随着《国家电子政务总体框架》、《2006—2020年国家信息化发展战略》、《国家信息化领导小组关于推进国家电子政务网络建设的意见》、中央政法委《关于进一步加强执法工作信息化建设的通知》等一系列文件的出台，人民法院信息化建设进入了新的发展阶段。最高人民法院多次召开会议研究部署信息化工作，不断加大信息化投入，颁发了《关于加强人民法院信息化建设的决定》，在全国法院系统确立了统一的信息化建设规划、技术规范和管理措施。各级人民法院在"十五"期间信息化建设的基础上，更加注重硬件和软件相结合。硬件投资从传统的数据库、服务器等常规设备，向庭审设备、视频设备等多元化转变。在硬件投资的同时，更加重视案件管理、司法统计、决策支持、案例管理、法官管理等业务软件的开发和应用；更加注重流程管理和实体管理相结合。以案件为管理对象，以法官为服务对象，将案件信息的管理由以审限管理为重点的流程信息管理，向以证据和庭审音视频信息管理为重点的实体信息管理转变；更加注重建设和应用相结合。以建设带动应用，以应用促进建设，在加强建设的同时，将应用提到越来越重要的位置。更加注重信息化对提高审判效率、加强审判监督、促进审判公开等方面的作用。

目前，全国法院业务网络已经成为国家电子政务内网的六大组成部分之一，司法保障业务列入"十一五"期间优先支持的业务，各级法院网络基础设施得到完善。

在局域网建设方面，最高人民法院、各高级法院、近300个中院和约1500个基层法院建设了不同规模的局域网，满足了本院基础业务处理，拓展了信息化应用空间。

在业务专网方面，最高法院至各高级法院（分院）、计划单列市中级法院间的一级专网2004年全部投入使用，实现了专线通信、视频会议、专网邮件、庭审直播等功能。大部分一级专网节点完成了数据交换平台和安全保障设施建设；二级专网建设进展顺利。各地按照《最高人民法院关于法院二级网建设的若干问题的意见》、《法院专网设计方案》等规范要求，大力开展二级网建设和应用工作。22 个地区已经完成或正在进行辖区法院二级专网建设。9 个高院及辖区法院参加本地政法网或政务网建设，实现了二级网部分功能。三级专网建设也在稳步推进。在推进二级专网建设的同时，北京等 8 个省（市）已经基本完成三级网建设。部分地区已经将网络应用延伸到人民法庭，开展了电子签章等方面的应用。此外，一些法院还开展了科技法庭建设。这些基础设施和应用环境为开展司法审判管理、司法政务管理、司法人事管理提供了支撑平台。

40.2 人民法院信息化应用的全面发展

进入新世纪以来，信息化进入社会生活的各个层面，深刻地改变着人们的生活方式、工作方式和思维方式，深刻地改变着社会组织的运行模式、管理模式和管理理念。公众获取信息、表达意愿的方式趋于多元。作为社会公权力之一，国家审判权的运行，在信息时代也具有了许多新的特点和要求。最高人民法院和各级地方人民法院顺应时势，把信息化建设的重点，逐步转向以应用为主的新阶段，"数字法院"、"数字法庭"等一批信息化时代的新生事物应运而生，利用信息技术实现"审判管理网络化，队伍管理规范化，行政办公智能化"，审判流程公开、透明，全程网上监控，队伍管理客观、准确、全面，行政办公快捷、高效、节约，促进了法院的全面建设。

信息时代，人民群众对于司法信息与司法服务的强烈需求，要求人民法院必须严格遵循《信息公开条例》的要求，及时准确地向社会和公众公开法院工作和诉讼活动中的信息，最大限度地保障人民的知情权与监督权；必须建立健全科学、畅通、有效、透明、简便的民意沟通表达机制，最大限度地保障人民的参与权、表达权；必须用信息化的手段，向社会公众特别是诉讼参与方，提供高效、便捷的司法服务，最大限度地降低人民群众的诉讼成本，保障人民群众诉讼权利的实现；必须充分利用网络信息技术平台，创新审判管理的新模式，提高审判效率和审判质量；必须借助信息化的力量，改进和提升自身管理水平，满足时代和人民的要求。

1. 扩大信息公开

最高人民法院和地方各级人民法院秉承"人民利益至上"的原则，尊重并保障人民的知情权，利用信息技术扩大信息公开。做出的司法解释、重大决定、重要举措等，除及时召开新闻发布会发布外，均同步利用网络媒体发布。最高人民法院门户网站（政府网站）、新闻网站和已开通门户网站的地方各级法院网站，逐步成为法院信息公开的主要载体和平台。除此，诉讼通知、开庭公告等公告信息，全部实现网上即时公开发布，极大地方便了公众阅知。最高人民法院和一些具备条件的人民法院，生效裁判文书做到了部分或全部上网公布。为破解"执行难"，最高人民法院在政务外网上开通了"被执行人信息查询系统"，将应结未结的执行案件中被执行人的相关信息向社会公开，为全国集中清理执行结案发挥了重要作用。北京、上海等地法院，公开审理的案件，庭审现场做到了有条件的同步网上直播，充分保障了人民群众的知情权和监督权。

2. 开展便民服务

为方便基层群众的诉讼活动，许多基层法院设置派出法庭，实施移动办案。作为技术支持，人民法院研发应用了基于数字签名技术基础上的电子签章系统，借助信息网络平台，实现远程签章用印，具备当庭宣判条件的案件基本做到了当庭发放裁判文书，极大地减轻了基层群众的诉累，降低了诉讼成本。为方便诉讼当事人、律师、公诉人员查询案件卷宗信息，各级人民法院普遍实现了诉讼卷宗的电子化和网络化，在审判楼和专用阅卷室，设置触摸式电子卷宗阅览终端，可根据不同授权直接调阅、打印正在审理和已经审结案件的诉讼信息。不少人民法院在政务外网上开设"网上立案大庭"，提供法律咨询、表格下载、远程申诉等便民服务。通过门户网站，公众可以方便地实现个案信息查询、案例查询。正在规划改造中的最高人民法院政务外网，也将加大便民服务比重，将"司法为民"理念落实于网站建设与管理之中。

3. 深度沟通民意

利用信息技术畅通民意渠道，是人民法院实践"为大局服务，为人民司法"工作主题的新要求。最高人民法院制定下发《关于通过网络途径加强民意沟通工作的通知》，建设了专门的"法官违法违纪举报中心"网站，全国31家高级法院和新疆高院生产建设兵团分院，全部在这个网站上公布了举报电话和举报电子信箱，接受群众举报并及时与群众沟通反馈。最高人民法院和490家地方法院在各主流网站上开通了"民意沟通信箱"，用于网民表达意见和建议。规划改造中的最高人民法院政府门户网站还将开通"民意调查"栏目，根据法院工作实际，不定期地针对人民法院做出的司法解释、重大决定、重要举措，以及法院的工作绩效，进行网上调查，听取民意。根据最高人民法院的统一要求，各级人民法院主要领导每年至少一次在法院网站和其他主流网站上与网民直接沟通，将群众提出的合理意见和建议，研究转化成人民法院科学决策的参考依据。

4. 提高审执工作效率和质量

随着市场经济的逐步完善与发展，诉讼已经成为人们解决利益诉求和纠纷的主要手段，法院受理案件呈"爆炸式"增长态势，各级人民法院处于饱和工作状态。信息化技术的普及和应用，极大地缓解了这一矛盾，使人民法院立案、审判、执行等各环节的工作效率显著提高。借助网络技术，异地立案、异地质证、远程庭审，已经成为现实，法官年度人均办案、结案率大幅上升。在政务内网上，各种办公、办案应用软件不断得到开发，网上合议庭、网上审委会正在逐步得到推行。一批地方法院审委会通过网络讨论的案件已达90%以上。通过专网传输诉讼材料，使二审、再审、复核过程中案卷材料的移交变得简单和迅速。在审限管理、网上审批、文书制作、查询统计、案件上诉审等方面，信息化手段打破了传统的工作方式，减少了不必要的中间环节。多媒体证据展示、庭审笔录等技术手段，使庭审举证、质证、认证等更为规范、透明、公正。远程调解、远程质证、远程案件讨论等远程音视频得到了广泛应用。信息化程度的提高，对提高审判工作效率和质量，发挥了重要作用。

5. 加强和改善自身管理

信息化在人民法院加强和改进自身建设与管理方面，同样发挥着十分突出的作用。各级人民法院已经实施和正在准备实施的诉讼案卷、行政公文档案的电子化，促进了档案管理的规范化、科学化，有利于档案保存和利用。开发建设的"诉讼信息管理系统"，将立案、送达、保全、排期、审理、审限监督、裁判文书、电子归档等诉讼全流程，实现了"无缝"电子化自动管理，审判活动得到了规范，法官行为受到了约束，为案件质量评查和错案追究提供准确和有利的依据，为审限管理和实时动态监督提供了平台。案件审理的流程信息及音视频实体信息的管理和应用，实现了静态监控和动态管理的结合，为审判监督提供了实时、动态的信息支持。一些人民法院将自动化办公、办案系统与法院干警绩效考评机制相衔接，根据自动生成的数据进行数字化的人事管理和绩效考评，使人民法院的建设与管理更加科学、透明、公开、有效。

人民法院信息化建设的起步与发展，离不开国家改革开放的大环境；人民法院信息化建设的未来，与国家的发展进步紧密相连；人民法院信息化建设，必须服从并服务于国家建设发展的大局。为此，最高人民法院在已经着手制定的《人民法院第三个五年改革纲要（2009—2013）》中，明确提出：要进一步促进信息化在人民法院行政管理、法官培训、案件信息管理、执行管理、信访管理等方面的应用；尽快完成覆盖全国各级人民法院的审判业务信息网络建设；研究制定关于改革庭审活动记录方式的实施意见；研究开发全国法院统一适用的案件管理流程和司法政务管理软件；加快建立信息安全基础设施；推进人民法院与其他国家机关之间电子政务协同办公应用；构建全国法院案件信息数据库，加快案件信息查询系统建设。在可预见的未来，人民法院的信息化建设必将迈上新的台阶，呈现新的面貌，在服务国家、服务社会、服务人民方面，发挥更大作用。

40.3 人民检察院信息化发展历程

人民检察机关的信息化建设发展历程始于20世纪80年代，从单机应用逐步向局域网和网络化的方向发展，应用的广度和深度不断增加。

40.3.1 基础设施建设发展回顾

检察信息化基础设施建设是多年来各级检察机关信息化建设的重要内容，主要包括基础网络建设、信息保密安全建设两大部分。

1. 基础网络建设

检察信息化基础网络建设大致经历了单机、局域网和检察专网三个阶段。20世纪80年代初，高检院以及部分省级检察院购置了第一批计算机，用于统计工作，标志着检察机关信息化建设的开端。90年代后，随着微电子技术、计算机技术的发展，计算机性能不断提高、价格不断降低，计算机在检察机关逐步得到普及，计算机局域网应运而生，1993年高检院自动化办公室指导建设了北京市通县（现为通州区）检察院计算机局域网，成为全国最早建成的一批局域网之一，1998年，最高检完成了局域网建设，60余台计算机调试入网。2000年初，最高检作出了在大中城市加快科技强检步伐的决定，并在1987年建成的最高检到省级院的模拟专线通讯网基础上，实施最高检到省级院一级专线网数字化改造工程。基于数字通信技术的检察专线网建设，在检察信息化发展过程中具有重要意义，突破了模拟通信网单一语音传输限制，实现了数据传输、视频会议和专线电话"三网合一"功能，为全国检察机关实现信息资源共享，业务协同提供了基础。

2002年后，全国检察机关通过实施"213"、"151"等工程，建成计算机局域网和连入检察专线网的检察院数不断增加，基础网络建设已基本完成。在扩大建网、联网规模的基础上，各级检察机关积极优化网络性能、提升网络质量。2005年高检院组织一级专线网升速扩容工程，将最高检到各省级院的网络带宽由2000年最初的512K帧中继网发展成为2M的帧中继网（用于数据传输）和2M的SDH网（用于视频会议传输），传输速率大大提升。一些省份省市之间、市县之间的二级、三级专线网带宽更是达到百兆，部分检察院还完成了与驻看守所检察室等分支单位的专线网联网，检察专网成为各级检察院间重要的沟通渠道。检察信息化基础网络建设发展所经历的单机、局域网、检察专网这三个阶段并不是完全割裂的，而是相互融合，前一阶段是后一阶段的基础，后一阶段包含前一阶段成果。

2008年，最高检按照中纪委和中央政法委有关工作部署，完成了最高检监察局与中纪委、最高检与中央政法委的专线联网，为下一步最高检与其他部委开展数据交换、实现应用对接做好准备。

2. 信息保密安全建设

在专线网建设初期，检察机关就重视信息保密安全建设，建设专线网的同时要对网络安全和信息保密工作同步规划、同步设计、同步施工、同步验收，要求计算机涉密信息系统必须按照"同步建设、严格审批、注重防范、规范管理"的原则进行建设和管理。构造积极防御、综合防范的网络安全信息保密防护体系。

2001年，最高检建成早期的密钥认证管理中心，开始以其为核心，建设应用层认证加密系统，为各种应用系统的安全保密建设提供基础平台。防火墙、防病毒软件等网络安全措施也逐步被大多数检察院所采用。

2006年1月，最高检申报了"检察信息系统安全保障体系研究"课题获国家科技部批准，组建了由部分检察信息技术专家组成的课题组，经过三年编写，《检察信息系统安全保障体系研究》已经专家审稿完成，为全国检察机关信息系统安全建设提供了参考。

2007年最高检印发了加强全国检察机关专线网网络安全系统建设的通知，就防火墙、网络版防病毒软件、微软补丁分发系统、入侵检测、漏洞扫描等基本网络安全措施提出了明确的部署要求，并建议省、市两级院可通过统一采购和部署防火墙、防病毒系统，以降低购置、维护、培训和管理成本。

2008 年，最高检贯彻落实国家有关安全保密工作的部署，开展检察机关非涉密系统信息安全等级保护和涉密信息系统分级保护工作。按照有关部门的部署，最高检向有关部门备案了最高检机关和各直属机构共 13 个非涉密信息系统，取得等级保护备案证明，研究制定了全国检察机关涉密信息系统分级保护总体方案，其中高检院分级保护方案内容已基本完成。

40.3.2　信息技术应用发展回顾

在 20 世纪 80 年代的单机阶段，计算机主要用于统计、人犯档案、检察志等数据的采集、存储、处理和分析，在一定程度上提高了工作效率和质量。

20 世纪 90 年代，随着各地计算机局域网出现，各级检察机关陆续开展检察信息系统应用。1994 年至 1996 年，高检院分两批在全国 31 个单位开展检察信息系统应用试点建设工作。通过试点完善，当时的高检院技术局组织研发的"分州市级检察信息系统"（FS－MIS）于 1998 年 11 月经国家科技部、税务总局、外贸部、质监局、环保局联合批准，被评为"国家重点新产品"。1998 年 10 月最高检机关管理信息系统也开始试运行。

1999 年 5 月 28 日，最高检门户网站开通，成为中央和国务院直属部门第一批"政府上网工程"的成员，为公众了解检察机关，实现检务公开提供了新途径。2006 年 6 月门户网站全新改版，进一步丰富网站内容，在实现检务公开的基础上强化了受理举报等便民利民功能，成为创建"服务型机关"的重要举措。近年来，部分地方检察机关在加强互联网门户网站建设上下工夫，如提供法律咨询，审查批捕、审查起诉刑事案件网上查询服务等。2009 年 6 月，为配合全国检察机关统一的 12309 举报电话系统开通，最高检将原控告举报网站改版，注册了 www.12309.gov.cn 新域名，新举报网站首日访问量达上百万次，举报人通过高检院举报网站举报后，可根据网络系统自动生成的查询密码查询举报线索处理情况，增强了举报线索处理的透明度。

2000 年，最高检召开科技强检会后，信息技术应用得到较快发展。视频会议系统应用成效最为显著。一、二级专线网年均召开的电视电话会议已达千余次，2006 年最高检首次将视频会议开到地市级院和县区院，到目前为止参会单位最多的一次视频会议共有 2795 个院参加，部分检察院还依托视频会议系统开展远程讯问、远程侦查指挥、远程培训。2004 年在全国检察机关信息化工作会议上，提出要开展检察专网和计算机数据应用，电子邮件、信息发布、法律法规等三项基本应用，要在计算机局域网建成之时同步实现应用的要求，一批耗资少、见效快的应用得到了推广。2006 年最高检召开全国检察机关信息化应用推进会议，标志着全国检察机关信息化工作重点由建设转为应用，各级检察院大力推进网上办案等核心业务应用，积极探索信息技术和检察工作的新结合点，信息技术在推进检察工作发展起到了积极作用，不仅实现办案流程网上流转，而且还实现了动态、实时的案件质量督查和科学评价办案人员工作实绩的网上绩效考核。

40.4　人民检察院信息化现状

人民检察机关信息化基础建设经历了从无到有，从有到优的发展过程，目前已基本形成了覆盖全国四级检察院、具有一定安全保密功能的网络体系，搭建了检察办公、办案、队伍建设和检务保障应用为主的应用框架，全体检察干警的科技素养和信息化技能普遍提高，信息化工作机构、人员基本齐备。

1. 基础设施建设现状

截至 2009 年 4 月底，各级检察院网络的互联互通和全面覆盖已基本实现，共有 91.1% 的检察院联入检察专线网，其中包括 32 个高检院、32 个省级院（100%）、379 个地市院（98.9%）和 2840 个县区院（90%）。93.2% 的检察院建成了局域网，其中包括高检院、32 个省级院（100%）、370 个地市院（96.6%）和 2925 个县区院（92.7%），联入检察专网的终端近 20 万台、交换机 14606 台、服务器 7913 台。

2. 信息安全保密建设现状

截至 2009 年 4 月，全国各级检察院共安装加密机 440 余台，加密卡 4600 余块，24 个省完成了密钥管理分中心建设，5 个省完成了网络信任体系身份认证分中心建设。全国 73.4%（2619 个）检察院安装了网络版防病毒软件，54.4%（1943 个）的检察院部署了防火墙，19.6%（699 个）的检察院部署了入侵检测系统，25%（892 个）的检察院部署了漏洞扫描系统，32.3%（1153 个）检察院部署了微软产品补丁分发系统。还有部分检察院配备了安全审计、终端管理等系统，信息化安全保密建设呈现出良好的发展态势。

3. 信息技术应用现状

截至 2009 年 4 月底，检察办公应用开展广泛，全国 81% 以上的检察院实现了电子邮件、综合信息发布和视频会议应用，60% 以上的检察院开展了法律法规查询、网上公文流转和机要公文传输应用。检察业务应用发展迅速，50% 左右的检察院实现了网上办案和审讯监控与指挥，25% 以上的检察院开展了多媒体出庭示证和行贿档案查询应用，部分检察院还开展了超期羁押预警、案件质量监督、刑罚执行监督等应用。检察队伍管理、检务保障应用起步良好，全国 25% 以上的检察院开展了队伍信息管理、绩效考核、在线学习考试和装备资产管理应用。

4. 检察干警科技素能培养和信息化人员现状

近年来各级检察机关将检察干警的科技素能作为信息化建设的一项重要的基础性工作来抓。在 2002 年 "213" 工程中将检察干警通过计算机等级考试作为一项要求明确提出。通过多年来各地有计划、有重点地组织计算机技能培训和各应用系统操作培训，开展各类岗位练兵和信息技术技能竞赛等活动，干警科技素能得到迅速提升。截至 2009 年 4 月，全国已有 57％的检察干警通过了计算机等级考试。多年来，各地采取招录、调入、培养等方式积极解决专业技术人才短缺的问题，从事检察信息化工作的人员有了大幅度增长，从 2000 年的几百人发展为目前的6746 人，其中专职人员达 4522 人（约占干警总数的 2％）。检察干警科技素质的普遍提高和信息化人员队伍的壮大为检察信息化建设奠定了基础。

40.5　人民检察院信息技术应用特点

检察机关信息技术应用发展过程主要有以下四个特点。

1. 注重应用系统标准制定

检察机关自 1993 年开展全国检察信息系统建设开始，就注重应用系统的标准化建设，1994 年最高检制定印发了《检察系统计算机软件开发管理规定》和《检察系统计算机应用软件评审办法》。1997 年最高检成立国家检察信息系统数据格式编码工程组，组织研究数据分类代码和数据格式规范。2001 年 5—8 月，最高检信息化领导小组办公室启动《检察信息应用系统技术规范》工作，经多次征求意见、修改完善，于 2002 年通过专家评审，并于 2003 年 4 月正式印发执行。《检察信息应用系统技术规范》通过制定《检察信息分类代码规范》、《检察业务数据格式规范》、《数据交换规范》等具体标准、规则，主要解决了由不同的公司、用不同的技术体系开发的软件互不兼容，接口互不开放，信息无法交换与共享问题。为保证各地在用检察业务软件能够符合规范要求，确保实现数据交换无技术障碍，2003 年 10 月—2004 年 6 月，最高检信息化领导小组组成了评测小组，委托两个国家权威评测机构进行评测，完成了检察网络应用软件评测工作；9 家软件公司开发的检察机关应用软件通过了评测，获得了可以在全国检察机关推广使用的资格，初步建立了较为完善、合理的市场准入与淘汰机制。最高检信息化领导小组在 2004 年 7 月公布了评测结果，同时印发了《关于检察网络应用软件评测若干问题的通知》，对有关问题进行了说明。

2. 从数据处理、网络化向资源共享、业务协同等深层次应用转变

信息技术从应用于统计、财务处理等静态数据处理、分析，逐步推广到办公、办案、队伍管理、检务保障等检察工作的各个方面，不仅涉及网站信息发布、多媒体示证、在线学习考试等一般应用，还包括能够实现公文的网上起草、审核、签批、归档、查询的网上公文流转系统和实现案件流转的网上案件管理系统等动态应用。检察工作已基本实现数字化、网络化。当前整合应用、内统外联，逐步实现信息资源充分共享和业务协同成为信息化发展的主要方向。部分省级院通过使用统一的应用软件或是搭建应用统一平台，为各应用系统间的数据交换提供条件，逐步实现检察系统内部业务系统数据共享；一些检察院还积极开展与公安、法院以及有关政府部门之间的数据交换应用，如刑事司法与行政执法信息共享应用等，实现应用数据跨行业对接。

3. 信息技术应用价值目标趋于多元化

信息技术引入检察机关初期，其主要作用在于提高工作的效率和质量，方便了各级检察机关之间的沟通联系，促进了工作信息的上传下达，提高了财务、统计数据处理效率和可靠性，有效整合了基层办公办案资源，缓解了案多人少等问题。随着信息化技术发展和信息化理论的进步，检察信息化实践呈现出多元化的价值追求，特别体现在检察业务应用中。各级检察机关通过检察机关办案流程化管理和全程监督，达到规范办案程序，减少人为因素，增强办案透明度的目的；通过"侦查指挥系统"实现远程案件汇报与讨论、远程侦查指挥与协调、案件信息远程传输，改造

传统办公、办案方式，打破时空限制，提高检察机关快速调配资源、突破案件和应对突发事件的能力；通过与行政执法机关、监管场所的信息系统联网，及时掌握有关部门移送涉嫌犯罪案件的情况，及时发现和纠正超期羁押等违法问题，加大立案监督工作力度。2003年最高检在总结基层院信息化建设经验的基础上，提出要建立检察业务、队伍建设和信息化"三位一体"工作机制，信息技术应用不仅促使检察工作的现代化，而且成为引领和促进检察机关执法观念、执法方式、管理机制、队伍建设等工作产生全方位、多层次、宽领域的深刻变化的重要推动力。部分检察院在网上办案过程中，探索形成了办案监督主体与办案责任主体相分离的办案督导机制，带来了案件质量管理制度的深层次变化；通过探索建立网上绩效考评系统，引入现代管理理念，按照目标管理、节点考核、持续改进、动态监督、过程控制的新方法，科学评价办案人员的工作实绩，同时对工作质量、效率、纪律、作风等进行实时动态网上评价，实现队伍管理考核的科学化。

4. 信息技术应用推进方式逐步符合信息化规律

实践中，各级检察机关开展信息技术应用越发理性，逐步意识到信息化建设是个长期的系统工程，不仅涉及软硬件建设，还涉及观念的变革、业务流程的再造和工作模式的转变，需要统一的协调部署。大多数检察院成立信息化领导小组专门负责信息化工作，一些检察院还将信息化建设作为"一把手"工程，部分检察院将信息化思维和理念逐步渗透于推进信息化应用的工作中，促使信息化应用逐步由技术部门单一推动向业务部门共同参与的转变，这些措施为信息化建设提供了组织保障。一些省级院在统一技术规范和业务流程的基础上，以省为单位统一整合，从上到下推进软件本地化检察业务核心应用，取得了较好成效。2008年高检院在总结各地经验教训的基础上提出了"统一规划、统一规范、统一设计、统一实施"的要求，为检察信息化建设的科学发展指明了方向。这种集中统一的推进方式有效克服了应用推进不平衡、重复建设、信息资源不能充分共享等问题。在应用设计、开发过程中，各地还注重提高应用软件的生命力和适用性，形成了业务主导、文书驱动等设计理念。

40.6　人民检察院未来信息化建设重点

一是进一步加强和完善检察信息化基础网络平台建设和网络安全保密建设。尽快实现全国检察院的全网连通以及实现与派出检察机构的专线联网，完善现有网络，提高网络系统支撑能力。全面实施涉密信息系统分级保护和非涉密信息系统等级保护工程，重点建设符合国家安全保密要求、满足检察信息化需要、管理措施和技术手段完备的安全保密平台，完成网络信任体系建设，提高抵御安全风险的水平。

二是加强标准规范建设，注重应用系统整合，提高信息共享程度，全面推进检察机关信息技术应用水平。健全完善较为完整的由业务标准、技术标准和管理规范构成的检察信息化标准规范体系，坚持以高检院和省级院为主导，统一组织应用建设。逐步建成由最高检、省级院、地市级院组成的国家检察数据中心，形成"一次采集、多次使用，一方采集、多方使用"的检察信息资源交换共享机制，为检察信息的存储、处理、传输、交换、共享与支撑业务系统运行提供保障。

三是按照中央的统一部署，积极推进检察机关与其他部门的信息交换和共享。积极参与规划与公安、法院等其他司法部门的诉讼信息交换与共享平台建设，力求实现与公安机关的人口、户籍、车辆、出入境等信息共享和查询，建立刑事案件发案、报案、立案、采取强制措施信息与批捕案件信息交换、共享机制，实现网上办理审查逮捕案件。建立检察机关监督行政执法机关移送涉嫌犯罪案件信息库，筹划推进与工商、税务、海关等行政执法机关的信息共享，逐步建立行政执法与刑事司法互联互通共享平台；逐步推进与航信、房产、证券、保险、移动通信等涉案信息的查询、交换与共享；积极建立与党委、人大、政府和其他部门的信访信息交换系统等。

（本章作者 张根大 江一山）

企业文框32：飞利信

在全国人大信息中心指导下，北京飞利信电子技术有限公司成立。专业从事会议系统自动化工作。

目前公司主要业务方向包括：人事、人才、人力资源信息管理系统设计、开发、咨询服务；人大、政协、政府机关信息化平台研发；计算机信息系统集成；弱电及会议系统工程建设；高精度工业监控产品研发和制造；民用嵌入式产品研发和制造；网络安全产品研发。

公司自成立以来承接了中国人事信息管理系统、全国公务员管理系统、全国军队干部安置系统、机关事业单位工资管理系统、全国公务员报考系统等全国范围内应用软件的开发研制、推广维护工作。为政府机关事业单位的信息化进程的推进贡献了力量。

1998年，公司与国家人事部人事信息中心合作，承担全国人事人才信息化过程中各类应用软件的研发工作。公司产品"中国人事信息管理系统"，被人事部人事信息中心确定为建立全国人事人才基础数据库的制定软件产品。2005年人事部下发22号文件，开展全国人事人才基础数据库建设试点工作，推荐使用"中国人事信息管理系统"。

公司成立十几年来，不断发展壮大，累计各类大型用户数百余家，各类客户遍及全国30个省、自治区、直辖市。

（编撰：刘博）

第八篇

信息化与文化建设

第41章
文化信息资源开发

引　言

近年来，在党中央、国务院的领导下，在信息化主管部门的大力推动下，我国的信息化建设取得了令人瞩目的成就，信息化已经成为推动经济社会发展的重要动力，对社会发展与进步产生了越来越大的影响。信息技术的广泛应用，也为我国先进文化的建设奠定了坚实的物质基础，推动了文化生产与传播方式的巨大变革，人民群众享受的数字文化信息服务日益丰富，日趋便捷。为了这种适应信息化形势发展的需要，党中央和国务院高度重视我国文化信息资源的开发工作。其中，具有典型代表意义的是规模宏大、意义深远的全国文化信息资源共享工程和国家数字图书馆工程。

41.1　全国文化信息资源共享工程

我国是具有五千年历史和灿烂文化的文明古国。在信息化条件下，怎样借助现代信息技术，创新文化服务方式和手段，促进优秀中华文化的传播，增强中华文化的活力，在世界各国人民面前展示中华文化的魅力，提高中华文化的影响力，是当前文化工作的重要任务。全国文化信息资源共享工程（以下简称"文化共享工程"）就是应用现代科学技术，将中华民族的优秀文化信息资源进行数字化加工和整合，以卫星网、互联网、有线电视/数字电视网、镜像、移动存储、光盘等方式，依托各级图书馆和社区、乡镇文化站、村文化活动室，结合农村党员现代远程教育、农村中小学现代远程教育、广播电视村村通等工程发展基层服务点，开辟了一条利用先进技术，传播先进优秀文化的崭新渠道。它是公共文化服务体系的基础工程，是政府提供公共文化服务的重要手段，是实现广大人民群众基本文化权益的主要途径，是改善城乡基层群众文化服务的创新工程。

文化共享工程从 2001 年开始筹划，2002 年 4 月由文化部和财政部共同启动实施。2007 年 1 月 8 日，中央宣传思想工作领导小组会议专题研究和部署了文化共享工程建设要求"全面实施文化信息资源共享工程，到 2010 年，基本建成资源丰富、技术先进、服务便捷、覆盖城乡的数字文化服务体系，努力实现'村村通'"，明确了文化共享工程的建设任务和目标。经过 2007 年一年的试点工作，从 2008 年起，工程进入全面建设阶段，目前正在加大力度，狠抓落实，力争 2010 年基本实现"村村通"。

41.1.1　构建公共文化服务体系

党中央、国务院高度重视文化共享工程建设，将其作为公共文化服务体系建设的重要工程，予以安排部署。文化共享工程被纳入"十一五"

规划，中办国办2005年下发的《关于进一步加强农村文化建设的意见》和2007年下发的《关于加强公共文化服务体系建设的若干意见》，都对文化共享工程建设提出了明确任务和要求。在党的十七届三中全会上通过的《中共中央关于推进农村改革发展若干重大问题的决定》明确要求，推进文化信息资源共享等重点文化惠民工程。中央领导同志对这项工作非常重视，2005年10月，胡锦涛总书记在党的十六届五中全会上的讲话中指出，要推进全国文化信息资源共享工程。2006年2月14日，在省部级主要领导干部建设社会主义新农村学习班上，他再次要求，"发展文化信息资源共享工程农村基层服务点，构建农村公共文化服务体系。"温家宝总理在2007、2008年《政府工作报告》中，均明确提出要加快文化共享工程建设。李长春同志多次做出重要批示，指出"文化共享工程是公共文化服务体系的基础工程，是政府提供公共文化服务的重要手段，是实现广大人民群众基本文化权益的主要途径，是改善城乡基层群众文化服务的创新工程"，为工程建设指明了方向，并多次视察各地共享工程建设情况，有力地推动了工程的开展。他强调，"村村通"工程是农村文化建设的一号工程，文化共享工程是农村文化建设的二号工程。中组部、中宣部、财政部、教育部、农业部、广电总局等部门在文化共享工程工作中，为工程的发展给了大力支持和帮助。地方各级党委、政府高度重视这项工作，纳入重要议事日程，加大投入，制定政策，为工程建设创造了良好的政策环境和社会条件。截至目前，山东已率先实现省、市、县、乡、村服务网络建设全覆盖；北京、天津、上海、宁夏完成100%县级支中心的建设任务；浙江、宁夏完成100%乡镇基层服务点的建设任务；北京、上海、江苏、浙江、湖南、贵州完成100%村基层服务点的建设任务。

中央财政将共享工程建设列为"十一五"期间重点支持的文化建设工程，从2007—2010年，投入24.76亿元支持工程建设，为工程建设提供了强有力的经费保障。截至2008年底，中央财政已下拨地方经费13.61亿元，2009年中央财政下达经费7.09亿元，共占规划总投入（24.76亿元）的83.6%。工程实施以来，中央财政共拨付本级经费1.85亿元。此

外，结合乡镇综合文化站建设进度，2008 年和 2009 年中央财政分别投入
1.2 亿元和 2.4 亿元，按每个文化站 5 万元标准，对列入规划的乡镇综合
文化站配备共享工程设备。各地积极筹措资金，落实配套经费，加大投
入，确保工程建设的顺利实施。截至 2009 年 5 月，各地已累计投入建设
资金 19.17 亿元。其中，山东、湖南、河南、上海、北京等地投入较大，
均累计投入超过 1 亿元。

41.1.2 模式创新 成果丰硕

在中央财政和地方财政的大力支持下，通过多种形式的合作共建，文
化共享工程已初步建成包括国家中心、省级分中心、市县支中心、乡镇、
村基层服务点的五级网络体系。目前已建成 1 个国家中心，33 个省级分
中心，1687 个县级支中心，4797 个乡镇基层服务点，与农村党员干部现
代远程教育工作和农村中小学现代远程教育工程合作共建村级基层服务点
75 万个，其中配备文化共享专用设备的有 31.5 万个。目前，各地正在抓
紧进行 2009 年度文化共享工程设备招投标采购工作，其中，云南、安徽、
宁夏等目前已进入部署实施阶段，进展较快。

文化共享工程整合数字图书馆、博物馆、美术馆、艺术院团及广电、
教育、科技、农业等部门的优秀数字信息资源。截至 2008 年底，文化共
享工程资源量达到 73.91TB，比 2007 年的 65TB 增加了 8.91TB。其中，国
家中心完成 18.8TB，国家图书馆提供了 2.62TB，各地建设 52.49TB。
2009 年前 5 个月，国家中心新建资源 0.62TB，国家图书馆新提供
0.12TB，使工程资源进一步丰富。

国家中心建设的资源，主要包括地方戏曲 1486 部、2188 小时，影视
作品 766 部/集、1326 小时，专题讲座 4324 场、3719 小时，农业专题片
6838 部、2798 小时、曲艺作品 1350 部、649 小时，文化专题片 2929 集、
1473 小时，综艺晚会 436 场、480 小时等视频资源。国家图书馆提供的资
源包括电子图书、专题讲座等内容。33 个省级分中心和 15 个副省级城市
支中心自建了 34355 部/场、32338 小时的视频资源。

共享工程几年来已经逐步形成了互联网模式、卫星模式、有线/数字电视模式、IPTV 模式、VPN 模式、电子政务外网模式、光盘/移动硬盘模式等多种技术服务模式。

（1）互联网模式：通过浏览全国文化信息共享工程网站提供资源服务是文化共享工程国家中心提供互联网服务的主要方式。

（2）卫星模式：该模式是文化共享工程提供文化信息传输与服务的重要手段，该模式尤其适用于网络不发达的地区。其传播方式是通过卫星通道进行广播，各地使用卫星接收设备接收。卫星系统应包括部署在国家中心用于广播数据资源的卫星数据广播系统（播发主站）和部署在全国各地基层的卫星接收系统（接收小站）。卫星数据广播系统将制作好的数据节目传送至通讯卫星，卫星转发器将信号转发至卫星接收天线，卫星监控程序将卫星接收天线收到的信号转换成 IP 数据信号并传送给计算机，由计算机系统根据业务要求进行处理。

（3）有线/数字电视模式：该模式是依托当地电视网络向基层群众提供服务，适用于有线电视发达的地区，具有带宽有保障、操作简单、易维护、安全可控。分为模拟信号和数字信号两种。数字信号大大提高了传输速率，保证了高清晰度，克服了模拟电视的先天不足。辽宁省在共享工程资源传输上主要采用有线电视网，辅以卫星传输。他们的主要做法：一是开通模拟频道。各级广电机构无偿提供一个模拟频道用于传输文化信息资源，确保省、市、县、乡、村有线电视网络连通的地区的农民群众，收看到丰富多样的文化信息。二是数字电视方式。结合部分地区数字电视平移工作，在具备数字电视条件的铁岭、大连、沈阳等地，配备双向数字电视机顶盒或准视频点播机顶盒，广大群众可以通过遥控器实时或准实时点播存储在后台服务器中的大量文化信息资源。三是有线电视机顶盒点播。机顶盒的存储容量是 160GB，省级播发中心负责推送更新存储在机顶盒中的内容，基层群众用遥控器就可以点播机顶盒中所存储的视频节目和各类信息。四是卫星机顶盒点播。机顶盒的使用方式和存储容量与有线电视机顶盒相同。不同的是，资源的传输通过中星九号卫星实现，由共享工程国家中心提供资源，广电总局相关部门组织资源的更新传递。

（4）IPTV 模式：IPTV 是一种利用宽带网络技术，集互联网、多媒体、通信等多种信息技术于一体的，向用户提供数字视频和多种交互服务的技术。不同于传统的模拟电视和现在正在推广的数字电视，IPTV 除了能够提供实时的视频服务外，还可以提供视频点播、时移播放、网络服务等多种交互服务。

（5）VPN（虚拟专用网）模式：VPN 是通过通信加密技术将地理上位于不同地点的各个内部网络连接成为一个虚拟的局域网络的技术。具有安全可靠、流量可控、隔离非法访问等多种优点，受到了共享工程各地建设者的欢迎，成为县级支中心建设中的一个重要技术方案。

（6）电子政务外网模式：国家电子政务外网作为国家电子政务的传输骨干网，与互联网逻辑隔离，通过 155M 专线接入各省政府信息中心，并通过省级骨干网，进一步将网络延伸至市、县。该网络设施先进、运行稳定、安全措施完善，特别适合文化共享工程的双向资源传输应用。已接通电子政务专网的省可以通过该网络下载国家中心资源，日均下载量 20GB—100GB，方便、快捷、成本低。各省也可通过该网络向国家中心上传资源。

（7）移动播放模式：数字电影播放机、移动播放器、硬盘/光盘都属于移动播放模式。数字电影播放机是一台定制了的计算机，它的内部结构与普通的计算机相似，但在操作设备和使用界面上做了重大改进。在使用界面上不再是传统计算机桌面和命令行等人机界面，而是完全按照家电的用户界面来设计；操作设备也不再使用鼠标、键盘等传统的计算机外设，取而代之的是家电式的遥控器，使用者可以通过操作遥控器选择对应功能，甚至可以像手机一样输入汉字和字符。虽然该设备在人机界面上大幅简化，但是功能上一点没有降低，不仅能播放音视频节目，而且可以浏览网页以及电子书刊，也可以通过互联网络、卫星、移动硬盘等方式实现内部数据的更新。为了方便运输和适应农村的复杂环境，该设备还采用了集成设计，降低电耗，从而降低了设备总的重量和功耗。移动播放器原本是作为一种数字家庭产品而开发的，其主要目标是作为 HTPC（家庭影院个人计算机）的一种廉价替代解决方案，为用户提供高清数字视频的存储和播放服务。然而其体积小巧、价格低廉、方便移动的特点也正好适合于文化共享工程的基层应用环境。因而在文化共享工程中得以广泛应用。硬盘/光盘是将资源存储在这两种存储介质中，向各级中心发放资源的一种方式，因其易于分发，有效缓解了资源的传输压力，成为各级中心一种重要的传输辅助手段。

（8）其他模式：各地因地制宜，不断创造出方便快捷的新的技术模式。如无线网络模式，它是利用无线电波作为信息传输的媒介构成的无线局域网（WLAN），与有线网络的用途十分类似，最大的不同在于传输媒介的不同。部分省中心采用此技术，为了达到网络可以覆盖到每家每户的功能。再如 3G 通讯网络环境下的文化共享工程的应用和服务模式。

综合比较，互联网模式、IPTV 模式、VPN 模式适用于网络比较发达的地区，山东、浙江、河南、山西、陕西、四川等省主要使用这几种模式；卫星模式适用于网络不发达的地区，主要在新疆、贵州、湖南、黑龙江等省区；数字电视模式适用于数字电视普及率高的地区，辽宁、青岛、杭州、深圳和海南省主要采取这种模式；有线电视易于普及，除辽宁全省外，吉林、黑龙江、重庆等省市的部分地区也采取了这种方式；电子政务外网模式适合国家中心到各省中心之间的资源双向传输，也适合具备政务外网条件的县、乡一级资源传输，目前国家中心与各省分中心日常的资源传输主要通过该网络；光盘/移动硬盘模式操作简单，技术要求低，可作为网络传输的一种有益补充。

41.1.3　长效机制　初步形成

文化共享工程从 2002 年 4 月启动实施以来，始终以共建共享、服务大众、可持续发展，作为基本的指导思想。经过短短几年的努力，与中央各部门、各地方的相关系统和工程项目，建立了广泛的合作关系，基础设施和信息资源共享的机制基本形成。与此同时，在文化共享工程建设的过程之中，也有意识地逐渐培养出了一支信息化的人才队伍，积累了为基层民众服务的经验。文化共享工程的效益已经开始显现。

1. 共建机制初步形成

通过与全国农村党员干部现代远程教育工作、农村中小学现代远程教育工程、广播电视村村通工程等合作共建，文化共享工程的网络覆盖率得到了大幅度提升，服务范围不断扩大。实践证明，共建共享不仅能够避免重复建设和资源浪费，而且更能够发挥各部门的自身优势，形成规模效应。截至目前，全国文化共享工程村基层服务点达到75万个，主要采取合作共建方式的建设，其中包括与农村党员干部现代远程教育工作合作共建村级基层服务点50万个。

与广播电视村村通工程的合作卓有成效。除辽宁广电模式外，文化共享工程通过有线数字电视在青岛、佛山、深圳、海南、杭州、天津等地的用户达520多万户。通过有线电视在吉林、黑龙江、重庆等部分县乡覆盖50多万用户；黑龙江与省农垦总局签署合作协议，通过省垦区有线电视台覆盖了垦区200多万人口。此外，国家中心与国家信息中心合作，利用国家电子政务外网传输资源，目前全国32个省已全部开通。吉林、上海、湖南等地与本省教育、科技系统开展合作共建。

2. 信息化人才队伍基本形成

提高国民信息技术应用能力，培养信息化人才是文化共享工程的重要任务之一。几年来，文化共享工程在经济欠发达地区加大投入，在县以下图书馆、文化馆、文化站加强了信息化基础设施建设，通过培训，让更多的基层文化工作者学会利用网络、计算机、卫星设备，为基层群众提供信息化服务，进而让越来越多处于"信息化社会边缘"的群众感受信息技术带来的便捷。文化共享工程组织志愿者深入老少边穷地区从事信息化知识和技能服务。配合农村党员现代远程教育、结合中小学远程教育，在农村党员和未成年人中开展形式多样的信息化知识和技能普及活动，提高国民受教育水平和信息能力。

3. 基层服务效果明显

服务效果是检验文化共享工程成效的重要标准，为基层群众生产生活服务是工程建设的根本。文化共享工程走进农村、走进社区、走进军营、走进学校、走进企业，据不完全统计，2006年以来，文化共享工程为超过2亿人次提供了文化信息资源服务。通过积极有效的服务，使工程的社会效果日益明显，不但帮助基层群众发展经济，而且丰富了基层群众的文化生活，受到了广大基层群众的欢迎。2008年，各地围绕奥运、改革开放30周年等重大主题开展了丰富多彩的服务活动。四川汶川地震后，文化共享工程抗震救灾服务小分队及时走进受灾群众安置地，成立文化共享工程赈灾服务点，放映抗震救灾知识、播放心理疏导讲座以及丰富的文化节目，对于灾区群众抚平创伤，振奋精神，重建家园，发挥了重要作用。2008年以来，金融风暴席卷全球，我国大量农民工返乡。文化共享工程充分利用资源和阵地优势，整合征集了一批适用于农民工培训的资源，在卫星平台和网络电视平台上开辟农民工培训专栏，并依托各级网点开展有针对性的农民工服务活动，为做好农民工返乡工作发挥了积极有效的作用。

文化共享工程是优秀文化资源与现代信息技术相结合的产物。随着这一工程的全面推进，信息技术在工程建设中的重要性越来越凸现。党的十七大报告中提出的文化大繁荣、大发展宏伟目标，也正是基于现代信息技术与中国优秀文化的结合与创新而提出的具有时代特点的目标。文化共享工程随着信息化的发展，不断提高应用高新技术的能力，必将取得更加丰硕的成果，更多地造福于亿万人民。

41.2　国家数字图书馆工程

20世纪90年代以来，互联网日渐深刻地影响着人们的工作、学习与生活方式，成为人们获取信息和知识的一个越来越重要的渠道。如何有效地组织和发布信息资源，以适应互联网这种新的信息传播途径的要求，成为人们普遍关注的课题。数字图书馆作为一种新的信息资源组织与服务方式，极大地适应了网络环境的特点与需要，在我国也应运而生。

国家图书馆是国内最早研发数字图书馆的机构之一。1995 年，国家图书馆成立专门小组，开始跟踪国际数字图书馆研发进展。1996 年 7 月，国家图书馆作为组长单位，联合上海图书馆等六家公共图书馆，共同承担了国家重点科技项目"中国试验型数字式图书馆"项目。1999 年 3 月，国家图书馆组织专门力量开发完成数字图书馆实验演示系统。基于这些跟踪研究的成果，国家图书馆敏锐地看到了数字图书馆这一未来的发展方向，做出了全力促进我国数字图书馆事业发展的决策。

41.2.1 目标设定

国家数字图书馆工程是与国家图书馆二期工程合并立项的国家"十五"期间重点文化建设项目。1999 年 9 月 15 日，文化部向国家发展计划委员会提交了《文化部关于报请批准国家图书馆二期暨国家数字图书馆基础工程项目建议书的函》。

2001 年 11 月 27 日，国家发展计划委员会下发文件《印发国家计委关于审批国家图书馆二期工程暨国家数字图书馆基础工程项目建议书的请示的通知》（计社会［2001］2482 号），标志着国家图书馆二期工程暨国家数字图书馆工程项目正式立项。2003 年 1 月 27 日，国家发展计划委员会（3 月份改组为国家发改委）批准《国家图书馆二期工程暨国家数字图书馆工程可行性研究报告》，总建筑面积 79899 平方米，建设地点位于国家图书馆北侧；总投资约 12.23 亿元，其中国家图书馆二期工程投资约 7.3 亿元，国家数字图书馆工程投资约 4.9 亿元。2005 年 10 月 11 日，《国家数字图书馆工程初步设计方案》通过国家发改委审批，至此，国家数字图书馆工程正式进入实施阶段。

国家数字图书馆工程建设的总体目标是：第一，在信息时代继续履行国家图书馆的职能，有重点地采集、建设和长期保存中文数字信息资源，在互联网上形成超大规模的、高质量的中文数字信息资源库群，建设世界上最大的中文数字信息保存基地；第二，建设支撑数字信息资源生命周期管理的软硬件技术支撑平台；第三，通过互联网向全国和全球提供高质量的以中文数字信息为主的服务，建设世界上最大的中文数字信息服务基地；第四，构建以国家图书馆为服务中心，以国内各大图书馆为服务节点的数字信息资源传递和服务体系，为其他行业性、地区性数字图书馆系统提供服务支撑，为全国文化信息资源共享工程提供技术支撑平台。

国家数字图书馆工程建设的服务目标是：面向国家图书馆的十类主要服务对象，分别提供专门服务。对于中央国家机关，将主要提供针对重大事件或专门主题的信息推送服务，并在立法决策过程中提供信息与知识服务；对于重点科研、教育、生产单位，主要提供针对重点科研项目或重大生产活动的信息推送服务，根据数字信息资源的版权情况最大限度地对教育和科研用户提供数字信息资源服务；对于社会公众，主要是针对特定要求提供个性化信息推送服务，并拓展服务渠道，使用户能够通过 E-mail、BBS、留言板、即时交流、手机甚至数字电视等多种技术手段，及时获取由图书馆系统根据用户关注点所自动推送的即时信息；对于文献信息机构，主要是提供全国联合编目、馆际互借、文献传递和联合参考咨询等服务，并为其服务提供支撑。

国家数字图书馆工程建设的技术目标包括：普通纸质文献数字化加工能力：30 万册（件）/年；缩微介质数字化加工能力：300 万拍/年；文摘记录加工处理能力：9 万个/年；书目记录、文摘记录、版权关系、数字信息资源唯一标识符等挂接处理能力：各 9 万个/年；目次的加工、挂接处理能力：180 万行/年；篇名的加工、挂接处理能力：600 万个/年；音频、视频资源的深度标引处理能力：6000 小时/年；在线存储能力 ≥ 330TB；永久保存数据存储能力 ≥ 340TB（包括离线和近线部分）；二期馆区具备 6000 个信息点的接入能力，主要阅览区、会议区、室外休息区具备无线接入能力（11 兆/秒、108 兆/秒）；互联网资源输出能力大于1000GB/天；接入超过 3GB/秒带宽能力；2 亿条以上结构化元数据的检索能力；平均 10 万次检索请求/分钟能力，峰值 1 万次检索请求/秒能力，可以进行 1 亿页全文检索，可以进行古籍全文检索。

国家数字图书馆工程建设内容包括：第一，通过网络系统、存储与灾备系统、集群系统、文献数字图书馆加工系统、数字信息资源加工系统、数字信息资源组织与管理系统、数字信息资源发布与服务系统等软硬件系统的建设，搭建满足数字图书馆系统运行要求的硬件和系统软件平台；第二，有重点地对馆藏特色文献进行数字化，采集与保存重要的数字信息资源库和互联网信息，建立国家级学术性数字信息资源长期保存中心；第三，搭建中文信息资源服务平台，为政府机关、教育、科研、企业单位及社会公众提供信息服务，为其他数字图书馆系统提供服务支撑；第四，建立国家数字图书馆标准规范体系，并对中文信息处理中涉及的关键技术与标准进行研发。

国家数字图书馆工程的建设周期预计为 2005—2010 年。2008 年 9 月 9 日，国家数字图书馆正式开通，国家数字图书馆阶段性建设成果面向社会提供服务。国家数字图书馆工程实行项目管理制，截至目前已启动技术支撑环境建设主导项目、资源建设主导项目、服务体系建设主导项目、标准规范建设主导项目共 60 个子项目组，参加人员超过 400 人次。

在硬件基础设施方面，二期新馆主机房、网络系统、磁盘阵列、磁带库、无线网络系统、馆内读者用机、OPAC 查询用机、网站管理集群已部署完成，同时与中南海、中央党校、科研网、教育网、广电总局的千兆光纤连接也已铺设完成并投入使用。二期机房包括两个存储设备机房、一个网络设备机房、一个服务器机房、一个不间断电源供电机房，总面积 1427 平方米，并设有观光走廊和监控中心。万兆主干、千兆到桌面的网络环境，无线网覆盖馆区所有区域，馆区内提供 524 个电子阅览席位。

在软件系统方面，电子阅览室管理系统、电子报触摸屏阅读系统、移动数字图书馆服务系统、虚拟现实系统、虚拟阅读系统、一卡通系统、读者管理系统、数字电视服务系统、文献传递与馆际互借系统、电子资源呈缴系统、基层资源服务系统等应用系统基本开发完成，部分或全部提供服务。

在数字图书馆标准规范体系建设方面：本着"开放建设、联合共享"的思路，汉字处理及古籍用字、数字信息资源唯一标识符等 6 个标准规范项目的研制已基本完成；其余 24 个标准规范项目预计将于本年内陆续研制完成。

41.2.2　数字信息资源开发与服务

国家图书馆是综合性的研究图书馆，是国家总书库，履行收集、加工、存储、研究、利用和传播知识信息的职责。国家图书馆也是全国书目中心、图书馆学发展研究中心和图书馆信息网络中心。文献资源是国家图书馆的立馆之本，国家图书馆历来重视馆藏发展工作，并将其作为事业发展的中心任务。经历代国图人的百年积淀累聚，国家图书馆铸造了全球屈指可数的典藏宏富的文献资源，其中既包括甲骨、金石、简帛、舆图、善本等珍贵特藏，也包括图书、期刊、报纸、缩微文献等传统文献类型，还包括电子出版物、音像资料和网络信息资源等数字化的信息资源。其中，数字信息资源作为新兴的出版物类型，随着网络出版和数字图书馆的发展，其出版数量和普及速度都是其他类型的出版物不可比拟的，数字信息资源已经成为网络环境下用户进行信息检索和获取的首选对象。因此，国家图书馆将数字信息资源作为馆藏发展的重中之重，作为实现服务创新的重要基础内容，作为实现"现代化、国际化的国家图书馆"发展目标的重要支撑条件。

数字信息资源建设是一个系统工程，涉及采集、组织、整合、保存和服务等管理的整个生命周期，下面就数字图书馆的管理和服务，从数字信息资源生命周期管理的角度，阐述国家图书馆的数字信息资源建设，重点介绍数字信息资源的建设规划、建设原则、建设途径、建设模式和建设成果。

1. 数字信息资源建设规划

数字信息资源建设规划是进行资源建设的纲领性文件，是数字信息资源建设工作的宏观指导，是对数字信息资源建设的目标、任务、方法、步骤等内容的明确规定。数字信息资源建设工作的首要任务就是制定资源建设规划，为数字信息资源建设工作提供政策性的标准和规范，为数字信息资源服务与共享提供依据。国家图书馆历来重视资源建设规划工作，并在工程建设工作中，适时地对建设规划进行调整、补充和修订。

数字信息资源建设规划也是馆藏发展政策的组成部分，依据《国家图书馆文献采选条例》和《国家图书馆"十一五"规划纲要》而制定；分为中期规划和年度规划。中期规划规定了数字信息资源建设的目标、方针、程序、模式等内容。目前中期规划有《国家图书馆数字信息资源建设（2003—2005 年）规划》和《国家图书馆数字信息资源建设（2006—2010 年）规划》。年度规划规定数字信息资源的年度建设任务，建设重点和建设途径等内容。

2. 数字信息资源建设原则

数字信息资源建设的原则，是根据国家图书馆的使命和职责，按照服务用户的需求，在《国家图书馆文献采选条例》所规定的总原则下，制定的具体的操作性原则。该原则高度概括了数字信息资源建设的指导思想，规范和指导数字信息资源建设业务工作的开展。具体内容如下：

①统筹兼顾原则：数字信息资源只是国家图书馆馆藏的一个组成部分，在实际馆藏发展和用户服务工作中，数字信息资源建设和传统资源建设密不可分。因此，需要在统筹兼顾原则的基础上，统筹考虑传统信息资源建设和数字信息资源建设所需的经费和人力资源。

②保障性原则：随着网络出版和数字图书馆的发展，数字信息资源已经成为网络环境下用户信息搜索和获取的首选对象。现在，许多学科型的数字信息资源已经成为学生、老师、科技工作者、商人的重要的可信的信息来源，越来越多的数字信息资源开始在我国科研、教育、生产等创新活动中起到信息支撑作用，已经成为我国实施科技创新、建设创新型国家战略的战略资源。国家图书馆从全国文献信息资源保障体系的高度，认识和解决数字信息资源的战略保障问题；而战略保障的核心内涵，一是全面，

二是可持续，换言之，涉及广泛存量和长期保存两个方面。国家图书馆既要广泛地采集来自全球的优质的数字信息资源，还要保证这些数字信息资源的长期、有效以及可存取服务。据此原则，国家图书馆选择数字信息资源的许可模式（购买或租赁、国家许可、区域许可或单馆许可），制定其保存级别（访问级、存档级、典藏级）。

③藏用并重原则：数字信息资源建设和数字信息资源服务是不可割裂的。作为履行国家总书库职责的国家图书馆，资源建设的首要职责是收藏，但资源的价值在于利用，资源建设的根本目的在于服务。因此，国家图书馆在数字信息资源建设上采取"藏用并重"和"藏以致用"的原则，既不能"重藏轻用"，也不能"重用轻藏"。

④协调性原则：数字信息资源按照语种可以分为中文数字信息资源和外文数字信息资源，按照文献类型可分为电子图书、电子期刊、电子报纸、事实/数值型数据库、文摘索引数据库和全文数据库，按照载体形式可分为网络型和实体型，按照内容格式可分为文字、图片、音频、视频和多媒体等类型，按照内容揭示深度可分为一次型、二次型和三次型，按照内容出版时间可分为历史资源和新出资源。数字信息资源建设需要全面考虑和综合评估上述各种类型，进行平衡和协调建设，同时还要进行馆际协调和渠道协调（采购、交换、受缴、受赠）。

⑤经济性原则：数字信息资源建设的一个渠道是采购，因为图书馆的资源建设经费是有限的，如何发挥资源建设经费的最大效能，少花钱多办事，是图书馆必须考虑的问题。国家图书馆据此选择数字信息资源供应商（技术供应商、服务供应商和订购代理商），采购方式（公开招标、单一来源采购、竞争性谈判）、许可模式（购买或租赁、联盟许可或单馆许可）和许可期限（年度许可或长期许可），确定付款方式（预付款或后付款、一次性付款或分期付款）和支付币种（人民币、美元或欧元）。

3. 数字信息资源建设途径

数字信息资源建设的途径是多元的，包括采购、交换、收割、导航和数字化等，图书馆一般根据数字信息资源的对象类型、版权状态、许可模式和存取方式确定其建设途径。国家图书馆数字信息资源建设的主要途径包括受缴、采购、收割和数字化，辅助途径包括导航、交换和受赠。

①受缴：我国《电子出版物管理规定》和《音像制品出版管理规定》规定国家图书馆享有免费接受出版单位呈缴的电子出版物和音像资料样品的权力，因此，实体类的电子出版物和音像资料的受缴就成为国家图书馆进行资源建设的主要途径。目前国家图书馆超过70%的实体型中文电子出版物和音像资料是通过接受缴送收集的。

②采购：采购是图书馆信息资源建设的主要途径。国家图书馆的数字信息资源采购实行年度预算管理，数字信息资源年度建设费约占国家图书馆文献建设总经费的12%，其中，外文数字信息资源建设费占数字信息资源年度建设总经费的70%，中文数字信息资源建设费占30%。数字信息资源采购谈判是数字信息资源建设的重要一环，谈判内容包括许可内容、许可形式、许可行为、价格、付款时间、支付方式、汇率、适用法律、仲裁机构、违约责任等。数字信息资源的采购不同于传统资源的采购，多数是通过共建共享的方式实现的，其中集团采购是数字信息资源采购的一种常见方式。

③收割：网络型数字信息资源中，数量最大的就是基于互联网发布和传播的网页信息，网页可分为表层网页/静态网页和深层网页/动态网页两种。由于网页信息反映一个时期一个国家或地区的历史和文化遗存，具有重要的学术和文化价值，因此需要对网页信息进行必要的保存和保护。网页信息的创建是自由自发的，其存在是分布的，其存取是免费自由的，其寿命是短暂的，所以网页信息的采集无法通过传统的采集方式实现，只能利用网络机器人通过收割的方式进行。国家图书馆从2003年发起了WICP项目，开始采集我国的互联网信息，采集策略分为国域采集和主题采集。目前，国家图书馆已正式成为国际互联网典藏联盟（IIPC）的成员，负责采集我国的互联网信息，并参与国际标准的制定和数据共享。

④数字化：文献数字化是图书馆进行数字信息资源建设的重要手段，其目的是实现传统资源的广泛存取和文献保存保护。文献数字化不是简单

的数字化复制，而是通过数字化方式对图书馆馆藏进行系统整理、深度加工、精细标引和知识组织，是对传统文献内容的增值，因此，文献数字化的核心不在于技术，而在于知识组织和管理。国家图书馆制定了专门的文献数字化发展规划，按照产业化数字出版的要求，明确了技术路线、知识产权解决方案和文献数字化时间表。国家图书馆的文献数字化是从特色文献开始的。截至目前，国家图书馆相继完成了甲骨文、拓片、敦煌文献、地方志、西夏文献等特色文献的数字化，目前正在加紧民国图书文献和音像资料的数字化工作。

⑤导航：导航是图书馆进行数字信息资源建设的辅助途径。互联网上免费的和开放存取的数字信息资源，比如学术搜索引擎、学科门户、开放存取资源，已成为广大用户不可或缺的科研工具和信息来源，具有较高的学术参考和利用价值。因此，图书馆需要将这些数字信息资源进行有效组织和整合，与其他馆藏资源一起向用户提供一个完整的信息空间。国家图书馆的数字信息资源导航是基于学科进行的，目前推出了海外中国学、图书馆学、新农村建设、政府信息公开等专题资源导航。

⑥交换：交换是图书馆进行数字信息资源建设的辅助途径，它是图书馆间或图书馆与其他文献收藏机构间相互交换文献，互通有无，丰富馆藏的一种方式。图书馆通过交换有时可以得到无法采购到的资源品种。交换分为直接交换和间接交换，国内交换和国际交换。国家图书馆的数字信息资源交换多为国际交换，交换内容多为实体类数字信息资源。

⑦受赠：捐赠指个人、机构或社会团体主动地向图书馆赠送各种文献的方式，它是图书馆获得珍贵文献的一种重要方式，但对于数字信息资源来讲，受赠是一种辅助途径。某些数字信息资源出版商或供应商，为推广其核心产品，有时会将赠送作为促销的一种手段。国家图书馆受赠的数字信息资源多为实体类，网络型的受赠资源全为数字信息资源供应商所赠之产品。

4. 数字信息资源建设成果

从2000年起，国家图书馆就开始有计划地对特色馆藏资源进行数字化加工，为国家数字图书馆进行数字信息资源的准备工作。国家图书馆在古代文献的数字化、近现代文献的数字化、音视频资料的数字化、缩微胶片的数字化等方面积累了大量的经验，锻炼了队伍，积累了资源；开展了网络资源长期保存的试验，保存了中国所有的政府网站，245 种中文电子报以及中国学、奥运、新农村建设等 18 个专题性资源。截至 2008 年底，我馆数字信息资源总量已超过 250TB，其中，自建数字信息资源总量达 180TB，包括甲骨、拓片、敦煌文献、地方志、西夏文献、民国图书、民国期刊、博士论文、年画、中文图书、音频资源、在线讲座、在线展览等；外购数据库已达 127 个，包括中外文期刊、图书、报纸、学位论文、会议论文、多媒体数据库等。其中 30 个数据库可以通过代理服务器访问，39 万册中文电子图书可以通过读者卡远程访问；18 个数据库可以通过远程账号访问。

国家每年拨付 3000 万元经费用以解决数字版权。国家图书馆已经面向全社会征集数字版权、通过文津图书奖征集、通过与版权人直接沟通等多种方式解决数字版权限制，以便促进中文数字信息资源的永久保存，并利用数字信息资源更好地开展公益性服务。

上述数字信息资源根据其版权状态的不同，多数已经以各种方式向社会公众提供服务。随着国家数字图书馆工程建设的不断深入，国家图书馆将逐步拓展数字信息资源服务的渠道和方式，如国家数字图书馆主页、基层图书馆服务平台、数字电视、移动终端、移动阅读器、虚拟阅读站、文献传递、国家数字图书馆分馆、全国文化信息资源共享工程网络平台等等。

41.2.3　国家数字图书馆分馆建设

2008 年 9 月 9 日，国家数字图书馆服务开通后，为切实履行国家图书馆为基层图书馆服务职能，创造良好的文化效益和社会效益，国家图书馆将建设重点转移到数字信息资源和服务的拓展和推广上，旨在将该项公共文化服务项目建成一项文化惠民工程，实现国家数字图书馆的数字信息资源和服务的全民共享。

国家图书馆自2006年起，通过建立国家数字图书馆分馆的形式，探讨为基层图书馆服务的新形式。经过试验，证明这是一种可行并有效的形式，进而决定从2008年开始，在全国推广"国家数字图书馆地方分馆"建设项目，本着"自愿申请、联合共建、资源共享，公益服务"的原则，通过5年努力逐步建成覆盖全国各省市的分馆网络，把分馆建成国家数字图书馆的数字信息资源的推广窗口、数字化服务的前沿阵地、新型馆员的培训基地和基层用户的教育基地，逐步形成分级分布的国家数字图书馆资源和服务格局。"国家数字图书馆分馆"是国家图书馆面向基层图书馆服务的一种创新模式，打破了区域、行政和行业界限，形成了全国性的新型合作模式。

自2006年11月至2009年7月，国家图书馆先后与苏州工业园区管理委员会、东莞市人民政府、天津市经济技术开发区管理委员会、吉林省图书馆、广西壮族自治区图书馆、山东省文化厅、四川省图书馆、山西省图书馆等机构，就设立分馆相关事宜进行协商一致后，正式签署设立国家数字图书馆分馆的有关协议，并根据各分馆需求逐步展开项目合作。2009年，还将与陕西省、桂林市、湖北省、云南省、辽宁省、福建省等6家省级图书馆开展合作，发展"国家数字图书馆分馆"。

41.2.4　与文化信息资源共享工程的合作

国家数字图书馆工程与文化共享工程均属于公益性文化服务，在技术、资源、服务等方面具有较大的合作空间，可以共同促进社会主义先进文化的大发展大繁荣。2008年7月1日，国家图书馆与文化部全国文化信息资源建设管理中心签署合作协议，双方强强联合，以优势互补为基本原则，在基础设施平台搭建、数字信息资源交换和共享、数字信息资源建设与服务相关标准规范研制、专业人员间的合作与交流、人员培训、宣传推广等方面开展广泛的合作，在资源整合方面取得了显著效益，并有效地提升了这两项工程在资源建设、技术支撑与信息服务等方面的整体水平，共同促进社会主义先进文化的大发展大繁荣。

国家图书馆精心组织了一批总量达 2.62TB 的数字信息资源，包括 5万种 330 万册电子图书，1029 册送书下乡精选图书，1680 册"文津图书奖"中文图书，国家图书馆馆藏地方志、年画、在线讲座、在线展览数据库，并提供 19 万种 38 万册电子图书的远程访问账号，投放至共享工程 33 个省中心，通过文化共享工程网络平台，以互联网、馆域网、资源镜像等方式，向文化共享工程各级中心和基层服务点提供服务，在全国公共文化服务体系建设中发挥了重要的资源保障作用。为进一步推进数字信息资源保障体系共建共享的深度和广度，切实把公共文化服务体系建设任务落到实处，国家图书馆制定了《全国公共文化服务体系图书馆数字信息资源保障建设大纲》，并逐步落实到位。

1. 服务模式

由国家图书馆组织数字信息资源，通过文化共享工程网络平台，利用互联网、馆域网、资源镜像等方式，以集中管理、分布存储、分级保障的模式，围绕政治、经济、文化、教育、科技等领域，结合各地区特色，构建具有一定资源规模的、覆盖全国城乡的数字信息资源分层保障与服务体系。

①依托国家图书馆和全国文化信息资源建设管理中心、省级分中心、市（县）级支中心建立不同层次的镜像站点，分布存储数字信息资源，形成国家图书馆与全国文化信息资源建设管理中心的国家保障、省级分中心区域保障、市（县）级支中心基层保障的三级保障体系。

②以互联网、馆域网、资源镜像、光盘等方式提供数字信息资源服务。当本地存储资源不能满足服务需求时，下一级中心可通过远程账号访问上一级保障体系，实现国家保障、区域保障和基层保障三级体系内数字信息资源的纵向互联，最终形成国家中心、省级、市（县）级、乡镇级和村级五级数字信息资源服务体系。

③通过国家图书馆基层图书馆服务平台，实现全国公共图书馆数字信息资源的共建共享，并通过各地方图书馆形成的服务网络，为全国各地读

者提供服务。

2．服务原则

①统筹规划，集中管理。国家图书馆与全国文化信息资源建设管理中心加强沟通，综合考虑各方面因素，共同制定数字信息资源保障体系建设和发展的宏观规划。资源内容的组织由国家图书馆统筹负责，对分布存储于各分中心、支中心等站点的资源实行统一规划、集中采购、分级部署；资源的推广与服务由全国文化信息资源建设管理中心统筹负责，指导并督导各级中心的分级服务与管理。各省级分中心是数字信息资源区域保障中心，应配合国家保障中心开展本省数字信息资源保障体系的建设工作，做好下辖支中心资源服务的指导、督导和管理工作。

②需求导向，协调发展。以群众文化需求为导向，结合区域经济、文化、民族等方面的发展特色，综合考虑分级保障体系资源的总体规划，为各级服务站点梯度配置适用的数字信息资源，并对其使用情况进行跟踪回访，收集其特色资源建设和利用方面的需求作为保障体系建设依据，保证整个保障体系资源建设的科学性、规范性、系统性和连续性。

③分步实施，逐步推广。在充分调研的基础上，优先选择部分网络与技术条件成熟的市（县）级支中心作为镜像服务的试点，分步实施，逐步推广直至覆盖全国市（县）级支中心及部分乡镇级基层服务点；资源的内容以电子图书和电子期刊为主，视试点服务状况与读者需求，逐步增加资源类型和资源总量。在实施过程中加强情况沟通与协调，并及时总结经验，不断改进、创新。

④遵循标准，规范建设。在遵守法律法规、保护知识产权的前提下，遵循相应的标准规范，实现全国公共图书馆体系数字信息资源建设的共知共建共享。国家图书馆和全国文化信息资源建设管理中心承担组织数字信息资源建设和服务相关标准规范的制定、实施和推广的职能。

3．服务目标

在国家财政的支持下，国家数字图书馆将继续丰富其数字信息资源，通过全国文化信息资源共享工程网络系统服务社会公众，并推动以梯度配置模式实现数字信息资源的分级保障和服务，分期完成国家数字图书馆资源服务共享工程建设，具体实施规划如下：

国家图书馆和全国文化信息资源建设管理中心在数字信息资源建设和服务方面密切合作，建立并完善公共文化服务资源的国家保障中心；逐步提高省级分中心的资源区域保障能力，各省级分中心在已建数字信息资源的基础上，稳步新增资源，加快提升服务能力；三年内，为市（县）级支中心建立适合其用户需求的电子图书和电子期刊基本馆藏，提供公共文化资源的基层保障服务。各级保障系统在条件成熟时增加资源数量和资源类型，并力争相关版权的逐步完善，以全面满足基层群众的文化需求。

（本章作者　张彦博　魏大威）

第 42 章
创意产业发展

引　言

我国创意产业的实践源自于文化产业，而现代信息技术从多个维度促进了创意产业的产生和发展。创意产业在我国逐步获得国家和地方政府的重视，设计、文化、新媒体等创意产业都在经济发展模式和经济转型过程中被赋予了重要的使命，同时也承载了促进社会进步和文化繁荣的历史责任。

42.1　创意产业的理论探索

从投资、出口和消费三个增长极来看，中国经济在经过了多年的外延式增长之后，如何提升消费水平和提高出口产品的附加值，成为可持续发展的破局关键。发展创意产业，将文化创造力与信息化相结合，作用于消费和出口的产品/服务，是极富潜力和想象空间的、可探索的科学发展路径。

1997 年，布莱尔政府上台后，随即将"创意产业"作为英国的国家战略品牌进行营销（Cunningham，2003），这是英国在信息通信技术发达时代对其业已确立的全球影响力进行的反思和重新定位。在这之后的十余年中，创意产业的理念在美国、澳大利亚、新加坡、韩国等国家被快速推广，从理论和政策上得到了各国政府不同程度的重视和支持。将文化、内容、版权、信息服务等产业门类纳入创意产业的范畴，体现了把人类创造力作为核心生产要素的产业化理念。

近几年来，我国创意产业理论研究从无到有，发展很快。我国现有的、对创意产业的认识，主要可以概括为三个大类：第一类是端产业的视角，认为创意产业是一种知识产权产业，或至少与知识产权体系形成系统性的映射关系，这种观点在指导实践时所遇到的主要困难是，在现阶段我国知识产权保护的环境下，创意产业的价值效益难以界定；第二类观点认为创意无处不在，创意是横向和多环节的，这种观点的主要问题是与现有统计体系中的产业界定对接困难，政策工具难以运用；第三类观点是着眼于创意与技术/资本共同打造的创意产业链。这种观点在实践中有较强的指导意义。以上的理论探索为社会各界认识创意产业奠定了基础。我国创意产业研究得益于以全国政协副主席厉无畏研究员为代表的一批专家学者的大力推介，北京和上海始终是创意产业的研究、宣介和传播的基地，对各省市以创意产业推动经济转型、社会发展和文化繁荣起到了重要作用。

42.2　我国创意产业发展的基础

推动创意产业迅猛发展的主体力量是企业。从细分行业来看，我国创意产业多年来一直保持稳定的、较快的增长率，重点地域集中分布在北京、长江三角洲和珠江三角洲各城市。北京和上海正在成为创意大都市；东部地区的城市，如深圳、杭州、大连、厦门等，充分利用经济和文化的区域辐射力，具有了与其经济水平相当的创意产业发展水平；在中部城市，如长沙、太原、西安等，创意产业遵循着特色发展之路，如发展特色文化娱乐业、打造特色创意作品的价值链等；西部的城市，如昆明、重庆、拉萨等，也形成了以挖掘本地历史文化和民族文化资源来发展创意产业的模式。

创意产业在我国的崛起是由于经济、文化和信息技术等要素综合发展，而带来的消费需求变化。这些因素作用于个人创意意识，通过融资环境、人才发展环境、体制环境、法制环境等条件的不断成熟，形成了我国创意产业持续发展和欣欣向荣的局面：2007 年我国专利授权数量过万的省市，依次为广东、浙江、江苏、上海、山东和北京。

1. 经济发展

我国经济快速发展为创意产品提供了巨大的消费市场。如果把扩展线性支出系统模型（Luch，1973）作为基本假设，即某一时期内人们对各种商品（服务）的需求量取决于人们的收入和各种商品的价格，基本需求与收入水平无关，居民在基本需求满足后才会按照某种消费倾向安排非基本消费和储蓄，其中就包括了对于创意产品的消费。2008 年我国东部许多城市城镇人居年收入超过 2 万元，决定了东部区域的创意产品消费市场已经起步发展。由于收入的区域性差异，中西部地区主要通过市场导入（旅游）或产品导出（开拓国内市场）的形式来完成初步的产业化。

2. 文化因素

文化产业、文化事业和文化体制改革并行发展的文化体系可以强化创意产业的文化内核。创意产业在我国的发展受益于文化体制改革、盈利模式创新等改革成果。西安、杭州等城市借力于历史文化沉淀，实现历史文化的现代化和产业化；昆明、大理、拉萨等城市受益于民族文化，进行文化的产业输出和市场导入；北京、上海、深圳等城市融兼融外来文化和商业文化，实现传媒业和创意内容时尚化的附加值。多重文化并行有利于我国创意产业发展。

3. 信息化水平

中国正经历着与西方国家基本同步的信息基础设施和信息技术的发展历程。信息化对创意产业的影响主要体现在三个方面：第一是信息化基础设施，比如互联网、无线互联网、有线电视网的发展和相互融合，为创意传播提供了现代化的基础条件；第二是基于信息技术的各类软件，极大地便利了创意过程，并革新了创意工具；第三是信息化的产业应用，通过流程重组和供应链重构，将产业中的创意空间拓展至整个产业系统。

CNNIC（2009）报告数据显示，2008 年手机上网用户较 2007 年翻了1 倍多，达到 1.17 亿。随着我国 3G 牌照的发放，预计未来几年手机互联网将迎来爆发式的增长，无线互联网更深层次的应用将在 3G 时代凸显出来。网络社会的发展提供了创意性思维表达对象和空间的爆炸性的拓展，为创意产业的发展提供了极为广阔的平台，也为创意者提供了"长尾体验"。如网络社群中包含有大量原创的视听、文学、动漫、共享软件、时尚生活指南等创意产业的核心内容，这些内容往往源于自发的内部动机，创意不再仅仅是一种供给，更成为一种需求，构成一种边生产、边消费，在生产中消费和在消费时生产的创意产业新模式。

42.3　我国创意产业的发展

我国创意产业的发展受到中央和地方各级政府的高度重视。在国家层面，政府将创意产业发展看作是转变经济增长方式，调整产业结构，繁荣社会主义文化的重要举措；在地方层面，除了上述考虑之外，更将创意产业的发展作为区域经济发展战略的一个重要组成部分。

1. 国家行为[1]

国家层面对创意产业的关注始于文化产业。中国共产党十六大报告提出"积极发展文化事业和文化产业……完善文化产业政策,支持文化产业发展,增强我国文化产业的整体实力和竞争力";2003 年 9 月,文化部颁布《文化部关于支持和促进文化产业发展的若干意见》,对文化产业进行了定义;2004 年 1 月,国家统计局印发《文化及相关产业分类》;2006 年 9 月,中共中央办公厅与国务院办公厅颁布《国家"十一五"时期文化发展规划纲要》,提出"以建设文化创意产业中心城市为核心……逐步完善有利于文化创意群体创业发展的市场环境和政策环境,为各类创意人才群体提供良好的条件……扩大文化创意产业在全社会的影响力和带动力。充分发挥文化创意产业在内容创新和传统企业改造中的积极作用,利用文化创意成果拉动相关服务业和制造业的发展";温家宝总理在十一届全国人大二次会议上所作的《政府工作报告》中指出:"促进金融保险、现代物流、信息咨询、软件和创意产业发展,拓展新兴服务领域",明确了创意产业的战略地位,再一次从国家层面确认了创意产业在我国经济系统中的重要位置。

2. 各地情况

在各省、市层面,虽然起步有早晚,但是对于创意产业的支持和推动都提升到了区域发展战略的高度。北京在文化创意产业方面的发展起步较早,形成了文化创意产业政策、园区、企业、人才、研究和市场良性互动的格局,是以文化为引领的创意产业中心;上海和深圳的创意产业发展都是基于周边实体经济腹地,在专业化分工过程中形成设计和新媒体方面的优势,两地都有比较完备的创意产业发展发展战略,政策和其他环境因素。许多省和中心城市,如广州、杭州、长沙、南京、重庆、西安等城市,创意产业也都具备了一定的发展基础,或是基于历史和民族文化,或是基于区域辐射力,或是基于特色产业,发展规划也各有重点、在财税政

---

[1] 国家行为的总结部分借鉴于季昆森(2008),pp. 18—19。

策、基地认定、地方政策等方面都进行着创新和实践。各个城市制定的创意产业规划、确定的重点领域和出台的政策，可参见表42.1。

表42.1　国内主要城市创意产业一览表

城市	创意产业增加值占GDP比重	创意产业重点领域	代表性文件
北京	10.6%（2007）	出版发行、广播影视、文化演艺、网游动漫	●北京市促进文化创意产业发展的若干政策（北京市发改委，2006） ●北京市文化创意产业分类标准（北京市统计局，2006） ●北京市文化创意产业投资指导目录（北京市委宣传部、北京市发改委，2006） ●支持北京市文化创意产业发展的若干措施（北京海关，2006） ●北京市文化创意产业发展专项资金管理办法（试行）（北京市政府，2006） ●北京市"十一五"时期文化创意产业发展规划（中共北京市委、北京市政府，2007）
上海	7.0%（2007）	工业设计、建筑设计、咨询策划、软件、网络游戏、会展	●上海创意产业发展重点指南（上海市经委，2005） ●上海创意产业"十一五"发展规划（上海市经委，2005） ●上海市加快创意产业发展的指导意见（上海市经委、上海市委宣传部，2008） ●上海市创意产业集聚区认定管理办法（试行）（上海市经委，2008）
广州	5.1%（2006）	工业设计、软件、动漫、会展	
深圳	6.7%（2006）	广告设计、工业设计、网游动漫、演艺	●关于加快文化产业发展若干经济政策（深圳市政府，2005） ●深圳市文化产业发展专项资金管理暂行办法（深圳市政府，2005） ●深圳市文化产业发展"十一五"规划（深圳市政府文化产业发展办公室、深圳市发改局，2007） ●申请并获批联合国教科文组织"创意城市"（2008） ●深圳综合配套改革试验总体方案定位为"国际文化创意产业中心"（2009）

城市	创意产业增加值占GDP比重	创意产业重点领域	代表性文件
杭州	12.1%（2008）	服装设计、工艺美术、软件、动漫	● 关于打造全国文化创意产业中心的若干意见（杭州市委市政府，2008） ● 杭州市人民政府办公厅关于统筹财税政策，扶持文化创意产业发展的意见（2008）
长沙	9.8%（2006）	媒体传播、出版发行、卡通动漫、演艺	● 关于进一步加快动画产业发展若干政策的意见（长沙市政府，2005） ● 长沙市文化发展"十一五"规划纲要（长沙市政府，2006） ● 长沙市两型社会建设文化产业发展专项方案及五年行动计划（2008）
重庆	4.4%（2007）	动漫、工艺美术、广告设计	● 重庆市创意产业"十一五"发展规划（2006） ● 关于加快创意产业发展的意见（重庆市政府，2006） ● 重庆市创意产业基地（园区）认定暂行办法（重庆市政府，2007）
南京	3.4%（2007）	软件、动漫、影视演艺	● 关于加快发展文化创意产业的政策意见（南京市文化局，2006） ● 南京市文化创意产业"十一五"发展规划纲要（南京市政府，2006）
西安			● 西安高新区关于促进创意产业发展的扶植政策（西安高新区管委会，2006） ● 西安高新区创意产业发展指导目录（西安高新区管委会，2006）

（资料来源：各地政府官方网站及《中国创意产业发展报告2008》，pp.573—580）

42.4 我国创意产业发展的战略重点

我国创意产业近年来快速发展。联合国贸发会议认为，"……一些发展中国家，特别是在亚洲，已经开始从全球创意经济的活力中受益，并因地制宜地实施了横向政策来加强其创意产业。中国领导了这一过程，成为

2005年附加值创意产品的领导性生产和出口国"（UNCTAD/DITC2008，P5）。综合我国全局和各地的情况，创意产业的发展可概括为三大类产业领域，即"大设计"产业、文化产业、新媒体产业，而建立创意园区和开展重大国际国内交流活动，也成为了我国创意产业发展的重要特征。

1. "大设计"创意产业

与服务业和制造业相关的各类设计行业，在主要的区域中心城市具有很强的发展潜力，最为典型的如长江三角洲的上海和珠江三角洲的深圳。这些城市依托实体经济腹地，在区域分工中，形成设计业的竞争优势和辐射力。

①广告设计[①]。2008年，中国广告业经营额达1899.56亿元，同比增长9.11%；北京、上海和广东三地占全国广告经营总额的48.47%。主要的媒介为电视（501.5亿元）和报纸（342.7亿元），中央电视台、上海文广集团、深圳报业集团等仍占主导地位。另外网络广告行业快速发展，2008年中国互联网广告规模接近100亿元，同比增长将近50%。

②工业设计。工业设计的市场主体包括专业设计公司和大型公司自有设计部门，上海、深圳等城市的工业设计依托文化、人才和市场优势，辐射长三角和珠三角等实体经济圈。信息化使得设计工具和流程逐步标准化，产生了去专业化的附带功能，平面设计软件（Photoshop等）和立体设计软件（Strata3D等）使得专业设计平民化和设计创意人群快速增长。

③建筑设计。依托的是国家、民营、外资设计机构，上海的赤峰路地区依托同济大学的地域优势，积聚了大大小小几百家设计公司，形成了设计创意产业的规模效应，被命名为"国家火炬计划环同济研发设计服务特色产业基地"。2008年营业额达到102亿元。

④展示设计。以北京、上海、深圳、杭州以及大部分省会城市为代表，文化创意方面的会展品牌有即将开始的世界博览会、中国北京国际文化创意产业博览会等。

---

① 数据来源：郭全中（2009）。

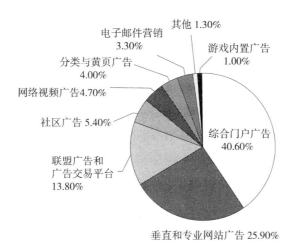

图 42.1　2007 年中国网络广告各细分领域市场份额

（资料来源：DCCI2008 中国互联网调查，DCCI 互联网数据中心）

⑤时尚设计。北京和上海虽然不是国际一流时尚设计城市，但已经而且可以进一步在某些行业、某些人群、某些文化层面上，确立起细分市场优势。

北京、上海、深圳、广州、天津、武汉等城市已经成为国际/国内设计网络中的重要节点。以深圳为例，联合国教科文组织认可其依托城市发展速度、人口年龄结构、地方政府支持等优势因素，在动画、工业设计、数字内容、网络互动设计、包装设计创新等方面实现的战略发展①。

2. 文化创意产业

根据国家统计局《文化及相关产业分类》，文化产业由文化服务业和文化相关产业组成：新闻服务、出版发行和版权服务、广播/电视/电影服务、文化艺术服务等是文化服务业中的核心层；文化创意处于创意链和产业链的最前端。在文化创意产业发展过程中，除了文化体制不断适应经济社会发展之外，信息技术的运用对于文化产品优质化也起到了助推器的

① UNESCO 门户网站。

作用。

①出版业①。北京是我国的出版业中心，其次比较重要的省级行政区划为上海和广东。以图书出版为例，2005 全国新出图书 128578 种，中央及北京均占半数以上；录音出版情况类似，2005 年中央及北京新版总量分别占全国的 32.2% 和 53.0%，上海紧随其后；录像制品出版中央与北京 2005 年新版总量占全国的 37.1%，京、广、沪三地总量占全国的 77.5%；综合报纸和专业报纸合计，种数和印量比较突出的除中央及北京外（占全国的 16.0%），还有广东和上海，三地总印数超过全国的 30%。

②电视业②。我国电视产业正处于由模拟电视平稳过渡到数字电视产业的时期，相应地带动了硬件和软件产业发展（如嵌入式操作系统、中间件和应用软件等）。从对 2005 年全国各地电视节目的统计来看，不含总局直属，全年电视节目国内销售额中，上海、北京和广东分别为 27198.30 万元、23380.17 万元和 18578.33 万元，合计占全国的比例为 43.0%③。从省级电视台的广告收入来看，上海和北京超过 10 亿元（其中上海电视台为 288727.77 万元，北京电视台为 165501.71 万元）。

③电影业。根据中国电影发行放映协会数据：2006 年中国电影集团公司联合发行及独立发行量占全年总票房收入的 54%；从地域角度来看，电影产业的主要市场仍然集中于经济发达的上海、北京和广东。上海 2005 年度区域票房为 2.5 亿元；广东票房为 2.4 亿元；北京票房为 2.2 亿元，三大市场占全国份额的 47.2%。

国家广电总局先后颁布了《电影数字化发展纲要》、《电影数字放映暂行技术要求》、《数字电影流动放映系统技术要求》等措施。我国的数字电影系统将制作（如虚拟制作）、知识产权保护、交易、发行等加以整合，初步形成了信息化的电影产业体系。

---

① 数据来源：《2006 中国出版年鉴》。
② 数据来源：国家广播电影电视总局统计信息。
③ 数据来源：《中国广播电视年鉴·2006》。

④动漫产业①。我国动画产业近年来获得了快速发展，2003 年国产动画片数量为 12000 分钟，2004 年为 21800 分钟，2005 年为 42700 分钟，而 2006 年达到了 82326 分钟。2006 年产量的区域分布主要集中于长沙（分钟数约占全国的 33.1%）、广东（占 21.0%）、江苏（占 10.8%）和浙江（占 10.3%）。漫画产业市场则为进口内容产品所主导，国产漫画要实现突破面临较大的挑战，但也存在"进口替代"过程中的发展契机。

⑤艺术品市场和传统、历史文化和民族文化开发。这些是指文学、音乐、视觉艺术和表演艺术，以及绘画、雕塑、艺术摄影等视觉艺术。在国内原创艺术品市场中，北京是我国最为重要的艺术中心。基于历史自然文化遗产和民俗风情的文化创意产业，多处于历史文化名城、旅游胜地、少数民族聚居区。这类产业具有巨大的发展潜力，是我国具有文化历史渊源和历史沉淀的城市和地区发展文化创意产业的一条路径。

　　➤2008 年北京奥运会开幕式是传统文化与现代科技完美结合的典范。张艺谋和他的团队综合运用声、光、电等技术，以现代化的形式重现了长城、兵马俑、"飞天"、京剧、昆曲、太极、文明"长卷"、写意、古筝、活字印刷、孔子三千弟子吟诵、丝绸之路、簪花仕女、击缶而歌、《清明上河图》、春江花月夜、四大发明等中国古代的灿烂文明。文化的解构与再现提示了这种形式的文化创意与技术结合仍然具有广阔的受众与市场。

　　➤"上海市多媒体演艺虚拟空间合成实验室"针对表演艺术和大型活动彩排演效率低、搭建浪费等问题，以虚拟现实技术为基础，研发出用于虚拟排演的软硬件 VIRP 系统。实验室于 2007 年与 2010 年上海世界博览会事务协调局信息化部成立了"大型活动与展览展示虚拟评测与技术应用联合实验室"，成为 2010 年上海世博会重大演艺和展示项目的辅助决策系统平台。

---

① 数据来源：《中国动画年鉴 2006》。

3. 新媒体创意产业

新媒体创意产业是基于数字技术和网络技术，将传统文化内容和现代技术相结合的新型产业。新媒体创意产业快速成长，必将成为我国创意产业的重要支柱。这类产业涵盖了户外数字媒体、网络媒体、移动电话媒体、移动电视媒体等行业。

①户外数字媒体业。从 2003 年起，随着主营楼宇电视广告的分众传媒和主营公交电视广告的世通华纳等企业的出现，户外数字媒体产业进入高速增长阶段，2007 年市场规模为 1138 亿元（符星华，2008），区域分布上以长三角、珠三角和环渤海地区为主，呈现多样化、专业化和规模化特点，形成了一批知名企业，如主营触摸互动荧屏的触动传媒，列车电视的鼎程传媒，机场、飞机电视的航美传媒，校园视频的迪岸传媒，医院、药店视频的炎黄健康等。

②互联网信息服务业（不含 B2B）。主要包括网络游戏、资讯专业网站、网络论坛等网站或软件。2007 年，中国互联网信息服务业的市场规模达到 1779.3 亿元，较 2006 年增长 38.7%[1]。

◆在网络游戏方面[2]，2008 年中国网络游戏用户数达到 4936 万，比 2007 年增加了 22.9%；付费网络游戏用户达到 3042 万，比 2007 年增加了 36.0%；网络游戏市场实际销售收入为 183.8 亿元，比 2007 年增长了 76.6%。中国自主研发的民族网络游戏市场实际销售收入达 110.1 亿元，比 2007 年增长了 60%，占中国网络游戏市场实际销售收入的 59.9%，并有总计 15 家中国网络游戏企业自主研发的 33 款游戏产品进入海外市场，实现销售收入为 7074 万美元，比 2007 年增长了 28.6%。中国网络游戏业经过 20 多年的发展，正处在一个高速增长的时期。

---

① 资料来源：上海互联网信息咨询中心（SIECC）。
② 资料来源：艾瑞咨询，《2007—2008 中国网络游戏发展报告》。

◆在网络视听娱乐方面，CNNIC（2009）报告显示，2008年，用户数量比 2007 增长了 6700 万，用户量年增长率为 36.8%。网络视频在网民中的使用率为 67.7%，相比 2007 年底净增 4000 多万用户，达到 2.02 亿。IPTV 用户数稳步增长，截至 2008 年底，达到约 200 万户，同比增长约一倍。而在主流媒体机构开办的视听网站当中，央视网、国际在线、中国广播网、东方宽频等发展较快，逐渐占得先机。根据艾瑞咨询的调查数据，截至 2008 年 6 月，在中国具有一定规模的 400 多家商业视听网站中，优酷、土豆、酷 6 以比较显著的优势占据前三名；PPLive、腾讯宽频和 PPStream 则成为中国用户覆盖数最多的 P2P 视听流媒体客户端软件。中短期内商业网络视听市场将可能加速完成第一轮市场淘汰和洗牌，主流媒体视听网站与商业视听网站共同形成相对稳定的市场格局。

◆以专注于某一领域的信息传播为主要功能，如提供财经信息的东方财富网，提供文化资讯的起点中文网，提供生活信息的名品导购网、中国打折网等。这些企业基本以网络广告作为收入来源，仅有很少部分能通过其他渠道盈利，如携程网与酒店、航空公司的利润分成模式。

◆互动网站。中文世界中知名互动网站主要有：提供在线地图搜索的丁丁地图，社会网络型的开心网，提供 BBS 平台的篱笆网、天涯社区，提供视频上传、在线观看和下载的土豆网，提供餐饮信息分享平台的大众点评网等。

③数字出版业。传统出版物正在不断向数字化方向发展。数字出版产业的基本链条是以内容作者、出版社为源头，以数字图书馆、网上电子书店为渠道，通过电脑、手机等手持电子书阅读设备为读者服务。数字出版涉及版权、发行、支付平台和服务模式，广义的数字出版涵盖：互联网期刊和多媒体网络互动期刊、电子图书、数字报纸（含网络报和手机报）、

博客、在线音乐、手机出版（含手机彩铃、手机铃声、手机游戏、手机动漫）、网络游戏和互联网广告。根据新闻出版总署数据，我国数字出版业2008年整体收入达530亿元，同比增长46.42%。较具特色的如手机书（E拇指文学）和手机彩铃。

> ➢动漫的价值链及新媒体传播。长期以来，动漫产品的传播渠道主要是电影、电视、杂志和图书，然而，随着网络技术的不断发展，网络动漫开始兴起。动漫作品被成功移植到移动通信领域，产生了"手机动漫"。手机动漫具有当今知识经济的全部特征，涵盖了艺术、科技、传媒、商业、娱乐等多种行业，并且为信息化赋予了新的内涵。中国当前拥有世界最多的信息技术终端用户，中国移动的用户数已经超过4.8亿，逐渐成为手机动漫的主要消费市场。据相关数据，2006年手机动漫产业的市场规模达到3000万元人民币，同比增长4300%；到2008年底，全国动漫、游戏手机用户已经超过1亿，占手机用户的约20%；到2010年，中国手机动漫市场规模将达到6亿元。业内人士分析，手机动漫产业发展的前景巨大，业务内容包括：动画屏保、动漫乐园、疯狂Game、闪卡Show、卡拉OK、火爆MV、影视瞬间、动感资讯、娱教娱乐等。

4. 典型特色

①创意园区。近年来，各地创意产业园区建设呈雨后春笋之态，已经成为创意产业发展的重要组织形式和载体。创意园区作为城区规划重构的组成部分，通过制度创新，在国家工业用地基本政策框架内灵活操作，实现了土地资源重新配置，将原有厂房通过用地性质的变化，提升了厂房自身和周边设施商业价值和社会价值的效果，同时为城区产业结构调整提供了一种方案，为创意人才在城市内提供了工作和交流环境，也为一站式的服务提供了空间和组织基础，是一种具有很强溢出效应的空间财富。根据

上海市经委统计数据，到 2008 年上海创意实现增加值达 1000 亿元，其中形成 80 家创意产业集聚区，园区总建筑面积近 250 万平方米，共入驻 30 多个国家和地区的 4000 多家创意企业，从业人员 8 万余人，营业收入近 230 亿元。

从各地园区建设的经验看，创意产业园区发展，要抓住园区发展的关键点。一是园区建设通常会经历从老厂房到商业用房改造，再到园区内涵提升的过程，建立为企业的服务功能成为关键；二是园区引进的创意企业可以有多种类型，其中注重引进两头在外，具备产业链的创意企业成为关键；三是园区需要多类人才，其中懂得创意产业规律，能为创意企业服务的经营人才是关键；四是园区建设不应有单一模式，着力于形成特色发展和促进创意社区、城区建设成为关键。

> 从 2002 年大批艺术家聚集到 798 艺术区以来，这里一直处于民间自发的状态。2003 年美国《新闻周刊》"首都风格"评选，提到"798"空间重塑了北京的风格。《纽约时报》将"798"和 10 年前曼哈顿的苏荷区（SOHO）相提并论。在"798"艺术区中入驻的艺术家，有的曾就读于国内知名艺术院校，有的曾在海外留学多年，还有德、法、英、日、意、新等国外艺术家。"798"汇集了众多当代艺术门类，绘画、雕塑、环境设计、摄影、精品家居设计、时装等，此外还有众多的画廊、展示空间、咖啡馆、酒吧、餐厅。而这样自由开放的多样化格局正是一个艺术区生命力的体现。

②重大国际国内交流活动。为了提升创意产业的公共品牌价值，行业领导者集中的地域或城市，近年来承担起组织协调功能，借助于论坛、博览会等推介活动开展国际国内交流，在培育公共品牌的同时提升了创意城市的品牌效应。这方面已形成影响的活动有中国北京国际文化创意产业博览会、中国（深圳）国际文化产业博览交易会、中国杭州世界休闲博览

会等，通过以上活动，我国创意产业在国际社会的影响得以不断扩大。

42.5 我国创意产业的发展前景

依托信息化水平的日益提升，我国的创意产业禀赋不同地区的实践探索，将形成结构性的发展前景。上海、深圳、广州背靠长三角和珠三角经济腹地，可以在设计等生产性服务创意产业方面进行专业化分工；北京、上海可以在文化上分别形成辐射全国和辐射广域长三角的创意大都市；杭州、长沙等城市可以以特色创意为出发点，打造具有专业性辐射力的创意城市；昆明、西安、拉萨等城市可以依靠历史和特色文化遗产资源在旅游休闲方面形成竞争力。值得提出的是，在每个区域内，基本会形成类似的子格局和专业分工。同时，我国将通过"出口创意"形成国际辐射，来确立自身在世界创意产业中的分工。

可以判断，作为发展中国家，我国的创意产业处在发展起步阶段。对国内而言，我国的创意产业处于创意能力和创意市场的双重培育期；对国外而言，我国的创意产业处于影响力的逐步提升期。中国创意产业，犹如一轮朝阳，必将喷薄向上。

（本章作者 贺寿昌）

参考文献

［1］艾瑞咨询：《2007—2008 中国网络游戏发展报告》，2008。

［2］DCCI 互联网数据中心：《中国互联网调查报告》，2008。

［3］符星华：《新媒体产业呈现三种商业模式，规模超千亿》，《中国邮电报》2008。

［4］郭全中：《近几年我国广告业发展情况研究》，人民网—传媒频

道，2009。

〔5〕季昆森：《创意与创意经济》，安徽人民出版社2008年版。

〔6〕张京城：《中国创意产业发展报告2008》，中国经济出版社2008年版。

〔7〕中国互联网络信息中心（CNNIC）：《第23次中国互联网络发展状况统计报告》2009。

〔8〕Cunningham S.: "The evolving creative industries: from original assumptions to contemporary interpretations", *Working paper of Queensland University of Technology*, 2003.

〔9〕Lluch C. (1973): "The extended linear expenditure system", *European Economic Review*, 4(1).

〔10〕UNCTAD/DITC: "Creative economy report 2008", 2008.

第九篇

信息化与区域发展

第 43 章
北 京 市

引　言

新中国成立 60 年来，特别是改革开放 30 多年来，北京发生了天翻地覆的变化，在建设国家首都、国际城市、文化名城、宜居城市进程中，取得了巨大的进步。在这个过程中，信息化功不可没。北京的信息化进程起步于 50 年代，加快于改革开放之后，腾飞于奥运会筹办举办以来。特别是奥运会筹办举办以来，通过深入推进"数字北京"、"数字奥运"建设，通过贯彻"三二一"信息化发展战略，通过实施"信息惠民"、"信息强政"、"信息兴业"三大计划以及"数字奥运"专项工程，北京的信息化水平实现了历史性跨越。

据国家统计局 2009 年 4 月公布的《2008 年中外信息化发展指数（IDI）研究报告》显示，北京信息化水平总指数为 90，继续保持全国第一。另据工信部 2009 年 1 月发布的 2008 年中国政府网站绩效评估结果，市政府门户网站"首都之窗"，继续位居省级政府网站总分第一名。电子信息产业成为支柱产业。2008 年，增加值达到 1291.1 亿元，占全市 GDP

的 12.3%，出口额达到 179 亿美元，占全市出口总额的 31.3%。据 CNN-IC 的调查，2009 年 6 月，网民数达到 1037 万人，占总人口的 61.2%，网民比例居各省市第一。北京正在按照首都城市发展规划要求，加快建设首都信息社会，全面建设"数字北京"。

43.1 信息基础设施发展

43.1.1 通信设施

无与伦比的 2008 北京奥运通信保障，是北京通信业璀璨成果在世界大舞台上的完美体现。目前，北京固定电话普及率已经基本接近饱和，服务质量已经实现了国际接轨，正在加强更高标准的服务规范，为公众和企业提供个性化、综合化、更便利、更优质的服务。

新中国成立 60 年来，特别是改革开放 30 年来，北京的电信业经过亚运会、奥运申办和奥运会通信保障的考验，成功实现了三级跳。1990 年北京亚运会给了北京电信业腾飞的平台和机遇，达到了亚洲先进水平。2001 年申奥的三年准备工作，促进了北京电信业整体水平的提升，达到了中等发达国家水平。2008 年北京奥运会，通信业向公众提供了高速、便捷、畅通、可靠的通信服务，而且展示了中国自主创新 TD－SCDMA，并推出了手机电视等亮点业务，以完美的服务赢得赞誉，实现了技术、服务、装备的三级跳，达到了发达国家大都市水平。截至 2008 年底，北京电话用户达 884.9 万户，移动电话从 1988 年的 0.08 万户增长到了 1616.3 万户。从北京通信行业发展的大事记中，体现了天翻地覆的变化：

1949 年 1 月，北京有电话交换机 2.6 万门，话机普及率不足 1%（约 0.85%）；郊区农村电话几近于无。

1965 年，北京市话网以国产步进制自动交换机增容至 5.6 万门；完成向六位制号码过渡。

1969 年，开通北京市话网上第一部国产纵横制自动电话交换机，完全淘汰人工局实现了自动化；全市电话总容量 5.9 万门。

1978 年，北京固定电话 7.6 万户。

1980 年，北京市话网总容量增至 9.75 万门，用户交换机则从 8.09 万门增至 20.49 万门。

1982 年，第一批公用电话亭在东西长安街投入使用。

1984 年，第一个程控电话局开通。

1985 年，北京无线寻呼网正式向社会公众开放。

1985 年，首都第一个万门纵横制电话局开通。

1986 年，以北京为中心的国内卫星通信网建成投产。

1988 年，北京移动电话网建成。

1990 年，北京市区话机普及率已达 19.7%。

1992 年，北京建成了市郊统一的全国最大本地程控电话网。

1996 年，北京电信网从七位升为八位。

1998 年，北京实现了光纤到大楼或小区。

1998 年，北京郊区实现村村通光缆。

2000 年，全市固定电话用户 439 万户，移动电话用户 266 万户，全市公众网固定电话普及率达到 50.8 部/百人。

2002 年，北京实现了城八区的数字化覆盖。

2005 年，北京实现了行政村村村通电话。

2008 年，北京实现了自然村村村通电话。

43.1.2 广播电视

截至 2008 年底，北京市拥有广播、电视台各 1 座，区县级广播电视台 10 座、广播电视站 4 个；开办公共广播节目 17 套；开办电视节目 24 套；对外电视节目 1 套，已批准的付费广播节目 2 套，电视频道 11 套。北京市有线电视注册用户 383.13 万户，入户率达到 81%。

北京人民广播电台是首都地区重要的舆论和文化阵地，60 年来为首都经济社会发展作出了重要贡献。1949 年 2 月 2 日，伴随着北平和平解放，北京人民广播电台的前身北平新华广播电台开始播音。经过 60 年的努力，截至 2008 年底，电台办有 9 套开路广播、15 套有线调频广播等众多广播频道，每天播音累计可达 348 小时。

北京电视台是中国最具影响力和竞争力的主流媒体之一，节目覆盖北京、国内、北美和亚洲地区。1979 年 5 月 16 日，在新街口外大街 14 号一栋租借来的简易小楼里，北京电视台开播。经过 30 年发展，截至 2008 年底，北京电视台已拥有 14 个频道，年播出电视节目约 88000 小时，北京地区收视占有率 40%，北京卫视覆盖可接收人口已突破 8 亿人。北京电视台已经实现信号采集数字化、编辑制作网络化、播出硬盘化、存储数据化、管理智能化的"5 大目标"。

43.1.3 互联网

北京是中国互联网的发祥地

1986 年，北京市计算机应用技术研究所实施的国际联网项目——中国学术网启动。

1987 年 9 月，北京计算机应用技术研究所内正式建成了中国第一个国际互联网电子邮件节点，发出了中国第一封电子邮件。

1994 年 4 月 20 日，北京连入 Internet 的 64K 国际专线开通，中国成为国际互联网大家庭的第 77 个成员。

1994 年 5 月 15 日，中国科学院高能物理研究所设立了国内第一个 WEB 服务器，推出中国第一套网页。

1998 年 2 月，搜狐在北京成立。

1998 年 12 月，新浪在北京成立。

2000 年 1 月，全球最大的中文搜索引擎百度在北京创立。

2006 年 1 月 1 日，中华人民共和国中央人民政府门户网站正式开通。

北京已经成为互联网发展的热土

大多数互联网企业的总部都设置在北京，其中包括综合门户新浪、搜狐、TOM、百度、雅虎中国；垂直门户如慧聪、搜房、和讯等等。北京综合新闻网站如新华网、央视网、人民网、中新网、千龙网等也发展迅猛，摆脱了过去传统企业的作风，大有商业门户的逼人之势。

北京互联网普及率一直处于全国领先

截至 2009 年 6 月底，北京市网民数达到了 1037 万人，占总人口的比例为 61.2%，在全国省级行政区中排名第一。

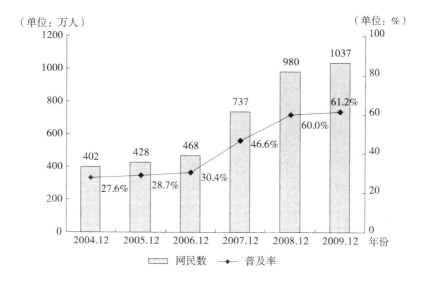

图 43.1　北京网民数量与互联网普及率

（资料来源：CNNIC）

43.1.4　有线政务网络

北京市有线政务网络是北京市辖区内政务信息统一承载平台。目前基本实现了市到区县、乡镇（街道）的网络连接，光缆敷设总长约 2000 多皮长公里，近 8000 家单位接入，其中市级单位 331 家，承载 300 多个业务系统，保障 6000 多个基层单位的业务应用。依托有线政务网络，各政府部门分别开展了与城市管理、公共服务、行政审批相关的业务平台建设。

43.1.5　无线政务网络

北京市 800 兆无线政务网络为城市日常管理、安全保卫及突发公共事件应急处置提供指挥调度通信保障服务。目前，覆盖了城八区、郊区的平原地区、高速路、重要旅游景区和有特别需求的建筑物，拥有 6.8 万用户，满足了应急、水、电、气、热、急救等部门的多项业务需求。

20 世纪 90 年代起，北京市先后建立多个 800 兆模拟集群通信网。2002 年 7 月，市政府会议决定建设无线政务网并确定运营模式。2003 年 4 月，网络运行管理单位——北京市政务网络管理中心成立。

在北京奥运会期间，无线政务网经受住了历史最大话务量的考验：保障范围大，区域广，保障难度是历届奥运会之最；用户总量大、用户密度高、话务量高，网络承载压力是历届奥运会之最；数字集群通信网络设备第一次大规模保障奥运会，取得首次成功，保障技术难度是历届奥运会之最。

43.2　信息技术创新与产业发展的重要成果

43.2.1　中关村是北京信息技术发展与创新的缩影

中关村是中国创新创业最活跃的区域。经过百年积淀，特别是新中国成立后近 60 年的建设，在中关村地区形成了全球最密集的科教智力资源优势：40 多所高等院校，140 多家国家科研院所，29 个国家工程研究中心，31 个国家工程技术研究中心，20 多所国家大型园区，2 万多家高新技术企业。高等院校、科研院所在中关村自主创新体系中发挥着基础和支撑作用，企业日益成为创新的主体。目前中关村年收入超亿元企业总数超过 800 家，德勤发布的中国高科技高成长 50 强企业中近 40% 来自中关村。

企业研发投入占销售收入的比重达到 4.5%，高出全国企业平均水平约 4 个百分点。每年有一半的技术成果辐射到全国。技术收入的增速远高于园区总收入和产品销售收入。中关村上市公司总数达到 106 家，居全国高新区之首。

20 世纪 70 年代以来，以信息技术为代表的世界新技术革命兴起，为中关村的发展提供了技术动力和市场机遇。中关村的发展了经历了三个阶段，电子一条街时期（1980—1988 年），主要围绕电子计算机的引进和应用进行技术开发、电子产品交易、技术咨询和服务，出现了一批技术服务公司和电子产品市场。如四海电子市场，四通、信通、京海、科海（"两通两海"）和联想公司；北京高新技术产业开发区时期（1988—1999 年）；中关村科技园区时期（1999 年至今）。在高新技术开发区时期，计算机硬件方面出现了自主品牌的联想、方正电脑等，软件方面出现了金山中文软件、"中文之星"中文平台和方正汉字激光照排等，以及用友财务软件等，特别是在 20 世纪 90 年代，随着全球互联网的兴起，在试验区出现瀛海威、搜狐、新浪、亚信等中国首批从事互联网接入和增值业务的互联网服务公司。科技园区在集成电路设计、计算操作系统、高性能计算机、移动通信标准等电子信息产业的高端环节取得了技术突破。龙芯、方舟、中星微等一批企业研发、设计、生产出了 2000 多种芯片，中科红旗研发出了基于 Linux 开放源代码的操作系统，大唐创制的 TD－SCDMA 第三代移动通讯标准称为国际标准，曙光公司研制出 11 万亿次的高性能计算机。这个阶段的突出特点是国际化趋势加速，一批高新技术企业通过创新国际标准、共建研发机构、跨国并购、海外上市融资、在海外设立研发和销售机构、参加国际科技交流会展等多种方式开始"走出去"。联想收购了美国 IBM 公司个人计算机业务，65 家世界 500 强和知名跨国公司在科技园设立了地区总部、研发中心。

以软件、集成电路、网络通信、计算机等为代表的电子信息产业是中关村的主导产业，2008 年，以信息服务、研发服务、创意设计为代表的高技术服务业发展迅速，经济规模已占园区总量的 50%。科技与文化相结合的创意产业蓬勃兴起，经济规模占全市的 40%。中关村成立以来高新技术产业保持了 25% 以上的年增长率，国内生产总值占北京市的 17%，出口金额占北京市的 40.5%。中关村始终引领着中国电子信息产业的发展方向，从方正激光照排技术、联想计算机、曙光超级计算机，到龙芯通用 CPU、中星微多媒体芯片，到搜狐、新浪、百度的互联网技术，再到 TD－SCDMA、SCDMA 等 3G 移动通信标准，以及闪联标准、数字电视和手机电视标准，都出自中关村。中关村承接的"863"项目占全国的四分之一，"973"项目占全国的三分之一。

中关村在技术创新、制度创新、组织创新、商业模式创新、文化创新等方面推进自主创新和高新技术产业发展。中共中央政治局委员、北京市委书记刘淇指出，中关村取得了喜人的发展，发挥了高新技术产业化重要基地的优势，成为促进技术进步和增强自主创新能力的重要载体，成为带动区域经济结构调整和经济增长方式转变的强大引擎。

43.2.2　中国软件之都初见端倪

北京发展软件产业得天独厚，拥有国家部委、央企、外企总部、教育资源、人文环境、法制环境等众多有利因素，成就了"中国软件之都"。北京市通过大力推进自主创新，推动了软件技术的应用、企业的上市，大量的自主创新产品进入国际市场。各企业之间的联合发展呈上升趋势，对欧美方面的软件产业出口量也日益增加，网络服务发展独占鳌头。内容产业机会也在逐步呈现，正版工程初见成效，创新资源高度积聚，"软件之都"地位日益稳固。

自 2000 年起，北京软件与信息服务业生产总值以年均复合增长率为 29.9% 的速度递增，2008 年，软件与信息服务业营业收入达 1537 亿元，是 2000 年的 8.09 倍，总量规模居全国首位。按照海关统计的软件出口实现 5.35 亿美元，是 2000 年的 11.7 倍，实现增加值 976.7 亿元，比上年增长 16.8%，增速超过第三产业平均水平，增加值占全市 GDP 的比重达到 9.3%。

（单位：亿元）

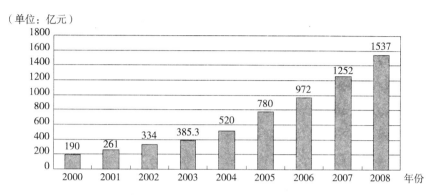

图43.2 2000—2008年北京软件与信息服务业营业收入规模

（资料来源：北京市统计局，北京软件与信息服务业促进中心）

　　2008年北京新认定软件企业和新登记软件产品数量稳中有升，新认定软件企业973家，累计达到5318家；新登记软件产品2370个，累计达13178个。在双高人才奖励方面，2008年，奖励人员15297人，奖励金额1.5亿元。在鼓励出口方面，截至2008年12月底，为累计440家软件企业办理高新软件出口企业确认，享受海关出口增值税免税优惠。

　　2008年，按照海关统计的软件出口实现5.35亿美元，同比增长16.5%，是2000年的12倍，年均增长率达36.4%。日本、美国仍是北京软件与服务出口的主要市场，共占全部出口额的72%。海关出口超过千万美元以上软件企业达到12家，比2007年新增2家。其中1家企业出口超过4000万美元，4家企业出口超过2000万美元。

　　2008年，北京软件与信息服务领域的骨干企业实力不断增强，继续保持全国领先地位。2008年1月，19家企业入选"国家火炬计划软件产业基地骨干企业"，占全国的15%，入选企业数均居全国第一；2008年2月，北京共有33家企业成为"国家规划布局内重点软件企业"，占全国的20%；2008年6月，在工业和信息化部公布的"第一届优秀外包企业——中国软件与信息服务外包企业ITO20强和BPO10强"中，北京分别有10家和3家企业入选。2008年9月，在工业和信息化部公布的

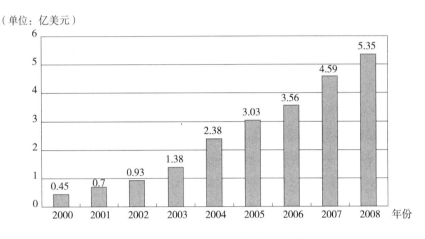

图43.3　2000—2007年通过海关的北京软件出口额

（资料来源：北京市海关，北京市商务局）

"2008年中国软件业务收入百强企业"名单中，北京24家企业位列其中，以绝对优势位居首位。

近年来，北京市软件产业始终坚持联合创新的发展战略，实现了跨越式的发展。依托组织创新带动技术创新，进而推动应用创新。2005年4月在北京市科委等政府有关部门的支持下，由坚持自主创新发展之路的软件与信息服务企业、科研机构、高等院校、用户和第三方机构联合成立了长风开放标准平台软件联盟，截至2008年8月，成员已达69家。长风联盟秉持"标准是纽带，联合是力量"的宗旨，通过组织创新与机制创新，汇聚产业资源，构筑"产学研用"协同创新的产业创新链，引导产业集群创新，提升产业整体竞争力。

43.2.3　电子信息制造

新中国成立60年，特别是改革开放30年来，北京市电子信息产业得到了长足发展。近十年一直保持快速增长态势，产业规模和技术水平均处在全国前列，具备了较强的产业基础和竞争实力，成为支撑首都发展的重要力量。2008年，电子信息制造业增加值占全市GDP的比重为3%。

一系列产业标准在北京诞生，使北京电子信息产业在核心技术开发、产品定义、市场定义的能力达到世界先进水平。TD－SCDMA标准是由大唐电信集团为首提出，并被国际电联接纳的全球三大第三代移动通信国际标准之一。闪联标准是中国自主研发的全球第一个三网融合标准。AVS标准是中国第一个具有自主知识产权的数字音视频编解码技术标准。

一批有世界技术水平的自主创新研发机构，中芯国际联合北大、清华、中科院在北京成立了65纳米—22纳米工艺技术研发中心。诺基亚在北京建立了世界领先水平的全球研发中心。伟创利公司手机全球研发中心在北京成立。北方微电子公司和北京中科信公司成功研制出100纳米8英寸刻蚀机和离子注入机，填补了国家空白，并成功实现大生产线的采购。

北京电子信息产业重点产业国内领先。2000年，北京集成电路产业整体销售收入15亿元，2007年产业整体销售收入达200亿元，年平均增速44.78%。产业整体规模位居国内前三，技术水平位居国内第一。其中，设计业、封装测试业技术水平和产业规模均国内领先，制造业技术水平达到世界先进水平，专用设备制造和材料业国内领先。2007年，北京电子显示器企业主营收入56.73亿元，显示产业从"十五"到"十一五"进入了一个产业升级换代的新阶段。"十五"期间，北京市在国内显示产业中具有重要地位，主要代表企业为松下彩管。"十一五"建设TFT－LCD五代线的京东方光电公司目前是中国技术最先进产业规模最大的TFT－LCD生产企业。北京移动通信产业保持稳步发展，2007年销售收入1307亿元。移动通信手机产量达到22747万部，占到全国产量的41.46%，总量排名全国同行业中第一名。2007年，北京计算机整机制造业营业收入达到508亿元。联想、同方股份、北大方正三家企业的台式电脑、笔记本电脑、服务器保持中国名牌称号，品牌知名度、产量、销售量均在国内有一定影响。

北京电子信息产业已经初步形成产业集聚效应。北京经济技术开发区于2005年5月被批准为首批国家电子信息产业园，即国家（北京）通信产业园。2007 年开发区工业总产值 2092 亿元，电子信息产业占 80% 以上。自建区以来，园区坚持以引进龙头企业和重大项目为重点，充分发挥其辐射带动作用，促进引导产业集群的形成和壮大。以京东方为龙头的平板显示产业园，以中芯国际为龙头的集成电路产业园等特色产业园区，推动了高端产业基地建设，形成了较完整的产业链条，提高了经济可持续发展的能力。2005 年 5 月上地信息产业基地被批准为首批国家电子信息产业园，即国家（北京）计算机及网络产品产业园。电子城科技园区成功引进摩托罗拉（中国）总部及研发中心、加拿大北电网络（中国）总部及研发中心、索尼爱立信（中国）总部及研发中心等国际国内知名企业，园区内主导产业集中在电子信息产业，有效支持了国际电子总部、研发中心向电子城地区集聚的势头。

43.3 信息化发展环境

北京通过加强组织建设、文化建设、法律法规标准建设等措施，不断优化信息化发展环境。2001 年，成立了北京市信息化工作领导小组，负责统筹规划、科学管理、宏观调控和决策。

北京市出台了《首都信息化标准化工作指南》、《北京市政务与公共服务信息化工程管理办法》、《北京市信息安全管理办法》、《北京市信息化促进条例》、《北京市"十五"时期首都信息化发展规划》、《北京市"十一五"时期国民经济和社会信息化发展规划》、《北京市调整和振兴电子信息产业实施方案》、《电子政务管理规则体系》、《"科技北京"行动计划（2009—2012 年）》、《北京信息化基础设施提升计划》、《2006—2010 首都信息社会发展战略》、《北京市提高全民信息能力行动纲要》等一系列文件，有力促进了北京信息化发展环境建设。

43.4　信息技术应用

43.4.1　首都之窗政府网站成绩斐然

首都之窗是北京市国家机关在因特网上统一建立的网站群,包括 1 个门户网站和 85 个分站,网站群总页面数量超过了 100 万页,门户网站页面浏览量超过 102 万次/日,网站群页面浏览量超过 811 万次/日。自 1998 年 7 月网站开通以来,经过多年建设,首都之窗已经成为全国省级政府门户网站建设的标杆,多次在全国政府网站考核评估中荣获第一。

信息公开。截至 2009 年 5 月,全市通过政府网站主动公开政府信息已超过 32 万条,专栏点击数达 9 千 6 百多万次,全市依托系统受理政府信息公开申请总计 2335 件。其中新闻发布会、规划信息、行政事业性收费项目、统计公报、行政执法职权、法规草案意见征集、政府采购招投标、人事任免、公务员和事业单位招考等 9 个重点领域实现 100% 公开。

网上办事。全市 2339 项行政办事事项中(包括:市级部门行政办事事项 1918 项,区县行政办事事项 421 项),除涉密事项外 100% 提供了办事指南服务,近 3000 张业务表格可以在网上提供下载服务,实现网上申报、状态查询、结果公示等深层次服务的办事事项约 1200 项,部分服务已延伸到区县、街道乡镇。此外,房地产交易服务月均页面浏览量为 2000 万,车辆违章查询服务月均页面浏览量为 667 余万,工商登记注册月均页面浏览量为 5110 万。

在线互动。首都之窗开辟了多种形式的与市民互动栏目,如法规草案意见征集、专家在线说法、热点民意调查、市长信箱和政风行风热线。其中,政风行风热线开通近 4 年来,总点击量超过 3.47 亿次,日均 20 万次,收到网民来信接近 13 万封,日均 110 封,回复率 100%,网民对信件办理质量的满意率达到 70%;共计举办 170 期在线直播,56 个部门的 722

位领导走进直播间，与网民在线互动，网民提出问题 1.2 万个。热线收到各类感谢信件 1369 封。

首都之窗发展突飞猛进

1998 年 7 月，首都之窗网站正式开通。

2003 年 11 月，首都之窗英文站点正式开通。

2004 年 8 月，首都之窗推出"社情民意"网上互动平台。

2005 年 5 月，北京市"政风行风热线"上线。

2007 年 8 月，首都城市综合信息服务平台北京网开通。

2008 年 5 月，北京 08 数字博物馆网站开通。

43.4.2 网格化城市管理成效显著

北京率先在全国探索网格化城市管理新模式。全市建立了统一规范的工作平台和管理流程，市级平台和城 8 区级平台成功实现对接，并整合了 33 家城市管理部门和 15 家公共服务企业的信息系统，实现了对城区各类市政设施的综合管理、动态监控。通过不断深化应用，市级平台已集成了扫雪铲冰作业监控、地下管线综合管理等信息，整合了城中村、供热锅炉房等专题数据库，明显提升了城市管理水平，发现、上报和处理问题的数量和速度都有明显提高。

43.4.3 信息资源整合和共享初步突破

一是基础信息资源库建设取得较大进展。人口、法人、宏观经济基础信息库完成建设，空间基础信息库初步建成，电子地图已实现全市共享，遥感影像数据已为 27 个领域的 68 家单位提供服务个委办局和区县提供共享服务，支撑 34 个部门 56 个业务应用。二是开通了市级政务信息资源共享交换平台。作为全市资源共享交换的枢纽，截至 2009 年 5 月 31 日，共有 71 个政务部门接入市共享交换平台，30 多个部门 60 个应用系统实现了与市级共享交换平台互联互通，通过市共享交换平台支撑的业务应用包括委办局和区县在内累计为 85 项，近 40 个政务部门通过市共享交换平台累计开展了1.7亿条数据的共享交换。三是全市信息资源共享基础工作取得突破。制定了全市信息资源共享规划，建立了统筹建设、共享查询、安全保密、资金保障、激励约束等制度，完善了资源共享交换标准体系。

43.4.4　一批重大应用系统的整合取得进展

全市应急通信、无线指挥调度、图像监控、视频会议实现了初步整合，加强了应对重大公共突发性事件的预防和处置能力。领导决策信息服务体系初步建立，整合了各部门的94类信息，直观反映城市运行和宏观经济的动态变化，为应急指挥、城市管理、经济运行、公共服务等宏观决策提供支撑。综合经济运行监控和管理信息系统已经建成，实现了全市水资源、气象、燃气、成品油、电力、热力等重要资源的信息共享和动态监管、预警分析。首都食品安全监控系统建成运行，农业、质监、商务、工商、卫生各部门间互联互通，信息共享，实现了对农副产品生产、加工、配送、批发和零售等食品链的各个环节监控。公共安全信息资源系统整合了公安系统各项业务，数据采集、加工和利用三个平台已经开通，公共安全信息资源目录编制工作已经部分完成。全市图像信息整合工作，已经整合2861路图像信号，森林防火图像监控系统已经开展试点。固定资产投资项目办理信息资源共享、综合执法信息资源共享、药品安全监控等系统也有不同进展。目前，正在整合地下管线信息资源，完善地下管线综合管理信息系统；开始建设全市统一的智能交通信息平台；启动建设流动人口和出租房屋管理信息系统。

43.4.5　农村信息化加速发展

截至2008年底，各郊区县基本完成光纤网络"村村通"工程，宽带网络已覆盖全市95%以上的行政村。建成了行政村农村党员干部现代远程教育终端接收站点3955个，文化信息共享基层服务点3118个，农村数字家园529个，"爱农信息驿站"504个，"农业信息服务站"1000个，农业科技远程教育站点300多个。按照市、区县、乡镇、村"四级组织、三级传输"的模式，13 个郊区县、181 个乡镇、4023 个村级经济组织全部应用了农村管理信息系统。北京现代农业信息平台每天为 1679 家农业企业会员发布产销信息，每日在线发布农产品供求信息 2400 条。移动农网在提升工作效率、指导农业生产、促进农民增收等方面发挥了很大作用。目前，13 个郊区县共安装信息机 215 台，农信机 3823 台，辐射农户269924 户，发布各类短信近千万条。

43.5 发展展望

当前，北京正在朝国际化大都市迈进。展望未来，信息技术在城市管理、市民生活、政府创新、经济发展中应用越来越深入，作用越来越大。"数字北京"任务越来越繁重，要求越来越高。

对"数字北京"建设的长远目标，早在 2005 年，国务院批复的《北京城市总体规划（2004—2020 年）》，就提出了明确的要求，就是："加快首都信息社会建设，全面建设'数字北京'"。总体方向，就是向信息社会迈进。

2009 年 4 月，市政府出台了《科技北京行动计划》，6 月底，又印发了《北京信息化基础设施提升计划（2009—2012 年）》。这两个文件，对奥运会后一段时间，"数字北京"建设的目标和任务，进行了详细的规划。未来 3—4 年，"数字北京"建设的主要目标是：建设符合首都功能定位，国内领先、国际先进的信息化基础设施，要将北京建成城乡一体化的数字城市、资讯获取便利的信息城市、移动互联的网络城市、信息新技术新业务试用推广的先行城市、信息安全水平一流的可信城市。到 2012年，在全国率先建成城乡一体化的高速宽带信息网络，互联网家庭入户带宽超过 20 兆，企业入户带宽最高达到 10 千兆，基本完成数字电视双向改造，实现网络、应用、技术和产业的良性互动，推动本市产业结构调整升级，为市民提供良好的信息服务，促进本市经济社会又好又快发展，为"人文北京、科技北京、绿色北京"和"平安北京"建设奠定坚实的基础。北京信息化正在走向一个崭新的、更高的、光明的未来。

（本章作者　北京市经济与信息化委员会）

第44章
天　津　市

引　言

　　天津是全国率先开展信息化建设的城市之一。新中国成立以后，全国第一台模拟式电子计算机、第一台黑白电视机（1958）、第一部传呼机（BP机）均在天津诞生。多年来，天津市委市政府根据城市特点和定位，始终把信息化建设作为覆盖全局的战略举措加以推进，信息化在国民经济和社会发展中的地位与作用日益突出。"九五"规划的"2119"工程（建设公共通信网和信息交互网，经济、科教、政务、税收、商业、金融等11个应用系统和与之对应的9大信息资源库）初步构建了天津信息化的基础设施和应用系统框架。"十五"期间实施的"1221"工程（协同建设宽带城域网；提升完善信息交换平台，联合构建电子商务平台；大力实施二十一项信息系统工程）搭建了信息港主体工程体系，初步实现了城市信息化。进入"十一五"以来，天津在信息基础设施建设、电子政务建设、信息技术推广应用，电子信息产业发展以及环境建设上都取得了显著进展，信息化建设的"1125"工程（推动滨海新区信息化样板区建设；

提升完善信息化网络和应用平台环境；完成电子政务、信息技术改造传统产业、城市管理智能化和社会公共服务信息化等方面的 25 项信息化工程）和信息产业发展的"1310"建设任务（做大做强一个国家电子信息产业基地；推动电子信息产品制造业、软件业和信息服务业三个产业的稳步快速发展；发展培育十个产业园，具体为通信、化学与物理电源、片式元件和集成电路四个国家电子信息产业园，汽车电子、显示器、电子器件、数字家电、软件和电子信息产品出口六个产业园，建成中国重要的电子信息产品制造基地和信息技术研发中心）进展顺利。2005、2006 年天津市连续两年入选世界七大智能城市，天津整体信息化水平走在了全国的前列。

44.1　信息基础设施实现了跨越式发展

作为信息传输的主要载体和通道，天津信息基础设施实现了跨越式发展，形成了全方位、多功能、高速率、大容量的基础通信网络，提升了城市现代化、智能化水平。截至 2008 年底，全市公网固定电话用户 396.1 万户，普及率达 35.5%；移动电话用户 866.5 万户，普及率达 77.6%。（图 44.1、图 44.2）

从 2000 年到 2008 年是信息基础设施高速发展时期，全市光缆总长从 7000 芯公里增长到 8.2 万芯公里，增长 11.7 倍；宽带城域网核心交换能力从 20G 增长到 2000G，增长 100 倍；城市出口带宽从 955M 增长到 200G，增长 210 倍；互联网宽带接入用户从无到有发展到 141.2 万户，普及率居国内先进水平。

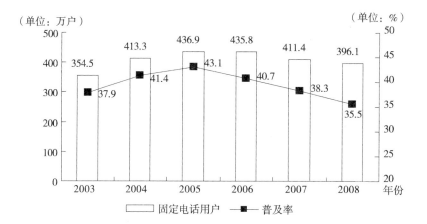

图 44.1　固定电话用户及普及率

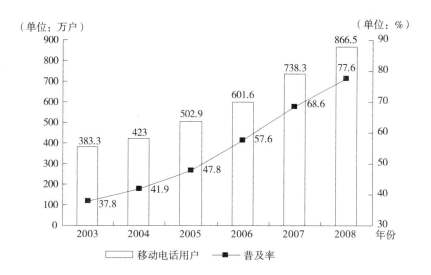

图 44.2　移动电话用户及普及率

44.2 信息产业发展和信息技术创新成效显著

　　一是产业规模不断扩大，经济效益稳步提升。天津电子信息产业始终保持第一支柱产业地位。"十五"以来，电子信息产业平均增长率达到25%以上，占全市规模以上工业总产值的比重为23%。1999—2007年间，天津市电子信息产业工业销售产值、工业增加值、利润总额平均增长率分别为26.2%、30.1%和44.3%。在2008年严峻的经济形势下，全市电子信息产品制造业完成工业总产值2086.5亿元，出口交货值1103.6亿元，利润总额55亿元；信息服务业实现营业收入277亿元，税收19亿元，利润总额61亿元，增加值120亿元，同比分别增长了18.6%、11%、36.4%和18.6%。

　　二是产业发展布局初步形成，创新体系逐步健全。基本形成电子信息产业"五区十园"的结构布局。以移动通信设备及终端产品制造、集成电路和汽车电子为主体的经济技术开发区；以绿色能源、软件及系统集成为主的新技术产业园区；以片式元器件、显示器为主的西青开发区和微电子小区；以电真空器件为龙头产品的武清开发区；以加工配套为主的中心城区电子工业区。以五大产业密集区为依托，形成了移动通信、集成电路、绿色电源、片式元件、电子器件、显示器、数字家电、汽车电子、软件、电子信息产品出口等特色鲜明、优势突出的十大专业产业园。2004年天津被原国家信息产业部授予首批国家级电子信息产业基地，2005年通信、化学与物理电源、片式元件和集成电路四个产业园被授予首批国家电子信息产业园，2007年被原国家信息产业部、商务部与科技部联合授予"中国服务外包基地城市"称号。天津子牙环保产业园被原信息产业部授予"国家级废旧电子信息产品回收拆解处理示范基地"。产业自主创新能力不断增强，形成了多个国家级、市级重点实验室和研究中心以及企业技术中心，从基础研究、应用技术研究到支撑产业化的全方位技术创新体系初步形成。

三是信息产业企业实力不断增强，产业聚集效应初显。电子信息企业总量呈不断增加的态势，2006 年总数达到 660 家，成为产业发展的主体力量。2007 年，产值过 10 亿元的企业达到 27 家，实现总产值 1995.52 亿元，占天津电子信息产业工业总产值的比重高达 88.8%。美国通用、摩托罗拉、韩国乐金、日本松下、飞思卡尔、富士通等世界 500 强企业相继投资天津信息产业。2007 年外资企业实现工业总产值占电子信息产业工业总产值的比重为 86.9%。天津市已经成为世界电子信息产业链中不可缺少的生产环节。

44.3　电子政务建设走在全国前列

一是在全国率先建成天津市电子政务专网，形成全市统一的电子政务顶层网络平台。专网覆盖全市副局级以上单位 385 个，建设光缆路由 3400 芯公里，核心交换能力达 2.5G，节点单位千兆互连，实现了六大机关系统的高速互联和宽带接入。网上信息公开、网上办事、政民互动、电子政务手机版网站全面推进。整合完善了天津政务网站群，天津政务网在 2007 年中国政府网站绩效评估中名列第八，在线办事单项评比名列全国第三，信息公开系统在政府信息公开工作中发挥了重要作用。

二是政务信息资源开发利用取得新成果。建设了政务空间地理、企业基础信息交换、城市管理等信息系统和金财、金税、金审、金盾等一批信息化重点工程，在城市管理、经济调控、公共服务等方面发挥了重要作用。圆满完成了电子政务目录体系原型国家级试点任务并且在全国推广。建成市应急指挥中心信息系统、重大动物疫情预警预报与应急处置系统等一批管理系统，在城市管理、公共服务和抗击"非典"等方面发挥了重要作用。

三是一批重要的电子政务业务系统发挥新作用。公安无线同频同播指挥网在第六届亚欧财长会议中发挥了重要的保障作用。金税工程成效显著，网上报纳税占地税总额的50%以上。开通了全国第一家实现联网的省级审计系统，为节约政府资金发挥了重要作用。市人大政协议案提案管理系统成功应用，方便了承办部门与代表、委员的互动与交流。市行政许可服务中心信息系统的应用，达到了高效、透明的功效。"数字城管"工作全面启动，市区两级城市管理平台建设取得重要进展。

44.4　信息技术在经济和社会各领域的应用效果明显

一是企业信息化成效明显。以大力推进"两化融合"为重点，以增强企业竞争力为目标，实施"三个一"工程，应用 CAD、CAM、CIMS、ERP 等信息技术提升改造传统产业步伐明显加快，节能降耗、减排增效成效显著，促进天津工业由大变强。

二是大力发展电子商务。天津金融、通信、电力、自来水等服务性行业、批发交易市场、出口贸易和商贸流通企业广泛应用电子商务；制造业企业利用互联网宣传企业和产品的意识明显提高，增强了企业市场应变能力。天津作为北方商易中心的辐射功能进一步增强。

三是大力推进农业和农村信息化。天津涉农区县都具备了"三电合一"信息服务的能力，对农业增产农民增收效果明显。"村村通"工程已实现全市 149 个乡镇、3710 个行政村联网，并已建成农村管理信息系统，为村务管理提供了便捷信息服务。天津市被评为中国农业信息化 10 个领先地区之一。

四是社会领域信息化进一步延伸。科技教育、医疗卫生、社会保障等社会领域信息化推进力度不断加强。教育文化信息化步伐加快,多层次、交互式的网络教育培训体系初步形成。全市医保联网医院已达388家。完成数字电视转换190万终端户,数字电视高清系统正式开通。8890家家庭服务网络中心替民分忧,接到的服务需求已达500万件。社区信息化工作在稳步推进。妇女就业服务平台、民政公共服务平台、区域医疗系统获得群众好评。金卡工程快速发展,全市银行发卡总量3717万张,POS机6.5万台,ATM机3853台。社会保障卡实现一卡多用和全国通用,城市一卡通得到广泛应用。全市网民人数由2003年的144.6万户增长到2008年的485万户,普及率从14.4%提高到43.5%。

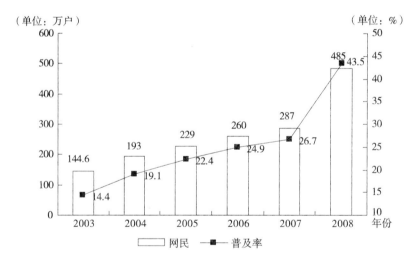

图44.3　网民数及普及率

44.5　信息化发展环境不断优化

一是信息化法制建设取得新突破。信息化发展步入制度化、规范化、法制化轨道。首部信息化地方性法规《天津市信息化促进条例》于2008年1月1日开始实施。市政府颁布了《天津市无线电管理办法》、《天津市电子政务管理办法》、《天津市行政机关归集和使用企业信用信息管理办法》、《天津市信息化促进条例的实施意见》等政府规章和政策性文件。《天津市无线电管理条例》立法工作正在加快推进。信息化战略规划、研究工作取得一批成果。开展了《信息化对区域经济发展推动作用研究——以天津滨海新区为例》、《天津市2010年达到并超过中等发达国家信息化水平指标的研究》等30多项国家级和市级重点课题研究工作。

二是信息安全保障体系逐步健全。信息安全基础设施不断完善，建成了电子数据司法鉴定中心、综合网络信息安全应急处理中心、信息网络安全报警处置中心和公共网络安全监控中心。开展了信息安全风险评估工作，圆满完成了国家电子政务信息安全试点项目，基本构建起基于等级保护制度的专网安全保障体系。推进和规范电子认证工作，建成天津市电子认证推广应用管理平台，出台了《天津市重要信息应用系统电子认证证书使用管理办法（试行）》。周密部署党的十七大、奥运会和达沃斯论坛期间全市信息安全保障工作，组织开展信息安全检查，形成了全市重大活动和敏感时期信息安全协调管理机制。建立全市信息安全责任制，出台了《关于加强网络与信息安全工作的意见》。建立全市信息安全应急处置机制，制订了《天津市网络与信息安全突发事件应急预案》。

三是信息化对外交流、人才建设和无线电保障工作不断加强。成功举办了四届"中国（天津）信息技术博览会"和"国家信息化发展论坛"。太平洋电信组织（PTC）2004年会议在天津成功召开。学历教育、证书教育、在职教育三位一体的信息化人才培训体系基本形成。实施了信息技术专业技术人才知识更新工程（"653"工程）。圆满完成奥运会天津赛区和达沃斯论坛无线电安全保障任务。无线电执法和监管力度加强，无线电频率使用和台站设置进一步规范。

44.6 滨海新区信息化建设和
信息产业加快发展

推进天津滨海新区开发开放，是新世纪新阶段党中央、国务院从中国经济社会发展全局出发作出的重大战略部署。党的十七大明确提出，更好发挥天津滨海新区在改革开放和自主创新中的重要作用。多年来，天津市坚持以滨海新区为龙头加快信息化建设和信息产业发展，促进和带动区域经济协调发展。

一是高水平规划滨海新区信息化发展。市政府与原国家信息产业部签订了关于加快滨海新区信息化建设和信息产业发展的合作协议，在信息产业和信息化规划、社会信息化、经济信息化、信息基础设施、信息产业创新园、天津宽带无线城域网、软件与集成电路公共服务平台、电子信息产业循环经济示范区建设等方面，加快推动滨海新区信息化建设和信息产业发展。按照国家对滨海新区的战略定位，部市共同编制完成了滨海新区信息化和信息产业发展规划。

二是一批滨海新区信息化重点项目启动建设。启动建设了滨海新区智能交通信息系统、空间地理信息系统、开发区应急信息系统等一批信息化示范、试点项目。完成了天津宽带无线城域网技术方案编制。开发区、保税区、新技术产业园区"服务外包示范区"建设全面展开。滨海信息产业创新园前期工作正在推进。

三是滨海新区信息化建设加快。围绕建设北方国际物流中心和航运中心，物流信息化水平不断提高，港口、公路等物流服务平台发挥着日益重要的作用，区域带动作用日益明显。电子口岸、"无水港"信息服务、空港检验检疫网上服务平台、亚欧大陆桥物流公共信息平台等一批重点项目进展顺利。天津港 EDI、集装箱码头自动化管理、仓储物流信息集成系统等项目处于全国领先地位。中新生态城土地项目管理实现网上审批。滨海新区主服务区实现无线网络全覆盖,成功地为夏季达沃斯论坛提供了高水平无线服务。

（本章作者　天津市经济和信息化委员会）

第 45 章
河　北　省

引　　言

河北信息化，20 世纪 80 年代以后进入快速发展期。新世纪，随着大范围多层次的深入应用，信息化以其独特的魅力引领着社会变革，推动着经济发展。

45.1　萌芽起步阶段（1949—1978）

这个时期河北省仅有少量通信业及其产品制造业。20 世纪五六十年代，一批电子加工生产企业相继诞生，主要产品为电子管收音机、扩音机和少量广播用发射机及部分军用、民用通信器材等。20 世纪 60 年代初，国防科委 10 院 13 所和 17 所、19 所相继迁入石家庄市。1966 年，全省地方电子工业企业仅二十几家，职工近千人。1969 年，根据国家部署，先后投资创建了 8130、4511 等五个电子军工小三线企业。另外在"全民办电子"潮流推动下，大批地方"小电子"工厂涌现出来。到 1970 年，全省电子工业归口管理的生产企业 190 多个，年总产值 3900 多万元。70 年代初研制出彩电发射机、中心机柜和河北牌 47 厘米彩色电视机等，处全国彩电会战前列。1971 年 5 月成立了"河北省电子工业局"，各地市也成立了相应的管理机构。到 1978 年底，电子工业年总产值 27800 多万元，销售收入 10674.3 万元，开始进入一个新的发展阶段。

在信息传输方面，主要是以传统的报纸、信件、电报为主，电话应用水平逐年提高。长话电路及电报电路情况参见图 45.1。

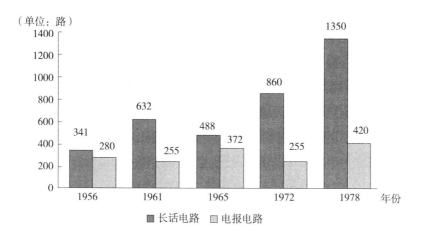

图 45.1　1978 年以前河北省长途电话与电报电路状况

45.2　快速发展阶段(1979—1999)

改革开放为河北省信息化的基础设施建设和产品制造业的快速发展提供了难得的历史机遇。

45.2.1　信息化基础设施从无到有，从有到好，得到长足发展

1. 通信网

1989 年，河北省 8 个城市开通了无线寻呼通信，全省 50 多个城市进入长途自动网，四个市可通过国际自动电路直拨 157 个国家和地区。从 1990 年起，河北省电话用户数开始迅速增长，到 1999 年，固定电话放号首次突破百万大关。

2. 广电网

1989 年，广播电视共建成微波站 37 座，全长线路达 1711 公里，建设卫星电视地面接收站 327 个。1999 年末，全省卫星收转站达到 3827 座。1991 年，基本建成了全省范围的有线电视光纤传输网络。全省广播、电视人口混合覆盖率增长迅速，具体见图 45.2。

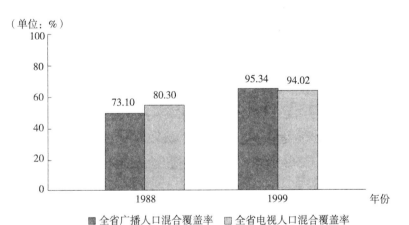

图 45.2　全省广播电视的发展

3. 计算机网

1996 年建成中国公用计算机互联网（163 网），1998 年建成中国公众多媒体通信网（169 网）。中国教育科研网、中国金桥网、中国工程技术网、中国联通互联网等相继在河北省建立了网络分支。1999 年，全省因

特网用户达 57 万户，河北省首家因特网俱乐部在唐山向社会开放。

45.2.2　信息技术与信息产业稳步发展

改革开放带动电子工业技术、质量水平和效益全面提升。20 年间，河北省信息技术领域共有 23 项产品获国家级科技奖，230 项产品获得省部级科技奖。至 80 年代末，通过引进先进技术和管理，带动了消费类、投资类及基础类产品全面发展。一些产品开始出口创汇，外向型经济发展迅速。1986—1990 五年平均增长率达 23.35%，形成了以重点企业为骨干，消费类、基础类电子产品为主导，通信和计算机等投资类电子产品相应发展的工业格局及 14 类近千种电子产品快捷发展的综合生产能力。

进入 90 年代后，产业发展突出特点是由过去的单一品种向系列化和配套发展，建成了一批骨干企业（集团）和一批国优或省优产品，实现了从传统单一制造业向现代电子信息产业发展模式的转变。90 年代末，三河燕郊、石家庄、秦皇岛软件园已具雏形。1999 年省电子信息产业工业总产值 81.76 亿元、销售收入 56.80 亿元。详情参见图 45.3。

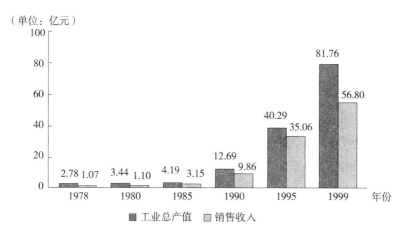

图 45.3　河北省电子信息产业工业产值的增长

45.2.3　组织机构不断健全

1983 年 5 月，省电子工业局与省机械工业局合并为省机械电子工业厅，下设电子局。该局 1989 年改设为省电子工业局，独立行使对全省电子工业的组织领导和协调职能。1993 年 9 月，省人大常委会任命省电子工业厅厅长，次年组建省电子工业厅。1995 年省信息产业化发展领导小组成立，1997 年更名为省信息化工作领导小组，同时成立省信息化工作领导小组办公室和省信息化建设专家委员会。省政府印发了河北省首部信息化规划，先后出台了相关政策法规，并积极吸引信息化人才，助力河北省信息化建设有序推进。

45.2.4　以应用促发展，不断提升信息化水平

信息技术应用成效显著。机械、建材、纺织、医药、冶金等行业有 500 多个企业在产品开发、工程设计中普遍采用了计算机辅助设计（CAD）、辅助制造（CAM）技术，18 个单位成为全国 CAD 应用工程示范企业，河北省被列为国家 CAD 和 CIMS 应用示范省。500 多个县以上政府部门建立了网站，政府上网工作走在了全国前列。财税、统计、工商、物价、粮食、农业、劳动、外贸、交通、海关、银行、气象等部门都建立了计算机专用网和管理信息系统，大大提高了管理水平和工作效率。1997 年，河北省农业信息化创建了"三电一厅"的服务模式，同年在藁城市首先通过电视为农民提供相关的信息服务。1999 年又建立了农业信息网站，通过网络为农民提供相应的信息资源。

45.3　全面推进阶段（2000—2009）

"十五"以来，河北省以电子政务建设为突破口，大力推进国民经济

和社会信息化建设并取得明显成效。

45.3.1　信息化基础设施日臻完善

1. 通信网

2000 年，相继建成了分组交换网、数字数据网、公用计算机互联网、宽带 ATM 实验网、IP 电话实验网。2002 年，河北省 GPRS 和 CDMA 网络达到了 2.5 代通信技术水准；开发了短消息、全球呼、IP 电话等新业务。全省电话发展情况参见图 45.4。

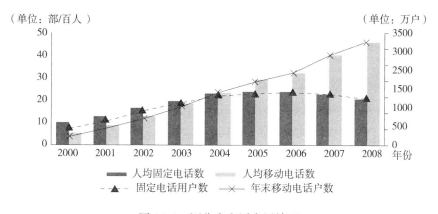

（单位：部/百人）　　　　　　　　　　　　　　　　　　（单位：万户）

图例：■ 人均固定电话数　　▨ 人均移动电话数　　--▲-- 固定电话用户数　　--×-- 年末移动电话户数

图 45.4　河北省电话发展情况

目前河北省已基本实现 3G 网络全覆盖。有 5 个市开通了 3G 网络，其中，保定和秦皇岛市为全国首先开通 3G 网的 10 个城市之一，保定也是同时拥有两个 3G 网的 3 个中国城市之一。

2. 广电网

村村通工程。2004 年实现了通电行政村"村村通"广播电视的目标，之后稳步推进自然村"村村通"广播电视工程。2009 年初，全省直播卫星"村村通"广播电视工程试点村建设任务全部完成。

数字化建设。2003 年，河北电台、电视台采编、制作环节数字化水平步入全国省级台先进行列；省广播电视节目实现卫星直播，并启动了数字电视试验。2007 年全省有线电视数字化整体转换工作全面启动，2008 年底全省有线数字电视用户达到 160 万户。2008 年 12 月 31 日，河北省成为全国第一个率先实现 CMMB 信号全部覆盖地级市的省份。

3. 互联网

河北省计算机逐步普及，见图 45.5。网民、域名、网站数量增加较快。近两年，手机上网用户增长迅速。2007 年底，出省带宽达到 160G，省内增值电信业务经营单位已达到 523 家；2008 年底，全省网民达 1334 万人，普及率 19.2%，网民数量居全国第 6 位；域名总数 261328 个，网站数量 56971 个。具体参见图 45.6。

（单位：台/每百户）

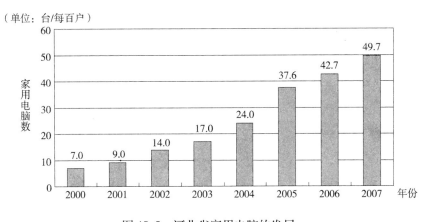

图 45.5　河北省家用电脑的发展

45.3.2　信息产业高速增长

2001 年以后，河北信息产业进入高速发展时期。形成一带多区产业布局，建设了 2 个产业基地，4 个软件园区，5 个特色产业园区，若干县域信息产业专业加工园区。太阳能光伏电池、通信、液晶显示（LCD）、半导体照明（LED）、安防电子、医疗电子等产业链（群）成为信息产业发展的支撑力量。其中，太阳能光伏电池产业链使河北省成为国内重要的光伏电池制造基地。由通信运营业、数字内容业、信息技术服务业组成的

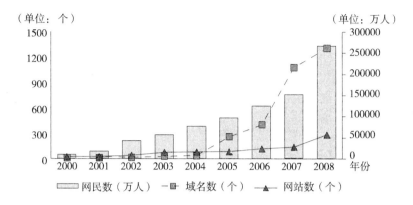

图 45.6　河北省互联网的发展

信息服务业已成为河北省信息产业发展的新的增长引擎。2008 年全省电子信息产业主营业务收入 611.61 亿元。

45.3.3　信息化发展环境日益优化

2000 年、2001 年、2002 年，省信息产业厅、省国民经济和社会信息化领导小组、省政府信息化工作办公室相继成立。2004 年省网络与信息安全协调小组、省信息化专家委员会成立。2007 年底，全省 11 个设区市均设立了信息化管理机构。此外河北省还先后组建了国家信息化测评中心河北省中心、省软件评测中心、省信息安全测评中心和省信息资源管理中心。制定了全省信息化发展规划，出台政策档 73 个，标准规范 10 余个。

省政府分别于 2002、2004 年，开始设立省信息产业发展专项资金、省级信息化建设专项资金，截止到 2008 年底，共计投入 4.37 亿元。

45.3.4　信息技术深入应用

1. 国民经济信息化

"十五"期间，工业领域信息化改造步伐加快，河北省被列入国家制造业信息化示范省，唐山、保定为国家示范城市，示范企业 225 家，累计信息化投入 11.1 亿元，完成后增收 131.4 亿元；带动 80% 以上的大中型企业实施了不同层次的信息化应用，企业管理水平普遍得到提升。

"十一五"期间，围绕两化融合和可持续发展，大力推进节能减排。2008 年实现对 726 家重点污染源（占全省排放总量的 85%）实时监控，有效抑制了企业的偷排和超标排放。实施中小企业信息化促进工程，近 3.5 万家中小企业应用了"信息魅力"服务平台，提升了中小企业信息技术应用水平。33 家企业进入 2008 年全国企业信息化 500 强。2009 年，国家工信部批准唐山暨曹妃甸为国家级信息化和工业化融合试验区。

涉农信息服务体系不断完善。全省农业信息服务网络基本形成，建设了 12 个大型共享数据库，7 大应用系统，设立服务"三农"各种栏目近万个，集成科技、市场、政策等各类信息 100 多万条。积极探索信息进村入户的多渠道、多终端、多用途的新模式。藁城市"三电一厅"模式在全国得到推广。2006 年衡水市安平县被列为首个国家县域经济信息化试点。衡水市被农业部命名为"全国农村信息化示范单位"。

以电子商务为重点的现代服务业快速发展。企业电子商务应用进一步深化，"国大 36524"等一批重点企业形成了网上订货、物流配送为一体的电子商务运营模式。依托商务部新农村商网，连续七次举办"新农村农副产品网上购销会"，促成交易额 21 亿元。

2. 电子政务

从 2003 年起，河北省以应用为主导，以资源整合为重点，开始实施电子政务"112"工程。2007 年，电子政务总体框架初步形成。

全省统一的电子政务网络整合，初步形成了横向连接省直部门、纵向连接各设区市的电子政务网络骨干框架。目前省政府系统 53 个部门、11 个设区市，96% 以上的县（市、区）政府都建设了门户网站，有力地促进了政府信息公开和服务水平的提高。

电子公文交换系统已连通省直各部门、各设区市和各扩权县（市）政府。网上审批系统实现了行政许可事项的统一受理、结果回馈和信息公开。2008 年底，涉及行政许可事项的省直 50 个部门的 564 项行政许可事项，提供了网上办事服务。其中，省发改委、省住房和城乡建设厅等 28 个部门的 138 项行政许可事项实现了网上办理。"河北效能网"实现了网上效能投诉，对所有行政许可事项实行了网上监察，规范了政府服务。建设完成了环境保护、森林防火、救灾减灾和反恐等专业应急指挥与管理信息系统。建筑市场监管平台和 17 个业务信息系统被原建设部确定为信息化示范工程。省级财政实现省直 107 个一级预算单位和 424 个二级预算单位的财政网上支付。省国税系统通过电子申报缴税方式的纳税人达到 94% 以上。省地税系统通过互联网申报的纳税人 15.5 万户，每月委托银行划转税款金额 12.5 亿元。

信息安全保障体系日趋完善。2007 年建立了省、市信息安全协调机制，2008 年建立了信息安全应急体系和信息通报机制，组建了河北省信息安全应急支撑队伍和应急专家组，成立了河北省信息安全通报中心，90 个省直单位和 11 个设区市按时联网上报信息安全事件情况。加强互联网治理，圆满完成了奥运会等重大活动的信息安全保障任务。

3. 社会信息化

（1）教育信息化

利用卫星信道和互联网构建了天地合一的综合教育平台。实现教育资源的推送、视频广播、信息资源下载和视频点播等功能，已和全部省内中小学及 6000 所幼儿园联网。累计开发同步教学资源和中小学生网络自主学习课程资源 10.2T，摄制视频课程 1800 余学时。为中小学节约网络资源费用 10 亿元左右，为农村及偏远地区输送了优质的教学资源，促进了城乡教育均衡发展。

（2）文化、科技、卫生信息化

全省文化信息共享工程已初步形成了省、市、县、乡镇（街道）、村（小区）的服务网络架构，每年能提供不少于 1 万册的电子图书、200 小时舞台艺术、知识讲座、影视节目等视频资源。

建设了科技计划管理、自然科学基金、星火计划、科技信息、科普等应用系统，扩大了科技信息资源对社会经济发展的影响。

2008 年底，公共卫生资料中心已基本建成；90% 以上省、市医院实现了网络化管理，60% 以上实现了部分临床医学信息化，有的已经实施或正在部署电子病历建设。

（3）社会保障信息化

建设了省市两级企业养老保险数据库，入库人数达 96.88%，失业保险监测数据已覆盖 11 个市 9.4 万人。12333 条劳动保障电话咨询服务热线自开通以来，全省共受理咨询电话 23 万多个，问题解答率超过 99%。建立了 11 个城市共 10 万余户最低收入家庭和 13.8 万余户低收入家庭的住房情况数据库。邯郸、石家庄、张家口、秦皇岛、邢台为全国金保工程建设示范城市，邢台市"五险合一"模式在全国推广。

（4）城市及小区信息化

廊坊、唐山建设开通了数字化城市管理系统，石家庄等市建立了城市规划管理信息系统和地下管线综合管理系统，有效提升了城市管理的现代化、精细化水平。石家庄、廊坊等市视频监控点覆盖了全市重点部位和主要道路，全面提升了社会治安防范水平。2008 年底，城市一卡通在邯郸、唐山、沧州等城市得到广泛应用，累计发卡 51 万张，为广大居民提供了良好的公共服务、公益服务和便民服务。石家庄、秦皇岛、保定、邯郸等市开展的小区信息化服务试点取得明显成效。邯郸市被评为"中国城市信息化 50 强"。

45.4 主要做法及特点

45.4.1 理顺体制机制，形成推进合力

形成了领导小组统一领导、办事机构综合协调、政府各部门协同配合，分工合理、责任明确、协调有序的信息化推进体制。建立了省领导小组成员单位联席会议制度，组建了省信息化专家委员会，形成了信息化科

学决策咨询机制。初步建立了信息化绩效评价体系。各级财政都设立了信息化建设专项资金，积极吸引社会资本参与信息化建设，政府引导、企业投资、社会参与的多元化信息化建设投融资机制初步形成。建立了京津冀信息化工作联席会议制度，对区域合作与交流进行了探讨。协调推进、决策咨询、评估评价、投融资、区域合作等机制的形成，为全面推进信息化建设提供了重要保障。

45.4.2 坚持统筹整合，提高建设成效

通过统筹规划，达到突出重点、分步实施；通过整合资源，避免重复建设，节约建设成本，尽快取得实效。在网络整合方面：采取市场化运作、统筹共建、统一管理的方式，进行了公务内网和公务外网的整合，年节省运营维护费420万元，集约化建设的成效开始显现；邯郸市实施城市地下通讯管网集约化建设，为各大运营商提供统一的管网服务，解决了城市路面反复挖填的问题。在信息整合方面：整合建设了人口、法人、基础地理等五大基础数据库，其中，人口、法人等数据库已加载了多个部门的信息并提供共享服务，基础地理数据库已免费为多个政府部门提供了服务；突破体制障碍，利用省经济信息中心机房、线路、设备等资源，集约建设了全省统一的交换共享平台，为跨部门的资源共享、信息交换、业务协同以及信息资源管理提供技术支撑；企业基础信息共享系统，已实现了工商、税务、质监等部门的信息共享和业务协同。在应用整合方面："河北效能网"的建设充分共享了"河北省网上审批系统"的信息资源和设备资源，节约了资金和时间；衡水市采用集中式和分布式相结合的模式，建立了数据中心和综合应用平台，实现了应用平台和数据资源共享，有效地减少了部门软硬件的重复投入。

45.4.3 创新建管模式，促进科学发展

针对信息化应用系统建设过程中普遍存在需求不清、标准不统一、信息共享困难、建设预算缺乏科学依据等问题，2005年，选择网上审批、

公共卫生等 3 大跨部门应用系统，以及 12 个省直部门和衡水市，开展了信息资源规划试点工作，对信息化建设和管理模式进行了探索和实践。

2006 和 2007 连续两年被原国务院信息化工作办公室列为国家试点，总结形成了"河北省基于信息资源规划的信息化应用模式"。专家认为模式属国内首创，对在全国推广具有较强的适用性和可操作性。北京、上海、广东、福建、卫生部、国家安全部、国家食品药品监督局等 10 多个省市和国家部委，专程到河北学习考察。

为模式的推广应用，原国务院信息办于 2008 年，又选择河北省衡水市开展了"基于信息资源规划的信息化应用模式"国家示范工作。验收专家组认为，工作成果达到了国内领先水平，为国家在市级地方和县级地方推广河北模式提供了可借鉴的示范典型和可操作的推广经验。

基于信息资源规划的信息化应用模式，回答了信息化建设如何实现从基础做起、顶层谋划、科学建设、持续发展的问题，为河北省信息化健康、快速发展提供了方法保障和实现途径。

45.4.4　抓好试点建设，实施典型带动

选择基础条件好、积极性高的地方或部门，针对需求迫切、受众面广的项目进行试点建设，通过试点示范，达到以点带面、全面推动的目的。安平县通过开展国家级县域经济信息化试点，不仅促进了丝网和生猪两大主导产业的发展，而且还形成了一套推进县域信息化的方法和路径，对助推河北省县域经济发展具有典型示范意义。通过开展"三电一厅"、农村综合信息服务等试点，使河北省农业信息化走在了全国前列。组织开展了电子商务试点示范工作，确定了 29 家试点示范企业，对全省电子商务发展起到了重要的推动和示范作用。选择保定、石家庄、邯郸等市开展小区信息化试点，探索小区信息化建设模式。2006 年，保定市在全国信息化推进大会上作了小区信息化的经验介绍。邯郸市作为"全国城市信息化试点城市"，探索出适合本地特色的电子政务建设新模式，走出了一条投资少、见效快的集约化建设道路。

45.4.5 重视人才培训，加强队伍建设

河北省坚持把人才培养作为发展信息化的着力点，下大力气造就结构合理、素质优良的信息化人才队伍，帮助广大干部群众不断提高信息能力。与国信办联合举办了信息化与电子政务高级研修班，与中欧信息社会项目办公室联合举办了"中欧信息社会——政府信息公开实施"等两次培训会，多次开办了信息资源开发利用、网络与信息安全等专题培训班；各市也积极开展培训工作。中小学普遍设置了信息技术课程，大专院校设立了信息化相关专业，在省委党校建立了领导干部信息化与电子政务培训基地。多形式、多层次的信息化培训，对提升河北省信息化建设和应用水平发挥了重要作用。

60年沧桑巨变，河北省信息化从无到有，快速推进，对引领社会进步、促进经济发展和体制创新发挥了不可替代的作用。河北省信息化建设的经验是：统筹规划、顶层设计是搞好信息化建设的重要理念；整合资源、集约建设是信息化建设的核心内容；需求主导、突出实效是信息化建设的根本要求；理顺体制机制、加强队伍建设是搞好信息化建设的有力保障。

（本章作者 河北省工业和信息化厅）

第46章
山 西 省

引 言

全面加快信息化建设步伐，是适应国际国内信息化大趋势的战略举措，是满足社会信息化时代要求的战略行动，是支撑现代社会建设需要的战略内容。从全球来看，人类社会进入了信息化新时代，信息网络已经成为人类不可或缺的重要内容。从国内来看，我国进入了以信息化带动工业化的新时期，信息化已成为推动经济社会发展的战略举措。从山西省信息化发展的进程来看，信息化发展取得了一定的成绩，主要表现在以下几个方面。

46.1　信息化基础设施显著增加

2001 年全省通信线路总长度为 4.6 万公里，截至目前，光缆总长度达到 21 万多公里，是 2001 年的 4.7 倍。无线通信信号覆盖 100% 的乡镇、99% 的行政村，98% 以上的人口；广播电视的人口综合覆盖率达 95%。有线电视入户率基本达到 63%；卫星电视接入率达到了 37%；100% 行政村通了电话，固定电话入户率达到 72%；移动电话使用率达到 52%；电脑入户率达到 9%，70% 的行政村通了宽带、接入率达到 5%；农村网络文化站覆盖率达到 81%，农村党员干部现代远程教育网覆盖了全省 47.07% 的行政村，接入 95% 以上的行政村，普及程度达到全国先进水平，所有乡镇实现了光纤全覆盖，2.5 万多个行政村实现通宽带。至此，山西成为全国第 17 个实现 100% 行政村通电话的省份，提前四年完成了全省 "十一五" 农村通信规划提出的 "100% 行政村通电话、100% 乡镇通宽带、100% 乡镇通光缆" 的战略目标，使山西通信事业实现了历史性的跨越。

46.2　信息技术创新与产业发展的重要成果

46.2.1　信息技术创新成果

按照山西省委、省政府的统一部署，省科技厅 "十一五" 期间，在智能农业信息技术研究、县域科技信息服务平台建设等方面共投入 345 万元科技研发资金，争取国家科研经费 270 万元。

整合资源，积极建立 "星火 12396 农村信息服务体系"。"星火科技 12396 农村科技信息服务体系" 是山西省贯彻党的十七大精神及落实科技部、工业和信息化部《关于加强农村科技信息服务的意见》，为加快山西省农村科技信息化，加大民生科技工作力度，发挥科技支撑社会主义新农村建设作用的一项集成创新工程。其主要特征是以科技服务 "三农" 为宗旨，以信息资源为核心，以服务热线为纽带，以数据网络为基础，致力推动信息在广大农村的低成本、高效率传播，实现科技与农民的零距离衔接。目前，省科技厅已将实施方案报送科技部。

积极争取国家资金，支持全省农村信息化建设。2008 年由省科技厅牵头组织申报的国家科技支撑计划——"村镇数字化管理关键技术研究与应用"获得国家科技部 200 万元资金支持。"村镇数字化管理关键技术研究与应用"项目是科技部与国土资源部共同批复的科技支撑计划项目，该项目下设 10 个课题，其中课题 8 "村镇低成本数字化技术产品开发应用"由山西省牵头主持，山西省、河南省、湖北省、湖南省中部四省共同承担，最终形成适合四省区发展的一套典型方案。2008 年 9 月 8 日科技部专家组在山西省晋中市听取了四个子课题负责人的汇报及项目总体的进展汇报，并赴晋中市东阳镇示范点进行现场检查。专家组对课题的进展和取得的阶段性成果给予充分的肯定。通过项目的实施使得农民的生产、医疗、社保、文化娱乐与就业等农村生活的各个方面，都实现了网络化和现代化。

国家"863 智能专家系统"的推广应用取得新进展。山西智能农业项目从解决"三农"问题的实际出发，将现代信息技术与农业相结合，经过课题组的计算机专家、农业专家的紧密配合和深入研究，在以往专家系统的基础上，同时新开发了谷子、核桃、养牛、荞麦 4 个品种的信息系统。充分运用管理与决策支持技术、知识工程与专家系统技术、GIS 技术、多媒体与超媒体技术、人机友好界面技术等，构建了服务于农业和农村现代化建设的山西省农业科技信息平台。

46.2.2　产业发展成果

电子信息产业发展成果。2007 年，山西省电子信息产业制造业全体干部职工以科学发展观统领全局，按照《山西省工业经济发展第十一个五年规划纲要》、《山西省装备制造业发展第十一个五年规划》、《山西省电子信息产业十一五发展规划》的总体部署，电子信息产业逐步向形成具有山西特色的电子信息产业制造业方向发展，经济运行继续保持良好增长态势。2007 年前七个月，山西省规模以上电子信息产品制造业企业实现工业增加值 5.41 亿元，比上年同期增长 13.4%；实现产品销售收入 32.78 万元，比上年同期增长 50.3%；实现利润总额 -0.42 亿元，比上年同期下降 122.7%；上缴税金 0.89 亿元，比上年同期增长 89.5%；实现产品出口 1.78 亿美元，比上年同期增长 13.5%。

装备制造业发展成果。山西省装备制造业是位列山西省煤炭、冶金、电力后的第四大产业，截至 2007 年 7 月，有规模以上企业 569 家，从事 11 大类、60 中类、246 小类、上千种产品的生产和销售，分别隶属于 20 多个部门，主要集中在原机械工业系统、电子工业系统、军工系统、纺织系统、交通系统和铁道系统。总资产 580.94 亿元，占全省工业的 8.5%。职工人数 24.2 万人，占全省工业的 11.7%。2005 年全省装备制造业完成工业总产值 398.96 亿元，占全省工业总产值的 8.4%；工业增加值 95.74 亿元，占全省工业增加值的 5.7%；实现销售收入 373.36 亿元，占全省工业销售收入的 8.1%；实现利税 19.72 亿元，占全省工业利税总额的 3.1%；完成出口交货值 26.9 亿元，占全省工业的 11.5%。全行业现有 4 户国家级技术中心，19 户省级技术中心。工程技术等专业人员占职工总数的 12%。

46.3　信息化发展环境得到进一步优化

46.3.1　政策法规

为进一步将山西省信息化建设纳入法制化管理轨道，省信息办起草了《山西省信息化条例》（草案）、《山西省电子政务管理办法》（草案）。争取尽快按照立法程序通过后组织实施，已经省政府领导批示并交省政府法制办按程序办理。

46.3.2　管理体制

2007 年 10 月 16 日，省信息化领导组办公室组织召开了全省信息安全工作会议，有关省领导指出，在省委、省政府领导的大力支持下，解决了山西省长期以来存在的信息化体制不顺的问题，建立了全省信息化管理机构，明确了省信息化领导组办公室各组的职能，并下发了《关于山西省信息化领导组办公室暂设机构的职能》（晋信办〔2007〕4 号）。随着山西省机构改革的顺利进行，将成立山西省经济和信息化委员会，为加快推进山西省信息化工作健康有序发展提供机构保障。

46.3.3　人才培养

为提升农村妇女综合素质，山西省妇联和省移动公司合作，先后举办了多个方面的培训。一是网络文化站骨干培训。各级妇联联合移动公司，举办了 30 多期农村网络文化站骨干培训班，受训人数 3000 多人。二是普及培训。为有效提高全民素质，实现优势互补，省妇联积极配合省科协、省移动实施了百万农民电脑科普培训工程，已取得明显成效；三是专业培训。各级妇联组织女村官培训、女经纪人培训、科技致富带头人培训、女企业家培训等各类培训，使近万名女性学到了知识，提升了创业发展的能力。同时，各市也相继开展了干部信息化知识培训，有效提高了各级各部门干部信息化综合素质。

46.4　信息技术在经济、政治、
社会等各领域广泛应用

46.4.1　信息产业优势逐渐显现

2005 年，山西省电子信息产业实现工业增加值 10 亿元，比"九五"期末增长 369.92%；实现产品销售收入 35 亿元，比"九五"期末增长 343.97%；实现利税总额 1.43 亿元，比"九五"期末增长 1200%；出口创汇 1 亿美元，比"九五"期末增长 359.56%。在数字产品及系统、信息服务业等方面有了一定的基础，在钕铁硼及深加工产业链、软件开发及应用服务产业链、信息安全材料产业链上正在集聚和延伸，优势逐渐显现。

46.4.2　电子政务建设初具规模

根据党中央、国务院关于加强电子政务建设发展的方针政策和要求，在省委、省政府的正确领导下，近年来，山西省电子政务得到了较快发展，已初具规模。其中政务网络和网站建设发展很快，省直各部门大部分建立了局域网，基本建成连通省、市、县三级电子政务网络平台，并开通视频会议系统。重点业务系统通过信息化的建设，在一定程度上提高了工作效率、监管能力和服务水平。

46.4.3　农村信息化成效明显

据调查，全省各市自 2005 年开始，实施科技信息"村村通"网络工程，基本形成了市、县、乡、村四级信息网络体系结构，大部分乡镇（涉农街办）已具备了上互联网的条件，并有部分的乡镇建立起自己的信息网站。省直各有关部门农村信息化建设取得一定成果。农业厅建成了本系统覆盖全省的农业信息网络体系。商务厅建成的新农村商网。科协开展建设了科普惠农和多媒体农村信息化服务平台农村信息化体系。人口计生委建设的人口计生网络实现了覆盖省、市、县、乡的人口计生信息网络。民政厅开展了推广村民自治与农村社区建设管理信息系统的应用，预计将用 2 年左右的时间在全省所有农村推广应用。省图书馆已经开始实施文化资源共享工程。省委组织部实施了农村党员干部现代远程教育工程。电信运营企业在农村信息化建设方面也做了大量的工作，基础设施建设已显著增强。据山西省信息化领导组办公室 2008 年 12 月开展农村信息化调研数字显示：全省已建各类服务站共计 46729 个，其中网络文化站 25077 个（包括农村网络文化站 24936 个，文化信息资源共享基层服务站点 141个）；科普惠农服务站 1500 个；商务服务站 27 个；农村党员干部远程教育服务站 20125 个。

46.4.4　企业信息化

　　企业信息化发展提高了生产过程、管理方式的转变，提高生产效率和管理水平。重点在能源重化工企业信息化方面取得初步成效，建设了煤矿瓦斯监测监控安全信息网络，实现矿、县、市、省四级联网，有效杜绝了井下违章作业现象的发生，为煤矿安全生产筑起了四道生命保障线。山西铝厂企业信息化建设将先进的管理理念和信息技术相结合，对 ERP、MES、PCS 三个分系统进行了具体的需求分析与设计，有效组织了经营管理与生产控制信息，从而实现优化运行、优化控制、优化管理，提高了企业效益和竞争力。太钢、天脊煤化工集团、太原重型机械集团等积极推动以生产过程自动化、管理方式系统化为主的企业信息化进程。

46.4.5　信息化推广应用典型案例介绍

　　1. 山西智能农业项目（国家 863 智能专家系统）应用。该项目在全省重点选择忻府区、汾阳县、右玉县和 3 个示范县区进行本期项目的示范推广。系统开发方面，注重先进技术的采用，在智能化农业信息处理系统中，充分运用管理与决策支持技术、知识工程与专家系统技术、GIS 技术、多媒体与超媒体技术、人机友好界面技术等，在开发过程中，山西省坚持与农业领域专家、农村生产基层土专家紧密协作的方式的技术路线，提高了系统的先进性和实用性。

　　2. 山西省农村网络文化站应用案例。山西省晋中市榆社县云竹镇农村网络文化站经营者王芳，参加省里举办的首批培训班后，率先建起了全省第一家妇女从业的农村网络文化站，省妇联和省移动的一把手亲自参加揭牌仪式。在她的带领下，全镇 33 个行政村都建起了文化站，并组织培训 300 人次，积极为镇上的农民提供销售、招工信息，仅销售生猪、蔬菜就增收 20 余万元，还输送 26 名女青年到江西等地务工，月工资均在 1000 元以上。在村委换届中，被全村推选为村主任并兼任村支部书记。

3. 新农村商网应用案例。自 2006 年 9 月山西省举办新农村商网第一次秋季农产品网上购销对接会以来，先后 7 次承办了夏、秋、冬季网上对接会，取得了可观的经济效益和社会效益，据统计，农民利用此信息交汇平台总计交易奶牛、水果、蔬菜、玉米、小杂粮、棉花、枣树苗等大宗农副产品金额达到 11. 66 亿元，其中实际成交 3. 62 亿元，意向成交 8. 04 亿元。最典型的是忻州市某涉农企业一个叫王鹏的人，他善于使用新农村商网搭建的购销对接平台，大力推销自己的养殖品种奶牛。仅在 2007 年 8 月至 2008 年 6 月间，就卖出奶牛 9900 头，总经济收入达到 7400 万元，占山西实际成交总额的 29. 3%，这个数字创下了山西个体农产品销售成果之最。此外，他还经销玉米、辣椒、木糖、木炭等品种，都在新农村商网上进行了信息发布，并达成销售意向。

山西省大同市大同县在 2007 年被列为新农村商网试点县以来，在 2008 年第二届夏季农产品网上购销对接会上，对接成交农产品 3565 万元，其中实际成交 1065 万元，意向成交 2500 万元，出售了绿豆、黄花菜、玉米等当地农副产品，在全国试点县中排列第六名。

4. "三网融合" 业务推广典型案例。吕梁市中阳县在山西省吕梁各县中农村经济收入排名 11 位，是属于经济较落后的县。山西移动在吕梁市中阳县推广了 "三网融合" 业务后，涉及 7 个乡镇，155 个村庄，其中 65 个行政村、90 个自然村，总计住户 8635 户的农民即在一条网线上实现了电话通信、电视收看和电脑上网三项功能，极大地推进了中阳县新农村建设，解决了中阳县农村地区广播电视的有线覆盖由于前期缺少资金投入，广大农村百姓长期以来看不到有线电视和当地电视台节目的问题。

（本章作者　山西省信息化领导小组办公室）

第 47 章
内蒙古自治区

引　言

　　内蒙古自治区信息办紧紧围绕自治区党委、政府提出的"工业化、城镇化、农牧业产业化"的工作中心，提出了全区信息化发展"建设一个园区，打造两个基地，实施五大工程"的战略部署，进一步加快推进信息技术在国民经济各行业、社会各领域的应用，圆满地完成了党委政府交办的各项任务。目前，全区信息化建设和信息产业发展的保障体系初步形成，信息网络基础设施日趋完善，信息产业发展较快，人才培训基地建设初具规模，信息资源开发利用效率明显提高，信息化已经成为推动全区经济社会发展的重要力量。

47.1 近年来的主要工作

47.1.1 信息化建设和信息产业发展的保障体系初步形成

近年来，结合自治区信息化建设和信息产业发展的实际，制定了一系列指导内蒙古自治区信息化建设和信息产业发展的规范性文件。相继出台了《内蒙古党委、政府关于大力推进信息化的决定》、《内蒙古党委、政府办公厅关于贯彻落实〈决定〉的实施意见》、制定了《内蒙古自治区信息化十一五专项规划》，起草了《内蒙古自治区信息化领导小组关于贯彻落实〈2006—2020 国家信息化发展战略〉的实施意见》、《内蒙古自治区信息化助力社会主义新农村建设"五年行动计划"纲要》、《内蒙古自治区电子政务建设总体方案》、《内蒙古自治区推进电子政务行动纲要(2006—2010 年)》、《内蒙古自治区加快推进企业信息化建设的指导意见》、《内蒙古自治区农牧业信息化建设指导意见》、《内蒙古自治区信息化技术技能人才教育培训培养体系建设实施意见》、《自治区信息化促进条例》、《关于加快自治区中小企业信息化建设的指导意见》等规范性文件。成立了以分管副主席为主要领导的"内蒙古电子信息产品生产基地领导小组"和"内蒙古软件园区建设指导委员会"。积极开展信息化技术技能人才培养工作，目前已建培训基地 13 处，培训点 70 个，培训总人数近 4 万人，已初步构架起自治区、盟市两级培训体系。信息化基础设施日趋完善，固定和移动电话用户总数达 1806 万户，比上年同期增加 233.84 万户。其中：固定电话用户 462 万户，比上年减少 63.23 万户；移动电话用户 1344 万户，比上年增加 297.07 万户。全区电话普及率 74.84 部/百人，比上年增长了 9.13 个百分点。其中：固定电话普及率为 19.15 部/百人，比上年下降了 2.8 个百分点；移动电话普及率 55.69 部/百人，比上年增长了 11.93 个百分点；互联网用户总数为 139 万户，互联网用户普及率 5.76 台/百人。

47.1.2 信息产业持续快速发展

呼和浩特电子信息产品制造业基地和包头内蒙古软件园建设初具规模。电子信息产品制造业销售收入年均增长 49.8%，增加值占全区国内生产总值的比重已达到 3.76%，电子信息产品销售收入连续三年排名全国第 17 位，西部区第三位，仅落后于四川和陕西，电子类产品出口进入全区出口商品前十名。2005 年，包头软件园被国家科技部批准为"国家火炬计划软件基地"，正式更名为内蒙古软件园，现入园企业已达 100 家，软件开发和系统集成产品多达几十个。蒙古文应用系统的软件产品开发，填补了我国在蒙文软件开发领域的空白。目前，全区软件企业近 200 家，软件业销售收入由 10 亿元增加至 15 亿元，增长了 50%。全区软件业首次实现软件出口零突破。与此同时，通辽、呼伦贝尔、包头等一些有条件的盟市，信息产业制造业也已有了新的进展。特别是作为内蒙古自治区信息产业重要支撑的信息服务业，年均增幅均在 25% 以上。电信运营商增值服务发展势头尤为迅猛，2008 年内蒙古通信业务总收入完成 133 亿元，比上年同期增长 14.63%。不仅为内蒙古自治区的 GDP 增长作出了贡献，更为全社会的文明进步、便利和谐提供了有力的支持。

47.1.3 四大工程推进成效显著

电子政务工程进展顺利，自治区电子政务网络统一平台正式开通运行，政务城域网已接入自治区四大班子和 80 多家委办厅局，政务广域网已接入全区所有 12 个盟市和 2 个计划单列市。45 个区直机关建立了门户网站，全区 101 个旗县区中已有 98 个建立了政府门户网站。大力推进全区电子政务全程办事代理配套电子监察项目实施，承担了国家电子政务信息资源国家体和交换体系试点。农牧业信息综合服务体系工程建设初见成效，全区 12 个盟市各一个试点旗县工作全面推进，五原县已成为国家县域经济信息化试点。全区 12 个盟市全部启动了"96048"农技服务热线，覆盖农户 311.3 万人，"村村通"电话工程已全部竣工验收完毕。企业信息化示范工程建设成果丰硕，全区规模以上工业企业中，90% 以上不同程度地采用了信息技术，有效提升了整体素质和竞争能力。城市及社区信息化工程全面展开，人口管理、社会治安、交通指挥、劳动就业、医疗卫生等信息系统应用成效显著。信息安全保障体系日趋完善，部分地区组建了信息安全协会，自治区成立了信息安全专家组。

47.1.4　信息资源开发利用日趋广泛

全区建立了 104 个代码信息数据库，其中自治区级 1 个、盟市级 12 个、计划单列市 2 个、旗县级 89 个，并已在统计、银行、税务、社会保障、公安、海关、外汇等部门的管理和业务中广泛应用。基础地理空间数据和遥感影像数据库建设取得新进展，基础区情信息资源库、人口基础信息库、法人单位基础信息库、自然资源和空间地理基础信息库、宏观经济信息库正在建设中，部分信息库已经开始发挥作用。空间地理信息政务信息资源开发利用工作进展加快，将可向公众开放的"数字地图"全国放置在自治区政务综合门户网站上，国务院信息化工作办公室于 2006 年正式批准内蒙古自治区为全国政务信息资源共享和地区电子政务应用试点。

47.2　今后的主要任务

当前，是内蒙古自治区全面建设小康社会的重要时期，也是推进信息化工作的关键时期。国家及内蒙古自治区经济社会发展的新形势，对信息化工作提出了新的更高的要求。我们要认真分析当前形势，以党的十七大精神为指导，认真贯彻落实《2006—2020 年国家信息化发展战略》及内蒙古自治区《贯彻落实〈2006—2020 年国家信息化发展战略〉实施意见》精神，结合本地实际，深入扎实地推进全区信息化工作。

47.2.1 促进信息化与工业化的融合

着力推动能源、原材料、装备制造、纺织、冶金、化工等传统产业以及生物、新材料等高技术产业的信息化改造与应用。加快企业信息化进程，重点抓好高耗能、高污染企业利用信息化手段改造升级，促进节能减排目标的实现。突出抓好中小企业信息化工作，提升企业管理经营水平。加快发展电子商务，大力推进以信息化为核心的现代物流业发展。

47.2.2 积极推进农牧业信息化

认真落实《内蒙古自治区信息化助力社会主义新农村建设"五年行动计划"纲要》，以建设"农牧业综合信息服务体系工程"为突破口，以整合涉农信息资源、提高涉农信息资源开发利用水平为目的，用五年的时间，重点解决农村牧区信息"最后一公里"问题，建立覆盖广大农村牧区的信息综合服务体系，扩大信息资源在农村牧区的有效利用。

47.2.3 大力推行电子政务和社会信息化建设

紧紧围绕构建和谐社会的总体要求，以促进政府职能转变，健全政府职责体系，完善公共服务为目标，大力推行电子政务，强化社会管理和公共服务。积极开展社会信息化建设，构建多层次、多功能的便民服务体系，全面提升社会事业各领域的信息化管理水平。

47.2.4 努力抓好信息化技术技能人才培训培养

通过各种渠道，采取多样手段，开展多种层次的信息化知识普及教育与技能培训，提高全民信息化素质和能力。加强对国家公务员的信息化知识培训，特别是加强各级领导干部的信息化知识培训力度。

47.2.5 大力发展信息产业

紧紧抓住产业结构调整的战略机遇，提升自主创新能力，做大做强信息产业。要培育优势骨干企业，扩大高附加值产品出口，实现产业发展和信息化建设的良性互动。要建立以企业为主体，产学研相结合的信息技术创新体系，引导企业开展战略性技术和重大技术的研发，增强自主创新能力。

47.2.6　积极推进社区信息化建设

以满足公众需求为目标，充分利用政务综合门户网站发布政务信息，拓展对社会、公众服务的领域和内容，扩大服务范围，不断开辟为民服务的新途径，最大限度地使社会各阶层都能享受到政府的公共服务，最大限度地实现政务公开，促进勤政廉政，提高行政能力，更好地实现政府"社会管理"和"公共服务"的职能。

（本章作者　兰惠）

第48章
辽 宁 省

引 言

　　辽宁省位于中国东北地区的南部，是中国东北经济区和环渤海经济区的重要结合部。辽宁省陆地面积 14.59 万平方公里，2008 年底总人口 4300 多万人。辽宁作为中国重要的老工业基地，又谓"共和国长子"，省会沈阳被称"东方鲁尔"，辽宁为新中国工业崛起，曾孵化出无数神奇。第一炉火红的钢水喷涌，第一架喷气式飞机凌空，第一艘万吨巨轮入海，第一台深海机器人大洋探秘……无数个新中国第一，都从这里一一诞生。作为东北地区唯一的沿海省份，辽宁省面临着东北振兴和沿海开放开发的双重机遇。当前，辽宁省正在实施"打造辽宁沿海经济带、建设沈阳经济区、突破辽西北"三大区域发展战略，以推动地区经济协调发展，早日实现老工业基地全面振兴。

　　纵观辽宁 60 年的发展历程，信息化建设始终贯穿其中，发挥了重要的推动作用。辽宁省委、省政府一直非常重视信息化工作，坚持"完善基础设施、积极推进应用、强化安全体系"的发展思路，经过全省上下共同努力，信息化工作取得了丰硕成果。

48.1　信息基础设施建设

1948 年 11 月，辽宁全境解放，人民政府接收全部国统区的邮电机构，并注重改善与加强城市和工矿区的信息化基础设施。1949 年底，辽宁境内的主要信息化基础设施恢复至：邮路总长度 17979 公里；长途电信线路 2622 公里，长途电缆 690 皮长公里；载波电话端机 22 部，载波电报机 11 部；开通长途电话电路 129 路，电报电路 45 路，全部是人工交换；市内电话交换机 50470 门（其中自动 45100 门），农村电话 2625 门；与公用网相连的城市用户交换机 12000 门；城乡电话交换机总容量 65095 门，电话机总数 35882 部，电话普及率每百人 0.2 部。此时的信息化基础设施不仅数量少，而且设备陈旧，技术落后，基础十分薄弱。

直到 1978 年改革开放，辽宁的信息化基础设施才迎来了前所未有的发展机遇。1978—1988 年的改革开放初期，是信息化基础设施的恢复发展时期。这时期纵横制自动电话交换机逐步取代原有的步进制交换机，同时一面改造县城电话网，一面扩充城市电话网容量。10 年间，新建市内自动交换机 14.7 万门，拆除陈旧设备 2.8 万门，总容量由 11 万门增至 22.9 万门，增长 1.08 倍。在市场需求上，电话开始进入寻常百姓家，但比例不大。1985 年城乡电话普及率达到 1.17 部／百人，供需矛盾突出，装电话难的问题十分严重。

1988—1998 年是信息化基础设施的高速发展时期。这一时期，在技术特点上，程控交换机开始全面取代纵横制交换机。在传输上，开始由传统铅缆、PCM 到光缆的演进，传输空间不断扩大，长途容量成几何倍数增长。全省形成了 3 个大环组成的 SDH 环状网。1989 年，第一部模拟移动电话在我省开通，以全国青少年运动会为契机，移动通信在我省得到迅速发展。

经过前两个十年的积淀，1998—2008 年，信息化基础设施开始进入快速、跳跃式的改革发展时期。这一时期，我省相继进行了邮电分营、政企分开、电信重组、引入竞争和开放市场等一系列改革，信息化基础设施获得了飞速发展，电话普及率逐年提高。截止到 2008 年底，我省电信光缆线路总长度达到 24.89 万公里。我省共有数据、多媒体、互联网用户458.94 万户，其中互联网宽带用户达到 418.1 万户。我省电话用户规模达到 4025.8 万户，其中：固定电话用户达到 1604.3 万户，移动电话用户达到 2421.5 万户，电话普及率 95 部/百人。全省建制村 100% 通电话，自然村通电话比例超过 99%。乡镇 100% 具备互联网宽带接入能力。

48.2 信息产业发展

辽宁是中国电子信息产业起步较早、发展较快的地区之一。辽宁电子信息产业兴于 1958 年，是大办无线电工业的产物。到 60 年代中期，已经发展成为相对独立的新兴工业部门，并成为当时全国地方电子工业四大基地之一。十年动乱中，辽宁电子工业受到极大干扰破坏，产品质量下降，生产停滞不前。1978 年党的十一届三中全会以后，全省电子工业贯彻"调整、改革、整顿、提高"和"对内搞活，对外开放"的方针，逐步走上正轨。1978 年实现销售收入 3.7 亿元，实现利税 0.5 亿元。

1988 年，辽宁电子信息产业经过改革开放十年来的发展，已经形成拥有通讯、雷达、广播、电视、计算机、仪器仪表、电子元器件、电子专用材料和电子应用产品等新兴产业体系，成为全国电子工业重点发展区域之一。全省拥有县区以上电子企业 260 个，其中大中型企业 61 个，职工总数 12.4 万人。固定资产原值 13 亿元。

"九五"时期是全省电子信息产业打基础、上水平的重要时期，突出了原系统内企业的结构调整，以骨干企业、重点产品为龙头，实施技术引进、技术改造、技术创新与对外合资合作，在企业改革和技术进步方面取得了明显进展。2000年是"九五"计划的最后一年，当时刚组建的省信息产业厅党组解放思想，提出"三高三新"工作目标（产业高科技、发展高速度、人员高素质，新观念、新目标、新举措），推动了全省信息产业持续快速发展。2000年，实现销售收入237亿元，同比增长25.7%，是1988年的7.6倍。实现利税11.7亿元，是1988年的2.3倍。完成出口创汇13.8亿元，是1988年的46倍。

在2000年至2005年的"十五"时期，是全省信息产业持续快速健康发展的重要时期。辽宁省第九次党代会提出大力发展电子信息产业，使其尽快成为全省新的支柱产业。省政府先后出台了《关于辽宁省加速发展软件产业实施意见》、《关于加速发展软件产业的补充意见》、《辽宁省人民政府关于软件人才的若干规定》，并设立了电子信息产品制造业、软件业、信息化发展专项资金。这些政策措施极大地推动了辽宁信息产业的持续、快速、健康发展。整个"十五"期间，辽宁信息产业已经成为全省国民经济中发展最快、最具活力的产业之一。2005年，全省信息产业实现销售收入743亿元，是2000年的3.2倍。实现利税43亿元，是2000年的3.7倍。完成出口创汇46.3亿美元，是2000年的3.4倍。

2008年是实施"十一五"发展规划的第三年，也是全省信息产业取得突破性进展的一年。全省信息产业以科学发展观为统领，抢抓机遇，协调推进，努力谋求在辽宁老工业基地全面振兴中实现又好又快发展。产业发展取得新突破。2008年，全省信息产业实现销售收入1463亿元，同比增长26.3%，高出全国平均增速11个百分点。其中电子信息产品制造业实现销售收入981亿元，同比增长22.3%；软件业实现销售收入482亿元，同比增长35.5%。实现出口创汇78亿美元，同比增长12.8%。全省信息产业实现增加值443亿元，同比增长28.4%，占全省GDP的3.3%。实现利税113亿元，同比增长14.1%。2008年，信息产业总资产贡献率为16%，全员劳动生产率为17.5万元/人·年。固定资产产出率为1.58，分别是全省装备制造业、冶金工业的 1.6 倍和 2.4 倍。

48.3　信息化发展环境

中国真正意义的信息化建设起步大体可追溯到 20 世纪 80 年代初期，当时，中国已经认识到应该从过去的以研究制造计算机硬件设备为中心，迅速地转向以普及应用为重点。辽宁的信息化建设也与国家同步，并结合本省实际，不断完善管理体制，制定相关政策，努力创造一个良好的信息化发展环境。

48.3.1　完善信息化管理体制

1984 年，计算机科学技术日新月异的发展和广泛应用，已对当时的社会和生活产生了深刻的影响，为加强推广应用微型电子计算机工作，辽宁省成立了电子计算机领导小组，后改名为辽宁省电子振兴领导小组。

1994 年，成立了辽宁省经济信息化联席会议。

1996 年，为加强对全省信息化工作的领导，我省成立了辽宁省信息化工作领导小组，并先后于 1999 年、2000 年、2006 年对信息化领导小组成员进行了调整，尤其是 2000 年和 2006 年进行成员调整时，信息化领导小组组长由省长担任，信息化工作越来越得到领导的重视，这对于我省信息化的快速发展，提供了良好的机制保障。

48.3.2　加强政策法规体系建设

1984 年，为加速微型电子计算机推广应用，下发了《辽宁省人民政府关于加速推广应用微型电子计算机的决定》（辽政发［1984］30 号）。

为规范全省电子政务建设，先后出台了《辽宁省机关电子政务内网管理暂行办法》（厅秘发［2002］32 号）、《省信息化领导小组关于加强全省电子政务建设的意见》（辽委办发［2004］9号）、《关于加快全省电子政务外网建设的通知》（辽委办发［2008］12号）。

为促进我省实施的百万农民上网工程、百户企业信息化示范工程和百万家庭上网工程，先后下发了《关于辽宁省百户企业信息化示范工程实施意见的通知》（辽政办发［2003］18号）、《关于全省百万家庭上网工程实施方案的通知》（辽政办发［2005］30号）和《全省涉农信息资源整合工作的通知》（辽政办发［2007］05号）。

为加强我省信息安全保障工作，先后下发了《省信息化领导小组关于加强全省信息安全保障工作的实施意见》（辽委办发［2004］18号）、《省国家密码管理委员会关于加强信息化密码保障工作的实施意见》（厅秘发［2005］6号）。

为推进我省信息化建设，辽宁省2001年设立了辽宁省信息化发展资金，并出台《辽宁省信息化发展资金管理暂行办法》（辽财企字［2001］793号）和《辽宁省信息化发展资金管理办法》（辽财企［2006］326号）。

48.4 信息技术在政务、农村、企业、社会等领域广泛应用，信息安全体系稳步建立

48.4.1 电子政务发展水平迈上新台阶

1. 辽宁省政务机关电子政务内网于2000年开始建设，2002年12月正式开通使用。辽宁省电子政务内网是政务部门内部的信息资源和办公业务网，是各部门建设部门纵向网络的基础平台，提供办公事务处理、信息管理与资源共享等功能。在国内电子政务内网建设中，辽宁省真正实现了党委、政府、人大和政协机关的统一规划、统一建设、统一使用一个网络平台，且资金投入较少，建设规模较大，覆盖范围较广，全省党政、人

大、政协机关统一的信息基础设施水平在国内处于前列。

目前，全省已经建成了由省、市两级区域性网络平台（区域横向网平台）和实现省、市两级网络互联互通的纵向网络构成的全省政务机关内网网络整体框架。全省政务内网已有近千个省市县直机关内部办公网络分级接入到主干网，全网接入终端数量已达上万台，实现了全省的省、市、县三级4000余个政务机关的内部网络（或计算机）的互联互通。

2. 2008年2月29日，全省电子政务外网综合网络平台正式启用，标志着省电子政务网络总体框架基本形成。平台采取企业搭建、政府租用的方式建设，采用市场化运作模式，既充分利用了现有网络资源，避免了重复建设，又节约了政府财政支出。平台为各级政务部门进行社会管理、公共服务等面向社会需要的各类应用系统建设提供综合网络支撑，有助于推动政府各部门互联互通，促进信息资源共享和政务公开，提高政府宏观调控和监管能力，打造一个高效廉洁、透明公开的服务型政府。

目前，包括省人大、省政协、省法院、省检察院，以及省政府办公厅、省发改委、省经委、省财政厅等104个政务部门已经完成外网接入工作；依托本地城域网，营口、盘锦、大连等市也完成了本市政府外网工程建设，并成功接入省政府外网综合网络平台。

3. 省、市、县各级政务机关普遍建立了网站，切实提高了便民服务水平。目前，省政府组成部门及直属机构、14个市政府和绝大多数的县区政府都在互联网上建立了网站，有效推动了政务公开，实现了政务信息和政策法规的及时发布，部分机关还开展了网上办事，均取得了较好的效果。

4. 以"金"字工程为代表的重点业务系统建设取得新进展，为电子政务应用和便民服务创造条件。如"金保工程"是以城市居民最低生活保障为主要内容的全省低保信息网络系统。2002年，全省联通省本级城域网和全省广域网，建立全省互通互联的金保工程业务专网，横向连接社保、就业、财政、地税、民政、统计六个部门，纵向连接14个市。2005年，全省劳动和社会保障专网改造升级，整合劳动保障机关、社保局、就业局三套信息系统，建立了省级数据中心。2008 年，全省统一建设了劳动保障电话咨询服务 12333 系统，在全省范围内提供政策咨询、业务受理、信息查询、举报投诉等服务。目前金保工程业务专网正在搭建省、市、县区、乡镇、社区五级计算机网络系统。

48.4.2　推进"百万农民上网工程"，促进农村信息化发展

随着中国由传统农业向现代农业转变，农村信息化发挥的作用也越来越明显。20 世纪以来，辽宁省紧紧围绕农业增效、农民增收、农村经济社会稳定和谐发展，大力推进农村信息化建设，全面开创农业信息化工作新局面。

2002 年初，辽宁省实施了旨在扶持、引导和带动农民群众应用电脑网络获取信息的"百万农民上网工程"。工程实施以来，通过搭建平台、整合资源、教育培训、信息富民等活动推进全省农业信息化进程，较好地实现了预期目标。截至目前，全省享受互联网信息服务的农民已达 176 万余人，通过互联网信息促成的农产品交易额累计达到 42 亿元，直接为农民（种养殖大户、农业经纪人）配送电脑累计 5000 台。2008 年利用省委、省政府 26 个涉农部门的综合信息，搭建了省政府农业综合门户网站；利用电信网络资源，搭建了覆盖全省的短信服务平台，发展短信用户 4 余万户，年内整理、编辑了 7300 余条适时涉农信息，累计发送涉农短信 2.92 亿条；金农热线回答农民咨询 40 余万例；利用 1000 多个村镇基础信息，突出一村一品，实现了"千村网上行"。通过信息富民、网上致富等活动，有效地推动了农业信息化的步伐。

百万农民上网工程已经成为传播农业信息的有效载体，为农产品销售创建了广阔的网络平台，成为政府服务农民的重要手段，成为培训农民的大课堂。在推进农业信息化过程中，我省凌源市还被工业和信息化部列为国家农村信息化综合信息服务试点市。

48.4.3 推动"百户企业信息化示范工程",提升企业信息化水平

2003 年 7 月,我省正式启动了"辽宁省百户企业信息化示范工程"。示范工程的目标是围绕我省装备制造、钢铁、石化、汽车、电子信息、轻工、医药等重点产业,通过启动百户企业信息化示范工程,带动千户企业信息化建设,培育百亿元的信息产业市场。

示范工程由省信息产业厅会同省经委、省科技厅、省发改委、省国资委和省中小企业厅共六个部门共同组织推动。示范工程通过部门联动、企业带动、效益拉动、政策扶持和强化服务等多项措施,每年组织传统企业与国内外著名 IT 企业的项目对接洽谈会,对企业开展不同层次的信息化知识培训,分行业、分地区举办企业信息化现场经验交流活动,同时加强对重点信息化项目的扶持与奖励等措施,促进全省企业信息化建设健康发展。

针对我省企业尤其是中小企业的信息化基础薄弱,信息化应用水平不高,存在着人才缺乏、资金短缺、技术落后、信息不畅等诸多问题,我省采取政府引导,企业运作的模式,投资建设了辽宁省企业信息化宽带商务平台。2007 年 5 月,辽宁省企业信息化宽带商务平台正式启用。平台的实施标志着全省企业信息化建设从典型示范进入了全面推广的新阶段。平台作为电信级的基础运营平台;企业只需按月支付少量资费,就可享受全面的信息化服务。平台运行不到两年,就已发展企业用户 2.4 多万家。

48.4.4 抓实"百万家庭上网工程",推动和谐社会建设

为进一步提高我省社会信息化的总体水平,引导广大群众体验积极健康和科学先进的生活方式,充分利用信息化带来的便利和实惠,缩小数字鸿沟,推动互联网的普及应用,提高全民素质,2005 年 4 月 28 日,我省启动实施了"辽宁省百万家庭上网工程"。

工程启动以来,通过召开现场会和经验交流会等系列会议,加大典型

案例示范和经验推广力度，进一步推进我省社区信息化工作，提高社区管理和服务水平；积极制定有关推进政策，建设社区服务信息网络及其服务支撑体系，使社区信息化建设更加富有成效；广泛开展百万家庭上网工程培训工作，已经开展培训 220 多场，参加人数 1.5 万人次，发放培训光盘近 2 万张。截止到 2008 年底，全省城市家庭新增宽带用户数为 76 万户，累计近 260 万户。

48.4.5　全省信息安全建设同步推进

1. 开展信息安全等级保护工作。我省成立了信息安全等级保护工作领导小组，并对全省 3000 余家单位完成了信息系统安全等级保护基础信息的采集工作。

2. 强化网络安全体系，确保网络与信息安全。在电子政务专网上积极建设以密码技术为核心的安全保护工程，初步建立了全方位、立体化的密码保护体系。

3. 加强信息保护和网络信任体系建设。我省建成省密钥管理中心和省数字证书认证中心，并通过了国家密码管理委员会商用密码管理办公室组织的安全审查。

4. 开展信息安全测评工作。2006 年 8 月，我省成立了"辽宁省信息安全与软件测评认证中心"，并通过了中国合格评定国家认可委员会（CNAS）认可。测评认证中心在全省政府、税务、教育等行业开展了风险评估试点工作。

（本章作者　辽宁省经济和信息化委员会）

第 49 章

吉　林　省

49.1　信息基础设施发展

吉林省以电信网、广播电视网、计算机网"三网"为主体的信息基础设施建设快速发展。截至 2008 年年底，全省电视综合覆盖率 98.35%，广播综合覆盖率 98.19%，有线电视用户 273.03 万户；全省固定电话用户达到 621.6 万户，其中城市电话用户 446.5 万户，农村电话用户 175.1 万户；移动电话用户 1362.9 万户，互联网拨号用户 79.4 万户，互联网宽带接入用户 175.9 万户。互联网域名总数 74558 个，吉林省网站 8522 个。信息基础设施综合服务能力和社会普及程度进一步提高，成为支撑信息化和经济社会发展的重要基础。

49.2 信息产业发展

信息产业快速发展。吉林省充分发挥比较优势，集中有效资源，提高产业集聚效应，打造产业链，形成产业集群。长春国家汽车电子产业园建设进展顺利，全年实现工业总产值 63 亿元，实现工业增加值 20.3 亿元，研发投入 1.35 亿元。吉林省（长春高新）光电子器件产业园、吉林省（通化东昌）医疗电子产业园、吉林省（延边延吉）中韩软件园、吉林省（四平经开）光伏电池产业园、吉林省（长春启明）汽车电子产业园 5 个信息产业园已在建设中。

2008 年，吉林省信息产业完成增加值 197 亿元，同比增长 21%。其中，电子信息产业完成增加值 68 亿元，同比增长 28%；通信业完成增加值 132 亿元，同比增长 20%。电子信息产业实现销售收入 245 亿元，同比增长 32%。实现利税 24 亿元，同比增长 33%，其中，实现利润 18 亿元，同比增长 38%，出口交货值 14 亿元。重点产品中，半导体分离器件累计生产 17.8 亿只，集成电路产品生产 4105 万块。软件及信息服务业实现销售收入 110 亿元，同比增长 20%。截至 2008 年年底，累计认定软件企业 349 户、登记软件产品 916 项、40 户企业取得信息产业部计算机信息系统集成资质、13 户软件企业先后被确定为"国家规划布局内重点软件企业"。

49.3 信息化发展环境

制定了《吉林省国民经济和社会发展信息化"十一五"规划》、《吉林省信息产业跃升计划》。先后出台了《推进全省电子政务网络建设的意见》、《加快推进全省网络信息体系建设意见》、《加强全省农业和农村信息化建设的指导意见》、《推进企业信息化改造和提升传统产业意见》、《吉林省信息服务业发展三年跨越计划》、《加快全省网络信息体系建设意见》、《2008—2012 吉林省信息化发展实施纲要》等一系列政策文件。

加强信息化人才培训工作。吉林大学、东北师范大学、长春理工大学先后组建了软件学院，实施了软件人才培训计划；组织开展国家公务员、企业管理人员境内境外信息化培训，为信息化建设提供人才保证与智力支持。

49.4 信息技术应用

信息技术改造传统产业取得进展。全省大中型企业中，100% 的企业将信息技术应用于生产流通和经营管理，90% 以上有独立的门户网站，制造业应用计算机辅助设计（CAD）的企业达到 50% 以上。通过开展企业信息化示范工程，一汽集团的信息技术综合应用、通钢集团的能源平衡信息系统、吉林化纤的电子商务应用等取得了较好的经济和社会效益。近年来组织实施的"信息产业倍增计划"应用项目 80 项，总投资额为 14 亿元。

电子政务建设稳步推进。电子政务内网建设与应用逐步完善，启动了电子政务外网平台建设，并实现了与国家平台的链接，目前已实现省政府应急办、安监局、煤监局、文化厅、农委、国税、地税、工商、质监等10 余个部门与国家电子政务外网平台和省级外网平台对接。全省政府网站体系逐步健全，政务信息发布逐步规范，吉林省政府网站 2007 年在全国省级政府网站中排名第 13 位。全省应急信息系统、企业基础信息交换平台、信息安全保障系统等项目建设取得了积极进展。财政系统建有专网，工资统发、预算编审、会计核算、国库支付、政府采购审批等系统已联网运行；公安系统"金盾"工程涵盖人口、刑侦、治安等20个系统已基本建成并投入使用；工商已建成省、市、县三级专网，并建立了企业基础信息数据库；税务的综合征管、增值税管理、出口退税管理、多元化申报纳税系统已在三级专网运行；国土部门建立了地质勘查、矿产资源规划、农用地分等定级数据库等等。这些重要系统的建设与运行，有力地强化了政府社会管理、市场监管和公共服务职能。

农业信息化建设取得成效。以"吉林农网"为龙头，以市、县网络平台为核心，以乡镇信息服务站和村信息服务点为基础的五级信息服务网络已全面建成。共建设省、市、县网络平台70个，乡镇信息服务站624个，村级信息服务点4212个，农业信息服务网络正在加快向村级延伸。注册"一站通农业供求信息全国联播"的用户约达4000个，其中信息站会员近5000个，累计发布信息50余万条。基于网络计算机的农业信息化示范工程，已实现全省8个地区800个网点的建设，覆盖800个自然村。12316新农村信息服务热线平均每天接听电话8000多个，累计解答农民提问300多万个。农业信息服务组织体系初步形成。全省构建了省、市、县、乡、村五级联建联动信息服务组织网络，培育了农业信息服务管理队伍和技术队伍，培训农村信息员2万余人，建立了由1700名管理员、15000名信息员组成的农业信息服务队伍。同时，全省3231个县乡两级农技推广机构、18个农业科研机构、10所农业院校、70所省地县三级农业广播电视学校、343个乡镇农民科技教育培训站、3900个农民合作经济组织及一些农业产业化龙头企业，都根据自身优势和发展需求，不同形式、不同程度地开展了信息服务。

社会信息化逐步推广。社会保障、医疗卫生、文化等涉及民生的信息化水平逐步提高。依托长春信息港电子政务基础网络建设的长春市社区信息化服务平台，覆盖全市318个社区、117个社区医疗机构、142个街道办事处、社保工作站；在该网络平台之上，建设了以长春信息港为中心，民政、社保、医保、就业、卫生等社区相关职能部门及各街道社区为节点的数据共享交换平台；启动了社区门户网站及子网站建设，整合政府相关单位和企、事业单位各类信息资源为居民提供服务，设置了社区导航、社区资讯、办事服务、社区论坛等 7 个主栏目，39 个二级栏目；医疗保险网上申请系统，实现了全市城镇居民个人医疗保险及中小学生医疗保险的网上申报功能。长春市成为国家城市信息化和金融税控收款机试点城市。全省城市联网监控系统正在建设中。养老、失业、医疗保险应用系统已基本全面开通运行，共发放社会保障（医疗保险）IC 卡 186 万张，城市公共交通"一卡通"服务正在逐步推广，在长春、吉林、通化市发卡 126 万张，日刷卡量达 60 万人次。全省金融银联消费终端（含 POS、MIS）数目近 7000 台，商户数为 4000 余户，公众持卡消费不断扩大。建立了省密钥管理中心，数字认证已开始向社会提供服务，通过国家认证的国投安信公司已累计发放数字证书 10 万张。

（本章作者　吉林省工业和信息化厅）

第 50 章

黑 龙 江 省

引　言

近几年来，黑龙江省各项信息化重点工程进展顺利，信息产业快速发展，经济结构战略性调整取得了明显成效，经济增长质量效益显著提高，经济增长速度高于全国信息产业平均水平。以信息技术为代表的高新技术的广泛应用，已成为我省经济和社会发展的强大动力。通过实施信息化战略，进一步证明，大力发展信息产业，切实推进信息化与工业化融合，是我省实现经济又好又快发展的必由之路。

50.1　信息基础设施发展情况

50.1.1　信息基础设施建设步伐加快

我省信息基础设施建设得到快速发展，基础网络规模不断扩大，技术水平不断提高，目前全省电话普及率、主线普及率和移动普及率均高出全国平均水平。全省光缆总长度达到 11.9 万公里，基本覆盖了全省的县（农场）、乡（管理区）和 60% 的村（生产队），互联网出省带宽已达到10G，网络规模居于全国前列，基本形成了以光纤为主，数字微波、卫星通信为辅的大容量、高速率的数字传输网络。

50.1.2 信息技术应用范围扩大，信息资源开发利用工作逐步展开

电子政务建设初具规模。重点推进了"一网式"行政审批系统、黑龙江投资服务中心、社会保障信息系统、政务呼叫中心、政府网上采购招标系统、审计网络和黑龙江信用网络体系的建设。我省已有 138 家省直单位同省政府完成了公文无纸化传输系统建设，40 多个县（市）的电子政务中心平台建设基本完成，省级中心平台已经与省内所有地市联通，与大部分县市联通，为下一步的应用提供了条件。

应用信息技术提升和改造传统产业成绩显著。集成应用信息技术企业已超过 100 家，有 90% 以上的企业根据实际情况应用了单项技术，解决了生产管理中的薄弱环节；信息化试点示范企业已经超过 100 家，涌现出了一批应用信息技术的典型，取得了群体性效应，企业信息化和现代网络营销推广应用工作逐步展开。目前，有 310 户企业实现了系统集成或多个子系统建设。"十五"期间，我省投入 2 亿元支持企业信息化项目，带动试点企业投资 6 亿元，取得了较好的应用成果。

农业信息化和各专项技术正在全省范围内推广应用，农业信息化工程开始发挥作用，已开通了涵盖省、市、县、乡四级的宽带多媒体农业信息网络，网络规模、技术水平位居全国前列。农业信息化应用水平进一步提高，使广大农民从中得到实惠。

其他领域信息化、城市信息化方兴未艾。教育信息化工程实施方案的编制已基本完成，全省中小学"校校通"工程进展快捷、成效显著；建立了旅游信息发布平台，具备了一定的旅游电子商务功能；社保和低保网

络已开通运行；审计信息化工程的基础准备工作已经开展。

50.1.3　信息产业持续健康发展

信息技术在传统产业和产品结构调整中的渗透和倍增作用开始显现，在电力电子、机械电子、铁路电子等领域形成了较强的竞争优势，形成我省信息产业新的增长点；全省信息产业销售收入由 2001 年的 91 亿元，增长到 2008 年的 136 亿元。

50.1.4　信息服务业不断发展

信息服务业已逐渐成为我省第三产业中发展较快的新兴产业，初步形成经济、科技、文化、人才、劳务、物资、房地产等综合信息服务体系，对相关产业的发展起到了积极促进作用。信息服务机构也由小到大不断发展壮大。信息服务内容不断增加，服务方式不断升级，除传统的信息服务方式外，以电话网、计算机互联网等网络为载体的信息服务规模不断扩大。我省信息设备制造业已形成了一批具有专业技术优势和一定生产规模，在国内外市场有一定竞争优势的骨干企业。

50.2　电子政务及应用

黑龙江省电子政务应用系统建设的设计和规划是按照国家电子政务建设的总体思路，结合我省电子政务建设的实际情况研究制定的，并随着电子政务建设工作的不断深入而不断完善。整个应用体系基于统一的安全体系进行建设，包括各政务部门内部的应用平台、广域网办公平台、统一的数据交互平台、统一的接入平台、统一的决策支持平台等，使我省电子政务在应用领域、应用实例、服务层面上分成了三个大的方面：一是以整合资源为前提，便民服务为目标，面向公众提供各种应用服务；二是以转变政府职能，提高工作效率为方向，面向政府各职能部门的应用服务；三是建立一个全局的、较为综合的决策系统，为各级领导部门提供决策支持服务，为决策层提供科学的决策依据。

50.2.1 网络建设情况

在省电信网络体系之上，黑龙江省建成了一个覆盖面广、带宽高、稳定性强、安全可靠的电子政务网络体系。黑龙江省政务外网覆盖省市县三级网络，与互联网逻辑隔离。利用一个专用、公共的网络平台，采用 ATM＋IP 技术、MPLS VPN 技术，实现纵向网及三级横向网的信息交互，既保证了业务部门内部纵向通讯的相对封闭（允许纵向网间的 IP 地址重复），又实现了横向的信息互访，从而达到每个单位只需建设一个局域网、通过一条物理线路连接实现纵向及横向的全部通信需求。通过黑龙江省政务信息网中心平台实现省、地（市）、县三级厅局办公厅（室）的纵向联网，实现全省各厅局委办系统纵向信息传输，满足各厅局委办系统联网需求；同时各厅局委办系统可以通过省、地市、县三级政务中心平台横向连接省内其他各部门及相关单位，根据自身需求实现不同行业系统间的信息资源共享。

黑龙江省政务外网实现了省委、省人大、省政府、省政协、省纪检委、省法院和93家省级委办厅局的互联互通；地市平台已实现与省级中心平台、13个地市政府及地市192家委办局之间互联互通。县级平台实现了65个县政府及174家县政府部门之间的互联互通。省级城域网功能趋于成熟，运转正常，达到了设计目标。省人大、政府、政协、检察院、法院的局域网建设进一步完善。

50.2.2 数据交互平台

数据交互平台是在计算机网络的基础上，提供多种通讯机制，支持订阅、发布的通信模式，可以在不同的网络协议、不同的计算机系统和不同的应用系统之间的信息交互，实现跨部门的业务协同。数据交互平台是我省进一步开展"一网式"审批、网上办公的基础；是我省进一步消除信息孤岛，数据充分共享的有效手段；是我省进一步体现政务公开、阳光政府的措施。构建省电子政务信息交换平台，目的是实现全省范围内政府部门之间的信息交换和信息集成，支持政府部门之间的并联审批和协同办公，为政府宏观决策系统、跨部门综合应用系统和公共服务系统等建设奠定坚实的基础，同时完成黑龙江省电子政务信息资源标准、信息交换标准、应用标准和安全标准等标准的建设。

以积极开展"一网式"审批工作的"红盾信息网"为突破口，解决了用户交互适配器接口问题。省工商局修改了其应用系统，完成了与交互平台进行整合，并已经实现了与建设厅、统计局、质监局基于交互平台的应用开展。作为省政府电子政务建设重要组成部分的数据交互平台是政务信息公开很重要的桥梁，是政府各部门信息交换重要的载体，是信息共享重要的基础。该平台通过数据模板的相互订阅，实现了数据互补和数据共享，通过数据泵的方法，实现了脱数据库、脱应用软件的数据交换。该平台采用先进的软件中间件技术和安全可靠的数据交换技术开发，支持不同的网络结构，可以使政府部门之间安全、可靠和快速进行数据交换，支持数据库数据、文本数据、图形图像数据等任何类型的数据格式，具有良好的二次开发能力和应用接口。作为我省电子政务应用系统的公共软件支撑平台。该平台的推广与应用必将对我省电子政务建设起到积极推动作用。

基于省级交互平台开展各省级部门之间的应用。通过规范和建立交换数据标准和协议标准（XML），采用数据交互适配器（由省工商局提供），利用统一应用平台的预留接口，实现政务信息的整合。规范政务工作的电子化流程和各种交换标准，在较多部门之间实现专业数据的交互和共享，在此基础上，解决多部门之间数据有效和实时的交互，进一步开发、充实、提升专业系统。加快工商、投资、采购招投标、经济、财政、金融、物价、就业、统计等应用系统建设。丰富支撑应用平台的数据交互和共享，为构建宏观经济决策平台提供数据基础和保障。

50.2.3 信息资源整合和共享

为进一步整合政务系统信息资源，推进我省电子政务建设快速发展，在充分利用现有各类资源的基础上，建立我省统一的电子政务综合数据管理系统。利用集中存贮和分布存贮两种方式，将分散在各委办局的专业数据统一进行整合。利用数据统计、分析、挖掘等手段，按照权限为领导、各级政务部门，以及公众提供数据资源服务，提高数据的利用率，确保数据的真实性，避免重复建设，消除数据孤岛。

目前工商局、质监局、省劳动局、统计局、省民政局、省公安局、地税局、省审计局、省经委、发改委等行业的部分数据已经可以通过综合数据管理平台进行交换，进行统一的查询和统计。综合数据管理平台五大系统，包括服务流程管理子系统、数据采集交换子系统、综合信息管理子系统、综合信息发布子系统以及综合信息发布管理子系统。通过这五个子系统来实现对信息的采集、转换、对比、压缩、分类、管理、综合查询、统计分析、报表打印以及发布等功能。

50.2.4 煤矿安全监控系统

利用电子政务网构建煤矿安全信息化监控系统是黑龙江省适合省情的重要举措。该系统运行以来，对煤矿安全生产起到了积极的作用。煤矿安全信息化监控系统的建设目标是实现省、市、县（区）矿"三级四层"联网，信息共享，使各级安全生产管理部门随时掌握联网煤矿的瓦斯等有害气体浓度变化数据。系统由小煤矿主扇运行监控系统和煤矿瓦斯监测联网监控系统组成。小煤矿主扇运行监控系统主要由扇风机监测仪及监控中心构成；煤矿瓦斯监测联网监控系统和省监控中心联通。利用我省电子政务网高效、稳定的专用网络传输监控信息，大大改善了传输效果，更大程度地发挥安全监控系统的作用。

50.2.5　人大建议、政协提案督办系统

该系统是我省第一个依托电子政务外网平台实现网上联合办公的系统，涉及省人大、政府、政协及13个地市和有关中省直单位，实现人大建议、政协提案的网上传输、办理和反馈，在全国开创了省人大、政府、政协网上联合办公的先例。在每年召开的省人大、政协"两会"期间，现场演示人大建议、政协提案办理系统，使人大代表和政协委员及时了解去年的人大建议和政协提案的办理情况，同时在两会期间进行人大建议和政协提案、人大代表和政协委员相关信息的联网录入和网上分拨工作。

50.3　企业信息化情况

黑龙江省企业信息化工作紧紧围绕振兴战略，坚持以信息化带动工业化，充分发挥信息技术的倍增作用，重点推进装备、医药、石化、造纸、商贸等行业的信息技术应用，成绩明显。企业通过应用信息技术提高了管理水平、生产能力和水平，有效促进了节能减排，给企业带来了显著的经济效益和社会效益，推动了全省经济又好又快发展。我省企业信息化建设工作起步较早，基础较好。从1998年起，省委、省政府就敏锐地发现并较早地提出要把信息化作为提高全省企业现代化水平，促进工业经济结构调整和优化升级的大事来抓，通过采取专项推进的措施，使企业信息化建设工作得到有效开展，使黑龙江省整体企业信息化建设水平有了很大提高。据不完全统计，截至目前，全省共投入3亿多元支持企业信息化项目，带动企业投入15亿多元，涌现了哈飞、哈电机、斯达、鸡西矿业、蓝艺集团、中央红集团等一批国家级企业信息化典型，带动了全省企业信息化工作的全面开展。

50.3.1 信息技术在企业节能减排中发挥了重要作用

信息技术在促进企业节能降耗、减少污染排放，增加经济社会效益、实现可持续发展方面具有不可替代的作用。

哈尔滨九洲电气股份有限公司研发、生产的变速电机，以一台1000千瓦变速电机为例，应用该系统，每年可节电120万度，年节约标准煤455吨，年减少二氧化碳排放1200吨。到2007年年底，对已安装的850套高压电机调速装置节能效果的初步统计，已节能改造的电机总容量85万千瓦，年节约电量10.2亿度，年节约标准煤38.658万吨，年减少二氧化碳排放102万吨。

哈工大中远工控有限公司开发了母管制运行锅炉负荷优化分配及其燃烧系统控制技术，目前已在我省的大庆石化公司热电厂、大庆石化公司炼油厂、哈尔滨气化厂和龙煤集团七台河分公司热电厂等4家热电企业进行应用，年节煤3万吨标准煤，减排二氧化碳量10.8万吨、二氧化硫757.9吨，节约资金近2000万元。

大庆华创公司研制的华创HCHACS先进控制软件平台，以在大庆石化公司炼油厂硫磺车间1800吨/年硫磺回收装置应用为例，年可减少排入大气中的二氧化硫量约330吨，增产硫磺近165吨，节约蒸汽约4000吨。同时还大幅度降低了设备故障率，延长了关键设备寿命。

50.3.2 信息技术在林业生产和管理上的应用

应用信息技术对传统的木材生产、储存、销售环节进行了创造性的改造和创新，由木材的粗放式管理实现了精准化、科学化管理。

朗乡林业局从解决木材产销存这一群众反映大、效益流失多的林业老大难问题入手，运用信息技术，对传统的木材生产、储存、销售环节进行了创造性的改造和创新，逐渐外延扩大到全局所有管理领域，极大地提高了企业经营管理水平。在全国林业系统率先改造了传统管理模式，成功地打造了"数字林业"，通过用微机管理，仅木材生产运输销售一年增收节支 1000 万元。

塔河县先后完成了大兴安岭地区第一家"木材网上竞价销售系统"和"山产品批发网上销售系统"。通过"数字林业示范工程"建设，形成了以塔河县信息网为主的，林业科技、森林资源林政管理信息系统、森林资源营造林管理信息系统、森林智能管护系统、森林病虫害预报及防治系统、木材的生产销售管理信息系统等 6 个专业子网以及一系列子网站系统为辅的综合性林业服务平台。信息化的广泛应用使得平均每年为林业局节约 1000 多万元。森林智能管护系统的有效实施，彻底解决了对巡护员的到岗到位和监督管理问题，对塔河县森林管护、防火减灾和实施天保工程起到了积极的作用。

50.3.3 信息技术在装备制造业上的应用

应用信息技术，实现全省企业产品设计智能化，生产制造自动化，产品数字化、管理科学化、电子商务网络化，使全省制造业企业综合竞争能力得到全面提升。

哈尔滨电机厂有限责任公司是我国最大的发电设备制造基地和科研基地。近 5 年哈电机在世界大型水轮发电机市场占有率为 5.16%，世界排名第五。哈电机的产品特点是多品种、单件、小批量、大成套，产品结构复杂，技术要求高，技术准备和制造周期长，生产负荷是动态的，这样的离散型制造企业，只有靠信息技术才能实现营销采购全球化、设计制造集成化、生产组织虚拟化、业务流程动态化、产品服务个性化。通过信息化工程的实施，企业创新能力和市场竞争能力整体得到提高。通过压缩设计周期、技术准备周期、生产准备周期，缩短交货期 3—6 个月。通过生产计划的信息化制定，实现公司瓶颈资源的最大有效利用，提高利用率 8%—10%。通过成本控制，综合降低成本 4%—5%。通过质量控制，将事后检验变为预防质量控制，使质量成本下降 5%—8%。通过供应链管理系统，实施了比价采购降低库存，为企业每年创综合效益数千万元。

哈量集团公司信息化主要集中在管理信息化、产品设计开发、数控加工、传统产品升级和网站建设及数控机床改造上。公司应用信息化不仅提高了企业管理水平，成功研制了科技含量高的新产品，而且也树立了企业的良好形象和品牌，使企业竞争力得以提升。

齐二机床集团全面应用 CAPP 系统进行工艺设计和管理。现已将信息技术应用到设计研发、生产制造、财务管理、物流等企业生产制造的各个方面。信息技术的应用缩短了产品的交货期 20%—30%。

齐重数控公司信息技术应用到企业的产品开发和生产经营等各个方面，实施了"甩图板"、"甩钢笔"工程，提高了产品档次和质量，成为国内机床行业首家成功实施 ERP 资源管理的企业。

哈航集团汽车制造公司建立了哈飞汽车设计制造及其上下游企业间协同商务、协同竞争的运作模式，实现了对整个供应链上的信息流、物流、资金流、业务流的有效控制。

哈航集团东安动力公司通过实施信息化建设，使产品设计周期至少提前 2 个月，缩短了产品的开发周期，通过 ERP 管理，库存数据透明化，有效降低了资金占用。

佳木斯电机有限责任公司信息化系统工程实施后，新产品销售额占全部产品销售额的比例提高到 50%，新产品开发能力提高了 45%，库存减少 18%，效率普遍提高 40% 左右。

大庆天然气公司化肥厂建立了生产过程监控系统，对装置运行的关键参数进行监控，不仅避免了装置的非计划停车，而且降低了原材料和公用工程的消耗，仅此一项每年节约资金 1270 多万元。通过信息化工程的实施，三年多来累计实现经济效益 13400 多万元。不但提高了化肥厂的综合效益和市场竞争能力，保障了企业的可持续发展，还在大化肥行业中起到了典型示范作用。

大庆石化公司化工一厂信息化工程建立了生产计划、调度管理、设备管理系统升级、信息系统、化验室信息等管理信息系统，并通过关系数据库和实时数据库进行了有效的集成。工程实施以来加快了信息传递的速度，规范了企业的业务流程，提高了数据的准确性和传输速度，缩短了管理者和生产现场的距离，提高了领导决策的科学性。通过四年多的实施，累计实现经济效益 15070 多万元。

50.3.4 信息技术在商贸流通业上的应用

商贸流通业企业应用信息技术，促进企业资源优化配置，实现流通领域标准化、专业化、统一化，提高了整体规模效益，建立起面向消费者的新型商业模式。

哈尔滨中央红集团是由最初的一个实收资本不足 25 万元的国有小型商业企业，按照国际先进商业企业的管理模式，开发了"中央商城计算机管理信息系统"，实现了全方位、全过程的计算机网络化管理，企业迅速驶入信息化效益的高速公路，成为运用高新技术快速发展的跨地区、跨行业、资本多元化的大型企业集团。中央红集团 ERP 系统以计算机的优势重组作业流程，从组织机构、管理体制及运作机制等方面全方位地对企业进行改造，解决了过去一种业态一个单机运行的计算机管理信息系统造成的人力资源和财力资源浪费。该系统的实施，实现了在高新技术支持下的大型零售企业单品进价一级核算，规范了便民连锁运作模式及大中型超市业态的运作机制和作业流程，把高新技术转化为生产力，实现了扁平化管理，摒弃了多层次的组织机构，使管理者接触到最前沿的数据。ERP的实施非常明显地提升了企业的经济效益和社会效益。

鸡西矿业集团物资供应公司肩负着煤矿生产物资采购、仓储、供应、管理的多重职能。国有老企业制度不完善，管理手段的落后，工作效率的低下，导致在物资采购、供应、管理等方面不仅占用了大量的人力物力，一批批有用无用，质次价高的物资通过各种渠道充斥着局、矿两级库房，高达 2.6 亿元的库存物资合格使用率竟只能达到 30%，吨煤材料费高达47 元。为了扭转这种局面，公司引进信息化手段，改善管理。鸡西矿业集团供应公司搭建企业物流信息化平台，形成一整套以信息化为龙头，以公开招标采购和制度约束为两翼的物流管理体系。信息化使鸡西矿业集团供应公司的物流管理方式发生了根本性的转变，信息网络化，有效地治理了信息反馈不畅、信息传达不及时、信息内容不准确这个构成庞大交易成本的疾痛，把无数个信息"孤岛"联成了一个畅通的经脉网络，信息共享自律行为取替了信息隐藏导致的投机行为。信息流载着物流，调控着资金流，监管着人流，把过去通用的"暗箱"操作的交易方式置于市场化、规范化、程序化之中。通过几年来制度化、民主化、信息化的建设，使全集团吨煤材料费由47元下降到22元，按照年产800万吨计算，增效5600万元。同时，还降低库存，加快资金周转，实际库存由2.6亿元降到7000万元，缓解了集团公司资金上的压力。

哈药集团药材总公司通过集团化的网络化营销信息系统平台，进行比价采购功能，管理哈药集团所有供应商、产品、物价、资信程度等信息，实现低成本采购。通过营销平台的建设把与销售有关的基础数据管理起来，通过信息化手段，掌握销售的动态信息，一方面发挥和激励营销队伍的积极性，另一方面挖掘客户的潜力，实现对客户的动态管理，继续开拓渠道扩大市场，从而解决营销问题。通过营销平台的建立对产品、市场进行细分，使集团内的强势产品之间减少同品种竞争，使弱式产品形成合力，开拓市场。

50.3.5 信息技术在中小企业中的应用

推进中小企业信息化建设，是当前促进信息化与工业化融合的重要方向，也使中小企业获得与大型企业平等竞争的机会。

黑龙江省蓝艺地毯集团地处的黑龙江省木兰县，地理位置偏僻，交通不便利。蓝艺集团从企业实际出发，搭建企业信息化平台。通过几年的建设，现在设计人员全部电脑操作，达到了设计、着色、输出一体化，有效地提高了设计速度和质量，产品已基本覆盖全国各省市自治区，出口国家增加到六十多个，成为享誉国内外的知名品牌，并为当地解决了三千余个就业岗位。一个县域企业之所以能在国际市场上具备强大的市场竞争力还得益于企业通过信息化技术建立了电子商务平台，使企业实现了与外界的协同，设计图案在网上直接传递、直接与客户沟通，与上下游企业传递采购订单、销售订单等。是信息化使蓝艺集团这样的地方企业安上了"电子眼"和"电子耳"，拓展了国际市场，从而提高了客户满意度，提高了市场反应速度，为企业赢得了经济效益。

宝清县结合市场机制，逐渐探索出一条新的农村信息化服务模式，在全县成功建立 115 所新型农村信息服务站，有效解决了县农村信息化"一公里"问题，入会农民会员 8000 人，团体会员 24 家。帮助会员购买农资额 470.7 万元，直接和间接给农民补贴超过 20.5 万元，2007 年底开通市场价格咨询热线，接答电话 2000 多个，发送会员内刊 5 万多份，帮助农民增收超过 1000 多万元。

50.4　农业信息化建设情况

黑龙江省农业信息化按照中央一号文件提出的求实效、重服务、广覆盖、多模式的要求，推进农业信息服务技术发展，重点开发信息采集、精准作业、农村远程数字化和可视化，推进文化信息资源共享，在建立服务平台、整合信息资源，探索信息进村入户的途径和办法等方面，开展了一系列工作，取得了较好的效果。

50.4.1　国家农村信息化试点工作

根据原信息产业部有关文件要求，积极组织市地和农垦分局参与信息产业部农村信息服务试点省建设。经过对省内 13 市（地）和农垦 9 个分局农业农村信息化建设情况进行的认真研究和比较，从中选出了信息化基础条件好、信息产业主管部门与涉农部门建立了有效协同管理机制、代表黑龙江农业不同特点的牡丹江市和黑龙江省农垦总局建三江分局作为本次农村信息化试点单位。国家拨给我省两辆信息化大篷车和 300 台电脑，试点地区开展了信息大篷车下乡巡回培训，有 20 个乡镇、近 200 个村和十几个农场的几千名农民和职工接受了培训，牡丹江市的海林市和林口县是国家县域信息化试点，正在组织全面实施。

50.4.2　农业信息服务平台建设

加快农业信息服务平台建设，整合涉农信息资源，推动农业信息数据收集整理规范化、标准化。组织开发完成了黑龙江省农业信息化服务平台，并开始了运营，就涉农信息资源整合与开发利用、共享工作机制建立和促进农业信息数据收集整理的规范化和标准化等问题进行深入研究。双鸭山市宝清县利用省级农业信息化服务平台开展县域信息化建设工作，运行效果良好。

50.4.3　农村信息服务站建设

推广和规范农村信息服务站的建设，探索农村信息服务站的运营模式。2006 年开始，会同有关部门在全省范围内开展农村信息服务站的建设工作，目前为止，已经建立各类农村信息服务站 5000 多个，有效地提高了我省广大农村信息技术应用水平，农民可以和城里人一样享有信息的便利。宝清县依托农民协会在全县 140 多个行政村建立了信息服务站点，已经拥有协会会员 7000 多人，促进了当地农民的增收和县域经济的发展，探索出农村信息服务站的运营模式。

50.4.4　促进县域信息化建设和发展

在县域经济信息化发展的基础上，选择条件成熟的县（市）给以重点支持和扶持，促进了县域经济持续、健康和有序发展。结合全省农业和农村信息化建设工作和对全省 13 个市地及部分县（市）的调研，了解县域信息化的需求，并根据县域信息化发展情况，结合县域重点工作任务，引导县域信息技术应用，提高了县域信息化水平。目前已经支持过的县（市）有三十几个。在县域信息化建设中，确定信息化发展思路、目标和工作重点，各相关县（市）正着手从农村信息服务市场化、农村经济管理、信息资源开发与利用、智能化农业专家系统等方面进行信息化普及和推广。

50.4.5　推进林业和林区信息技术应用

以应用为主导，促进了我省林业林区的协调可持续发展，一是通过支持信息技术在森林防火指挥系统上的应用，提高指挥决策的效率和科学性，实现了 24 小时航片、气象、环境、土壤、河流等因素数字化预警分析，GPS 定位，地理信息系统管理，数字化视频指挥。二是森林智能巡护系统建设，加强了对防火巡护人员的主动管理，能够及时发现火情隐患，避免酿成大的森林火灾。三是数字营林系统建设，有效地提高了林区营林生产管理水平，增加了森林生态系统的技术含量。四是数字森林资源管理系统建设，利用全球定位系统指导林业生产、进行资源监测、查处林政案件和预测预报，实现了森林资源信息的数字化和网络化管理。五是数字林业建设，将信息技术应用到木材生产、管理和销售等环节，实现了"产销一体化"模式。六是活立木交易系统建设，实现了对林权改制后的林木资源信息化管理，为林权改革管理提供技术支持和先进的管理手段。

（本章作者　岳欣）

第51章
上　海　市

引　言

新中国成立以来，国家一直把上海作为电子信息产业以及信息化发展的重要基地。十一届三中全会后特别是 20 世纪 90 年代以来，上海抓住全球信息化的历史机遇，大力推动信息产业发展，全面推进信息化建设，目前信息化整体水平保持国内领先，并基本达到发达国家中心城市平均水平，有效支撑和促进了全市经济社会各领域的全面协调发展。

51.1　不断增强信息基础设施综合服务能力

20 世纪 90 年代，上海已具备相当规模的本地基础通信网络和有线电视网。为适应国际信息化发展趋势，上海市委、市政府决定实施"基础先行"战略。1996 年 7 月，由"1520"项目（即一个高速和大容量的信息传输网络平台，上海信息交互网、国际经贸电子数据交换网等5项关键性骨干应用工程，涉及各行各业的20余个信息系统）组成的上海信息港工程启动。2000年启动建设了当年市政"1号工程"——"上海信息港主体工程"，由集约化信息管线、宽带IP城域网、联通数据网、电信宽带网改造、有线电视网双向改造、宽带信息交互中心、超级计算中心7个项目构成。2001年初工程建成开通，基本解决了网络传输瓶颈问题。在此基础上，上海根据先进适用的原则，不断优化信息基础设施，推动全市信息通信网络基本实现了数字化、宽带化和广泛覆盖。

51.1.1　基本通信服务达到按需接入的国际先进水平

上海坚持政府统筹和市场竞争相结合，推动电信、移动、联通、有线网络等多家运营商应用国际主流商用通信技术提供多种信息通信服务。目前全市各类通信终端普及率率先迈入了国际先进行列。到2008年底，全市移动电话用户、互联网用户、家庭宽带接入普及率分别达99.6%、61.4%和55%，3G、无线宽带等新技术和业务商用进程加快。共有6个系统10条国际海光缆在上海登陆，跨太平洋直达海光缆（TPE）开通运营，上海承担了全国超过50%的国际通信容量，作为亚太地区信息通信枢纽的功能日益显现。

51.1.2　信息基础设施促进科技创新与进步

上海积极跟踪和引进先进的信息通信技术，通过推动功能型设施的优化升级，促进了城市的科技创新。如上海超级计算中心2004年、2009年引进的曙光4000A、曙光5000A超级计算机，分别位居2004年、2008年全球超算前十位；作为国内首个面向社会开放的高性能计算公共服务平台，已在汽车、航空航天、核电、生命科学等10多个领域取得了重要应用成果，同时还承担了国家网格南方主节点的功能。

51.1.3　信息基础设施集约化建设模式在探索中不断深化

上海按照"统一规划、集约建设、资源共享、加强管理"的原则，不断优化信息基础设施布局，提高建设效益。2005 年多家运营商在政府引导下，在临港新城联合建设全国首座集约化通信局房，形成了以集约化为主要特征的"临港模式"，并在世博园区、浦东机场二期、铁路南站等重大市政工程和郊区新城镇建设中推广，提高了建设效率。到 2008 年底，全市累计敷设集约化信息管线 4007 沟公里。目前，集约化模式正从信息管线逐步扩展到移动通信基站、通信局房、无线信号室内覆盖等领域。

51.2　加快发展信息产业，逐步确立其战略性、基础性、先导性支柱产业地位

20 世纪 70 年代末，上海已形成有一定技术基础和生产能力的电子工业体系；70 年代末到 90 年代初期是改革调整阶段，电子信息产业作为新兴工业门类得到重点发展，上海成为国内通信设备制造业中心之一和微型计算机制造重要基地；20 世纪 90 年代是加速发展阶段，基本形成了以微电子、通信设备、真空器件、视听产品为主体，规模较大的信息产业体系，总产值和利润分别占到全国的 1/7 和 1/5；本世纪初至今是全面发展阶段，跃升为全市支柱产业之一。

51.2.1　总体规模持续增长、重点门类快速发展

在国家有关政策框架下，上海通过制定实施鼓励软件与集成电路产业发展政策、振兴软件产业行动纲要等专项政策，以及建立产业公共服务平台等措施，推动信息产业保持了快速发展态势。1999 年至 2008 年，产业规模从 775 亿元增至 8100.4 亿元，年均增长 30%；其中信息产品制造业

从 617.2 亿元增至 6288.6 亿元，软件和信息服务业从 157.7 亿元增至 1811.8 亿元；产业增加值从 246.4 亿元增至 1670.5 亿元。

电子信息产品制造业重点推动了集成电路、电子计算机等产业发展，部分重点产品国内市场占有率位居前列。集成电路产业从引进、消化吸收起步逐步走向自主创新，上海成为第一个国家级微电子产业基地和目前唯一的国家级集成电路研发中心所在地，制造工艺水平达到国际主流的 12 英寸、65 纳米等级，形成了覆盖设计、制造、封装测试、配套服务等环节的产品链。计算机产业从生产单一品种发展到具备各类产品与外设生产能力，产量占全国总量的近 40%。2008 年笔记本电脑产量超过 5 千万部，占全球总量的近 40%。电子元器件产业通过技术改造和技术引进，提升了制造技术、设备和工艺水平。上海松下、上海天马分别建成国内第一条 PDP 生产线和 4.5 代 TFT‑LCD 生产线。通信设备制造业从引进及成立合资企业起步，逐步走上消化吸收与创新相结合的发展道路，以贝尔阿尔卡特为代表的通信设备制造企业在程控交换机、高端路由交换产品等领域具有国内领先优势。

软件和信息服务业保持较快增速，发展能级不断提升。软件业从以科研项目为主向新兴产业转变，2000 年以来经营收入年均增长超过 50%，通过 CMM/CMMI3 级以上国际认证的企业 107 家，经营收入超亿元软件企业 109 家，29 家软件企业被列为 2008 年国家规划布局内的重点软件企业。信息服务业成为新的产业增长点，网络游戏服务商占全国市场份额近 60%；电子商务交易活跃，交易额 5 年来增长近 10 倍，2008 年达到 2758 亿元，占全国 11.5%；盛大网络、第九城市等近 10 家网络服务企业在海外上市。

51.2.2　产业基地和园区发挥产业集聚功能

从 1985 年建立首个信息产业园区——漕河泾微电子工业区以来，已建设 20 余个国家级、市级信息产业基地和园区，吸引集聚了产业链上下游的国内外一流企业和研发机构。如浦东微电子产业带集聚了 150 多家各类集成电路企业，产业规模占全市的 80%；部市合作建设的浦东软件园先后被批准成为国家软件产业基地和软件出口基地，园区注册企业 1100 多家。此外，通过加强产业公共服务平台技术，为信息技术创新提供了良好服务，如上海集成电路研发中心通过提供工艺研发与设备试验平台、人才培养实训等方式，支持集成电路企业的自主创新。

51.2.3　信息产业科技创新水平明显提升

从 1978 年开始，上海在历年科技发展规划纲要及支持科研创新的相关计划中，都把信息技术列为重点扶持领域。特别是 90 年代后，实施了一系列支持创新的政策举措，提升了信息产业科技水平。在软件领域，上海企业自主研发的桌面和服务器操作系统、基于构件的中间件、嵌入式操作系统，以及办公与文档处理等基础软件得到了推广应用。如中标软件的桌面中文系统已为国家有关部门和 20 多个省级政府所采购，华东计算所的实时嵌入式操作系统获得 2005 年度信息产业重大技术发明奖。在集成电路及通信设备领域，展讯通信公司成功研发了全球首颗基于 TD－SCD-MA 的 SoC 级核心芯片，其承担的"GSM/GPRS 手机核心芯片关键技术的研制和开发"项目与新傲科技公司的"高端硅基 SOI 材料研发和产业化"项目获得了 2006 年国家科技进步一等奖。近年来，全市信息技术领域专利申请量年均增速超过 40%，已公开的专利申请量近 1.8 万件，占全市专利申请总量的 1/3。

51.3　普及推广信息技术应用，全面提高了各领域的运行管理和服务水平

20 世纪 90 年代初，上海在经济及公共管理的重点领域建设了一批以办公自动化和专业应用为主的信息系统。随着上海信息港工程的建设推

进，2000 年前后建成开通了涉及多个领域的 20 多个信息系统。2002 年以来，上海以应用为核心，以重点项目为抓手，推动信息技术在各领域得到了广泛深入应用，形成了各行各业积极应用信息技术的格局。

51.3.1　电子政务有效提升了政府管理和服务水平

上海把电子政务建设作为促进政府职能转变、提高行政效率和效能的重要举措。自 2001 年启动市公务网建设以来，基本建成由市公务网、政务外网、800 兆数字集群政务共网构成的电子政务基础网络平台。除各部门业务系统外，重点建设了一批综合性的信息系统和服务平台。其中，"中国上海"门户网站 2002 年 1 月 1 日开通，到 2008 年末共集聚网上办事项目 1677 项，可提供在线受理、办事状态查询、结果反馈、监督投诉等服务，整体绩效多年位居国内同级网站前茅。上海市社会保障和市民服务信息系统历经 10 年建设，成为全市人口管理和服务领域重要的信息平台，2008 年末累计发放社保卡 1426 万张、居住证 53 万张、临时居住证 691 万张，基本覆盖全市各类人群，社保卡在社保、就医、学籍管理、社区卫生服务、婴幼儿免疫保健、尊老服务（公交领域）、兵役登记、选民登记等方面得到了应用。此外，各区县都建成了以信息技术为依托的社区事务受理服务中心，初步形成"前台一口受理，后台协同联动"的基层政府服务模式。目前，上海电子政务已从单部门、单系统建设转向挖掘信息资源价值和跨部门协同应用的新阶段。

51.3.2　经济领域信息化促进了经济运行效率的提升

上海围绕加快建设国际经济、金融、贸易、航运四个中心，大力普及信息化应用，以信息流促进资金流、物流等的融合流动。上海电子口岸平台 2004 年 10 月启用，集通关、物流、电子商务管理与服务等功能于一体，2008 年通过平台支付的税费占上海海关税额的 51.2%，今后还将成为全国唯一的海关税费支付平台；依托平台建成的进出口领域企业信息共享应用系统，2008 年末初步实现近 3 万家企业 175 项信息在有关管理部门的及时交换共享。电子商务应用环境良好，2008 年出台了国内第一个电子商务地方性法规——《上海市促进电子商务发展规定》，2009 年 3 月 1 日起实施，钢铁、机电、烟草等一批行业性电子商务平台规模全国领先；全市银行卡持卡消费金额（剔除大宗消费后）占社会消费品零售总额的比重达到 41.3%。上海还推动建设了个人与企业联合征信系统、企业信息化公共服务平台、为农综合信息服务平台等重要系统和平台，为金融信贷、企业生产运营、农业等领域的管理和发展提供了有力支撑。

51.3.3 城市建设管理的信息化、智能化水平不断提高

上海积极探索形成以信息化为手段、符合特大型城市特点的建设和管理模式。城市网格化管理平台 2005 年启动建设，对各类事件和部件建立主动发现、及时处置、严格监督的协同机制，已覆盖中心城区和郊区城镇化地区。城市智能化交通建设不断深化，1999 年建成公共交通卡系统，2008 年末累计发放公交"一卡通"4161 万张，应用拓展到 14 个领域，实现与无锡、常熟、阜阳三地的互通互用；交通综合信息平台基本建成，对来自不同主管部门的各类交通数据实现了实时交换，通过电台、电视台、网站、路边诱导标志等形式提供公益性交通信息服务。空间地理信息平台建设积极推进，基础信息共享数据库从陆域向地下空间和海洋拓展，为各领域的专业应用提供了支撑；建成了面向不同用户提供服务的空间信息网格运行服务平台（SIG）。

51.3.4 公共服务领域及社会信息化普及水平持续提升

随着全市信息通信网络的逐步优化，公众对各类信息终端的应用水平不断提高，家用电脑在城市居民家庭中基本普及，近 2/3 的家庭实现了互联网宽带接入，用户数是 2002 年的 13 倍；基于各种技术的数字电视加快普及。与此同时，坚持"以人为本，贴近市民"，从 2002 年开始，在每年市政府实事工程中先后实施"校校通"、市民信箱和"付费通"、市民（青少年）信息服务平台、"家校互动"等信息化服务项目，使教育、社

区服务等领域的信息化普及水平显著提高。如，2003 年至 2005 年期间实施"百万家庭网上行"计划，主要针对社区妇女和老人等群体，累计有 73 万人通过了上机、入网、用卡等信息化基本知识与技能培训。2006 年和 2008 年分别为残障人士实施"信息沟通无障碍"项目，通过补贴或优惠服务，保障基本的交流需要。在郊区通信网络覆盖率不断提高的基础上，2008 年启动实施"千村万户"农村信息化培训普及工程，并列入 2009 年市政府实事项目，已对超过 10 万名农村居民进行了普及培训。

51.4　不断优化综合配套环境，确保持续较快发展

多年来，上海在实施信息化发展战略的进程中，从健全管理体制、加强信息安全保障、完善政策规范等方面入手，不断优化与信息化发展进程相适应的综合配套环境。

51.4.1　适应发展规律的信息化宏观管理体制

从 20 世纪 90 年代开始，上海对信息产业和信息化建设管理体制进行了多次调整，逐步实现从分散到统筹，从计划指令到宏观调控的转变。1998 年"九办合一"，撤销了 9 个相关机构，合并成立市国民经济和社会信息化领导小组，2000 年列入市政府序列的上海市信息化办公室，2003 年更名为上海市信息化委员会，时为省级政府中唯一以委员会建制的信息化综合管理部门；2008 年与原市经济委员会合并成立市经济和信息化委员会，在继续承担信息化建设推进职责的同时，将为推动信息化与工业化融合提供更有力的体制保障。在不断调整改革政府管理体制的同时，上海成立了作为市信息化领导小组咨询机构的市信息化专家委员会，迄今已聘任四届；培育了一批从事专业领域公共服务职能的信息化功能性机构；支

持成立了十多个信息化领域的行业协会。整体来看，上海信息化已形成了"一个领导小组、一个职能部门、一批功能性机构、全社会广泛参与"的良好推进格局。

51.4.2 信息安全、政策法规、人才交流等环境日渐完善

信息安全保障的重要性日益显现，成为城市安全的重要组成部分。2002 年以来，上海逐步建立了覆盖全市各领域、各区县的信息安全责任体系，实施了信息安全风险评估、安全测评、等级保护、应急预案、网络信任体系等管理制度，确保了全市基础网络与重要信息系统的安全稳定运行，近 5 年来未发生重大信息安全事故。信息化政策法规环境日渐完善，规范化程度居于国内前列。迄今已制定实施了 60 余个法规、政策和规章规范，基本覆盖信息基础设施规划建设、信息产业、电子政务、电子商务等信息化建设的重要领域。此外，人才、合作交流等环境不断优化。通过学历教育、职业培训与市"653 工程"（上海市信息专业技术人才更新工程）等专项工程相结合，培养了大量高素质专业人才，全市信息产业从业人员近 70 万，约占全市就业人口的 8%。多年来，上海举办了七届亚太地区城市信息化论坛、2006 年世界软件工程大会（首次在发展中国家举办）、软件外包国际峰会等一系列国际会议，与国内其他省市特别是长三角地区开展紧密合作，借助各类平台，深入拓展信息化领域的合作交流。

（本章作者　上海市经济和信息化委员会）

第52章

江 苏 省

52.1 信息基础设施发展

52.1.1 电信基础设施

1978年前，江苏省通信网覆盖范围有限，技术落后，服务水平严重滞后。1978年，全省邮电业务收入6508万，电话用户8.3万户，电话普及率0.14部/百人，长途电路1100条，城市电话交换机容量8.1万门，农村电话交换机容量仅13.7万门，通信设备技术水平比国际先进水平至少落后了20年。

1978—1987年是江苏基础设施建设起步阶段。这一阶段开始引进先进技术和设备，主要是为了解决通讯通话等基本问题，这期间全省电话用户规模增加了两倍多。

1988—1997年是江苏基础设施建设大发展时期。这期间，在管理模式、筹集资金和引进技术设备等方面，采取了更加有利于通信生产力发展的措施，推动跨越式发展。到1998年，全省邮电业务收入达到190.4亿，电话用户达到900万户，长途业务电路18万路，长途自动交换机为33万路端，长途光缆从无到有，达到6900公里。供需紧张的矛盾基本缓解，装电话难、打电话难的问题不复存在。

1998—2008年是江苏信息基础设施高速发展阶段。2007年1月率先完成自然村"村村通电话"工程；6月实现行政村"村村通宽带"；8月成为全国第一个实现所有地市升8位的多本地网省份。2008年，全省邮电业务收入669.3亿元，其中电信业务收入606.6亿元。全省电话用户总数达到6925.3万户，固定和移动电话用户分别达到2968.3万户和3957.0万户。全省电话普及率达90.8部/百人。苏南各市普及率均已超过100部/百人，达到世界发达国家水平。截至2008年末，全省长途光缆线路长度达3.1万公里，局用电话交换机容量（含接入网）达5508.2万门，国际互联用户达771.6万户。

52.1.2 广电基础设施

1988—1997年是江苏广播电视信息设施建设的重要时期。"八五"期间，覆盖全省各地市的微波干线网全长达1657.8公里，除用于传输中央、省级广播电视节目和地方节目的回传外，还为省委机要局、地震局、人防、苏讯公司等单位搭建通信指挥系统，开始了初期的信息传送业务。1992年，江苏广播电视有线网建设开始起步，到"九五"期末，已基本形成一张连接省、市、县（市、区）、乡、村、用户的宽带光缆、同轴电缆混合网，传输容量为2.5Gb/s，线路总长1800公里。

到2008年，江苏省广播、电视综合人口覆盖率分别为99.86%和99.87%，名列全国前茅。有线电视干线网达29.16万公里，全省有线电视市县光缆联网率达100%，县乡光缆联网率达100%，乡村光缆联网率达95.3%。全年有线电视用户总数达1511万户，入户率达64.88%，位居全国第一。

经过30年的持续发展，江苏已经建立起一个技术较为先进、覆盖面广、基本适应信息化需要的现代信息基础网络。在骨干网出口带宽、每百平方公里光缆里程、电话普及率、广播电视综合人口覆盖率等方面达到了国内一流水平。

52.2 电子信息产业发展历程

江苏是中国传统的电子信息产业基地。

1949 年 5 月至 1957 年是江苏电子工业奠基起步时期。从 1949 年 5 月 1 日军代表接管中央有线电器材有限公司南京厂、中央无线电器材有限公司南京厂、中央电工器材有限公司南京电照厂、国民政府国防部六厅雷达研究所（三厂一所），时有职工 477 人，机床、仪表 980 台，总资产估价约合现行人民币 70 万，当年总产值 54.61 万，至 57 年全省电子工业总产值达 5700 万，职工 1.2 万人。

1958—1966 年是江苏电子工业全面建设时期。这一时期，地方电子工业开始兴起，形成一批骨干企业。至 1966 年年底，全省地方电子工业企业增加到 76 个，职工 1.8 万人，工业总产值 8200 多万，工业产值和职工人数达到全省电子工业的三分之一。奠定了省内地方电子工业的初步基础，呈现中央部属企业和地方企业、南京和其余各市、生产和科研、整机和元器件及专用仪器设备全面建设发展的局面。

1966—1976 年是江苏电子工业曲折前进的时期。1966 年开始的"文化大革命"使经过调整逐步走上健康发展道路的江苏电子工业，遭到严重干扰破坏。1967、1968 两年，全省电子工业总产值大幅度下降。1969 年 10 月，四机部召开"6910"战备增产会议后，全省又一次掀起兴办电子工业的热潮。1975 年底，全省电子工业企业发展到 281 个，其中地方电子企业占到八成以上，职工 10.7 万人，工业总产值 14.3 亿。

改革开放后，江苏信息产业不断实现跨越式发展。销售收入 1978 年为 10 亿，1990 年 100 亿，2000 年 1000 亿，2007 年超过了 10000 亿。其中 1977 年至 1991 年是江苏省电子工业走向振兴、实现百亿的发展阶段，电子信息产业以年均 16.6% 的速度增长；1992 年至 2001 年是江苏省电子信息产业奋力攀登千亿的发展阶段，信息产业年均增速达 25.9%；2002 年到 2007 年是江苏省电子信息产业由千亿冲向万亿的高速发展阶段，六年间，电子信息产业年均增速达 48.5%。2004 年信息产业成为江苏第一支柱产业，占全省出口总额的 40%，工业增加值的 20%，GDP 的 10%。

52.3 信息技术创新与产业发展的重要成果

52.3.1 产业规模取得历史性突破

2008 年，江苏电子信息产业销售收入达到 14294 亿，是 2002 年的 8 倍，相当于 1986 年全国规模以上工业总量，相当于 2002 年全国电子信息产业规模，相当于 2001 年全省工业销售收入规模。江苏电子信息产业占全国信息产业的比重，占全省工业销售收入的比重均超过 20%。2008 年全省拥有电子信息企业超过 2 万家，其中规模以上企业 3822 家，从业人员达到 180 万人。

52.3.2 自主创新能力显著增强

江苏信息产业在规模迅速扩张的同时，自主创新能力明显增强。先后开发出了永中 Office 集成办公系统、新华 Linux 桌面操作系统、3G 手机基带芯片、集成电路 SoC 设计平台、32 位嵌入式 CPU、大尺寸光纤预制棒、42 英寸荫罩式等离子体显示屏、自主标准的 EVD 光盘播放机、国产 CATC-A100-A 型空中交通管制自动化系统等。2002 年以来申请专利量超过 2 万件，年均增长超过 30%。累计建成国家级博士后工作站 18 家，省级博士后技术创新中心 6 家；国家级企业技术中心 6 家，省级企业技术中心 24 家；国家级工程研究中心 5 家，省级工程研究中心 18 家。全省新产品产值超过全部产品产值的 1/3，部分具有自主知识产权产品在全国具有较强的竞争力；无锡尚德公司的太阳能电池产量已跻身世界光伏前三强；亨通集团制定的"G657 单模光纤"参数绝大部分被国际电信联盟吸纳，制定成为世界通用标准；南京南瑞集团公司和南京联创信息技术有限公司被信息产业部评为 2007 中国自主品牌软件产品收入前十家企业。

52.3.3　产业结构日趋合理

2002 年以来，江苏信息产业在不断做大规模的同时，产业结构不断优化，效益明显提高。软件和信息服务业平均增速是电子信息产业增速的两倍以上，软件和信息服务业占电子信息产业的比重从 2002 年的 4.5%上升到 2008 年的 8.4%。全省形成了软件、集成电路、平板显示、计算机及现代通信产业等优势产业集群，共占全省信息产业的 70%。其中，显示器产量占全国 40% 以上；笔记本电脑产量占全国 45%，占全球 40%；集成电路产量占全国 30% 以上；手机产量占全国 11%。另外，医疗电子、硅电子信息材料、电容器、电子元器件等一批新的产业集群正在迅速形成。全省总产值超过百亿的企业 19 家，全国电子百强企业 15 家。

1. 软件产业快速崛起

江苏软件产业自 1999 年开始有不完整统计数据：1999 年销售收入为17.6 亿，2000 年 23 亿，2001 年 50 多亿，2002 年 127.6 亿，2003 年 150亿，2004 年 225 亿，2005 年 320 亿，2006 年 512 亿，2007 年 834 亿。

2008 年，江苏软件产业实现销售收入 1201.15 亿，在全国的位次从2001 年的第 6 位上升到第 3 位；2008 年全省软件收入是 2002 年的 9.38倍，六年里平均增速超过 45.3%。2008 年江苏省软件收入相当于 2001 年全国软件收入的总量；占全国比重由 2002 年的 7% 上升到 15.86%。截至2008 年底，通过 CMM/CMMI 认证的软件企业 145 家，通过认定的软件企业 1457 家，软件产品登记 6316 个。江苏省目前已经形成具有规模并在国内有较大影响的软件产品集群有：电力、电信、安全、智能交通和城市管理、教育等应用软件，这些行业应用软件在全国占有的份额分别达到50%、35%、20%、18%、18%、15%。

2. 集成电路产业规模迅速扩大

江苏集成电路产业发展起步较早，产业链完整，是国内集成电路产业的重要基地。2008 年全省集成电路产业销售收入突破 600 亿，达到 638 亿，比 2002 年增长了 7 倍，产业规模在国内处于领先地位。在集成电路设计领域拥有近 200 家设计公司，2008 年设计业完成销售收入超过 35 亿。在集成电路制造业领域拥有一批微电子重点骨干企业，其中无锡海力士-意法半导体有限公司是世界排名前十的半导体公司在中国投资的首家前道制造企业，目前已累计投资 35 亿美元，2008 年总产值超过 100 亿。以新潮科技、南通富士通和苏州奇梦达等龙头企业为代表的江苏集成电路封装测试业，掌握 BGA、MCM、CSP 等先进封装技术，提供从芯片测试到成品测试的专业服务，技术水平和产业规模在国内名列前茅。

3. 平板显示器产业日趋壮大

江苏现有两个国家级显示器件产业园和一个国家级液晶显示器产业园，2008 年全省平板显示器产业实现销售收入超过 2500 亿。形成了以液晶显示器产业为龙头、OLED 和等离子显示器产业共同发展的庞大的新型平板显示器产业集群。

4. 太阳能光伏产业异军突起

江苏从事太阳能光伏产业的企业超过 500 家，资金投入 300 亿，形成了包括多晶硅制备、铸锭、拉单晶棒、切片、电池片、组件封装、系统集成及部分设备制造相对完整的光伏产业链。2008 年全省太阳能电池片和电池组件的产能和销售额约占全国的 80%，其中电池片产量达到 1500 兆瓦，多晶硅原料、电池、组件、设备等产业链产值超过 800 亿。

5. 计算机与通信产业配套完善

江苏在计算机与通信产品领域产业链完整，配套齐全，有一批销售收入超过百亿的龙头企业和一大批配套企业，2008 年计算机与通信产业销售收入超过 4000 亿。光通信领域产业集中度高，产品覆盖光预制棒、光纤、光缆、光通信器件等整个光通信产业链。光纤、光缆年产量 1800 万芯公里，占全国的比重超过 40%。

6. 半导体照明产业蓄势待发

江苏半导体照明产业集中在南京、扬州、镇江等地，其中扬州为国家五个半导体照明产业化基地之一。目前江苏已经形成了从衬底材料、外延片、芯片、封装到应用产品及配套材料的产业链，具有较高的技术水平和创新能力，2008 年实现销售收入接近 100 亿。

52.3.4　载体建设进展迅速

本世纪初，江苏根据电子信息产业聚集发展和梯度转移的态势，率先创建电子信息产业基地和产业园，支持和引导各开发园区抢抓机遇，有效承接国际先进制造业的转移，充分发挥信息产业聚集效应。目前全省拥有1 个国家级电子信息产业基地、4 个国家级电子信息产业园、5 个国家级软件园、10 个省级电子信息产业基地、8 个省级电子信息产业园、4 个省级软件产业园。各信息产业基地销售收入占全省的比重达到 80% 以上，成为全省信息产业做大做强的主要载体。

52.3.5　国际化水平明显提高

2008 年江苏省电子信息产业出口额达到 7504 亿，占全省的 40%，是2002 年的 7 倍，出口占全省销售收入的 57.3%，外贸出口占全省出口总额的比重超过 40%。电子信息产业累计利用外资超过 350 亿美元，成为全省利用外资最为集中的行业，全球 500 强中的电子信息企业均在江苏有投资，外资企业销售收入所占比重达到 80%。全行业销售收入前 50 强中，外资企业占 48 家。

52.3.6　发展环境不断优化

近年来，江苏省非常重视信息产业发展，形成了加快发展信息产业的合力与共识。《江苏省软件产业促进条例》在全国率先出台，为信息化发展营造了良好的法制环境。省主要领导亲自赴海外宣传江苏信息产业发展环境，推介江苏电子信息产品，帮助企业开拓国际市场。设立了软件和集成电路业专项资金，有力地推动了自主创新产品的产业化进程。江苏发展信息产业得到了原信息产业部的大力支持和科学指导，部省共同举办南京软博会、苏州电博会，共建"南京中国软件名城"和建设江苏软件和信息服务外包国际通信专用通道等，为产业发展营造了良好环境。

52.4　信息化发展环境

2002 年以来，江苏省委、省政府高度重视信息化工作，制发了一系列规章及指导性文件推动信息技术应用与绩效评估。主要有：《江苏省政府信息公开暂行办法》、《江苏省政务信息工作暂行办法》、《关于加强信息化带动工业化的意见》、《江苏省国民经济和社会发展信息化建设规划（2002—2005）》、《江苏省电子政务建设指导意见》、《江苏省软件及信息产业发展实施意见》、《江苏省企业信息化与电子商务实施意见》、《江苏省信息网络安全系统建设意见》、《关于进一步加快国民经济和社会信息化的意见》、《关于在全省推广使用数字证书的意见》、《关于社区信息化工作的指导意见》、《关于开展行政权力网上公开透明运行工作的意见》、《江苏省省级机关电子政务项目管理暂行办法》、《关于进一步推进全省电子政务建设的意见》、《关于成立省网络与信息安全协调小组的通知》、《关于实施农业信息服务工程的通知》、《江苏省省级机关电子政务项目绩效评价办法》等。制发了《江苏省行政权力事项编码规划》、《江苏省行政权力网上公开透明运行信息系统数据接口规范》、《江苏省政府网站测评指标体系》、《江苏省社区信息化评价指标体系》、《江苏省电子政务项目绩效评价指标体系》等标准规范。

江苏省十分重视信息知识普及，将"信息化知识普及工程"列为全省"十五"期间十五项重大信息化基础性工程之一。通过公务员全员信息技术培训、考试、知识竞赛，企业信息化技能培训、知识竞赛，农民信息化技能培训、农民上网技能大赛、农村家庭上网大赛等一系列活动，调动全社会学习信息技术的积极性，提高了全社会应用信息技术的能力。

52.5　信息技术应用

52.5.1　政府信息化

从 20 世纪 80 年代中期的办公自动化至今，江苏省电子政务发展已有 20 年的历程。大致可分为四个交叉重叠阶段：初级办公自动化（80 年代中—90 年代中）、行政首脑机关办公决策服务系统和"三金"工程建设阶段（90 年代中至今）、政府上网（90 年代末至今）和电子政务应用（2002 年至今）。

2002 年起，江苏省电子政务全面推进。"十五"期间，全省"二横一纵"电子政务网络平台初步建成，县以上政府机关基本建成局域网。省、市、县三级政府及 90% 以上的省级政府机关建立了政府网站，全省各级政府重视依托互联网实现政务公开、开展公共服务、接收群众监督，重视后台业务系统建设，已实现 80% 以上的政府服务事项网上办理。围绕着服务社会的政府信息技术应用不断深化。

52.5.2　企业信息化

信息技术在工商领域得到大量应用。截至"十五"末，江苏省工商企业上网率超过 85%，全省重点企业内联网建成率超过 40%，互联网应用率超过 20%，大中型企业 75% 以上采用了各种形式的管理软件，重点企业应用"企业资源计划管理系统"比重超过 20%。全省重点行业骨干企业生产装备自动化率达到 80% 以上。机电行业大量使用数控机床、加工中心以及柔性制造（FMS）、计算机集成制造（CIMS）等技术，骨干企业计算机辅助设计（CAD）普及率达到93%；石化行业大量装备了计算机集散控制系统（DCS）；纺织行业使用无梭织机、自动络筒和精梳机的比重达到58%以上，电脑分色、电脑印花等技术均得到广泛应用。

2005年，江苏省中小企业信息化进入全面推进期。调查表明，90%的企业应用了财务管理、库存管理等软件，78%的企业建立了企业内部网，55%的企业实施了企业资源计划管理系统（ERP）。企业信息化带来的年综合平均效益在500万元左右，利用信息化手段实现产品销售的比重平均达到30%。

52.5.3　农业信息化

到2005年末，江苏省建成农村信息服务站近700个，配有专兼职信息服务人员1000多名。信息服务站通过上网为广大农户提供各类信息服务，逐渐成为基层农技部门为农服务的重要窗口。

利用信息技术试点精准农业技术的创新工作也取得可喜的成绩。丹阳采用测土配方施肥技术，精确定量施用化学氮肥，增加钾肥和锌肥的施用，取得了显著效果。在全省范围内，普遍采用信息技术来推广粮食丰产科技工程，已建立水稻核心试验区27786亩、示范区103万亩、辐射区1014.8万亩、超高产284.3万亩，共增产稻谷3.5亿斤，增加效益20多亿元，推动了江苏省稻米产业的发展。"数字大棚"已在育种、花卉栽培等方面得到较普遍应用。

52.5.4　社会信息化

社区是社会的基本单元。近两年，江苏省各地纷纷掀起信息化社区建设热潮，在社区信息化方面开展了有益探索：苏州市社区服务"一指通"、社区司法矫正系统、"好管家"居家养老及安全防范系统，泰州市的"和谐海陵"城乡综合信息系统、求助服务热线系统，南京的城市万米网格管理系统、南通的"数字唐闸"信息呼叫系统，为社区居民提供了简单便捷服务。近来，各地纷纷总结推广社区信息化成功做法，数字城管、信息亭、市民卡、体检中心等社会管理与服务民生信息化正在兴起。

（本章作者　江苏省信息产业厅）

第 53 章
浙 江 省

引 言

　　浙江省信息化建设始于20世纪80年代，随着信息技术革命的兴起，浙江政府部门率先开展了计算机应用和部门网络系统建设。进入90年代，随着国家"三金"工程的推进，浙江教育、税务、海关、金融等领域信息化建设与应用工作逐步深入。2000年后，尤其是2002年中共浙江省第十一次党代会作出建设"数字浙江"的战略决策，全省积极贯彻实施国家"以信息化带动工业化，以工业化促进信息化"的发展战略，围绕经济社会发展目标，优先发展信息产业，加快网络基础设施建设，大力推进电子政务和数字城市建设，加大应用信息技术改造传统产业的力度，全省信息化水平稳步提高，在促进经济增长、创造就业机会、改善生活质量、提升我省综合竞争力等方面的效果日益显现。

53.1　信息化发展总体水平

2000 年以来，浙江省信息化进入快速发展轨道。根据国家统计局统计研究所 2009 年 1 月发布的《2008 年中国信息化发展指数（IDI）研究报告》显示，2007 年浙江省信息化发展总指数达到 0.721，比上年提高了2.5 个百分点，是全国升幅最大的省域。信息化发展水平从 2005 年的全国第五位、2006 年全国第四位，提升到 2007 年的全国第三位。

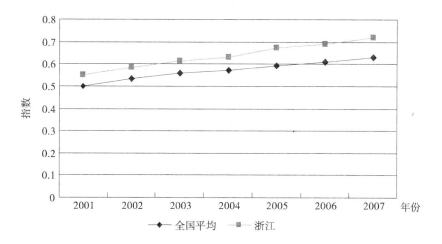

图 53.1　浙江省信息化发展指数

53.2　信息基础设施

我省信息基础设施建设取得了长足的进步，基本建成以电信网、移动网和广播电视网为主的，在规模、容量、技术等方面均居国内先进水平的网络基础体系，基本满足了现阶段我省信息化发展的需要。

53.2.1　基础通信网络建设

2008年，全省电信业务总量达到1497亿元，列全国第二位。固定电话方面，到2008年底，用户达到2298万户，固定电话普及率上升至45.2部/百人，电话主线普及率位居全国各省、区第一。移动电话方面，到2008年底，用户总数超过3973万户，移动电话普及率升至78.2部/百人，用户数居全国第3位。互联网应用方面，到2008年底，用户数达到2108万，互联网普及率达到41.7%，网民总数居全国第二位，其中宽带接入用户达到700万户。

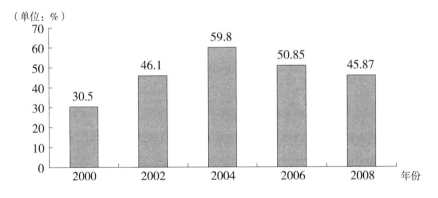

图53.2　浙江省固定电话普及率增长情况

53.2.2　广播电视网络建设

网络建设方面，到2008年底，全省有线广播电视传输网络干线总长达到175595公里，微波传送线路2616.2公里，其中数字微波线路846公里，全省11个市、所有县（市、区）、近95%的乡镇和近85%的建制村已经实现光缆联网。有线电视方面，到2008年底，全省1215个乡镇（除海岛个别乡镇外）和32976个行政村的有线电视联网率分别达到了

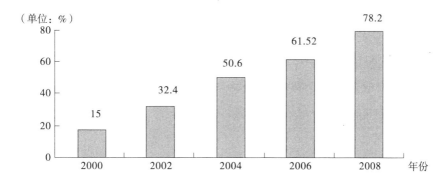

图53.3 浙江省移动电话普及率增长情况

99.6%和98%以上，农村有线电视入户率达到60%。数字电视方面，截至2008年底，全省数字电视用户达到204万户，其中农村的数字电视用户超过40万。浙江省12个市（含义乌市）市区和大部分县（市、区）都已开通了有线数字电视，播出70到100多套广播电视节目和部分政务、经济、生活、商务信息类节目。

53.3 信息产业发展

53.3.1 电子信息产业

改革开放以来，浙江省信息产业走上了快速发展轨道，信息产业发展从无到有、从小到大、从弱到强，以年均30%以上的速度高速增长，与30年前相比，规模以上企业数量增长23倍，全行业销售收入增长2325倍，利税增长818倍，出口创汇增长10000倍，并在许多重要领域和关键技术上拥有自主知识产权，成为了浙江省先导产业、基础产业和支柱产业。其中，2008年浙江省信息产业实现主营业务收入5263亿元，占全国同行业比重8.17%；实现增加值1116亿元，占全省规模以上工业增加值比重 11.49%；出口交货值 1868 亿元，约占全省出口总值的 18.03%。全省已形成了软件与信息服务、通信产品制造、计算机与网络、数字音视频与监控、光电子和平板显示产业、新型电子元器件和材料、光伏产业等七大主导产业集群。

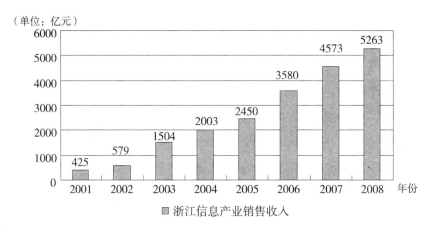

图 53.4　浙江信息产业销售收入

53.3.2　软件产业

浙江十分重视政府对软件产业发展的宏观调控和引导作用，把贯彻落实 18 号文件、47 号文件作为振兴软件产业、实现跨越发展的重要举措。近五年，软件产业的年均增长速度超过 20%。2008 年软件产业实现销售收入 423.6 亿元，同比增长 19.2%，列全国第五。全年软件产业实现利润 71.1 亿元，税金 21.6 亿元，分别同比增长 64.6% 和 62.4%，软件从业人员达到 9.2 万人。全年新认定软件企业 141 家，累计 1050 家；新登记软件产品 1020 个，累计 5333 个；新增计算机信息系统集成资质认证一、二级企业 12 家，入选全国百强软件企业 13 家（全国第 4），入选国家规划布局内重点软件企业 15 家（全国第 4）。软件产业基地、软件行业（企业）技术（研发）中心建设稳步推进，企业自主创新能力不断提高。

（单位：万元）

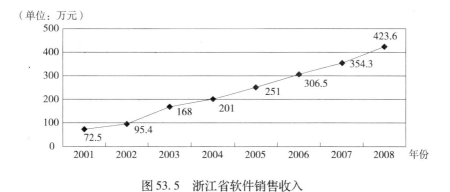

图 53.5 浙江省软件销售收入

53.3.3 电子商务

浙江省电子商务发展始于 20 世纪 90 年代初，目前已成为我国电子商务最发达的地区之一。在中小企业应用、行业网站发展、有形市场与无形市场互动，以及流通领域信息化建设等方面，走在全国前列。据有关资料统计，浙江的中小企业中，有 50.6% 拥有自己的网站，有 50.1% 拥有自己的独立域名，有 20.8% 开展了电子商务，远高于全国的平均水平，全省应用互联网的中小企业逾 10 万家。浙江行业网站是我省电子商务发展的一大亮点，依托众多的产业集群和专业市场优势，形成了独具特色的"行业网站集群"。在全国 3000 余家行业网站中，浙江占到 21%，列全国第一。阿里巴巴成为全球最大的 B2C 网站，淘宝网 2008 年网上交易额达 1000 亿元，"支付宝"用户数超过 2 亿，网盛生意宝、中塑在线、金蚕网、中国服装网等已成为国内行业网站的领军者。

53.3.4 技术创新

浙江省信息产业技术创新发展迅速，并在许多领域达到了国内领先水平。移动通信、数字音视频、软件、电子元器件和电子材料等方面形成了自己的特色，在国内具有一定的比较优势。第三代移动通信系统、CDMA

手机终端接收芯片及整体解决方案、媒体处理器芯片、服装三维 CAD 系统、光纤预制棒、卫星/有线数字电视信道接收芯片、移动智能网异地充值及过载控制等关键技术相继开发成功。计算机辅助产品创新设计的技术与系统、高清晰度液晶投影显示技术及系统、全自动电脑调浆系统、服装三维 CAD 系统、光纤预制棒、卫星/有线数字电视信道接收芯片、移动智能网异地充值及过载控制等一批重大科技成果分获国家科技进步奖和信息产业部信息产业重大技术发明奖。1985—2006 年，浙江省信息技术领域共有专利 17194 件，专利申请总量占全国约 5.66%，发明专利申请占 4.26%，实用新型专利占 6.26%。

53.4 信息技术应用

53.4.1 农业信息化

农村信息化是"数字浙江"建设的六项主要任务之一。建设数字新农村，实施农民信箱、农村党员干部现代远程教育、农村信息化综合服务平台等工程，已经为我省通向社会主义新农村铺设了条条大道。农民信箱方面，至 2008 年底，农民信箱实名用户已达 216 万，发送个人信件达到 3.4 亿封，群发信件 3.3 亿封，发送短信 3 亿条，群发短信 2.9 亿条，发布公共信息 17 万条，买卖信息 88 万条。农村党员干部现代远程教育方面，截至 2008 年底，全省建立终端接收站点总数达 4.5 万个，其中电信模式终端接收站点 2.5 万多个，覆盖全省所有乡镇，选配终端管理员 7 万多人。农村信息化综合服务平台方面，统筹建立了农村信息化综合信息服务平台，完成了涵盖基层政务管理系统、农村经济合作社经营管理系统、村级网站群、农业商务系统等建设和初步应用。新型农村合作医疗信息化方面，全省基本统一了新型农村合作医疗信息系统，目前完成信息化建设的县（市、区）已达 78 个。有 67 个县（市、区）做到了县级医院出院当场结报，有 22 个县（市、区）在乡镇卫生院（社区卫生服务中心）就诊也可刷卡当场报销，有 8 个县（市、区）在社区卫生服务站就诊也可刷卡当场报销。部分地级市已经在开展全市范围内的新农合联网，实现异地就诊实时结报。农村信息化试点示范方面，2008 年，省信息化工作领导小组确定了 23 个村、19 个乡镇（街道）、11 个县（市、区）为首批省级农村信息化试点单位，并制定了《浙江省省级农村信息化示范村标准》、《浙江省省级农村信息化示范乡镇（街道）标准》、《浙江省省级农村信息化示范县（市、区）标准》，引导、促进我省农村信息化建设的科学发展。

53.4.2　政府信息化

电子政务是浙江信息化工作的重点，围绕"一站、二网、四库、十二金"等重点工程，大力提高了政务信息化水平，并直接带动了浙江国民经济和社会信息化发展。门户网站方面，门户网站已成为政府与群众联系的桥梁，以"中国浙江"政府门户网站为龙头，全省 11 个市和所有县（市、区）均建立了本级的政府门户网站。省政府门户网站，杭州、宁波、温州、绍兴、舟山、嘉兴、湖州等市政府门户网站建设水平进入全国前列。电子政务网络平台方面，我省电子政务内、外网于 2006 年建成并投入运行，建立了核心骨干带宽（省级）为 10G 的省市县三级统一的骨干传输网。2008 年开始，网络工作重点从建设转为运维和应用，进一步发挥了电子政务集约效益。电子政务应用方面，省级部门重点业务系统建设与应用不断深入，"金政"、"金财"、"金审"、"金税"、"金盾"、"金水"、"金保"等"金"字系列工程，交通电子政务、工商信息化、信用管理、网上办税、卫生信息化、省企业基础信息交换、省数字认证系统建设与推广项目得到了有效推进。

53.4.3　企业信息化

我省高度重视企业信息化工作，尤其是近些年，围绕产品信息化、设计制造过程信息化、管理信息化和企业电子商务等企业及行业信息化四个层面，大力推广信息技术，应用水平不断提高。全省大中型企业装备的信息化程度已达到20%以上，重点骨干企业超过50%；70%以上的中小企业建立了办公自动化、财务管理为主的企业管理信息系统，60%以上重点骨干企业采用了以企业资源计划管理为目标的综合管理信息系统。重点骨干企业100%联入了因特网和建立了网站。围绕着我省块状特色经济的发展，建成了面向区域、面向行业、面向中小企业的信息技术公共服务平台五十多个，如服装信息资源服务平台、信息家电产品创新设计平台、纺织机械控制器嵌入式平台、香料行业 ASP 信息服务平台、数码印花信息服务平台、花边行业商务与服务平台、农业土特产商务平台、五金行业信息服务平台等，为广大中小企业提供各类公共信息服务与技术支持，起到了"建设一家、服务一片"的功效。

53.4.4　教育信息化

教育信息化提高了我省的教育质量和效益，加快了教育现代化的步伐。自2000年以来，全省各级教育行政部门、电教职能部门和中小学校按照《浙江省普及中小学信息技术教育规划（2001—2005）》的要求，做了大量工作，取得了显著成效。我省中小学校"两机一幕"和电子音像教材普遍使用，教学投影片和录音带是全国使用面最广、使用量最大的省份之一；计算机配备的生机比、信息技术课的开课率等多项指标进入了全国先进水平。目前，全省101个市、县（市、区）全部建成了教育城域网，全省所有高中、90%的初中和75%的小学实现了"校校通"。截至2008年底，全省普通中小学已拥有计算机75.3万台，学生数和计算机数之比为7.87:1，中小学生计算机拥有比率比2003年增长了一倍。全省信息技术课开设率高中达100%，初中超过90%，乡中心以上小学超过80%，有400万中小学生接受了信息技术学科教学。

表 53.1 2003—2008 年浙江省中小学计算机数量和生机比统计表

年份	计算机数（万台）	生机比
2003	41	14.8
2004	45.02	,13.5
2005	51.97	11.61
2006	57.41	10.48
2007	75.03	8.5
2008	75.3	7.87

53.4.5 医疗卫生信息化

当前，浙江省卫生系统信息化工作全面普及，卫生信息化事业一直走在全国前面。初步建立了涵盖全省的卫生信息网和社区卫生健康档案系统、计划免疫和接种系统、医疗机构和人员管理系统、血液信息管理系统，部分市地 OA 系统已投入使用，信息技术在日常疫情报告、监测预警、突发公共卫生事件中发挥了十分重要的作用。按照卫生部《医院信息系统基本功能规范》要求，我省已有99％的县级以上医院实了信息化管理，比全国平均水平高35个百分点，其中：门急诊挂号、住院收费、药房管理信息系统应用率达到99％以上，财务、设备、病人查询信息系统应用率达到90％以上，临床检验、手术麻醉、医学影像信息系统应用率达到35％以上。

53.5 信息化发展环境

53.5.1 政策法规

相继制定发布了《数字浙江建设规划纲要（2003—2007 年）》、《浙江省信息化工作领导小组关于我省电子政务建设指导意见》（浙委办〔2003〕30 号）、《关于加强信息安全保障工作的实施意见》（浙委办

〔2004〕24 号)、《关于加强信息资源开发利用工作的实施意见》(浙委办〔2005〕66 号)、《浙江省信息化工作领导小组关于加快电子政务发展的意见》(浙委办〔2007〕37 号)、《关于加强我省信息资源开发利用工作任务分工的通知》(浙信办发〔2006〕31 号)《关于加快我省电子商务发展工作任务分工的通知》(浙信发〔2007〕6 号)、《浙江省信息化工作领导小组关于加快农村信息化工作的意见》(浙委办〔2007〕105 号)等一系列指导性文件,为信息化发展提供了明确指导。2007 年,颁布实施了《浙江省信息安全等级保护管理办法》(省政府令 223 号),加强了全省信息安全等级保护工作的管理,并依法完成了 44 个单位 155 个信息系统的定级评审,督促相关单位按照等级保护工作要求落实技术保护措施。《浙江省信息化条例》列为省人大 2009 年一类立法计划,目前已经正式向社会征求意见,预计 2009 年底前能够颁布实施。在地方,《杭州市信息化条例》、《宁波市信息化条例》已经相继实施,同时杭州加强了政府投资信息化项目管理,制定了一系列规范政策。

53.5.2 园区建设

目前,浙江省已经形成了 12 个国家命名的信息产业特色园区(基地)和 15 个省级信息产业特色园区(基地);环杭州湾具有国际竞争力信息产业基地布局初步形成。各基地(园区)集聚效应明显,发展态势良好,形成了网络与通信、软件与信息服务业、数字音视频、电子专业材料与元器件等超百亿产业集群。杭州国家计算机与网络产品产业园、新加坡杭州科技园建设有望成为华东地区最具影响力的软件外包服务和人才培训基地。宁波保税区信息产业园吸引了奇美电子、冠捷科技等 30 多家光电企业落户,形成了超过 300 亿产业规模的世界级光电产业集群。

53.5.3 人才建设

浙江省高度重视人才人事政策法规体系的建构和完善,2004 年底,浙江省委、省政府印发了《实行浙江省特级专家制度暂行规定》、《关于进一步加强高层次专业技术人才队伍建设的若干意见》等十个政策性配套文件。这些普适性的人才政策对浙江省信息化人才建设起到了积极的推动作用。近些年，浙江省高校 IT 相关专业设置数量增长较快，招生规模不断扩大，信息技术人才的培养层次逐渐清晰，构建了一般本科院校、职业技术学院和中等专业学校等多层次的教育体系。目前，浙江省大专院校计算机软件相关专业在校学生人数达到 13 万人；浙江大学软件学院成为了国家示范软件学院，浙江工业大学、杭州电子科技大学、大红鹰职业技术学院成为国家示范性软件职业技术学院，校企联合培养实用软件人才的模式基本形成；杭州国软基地、信雅达、阿里巴巴、网新科技、东忠等基地骨干企业也分别成立专门从事培训的机构。同时，积极组织实施信息技术"653 工程"，加强全社会信息化人才的培育。

53.5.4 标准建设

浙江省在推进电子政务、信息共享、信息安全工作中，积极推进国家标准的贯彻实施。结合地方工作需要，发布了《浙江省电子政务门户网站建设规范》、《1:500 1:1000 1:2000 基础数字地形图测绘规范》地方标准，开展了《浙江省政府网站 12 类信息发布规范》、《浙江省企业基础信息交换流程规范》、《浙江省省级基础地理信息要素分类与代码》等标准规范的研究制定工作。杭州、宁波等地结合地区信息化工作，积极开展标准化工作，杭州市制定了《杭州市电子政务标准规范体系》、《电子政务信息系统安全测评、验收技术规范》、《杭州市门户网站建设规范》、《数字地形图数据建库规范》等 45 项重要技术标准规范，宁波、杭州根据信息产业部委托积极开展了社区信息化标准体系研究，提出了市区信息服务、数据代码、业务功能、业务数据元、分析功能、分析数据元、系统接入等 7 个标准草案。2006 年 8 月，浙江省信息技术标准化技术委员会（简称省信标委）成立，标志着我省信息技术标准化工作正式走向规范化和组织化。

（本章作者 浙江省经济和信息化委员会）

第54章
安　徽　省

引　言

安徽省信息化建设起步于20世纪90年代中期，经历了从无到有、逐步发展的过程。特别是2003年以来，安徽省委、省政府为适应国民经济和社会信息化发展趋势，立足全省经济社会发展全局，提出了建设"数字安徽"的重要战略决策。多年来，经过全省各地、各部门的共同努力，安徽省信息化建设框架体系已基本建立，取得了阶段性成果，并进入全面建设的快速发展时期。

54.1　组织机构日益完善

建立健全信息化工作领导机构。加快推进安徽省信息化建设，助力全省经济社会发展，长期以来一直是历届省委、省政府关注的重点。2003

年初，省委、省政府为贯彻落实党的十六大关于加快信息化发展的战略部署，立足安徽经济社会发展全局，高瞻远瞩地做出了建设"数字安徽"的重大决策，并把它列为"一把手"工程。成立"数字安徽"建设工作领导小组（安徽省信息化领导小组），由时任安徽省省长王金山同志担任组长。2007年以来，"数字安徽"建设工作领导小组进行了相应调整，成立了由现任省长王三运担任组长，常务副省长孙志刚、副省长黄海嵩为副组长的新一届领导小组，进一步指导"数字安徽"全面建设阶段的信息化建设工作。各地、各部门先后成立了由主要领导担任组长的信息化领导小组，配合"数字安徽"建设工作领导小组，开展各项工作，信息化建设的组织机构日益健全。

明确信息化主管部门。2005年5月，省政府进一步加强信息化建设工作力度，批复同意省信息产业厅增挂省政府信息化工作办公室牌子，增设推广应用处和网络安全处，进一步明确了信息化工作办公室的职能，加强指导全省信息化建设工作。2009年，按照国家大部制改革的要求，安徽省经委和省信息产业厅合并组建安徽省经济和信息化委员会，加大推进信息化建设的力度，进一步推动了全省信息化建设的发展。

54.2 基础设施不断改善

截止到2008年，全省本地固定电话局用交换机容量（含接入网设备容量）达到1620万门；长途光缆纤芯长度达到65万芯公里，本地光缆纤芯长度达到315万芯公里；运营企业互联网宽带接入端口达到250万个，骨干网省际出口带宽超过380G。全省移动电话交换机容量达到3300万户，移动基站数达到18000个，短消息中心容量达到17300万条/小时。全省电话用户总数达到3100万户。移动电话用户快速增长，总数达到1700万户。全省基础电信运营企业互联网宽带接入用户继续保持快速发

展，宽带接入用户达 190 万户。2006 年 10 月，全省实现了行政村 100%
通电话。全省互联网宽带接入用户由 6.9 万户增长到 155.9 万户，增长了
23 倍。网站总数已达 37682 个，网民数 337 万，大多数应用领域实现宽带
接入。广播和电视人口综合覆盖率分别达到 96.07% 和 95.44%。全省共
铺设光缆 3600 多公里。有线数字电视自 2004 年 7 月 18 日正式开播以来，
已开通 14 个市和 40 个县有线数字电视信号。

54.3 应用体系发展迅速

54.3.1 电子政务建设全面推进

全省电子政务专网基本建成，已拥有省、市、县三级政府网站 170 多
个，县以上政府网站全面建立。在全国政府门户网站绩效评估中，省政府
门户网站连年名列靠前位次；合肥市、铜陵市、六安市、颍上县、休宁县
政府网站在同比排序中处于前列。为贯彻落实十七届三中全会提出的建设
社会主义新农村的战略决策，协调城乡发展，推进社会主义新农村信息化
建设。同时，也为了配合政府信息公开条例的实施，省政府信息化工作办
公室进一步加快推进国家"乡乡有网站"工程公益项目在安徽的试点工
作。目前，安徽省已经完成合肥、芜湖、阜阳、宿州、马鞍山、滁州、淮
北、亳州、池州、六安、巢湖、宣城等 12 个市 951 个乡镇的推广培训和
建站任务，受到各市和乡镇政府的一致好评，为推进安徽省新农村信息化
建设发挥了重要的促进作用。

各地、各部门把电子政务与转变政府职能紧密结合，在办公业务应
用、为民服务、政务公开等方面取得了显著成效。合肥市创建的市级政务
统一信息处理平台，其协同办公与便民服务功能处于全国领先水平。芜湖
市政府网站"市民心声"栏目，入选第三届"中国地方政府创新奖"。省
发改委建成七大业务应用系统，大大提升了对宏观经济和重点项目的管理

能力。省统计主干网实现了常规统计与业务信息网上交互。省国土资源、商务、工商等部门注重数据库建设，促进了政务信息资源整合与共享。省档案局创建电子文件中心并牵头制定了全国电子档案标准。全省司法系统广域网实现主要业务应用全覆盖。省信访信息系统发挥应有功能，提高了信访工作的主动性。

各类"金"字工程进展顺利，部分工程处于全国先进行列。"金盾"工程信息网络覆盖全省公安系统，以"芜湖经验"为代表的安徽公安信息化成为全国公安机关学习的典范。"金财"工程广域网全省联通，并在全国率先开展财政补贴农民资金管理改革试点。"金税"工程全国现场会在安徽省召开，并将安徽省国税、地税"数据大集中"建设模式在全国推广。"金卡"工程实现了各商业银行间银行卡联网通用。"金水"工程投入运行，为防汛抗旱信息的迅速、安全传输提供了可靠保障。"金质"、"金信"、"金土"等一系列"金"字工程相继建成并在不同领域和行业发挥着重要作用。

54.3.2 企业信息化加快进程

全省规模以上工业企业的信息化基础指标大幅度提高。90%以上的企业建立了局域网或接入互联网，广泛开展财务、采购、销售、物流等信息化管理；83%的企业在生产过程中开展计算机辅助设计、辅助制造、辅助工艺等应用，企业设计水平、生产应变能力和产品创新能力得到加强。

省属重点骨干企业是企业信息化的先锋。江汽集团承担"十一五"国家863机械行业信息化重大专项收到显著成效。皖北煤电集团、淮北矿业集团实现了矿山数字化管理。马钢集团的"两板"信息化系统、交投集团的项目建设管理系统、新华集团的物流配送自动化系统等一批信息化项目，科技含量高、应用效果好，项目水平居全国同行业前列。在2009年3月份国家信息化测评中心发布的中国企业信息化500强调查报告中，安徽省江淮汽车、合力叉车、铜陵有色等16家企业榜上有名。中国电信安徽有限公司的企业信息化建设，有效地支撑了企业由单纯的通信营运商向综合信息服务提供商的转型，提升了企业的经营管理水平。在入围中国企业信息化500强的同时，获得最佳协同办公应用奖。

中小企业信息化以快速整合、快速实施、快速应用、快速见效为特征，从设计、财务、采购、生产、销售等单项应用入手，逐步向系统集成应用拓展，涌现出宁国中鼎、星马汽车、华星化工等一大批信息化建设成效显著的中小企业。

电子商务应用不断深化。居民日常水、电、气等消费已实现网上支付，网上银行业务日渐频繁。商之都、合肥百大、徽商集团农家福、周谷堆农产品批发市场等商贸企业和农贸市场，应用电子商务加快传统商贸企业向现代化商贸流通服务业转型。省烟草行业实现网上年交易额近300亿元。亳州中药材交易市场、太和西药交易市场电子商务客户已覆盖全国大部分地区。由省商务厅主办的中国安徽进出口商品网上交易会，自2004年起已连续举办五届，取得了良好的经济和社会效益。

54.3.3　农业和农村信息化特色鲜明

各涉农部门立足省情，创造性地开展工作，走出了一条安徽特色的农业和农村信息化发展之路。

以打造平台为依托，实现"用得上、用得起、用得好"。"安徽农网"开发建设的农业综合信息服务平台，整合资源，突出应用，辐射30多个国家和地区，网上促成年交易额超过60亿元。省农委"安徽农业信息网"已建成省、市、县三级网站群，年发布供求信息10万多条。"安徽农网"、"安徽农业信息网"双双获得全国农业百强网站称号，"安徽农网"已成为全国农业网站知名品牌。

以服务"三农"为宗旨，着力建设农村信息服务体系。目前已基本建成省、市、县、乡四级信息服务网络，省、市、县均设有农业信息管理服务机构，90%的乡镇建立了农业信息服务站，80%的行政村建有信息服务点，90%以上的农业产业化龙头企业和农产品（农资）批发市场建有网络终端。全省有农业信息员 1 万多人，其中获得农业部证书的有 3000 多人，初步形成一支活跃在广大农村的信息服务队伍。贯彻省委关于社会主义新农村建设的工作部署，制定并实施全省新农村"千村百镇信息化"示范工程，已收到初步成效。

54.3.4　社会事业信息化取得实效

以"信息惠民"为导向，在信息化助力和谐社会建设方面进行了积极有效的探索。整合省、市、县三级卫生保健资源的综合卫生信息网络基本建成，传染病疫情网上直报系统投入使用。安徽教育科研主干网开通，深受社会各界的关注和应用单位的欢迎。全省劳动保障网覆盖到全省各市和相关业务单位，并开通劳动保障咨询服务平台。省人口计生系统建立了全省育龄妇女信息库，实行流动人口计生工作全省"一盘棋"管理。省社会应急信息系统可迅速联络公安、医疗、抢险、社会公共事业等部门，及时调度紧急救援服务。省公安厅、交通厅紧密配合实施"智能交通"建设，实现了跨部门、多业务的信息资源整合与共享。省环保在线监控系统覆盖 188 家重点企业实时监控。省信息办会同省民政厅启动社区信息化试点工作。淮南市田家庵区、马鞍山市花山区的社区信息化起步较早，各具特色。

54.4　支撑体系得到加强

54.4.1　各类基础性数据库加快建设

全省空间地理信息基础数据库示范工程投入使用。各类企业数据库进一步充实，数据入库率达 99% 以上。全省人口等八大信息资源库，存储数据记录已达四亿条。

54.4.2 信息安全保障工作逐步加强

确立了信息安全管理体制和工作机制，成立了省电子认证中心、密钥中心和信息安全产品测评中心。截至目前，安徽省直部门中有 26% 的单位建立了安全管理组织，62.2% 的单位设立了专职或兼职安全管理人员，75.7% 的单位制定安全管理规章制度，30.5% 的单位制定安全事件应急处置措施。市县单位，有 47.6% 确定安全责任人，56.9% 制定安全管理规章制度，28.0% 制定安全事件应急处置措施。为加强安徽省信息安全测评工作，充分发挥省电子产品监督检验所技术优势，经省编办批准，该所增挂安徽省信息安全产品测评中心牌子，在全省开展产品认证、信息系统安全认证、信息安全服务资质认证和信息安全专业人员的资质认证。无线电监管能力明显增强，有效维护了空中电波秩序，保障了无线通信安全畅通。

54.4.3 信息化宣传培训工作广泛开展

各地结合实际，通过举办专题研讨、知识讲座、纳入党校教材等形式，强化对领导干部和公务员的信息化知识培训。2005 年以来，安徽省信息办会同省委组织部、省人事厅等部门先后多次联合举办了"数字安徽"知识大赛、全省公务员信息化与电子政务知识大赛。在全国计算机调试员技能大赛、全国电子商务大赛中，安徽省选手都取得了较好成绩。

54.5 经验与体会

多年来，安徽信息化建设工作取得了阶段性成绩，主要经验体会有以下几个方面：

54.5.1　各级党委政府重视、各方积极参与是信息化建设的重要保证

省委、省政府高度重视信息化工作，将其列为"一把手"工程。成立了由省长任组长的省信息化领导小组，全面指导全省信息化建设进程。各级政府陆续建立信息化专门机构，并从政策上、资金上给予了大力支持。各级政府、省政府和省信息化领导小组先后出台了《"数字安徽"建设（2003—2007 年）五年规划纲要》、《数字安徽五年建设规划纲要（2008—2012）》、《数字安徽建设管理办法》，《安徽省"十一五"国民经济和社会发展信息化发展规划》以及电子政务、电子商务、农业信息化、企业信息化"十一五"专项子规划等一系列政策性文件，有力地指导了全省信息化快速健康发展。省政府和部分市政府设立了信息化发展专项资金。在省"861"行动计划中，把"信息工程"列为六大基础性工程之一，从项目和资金投入上予以倾斜。在省信息化领导小组的统筹指导下，各地各部门结合各自实际，规划实施各类信息化项目工程，在全省范围形成政府推动、各方协力、全社会参与的"数字安徽"建设良好氛围。

54.5.2　实行统筹规划、坚持试点引导，是信息化建设的基本规律

推进信息化，必须规划先行、试点引路，以避免重复与浪费。实践表明，"数字安徽"建设规划纲要及各地各部门制定的信息化发展规划，发挥了应有的指导作用。信息化又是一个不断探索的过程，在起步阶段选择确定了 15 个重点项目开展试点示范，收到较好的效果。同时，积极创造条件争取国家在安徽省实施各类信息化试点工作。阜阳、芜湖被信息产业部确定为全国农村信息化综合信息服务试点市。宁国、舒城被国信办列为全国县域经济信息化试点。合肥、黄山分别被信息产业部确定为全国城市信息化和旅游信息化试点城市。商务部批准安徽省为农村商务信息化试点省。建设部批准合肥、黄山等六市为国家第三批数字化城市管理试点。

国土资源部确定安徽省为全国"金土"工程一期两个省级试点单位之一。通过这些国家级试点项目的示范带动，加快了安徽省的信息化建设步伐。

54.5.3 应用信息技术改造提升传统产业，是企业信息化的核心任务

信息化与工业化融合，是走新型工业化道路的必然选择。一是引导各类企业加快信息化进程，利用信息技术实现传统工业的企业流程再造，提升企业的管理和生产过程现代化水平。江汽集团开发应用产品数据管理系统，大大提高了市场竞争力，推动了企业快速发展，销售收入6年增长6倍多。国投新集刘庄煤矿实现了矿井的综合控制自动化和经营管理网络化，生产效率和安全水平明显提高，被誉为"中国第一个数字化煤矿"。二是大力发展电子信息产业，推动具有特色优势的电子信息产品制造和软件业上规模、上水平，促进产业结构调整与升级。同时，通过信息技术和产品在各行业中的广泛应用，进一步促进了电子信息产业的发展，形成产业互动促发展的局面。

54.5.4 坚持以人为本、实现信息惠民，是信息化建设的根本宗旨

"数字安徽"建设把为民服务放在首位，力求让人民群众享受到信息化带来的实惠。各地电子政务突出了公共服务、便民互动功能。城市信息化重点加强了公共资源、公共设施、城市安全为基础的数字化管理与服务。农业和农村信息化重视综合信息服务体系建设，为广大农村提供生产技术、病虫害防治、农产品供求、政策法规等信息服务，促进了农业增产增效、农民增收。2007年省委省政府部署实施12项民生工程以来，信息化工作迅速跟进，信息化服务于民生工程取得显著成效。

54.5.5 创新运行机制、发挥市场作用，是信息化建设的有效途径

信息化是一项涉及全局的工作，需要社会各方面的共同参与。各级政府在规划、政策、投入等方面应当发挥主导和统筹作用。而信息化又是覆盖各个不同领域的发展过程，更要发挥市场机制配置资源的基础性作用。特别是要充分发挥各通信运营商在资金、技术方面的优势，为它们直接参与重点工程建设创造条件。省委组织部实施"农村党员干部远程教育工程"与中国电信安徽分公司实施"宽带入村工程"相结合，就是一个成功的范例。

当前，安徽省信息化建设已经步入全面建设阶段。面对新形势，安徽的信息化工作将一如既往地贯彻科学发展观理念，以《数字安徽五年建设规划纲要（2008—2012）》为指导，实现三步走的战略目标，实现"中部崛起"的蓝图。紧紧围绕省委、省政府的重大工作部署，发挥信息化在促进经济发展方式转变、提高政府行政效能、推动城市创新发展、加快社会主义新农村建设、构建和谐社会等方面的重要作用，以优异的成绩向建国六十周年献礼。

（本章作者　吴晓明　尹健　杨全城）

第55章

福　建　省

引　言

　　福建省委省政府十分重视信息化建设。"数字福建"即福建省信息化工作，是 2000 年 10 月福建省委在省委六届十二次全会上做出的重要部署。省政府成立了以省长为组长的"数字福建"建设领导小组及其办公室，全面组织实施"数字福建"的规划和建设。从提出建设"数字福建"以来，福建省"数字福建"建设领导小组办公室认真贯彻 17 号（中办发〔2002〕）、27 号（中办发〔2003〕及 34 号（中办发〔2004〕）等文件及国务院信息化工作办公室就信息化工作所做的重要部署，落实全国电子政务工作座谈会精神，紧紧围绕海峡西岸经济区的战略部署，通过实施一系列重点工程，使福建省信息化建设取得新的进展，信息化水平上了一个新台阶，对福建省国民经济和社会发展起到了重要的支撑作用。

　　随着"数字福建"深入建设，福建省信息化建设已经迈入深化应用、协调发展新阶段，适时进行了工作重点的调整和推进机制的创新，即工作重点实现两个调整：从主要推进项目建设转变到重点推进深化应用；从主要推进省直部门电子政务转变到统筹推进各级各领域信息化建设。工作机制实现两个创新：从单纯依靠项目审批和资金投入转变到同时依靠制度创新；从局部规划和信息化项目论证转变到以全局的视角来统筹规范和审查信息化项目，使"数字福建"建设迈上了新的台阶。

55.1　信息化基础设施建设明显改善

改革开放以来，福建省的信息基础设施有了快速的发展，信息化的基本条件有了明显的改善。在通信业保持较快增长的同时，在电子政务的专用传输网络建设、信息安全保障体系的形成方面都有了显著的成就。

55.1.1　通信业保持较快增长

"十五"期间，福建省通信业年均增速8.49%，成为带动全省国民经济增长、结构升级的支柱性、先导性产业和增强全省综合实力的基础性、战略性产业。截至2007年底，全省光缆线的总长度达20.2万公里，完成规划目标的77.6%；固定电话普及率达到41部/百人，完成85.4%；移动电话普及率达到57部/百人，完成87.6%。广播电视人口综合覆盖率分别达到97%和98%，达到规划目标；有线电视入户率达到51%，完成68%。农村信息基础网络不断完善，20户以上自然村电话覆盖率达到81.9%，建制村宽带覆盖率达到81.9%，超额100%完成任务。

55.1.2　建成电子政务网络传输工程——福建省政务信息网

全省三级"王"字形政务网络体系基本形成，目前，已连通了257个省直接入点和9个区市、84个县（市、区）的近6000个接入点，能够提供电子公文传输、电子邮件、政务信息共享、信息发布、加密通信、视频会议、视频点播等多种应用，并产生了显著的经济效益，累计召开全省视频会议 500 多场，仅视频会议应用这一项就节约会议费支出数千万元，节约网络建设经费 6 至 7 亿元。

55.1.3　全省信息安全保障体系初步形成

建成福建省电子商务认证中心、省政务数字认证中心和密钥管理中心。省电子商务认证中心向社会和相关政府部门发放数字证书 22 万张，省政务数字认证中心向省直厅局和设区市政府发放数字证书约 8000 张。建设了福建省政务信息网络安全监控系统、省政务信息网络防病毒体系、省网络与信息安全测评中心以及应急处置通报中心、网络与信息安全基础数据库及以密码为基础的网络信任体系等，初步构建起我省网络与信息安全防范体系。出台了一系列网络与信息安全管理规则和技术规范，建立了较为完善的网络与信息安全管理制度。

55.2　扎实推进电子政务应用

"十五"期间，我省建成了一批重点信息系统，在提高宏观经济决策管理水平方面发挥了日益重要的作用。

55.2.1　重要业务系统

——政府办公业务信息化建设基本完成。省政府办公厅完成接入全国政府系统办公业务资源网高速核密级网络平台及公文无纸化传输系统福建节点的建设任务，实现向国办报送政务信息、值班信息和电子公文双向无纸化传输。建成省级政府门户网站——"中国福建"，2007 年通过对门户网站和省级公众信息服务平台整合升级，实现跨部门的信息发布及内外网的数据交换，提高了政务信息整合、在线办事、互动交流等服务的快速响应能力。建立福建省政府公文交换系统，制定了电子公文交换接口规范和电子公文版式标准，实现省政府办公厅与各级政府以及各级政府机关单位之间非密电子公文的交换。省政府办公厅日常内部办公和对外公文传输80%实现了无纸化。

——金盾工程。全省公安信息网基本建成，骨干网带宽提高到1000M。省厅、九个设区市局和 76 个县局建成了局域网。开发建成 14 个一类应用系统和 11 个其他类应用系统并投入运行。建成支撑业务需要的近 22 类数据，入库记录数约 4542 万条。金盾工程已经实现制度化、规范化管理，数据得到了及时更新和维护，为我省换发二代证工作提供了强有力的信息支持和技术保障。

——金保工程。建设了省级劳动保障资源数据库，包括"五险合一"数据库等。实现部省联网，初步建成企业职工养老保险、医疗保险、劳动力市场等三个信息管理系统，企业退休职工通过工行网络领取养老金，实现与定点医院、定点药店的联网和网上医保费用直接结算，劳动力市场数据库有 100 万条个人求职信息，企业用工信息约 10 万条。

——金质工程。建成了省、市、县三级联网的代码信息数据库，实现全省代码数据大集中，省中心数据库与国家中心数据库实现联网。开发建设了福建省产品质量监督与检验管理系统和"福建质量信息网"等重要应用系统，其中，自主开发建设的特种设备安全监察动态监管系统还被推荐给全国。

——金宏工程。实现 9 个设区市 84 个县区发展改革部门的网络互联互通。完成全省发展改革系统基础平台、电子邮件系统、即时通信系统等的部署。完成省发展改革委协同办公系统、信息发布系统及项目储备库的开发。

——金审工程。一期工程建成省厅与 12 个派驻省直厅局处室的审计业务虚拟专网及厅内部局域网；开发审计管理系统、办公 OA 等业务应用系统和有关审计业务信息资源库（包括审计对象数据库、审计法规数据库、审计人才数据库、审计举报数据库），整合了相关数据。

——金水工程。建成省水利业务专网、防汛信息查询及手机短信息警报发布系统、防汛远程视频实时监控系统、防汛决策支持系统及防汛移动指挥应用系统等。完成对全省320个水位、雨量站及水情报汛设备设施的技术改造。完成福建省水文实时雨水情信息数据库改造和实时水文信息查询系统建设任务，实现在政务共享平台上水文实时雨水情数据的共享。

——金土工程。建成土地利用规划管理、矿业权管理、国土资源执法监察、国有土地使用权挂牌出让网上交易和国土资源信息服务等系统，建立起国土资源数据网上获取、汇总和上报通道，为政府科学管理、分析决策、宏观调控提供数据支撑；并与建成的建设用地审批、建设项目供地审批电子备案与在线监控系统相结合，进一步促进了政务公开，增强国土、矿产资源管理能力。

总体上，我省积极根据国家"金字工程"有关承建部委的部署和要求，已经基本完成"十二金"工程的阶段建设任务，并且运行情况良好。

55.2.2　其他应用系统

在推进金字工程建设的同时，我省还根据工作需要建设了网上审批系统、省应急视频会商指挥系统、省级应急平台、农村党员干部现代远程教育工程、计生信息服务系统，以及人事、海洋渔业、防震减灾、交通战备、文化应用、环境生态、基础地理、林业、旅游等一批应用系统。这些应用系统已经取得了良好的社会效益，如省外经贸厅利用网络对全省上万家外商投资企业进行联网审批、联合年检，极大提高了办事效率；省国土厅实现用地报件的网络审查，使省和设区市对用地报件审查规定时限从原来的15天，分别缩短为5天和3天；省水利厅实现了在15分钟内将水文信息从观测站逐级上传到分局、省局和中央的自动报汛；福建进出口企业检验检疫信息服务系统使产品检验检疫时间由原来的2个工作日缩短到1个小时以内，预计每年可为辖区企业节省交通费超过350万元。

55.2.3　推动市县电子政务建设

所有设区市政府均建成了政府门户网站，在网上开展政务公开、信息发布、便民服务、首长信箱等服务；实现值班信息和政务信息报送的电子化。部分市政府（如厦门、泉州等）已经实现内部公文办理的电子化及专网上的公文无纸化传输；普遍加强了行政服务中心信息化建设，建成网上审批系统。

县（市、区）电子政务建设正从试点建设向面上推广，取得了初步成效。政务网络设施已经全部建成开通，并已有 68 个市县（市、区）完成了由省数字办统一配发的办公自动化软件的部署和应用。其中，泉州市所辖的县（市、区）已经全部建成开通了网上审批系统；福州市在全市范围推广鼓楼区社区信息化建设经验和建成的相关系统，如政务热线"12345"等；厦门市在建成人口基础数据库的基础上，在社区推广应用市民信息服务系统；宁德市建成开通了农村服务联动信息网，所辖的霞浦县还建设了县乡两级视频会议系统、政府专网、政府外网，开展了为民服务项目。这些系统将电子政务与公共服务紧密结合起来，使老百姓切实感受到电子政务带来的好处。

55.3 政务信息资源开发利用稳步推进

55.3.1 开展政务信息资源和业务系统的改造工程

为盘活和应用现有的政务信息资源，从 2001 年开始，省数字办先后组织了两期政务信息资源改造工程，对国土、测绘、统计等 37 个厅局的不同格式、不同标准的政务信息资源进行数字化、网络化、标准化、时空化再造，组织建立起 100 多个标准化空间信息、资源环境、经济、社会和历史等基础数据库（共 1600 多个数据表，18000 多个数据项），为实现政务信息共享奠定基础；同时还改造了相关的 13 个政务业务运行系统。

55.3.2 建设专业数据库

从 2001 年开始，我省就开始组织建设了统计、测绘、地质、档案、气象五个专业数据库。

统计库建立了一套符合国家标准的福建统计指标体系、编码体系和统计分组体系，开发了统计数据库管理系统，完成了 1990 年到 2002 年 30 个专业的基础数据入库，累计数据记录近 200 万条，建立了人口普查、基本单位普查、农业普查和部分统计专业等专题数据库。

测绘库建立了覆盖全省的 C 级 GPS 测量控制网；通过遥感技术，对全省 1:25 万数字线画图（18 幅）和 1:5 万数字线画图（337 幅）进行数据更新。顺利实现了传统模拟测绘技术体系向数字化测绘技术体系的转变，建成了具有较大规模的数字化测绘生产基地，具备了基础测绘数字产品年生产各 800—1000 幅及数据入库、数据库管理运行的生产能力。

地质库完成了 2 万平方公里 1:5 万比例尺正射影像制作，以及 15 景美国资源卫星影像、26 景中巴资源卫星影像、15 景法国 SPOT 卫星影像数据、部分沿海 10 景雷达影像数据、历史 TM、中巴数据和福州、厦门、泉州、漳州 0.6m 分辨率 QUICKBIRD 城市影像数据的处理，开展了福州 1m 分辨率 IKONOS 立体像对处理及城市三维建模试验。

档案库实现全省各级（国家）综合档案馆建立档案目录数据 2300 多万条。省档案馆已完成馆藏 165 万条文件级和案卷级目录数据库建设、261 万页重要档案扫描和 142 万画幅缩微档案转换建库、全部馆藏 2.1160 万张馆藏照片档案扫描建库、馆藏 94 盘录像档案和 508 盒录音档案转换建库任务。

气象库引进 EOS/MODIS 卫星数据接收预处理系统和高性能的遥感图像处理系统，实现卫星遥感源数据接收和图像处理功能；建设了高速海量网络存储系统。

55.3.3　建设基础数据库

2004 年开始，我省开展人口、法人基础数据库的前期工作；2006 年，基础数据库启动建设；2007 年，人口、法人基础数据库建成。法人基础数据库整合了各部门涉及法人机构的基础信息，避免了重复投入，建立起部门间法人基础信息交换共享系统，完成了 58 万多条共享数据入库（其中质监 15 万多条，工商 15 万多条，国税 12 万多条，地税 15 万多条，外经贸 5000 多条），可提供包括工商注册信息、年检信息、纳税信息等法人数据综合查询、稽核与比对复用等法人基础信息服务，以及基本的宏观统计分析等应用系统建设。人口基础数据库完成了公安厅 3400 万多条人口记录和计生委 200 多万条人口计生信息记录入库，可提供包括公民身份信息、死亡信息、计生信息等人口数据综合查询、稽核与比对复用等人口基础信息服务。

55.3.4　开展政务信息资源目录体系和交换体系试点

2005 年在国信办的指导下，启动了省直和福州、厦门两市的政务信息资源调查试点工作，完成了省直 42 个厅局的《福建省部门政务信息资源基本目录》和《福建省部门政务信息资源基本指标目录》的编制工作。在此基础上，于 2006 年 8 月开始启动福建省政务信息资源目录体系与交换体系应用试点，并以"行政事业单位人员工资编审与发放"和"企事业单位养老保险人员养老保险金发放"两个业务协同事项作为示范内容。

55.3.5　开展省级政务信息编目工作

政府信息目录是信息资源目录体系的核心内容。2008 年，全面启动了 68 个单位信息编目工作，并于 2009 年 6 月通过了数字办组织的专家验收。项目通过对 68 个省直部门开展政府信息调查梳理，形成了 68 个政府部门总共 2124 项业务事项、4478 个业务信息、44299 个指标、299 个数据库、324 个应用系统、916 个证照信息的目录编制成果；同时围绕政府信息目录应用，拟定了《福建省省级政务信息资源目录管理办法》等三个办法。政府信息目录编制成果必将对深化我省电子政务应用、推动信息资源共享、加强信息资产管理起到积极促进作用。

55.4　社会信息化应用逐步拓展

结合和谐社会和新农村建设，重点推进了教育、医疗卫生等领域的信息技术应用以及农村信息化试点示范工作。

55.4.1　医疗卫生领域信息化成效凸显

全国第一家开通全省远程医疗会诊系统，实现了全省80家县级以上医疗机构视频网络互联、医学资源共享，通过信息网络平台，为基层边远地区提供先进医疗机构的技术资源和医疗服务，系统开通以来开展的远程会诊病例已近1800例。在全国第一个实现全省医疗保险联网，规范了异地就医服务行为，解决了全省医保参保人员异地就诊费用结算问题。建成全省新型农村合作医疗信息平台，全省9个设区市的中心平台全部开通运行，系统的建成保障了新农合制度持续健康发展，让农民更好地享受医疗保险的实惠。

55.4.2　加快推进社会保障卡建设

积极推进社保卡项目前期工作，协调省财政厅、劳动和社会保障厅、卫生厅、银联公司和相关银行，确定了社保卡作为全省医疗机构统一的就诊卡、基于社保卡开发电子钱包功能和社保卡全省免费发放方式；制定了社保卡建设应用技术指南和社保卡作为就诊卡的医疗机构改造技术规范。项目已经通过省发改委立项，启动建设。

55.4.3　全面推进有线数字电视整体转换进程

2005 年我省泉州、厦门等市就开始了有线数字电视整体转换工作试点。为了统筹推进全省有线数字电视整体转换，我省成立省有线数字电视整体转换工作实施领导小组，组织制定《福建省有线数字电视整体转换实施意见》。目前全省共完成整体转换 150 万多户，厦门、泉州、漳州、龙岩、莆田已基本完成城区转换工作，进入所属县（市）整体转换阶段。宁德、三明、南平也启动了整体转换工作。全省整体转换工作总体进展较为平稳。

55.4.4　推进农村信息化工作

我省农村信息化试点已列入国家第一批信息化试点项目，获得国家资金支持。协调中国移动、中国电信、超大集团、福建邮政物流公司、福建农资集团等部门共同建设乡村信息服务站点。充分发挥 969155 农业服务热线窗口作用，为广大农民提供优质、高效、快捷的服务。共受理来电咨询 131312 次，来访咨询 61619 次，农技干部下乡现场指导 70799 人次，举办各类农业技术专题培训班 22188 期，受训人数 165973 人次。科技人员下乡 138640 人次，挽回经济损失 8992 万元，新增效益 9892 万元。

55.4.5　启动实施数字城市和社区信息化试点工作

一是开展数字城市试点工作。"数字福建"专家委员会积极协助泉州市开展信息化资源的普查，完成了《泉州市"十一五"信息化规划》的修订工作，印发了《泉州市信息化建设总体工作方案》。泉州市还编制了数字城市试点实施方案，已上报省数字办。二是启动社区信息化试点申报工作，除三明和厦门市外，其余七个设区市均上报了试点建设方案，省数字办已组织有关专家进行了评审，确定了试点地市和试点项目。三是福州市整合了鼓楼区便民呼叫中心 12345，并在全市推广使用。鼓楼区启动建设城市数字化网格管理系统，建设适应鼓楼城市管理要求的信息化应用体系和城市数字化网格管理数据体系，这是我省第一个数字网格化城市管理信息系统。

55.5 企业信息化稳步推进

55.5.1 综合性企业信息化平台应用良好

至 2008 年底，商务领航用户数已超过 13 万个，在平台上运行的有一定规模的信息化应用系统产品达 50 余个。福建电信除了通过商务领航提升中小企业信息化应用水平之外，还通过将综合信息化产品嵌入工业生产的应用系统中，加速了工业信息化进程，目前已有近 1000 家企业享受到福建电信"数字厂区"的信息化服务。福建移动已为全省超过 300 万个用户提供"银信通"业务，为近 4 万家企业提供"企信通"行业信息化应用，为 2 万多家物流企业提供"物流通"终端定位服务。

55.5.2 推进一批行业性、专业性的企业信息化公共服务平台建设

福建省企业联席办继续推进"福建省企业移动电子商务平台"、"福建省分销信息化平台"、"福建省网上投洽会信息平台"、"福建省可视化应用协同和内控管理信息化公共服务平台"、"福建省供应链信息化公共服务平台"、"福建省医药综合信息管理服务平台"、"福建省食品加工信息化公共服务平台"、"海峡人才信息网络公共服务平台"建设，并按协议进行了中期验收，共带动 200 家以上企业应用平台实施了内控管理、供应链管理及电子商务等信息化改造。

55.5.3 研究制定推进企业信息化工作的政策措施

经省政府同意，原福建省信息产业厅制定出台了《2008—2010 年福

建省企业信息化行动方案》和《福建省关于推进企业信息化的若干意见》。加强政府部门与网络运营商合作，省信息产业厅与省网通公司签订了《推进海西经济区信息化建设合作框架协议》。国家统计局福建调查总队与省信息产业厅联合开展了《2008年企业信息化水平指标测算》和《福建省企业信息化需求调查》。

55.5.4　发展电子商务

由福建省经贸委牵头，联合福建省发改委、福建省财政厅等十六个单位共同出台《关于加快福建省电子商务发展的实施意见》（闽经贸商业[2008] 255号），进一步加快我省电子商务行政资源的整合。省经贸委围绕产业集群、支柱产业、重点产业或为城市社区提供服务等方面，确定一批发展潜力大，发挥行业性、地区性龙头带动作用和点击率高、示范作用明显的第三方电子商务平台项目，并对其中部分项目予以资金支持。福建省网店联盟建成网上商店多银行在线支付系统；泉州市万家企业上网平台为泉州企业走向国际市场发挥了重要作用。全省已有 BtoB 网站 59 个、BtoC 网站 120 个、CtoC 网站 105 个，网民数达 397 万人，占人口比重居全国第 6 位。电子商务人才培养加快，省内院校电子商务本专科毕业生已达 3300 人，已获得国家助理电子商务师、电子商务管理员职业资格证书者达 6000 人。电子商务及银行卡应用逐步发展，促进了生产、流通、服务和消费。

55.5.5　推动物流信息平台建设

福建交通控股现代物流信息平台已完成企业生产支持系统开发建设、完成企业 ERP 系统开发建设的 90％，余下第三方物流企业系统待平台建设规划方案出台后实施。港口物流作业联动平台已完成平台开发建设，并通过省交通厅组织的验收，目前信息交流良好。公共物流信息服务平台已完成 GPS 安全监控平台开发建设，运行情况良好。

55.6 信息化保障体系初步完善

55.6.1 管理体系

加强组织领导，成立了以省长为组长，三位副省长为副组长，由33个省直厅局主要负责人参加的"数字福建"建设领导小组，领导小组下设办公室，挂靠省发改委，作为具体办事机构，健全的组织领导体制为我省信息化建设提供了有力保障；在决策方面，积极发挥专家作用，2001年3月22日，省政府决定成立"数字福建"专家委员会（19人），后又根据工作需要，按照专业类别先后设立了网络与信息安全分委会等六个分委会，并不断健全完善专家咨询服务机制。

55.6.2 政策法规体系

在网络管理及网络信息安全方面制定并实施的有《福建省互联网交互中心管理规定》、《互联网网间结算办法》、《福建省宽带用户驻地网管理暂行规定》、《福建省政务信息网管理暂行办法》、《福建省计算机网络与信息安全管理暂行规定》、《福建政务涉密网络管理暂行规定》、《福建省政务数字证书管理暂行办法》和《福建省计算机信息系统安全管理办法》等；在项目管理方面制定并实施的有《"数字福建"建设项目管理暂行办法》、《"数字福建"建设项目评审管理办法》、《"数字福建"建设项目中期评估及验收管理暂行办法》及《福建省省直部门局域网建设指导意见》等；在信息资源开发利用方面，制定了《"数字福建"政务信息资源改造项目验收大纲》、《"数字福建"信息共享数据库政务信息资源改造项目验收办法》等。

55.6.3　技术标准规范体系

会同省技术质监局制定印发了《福建省加强信息化标准化工作实施意见》，明确了信息化标准化工作的阶段目标和 4 项主要任务，规定和建立了信息化标准工作的程序和应用检查机制。积极参与国家电子政务标准总体组组织的调查、培训及试点等工作，并在省内开展目录与交换体系标准的宣传贯彻培训工作。同时，为推进全省信息资源的共建共享，提高数据质量，我省制定了适合于全省范围的政务数据的生产、建库和应用的统一标准规范，包括《"数字福建"政务信息分类和编码规则》、《"数字福建"政务信息数据字典》、《"数字福建"政务信息元数据》、《政务信息资源改造项目验收规定》和《"数字福建"空间数据质量评价》5 项地方标准，由省质量技术监督局以地方标准的形式颁布实施。

55.6.4　人才培养、培训体系

引导各部门依据职能开展信息化相关领域的培训，依托省空间信息工程研究中心建立信息化高级人才培养基地，依托省经济信息中心建立"数字福建"培训基地，并积极发挥社会力量，建立了较为完备的信息化人才培养、培训体系。自"数字福建"工程实施以来，已经举办了政务网、信息安全、系统应用、信息开发等主题的近百期培训活动，受训人数达到上万人。

55.6.5　电子政务绩效考核有序开展

2008 年，省效能办和省数字办联合制定出台了《福建省电子政务绩效考核办法》，率先开展制度化、规范化的电子政务绩效考核，并纳入单位效能考核总得分中。主要考核电子政务服务与应用、信息资源开发利用与电子政务信息标准化、信息网络安全保障等三个方面。根据电子政务绩效考核工作的部署，省直各单位高度重视，积极配合绩效考核工作，使得电子政务绩效建设和考核工作取得了预期的成效。不但推进了网上审批、

基础办公软件的深化应用以及信息网络安全保障工作，保障了信息编目工作的顺利完成，而且也强化了省数字办对部门电子政务工作的引导和推动作用，形成了推动电子政务深化应用的良好局面和机制。

（本章作者　杜巍　刘博）

第56章
江　西　省

引　言

新中国成立60年来，江西政务信息化从无到有，从局部突破到全面推进，从摸索前进到思路清晰，政务信息化已经渗透到全省经济社会各个领域，对于转变政府职能、创新政府管理方式、强化社会管理和公共服务发挥着越来越重要的作用。特别是近年来，江西始终坚持以"五统一"原则为统领，始终坚持按照集中统一、整合共享、联合协同的方式推进政务信息化，走出了一条经济欠发达地区电子政务建设方案优、功能全、效果好、投资省的成功路子，创造了政务信息化"江西模式"。

56.1　按照"五统一"原则，积极有序
推进电子政务建设

建国之初，江西电子政务建设一片空白，办公以手工操作为主，行政

效能低下。进入 20 世纪 80 年代,按照党中央、国务院的部署和要求,江西政务信息化建设开始起步。20 世纪 90 年代,江西政务信息化建设全面推进,加速发展。20 世纪 90 年代末以来,特别是新世纪以来,江西省委、省政府明确要求按照"统一组织领导、统一规划实施、统一标准规范、统一网络平台、统一安全管理"的"五统一"原则,集中力量建设全省电子政务统一网络平台和应用系统,不搞分散重复建设,江西电子政务建设取得令人瞩目的成效。

1998 年,江西省政务信息网一期工程启动建设,当时江西党政机关联网计算机仅 1000 余台,政务信息网出口带宽仅 64K;目前,全省政务信息网联网计算机达 10 多万台,省级出口带宽达 400M,并即将扩容到 1400M。2004 年初,纵向到底、横向到边,覆盖江西省、市、县三级党政机关的全省电子政务统一网络平台(江西省政务信息网)建成开通,网络平台横向连接省委、省人大、省政府、省政协和 200 多家省直部门,纵向连接 11 个设区市、109 个县(市、区、管委会)党政机关。在统一网络平台上,省市县三级网络分别横向连接本级党委、人大、政府、政协和各直属部门,并实现省市县三级对口部门纵向联网,为全省各级党政机关提供了一个方便快捷、安全可靠的统一电子政务"信息高速公路"。江西成为全国首个电子政务内网和外网同时建设、同时提供服务的省份,率先完成国家电子政务外网江西分中心建设,实现了与国家政务外网的有效对接,电子政务网络建设与服务总体水平居全国前列。在互联网出口服务方面,江西省按照"省市县(区)分级出口、本级政务部门统一出口、集中管理和保障安全"的原则,省、市、县三级政务信息网网管中心分别为各级政务部门提供统一的互联网服务,既有效保障了信息安全、又大大节省了互联网租用经费。

全省政务信息网的建成,为全省各级政务部门应用系统和跨部门应用系统建设奠定了良好基础。全省政务信息网建设之初,江西各地各部门政务应用系统仅 10 余个,目前,全省政务信息网已承载各类应用信息系统 852 个,其中省级系统 236 个,市县系统 616 个。全省政务信息网承载的业务应用系统加速推进，为创新政府管理，提高行政效能发挥了积极作用。依托全省政务信息网建设的全省党政机关公文电子传输系统，大大提高了全省党政机关公文传输速度，确保政令畅通和领导决策指挥的时效性；省财政厅省级国库集中收付系统强化了财政收支管理；省地税局全省税收征管系统有效提高了全省地税系统工作效率；发展改革、司法、工商、质监、教育、统计、环保、林业、对外合作、物价、地震、信访等部门应用系统均取得良好成效，极大地提高了政务工作效率和为民服务水平。江西"民声通道"信息系统、省政府决策支持综合服务系统、省高级人才信息库系统、省政府突发事件应急指挥系统、省社会信用信息系统、全省网上审批和电子监察系统等一批跨部门业务应用系统建设顺利推进，作为龙头项目，有力带动了全省信息资源开发利用。

政府门户网站从无到有。目前，江西全部省直部门、设区市政府以及县（市、区）政府均已建立门户网站，对外宣传、政务公开、网上办事、为民服务、民众参与、互动交流已成为江西政府门户网站的工作重心。省直部门网上服务事项超过1000项，提供下载表格230种，各设区市政府网站网上服务事项平均超过600项，提供下载表格平均达到400多种。省政府和各设区市政府的"政府信箱"顺利开通，成为公众表达诉求，建言献策的有效渠道。

政务信息化发展环境日趋完善。江西先后制定颁布了《江西省电子政务建设项目管理暂行办法》、《江西省计算机信息系统安全保护办法》、《关于在政府网站公开政务信息的若干意见》等一系列规章和管理办法，有效地保障了江西政务信息化健康有序进行。编制了《江西省政务信息网联网方案》、《江西省政务信息网IP地址分配办法》、《江西省电子政务数据资源目录》、《江西省政务网站评估指标体系技术规范》、《江西省信息系统工程实施程序与要求》等电子政务建设技术标准规范，促进了全省电子政务建设规范有序推进。

56.2 理清发展思路，实现电子政务建设"三大转变"

60 年来，江西电子政务发生了翻天覆地的深刻变化。特别是 1997 年江西明确提出电子政务"五统一"原则以来，江西电子政务发生的变化尤为显著。总体上，江西电子政务建设实现了"三大转变"：

56.2.1 从分散建设转变为集中统一

1997 年，针对政务部门网络建设缺乏规划、各行其是的状况，江西省委省政府理清发展思路，明确提出按照"五统一"原则，集中力量建设全省电子政务统一网络平台，解决省委、省人大、省政府、省政协和全省党政机关联网问题，不搞分散重复建设，并始终坚持贯彻执行。

为了充分发挥全省电子政务统一网络平台的作用，制止网络分散重复建设，在具体做法上，江西采取了"堵"与"疏"相结合的办法。"堵"就是从四个方面堵住网络分散重复建设漏洞。一是从领导层面"堵"，江西省委省政府领导形成共识，明确全省只建一个电子政务统一网络平台，不支持各部门分散重复建设广域物理网；二是从项目审批和资金安排方面"堵"，省政府明确要求，凡是分散重复建设的广域网项目，省发改委一律不予批准立项，省财政厅一律不予安排资金；三是从电子政务建设前期工作方面"堵"，省发改委和省信息办联合在项目规划布局方面进行把关，所有电子政务建设项目须由省信息办组织信息化工作专家组进行技术论证，在前期工作方面防止网络分散重复建设；四是省政府发文"堵"，省政府多次下发有关文件，明确要求全省各地、各部门都要依托全省电子政务统一网络平台进行业务应用系统建设，已经建设的电子政务业务系统和网络，要逐步迁移到全省电子政务统一网络平台上来，新建的业务系统原则上必须利用统一网络平台。此外，对国家有关部委向下延伸的纵向网络，江西也采取"上面千张网，下面一网通"的方式，利用江西省电子政务统一网络平台，实现国家部委与本省对口部门的网络互联，不搞部门网络分散重复建设。"疏"就是集中力量建成全省电子政务统一网络平台，为省市县三级政务部门提供横向、纵向联网服务。

经过努力，2004 年 3 月，江西省电子政务统一网络平台全面建成开通并投入使用。建成以来，该网络平台一直保持了安全稳定运行，目前全省电子政务统一网络平台已经横向连接 234 个省直部门和单位，承载了 30 多个省直部门纵向业务应用系统，电子政务统一网络平台的作用日益显现。全省没有出现分散建设本部门广域物理网的现象，从根本上制止了网络平台的分散重复建设，节省了大量物理网络建设经费。

为了进一步完善全省电子政务统一网络平台，当前江西正在积极筹建"政务网乡乡通工程"，将省政务信息网由县向乡镇、街办延伸，用统一的政务信息网解决全省各部门面向乡镇联网的需要，避免基层网络分散重复建设。同时，为了解决省政务信息网负载逐渐加重的问题，启动省政务信息网扩容工程建设，实现扩容网络与已建网络之间的负载分担、互为热备，确保全省政务信息网安全稳定运行。

56.2.2 从信息割据转变为整合共享

长期以来，江西政务信息资源有效共享不足，存在条块分割的现象，形成了以地域、专业、部门等为边界的信息孤岛，缺乏信息共享机制与手段，存在重复建设和资源浪费的现象。为推进资源整合，江西按照"五统一"原则，依托全省政务信息网，统筹规划建设政府信息资源共享目录体系、交换体系和技术标准，着力打造信息共享平台，建设信息采集、分类、加工、存储、交换、发布管理制度，使得江西政务信息资源逐步实现有序整合、交流共享。主要是做好三大工程建设：

一是集中建设全省政府信息公开平台。按照《中华人民共和国政府信息公开条例》要求，依托全省政务信息网统一网络平台，建成开通江西省政府信息公开平台，江西省政府及各政务部门公开信息集中在互联网上对外公开发布。省政府信息公开平台是在省政府门户网站上建设的集中统一的政府信息公开平台，汇集了全省各设区市、省直各部门的公开信息，各部门不另行建设信息公开平台。政府信息公开主要包括概况信息、法规文件、发展规划、工作动态、人事信息、财经信息、行政执法和公共服务等八大类。人民群众通过江西省人民政府网站，点击政府信息公开专栏，即可享受"一站式"政府信息公开服务，快速获取政府信息。同时，还可通过依申请公开程序，获取依申请公开的政府信息。目前，11个设区市和62个省直部门开展了信息公开工作，向社会免费公开政府信息45.8万条。

二是建设省社会信用联合征信系统。江西省政府发布了《江西省公共信用信息归集和使用暂行办法》，对公共信用信息的归集、依法发布及信息交换共享明确做出规定。为加快推进江西社会信用体系建设，创造诚实守信、规范运作的良好市场环境和发展环境，启动建设江西省社会信用联合征信系统。该系统联合金融、税务、工商、环保、质监、建设、海关、食品药品监督、劳动保障、国土资源、法院、公安、安全生产、外经贸、检验检疫、中小企业等部门，建设二个平台、一个数据库、一个网站、一个综合评级系统、一套标准规范。二个平台指建立在江西省政务信息网上的统一企业信用信息交换平台和企业信用信息发布查询服务平台；一个数据库指企业信用信息共享数据库；一个网站指提供信用信息查询、披露等网上服务；一个综合评级系统指企业信用综合评级系统；一套标准规范指建立企业信用信息标准、交换标准规范等。

三是建设政务部门公共数据交换中心。针对政府各部门采用不同技术建设业务系统，造成数据资源重复开发、数据资源分散割裂以及不同部门中同一指标数据不一致等问题，江西充分利用已有的数据资源，启动建设政务部门公共数据交换中心。公共数据交换中心是在政府各部门业务系统之间搭建的统一数据交换平台，是业务系统的底层平台，提供不同系统间的数据传递业务，实现各级政府部门之间横向和纵向数据交换。主要功能是实现不同操作系统之间、异构数据库之间、不同地域之间的数据传递以及不同数据格式之间的转换；实现政府各部门公共基础数据资源的集中存储；实现政府各部门业务系统之间数据交换共享；可承载多个跨部门业务应用系统，实现逻辑独立。为全省电子政务应用系统规范有序建设奠定良好基础。

56.2.3　从各自为政转变为联合协同

推进电子政务建设，对于转变政府职能、改变政府管理方式、为企业群众提供优质服务具有重要意义。近年来，江西各级政府部门逐步将电子政务建设的重点由提高本部门、本系统工作效率向为企业、群众提供政务公开和网上办事转变。但是，也存在各部门各行其是、各自为政的现象，导致上下之间、部门之间、条块之间存在脱节，业务难以协同，为民服务的效果受到很大影响。为了推动全省电子政务联合协同，江西省坚持"统一网络、统一软件、统一监察、统一运维"的原则，围绕行政审批和公共资源交易两大重点领域，启动建设两大跨部门电子政务应用系统。

一是建设全省网上审批和电子监察系统。为了实现行政权力公开透明运行，江西省按照"统一网络、统一软件、统一监察、统一运维、集中服务、上下联动、资源共享、限时办结"的原则，大力推进全省网上审批和电子监察系统建设。建设全省市、县行政服务中心，建设乡镇统一的便民服务中心，逐步实现100%的行政服务事项集中在行政服务中心办理。依托全省政务信息网，开发统一的网上审批和电子监察系统软件，供省、市、县行政服务中心使用，并逐步向乡镇延伸。建立涵盖全省各级政府各部门所有审批事项的行政审批系统及所有处罚事项的行政处罚系统，建立具有实时监察、预警纠错、绩效评估、信息服务等功能于一体的电子监察系统，并由省、市、县三级信息中心提供准公益性的系统运维服务。

二是建设公共资源电子交易及电子监察系统。依托全省政务信息网，开发集中统一、功能完备、性能先进的公共资源交易和电子监察系统软件，提供给各级公共资源交易中心和各级相关公共资源交易业务单位使用。通过公共资源交易和电子监察系统，全面规范工程招标、政府采购、产权交易、土地出让等交易流程，提高工作效能、强化监督检查，构筑更加公开、公平、公正、规范、有序、开放、高效的公共资源市场，满足交易各方、监管部门特定的业务需求，从制度上防止公共资源交易领域腐败问题的产生。通过全省统一的电子监察综合系统，对所有公共资源交易行为进行集中统一的监督和检查。

56.3　创新建设模式，电子政务建设取得"三种效益"

以"五统一"原则为指导，江西省创新电子政务建设模式，取得显著成效，受到国家有关部委及兄弟省市的充分肯定与高度评价。具体来说，江西电子政务建设取得了"三种效益"。

56.3.1　经济效益

以集中统一的方式推进电子政务建设，具有良好的经济效益。分别建设满足一个省直部门全省联网的专用广域物理网络，经费需要3000万元以上。如果每个省直部门各自建设一个专用网络，预计全省网络建设总投资将高达20亿元以上。集中力量建设全省电子政务统一网络平台，满足省市县三级政务部门联网需要，总投资只需1.5亿元，经济效益十分显著。此外，如果每个省直部门分散建网，每年需要通信费和运行费200万元以上，全省通信费和运行维护费每年将高达1.5亿元以上，全省建设统一的网络平台，每年的通信费和运行维护费只需500万元，可大大减轻财政负担，以最小的投入实现最大的效益。依托全省政务信息网，江西建成覆盖省、市、县的电子政务视频会议系统，免费供各级政务部门使用。视频会议系统运行稳定，每年江西省四套班子及省直各部门召开各类视频会议60余次，各设区市自行召开视频会议600多次，节省了大量会议时间和会议经费。

56.3.2　社会效益

江西社会服务应用系统通过"统一网络、统一软件、统一监察、统一运维"的建设方式，大大提高了应用系统的社会效益，有效解决了各级政务部门网络之间不能互联、信息不能交流共享、业务不能联合协同的"信息孤岛"和"各自为政"现象，很好地实现全省各级政务部门在统一网络平台上信息共享与业务协同，对于进一步推行政务公开，规范权力运行，提高行政效能，强化监督检查，优化发展环境起到了重要作用。目前，江西行政效能初步实现了缩减"三个30%"的目标——保留的行政许可事项缩减了30%；投资项目审批事项缩减了30%；行政审批时间在各自现有承诺时限的基础上缩减了30%，有效改善了江西省投资发展环境，极大提升了机关行政效能。

"统一网络"，就是建设统一网络平台，原则上全省电子政务应用项目都要依托省政务信息网建设运行。各部门分散重复建网，只能满足本部门、本系统的联网，并不能解决跨部门、跨网段的联网问题。全省建设一个统一的网络平台，解决各部门纵向到底、横向到边的联网需要，方便快捷地实现网络互联互通、信息交换共享。

"统一软件"，就是在电子政务应用系统建设中，开发统一的应用系统软件，供各级部门使用。通过统一开发软件，有利于电子政务应用实现条块结合、上下联动、并联审批；有利于实时、动态、全程监控；有利于节省投资。

"统一监察"，就是建设全省统一的电子监察综合平台，对行政审批及公共资源交易行为进行集中统一的监督和监控。包括通过软件对电子政务流程实施及时监督，也包括通过一个屏幕实现对所有行政行为的视频监控，从而实现限时办结、结果反馈、预警纠错、全程监控。

"统一运维"，就是依托各级信息中心对跨部门业务应用系统进行运行维护。电子政务应用系统往往由软件企业开发，而软件企业存在人员流动性较大的特点，不利于系统的长期稳定运行。各级信息中心是各级政府管理的技术部门，技术力量较强，队伍相对稳定，能够为系统稳定可靠高效运行提供长期技术服务。

56.3.3　安全效益

江西在电子政务建设中，坚持电子政务安全项目与电子政务工程项目同步规划、同步建设、同步发展的"三同步"原则，综合采取工程措施、技术措施和管理措施，电子政务安全得到充分保障。

一是实行信息安全等级保护。江西省高度重视信息安全风险评估工作，对网络与信息系统安全的潜在威胁、薄弱环节、防护措施等进行分析评估，综合考虑网络与信息系统的重要性、涉密程度和面临的信息安全风险等因素，实行信息安全等级保护，重点保护涉及国家安全、经济命脉、社会稳定等网络和信息系统的安全。

二是注重安全技术应用。全省电子政务统一网络平台采用统一的安全技术和措施，内网与外网之间实行物理隔离，外网与互联网逻辑隔离，确保全省电子政务统一网络平台的网络和信息安全。加强以密码技术为基础的信息安全保护和网络信任体系建设，充分利用江西已建成的安全认证系统（CA系统），建立全省以身份认证、授权管理、责任认定等为主要内容的网络信任体系。采用CA证书"一证通"的方式，解决全省电子政务与电子商务安全认证问题。目前江西CA中心已累计发放CA证书4万多份，取得良好的经济社会效果。

三是加强信息安全管理。颁布实施《江西省计算机信息系统安全保护办法》、《江西省公安机关互联网信息安全突发事件应急处置预案（试行)》等一批信息安全法规。对政府公开信息严格遵守上网信息不涉密、涉密信息不上网的原则；建立信息审查制度，坚持信息发布"谁主管、谁负责、谁发布、谁审查"的原则，切实保障信息安全，保障全省电子政务网络和应用系统安全、稳定、高效运行。

（本章作者　金锋　樊千根　徐依庚）

第57章

山 东 省

引 言

60 年栉风沐雨，60 年风雨兼程，山东信息产业人 60 年的智慧与汗水，铸就了信息产业 60 年的辉煌与骄傲。

山东信息产业在一无部属大型企业、二无部属科研机构和大专院校的情况下，白手起家，经过 60 年的努力，一举成为在全国占有重要位次的信息产业大省。1978 年山东电子工业全行业总产值只有 3.43 亿元（折合 1980 年不变价），2007 年山东信息产业全球主营业务收入 4750 亿元。1978 年全省共有电子工业企业 216 家，2007 年底从事信息产业的企业约有 1814 家（包括电子产品制造业企业 1362 家、全省累计认定软件企业 582 家）。山东信息产业已经成为产业体系健全、基础雄厚、技术开发能力和自主创新水平强劲的支柱性产业。

57.1　信息产业成为支柱产业

山东信息产业从党的十一届三中全会起，始终坚持以产业结构和产品结构调整升级为主线，引领山东信息产业不断强化其支柱性产业的地位。总体算来，山东信息产业结构调整与升级大致分为三个阶段，并且以每10年为一个周期，并在每个周期中不断完备和升级，前一个10年为下一10年的调整与升级储备了足够的能量。

第一个10年（1978—1988）：山东信息产业发端于电讯工业，从简单的电讯设备维修到初级产品制造，至1978年，虽然称为电子工业，但基本属于无线电时代。这一时代持续到1982年达到顶峰，特征有以下几个方面：一是几乎所有企业都称为无线电厂。二是这一阶段的主要产品是收音机、扩音机及收音机配套件。三是军工、国防工业配套产品（包括野战载波机、雷达、高炮瞄准仪等）。

1982年起山东电子工业进一步进行产品结构调整。一是大力发展投资类产品。着重开发计算机、民用通讯设备和为各部门服务的推广应用产品。二是对民用消费类电子产品进行更新换代。从以生产收音机为主，转为重点发展彩电和黑白电视机、收录机及其配套器件，引进彩电、收录机装备和配套件生产线和关键设备。三是对电子元器件等基础类产品在调整中实行择优扶持，着重发展高可靠产品和整机配套产品及出口产品，压缩没有销路的老产品。

第二个10年（1988—1998）：这个10年是山东电子工业迅速崛起的十年。这一时期山东省电子工业已经完全摆脱了单纯的无线电产品制造阶段。收录机、电视机、电子计算机、程控交换机以及软件等电子信息产品已经初步形成规模。这一发展阶段的特点：一是行业发展指导思想更加明确。1988年在全省电子工业工作会议上，省电子工业总公司经理周文彬强调："按照扬长避短、发挥优势的原则，着眼于国际、国内两个市场，形成几个电子产品基地。1. 电视机系列产品；2. 电子音响系列产品；3. 办公自动化系列产品；4. 以微型机为主的计算机系列产品；5. 加强优势基础产品的发展。"二是三大类产品比例调整更加自觉。这一时期适当压缩了消费类电子产品比例，投资类、基础类产品比例大幅提高。至1995年山东电子工业投资类产品比例达到了48.6%。1994年山东电子工业首次实现了三个一百的突破，即工业总产值突破一百亿元、电视机年产量突破一百万台、程控交换机突破一百万线。

第三个10年（1998—2007）：这个10年还可分为前后两个阶段，即1998—2000年的电子信息产业阶段和2001年—2007年的信息产业阶段。

1998—2000年间，山东电子工业新的经济增长点已经形成，主要有微机、软件及相关产品、电视机、商业收款机、电子出版系统、通信产品、电力远动装置和键盘、传真机和节能产品、高精细荫罩、29′以上大屏幕荫罩及半导体发光器件一条龙生产项目，并继续发展居国内前列的新型电子材料，如覆铜板和铜箔、金丝、导电玻璃、中高压陶瓷电容、高频高导磁性材料等等。光电子器件、数字通信与传输、计算机及软件等三项电子信息技术研究与开发，以及新型磁粉材料等新材料研究开发项目，被列入这一时期山东省高新技术及产业化发展计划。这一时期计算机、彩电等整机产品的配套能力进一步加强，新型元器件、新型电子材料成为山东电子工业基础类产业的主打产品。到2000年全省电子工业总产值（不变价）占全省限额以上工业总产值（不变价）的比重由1995年的3.1%上升到15.1%，是全省发展最快的产业之一，已成为山东重要支柱产业。

2001—2007年，山东信息产业作为全省国民经济支柱产业的地位进一步强化。主要产品门类更加齐全。全省共有投资类、消费类、基础类3大系列、100多种产品，其中传真机关键件、热转印打印机等已发展成为国内唯一产品。小型机服务器、微型计算机、电力负荷综合控制系统、程控交换机、传真机、彩色电视机、电子出版系统和一批新型元器件、电子材料等，在国内市场具有较强的竞争能力。

这一时期山东信息产业更加坚定地实施中央关于"优先发展信息产业"和"信息化带动工业化"的战略措施，信息产业对信息化建设的支撑作用和信息化对信息产业的带动作用相互促进，成为这一时期的重要特征。

57.2 组织结构调整激发山东信息产业无穷活力

山东电子工业管理机构最早是省机械工业厅无线电处。1970年5月济南军区、山东省革命委员会决定设立国防工业办公室电讯工业局，1973年改称电子工业局，管理全省电子工业，仍属济南军区和省革委领导下的国防工办内设机构。1974年山东省革命委员会生产指挥部决定建立山东省电子工业局。1979年12月，山东省政府决定，将山东省革命委员会电子工业局改名为山东省电子工业局。1984年1月省政府决定撤销山东省电子工业局，组建山东省电子工业总公司，由省经委代管。1991年再次进行机构改革，撤销山东省电子工业总公司，建立山东省电子工业局，属省政府直属单位。2000年省委省政府决定撤销山东省电子工业局和省无线电管理办公室，组建山东省信息产业厅，为省政府组成部门。

由省电子工业（信息产业）管理机构的变迁，对照山东电子工业发展历程可以看出，除"文化大革命"这一特殊时期外，每一次机构变革，都带来工业规模的进一步扩大和行业发展的进一步加速。管理组织机构的调整激发了山东电子工业发展无穷的活力。尤其是山东省信息产业厅组建后，不但制定了"三高两新一软"（高性能计算机及外围设备、高速宽带网络与通信产品、高智能信息家电，新型元器件、新型电子材料以及软件产品）的产业结构新模式，确立了"一二三四五六"（即一个目标：建成我国重要的信息产品制造业和软件业基地；二个任务：大力推进信息化，加快发展信息产业；三个重点：招商引资、技术创新、抓大促小；四个转变：由行业管理部门向综合管理部门转变、由事务运作型机关向学习思考型机关转变、由人治为主管理向法治为主管理转变、从行政管理为主向市场运作为主转变；五项工作：加强政治工作、促进行业发展、搞好机关建设、注重人才培养、抓好后勤服务；六个保障：抓好班子、带好队伍、加强学习、激励竞争、严格管理、强化服务。），而且确定了信息产业基地建设、信息产业园区建设和信息产业带建设等区域发展新格局。并在产业规模、科技创新与人才聚集、招商引资等众多方面形成了聚集效应，激发了信息产业持续快速增长。已初步形成了以青岛为龙头，烟台、威海为主体的信息产业聚集地。

57.3　技术改造和科技创新增强
山东信息产业核心竞争力

山东电子信息产业的技术改造和科技创新也大致经历了三个阶段：

设备、技术引进与消化吸收阶段（1980—1990）：山东省电子工业自1980年开始引进国外技术设备进行技术改造，主要涉及彩色电视、录音机等整机及配套件。自80年代中期开始的"彩电国产化运动"非常成功地解决了技术设备引进与消化吸收、创新的关系问题。山东一举成为彩电大省、家电大省，也即发端于此。

自主研发与创新阶段（1990—2000）：从最初的单纯引进和简单吸收，发展到自主研发与创新，是山东电子工业实现跨越式发展的重要保证。许多重大创新成果从这一时期开始不断涌现。山东电子信息产业核心竞争力得到了极大的提升。

创新体系建设阶段（2000—2007）：从新产品研发和技术创新，到创新体系建设，这是山东信息产业提升核心竞争力的又一重大突破。创新体系建设也由最初政府强力推动的产学研联合进一步扩展到以企业为主体的科技开发机构。到 2007 年底，山东省大中型企业绝大多数都建立了自己的科技开发机构或技术中心，科技创新体系不断完善，全行业拥有国家技术创新试点企业 2 个，国家级企业技术开发中心 5 个，建立企业博士后科研工作站 5 个，省级企业技术开发中心 8 个，国家重大装备国产化基地 1 个，设在企业的省级重点实验室 1 个，聚集了一批专业带头人才，开发能力显著增强，已经形成了从原材料、元器件、整机设备到系统网络和软件等专业门类比较齐全、具有一定规模和水平的科研开发生产体系。

在大力推进新产品开发和科技创新的同时，山东信息产业切实加强产品质量管理，从 80 年代后期开始的群众性质量管理活动中，涌现出一大批质量标兵和质量管理先进班组、企业，受到电子工业部、省电子工业局的表彰。进入 90 年代，根据走向国际市场的需要，山东省信息产业大部分大中型企业都通过了 ISO9000 质量体系认证，创立了多个国际知名品牌。

57.4　缩短山东信息产业与世界同行差距

山东电子信息产业在招商引资和对外合作中，同样大致经历了三个不同的阶段：

第一阶段（1980—1990）：设备技术引进阶段。山东电子工业自 1980 年开始引进国外技术设备进行技术改造，到 1985 年共有 49 个企业引进 85 项，共投资 2.3 亿元。最成功的引进主要在彩电生产线、录音机机芯生产线等设备的引进，为山东后来成为信息家电生产大省奠定了雄厚的物质技术基础。

第二阶段（1991—2000）：大量兴办合资企业阶段。从单纯的设备引进到资本、先进管理理念和技术引进，这是山东电子信息产业对外合作的一次飞跃。青岛朗讯、山东松下、威海北洋、海信程控交换机等大项目代表了这一阶段的显著特色。

第三阶段（2001—2007）：全方位融入国际市场阶段。从引进设备与资金、管理，到这一阶段在对外合作方面又上了一个新台阶，一是招商引资和对外合作层次更高、国际知名大公司开始进入山东信息产业领域；二是部分企业生产基地开始走出国门，成长为国际性公司。

到 2006 年，山东信息产业产品出口已占全省出口的 16.4%，占全省机电产品出口总值的 52%。累计出口过 1 千万美元的电子企业有 71 家，过 1 亿美元企业达到 14 家；在全省出口前 10 名工业企业中有 6 家为电子信息企业，出口规模列全省工业各行业第一位。2007 年山东信息产业技术密集型电子产品出口保持了快速增长，其中以通讯、自动数据处理设备为代表的高新技术产品完成出口 55.3 亿美元，增长 41%。在全省出口前 10 位企业中电子信息企业占 8 家，较好地促进了全省信息产业的发展。

57.5　信息化谱写齐鲁腾飞新篇章

三十年间，山东省委省政府一直高度重视信息技术的推广应用和信息化建设。经过历届山东省委、省政府和省信息化办公室的不懈努力，山东信息化建设持续深入，促进了经济社会的和谐发展。

57.5.1　信息基础设施进一步完善

目前，全省各类通信光缆总长度近 40 万公里，骨干传输网带宽达到 400G，国内出口带宽达到 60G，覆盖了全省所有城乡。无线电基础设施建设规模不断扩大，全省各类无线电台、卫星地球站、微波站、广播电视台、无线接入基站等近 13 万个。全省电话用户总数达 6427.7 万户，其中，固定电话用户 2620.8 万户，居全国第三位；移动电话用户 3806.9 万户，居全国第二位，普及率分别达到 28% 和 40%。有线电视村通率达到

80%，广播电视综合覆盖率96%以上。互联网上网人数将达到1400多万。

57.5.2　信息技术改造传统产业取得了显著成效

一是"三农"信息化建设走在全国前列。山东有线电视村通率超过80%，已完成村村通电话、村村通宽带工程。农村党员干部远程教育接收站点已在全省8.4万个行政村全部建成。在全国率先建成了省级农业信息化综合服务平台，整合了15个省级涉农部门的信息资源。并组织网通、邮政、大众日报、海尔、微软、英特尔等大企业成立了农村信息化服务联盟。信息产业部王旭东部长亲临济南，与姜大明代省长共同出席了平台和联盟的启动仪式。按照政府引导、市场运作等不同模式，在5000多个行政村建立了农村信息服务网点，探索了一条新型的信息惠农道路。农业农村信息化有力地促进了现代农业的发展。二是改造传统工业继续向深层次推进。山东省95%以上的大中型企业实现了内部互联并接入互联网，计算机辅助设计和监控在98%以上的纺织、化工等行业企业得到广泛应用。50%以上企业实施了资源计划（ERP）系统。目前，我省从事改造提升传统产业产品开发生产的服务企业达400多家。涌现出了一批知名企业和产品，蓝光采矿设计与安全系统等技术产品在全国领先，轻工行业的光机电一体化、建材行业的分布式余热余压控制系统、冶金行业的制造执行系统等在全国市场都拥有较高的占有率。自2004年以来，山东省先后4期公布改造传统产业的信息技术和产品约380项。信息技术有力促进了节能减排。去年11月部里首批推荐公布的63个节能降耗电子信息技术、产品与应用方案中，有18个是山东的产品。信息技术的广泛应用，极大地提高了传统产业经济效益。三是改造传统服务业开局良好。已建成服务于青岛、烟台、日照港口及胶济铁路、济青高速等重点物流信息平台近60个。组织物流协会与银联合作启动了"代收货款"业务，货到后货款直接从网上划付给物流企业，有效地规避了资金风险，为国内首创。目前，山东省银行卡总发售量达3500万张，网上物流贸易额已突破4500亿元。计算机服务业、信息传输业等新型服务业增长速度显著提高，已成为新的经济增长点。

57.5.3　电子政务建设取得重大进展

一是全省电子政务网络总体框架基本形成,各级政府网站基本健全。95% 的省直部门、100% 的市和 97% 的县已建成政府门户网站。五年来,在国信办组织的五届全国政府网站绩效评估中,我省政府网站均居全国前列,其中在 2007 年第五届绩效评估中,山东省省、县级网站平均绩效分别居全国第五、第四位。二是电子政务应用系统建设成效显著。"金"字系列工程及一批重点业务系统逐步完善,人口、法人单位、宏观经济统计等基础数据库开始发挥作用,财经信息网、企业基础信息共享、税库银联网等一批跨部门信息共享与业务协同应用系统的作用日渐显现,电子政务综合效益逐步得到发挥。

57.5.4　社会信息化得到快速普及

目前,我省文化信息资源共享工程结合农村党员干部现代远程教育体系,已覆盖 3000 多个城市街道社区和 8.4 万个行政村,在全国率先建立起了覆盖城乡的服务网络。养老、医疗、工伤、失业等社会保险和城市低保、农村合作医疗保险等业务基本实现了信息化管理和服务,计生信息系统已将全省育龄妇女全部纳入服务范围,中小学"校校通"工程已在大部分市开展。齐鲁医院等积极实施"数字化医院"工程,电子病历、远程会诊等新型医疗方式得到初步应用。全省安全生产综合监管应急救援指挥平台投入使用,初步实现了对重点煤矿、危险化学品等企业的远程动态监控和应急救援指挥。

（本章作者　山东省经济和信息化委员会）

第58章
河　南　省

引　言

近年来，在河南省委、省政府的正确领导下，按照省信息化工作领导小组的部署，以邓小平理论和"三个代表"重要思想为指导，以科学发展观为统领，大力推进河南省信息化建设和信息产业发展，取得了一些经验和成效。总体上讲，河南省信息基础设施和信息产业对信息化发展的支撑能力进一步增强；国民经济和社会发展重点领域的信息技术推广应用进一步深化，在促进经济结构调整、加快经济增长方式转变和推动和谐社会建设方面显现新的成效；电子政务重点项目建设积极、稳步推进，政府网站建设取得新进展；信息资源开发利用有了新的成果；信息安全工作得到进一步加强；信息化发展的基础环境不断完善。信息化的持续快速发展，有力地促进了国民经济发展和社会全面进步。

58.1　信息基础设施

电信基础设施进一步完善，网络覆盖不断扩大。2008 年，河南省电信业务总量和业务收入分别比上年同期增长 21.9% 和 7.1%；完成固定资产投资同比增长 19.2%。全省新增电信光缆线路长度 2.04 万公里，总长达到 30.9 万公里；新增固定长途电话交换机容量 13.7 万路端、总量达到 96.0 万路端，局用交换机和接入网设备容量减少 184.9 万门，总量达到 2363.6 万门；新增移动交换机容量 1185.8 万户，总量达到 5278.7 万户。

电话及互联网用户继续增加，普及率不断提高。2008 年，电信综合价格水平继续下降，较上年同期下降 8.5%，电信服务质量和水平继续提高。电话用户继续扩大，新增电话用户 313.3 万户、新增互联网用户 98.6 万户，电话用户总数和互联网用户总数分别达到 5168.3 万户和 501.9 万户。其中，全省电话普及率达到 52.4 部/百人，比上年底提高 2.9 部/百人。

广播电视综合覆盖能力进一步提高。已初步形成有线、无线、卫星互为补充的交叉、梯度传输覆盖网络，全省广播、电视综合人口覆盖率分别达到了 96.03% 和 95.96%。综合广播电视网络系统联通了全省 18 个省辖市、112 个县（市）、1078 个乡（镇）、5058 个行政村，连接了全省 400 多万有线电视用户。全省 18 个省辖市和 112 个县区都建成高质量的 HFC 有线电视网，大多数省辖市和部分县区完成光缆双向改造。

58.2　信息产业

2008 年，河南省电子信息制造业完成销售收入 447 亿元，同比增长

30%；完成工业增加值 120 亿元，同比增长 25%；实现利税总额 44 亿元，同比增长 43.8%。全年信息产业完成销售收入 650 亿元，同比增长 25% 以上，超额完成省政府下达的责任目标。

以大项目建设为抓手，信息产业平稳快速发展。一是抓大企业建设。洛阳中硅多晶硅产能已达 1000 吨，成为全国龙头企业；方城迅天宇多晶硅可实现 500 吨产能，林州 300 吨多晶硅项目已建成投产。洛阳阿特斯 30 兆瓦太阳能电池组件项目生产线已建成，切片项目正在筹建；洛阳尚德 120 兆瓦太阳能电池组件项目已投产。郑州晶诚公司集成电路封装线已开始试生产。安阳凯瑞数码公司新上了 3 条 DVD 光盘生产线，产能跃居全国第一。郑州威科姆公司 30 万台数字机顶盒已形成批量生产能力，总投资 5.87 亿元的威科姆国际软件生态园项目已开工建设。二是抓大项目、新项目引进。新引进的海尔电脑生产项目今年在河南省正式落地并顺利投产，首期投资 1 亿元，年产 15 万台电脑；我厅电子规划研究院股份有限公司与港商合资生产的经济型手机，即将下线投入市场。上述两个项目，填补了河南省电脑整机和手机生产的空白，对优化产业结构将产生积极影响。三是抓合作交流与资金支持。协助世界电子信息 500 强企业——日本村田公司在河南省召开了"2008 年电子元器件展示及技术交流会"。为河南汉威公司等 3 个项目争取到"国家新型电子元器件及材料产业化专项"1800 万元，为南阳中光学集团等 4 个项目争取到"国家电子发展基金"400 万元。

以自主创新为动力，软件和技术创新取得新进展。2008 年，全省软件产业共完成销售收入 115 亿元，同比增长 35%。新认证软件企业 27 家、软件产品 91 个，壮大了河南省软件产业规模。许继软件公司进入了全国软件企业百强，实现了零的突破。成功举办了"绿色上网过滤软件试点测试启动仪式"，组团参加了"第三届中部博览会"、"第 12 届中国国际软件博览会"等活动，大力宣传了重点软件企业和产品。以企业为主体，建设了 10 个软件工程研究中心，探索了一个相对完整和开放的"产学研"创新体系，提升了河南省软件业的研发能力和水平。5 家企业分别通过省级研发中心的认定，使河南省信息产业的省级研发中心达到 67 家。加强了科研成果的管理，中安高科开发的 BM－2000 安全防护涉密计算机、BMF 安全防护涉密服务器被中央国家机关政府采购中心确定为涉密安全设备唯一采购产品，河南省信息产业技术创新能力不断加强。

58.3　经济领域信息化

经过多年努力，信息化对促进河南省经济增长方式转变、推动传统产业升级改造和提升产业竞争力方面的作用逐步显现。推广应用信息技术日益成为破解"三农"问题、振兴装备制造业、提高企业管理效率和促进节能降耗的重要手段。

58.3.1　农业和新农村信息化建设

农业信息化组织体系逐步完善。目前全省 18 个省辖市和 142 个农业县（市、区）农业部门都设有信息管理和服务机构，并建有信息服务网站，累计建成乡镇信息服务站 1618 个，发展农村信息员 2.1 万人。全省有 5 个省辖市建成了"三电合一"信息服务平台，有 17 个省辖市、58 个县开通了"12316"三农热线，接听电话 7.8 万个。全省农业信息服务模式不断创新，农业信息服务水平持续提高。

国家农村信息化综合服务试点工作扎实推进。一是着力抓好信息综合服务平台建设。漯河市政府投资 100 多万元，分类整合 30 多家涉农网站、后台资源库及相关信息系统，构建了"政府推动＋商业运作"模式的涉农信息综合服务平台。二是积极实施"电脑入户"工程。漯河市在去年入户 1000 户的基础上，又选取了 200 个重点示范村、2000 家具有生产经营等特色的农户，继续开展电脑入户工程。三是积极开展农村医疗信息化试点。许昌市为鄢陵县人民医院增配电脑 20 台，陈化店镇卫生院、张桥乡卫生院各增配电脑 5 台，只乐乡中心卫生院配备电脑 10 台，并免费安装医院管理、远程医疗等软件系统，开通了在线视频诊断和信息查询等业务，为农民提供远程医疗服务，解决农民看病难的问题。四是积极开展信息化知识培训，提升广大农民信息化应用能力。通过培训基地、信息大篷车、农村综合信息服务站等多形式，对农村干部群众实施集中和分散培训 2 万余人次。

畜牧业信息化继续推向深入。省畜牧局以实施河南金牧阳光工程为抓手，狠抓系统开发、信息服务等关键环节，搭建畜牧业信息化网络平台。一是金牧阳光工程深入推进。加强畜牧业信息港的建设，将畜牧业信息港纳入省政府门户网站，增加网络安全系数，河南省畜牧业信息港再次被评为"农业百强网站"。发挥特别服务热线作用，9600118 服务时长达到 122000 分钟，拨打次数达到 11900 次。利用农村党员干部现代远程教育网络平台，发挥"金牧阳光"作用，辐射基层站点 4.3 万个，把畜牧技术和信息输送到广大农村群众，有效解决了信息落地和技术棚架的问题。二是河南省动物卫生监督平台建设进展顺利。一期工程已经完工，河南省动物卫生监督网上线运行，同时实现省、市、县动物卫生系统的协同办公，目前系统运行良好。2009 年二期工程将实现对全省 47 个动物卫生检疫点的远程监控和完成畜产品质量安全溯源系统的建设。

林业信息化得到迅速发展。2008 年，省林业厅一次性投资 1464.78 万元，全面推进林业信息化进程。林业专网建设和数据库建设稳步推进，视频会议系统实现了与国家林业局及各市县的链接。河南省被国家林业局列为全国森林资源数据库建设试点示范扩建单位，通过搭建信息平台、构筑交换网络、实施规模运行，构建河南省森林资源管理信息系统建设、运行、维护、管理的标准规范体系，配合国家林业局调查规划设计院完成全国森林资源管理信息化的标准体系建设任务，解决系统软件开发和系统应用中的实际问题。

河南农村党员干部现代远程教育继续推向深入。省委组织部以服务党的建设、和谐社会建设、新农村建设为主题，扎实推进农村党员干部现代远程教育工作。截至目前,已累计建成乡镇和行政村终端站点 50125 个,其中乡镇站点 2189 个,覆盖率达 100%;行政村站点 47936 个,覆盖率达到 98.5%。同时,利用全国文化信息资源共享工程补助资金及省、市、县财政配套资金,对河南省远程教育 8885 个基本型站点进行了升级。坚持政策引导、群众自愿的原则,采取"生产厂家让利、运营商家支持、各级财政补贴、用户适当投资"等办法,实施远程教育"入户工程",采用电信模式、有线电视传输等模式建成入户站点 550764 个。

58.3.2 企业信息化

积极推进信息技术改造提升传统产业。河南省钢铁、电力等传统产业在利用信息技术提升行业竞争力、转变经济增长方式等方面取得实际进展。大型企业在研发设计、生产经营、企业管理等各环节,大力推广应用现代信息技术,取得了较好的成效,有力地提高了企业的竞争力。安钢信息化一期工程三级 MES 系统于 2008 年 11 月 1 日正式上线,将在全厂范围内推行一体化的生产管理和一贯制的质量控制,精确地跟踪、管理生产线的信息流和物流,合理地调控全线生产,最大限度地发挥设备能力。省电力公司启动了 SG186 工程 33 个项目建设,涵盖了 SG186 工程一体化平台、八大业务应用系统和六大保障体系三部分内容,建设和完善信息网络、操作系统、数据库等软、硬件基础设施;建设和完善财务管理、营销管理、安全生产管理、协同办公、人力资源管理、物资管理、项目管理以及涵盖其他业务的综合管理等八大业务应用系统;建立和完善信息化安全防护体系、标准规范体系、管理控制体系、评价考核体系、技术研究体系和人才队伍体系,为公司的信息化建设提供必需的资源、技术、管理和人才保障,推动信息化健康、快速、可持续发展。同时,启动 ERP 建设,引进国外成熟的实施经验和先进管理理念,完成了财务、物资、资产设备和项目管理四大模块的一期建设任务,于 2008 年 11 月在公司本部、郑州供电公司、鹤壁供电公司、物资公司、电力建设总公司试点单位顺利上线,标志着公司以信息化促进管理现代化、规范化取得新突破。

大力支持中小企业信息化发展。通过实施"中小企业信息化推进工程"，以及省中小企业局等单位组织的"百万中小企业信息化培训工程"，大力支持中小企业信息化应用。中国中小企业河南网，为30多万家中小企业提供综合的信息服务。巩义市在原信息产业部、财政部重点支持下，总投资1020万元，建成了涵盖企业信息化公共服务平台、协作服务平台、电子商务平台、应用管理服务、网络和软件服务等五大模块，为中小企业提供了良好的信息化服务，有效降低了中小企业在实施信息化建设中的风险与成本。目前已有210余家企业在平台上进行了注册、信息发布和应用。

积极推进信息化与工业化融合试点。2008年，新乡市和巩义市被列入省信息化与工业化融合试点市，两市都制定了切实可行的实施方案。新乡市对58家重点企业进行了实地调研，选择了白鹭化纤、科隆电器等10家企业为首批省级信息化与工业化融合试点单位，为河南省信息化与工业化融合进行了有益探索。

58.4 社会领域信息化

58.4.1 教育信息化

积极推进河南省教育和科研计算机网扩容、升级和下一代互联网关键技术的研究。今年来，河南省投入专项资金5000万元建成省教育和科研计算机网主干网，光纤总长达3000公里，18个省辖市实现了2.5G的高速互联，接入大中专学校90多个，总出口带宽10G，峰值流量达到近5G。全省高校上网计算机总数由2001年的不足5万台，迅速增加到目前的12.81万台，上网人数由2001年的不足3万，增加到目前的53.8万人。基于主干网组建了万门纯IP电话网络，实现了河南教育科研网全网内的免费IP电话通信，并且实现了IP电话到电信固定电话网和移动的互联，通达全国大中城市，可进行国际国内长途直拨。目前，该网在高速主干网组网、网络接入构造、网络监测与管理、IPv6 试验研究、高性能计算机集群技术的研究和应用等方面都有较大的创新，已成为国内最大、速率最高的省级教育科研主干网络。经教育部组织专家考察论证，河南省被确定为下一代互联网首批试点单位之一，郑州大学成为第二代国家教科网（CERNET2）25 个核心节点之一，节点建设工作进展顺利。20 所高校通过隧道方式，接入了下一代互联网，有 55 所高校计划开展下一代互联网（CNGI）的研究，并以适当方式联入下一代互联网。由郑州大学参与承担的"中国下一代互联网示范工程 CNGI 示范网络核心网 CNGI-CERNET2/6IX"研究，列为国家 863 课题，其参与完成的成果获得 2006 年度国家高等学校科学技术奖一等奖。

高校数字化校园示范工程进展顺利。数字化校园示范工程项目自 2004 年启动实施以来，已有 25 所高校成为数字化校园示范单位，河南经贸职业学院、河南省化工学校等 11 所职业院校开始启动数字化校园示范工程建设。全省已有 17 所高校建设了校园"一卡通"，有 20 余所高校正在加紧规划和建设校园"一卡通"。

农村中小学远程教育工程继续推进。从 2004 年实施农村中小学现代远程教育工程以来，已覆盖全省中小学校 38956 所，覆盖率达 100%；省教育厅每年免费为每所农村小学培训 1 名骨干教师，为每所农村初中培训两名骨干教师，全省共培训省级骨干教师 36000 多人。各级电教部门还结合农村学校教师教育技术能力建设，对农村中小学 20 多万教师分步实施了全面培训，一大批"懂远教、会远教、用远教"的教师，把现代教学技术和手段应用到课堂教学中，改变了农村中小学校的教学方式。农村学校的各类远程教育设备平均每周使用 20 课时以上，使广大农村学生都能通过现代远程教育设备享受到优质教育资源。目前正在制定《关于进一步加强农村中小学现代远程教育的管理和应用工作的意见》，进一步提升全省农村教师教育技术能力，通过强化技术应用，加大资源建设和整合力度，及时把优质教育资源送到农村，进一步实现城乡优质教育资源共享。

58.4.2 文化信息化

文化信息资源共享工程稳步推进。河南省将文化共享工程列为2008年省委、省人民政府向全省人民承诺办好的十件实事之一。2008年，争取中央财政资金3911万元和省财政配套资金474万元，完成了文化信息资源共享工程46个县级支中心和8855个村级基层服务点建设，建成"中原文化数据库"150GB，共享工程覆盖网络和服务内容得到了进一步拓展和提升。2009年，中央财政将支持河南省文化信息资源共享工程建设资金6967万元，用于50个县级支中心和19000个村级服务点升级改造工作。

实施农村数字电影广场建设工程。组建了15个农村数字电影院线公司、375个农村数字电影放映队、200个"数字电影广场"。2008年争取国家投资2868万元，为全省农村放映电影57.3万多场，基本实现了一村一月放映一场电影的目标。

广播电影电视等文化领域的数字化进程不断加快。在广播节目和电视节目制作量快速增长的同时，省广播电台和电视台已基本实现数字化，并开始进入网络化应用阶段，节目制作、播出质量、效率和数量显著提高。初步建成了全省广电系统办公自动化网络平台，实现了全省广电系统电子公文传输、信息采编、个人办公、公共服务、安全电子邮件传输等功能。进一步完善了全省广电系统监测网络平台，对18个省辖市播出的广播电视节目进行实时监测。进一步完善了广播大厦、彩电中心配套基础设施，配备了数字电视转播车和卫星上星车，有效推进了广播电视数字化进程。建成了全国领先的数字化、网络化播控系统，实现节目播出的完全无磁带化、自动化和智能化。

58.4.3 公共卫生信息化

公共卫生疫情信息网络和疾病控制系统基本建成。按照卫生部提出的"统筹规划、分步实施、连点成网、疫报先行"的建设方针，建成了覆盖全省的疫情信息网络，共接入 179 个疾控中心、889 家县级以上医院、1500 家乡医院，与全省 18 个市 159 个县区实现了联网，实现了疫情资料通过网络及时上报和汇总，使传染病疫情报告速度提高了 3 倍。省疾病控制系统内网也已完成全省联网，接入终端数超过 600 个，可在线提供数字期刊 2000 余种，图书 10 万余册，极大地方便了各级科研人员。

公共卫生监督信息数据中心建设已经起步。依托卫生监督信息网络平台、信息交换平台和办公业务平台，实现设备资源、网络资源、信息资源集中管理和数据交换，完成数据的动态采集、集中存储与资源共享，为实现公共卫生监督工作的信息发布、业务处理、指挥调度、分析决策等提供支持，最终建成省级的卫生监督信息数据中心。目前，已经完成了数据库及应用软件的招标工作，VPN 建设正在进行，相关硬件已基本到位，信息系统正在制作完善中。

58.4.4 劳动和社会保障信息化

省市两级数据中心进一步完善。开封、三门峡两市完成数据中心主体设施建设，南阳市完成数据中心设备招标。全省已有 15 个省辖市建成了数据中心，11 个省辖市实现了人员、设备和数据等资源整合。省本级数据中心完成"金保工程"集中监控系统建设。

网络建设覆盖范围进一步扩大。将部省联网线路调整纳入国家电子政务外网平台，提高网络带宽至 4M，使联网监测、部省视频会议等联网应用得到有力支持。开通劳动和社会保障厅数据中心到省养老局、省工伤中心的裸光纤，大大提高了访问速度和安全性。目前，全省城域网覆盖率达到 81%，超过了 80% 的年度目标。

公共服务系统建设实现新突破。开封、新乡、三门峡和济源等 4 市新建了劳动保障门户网站，全省开通网站的市达到 16 个，其中三门峡和济源两市利用劳动和社会保障厅的网站群功能，通过简单定制迅速建成了自己的劳动保障网站系统。安阳、郑州、洛阳、许昌等 10 市利用全省统一的劳动保障 12333 电话咨询服务系统平台，开通了 12333 咨询电话，全年话务量达37万人次。此外，安阳市增加了社会保障卡加密与挂失功能；郑州市将劳动监察、社保稽查热线整合到统一的12333系统。

应用软件建设成效明显。一是统一软件应用工作进一步推进。全省统一应用软件目前已推广至10个省辖市、33个县区，其中今年新上线1个市、24个县区。许昌、新乡、鹤壁、周口、洛阳5市建成了全市统一的数据网络中心，实现了"数据向上集中，服务向下延伸"和"同人同城同库"的目标。此外，济源、开封和三门峡市启动了养老保险等数据整理整合工作。省本级启动了统一软件与养老保险软件之间并行运行。二是城镇居民基本医疗保险软件开发与实施进展顺利。2008年7月软件开发完毕，先后在南阳、鹤壁、洛阳、周口等4市安装运行。郑州市及项城市、修武县、博爱县、温县、武陟县、沁阳县等6县（市）已利用软件办理业务。三是完成基金财务接口软件试点。协助人力资源和社会保障部在洛阳完成了基金财务接口软件试点工作。四是统一软件进一步完善。2008年全省共提出需求297个，解决288个，解决率97%，软件完善程度大大提高。实现了市级养老、失业监测数据按时按月通过专网传输。完成了原有养老保险联网80项指标数据调整到现有180项指标数据的转换程序升级。

（本章作者　河南省信息化工作办公室）

第59章

湖 北 省

引　言

过去的 60 年，是湖北省信息产业改革、开放、创新和发展的 60 年。在省委、省政府的正确领导下，在原信息产业部大力支持下，信息化推进、产业发展和无线电管理工作取得了长足进步，正逐渐成长为湖北经济的重要支柱产业。

59.1　湖北省信息产业发展情况

59.1.1　信息化工作全面推进

信息化建设从无到有，全面推进。以电子政务为突破口，积极推进全省信息化建设，全省信息化水平明显提高。制定了《2006—2020 年湖北省信息化发展战略规划》。2006 年 11 月，省级电子政务外网络平台正式开通，共连接 85 个省直部门（单位）和 17 个市州。完成了省政府门户网站升级改造，组织实施了第一批 50 个省级电子政务应用系统建设，2007 年 11 月 30 日省电子政务一期工程顺利通过工程技术验收。规范了省直部门电子政务项目预算编制和执行要求。制定和发布了企业信息化、社会信息化和农村信息化指导性意见。武汉社区网格化管理、襄樊农村信息化试点和荆门县域国产化软件平台试点，在全国信息化工作中起到了很好的示范作用。

59.1.2　电子信息产业持续快速发展

电子信息产业规模迅速扩张，特别是近五年来发展迅猛。1978 年产业规模 2.2 亿元，1987 年产业规模 11.2 亿元，是 1978 年的 5 倍；1997 年产业规模 39.2 亿元，是 1978 年的 17.8 倍；2007 年产业规模达 756 亿元，是 1978 年的 343 倍，2008 年产业规模将达到 1000 亿元，是 1978 年的 455 倍。

产业外向度有所提高，电子信息产品出口持续增长，全行业出口创汇额从 2002 年的 1.85 亿美元增长到 2007 年的 10.8 亿美元，增长 4.8 倍，出口创汇占产业的比重由 7.6% 提高到 10%。

59.1.3　招商引资和重大项目建设成效显著

近几年，产业投资达到 550 亿元，跟踪服务和推进"一个基地、三大产业链、五大重点专项和三十家自主创新中小企业"的"1353 工程"取得实效。

湖北省培植的五大重点项目：富士康综合制造基地，投资 80 亿；中芯国家集成电路项目，投资 107 亿；南玻多晶硅项目，投资 60 亿元；4.5 代 TFT-LCD 项目，投资 40 亿；普天诺基亚项目，投资 10 亿元。项目陆续开工建设，建成投产后预计可新增产出 1000 亿元以上。同时正在筹划和争取项目包括二维条码、宽带无线通信、LCOS 光引擎、安防工程、IC 设计项目等。这些重大项目的实施，使湖北省产业发展后劲明显增强。

59.1.4　无线电管理工作创优争先

无线电管理围绕"建设一支依法行政、作风过硬、管理一流、业务精湛的无线电管理队伍"的工作目标，确立了以服务为中心的无线电管理新思路，加强法制建设，完善技术设施，有效维护了空中电波秩序，实现了跨入全国无线电管理先进行列目标。

59.2　促进产业发展的主要做法

59.2.1　理清思路，把握产业发展主动权

湖北省全省信息产业"十一五"总体发展思路是：高举信息化大旗，开创信息化建设和产业发展新局面；依靠引进和创新，筑牢产业又好又快发展的坚实基础；加强无线电管理，促进无线电事业快速健康有序发展。

明确了当前电子信息产业发展的基本思路：以十一五规划为指导，以企业自主创新为基础，以产业链建设为主线，以引进大公司大项目为抓手，努力形成"把握主动、围绕特色、突出重点、整体推进"的产业发展格局。变"低、散、小"的粗放型发展为"高、专、大"的集约型发展，推进武汉和宜昌国家电子信息产业基地建设，提高产业的集聚水平。面向市场与应用，积极推进软件产业发展，促进产业发展与应用开拓紧密结合，相互促进，协调发展。以节能降耗为切入点，监控行业节能和环保状况。

认真贯彻"三个结合"的产业发展指导方针，即：坚持规模扩张与行业效益相结合的方针；坚持突出特色与全面推进相结合的方针；坚持招商引资与自主创新相结合的方针。提出了当前工作重点和任务：重点围绕培育形成未来产业支柱，跟踪服务和推进"一个基地（富士康综合制造基地）、三大产业链（集成电路产业链，多晶硅产业链、显示产业链）五

大重点专项（二维条码、宽带无线通信、安防工程、LCOS 光引擎、IC 设计及软件）和三十家自主创新中小企业"（简称 1353 工程）的基本思路。

59.2.2　做好规划，引导产业持续发展

过去五年，湖北省立足"突出特色、发挥优势、重点带动"，不断完善产业规划，引导产业持续健康发展。

在《2006—2020 年湖北省信息化发展战略》和《湖北省电子信息产业"十一五"规划》指导下，湖北省陆续编制完成移动通信产业、光存储专项、数字电视产业、汽车电子产业、企业信息化和软件产业等专项发展规划。2006 年开展三大产业链研究，目前已完成《多晶硅产业链发展规划研究》、《集成电路产业链发展规划研究》、《显示产业链发展规划研究》以及正在进行的二维条码、宽带无线通信、安防工程、LCOS 光引擎等产业规划研究，将直接指导湖北省信息产业的招商引资和自主创新，是湖北省下一阶段实现产业发展和引导社会资源配置的重要指南。

59.2.3　整合资源，提高自主创新能力

支持建立以企业为中心的技术创新体系，培育企业成为技术创新的主体，突破性地开发一批影响产业全局的关键核心技术。2004 年武汉邮科院"城域网多业务环 MSR 技术和面向比特的 EOS 方法"和 2007 年武汉矽感科技有限公司"矽感 CM、GM 二维条码技术"，分获当年信息产业部重大技术发明奖。以信息服务、测试、试验仪器设备服务，软件服务为重点，加快建立中小企业技术创新服务平台，扩大已建成服务平台的应用范围。鼓励和引导科技成果有效转化为商品进入市场。推进院校、科研院所与企业联合，建立产学研相结合的技术创新体系。鼓励有条件的企业开展国际技术合作，引导现有优势企业与跨国公司进行高位"嫁接"。一批有实力的企业正在逐步成为自主创新的主体。

59.2.4 主动服务，改善产业发展环境

信息产业的快速发展迫切需要社会各方面的支持和配合。湖北省厅和地市主管部门共同创新工作方式，与综合经济部门互动，在产业发展规划、专项资金使用、制定软件产业政策、推动企业信息化、共建"武汉·中国光谷"等方面共同出资出力给予支持。与省发改委、财政、人事、科技、商务、统计、税务等多部门互动，制定完善了加快软件产业发展的政策。与教育、劳动、人事部门、院校互动，举办了"产业发展与人才需求论坛"。与银行、企业互动，举办了"产业发展与金融支持论坛"。与企业、专家和新闻单位互动，开展了"信息产业自主创新楚天行"活动。与科技厅、东湖开发区互动，建设完善了软件公共服务平台。标准和知识产权工作取得新成果，专利授权量达到 15121 件。多项标准获得国家通过。软件正版化进一步深入。五年来，列入国家、部和省级重大产业化、技术升级、军工技改、科技创新等计划项目近 500 项，总投资近550 亿元。获省级电子和软件专项资金 8000 万元，武汉、襄樊、荆门、荆州等市政府配套资金近 1 亿元。

59.2.5 准确定位，提高招商引资服务水平

伴随部门职能转变的深入，湖北省在招商引资工作中找到了自己的定位——"运用三个优势做好三项工作"，即：运用部门优势，做好行业总体规划；运用专业优势，做好专业技术对话；运用职能优势，做好项目前期服务。

"十五"期间，湖北省围绕 1000 万部手机、1000 万台显示器、1000万台智能家电和5000 万平方米化成箔等产业化目标，全省各级信息产业主管部门认真做好协调服务工作。2005 年后，重点围绕具有巨大市场潜力的芯片设计及制造、3G 系统及手机、多晶硅、汽车电子、数字电视、二维条码、程控机和软件的发展，认真做好规划引导、技术对话和前期协调工作，对一些重大项目落户湖北省起到了积极推动作用。

59.2.6 融合互动，推动全行业协调发展

湖北省确立了信息化工作战略和思路，即：坚持信息化建设与产业发展紧密结合、相互促进；坚持以电子政务建设为突破口，带动全省信息化水平提高；坚持做好规划、法规、标准等基础工作，提高信息化建设管理水平。以信息化需求为牵引推动信息服务业、软件业、制造业融合互动发展，特别是在省电子政务系统建设中，认真贯彻"融合互动、带动发展"的方针，使一大批国产软硬件得到应用，促进了本省信息产业的发展。

59.2.7 转变职能，坚持依法行政和法规建设

在湖北省信息化工作全面推进形势下，省信息产业厅设立了省政府信息化工作办公室，这标志着湖北省"三化归一统"的信息化管理体制格局的形成，同时也为政府职能转变创造了极为有利的条件。湖北省在推进政府部门职能转变、加强宏观间接管理的同时，坚持依法行政，调控方式上改变以行政手段为主的做法，更多地采用技术手段监控、经济手段调控和法律手段调整。近年来，湖北省加大了产业法规建设工作的力度，《湖北省无线电管理条例》、《湖北省电子电器产品维修服务管理条例》以及《湖北省公众移动通信基站设置管理办法》、《湖北省信息化建设管理办法》陆续颁布实施。

上述产业发展思路、方针和措施，是总结湖北省信息产业长期发展实践得出的深切体会，是湖北省信息产业贯彻落实科学发展观的具体体现。

59.3 今后五年的发展思路

党的十七大报告指出："全面认识工业化、信息化、城镇化、市场化、国际化深入发展带来的新形势新任务"，"发展现代产业体系，大力

推进信息化与工业化融合，促进工业由大变强，振兴装备制造业，淘汰落后生产力；提升高新技术产业，发展信息、生物、新材料、航空航天、海洋等产业。"

湖北省委九届二次全会也提出："以建设现代制造业聚集区和高新技术产业发展区为目标，大力发展高科技、高附加值产业，形成一批年销售收入过千亿元的支柱产业。加快形成光电子信息产业链、新材料产业园区和高性能数控系统规模化生产能力，力争高新技术产业增加值比重明显提高，产业规模和技术水平居中西部前列。"

按照新的历史起点的新要求，解放思想，更新思路，精心谋划，加大力度，围绕 2000 亿元的产业目标，着力推进全省信息产业又好又快发展。

59.3.1　着力改善行业发展环境

要进一步转变政府职能，把更多的精力放在营造环境和提供服务上来。一是坚持依法行政，树立政府部门的诚信形象。二是认真为民服务，切实提高工作效率。三是加强行业立法，建立公开公平公正的市场环境。四是研究制定政策，引导行业健康发展。五是诚交天下朋友，融和行业发展的感情环境。六是加大宣传力度，营造行业发展的良好氛围。这些基本要求应该作为湖北省工作的出发点、落脚点。

59.3.2　着力培育产业竞争力

湖北省信息产业已进入新的发展阶段，要实现做大做强、又好又快发展，必须着力培育产业发展竞争力。一是在坚持"十一五"规划指导和"1353 工程"基本发展思路的基础上，紧跟世界信息技术发展方向，积极主动争取各方面支持，认真策划一批处于信息技术前沿、市场潜力巨大的新项目。二是进一步扩大对内对外开放，以"海纳百川"的胸怀，诚招国内外客商。三是围绕形成特色产业和提高产业竞争力，加快产业集群建设，做好产业布局安排，加快产业联盟建设，搞好专业分工合作，培育 8家 50 亿和 4 家 100 亿以上的大型企业。四是加快培育市场主体，通过产业链建设，带动300家以上中小企业迅速成长，力求在数量和质量上有大的突破。五是着力解决制约产业发展的瓶颈问题，在产业用地、融资方式、人才培养等方面探索积极有效的新途径。六是在招商引资工作上"分层次、有选择、抓重点"，省厅主要盯住高起点高聚集、大公司大规模、低耗能低排放的大项目，地市主管部门要结合本地实际开展工作，将低耗能和低排放作为选择项目的重要标准。

59.3.3　着力提高产业自主创新能力

支持建立以企业为中心的技术创新体系，培育企业成为技术创新的主体。一是加大宣传造势和创新奖励力度，营造自主创新的浓厚氛围，力争有10个自主创新品牌。二是制定完善政策，培养、用好、留住技术创新人才。三是集中资金，重点支持自主创新项目产业化。四是注重环境，加强标准、专利申请和知识产权保护。五是推进应用，创造省内自主创新产品的市场条件。六是搭建平台，建立起企业与科研机构之间的成果转化桥梁。

59.3.4　着力提高信息化建设管理水平

在湖北省信息化工作取得显著成效同时，信息化建设管理水平要进一步提高。一是加强立法，引导信息化建设进入法制化轨道。二是突出重点，深入推进电子政务建设，加大农村信息化和运用信息技术改造传统产业工作力度。三是加强基础，完善标准。四是加快建设，力争在今年基本建成全省电子政务统一网络体系。五是推进应用，以提高为民服务水平和系统应用水平为重点，加强软件开发和人员培训。六是注重安全，建立和完善全省网络与信息安全工作协调机制。

59.3.5　推动无线电事业健康发展

继续贯彻无线电管理工作服务和引导产业发展的方针。一是服务产业，在引导和服务产业发展上要探索新的路子。二是推进发展，要使湖北成为无线电新业务的开发和试验基地。三是加强建设，抓好长江中游地区监测中心和华中地区检测中心两个项目的建设。四是突出监管，维护空中电波秩序，净化和改善湖北省电磁环境。五是提高素质，加强新技术新业务的学习，提高无线电业务管理水平。六是依法行政，认真贯彻《湖北省无线电管理条例》。

（本章作者　湖北省经济和信息化委员会）

第 60 章

湖 南 省

引　言

新中国成立 60 年以来，湖南信息化事业从无到有、从小到大，获得了长足的进展。信息基础设施日臻完善，信息产业快速壮大，信息化发展环境不断优化，信息技术在经济、政治、社会等各领域的应用越来越广泛，有力地促进了国民经济发展和社会全面进步。

60.1　信息基础设施

60.1.1　通信网

到 2008 年年末，湖南省固定电话用户 1257.29 万户，普及率为 18.37 户/百人；移动电话用户 2260.68 万户，普及率为 33.03 户/百人。固定长途电话交换机容量达到 47.77 万路端；局用交换机容量达到 1222.64 万门。移动电话交换机容量达到 3635 万户。

60.1.2 互联网

到 2008 年末，湖南省互联网宽带接入用户数达到 220.72 万户，网民数连续 10 年保持 40% 左右的增长速度，达 999 万人；拥有网站 12 万多个，名列全国第 8 位；光缆线路长度达到 3.46 万公里；实现乡乡通宽带，行政村通宽带比例达 65%；建设农村综合信息服务点 1051 个。

60.1.3 广播电视网

湖南省共有广播电台 13 座，其中省级台 1 座、市级台 12 座，县级广播电视台 96 座；公共广播节目 96 套，其中省级台 6 套，市级台 21 套，县级广播电视台 69 套。中、短波发射台和转播台 26 座，调频发射台和转播台 103 座。广播综合人口覆盖率 91.13%。

全省电视台 15 座，公共电视节目 137 套，其中省级台 10 套，市级台 31 套，县级广播电视台 96 套。电视发射台和转播台 312 座。有线广播电视传输网络干线总长 85055.95 公里。有线电视用户 543.92 万户，其中农村有线广播电视用户 183.23 万户。县至乡镇有线电视联网率超过 73.3%，农村有线电视入户率超过 26.4%。电视综合人口覆盖率 95.66%。

全省微波实有站 158 座，微波线路 5551.60 公里，增加微波线路 250.50 公里。卫星地球站 1 座，卫星收转站 3217169 座，增加了 21446 座。

60.1.4 无线电基础设施

截至 2008 年末，湖南省各类无线电台站合计 2380 多万台，微波电路 2 万余公里。公众移动通信发展较快，基站达 35000 多个。全省固定无线电监测站 25 座，移动无线电监测站 16 台，实现了高速网络互联。

60.2 电子信息产业

产业规模持续增长。2008年湖南省电子信息产业实现主营业务收入425亿元，其中电子信息产品制造业260亿元，软件业165亿元。

产业布局取得重大进展。太阳能光伏产业从无到有高速发展，现已形成200MW太阳能电池片生产能力，产业链全线拉通，产业布局基本完成。到2008年底，全省太阳能光伏及相关产业已达30多家，光伏产业集群直接调度7家企业，全年完成主营业务收入超过50亿元。软件产业初具规模，2008年实现软件主营业务收入165亿元，其中软件收入105.7亿元，包括软件产品收入51.12亿元，系统集成收入20.50亿元，软件服务收入14.78亿元，嵌入式软件收入19.22亿元。连续7年位居中部六省第一位，数字整机产业异军突起，7个手机品牌落户湖南，高斯贝尔在湖南建成第一个年产200万台手机生产出口基地，成功开发出国内第一款骨神经传导手机，数字视讯产品稳步增长。新型显示器件产业保持强劲发展势头，总投资22亿元、为新型显示器配套的蓝思科技（湖南）有限公司电子防爆特种玻璃项目已经完成一期工程建设，并开始试生产。湖南普照爱伯乐公司等骨干企业的新型显示器件项目也在紧锣密鼓的建设之中。

项目建设支撑能力加强。2008年新建、续建项目183个，投资总额165.8亿元，实际完成投资83.2亿元，同比增长41.6%，投资超过5000万元的重大项目32个。

招商引资成效明显。2008年签订合同项目105个，合同引资额达302.41亿元；签订协议项目24个，协议引资129亿元。台达电子、华阳电子等IT世界百强电子企业落户湖南。

加强产学结合，技术成果转化加快。南车时代、长城信息、拓维信息等一批企业与高校、科研机构强强联手，围绕关键技术开展科技攻关，取得一系列重大突破。株洲变流技术国家工程研究中心在国内率先研制完成"中国环流器 HL－2A 装置中性束电源系统"和"基于剩磁重建及晶闸管阀技术的变压器励磁涌流抑制装置",为"人造天阳"提供大功率电源。

60.3 电信服务业

电信服务业快速增长。2008 年湖南省累计完成电信业务总量 738.2 亿元,其中湖南移动、联通、电信的业务总量分别为 505 亿元、117 亿元、96 亿元,占全省的 97.26%。实现电信业务收入 265.9 亿元,完成电信固定资产投资 96.5 亿元。

2008 年,湖南电信公司分别投资 1.3 亿元和 1750 万元用于村村通宽带和自然村通电话,新增 3000 个行政村通宽带、建设 500 个农村综合信息服务站点、新开通 200 个自然村通电话。湖南移动公司 2007—2008 年追加投资 2.3 亿元,新建基站 281 个,新增覆盖自然村 713 个,为全省 800 多万农村用户提供优质的移动通信服务。

60.4 广播电视业

广播电视事业持续发展。2008 年湖南省广播电视行业总收入 64.13 亿元,从业人员超过 3.1 万人。全年公共广播节目播出时间 33.3678 万小时,公共电视节目播出时间 71.4210 万小时。

惠民服务成效明显。2007 年,全省共筹措村村通建设资金 1.8139 亿元,共完成 7951 个 20 户以上自然"盲村"的广播电视覆盖,解决了约 115 万人看广播电视的问题。2008 年,全省共筹措村村通建设资金 2.077

亿元，共完成 14660 个 20 户以上自然"盲村"通广播电视，帮助 120 万农村电视盲区人员解决了看电视难的问题。

有线数字电视整体转换网络改造步伐加快。2007 年 6 月湖南省有线电视网络集团申请获得了国家开发银行、建设银行、中国银行 33 亿元专项贷款授信，用于全省数字电视整体转换和网络改造。截至 2008 年底，全省已有 11 个市州城区、21 个县市区城区的数字电视整体转换工作基本完成，全省有线数字电视用户达到 240 万户，占全省有线电视用户总数的 50%。

积极稳妥地推进 CMMB 移动多媒体发展。省手机电视试验工作小组已完成了 4 个发射站点的 CMMB 试验单频网试验并正式开播，完成了 5 市的 CMMB 网络建设。

60.5 经济和社会信息化

60.5.1 信息化与工业化融合

出台了推进"两化融合"政策性文件。2008 年，湖南省人民政府出台了《关于利用信息技术改造和提升传统产业的指导意见》，提出了推进全省利用信息技术改造和提升传统产业的指导思想、基本原则、目标任务、保障措施，为推进"两化融合"提供了可靠的政策保障。

建立了"两化融合"绩效评估机制。为促进信息化与工业化的浓度融合，自 2008 年起，将信息化指标纳入新型工业化考核体系，在全省分市州、市辖区、县市和规模工业企业 4 个层面对"工业信息化水平"进行科学考评，增强了信息化建设的责任意识，推进了"两化融合"的工作进程。

启动了大规模的企业信息化培训。自 2008 年起，按照每年 5 期、1000 人次规模，开展了全省企业信息化培训。培训班以课堂教学为主，同时安排了实地考察和上机体验等内容，重点培训传统行业中小企业的负责人、信息化主管和专业技术人员。在各级政府的高度重视和企业界的大力支持下，培训班取得了圆满成功，其社会影响远远超出预期的目标。

编制了传统行业信息化解决方案。结合湖南的实际，先后选择装备制造、钢铁有色、石油化工、食品加工等 11 个传统行业作为利用信息技术改造和提升传统产业的重点领域。按照《2006—2020 年国家信息化发展战略》提出的"四化"要求（设计研发信息化、生产装备数字化、生产过程智能化、经营管理网络化），先后制订了各行业信息化解决方案，并以正式文件发布推广。

构建了中小企业信息化公共服务平台及为推广信息化在广大中小企业的外包服务，推荐湖南电信有限公司"商务领航"和北京神州数码科技有限公司"神码在线"为全省中小企业信息化公共服务平台及 105 个软件为面向传统行业推广应用的信息技术。

开展了利用信息技术改造和提升传统产业试点。从 2007 年开始，分 3 批组织 150 家企业进行了利用信息技术改造和提升传统产业试点。近 3 年中，省、市（州）两级政府共投入近 2000 万元的专项资金，带动 150 家企业约 3.7 亿元的信息化投入，产生了明显的经济和社会效益。

配合国家实施信息技术应用"倍增计划"的总体部署，大力推进本省企业信息化重点项目建设。特别是近两年，全省先后启动了 45 个企业信息化重点项目建设，其中 2009 年启动的 27 个项目总投资达 101988.7 万元。

60.5.2　农村信息化

宁乡、涟源、冷水滩、临湘、鹤城、武冈和隆回等 14 个县级信息平台建设取得积极成效，"信息田园"、"农信通"两个省级农村信息服务平台基本建成。整合农技科普、专家答疑、农产品供求、劳动务工、灾害防备等各类涉农信息 210 多万条，实现了面向"三农"的"信息流"服务。

积极开展农村信息化试点工作。沅江市作为"国家级县域信息化试点",以加强信息基础设施建设,促进县域特色产业发展,完善农村综合信息化服务体系建设为重点,各项工作取得阶段性成果。新宁县作为省农村信息化无线接入的试点地区,将信息化建设与扶贫工作有机结合在一起,得到了国务院有关部门的充分肯定,被国务院扶贫办列为"信息化扶贫工程"全国首批3个试点地区之一。

农村党员干部现代远程教育经过先期试点和扩大试点,不断探索远程教育规律,提升工作水平,现已形成卫星电视教育、互联网教育、光盘教育"三位一体"的远程教育体系。

60.5.3 城市和社区信息化

长沙、衡阳和张家界作为原信息产业部在湖南的3个城市信息化试点地区,结合本地实际,开拓创新,通过信息化完善城市服务功能,提高城市管理、人民生活和城市环境的质量,城市信息化建设取得了不同程度的进展。

长沙市将"政府带动、有序推进、应用主导、市场运作、优势再造"作为城市信息化战略,全力实施"一二三四"工程:"一"是建设了一条纵横互通、上下联结、贯穿全市的信息高速公路;"二"是打造了社区综合管理、社区综合服务两大信息平台;"三"是开发了社区医疗、社区流动人口管理、道德银行三大应用系统;"四"是建立领导、工作、协调、运行四项机制。

衡阳市按市场机制推进城市信息化进程:一是建设了社区服务网络平台,为社区信息服务管理提供支撑和各种网络接入;二是建设了"12345"热线呼叫系统,为市民提供包括家政、设备维修、医疗保健、交通旅游、中介服务、住宿餐饮等全面服务;三是建设了"12345"社区信息服务网站,打开了市民享受社区信息服务的窗口;四是开发了单机版社区管理信息系统,提高社区管理水平和工作效率。

张家界市坚持"以信息化推动旅游业,以信息化带动工业化,以信息化促进经济与社会发展"的指导思想,引导和保障城市信息化建设健康发展。核心景区启用了"指纹 IC 卡门票管理系统"，景区环保旅游客运公司的各项工作全面实现信息化，对旅游车辆实行 GPS 定位管理。

60.5.4　电子商务

基于电视传媒的电子商务在全国领先。湖南卫视"快乐购"在全国形成品牌效应，2008 年完成销售额 19 亿元，覆盖 45 个区域市场，其中在湖南、广西实现了信息流、资金流与物流的三流合一。基于互联网的电子商务形成一定基础，一批企业主动探索电子商务，商业零售、物流、花炮、旅游、有色、化工等行业取得一定成效。

移动电子商务率先发展，优势突出。2008 年，湖南成为唯一授牌的"国家移动电子商务试点示范省"。省政府与中国移动通信集团公司签署合作备忘录，三年内，中国移动将投入总额为 108 亿元资金用于建设湖南城市和农村的移动通信设施。

移动交易、移动公用事业缴费、移动公共交通、移动农业电子商务四大项目正在全省逐步推进。2008 年末，全省手机支付活跃客户从年初的 20 万增加到了 100 万，全年交易额已突破 20 亿。

60.5.5　电子政务

湖南省电子政务内网省级城域网已完成省委、省人大、省政府、省政协、省高检、省高院的互联和 180 多家包括省委所属机构、省政府组成部门、直属机构、特设机构和省直有关部门的窄带接入。广域连接在完成与 14 个市（州）以及 117 个县（市、区）联通的基础上，加快市（州）城域网的建设，14 个市州基本建成连接四大家和政府主要部门的城域网。

全省电子政务外网基本建成省级平台骨干城域网和市州广域网。目前，共有 76 家省直部门通过光纤接入外网，42 家通过外网统一出口进行互联网应用，25 家通过外网进行数据交换。长沙、株洲、湘潭、衡阳、永州等市城域网基本建成，完成主要政府部门的接入。各级政府部门网络基础设施建设进一步完善，省直部门局域网建设普及率达 95%，市（州）

县局域网建设普及率达 40% 以上。

60.6　信息化环境

湖南省委、省政府印发《关于加速推进新型工业化进程的若干意见》，强调要坚持以信息化带动工业化，以工业化促进信息化，壮大重点产业，培育产业集群，发展高新技术产业，突出重点区域，转变增长方式，推进改革开放，强化人才支撑，优化发展环境，通过新型工业化的强力推进，不断增强全省综合经济实力和整体竞争力，走出一条具有湖南特色的新型工业化道路，努力实现跨越发展。

设立了信息产业发展专项资金。2008 年，湖南省全年安排下达省信息产业发展专项资金 1 亿多元，扶持重点项目 45 个。通过省新型工业化配套资金、各级政府配套资金、贷款贴息、软件企业退税、减免重大项目土地税费等方式向信息产业的投入近 14 亿元，带动地方政府、金融机构、企业、外资和其他社会资金完成信息产业投入过百亿元。

湖南省政府出台了《关于加快信息产业集群发展的实施意见》，提出全省信息产业总规模到 2010 年达到 1200 亿元，其中电子信息产业 800 亿元，比"十五"期末翻两番。

启动了电子信息产业园认定和建设工作，省政府出台了《关于湖南省电子信息产业园建设的意见》，全面布局电子信息产业园区，设立了 11 个省级电子信息产业园和 1 个光伏产业基地。

（本章作者　湖南省信息产业厅）

第 61 章

广　东　省

引　　言

　　新中国成立以来，特别是改革开放以来，在党中央、国务院的正确领导和亲切关怀下，在广东省委、省政府带领下，广东省全面贯彻落实国家关于信息化发展的各项方针政策，全省上下奋力拼搏、积极进取，大力构筑现代信息基础设施，着力发展电子信息产业，积极推进信息技术应用，努力完善信息化发展环境。斗转星移，沧海桑田。广东省信息化建设实现了从无到有、从小到大、从弱到强的历史性变化，信息化发展取得举世瞩目的辉煌成就。建国 60 年，是广东省信息基础设施大发展的 60 年，是广东省信息产业大发展的 60 年，也是广东省信息化大应用、大普及的 60 年。

61.1 信息基础设施：从极其薄弱到中等发达国家水平

广东省的信息基础设施建设经历了不平凡的发展历程，从解放初期极其薄弱到改革开放以来的突飞猛进，目前广东的信息基础设施规模位居全国前列，达到国外中等发达国家水平。

61.1.1 前30年：艰苦创业打基础

解放初期，广东省信息基础设施十分薄弱。全省仅有1.2万门电话交换机和14辆邮车，电话普及率不到万分之三。解放以后，广东省自力更生、艰苦创业，信息基础设施进入30年（1949—1978年）的初创时期，到1978年全省市内电话8.6万门，农话14.7万门，长途电路不足1000条，电话普及率仅为每百人0.3部，全省邮电部门固定资产投资平均每年不到2000万元。

61.1.2 后30年：高速发展大繁荣

十一届三中全会之后，改革开放政策给广东信息化发展注入了源头活水，广东解放思想、转变观念、敢为人先，揭开了信息基础设施建设的新篇章。

1984年，广州市开通了我国第一个数字寻呼系统。1985年，南海县开通纵横制自动电话，成为全国第一个实现农村电话自动化的县。1987年，我国第一个模拟移动电话网在广东建成并开通。1988年，建成了粤东沿海数字微波干线、粤西沿海数字微波干线、珠海至深圳数字微波干线。1988年，东莞市建成全国第一个程控电话交换网。1989年，广东省在全国第一个实现电话交换机总容量超100万门。1995年，广东成为我国第一个全省城乡电话实现程控化的省，城乡电话网总容量超过 1000 万门。1995 年，广东建成了中国首个宽带综合业务数字示范网。2006 年，广东省电话用户数在全国第一个突破 1 亿户。

目前，广东省已经形成以光纤、数字微波、卫星、移动通信、数据通信等多种手段、覆盖全省的四通八达的公用通信网络，信息基础设施建设达到全国领先行列。2008 年全省固定电话用户 3573.3 万户，占全国 10.5%；移动电话用户 8395.7 万户，占全国 13.1%。全省网民数达到约 4554 万户，占全国的 15.3%，居全国第一。其中手机上网用户 2769 万户，占全国 23.8%，居全国第一。全省互联网普及率 48.2%，居全国第三。

61.2　电子信息产业：从零起步发展到全球制造基地

广东省电子信息产业是在建国后逐步发展起来的，它萌芽于解放初期的 20 世纪 50 年代，并伴随着国民经济的建设不断成长。经过 60 年的发展，广东省电子信息产业发展成为全省的支柱产业，并成为全国电子信息产业的主力省，也是全球电子信息产业重要的制造基地。

61.2.1　前 30 年：产业初创阶段

广东省电子信息产业肇始于 20 世纪 50 年代中期，广州、汕头、佛山等城市，在社会主义三大改造期间，改造了几十家从事无线电器材修造业的私营店铺和个体户，先后成立了广播器材厂、无线电装修厂、电话机厂等企业。到 1965 年，广东电子信息产业雏形初现，全省共建立了 31 家电子生产企业，拥有职工 4169 人，工业总产值达到 1286 万元。到 1972 年，全省电子信息产业继续发展，拥有企业 178 间，职工人数达 2.3 万人，工

业总产值达到 1.26 亿元。至 1977 年底，全省电子信息企业总数达到 159
家，职工人数增加到 3.22 万人，工业总产值达到 3.65 亿元。全省已初步
建立起电子工业体系，为下一阶段的大发展奠定了基础。

61.2.2 后 30 年：产业腾飞阶段

党的十一届三中全会以后，广东省坚持解放思想和改革开放，实施外
向带动战略，逐步从基础差、底子薄的落后状况发展成为我国的电子
大省。

1. 电子信息产业成为广东第一支柱产业

改革开放之后，广东抓住了国际信息产业大转移的机遇，借助全省迅
猛发展的外向型经济，实现了电子信息产业的跨越式发展。1980 年，广
东电子信息产业产值 4.15 亿元，占全国的比重不到 5%，排名第十位；
1990 年，广东电子信息产业总产值达 98.8 亿元，占全国的 14.7%，总量
规模首次跃居全国第一；2005 年，广东省成为全国第一个电子信息产业
产值超万亿元的省份；从 1990 年至 2008 年，总量规模连续 19 年位居全
国首位。

在广东省工业行业中，电子信息产业从 1980 年的第十位上升到 1987
年的第三位，1995 年又上升为第二位，到 2000 年已经跃居广东第一支柱
产业。2008 年，全省电子信息产业实现工业增加值 2810.6 亿元，占全省
工业的 18.4%，占全国 1/3，同比增长 17.6%，高于全省工业 4.8 个百分
点；工业销售产值 14919.2 亿元，同比增长 11.9%。

广东电子信息产业已初步形成制造业、软件业与信息服务业协调发展
的格局。广东软件业务收入由 2001 年的 368.7 亿元，增长到 2008 年的
1414.9 亿元，增长了近四倍；出口额由 2001 年的 3.1 亿美元增长到 2008
年的 76.1 美元。

2. 电子信息产业成就了全国第一出口大省

广东省电子信息产业充分利用"两个市场、两种资源"，改革开放前
期抓住了"以国内市场为依托"，后期抓住了"以国际市场为导向"。10

年前，全球资源配置形成了"欧美设计、台湾接单、香港押汇、珠三角制造"的合作模式，今天正在向"欧美概念原创，东北亚竞争接单，珠三角设计制造"的模式发展。目前，广东电子信息产业已经具备较强的国际竞争力，出口规模位居全国第一。2007年，全省电子信息产品出口贸易总额达1941.1亿美元，占全省工业出口额的52.7%，占全国同行业出口总额的42.2%。彩色电视机、手机等多个产品的出口额居全国首位。

3. 从"三来一补"逐步走向自主创新

广东电子信息产业以"三来一补"为主的加工贸易逐步发展壮大起来。加工贸易是广东电子信息产业有效参与国际分工、获取先进技术和管理、不断提升产业竞争力的重要手段。以"三来一补"或"贸工技"起家，广东逐步形成了一批具有自主知识产权的、有国际竞争力的大型企业集团和名牌产品，如深圳的华为、中兴、康佳，惠州的TCL、德赛、华阳等。目前，广东电子信息产业已拥有中国世界名牌产品3个，国家名牌产品26个。2008年，广东进入全国电子信息百强的企业有26家。

广东在引进技术的基础上，大力加强消化吸收再创新，不断提升自主创新能力，创造了多个全国第一。例如，1983年研制成功国内第一代汉字微机，1990年国内首创即打即排电子排版机，1997年开发出国内第一代DVD激光数字光盘和DVD放送机，1999年世界首创基于USB接口、采用闪存介质的新一代存储产品，2000年研发成功世界首部CDMA机卡分离手机，2004年开通世界首个CDMA七载频三扇区基站，号称CDMA"天下第一站"。据不完全统计，仅2007年，广东省电子信息产业获得发明专利1505件，占全省发明专利的45%。在通信设备、平板显示、数字家庭等重点领域突破了部分核心技术。例如，拥有自主知识产权的数字集群和数字音频编解码技术成为国家电子行业标准；在OLED镀膜技术的基础上成功开发出了非晶硅薄膜太阳能电池生产线，打破了我国太阳能电池生产线依赖进口的局面。

61.3 信息化应用：先行先试，注重实效

广东省发扬敢为人先，埋头苦干的精神，紧跟世界信息技术发展潮流，先在一些专业领域开展信息技术应用，然后逐步推广，再不断深化到经济社会各个领域的普及应用。特别是20世纪90年代以来的互联网发展，广东省信息化应用先后经过了前期的摸索、"建网"阶段，再到"用网"阶段，并正在向深入推进应用、真正发挥信息化实效的阶段转变。

广东省信息化应用规模和水平始终走在全国前列，开创了很多全国第一。1994年建成中国第一个商用GSM数码移动电话网络；1995年建成中国内地第一个跨银行跨地区ATM网络；2001年，在全国率先建成了全省统一的电子政务网络平台；2002年，在全国率先开展山区信息化建设，向"数字鸿沟"挑战；2003年，率先开展电子政务效果评估；2006年，在全国率先建立了RFID公共技术支持中心。

61.3.1 电子政务建设步入规范化轨道

广东省已经基本完成电子政务外网和内网建设。电子政务外网平台，面向政府管理和公共服务，连接省、市、县，接入单位3045个、县区150个；电子政务内网平台，面向内部管理和领导决策，连接省、市、县，接入单位1231个，县区87个。开通了一批以跨部门跨地区互联互通、信息共享为特征的信息系统，电子政务在改善公共服务、加强社会管理、强化综合监管、完善宏观调控方面取得明显效益，有力促进了政府职能转变，有力促进了政府监管、公共服务的业务协同。

61.3.2 农村信息化建设全面推进

2003年广东省在全国率先启动了山区信息化建设，目前已初步实现

了"网络到镇、信息进村"目标，农村信息化应用程度有明显提升，从五年前的基本空白逐步实现农村信息化应用"四有"：一是"有认识"，通过举办培训和宣传服务活动，直接带动农民超过 20 万，农民信息化认识不断提高；二是"有机会"，全省 2 万多个行政村全部建立了信息化服务站点，有超过 500 名专家的农业专家队伍和超过 6600 人的信息员队伍开展服务，农民就近有机会学习和使用电脑，掌握信息和技术；三是"有应用"，开发了农业生产、商贸流通、电子商务、旅游、基层管理等 10 多个方面的特色应用；四是"有实效"，信息化手段推动了农业产业化发展，农民增收致富，农村基层组织得到加强。

61.3.3　企业信息化和电子商务深入发展

全省大、中型企业信息化应用广泛，全省 100% 的大型企业和 80% 的中小型企业应用财务电算化系统，80% 以上的大中型企业使用了办公自动化系统，50% 以上的企业使用了管理信息系统，74% 的大中型企业建立了局域网。面向中小企业的公共信息化服务平台蓬勃发展，涌现出南海西樵"南方纺织网"、云浮石材网、中山古镇灯饰网等一批优秀的行业公共信息化服务平台。广东电信"中小企业信息化平台"服务下的中小企业数量从 2004 年的 5 万家增长到 2007 年的 30 万家。

企业电子商务应用日渐普及，广州本田、宝洁、雅芳，深圳华为、中兴，惠州 TCL、德赛电子等成为我省制造业电子商务发展的龙头企业，在粤投资的沃尔玛、苏宁、国美等商贸流通企业成为我省商贸流通电子商务的龙头企业。中国移动广东公司、广东电信等电信运营商以及在粤跨国物流企业、广东邮政、宝供物流和南方物流等，均大力推动移动商务和物流电子商务的发展。行业性电子交易应用平台有效促进传统产业发展。如广东塑料交易所，他们的网上交易平台用户已达 1000 多家，塑料成交总量达到 800 万吨，成交额 600 亿元。

金融信息化应用日益广泛，网络银行、网络证券、网上保险、网上理财等网络金融服务和产品创新能力强。广东银联交易笔数从 2002 年的

1.08 亿笔发展到 2006 年的 4.63 亿笔，增长了 428％；交易金额从 2002 年的 352.8 亿元发展到 2006 年的 2324 亿元，增长了 658％。到目前为止，银行卡累计发行 1 亿张，全省人均超过 1 张。

61.4 信息化发展环境：不断探索，逐步完善

长期以来，广东省为推动信息化健康发展，高度重视信息化环境建设，逐步建立和加强信息化管理机构，不断加强信息化政策法规和标准规范建设，不断发展和壮大信息化人才队伍。

61.4.1 信息化管理体制逐步建立

广东省信息化建设领导机构逐步建立和不断完善，为广东省信息化工作走上有序的发展轨道提供了组织保证。1995 年 4 月，省现代信息基础设施建设领导小组专家组成立。1996 年 6 月，广东省现代基础设施建设领导小组更名为广东省信息化工作领导小组，省长亲自担任领导小组组长。在此期间，各地市、各单位纷纷建立信息化管理机构，明确了机构编制及职能任务。2000 年 4 月，组建成立广东省信息产业厅，随后各地市也相应组织成立了信息化管理机构。

61.4.2 信息化政策法规和规范标准建设逐步深入

广东省从实际出发，大胆探索，在信息化政策法规和规范标准方面做了大量的工作，形成了有利于规范标准体系的发展环境，及时有效促进行业应用发展。2004 年，广东省联合共建了全省企业信用信息网，共收集和发布了包括工商、国税、地税、质监、银行、海关等多个部门信息的近 200 万条企业基础信息和部分信用记录，制定了全省统一的企业信用信息网业务规范。在此项工作基础上，全国第一个企业信用建设地方法规

《广东省企业信用信息公开条例》于2007年7月正式颁布，为培育广东省信用服务市场，建立社会信用体系奠定了良好基础。

61.4.3 信息安全工作不断加强

广东省电子政务安全认证平台，已经经过国家信息安全认证，在全省50多个重要业务系统有广泛应用，目前已累计签发证书30多万张，使得业务信息不可更改、访问人可以识别、访问过程不可抵赖，保障了电子政务的安全可靠。广东省的多项信息安全工作也列入国家试点，如江门市列入国家在开放互联环境下政府对公众服务的安全试点，省府办公厅、省民政厅、佛山市、江门市等列入国家电子政务信息安全等级保护试点。2008年，获得国家主管部门的批准，广东和香港先行先试开展电子签名数字证书互认试点。

61.4.4 信息化人才队伍不断壮大

广东省加快培养和引进了一大批高层次的信息化人才与高素质的软件工程技术人员，扶持有条件的信息技术企业设立博士后工作站，并且面向市场需求，积极调整高等学校专业设置，大力发展信息化中等职业教育，吸引境外信息技术专业院校来粤合作办学，支持信息技术企业与学校合作办学，逐步形成了学历层次多样、学科设置齐全、专业结构合理的信息化人才培养教育体系。鼓励企业开展信息化培训工作，加强与国家有关部门、国际知名培训认证机构的合作，建立健全了信息技术培训认证体系。

（本章作者　广东省信息产业厅）

第 62 章
广西壮族自治区

引　言

广西信息化建设始于 20 世纪 80 年代后期，起初以计算机推广应用为工作重点，逐步推进计算机信息技术在国民经济和社会各领域的推广应用。20 多年来，经社会各界的共同努力，广西信息化建设进程取得了巨大的进展，信息基础设施建设不断加强和完善、信息化在国民经济和社会各领域的应用越来越广泛，成效也越来越显著。

62.1　信息基础设施建设和发展进程

广西信息化基础设施建设现已形成以光缆为主，微波、卫星为辅的数字化传输网络，为信息交流、资源共享和发展网络经济提供了有力的保障。广西光缆干线网与全国广播电视网互联互通；光纤城域网建设基本完成，2008 年度光缆铺设达 23.3 万公里，互联网宽带接入端口数 272.4 万个，互联网用户数 210.9 万户，固定电话和移动电话用户数分别约为 848.4 万户、1623.92 万户。

20 年来相继投入 3 亿多元进行无线电管理基础和技术设施建设，基础和技术设施建设从小到大，从弱到强，呈现了飞跃式的发展。目前，全区拥有监测机房面积约 22632 平方米，监测固定站 47 个（含 26 个小型站）；可搬移站 48 个（含便携式监测设备、简易监测系统），移动站 21 个，便携监测检测设备 77 套。建立全区无线电管理信息系统，实现了国家、自治区、地级市三级无线电管理信息系统联网。行业高效互动管理服务系统、广西无线电频谱监测网络系统、广西矢量地形数据库项目竣工并顺利通过专家组验收。全区已初步形成一个多层次、多手段、多功能的无线电频谱监测网络，为维护空中电波秩序提供了可靠的技术监管手段，无线电管理工作进一步科学化和规范化。

62.2　信息技术产业发展

广西电子信息产业整体基础较为薄弱，从 20 世纪 70 年代起，广西电子信息产业经历了基础发展阶段、平稳发展阶段、初具规模阶段。从 2000 年起步入快速发展阶段，且增速不断加快，产业发展环境不断优化，引进重大产业项目取得新的突破，具备了快速发展和规模发展效应的基础，取得了可喜的进展。南宁、桂林、北海等市已形成一定的产业规模和基础，占全区行业比重 80% 以上，并呈现出良好的发展势头。2008 年，全行业完成主营业务收入达到 105 亿元，同比增长 28%；实现工业总产值 148 亿元；实现工业增加值 35 亿元，同比增长 25%，实现利税同比增长 20%。

其中，软件产业作为一个新兴产业，基础形成的标志是在"九五"

期末。"十五"以来，广西软件产业实现年均 30% 以上的速度增长。2008年，软件服务业实现主营业务收入 32 亿元（含技工贸），同比增长 28%。完成软件业务收入 25.5 亿元，同比增长 23%，其中，软件产品收入、系统集成收入、软件技术服务收入分别是 12.8 亿元、7.6 亿元、5 亿元。软件出口 125 万美元，增长 29%。软件外包服务收入 500 万元，增长 4%。实现利税 3.4 亿元。主营业务收入达 5000 万元以上的企业 7 家，超过亿元企业 2 家。广西软件企业主要分布在沿桂海高速公路上的南宁、北海、桂林三个城市，设立了南宁、北海、桂林三个软件园。目前，广西已拥有从事与软件有关的科、工、贸企业近 1500 家，其中专门从事软件研制开发的企业约 300 家，产品广泛应用于金融、保险、交通、电力、旅游、教育、医疗、宾馆、汽车等国民经济各个部门，为广西的信息化建设做出了重要贡献。

62.3　信息化发展环境与管理体制

1985 年，广西壮族自治区计算机推广应用领导小组成立，办公室设在自治区经济贸易委员会。2000 年 7 月，该工作职能划入新成立的自治区信息产业局，工作机构更名为广西电子信息系统推广办公室，并于同年成立了广西信息化工作领导小组并下设办公室。2000 年 12 月，由 23 家软件企事业单位共同发起成立了广西软件行业协会。2001 年 7 月，经自治区人民政府批准成立了广西软件评测中心，负责广西国产软件产品的评测、管理和系统集成资质认定、管理等工作。这些机构的建立，为广西软件产业建立了较为完整的技术管理和服务支撑机构。2001—2007 年，累计认定软件企业 112 家，登记软件产品 321 个，认证计算机信息系统集成资质企业 77 家；累计享受政策退免税总额已达 1.5 亿元。2004 和 2006年，广西软件评测中心成功承办了第一、二届的全国计算机（微机）调试员职业技能大赛广西选拔赛和培训，并率领广西代表队两次获得全国决赛团体第2名的优异成绩，充分体现了广西信息化教育和普及工作卓有成效。

2003年3月成立了广西壮族自治区数字证书认证中心有限公司，并由广西壮族自治区信息化工作领导小组办公室确认为广西数字证书认证中心。2003—2005年初，完成了广西数字证书认证系统一期工程和二期工程建设，可对个人和政企事业单位提供数字证书认证服务，目前主要应用领域已涉及工商、质监、社保、医保、医疗、财政、政府、企业等电子政务系统和电子商务系统。

62.4　信息化渗透经济社会各个领域，效益显著

全区各市从电子政务、城市信息化、企业信息化、电子商务、农业农村信息化等各方面全面开展信息化推进工作，有力促进了当地经济和社会的发展，取得了显著的成效。

62.4.1　信息化促进服务型政府建设

1997年，组建广西互联网络中心，负责组织建设统一的网络平台——广西互联网。现已建成自治区本级电子政务内网、外网和党委机要专网的传输网络，以及向广西各市县的网络延伸，实现了党政机关的互联互通和信息资源共享，促进了广西电子政务乃至国民经济和社会信息化以及信息产业的发展与应用。

经过十多年的努力，广西各级电子政务建设取得明显的成效。自治区级基本建成了政务内网、政务外网和机要专网三个相互独立、物理隔离的网络平台。全区党政机要专网已实现向上与中共中央办公厅，向下与14个市及160多个区直各部门的连接，实现了密级文件的传输；全区政府系

统政务内网实现向上与国务院办公厅、向下连 14 个地市、76 个县人民政府连接，实现了公文的流转处理。自治区政务外网平台连接了 130 多个自治区厅局单位，并与 6 个市实现了联网。南宁、柳州、桂林、玉林等城市电子政务建设成效也相当显著。在近几年全国 333 个地级市政府网站评估中，南宁、柳州、玉林等市均排在西部地区前列。其中，2005 年玉林、南宁市分别名列全国第 39、78 名，玉林市位居西部城市第一。2007 年，南宁、柳州、玉林分别排位第 49、51、55 位。其中，玉林市"一站式"电子政务综合应用支撑平台项目荣获 2006 中国政府信息化创新大会"管理创新奖"，并被原国务院信息化工作办公室选为全国基于互联网电子政务信息安全保障五个试点城市之一，试点的主要内容是：充分利用玉林市基于互联网建设的电子政务综合业务支撑平台和应用系统，通过进一步完善网络和数据结构，重组安全等级，优化分类管理，健全信息安全管理制度，深化信息化与经济社会的融合和应用。该试点工作为推动国家信息安全标准在电子政务建设中的应用做出了贡献。目前玉林市的试点工作已通过工业和信息化部验收，并得到高度肯定。

全国首个三级联网的广西行政效能电子监察系统于 2007 年 8 月在南宁市建成启用，实现了自治区、市、县三级联网运行。这套系统的使用，使领导在自己的办公室，就可以对自治区甚至是广西任何一个市、县的行政审批工作进行直接监督。同时，还增设了视频系统对政务大厅内的行政行为进行视频监控，有效地整顿机关作风，提高行政效能。

广西电子口岸平台从 2006 年开始投入建设，同年 10 月底完成广西电子口岸基础平台以及凭祥友谊关中越边境陆路汽车联检核放系统建设工作，成为西南地区第一个地方电子口岸实体平台。项目建成运作良好，取得了良好的经济效益和社会效益，为推动大通关建设、提高通关效率、提升口岸形象、促进地方经贸和经济发展，以及更好地服务于中国-东盟博览会，加快中国-东盟自由贸易区信息流、资金流、物流的互动，强化中国-东盟自由贸易区的功能和地位等发挥了重要作用。系统涉及金融、贸易、海关、税务、保险、检验检疫、交通和海事等行业。通过网上办事的方式，在很大程度上方便了企业，降低了成本，受到了企业的普遍欢迎。广西电子口岸第二期海运物流服务平台于 2008 年 6 月正式启动，并进入开发阶段，总投入约 1180 万元。作为自治区重大项目的钦州保税港区、南宁保税物流中心（B 型）以及凭祥综合保税区等保税项目均依托广西电子口岸基础平台建设，既实现了区域联动，体现区域优势，又促进了广西电子口岸的良性发展。

62.4.2　推进城市信息化，全面促进和谐社会发展

2000 至 2001 年，桂林、南宁、柳州相继被列为国家信息化试点城市，在推进城市信息化试点工作中，各市结合各自经济社会发展特点，开展了各具特色的信息化推进工作。南宁市成功建设和应用城市应急联动系统，运用信息化手段在城市管理和公共安全领域取得显著成效；柳州市作为全国制造业信息化重点和示范城市，企业信息化取得了长足进步，部分骨干企业信息化达到全国同行先进水平；桂林市累计投入 3.85 亿元用于城市信息化建设，运用信息技术实施城市"美化"和"亮化"工程，大大提升了桂林市的城市形象和品位；桂林旅游业的经营和管理现代化水平，促进了桂林旅游业的快速发展。

2001 年 11 月，全国第一个"南宁市应急联动系统"建成并投入试运行，该系统运用集成的数字化、网络技术，将 110、122、119、120 等报警求助电话整合纳入统一的指挥调度系统，实现了跨部门、跨警区和警种之间的资源共享、统一指挥协调。该系统建成后，日平均接听 5700 多个电话，最多时达 7000 多个，系统处理能力提高了 5 倍以上，最大限度地满足了百姓的报警求助需要，密切了政府与群众的关系，确保了人民群众的生命财产安全，促进了南宁城市的科学管理和经济社会的和谐发展。同时，也为全国大中型城市提供了很好的城市管理模式参考。该系统的成功运行得到了中央领导的充分肯定，多位党和国家领导人亲临南宁指导。2007 年，南宁市喜获联合国"人居奖"，该系统"围绕城市公共安全，构建平安和谐家园"，为奖项的获得做出了积极的贡献。

62.4.3　工业与信息化融合，促进工业又好又快发展

广西工业企业信息化始于企业内部管理的计算机推广应用，如在机械行业重点推广应用了CAD/CAM/CAPP技术、企业信息管理集成以及过程控制技术，从单纯的计算机处理设计向设计全过程方向发展，由单台微机向小型机、工作站网络化方向发展，由单纯计算机软件向参数数据库、模块化、智能化方向发展，在制糖企业重点推广普及了微机自动控制、地磅农务结算管理系统和计算机网络信息管理系统等，逐步实现了计算机推广应用由点到面的快速、全面发展。

2004年，为了加快以信息化带动工业化步伐，促进经济跨越式发展，广西提出并组织实施了"企业信息化'百企行动'"，以项目为主体，在企业技术改造项目中，专门列出并组织实施应用信息技术改造和提升传统产业的项目，有力地提升了广西企业信息化水平。南宁市设立了企业信息化专项资金、实施了企业信息化"1126"工程（建立1个示范服务中心和中小企业门户网站、重点建设10家示范企业、重点扶持20家龙头软件企业、实施6大专项计划），全市新产品产值率超过23%，降低新产品开发成本30%以上。

广西是第一批国家制造业信息化示范省（区）之一，柳州市已被列为国家制造业信息化试点城市。南宁、桂林两市被列为自治区级制造业信息化试点城市，全区共有自治区级信息化示范企业132家，涵盖了机械、轻工、化工、医药、冶金、电子、建材、纺织等行业，其中中小企业占85.6%。示范企业信息化实施后比实施前平均年销售收入增长75.81%，平均年净利润增长191.27%，平均年缴税额增长76.43%。柳工股份、上汽通用五菱、苹果铝业、玉柴机器等大型企业CAD技术应用达100%，中小企业达到80%以上，产品开发周期缩短了1/3以上。通过实施企业信息化，提高了企业整体经济效益，增强了企业综合竞争力，促进了工业又好又快发展。

"十五"期间重点建设了覆盖全区的制造业信息化企业应用示范体系

和技术服务体系，共建立了 21 家制造业信息化培训服务机构，100 家国家级、自治区级企业技术中心。"制造业信息化关键技术攻关及应用工程（广西）"课题通过了自治区的成果鉴定和国家的验收，所建立的基于 Internet 的制造业信息化工程公共技术服务平台居国内领先水平。柳工集团所承担的国家 863 项目"装载机远程服务与智能化挖掘机"（信息化技术开发项目），已经通过了 863 专家组的验收，并且实现了互联网上查询检测装载机的工况信息等功能。

62.4.4　信息化助力解决"三农"问题

2001 年起，广西通过采取多渠道、多形式的信息化手段在市、县以及具体项目上实施农业信息化试点工作，以点带面，使广西农业信息化得到广泛推进，应用成效非常突出，农业生产得到了大力发展，农民真正实现了增产增收。2007 年起，运用广西电子信息应用项目资金支持农村信息化，有效地带动了 1100 多万元的社会投资，受益农村人口 300 万人，受益地区农民人均年增收 80 元。广西"三农"信息服务已通过电话、电视、电脑实现了进村入户，实现网上信息查询、发布、统计、监控等智能化管理，网上农产品展示、购销洽谈活动非常活跃，有效地拓宽了农产品流通渠道。广西名特优农产品网上展销洽谈会自 2003 年开通以来，通过广西农产品贸易网促成的各类涉农产品交易 700 多万吨，成交金额 180 多亿元，取得了显著的经济社会效益。

同时，积极争取并获得国家支持，广西横县作为全国农村信息化综合信息服务试点，柳江县和武鸣县 2 个国家级县域经济信息化试点，有力地带动了广西农业农村信息化和县域经济信息化工作的开展。横县作为全国农村信息化综合信息服务试点县还被原信息产业部赠予农村信息化信息大篷车 1 辆和电脑 50 台。2007 年 4 月，原信息产业部组织施工单位，在武鸣县太平镇林琅村板潘屯成功实施了"新一代卫星电视安全直播接收系统"试点工作，使试点村（屯）能够清晰、稳定地接收到国内 50 多套卫星电视节目，电视入户率达到 100%。该村（屯）原本只能收看一套不清晰的电视节目已成为历史。

62.4.5　电子商务应用快速发展

近年来，广西电子商务得到了快速发展，主要以行业应用为突破口，逐步扩大应用领域，业务量逐年增长，配套措施及环境日趋成熟。如：在商品批发流通领域，广西食糖批发中心率先运用最先进的电子商务技术，于1999年建立了中国食糖网，网站设立网上交易、网上支付、实时行情等栏目，开通了网上即时交易系统，累计实现网上白砂糖交易量5452多万吨、成交额1600多亿元。在药品采购领域，广西卫虹医药电子商务综合服务平台是目前国内医药电子商务领域应用范围最广、技术水平最先进的医药电子商务平台之一。该平台实现了包括数据服务、成交撮合、订单处理、结算支持、交易监管等电子交易服务功能，拥有23个专业医药数据库，8106万条数据资源并进行实时维护，仅在广西网上医药交易量每月可达4—5亿元人民币。在旅游行业，"旅游行业信息在线管理与营销DIMOS系统"现已覆盖全区旅游管理部门及旅行社，通过该系统不仅实现了全区旅游行业的信息化管理，而且其旅游行业的电子商务业务量也得到了快速发展。

62.4.6　为空中电波保驾护航，积极服务于安定维稳工作

20世纪80年代以来，广西无线电事业飞速发展，无线电业务从广播、电视、卫星逐步扩大到航天、气象、公安、防汛、通信、医药等诸多领域。长期以来，广西无线电办公室坚持开展清查"三高"设置无线电台（站）及其他违法违规设台，清理整顿无线寻呼台站、卫星地球站、业余电台、校园广播，开展清查大功率无绳电话、查处非法生产和使用卫星电视无线电干扰器等大规模执法行动，并做好全区无线电台站数据清理登记工作，有效地规范了无线电波传递秩序，改善了我区的电磁环境。自2000年起我区每年配合中方与越南进行无线电频率协调工作，维护了国家边境无线电频率秩序，坚决打击了跨国盗打国际长途非法行为，维护了

国家利益。

多年来,广西无线电管理技术水平实现了新的跨越。2004 年取得了全国无线电监测技术演练初赛第四组竞赛第一名、全国无线电监测技术演练优胜奖、全国无线电监测技术演练理论考试优秀奖的好成绩。历年来配合政法、公安部门等单位联合进行应急事件演练,积极保障"两会"、中国-东盟博览会、中国-东盟商务与投资峰会和南宁国际民歌艺术节、北京奥运火炬广西接力传递活动等各类重大会议、活动期间的无线电通信安全。2006 年 1 月 1 日,《广西壮族自治区无线电管理办法》正式发布实施,这是广西第一部地方无线电管理法规,标志着无线电执法力度得到了进一步的增强。

(本章作者 杨京凯 廖忠群 吕稚敏)

第 63 章

海 南 省

引　言

　　在全国推行改革开放 10 年后，海南于 1988 年建省办经济特区，加快改革开放进程。伴随特区的发展和信息化浪潮的掀起，海南的信息化建设逐步展开，有些方面走在了全国前列。1993 年，海南就开始从总体上设计全省经济信息系统，开始建设与国际互联网相连接的公共网络平台；1995 年，海南成立了海南省公网公司；1996 年 12 月开通公共信息网；1996 年率先实施"政府上网"工程，率先发行跨行使用的银行 IC 卡；1997 年全国召开第一次信息化工作会议之后，省委省政府于当年提出了建设"信息智能岛"的奋斗目标，并在全国率先成立主管信息化的正厅级常设行政机构；1997 年初开通了全国第一个网吧；1999 年组织编制了《海南省"信息智能岛"规划纲要》，规划设计海南信息智能岛发展蓝图，并在该规划框架的指引下，2001 年省委 1 号文件印发了《关于加快信息智能岛建设的实施意见》，对全省信息化建设任务进行重要部署，从此海南信息化进入全面发展阶段。2001 年全省本地固定电话网并网升位，率先在全国组建成一大本地网，省内取消长途；2006 年率先在全国成立工业化与信息化融合管理的政府部门；2008 年组织编制了《海南省信息智能岛发展规划》，结合正在大力推进的国际旅游岛建设，对未来十年海南信息化建设进行重新规划部署，海南信息化建设进入新的历史发展阶段。经过 20 年的努力，海南的信息化应用水平有较大提高，信息化对国民经济和社会发展的基础性、战略性、带动性作用日益得以显现，信息产业从无到有并稳步增长，呈现了良好的发展态势。

63.1　信息基础设施日趋完善

建省前，海南的信息基础设施几近空白，没有一寸光缆，每 200 人才拥有一部"摇把子"电话，每 2 万人才摊上一条长途电路，省会海口市仅有 5000 门纵横制自动电话，全岛 3.4 万平方公里的土地上，没有一部程控电话，仅靠几条直通北京、广州、南宁三地的电路，保持着与外界的通信联系。建省办特区以后，海南采取"高起点、高技术、高速度、高效益"的发展方针，加快信息基础设施建设。"八五"期间，邮电系统投资 30 亿元人民币，对全省公共电信网进行了具有国际水平的改造，建成了 2.5G 宽频大容量邮电光缆网络，做到数字、语音、图像"三合一"传输，使海南具备了国际 90 年代的水平，成为国内最先进的信息通信传输网络基础。

经过 20 年发展，海南建成了以光缆通信为主、数字微波和卫星通信为辅的、覆盖全省的大容量、高速率、安全可靠的立体通信传输网络和相应的业务网、支撑网，通信骨干网继续向纵深方向延伸，光缆干线通达所有市县，支线通达 201 个乡镇，光缆线路总长度达到 22617 公里。建成两条不同方向连接内陆的过海光缆，数据通信网长途电路达到 20286 × 2M；城市光纤正向小区、商住楼延伸，农村光纤在通达所有乡镇的基础上，向行政村延伸。截至 2008 年底，互联网用户数达到 45 万户，全省电话用户数达到 622 万户，其中固定电话用户数 224.5 万户，移动电话用户数397.78 万户，有线电视在线用户数 94 万户，行政村电话通达率 100%，自然村电话通达率 99.6%。开通了全省有线广电主干网，实现了所有市县有线广电网络宽带互联，并且并入了国家骨干网络，海南作为全国第一个以省为单位进行数字电视双向整体转换的试点省，2007 年完成 50 万户整体转换。2009 年海南省政府分别与中国电信、中国联通、中国移动三大通信运营商签署了战略合作协议，三大通信运营商计划未来五年投入110 多亿元，共同打造有线、无线和卫星相结合的覆盖全岛的信息网络，支撑全省国民经济和社会各个领域信息化应用发展。

63.2　信息产业持续稳步增长

海南自 1985 年起，重视引进国内先进的技术，用以改造老企业，提高劳动生产率，改变产品结构，发展电子工业。电子工业从原来只能生产半导体收音机和中周电阻发展到能够生产电视机、电脑显示器等几十种产品；并不断提高产品品质以适应不断变化的市场需求，发展外向型产品，逐渐开发了南宝电视机等一些具有国内知名品牌的产品，初步奠定了海南信息产业发展的基础。建省后，海南通过项目带动和技术开发，加强招商引资工作，全省信息产业稳步增长，逐步成为新的经济增长点。2009 年上半年，全省信息企业达 2000 多家，全省电子信息产业实现主营业务收入 5.8 亿元，同比增长 7.01%，上缴税金 616.23 万元，同比增长10.57%；其中，电子信息产品制造业实现主营业务收入 4.56 亿元，同比下降 1.08%；规模以上软件服务业实现主营业务收入 1.24 亿元，同比增长 53.09%；软件外包服务实现主营业务收入 615.34 万元，同比增长91.93%。电子制造业结构调整取得较大进展，产品结构开始从传统产品向新产品过渡，光纤光缆、液晶显示片、双面印制板、IC 卡等高技术含量、高附加值产品比重不断提高，成为拉动电子制造业增长的重要因素。2002 年海南太平洋智能技术有限公司被公安部指定为我国第二代居民身份证的定点生产基地，填补了海南在"金卡工程"生产项目上的空白；2004 年世界 500 强企业——韩国三星落户海南，投资 6000 多万美元，采用三星独有的制造工艺，生产具有世界一流品质的光纤预制棒、光纤和光缆等产品。软件业和信息服务业发展势头良好，目前全省共有信息企业2000 多家，累计认定软件企业近 75 家，登记软件产品近 171 个，国家级计算机信息系统集成资质企业 25 家，省级计算机信息系统集成资质企业61 家；海南天涯在线网络科技有限公司的天涯社区，目前已成为国内同类网站综合影响力排名第一的网站，拥有 2000 万以上的注册用户和上亿的浏览用户；海南凯迪网深受海外华人青睐，在海内外华人网络文化和网络生活中占有举足轻重的地位，成为全球知名网站。

近年来，海南注重抓住信息产业转移的有利时机，利用海南建设生态省的比较优势，大力促进电子信息产业发展，省委省政府提出了要更加注重发展高新技术产业，信息产业呈现了良好的发展态势。2005 年 10 月 25日，海南省政府与微软（中国）有限公司签订《合作谅解备忘录》，通过资本、技术、人才和教育等多种合作方式，在海南省电子政务建设、软件人才的教育与培训、推进企业信息化和培育软件企业新的增长点等领域推动海南信息化建设和信息产业发展。2007 年 6 月 6 日，省政府与中电集团公司签署信息产业与信息化战略合作协议，共同筹划建设中国电子海南生态软件园，2009 年 5 月 20 日开工建设，目前已有 9 家省内外 IT 企业签署了入园协议，另有 19 家国内外企业表达入园意向。同时三亚市启动了创意产业园项目建设，重点发展太阳能光伏产业、集成电路产业、3G 芯片及软件研发制造和动漫游戏创意产业，目前已完成征地面积约 3000 多亩，基础设施工程完成投资约 2.5 亿元，中兴通信项目、翌科太阳能热发电项目、动漫公共技术平台园区等 8 个项目已签订协议，另外还有大唐电讯、用友软件、中星微、IBM 培训中心等项目正在跟踪洽谈中。

63.3　电子政务建设成效显著

建成了全省统一的电子政务网络平台和省政府数据中心。2001 年省财政投入 1000 万元建设省党政综合信息网，2003 年建成开通，实现了省直单位和市县党政部门的互联互通，运行了电子公文交换、信息上报、辅助决策等多个系统，运行情况良好，大大节约了行政成本。2006 年编制了《海南省电子政务"十一五"发展规划》，提出全省规划和建设统一的电子政务外网平台和省数据中心，实施数据大集中，实现全省互联互通和信息资源高度共享。按照统一网络、资源共享、业务系统数据大集中的建设思路，2006 年省财政投入 2000 万元启动电子政务外网络平台一期工程建设，统筹规划、建设与整合全省统一的电子政务外网，充分利用现有的网络基础搭建和联结海南省电子政务网络传输体系，统一建设省政府数据中心。目前，基本搭建了全省统一电子政务外网平台，具备承载部门业务应用系统的能力，并已成功运行了省数据共享平台、省工商行政管理信息系统、省组织机构代码管理信息系统等重要业务系统，省政府数据中心机房近期将交付使用。

依托省电子政务外网平台，组织实施了一批重点应用项目，实现业务系统数据大集中。一是省数据共享平台完成第一期工程建设投入运行，实现省财政厅、地税、国税、工商、社保、质监等六家单位企业基础信息共享，今后将不断开发政务信息资源，建设人口、宏观经济、空间地理、政务综合等信息资源库，实施数据大集中；二是 2007 年省工商行政管理业务信息系统投入运行，实现了全省工商行政管理数据大集中，是省电子政务外网平台业务系统数据大集中的成功应用，为海南省电子政务建设积累了经验；三是全省统一的应急联动指挥平台即将投入运行，项目建成后将与省三防办、公安 110、消防 119、海上救助、省 120 等五个专业应急指挥中心联网，以后逐步扩展与其他应急指挥系统联网，形成一体化、多层次的决策、指挥和调度系统，及时、有序、高效地开展紧急救援或抢险救灾行动；四是网上联合审批系统已开通运行，2008 年 7 月 1 日政务服务中心对外提供服务时正式投入使用，省政务服务中心 900 多项审批事项的办理状态均通过了联合审批系统的在线服务平台进行实时流转；五是推行全省大 OA 建设模式已进入试点应用阶段，完成了办公信息系统的主体功能开发，正在部分省直部门试点应用，计划年内正式投入应用。

政府网站建设水平不断提高，成为电子政务公共服务和信息公开的重要窗口。海南政府网站建设起步较早，1996 年率先在全国启动"政府上网工程"，率先开通省级政府门户网站，全省 87% 的政府机构和市县政府在互联网上建立了网站，发布政务信息。经过多年的建设发展，至今全省已有 97.5% 的省直部门和 100% 的市县政府建立了网站，大多数政府网站实现了从信息发布到提供部分电子政务服务的转变；海南省政府门户网站先后经过三次改版后，建设水平显著提高，2007、2008 年在全国 32 个省级政府门户网站的绩效评估中，分别名列第七、第四名，逐步成为海南电子政务公共服务和信息公开的重要窗口。

政府部门办公自动化取得很大进展，各类业务应用系统相继建成。早在 20 世纪 90 年代初期海南开始利用日元贷款，完善省直四大机关网络系统建设和各市县节点，为推动政府部门办公自动化奠定基础。经过多年的不断推进，目前海南省直机关有 90% 的单位建立了局域网，57% 的单位使用 OA 系统办公，75% 的单位开发了信息系统和数据库。党政机关电视电话会议系统顺利开通，在省直机关和市县政府设立 24 个分会场。开通运行了企业登记系统、税收征管系统、数字城管系统、统计查询系统、国土环境资源信息系统、社会保险信息管理系统等各类业务应用系统。全省有 11 个市县设立行政审批服务中心并开通网上审批业务和网上查询等服务。

63.4 信息技术在经济社会领域广泛应用

近几年，海南以扩大应用为重点，广辟资金筹措渠道，不断加大对信息化建设的资金投入。有28个信息化项目被列入国家倍增计划，获得国家电子发展基金支持，总金额2150万元；有4个项目获得国家企业信息化专项资金支持，总金额2600万元；有22个项目获得省信息产业发展专项资金支持，总金额534.5万元。各种资金的投入，极大地引导和拉动了信息产业和信息企业发展，促进了信息技术在经济社会各领域的应用，经济效益和社会效益显著。

农业信息化应用取得良好效果。海南农业科技"110"发展迅速，成为全国农业科技服务的推广模式，服务站（点）覆盖全省所有市县的128个乡镇，共设服务站（点）283个，农民通过拨打全省统一服务电话963110或上网查询，就可以找到专家解答农作物种植疑难问题。于2006年12月开通的"天涯农浓情"网站，采集了各类涉农信息，以服务三农、建设"信息化新农村"为主导，截至2008年4月份在全省范围内建成近300个农村信息服务网站点，并与农业科技"110"实现交互联动。海口电子政务作为海口市城郊农村信息化重点应用项目，进展顺利并取得了明显成效，开通了电子农务网和电子农务电话会议系统，在全市每个乡镇设立一个电子农务信息发布点和一名首席信息员，为农民提供技术和市场销售信息，同时依托各镇的农民科技夜校及乡镇网吧，对农民进行电脑基本知识培训，截止到2009年上半年，已培训农村信息员1340名，开展农业实用技术培训116800人次。

以公共服务为重点，推动信息技术在教育、社保、医疗、文化等社会事业领域的应用。2005年启动海南省农村中小学现代远程教育工程建设，总投入1.24亿元，覆盖全省所有的农村中小学校，使全省120多万名农村中小学生得以共享优质教育资源；启动农村党员干部现代远程教育，采用宽带视频技术建设党员远程教育站点，截至2009年上半年，全省18个市县已有1700多个农村党支部开通站点，农业科技110、信息化示范村信息服务点将作为农村党员干部现代远程教育的终端站点，实现资源的综合利用。建立了全省统一的合作医疗数据管理中心和覆盖全省各乡镇的新农村合作医疗管理信息网，截至2009年3月，海南省全部22个市县区的近474万参合人员信息已经在平台上运行，涉及308个乡（镇）和533家定点医院、卫生院，平台上累计报销补助金额5.3亿元。建立了海南省公共卫生基础数据库，实现了公共卫生应急指挥系统和公共卫生资源的数据共享；IC卡应用向全社会铺开，逐步在医疗保险、人口管理、泊车管理、公共交通等领域推广应用；推出了全国第一张可跨行使用的银行IC卡，并实行金融IC卡和社会保障IC卡二合一的复合卡运行，达到国际水平；启动海口城市公共服务领域一卡通项目建设。建设了一批社区服务管理系统，在延伸政府服务职能和为居民提供服务方面发挥了积极作用。围绕着生态省建设要求，启动数字保护区建设，构建集海南省自然保护区资源监测管理、基础性信息服务、科研等为一体的信息平台。

企业信息化与电子商务发展迅速。随着特区经济发展和信息化浪潮的推动，海南的企业信息化与电子商务从零开始，不断跟随技术进步大力推进。现在，全省各类龙头企业和骨干企业绝大多数实现了资源配置、生产调控、营销服务的自动化和信息化控制，信息技术成为构建企业核心竞争力的重要手段，信息化管理成为提高企业生产效率的重要支撑。如海航集团运用信息技术手段构筑企业运营管理模式，为海航的跨越式发展发挥了重要的倍增和提升作用；海汽公司启动虚拟制造重点试验室项目，有效地降低了生产成本，增强了市场竞争力。全省启动"中小企业信息百强工程项目"推进活动，共有10多个行业2000多家企业参加，为中小企业提供财务电算化、客户关系管理、数据安全管理、网上业务支撑等信息化综合服务，有效带动中小企业的信息化建设。企业信息化的不断推进，促进了电子商务的快速发展，在农业、医药、旅游、房地产等领域，电子商务开始向规模化、效益化发展。海南农垦"天然橡胶电子交易系统"发展成为我国最大的天然橡胶现货交易电子商务平台，开始向东南亚地区辐射；"海南医药电子商务网"有250多家医药经营企业、65家医疗机构、6000多种药品在网上交易，累计交易24亿多元。

63.5　信息资源开发利用效果逐步显现

海南省从1990年代初开始建设地理信息系统，目前已建立了覆盖全省的大地数据库、10000—250000矢量地形图数据库、全省栅格地形图数据库、数字地面高程模型数据库、数字正射影像数据库等基础地理空间数据和部分专题地图数据库，完成了县级土地利用现状数据库、土地利用规划数据库、城镇地籍、地价基础数据库、土地定级评估系统等建设，为建设"信息智能岛"提供了地理空间数据基本框架；积极开展档案基础目录数据库建设，全省综合档案馆共完成了电脑著录300多万条目，对形成满30年的39万条档案目录数据进行质量检查、开放鉴定及整合，并形成开放档案目录数据库，海口市档案馆在全部完成馆藏档案目录数据库建设的基础上，已经率先开展馆藏存量档案的数字化工作，走在了全省的前列；建设了涵盖全省800万常住人口信息的人口数据库。信息资源的有效利用对加强科学决策和宏观监管、提高社会管理和公共服务能力发挥了重要作用。

63.6　信息化发展软环境进一步优化

近年来，海南把优化信息化发展软环境作为智能岛建设的重要内容来抓，取得了显著成绩。1997 年率先在全国成立省政府信息化办公室，2000 年改为省信息产业局，2006 年率先在全国成立省工业经济与信息产业局，努力推进工业化与信息化融合，在体制机制上为信息化发展提供坚实保障。信息化政策法规工作成果突出，1997 年在全国率先制定信息化建设政府规章《海南经济特区公共信息网络管理规定》；1998 年在全国率先出台《海南省人民政府关于推进信息产业和扶持高新技术信息企业发展的意见》（包括 26 条优惠政策）。新世纪以来，省委、省政府出台 2001 年 1 号文件《关于加快推进信息智能岛建设的意见》，对全省信息化工作进行全面部署；2001 年在全国率先出台电子身份认证的政府规章《海南省数字证书认证管理试行办法》，推动电子商务应用；还相继出台了《海南省政务信息化管理办法》、《海南省信息化教育暂行规定》、《海南省信息化工程管理办法》、《海南省政府门户网站管理办法》等 20 多项规章和规范性文件，《海南省信息化条例》和《海南省无线电管理条例》列入人大立法规划。全省信息化教育培训成效显著。针对不同需求，开展多类别、多层次的信息化教育培训活动，如领导干部和技术骨干境外培训、厅级领导干部和市县主要领导电子政务培训等，公务员队伍的信息化意识和信息技术应用能力明显加强。

随着信息网络化、社会信息化进程的加快，信息化已成为衡量一个国家和地区现代化水平的重要标志，在我国现阶段全面建设小康社会、构建和谐社会中具有战略地位。把海南建设成为信息智能岛是海南发展的重要目标。20 年的改革开放，海南发生了历史性巨变，国民经济实力大大增强，新一轮改革开放热潮正在兴起，环境、区位、资源等比较优势和后发优势进一步显现，为信息智能岛的建设奠定了坚实的基础。作为一个年轻的省份和经济特区，面对知识经济新的浪潮，海南正以积极的姿态和奋力赶超的精神，朝着信息智能岛的目标坚实迈进！

（本章作者　海南省工业和信息化厅）

第 64 章

重 庆 市

引 言

新中国成立的 60 年，是重庆信息化建设从蹒跚学步到昂首阔步前进的 60 年，特别是经过改革开放后体制改革的不断深化，重庆市的信息化进程跨越式高速发展，信息化水平发生了翻天覆地的变化。今天的重庆信息产业已从过去的封闭和垄断实现开放和竞争，从当初制约经济社会发展的"瓶颈"转变为拉动经济社会前进的先导力量，为直辖市的经济建设和社会进步提供了方便快捷的信息服务。特别是近几年，重庆的信息化更是发展迅速，信息产业已成为支柱性产业之一。

目前，信息产业保持快速发展：全市已经建成以光缆、卫星和数字微波为管道，覆盖全市、联通世界、天地互补、立体交叉的现代化信息通信平台；初步形成以北部新区、西永微电子产业园为核心基地，以港城工业园、茶园新区等为特色园区的空间布局；基本形成了以集成电路、软件及信息服务外包、通信设备、信息家电、仪器仪表等为重点领域的产业格局，具备了实现跨越腾飞的重要基础。

在重点领域信息化取得明显进展：城乡统筹信息化试验区取得积极进展，信息化与工业化融合进一步加快，电子政务应用深入推进，城市管理信息化水平不断提高，民生信息化广泛开展，信息资源开发利用进展顺利，信息化发展环境不断完善。为重庆市经济快速发展和"信息重庆"的建设奠定了坚实的基础。

64.1　信息化发展的三个阶段

纵观重庆市信息化60年的发展历程，大致可以划分为三个阶段：

1. 第一阶段：（1949—1978年）

改革开放前，全市信息产业发展一直比较缓慢，而其当时的信息化发展主要表现为邮政、电信的基础设施建设。重庆的电信业始于1886年9月重庆电报分局在重庆白象街成立。到新中国成立之初，全重庆只有捉襟见肘的几条长途线路，全重庆并管辖川东（全部）、川南和川北（部分）电信局43处，营业处8所，邮兼处、代办处27处。使用磁石电话机和莫尔斯人工报机。新中国成立后，重庆市信息事业进入恢复和发展时期，期间经历了抗美援朝、反右、中印战争、"文化大革命"十年和中越战争等重大历史事件。这29年国家用于通信建设的投资仅为60亿元人民币，通信状况很不乐观，市话为磁石电话（摇把子）、长途交换为人工转接，因为电话普及率很低，最大众的通信方式是电报。一直到改革开放前的漫长岁月里，全重庆市信息产业发展非常缓慢。属于通信业发展的探索阶段，实现了通信能力的从无到有，保持了低水平的发展。

2. 第二阶段：（1978—1997年）

这一时期是重庆市信息产业大建设、大发展、大跨越的历史时期。改革开放前，重庆信息化基础设施建设较为落后，通信网络覆盖面十分有限，基础差、网点稀少、设备陈旧，服务能力及水平提高受到硬件设施的极大制约，电信业务发展规模尚小、种类较少、拥有用户量极低而这又进一步制约了经济和社会快速发展的步伐。改革开放之初，重庆市话交换机容量仅为 48041 门，农话交换机容量仅为 28930 门，自动长话交换机仅为1 路，1978 年重庆全市电报业务量为 80.12 万份，长途电话 178.16 万张，市内电话用户 10584 户，农村电话用户仅仅只有 1513 户，这些硬件设施绝大部分都设在城市之中，广大农村通信较为困难，加强通信基础设施建设，同步提高城市与农村的通信水平成为迫切需要解决的问题。成为制约经济发展的瓶颈。

党的十一届三中全会后，特别是进入"八五"以来，重庆市信息产业在改革开放旗帜的指引下，充分利用国家优先发展通信政策，实施高起点、高技术、高质量的发展战略，利用国家给的初装费政策和利用外资加速折旧，解决了资金问题，实现了通信建设的飞跃。一批具有现代通信水平的建设项目相继投产。几年间全市电信网便完成了由人工向自动、由模拟向数字的过渡，实现了历史性的大跨越。

3. 第三阶段：（1997 年至今）

1997 年 3 月，重庆成为共和国最年轻的直辖市，由此揭开了重庆市发展历史上崭新的一页。重庆的信息化发展，也从之前的以信息产业为主，尤其是以信息基础设施为主的局面进入以深化应用和强化服务为主的新阶段，电子政务、电子商务、企业信息化、农村信息化等领域信息化成果显著，就业、社保、教育、医疗、交通等民生信息化成为新的热点和方向。

64.2　信息基础设施不断完善

直辖十年来，重庆市的信息基础建设成绩突出，信息传输通信保障能力显著增强，为改善全市的基础设施条件起到了积极作用。至 2007 年已经基本建成了覆盖全市的以光缆为主、卫星和数字微波为辅的大容量高速率电信基础传输网络，2007 年完成固定资产投资额达 40.5 亿元，在全国排名第 22 位，占全国总量的比重为 1.8%，在西部排名第 6 位，占西部地区总量的 8.7%。2007 年年底重庆全市本地交换机容量为 1160.1 万门，在全国排名第 20 位，占全国总量的比重为 2.3%，在西部地区排名第 4 位，占西部地区总量的比重为 10.3%，相比 1985 年市话交换机容量 48041 门和农话交换机容量 28930 门的合计数，增长了近 152 倍。同时，长途业务电路基础设施建设不断增强，2007 年长途电话交换机容量为 229086 路端，相比 1985 年仅仅为 1 路的自动长话交换机，实现了质的飞跃。

到 2008 年年底，重庆市电信网已将传统的 PSTN 网络全面升级到软交换网络（NGN），IP 承载网络和光纤网络覆盖全市所有区县和乡镇，通信和互联网实现合一，数据网络出口总带宽为 360G，90% 的宽带用户已达到带宽 2M 以上，70% 的宽带用户带宽已达到 10M 以上。电话用户达到 1964.8 万户，互联网用户达到 170.3 万户，电话普及率达到 69.2 户/百人，自然村互联网宽带普及率达到 49.1%；同时，重庆市广播电视实现了数字化、宽带化、双向化、光缆化的全面升级，建立了覆盖全市的 SDH、IP 承载网，广播电视光缆网络干线已建成 12 万公里，市骨干光缆干线 3700 多公里，村级光缆覆盖率达 85% 以上，入户带宽达到 860MHz，广播电视实现市级与区县、乡镇、村网络互联互通。全市有线电视用户达到 445 万户，广播电视综合覆盖率已达 97.5%。

64.3　信息产业发展势头强劲

重庆直辖以来，信息产业取得了长足的发展，一跃成为全市国民经济的支柱产业。2008 年，在全球金融危机背景下，全市信息产业继续保持快速增长的势头，完成主营业务收入全行业 815.5 亿元，增长速度 27.7%，明显高于全国平均水平，其中电子信息产业主营业务收入达到 668.9 亿元，增长 31.3% 左右，高于全国平均水平约 10 个百分点，占全市工业销售额的比重达 10%。同时，全市电子信息产业结构进一步优化，发展领域进一步拓展。在全市电子信息产业中，软件及信息服务业 205.2 亿元，增长 32.3%，占行业比重的 30.7%；信息家电 93 亿元，增长 24.1%，占行业比重的 13.9%；应用电子 92.2 亿元，增长 20%，占行业比重的 13.8%；通信产品达 86.7 亿元，增长 53.2%，占行业比重的 13%；电子元器件及电子材料 70.8 亿元，增长 48.4%，占行业比重的 10.6%。在此基础上，重庆市已逐步形成核心园区和区县特色园区共同发展格局。西永园区、北部新区一大批重点项目加快开工建设；渝中区、南岸区、江北区、万州区、涪陵区等区县分别在信息服务业、通信终端、信息家电、电子材料等领域形成产业特色。

重大项目引进取得明显效果。一批世界 500 强企业、国内外著名 IT 厂商和机构纷纷落户重庆市。台湾茂德科技投资规模 9 亿多美元在西永微电子产业园投资建设 8 英寸芯片厂；惠普、IBM、NTT、微软、甲骨文、霍尼韦尔、LG 等跨国公司纷纷来重庆市发展。海尔、康佳、国虹数码、北大方正等国内著名 IT 企业在重庆市建立西部基地。尤其是继引进 8 英寸芯片生产线之后，多晶硅、球形硅微粉等电子材料项目已开工建设，国防科工委、中电科投资建设的 2 条 6 英寸芯片线也将于近期启动建设；惠普在渝建设电脑生产基地、惠普中国呼叫中心和大学城资源共享网络平台，其中占地 2 万平方米的电脑生产基地采用惠普先进的台式机和笔记本生产线，计划于 2010 年投入运行，成为中西部地区唯一拥有国际著名品牌的电脑生产基地。

着力推进信息产业自主创新能力建设，取得显著成效。全市电子信息产业研究开发经费占销售收入的比重达到 6.3%，高于工业 4.5 个百分点。自 2003 年以来，重庆市已有三项信息技术成果获得国家信息产业重大技术发明奖，名列西部第一。中国第一个具有自主知识产权的无线通信平台 SCDMA 无线接入技术、世界上首部 TD-SCDMA（LCR）手机功能样机在重庆问世。在数字医疗等领域，已形成以海扶超声聚焦刀、SWS 型血液净化系统为代表、在国内外享有盛誉的重大技术创新成果。积极引进中科院软件所、基础软件国家工程研究中心、国家软件与集成电路公共服务平台、国家集成电路设计北京产业化基地等一批重大国家级技术创新平台。

64.4　统筹城乡信息化进展顺利

2007 年 9 月，原信息产业部、国务院信息化工作办公室正式批准重庆市成为全国首个国家级统筹城乡信息化试验区，统筹城乡信息化工作在劳务经济信息支撑体系建设、乡镇企业信息化、农村电子商务、远程教育、远程医疗等重点领域信息化步伐明显加快。

出台《重庆市国家级统筹城乡信息化试验区建设工作意见》，实施"268"工程。其具体内容是：以体制创新为驱动力，以利益共同体为载体，着力打造信息化人才实训和信息化投融资两大平台，力争在劳务经济信息化、农民工信息管理与服务、乡镇企业信息化、农村电子商务、农村公共服务信息化、城乡业务流程重组等六大领域取得新突破，创新建立信息基础设施建设、农村信息产品使用与服务成本分摊、信息资源开发与共享、首席信息官制度、农村信息技术应用、低成本信息产业基地建设、城乡业务流程重组与区域信息化合作、新型信息化管理体制等八大机制，形成以"集约式、开放型、低成本、人文化、可持续"为主要特点的后发地区信息化发展模式，努力提高城乡信息化统筹水平，走出一条依靠信息化促进统筹城乡发展的新路径。

启动建设信息服务呼叫中心、远程教育公共服务平台、移动农村信息化服务体系、社区信息化服务平台等，解决 4000 个自然村"村村通电话"网络覆盖问题。万州、涪陵、忠县、合川、江津、永川、璧山等10个区县结合本地实际，积极启动区县统筹城乡信息化建设试点；合川区拟投入资金1000万元，建设集电子政务、公共信息服务为一体的综合网络平台和区、镇（街道）、村（社区）三级城乡公共信息服务中心（站），重点推进电子政务公共基础平台、现代远程教育、文化共享、农村社会保障等业务系统建设；江津区启动建设三项统筹信息化基础工程、一批统筹城乡信息资源工程、一个低成本信息产品基地、五项信息化应用工程。

全国劳务电子商务平台在渝投入运营。作为统筹城乡改革的重要一步，重庆市打造的全国劳务电子商务平台是农民工进城务工和用工企业寻找农民工的专属平台，具有全国最大、覆盖最广和信息最精确三大特点，为企业、劳务工双方提供精确的供需匹配和一步到位的送工、就业全流程服务，农民工只需拨打电话专线4007654321，就可免费得到就业指导老师全面、耐心的全流程就业服务。同时，该平台将对农村劳动力提供"门对门"服务，重点解决阻碍农村劳动力进城就业渠道服务缺失和不规范问题，使农村劳动力市场价值反映更客观，提升农民工劳务议价能力。截至2008年，全国范围已有25万个农民工在平台注册信息，有3万个农民工和企业岗位通过该交易平台得到匹配，经过平台交易的农民工平均工资水平达到1400元（据统计，2007年全国农民工平均工资为1000元）。

64.5 信息化和工业化融合初见成效

全市每年滚动推进80个信息化带动工业化项目，制造业、交通运输业、商贸流通业、建筑业等重点行业信息化建设取得明显进展。长安、嘉陵、重钢、力帆、化医等骨干企业的信息化建设取得明显实效。长安集团、嘉陵集团、力帆集团、重钢集团、太极集团、水轮机厂等大企业的信息化效益显著。出口加工区全面实现电子申报无纸化通关作业，保税物流业务数据交换和执法管理网上运行畅通无阻，提高了通关效率，降低了物流成本。

全市中小企业的公共信息服务平台、技术支持中心初步建成并开始发挥作用，为信息化与工业化融合发展奠定好良好基础。目前，全市工业企业信息技术应用率达 59.3%，每 100 人拥有计算机为 3.5 台；大中型企业信息化率 76%，装备数字化率 20%，大中型企业设计信息化率 67%，企业制造过程信息化应用率 12%，主导产业供应链信息化率 40%，中小企业互联网应用率 23%。在应用了信息技术的企业中，实施设计信息化的占 54.7%，管理信息化的占 50.6%，制造过程信息化的占 23.7%，电子商务的占 13%。近三年来，通过信息技术的推广应用，全市规模以上工业企业新产品设计效率平均提高了 14.82%，新产品贡献率平均提高了 12.18%，开发和制造成本平均降低了 6.86%，管理效率平均提高了 15.38%，管理成本平均节约了 9.89%，产品质量平均提高了 8.86%，生产效率平均提高了 10.34%，生产能力平均提高了 10.41%。

2009 年，工业和信息化部正式同意重庆市成为全国首批国家级信息化和工业化融合试验区。根据试验区建设的初步思路，重庆市将立足于企业、行业、政府层面"三个统筹"，以优化资源配置、培育新兴产业为主线，努力探索以"集约、互动、耦合、创新"为主要特征的后发地区信息化和工业化融合新模式。重庆市加快信息化和工业化融合将以三大领域为突破口：一是重点围绕材料加工、汽车摩托车、装备制造、石油天然气化工等重庆市工业主导产业，加快工业主导行业信息化；二是重点围绕物流与供应链、电子商务、金融、人力资源等服务性产业，培育壮大面向工业的信息服务业；三是重点围绕经济运行监管、诚信体系建设、财税管理，实现信息化与政府管理服务通道、平台、政策体系融合，进一步优化政府工业管理体系。同时，试验区建设试点示范工作将重点推进新产品网络化协同设计开发工程、工业装备数字化提升工程、供应链信息化工程、信息化节能减排工程、中小企业信息化工程、重点行业试点示范工程、机构分离与业务流程重组工程、嵌入式软件产业培育工程、信息产业腾飞工程等九大工程。

64.6　社会信息化进--步深化

全市电子政务框架基本成形，初步建立起跨部门的党政信息平台。全市已有90%的市级部门和部分区县实现了网络互联互通和网上电子公文传递，建立了11个大类、35个栏目的信息资源体系，更新完善了中国重庆门户网站，有120多个市级部门和区县建立了政务网站，逐步开展网上办公和为民服务。

全市电子政务传输骨干网及电子政务内外网调整建设逐步展开，企业信用体系建设保持全国领先势头。从2003年重庆市开始启动社会信用体系建设工作以来，已建成功能强大的企业联合征信系统，实现工商、国税、地税、质监、劳动保障等部门的市场主体信用信息的在线交换共享。目前，通过市电子政务网实现了与28个成员单位的互联互通，通过互联网实现了与13个成员单位的数据交换；全市共清理各类企业拖欠款335.76亿元，全市银行业金融机构不良贷款比率降到5%左右；重庆企业信用网可查询全市145.65万户市场主体的基础身份信息336.84万条、优良信誉3.56万条、不良行为信息60.99万条和警示信息423.55万条，为外来投资者了解重庆企业信用状况提供了一个真实便捷的窗口平台。

市管下水道气体安全监控预警系统二期工程建成并投入运行，标志着重庆市市管下水道气体安全监控预警系统全面建成。目前，分布于主城六区繁华商业区、加油加气站、重点地段等处的监控点总数达到350个，对400多公里市管下水道基本实现全覆盖，确保系统正常发挥监控预警作用。

重庆市六大惠民工程之一的市社会保障信息系统—期工程通过验收。该信息系统在国内率先实现了省级劳动保障数据集中管理和业务集中处理，市、区、街道（乡镇）三级网络架构连接了主城九区的综合服务大厅、125 个街道节点及主城九区以外的 31 个区县社保部门，进一步提高了重庆市社会保障的办事效率、服务水平和管理水平。同时，该项目建设率先在全市信息化建设项目中引入项目业主代理和工程监理相结合的项目管理机制，对重庆市大型信息化建设项目的管理模式进行了有益的探索。

基础测绘和地理信息建设。一是完成 369 平方公里 1∶2000 真彩色正射影像图，完成中心城区 1∶2000 数字线划图及高程模型 700 平方公里，全市"一镇一图"试点工程正式启动；二是完成三峡库区综合信息空间集成平台项目的总体方案设计，全市地理信息共享交换平台建设取得阶段性成果，启动全市 GPS 综合服务系统二期建设项目，三大地理信息平台及三维仿真系统功能日益完善，社会应用日益扩大。

市级农业信息网络平台已基本建成，已有 39 个区县开通农业信息互联网站，分布于乡镇的农村经济信息服务站达到 250 个。西部大学校园网和中小学"校校通"工程初见效果，全市各高校都建起了校园网，远程学历教育和网上培训逐步普及。

党的十七大指出，要全面认识工业化、信息化、城镇化、市场化、国际化深入发展的新形势新任务，突出了信息化的重要地位，同时也给信息化的发展拓展了更大的空间。当前和今后一个时期，重庆信息化发展除了继续抓住和用好直辖、西部大开发和三峡工程建设等重大历史机遇外，还须紧紧把握三大新的历史机遇：一是胡锦涛总书记对重庆市发展提出的"314"总体部署，二是国务院批准重庆成为全国唯一以省级为单位的统筹城乡综合配套改革试验区，三是国务院审议通过了《重庆市城乡总体规划（2007—2020 年）》。这些将对重庆信息化发展有着非常直接和长期的推动意义。在此宏观背景下，重庆信息化发展将立足重庆经济和社会发展现状，发挥优势、改进不足，力争建成西部地区最先进、最发达的信息化大枢纽，推动重庆建成长江上游的信息中心，打造重庆成为西部开放高地和大西南战略枢纽。

（作者　重庆市经济和信息化委员会）

第65章
四 川 省

引 言

四川省信息化发展是在电子信息技术发展和信息基础设施不断完善的基础上，围绕促进国民经济和社会全面协调发展这一主题，逐步发展成熟起来的。信息化已经渗透到各个领域，为实现我省的科学发展起着十分重要的作用。

65.1 基础设施建设发展

1. 基础薄弱

1949 年 12 月解放前夕，四川省电子工业极其落后。当时只有重庆分所、重庆电信机械修造一厂、三厂及总厂一部分和在泸县的电信机料修造厂等几家电子企业，基础十分薄弱。

　　1949 年，四川省共设有邮局 282 处，支局 44 处，代办所 2407 处，邮路总长 91614 公里；运邮手段十分落后，人背肩挑、徒步行走的步班邮路占整个邮路的 89%。四川及西康办理电报业务的局所有 148 处，电报线路总长 16968 公里，有线电报电路 147 路；市内电话交换设备总容量 7450门，其中成渝两地占 74.1%。

　　四川省的人民广播电视事业始于新中国成立后，1950 年组建了成都人民广播电台，1952 年组建了四川省人民广播电台并于 10 月 1 日正式播出。四川省级电视台始建于 1958 年，1960 年 5 月 1 日起正式开播。成都人民广播电台开播时，成都市只有收音机 1 万部，四川电视台开播时，成都市只有黑白电视机 60 部。

　　2. 快速发展

　　新中国成立后，经过半个多世纪的努力，由国家统筹规划，重点投资，四川电子工业、邮政电信、广播电视事业等进入了迅速发展的新时期。特别是改革开放以来的产业和产品结构调整，实施名牌战略等，取得了重大进展。

　　其中伴随着邮政电信基础设施的建设而逐步发展起来的电子信息服务业，在进入 20 世纪 80 年代以后，随着网络技术和计算机技术的进步而蓬勃发展。早期主要以 Chinanet、中国公众多媒体信息网（169）四川节点、中国教育和科研计算机网（CERNET）西南节点、中国金桥信息网（ChinaGBN）四川节点、中国经济信息网（CEINET）四川节点、中国科技网（CSTNET）四川节点和四川广电网及四川党政网等一批网络建设为带动，四川初步形成了以计算机技术和网络技术为支持的信息服务网络及一批信息服务企业。

　　截至 2009 年 5 月，电话普及率 53.33%（其中，固定电话普及率 18.4%，移动电话 34.93%）。全省通信光缆总长度达到 39 万公里。长途网与本地网光缆结构、布局进一步优化，数字化水平明显提高。电话局用交换机容量达到 2393 万门，移动电话交换机容量达到 6930 万门。目前，四川省已经发展为西部地区的通信枢纽和交换中心，通信能力居于西部领先水平。

65.2   信息技术创新与产业发展

1. 软件业超常规发展，进入全国先进水平

四川软件业近年来在国家软件基地建设的带动下，获得了超常规的发展，"十五"期间销售收入年均增长57%，开始形成以芯片设计、信息安全、行业应用软件、嵌入式软件、软件出口等为特色的产业集群。建有国家IC设计产业化基地，南山之桥、虹微公司自主开发的芯片进入产业化阶段。建有国家信息安全产业基地，以中国电子科技集团30所为代表的信息安全企业，不断推进信息安全与通信产业、整机产品和系统的融合形成信息安全应用软件。行业应用软件中，银海的社保医保系统和美康的数字医药应用系统、鼎天软件的电子政务支撑平台、航天金穗的电子税务应用软件、康特的有线电视网管系统等在全国有一定影响。嵌入式软件成为四川省软件发展的亮点，围绕着移动通信和数字电视嵌入式软件的研究和生产，聚集了以摩托罗拉、华为等国际国内知名企业为核心的企业集群。成都为中国服务外包基地城市，建有国家软件出口创新基地，软件外包逐步成长，以IBM、成都巅峰等企业为代表的软件外包业务发展迅速，除传统的日本市场外，开始进入欧美市场。天府软件外包平台投入运行已聚集了41家外包服务企业。通过认定的软件企业共442家，登记软件产品1307个，6家企业进入国家规划布局内重点软件企业名单。

2. 数字内容产业方兴未艾

成都是全国较早提出发展数字内容产业的城市之一，建有国家网络游戏动漫产业基地和国家动漫游戏产业（四川）振兴基地。聚集了金山、盛大等30余家数字娱乐企业，有30多款产品投入运营，初步形成了网络游戏和动漫、手机游戏、游戏运营服务的体系。通信企业和电视网络公司

大力跟进 3G 和数字电视浪潮，IPTV、数字电视点播等业务逐渐开展。Call-center（呼叫中心）、数据加工等一些新兴的信息提供服务也在兴起。

3. 基地和园区建设取得明显成绩，成为信息服务企业的聚集地

四川以成都高新技术开发区、绵阳科技城为依托，在国家有关部门的大力支持下，建立了一系列以信息服务业为主的基地。四川省分别被新闻出版总署、科技部、文化部、信息产业部授予"国家网络游戏动漫产业发展基地"、"国家数字媒体技术产业化基地"、"国家动漫游戏产业四川振兴基地"、"国家数字娱乐产业示范基地"，并成功成为我国首批国家服务外包基地。国家信息安全产业化基地规模化发展，对产业的带动作用正在显现。基地和服务体系大幅提升了四川软件产业的承载能力、服务水平。

4. 信息技术的发展为产业和信息化的延伸提供了保证

四川是国际信息技术研发的重要聚集地。业界龙头企业的大力引入提升了四川软件产业的技术水平、创新能力、市场优势，规模总量和聚集效应突出。微软、英特尔、摩托罗拉、思科、爱立信、诺基亚、西门子、阿尔卡特、索尼、中兴通讯、华为、联想、新蛋、盛大、智乐、金山等国内外公司在四川设立软件研发机构。2006 年，华为软件工厂在建设的同时已开始开展业务，将在短期形成上千人的规模；IBM 软件外包业务、全球供应服务中心业务落户成都；赛门铁克公司研发中心项目已开始建设；澳大利亚智管软件项目、SAP 项目也已开始投入运行。英特尔项目的引入带动了中芯国际、友尼森等著名的集成电路制造企业，同时带动了 40 多家集成电路设计企业的聚集。嵌入式软件和通信行业软件方面成为中西部地区的研发中心，聚集了西门子、阿尔卡特、爱立信、诺基亚、中兴通讯、华为等为核心的企业集群。软件外包业务快速增长。2006 年天府软件外包平台投入运行聚集了一批外包服务企业，以成都巅峰、成都音泰思、四川四凯、绵阳新纪元、新波电脑、兆虹等企业为代表的企业软件外包业务逐步成长，销售收入成倍增长。四川已成为中国数字娱乐软件产业聚集点，聚集了金山、盛大、智乐、腾讯等 30 余家数字娱乐企业，形成了网

络游戏、手机游戏、动漫等特色游戏，运营服务体系初步建立。人才培训得到加强。已建成4个国家级软件产业基地（成都）人才培训中心，3所全国示范性软件学院，1个国家网络工程师培训中心（NCNE），12所思科网络学院，7所校企共建的NIIT培训学院。进一步加大了与微软、摩托罗拉、IBM、印度NIIT、北大青鸟APTECH等国际国内公司及机构的培训合作力度，推动实训基地的建设，加速了软件外向型人才的培养。

积极推进以企业为主体的技术创新工作。以长虹、九州、迈普、国腾、四威5户骨干企业为主体建立了技术联盟、开展技术创新，初步实现了优势互补。彩色数字电视发射机、免校准能见度综合监测系统、声波振动探生仪和光学探生仪、软件系统集成、数字视音频数字无线实时传输系统等7个重点产品的标准化建设有新的进展。积极推进企业创新主体战略、建立服务体系的"创新与发展"项目计划得到实施。同时调动多方积极性参与企业创新活动，促进了四川省信息产业产、学、研的体系建设。2006年争取到国家发改委高技术专项项目5项，获国家拨款近3500万元，拉动投资上亿元。争取到信息产业部电子信息产业生产发展基金项目12项，国家资助1540万元。有7个项目获得省企业技术创新、行业平台技术创新专项资金。有20个项目获得四川省科技进步奖。新产品、新技术鉴定项目18项。科技成果转化、产业化项目跟踪和动态管理工作得到加强。高性能路由交换核心芯片、密码专用芯片、数字电视前端设备、NTC热敏电阻等一批国家发改委高技术项目通过验收，竣工投产，即将成为四川省信息产业新的经济增长点。

"十五"期间，累计完成固定资产投资超过180亿元。长虹公司数字电视整机、卫士通公司信息安全设备、大唐光通信公司密集波分复用系统、南山之桥和迈普公司的高性能路由交换核心芯片及设备等60多个项目获国家发改委、原国家经贸委、信息产业部资金支持。这些重点项目相继投产，并正在形成新的经济增长点，为实现四川省电子信息产业的产品结构调整和持续发展奠定了基础。

65.3　信息技术应用

（1）电子政务建设取得明显成效。四川省电子政务网络建设起步早、延伸广、力量强，处于中西部领先水平；基本形成了以四川省电子政务内网（党政网）、电子政务外网、省经济信息网、省财政网、省社保信息网、省公检法信息网、金税网等覆盖全川的网络支撑体系。各系统的"金字"工程进展顺利。各市信息化建设积极性高，在提高政务效率和增强为民服务方面不断努力。2008 年，在全国地级市电子政务各项指标考核排名工作中，泸州、攀枝花等市均获得不错名次。成都市电子政务建设水平更是位居全国前列。

（2）农村信息化建设蓬勃发展。四川省在推进农村信息化、利用信息化手段服务"三农"过程中，成绩突出，探索形成了一批各具特色的成功模式和典型案例，多次受到国信办领导的肯定与表扬。例如遍布乡镇的农村信息站、利用传呼机和手机短信解决信息传输"最后一公里"问题的天府农业网、中国电信的"三农百事通"、"企业＋农经合作组织＋大户带小户"的信息服务方式、邛崃的"金卡猪"、新津的"信息化农民安置小区"等。其中，都江堰市的"新型农村合作医疗"试点工作，在信息化手段的支持与监管下，更是大放异彩，多次受到国家相关部委领导的参观指导与大力宣传。2006 年年底，四川省又争取到原信息产业部"农村信息化综合信息服务试点"项目；目前正在积极争取世界银行"农村信息化"项目贷款和国信办"县域经济信息化"试点工作。

（3）四川省的旅游信息化、企业信息化、教育信息化等领域信息化建设也取得一定成效，缩小数字鸿沟的各项工作正在有效开展。

（本章作者　四川省信息产业厅）

第 66 章

贵 州 省

引 言

新中国成立 60 年来，贵州省信息化事业从无到有，在各个领域均取得了较大发展，全省国民经济和社会信息化水平得到了较大提高。

66.1 信息基础设施发展

60 年来在历届省委省政府和原邮电部、信息产业部及工业和信息化部的正确领导下，贵州信息基础设施发生了前所未有的巨变。由于历史、地理条件等多种原因，贵州省经济社会发展落后于全国平均水平，信息基础设施建设也不例外，但贵州一直积极推进信息基础设施建设。

20 世纪 70 年代末，贵州省通信业在通信网络技术装备上仍旧十分落后，全省市内电话交换设备仍然是磁石式、共电式、步进制三式并存，省城贵阳市内至三郊区的通话还必须依靠长途人工接续，通信能力十分薄弱。1978 年后，在党的改革开放搞活经济的政策指引下，贵州通信行业以农村通信基础设施建设为龙头，克服资金短缺、人才匮乏、基础差、起点低等困难，紧密跟进现代通信技术发展趋势，历经 30 年，引进程控交换、移动通信、光纤传输、软交换、宽带接入等现代先进通信技术，广泛应用通信网络建设，基本建成了以省会贵阳为中心，地州城市为依托，覆盖全省城乡，沟通国内外的四通八达的现代化通信网络。截至 2008 年年底，全省交换机容量为 2858.69 万门；宽带接入网能力持续增强，全省宽带接入端口达到 119.89 万个；互联网从无到有，在 2007 年 2 月 8 日，贵州全省所有乡镇就开通了互联网宽带，提前三年完成"乡乡通宽带"的"十一五"发展规划目标。截至 2008 年年底，全省互联网出省带宽达到51.22Gb/s；全省光缆线路总长度达到 15.68 万公里，其中长途光缆线路长度 2.98 万公里，本地网中继光缆线路长度 10.13 万公里，接入网光缆线路长度 2.57 万公里，全省移动电话用户突破 1185.85 万。

作为全省信息基础建设的一部分，在贵州这样一个"八山一水一分田"、农村人口占 73%、农村人均收入不足 2000 元的省情下，贵州农村信息基础设施建设 60 年来发生了翻天覆地的变化。从 1993 年全省实施"乡乡通程控电话"工程开始，1999 年年底全省实现了乡乡通程控电话。紧接着 1999 年的"乡乡通移动电话"工程、2003 年的"乡乡通宽带"工程、2004 年的"村村通电话"工程等一系列重大农村通信建设项目，使农村信息基础设施发生了翻天覆地的变化。至 2007 年 2 月，全省所有乡镇（1452 个）及 2087 个行政村开通互联网宽带；2007 年 10 月，全省所有行政村（20261 个）实现村村通电话。2008 年又开始推进自然村通电话工程、行政村通互联网宽带工程的建设。到 2008 年年底，在全省建设基站 3897 个，为 7566 个行政村开通电话，全省的 20261 个行政村全部通了电话，并实现了所有乡镇通宽带。如今，在贵州一些不通车、不通路的偏远山区，当地农民群众可以通过电话与外界沟通联系，当地落后的社会经济发展状况正因为通信畅通而逐渐得到改善。2007 年 9 月，奚国华副部长深入贵州山区考察"村村通电话"工程建设情况时，高度评价贵州"村通工程"是全国含金量最高的工程。如今，一个通信能力强、技术先进、覆盖面广的现代化农村通信网络已基本形成。

"十五"、"十一五"期间，通过大力实施通信网、广播电视网、互联网等信息基础设施建设，稳步推进网络融合，全省信息基础设施水平快速提高。经过多年努力，一个覆盖全省，通达国内外，拥有数字程控交换、光纤通信、移动通信、微波通信、卫星通信、互联网等多层次、多内容的现代通信网络初步形成。

66.2　信息产业与技术创新

贵州信息产业始于20世纪60年代。响应党中央建设"三线"的号召，一大批建设者从全国各地汇集贵州，航空、航天、电子信息三大基地在大山深处建立，成千上万的高级技术人才、管理人才和应用人才来到贵州，大量的先进设备、工艺和技术在贵州集聚，一大批工业项目陆续建成，贵州信息产业由此起步。

60年来，贵州信息产业实现了从计划经济向社会主义市场经济的转变。经过多年艰苦奋斗，贵州信息产业从无到有、从小到大，由传统的、单一的制造业向硬件制造、软件生产、应用服务并举的方向发展。在产业发展过程中，贵州一是推进体制改革，鼓励国有、集体、民营、"三资"等多种所有制经济共同发展；二是构建产业园区，打造产业链，成立了国家（贵阳）片式元件产业园、贵阳软件园、数字内容产业园等产业园区；三是实施"三线"调迁，从大山迁往省城贵阳，使产业集中效应得到显现，老企业焕发出新生机；四是实施大公司大企业战略，精心培育了几个有发展潜力的小巨人企业；五是产品门类更加丰富，元器件、通信终端、彩电、电子信息材料得到发展；六是软件和系统集成初具规模，涌现出一批软件企业和软件产品。至 2008 年年底，经认定的软件企业 105 家，系统集成企业 38 家，登记软件产品 222 个；七是把提高自主创新能力作为推进产业结构调整的一个重点，初步构建了以技术创新基地、国家级技术开发中心、省级技术开发中心和企业技术开发中心组成的技术开发体系，在部分关键技术领域取得突破并成功实现产业化。贵州率先在全国电子行业开展股份制改造，实施"走出去"战略，在深圳、广州兴办"窗口"企业，信息产业龙头企业振华科技在深圳证券交易所成功上市。

60 年来，特别是改革开放以来，贵州信息产业利用西部大开发的各项优惠政策，在积极实施国家和省部级技术创新、科技攻关、新产品开发、火炬计划、技术改造等项目的同时，认真组织和实施创新知识经济平台、核心技术和项目、产业基地、投资基金、产学研结合平台等发展计划，使贵州省信息产业保持了良好发展势头和较快的增长速度。产业和产品结构得到进一步调整，培育了一批技术先进、具有一定经济规模和较强市场竞争力、拥有自主知识产权的高新技术企业和产品，初步形成了新型电子元器件产品基地、贵阳软件园孵化基地、新材料新能源基地，基本形成了以新型电子元器件产品、通信产品、视听产品、光机电一体化产品、军用电子产品、新材料新能源产品为主的产品新格局。

近年来贵州信息呈现良好发展势头：一是产业发展环境逐步完善，为产业发展提供了保障；二是电子信息产业尤其是制造业、软件业重点企业发展增速较快；三是骨干产品如通信终端、电子元器件等增长强劲，为信息产业发展提供了支撑。到 2008 年年底，信息产业累计主营业务收入达到 207.93 亿元（其中电子产品制造业 67.96 亿元，软件及系统集成 17.08 亿元，信息服务业 122.89 亿元），信息产业总体规模首次超过 200 亿元，规模排在全国第 22 位。如今电子元器件成为贵州的优势产业，在品种、技术、质量、规模、市场等方面均有较强优势和综合配套能力。2008 年全年累计生产电子元件 69.9 亿只、电子器件 3.84 亿只，集成电路 1258.3 万块。2008 年贵州还大力发展动漫产业，在省会贵阳建立了贵州省唯一的以动漫产业为主的产业园，产业园涵盖了原创、动漫网络游戏、外包和衍生产品加工，产业链开始形成。入园企业已达 18 家，其中，动漫创作、制作和网络游戏企业 12 家，软件企业 3 家，数字电影媒体企业 1 家，设计工作室 2 家，从业人员近 500 人。2008 年企业完成产值近亿元，比 2007 年增长 49％。

贵州信息产业通过几十年的发展，取得了可喜的成绩：贵州制造的大量元器件和关键设备为我国的潜艇、运载火箭、航天工程以及正负电子对撞机等提供了配套和技术支撑；贵州在全国大规模集成电路及基础材料大会战中，研制和开发的数十项新产品填补了国内空白；凝聚着贵州心血和汗水的数百个品种、数十万只高可靠、长寿命的电子元器件，为中国载人航天工程提供了可靠保证。信息技术改造提升传统产业取得良好成效，信息技术在经济和社会领域的应用日益广泛。全省制造业信息化工程示范企业 139 家，实施项目 176 项，示范企业新产品贡献率 30％，产品开发周期和生产周期平均缩短 30％以上。

2009 年，贵州将抓好《贵州省电子信息产业振兴计划》83 个项目中 21 个续建项目建成投产和 37 个拟新开项目的实施，千方百计增大贵州信息产业投资总量；利用贵州丰富的民族文化资源，开发贵州特色的动漫产品，通过连续举办亚洲青年动漫大赛，推动贵州动漫产业做大做强；把电子信息产业培育成贵州新的经济增长极。

66.3 信息化发展环境

在 60 年信息化发展进程中，贵州不断改善和优化信息化发展环境。在基础设施方面，贵州省政府先后发布《贵州省邮电通信线路设施保护办法》、《贵州省电信基础设施共建共享实施办法》（试行）、《贵州省电信通信线路设施保护办法》、《贵州省军地无线电管理协调办法》等。为推进贵州省电信基础设施建设，制定了《贵州省通信行业"十五"发展规划》、《贵州省通信业"十一五"规划》，制定发布了《贵州通信行业促进贵州信息化建设的指导意见》、《贵州省电信服务质量监督管理暂行办法》、《贵州省用户驻地网业务试点管理暂行规定》等规范性文件，初步形成了全省通信行业监管完备的法律法规体系。

在产业发展及信息化发展方面先后制定了《贵州省国民经济信息化发展专项规划》、《贵州省"十一五"制造业信息化发展规划》；在推进全省信息化发展方面，由省委常委会批准，省委办公厅、省政府办公厅联合发布了《2006—2020年贵州省信息化发展战略》、《省信息化领导小组关于推进我省电子政务网络建设的意见》；制定了《省级信息化专项资金管理暂行办法》、《贵州省电子信息产品市场服务公约》《贵州省信息领域专业技术人才知识更新工程实施办法》；成立了贵州省数字认证中心、贵阳市数字认证中心，填补了贵州省在信息安全基础设施上的空白。

贵州省相关部门制定了一系列方案优化信息化环境建设：贵州省委办公厅、省政府办公厅印发了《贵州省整合全省广播电视网络推进信息化发展方案》；贵州省国土资源厅、公安厅、信息产业厅、工商行政管理局、新闻出版局、国家保密局、外事办、省政府新闻办等八部门联合制定了加强互联网地图和地理信息服务网站监管的实施意见；贵州省人民政府制定了《省人民政府关于加快全省农业和农村信息化建设的意见》（黔府发〔2008〕16号文件）；贵州省通信管理局制定了《贵州省通信管理局2008年关于推进贵州省农村信息化建设工作方案》。

66.4　信息技术在经济、社会各领域的应用及其影响

随着信息化建设的不断开展，各种信息技术在贵州国民经济和社会各领域的应用日渐深入和广泛。特别是在政务信息化、工业信息化、农业信

息化、教育信息化进程中得到充分应用。

在政务信息化发展方面，按照"统一规划，分步实施"的原则，贵州省电子政务外网（一期工程）2006年年底投资50万元建设省电子政务外网应急连接方案，完成了我省部分厅局与国家外网的应急连接任务；2007年10月投资170万元在应急连接方案基础上建成省电子政务外网近期业务承载组网方案，实现36个厅局及9个地州市接入并承载省政府电子公文传输系统；2009年年初再次投资180万元建设省电子政务外网，进一步强化了网络的可靠性和稳定性，保障了业务的平稳运行，并具备了按国家安全标准与互联网逻辑隔离的能力；2009年6月又投资45万元完成行政电子监察新增厅局覆盖及部分设备维保。经过四次建设，贵州电子政务建设在网络基础设施建设方面已初步形成了一个横向覆盖60个省直部门，纵向连接9个地州市政府，向上连接国家外网，对外按国家安全标准与互联网实现逻辑隔离的省电子政务外网雏形。在应用方面，一批重点业务系统建成并投入使用。初步形成的贵州省电子政务外网雏形现已承载省政府电子公文传输系统、省行政审批电子监察系统，同时省监察厅、省扶贫办、省应急办、省安监局、省知识产权局、省文化厅、省审计厅、新华社贵州分社等部门利用省政务外网实现了与国家上级部门的电子政务业务系统对接；全省各市（州、地）政府及80%的省政府工作部门建立了机关内部局域网，应用系统和办公自动化系统建设有了一定的规模。省政府系统办公业务资源网已建立了公文无纸化传输系统、视频点播系统、桌面视频会议系统等应用系统。省、市、县三级人民政府都在国际互联网上建立了政府网站。"金"字工程进展顺利。

在工业信息化发展方面，企业特别是制造业信息技术应用不断加强。通过数字设计、网络制造、协同生产、数字管理等现代先进制造技术的实际应用，我省成功开发生产出通用无人机、大型客机结构件、大型铝工业成套装备、大型自走式采棉机、大容量CO_2超临界萃取设备、大型双光子医用加速器、现代物流成套技术装备等一批高技术装备。2005年年底时已重点开发出4个具有自主知识产权的制造业信息化关键研发项目：企业信息化 ASP 服务平台、企业资源计划（ERP）决策系统、中小企业 ERP 系统和产品数据管理 PDM 系统。其中企业信息化 ASP 服务平台列入了国家"863"计划、国家科技攻关计划。通过数字设计、网络制造、协同生产等现代先进制造技术应用，不断开发新产品。全省一大批大、中型企业通过应用 CAD、ERP、CIMS 等信息技术对传统产业实施了改造，能源、冶金、航空航天、电子、化工、烟草、机械、新材料和民族医药等行业的信息化水平得到提高，出现了赤天化集团（国家大型化肥企业）、贵州水城钢铁公司、贵州铝厂、贵州黎阳公司、贵州长征电器公司、贵州轮胎厂、贵州振华集团等一批市场竞争力强、经济效益显著提高的制造业信息化示范企业。

在农业信息化发展方面，目前，固定电话、手机短信、互联网等已经成为我省通信企业服务"三农"的重要网络平台。"幸福农家"、"农信通"等农村信息通信业务产品深受农民群众的欢迎。贵州农经网、贵州农业科技信息网、贵州省生态与农业气象网、贵州基层党建网等互联网站以专业化的农村信息通信服务为特色，活跃在服务"三农"前线，已经成为农村信息化建设一道亮丽的风景线。省农业区划办利用卫星遥感技术和地理信息系统建立了农业区划信息系统，省气象局建立了气象灾害综合服务系统，省卫生厅建立了覆盖到每个乡镇的传染病和突发公共卫生事件个案直报系统，省信息产业厅和省卫生厅组织开发的新型农村合作医疗信息管理系统已在部分县完成试点并成功应用。实施贵州"智能化农业信息技术示范工程"、国家"863"计划"智能化农业信息处理系统——贵州示范区建设"、"贵州省智能化农业信息技术应用示范工程"等一系列信息技术工程项目，有效解决了农业科技送达农户的"最后一公里"传递问题。贵州电信开通了"96111 三农热线"，为农民提供包括农业价格行情、供求与招商、农业科技等信息的综合服务平台。利用遥感技术监控西南地区及我省的石漠化情况的国家"863"项目"西南地区石漠化遥感预警预报"启动。

在教育信息化方面，利用信息技术实现农村现代远程教育取得很大成效，全省已有2000多所农村中小学建成现代远程教育卫星接收系统或远程教学设施；运用网络技术，贵州广播电视大学开通了致力于贵州农业生产、农民增收、农业发展的"三农"教育服务网；利用信息技术实施的"多媒体教学光盘播放点"（现有"教育部多媒体教学播放点"项目学校1100所）、"卫星教学收视点"（现有"教育部、李嘉诚基金会西部中小学现代远程教育扶贫项目学校"900所）、"农村中学计算机网络信息站"（现有"教育部农村中学计算机网络信息站"试点项目学校121所）三种模式，全面推进了农村中小学现代远程教育建设。

（本章作者　贵州省信息中心）

第67章

云 南 省

引 言

近年来，根据国家信息化发展的工作部署，按照云南省委、省政府对全省信息化工作的要求，在省信息化领导小组的统一领导下，在各级各部门的共同努力下，我省信息化基础设施建设取得可喜进展，电子政务在服务型政府建设中发挥了积极作用，各重点领域的信息化推进方兴未艾，信息技术产业和服务业不断发展，网络与信息安全保障工作不断加强。信息化在云南经济和社会发展中的带动与促进作用不断增强。

67.1 信息基础设施建设成效显著

随着信息与网络技术的飞速发展，云南的信息网络规模继续扩大，基础传输网得到进一步完善，无线市话网和宽带接入网的建设加速，移动通信网络的利用率大幅提高,互联网容量持续扩大,广播电视网的通信能力稳步提高。目前,云南省已形成了以光缆为主要物理媒介、以 SDH 和 WDM 为主要传送技术的基础传输网。到 2008 年年底,云南省电话用户总数已达 2252.2 万户,宽带接入用户近 160 万户。

20 世纪 90 年代,云南的信息化普及水平较低,1996 年电话普及率仅为 3.16%。进入 21 世纪以来,云南的电话普及步伐加快,到 2008 年年底,这一数字已增加到 49.9 部/百人,其中,固定电话普及率为 13.7 部/百人,移动电话普及率 36.2 部/百人;基本实现了 50 户以上已通电自然村的广播电视"村村通",全省广播人口覆盖率达 92.90%,电视人口覆盖率 94.10%。

67.2 信息技术创新与产业发展取得重要成果

截至 2008 年 12 月底,云南省电子信息产业共实现销售收入 75.8 亿元,与 2007 年同期相比增长 12.8%;完成工业增加值 14.3 亿元(其中软件业增加值 5.8 亿元),同比增长 40.2%;利润总额 3.7 亿元,同比下降 17.5%;上缴税金 2.2 亿元,同比增长 57.1%。

在信息技术创新方面,全行业共有技术中心 9 家,其中国家级 2 家,省级 7 家。我省企业在产业基础薄弱的不利条件下,结合云南本地的资源优势,开展了以下技术创新和投资:

——云南冶金集团昆冶研新材料股份有限公司年产 3000 吨多晶硅产业化项目总投资 29.5 亿元,至 2008 年年底已完成投资 6.4 亿元,预计 2009 年上半年建成投产,达产后年销售收入可达 17.9 亿元。这是迄今为止云南省电子信息产业投资最大的项目。

——南天信息公司成功向国有资产经营公司、天元证券投资基金、华光锅炉股份有限公司等十家企业非公开发行股票 5000 万股 A 股,募集资金净额为 4.8 亿元人民币，将用于投资信息产品产能扩建项目，自主软件研发、IT 服务及软件外包项目、货币自动处理设备服务及运营项目和 "E 指通" 无线销售终端运营项目。

信息产品产能扩建项目总投资 2.55 亿元，达产后将 PR 系列存折打印机生产能力扩建到 15 万台/年，BST 系列自助服务终端生产能力扩建到 2.2 万台/年，新增自助检票机生产能力 4000 台/年，新增 ATM 自动柜员机生产能力 3000 台/年。

——昆船集团公司与世界著名的机场行包分拣公司——英国狄根公司共同投资 3000 万元合资成立了昆船机场物流的股份公司，为进一步积极拓展机场物流业的发展打下了较好的基础。

——个旧圣比和实业有限公司的 "年产 500 吨锂镍锰钴氧新型正极材料" 项目于 3 月启动。年产 300 吨新型尖晶石锰酸锂正极材料生产线已正式投入生产，产品已开始批量投放市场。天然鳞片状石墨气相包覆制备锂离子电池负极材料关键设备科技攻关工作已完成，各项指标良好，达到预期效果。

——云南天达光伏科技股份公司今年开始第二条 25MW 生产线建设，预计今年完成投产，并启动 102 厂房建设；同时做好第三条生产线的基础准备工作，使太阳电池总产能达到 90MW。

——昆明阳光基业股份公司投资 1000 万元与北京大学合作，成立了云南阳光先锋工业炉窑节能工程有限公司，在工业节能领域中推广具有国际先进水平的变压吸附制氧技术及其系列产品，为高耗能窑炉提供先进的燃烧技术和产品；与深圳建筑科学研究院合作共同投资 1000 万元，成立了深圳市紫衡技术有限公司，共同开拓建筑节能软件市场和绿色节能建筑市场；投资 3000 万元与清华大学合作，建立清华—阳光工业节能减排研发中心，进行冶金、建材、化工等领域先进的能量回收和利用技术与工艺的研发。

67.3 信息化发展环境建设力度加大

近年，云南省采取一系列措施加大我省信息产业及信息化法制建设力度，制定了《云南省无线电管理条例》、《云南省电子政务管理办法》，颁布了《云南省信息化促进条例》和《无线电电磁环境保护条例》等。法规、规章的出台对我省信息化建设起到了极大的促进作用。

《中华人民共和国政府信息公开条例》的颁布以及我省行政问责等四项制度实施以来，我省积极探索政府信息公开、四项制度实施与电子政务建设有效结合的形式，加强领导，建立机制，注重工作的整体计划和任务安排，政府信息公开平台建设和四项制度上网工作进展顺利。依托统一搭建的全省政府信息公开平台，建立了1万多个政府信息公开网站，网页浏览量日均超过15万次，累计发布信息量64万条。网站建设和信息发布为下步公众参与和在线办事打下了坚实的基础，政府信息公开助推电子政务应用取得显著实效。同时，结合行政问责办法等四项制度的实施，24个省级政府部门率先公开了服务承诺，并将履行承诺的情况进行网上通报，行政审批项目、行政事业性收费项目也与服务承诺书一并在网上集中展示。大大提高了政府工作的透明度，对于提高公众满意度，提升政府形象，打造服务型政府具有极大的推动作用。

除了推动法规、规划制定外，还通过"双软"认定、行业规范管理、信息技术人才培养等工作，为信息化建设夯实基础。截至2008年年底，全省获得软件企业有效认定的企业为122户；国家规划布局内重点软件企业1户；通过登记的软件产品235个；获得工业和信息化部颁发的计算机信息系统集成企业资质65户（其中，一级资质单位1户，二级资质单位6户，三级资质单位21户，四级资质单位37户）；获得工业和信息化部颁发的信息系统工程监理（临时）资质认证企业4户（其中，部级临时资质 2 户，地方临时资质 2 户）。同时，积极组织全国计算机技术与软件专业技术资格（水平）考试，2008 年共有 8063 人参考，规模首次进入全国前 10 名，为全省软件产业提供人才保障。

67.4 信息技术在国民经济和社会各领域应用效益彰显

电子政务取得明显实效。2002 年以来，我省在电子政务建设中，坚持统筹规划、分步实施的原则，组织编制并认真实施电子政务 2005—2007 年、2008—2010 年发展规划。

目前，我省已基本建成电子政务网络、电子政务网站、电子政务安全认证三大基础设施，覆盖省、州市、县和部分乡镇。截至 2008 年年底，已建及在建全省性专网 49 个，全省接入 6344 个政务部门和 20374 台计算机；省电子政务网站群集成了 508 项电子化政府服务，95% 的省级政府部门通过网站对领导信息、部门信息、法规公文、通知公告、政务动态等信息进行了公开。

省级部门共建设完成业务系统 233 项，州市部门共建成业务系统 209 项。开展了视频会议、办公自动化、网上信访、在线咨询等电子政务基础应用，其中，网上信访得到了胡锦涛总书记等中央领导的充分肯定。全省开通电子政务邮箱 9696 个；2008 年承担视频会议 140 余次；全省已建设公文交换系统共 22 个域，总用户数达 4141 个，累计收义 1170524 份，累计发文 55702 份。

农村和县域信息化成为新热点。围绕社会主义新农村建设，以"数字乡村"为突破口，加快打造"数字云南"。"数字乡村"一期工程已建设完成，基本实现 1366 个乡镇、1.34 万个行政村、12 万个自然村基础信息的网上发布，建成"数字乡村"网站 13 万多个。在昭通市、昆明市富民县实施农村信息化试点示范项目，与英特尔（中国）有限公司共同组织实施的"数字云岭"项目在曲靖市进行试点推广。各大运营商参与建设了"农信通"、"农业新时空"等项目，积极探索将农业信息及时传递到农民的手中，解决农村信息来源和信息传输的"最后一公里"问题。以"珠江源农网"、"云南糖网"为代表的一批涉农网站在提供和发布各类农产品供求信息、新闻信息、价格信息，农特产品介绍等方面发挥了较大的影响力。"珠江源农网"连续三年入选中国农业百强网站。

昆明石林县和曲靖麒麟区两个县（区）被列为"省级县域信息化试点"，并积极申报"国家级县域信息化试点县"。两县（区）全面进行县域信息基础设施、经济、政务、文化、社会和党建等全方位、多领域的信息化建设。试点县（区）的县域信息化的建设，将对全省其他县（市、区）的信息化建设起到积极的示范带动作用。

电子商务不断发展。省政府出台了《关于加快推进我省电子商务发展的实施意见》，启动了电子商务试点项目建设。全省十大支柱产业的龙头企业电子商务应用不断展开；一批支持中小企业应用的"云企在线"、"中国中小企业云南网"、"GMS 电子商务平台"、"云南省中小企业信息服务平台"等项目对于促进中小企业开展电子商务应用发挥了积极的作用。网上订购、网络支付、物流配送等电子商务应用支撑体系正在逐步建立。昆明商品中心批发市场以云南的资源和产业优势为切入点，首选了食糖作为交易品种，打造大宗商品电子商务交易平台，现已成为国内具有较大影响力的权威电子商务平台。在此基础上，把"糖网"的成功模式向茶叶、有色金属等其他大宗商品推广应用。

信息技术在社会领域的应用水平不断提高。社保卡、交通卡、银行卡使人们的生活更为便捷，教育、文化、卫生等公共领域信息化成果惠及百姓生活，90%以上的高校和大部分中等专业院校、一些重点中学建成了校园网，基本实现了教学、科研、管理信息化；通过远程教育工程的实施，以省、州（市）、县、乡和学校电化教育部门为主的教育信息化支撑服务体系逐步形成。远程教育、数字图书馆、突发公共卫生事件应急机制等建设取得一定效益。

信息资源得到开发利用。政务数据库建设取得初步进展。我省积极推动以四大基础数据库为核心、各部门业务专题数据库为重点的信息资源库建设，目前，全省已建立200多个政务信息资源库，应用情况良好。云南省地理空间平台建成投入使用，目前系统有44个专题图层，可向各省州（市）县（区）单位免费提供基础地理数据（含全省数字地图和影像数据）和相关属性数据；法人单位基础数据库建设完成，目前，法人库数据量达30万条，省工商、省民政厅、省编办等分别提供了数据。宏观经济数据库为云南省各级政府以及宏观管理部门提供了文献资料、数据查询和分析工具等宏观经济方面的信息服务。现有全国和云南的年度、月度统计数据、行业月度数据、城市年度数据、海关月度数据等六大数据集市和宏观经济文献等数据和信息资料达到900多万条，同时为各部门工作人员提供了资料查阅、数据查询、统计图表生成和统计分析等功能，为各级领导和部门科学管理提供参考依据。

在省级电子政务门户网站上建立了政府机构、法规、规范性文件、政务服务项目共4个信息检索库，收录机构信息5417条、法规7988件、公文4022件；省劳保厅建立了省和州（市）两级数据中心，发放社会保障卡160多万张、养老保险金70多个亿、医疗保险金20多个亿；省国土资源厅已完成80多个县土地利用现状数据库、基本农田数据库、1万多条矿业权数据库等建设，初步实现数据共享，推动了各级政务部门履职能力的提高。

今后一段时期，我省将继续以科学发展观统领信息化发展全局，紧紧围绕省委、省政府的中心工作，坚持服务大局、惠及全民、深化应用、改革创新、安全可靠，促进信息技术在政务、企业、公共服务、社区等领域的推广应用，以促进信息化与工业化融合来推进经济发展方式转变，进一步提升信息化对全省经济、社会各领域的促进和带动作用，促进云南和谐发展。

（本章作者　云南省工业和信息化委员会）

第68章

西藏自治区

引　言

西藏和平解放近60年来，特别是改革开放和中央第三次西藏工作座谈会以来，在党中央的亲切关怀下，在全国各省、自治区、直辖市的大力支持下，在西藏自治区党委、政府的直接领导下，经过西藏各族干部群众的艰苦努力，依靠科技进步，使西藏的信息化建设得到了快速发展。特别是近年来，西藏自治区党委、政府高度重视信息化工作，西藏自治区信息化基础设施建设取得了重要进展，信息化水平迈上了新的台阶。

68.1　西藏信息化发展历程及成就

多年来，国家有关部门在推进行业和部门信息化系统建设的过程中，不断给予西藏特殊的优惠政策支持，大大促进了相关行业和政府机构信息化基础设施和应用系统的建设，使得西藏的信息化工作在多个方面取得重大进展，为下一步工作的有效开展奠定了良好基础。

68.1.1　信息化基础设施日臻完善

到 2008 年年底，西藏信息化全年业务收入将达到 17 亿元，电话用户达到 157 万户，交换机容量达到 231 万门，分别是 30 年前的 6773 倍、502 倍和 411 倍；电话普及率达到目前的 55 部/百人；互联网用户数从无到有，达到 10 万户；长途光缆从无到有，达到 2.26 万公里；到 2008 年，全区将累计实现 76.87% 的行政村通电话，达到 4559 个，从根本上解决边远农牧区通电话难的问题，为推动经济社会发展和信息化建设创造了必要条件。

1. 改革开放前电信通信发展综述（1951—1977 年）

从 1951 年西藏和平解放前到 1966 年"文化大革命"开始前，全区仅有架空长途明线 1200 公里，开放长途通信电路 9 路；有市内磁石电话交换机容量 1185 门；电报通信还处在使用无线电短波技术设备阶段；农牧区电话除个别县区办理外，几乎是一片空白。电信通信网基础薄弱。

1966—1977 年，电信通信虽有发展，但仍然是由简易土坯柱和木电杆架设的明线及无线电短波传输技术，人工机械交换的报话设备。1978 年，长途明线线路 3935 公里；市内电话局用交换机容量 5620 门；农村电话交换机容量 990 门；长途电话业务电路 52 路，电报电路 133 路。电信通信能力仍然很低。

2. 全区信息化大建设、大发展、大跨越（1978—1998 年）

1979 年到 1998 年年底邮电分营完成，这是全区信息化大建设、大发展、大跨越的历史时期。党的十一届三中全会后，特别是进入"八五"以来，全区信息化在改革开放旗帜的指引下，充分利用国家优先发展通信政策，实施高起点、高技术、高质量的发展战略，千方百计筹措资金，加快通信建设和发展步伐。"八五"期间基本建设投资年均增长 39.9%。一批具有现代通信水平的建设项目相继投产，1993 年，电报电路进入全国自动转报网，1994 年 10 月开通 900 兆蜂窝式移动电话，1995 年 8 月实现县以上电话交换机自动化，1995 年 8 月建成西藏第一条光缆，几年间全区电信网便完成了由人工向自动、由模拟向数字的过渡，实现了历史性的大跨越。"八五"期末，通信紧张的矛盾得到了初步缓解。"九五"的头三年，全区电信事业继续快速发展，1996—1997 年固定资产投资完成 64307.9 万元，是"八五"总投资的 1.34 倍。1998 年 8 月 7 日，世界屋脊上第一条进藏光缆——兰西拉光缆全线开通；1998 年又实现县以上电话交换程控化、长途传输数字化。到 1998 年年底全区电话用户总数达到 59176 户，其中移动电话用户达到 11513 户。

3. 全区信息化在发展中前进，在前进中创新（1999—2008 年）

1999 年以来，全区通信的垄断局面被打破，竞争不断深化，行业发展和行业面貌发生了质的变化，进入了最具活力、发展最快的历史时期，走出了一条在发展中改革、在改革中进一步发展的成功道路。新的管理体制和竞争机制的建立，极大地激发了电信市场活力，行业发展又实现了新一轮的飞跃。信息化基本满足了自治区国民经济和社会发展的需要。2001 年 7 月 15 日，西藏昂仁—阿里光缆建成开通，"各地市通光缆"目标提前实现；2003 年 5 月 22 日，人类历史上第一条来自珠穆朗玛峰峰顶的短信通过 GPRS 网络传回，中国移动通信网络成功覆盖了世界顶峰。

2004 年 2 月 27 日，昆明—拉萨光缆传输系统建成开通，结束了多年来西藏出藏光缆只有兰西拉光缆的单一局面，完善了网络结构，提高了电信保障能力；2004 年 6 月 16 日，西藏移动成功上市；2004 年 6 月，西藏电信提前一年半全面实现"县县通光缆、乡乡通电话"的目标；2004 年 8 月 22 日，西藏移动提前近一年半实现"县县通移动电话"的目标；2005 年 8 月 18 日，西藏移动成功开通珠峰大本营移动通信基站和实现拉萨到机场沿线移动网络全面覆盖；2006 年 6 月 23 日，青藏铁路网络覆盖工程西藏段全面完成；2006 年 7 月 10 日，全区启动"村村通电话"工程攻坚战；2006 年 7 月 25 日，拉萨市在全区率先实现"村村通电话"目标；2007 年 8 月 15 日，西藏电信全区"乡乡通传真"工程全面提前实现；2007 年 11 月 13 日，中国移动通信史上一项史无前例的壮举——世界海拔最高的珠峰 6500 米基站测试开通。信息化市场进一步开放，以民营企业为主的增值信息化务提供商大量涌现，繁荣了信息化务市场，促进了信息化务的多样化、综合化。网上证券交易、远程教育、远程医疗、电子商务等得到逐步推广。

4. 电信体制改革，加快了西藏信息化的发展

1978 年，改革伊始，这一年电信事业还是邮电业中的一个分支，而邮电业是通信业的母体。接下来的时间里，邮电局这个母体孕育了大量的子系统。随着社会的发展、生活水平的提高，母体逐渐膨胀，通信业的成长渐欲破壳而出。

1998 年 11 月，西藏国信寻呼有限责任公司成立，无线寻呼自此从西藏电信机构中分离出来，独立运行。1998 年 12 月，根据国务院体制改革要求，邮政、电信分业经营，成立了西藏自治区邮政局和西藏自治区电信局。2000 年 6 月 9 日，中国移动通信集团西藏自治区移动通信公司成立。2002 年 1 月 17 日，中国铁通集团有限公司西藏分公司成立。2000 年 7 月 6 日，中国电信集团西藏自治区电信公司成立。2001 年 4 月 10 日，西藏自治区通信管理局成立。2001 年 5 月 18 日，中国联合通信有限公司西藏分公司成立。2002 年 1 月 17 日，中国铁通集团有限公司西藏分司成立。2002 年 5 月 16 日，中国电信南北分拆方案最终确定，新中国电信集团及中国网通集团正式挂牌成立。2002 年 9 月 9 日，中国网络通信集团公司西藏自治区分公司成立。至此，邮政一统天下的局面被彻底打破了，几家通信运营商开始了各分天下的局面，它们各自有富于特点的业务，同时也争夺着相同或相似的业务市场。竞争的加剧使各通信企业加强了内部素质建设和硬件投入。

68.1.2　各领域信息化建设全面发展

信息化加快了西藏国民经济信息化的发展进程，推动了产业结构调整升级和产业素质的提高，推动了政府运作及社会管理的现代化，提高政府

各部门的办事效率和工作水平；推动了教育、医疗、文化、卫生等社会各项事业的发展，营造了公平、公正、公开的社会环境，有力地促进了人口素质的提高，推动了西藏各领域全面发展。

1. 政务信息化基础设施初具规模

西藏各级政务部门利用信息技术，促进信息资源共享，推进政务协同，扩大信息公开，提高了行政效率，改善了公共服务，有效地推动了政府职能转变。很多单位构筑了连接国家的垂直网络和内部局域网，一批基础性应用系统初步建成。自治区政府门户网站建成开通，有力地促进了服务型政府的建设。国税、金财、金融、金盾、远程教育等重要业务系统完成了阶段性建设任务并投入使用。据统计，西藏自治区地厅级单位中约有74%的单位建设了局域网，64%的单位采用专线、宽带等方式接入Internet。平均各单位拥有桌面计算机152台，人均计算机0.8台。其中，人均大于1台的单位19家，占28%。人均0.5—1台的单位25家，占38%；人均小于0.5台的单位23家，占35%。

2. 信息资源开发取得进展，基础应用系统建设稳步展开

西藏在信息资源的开发利用方面取得了一定成绩。地厅级单位中有24%的单位建立了专业库、管理库，其中银行、电信、保险、工商、税务、科技厅、公安等单位较为完善。西藏地厅级单位中，有28个单位建有电子邮件系统；有29个单位建有门户网站；有20个单位建有自己的办公系统，其中6家的办公系统是上级单位统建，办公系统的投资在5万—200万元之间，其中5套系统主要用于文件传输；48家单位有业务系统，自建和上级单位统建各占一半，少部分单位有上级主管单位建设的视频会议系统。"十二金"工程中除办公业务资源系统、宏观经济管理系统、金审工程外，其他都与上级部委建成了视频会议系统。其中，"金税"、"金盾"已连到地市县级，"金财"连到地市级。

3. 教育信息化步骤明显加快

国家投资1800万元，建设高校校园网及全国教育科研信息网西藏大学主节点，加快了我区高校信息化建设步伐。远程教育发展迅速，信息化

基础设施建设得到加强，多媒体教室、计算机教室、语音教室基本满足了高校教学的需要。目前，全区已有4所高中与成都第七中学建立了互联的教学直播课堂，111所中学配备了计算机教室，983所小学安装了卫星教学收视系统，其中411所乡镇小学建立了教育电视"班班通"，配备教学光盘播放点1763个。中小学生基本能够享受到远程教育服务和多媒体教学，教育质量不断提高。针对藏语教学资源缺乏的现状，正在研制开发小学语文、数学、科学的藏语教学软件；正在着手开展对现有资源的加工、整理和开发工作，有选择性地对国内教育资源进行翻译，使各种优质资源更好地适应农牧区学校的教育教学，逐步建立中小学教学资源库。

4. 藏语言文字得到全面发展

1984年，开发出了与汉英兼容的藏文处理系统，实现了藏文精密照排。藏文编码国际标准于1997年获得国际标准组织通过，成为中国少数民族文字中第一个具有国际标准的文字。目前，西藏已全面建立面向机器自动处理的藏语语法框架和语法体系，正在实现藏语文本的机器自动分词和组块识别。完成了大型藏汉双语机载词典（12万条），建立了为藏、汉、英机器翻译所需的藏语语法属性电子词典以及大规模藏语真实文本数据，为西藏文化在信息化时代的传承、传播和弘扬奠定了坚实的基础。计算机技术的运用和互联网的普及，为藏语的学习、使用和发展提供了新的平台。国内自主开发的先进藏文编辑系统、激光照排系统、电子出版系统已经在西藏新闻出版领域得到广泛应用。通过互联网和手机的藏文平台浏览阅读、收听、收看国内外新闻和各类资讯，满足了广大藏族群众的信息需求。西藏邮电业务广泛使用藏文，开辟了藏文电报、藏语寻呼以及藏文手机短信等服务项目。藏文文档识别系统的问世，拉开了藏文识别应用于藏文数字化建设的序幕。

5. 新闻传播事业蓬勃发展

新中国成立前，西藏没有现代意义上的出版业，只有数量有限的几所印刷经书的木刻印经院。目前，西藏有2家图书出版社、2家音像出版社，有14种藏文杂志、10种藏文报纸，初步形成了遍及全区的出版发行体系。现已出版各类藏汉图书 11300 余种 2.5 亿册，其中藏文图书 3000 多种，《四部医典要注》、《新编藏医药学》、《西藏百科全书》等 200 多种图书获得全国性奖励。藏文图书连续 5 年保持 20% 的增速。西藏音像出版社 1989 年成立以来，先后出版发行《今日西藏》、《朗玛堆谐》、《西藏轻音乐》、《藏西极地》等各种音像电子出版物 100 多种，销售发行音像制品 33 万多盘。近 5 年音像电子出版连续保持 13% 的发展速度。目前，西藏有各类印刷厂 35 个，电子排版、平版胶印、电子分色、多色印刷等新技术得到广泛应用。图书发行网络覆盖全区，仅 2002 年至 2007 年，投资 1008 万元人民币新建、改扩建了 35 个新华书店，使新华书店总数达到 67 个；发行单位 272 家，年发行图书 20 多万种，发行量 4000 多万册。投资 1800 多万元人民币新建自治区出版物物流配送中心，日配送图书、报刊、音像、电子出版物 5 万多种 56 万册（盘）。

6. 广播电视传媒覆盖网稳步发展

国家加大对西藏广播电视网建设和投资力度，通过卫星覆盖方式实施"村村通"工程，广播影视宣传覆盖面和影响力显著扩大，全区 73 个县市城区全部达到了有线电视和调频覆盖。广播影视业在旧西藏处于空白状态。西藏和平解放 50 年来，中央和西藏地方财政用于西藏广播影视发展的资金达 12 亿元人民币，中央有关部门和其他兄弟省市在技术人员和物资器材等方面提供了大力援助，并为西藏培养了大批专业人员。到 2007 年，西藏有广播电视台 9 座，中波转播发射台 39 座，100 瓦以上调频广播转播发射台 76 座，50 瓦以上电视转播发射台 80 座，县级以上有线电视转播发射台 76 座，乡村级广播电视站 9111 座，广播、电视人口覆盖率分别达到 87.8% 和 88.9%，实现了行政村村村通广播电视。目前，西藏人民广播电台有 4 套节目，日播出 79 小时 55 分钟；西藏电视台有 3 个频道，日播出 59 小时 30 分钟。西藏有线网络传输中心可接收传送 50 套模拟信号有线电视节目、90 套数字电视节目、11 套广播节目。西藏现有电影放映机构 559 个，管理机构 82 个，农牧区放映队 472 个，放映点 7918 个，电影放映已覆盖 98% 的行政村，全区农牧民每月人均看电影 1.6 场。

西藏人民广播电台自 1959 年建台以来，始终以办好藏语广播为重点，共开办有 42 个藏语（包括康巴语）节目（栏目），藏语新闻综合频率每天播音达 21 小时；康巴语广播频率每天播音 18 小时。藏语节目年译制能力由 1996 年的 1200 小时增加到 2007 年的 9235 小时。西藏电视台藏语卫视频道于 1999 年正式开播，每天播出大量的藏语专栏节目和藏语影视译制片，现有藏语电视栏目 21 个，深受西藏各族人民的喜爱。自 2007 年 10 月 1 日起，藏语卫视实现了 24 小时滚动播出。西藏电视台 2007 年藏语影视剧译制量达 500 小时（639 集），译制电影拷贝 564 个，译制节目 35 个。每年保证有 25 部新译制的藏语电影在农牧区和基层群众中放映，广大农牧区实现了电影藏语化。

7. 网络文化建设方兴未艾

互联网和手机等新媒体异军突起，普及率和应用水平不断提高。西藏互联网始于 1997 年，1999 年实现宽带上网，2000 年创办第一家网站"西藏之窗"。2007 年年底，西藏已有互联网站 760 家，互联网用户 82858 户，网民约 20 万，占总人口的 6%。西藏的移动电话业务始于 1993 年 8 月，当时交换机容量仅为 4500 户，移动基站只有 1 个，如今移动基站已达 8300 多个，手机用户达到 80 万户。新媒体已成为西藏人民了解新闻、获取信息和知识、休闲娱乐的重要渠道，丰富了群众精神文化生活，拉近了西藏与世界的距离。

68.2　西藏信息化建设的基本经验

在西藏信息化建设和推进过程中，自治区及各地市党委、政府各部门积极发挥主导作用，推动了信息化工作的有效开展，形成了一些基本经验。我们在实践中深切地体会到：

以胡锦涛同志为总书记的党中央的坚强领导和亲切关怀，是实现西藏经济社会跨越式发展和长治久安的根本保证，是西藏信息化建设起步、腾飞，进而实现大发展的战略支撑。

高举中国特色社会主义伟大旗帜，以邓小平理论和"三个代表"重要思想为指导，深入贯彻落实科学发展观，坚持中央关于新时期西藏工作指导思想，是确保西藏发展进步的强大思想武器，是西藏信息化建设保持正确方向，少走弯路，贯彻落实国家总体规划不走样、不打折的关键所在。

坚持中国共产党的领导、坚持社会主义制度、坚持民族区域自治制度，走有中国特色、西藏特点的发展路子，是西藏人民幸福安康的必然选择，是西藏信息化建设发挥后发优势、迎头赶上各兄弟省市区的重要保障。

中央各部委的大力支持，全国人民的无私支援，是西藏人民谋跨越、奔小康的坚强后盾，是西藏信息化建设更好、更快、更大发展的坚强助力。

在自治区党委、政府的带领下，西藏各族人民自力更生、艰苦奋斗，是建设团结、民主、富裕、文明、和谐的社会主义新西藏的强大动力，是西藏信息化建设抓住机遇，乘势而上，实现科学发展、加快发展、跨越发展的重要基础。

（本章作者　西藏自治区信息化领导小组办公室）

第69章

陕　西　省

引　言

近年来，在省委、省政府的正确领导下，陕西省各地、各部门、各单位深入贯彻落实科学发展观，按照国家和省信息化领导小组的总体要求，围绕建设西部强省的战略目标，加快实施《陕西省国民经济和社会发展信息化"十一五"规划》，大力推动信息化与工业化融合，加速推进经济、政务、文化、社会等领域信息化建设，信息化工作取得了较大进展，有力地促进了全省经济社会又好又快发展。

69.1　信息基础设施不断完善

截至 2008 年年底，全省通信光缆线路总长和广播电视传输网干线皮长分别达到 20.8 万公里和 5.2 万公里，新增 4.5 万公里和 0.4 万公里。

全省电话用户达 2793.49 万户，总普及率达到 75%。宽带接入用户 172.86 万户，增长 35.1%。全省 69.4% 的行政村实现了通宽带，比 2007 年提高 8.4 个百分点。广电网络覆盖全省所有市、县和 1400 个乡镇、20000 个行政村，其中，乡镇覆盖率为 80%；行政村覆盖率为 40%。全省有线电视用户已达到 415 万户，其中数字电视用户已超过 110 万户。广播、电视综合人口覆盖率已分别达到 94.89% 和 96.24%。网民数为 790 万人，普及率为 21.1%，网站数为 30816 个，域名总数为 112117 个，IPv4 地址数占全国的 2.6%。网民人数、网站数、IPv4 地址数等三项指标均位列西部 10 个省份第 2 位。通信光缆线路总长、广电网络光缆总长、电话普及率和互联网上网人数已提前两年实现"十一五"规划目标。

69.2 农村信息化建设全面开展，
应用效果逐步显现

2008 年，陕西省成为工信部农村信息化试点联系省份。按照"政府主导、企业参与、市场化运作"的原则和"五个一"建设标准，继续实施信息入村工程，在 8043 个村建成农村信息综合服务站，超额完成了既定的 8000 个村建设任务，"信息入村率"达到了 40%。同时配合建站，启动实施了涉农信息资源共享项目，建立农业专家库，选聘并培训信息员。据不完全统计，全省累计通过综合信息服务站上传信息 14 万余条，进一步实现了信息站的应用与服务。开展了"乡乡有网站"试点工作，全省共有 417 个乡镇建立了网站。全国唯一的农林科技卫视——陕西农林科技卫视分别于 2008 年 3 月和 8 月实现了开播和双星覆盖，加快了农业科技信息的进村入户。"电子农务"、"农信通"、"信息田园"以及"96889"、"96114"、"12316"语音服务等平台已成为农村信息服务的主打品牌，深受农民朋友欢迎，年服务人数超过 200 多万。

69.3 电子政务建设成绩突出

1. 统一网络已具规模，实现中省市县四级互联互通

2007 年，陕西省被国家确定为首批接入中央内网的 8 家试点和 2 家先期实现外网切换的省市之一，完成了全部省级发文单位的接入网（共 160 家）工程，实现了从中央到省、市的纵向互联互通和省级各部门的横向互联互通。

2. 统一平台基本建成并逐步开展各项应用

2007 年 3 月，省级电子政务统一平台载体——中心机房建成并投入使用。依托统一平台建设的省政府十号楼应急指挥中心建成投入试运行，成为继北京、上海之后第 3 家设施较为完善，具备统一信息平台支持能力的省级应急指挥中心。省金财工程、企业基础信息共享工程、电子口岸信息系统、信访信息系统等电子政务重要业务系统也都相继依托统一平台进行建设，应用已逐渐展开。西安、宝鸡、榆林、铜川、商洛和杨凌示范区等市（区）已分别建成和启动市级统一平台。公文交换系统覆盖了 132 个省级工作部门、直属机构、国务院各驻陕单位和省属大型企事业单位。

3. 政府门户网站公共服务能力不断提高

以省、市、县三级政府门户网站及其部门网站为基本构架的全省政府网站体系基本形成，服务功能逐步提高。面向公众的省政府门户网站实现了改版升级，新增了"百项实事网上办"、"申请公开政府信息"等全新的服务性栏目，针对个人、法人、投资者、旅游者等不同人群和组织提供了 60 余项服务内容，强化了在线服务的功能，提高了技术保障水平。2008 年省级政府门户网站绩效排名全国第 5 位。西安市政府门户网站跻身全国地市级政府网站前十位。

69.4 信息资源开发利用和信息
技术推广应用取得新成绩

1. 信息资源开发与共享

积极推动了共用性、基础性信息资源的开发利用，推进资源共享、业务协同。启动了宏观经济、法人单位、人口、自然资源与空间地理等四个基础信息库建设，建立了四个基础数据库项目建设有关单位联席会议制度，开展建设方案的编制工作。省级基础地理信息数据库建设有序推进，数字西安地理空间框架建设示范项目已进入基础数据生产阶段，"5·12"汶川大地震陕西抗震救灾地理信息系统已为省委、省政府抗震救灾发挥了重要作用。省宏观经济数据库项目总体建设方案、可行性研究报告和一期实施方案已通过专家论证，法人单位数据库建设已启动。省农用地分等（省级）数据库、土地开发整理省级规划数据库和1:10000土地利用现状数据库已整合建设完成。数字档案馆项目稳步推进，录入文件级目录65.4万条，扫描全文图像116万幅，采集音像数据695.8G。省级政务查询系统完成了67家单位基础数据录入，安装部署了55个部门。企业基础信息共享工程强化了地税、质监、国税、工商等部门间的技术协调和原始数据比对，实现了实时数据流程检验及数据入库。电子口岸空港作业系统、基础网络与安全系统建设进展顺利。

教育系统已完成基于远程教育应用平台的基础教育信息资源开发与利用实施方案的编制和评审。文化信息资源共享工程已完成6个县中心、110个乡中心和159个行政村的试点。数字档案馆建设正在启动。省级部门电子政务查询系统正在加快部署，已经录入、整理60余部门初始信息，30多个单位正在安装调试，12个单位已经开通使用。省劳动和社会保障厅建成西北领先，全国一流的陕西省劳动保障数据中心并正式启用，实现了真正意义省级数据大集中，被国家劳动部授予首批"金保工程建设示范单位"称号。

2. 信息技术应用促进全省经济社会发展成效显著

金融财税领域："金财"工程进展顺利，实施了政府收支预算编制系统、国库集中支付系统、各市统一版本工资统一发放等系统。省人行顺利完成财、税、库、银横向联网（TIPS）在陕西省的上线推广工作。省地税局"秦税工程"数据处理中心建成并正式投入使用，六大应用系统全面运行，为税收征管提供了有力的技术支撑，促进了全省税收收入的大幅增长，很好地发挥了税收职能作用。2007 年，全省纳入征管业务系统管理的税费总户数从 35.8 万户增加到 56.8 万户，全省地税收入 238.4 亿元，同比增长 31%，由于信息技术的应用新增加的税收收入在 10 亿元以上。

公共服务领域：全省公安信息化应用总体水平明显提高，通过信息技术，抓获网上在逃人员 9742 名，查获毒品案件 539 起，抓获毒品犯罪嫌疑人 4945 名；全省人口信息管理系统共存储 3811.7 万人的数据，为各方面提供查询 376.5 万人次。全省共有 70% 的省级部门、10 个市、75% 的县区开展了网上信访，共收到有效信件合计 19340 件，办结总数 13172 件。卫生系统省级统计信息网络直报平台全面建成，数据质量监管进一步加强。计生系统首批 53 个县（区）开展了农村已婚育龄妇女健康检查工作，各乡镇为每位接受检查的妇女建立了电子档案，部分乡镇利用网络信息技术连线上级服务站，开展远程诊疗服务，深受群众欢迎。省文物局对门户网站"汉唐网"进行了改版，突出了陕西文化遗产资源优势，体现了周秦汉唐文明之特色，2008 年度访问量突破 300 万人次，位列全国 17 家省级文博网站访问量第一。

省交通厅不断整合完善交通信息网，注重增强社会服务功能，全年共收到社会各界对交通工作的建议和咨询 1300 多条，年访问量 128.8 万人次，日平均访问量 4000 人次，得到省领导表扬，在全国交通政务网建设中名列第七。省水利厅完成了防汛抗旱指挥系统、陕南防汛雨量监测速报系统，解决了全省水雨情信息的动态监测、防汛决策支持等问题，并在防汛抗旱中发挥了作用。省直机关工委设立网上"机关作风监督岗"，共收到网上监督意见建议 198 条，并及时处理回复，取得良好的社会反响。省市两级环境监测平台全部建成，安装部署了 153 台自动在线监控设备，实现了国控、省控重点污染源的在线监控。"金质"、"金土"、"金保"、远程教育、文化资源共享等业务系统建设进展顺利。

大中型企业：信息技术在促进企业转变经济增长方式，推动管理创新、制度创新和技术创新，提高生产效率等方面发挥了很好的作用。重点推广信息技术应用的 45 户大中型企业和 138 户示范企业取得了重大进展。西安飞机工业（集团）有限责任公司通过实施 PDM 项目，设计更改和返工减少了 50%，装配问题减少了 50%—80%，研制周期缩短了 50% 以上。西安航空动力控制工程有限公司积极应用数字化制造技术，产品设计周期由原来的 42 个月缩短至 8 个月。陕西宝光真空电器股份有限公司通过实施企业资源管理系统，新产品开发周期平均缩短 20%，产品平均降低成本 5%，库存占用降低 15%，每年净利润同比增长 24.6%。

69.5　工业信息化稳步推进

为深入贯彻落实党的十七大提出的"大力推进信息化与工业化融合"的战略决策，组织力量进行大量的调查研究，提出了《陕西省关于大力推进信息化与工业化融合指导意见》。为做好企业信息化服务和支持，完成了《陕西省企业信息化状况调研报告》、《基于 SaaS（软件即服务）模式的企业信息化平台建设可行性分析》和《省企业信息化服务平台建设方案》。2008 年在装备制造业企业建立了 10 个工程技术研究中心，完善了省 CIMS 工程技术中心及省制造业信息化工程技术中心，大大增强了陕西省装备制造业的继承创新能力。

69.6 信息产业稳步发展

2008 年，全省信息产业实现销售收入 531 亿元，同比增长 19.1%。太阳能光伏和半导体照明产业成为新的增长点，软件服务外包发展迅速，信息产业园区和基地建设初见成效。陕西电子信息集团实现总收入达到 41.6 亿元，首次跻身全国电子信息企业百强之列。

69.7 网络与信息安全基础性 工作进一步加强

根据我国信息安全和互联网发展现状，开展了陕西省信息安全战略规划课题研究，提出了《陕西省信息安全战略规划（专家建议稿）》、《陕西省信息安全战略规划建设方案（专家建议稿)》和《陕西省区域信息安全战略研究》，为加快构建陕西省信息安全保障体系建设提供了管理、技术和服务支持。建设完成省级电子政务网信息内容审计系统和电子政务网内网病毒和网络攻击预警监测系统，进一步提升电子政务网络的应用安全。在充分的调研和广泛征求意见的基础上，完成"陕西省信息安全测评中心技术建设方案"制定和论证，为下一步陕西省开展信息系统安全测评、安全产品质量检测、信息安全等级保护、信息安全风险评估以及信息安全咨询服务等安全测评认证工作奠定基础。

69.8　区域信息化加快推进

2008 年，西安市已实现 111 项行政许可事项网上受理，占到全市行政许可事项的 60% 以上，累计受理网上审批事项 662 项，增强了政府办事的透明度，提高了窗口单位的办事效率；社区信息化试点推广进一步加快，覆盖城六区 480 个社区信息服务站全部建成并投入使用。西安公交系统将启用城市一卡通，2010 年年初在小商店等场所试点小额支付，到 2012 年以后将覆盖地铁、出租、供水、供热、旅游、停车等市民生活的众多领域。宝鸡市全市市区近 50 平方公里内的 6 大类、42 个小类，共计 81429 个城市部件逐一建立电子档案，运用网格地图技术，使城市管理的对象具体化、精准化，实现了"数字城管"。咸阳市大力推进政务信息公开，全市已有 75 个单位编制了公开指南和目录，主动公开信息共计 12000 条。汉中市加大"市长信箱"处理力度，信件答复质量和答复率有了显著提高，全年共受理 1593 件来信，处理 476 封，有效信件回复率达 90%。延安、铜川、安康等地市的信息化工作都取得了积极进展。

（本章作者　陕西省工业和信息化厅）

第70章
甘　肃　省

引　言

　　甘肃省各级党委、政府在认真贯彻中央关于信息化和电子政务相关精神的基础上，进一步认识到欠发达地区要缩小与发达地区的差距，实现超常规发展，以更大的努力依靠信息化服务工作大局、服务经济社会发展，是一条必由之路。甘肃在探索政务信息化、农业信息化、教育信息化、企业信息化、社会信息化等方面，同样走过了一条曲折、艰难却又充满挑战与希望的信息化之路。60年来，甘肃省电子信息产业由小到大，迅猛发展。到2008年年底，实现主营业务收入36.54亿元，增加值10.12亿元，利润3.06亿元，主要经济指标比改革开放前提高50倍以上，企业技术创新能力、生产能力、市场开拓能力、管理能力、质量保证能力等大幅提高；与此同时，信息技术在经济社会发展各领域中的应用日益广泛和深入，为国防建设、国民经济建设和信息化建设作出了重要贡献。

70.1 信息产业和信息基础设施发展进程

甘肃省电子信息产业始建于 20 世纪 50 年代。改革开放前，甘肃省电子信息产业均为电子产品制造业，总资产 2.6 亿元。党的十一届三中全会以来，甘肃省电子信息产业蓬勃发展，研发出了一大批技术含量较高的新产品、新技术，取得了良好的经济效益和社会效益，企业科技创新能力、管理能力、市场营销能力显著提高。随着深化改革、兼并联合、资产重组等一系列政策的实施，到 2008 年年末，甘肃省电子信息产业有 69 户企业，年末从业人员总数 14839 人。1986 年甘肃省组建第一家软件企业，到 2008 年年末，甘肃省经认定的软件企业有 64 户（含计算机系统集成企业），年主营业务收入 18.33 亿元。

集成电路企业为我国重点工程和军事项目配套作出了突出贡献。改革开放 30 年来，尤其是"十五"以来，甘肃省为国家近百项重点工程提供了大量高可靠集成电路产品，其中包括"神五"、"神六"载人宇宙飞船、风云卫星、资源卫星、东风 31 号、长征系列运载火箭、代号工程、东方红 3 号、巨型计算机、远望号科学考察船、新型海军舰船、新型坦克等，受到了总装备部、国防科工委、信息产业部和航天科技集团的表彰，有 70 多个系列和产品获"国家重大科技成果二等奖"、国家"科技进步一等奖"、"国家技术开发优秀成果奖、部科技成果一等奖"、国家优质产品银奖等。

电子信息产品制造业完成了数百项重大技改措施项目、重点工程项目及重点新产品，保证了制造业的可持续、快速、稳定发展，例如，天水天光半导体公司研制的肖特基二极管，产品占据国内市场需求量的 30% 左右，功率整流势垒二极管其性能达到国内外同类水平，被用户誉为"信得过产品"；华天微电子集团大大缩短了与国外知名企业的差距，积极开发有市场竞争力的产品，取得了良好的经济效益；甘肃长风信息集团利用自身优势，开发了国内唯一的毫米波段系列产品和平板天线产业，形成了新的平台，院企合作开创了生物亚临界集成萃取工艺装备先进技术；兰州瑞德集团的多线切割机和数控精密研磨机等处于国内领先地位，已具备国际竞争力；甘肃虹光电子公司的电真空器件具有一定优势，其民品新品在电真空器件市场上成为高品质的代表；天水庆华电子科技公司在微波器件、场效应治疗仪等四个方面不断扩大市场份额，增加出口，保持了较好的发展水平；天水铁路电缆工厂紧盯世界先进水平，采用国际上先进的线缆制造工艺技术，使该企业在铁路信号类电缆中保持领先地位。

行业的自主创新能力不断增强。改革开放初期，通过引进、消化、吸收、创新，提高了行业创新能力。"十五"以来，企业大力强化自主创新，每年开发60—80项新产品、新成果、新技术并通过部省级鉴定，其中60%的新产品、新成果达到国内领先水平。近年来，多数企业的研发投入达到5%以上，有力地推动了自主创新。

全省信息基础设施日益完善。截至2009年6月底，甘肃省光缆总长度16.27万公里，通达所有市、县和99%的乡镇；电话用户总数达到1536.6万户，其中固定电话用户481.95万户，移动电话用户达到1054.65万户，全省电话普及率达到58.7部/百人，2007年年底全省行政村都已开通了电话；互联网用户达到91.49万户，其中宽带接入用户75.64万户，全省开通互联网乡镇总数1207个，占全省乡镇总数的98.8%，开通互联网宽带业务的乡镇总数为1156个，占全省乡镇总数的94.6%。

70.2　信息技术在经济社会发展中的应用

1. 农村信息化

2000年5月，黄羊川职业中学受捐了十多台电脑，并建成了当地第一个网站——黄羊川网。2000 年 10 月，金塔经济信息网利用农村中小学的远程教育网络，即时发布各类农业和市场信息，编辑成《经济信息导报》，由学校教师或学生定期下载《经济信息导报》，打印分发给学生，由学生放学后带给其父母和邻居。而农民的回馈信息，则通过学生，由学校收集整理并送回信息中心整理发布。2002 年 8 月，温家宝同志到金塔县考察时，对当地的做法给予了充分的肯定。2002 年 9 月，省委省政府召开金塔县建设农村信息服务网络经验推广研讨会，宣传推广农村信息化的"金塔模式"。

农村信息服务体系的建设和不断完善，使农民尝到了信息化的甜头。2006 年 1 月，甘肃农村信息公共服务网络工程启动。省政府决定在全省建立 1 个省级信息服务网络平台、86 个县级信息采集发布平台和 4461 个村级信息服务点。从 2002 开始，平凉市以"平凉农业信息网"为平台，在农民专业合作经济组织建立"农民信息之家"，把外地市场信息通过信息之家公告栏公布，或印成宣传单发放到农户，或通过广播、咨询热线、专家解疑等方式发布信息。2004 年 9 月，金昌市农村"家家 e"信息工程正式启动，利用农户的固定电话这一资源，依托金昌农村综合信息网，借助市电信局"家家 e"信息业务，为农户提供各种信息。2005 年 12 月，由政府主导、电信搭台的白银"神农通"信息电话开通，依靠固定电话"短信咨询"、"短信配送"、"11896 农家听听乐"综合电话信息服务、"农业专家远程答疑"等服务，及时有效地提供本区农业科技信息和农产品价格。2006 年 3 月，酒泉"三电合一"农业信息服务系统建成，通过酒泉农业信息网开发整合农业信息资源为支撑，推广电话、电视、电脑"三合一"的服务模式，面向"三农"提供信息服务，及时、准确地将农业政策、科技信息和市场信息送到农业生产单位和农民手中。

2. 电子政务建设

1972 年，甘肃省计算中心建立；1976 年，甘肃省信息中心成立。1987 年，甘肃省党委、政府部门开始使用计算机，1995 年，个人计算机普遍进入了机关，1997 年，随着局域网的建立，计算机及网络技术开始影响并改变甘肃省各级党委政府部门办公的手段。1993 年年底，中央政府开始在全国范围内启动金税工程、金关工程、金卡工程"三金工程"，其重点是建设信息化的基础设施，为重点行业和部门传输数据和信息。可以说，从这个时候开始，甘肃省的信息化和电子政务建设也悄然起步。2004 年 12 月，中办 17 号文件要加快十二个重要业务系统建设，自此，"金桥"、"金卡"、"金关"、"金税"、"金盾"等"十二金"工程的建设也先后在甘肃开花、结果，对甘肃省各级党委、政府及工商、海关、税务、公安等职能部门的电子政务步伐起到了重要作用，更对全省经济、社会各个领域的停息化进程起到不可忽视的引导作用。

办公自动化。2004 年，甘肃省政府办公厅在省政府综合楼电子政务中心机房和内外网建成并投入使用基础上，基本建成了涵盖机关办文、办事、办会等主要办公业务的公文管理、档案管理、信息管理、督察管理等办公应用系统。与此同时，在实现与国务院办公厅、各省区政府及省内 14 个市（州）和部分政府部门网络互连的基础上，基本实现了公文、信息、值班传输和交换。截至 2008 年 11 月，省政府办公自动化系统总共记录发文 7127 份、总共记录收文 29117 份、总共入库政务信息 140053 条，形成刊物 14612 份、记录领导批示 8993 条。

电子政务专网建设。2006 年 4 月底，投资 1.5 亿，覆盖全省 14 个市州、86 个县区的政务骨干传输网——甘肃省政务专网建成。甘肃省政务专网主要包括省市县电视电话会议系统、非涉密电子文件生成、传输和交换系统、政务信息和值班信息报送以及签收系统、会议通知报名系统、面向全省公务员的电子邮件系统、省情信息系统、应急指挥系统、跨部门信息共享平台试点系统，基本上涵盖了全部政务需求。甘肃省政府电视电话会议系统、全省信访信息系统、甘肃省企业基础信息共享平台、甘肃省"金审"一期工程、甘肃省"金保"工程、甘肃省电子监察网、甘肃省党委系统专网均依托甘肃省政务专网建成并投入使用。

重大工程建设与系统应用。经过多年的探索和建设，甘肃省在公安、工商、税务、金融、医疗、社保、城管、疾控、烟草等行业和领域都涌现出了一批各具特色的信息化建设项目。全省公安系统"金盾"工程一期建成10个系统，部分建成33个系统，并建成市州警综平台，建成两级公共数据交换平台、三级视频会议系统，联网运行的各类设备达到17680台。在户籍管理、出入境管理、交通管理、刑事侦查等一些主要业务工作领域初步实现了信息化流程。2006年9月25日，甘肃省地理信息公用服务平台建成，在统计部门中首次实现了以地理信息为基础，对人口、经济、社会、科技等海量数据库的整合。该系统建立了覆盖全省、能细分到村、居委会边界的地理信息查询功能。甘肃省信访信息系统自2006年4月立项建设，5月通过可行性论证，历时七个月建成，该系统依托甘肃省政务专网，采用省级大集中模式部署，实现全省80%的县以上信访工作机构与信访信息系统数据中心的互连互通。

便民服务。在加强信息化和电子政务，提升政府实现科学预测、科学决策和科学管理水平，更加有效地实施宏观调控的同时，甘肃省把信息化的目标投向了服务型政府的建设上。据统计，省政府政务大厅实际办理423项行政审批事项，占46个省政府部门（不含中央驻甘单位）保留的786项审批事项的53.8%。与此同时，全省14个市州中，有12个市州政府相继建立了政务大厅，全省86个县市区中有41个建立了政务大厅，许多乡镇街道也建立起各类便民服务机构，初步形成覆盖全省的政务服务体系。目前，甘肃省信息化工作办公室已着手指导省政府办公厅电子政务管理中心、网站管理中心、政务服务中心的业务工作，依托"中国·甘肃"门户网站，开展网上办理、查询、交流等服务于社会、办事单位、人民群众及工作人员的工作，全面提升各级政府的服务功能。公安系统把信息化建设的出发点和立足点归结到服务社会、惠及民生上，着手开通"网上公安机关服务大厅"、案件在线查询系统、网上评价系统，更方便、更快捷、更优质地服务于人民群众。

与此同时，一些地区的信息化和电子政务建设也方兴未艾。白银市的"数字白银"项目以信息化助力"资源枯竭型城市"经济转型，天水市教育信息化系统被国家教育部树立为样板，平凉市在全省率先建成了以

"中国·平凉"门户网站为龙头、富有平凉特色的门户网站集群。同时，在全省首家建成联通市县乡三级的政务专网体系，办公自动化系统、信访系统、视频会议系统投入使用。

70.3　企业信息化

在全省政务信息化、农业信息化建设稳步推进的同时，甘肃企业信息化建设同样取得令人瞩目的成绩。酒钢、兰铝、金化等一批工业企业的信息化项目，有效提升了企业自身综合竞争力和管理水平。酒钢的信息化建设从 20 世纪 90 年代中期开始，陆续建立了许多独立的一定规模的应用系统，陆续建成了酒钢骨干网、企业网站、用友财务系统、销售发货系统、采购仓储系统、生产数据采集监控管理系统等局部应用系统。这些系统对部门管理效率和管理质量的提高起到了很大的促进作用。

总之，党委、政府部门和全社会对信息化和电子政务建设的需求，不仅仅是一种压力，更是一种动力。2008 年 11 月，甘肃省决定对全省信息化和电子政务建设的阶段性思路进行调整，将工作重点从信息网络基础设施建设向业务系统建设、跨部门的信息资源开发利用转变，全力以赴争取甘肃在 1—2 年内进入一个信息化和电子政务整体推进、跨越式发展的新阶段。

目前，甘肃省已经着手在加强培训，进一步提高全社会对于信息化工作重要性的认识及立足长远，编制全省信息化跨越式发展纲要和年度行动指导意见书的基础上，建立全省统一的数据交换中心、统一的应用支撑平台和统一的政府网站门户。具体的工作包括：

——建立全省统一的电子化组织架构和人员体系。

——加快全省统一的应急平台体系建设，建立跨地区、跨部门的应急联动体系，提高应对处置突发公共事件的能力。

——建设提案议案及建议提交、办理、反馈以及与公众交流互动的统一平台，进一步提高人大代表建议议案和政协委员提案办理的时效性和答复的质量。

——以抗震救灾物资资金电子监察系统为基础，建设面向灾后重建、扩大内需项目和行政审批的电子监察系统，不断完善行政监察机制，强化勤政为民服务的能力。

——通过进一步深化和推广甘肃省卫星广播系统的应用，提高服务基层政府和"三农"工作的能力。

——通过完善"甘肃省舆情监控系统"，加强互联网上涉甘舆情的引导和监控，为维护社会稳定和社会安定有序发展提供必要手段。

——积极提升网上"一站式"行政审批、在线服务和为民办实事的功能，建立全省统一的基于固定电话、移动电话的政务综合服务热线支撑中心，改造、升级"中国·甘肃"门户网站，继续完善政府信息公开平台，强化政府公共服务的能力。

——分别建立甘肃省的"人口基础信息库"、"法人单位基础信息库"、"自然资源和空间地理基础信息库"、"宏观经济信息数据库"。

——加快启用 CA 中心、网络测评中心、网络与终端安全监控等系统，构建全省统一的基础安全支撑体系，做到网络可控可管，为基于网络的应用提供基础安全保障。

（本章作者　甘肃省信息化工作办公室　甘肃省工业和信息化委员会）

第71章
青 海 省

引 言

青海省地处青藏高原，是个多民族聚居、经济欠发达的省份。受自然条件、经济发展等多种因素的制约，信息化建设起步晚、基础薄弱。"十五"以前，青海省信息化基本处于启蒙阶段，只有少数领域开展了信息技术应用，信息产业主要以邮电通信业为主，信息产品制造业几乎空白，软件业在应用层面有少量开发，电子政务只有一些零星的建设。"十五"以后，随着国家信息化战略的不断推进，青海省信息化的发展越来越得到省委、省政府的重视，2002年，成立了省信息化领导小组及办事机构，出台了《青海省信息化建设管理规定（暂行）》，加强了对信息化工作的领导和管理，青海省信息化正式启动。经过近十年的发展，青海信息化水平不断提高，电子政务和重点领域信息化得到了一定的发展，信息化在经济社会发展中的作用开始凸显。

71.1 信息基础设施初具规模

71.1.1 通信基础设施

1949 年青海解放时，全省通信基础设施几乎为零，仅省会西宁市有一台磁石电话交换机，市内电话用户才 15 家。经过几十年的建设，全省通信业有了长足的发展。2000 年开始，青海实施了邮电分营、电信重组、政企分开等一系列重大改革，为全省通信业的发展注入了新的活力，进入了一个快速发展时期，各电信企业加快了基础通信网络建设步伐，使全省电信网络覆盖范围进一步扩展，技术装备水平进一步提高，综合能力得到增强，服务质量明显改善。截至 2008 年年底，全省局用交换机容量和接入网交换机容量达到 160 万门，移动交换机容量达到 408 万门，光缆线路总长度达到 49818 公里，互联网出省带宽达 27.5Gb/s，有线宽带网络已覆盖全省所有市、州府、县府所在地、71% 的乡镇和 18% 的行政村。"村村通电话工程"进展顺利，实现了全省行政村通电话，全省电话用户总数达到 366.6 万户，电话普及率达到 66.5 部/百人。一个以光缆为主，连接全国，通达各州市地、县的大容量、高速率、技术先进、安全可靠、稳定运行的基础传输网基本形成，为全省的信息化建设提供了良好的网络传输平台。

71.1.2 广播电视设施

自 1998 年国家"村村通广播电视"工程和 2001 年国家"西新工程"实施以来，青海省广播电视基础设施建设得到较快发展，全省 2076 个已通电行政村和 520 个 50 户以上自然村实现了通广播电视，并对比较分散的农牧户实行了"卫星村"试点，初步建成了广播电视星网结合的传输体系。截至 2008 年年底，全省共有广播电台 4 座，中、短波发射台和转播台8座，广播节目9套，广播综合人口覆盖率达到88.5%；全省共有电视台8座，县级广播电视台1座，电视节目13套，"西新工程"的继续实施和电视发射设备的改造，使全省电视覆盖率达到了94%；全省有线电视传输网达到3832公里，有线电视用户达到了36.47万户，有线电视普及率达到25.16；省会西宁市基本完成了有线电视数字化改造，并于2008年开始开展了移动多媒体广播（CMMB）的试播，数据电视用户达到25.05万户。

71.1.3　计算机网络

"十五"以来，随着"政府上网工程"和"企业上网工程"的实施，青海省计算机网络得到较快发展，技术层次不断提高，许多党政部门、企业事业单位相继建立了局域网或广域网，银行、税务、民航、铁路、公安等系统的计算机网络建设初具规模，计算机网络在各部门和各单位的经营、管理中发挥着日益重要的作用。截至2008年年底，全省互联网用户达24.5万户，其中，专线上网用户数的比重为0.5%，拨号上网用户的比重为4.5%，宽带上网用户的比重为95%，宽带用户是拨号用户的21倍，互联网用户进一步宽带化。

71.2　信息技术在各领域的应用及影响

71.2.1　经济领域

1. 农牧业信息化初步开展。有关部门以服务"三农"和新农村建设为宗旨，开发建设青海"农牧业信息网"、"农村经济信息网"和"星火科技网"等农业信息网站20余个，乡镇政府信息网站180余个，进行了村级、乡级信息服务站建设和电脑、电视、电话"三电合一"项目的试点和探索。"金农"工程启动建设，科技信息服务、商务信息服务等业务在东部农业区初步开展，网上购销会等电子商务形式初步发挥功效。

2. 企业信息化和电子商务在探索中前进。大中型企业不同程度地应用了现代信息技术：大型企业普遍使用先进的自动化生产线，实现了生产流程自动控制；具有一定规模的制造业企业已开始利用计算机辅助设计（CAD）、计算机辅助工艺过程设计（CAPP）、产品数据管理（PDM）等信息工程技术改造传统生产过程，提高了劳动生产率和产品质量，其中青海量具刃具有限责任公司等企业成功实施了企业资源计划（ERP）系统，实现了物料的精确动态管理；大中型商业、物流业、零售业企业建设了商业智能管理系统，形成了商品统一采购、统一价格、统一配送、统一结算、统一管理的连锁经营格局，提升了管理水平和效益；多数大中型企业应用了办公自动化系统、财务管理系统，部分企业建立了跨省区的营销网络。

中小企业普遍利用互联网查询市场供求信息，自建或利用中国中小企业网、青海经济信息网等网站进行企业及其产品的宣传，部分中小企业应用信息技术进行生产经营管理、产品设计开发、网络采购与销售。全省金融机构累计发卡 230 万张，支付系统、个人征信、信贷管理等金融业务系统已开始运行。信息技术的推广应用，不仅改善了信息流，同时改善了社会物资供应条件，方便了企业生产经营，也为推行电子商务打下了基础。

71.2.2 社会领域

1. 教育信息化迈上新台阶。2002 年以来，青海省紧紧抓住国家现代远程教育试点省的机遇，规划实施了"青海省中小学现代远程教育工程"、"西部大学校园计算机网络建设工程"等项目，使全省的教育信息化迈上了新台阶。全省建成农村中小学教学光盘播放点 2889 个，卫星教学收视点 2781 个，计算机教室 967 个，建成了省级基础教育资源中心，农村牧区中小学基本实现了三种模式的覆盖，可开展各种形式的现代远程教育和信息技术教育。高等院校全部建设了校园计算机网络，拥有完善的计算机教室、多媒体语音实验室、电子图书阅览室、计算机实验室等现代信息教育设施。建成了西宁市教育城域网，联通高校、部分中小学及相关教育行政管理单位近30家，实现了校园网与中国教育和科研网（CERNET）的高速联网，为教育资源共享和重大网络应用系统的运行创造了良好的条件。

2. 医疗卫生信息化较快发展。"十五"以来，青海省逐步建成覆盖85％以上乡镇卫生院和100％疾病预防控制机构的疫情报告专网，将全省各级综合医院、蒙藏医院、中医院、专科医院、妇幼保健机构、采供血机构、乡镇卫生院、社区卫生服务站、部分有条件的私人诊所纳入国家疾病控制管理信息系统，大大提高了疫情爆发、突发公共卫生事件报告的及时性和准确性。建设和开通了全省突发公共卫生事件、传染病个案、艾滋病专病、结核病专病、鼠疫专病及疾病预防基本信息、妇幼保健、健康危害因素、救灾防病等9个疾病预防管理信息系统。建立了全省卫生机构数据库、卫生人力数据库、医疗设备数据库、卫生机构财务数据库、医疗服务数据库等卫生信息数据库。省和州（市、地）级医院建立了自己的局域网，建立了医院信息管理系统。配合新型农村合作医疗体系的建立，建设了覆盖全省乡镇卫生院及合管办的全省新型农村合作医疗信息系统。

3. 城市和社区信息化水平不断提高。省会西宁市较早建成了城市公交电子收费（IC卡）系统，累计发行各类IC卡超过95万张，覆盖了西宁市的各类人员。继公交IC卡之后，近年又开发了城市公交智能化运营调度管理系统（GPS/GPRS），现已完成16条公交线路、574台车的GPS线路车辆改造；建成了智能化交通管理系统和110、119、122报警"三台合一"的指挥调度系统，实现了群众报警求助处置、重大突发事件警力调度、城市治安监控和道路交通监控管理的智能化、高效率。西宁、格尔木等市的街道办事处、居民社区开始接入互联网，使用计算机处理的业务范围不断拓宽。

71.2.3 电子政务

2004年，青海省政府办公厅转发了《青海省电子政务建设规划

（2004—2010 年）》后，全省电子政务建设按照该规划扎实有序地向前推进。

电子政务内网横向联通了省直各机关单位，纵向联通了 8 个州（市、地）和 46 个县（区、市、行委），覆盖省州（地、市）县三级的全省统一电子政务内网网络平台基本建成，实现了公文网上传输和信息网上报送。8 个州（市、地）和 4 个县建成了政务内网城域网。政务外网完成了连接省直各机关单位的省级城域网建设，实现了与国家政务外网的对接，目前已承载了纪检监察、劳动和社会保障、应急、扶贫、安全生产监察等系统的业务应用系统和全国文化信息资源共享工程。

纵向到县的党政视频会议系统已建成投入使用，效果显著。各级政务机关的计算机拥有量大幅提高，网络应用开始普及，建立各级政府网站120 多个，网站内容不断扩充和完善，已成为广大群众知情办事和信息公开的主要渠道。环保部门建立了环境基础数据库、污染源监控系统、公众监督及现场执法等业务系统，提高了污染减排及环境管理能力。信息技术在公路运输行业管理、高等级公路通信、监控、收费业务中得到广泛应用。统计信息化建设得到长足发展，重大国情国力调查及常规统计报表的数据采集处理能力普遍提高。数字青海空间地理信息基础设施建设项目、信访信息系统、档案管理信息系统开始启动建设。

国家重点业务系统"金关"、"金税"、"金盾"、"金保"、"金财"、"金审"、"金水"等工程不同程度地在青海实施了建设任务，已发挥了重要作用，收到了明显的成效。其中，"金税"工程在国税系统完成的综合征管系统已在全省推广应用，开发和使用了税收服务电子网络，大力推广网上申报、银行网点申报、简易申报等多元化纳税申报方式；地税系统自行开发的税收征管系统和社保费征管系统已推广至全省征收一线，通过数据大集中的方式实现了全省地税系统的数据共享。"金盾"工程搭建了连接全部州（地、市）级和县级公安机关、部分有条件的公安派出所的业务网络，基本实现了话音、数据、视频业务的"三网"融合，建设和运行了公安综合查询系统、人口信息管理系统等多个应用系统，完成了

"警务通"、"车务提醒"、内外网数据交换等应用平台的建设。"金保"工程采用虚拟专线技术建成了省、州（地、市）、县（区）三级劳动力市场信息网络系统，建立了中国劳动力市场信息网青海省监测中心网站，实现了用藏汉双语发布用工信息；省会西宁市被列为全国试点城市，率先建设了公费医疗保险管理信息系统，省级和西宁市公费医疗保险管理信息系统进入稳定运行阶段，为公费医疗保险管理提供了技术手段，发挥了重要作用。"金财"工程开通了省级财政与各商业银行的网络专线连接线路，实现了与省级所有国库集中支付单位的拨号方式网络连接，积极推进了各财政业务应用系统在州（地、市）县级财政的推广运行工作，这些业务应用系统的建设和运行已成为支撑全省财政改革的坚实基础。

71.3　信息资源开发利用

随着网络覆盖范围的扩大、技术装备水平的提高，各级政府部门开始重视信息资源的开发利用，信息的收集、存储、交换、发布，逐步向电子化、网络化发展。全省国民经济与社会发展综合数据库、重点项目数据库、水利水情数据库、土地利用数据库、地质空间数据库、矿产储量数据库等一批数据库服务系统相继建成并不断补充完善，在相关单位或系统中发挥着重要的作用。《政务信息公开条例》的实施，促使各级政府部门加大信息公开力度，利用政府网站这一便捷的形式，组织政务信息上网，丰富网站内容，带动了信息资源的开发利用。企业的信息资源也开始向电子化、网络化发展，部分大中型企业建立了数据库和网络管理系统，企业网站已成为众多企业宣传产品、展示形象、开展营销活动的重要手段。

71.4　信息化发展环境

2002 年全省信息化领导小组成立以后，省、州（市、地）两级和省直大部分单位相应设立了信息化协调管理机构和工作机构，初步形成了推进信息化工作的保障体系。国家实施了电子签名法、政府信息公开条例，制定了信息化发展战略，出台了电子政务、电子商务、信息安全、信息资源开发利用等一系列指导意见，青海省政府及有关部门陆续制定了相关贯彻落实意见，为全省信息化发展指明了方向。为了满足全省信息化建设的需要，大中专院校、各类社会培训学校不断加大信息技术专业人才的培养力度；中小学信息技术教育推进力度较大，大部分中小学校都开设了信息技术教育课程；政府部门组织开展了全省公务员信息技术知识的培训工作，并已完成了全部公务员的轮训；各地、各部门充分利用信息化项目建设，有针对性地进行了相关技术的培训。全省广大公众，尤其是国家公务人员的信息化意识不断增强，信息技能不断提高。

（本章作者　赵炬）

第72章

宁夏回族自治区

引　言

宁夏是我国5个省级少数民族自治区之一，自治区党委、政府一贯积极贯彻落实国家信息化发展战略方针，大力推进国民经济和社会发展信息化建设，一批信息化重大应用项目建设取得成效，部分领域信息化建设取得突破性进展，全区信息化整体水平明显提高。回顾我区成立51年来的发展历程，我区信息化走出了一条从无到有、从小到大、从弱到强的发展之路。

72.1　信息基础设施不断完善，西部地区领先

1. 通信业实现了质的飞跃

经过多年的建设和持续完善，中国电信宁夏分公司、中国移动宁夏分

公司、中国联通宁夏分公司建成了大容量、高带宽、高质量、覆盖全区、安全可靠、技术先进和服务种类齐全的骨干传输、宽带接入的通信网络，资产达到97亿元。到目前为止，光纤网络敷设光缆总长度超过3.2万公里，光纤逐步进入到商业楼宇和寻常百姓家。全区电话交换容量达到8.4万路端，固定电话用户总数达117.2万户，固定电话普及率达18.6户/百人。移动通信网的建设取得了飞速发展，实现了GSM和CDMA网络在全区的无缝覆盖，目前逐步向第三代移动通信TD－SCDMA、CDMA2000、WCDMA平稳过渡，已在银川等中心城市实现了覆盖，满足了社会对移动多媒体业务的需求。移动电话用户346万户，普及率达55.7户/百人。

2. 互联网得以迅猛发展

自治区互联网出口带宽达到60G，核心网络到五个地市的骨干带宽达到100G，到各县的带宽达到50G以上，县到乡、乡到行政村带宽千兆以上。通过EPON、ADSL和WIMAX无线宽带接入三种方式实现了全区191个乡镇、1700多个行政村通宽带，平均速率达3兆。全区互联网接入专线达1300多个，全区各级政府机关、企业等机构网站4050个，全社会计算机拥有量70万台，互联网用户34万户，普及率达5.6%。

3. 广播电视网建设日益完善

已建成广播电视光缆干线2000公里，形成了连接全区各市、县的2.5G SDH光纤骨干环网，并与全国广电光缆干线网连接。建成宁夏有线数字电视平台，实现了中央、外省、宁夏卫视及专业频道等数字广播电视节目的接收转播，已经播出100多套数字电视节目。同时具备了视频点播、数据广播等功能，实现用户身份识别、节目授权控制等分户管理和节目授权管理等功能，满足用户对电视节目个性化消费的需求，发展有线数字电视用户达到60万户。

信息基础设施的不断完善，处于西部地区领先水平，有效支撑了我区信息化的快速发展。

72.2　信息产业创新能力不断增强，成为新的经济增长点

1. 电子信息产品制造业形成了一定规模

以钽、铌、铍等电子信息原材料生产为主的东方钽业股份有限公司，成为世界在该领域的三强之一，形成了 3 大类型、23 个系列、126 个品种的产品，广泛应用于电子、国防、航天、航空和原子能工业等高科技领域，主导产品钽粉、钽丝是制造钽电容器产品的重要原材料，90% 出口美国、欧洲、以色列、日本等国家或地区。总投资 3.9 亿元的宁夏星日电子公司，主要利用钽、铌稀有金属材料生产的优势，生产片式钽电解电容器、铝电容器，达到了年产 5 亿只钽电容器和 5 亿只铝电容器的生产能力。江苏阳光集团与区内企业联合计划投资 40 亿元建设多晶硅产业，建成年产多晶硅 4500 吨，年收入 36 亿元，利润 9 亿元的国家级电子原材料基地。

2. 软件产业和集成业实现快速发展

本世纪初，随着国家对软件产业的大力支持，宁夏软件产业逐步得以快速发展。我区重点支持软件和计算机信息系统集成业发展，全区专业从事软件（含信息集成）开发、生产、销售、维护和服务的企业有近 100 多家，专业技术人员 2400 余人，其中专门从事软件开发的企业有 30 家，产值达到 3 亿元。自行开发的行业应用软件具有了一定的竞争优势，特别是电子政务软件、公安业务管理软件、医疗服务软件、教育教学软件、交通管理软件、煤炭行业生产和管理软件等，市场占有率明显提高，部分软件销售到区外或国外。为了发挥聚集效应，2005 年，银川经济技术开发区管委会投资近 7000 万元建成了宁夏软件产业服务平台——宁夏软件园。目前，已有 41 家企业入园，实现主营业务收入 1.6 亿元，利润总额 1775

万元。软件园加大鼓励创新力度，每年安排专项扶持资金 800 万元，重点对企业重大研发、技术引进、动漫原创、资质认证、人才培训、智力引进等提供补贴或奖励，创新能力进一步增强。信息服务业保持快速增长势头，信息资源开发和利用取得长足进展，建成一批门类较为齐全，可供用户查询的基础性、公益性、战略性的信息资源库。信息产业的不断发展，形成了新的经济增长点。

72.3　信息化环境不断改善，保障信息化健康发展

1. 组织积极推动

宁夏党委、政府高度重视信息化，加强对信息化工作的组织领导，成立了高规格的信息化领导小组，由书记、主席担任自治区信息化领导小组的组长和副组长。凡涉及信息化发展的重大政策和事项，由自治区信息化领导小组决定。进一步理顺和完善信息化工作机构，2002 年成立了自治区信息产业办公室，2008 年成立了自治区经济和信息化委员会，具体负责全区信息化建设和信息产业发展的规划、组织、协调等日常工作，推进信息化建设和信息产业发展。自治区大部分党政部门成立了信息化工作机构，承担本部门、本行业信息化建设。各级政府把信息化建设作为"一把手"工程纳入领导工作的议事日程，参照国家和自治区的规格和模式，成立信息化领导小组及工作机构，切实担负起组织领导和协调本地区信息化建设的职责。

2. 政策全面保障

我区积极贯彻落实国家一系列政策、法规和行业标准，结合我区实际，分类分层制定和完善一批相关的政策。下发了自治区党委人民政府《关于集中信息资源建设信息中心平台的决定》（宁党发〔2009〕19 号）、

自治区党委办公厅人民政府办公厅《关于贯彻落实国民经济和社会发展信息化"十一五"规划的实施意见》（宁党办〔2008〕11号）等重要指导性文件，确立了未来信息化建设的指导思想、基本原则、总体目标等。为了减少重复建设，加快信息资源共享，自治区信息化建设领导小组办公室下发了《关于对自治区信息资源中心平台建设任务进行分工的通知》（宁信建办〔2007〕4号）、《关于印发新农村信息化建设有关指导方案的通知》（宁信建办〔2007〕8号）等文件，统筹安排一批信息化重大工程的实施。在不同时期及时研究制定和完善在电子政务、信息安全、信息资源开发利用、信息产业发展等方面政策，使我区信息化工作走上规范化、制度化、法制化轨道。

3. 多方培养人才

为了使信息化应用健康发展，建立和培养信息化人才队伍。构建从基础教育到在职培训的信息化教育培训体系，开展多渠道、多形式和多层次的信息技术培训。在中小学普遍开设计算机和网络知识课程，加大对青少年信息化能力的培养。各级党校、行政学院也把信息化与电子政务内容纳入教学计划，在公务员中全面普及计算机知识。创新人才成长、引进、使用和激励的政策环境，保证全区信息化专业技术人才的规模数量和层次结构适应信息化发展需要，为信息化建设提供坚实的智力支持和人才保障。

72.4 信息化应用水平不断提高，整体效果日益显现

1. 新农村信息化成效显著

2007年2月，宁夏党委、政府出台了《关于集中信息资源建设信息中心平台的决定》，针对城乡存在的"数字鸿沟"，率先启动了农村信息化建设，依托信息中心平台建设了互联网电视（IPTV）平台，对接了广

电部门的 60 套直播电视节目和中组部、文化部的党员教育、文化信息资源，使"三网"融合成为现实。实现了以宽带作为多业务承载平台传输广电提供的高清晰电视节目，利用机顶盒等设备，在一条入户网线上为用户实现上网、打电话、看电视等多种业务。整合了 8 个涉农部门的信息资源，建设了"宁夏农村综合信息服务网"，实现了商务信息、市场信息、农业科技等各类信息的下达和上传发布。建立了为"三农"服务的网上呼叫中心，通过网络呼叫和远程视频对话，700 多位农业、医疗卫生等专家在线为农民答疑解惑。全区 75% 的行政村通了宽带，并建成了 2800 多个具备互联网经营、农村党员干部远程教育和文化信息资源共享三项功能的新农村信息服务站。仅今年上半年信息服务站组织群众收看视频 12.6 万次，时长 6 万多小时，84 万人次进行了农村党员干部远程培训和收看了互联网电影。登录呼叫中心 5.8 万人次，受益群众达 10.2 万人次。通过宁夏综合信息网上传和发布的农产品供求信息达 3.6 万条，其中 1—6 月份 1.9 万条，直接或间接实现农产品网上销售收入超过 5.2 亿元。2008 年 8 月份工业和信息化部将我区列为全国第一个新农村信息化省域示范，标志着我区在推进新农村信息化建设方面已经走在了全国前列。

2. 电子政务建设效果明显

以资源整合为重点，积极建设覆盖党委、人大、政府、政协、法院、检察院等多系统共用的自治区信息中心平台，完成了自治区、市、县三级党务内网和政务专网的建设，实现了自治区党委、政府与各部门、市县（区）电子公文的流转和应急指挥的联动。开通了宁夏回族自治区人民政府门户网站，实现了部分政务信息的公开。依托中央部署的"十二金"工程，全区 98% 的政府部门建立了不同规模的局域网，开通了 80 多个各具特色的业务网站，发改委、财政、统计、工商、税务等部门实现了公文管理、固定资产网上申报审批、企业投资项目备案、国库集中支付、农民一卡通、经济普查数据查询、企业信用分类监管、"12315"消费者申诉举报、企业网上年检、网上纳税等网上业务办公。银川、石嘴山、固原、中卫等市建设了区域性的电子政务平台，积极探索适合本地特色的电子政务建设新模式。通过推进电子政务建设，增强了政府监管能力，提升了公共服务水平和行政效率，为全面开展电子政务奠定了良好的基础。

3. 社区信息化试点初见成效

我区金凤区被工业和信息化部批准为国家信息化推进城乡一体化试点后，依托宁夏电信的优势建设了金凤区信息化统筹城乡一体化综合信息服务平台。完成了辖区内59个党政机关部门，5个街道30个社区、两镇19个村的宽带接入，为村镇、街道、社区配置了88套电脑等信息化设备，区直部门、镇、街道已全部实现互联互通。改建了信息化网络中心机房，建成多功能、视频会议室。农村综合服务与资源管理、社区综合管理与服务、电子政务三大系统初步实现运行。培训各级干部和信息员等600多人。对本辖区内人口管理、家庭信息、基层党建等方面的数据基本录入完成，初步形成了公文数据库、居民基本情况和服务机构数据库。改造升级了金凤区政府网站，完善网站结构，逐步开展公共服务、与民互动和网上监察督办等服务。实现了公文的流转、各类信息的网上报送。初步构建了区、镇（街道）、村（社区）三位一体，三级互动的信息化服务体系，为我区区域信息化发展探索了实践经验。

4. 重点领域信息化效果日益显现

社会事业领域信息化应用取得明显成效。教育信息化有了较大的发展，建设了覆盖全区的有线和卫星教育网，建成中小学校园网400个，农村卫星接受点2200个，基本实现了"校校通"，建设计算机多媒体教室3500个，计算机6.3万台，制作了560G的教育信息资源库，促进了城乡教育均衡发展；建设了科技计划管理、科技信息等应用系统，扩大了科技信息资源对社会经济发展的影响。建设了社会保障信息系统和自治区级劳动保障数据中心，提高了社保业务的公共服务水平；建成了全区突发公共卫生事件五级疫情监测报告网络，实现了疫情网络直报。

5. 利用信息技术改造传统产业进一步加快

我区加大了用信息技术改造传统产业的力度，全区企业信息化建设取得新进展。目前，70%以上的大中型企业和40%的中小企业实施了不同层次和不同规模的信息化应用，提高了企业的生产效率和管理水平，降低了生产和经营成本，增强了企业核心竞争力。我区重点推广计算机辅助设计（CAD）和辅助制造（CAM）技术，有部分企业实现了生产过程的信息化。如宁夏小巨人股份公司，其产品不仅表现为数字化技术＋传统制造业的结合，而且从原料、生产到质检，基本上实现了数字化和网络化。宁夏汇川股份有限公司，引进计算机辅助设计（CAD）和辅助制造（CAM）技术，实现了从服装设计到缝纫的自动化，使生产效益上了一个新的台阶。

尽管宁夏在信息化工作中取得了一定成绩，但我区还属欠发达地区，在信息化的推进过程中存在着一些矛盾和问题。我们将克服困难，按照中央"两化融合"、"五化并举"的战略加大信息化推进力度，加快电子政务、电子商务、农村信息化、社区信息化、企业信息化发展，使信息化造福于民。

（本章作者　宁夏回族自治区经济和信息化委员会）

第73章
新疆维吾尔自治区

引　　言

新疆信息产业和信息化建设起始于20世纪70年代的国防建设事业。党的十一届三中全会以来,新疆信息化事业在自治区党委和人民政府的正确领导下,保持了快速健康的发展态势,发生了翻天覆地的变化,为新疆经济与社会发展发挥了显著的倍增效能。改革开放30年是新疆信息化建设和信息产业发展,从无到有、由小到大,取得快速发展的最好时期。在30年的发展历程中,新疆信息化基础设施建设实现了飞速发展。信息技术的广泛应用和高度渗透,实现了国民经济各行业、各部门及企业管理的信息化、重点产业领域装备的数字化、生产过程的智能化,有力推动了新疆新型工业化和新农村建设步伐。

73.1 信息基础设施

"八五"期末，新疆已建成长达 13000 公里的南北疆光缆；建成了覆盖全区的 VSAT 卫星通信网和全长 3514 公里的南北疆的高微波干线。新疆分组交换网和数字数据网（DDN）已覆盖全疆所有地州（市）县，端口容量分别达 3000 个和 5000 个，信息传输实现了数字化。有线电视发展迅速，建成有线电视台 120 座，卫星地面接收站 1198 座，广播、电视人口覆盖率分别达 78.4% 和 80.48%。

"九五"期末，新疆已建成了覆盖全区的现代电信网，以此为依托还相继建成了覆盖新疆各地州的分组交换网、数字数据网、会议电视网和多媒体通信网络系统，电话普及率达 15 部/百人，70% 的乡村和 80% 的兵团团场铺通了光缆，广播电视人口覆盖率分别达到 83% 和 85%。全区建立计算机广域网 302 个、局域网 500 多个、各类数据库 300 多个，全国四大计算机教育网、科技网、公共信息网和经济信息网的区域节点已进入新疆。互联网用户达 8 万户。

截至 2001 年年底，新疆已基本建成规模大、起点高的覆盖全疆的通信网、广播电视网，计算机网络初具规模。拥有遍布全疆、通达所有县市和绝大多数乡镇的主干光缆，一、二级光缆和本地网中继光缆线总长度达2.8 万公里；全疆拥有固定电话交换机容量达到 316 万门，固定电话用户达到 235.6 万户（19.9 部/百人），城市电话普及率达到 24.2 部/百人，乡村电话普及率达到 5%，移动电话用户 132.2 万户（7.2 部/百人），寻呼机用户 174.9 万户，分组交换网、DDN、ATM 宽带网、IP 电话网覆盖所有地州市县；各种电信新业务投入使用，公众数据及多媒体用户达到16 万户，上述各项的年增长率均在 50% 以上；互联网上网用户约 34 万户，位于全国第 8 位。

建成电视发射、差转台（站）596 座，调频发射转播台（站）501 座，中短波广播发射转播台 43 座，卫星地面接收站 2700 座，有线电视传输线路长达 3 万公里，入网 130 万户，广播、电视覆盖率分别达到 87.9% 和 90.3%。

截至 2007 年年底，新疆通信光缆线路已达到 13.1 万公里，宽带接入端口达到 116 万个，铺设广播电视干线网（光缆）5300 多公里，广播综合和电视综合人口覆盖率均分别达到 93.5%，互联网用户 157.80 万户，有线电视用户 162.04 万户，有线数字电视用户 17.67 万户。固定电话和移动电话普及率分别为 33.0 部/百人和 39.4 部/百人。全区互联网网民 363 万，互联网普及率达 17% 以上，均位居西部省区前列。

农业信息化基础设施不断改善，农村固定电话普及率为 10.7 部/百人，移动电话行政村覆盖率为 94.70%，宽带进乡或进村接入率分别达 99% 和 30%，行政村通电话已达 100%，农村党员干部现代远程教育网在试点地区已经覆盖到所有行政村。截至 2007 年年底，连接全区 15 个地州（市）的政务传输网建成运转，其中，8 个地州农业局与当地政府局域网实现联网；20 个县建立了网络平台；70 个乡具备了信息服务功能。

73.2　电子信息产业发展

新疆信息产业通过开拓、调整、创新，"九五"以来，用 10 年时间实现了产业规模由 1 亿元到 42 亿元的跨越，形成了有特色和有竞争实力的电子新材料、新能源产业及软件与信息服务业。

2008 年，新疆电子信息产业平稳较快发展，实现主营业务收入 42 亿元，比 2007 年增长 16%，实现利润 3.9 亿元，同比增长 23%，保持 6 年持续增长。新疆有国家和自治区信息系统集成资质企业 251 家，其中国家级 13 家（二级 2 家，三级 4 家，四级 7 家），自治区级 234 家（甲级 48

家，乙级 77 家，丙级 89 家，丁级 17 家，临时级 3 家）；拥有软件企业 52 家，其中国家规划布局内的重点软件企业 2 家；国家备案登记软件产品已达 205 个，获得著作登记产权的软件产品 27 个。2008 年启动 4 家软件企业实施第二批 CMMI 认证工作，目前全区有 9 家软件企业实施 CMMI 认证，其中有 4 家软件企业通过 CMMI3 认证，获得进军国际市场的通行证。

特色软件产品不断走向国内国际市场。具有自主知识产权的《财务顾问专家系统》、《天择数码油田生产信息管理平台系统》、《面向中亚、西亚交互式网络教学系统》、《新疆维汉双语教学系统》等特色软件产品被国内金融、石油行业广泛应用，教育系统软件进入中西亚市场。

充分发挥国家和自治区电子信息发展资金引导作用。为提高我区高新技术产业的发展水平，促进电子信息产业发展和信息化建设，2008 年，落实国家和地方资金 1400 万元，41 个项目获得专项资金扶持，主要用于支持软件、计算机与网络通信设备、电子新材料、新元器件等电子信息产业核心领域科技成果的产业化；支持农村信息化、企业信息化、社会信息化、信息安全等重点领域信息化建设；促进信息技术应用，有效提升了企业自主创新能力，加快科技成果转化力度，促进经济发展，增加地方财政收入，促进我区电子信息产业和信息化建设平稳较快发展发挥了重要作用。

电子产品制造业创新能力不断增强。电子新材料、新能源特色产品的改造和创新，调整高附加值产品比重。"偏远地区用太阳能通信电源研发及产业化"完成了产品的故障自诊断、运行状态自动监控、数据的远程遥控遥测等功能的完善。"光纤药物溶出度实时测定仪"产业化项目，填补了我国在药物浓度实时检测方面的空白，被列入国家药典。

73.3 信息技术在各个领域的应用及其影响

新疆信息技术的应用起始于 20 世纪六七十年代的国防建设和石油工

业。党的十一届三中全会以来，新疆信息化事业在自治区党委和人民政府的正确领导下，保持了快速健康的发展态势，为新疆经济与社会发展发挥了重要作用。

自1978年起，一些部门、科研院所已开始计算机应用。自1984年以来，新疆推广应用计算机工作开始有了较快的发展。1983年年底，全自治区8位以上计算机共有130台，到1985年年底则达800余台。这些计算机当时主要用于工程计算、数据处理、事务管理、过程控制等方面，按部门统计，属于气象、农业部门使用的占23%，文教卫生部门使用的占11%，科研部门使用的占33%，其他部门使用的占33%。

据不完全统计，"七五"末，全区已有大、中、小型计算机70多台，8位以上微型计算机约4500台，从事计算机开发、应用的技术人员达到5000多人。一是积极应用计算机技术改造机械企业现有机床，实施用数显、数控、PLC可编程控制器等改造老式机床390台，占40%。二是抓行业计算机应用，推广应用和开发研制的计算机项目410多项，其中新疆气象局开发的PC-1500袖珍机测报业务系统，独山子炼油厂开发的微机管理汽柴油灌装计量系统，新疆物理所开发的焦炉加热微机最优控制系统和新疆大学开发的IBM-PC/XT维、哈、柯、汉、英多语种文字处理系统等项目，分别获得1986年全国计算机应用展览会二、三等奖。三是推进新疆多语种计算机应用，1986年，新疆大学开发了维、哈、柯文计算机文字处理系统，在自治区党委、政府办公厅、人大办公厅和广播电视台等单位使用效果良好。

20世纪90年代是新疆信息化的发展阶段，1993年，根据国家总体部署，新疆推广应用计算机领导小组办公室牵头制定了自治区"三金"工程总体规划，提出了新疆实施"金桥"、"金卡"、"金关"工程总体框架和分期目标，安排部署了重点行业和部门的网络系统工程具体实施方案。金融、税务、海关、外贸、民航、铁路、气象、交通、统计等部门也建成了专用信息管理系统和部分综合数据库，提高工作效率和公共服务水平。

通过大力实施电子信息应用倍增计划，加速我区传统产业技术升级与改造，10 年间，实施应用电子信息技术改造传统产业项目 300 多项，累计投入资金 7 亿多元，在石油、纺织、制糖、建材、机械、冶金、建筑等行业以及工业锅炉微机改造等方面取得显著成效。"九五"末，全疆拥有大、中、小型计算机系统 200 多台（套），拥有微型计算机 20 多万台。

加快推行计算机辅助设计（CAD），1997 年新疆被国家科委批准为全国第二批 CAD 应用工程示范省区。自治区石油、建筑、机械、轻工等行业 CAD 技术的应用水平不断提高，主导产品 CAD 出图率为 94%，提高了工效 10 多倍，节省工程投资 5%—10%。到"九五"末，新疆依托科研院所、大中专校共建立了 5 个 CAD 技术咨询服务机构、10 个培训机构，推广 CAD 项目（含联合开发）227 项，为企业培训各类技术人员14000 人。

"十五"以来，是新疆信息化事业快速发展阶段，电子政务、电子商务、企业信息化、农村信息化、社会信息化快速推进，信息化成为经济社会发展的重要支撑。

电子政务快速推进，政府的管理和服务能力不断增强。目前，政务内网、外网和政府公众网站（"二网一站"）的应用体系基本架构建成运行，实现了政府与全区各地州市、各厅局部门、驻外办事处和中央驻疆机构173 家单位的广域互联，"金盾"、"金保"、"金关"、"金税"、"金财"、"金水"等十二个重点部门业务系统（"十二金"工程）和保障体系建设成效显著。全区政府系统已建立政府公众网站 110 多家，自治区人民政府及 14 个地州（市）政府（行署），30 家自治区政府部门、64 个县、区（市）政府建立了基于互联网的政府公众网站，面对百姓大众设立了"12315"、"12366"等各种便民服务热线，建设了公共突发事件应急平台等。人口基础信息库、矿产储量数据库、农业资源信息数据库、自然资源和空间地理基础信息库、宏观经济数据库等 51 个自然资源与基础信息数据库已基本建设完成。

企业信息化多方位进展，2005 年，自治区党委、政府作出《关于加快新型工业化建设的意见》，进一步促进了电子信息技术在石油、化工、建材、轻纺、冶金、机械等行业及社会各领域的深入应用。"十五"期间，新疆成功实施了制造业信息化示范工程，按照"推进重点，带动一般"的原则，抓住重点行业及制造业、加工业等130多家骨干和中小企业，大力推进企业资源计划（ERP）、供应链管理（SCM）和客户关系管理（CRM）以及计算机辅助三维设计（三维CAD）、产品数据管理（PDM）和现代集成制造（CIMS）等信息技术的应用，目前，全区重点管理的200户企业均建立了局域网或接入互联网。乌石化、独石化、八一钢铁、天山毛纺、特变电工、金风科技等一批有实力企业集团的快速反应力和市场竞争力都有了较大提高，推动了节能减排，资源合理利用，提高了产品质量。企业信息化服务体系不断完善，已建成"新疆中小企业信息网"、"商务领航"等一些企业公共服务平台，目前拥有承揽国家和地方较大信息工程建设项目的系统集成企业（系统集成商）300多家，拥有认定的软件企业54家，现已具备承担系统集成、软件开发和信息服务等50多亿规模的能力。

农村信息化迅速起步，2008年，自治区提出并开始实施新农村百千万信息服务行动（新政办发［2008］2号文件），提出建立健全覆盖新疆数百家农业产业化企业、近千个乡镇、近万个行政村的信息服务组织体系，建立面向农村经济合作组织、专业协会、生产经营大户、农村经纪人以及广大农户的现代传播手段和传统媒介相结合的农村信息多元传播体系；并选择昌吉州、伊宁县、塔城市、和丰县、博乐市、轮台县、泽普县等16个县市的156个乡镇开展全区农村综合信息服务试点工作。

2008年，昌吉市被国务院信息化办公室列为全国县域经济信息化试点，昌吉州被工业与信息化部列为农村综合信息服务试点。新疆兴农网、昆仑网、新疆电信"信息田园"、移动公司"农信通"和联通公司"农业新时空"等涉农信息网，为广大农牧民提供语音、短信、互联网、IPTV（视频）、WAP（手机上网）等多种形式的服务，使信息化更加贴近"三农"需要，农村综合信息服务不断深入。

目前，在我区922个乡镇（场）中，有668个乡镇建立了网站（网页)，占总数的 72.5%。网络已经开始成为农民获取科技、市场、价格、政策信息，发布产品销售信息、推销本地产品的重要平台。全区农业产业化龙头企业有计算机并可以上网的达 160 个；农村合作及中介组织有计算机并可以上网的达 150 个；农业生产经营大户有计算机并可以上网的有466 户。连接区、市、县、乡镇以及农业产业化龙头企业、农产品批发市场、中介组织和经营大户的农村信息服务网络体系已具雏形。

73.4　信息化发展环境

73.4.1　管理机构建设

1. 电子工业管理沿革（1980—2006 年）

1980 年，为了发展新疆的电子信息产业，新疆国防工办成立了电子处，实现了对全区电子工业的统一管理。1985 年，新疆维吾尔自治区人民政府决定在国防科技工业办公室和机械局整合成立自治区机械工业厅的基础上，组建成立自治区机械电子工业厅，与新疆国防科技工业办公室合署办公。1985 年，新疆机械电子工业厅作为自治区人民政府组成部门，实施对机械、兵器、电子工业进行行业管理。2000 年，新疆维吾尔自治区人民政府决定，撤销新疆机械电子工业厅，成立自治区机械电子工业行业管理办公室，原新疆机械电子工业厅管理新疆国防科技工业的职能移交新疆经济贸易委员会管理。

2. 信息化管理沿革（1984—2006 年）

1984 年，为推进自治区信息化建设的需要，新疆在全国率先成立了新疆推广应用计算机领导小组，并下设办公室（二级局建制）。在此期间，大部分地、州、行业主管部门、大中型企业先后成立或正式指定了电子信息应用工作管理机构，初步形成了全区的管理体系，形成了各部门共同推进信息化的合力。至此，自治区的电子信息应用及其管理工作步入到一个崭新的发展阶段。1989 年，新疆维吾尔自治区人民政府批准了新疆推广应用计算机领导小组办公室"三定"方案，内设机构 5 个处（计划、系统、微机、情报和人事行政处）和 1 个培训中心，并进一步明确和加强了计算机办公室的职责和任务，为以后开展全区计算机推广应用工作奠定了基础。1996 年，为适应新形势对信息化发展的需要，新疆维吾尔自治区人民政府决定在原自治区推广应用计算机领导小组的基础上进行扩充、调整，成立了自治区信息化工作领导小组及其常设机构自治区信息化工作领导小组办公室。2002 年，为进一步加强信息化工作，自治区党委、人民政府决定将自治区信息化工作领导小组办公室更名为自治区信息化办公室，划归自治区人民政府办公厅管理。

3. 无线电管理沿革（1986—2006 年）

1986 年，根据国务院、中央军委关于调整各级无线电管理委员会组织机构的通知精神，新疆维吾尔自治区人民政府决定将"新疆维吾尔自治区、乌鲁木齐军区无线电管理委员会"调整为"新疆维吾尔自治区无线电管理委员会"（以下简称区无委）。区无委办公室设在邮电管理局，各地、州、市无委及其办公室都参照上述原则进行调整。从此，自治区无线电管理工作由军队移交政府管理。1995 年，新疆维吾尔自治区编委根据国务院国发〔1994〕34 号文件，调整了全区无线电管理办事机构。2000 年邮电行业深化改革，实行政企分开。2001 年新疆维吾尔自治区编委印发《关于自治区无线电管理办公室管理体制有关问题的通知》（新机编字〔2003〕8 号）确定：无委会原是自治区的议事协调机构，在撤销后区无委办更名为"自治区无线电管理办公室"（以下简称区无管办），与新成立的自治区通信管理局合署办公，区内无线电管理机构实行垂直管理体制。

4. 新疆信息产业厅成立（2006—2009 年）

2006 年，新疆维吾尔自治区党委从新疆经济社会发展的战略高度出发，决定组建自治区信息产业厅，新成立的新疆信息产业厅是在新疆信息化办公室、新疆无线电管理办公室以及新疆机械电子工业行业管理办公室三家单位的基础上，整合或划入原三家单位承担的有关电子行业行政管理职能，重新组建的主管全区电子信息产品制造业、软件业和无线电管理工作，推进国民经济和社会服务信息化的自治区人民政府组成部门。

2009 年 5 月，自治区信息产业厅与自治区经贸委合并，成立了新疆维吾尔自治区经济和信息化委员会。

73.4.2　主要政策和法规

自 1978 年起，新疆的计算机应用逐步开始。

1986 年，根据国务院电子振兴领导小组办公室《关于组织起草我国电子与信息应用与产业大纲有关问题的通知》（国电办［1986］50 号文件）的精神，自治区推广应用计算机领导小组办公室完成了《自治区电子与信息应用产业大纲》的编制工作。1986 年，新疆无线电管理工作由军队移交政府管理。1987 年自治区人民政府发布《新疆无线电管理暂行规定》，实现了自治区无线电管理工作指导思想由"为党政军机关服务"转变为"为国民经济建设服务"这个中心上来，由单纯行政管理转变为行政、技术、经济、法规等多种手段全方位的管理。

1991 年，根据全国电子信息应用工作会议精神，编制《新疆"八五"电子信息应用计划纲要》并向全疆颁布执行，有计划、有重点地把电子信息技术推广应用工作推向深入。

1995 年，根据国家的总体部署，新疆计算机办公室牵头制定了自治区"三金"工程总体规划，安排部署了重点行业和部门的网络系统工程具体实施方案。1995 年，新疆维吾尔自治区党委办公厅、政府办公厅联合下发新党办［1995］39 号文件《转发自治区党委组织部等四部门"关于在全区党政机关、企事业单位干部中开展计算机应用技术社会化培训工作意见的报告"的通知》，从此将新疆计算机应用技术社会化培训工作推向一个新的高潮。

1996 年，新疆信息化办公室制定下发《关于当前自治区信息化工作有关问题的通知》。1997 年，新疆维吾尔自治区人民政府作出了《关于加强信息化建设工作的决定》，颁布了《新疆信息化"九五"计划和 2010 年发展纲要》。

1998 年，新疆维吾尔自治区人民政府办公厅转发《我区计算机国际互联网络信息安全与防范有关问题的意见》。1998 年，新疆信息化办公室出台《新疆维吾尔自治区信息工程建设管理暂行规定》以及《新疆维吾尔自治区信息工程系统集成开发单位资质等级认证暂行办法》，对规范市场行为、保护网络信息安全、推进信息资源开发与利用等创造了良好的政策和法治环境。

2006 年，为了加强自治区、县市（区）电子政务专网建设，自治区专门成立了新疆电子政务网络建设领导小组及办公室，制定并下发了《关于印发自治区电子政务专网建设及应用管理规则的通知》。2007 年制定下发了《关于进一步加强对县市（区）政府电子政务建设的协调指导工作的通知》。

2008 年，为推进自治区面向"三农"综合信息服务，在区内外充分调研论证的基础上，新疆维吾尔自治区人民政府颁布《关于实施新农村百千万信息服务行动的决定》（新政办发［2008］2 号），明确了工作目标、方向、重点和突破口，对指导全区推进面向"三农"的信息服务提供了坚强有力的政策保障。

2009 年通过对全区 11 个行业、近 500 家企业的深入调研，提出了《以信息技术改造和提升传统产业的指导意见》。积极推动地方信息化立法工作，在自治区人大、自治区法制办的大力支持下，新疆《信息化促进条例》已正式列入自治区人大 2009 年立法计划。

73.4.3　人才培养

按照"推广信息技术，人才培训先行"的指导思想，新疆把信息技术应用人才的培训工作作为加快新疆信息化建设的切入点，在全社会采用多种形式，多层次地培养计算机应用人才，特别是加大了社会化培训工作的力度。"九五"以来，新疆已有 80 多万人参加了各类计算机技术、网络技术、软件技术的培训，有 70 多万人（其中少数民族干部和专业技术人员 3.87 万人）取得了计算机应用技术的上岗证、等级证、专业技术继续教育证、水平和资格证以及企业的认证等，为自治区信息化建设和信息技术的推广应用奠定了坚实的人才基础。

（本章作者　新疆维吾尔自治区经济和信息化委员会）

第74章
新疆生产建设兵团

引　言

新疆生产建设兵团（以下简称兵团）自1954年组建以来，在党中央的亲切关怀下，在兵团党委、兵团的正确领导下，各项事业取得了令人瞩目的成就。多年来，兵团牢牢把握信息化发展趋势，以应用需求为导向，着力完善信息基础设施，大力推进信息技术应用，以信息化带动新型工业化、农业产业化和城镇化，促进了兵团经济社会又好又快发展。

74.1　信息基础设施建设日臻完善

通信网络由原来的磁石式、共电式、步进制交换设备发展到现在的程控电话交换机，各大电信运营商光纤网络已通达到各师（市）和团场。"连连通电话"、"连连通广播电视"等惠民工程顺利实施。截至2008年年底，团场家庭平均每百户拥有固定电话 83 部、移动电话 104 部，城镇家庭平均每百户拥有固定电话 83 部、移动电话 148 部。城镇家用电脑普及率达到 51 台/百户，团场、连队家用电脑普及率达到 4 台/百户，连队光纤网络宽带通达率达到 77%。相对完备的广播电视传输网络已经形成，广播、电视覆盖率分别达到 94% 和 97.4%，有线电视入户率达到 80%，用户达到 45 万户。部分边境和偏远团场、连队打电话、看电视难问题得到切实解决。农三师红旗农场、农六师北塔山牧场等团场通过光缆铺设和移动电话基站的建设，解决了长期不通电话的状况。农三师托云牧场、农十四师一牧场等偏远团场通过设备的优化升级，通话质量得到明显改善。农十师青河独立营三连、农十四师二二四团苗圃地和水管站以及农十二师一零四团牧二场安装了新一代农村卫星电视接收系统，基层职工群众免费看上了 60 余套高清数字电视节目。国家电子政务中央级骨干传输网兵团省级节点开通运行，兵团机关综合楼统一网络平台初步建成，12 个师的城域网建设完成，农一师、农十三师实现了在一套网络上的通信、数据和有线电视的传输。日臻完善的信息基础设施明显地提升了职工群众的生活水平和质量。

74.2 信息技术在经济社会各领域得到广泛应用

在农业领域，兵团坚持自主创新与引进消化吸收相结合，根据兵团农业生产集约化、规模化、机械化程度较高的特点，大力推广以信息技术为主导的精准播种、精准灌溉、精准施肥、精准植保、精准田管、精准收获"六大精准"农业技术应用，实现了播种由半精量到精量、灌溉由淹灌到自动化滴灌、施肥由经验施肥到精准施肥等生产方式的转变，走出了一条低耗、高效、优质、安全的现代农业发展道路。2008 年，全兵团高新节水灌溉面积达到 900 万亩，精量播种面积 668 万亩，机耕、机整、机播、中耕机械化水平达到100%，综合机械化水平达到85%，机采棉面积超过116万亩，气吸式精量播种机、变量施肥机、变量光谱识别除草机、GPS定位机械采棉机等智能化农机具在生产中得到广泛应用。农一师成为全国最大的滴灌自动化控制系统应用示范区。农二师十八团渠管理处被列入全国26个大型灌区信息化建设试点单位。兵团先后建立了病虫测报站、病虫害的检测系统和棉花害虫专家系统，已在20多个垦区病虫测报站和各师农业局、推广站全面推广应用，提高了农作物病虫害防治的准确性和实效性，初步实现了农作物生产的植保无害化和生产节本、增效、保护生态的目标。建成了覆盖兵、师、团三级的农情信息网，实现了农情信息的共享公用。部分团场建成使用的综合信息管理系统和"农户一卡通"等平台，提高了团场管理服务水平，促进了团务、连务公开。基层团场连队建设的信息服务站和文化活动室联通的网络、配备的电脑为广大职工群众获取、发布各类信息提供了最便捷的手段。主要农业灌区建设的水情自动测报控制系统，极大提高了水资源的利用水平。以各类信息服务平台为主要载体的农业综合信息服务体系，拓宽了职工获取信息的渠道，促进了职工增收和农业增效，推动了农业产业化、现代化进程。

在工业领域，按照新兴工业化的发展要求，通过积极引进国内外先进技术和工艺，在生产、研发、供应、销售、管理等环节广泛应用信息技术，加快了改造提升传统工业的步伐。大中型企业广泛运用信息技术对产、供、销进行科学管理，节能降耗减排，增收节支环保，提高了生产经营水平和企业经济效益。目前，有60%的企业采用了计算机辅助设计技术，30%的企业采用了计算机辅助制造技术，80%以上的企业实现了财务管理信息化，20%的企业实施了企业资源计划或计算机集成制造系统，40%和30%的大中型企业建立了局域网和企业网站。新疆天业、新中基等一批企业实现了管理信息化，提高了经济管理水平，增强了市场竞争力。北疆红提公司被列为全国24家产品质量追溯项目试点单位之一，产品质量管理水平进一步提高。大黄山煤矿、农十师煤矿等建立了安全生产监控系统，确保了矿区生产安全。阿克苏新农乳业有限责任公司、新疆绿原糖业有限公司等14家企业被确定为兵团首批企业信息化软件应用试点单位。

在服务业领域，交通物流、商贸流通、金融保险、信息服务等行业的信息技术应用水平有较大程度的提高，推动了传统服务业向现代服务业转型，加快了现代服务业发展。中华联合财产保险公司的信息系统建设，提高了企业竞争力和防范金融风险能力。农七师客运公司的客运网络化管理系统，提高了客运运营效率。部分企业建立的电子商务系统，实现了网上的招商、交易、支付、配送、服务，促进了现代服务业发展。兵团农资公司进一步拓展了其内部的信息管理平台的业务功能，实现了对疆内13个配销中心的采购、配送、销售过程的集中管理，降低了库存，提高了效率。兵团医药有限责任公司通过完善医药物流信息化系统，提升了药品销售和配送能力。农十三师天元供销公司建成了RFID超高频棉花物流管理系统，实现了对棉花加工全程的质量跟踪监控。红星一场利用棉花网上交易平台，以期货的形势完成了数千吨棉花交易，交易价格远远高于当时市场价格。特别是在近年来棉花市场低迷、销售不畅的情况下，通过网上竞拍交易，部分棉花流通企业已交售国家储备棉数十万吨。

在电子政务领域，信息技术已应用到各级党政机关办公和管理的各个环节，促进了工作方式转变，提高了工作效率。12个师开通了视频会议系统，8个师建成了公文无纸化传输平台或电子政务协同办公系统，提高了政令传送时效和工作效率，降低了行政成本。人口、法人单位、自然资源和空间地理、宏观经济等基础性、战略性数据库建设全面启动。"新疆生产建设兵团"门户网站和11个师、13个部门政务网站，成为对外宣传的重要窗口和政务信息公开的主要平台。各级各部门政务网站绩效评估工作扎实推进，"百件实事网上办"活动有效展开。以"金"字工程为代表的重要业务系统建设，增强了社会管理和公共服务能力。近30个部门已经建成或正在建设上联国家部门、下联各师（市）的业务专网系统，8个部门建成了上联国家部委的业务专网系统。兵团公安局、法院建成上至中央下至派出所、法庭的四级域网，80%以上的业务实现了网上办公。兵团城域网的建成以及各师、部门局域网和业务系统的逐步完善为兵团统一的政务网络平台夯实了基础。

在社会事业领域，信息技术的应用提高了公众服务水平。顺利实施了全国农村中小学现代远程教育工程，大中小学普遍建立了校园网，提高了网络化教育水平。全国文化信息资源共享工程顺利推进，极大丰富了广大干部职工文化生活。社会治安监控系统在团场全面推开，促进了平安城镇、平安团场的建设。突发性公共卫生应急信息系统的建立，提高了公共卫生服务水平和处置突发性公共卫生事件的应急能力。大中型医院普遍建立了信息化管理系统，实现了患者从入诊到出院的全程管理。阿拉尔市、石河子市、五家渠市全面启动了数字城市和城市地理空间系统的建设。石河子市等城市建设的市民服务"一卡通"项目和智能化社区，丰富和完善了社区服务内容，极大地方便了百姓生活。

74.3　信息资源开发利用和信息产业发展初见成效

建设的统计数据、地理地籍、农情资料、科技信息等专业数据库，为各级、各部门管理决策提供了可靠的数据。信息技术在兵团各领域的广泛应用带动了信息工程咨询、集成、监理等信息服务业的发展。培育了一批计算机软件开发、信息服务、系统集成的信息技术企业。兵团辖内 IT 企业自主开发的合同管理系统、用电营销管理系统、用热营销管理系统、农田环境与土壤水分监控系统、远程水源井监控系统、网络化生态平衡施肥专家系统、农田棉铃虫远程检测系统、节水灌溉自动化控制系统、环保节能软启动器内嵌式控制系统、ERP 管理系统、办公 OA 系统和社区人口管理系统等一批软件产品在全疆相关领域得到应用，获得良好的经济效益和社会效益。天富热电集团研发的第三代半导体材料——碳化硅晶体项目的投产，改变了兵团信息产业装备制造业几乎空白的状况，提高了科技创新能力。该产品可广泛应用于航天航空、环境和生命科学、汽车和交通运输、电力系统、无线通信和固体照明等领域，节能增效效果明显。以碳化硅晶片为衬底制造的 LED 照明灯，在同样亮度下耗电量仅为普通白炽灯的 10%，用于景观照明可节能 70%。乌鲁木齐希望电子有限公司研发的三相异步电动机用高效智能相控节电器被列为全国工业领域节能减排电子信息技术应用推荐目录，该产品可广泛应用于风机、恒压供水、机床和运输机械等工业用电领域，节电率在 20% 左右。6 家企业分别获得国家系统集成四级资质和信息系统集成准入级资质。1 家企业获得国家统一的信息系统工程监理地方临时资质。信息产业已成为兵团新的经济增长点。2008 年，兵团信息产业产值达到 23 亿元，其中通信业产值为 15 亿元，计算机、软件与信息服务业产值为 8 亿元。

74.4　信息化培训工作全面展开，全民信息能力逐步提升

近年来，全兵团共举办了 25 期公务员信息化与电子政务培训班，累计培训 8000 余人。8 个师的领导分期分批参加了中共中央组织部和原国务院信息化工作办公室举办的政府管理创新与电子政务专题研究班。实施了信息技术专业人才"653 工程"培训项目，举办了农业信息技术应用高级研修班、企业信息化高级研修班和网络与信息安全高级研修班，培训近 406 名团场、企业信息技术人才。组织每年两次的全国计算机与软件专业技术资格考试和全国信息技术水平考试。开展了中欧信息社会项目培训。兵、师党校、行政学院在各类干部培训班上开设了信息技术课程。各级各类职业技术学校面向社会开展信息技术培训工作。大中型企业普遍进行了信息化培训。大中专院校设立了计算机专业，中小学开展了信息技术普及

教育。各类应试教育、职业教育和继续再教育工作广泛深入的开展，促进了兵团全民信息能力的提升。

74.5 发展环境明显改善

信息化工作的领导体制、组织协调管理机制和建设规范日益完善，各级信息化工作的工作机构相继成立，师信息化工作办公室在各师办公室挂牌。理顺了与国家相关部门的关系，信息化工作行政业务职能得到国家授权。制定了《新疆生产建设兵团国民经济和社会发展信息化"十一五"规划》，启动了"兵团信息化发展战略（2010—2020）"、"兵团信息产业课题"、"兵团农业信息技术应用标准"、"兵团国民经济和社会信息化发展'十二五'专项规划"等一批重大课题的研究工作。原信息产业部、原国务院信息化工作办公室与新疆兵团签署了《关于加快新疆信息化建设和信息产业发展合作协议》。2007年，全国农业信息技术应用现场经验交流会在兵团农一师成功召开，促进了各省（区）、市相互间的学习、交流和合作。近年来，兵团在国家的大力支持下，获得国家电子信息产业发展基金资助资金1800万元，72个项目列入国家信息技术应用"倍增计划"项目，获贴息贷款计划资金6.66亿元。得到国家试点项目资金支持200万元，获赠"信息大篷车"一辆和一批电脑。农六师被工业和信息化部确定为国家级农村信息化综合信息服务试点单位。农一师十二团被原国务院信息化工作办公室确定为国家（县域）经济信息化试点单位。创办了《兵团信息化通讯》，建立了兵团信息化工作系统信息报送体系，并充分利用各类媒体宣传信息化工作，普及信息化知识，提高了兵团广大干部职工的信息化意识水平和社会各界对兵团信息化事业的关注度。2008年10月，兵团以"日臻完善的信息基础设施、广泛深入的信息技术应用，促进兵团屯垦戍边事业大发展"为主题，组团参加了工业和信息化部举办的"改革开放三十年电子信息产业成就展",通过图片、模型、影像和实物展示等多种形式,生动地展示了改革开放 30 年来,兵团信息化工作顺应时代进步潮流,紧紧围绕兵团经济社会发展改革大局,通过加强信息基础设施建设,大力推进工业、农业、政务和社会事业等各领域信息技术应用,积极推动信息工程咨询、集成、监理等信息服务业发展,提升职工群众生活水平和生活质量,促进兵团经济社会又好又快的发展历程和取得的成绩。其中,农一师三团和塔水处展示的以信息技术为主导的"六大精准"农业技术应用、天富热电集团展示的碳化硅晶体代表了兵团在信息技术应用和信息产业基础原材料制造领域的发展水平,受到了展会关注,促进了兵团的对外宣传交流。

新的历史时期,兵团信息化工作将按照科学发展观的要求,认真贯彻党的十七大和十七届三中全会精神,紧紧围绕兵团第六次党代会和兵团党委六届二次全委(扩大)会议的工作部署,以信息化带动工业化、农业产业化和城镇化为主线,以完善信息基础设施为前提,以推进信息技术应用为核心,以创新体制机制为保障,以人次队伍建设为支撑,着力加大信息技术应用,推动经济结构调整和发展方式转变,促进国民经济又好又快发展;着力完善信息基础设施,加快电子政务和社会信息化进程,提高信息资源开发利用和网络信息安全保障水平;着力营造信息化发展氛围,提高全民信息化素质,倡导技术创新,发展特色信息产业,为兵团率先在西北地区全面建成小康社会、更好地发挥"三大作用"作出新贡献。

(本章作者　新疆生产建设兵团信息化工作办公室)

第75章

数 字 城 市

引　言

新中国成立60年来，城市化取得了重要进展。各城市在发展过程中，注重以信息技术加强和改善城市管理，城市信息化快速发展。特别是20世纪90年代以来，数字城市作为国民经济和社会信息化建设的一个重要环节和内容，受到了各级政府和社会各界的关注。从1993年"信息高速公路"概念的提出，到1998年1月美国副总统戈尔提出"数字地球"的概念，再到1999年"数字城市"提法的出现，都对城市信息化的进程产生了较大的影响。近年来，中国数字城市建设发展较快，为中国城市地区率先迈入信息社会奠定了较好的基础。

75.1 数字城市的含义与内容

75.1.1 数字城市的含义

数字城市，是指综合运用地理信息系统、遥感、遥测、网络、多媒体及虚拟仿真等技术，对城市的基础设施和功能机制，进行自动采集、动态监测管理和辅助决策服务的技术系统。通俗地说，就是在城市规划建设与运营管理中，包括城市生产与生活的方方面面，充分采用数字化信息处理技术和网络通信技术，将城市的各种信息资源加以整合并充分利用。从城市规划、建设和管理的角度看，数字城市可概括为"43VR"，即地理数据4D化、地图数据三维化、规划设计VR化。地理数据4D，包括数字线划图、数字栅格地图、数字高程模型、数字正射影像图。地图数据三维化，是指地图数据由现在的二维结构转换为三维结构。规划设计VR（Virtual Reality，虚拟现实）化，是指规划设计和规划管理在4D数据、三维地图数据支撑下，将现有的二维作业对象和手段升级为三维和VR结合作业对象与手段。

75.1.2 数字城市的主要内容

数字城市建设，是指将有关城市的信息，包括城市自然资源、社会资源、基础设施、人文、经济等各个方面，以数字的形式进行获取、存储、管理和再现，通过对城市信息的综合分析和有效利用，为提高城市管理效率、节约资源、保护环境和可持续发展提供决策支持，有效促进城市系统各要素间和谐相处。一个全面的数字城市所包含的功能模块由网络基础设施、综合信息平台、信息应用系统及网站和信息终端、政策法规与保障体系以及技术支撑体系等组成，这些功能模块分别由硬件到软件、基础设施到应用服务，基本涵盖了一个数字城市各方面的功能和应用。

75.2　中国数字城市建设进展

数字城市建设已经成为中国转变经济发展方式的一个战略选择，在引领自主创新、建设创新型国家方面具有重要意义。20 世纪 90 年代末以来，数字城市作为国民经济和社会信息化建设的一个关键环节和重要内容，越来越受到了各级政府和社会各界的极大关注。数字城市建设被纳入《2006—2020 年国家信息化战略》和《国民经济和社会发展"十一五"信息化专项规划》。原信息产业部、原建设部、国家测绘局等有关部门，都将推进数字城市建设作为部门工作的重点，并采取有效措施，积极推动数字城市建设。从地方层面，中国各大中城市也纷纷将数字城市建设作为信息化建设的主要任务，并制定规划和实施方案，启动数字城市建设。

75.2.1　国家有关部门推进数字城市建设情况

原建设部等部门在推进数字城市建设方面，开展了卓有成效的工作。

1. 原建设部数字化城市管理试点进展情况

原建设部一直注重探索利用信息技术提高城市管理水平的模式和方法，在总结北京市东城区网格化数字化城市管理经验基础上，于 2005 年 7 月在北京市东城区召开现场会，正式启动了数字化城市管理试点工作。为了做好试点工作，2005 年 8 月，原建设部成立了由有关司局和北京东城区参加的"新模式推广工作小组"，负责推广工作具体的组织、协调、宣传等工作，并邀请了来自中国科学院和中国工程院的院士组成专家组，负责项目方案评审和新模式试点验收。整个试点工作开展以来，在全国选了三批 51 个城市（区）开展试点工作。

2006 年 3 月，原建设部城建司等相关司局在江苏无锡召开由 27 个试点城市（城区）、江苏省和浙江省建设厅相关负责人和技术人员参加的数字化城市管理试点工作座谈会，对试点工作过程中的做法和经验进行总结和交流。自 2006 年 3 月起，原建设部先后印发了多期《数字化城市管理工作简报》，及时介绍各地推广工作的进展情况和经验，供各省市建设部门参考借鉴。与此同时，为确保数字化城市管理系统建设的质量，原建设部组织编写了《城市市政综合监管信息系统单元网格划分与编码规则》、《城市市政综合监管信息系统管理部件和事件分类与编码》、《城市市政综合监管信息系统地理编码》和《城市市政综合监管信息系统技术规范》等行业技术标准。2006 年 4 月，还结合试点城市经验和推广工作的技术难点，原建设部城建司组织专家编写了《数字化城市管理信息系统建设技术指南》，对数字化城市管理信息系统运行环境建设等方面的建设进一步提出技术性、规范性要求。这些标准规范的实施极大推动了数字城市试点工作进程，确保了数字城市建设的质量。

原建设部不断深化试点工作，不断总结各地经验，使得数字化城市管理系统更加完善，更加科学，推动了整个城市管理工作，更好地服务于广大市民群众。目前，大部分城市（城区）已完成了系统建设，部分城市已通过部级验收。

2. 原信息产业部数字试点进展情况

原信息产业部在推进数字城市建设方面，主要开展了城市信息化试点工作。自 1999 年以来，原信息产业部批准了信息化试点城市（区、镇）已达到 46 个，具体见表 75.1。按照规模来分类，试点城市既有直辖市、地级城市、县级市，还有市辖区及一些乡镇；按照城市所在区域分类，遍布在东部沿海地区，东北老工业地区，以及中西部的地区；按照城市的经济社会发展水平来分类，既有经济发达的城市，也有欠发达的城市，甚至是相对落后的地区；根据试点内容来分类的话，既有综合性的试点，也有侧重一个或者几个方面的试点，例如以信息化带动工业化、农业产业化、电子政务、电子商务等方面。试点工作探索了数字城市建设的有效模式，涌现了一批好的做法和成功经验，极大地促进了试点城市的信息化建设步伐，带动了全国数字城市建设进程。

表 75.1　原信息产业部试点城市规模分布

类　别	单　位	数量（个）
直辖市	北京市	·　1
副省级城市	杭州市、广州市、成都市、大连市、济南市、武汉市、沈阳市、长春市、宁波市	9
地级市	包头市、大庆市、扬州市、温州市、张家界市、江门市、桂林市、柳州市、南宁市、贵阳市、邯郸市、威海市、东营市、漯河市、绵阳市、昆明市、银川市、合肥市、西宁市、烟台市、长沙市、衡阳市、安徽省黄山市、广东省茂名市	24
县级及以下城镇	巩义市、南海市、东莞市石龙镇、重庆市渝中区、重庆市北碚区、广州黄花岗信息园、杭州文三路电子信息街区、上海市长宁区、深圳市福田区、大连市西岗区、青岛市四方区、江苏省泰州市海陵区	12

75.2.2　北京和上海等地数字城市建设进展

10 多年以来，在原信息产业部、国家测绘局、原建设部等有关部门的指导和推进下，北京、上海等许多城市在推进数字城市建设方面做了积极探索和尝试。到 2002 年，中国已有 120 个城市建立了城市规划管理信息系统，并有 40 个大中城市启动了数字城市的规划建设工作，天津、深圳、厦门、中山、东莞、江门、南海、银川、扬州、哈尔滨、沈阳、大连、大庆、东营、杭州、武汉、襄樊、桂林、贵阳、成都、南宁、重庆等城市都已制定了数字城市建设规划，并启动了数字城市建设工作。截至 2008 年年底，中国已有 100 多个城市不同程度地开展了数字城市的建设工作。中国数字城市建设取得长足进展，在国民经济和社会发展中的作用日益显著，极大地提高了城市管理和服务水平，形成了众多好的做法和典型模式。

1. 数字北京建设进展

北京市 1999 年提出了"数字北京"建设目标，编制了规划，制定了实施方案，此后数字北京建设呈现了加速发展态势，特别是 2008 年奥运会筹办举办以来，通过深入推进"数字北京"、"数字奥运"建设，通过贯彻"三二一"信息化发展战略，通过实施"信息惠民"、"信息强政"、"信息兴业"三大计划以及"数字奥运"专项工程，数字北京建设实现了历史性跨越。

（1）基础设施建设跨越发展。经过亚运会、奥运申办和奥运会通信保障的推动，北京信息化基础设施实现了"三级跳"。1990年北京亚运会给了北京电信业腾飞的平台和机遇，达到了亚洲先进水平。2001年申奥的三年准备工作，促进了北京电信业整体水平的提升。2008年北京奥运会，通信业向公众提供了高速、便捷、畅通、可靠的通信服务，并推出了手机电视等亮点业务，实现了技术、服务、装备的"三级跳"。截至2008年年底，北京固定电话用户达884.9万户，移动电话从1988年的0.08万户增长到了1616.3万户。此外，北京市广播电视网络、互联网、政务网络建设均取得了长足进展，为政府部门开展城市管理、公共服务等有关业务提供较好支撑。

（2）信息资源整合和共享初步突破。北京市开通了市级政务信息资源共享交换平台，截至2009年5月31日，共有71个政务部门接入市共享交换平台，30多个部门60个应用系统实现了与市级共享交换平台互联互通。此外，在全市信息资源共享基础工作以及基础信息资源库建设方面均取得较大进展，制定了全市信息资源共享规划，完善了资源共享交换标准体系，人口、法人、宏观经济基础信息库完成建设，空间基础信息库初步建成。

（3）北京市针对城市管理问题，探索出了网格化城市管理应用新模式。为了解决城市管理相对滞后引发的各种难题，北京市东城区委、区政府成立课题组进行攻关，并率先提出运用网格管理法和城市部件、城市事件管理法相结合的方式，应用、整合多项数字城市技术，研发以手机为原型的多功能通信传输工具"城管通"，采用信息实时采集、传输的手段，建立城市管理监督中心和指挥中心，再造城市管理流程，从而实现精确、敏捷、高效、可视化、全时段、全方位覆盖的城市管理模式。东城区应用成功后，北京在全市范围内进行了推广，率先在全国实现了网格化城市管理模式。截至 2008 年年底，北京市建立了统一规范的工作平台和管理流程，市级平台和城八区级平台成功实现对接，并整合了 33 家城市管理部门和 15 家公共服务企业的信息系统，实现了对城区各类市政设施的综合管理、动态监控，明显提升了城市管理水平。

2. 数字上海建设进展

1999 年以来，上海信息化建设开展步入数字上海建设新阶段。2009年发布的长三角"城市信息化发展水平指数"联合评测结果显示，城市信息化发展水平总指数为 0.866，居长三角八大城市之首。

（1）信息基础设施服务水平进一步提升。2008 年年末，上海互联网用户已达 1160 万，普及率高达 61.4%；3G 手机已开始商用，以软交换技术为支撑的全网智能化改造基本完成；全市近 2000 个餐饮娱乐休闲场所实现了无线宽带覆盖。截至 2009 年 3 月，上海电话用户数已达到 2913.9万户，其中固定电话 993.8 万户，移动电话 1920.1 万户。

（2）政府信息公开成效显著。上海是全国第一个实现省级政府信息公开的城市，多年来，上海不断加大政府信息公开力度，促进政府依法行政和政务透明规范，打造市民满意的阳光政府。截至 2008 年年末，各级政府机关累计主动公开政府信息 31 万条，受理政府信息公开申请 4.26 万件，申请满足或者部分满足率近 80%；"中国上海"门户网站共聚集 1677项网上办事项目，可提供在线受理、办事状态查询、结果反馈、网上咨询、网上监督投诉等各类服务；"市民信箱"累计向用户发送信息 7.76亿条次，开展网上调查活动 159 次，成为政府调查、了解社情民意的重要平台。

（3）信息资源开发和共享水平提升显著。上海市在推进数字城市建设时注重探索信息资源共享和开发利用模式，始终贯穿于数字上海建设的整个过程，不仅有思路而且有方法，并取得了显著进展，有效支撑了便捷、高效政府公共服务的提供。以社区建设为例，着眼于解决政府信息分散、不一致、重复采集、重复输入等问题，建立集中与分布相结合的信息资源库体系，支撑社区属地化管理和服务，形成存量信息"一次采集、多次使用"和增量信息"一口采集、多方使用"的机制；着眼于解决市民多头跑、部门间信息不对称造成管理漏洞等问题，选择市民关注的跨部门事项，提高行政效率和质量，形成"前台一口受理、后台协同处理"的行政服务模式。在数字化城市管理方面，上海建立了城市综合管理数据库，全市实行统一编码，涵盖市政道路、城市绿化、房屋建筑、市容环卫、公共交通5大类84种设施设备基本概况和供水、燃气、物业等服务内容，32种动态管理事件的处置，逐步实现市、区、街道三级管理层面信息资源共享。目前，上海数字社区建设已经实现了信息共享和应用集成、跨部门业务协同，向公众提供便捷、高效的政府公共服务。

3. 数字广州建设进展

多年来，广州注重信息技术国民经济和社会发展各领域的广泛应用，并取得长足进展，信息化总体水平已经接近发达国家中心城市水平，信息基础设施达到国际先进水平，电子政务、企业信息化和电子商务发展居全国前列。

广州市在推进数字城市建设过程中，注重体制机制创新，成功探索了协调、管理、服务三位一体的推进机制，促进了数字广州的快速发展。广州市经过多年的探索，不断完善了市、区两级信息化组织体系，理顺信息化主管部门职能，加强统筹协调和规范管理。从制度和运行机制两个层面规范市政府投资数字城市建设项目的立项咨询、审批、招标、监理、验收和绩效评估一体化管理，形成政府投资项目全过程管理机制，全面推行了数字城市建设工程监理、验收和绩效评估机制，促进了资源整合和业务协同，保证了政府投资项目的质量，加速了数字广州建设进程。

信息产业已经成为广州市的支柱产业。广州市是中国最大的电子信息产品集散地之一，具有发展信息产业的先天优势。经过多年的快速发展，广州市正在着力将信息产业打造成第一支柱产业。按照"一核多点、南北主轴"的区域布局，广州市已经形成了以广州科学城为产业核心基地，以番禺区、南沙区、花都区、从化市为主轴的产业发展带。2008年，广州电子信息总产值为1873.35亿元，其中，信息制造业总产值为1023.35亿元，首次破1000亿元大关，仅次于汽车和石化居第三位，同比2007年增长17.7%，占全市工业总产值的比重为8.1%；信息服务业收入850亿元，同比2007年增长20%以上。当前，广州市电子信息产业的集群效应已初步显现，九大产业集群雏形基本形成，即数字家庭、信息服务、软件、光电、通信设备、集成电路、计算机、汽车电子及船舶电子产业集群。数字家庭产业的发展速度在全国处于领先地位。广州在新一代移动通信设备、集成电路设计、数字音频、3G数字家庭等领域取得了突破，并相继开发出一批具有自主知识产权和较强市场竞争力的主导产品。

信息基础设施达到国际先进水平。经过十多年信息化建设，广州市现代信息基础设施得到进一步完善，已接近国际一流水平，为城市现代化建设提供了基础网络支撑。截至2008年年底，广州市电话用户数超过2000万，人均两部电话；每百户家庭拥有电脑80台，家庭电脑拥有率为70.1%，家庭上网率为64.8%，市民上网率为31.4%，市民上网率比全国平均水平高19.1个百分点，互联网普及程度相当于中等发达国家水平。

"平安广州"建设成效显著。2005年，广州提出了建设"平安广州"的设想，目的就是要保证社会秩序的稳定，其中最重要的一项内容是建立视频监控系统。视频监控系统可以实现与公安、城管、建委、环保、水利、交通、安监等部门的互联互通，充分渗透到城市的各项管理当中。为此，2005年年底，广州市统筹开展视频监控系统设立专门领导小组与组织机构，规划用三年左右的时间，建立高效统一、覆盖全市、全天候监控的社会治安视频监控系统，切实提高社会治安和城市管理水平。截至2008年年底，平安广州项目整体建设进展顺利，已经完成验收，累计建成监控点254912个，完成总体规划的102%，基本实现了覆盖广州市区的建设目标。平台广州项目实施以来取得了显著社会效益，以公安部门的应用为例，据不完全统计，自2006年以来，全市利用视频监控系统提供破案线索5700多条，协助破获案件3400多宗，抓获犯罪嫌疑人4300多人，有效震慑了犯罪行为，也为广州市"两抢"、"两盗"案件发案率实现两位数下降作出了突出贡献。

4. 数字厦门建设进展

厦门市通过探索发展规律、转变发展方式、创新工作机制、破解发展难题，着力完善信息化发展环境，扎实推进公共服务，信息化应用水平和整体效益进一步提高；信息资源开发与利用工作取得实质性进展，部门间信息共享与协同工作绩效不断提高；软件和信息服务业快速发展。特别是厦门在利用 TD-SCDMA 建设"无线城市"方面走在了全国前列。

厦门在建设无数城市时，选取了国产、具有自主知识产权的 3G 标准，是国内第一个推出商用 3G 网的城市。政府为了推广应用 3G 网络，在治安、城管、港口等政府应用中优先采用了 3G 系统；在政府网站方面增设了手机版，提供办事查询和信息公开；在图书馆、政府办事大厅等场所提供 3G 免费上网。截至 2008 年年底，厦门 TD-SCDMA 基站数为 1072 个，室内覆盖 300 多个人员聚集的公共场所（会议展览中心、文化艺术中心及酒店楼宇），覆盖了厦门城区的 99%；用手机上网的人数累计达 160 万户，月收入达 1425 万元。

围绕"无线政务"、"无线生活"、"无线产业"三领域，厦门开展了与政府管理、企业经营、百姓生活相关的无线应用，共有 16 项（类）应用。在"无线政务"方面，重点推动 TD 在交通管理、城市执法、治安监控及政府信息公开等方面的应用，已经能够提供高峰期及主干道路口的实时路况视频，解决了城市管理行政执法时取证难、执法难、无法预警的问题。在"无线生活"方面，重点推动 TD 在医疗保健、图书馆、公共交通等领域的应用，提高了市民生活便利性，方便市民查询个人电子病历、预约专家门诊等，方便市民查询图书信息、借阅情况及预约借书。在"无线产业"方面，重点推进 TD 在交通、市政、港口物流等行业的应用，提升经济运行效率，实现了港区无线视频监控和自来水无线抄表。

75.3　中国数字城市建设的主要成效

数字城市建设作为中国国民经济和社会信息化的重要内容，各部门、地方在推进信息化建设时非常注重数字城市建设，并将数字城市建设作为推进信息化发展的一项重要抓手。数字城市的快速发展极大地提升了城市的科学管理水平，带动了信息基础设施建设，推动了信息产业发展，加速了中国信息化进程，带动了经济和社会又好又快发展。

75.3.1　推动了城市科学管理

经过 10 多年的发展，数字城市建设实践不断丰富，信息技术在城市管理中的应用逐步深入，有效推动了城市的科学管理。北京、上海等数字城市建设经验充分表明，城市管理信息化能够提高城管部门的办事效率，节约了管理成本；能够使城市居民和群众反映的问题迅速得到解决；能够优化城市管理体制，再造城市管理流程，实现了城市管理由粗放、盲目、落后方式向高效、敏捷、精确方式的转变，解决了职责交叉、推诿扯皮、多头管理等政府管理难题。城市管理信息化运用信息技术实现了城市管理全过程信息的实时传递与处理；实现了技术支撑体制、体制保障技术应用的良性互动；支撑了整个系统流程再造，系统的内生评价；支撑了精确、敏捷管理方式的实现，做到了需求引导信息化建设，信息化建设带动政府管理效率的提高。

75.3.2　加快了城乡一体化发展

经过十多年的数字城市建设，有力促进了信息化与城市经济、社会的各个领域的深度融合，促进了城市一体化发展。目前，以电子政务应用为基础的公共管理信息系统建设不断完善，提高了城市应急救灾、城市规划、社会治安管理、交通管理、环境管理等领域的管理效能。农村综合信息服务整合共享水平得到明显提高，装备制造、能源、建筑等工业领域的信息化改造步伐不断加快，服务业信息技术应用逐步深化，信息化与工业化的加速融合成为推动经济结构调整和促进经济发展方式转变的重要力量。科技、教育、卫生、文化、劳动和社会保障等社会公共领域信息化建设稳步推进，满足了居民群众日益增长的信息需要，促进了城乡经济社会协调发展。

75.3.3　促进了社会主义和谐社会建设

建设民主法制、公平正义、诚信友爱、充满活力、安定有序，人与自然和谐相处的和谐社会都需要有良好的信息化应用基础。而数字城市为建设社会宏观调控机制、社会矛盾调处机制、社会治安综合治理机制等提供了有效的技术手段和渠道。例如，利用电子政务，可以更快捷地反映民众呼声，加快政府与公众的信息交流与沟通，更方便地为民众提供公共服务，构建更广泛、更精细、更敏捷、更个性化的政府与广大人民群众关系，实现政府与广大人民群众关系的进一步改善。信息技术广泛应用于教育资源配置、医疗体制改革、就业与再就业、安全生产、生态环境保护等各个领域，解决了人民群众关心的问题，提高了人民群众的生活质量和水平，等等。各地的成功案例都说明数字城市发展极大推动了社会主义和谐社会建设。

75.3.4　带动了网络基础设施跨越式发展

新中国成立后尤其是 1999 年以来，在数字城市建设的带动下，中国网络基础设施取得了跨越式发展。截至 2008 年年底，中国互联网用户数达到 2.98 亿，较 2007 年增长 41.9%，比 1999 年的 0.08 亿户增长了 36 倍；广播和电视的人口覆盖率分别达到 95.96% 和 96.95%，比 2007 年分别增长 0.56% 和 0.39%；有线电视用户达到 1.6 亿户，并仍以每年 600 万户以上的速度增长；电话用户数达到 9.82 亿，居世界首位。而新中国成立初期，仅有的电信设施大都集中在以南京、上海为中心的东部地区和少数大城市，到 1949 年年底，全国市内电话交换机总容量仅有 31 万门。就是到了改革开放前，中国电信业依然比较落后，截至 1978 年年底，全国只有电话交换机 406 万门、电话机 369 万部。目前，信息网络已经成为支撑中国数字城市建设以及城市经济社会发展的重要基础设施。

75.3.5　带动了城市经济快速发展

数字城市建设已经成为城市发展的新主题和新动力。各地的成功经验表明，数字城市建设能够促进经济发展方式转变，提高经济发展质量，带动城市经济快速发展。例如，数字城市建设为信息产业提供了巨大市场空间，带动了信息产业的快速发展，2008 年中国信息产业增加值达到 1.97 万亿元，其中电子信息产业增加值为 1.5 万亿元，在国民经济中的比重逐年提高。2008 年电子信息产业实现销售收入约 6.3 万亿元，比 1999 年的 0.63 万亿元增长了近 9 倍，10 年来保持了快速增长态势，推动了中国经济快速发展；移动电话、程控交换机、彩色电视机、计算机等主要产品产销量连续多年位居世界第一。信息产业结构调整速度加快，通用 CPU 芯片、操作系统等重点领域关键技术取得突破，骨干企业国际竞争力不断提升。目前，信息产业已经成为广州、上海等城市的重要支柱产业，并在数字城市建设的带动下继续保持了较快发展，为城市经济腾飞作出了积极贡献。

75.4　数字城市发展展望

信息技术日新月异的发展、日益广泛的应用，以及高度渗透性的特征，决定了数字城市发展的美好图景：在数字城市中，广大群众能够充分感受信息化的巨大魅力，体会数字城市带来的方便和实惠。

1. 无所不在的信息网络

"无所不在的网络"概念的核心是随时、随地,任何物、任何人都可以上网。在这个网络体系构架下,无论使用者是在电脑前、厨房里,还是在便利店购物,或是在火车站候车,都能通过便利的方式连入网络。同时,无所不在的传感器网络也将成为数字城市最基本的基础设施,从而将信息化应用范围从人扩大到物。

2. 随时随地连接的 IT 应用环境

"无所不在的网络"最终是要建设一个 IT 应用环境,以用户的需求为出发点,是网络、信息装备、平台、内容和解决方案的融合体。终端将是形态多样、功能丰富、携带方便并具有一定智能,是用户与无所不在的网络交互的直接界面。

3. 精细化、网格化的城市管理

信息技术成为城市管理和城市生活不可或缺的重要手段,高度信息化将是数字城市最基本的标志。以信息化为基础,"精细化"、"网格化"的城市管理模式将带动形成全面覆盖、高效灵敏的城市管理信息网络,将城市管理与服务延伸到社区、家庭和个人;同时实现与社会保障、治安管理等信息系统的融合,逐步实现城市管理的一体化、可见化。

4. 高效便捷的数字化新生活

在数字城市中,人们将完全生活在数字化的生活环境中,数字化生活是基本的生活方式。数字电视、智能家电、新一代移动通信和多媒体娱乐终端成为人们的生活必需品。各种内容丰富、多样化的新兴数字服务业务能够满足人们对医疗保健、教育、娱乐、家政服务等方面的更高要求,智能化的交通引导系统将使人们出行更为便利。

5. 惠及人人的社会公共服务

无所不在的网络学习环境创造了人人可学习的数字机遇,使人们能够充分发掘自身的潜力。远程教育、远程医疗、数字娱乐等数字化服务,逐步优化人们的学习、工作和生活环境。面向基层、覆盖城乡、功能完善、布局合理的公共服务体系、普遍服务的机制将使城乡的数字差距逐步缩小，促进形成公平、和谐的社会氛围。

6. 高效透明的服务型政府

数字城市的政府服务是高效的，也是透明的。电子政务将是实现这一目标不可或缺的手段，也是政府服务的主要形式。电子政务的发展将促进政府管理模式的创新，建立面向政务的管理和服务流程，减少管理环节和层次，促进政府组织扁平化，实现对整个业务链的一体化管理，从而极大提高行政效率，降低行政成本。政务信息公开将有助于建立廉洁的服务型政府，并大大推进了公众参与民主治理的进程。

（本章作者　朱炎　俞慈声　刘权）

第十篇

信息化环境建设

第76章

信 息 安 全

引　言

随着信息化的发展，信息安全事件不断增多，信息安全问题日渐突出。国民经济和社会发展对信息化的高度依赖，使信息安全已经发展成为涉及国民经济和社会发展各个领域，不仅影响公民个人权益，更关乎国家安全、经济发展、公众利益的重大战略问题。信息安全的这一极端重要性也正在引起世界各国的高度关注，各国普遍视信息安全为国家安全的基石，从国家安全的战略高度加以认识和对待。与此同时，信息技术以及信息安全相关问题日益成为国与国的政治和经济交往中的重要议题，成为很多国家决策外交事务时的关键考虑因素。

党和政府高度重视信息安全保障工作。2003 年，中共中央办公厅、国务院办公厅转发了《国家信息化领导小组关于加强信息安全保障工作的意见》（中办发［2003］27 号），确立了我国信息安全保障工作的基本政策纲领。近年来，按照 27 号文件的部署，我国信息安全保障工作进展顺利，信息安全保障水平明显提高。为保障和促进信息化发展发挥了重要作用。

76.1　早期的信息安全工作情况

自有人类以来，信息交流便成为一种最基本的人类社会行为，是人类其他社会活动的基础，人们自然会出现对信息交流的各种质量属性的期望，包括信息交流的清晰性、保密性等。因此，对信息安全的需求一直是普遍存在的，在军事斗争中更上升为决定战争成败的重要因素。现代信息技术革命以来，政治、经济、军事和社会生活中对信息安全的需求日益增加，信息安全作为有着特定内涵的信息科学门类逐渐得到重视，其概念不断演变。

76.1.1　信息安全概念的早期发展

在世界范围内看，早期的信息安全经历了通信保密（COMSEC）、计算机安全（COMPUSEC）和信息系统安全（INFOSEC）阶段。这些阶段也贯穿了各国信息安全工作的历史，在我国也不例外。

通信保密（COMSEC）阶段的开始时间约为20世纪40年代，其时代标志是1949年Shannon发表的《保密系统的信息理论》，该理论将密码学的研究纳入了科学的轨道。在这个阶段，人们关心的只是通信的安全，主要考虑的安全威胁是搭线窃听和密码学分析，其基本的防护措施是数据加密，需要解决的问题是在远程通信中拒绝非授权用户的信息访问以及确保通信的真实性。在该阶段主要还是军方和政府对通信保密问题进行关注，密码学的研究和应用尚未进入民用领域。

进入20世纪70年代，通信保密阶段转变到计算机安全（COMPUSEC）阶段，这一时代的标志是1977年美国国家标准局（NBS）公布的《数据加密标准》（DES）和1985年美国国防部（DoD）公布的《可信计算机系统评估准则》（TCSEC），这些标准的提出意味着解决信息系统保密性问题的研究和应用迈上了历史的新台阶。进入 20 世纪 80 年代后，计算机的应用范围不断扩大，而且人们开始努力利用通信网络把孤立的单机系统连接起来，相互通信和共享资源。但是，随之而来并日益严峻的问题是计算机中信息的安全问题。由于计算机中信息有共享和易于扩散等特性，它在处理、存储、传输和使用上有着严重的脆弱性，很容易被干扰、滥用、遗漏和丢失，甚至被泄露、窃取、篡改、伪造和破坏。因此人们开始关注计算机系统中的硬件、软件及在处理、存储、传输信息中的保密性。主要手段是通过访问控制，防止对计算机中信息的非授权访问，从而保护信息的保密性。同时，随着计算机病毒、计算机软件 Bug 等问题的不断显现，保密性已经不足以满足人们对计算机安全的需求，完整性和可用性等新的计算机安全需求于是开始走上舞台。所谓完整性，是指信息未经授权不能进行更改的特性，即信息在存储或传输过程中保持不被偶然或蓄意地删除、修改、伪造、乱序、重放、插入等破坏和丢失的特性；可用性则是指信息可被授权实体访问并按需求使用的特性，例如在授权用户或实体需要信息服务时，信息服务应该可以使用。

进入 20 世纪 90 年代之后，信息系统安全（INFOSEC）开始成为信息安全的核心内容。此时，通信和计算机技术已经相互依存，计算机网络发展成为全天候、通全球、个人化、智能化的信息高速公路，互联网成了寻常百姓可及的家用技术平台，安全的需求不断地向社会的各个领域扩展，人们的关注对象从计算机转向更具本质性的信息本身，继而关注信息系统的安全。人们需要保护信息在存储、处理或传输过程中不被非法访问或更改，确保对合法用户的服务（即防止出现拒绝服务）并限制非授权用户的服务，确保信息系统的业务功能能够正常运行。在这一阶段，除了保密性、完整性和可用性之外，人们还关注不可否认性需求，即信息的发送和接收者事后都不能否认发送和接收的行为。

76.1.2 20 世纪 90 年代中期之前的概况

早在战争时期，我们党和军队便非常重视机要和保密工作，将其视为我党我军的生命线，不断完善组织管理架构和制度建设，加强技术装备。在社会主义建设时期，机要和保密工作继续得到强化，积极服务于国家安全和经济发展。这是我国最早开展的信息安全工作，迄今为止机要和保密工作始终发挥着非常重要的作用，密码管理部门和保密工作部门也一直是重要的信息安全管理部门。

20 世纪 80 年代，计算机不断在国民经济的一些重要部门得到应用，我国在 1981 年便开始关注计算机安全问题。由当时的公安部计算机管理监察司牵头，在中国电子学会、计算机学会以及中央各有关部委的支持和推动下，我国从 80 年代初直至今天多次召开全国性计算机安全技术学术交流会，研究探讨计算机安全问题和对策。

1986 年，我国发生了第一例涉及计算机的犯罪（利用计算机贪污）。到 1990 年，短短 4 年就已发现并破获计算机犯罪 130 余起。20 世纪 90 年代，随着我国计算机应用和普及程度的提高，计算机犯罪呈迅猛增长态势。1996 年，我国破获了第一例纯粹的计算机犯罪（该案为制造计算机病毒案）。此后，涉及计算机的犯罪无论从犯罪类型还是发案率来看都逐年大幅上升，方法和类型成倍增加，逐渐开始由以计算机为犯罪工具的犯罪向以计算机信息系统为犯罪对象的犯罪发展，并呈愈演愈烈之势，而后者无论是在犯罪的社会危害性还是犯罪后果的严重性等方面都远远大于前者。

1994 年，国务院发布了《中华人民共和国计算机信息系统安全保护条例》，这是我国发布的第一部专门针对计算机信息系统安全的行政法规，确定了我国计算机信息系统安全保护工作中的若干基本概念和原则，明确了由公安部主管全国计算机信息系统安全保护工作，国家安全部、国家保密局和国务院其他有关部门在国务院规定的职责范围内做好计算机信息系统安全保护的有关工作。此外，这部条例还规定了计算机信息系统安全保护制度以及安全监督事项，并对故意输入计算机病毒以及其他有害数据危害计算机信息系统安全的行为做了规范。

但是，对于当时社会上存在的主要的信息安全问题——计算机犯罪，《中华人民共和国计算机信息系统安全保护条例》尚无法进行规范，以至于司法机关对于现实中发生的许多计算机犯罪无法定性，有的不得不无条件将犯罪嫌疑人释放。考虑到这一情况，我国在1997年全面修订刑法典时，明确规定了计算机犯罪的罪名，即：第285条的非法侵入计算机信息系统罪，第286条的破坏计算机信息系统罪和第287条的利用计算机进行传统犯罪。2000年12月，全国人大常委会又发布了《关于维护互联网安全的决定》，对利用网络进行盗窃、诈骗、诽谤等15种行为进行明确界定，这对防治计算机犯罪、促进我国互联网的健康发展起到了重要的作用。但是，无论是1997年的《刑法》，还是《关于维护互联网安全的决定》，对于后来日趋多样化的网络犯罪，仍然体现出了明显的滞后性。直到全国人大常委会在2009年2月发布《刑法修正案（七）》，情况才有所改观。

76.1.3 20世纪90年代中后期至2003年前的概况

20世纪90年代后期，互联网应用得到迅速发展，各种类型的信息安全事件急剧增长，全社会的信息安全需求日益突出。面对严峻的信息安全形势，各有关部门加强了各自职权范围内的信息安全工作。除加大对网络违法犯罪的打击力度外，公安部还于1996年12月成立了计算机病毒防治产品检验中心，该中心作为贯彻执行2000年4月发布的公安部第51号令《计算机病毒防治管理办法》的技术支持认定部门，是公安部计算机病毒疫情预告的重要组成部分。公安部于1997年6月发布了第32号令《计算机信息系统安全专用产品检测和销售许可证管理办法》，对境内销售的计算机信息系统安全专用产品实行销售许可证制度。1998年10月，国家质量技术监督局授权成立了"中国国家信息安全测评认证中心"（现更名为"中国信息安全测评中心"），为国家和社会提供信息安全测评认证、安全评估等服务。2000 年 10 月，在信息产业部互联网应急处理协调办公室的直接领导下成立了国家计算机网络应急技术处理协调中心（CNCERT/CC），处理国家公共互联网上的安全紧急事件，为国家公共互联网、国家主要网络信息应用系统以及关键部门提供计算机网络安全的监测、预警、应急、防范等安全服务和技术支持。1999 年 10 月，国务院发布《商用密码管理条例》，宣布对商用密码产品的科研、生产、销售和使用实行专控管理。国家保密局也先后发布《计算机信息系统保密管理暂行规定》、《计算机信息系统国际联网保密管理规定》、《涉及国家秘密的通信、办公自动化和计算机信息系统审批暂行办法》、《涉及国家秘密的计算机信息系统集成资质管理办法（试行）》等政策文件，大力加强网络条件下的保密管理工作。

为了促进互联网健康发展，加强信息内容管理，各有关部门自 2000 年开始先后发布了大批涉及互联网管理的法律法规和政策文件，包括国务院行政法规《中华人民共和国电信条例》和《互联网信息服务管理办法》，以及信息产业部《互联网电子公告服务管理规定》、文化部《互联网文化管理暂行规定》、新闻出版总署和信息产业部《互联网出版管理暂行规定》、教育部《教育网站和网校暂行管理办法》、国家药品监督管理局《互联网药品信息服务管理暂行规定》、卫生部《互联网医疗卫生信息服务管理办法》等部门规章和规范性文件。这些工作延续至今，在 2003 年之后发布的有关文件还有：国务院新闻办和信息产业部《互联网新闻信息服务管理规定》、信息产业部《互联网电子邮件服务管理办法》、国家广播电影电视总局和信息产业部《互联网视听节目服务管理规定》等。

此外，各行业管理部门还对本行业内的信息安全工作作了规定，例如铁道部发布了《铁路计算机信息网络国际联网保密管理暂行规定》和《铁路计算机信息系统安全保护办法》、证监会发布了《网上证券委托暂行管理办法》等。

各部门的上述工作为应对当时出现的信息安全新情况和问题、提高我国信息安全保障能力、保障信息化发展起到了积极作用。但总体而言，这些工作缺乏国家层面的整体规划和统一协调,特别是不成体系,很多基础性工作尚未得到部署,例如人才培养工作。

76.2 当前的信息安全形势

当前,在全球范围内,黑客攻击、病毒与蠕虫及垃圾邮件日益泛滥,信息通信技术被非法滥用的事例屡见不鲜,针对和利用信息通信技术的各类犯罪活动数量逐年上升,公民个人权益受到严重侵害。特别是,随着国际上不稳定、不确定、不安全因素不断增多,围绕信息资源的争夺和信息技术的竞争日趋激烈。信息技术已被推广应用到国与国的军事和政治对抗领域,大规模网络攻击多次发生,试图利用信息技术干涉他国内政、颠覆他国政权的事例已经出现,对各国安全与稳定、世界和平与发展构成了新的挑战。恐怖主义分子和反政府团体在信息时代获得了新的活动空间和更隐蔽的攻击手段,互联网成为其策划恐怖活动、招募成员、组织联络、宣扬极端思想及散布恐怖信息和言论的工具,为国家安全构成了越来越大的威胁。

近年来,针对信息安全事件和问题不断增多的趋势,我国采取了一系列应对措施,信息安全总体状况不断好转,但下列问题仍较为突出:

——基础网络和重要信息系统故障时有发生。关系国计民生基础网络和重要信息系统仍比较脆弱,安全风险较大,面对大规模网络攻击缺乏抵抗能力,不但影响到广大用户的使用,也为国家安全留下隐患。2009年5月19日,由于几家网游私服之间的恶性竞争,其中一家以网络攻击的手段向为对方解析域名的 DNS 服务器发动拒绝服务攻击,竟然造成广西、江苏、海南、安徽、甘肃和浙江电信宽带用户网络断网的严重网络安全事件。时隔不久,6月25日我国广东省再次发生大规模断网事故,造成很大影响。

——网络违法犯罪案件攀升。网上诈骗、盗窃、敲诈勒索、赌博、非法物品买卖、非法传销、色情交易、侵犯知识产权等各种违法犯罪活动日益猖獗，网上银行、网上证券和电子商务等领域成为犯罪活动的主要场所和目标。当前，传统犯罪已经大面积向网络虚拟社会渗透、蔓延，其团伙犯罪、非法牟利的特征非常突出，公安机关每年受理的网络违法犯罪案件持续上升。

——病毒、蠕虫、木马、间谍软件等恶意软件泛滥成灾。据某安全企业发布的《2008年中国大陆地区电脑病毒疫情＆互联网安全报告》统计，我国2008年的病毒数量比2007年增长12倍以上，全国约有8100多万台电脑曾被病毒感染，其中"网页挂马"所传播的木马、后门等恶意程序占据90%以上。这些恶意软件多以窃取银行账号、口令和个人信息，获得经济利益为目的，成为当前黑客攻击的重要工具。与此同时，制造木马、传播木马、盗窃账户信息，以及第三方平台销赃、洗钱的巨大黑色产业链已经形成，广大网络用户的利益受到严重侵害。此外，频繁活动的木马和间谍软件也带来了巨大的失泄密风险，网络失泄密案件频发，国家利益严重受损。

——公民个人信息屡受侵害。未履行事先告知程序、超范围搜集并随意使用公民个人信息的案例非常普遍，公民的电话号码、家庭住址、电子邮件地址等个人信息被滥用以及被非法转卖牟利的现象时有发生，向购买或搜索到的电子邮件地址滥发垃圾邮件、利用非授权取得的公民个人信息进行诈骗、在网络上散发侵害公民名誉权的色情或造谣信息等违法犯罪活动正呈现上升趋势。

——网络环境仍需净化，国家安全和社会稳定面临巨大挑战。互联网信息传播中充斥着一些煽动暴乱、颠覆国家政权、破坏国家统一、鼓吹宗教极端主义、民族分裂主义和恐怖主义、宣传邪教和封建迷信、泄露国家秘密、恶意造谣诽谤、散布淫秽色情资料、教唆犯罪等违法和有害信息。西藏达赖集团、"东突"恐怖势力以及对这些集团提供支持的国际反华组织，在境外建立了多家网站，多年来利用互联网、手机等各类现代通信手段从事诋毁、分裂中国的活动，捏造历史，歪曲事实，甚至教唆、组织暴力恐怖犯罪。反华势力一直把互联网作为对我国进行意识形态渗透和进行政权颠覆的重要工具，国家安全面临重大现实威胁。此外，互联网内外的群体性事件近年来出现了交织放大的趋势，群体性事件的处置难度和防范阻力进一步增大。

在这种情况下，信息安全的内涵发生深刻变化。它不仅仅指信息的保密性、完整性、可用性以及信息系统的正常运行，还包含信息内容本身的安全，其影响已经不仅仅限于网络与信息系统的技术后果，而是全面扩展到国家的政治、经济、文化、军事等方面。而信息安全问题的解决，也需要综合考虑到政治、经济、文化等多方面的因素。信息安全已经成为重大战略问题，党的十六届四中全会将信息安全作为国家安全的重要组成部分，明确提出要"增强国家安全意识，完善国家安全战略"，并确保"国家的政治安全、经济安全、文化安全和信息安全"。

76.3　2003 年以来的信息安全保障工作

2003 年，中共中央办公厅、国务院办公厅转发了《国家信息化领导小组关于加强信息安全保障工作的意见》（中办发［2003］27 号）（本章以下简称 27 号文件），标志着我国信息安全保障工作有了顶层设计，指导思想和主要任务得以明确。我国近年来的信息安全保障工作，总体上是按照 27 号文件的部署，积极构建信息安全保障体系。

76.3.1　总体要求

27 号文件确定的我国信息安全保障工作的总体要求是：坚持积极防御、综合防范的方针，全面提高信息安全防护能力，重点保障基础信息网络和重要信息系统安全，创建安全健康的网络环境，保障和促进信息化发展，保护公众利益，维护国家安全。

积极防御就是要充分认识信息安全风险和威胁，立足安全防护，加强预警和应急处置，重点保护基础信息网络和关系国家安全、经济命脉、社会稳定的重要信息系统；从更深层次和长远考虑，积极防御还包括国家要有一定的信息对抗能力和反制手段，从而对信息网络犯罪和信息恐怖主义等形成威慑。

综合防范就是要从预防、监控、应急处理和打击犯罪等环节，法律、管理、技术、人才等各个方面，采取多种技术和管理措施，通过全社会的共同努力，全面提升信息安全防护能力。

76.3.2 主要原则

27号文件提出的我国信息安全保障工作的主要原则是：立足国情，以我为主，坚持管理与技术并重；正确处理安全与发展的关系，以安全保发展，在发展中求安全；统筹规划，突出重点，强化基础工作；明确国家、企业、个人的责任和义务，充分发挥各方面的积极性，共同构筑国家信息安全保障体系。

76.3.3 有关工作部署及进展

按照27号文件确定的"积极防御、综合防范"的方针，我国有关部门近年来抓紧开展了以下各项基础性工作，取得了明显进展。

1. 实行信息安全等级保护

不同的信息系统有着不同的安全需求，必须从实际出发，综合平衡安全成本和风险，优化信息安全资源的配置，确保重点。信息安全等级保护制度是国家信息安全保障工作的基本制度，是国家通过制定统一的信息安全等级保护管理规范和技术标准，组织公民、法人和其他组织对信息系统分等级实行安全保护，对等级保护工作的实施进行监督、管理。

为了加快推进信息安全等级保护工作，在多年探索和试点的基础上，公安部、国家保密局、国家密码管理局和原国务院信息化工作办公室于

2007 年 6 月联合发布了《信息安全等级保护管理办法》，《信息系统安全等级保护定级指南》、《信息系统安全等级保护基本要求》等技术标准也已施行。目前，我国信息安全等级保护进入全面实施阶段，全国范围内的信息系统定级工作已经基本完成，等级建设和测评工作即将启动。

2. 开展信息安全风险评估

信息安全风险评估是运用科学的方法和手段，系统地分析网络与信息系统所面临的威胁及其存在的脆弱性，评估安全事件一旦发生可能造成的危害程度，提出有针对性的防护对策和整改措施，并为防范和化解信息安全风险，或者将风险控制在可接受的水平，从而为最大限度地保障网络和信息安全提供科学依据。

27 号文件明确提出，要重视信息安全风险评估工作，对网络与信息系统安全的潜在威胁、薄弱环节、防护措施等进行分析评估，综合考虑网络与信息系统的重要性、涉密程度和面临的信息安全风险等因素，进行相应等级的安全建设和管理。这一要求将开展信息安全风险评估工作作为提高我国信息安全保障水平的一项重要举措。

2006 年 1 月，国务院信息化工作办公室印发了由国家网络与信息安全协调小组讨论通过的《关于开展信息安全风险评估工作的意见》，要求将信息安全风险评估作为信息安全保障工作的基础性工作和重要环节，贯穿于网络和信息系统建设运行的全过程。该意见对我国信息安全风险评估工作做了安排：要从抓试点开始，逐步探索组织实施和管理的经验，用 3 年左右的时间在我国基础信息网络和重要信息系统普遍推行信息安全风险评估工作，全面提高我国信息安全的科学管理水平，提升网络与信息系统安全保障能力，为保障和促进我国信息化发展服务。

3. 加强密码技术应用，建设网络信任体系

当前，随着信息网络的发展，密码应用领域不断拓宽。在为党、政、军各级领导机关提供秘密通信的同时，密码已广泛应用于经济、科技、文化和社会生活的各个领域，成为现代社会的重要战略资源。因此，充分发挥密码在保障国家安全、社会稳定、经济发展和公众利益中的重要作用，

促进国家信息化的健康发展成为当今时代的重要课题。

针对面向商用和公众服务的密码需求日益增多这一形势，27号文件要求我国密码管理工作必须适应经济全球化和进一步开放的大环境，按照"满足需求、方便使用、加强管理"的原则，修改完善密码管理法规，建立健全适应信息化发展需要的密码管理体制。

同时，27号文件还部署了加强以密码技术为基础的信息保护和网络信任体系建设的任务，要求建立协调管理机制，规范和加强以身份认证、授权管理、责任认定等为主要内容的网络信任体系建设。截至目前，原信息产业部以及工业和信息化部根据《电子签名法》的授权，先后批准30家单位获得了电子认证服务许可。这些机构颁发的数百万张电子证书广泛应用于网上税收、工商管理、社区服务、招标采购、网上银行、企业供应链管理、电子商务平台等领域，为经济发展起到了重要的保驾护航作用。

4. 高度重视应急处理工作

在信息安全事件不可能完全杜绝的情况下，信息安全应急处理发挥着重要的作用，是信息安全防护体系中的重要一环。27号文件明确要求，各基础信息网络和重要信息系统建设要充分考虑抗毁性与灾难恢复，制定和不断完善应急处置预案。加强信息安全应急支援队伍建设，鼓励社会力量参与灾难恢复与灾难备份设施建设和提供技术服务，提高信息安全应急响应能力。

近几年，通过政策引导以及有关部门和社会各界的共同努力，国家重要信息系统灾难恢复工作取得了明显进展。各行业、各省市的重要信息系统灾难恢复建设陆续启动，我国的重要信息系统灾难恢复建设正逐步从探讨进入实践阶段。重要信息系统灾难恢复的第三方专业化服务市场正在形成，较好地推动了我国重要信息系统灾难恢复工作的开展。

2003年10月，我国建立了国家网络与信息安全信息通报中心，工作重点是做好重要敏感期、重大政治活动和重大网络安全事件的信息通报工作。通报中心的成立，标志着我国信息安全信息通报和预警能力有了显著提高。近年来，我国还大力加强基础信息网络和重要信息系统的应急预案制定和应急演练工作，国家层面的应急指挥协调机制也已初步建立。

5. 加强技术研发，推进产业发展

信息安全是高技术的对抗，信息安全产业构成了国家信息安全保障体系的物质基础和技术支撑。加强信息安全技术研发，推进信息安全产业发展是决定我国信息安全保障能力的核心要素。27 号文件要求采取积极措施，组织和动员各方面力量，加强信息安全关键技术和相关核心技术的研究开发，提高自主创新能力，促进技术转化，加快产业化进程。

近年来，我国通过实施信息安全专题"863"计划和"973"计划等科研项目，加强了对信息安全关键技术的研究，攻克了一批信息安全重大技术难题。特别是在"863"计划等国家计划的支持下，已经在 PKI/CA 技术、密码标准和芯片、网络积极防御、网络入侵检测与快速响应、网络不良内容监控与处置等方面取得了较大进展。另外，我国近年来还组建了多个国家级信息安全研究中心，研究实力不断增强。我国先后建立了上海、四川、湖北三大信息安全成果产业化基地，积极开展了信息安全应用示范工程，为国家网络与信息安全技术发展及产业化奠定了基础。

为进一步规范信息安全产品测评认证，为产业发展创造良好的市场环境，2004 年 10 月，国家认监委、公安部等八部委联合发布了《关于建立国家信息安全产品认证认可体系的通知》，要求建立国家信息安全产品认证认可体系。按照这一文件的部署，信息安全产品认证工作已经进入实施阶段并取得重大进展，信息安全产品强制性认证制度将于 2010 年 5 月 1 日起在政府采购法规定的范围内强制实施。

6. 加强法制建设和标准化建设

面对信息化迅速推进过程中出现的一些新问题、新情况，目前各部门正在清理、调整和修订现有信息安全法律、行政法规和部门规章。按照 27 号文件提出的"抓紧研究起草《信息安全法》，建立和完善信息安全法律制度，明确社会各方面保障信息安全的责任和义务"的要求，几年来有关部门一直在组织起草《信息安全条例》，旨在确立信息安全的基础法律框架。与此同时，有关政府信息公开、信息网络传播权保护的行政法规已经发布，个人信息保护、广播影视传播保障等立法工作也已开展。

为加强信息安全标准化建设，我国在 2002 年成立了全国信息安全标准化技术委员会，抓紧制定了一批急需的信息安全管理和技术标准，逐步建立与国际标准相衔接的中国信息安全标准体系，并大力推进这些标准的贯彻实施。截至目前，我国已制定、颁布 76 项信息安全国家标准，另有 50 项正在制订之中。

7. 加快人才培养，增强全民意识

信息安全人才是信息安全健康、良性发展的关键。加强信息安全保障工作，必须有一批高素质的信息安全管理和技术人才。为此，27 号文件要求加强我国信息安全学科、专业和培训机构建设，加快信息安全人才培养。要采取积极措施，吸引和用好高素质的信息安全管理和技术人才。

根据"加强信息安全人才培养"的要求，近年来我国对信息安全学科建设作了大量投入。2005 年，教育部专门发布《教育部关于进一步加强信息安全学科、专业建设和人才培养工作的意见》（文教高〔2005〕7 号），从加强信息安全学科体系研究、信息安全硕士点和博士点建设、稳定信息安全本科专业设置、促进交叉学科专业探索多样化培养模式新机制、建立信息安全继续教育制度等十个方面提出了指导性的意见。

2007 年 2 月，为了加强教育部对高等学校信息安全人才培养工作的宏观指导与管理，充分发挥专家学者对信息安全类专业教学改革与建设的研究与指导作用，教育部组建了教育部高等学校信息安全类专业教学指导委员会，使我国的信息安全人才培养工作向前迈进了重要一步。2009 年 3 月，在教育部高等教育司以及工业和信息化部信息安全协调司指导下，教育部高等学校信息安全类专业教学指导委员会启动了全国大学生信息安全竞赛，对增强信息安全专业社会影响、提高广大师生学习热情起到了良好的推动作用。

除人才培养外，全民信息安全意识和技能的提高也是当前我国面临的重要任务。27 号文件要求重视对各级领导干部的信息安全教育和法律法规教育，要求开展全社会特别是对青少年的信息安全教育和法律法规教

育，增强全民信息安全意识，自觉规范网络行为。为此，各有关部门近年来多次组织大型展览、宣传、主题教育等活动，取得了明显效果。

76.4 未来展望

2006年3月19日，中共中央办公厅、国务院办公厅印发了《2006—2020年国家信息化发展战略》（中办发〔2006〕11号）。该《发展战略》将建设国家信息安全保障体系作为我国信息化发展的重点之一，为今后的信息安全保障工作指明了方向。《发展战略》为今后的信息安全保障工作提出了以下要求：

"全面加强国家信息安全保障体系建设。坚持积极防御、综合防范，探索和把握信息化与信息安全的内在规律，主动应对信息安全挑战，实现信息化与信息安全协调发展。坚持立足国情，综合平衡安全成本和风险，确保重点，优化信息安全资源配置。建立和完善信息安全等级保护制度，重点保护基础信息网络和关系国家安全、经济命脉、社会稳定的重要信息系统。加强密码技术的开发利用。建设网络信任体系。加强信息安全风险评估工作。建设和完善信息安全监控体系，提高对网络安全事件应对和防范能力，防止有害信息传播。高度重视信息安全应急处置工作，健全完善信息安全应急指挥和安全通报制度，不断完善信息安全应急处置预案。从实际出发，促进资源共享，重视灾难备份建设，增强信息基础设施和重要信息系统的抗毁能力和灾难恢复能力。

大力增强国家信息安全保障能力。积极跟踪、研究和掌握国际信息安全领域的先进理论、前沿技术和发展动态，抓紧开展对信息技术产品漏洞、后门的发现研究，掌握核心安全技术，提高关键设备装备能力，促进我国信息安全技术和产业的自主发展。加快信息安全人才培养，增强国民信息安全意识。不断提高信息安全的法律保障能力、基础支撑能力、网络舆论宣传的驾驭能力和我国在国际信息安全领域的影响力，建立和完善维护国家信息安全的长效机制。"

在贯彻这一战略的过程中，面向新的形势发展提出的新要求，我国信息安全保障工作将在科学发展观的指导下，不断调整发展思路，完善顶层设计，部署实施新的工作，切实服务与国家安全和经济社会全面发展。

（本章作者 何德全 赵泽良）

企业文框33：网御神州公司

网御神州科技（北京）有限公司是集技术研发、生产制造、综合服务于一体的信息安全产品与服务提供商。公司成立两年以来，取得了丰硕的技术成果且市场份额不断扩大，品牌影响力辐射政府及各行各业，并服务于全球 500 强企业。据赛迪顾问2008—2009 年中国信息安全产品市场研究年度报告显示，网御神州已蝉联国内防火墙/VPN 市场第二、SOC 市场第一，以最快的成长速度成为国内信息安全产业的中坚力量。

作为信息安全领域的民族企业领航者之一，网御神州顺应国家信息安全管理战略，着力于降低因产品"舶来"而导致的安全风险，并将视野瞄准国际前沿，全力推动自主知识产权的建设，积极参与国家 IPsec VPN 技术规范的标准制定，加大技术研发力度，建立技术工程中心并加速产品孵化，全面推动技术创新，致力于打造中国本土信息安全第一品牌，为国家信息化应用的安全建设提供保障。

公司现有安全产品、安全管理、安全服务三大业务板块。三大产品业务板块优势互补、高效协同、无缝衔接地为客户倾力打造全面立体的安全防护体系。同时，三大业务也各有建树：网御神州安全产品拥有防火墙等八大产品线六十余款产品，采用完全自主知识产权的统一架构 SecOS 操作系统，为用户提供高效可控的安全保障；网御神州安全管理团队基于长期深入研究积累和对客户需求的准确把握，提出了具有完全自主知识产权的网神Sec-Fox安全管理产品理念，尤其强调网络管理、安全管理与运维管理的一体化，使得SecFox安全管理平台成为目前国内最为完整的安全管理产品；网御神州安全服务拥有多名具有行业实施和项目管理经验的专家，并总结建立了一套能够为客户提供"专业、持续、有效"的安全服务方法和实践经验。目前，网御神州提供的安全保障体系在各领域应用广泛，并以卓越的技术及产品优势获得多方肯定，品牌影响力辐射范围涉及省市等各级政府的管理部门，成功案例涵盖中央部委、地方政府、税务、公安、电信、保险、银行、军队、电力等众多部门和行业。

网御神州在信息安全等级保护层面也卓有建树，参与并实施过多个等级保护项目，帮助政府、企业、金融及电信客户实施定级、规划以及方案设计工作，符合国家等级保护政策标准。

在推动服务质量全面升级方面，网御神州将在"三级服务体系、7×24小时售后服务、全国统一的服务热线"的服务三部曲上，推出高品质的限时服务，以最短的时间对客户问题进行最快速的响应，为网御神州构筑的信息安全新世界插上优质服务的翅膀。

（编撰：刘博）

第 77 章

信息化法律法规建设

引　言

中国信息化法律法规建设与国家发展、国家的法治建设进程同步。改革开放以前，由于国家法治建设受到多次冲击，信息化法律法规建设相对非常落后，缺少基本的法律规范，也没有系统概念的提出。改革开放以后，随着中国信息化进程的加快，中国信息化的法律法规建设取得了显著的进步和成就。

77.1　散在立法阶段（1949—2001）

改革开放以后，中国政府开始认识到信息技术和信息化的重要意义。1978 年的政府工作报告提出"加速发展集成电路和电子计算机的研究，并使它们广泛应用于各个方面"。在 1986 年制订"863"计划时，国家已经把信息技术列为重要课题，并开始了中国的信息化问题研究。1987 年，中国成立了国家信息中心，在中心内部专门设立了政策研究所，重点研究有关信息法规和政策问题，并整理了《信息与信息技术立法文集》、《中国信息立法环境分析及立法探讨》、《信息化进程中立法框架建议》等内部资料。

1991 年的政府工作报告提出"推动电子技术在国民经济和社会生活中的广泛应用"。1993 年的政府工作报告提出"把电子信息等高新技术放到重要位置，提高投资强度，努力在各个领域广泛推广应用"。同年 12 月，国家经济信息化联席会议成立，邹家华副总理任主席。中国的党和国家领导也相继提出了信息化建设的任务，启动了金卡、金桥、金关等重大信息化工程，提出了"信息化带动产业发展"的思路。正是在这一阶段，中国开始了信息法制建设的摸索和实践。

1996 年 1 月，国家成立了国务院信息化工作领导小组，由 20 多个部委组成，时任国务院副总理邹家华任组长，确立了信息化在国民经济和社会发展中的重要地位，提出了信息化建设的方针、原则；制定了一系列促进信息化的政策和发展规划。1997 年，国务院信息化领导小组办公室主办的"1997 中国信息化法制建设研讨会"在北京召开。1999 年 12 月，由国务院信息化领导小组办公室主办的以电子商务立法为主题的"第二届中国信息化法制建设研讨会"在京召开，这是中国第一次就电子商务立法问题进行高层探讨。

这一时期，中国的信息化立法主要是停留在分散立法的阶段，主要是由国务院和各部门针对信息化发展中出现的一些突出问题进行制定法规和规章加以调整，而较少上升为全国人大的法律来加以调整。

77.1.1　电子商务

在这一时期，国家首先根据信息化发展的需要，对一些专门法进行了补充和修订以适应电子信息使用的需要。1999 年修订的《合同法》在合同形式方面大胆吸收了数据电文形式，并将之视为书面合同，从而为电子合同的推广应用以及为今后的电子商务立法奠定了基础。《合同法》第11条明确了数据电文可以作为书面合同的形式。第16条和第34条分别规定了采用数据电文形式订立合同的成立时间和地点。2000年修订的《海关法》和2001年修订的《税收征收管理法》分别明确了电子数据报关单和数据电文报税的效力。

77.1.2 信息安全

信息安全环境是事关信息化成败至关重要的因素,它不仅关系到国家安全、企业经济安全和个人信息安全,更决定着人们对开展信息化的信心。20世纪80年代初,公安部成立计算机安全监察机构的同时,就已着手制定有关计算机安全方面的法规。

1988年9月,全国人大常委会通过的《保守国家秘密法》第三章首次对电子信息保密作出了规范。1989年,公安部制定了《计算机病毒控制规定(草案)》,开始推行"计算机病毒研究和销售许可证"制度。

1994年2月18日,国务院发布了《计算机信息系统安全保护条例》,为保护计算机信息系统的安全提供了法律保障,这是中国专门针对信息网络安全问题制定的首部行政法规。这部条例明确对计算机信息系统实行等级保护,同时规定对信息安全产品,如杀毒软件、防火墙、入侵检测软件等,实行销售许可制度。为了实施这一制度,公安部于1997年制定了《计算机信息系统安全专用产品检测和销售许可证管理办法》。2000年4月26日,公安部又根据该条例出台了《计算机病毒防治管理办法》,详细规定计算机病毒防治产品的生产、销售许可、病毒的检测与清除等工作。

针对计算机国际联网给信息安全带来的新问题,国务院于1997年12月出台了《计算机信息网络国际联网安全保护管理办法》。国家保密局又在此基础上于2000年1月制定了《计算机信息系统国际联网保密管理规定》。

在信息安全保护工作中，密码是最古老和最常用的手段。以加密算法为基础，以密码管理为核心的信息安全产品，已经成为商用信息系统保护信息安全的基本手段。为此，国务院于 1999 年 10 月出台的《商用密码管理条例》明确规定，对商用密码产品实行专控管理。商用密码的研究和生产都须由指定的单位承担，销售商用密码产品实行行政许可制度，任何单位和个人只能使用国家指定的商用密码产品。

随着网络的普及，针对计算机系统的犯罪也日益增多。为了遏制这类犯罪，保护计算机系统的信息安全，1997 年 3 月修订的《刑法》在第 285 条、第 286 条对侵入计算机系统和破坏计算机系统的行为做出了专门的处罚规定。

77. 1. 3　互联网治理

1994 年 4 月，中国正式参加 Internet；1995 年 5 月，向社会开放网络接入和提供全面服务。1996 年 2 月 1 日，国务院发布《计算机信息网络国际联网管理暂行规定》，提出了对国际联网实行统筹规划、统一标准、分级管理、促进发展的原则。1997 年 5 月 20 日，国务院对这一规定进行了修订，对设立了国际联网的主管部门，增加了经营许可证制度。这一规定是规范中国互联网国际联网和接入服务最主要的法律性文件。

1997 年 6 月 3 日，国务院信息化工作领导小组主持设立了中国互联网络信息中心（CNNIC）。为了保护合法域名，防止恶意抢注，中国于 1997 年 6 月 2 日，发布了《中国互联网络域名注册暂行管理办法》和《中国互联网络域名注册实施细则》。1997 年 12 月 8 日，国务院信息化工作领导小组又制定了《计算机信息网络国际联网管理暂行规定实施办法》，详细规定了国际互联网管理的具体办法。

2000 年 10 月 8 日，信息产业部发布的《互联网电子公告服务管理规定》规定，从事互联网信息服务，拟开展电子公告服务的，应当在向省、自治区、直辖市电信管理机构或者信息产业部申请经营性互联网信息服务许可或者办理非经营性互联网信息服务备案时，提出专项申请或者专项备案。

2000 年 11 月 7 日，国务院新闻办公室和信息产业部联合发布了《互联网站从事登载新闻业务管理暂行办法》。

国务院 2000 年出台的《互联网信息服务管理办法》第 15 条分别规定了"互联网信息服务提供者不得制作、复制、发布、传播"的九类禁止性信息。《互联网信息服务管理办法》还明确了对内容的分类管理，强化了多头管理的体制，要求新闻、出版、教育、卫生、药品监督管理、工商行政管理和公安、国家安全等有关行政主管部门在各自的职责范围内对互联网信息内容实施监督管理。

针对互联网中的某些涉及民生的专业信息，有关主管部门也制定了专门的管理办法，如 2001 年 1 月 8 日，卫生部发布了《互联网医疗卫生信息服务管理办法》。对于药品的注册管理，国家药品监督管理局于 2001 年 1 月 11 日，发布了《互联网药品信息服务管理暂行规定》，该规定要求从事互联网药品信息服务，除了应当符合《互联网信息服务管理办法》规定的要求外，还要符合专业性要求。

1994 年 4 月 20 日中国正式接入国际互联网络，1995 年 5 月向社会开放网络接入和提供全面服务。同年，美国 Real Networks 公司率先开发出 Real audio/video streaming 技术，使得在互联网上开展视听节目服务成为现实。随着互联网等信息网络传播视听服务的迅速发展，如何有效地对信息网络传播视听服务进行管理，成为政府急需解决的一项重要的课题。

为了规范信息网络传播视听节目服务，国家广播电影电视总局 1999 年 10 月 1 日发布了《关于加强通过信息网络向公众传播广播电影电视类节目管理的通告》。该通告把包括电台、电视台在内的各种传播视听节目的网络都纳入信息网络的范围之中。2000 年 4 月 7 日，国家广播电影电视总局发布《信息网络传播广播电影电视类节目监督管理暂行办法》，对信息网络传播视听节目的各种传播形式、传播介质、传播程序和网络类型都进行了具体规定。

2000 年 12 月 28 日通过的《全国人大常委会关于维护互联网安全的决定》标志着中国以法律规范网络的开始。该决定的内容以刑事处罚为主，对违反互联网运行安全、利用互联网实施危害国家安全和社会稳定，或者破坏社会主义市场经济秩序和社会管理秩序的行为追求刑事责任。但是，该决定也同时要求各级人民政府及有关部门"要采取积极措施，在促进互联网的应用和网络技术的普及过程中，重视和支持对网络安全技术的研究和开发，增强网络的安全防护能力"，这为以后的互联网治理和信息立法提供了法律依据。

77.2　集中立法阶段（2002 年至今）

2000 年 10 月，党的十五届五中全会把信息化提到了国家战略的高度，指出"信息化是当今世界经济和社会发展的大趋势，也是中国产业优化升级和实现工业化、现代化的关键环节。要把推进国民经济和社会信息化放在优先位置"。"大力推进国民经济和社会信息化，是覆盖现代化建设全局的战略举措。以信息化带动工业化，发挥后发优势，实现社会生产力的跨越式发展。"

为了实现党中央、国务院的这一战略决策，2001 年 8 月，国家信息化领导小组重新组建，时任国务院总理朱镕基任组长。时任国家副主席胡锦涛、国务院副总理李岚清、吴邦国、中共中央宣传部部长丁关根均在该领导小组中担任副组长。2001 年 12 月，国家信息化工作领导小组召开第一次会议，提出了推进中国信息化建设须遵循的重要方针。

全面推进信息化，立法是其中的一个重要环节，是一项基础性的工作。国家信息化领导小组在 2002 年制定的《关于中国电子政务建设指导意见》中明确提出要"加快建设电子政务法制建设，加快研究和制定电子签章、政府信息公开及网络与信息安全、电子政务项目管理等方面的行政法规和规章"。这也标志着中国的信息化立法进入了集中立法的阶段。《2006—2020 国家信息化发展战略》再一次明确将推进信息化法制建设作为一项重要任务加以明确，要求"加快推进信息化法制建设，妥善处理相关法律法规制定、修改、废止之间的关系，制定和完善信息基础设施、电子商务、电子政务、信息安全、政府信息公开、个人信息保护等方面的法律法规，创造信息化发展的良好法制环境。根据信息技术应用的需要，适时修订和完善知识产权、未成年人保护、电子证据等方面的法律法规。加强信息化法制建设中的国际交流与合作，积极参与相关国际规则的研究和制定"。

77.2.1 电子签名与电子商务

中国政府高度重视电子商务的立法工作。1998 年 11 月 18 日，时任国家主席江泽民在吉隆坡举行的亚太经合组织领导人非正式会议上指出，电子商务代表着未来贸易方式的发展方向，其应用推广将给各成员带来更多的贸易机会。在发展电子商务方面，我们不仅重视私营、工商部门的推动作用，同时也应加强政府部门对发展电子商务的宏观规划和指导，并为电子商务的发展提供良好的法律环境。

在电子商务的发展过程中，首先遇到的法律障碍是数据电文和电子签名在法律上的效力问题。在计算机和网络出现以前，人类的意思表达主要是通过口头、书面和音像形式。其中，书面形式因为具有易于保留、查证，简便易行等优点，而在法律上被作为人类意思表达的首选法定形式。但是，法律中所存在的大量关于书面形式的规定和要求，包括对签名和盖章的要求，与数据电文形式冲突，客观上对使用信息技术构成了阻碍。

2004 年 8 月 28 日，全国人大常委会通过了《电子签名法》，这是中国电子商务和信息化领域第一部专门的法律。该法重点解决了四个方面的问题：确立数据电文和电子签名的法律效力，赋予可靠电子签名与手写签名或盖章具有同等的法律效力；规范了电子签名地行为；明确认证机构的法律地位及认证程序；规定电子签名的安全保障措施。该法还解决了电子记录的证据规则问题，并明确了电子认证服务的市场准入制度，为中国电子商务安全认证体系和国家网络信任体系的建立奠定了重要基础。

作为《电子签名法》的重要配套规章，信息产业部于2005年2月8日制定了《电子认证服务管理办法》，规定了电子认证服务许可证的发放和管理、电子认证服务行为规范、暂行或者终止电子认证服务的处置、电子签名认证证书的格式和安全保障措施、监督管理和对违法行为的处罚等内容，为电子认证服务业的发展创造了良好的法律环境。

与此同时，国家密码管理局也于2005年3月31日制定了《电子认证服务密码管理办法》，规定了面向社会公众提供电子认证服务应使用商用密码，明确了电子认证服务提供者申请"国家密码管理机构同意使用密码的证明文件"的条件和程序，同时也对电子认证服务系统的运行和技术改造等作出了相应规定。

电子支付是电子商务的重要一环，直接关系到电子商务的顺利发展。针对网络银行被盗的频繁发生，2005年10月26日，中国人民银行出台了《电子支付指引（第一号）》，全面针对电子支付中的业务规则、操作规范、交易认证方式、风险控制、参与各方的权利义务等进行规定，对防范支付风险，维护电子支付交易参与者的合法权益，确保银行和客户资金的安全等起到了积极作用。

证券交易是中国电子商务发展最典型的代表。早在2000年4月，中国证券业监督管理委员会就发布实施了《网上证券委托暂行管理办法》。

在电子商务立法方面，地方立法也发挥了积极的作用。2004年11月，广东省出台了第一部地方性的电子商务法规《广东省电子商务交易条例》。它的调整对象除了电子签名、电子记录和认证服务外，还包括了《电子签名法》所没有的电子交易服务提供商。

根据《国家电子商务"十一五"规划》的规定，国家目前研究制定信用管理、在线支付、网上交易税收征管、隐私权保护等方面的法律法规，加快制定虚拟货币、电子合同、在线产品信息管理办法。根据电子商务发展的需要，适时修订现行相关法律法规。

77.2.2 政府信息公开

2007 年 1 月 17 日，国务院第 165 次常务会议通过《政府信息公开条例》（以下简称为《条例》），自 2008 年 5 月 1 日起施行。《条例》的制定，是中国信息化法制建设的一件大事，在中国法治建设的历史上也具有重要的意义。《条例》在中国第一次系统建立了规范的、可操作的政府信息公开制度，并通过行政复议、行政诉讼机制的引入确立了知情权的法律地位和公开是原则、不公开是例外的基本原则。

在《条例》制定之前，地方立法应该说起到了重要的先行先试作用，为《条例》的制定和实施积累了经验。除港澳台地区外，全国共有 22 个省、5 个自治区、4 个直辖市、22 个省会城市、5 个自治区首府城市、18 个较大的市①、4 个经济特区市总共 80 个地方政府有权制定地方性法规或地方政府规章。在《条例》制定前，截至 2006 年 11 月 15 日，共有 34 个地方政府专门制定了信息公开地方性法规或规章，占比 42.5%，具体情况详见表 77.1。

从时间维度看，2001 年立法的只有福建省；2002 年立法的有广州市；2003 年立法的有汕头、哈尔滨、太原 3 市；2004 年立法的有上海、重庆、湖北、吉林、武汉、杭州、成都、宁波、济南、长春、昆明、大同、鞍山等 13 个省市；2005 年立法的有北京、广东、河北、辽宁、黑龙江、陕西、海南、苏州、郑州、海口、贵阳、乌鲁木齐等 12 个省市；2006 年立

---

① 从广义上来看，较大的市包括省、自治区的人民政府所在地的市，经济特区所在地的市和经国务院批准的较大的市这三类城市。为避免重复统计，本文对其做狭义解释，只将经国务院先后批准的 18 个较大的市列为"较大的市"。到目前为止，经国务院批准的较大的市共有 18 个：1984 年批准的唐山市、大同市、包头市、大连市、鞍山市、抚顺市、吉林市、齐齐哈尔市、无锡市、淮南市、青岛市、洛阳市，1988 年批准的宁波市，1992 年批准的淄博市、邯郸市、本溪市，1993 年批准的徐州市、苏州市（重庆市 1984 年被国务院批准为较大的市，但 1997 年 3 月升为直辖市，不再是"较大的市"）。

法的有江苏、四川、深圳、本溪等 4 个省市。这些数据表明 2004 年和 2005 年是中国地方政府立法的高潮阶段，共有 25 个省市制定了地方规定，较快地推动了政府信息公开制度的发展，为《条例》的出台提供了宝贵的经验。

表 77.1　地方政府法规制定情况

地方政府类别	制定情况	占比	具体地方政府
直辖市	已经制定	75%	北京、上海、重庆
	尚未制定	25%	天津
省	已经制定	50%	广东、江苏、福建、湖北、辽宁、河北、海南、四川、陕西、吉林、黑龙江
	尚未制定	50%	浙江、山东、湖南、河南、山西、江西、云南、青海、贵州、安徽、甘肃
少数民族自治区	已经制定	0	无
	尚未制定	100%	新疆、广西、西藏、内蒙古、宁夏
经济特区市	已经制定	50%	深圳、汕头
	尚未制定	50%	厦门、珠海
省会城市	已经制定	54.55%	广州、武汉、杭州、郑州、成都、太原、哈尔滨、长春、济南、昆明、贵阳、海口
	尚未制定	45.45%	南京、福州、沈阳、石家庄、长沙、西宁、南昌、合肥、西安、兰州
少数民族自治区首府城市	已经制定	20%	乌鲁木齐
	尚未制定	80%	南宁、拉萨、呼和浩特、银川
较大的市	已经制定	27.78%	苏州、宁波、大同、鞍山、本溪
	尚未制定	72.22%	大连、无锡、青岛、唐山、徐州、淄博、包头、抚顺、吉林、淮南、洛阳、邯郸、齐齐哈尔
总计	已经制定	**42.5%**	具体省、区、市见上，此略，共 34 个
	尚未制定	**57.5%**	具体省、区、市见上，此略，共 46 个

《条例》公布两年来，地方规定的修改（制定）情况大致如下：（1）一些过去没有地方规定的又陆续制定了地方规定，如南京市、天津市和甘肃省都制定了信息公开方面的地方规定，而大连市制定了依申请公开的专

门政府规章。但是，应该说这样的地方数量不是太多，绝大多数过去没有制定地方规定的在《条例》公布之后仍然维持了过去的格局，至今都没有制定相应的地方规定。（2）一些过去已经制定了地方规定的对原规定依据《条例》进行了相应的修订，如陕西、河北、上海、辽宁、宁波、杭州和成都均修订了原地方规定，广州修订了依申请公开信息办法。但是，这样的地方仍然是少数，大部分过去已经制定了地方规定的都还没有来得及根据《条例》对原规定进行及时的修订。（3）由于国办的重视和大力推动，几乎所有地方均制定了信息公开具体配套制度方面的其他规范性文件，涉及诸如领导体制、保密审查、社会评价、纪律制裁、年报编制、统计分析、人员培训等范围广泛的问题。尽管这样的规范性文件数量庞大，数以百计，但是，由于它们不具有地方政府规章的法律地位，仍不能被统计在地方立法的范畴之内。

77.2.3　个人信息保护

中国个人信息保护立法大致可以分为三个阶段：

新中国立法中最早出现的概念既不是隐私，也不是个人信息，而是民间与历史传统中使用得更多的"阴私"概念。第一个法律规定是1956年全国人民代表大会常务委员会就最高人民法院提出的什么案件可以不公开进行审理的问题所作出的《全国人大常委会关于不公开进行审理的案件的决定》。该决定规定："人民法院审理有关国家机密的案件，有关当事人阴私的案件和未满十八周岁少年人犯罪的案件，可以不公开进行"。这一规定确立了不公开审理的基本划分原则，其内容与规定方式基本为后来的诉讼法继续沿用。到20世纪70年代末，1979年制定的刑事诉讼法第111条和人民法院组织法第7条都继续沿用了"阴私"的提法。最高人民法院曾经明确界定过阴私案件的范围，由此也就间接界定了阴私的含义。根据《最高人民法院关于依法公开审判的初步意见》（1981）的规定，"有关个人阴私的案件。一般是指涉及性行为和有关侮辱妇女的犯罪案件"。可以看出，这一时期的法律规定主要有两个特点：（1）阴私概念的普遍使用体现了传统文化的强大影响；（2）法律所保护的主要是当事人诉讼程序上不公开审理的权利。

由于改革开放所带来的观念上的冲击与进步，可以看到，从 20 世纪 80 年代、尤其是 90 年代初以后，不论是政府文件、立法还是民间，普遍以"隐私"概念代替了习惯的"阴私"概念（包括 1996 年的刑事诉讼法修改明确将阴私改为隐私）。其中，1982 年的民事诉讼法（试行）是第一个使用"隐私"概念的法律，1989 年的人民调解委员会组织条例是第一个使用"隐私"概念的行政法规。截至 2007 年 3 月底，共有 17 部法律使用该概念。① 随着法律概念的变化，这一时期的特点表现在：（1）法律保护的权利种类已经从过去的诉讼程序权利进入到了主要是民事实体权利的领域，诸如未成年人保护法、妇女权益保障法等法律都明确将隐私权作为一项实体权利加以规定，最高人民法院的司法解释也确认了隐私权的民事权利地位。② （2）权利保护的方法已经从单一的不公开审理诉讼程序保护发展到诉讼程序保护与民事侵权救济程序保护并重的二元保护体制。（3）就诉讼程序权利而言，由于原来的司法解释仍然有效，最高人民法院并未就"隐私案件"的范围制定新的司法解释，因此，变化的只是概念，其范围应该说与传统的"阴私"概念仍然有延续性。③ 相反，就实体权利而言，由于所有使用了隐私概念的法律或司法解释都没有给该概念下一个定

---

① 除了《人民法院组织法》以外，其他所有法律均不再使用"阴私"概念。

② 1986 年制定的《民法通则》虽然没有规定隐私权，但是，最高人民法院通过几个司法解释，其中最重要的包括《最高人民法院关于审理名誉权案件若干问题的解答》（1993）、《最高人民法院关于贯彻执行〈中华人民共和国民法通则〉若干问题的意见（试行）》（1988），实际上将隐私权作为名誉权的一种，赋予了其民事权利的法律地位，并加以保护。

③ 比如，《最高人民法院关于严格执行公开审判制度的若干规定》（1999）中明确规定，"涉及个人隐私的案件；十四岁以上不满十六岁未成年人犯罪的案件；经人民法院决定不公开审理的十六岁以上不满十八岁未成年人犯罪的案件；经当事人申请，人民法院决定不公开审理的离婚案件"，不公开审理。从这种个人隐私案件与其他几种案件并列的情况可以推论，个人隐私案件的范围是比较狭窄的，甚至不包括离婚案件。

义，也没有界定或者描述这种权利的范围，① 因此，这么多年来，实体权利的边界不论在立法还是实践中实际上一直处于模糊状态。隐私概念这种程序意义上的明晰化与实体意义上的模糊化，造成该概念逻辑体系的混乱，甚至许多立法机关也无法准确辨析并正确使用，② 必然导致实践中无法有效地保护当事人的隐私权。

自 20 世纪 90 年代末开始，尤其是进入新世纪以来，由于信息化的迅猛发展与权利观念的进一步提升，首先从信息化③和消费者权利保护④这两个领域的地方立法开始，逐步出现了个人信息概念，并于本世纪初率先在两部法律中得以采用。⑤ 这一时期，不但出现了新的概念，更重要的变化在于：（1）相比于边界模糊、主要依靠传统民事侵权法予以保护的隐私权，个人信息概念更为中性，其覆盖范围远远超出传统的民事侵权法所能覆盖的范围。比如，对于不当采集、使用、披露、交换或者传播个人姓名、住址、电话、职业、学历等客观个人信息的行为，很难用传统的侵权法认定为是侵权行为并加以追究，而采用个人信息保护法则容易得多。这样，采用个人信息概念，其保护的范围就比隐私权的范围要大，边界相对

---

① 比如，17 部使用了隐私概念的法律（包括未成年人保护法、反洗钱法、银行业监督管理法、治安管理处罚法、公证法、妇女权益保障法、传染病防治法、行政许可法、保险法、律师法、复议法、执业医师法、刑事诉讼法、行政处罚法、澳门特别行政区基本法、民事诉讼法、行政诉讼法），11 部行政法规（分别是地方志工作条例、机动车交通事故责任强制保险条例、国务院办公厅关于加强电子商务发展的若干意见、海关行政处罚实施条例、全面推进依法行政实施纲要、乡村医生从业管理条例、税收征收管理法实施细则、外国律师事务所驻华代表机构管理条例、计算机信息网络国际联网管理暂行规定实施办法、企业劳动争议处理条例、人民调解委员会组织条例），超过 300 件部门规章或者其他规范性文件，都只使用了概念，均缺乏定义和范围描述。

② 比如，《妇女权益保障法》第四十二条将隐私权与名誉权并列，而《民法通则》中只规定了名誉权，没有规定隐私权，因此，《妇女权益保障法》所规定的隐私权的含义与范围及其与名誉权的关系就需要进一步的界定，其边界很模糊。

③ 有关 IC 卡管理、征信体系建设、互联网使用与管理以及政府办公自动化等方面的地方信息化立法均有个人信息保护方面的规定。

④ 非常有对比意义的是，1993 年制定的《消费者权益保护法》并没有规定任何个人信息保护方面的内容，但是，进入 21 世纪以后，一些地方（如上海、云南、内蒙古、辽宁、安徽、福建、湖南、贵州）制定的消费者权益保护地方性法规普遍增加了对消费者个人信息加以保护的内容。

⑤ 这两部法律分别是《居民身份证法》（2003）与《护照法》（2006）。

也更为明确,① 由此实现了权利边界的扩张。(2) 由于个人信息保护超出了传统的隐私权侵权民法保护的范畴,因此,对个人信息的保护手段除了传统的两种方式以外,又增加了政府的监管责任和行政法保护方式,这样,就从传统的事后保护向事前、事中、事后并重的多阶段、全过程保护迈出了一大步。

77.2.4　信息安全

国家信息化领导小组办公室成立之后,建立了一整套信息安全的组织保障体系,专门成立了网络与信息安全领导小组,成员有信息产业部、公安部、国家保密局、国家密码管理委员会、国家安全部等强力部门,各省、直辖市、自治区也设立了相应的管理机构。这一机构的设置,为继续加强信息安全法律法规建设提供了有利的条件。

2003 年 7 月,国家信息化领导小组第三次会议上专题讨论并通过了《关于加强信息安全保障工作的意见》,同年 9 月,中共中央办公厅、国务院办公厅转发了《国家信息化领导小组关于加强信息安全保障工作的意见》(2003〔27〕号文件)。27 号文件第一次把信息安全提到了促进经济发展、维护社会稳定、保障国家安全、加强精神文明建设的高度,并提出了"积极防御、综合防范"的信息安全管理方针。

为了贯彻《计算机系统信息安全保护条例》中所提出的等级保护制度,2004 年,公安部联合国家保密局、密码局、保密委员会和国家信息化领导小组办公室发布《关于信息安全等级保护工作的实施意见》,对信息安全等级保护的基本制度框架进行了规划。2006 年上述四部门发

---

① 大部分立法对于个人信息都没有进行性质界定或者范围描述,只有地方消费者权益保护规定进行了非常有意义的尝试,比较接近国外法律对于个人信息定义的"可识别性"标准。例如,《上海市消费者权益保护条例》(2002) 在中国第一次对个人信息的范围进行了描述,其第二十九条规定,"经营者提供商品或者服务时,不得要求消费者提供与消费无关的个人信息。除法律、法规另有规定外,经营者未经消费者本人同意,不得以任何理由将消费者的个人信息向第三人披露。前两款所称的个人信息,包括消费者的姓名、性别、职业、学历、联系方式、婚姻状况、收入和财产状况、指纹、血型、病史等与消费者个人及其家庭密切相关的信息"。

布《信息安全等级保护管理办法（试行）》，开始具体构建信息安全等级保护制度。这些法律文件构成了中国信息安全等级保护的基本法律框架。

为加强和规范互联网安全技术防范工作，保障互联网网络安全和信息安全，2005 年 12 月，公安部出台了《互联网安全保护技术措施规定》，详细规定了互联网服务提供者和联网使用单位落实相关互联网安全保护技术措施的义务。

2005 年，国家信息化领导小组还对信息安全相关法规、规章特别是各类政策性文件进行了深化梳理，并组织有关部门和法学研究机构对 12 个相关专题进行研究，起草了《信息安全条例（草案）》。可以说，信息安全立法，仍将是今后信息化立法工作的重点。

77.2.5 电子政务

从广义上讲，凡是与电子或者政务相关的立法，均可以称之为电子政务立法。由于中国的特殊国情，行政权的作用一直很大，一般估计中国 80% 的法律都需要由行政机关负责执行。因此，中国与电子或政务相关立法的数量众多，涉及面非常广。例如，通过自动搜索北大法意数据库"法律法规"库（截止时间为 2008 年 5 月 1 日），名称中带有"行政"概念的法律规范有 104 部，行政法规有 230 部，部委规章有 3599 部，地方法规有 11947 部。名称中带有"处罚"概念的法律规范有 10 部，行政法规有 13 部，部委规章有 873 部，地方法规有 1354 部。至于法律条文中涉及这些概念的规定更是数以万计。相比之下，名称中带有"电子"概念的法律规范只有 1 部，行政法规只有 2 部。名称中带有"信息化"或者"电子政务"概念的法律或者行政法规至今还没有。因此，通常意义上所讲的"重电子、轻政务"需要严格界定使用条件。在电子政务相关立法中，目前的情况可以说是"政务方面的法律已经基本具备，电子方面的法律严重匮乏"。

采用广义电子政务立法概念，最大的问题是无法准确反映电子政务立法的发展现状，尤其在中国，很容易把与信息通讯技术无关的立法都纳入到电子政务立法范围，无法为电子政务立法指明下一步发展方向。因此，本文采用狭义的电子政务立法概念，即规则制定机关为回应信息通讯技术而进行的专门立法活动，主要是指电子政务、信息安全、互联网、信息公开、信息共享、电子签名、电子商务等主要领域的立法。

到目前为止，中国仍没有一部法律或者行政法规专门系统地规定电子政务。并且，明确提到"电子政务"概念的法律文件只有一部，即《行政许可法》第33条。① 国务院也仅仅只在11个行政法规类文件中提到过"电子政务"概念。② 可以看到，现行电子政务的规定大多属于部委规章或者地方立法，效力层级比较低，不利于树立电子政务的法律权威。

不仅如此，中国在信息共享、信息化、征信管理、办公自动化、个人信息保护与信息安全等领域至今也都没有法律或者行政法规层级的法律规范。目前，在电子政务领域高层级的专门法律规范只有《电子签名法》、《全国人大常委会关于维护互联网安全的决定》、《政府信息公开条例》、《互联网上网服务营业场所管理条例》、《互联网信息服务管理办法》、《信息网络传播权保护条例》、《计算机信息网络国际联网管理暂行规定》、《国务院办公厅关于加快电子商务发展的若干意见》等非常有限的几个法律文件。

相反，地方电子政务立法不但数量多，涉及不同层级的地方多（既包括省级，也包括地、市级），覆盖的领域也非常广泛（既包括诸如电子

---

① 2001年，国务院在向九届全国人大四次会议所作的2000年国民经济和社会发展计划执行情况与2001年国民经济和社会发展计划的报告中，提到过"电子政务"概念。

② 分别是国务院2005年工作要点，国务院工作规则，国务院办公厅关于加快电子商务发展的若干意见，国务院全面推进依法行政实施纲要，国务院批转教育部2003—2007年教育振兴计划，国务院关于促进房地产市场持续健康发展的通知，国务院关于取消第二批行政审批项目和改变一批行政审批项目管理方式的决定，国务院关于进一步推进相对集中行政处罚权工作的决定。

政务管理办法这样的一般规定,① 也包括诸如信息安全、② 绩效考核、③ 标准化体系④等具体规定)。除了专门规定电子政务的立法之外,在与电子政务直接相关的一些具体问题（如征信管理⑤、信息公开⑥）的立法上,地方立法也比中央立法更为活跃。中央立法与地方立法的对比说明,中国电子政务立法目前主要集中在地方层面。

77.2.6　互联网治理

2000 年以后,随着电信业重组、互联网逐渐由 web1.0 向 2.0 发展、网络接入费用的降低以及网民数量的飞速增长,网站数量和服务种类也迅速增多。在网站服务的管理上,国家采取了分类管理的办法,将网站分为经营性和非经营性网站,前者实行许可制度,后者实行备案制度。2000 年 9 月 25 日,国务院发布《互联网信息服务管理办法》规定,从事经营性互联网信息服务,应当向省、自治区、直辖市电信管理机构或者国务院信息产业主管部门申请办理互联网信息服务增值电信业务经营许可证。2005 年 2 月 8 日信息产业部发布的《非经营性互联网信息服务备案管理办法》详细规定了通信管理部门对非经营性互联网信息服务的网站进行备案的程序和要求。

随着网络的普及,域名作为一种无形资产的重要性也日益突出。围绕域名的注册和使用的纠纷也日益增多,针对这一问题,2001 年 7 月 17 日,

---

① 如云南省电子政务管理办法,天津市电子政务管理办法,吉林省人民政府关于加快全省电子政务建设的意见,广东省电子政务建设管理办法,武汉市电子政务建设管理暂行办法,无锡市电子政务建设指导意见。

② 如玉林市电子政务系统密钥管理办法（试行）,南宁市电子政务信息及网络安全管理办法（试行）,广东省电子政务信息安全管理暂行办法。

③ 如蚌埠市人民政府办公室印发电子政务建设考核暂行办法的通知,常州市人民政府办公室关于开展常州市电子政务绩效评估工作的通知。

④ 如深圳市电子政务标准化管理暂行办法,北京市电子政务项目验收规范（试行）。

⑤ 目前中央政府并没有制定有关征信管理方面的规定（在线查询得出的 4 个部委规章经过人工复核后可以删除）,有限的几个专门规定均出自深圳、上海、长沙、海南、福建等地方立法。

⑥ 专门制定的信息公开或者政务公开的地方法规的数量远远多于部委规章的数量。

最高法院出台了《关于审理涉及计算机网络域名民事纠纷案件适用法律若干问题的解释》，对于域名纠纷处理做了明确的规定。此后，为了规范中国互联网络域名系统管理和域名注册服务，信息产业部 2002 年 8 月 1 日出台了《中国互联网络域名管理办法》，2004 年 11 月再次修订和公布了该办法。该办法主要是为了规范在中国境内从事域名注册服务及相关活动，同时对域名内容本身做了规定。

2005 年 2 月 8 日，信息产业部发布了《互联网 IP 地址备案管理办法》，规定信息产业部统一建设并管理全国的互联网 IP 地址数据库。随后，同年 10 月 25 日，信产部再次发布《互联网站管理工作细则》，对网站的备案管理进行了详尽的规定。

新闻信息服务类网站是网络新闻传播的重要阵地，也是网络传播管理的重点。2005 年 9 月 25 日，国务院新闻办公室、信息产业部联合发布《互联网新闻信息服务管理规定》，对互联网新闻信息服务活动进行了规范，有利于促进互联网新闻信息服务健康、有序地发展。

中国已经成为全球第二大垃圾邮件发送国。针对垃圾邮件盛行的问题，信息产业部制定了《互联网电子邮件服务管理办法》并于 2006 年 3 月 30 日起实施，对垃圾邮件的定义、邮件的发送规则和发送垃圾邮件的法律责任都作了明确规定。

针对中国《著作权法》中没有直接规定如何保护网络数字化作品的缺陷，最高法院于 2000 年 11 月 22 日出台了《关于审理涉及计算机网络著作权纠纷案件适用法律若干问题的解释》，明确规定了侵权纠纷的属地管辖、数字化形式的作品受《著作权法》保护、网络数字化作品的侵权行为以及网络服务提供者的权利、义务和法律责任。该法律解释得到法律界人士的广泛好评。

2001 年，《著作权法》修订时将作品在网络上传播确立为作品著作权人的一项独立权利。2005 年 4 月 30 日，信息产业部和国家版权局联合颁布了《互联网著作权行政保护办法》。2006 年，国务院出台了《信息网络传播权保护条例》。这些法规和规章解决了互联网信息服务提供商的著作权侵权责任及其限制问题，完善了互联网环境下著作权保护制度，加强了信息网络传播权的行政保护。

为规范信息网络传播视听节目秩序，加强信息网络传播视听节目的监督管理，2003 年 1 月 7 日，广电总局发布了《互联网等信息网络传播视听节目管理办法》。该办法主要规定了在互联网等信息网络中开办各种视听节目栏目的具体条件、主管部门、许可证申请等内容。2004 年 7 月 6 日，广电总局修订并重新发布了该管理办法。办法中对信息网络传播视听节目的技术形态、接收终端、网络类型、服务种类都进行了具体的说明，对信息网络传播视听节目的内涵进行了更明确的界定。2008 年发布的《互联网视听节目服务管理规定》更是将"播客"的上传服务也纳入政府的管理范围。

2004 年 9 月 6 日，最高人民法院和最高人民检察院出台的《关于办理利用互联网、移动通信终端、声讯台制作、复制、出版、贩卖、传播淫秽电子信息刑事案件具体应用法律若干问题的解释》开始施行。这一司法解释对利用互联网、移动通讯终端制作、复制、出版、贩卖、传播淫秽电子信息的行为在何种情况下适用何种具体罪名做了明确规定。

（本章作者　周汉华　苏苗罕）

企业文框 34：永中科技有限公司

永中科技有限公司成立于 2000 年，是一家专门从事办公软件开发和销售的国资控股高新技术企业。公司以集成创新、跨平台的永中 Office 为核心，提供桌面办公、移动办公、网络办公和教育应用等多元化解决方案。

作为一种广泛应用的基础软件，办公软件在我国政治、经济、信息安全等方面具有举足轻重的作用，国家发改委、科技部、原信息产业部、江苏省等先后给予多次立项支持。依靠自主创新和全球第二大 Office 研发团队，永中公司研制的永中集成

Office 已经完全可替代国外同类软件，并在集成应用方面取得重大突破，先后获得 20 余项国内外发明专利。在市场拓展方面，永中集成 Office 先后被国家中宣部、中联部、科技部、国家统计局采购，被商务部指定为援外项目办公软件，在省级政府采购中所占份额、企业和个人用户数居国产办公软件前列，其中神华、万向等大客户数居首位。成功应用于江苏、吉林、新疆等二十几家省级政府机关和农村中小学现代远程教育系统。此外，永中公司在日本、南非及北美市场设立了分支和代理机构，是我国第一个具出口能力的国产办公软件企业。

秉承"朝气蓬勃、自主创新、执著向上"的企业文化，永中以我国基础软件"国家队"为己任，矢志成为 21 世纪 Office 技术和解决方案的创新开拓者。

（编撰：刘博）

第78章

信息化标准
规范建设

引　言

随着信息技术的不断发展和国家信息化应用工程建设的逐步开展，信息化标准规范建设取得了很大的进步。党中央、国务院有关国家信息化工作的历次文件中，将信息化标准规范建设作为一项重要的工作内容，提出了明确的要求。信息化标准规范工作得到政府各个部门、企业和全社会的关注和支持，标准规范成为信息技术、信息产业发展和信息化工程建设的重要支撑和保障。标准规范建设的主要成果集中反映在制定发布国家标准和行业标准，编制实施标准化指南。据不完全统计，有关信息化领域的国家标准已有逾千项，标准化指南逾百个，中国标准成为国际标准的数量接近百项。在国家信息化进程中，这些标准在规范信息技术和信息产品、保障信息互通互连、促进信息资源共享、协调信息化工程建设和应用、提升社会信息化管理水平等方面，发挥了有力的技术支撑和保障作用。

1983 年中国成立了全国信息技术标准化技术委员会，负责制定信息技术领域内的基础、核心和关键的国家标准，26 年来完成了国家信息化急需的大量技术标准和规范制定和修订任务，成为国家信息化标准规范建设的主要技术队伍。

78.1 汉字信息处理标准

汉字是中国的通用文字，使用人口最多、应用范围最广。因此，汉字信息技术的标准化工作走在了中文信息技术标准化的前列。汉字信息处理标准主要涉及汉字编码字符集、汉字字型和汉字输入法等主要技术领域。

78.1.1 汉字编码标准

汉字信息技术标准化工作是从汉字编码字符集标准的研制开始的。20世纪 70 年代，原四机部、一机部、中科院、新华社、国家出版局等五家单位联合提出了"汉字信息处理系统"工程项目，这个项目得到原国家计委的批准立项，列为国家重点系统工程项目。1974 年 8 月，召开了汉字信息处理系统方案的国家论证会议，由此汉字信息处理工程项目被定名为"748 工程"。工程实施后，1980 年发布了中国第一个汉字编码字符集标准 GB2312-80《信息交换用汉字编码字符集 基本集》。该标准收录了6763 个汉字字符和 682 个非汉字图形字符。6763 个汉字字符中，包含现代汉语常用字 6724 个，非汉字的部首 39 个。GB2312-80 的发布开创了中文信息技术标准化的先河，规范和统一了汉字编码技术方案，奠定了中文信息技术、产品和产业的技术基础。

自 1980 年发布 GB2312-1980《信息交换用汉字编码字符集 基本集》以来，中国陆续发布了多项汉字信息技术国家标准。包括 GB2312 的辅助集和 GB18030-2005《信息技术 中文编码字符集》等多项编码字符集国家标准。同时，中国积极参与并主导国际标准 ISO/IEC10646《信息技术通用多八位编码字符集（UCS)》中的汉字编码工作，及时维护了中国在国际标准中的重大技术权益，取得了重大的进展。截至 2008 年，国家共制定汉字编码国家标准八项，汉字编码字符集国际标准和国家标准覆盖的汉字总量近 7.5 万个，不仅解决了一般社会用字的信息化问题，也在较大程度上基本解决了用字量较大行业的信息化问题。

78.1.2 汉字字型标准

信息技术设备对汉字的显示、打印对规范汉字字形正确地使用具有十分重要的作用，规范汉字字型成为技术与文化的结合的关键。20 世纪 90 年代，与汉字编码字符集配套的汉字点阵字型等国家标准也迅速出台，国家陆续制定了 15×16、24×24、48×48、64×64 的宋体、仿宋体、楷体和黑体四种主要字型的 21 项国家标准，极大地提高了信息社会使用规范汉字的水平。

78.1.3 汉字输入法标准

考虑到汉字输入的多样性和复杂性，以及各种汉字输入编码方案多数由个人制定，各种主流输入方法之间没有绝对的优劣，输入方法在技术上远未达到十分成熟的阶段，加之制定标准还要涉及诸如侵犯个人专利等知识产权、市场推广等十分复杂的问题，全国信息技术标委会认为不宜制定具体的输入法产品国家标准，应允许该类产品在市场上进行充分的市场竞争，避免因标准造成对输入法技术发展的限制。因此，不制定任何一项针对具体的输入法标准，仅在评价汉字键盘输入法方面制定了 GB/T14158-1993《通用键盘汉字编码输入方法评测规则》和 GB/T16295-1996《通用键盘汉字输入技能测试方法》等四项国家标准。

78.2　信息分类编码标准

中国信息分类编码标准化工作自 20 世纪 80 年代初开始，随着中国各信息系统建设对各类信息资源进行有效分类及编码的需要，从起步到不断完善，现已形成一套较为系统完整的信息分类编码标准体系，基本满足了国家信息化建设各个方面应用的需要。有关自然人、组织机构和物品的分类标识，对国家信息化建设具有十分重要的基础作用，可以有效地促进信息化建设各个相关环节的信息的交换和共享，为国民经济的发展起到重要的保证作用。到 2008 年底为止，已制定信息分类编码国家标准已达 300 多个，其中 20% 以上是采用或参考了 ISO、IEC 等国际标准化组织、联合国等国际组织或其他先进国家的标准，而绝大多数是结合中国的实际需要制定的，一些重要的基础性信息分类编码国家标准已在许多政府管理部门得到有效的实施。

78.2.1　公民身份证号码标准

根据 1997 年国务院总理办公会议的决定，对原《社会保障号码》国家标准进行了修订，标准更名为 GB11643-1999《公民身份号码》，作为强制性国家标准于 1999 年 1 月 19 日批准发布。公民身份号码由 18 位数字组成，依次是公民户籍所在地行政区域代码 6 位，公民出生日期码 8 位，加上 3 位顺序码和 1 位校验码。将公民身份号码中表示个人出生年份的代码由原来的 2 位缩略表示改为 4 位完全表示，同时取消了对百岁老人使用特定编号的条文。这一方面是为了满足社会对公民身份号码唯一性基本要求，另一方面也是为公民身份标识工作实现跨世纪规范化管理做出的必要准备。《公民身份号码》强制性国家标准，就是要给具有中华人民共和国国籍的每一位公民颁发一个唯一的、终身不变的个人识别号码。它的实际作用是为每个公民确定一个唯一性的数字化名字，便于社会对公民个人信息的采集、存储、处理、交换。公民身份号码对每个人都是唯一的、终身不变的，凡需要对个人进行标识的领域均可使用，在人口统计、户籍管理、身份识别、卫生保健、义务教育、社会保险、税务征收、劳动管理、社会保障、银行账户等社会活动的各个领域得到广泛的应用，既有利于国家对公民的服务和管理，又有利于公民的各项社会活动。

78.2.2 组织机构代码标准

1988 年，国家启动组织机构统一标识制度。GB/T11714《全国组织机构代码编制规则》国家标准奠定了组织机构统一标识制度的技术基础，已向全国近千万个企事业单位和社会团体发放了统一代码，统一代码标识制度已在税收、外经贸、公安、银行、统计、国有资产管理等部门得到应用，有效地促进了国家宏观经济管理的规范化和信息化，保证了经济活动的有序进行。

78.2.3 全国工农业产品（商品、物资）分类与代码标准

GB7635-2000《全国工农业产品（商品、物资）分类与代码》国家标准涉及工农业产品内外贸易、物资流通、资产管理、统计等方面的信息化应用，该标准既可用于统计工作，又可为社会各领域之间产品信息系统建立和数据交换提供技术基础。

78.2.4 信息交换 日期和时间表示法标准

GB/T7408-1994《信息交换 日期和时间表示法》国家标准，规范了有关日期和时间的部分表示法和完全表示法。在进入 21 世纪时，对解决出现的千年虫问题，提供了与国际接轨的时间和日期的规范用法。1998 年制定了《2000 年符合性测试规范》，统一了检测千年虫的测试规程。

78.2.5　条码标准

中国条码的推动应用工作始于 1988 年，1991 年制定 GB/T12904-1991
《通用商品条码》国家标准。截止到 2008 年，应用条码的企业已超过 10
万多家，30 多万种商品使用了条码。围绕条码码制、条码印制质量检测、
条码使用、条码硬件设备技术等方面已制定的国家标准已达几十项，有利
地促进了中国商业零售贸易的便利开展。

78.3　软件标准规范

中国的软件标准化工作起步于 20 世纪 70 年代末 80 年代初，当时中
国的软件产业还很薄弱。为了推动中国的软件产业发展，80 年代中国的
标准化方针主要是积极采用国际标准，以此来带动中国的软件产业发展。
因此，纵观中国的软件标准，70% 以上是采用国际标准而制定的。

经过 30 年的努力，中国基本形成了比较完善的软件标准体系，基本
满足了产业发展的需要。在软件工程、程序设计语言、数据库、网络、文
件处理与交换、多媒体与图形图像、数据元素、信息安全等方面，大多数
标准是采用国外标准。"十五"以来，自主制定软件标准的工作得到了各
级政府部门的高度重视。在电子发展基金、"863"计划、标准重大专项
中以及国家发展与改革委和科技部等专项支持下，Linux 操作系统、办公
软件、数据库、信息安全、多媒体等方面的一批自主标准已形成或正在制
定中，对软件产业发展起到了重要的推动；围绕电子政务、电子商务以及
金税工程、金盾工程、金宏工程等一批"金"字工程的具体需求，一批
工程标准体系和自主制定的应用标准已形成，为国民经济与社会信息化提
供了重要保障。

为配合自主标准的推广实施，开发了编码字符、字型、输入法、

Linux操作系统、办公软件、信息安全、多媒体、电子政务等方面的标准符合性测试系统，初步具备了标准的符合性评定能力。另外，包括信息处理产品标准符合性检测中心在内的国内一大批软件实验室也正在依据《软件产品质量度量》标准，开展了多层面的软件测试服务业务。

为了发展和规范中文信息处理的技术，1993年9月中文平台标准化特别分技术委员会成立，以国际标准化或通用操作系统为基础，制定了适合中国国情的GB/T15189《DOS中文信息处理接口规范》、GB/T16681《信息技术 开放系统中文界面规范》、GB/T14246《信息技术可移植操作系统接口》、《UNIX中文信息处理接口规范》等中文操作系统、中文应用软件及应用接口等有关的国家标准和行业标准。

2000年6月，国务院印发了《鼓励软件产业和集成电路产业发展的若干政策》，要求标准化工作对软件产业发展提供必需的技术支撑与保障。进一步明确了软件标准化应该紧紧围绕软件产品的质量、软件企业能力、软件人员素质以及软件技术开展标准的研究、制定和实施；软件标准化重点是加强软件基础标准和软件工程标准两大方面，突出解决系统软件、支撑软件、应用软件和中文软件产品等技术领域的共性问题。

2002年，全国信息技术标准化技术委员会成立了中文办公软件基础标准研究工作组，中文办公软件标准采用XML技术，并结合国内办公软件特点和中国国情而统一制定。完成中文办公软件标准体系框架；2007年发布了GB/T20916《中文办公软件文档格式规范》标准，为企业研制跨平台（如Windows、Linux、UNIX等）办公文档格式产品创造了技术条件。

2004年4月成立Linux标准工作组，研究制定《Linux应用编程界面API规范》、《Linux桌面系统技术要求规范》、《Linux服务器系统要求规范》、《Linux用户界面规范》和《嵌入式Linux技术规范》等标准。

2004年针对中国中小软件企业占多数、软件工程意识较薄弱的现状，在行业标准的基础上建立与中国软件企业现状相适应的评估模型，发布软件过程评估行业标准SJ/T11234《软件能力成熟度模型》和SJ/T11245

《软件能力成熟度评估指南》。

中国软件国家标准和行业标准总数已达千项，初步形成了与软件产业发展相适应的软件标准体系。

78.4 信息安全技术标准规范

为了深入贯彻国家信息化领导小组《关于加强信息安全保障工作的意见》的精神，2002年4月全国信息安全标准化技术委员会成立，制订了《国家信息安全标准化"十一五"规划》，规划五年内信息安全国家标准制修订项目，全面推动信息安全标准化工作研究，编制了"十一五"规划实施意见，明确了信息安全标准化"十一五"期间的总体目标、实施原则、实施内容、实施阶段和实施保障，围绕中国信息安全等级保护、网络信任体系建设、信息安全管理、信息安全产品认证、电子政务与电子商务信息安全和电子签名法实施等信息安全保障体系建设重点工作，坚持自主创新，组织开展了158项国家标准的研究制定工作，已正式发布105项国家标准，自主制定比例达到56%，《信息安全管理体系 审核指南》和《基于三元对等鉴别的访问控制方法》两项标准提案被国际标准化组织ISO/IEC JTC1 SC27接受。2009年5月首次成功地在中国承办了ISO/IEC JTC1 SC27工作组会议及全体会议，有力提高了中国在国际标准化领域的影响力，提升了中国在国际标准化组织中的地位。初步形成与国际相衔接的、基本适应国家信息安全保障体系建设的信息安全标准体系，为中国信息安全等级保护制度实施和网络信任体系建设提供了基础标准支撑；为信息安全应急处理和电子签名法的顺利实施提供了重要技术支持；为信息安全产品测评认证提供了重要依据；为电子政务等国家重大工程建设提供必要标准服务。

78.5 国家重大信息化工程建设标准规范

从 1985 年开始，随着国家信息化工程建设的起步，国家有关部门充分利用已有的信息技术标准以及有关的科研成果，结合中国的具体情况，就信息系统设计与应用中所涉及的原始信息采集与质量控制、信息分类与编码、中文信息处理技术、数据通信和计算机网络协议、软件工程以及系统物理安全与数据加密等十几个专业领域，面向国家经济信息系统建设，编制了《国家经济信息系统设计与应用标准化规范》；面向金融信息系统建设，编制了《金融电子化系统标准化总体规范》；面向 CAD 技术的推广应用，编制了《CAD 通用技术规范》；面向 EDI 贸易系统建设，组织编制了《EDI 标准化技术规范》；面向计算机通信网络的互连，组织制定开放系统互连一致性测试功能系列标准；面向三金工程建设，编制了《三金工程标准化指南》；面向电子政务工程建设，编制了《电子政务标准化指南》等一系列的标准规范，有力地配合了各个信息化工程建设的开展。

78.5.1 电子数据交换 EDI 标准规范

20 世纪 90 年代初，随着 EDI 在国际范围内的广泛应用，某些发达国家陆续宣布了对不采用 EDI 方式进行贸易业务数据交换和处理的贸易伙伴，不予或推迟对其贸易业务的处理。"没有 EDI 就没有订单"，"没有 EDI 就没有贸易伙伴"，不采用 EDI 的商业业务将不予或推迟受理已成为中国一些涉外企业面临的挑战。为此，从 1990 年起，本着"标准先行、标准要与国际接轨"的原则，较全面地开展了 EDI 标准化工作，并在 EDI 标准化组织建设、EDI 标准体系建设、EDI 标准开发等方面取得了一定的成果。以"全国文件格式和数据元标准化技术委员会"、"开放式 EDI 特别兴趣小组"和"中国 EDI 委员会技术评审组"为核心的 EDI 标准化组织，分别对口研究 ISO/TC154、ISO/IEC/JTC1/SC30 和 UN/ECE/WP4 开展的 EDI 标准化工作及国内相应的标准化工作，建立了中国 EDI 标准化体系，制订相关 EDI 标准 60 多项，并编制完成《电子数据交换 EDI 标准规范》，对中国的国际贸易起到了积极的作用。

78.5.2 "三金工程"标准规范

1993 年至 1998 年，国家开展金桥、金关和金税工程过程中，明确地提出将统一标准作为建设的方针之一。经过几年的努力，先后完成《三金工程标准化指南》、《金桥工程标准化指南》、《金关工程标准化指南》和《金卡工程标准化指南》九册，涉及"三金工程"急需的 97 项标准规范，提供可供工程选用的 1100 多项标准与分类目录，开发了"三金工程"标准化指南全文检索系统和 UN/EDIFACT 报文标准目录检索系统。这些标准体现了当前信息技术的国际主流，对"三金工程"建设具有重要的技术指导意义，为国内大型信息化工程建设及时提供了有效的技术支撑和服务。

《三金工程标准化指南》借鉴国外经验和中国国情，创建了体系结构原理和工程概念结构模型，提出了工程标准分类体系结构的方案，为工程的实施提供了总体思路和实施步骤。《金桥工程标准化指南》主要以 ISO、IEC、ITU 的国际标准和中国国家标准为依据，向工程设计者提供了一套有关网络方面的基本概念、框架、服务及协议规范。《金关工程标准化指南》主要以联合国 UN/EDIFACT 贸易数据交换手册为依据，并参照中国标准，提供了基础的标准、规则、目录文集和指导性文献。《金卡工程标准化指南》包含了磁条卡、带触点 IC 卡、无触点 IC 卡以及识别卡应用管理方面的国家标准 42 项，行业标准 11 项，国际标准 ISO8583（《产生报文的金融交易卡 交换报文规范》）的实施细则；信息安全标准；集成电路卡标准等。2002 年中国向国际标准化组织成功申请到识别卡应用标识符，标志着中国银行卡应用走出国门迈出重要一步。

78.5.3 电子政务标准规范

《中共中央办公厅国务院办公厅关于转发〈国家信息化领导小组关于电子政务建设指导意见〉的通知》把"统一标准，保障安全"作为"十五"期间我国电子政务建设遵循的主要原则之一，提出了"加快制定统一的电子政务标准规范，大力推进统一标准的贯彻落实"，并将"完善电子政务标准化体系，逐步制定电子政务建设所需的标准和规范"作为"十五"期间中国电子政务建设的主要任务之一。国家信息化领导小组十分重视电子政务标准化工作，在国家信息化领导小组第二次工作会议明确指出，要做好国内电子政务及其信息安全标准的统筹规划和工作安排，迅速有效地开展电子政务标准的研究制定工作。

为贯彻落实国家信息化领导小组关于国家电子政务标准化工作的有关要求，在国家发展与改革委员会、财政部和原信息产业部等有关部门的大力支持下，国家标准化管理委员会联合国务院信息化工作办公室于2002年1月成立了国家电子政务标准化总体组，统筹规划和总体协调国家电子政务标准化工作，全面开展中国电子政务标准体系的研究和建设。2004年11月8日，国家发展改革委正式批复国家电子政务标准体系建设项目一期工程项目的实施。

经过几年的努力，到2006年12月，国家电子政务标准化总体组具体实施的国家电子政务标准体系建设，基本形成了中国电子政务标准体系框架，有效指导了全国各级电子政务建设；及时完成了一批电子政务基础性国家标准的研制，为实现系统间互通互联、信息共享、业务协同打好基础；适时开展了一系列宣传培训活动，促进了标准的广泛使用；有效地开发和利用了电子政务标准化工作平台，为标准的研究制定提供了全程服务；建立了一套符合国情的电子政务标准研制和管理工作机制，保证标准化工作得以顺利开展；配合地方有效地开展了相关标准试点验证工作，提高了标准的可操作性。

编写完成了《电子政务标准化指南 第1部分：总则》、《电子政务

标准化指南　第2部分：工程管理》、《电子政务标准化指南　第3部分：网络建设》、《电子政务标准化指南　第4部分：信息共享》、《电子政务标准化指南　第5部分：支撑技术》和《电子政务标准化指南　第6部分：信息安全》共六册电子政务标准化指南；确定了电子政务标准体系，其中选用标准280多项，研究制定国家标准80多项。

在电子政务标准规范建设中，已经发布的一些重要国家标准对加强相关部门职能效率，提高信息监管和信息共享，降低信息化成本发挥了作用。

2004年4月发布三项电子政务系列标准GB/T19486-2004《电子政务主题词表编制规则》、GB/T19487-2004《电子政务业务流程设计方法　通用规范》、GB/T19488.1-2004《电子政务数据元　第1部分：设计和管理规范》。2004年11月完成国家标准《基于XML的电子公文格式规范》、《XML在电子政务中的应用指南》、《信息化工程监理规范》。

2003年6月发布《税控收款机　第1部分：机器规范》、《税控收款机　第2部分：税控IC卡规范》、《税控收款机　第3部分：税控器规范》三项国家标准。2004年9月发布了GB/T18240.4-2004《税控收款机　第4部分：银行卡受理设备规范》、GB18240.6-2004《税控收款机　第6部分：机器编号》两项国家标准。2005年发布《税控收款机　第5部分：打印机》、《税控收款机　第7部分：商业自动化》两项国家标准。上述标准为提高国家税务征管效率、强化税源监控、堵塞税收漏洞，起到了很好的技术支撑作用。

2004年10月发布国家标准GB/T19581-2004《信息技术　会计核算软件数据接口》，为国家监管会计和审计信息化的需要，降低监管成本，提高依法行政的能力，提供了强有力的技术依据。

2006年发布了国家标准GB/T20092-2006《中文新闻信息置标语言》和GB/T20093-2006《中文新闻信息分类与代码》，满足和适应新闻传媒发展的迫切需求，为新闻信息资源有效管理、开发、利用与共享奠定了基础。两个新闻技术标准的提出和制定，填补了中国新闻信息领域的空白；

标准的颁布和推广使用，对新闻信息的规范化和标准化，对新闻信息资源的交换、整合和挖掘起到巨大的促进作用。

78.5.4 工业信息化标准规范

为了配合国家 CAD 应用工程的开展，"八五"期间，中国 CAD 领域的标准化工作已经取得了一定的成果。原国家科委与国家质量技术监督局发布了对 CAD 技术具有指导意义的《CAD 通用技术规范》，同时还制定了一批急需的 CAD 标准。CAD 技术标准按照单元技术分类包括计算机图形系统、产品数据技术（数据交换、标准件库等）、CAD 技术制图、CAD 文件管理和光盘存储、CAD 一致性测试以及汉字信息处理、软件工程和软件质量保证等标准。完成"CAD 电子文件光盘存档技术标准和管理"标准、"设计过程的电子文件管理"标准、"二维图数据交换"标准和"标准件库接口"标准等。建立了中国的 CAD 标准件库标准体系和制定了 GB10091《事物特性表》系列标准、GB/T15049《CAD 标准件图形文件》系列标准以及 CAD 文件管理和 CAD 电子文件的存储、归档和管理等 80 多项国家标准。

在工业过程测量和自动化控制领域及工业自动化系统和集成领域加快了国际标准的采用步伐，基本形成与国际接轨的标准体系。在工业过程控制方面已制定国家标准内容涉及工业现场总线通信协议、功能安全、功能块设计技术、可编程序控制器、智能仪器仪表等方面。

在制造业信息化领域，国家标准涉及设计、制造、管理、装备自动化、网络化制造技术、集成和互操作性、多项技术的协同制造等方面。主要应用于数控机床的使用、设计、与整体控制系统集成等方面；在工业机器人的使用安全、接口、性能等方面；在进行计算机辅助设计（CAD）、计算机辅助制造（CAM）、计算机辅助工艺规划（CAPP）、产品数据管理（PDM）、产品生命周期管理（PLM）等多种现代产品设计管理的软件系统开发应用方面；在实现企业间协作的网络化生产方面发挥了积极作用，为提高企业的自动化生产水平、生产质量、生产效率等方面起到了明显作用。

2004 年，具有中国自主知识产权的基于工业的实时以太网 EPA 通信协议被 IEC 采纳成为国际标准 IEC61784-2 的十种子集之一，这是中国在工业生产领域第一次将自己开发的信息技术融入到国际标准中；中国提出的工业无线通信 WIA-PA 技术成为 IEC 国际标准；中国提出的《工业控制系统安全评估》提案获得国际认可，中国专家承担了国际标准 IEC61784-4 "控制网络参考模型" 和 "系统级的安全需求" 的起草工作。这些突破性的工作，标志着在工业自动化领域，中国开始对国际标准做出更大的贡献。

78.6 少数民族文字信息技术标准规范

中国少数民族文字信息技术是中文信息技术的一部分，是针对中国少数民族文字信息处理、具有中国少数民族文字信息特性的信息技术，主要包括中国少数民族文字信息识别、处理、提取、再生、检测等技术。中国少数民族文字信息技术已经成为中国信息技术和产业的特色，在国际上具有领先地位。构建中国少数民族文字信息技术的标准体系，加快、加强中国少数民族文字信息技术建设也已经成为中国信息技术标准化建设重点关注的内容。

近年来，在国家主管部门的重点关注和积极指导下，随着国家对少数民族文字信息技术标准化工作的人力、物力投入的大幅度增加，以及少数民族地区信息技术标准化意识和信息技术水平的提高，少数民族文字信息技术国家标准的数量飞速增长，质量逐步提高。少数民族文字信息技术标准化工作已经走上正轨，稳步发展。

到 2008 年年底，已经发布的少数民族文字信息技术国家标准共有 67 项，覆盖了藏文、彝文、蒙古文、朝鲜文、维吾尔文、哈萨克文、柯尔克孜文等少数民族文字，涉及这些少数民族文字的编码字符集、点阵字型和键盘布局等基础技术标准类型。

除国家标准外，中国自 20 世纪 80 年代以来积极参与并主导国际标准 ISO/IEC 10646《信息技术　通用多八位编码字符集（UCS)》中涉及中国少数民族文字的编码工作，初步解决了这些文字和世界上其他文字统一编码的基本问题，为中国少数民族文字信息技术产品和产业的发展奠定了基础。到 2008 年底，国际标准中收录的中国少数民族文字包括了朝鲜文、维吾尔文（包括古维吾尔文）、哈萨克文、柯尔克孜文、傣文（包括新、老西双版纳傣文和德宏傣文）、彝文（规范彝文）、藏文、蒙古文（包括传统蒙古文、满文、锡伯文、托忒文和阿礼咖礼文）和傈僳文。

78.6.1　蒙古文

中国少数民族文字的信息处理工作首先就是从蒙古文开始的，1987 年中国颁布了少数民族文字信息技术第一个国家标准 GB8045-1987《信息处理交换用蒙古文七位和八位编码图形字符集》。在此标准基础上，实现了蒙古文信息处理，后来又先后开发了与蒙古语文研究有直接关系的多种文字系统，以后又陆续实现了传统蒙文、回鹘文、托忒文、八思巴文、新蒙文、布里亚特文的标准化以及相关的应用软件如操作系统、字库、排版软件、网页开发工具等。已经制定完成了含满文、锡伯文、八思巴文在内的蒙古文信息技术国家标准共 25 项。已经发布的蒙古文信息技术标准主要有 GB/T7422.1-1987《信息交换用蒙古文 16×12、16×8、16×4 点阵字模集》、GB/T7422.2-1987《信息交换用蒙古文 16×12、16×8、16×4 点阵数据集》、GB 8045-1987《信息处理交换用蒙古文七位和八位编码图形字符集》、GB/T8046-1987《信息处理交换用蒙古文字符集键盘的字母区布局》、GB/T12051-1989《信息处理用蒙古文 24 点阵字模集及数据集》。

1999 年，中国还主导研制完成了国际标准 ISO/IEC10646《信息技术 通用多八位编码字符集（UCS)》中的蒙古文字基本字符集。

78.6.2　藏文

1993 年，中国开始了藏文编码字符集国际标准的研制工作，于 1997

年成功地将藏文基本字符集纳入了国际标准 ISO/IEC 10646《信息技术　通用多八位编码字符集（UCS）》。此后，中国又研制和发布了多个藏文信息技术国家标准 8 项。已经发布的藏文信息技术国家标准主要有 GB/T22034-2008《信息技术　藏文编码字符集键盘字母数字区的布局》、GB/T22238-2008《信息技术　藏文编码字符集　扩充集 B》、GB22323-2008《信息技术　藏文编码字符集（基本集及扩充集 A）24×48 点阵字型　吾坚琼体》、GB16959-1997《信息技术　信息交换用藏文编码字符集　基本集》、GB/T16960.1-1997《信息技术　藏文编码字符集（基本集）24×48 点阵字型　第 1 部分：白体》、GB/T17543-1998《信息技术　藏文编码字符集（基本集）键盘字母数字区的布局》、GB/T20542-2006《信息技术　藏文编码字符集　扩充集 A》。

78.6.3　维吾尔文、哈萨克文、柯尔克孜文

维吾尔文、哈萨克文、柯尔克孜文三种文字之间大部分字母是共同的，甚至发音也相同，但也有一些字母形同但音不同，有些字母是特有的。所以，在计算机信息处理这些文字时大都统一做在一个系统上，使系统具有同时处理这三种文字的功能。

1989 年，中国发布了第一个位维吾尔文信息技术国家标准 GB12050-1989《信息处理　信息交换用维吾尔文编码图形字符集》。90 年代初，又制定了计算机信息处理维、哈、柯、锡伯等文种的三项国家标准，成为中国各维、哈、柯文软件开发共同遵循的标准。中国还参与了国际标准 ISO/IEC 10646《信息技术　通用多八位编码字符集（UCS）》中阿拉伯文系列文字研制工作。已经发布的维、哈、柯文信息技术国家标准 25 项，主要包括 GB21669-2008《信息技术　维吾尔文、哈萨克文、柯尔克孜文编码字符集》、GB12050-1989《信息处理　信息交换用维吾尔文编码图形字符集》、GB/T12509-1990《信息交换用维吾尔文 16、24 点阵字母集及数据集》、GB/T12510-1990《信息处理交换用维吾尔文字符集键盘的字母区布局》等。

78.6.4　朝鲜文

朝鲜文信息处理的研究始于20世纪80年代。由于朝鲜文组字拼写方式较为特殊性，已实现的朝鲜文处理系统及操作系统种类很多，归纳起来，分为组合式和整字式。组合式直接在西文操作系统上实现；整字式以汉字操作系统为基础，用软件插接兼容，通过改造操作系统在系统级上实现朝鲜文、汉字、西文兼容。除操作系统外，中国还有朝鲜文的文字处理、排版、网页开发等多种应用软件。已经发布的朝鲜文信息技术国家标准主要有GB12052-1989《信息交换用朝鲜文字编码字符集》。

78.6.5　彝文

目前已经进行的彝文计算机信息处理，多数是针对规范彝文开发的，包括文字处理、排版、办公系统、网页开发等。已经发布的彝文信息技术国家标准主要有GB13134-1991《信息交换用彝文编码字符集》、GB/T13135-1991《信息交换用彝文字符15×16点阵字模集及数据集》、GB/T16683-1996《信息交换用彝文字符24×24点阵字模集及数据集》等。

78.6.6　傣文

傣文进入国际标准ISO/IEC 10646《信息技术　通用多八位编码字符集（UCS)》的工作正在进行中，中国提交的德宏傣文、西双版纳新、老傣文编码标准方案不久也将正式进入国际统一编码标准之中。已经完成傣文信息技术国家标准6项。

目前，中国的少数民族文字信息技术标准体系的框架已经初步建立，标准数量迅速增加，标准质量稳步提高，并深刻地影响了相关国际标准的制定，这些少数民族文字标准有力地促进了中国少数民族信息化进程的快速发展。

（本章作者　宿忠民）

第十一篇

中国信息化的基本经验

第79章

中国信息化发展的
基本经验①

引　言

　　信息化是一个长期的、渐进的、复杂的过程，伴随其发展的将是社会生产力的大提升，社会非物质生产的大发展，人类文化素质的全面提升，人类社会向知识经济型社会的转轨。这将是一个经济、政治、文化、社会体制全面创新的过程。在这一过程中，需要不断地总结信息化实践的经验与教训，认识信息化发展的特点和规律，把握信息化未来的方向和趋势。中国信息化建设在许多领域取得重大突破，在实践中积累了许多重要经验。

---

① 此部分内容主要根据曲维枝主编的《中国信息化道路探索》第三章内容整理修改完成（经验部分）。

79.1 坚持把信息化作为覆盖现代化建设全局的战略举措

对信息化在现代化建设全局中地位和作用的认识是随着技术发展及应用深化而不断提高的过程，是各种思想和观念不断交流、碰撞、融合并形成共识的过程，也是中国信息化建设稳步推进的关键。

20 世纪 90 年代初，信息化浪潮风起云涌。面对中国经济发展对信息化提出的迫切要求，党和国家领导人高瞻远瞩，1993 年分别提出了"金桥"、"金卡"、"金关"、"金税"等一系列重大信息化工程，拉开了中国信息化系统建设的序幕。党的十四届五中全会提出了要"推进国民经济信息化"，十五大提出了"加快国民经济信息化进程"。2000 年中国共产党第十五届五中全会指出"大力推进国民经济和社会信息化，是覆盖现代化建设全局的战略举措"。2002 年，十六大对"信息化是覆盖现代化建设全局的战略举措"做出了更加具体的部署，指出"信息化是中国加快实现工业化和现代化的必然选择。坚持以信息化带动工业化，以工业化促进信息化，走出一条科技含量高、经济效益好、资源消耗低、环境污染少、人力资源优势得到充分发挥的新型工业化路子"。2006 年 5 月国家发布了《2006—2020 年国家信息化发展战略》，第一次明确提出了中国向信息社会迈进的战略构想，明确了未来 15 年中国信息化发展的指导思想、战略目标、战略重点、战略行动计划和保障措施，充分体现了国家全面贯彻落实信息化战略的意志和决心。十七大从贯彻落实科学发展观的高度，提出要全面认识工业化、信息化、城镇化、市场化、国际化发展的新形势、新任务，大力推进信息化与工业化融合。把信息化作为覆盖现代化建设全局的战略举措，是对信息化作用和地位认识的不断提高和升华的结果，成为指导信息化实践活动的重要战略思想。这一思想在实践中的意义体现在：

一是现代化建设离不开信息化。现代化是一个历史范畴，在工业时代，现代化是指以现代工业和科学技术为推动力，实现由传统的农业社会向现代工业社会的大转变。当前，中国正处于并将长期处于社会主义初级阶段，生产力和科技、教育水平还比较落后，城乡"二元"经济结构还没有改变，贫困人口还为数不少，就业和社会保障压力增大，生态环境、自然资源和经济社会发展的矛盾日益突出。全球信息化正在引发当今世界的深刻变革，重塑世界政治、经济、社会、文化和军事发展的新格局。在这一背景下，中国的现代化必须是在信息技术支撑和推进下的现代化。因此，党中央提出大力推进国民经济和社会信息化，是覆盖现代化建设全局的战略举措。2001年8月，国家成立了以总理为组长的国家信息化领导小组，并围绕国民经济和社会信息化发展的重大问题，做出一系列重要部署，把信息化融入国家现代化的历史进程中。

二是信息化建设要做到全覆盖。信息化是新生事物，对信息化地位、作用和规律的认识是一个不断深化的过程。20世纪80年代人们对信息化的认识仅停留在集成电路、计算机等产业发展上面，90年代人们对信息化的认识仅局限在"金"字工程的实施方面，随着信息技术在各个领域的广泛应用，人们对信息技术的渗透性、广泛性有了更深刻的认识，信息技术应用从经济领域扩展到经济、社会、文化、教育、政治、军事等诸多领域；信息化不仅仅是一项技术工程，而是一项系统工程；信息化不仅仅是一项技术变革，也涉及管理体制变革，因此，信息化建设要做到全覆盖。为此，"十五"期间，国家以电子政务为突破口，制定并实施了"信息化'十五'规划"，做出了推行电子政务、振兴软件产业、加强信息安全保障、加强信息资源开发利用、加快发展电子商务等一系列重要决策。"十一五"期间，《国民经济和社会发展信息化"十一五"规划》对中国信息化发展的主要任务进行了全面部署，把推动经济发展方式转变、促进和谐社会建设、繁荣先进文化作为今后信息化发展的核心工作和深化应用的三个重点领域，信息产业、网络基础设施和信息安全等三项基础建设作为信息化发展的重要支撑。中国信息化应用从部分领域、部分行业、部分地区，向各领域、各行业、各地区全面推进。

三是推进信息化不是权宜之计。从整体上来看，信息化仍处于起步阶段。无论是信息化起步较早的美国、欧盟，还是信息化起步较晚的发展中国家，在迈向信息社会的过程中，还留有许多工业社会的烙印，信息技术对于经济社会的影响还无法预见。从这个意义上来看，信息化作为覆盖现代化建设全局的战略举措，一方面是指在实现现代化的进程中，要把推进信息化作为一项重要举措，无论是转变经济增长方式、建设创新型国家、贯彻落实科学发展观，还是和谐社会建设，都要充分发挥信息化的重要作用；另一方面是指推进信息化是一项长期而艰巨的历史任务，在信息化的实践中，不可避免地会面临各种问题、困难、矛盾和阻力，但推进信息化不应因一时一事的变化而有所松懈、有所摇摆，要坚持不懈、持之以恒，要从历史的角度、以战略的眼光、用理性的思维来认识和看待信息化在现代化进程中的作用。正因为如此，在推进信息化的过程中，不仅要关注近期工作，而且要重视长远的战略；不仅要关注信息化的现象，而且要把握信息化规律；不仅要关注国内动态，而且要了解国际的趋势。因此，"十五"期间，国家制定了信息化发展战略、规划，加快出台了相关法律和规章，完善信息化的推进组织体系，推进信息化建设的制度化、法制化进程。信息化正在从一种理念、口号转变成全社会的具体行动。

79.2 坚持把信息化作为转变经济增长方式的重要抓手

信息技术是信息化浪潮的驱动力量，在各个领域广泛渗透。在中国多年推进信息化的实践中，党和国家越来越认识到要把信息化作为解决现实紧迫问题和发展难题的重要手段。早在 20 世纪 80 年代，中国政府在推广计算机应用时，就明确提出"抓应用，促发展"的指导方针。《国民经济和社会发展第十个五年计划纲要》提出了新的发展思路，即"应用主导，面向市场，网络共建，资源共享，技术创新，竞争开放"。围绕国民经济和社会发展的重大需求，把信息化作为解决现实紧迫问题和发展难题的重要手段，国家做出了一系列重大部署，中国信息化建设取得了重要进展。

一是围绕新型工业化道路，加强信息化的支撑作用。十六大提出了到2020年全面建设惠及十几亿人口的小康社会目标，其中，国内生产总值比2000年翻两番。要实现这一目标，面临着双重压力。一方面，中国经济必须保持一个较高的发展速度；另一方面，能源紧张、资源短缺、环境恶化又制约着发展。要摆脱这个"两难"局面，必须转变经济增长方式、调整产业结构，而信息化是实现这一目标的最重要途径。"十五"期间，围绕国民经济增长方式转变，突出经济结构调整这条主线，国家通过大力推动信息化与工业化的结合，以信息化带动工业化，把应用信息技术改造和提升传统产业放在突出地位，出台一系列扶持和引导政策，组织实施重大应用专项，加快技术和产品升级换代，推动传统产业增长方式由粗放型向集约型转化，提高产业国际竞争力，实现跨越式发展。

二是信息化要为解决"三农"问题服务。农业、农民、农村问题始终是国民经济各项工作的重中之重，全国各地也把农业信息化作为信息化推进工作中的重点领域，进行积极探索和实践，信息化在农业发展中的作用越来越突出。2005年的中央1号文件中，首次明确提出了要加强农业信息化建设的战略目标；2006年中央的1号文件中，从涉农信息资源、信息服务、"金农"工程和农业综合信息服务平台四个方面对推进农业信息化建设进行了更加明确的部署。2007年的中央1号文件也对农业信息化做了更具体的部署。从实践来看，信息化在农村的大力推广，增强了农业综合生产能力，提高农业生产的效益；充分利用多种现代信息技术手段，农民及时、快捷、便宜地获得所需要的农业生产信息、政策信息和市场信息，改善信息不对称的现状，帮助农民实现增收；充分运用互联网，加强农民生产技能和进城就业能力的培训，特别是针对农村青少年进行教育和培训，促进了农村富余劳动力向城镇的就业转移。

三是用信息技术促进服务业发展。加快发展服务业，是推进经济结构调整、加快转变经济增长方式的必由之路，是有效缓解能源资源短缺的"瓶颈"制约、提高资源利用效率的迫切需要，也是提升工业竞争力的有效途径。但中国服务业总体上供给不足，服务水平低，竞争力不强，与经济社会加快发展、产业结构调整升级不相适应。信息技术是提升传统服务业竞争力、促进新兴服务业发展的重要手段，是现代服务业发展的重要支撑。十六大报告中提出加快发展现代服务业，提高第三产业在国民经济中的比重。中央关于"十一五"规划的建议也提出"十一五"期间要大力发展现代服务业，要运用现代经营方式和信息技术改造提升传统服务业，提高服务业的比重和水平。国家中长期科技规划提出现代服务业与信息产业并重，把"现代服务业信息支撑技术及大型软件"作为优先主题。国家信息化发展战略提出把"加快服务业信息化"作为中国信息化发展的战略重点。在国家一系列战略部署的推动下，中国传统服务业信息化步伐不断加快，推动着经营模式和管理方式的变化。同时，在全球化背景下，新的信息技术的突破也不断创造着新的产业形式，从而催生和引领新兴服务业的发展。近年来，中国电子商务、现代物流、电子金融、数字媒体、网络教育、软件与信息服务等现代服务业快速发展，已成为促进服务业发展的重要动力。

79.3 政府先行带动国民经济和社会信息化

进入 21 世纪，中国面临加入世界贸易组织、市场经济体制改革步伐不断加快、行政体制改革进一步深化的新形势，提升政府监管和服务能力的任务十分紧迫，在这一背景下，国家信息化领导小组第一次会议明确提出，政府先行，带动国民经济和社会信息化。围绕这一工作思路，国家在电子政务建设方面做出一系列重大部署，明确了电子政务的方针政策和主要任务，初步确立了中国电子政务的基本框架，完善了电子政务发展的政策环境，使得中国电子政务建设进入了一个崭新的阶段。更为重要的是，电子政务在推动行政体制改革，增强经济调节、市场监管、社会管理、公共服务能力的同时，对全社会信息化的发展发挥了积极的带动作用。具体来讲，体现在以下几个方面。

一是促进了企业信息化水平提高。"十五"期间，国家把"金关"、"金税"等"金"字工程作为电子政务建设的重点持续推进，"金审"、"金财"、政府上网等信息化工程的建设，使政府面向市场监管能力和对企业的公共服务能力不断增强，也带动了企业信息化发展。近年来，随着工商、税务、海关等部门信息化水平不断提高，相关部门开通了包括网上招标、网上年检、网上报税、网上报关等在内的多项网上服务，极大地方便了企业，激发了企业推进信息化的积极性和主动性，众多的企业为了缩短纳税时间，争抢中标机会，加快通关速度，提高质量效益，加快推动了企业内部管理信息化建设，提高了企业信息化的整体水平。同时，通过电子政务建设，推动了网上政府采购、网上招标投标、网上支付，促进了企业电子商务的发展。

二是提升了社会信息化的整体水平。在科技、教育、文化、卫生、旅游、社会保障等部门推进电子政务，促进了这些领域的信息化，带动了整个社会信息化水平提高。促进了医疗卫生资源共享，对重大疾病的防疫治疗能力不断加强，医疗卫生机构信息化进程不断加快；带动了远程教育发展，推进了科研设备的网络化利用水平；电子政务服务不断向社区延伸，推进了社区信息化发展，提高了城乡居民生活、学习、娱乐的数字化、网络化水平。

三是通过推进政府信息公开，促进了政府信息资源的社会化开发利用，带动了信息内容产业发展。信息化的核心是开发、利用信息资源，政府作为国家信息资源的最大拥有者，掌握着全社会80%以上的信息资源，通过建设和完善政府职能部门核心业务信息库，推进人口、法人单位、自然资源和空间地理、宏观经济等基础信息库建设，加强政府信息资源开发，加速农业、科技、教育、文化、卫生、社保、就业等领域的公益性信息资源开发利用，推动了信息内容产业发展。

四是带动了信息产业发展。电子政务建设扩大了对信息产品和服务的需求，涌现出了一批从事软件开发、网络系统集成、IT 高端技术服务等业务的高科技企业，这些企业不断发展壮大，竞争力得到提高，促进了信息产业发展。如在上海交通"一卡通"推行过程中，企业通过开展联合攻关，开发出了集成电路、读卡机、后台软件系统等产品，并广泛应用，促进了上海华虹、复旦微电子、上海长风智能卡、上海华腾软件、万达信息股份等国内相关企业的发展。

五是促使社区信息化建设开始起步。社区作为连接政府与个人的纽带，也是城市走向文明、走向现代化的关键。随着社会主义市场经济的发展和城镇化进程的加快，社区居民对社区服务的需求越来越高，社区管理的内容也越来越复杂和繁重。在政府的带动下，通过社区信息化建设，不仅有效地整合了社区的服务资源，为居民提供高效、便捷、全面的服务，还不断完善和拓展社区功能，进一步提高社区服务和管理的水平，从而为构建和谐社会打下了坚实基础。如北京市东城区城管部门通过在工作流程中充分应用信息化技术，将信息收集、案卷建立、任务派遣、任务处理、处理反馈、核实结案和综合评价等环节有机联系起来，形成一个完整的闭环，大大提高了城管的服务和管理水平，走出了一条全国闻名的城管新模式；苏州吴江市通过免费给市民发放一种集社保卡、公交卡、银行卡功能的 IC 卡，使市民在政府服务、公用事业、金融支付 3 大领域 12 个重点行业真正实现了"一卡通"，大大方便了居民的生活。

从这些作用可以看出，推行电子政务解决了政府在履行职责中用其他手段难以解决的难题，在许多领域办成了多年来想办而没有办成的大事，做了许许多多人民群众期盼已久的好事，提高了经济调节、市场监管、社会管理、公共服务的能力，对增强党的执政能力发挥了重要作用。实践证明，中央采取政府先行带动经济、社会信息化的举措是完全正确的，为

"十一五"期间信息化的发展奠定了更加坚实的基础。

79.4　把信息资源开发利用作为信息化的核心

信息技术的广泛普及和应用正在使信息资源成为人类社会与物质、能源同等重要的基础性资源。邓小平同志于 1984 年就提出"开发信息资源,服务四化建设",信息作为一种重要的资源得到了社会各界的广泛认可。2000 年江泽民同志指出信息技术的发展,使人类能够将潜藏在物质运动中的巨大信息资源挖掘出来,加以利用。信息资源已经成为与物质资源同等重要的资源,其重要作用正在与日俱增。2001 年,国家信息化领导小组成立后,把信息资源开发作为一项重要工作,突出了信息资源开发利用工作在信息化建设中的核心作用,从转变经济增长方式、提高政府运作效率、加快信息服务业发展、完善市场经济等角度出发,加大对信息资源开发利用。国家信息化工作领导小组在第四次会议的基础上出台了《关于加强信息资源开发利用工作的若干意见》,旨在促进国家信息化建设取得实效、不断深化,实现国家信息化的综合效益,有力地推动了中国信息资源开发利用工作,使之走上良性、有序发展的轨道。具体来讲,主要体现在以下几个方面。

一是在认识上进一步强化了信息资源是经济和社会发展的战略资源的观念。信息资源是信息化发展的原动力,要把信息资源开发利用放在核心地位。在加快各层次、各领域信息库建设,加强重点信息库的分类管理和知识产权保护,促进政府信息的共享,鼓励经济、科技、教育、文化、卫生等领域信息的传播和利用,促进信息资源转化为社会生产力,大力开发中文信息,鼓励上网应用,扩大中华民族文化在全世界的影响。

二是围绕国家基础信息资源加强开发利用。社会各界对国家基础性信息资源的认识不断提高,战略地位得到高度重视。"十五"期间,根据中国信息化推进的现实需求和信息资源开发利用的现状，国家把国土资源、人口数据等四大基础数据库建设与开发利用作为重点，加快推进。国土资源以及全国人口等基础数据库的建设和应用取得新的进展，2006 年，国家基础地理信息系统 1:50000 数据库建设工程基本完成，全国人口基础信息库已加载 12.1 亿人口数据。全国机动车驾驶人员信息资源库、中国自然灾害、灾情数据库的建设步伐加快。信息资源产业逐步发展，政策环境不断完善。

三是加强信息资源的公益性开发利用。农业、科技、教育、卫生、社会保障、档案等领域信息资源的公益性开发利用取得了较大进展，为提高政府公共服务能力、推动社会和谐提供了重要保障。农业部建立了近 40 个覆盖农业生产、农产品市场和农业资源等重要内容的信息采集系统，并在全国率先启动了农产品市场监测预警系统。专利信息资源开发利用取得进展，就业信息资源开发积极为高等学校学生就业服务，各级各类教育资源库建设成效显著，国家数字图书馆资源建设工作取得新进展。

"十五"期间，正是由于坚持把开发利用信息资源放到重要位置，作为信息化建设关键的信息资源开发取得新突破，有力地推动和支撑了整个国民经济和社会信息化的进程。

79.5　坚持把推进信息化与制度创新相结合

信息技术已经从改进生产手段、优化生产流程、提高生产效率深入到组织结构调整和制度创新，从经济基础层面深入到上层建筑层面，信息化正在成为推动经济和社会转型的重要力量。国内外信息化实践的经验与教训一再表明，信息化推进需要与制度创新相结合，建立与新技术应用相适应的体制机制和制度环境。"十五"期间，中国在推进信息化的过程中加强制度建设，深化体制改革，为信息化的发展创造了良好的体制环境。

一是把电子政务与体制改革相结合。在推进电子政务的过程中，人们逐步认识到电子政务建设是改革，是通过应用技术工具加快政府职能转变，更好地为公民和企业服务。"十五"期间，国家一直把信息技术的应用与行政体制改革紧密结合起来，把电子政务融入行政体制改革过程中。十六大报告中提出，要进一步转变政府职能，改进管理方式，推行电子政务，提高行政效率，降低行政成本，形成行为规范、运转协调、公正透明、廉洁高效的行政管理体制。国家信息化领导小组第一次会议提出政府先行带动信息化发展，指出政府信息化建设要与政府职能转变相结合，提高办事效率和管理水平，促进政务公开和廉政建设。国家信息化领导小组第一次会议通过的《关于中国电子政务建设的指导意见》以及后来的《国家电子政务总体框架》，都明确提出把电子政务建设与体制机制创新相结合。同时，党的十六大和十六届三中、四中、五中、六中全会强调，要通过推行电子政务，推动政府职能转变和政府管理创新，支持政府更好地开展经济调节、市场监管、社会管理和公共服务。通过电子政务的手段，有效地促进行政管理体制的改革，营造良好的政策环境。2006 年举行的全国电子政务工作座谈会上，温家宝总理批示要加快电子政务建设，推进行政管理体制改革，提高政府工作效率和公共服务水平，为公众参与经济社会活动创造条件。在国家正确领导和部署下，各部门和各地方把电子政务和行政体制改革紧密结合，创新工作方式、优化组织流程、完善体制机制，涌现了一批电子政务的成功典型。

二是不断完善信息化管理和协作机制。中国正处于工业化加速发展的重要阶段。走新型工业化道路，推进信息化和工业化融合，推进高新技术与传统工业改造结合，促进工业由大变强，是当前和今后一个时期的重要任务。在党的十七大报告中首次鲜明地提出了信息化与工业化融合发展的崭新命题，将信息化作为与工业化、城镇化、市场化、国际化并举的重大任务，赋予了中国信息化发展全新的历史使命。2008 年国务院实施政府机构改革，组建工业和信息化部。目前，绝大部分省、自治区、直辖市、计划单列市的机构调整基本完成，各地相继组建了工业和信息化厅、工业和信息化委员会、经济和信息化委员会等相关部门。各省市都将推进信息化与工业化融合相结合，作为兴省强市的战略举措。全国信息化工作的组织体系和工作体系基本形成，为推进信息化与工业化融合发展提供了强有力的组织保障。

三是电信体制改革不断深化，取得重大突破。作为提高信息化重要基础设施的电信运营业，"十五"期间体制改革力度不断加大。在监管体制方面，2000年《中华人民共和国电信条例》公布实施，结束了电信监管无法可依的局面，标志着中国电信业有了第一部综合性行政法规，随后，一批配套行政规章发布施行，一个适应中国电信市场竞争格局要求、符合市场经济发展规律的健全完善的电信法规体系正逐步形成。同时，中国加紧制定《电信法》，并以此作为深化电信监管体制改革的根本突破口，尝试建立适应全球化、适应市场经济的发展并实现政府监管创新的新机制。在电信企业改革方面，1993年开放了部分电信增值服务、1994年组建了中国联通公司和中国吉通公司、1998年实现了政企分开和政资分开、2001年组建中国铁通公司等，在上述一系列电信改革的基础上，2001年12月，国务院批准了电信体制改革方案，对电信企业进行重组，2002年5月新的中国电信和中国网通公司挂牌。国内电信市场共有中国电信、中国移动、中国联通、中国网通、中国吉通、中国铁通和中国卫星通信7家电信运营商，初步形成电信市场分层竞争格局。2008年，为形成相对均衡的电信竞争格局，增强自主创新能力，提升电信企业的竞争能力，促进行业协调健康发展，确保3G牌照顺利发放，形成中国移动、中国电信和新联通三家拥有从固定网到移动网的全网全业务运营商，分别发放了TD-SCDMA、CDMA2000和WCDMA三张3G牌照。改革产生了积极的影响：竞争格局初步形成，监管体系基本建立，市场监管成效显著，资费更加简单透明低廉。

四是不断优化信息化发展法制及政策环境。信息技术的广泛应用需要与之相适应的制度环境，这需要不断建立和完善相应的法律及政策体系，建立起规范、保障和促进信息化的政策法规体系。"十五"期间，中国信息化法律及政策环境取得新的突破。第一，2005 年开始实施《中华人民共和国电子签名法》，通过确立电子签名法律效力、规范电子签名行为，维护有关各方合法权益，从法律制度上保障了电子交易安全，促进了电子商务和电子政务的发展，同时也为电子认证服务业的发展创造了良好的法律环境，为中国电子商务安全认证体系和国家网络信任体系的建立奠定了重要基础。第二，2005 年信息产业部和国家版权局联合颁布了《互联网著作权行政保护办法》，完善了互联网环境下著作权保护制度，加强了信息网络传播权的行政保护。《著作权集体管理条例》也于 2005 年 3 月 1 日正式实施。2005 年 9 月 25 日国务院新闻办公室、信息产业部联合发布《互联网新闻信息服务管理规定》，对互联网新闻信息服务活动进行了规范，有利于促进互联网新闻信息服务健康、有序地发展。第三，通过了《政府信息公开条例》，未成年人网络行为保护等立法工作继续推进，个人信息保护立法研究工作已经启动。第四，信息安全立法方面，对信息安全相关法规、规章特别是各类政策性文件进行了深化梳理，并组织有关部门和法学研究机构对 12 个相关专题进行研究，起草了《信息安全条例（草案）》。信息化法律及政策环境的不断优化，有力地促进了中国信息化建设。

79.6　推进信息化必须促进信息产业发展

中国的信息化要立足于自己的信息技术和产业基础上，这是中国推进信息化建设必须重视的一点。在信息化建设中要大力使用自主创新的技术和装备，这不仅是国家经济发展的需要，也是保障国家安全的需要。

信息产业部门在改革开放之初就提出了"抓应用，促发展"的方针。进入 20 世纪 90 年代，随着中国信息化建设步伐的加快，产业部门高举"联合、服务"的旗帜，把推进国民经济信息化作为首要任务，坚持产用结合，为信息产业的发展开拓了广阔的市场。在这一背景下，产业部门提出了从传统的单一制造业向硬件制造、软件生产、应用与信息服务诸业并举的现代电子信息产业转变的发展模式。1997 年，国务院信息化工作领导会议上就明确提出要坚持以信息化带动中国信息产业发展的原则，提出将电子信息产业初步建成国民经济支柱产业，增强为经济和社会发展提供信息化系统和装备的能力。

2001 年，国家信息化领导小组明确提出按照"有所为、有所不为"的原则，集中力量抓住关系国家安全和对产业发展有重大影响的核心技术，加大研究开发力度，推进产业发展。国家信息化领导小组第一次会议通过了《振兴软件产业行动纲要》，指出要鼓励应用，内需拉动，把培育市场作为发展软件产业的切入点，充分发挥国内市场潜力巨大的优势。国家信息化领导小组第五次会议通过了《2006—2020 年国家信息化发展战略》，提出在推进信息化的过程中要大力提高自主创新能力，推进创新型国家建设。《信息产业科技发展"十一五"规划和 2020 年中长期规划纲要》提出要"以提升信息技术自主创新能力为目标，通过持久不懈的努力，持续突破核心技术，掌握关键技术，增强信息产业核心竞争力，引领产业由大到强"。尤其是党的十六大报告提出"以信息化带动工业化，优先发展信息产业"。2009 年，为应对国际金融危机和经济危机对中国电子信息产业造成的冲击，落实党中央国务院保增长、扩内需、调结构的总体要求，确保电子信息产业稳定发展，加快结构调整，推动产业升级，国务院发布了《电子信息产业调整和振兴规划》。这些指导思想和文件使得中国在推进信息化的过程中进一步促进了信息产业的发展。

"十五"期间，国家不断优化信息产业的发展环境，相继出台了《国家中长期科学和技术发展规划纲要（2006—2020 年）》，《鼓励软件产业和集成电路产业发展的若干政策》等重要政策，加大了信息产业领域的产业化工作力度，组织实施移动通信国产化、数字电视、软件产业等重大专项，通过市场准入、研发投入、政府采购、标准制定等综合措施，促使资金、人才、市场向具有研发力量的企业倾斜，促进企业不断提高研发、产业化和市场拓展能力，鼓励行业的引进消化吸收再创新、集成创新和原始创新，建立以企业为主体的技术创新体系。在重点攻克第三代移动通信、数字电视、高性能计算机、IPV6、超大规模集成电路设计、计算机操作系统等重大信息技术的同时，促进了技术成果向产业的转化，积极培育软件、集成电路、数字电视、下一代互联网、第三代移动通信、汽车电子等一批今后可形成数千亿元规模的大产业，增强了中国信息产业的可持续发展后劲，引导产业升级。

79.7　坚持加快发展与保障信息安全并重

信息安全是信息时代面临的新挑战，正确地处理好安全与发展的关系，以安全保发展，从发展中求安全，是信息化发展过程中出现的新问题，是信息化进程中的重大挑战。信息安全事关国家安全、社会稳定和民族文化的发扬，能否有效地化解信息化带来的风险，建立完善的国家信息安全战略，已成为保障各国政治、经济地位的重要手段。

随着国民经济和社会信息化进程的全面加快，国民经济和社会对信息和信息系统的依赖性越来越大，由此而产生的信息安全问题对国家安全的影响日益增大、日益突出。中国在推进信息化的过程中，高度重视信息安全问题，早在1996年成立的国务院信息化工作领导小组就开始关注信息安全问题，针对国际联网管理问题，成立了计算机信息网络国际联网信息安全工作小组。在1997年全国信息化工作会议上提出维护国家主权和信息安全，贯彻"兴利除弊"、"加强管理"的方针，在信息化建设过程中，要认真解决网络安全、信息安全和信息上网管理等重大问题。进入新世纪，加强信息安全工作的形势日益紧迫，信息安全问题不但关系到中国信息化能否得到持续健康地发展，而且已经成为国家安全的重要组成部分，并对社会稳定和社会主义精神文明建设具有重要的影响。国家信息化领导小组第一次会议就提出要加强安全保障体系建设，第二次会议提出要高度重视信息安全体系建设。坚持一手抓信息化，一手抓网络信息安全。要改进技术手段，全面强化管理，建立健全信息安全保障体系和防范机制。国家信息化领导小组第三次会议上正式通过了《关于加强信息安全保障工作的意见》，此文件的出台在信息安全领域具有划时代的意义，它从国家的高度来理解和认识信息安全，是信息安全工作发展中一个新的起点。《国民经济和社会发展第十一个五年规划纲要》也明确提出要强化信息安全保障工作。党的十六届四中全会，更是把信息安全和政治安全、经济安全、文化安全放在同等重要的位置并列提出，标志着中国的信息安全保障工作进入了一个崭新的阶段。中国信息安全工作得到了进一步加强，具体来讲，主要有以下几个方面：

一是推动信息安全齐抓共管。信息安全涉及多个部门，随着《关于加强信息安全保障工作的意见》、《"十一五"信息安全专项规划》的制定和实施，信息安全工作的总体部署工作已基本完成，信息安全齐抓共管的格局开始形成。信息产业主管部门开展了阳光绿色网络、反垃圾邮件等一系列工作；"十五"期间，信息安全管理体制和工作机制逐步建立，信息安全责任制基本落实；信息安全等级保护、信息安全风险评估、信息安全产品认证认可、信息安全应急协调机制建设、网络信任体系建设、信息安全标准化制定等基础性工作和基础设施建设取得较大进展；总的来看，通过全社会的共同努力，一种齐抓共管、协调配合的有效机制基本形成，信息安全保障工作的局面已经打开。

二是完善信息安全政策保障体系。2006 年国务院办公厅转发了《关于网络信任体系建设的若干意见》，明确了中国信息安全保障工作的指导方针、基本原则和主要任务，确立了用五年左右的时间基本建成国家信息安全保障体系的工作目标。随后，各有关部门根据 27 号文件精神也颁发了相关政策文件。具体包括《电子政务总体框架》、《关于网络信任体系建设的若干意见》、《关于信息安全风险评估工作的意见》、《信息安全等级保护管理办法》、《涉及国家秘密的信息系统分级保护管理办法》、《涉及国家秘密的信息系统分级保护技术要求》等。这些政策与纲要为中国信息安全问题的解决提供了有力的政策保障，必然会对中国信息安全建设产生深刻的影响，并大大推进中国信息安全保障体系的建设。至此，中国的信息安全保障工作进入了一个崭新的阶段。

三是加快了信息安全产业发展。加强信息安全技术的研究、开发，促进信息安全产业的发展。针对中国的信息安全以及相关的产品，如高性能的防火墙，高端路由器、操作系统数据库等，在很大程度上依赖于进口的局面，国家集中力量加强对密码隔离器的使用，加强防范网络监管、检测与应急处理，测试与评估、取证等信息安全关键技术以及相关技术的研究与开发。同时要求财政资金支持的信息化项目，要优先采用国产软件、设备和服务，规范信息安全市场环境，支持中国信息安全产业的发展。同时采取控制措施，包括加强产品的测评认证，加强对技术、设备、装备的后门、漏洞的分析与检测，加强信息安全风险评估，加强对服务资质的管理等，形成我们自主的信息安全产业，摆脱信息安全关键技术与市场受制于人的被动局面，提高信息安全防护水平。

79.8　始终把提高国民信息素质放到重要位置

随着信息技术的发展和信息化的推进，以知识和信息的产生、传播及应用为基础的知识经济将在世界经济发展中占主导地位，信息素质培养显得尤为重要。信息素质教育是素质教育的重要组成部分，是信息时代对素质教育的诠释和发展，是传统教育的延续和外延的扩大。信息素质教育的内容包括信息意识、信息能力和信息道德的培养。信息能力的培养是信息素质教育的最终落脚点，是人的信息技能的综合表现，内容包括信息获取技能、信息处理技能、信息交流技能、信息使用技能和信息创造技能等。信息能力是人们对信息的收集、组织、整理与交流等能力的综合体现。它具体体现在对各种信息检索工具的使用、信息系统的使用和计算机的操作能力等方面。只有具备这些能力，才能获取自己所需的信息，并通过信息的获取、评价、组织、加工等最终转换为新的信息，构成自己的知识基础。

在中国推进信息化的实践中，党和国家越来越认识到信息素质的提高对信息化推进至关重要，在工作中坚持推进信息化与提高国民信息素质相结合。早在1984年邓小平同志就提出计算机要从娃娃抓起。1997年，国家信息化六要素中就明确提出信息化人才，指出信息化人才是指建立一支结构合理、高素质的研究、开发、生产、应用队伍，以适应国家信息化建设的需要。人才队伍对其他各个要素的发展速度和质量，有着决定性的影响，是信息化建设的关键。国家信息化的战略部署中把推进信息化与提高国民素质结合起来，加快建立一支适应信息化发展要求的人才队伍。信息化的实践表明，推进信息化建设，仅仅依靠那些技术人员或优秀的企业家是远远不够的，而要靠技术人员、企业管理者、信息技术应用人员和政府管理人员等共同推动，要提高整个国民素质，尤其是信息素质。

国家信息化总体部署中也把国民信息素质的提高作为一项重要工作加以部署。1997年的国家信息化大会提出普及信息化知识，提高全民信息化意识，使信息化建设建立在广泛的社会基础之上，要研究制定信息化人才教育和培训计划。国家信息化发展战略中提出提高国民信息技术应用能力，造就信息化人才队伍，并提出了国民信息技能教育培训计划。2001年，国家信息化领导小组第一次会议就专门提出要加强人才培养和信息技术知识普及。信息人才的培养要从学校抓起，各级学校都要安排相应课程。要大力推广和普及信息应用技术，公务员和企事业单位的工作人员都要掌握一定程度的信息知识和应用技术，通过提高国民素质，有力地推动信息化建设。

一是围绕电子政务建设，加强公务员信息化培训。电子政务先行是"十五"信息化发展的一个基本思路，在这一过程中，一直把强化领导干部的信息化知识培训、普及政府公务人员的信息技术技能培训作为一项重要工作。2005年4月，中组部、人事部、国务院信息办联合印发《关于开展信息化与电子政务培训的通知》，要求各部门和各级政府规范信息化与电子政务培训内容，提高培训质量。信息办印发了《信息化与电子政务基本知识及操作技能培训参考大纲（试行）》。2005年，人事部会同信息产业部制定了"653工程"信息技术领域的具体配套文件《全国信息技术专业技术人才知识更新工程实施办法》，人事部会同有关部委举办了三期信息技术方面的专业技术人员高级研修班；2006年9月，国信办在天津召开了"全国政务信息资源目录体系与交换体系试点工作培训会"，各地参加试点工作的省（市）信息化主管部门相关同志参加了此次培训。目前，围绕电子政务各项业务开展，各级政府部门公务员已参加了相应的信息化素质培训，有力地推动了电子政务，并促进了整个行业和地区信息化推进工作。

二是围绕学校教育改革，加强学校教育信息技术教育内容。学校教育是信息技术技能培养的基础，"十五"期间国家一直把学校作为提高信息素养的重要环节。高等院校作为培养人才的主力军为社会培养了大量的信息化专业人才。目前，信息学科已成为中国综合大学和专业院校的必设学科，涵盖信息与通信工程、控制科学与工程、计算机科学与技术以及电子科学与技术等。2000年，教育部颁发了《关于中小学普及信息技术教育的通知》、《关于在中小学实施"校校通工程"的通知》和新的《中小学信息技术课程指导纲要》。2002年以后，国家先后建设了35所软件学院，培养了大量的软件人才。2003年，国务院下发了《国务院关于进一步加强农村教育工作的决定》，明确提出"实施农村中小学现代远程教育工程，促进城乡优质教育资源共享，提高农村教育质量和效益"。2004年，教育部制定并发布了《2003—2007年教育振兴行动计划》。随着信息技术的应用推广，信息素质教育的认识不断加强，教育信息基础设施建设进一步完善。高等学校信息类专业不断增加，中小学开设计算机相关课程的学校数不断增多，中小学信息技术教育正不断普及，促进了学生信息化知识和技能普及活动，提高了国民受教育水平和信息能力。

　　三是围绕信息化应用，加强社会各种信息素质的提高。没有广泛的培训也就不可能有广泛的信息技术的应用，因此，造就一支庞大的熟练的信息技术应用人才队伍尤为重要。"十五"期间，国家各部门、地方组织开展多种信息技能培训。2005年，全国信息技术人才培养工程共培训683635人次。针对农村党员干部，组织部门开展了农村党员现代远程教育，从2003年开始在三个省试点，2005年开始在全国12个省（区）扩大试点。一是先期试点的山东、湖南、贵州三个省在全省推开。二是在辽宁、吉林、黑龙江三省开展试点。三是在东部的江苏、浙江，中部的河南、山西，西部的四川、新疆维吾尔自治区试点。农村党员干部现代远程教育在"让干部经常受教育、使农民长期得实惠"的过程中，提高了广大农村党员干部的信息素养，成为新时期运用现代化教育手段，培养具有带领农民共同致富本领的党员干部队伍的重要战略举措；针对中小企业信息化，2006年，国信办、发改委等部门联合启动全国中小企业上网培训工作，IT企业、中介机构、行业协会等充分利用各自资源，采取巡展巡讲、召开推介会、提供免费试用软件等多种形式，普及信息化知识，传授操作技能，促进了信息技术在中小企业的推广应用。国内外多家知名IT软件、硬件厂商启动了"百万中小企业上网培训计划"。

　　目前，中国已基本形成了以高等院校为主体，政府、企业和社会多渠道培养信息化人才的格局，并对改善中国信息化人才的现状起到了很大的促进作用。

（本章作者　安筱鹏）

第80章

中国特色信息化
道路探索[①]

引　言

信息化是人类社会发展进程中的新生事物，推进信息化本身是一个不断探索与创新的过程，没有现成的成功经验可以借鉴。中国是一个发展中的大国，现代化任务艰巨而繁重，需要把信息化与中国经济社会发展实践有机地结合起来，走出一条符合中国国情的发展道路。对发展道路的探索是中国现代化进程中的一个重要命题。一百多年来，从洋务运动、辛亥革命到新民主主义革命，人们一直在探索实现国家现代化的发展道路。新中国成立后，在中国这样一个经济文化落后、人口众多的国家建设社会主义，究竟应当走什么路？以毛泽东为核心的第一代中央领导集体，在领导社会主义建设的实践中，对社会主义发展规律的认识取得了一些重要成

---

① 此部分内容主要根据曲维枝主编的《中国信息化道路探索》第三章内容整理修改完成（经
　验部分）。

果。十一届三中全会之后，以邓小平同志为核心的第二代中央领导集体，不断探索具有中国特色的社会主义发展道路。1979 年 3 月，邓小平同志提出："过去搞民主革命，要适合中国情况，走毛泽东同志开辟的农村包围城市的道路。现在搞建设，也要适合中国情况，走出一条中国式的现代化道路"。在 1982 年 9 月召开的党的十二大的开幕词中，邓小平同志郑重宣布："把马克思主义的普遍真理同我国的具体实际结合起来，走自己的道路，建设有中国特色的社会主义，这就是我们总结长期历史经验得出的基本结论。"1987 年党的十三大召开前夕，邓小平同志指出："我们党的十三大要阐述中国社会主义是处在一个什么阶段，就是处在初级阶段，是初级阶段的社会主义。"到 1997 年江泽民同志在党的十五大报告中指出：我们党形成了新的建设有中国特色社会主义理论的科学体系，它是在我国改革开放和现代化建设的实践中，在总结我国社会主义胜利和挫折的历史经验并借鉴其他社会主义国家兴衰成败历史经验的基础上，逐步形成和发展起来的。它第一次比较系统地初步回答了中国社会主义的发展道路、发展阶段、根本任务、发展动力、外部条件、政治保证、战略步骤、党的领导和依靠力量以及祖国统一等一系列基本问题，指导我们党制定了在社会主义初级阶段的基本路线。2007 年 6 月 25 日，胡锦涛同志在中央党校的讲话中进一步指出，中国特色社会主义，是当代中国发展进步的旗帜，是全党、全国各族人民团结奋斗的旗帜。并指出，解放思想，是党的思想路线的本质要求，是我们应对前进道路上各种新情况、新问题，不断开创事业新局面的一大法宝，必须坚定不移地加以坚持。改革开放，是解放和发展社会生产力，不断创新充满活力的体制机制的必然要求，是发展中国特色社会主义的强大动力，必须坚定不移地加以推进。科学发展，社会和谐，是发展中国特色社会主义的基本要求，是实现经济社会又好又快发展的内在需求，必须坚定不移地加以落实。全面建设小康社会，是我们党和国家到 2020 年的奋斗目标，是全国各族人民根本利益所在，必须坚定不移地为之奋斗。进一步完善中国特色社会主义理论。因此，建设有中国特色社会主义理论从产生到不断成熟，是一个从政治、经济、文化等各个方面探索社会主义的基本内涵的过程，是一个从探索社会主义建设道路到找到社会主义建设道路的过程。

　　建设中国特色社会主义是我国现代化的必由之路，推进信息化是我国实现现代化的一项长期而艰巨的历史任务。在建设中国特色社会主义的进程中，需要在不断深入研究信息化发展的一般规律的基础上，探索有中国特色的信息化建设道路。没有任何两个国家的现代化是相同的，每个国家都在探索自己的现代化道路。同样，信息化作为人类社会发展的大趋势，有其普遍的发展规律，但在迈向信息社会的道路上也没有一个完全相同的路径选择，在实践中不断摸索和探讨适合本国国情的信息化道路是各国共同的任务。中国在 20 世纪 90 年代开始大规模推进信息化以来，一直在不断探索中国信息化道路问题。1998 年邹家华同志在国务院信息化工作领导小组第三次全体会议上做了"认清形势，把握机遇，探索有中国特色的信息化建设道路"的报告，第一次明确提出了中国特色信息化道路问题。2002 年国家信息化领导小组第二次会议中进一步提出要"努力走出一条有中国特色的信息化道路"。围绕中国特色信息化道路问题，各界进行了积极的探索，2003 年国家信息化专家委把中国特色信息化道路研究作为一项重要课题，就中国特色信息化道路问题，初步形成了一些共识。

　　综上所述，我们认为中国特色信息化道路是指从中国的基本国情出发，紧紧围绕经济和社会发展的实际需求，以提升国家竞争力为目的，以技术创新和制度创新为动力，发挥政府主导和市场机制两个作用，坚持低成本、多层次推进，促进工业化与信息化互动发展的迈向信息社会的发展道路。

　　具体来讲，中国特色信息化道路的基本特征主要体现在以下几个方面。

80.1 信息化与工业化融合发展

工业化是每一个国家走向现代化所要经历的必然阶段。而所谓工业化，从狭义上来讲就是在社会生产力大幅提高基础上的经济结构的成功转变，最显著的特征是农业在国民收入和就业中份额的不断下降，制造业和服务业在国内生产总值中的比重不断上升。

自 17 世纪中期英国产业革命以来，世界各国不断探索实现工业化方式和途径，到目前全球 200 多个国家中已有 40 多个国家完成了工业化进程。回顾过去近百年来以欧美等为代表的发达国家所走过的工业化道路，可以看出许多国家都是在不同的技术背景和国际环境下完成了其工业化进程。英国的工业化始于蒸汽机技术的大规模使用，从 18 世纪 60 年代到 19 世纪 50 年代不到 100 年的时间内，各类基于蒸汽机的生产工具在社会的普及推动着英国从农业社会向工业社会的转型，成为实现工业化最早的国家。随着内燃机及电力技术的发展，新的能量转换工具的使用更加广泛和普及，也推进了德国、法国、美国工业化进程，并于 20 世纪前后完成了各自工业化的进程。20 世纪 50 年代后，信息技术开始出现，日本、韩国等一批国家在信息化刚刚起步阶段完成了其工业化进程，高度的工业化与初步的信息化有所叠加。20 世纪中后期，当信息技术革命席卷全球的时候，无论是发达国家还是发展中国家，工业化完成的国家或者工业化没有完成的国家，都不可避免地直接或间接、主动或被动受到信息技术革命的影响。发达国家在已完成的工业化基础上，加快了向信息社会的转型；发展中国家的工业化道路赋予了信息化新的内涵，在信息技术应用的推动下，信息化为工业化的发展提供了新的动力和途径。发展中国家工业化的初始条件已与几百年前的发达国家有着根本上的不同，信息技术背景下的工业化必然是工业化与信息化融合发展的工业化。信息化和工业化的关系不是相互替代，而是相互促进，信息化可以更快、更好、更高质量地推进工业化。

关于工业化和信息化的关系，如果从生产工具演变的角度来看，蒸汽机的发明和使用代替手工工具标志着人类工业社会的开始，之后内燃机、电动机的发明更进一步强化了人类使用能量转换工具的能力，大大地提高了人类改造自然的能力，使人类社会步入一个新的发展阶段。所谓工业化就是能量转换工具广泛应用于社会生产和生活，并促使人类社会产业结构、生产方式、组织结构、管理模式和政治格局发生革命性变化的过程。同样，信息技术革命使得工业社会传统的能量转换为特征的工具被智能化的工具所驱动，形成了智能工具——对信息进行采集、传输、处理、执行能力的工具。所谓信息化就是智能工具广泛应用于社会生产和生活，并促使人类社会的产业结构、生产方式、社会组织、管理模式和政治格局发生革命性变化的过程。而所谓信息化带动工业化就是智能化工具不断改造能量转换工具的过程，并推动整个社会由工业社会向信息社会转型的过程。

发达国家信息化进程是在实现了高度工业化后，由于计算机、信息网络等新技术出现而产生的"技术推动"型模式。中国是一个发展中国家，工业化的任务尚未完成，又面临实现信息化的艰巨任务。中国工业化道路的新起点是人类的信息技术革命已经进行了半个多世纪，信息技术已经在经济、社会、文化、军事等各个领域发挥着不可替代作用的背景下推进的，中国工业化的初始条件决定了"信息化带动工业化，工业化促进信息化"的新的路径选择，中国未来工业化注定是工业化与信息化融合发展的道路，即用代表先进生产力的新一代技术包括信息技术，以及渗透、融合了信息技术的先进工业技术，带动和支持整个社会和经济发展的过程；在完成工业化的过程中注重运用信息技术提高工业化的水准；在推进信息化的过程中注重运用信息技术改造传统产业，以信息化带动工业化，发挥后发优势，努力实现技术的跨越式发展。

正是在这一背景下，十六大报告提出，坚持以信息化带动工业化，以工业化促进信息化，走出一条科技含量高、经济效益好、资源消耗低、环境污染少、人力资源优势得到充分发挥的新型工业化路子。十七大报告提出大力推进信息化与工业化的融合。信息化与工业化的融合发展是新型工业化道路的灵魂。中国信息化与工业化融合发展的道路也将呈现新的特征：一是进程缩短的工业化。欧美等发达国家的工业化进程持续了一百多年。中国的工业化开始于20世纪50年代，加速于80年代，将完成于21世纪20年代。并将开始迈入信息社会。中国将用70年左右的时间完成人类历史上规模最大的工业化，当我们完成工业化的同时，也为迈向信息社会做出充分的准备，中国的工业化将是一个历史进程被缩短的工业化。二是任务艰巨的工业化。工业化与信息化的融合发展决定了中国在推进工业化的过程中，也要加速信息化进程。中国的信息化是在各种技术、产业、资本、人才、制度等许多方面尚未充分准备好的情况下，在信息化的就绪度很低的背景下推进的信息化，这本身也注定了中国的工业化道路，将是一个更加复杂和艰辛的道路。三是跨越式发展的工业化。所谓的跨越式发展就是指用更短的时间、更低的成本完成一个"加速积累"的过程。中国工业化本身就是一个"加速积累"过程，中国的工业化进程也将是一个技术加速积累、人才加速积累、资本加速积累和制度加速积累的过程。

80.2　发挥政府统筹规划作用

信息化不仅仅是一场产业技术革命，也是一次深刻的社会变革。信息化既对经济社会运行体制产生了前所未有的冲击，也要求一定的经济社会运行机制作为基础。工业化与信息化对于制度环境的要求是不同的，工业化的重点是对有形物质的生产和管理，体制特征是科层管理；信息化的重点是无形信息产品的生产和管理，体制特征是网络管理。推进信息化需要实现从科层管理向网络管理的转变，把信息流从纵向为主转向横向、纵向并行的网络结构方向发展，这需要在体制上进行大胆的改革，要充分发挥市场机制的作用。由于各国经济所处的发展阶段、市场经济体系发育程度以及发展历史和文化的不同，政府在推进信息化的地位和作用方面也明显不同。正确处理政府和市场在信息化过程中的作用，不仅要从一般意义上理解政府和市场之间的关系，而且要从信息化特殊要求上来加深认识。

市场经济比较成熟的国家也是政府与市场相结合，主要通过市场机制推动信息技术的应用。信息化给各个国家带来了前所未有的机遇与挑战，加快信息化发展已经成为世界各国的共同选择。但是在具体实践上，由于发达国家的市场机制比较完善，政府与市场以及政府不同部门间的职能边界相对清晰，在推进信息化的过程中尽可能减少对经济运行的干预，政府推进信息化的重点主要在完善信息化发展的制度环境，在信息基础设施、电子政务、电子商务、信息产业发展等方面制定一系列的政策法规。政府信息化的工作重点，主要把基础设施建设、电子政务、信息安全、教育培训等公共服务等有限领域作为推进信息化的重点。如日本政府推进信息化的一系列规划中，重点把高速网络建设、电子政务、电子商务、教育人才培养和网络安全作为重点。美国政府在推动"信息高速公路"计划时，也一贯奉行"民建、民有、民享"的原则，政府的作用就是发动吸引民间投资参与进来，并使得民间投资成为国家基础设施工程的主力军。欧盟的"电子欧洲行动计划 2005"中也只是把信息安全、在线公共服务的现代化、电子医疗保健等作为重点。

发挥政府统筹规划作用是中国推进信息化的重要特征。发达国家的信息化是在市场经济体制比较完善的基础上进行的，而中国的社会主义市场经济体系尚不完善。作为一个发展中国家，完善社会主义市场经济体制的任务仍相当繁重。同时，信息化建设关系到经济和社会发展的全局，涉及各地方、各部门的利益，在这一背景下推进信息化，政府的地位有其特殊性，仍需要发挥政府的主导作用，必须以国家为主导，加强统筹规划，合理布局，有效利用资源，协调好各方面的关系，形成整体优势。要统筹信息技术研发、信息产业发展和信息技术应用，实现网络、应用、技术和产业的良性互动；要统筹经济社会各个领域的信息化，实现资源的优化配置和信息共享；要统筹地区、城乡、行业信息化发展，采取有效措施逐步缩小"数字鸿沟"。同时，信息化还要服务于完善社会主义市场经济体制，结合信息化与完善社会主义市场经济体制之间的相互促进，实现资源的最优配置。

作为一个正处于经济转型的发展中国家，在推进信息化的过程中注重政府统筹规划的作用，主要考虑以下几个方面的因素：一是信息化是覆盖现代化建设全局的战略举措，不仅是某几个专业部门的事，而是一项复杂的系统工程。推进信息化的工作千头万绪，要在推动市场经济体制改革的过程中完善信息化的运行机制，这不仅要推进体制机制创新、强化顶层设计，而且要统筹安排、综合协调、精心组织。二是信息化不仅仅是一场产业技术革命，信息技术应用已从改进生产手段、优化生产流程、扩展市场营销上升到组织调整和制度创新，孕育着当今世界社会经济发展的转型。信息化涉及管理制度、组织结构以至思想观念变革，对于经济基础相对薄弱、国民教育素质相对较差的发展中国家，信息化的推动更需要政府各级高层领导的战略决策和正确引导。三是政府应在解决数字鸿沟、建设信息化背景下的和谐社会方面发挥主导作用。在信息化条件下，如果政府不加以积极引导，社会发展的不均衡将会加速扩大，推进社会低收入阶层、欠发达地区、中小企业等这些信息化背景下的弱势群体信息技术应用，是政府的重要责任。同时，政府仍面临着完善信息化的政策法规体系，加强信息化的规范、标准体系建设，提高全民信息素质等一系列重要任务。

发挥政府统筹规划的作用并不是不考虑市场机制的作用，充分发挥市场机制作用是信息化发展的内在规律和客观要求。政府在任何时候都不能完全取代市场的作用，在推进信息技术应用领域也不例外。在中国市场经济体制尚不完善的背景下推进信息化，需要发挥政府的引导、规范和推进作用，但在更多的领域仍需要充分发挥市场机制的作用。《2006—2020年国家信息化发展战略》明确提出，要以需求为主导，充分发挥市场机制配置资源的基础性作用，探索成本低、实效好的信息化发展模式。在信息基础设施建设、企业信息化和电子商务的发展过程中，各种各样的信息化项目投资，都面临着技术、市场、组织调整等各种风险性。对投资重点、投资规模、投资时机和投资方式的选择是十分复杂的决策过程，只有市场机制才能在优化各种社会资源方面发挥更大的作用。信息技术创新和产业化也是一个高度国际化和市场化的过程，没有充分完善的各种要素市场机制，发展具有自主知识产权的信息技术和相应产业，只能是一句空话。即使在由政府主要投资的电子政务领域，仅靠政府公共财政投入也是远远不够的，需要广泛募集社会资源投入，同时在建设运营过程中，也需要建立市场化的建设和运营机制。

80.3 着力经济增长方式转变

中国正处于工业化加速发展的重要阶段，我国的经济发展与资源制约、环境恶化之间的矛盾日益突出，资源消耗大，能源利用率低，环境恶化，传统的经济增长方式已经难以为继。2006 年我国创造了 2.68 万亿美元的 GDP，但为此也消耗了约 50 亿吨各类国内资源和进口资源。随着经济发展和人民生活水平的提高，我国消耗的资源还将继续增加。资源的高强度消耗，必然给环境带来越来越大的压力。我国的化学需氧量排放、二氧化硫排放已居世界第一，二氧化碳排放仅次于美国，居世界第二，污染排放已经大大超出环境容量。化解日趋紧张的人与自然的关系，解决日益紧迫的资源环境与经济快速增长的尖锐矛盾，是我国新世纪必然面对的重大挑战。我国单位 GDP 的能耗是日本的 11.5 倍，美国的 4.3 倍。这说明，我国的经济增长是以大量消耗自然资源和能源为代价的。

展望未来，按照目前的经济增长方式和资源消耗水平，要实现 2020 年 GDP 再翻两番的目标，电力、石油、钢铁、煤炭消费和货运周转总量将分别达到 6.47 万亿千瓦时、6.1 亿吨、3.6 亿吨、24.9 亿吨和 17.86 万亿吨公里；从环境发展来看，如果要保持现有环境质量，那么资源生产率就必须提高 4—5 倍，单位 GDP 的环境影响降低到目前的四分之一；如果要求环境质量在现有基础上有明显改善，则资源生产率必须提高 8—10 倍，单位 GDP 的环境影响约为现在的十分之一。以上表明转变经济增长方式已成为中国经济发展的艰巨而紧迫的任务。

面对经济发展面临的资源和环境约束，中国的信息化必须把推进经济增长方式转变作为一项战略性、长期性、紧迫性任务，这既是中国现实国情所决定的，也是中国工业化中后期发展阶段所决定的。同时是中国的信息化道路不同于其他国家信息化道路的显著特征。从信息技术发展本身来看，信息技术已经完成了从科学发现到技术创新的阶段，正进入由技术创新到全面产业化的阶段。作为一种知识密集、低能耗和低物耗的产业，信息技术产业具有广阔的市场潜力，是全球竞争的战略性产业。信息技术发展及扩散为以更低的成本、更快的速度、更少的环境代价完成工业化创造了条件。一是信息技术的普及推动了传统产业的改造，带来了劳动生产率的提高。信息技术的扩散不仅提高了企业的装备水平，改进了企业的工艺流程，也大大降低了传统产业对资源的消耗，还可以优化工业化进程中的各种资源，使生产要素进行合理的配置，可以大大节约，甚至代替部分资源。如我国钢铁工业自 20 世纪 90 年代以来，通过广泛采用信息技术和其他先进技术，使吨钢能耗由 1990 年的 1017 公斤标准煤降低到 2002 年的 715 公斤标准煤，每年减少 6000 多万吨标准煤的能源消耗。二是在微观管理领域，企业可通过利用信息技术来促进其财务、会计、销售、采购的合理化与简化，提高了微观企业的运行效率。三是促进新兴产业的发展，优化了产业结构。伴随着国内消费需求升级和我国经济在国际分工地位的上升，大力发展信息技术产业和以网络为基础的信息服务业，可以促进我国产业结构的战略性调整，实现我国经济增长方式的转变。同时，信息技术的应用不仅降低了生产成本，而且降低了交易成本，信息技术改进同交易对象之间的订货、接单以及采购原材料和零部件的过程，提高库存管理与生产管理的效率，降低交易成本。交易成本的降低促进了社会分工的细化，提高了整个社会的运行效率。无论从理论还是从实践来看，信息技术的广泛应用已经成为推进经济增长方式转变的必然选择。

因此，中国作为一个发展中的大国，利用信息技术改造和提升传统产业，转变经济增长方式的任务已然十分艰巨和繁重，因此把转变经济增长方式放到突出的位置是中国经济发展的内在要求，也是中国信息化道路的显著特征。

80.4　构筑产业自主创新体系

信息产业发展为推进信息化提供了重大技术、装备和服务支撑，信息化为信息产业发展提供了广阔的市场空间。当前，信息产业已成为国民经济的战略性、基础性和先导性支柱产业。但中国的信息产业发展全面支撑信息化建设的能力仍较薄弱，信息化带动信息产业发展的格局尚未完全形成。党的十六大明确提出优先发展信息产业，全国科学技术大会强调把掌握信息产业核心技术作为提高我国产业竞争力的突破口。在中国信息化发展过程中，要构建开放条件下的自主创新体系，形成信息化与产业良性发展的格局。

作为一个正在崛起的发展中大国家，信息化一定要建立在自主的产业基础之上。进入新世纪，财富的积累、经济的增长、社会的进步、个人的发展越来越依赖知识和信息，一个国家对信息的获取、占有、控制、分配和使用的能力决定着它在世界政治、经济、军事竞争中的优劣地位。以美国为代表的发达国家正在抢占信息技术和信息产业发展的制高点，以进一步确立信息时代国际经济政治秩序主导权。中国信息产业持续发展，但发展面临一系列问题：一是核心技术受制于人。在芯片、电子元器件以及基础软件等领域严重依赖进口或国外企业。目前我国半导体设备的自给程度不到2%，材料自给率不到10%，90%的集成电路靠进口，2006年进口额超过1000亿美元。二是产业发展主要依靠三资企业。规模以上三资企业销售收入、增加值、利润、出口分别占全行业的 77%、77%、77% 和 87%，基本主导着我国电子信息产业的发展，并且主导性有进一步增强的可能。三是国内信息化推进过程中，应用、产业、技术之间没有形成良性互动的格局，作为战略资源的本土市场的作用没有得到充分发挥。在电子政务推进过程中，政府采购政策对国内自主创发的新技术和产品的支撑力度仍不够；在国有资本控制的银行、电信、石化等重点行业的信息化建设，主要依赖国外的技术、产品和服务。四是产业对国际市场依赖性强。2002—2005 年期间，电子产品出口额占整个产业销售收入比例都超过了50%，产业增长主要依靠国外市场拉动。缺乏拥有自主知识产权的关键技术和产品。信息技术是关系到国家经济和政治安全的核心技术，核心技术的自主创新已经到了非解决不可的地步。中国信息化建设的核心装备和关键服务主要依赖于外资企业，掌握信息产业发展的主导权，要把中国的信息化建设建立在自主的信息产业基础之上。

构建开放条件下的自主创新体系。信息技术自主创新面临新的机遇和挑战，走开放式自主创新的道路是现实选择。一是技术创新呈现集成化、国际化趋势。进入新世纪，信息技术不断向高性价比、普适计算和智能化方向发展。同时，技术创新的步伐不断加快、成本不断提高、难度不断增强、风险不断加大，信息技术创新越来越呈现出集成化与国际化的发展趋势。二是跨国公司掌控全球战略资源，主导产业发展格局。在电子信息产业领域，跨国公司凭借其领先的技术和产品优势、强大的研发能力和人才基础、卓越的品牌形象、全球化的物流网络、巨大的资金规模、丰富的管理经验，在全球范围内配置、整合和利用资源，成为全球电子信息产业国际分工的主导力量。三是全球电子信息产业分工不断细化，电子信息产业在世界范围内持续转移，并呈现出从组装加工向关键元器件、从制造环节向研发环节、从硬件产业向软件产业转移的趋势。在这一背景下，发展中国家要提升产业结构，促进产业升级，需要在一个开放的条件下，充分利用国际资源，在技术、人才、渠道、品牌等方面进行长期积累，构建开放条件下的自主创新体系。中国要根据产业发展的新趋势，在强化引进、消化、吸收、再创新能力的基础上，更要重视原始创新，鼓励集成创新，突破一批关键技术，掌握一批核心技术，完成信息技术从跟踪、模仿到自主创新的跨越，推动信息产业实现由大变强的跨越。

80.5　突出农业和农村信息化

农业、农村、农民问题将在中华民族走向伟大复兴的新的历史征程中处于极其重要的位置，中国的社会主义现代化建设成功与否取决于农业、农村、农民问题的解决与否。统筹城乡经济社会发展，建设现代农业，发展农村经济，增加农民收入，是全面建设小康社会的重大任务。

当前，我国的农业、农村问题突出，二元经济结构特征显著。一是城乡贫富悬殊扩大。改革开放之初，我国城乡居民收入比大致是 2∶1，2007年，这个比值扩大到 3.33∶1。从反映生活质量的恩格尔系数上看，1978年城乡居民物质生活水平相接近，恩格尔系数也接近，城乡之间的差值不高于 4.5 个百分点。2007 年城乡居民的恩格尔系数分别为 36.3% 和43.1%，差值扩大到了 6.8 个百分点。二是农村穷困人口规模依然巨大。目前我国贫困人口还有 2148 万人。在已经脱贫的人口中，我国还有近 2亿农村人口的年人均收入比贫困人口的收入高不了多少，生产、生活条件还没有从根本上得到改善，抵御自然灾害的能力还不强，生产、生活仍很困难。三是农村剩余劳动力数量巨大。中国农村目前约有 7 亿多劳动力，其中 70% 为农业劳动力，其中有 3.5 亿剩余劳动力，成为世界上最庞大的非充分就业群体。四是农村公共事业发展滞后问题凸显。中国农村尤其是中西部农村，在文化、教育、卫生、医疗、基础设施、公共福利和社会保障等方面，与城市形成强烈反差。在教育文化方面，我国"普九"覆盖率为 98%，剩下的 2% 即失学儿童几乎全在农村，目前全国还有 100 个左右县未能普及小学教育；中国有文盲 8507 万人，其中 90% 也就是说

7656 万文盲在农村。在农村社会养老保险方面，截至 2006 年底，基金积累总额仅 354 亿元，参保率仅为农村总人口的 7.3%，其余 92.7% 只能自己保自己。在医疗、医保方面，政府卫生费用开支是 44% 的城里人，占 80%。

信息化建设是解决我国"三农"问题的重要途径，面对中国农业和农村发展的现实问题，迫切需要加快信息技术的广泛应用，在今后相当长的一段时间内，要把农业和农业信息化放到战略高度加以重视。一是农村信息化是实现国民经济和社会发展战略目标的重要环节。农村信息化的深入开展有助于缩小地区差别、城乡差别、工农差别，有利于强化与国外的联系，促进我国经济特别是农业、农村经济自主地参与到经济全球化之中去。因此，实现农业和农村信息化是巩固农业基础地位的重要步骤。二是农村信息化是实现农业和农村经济结构调整，增加农民收入的重要保证。信息化建设有利于消除农民在信息获取和使用上的时空限制，使农民及时、准确、经济、全面地搜集所需要的信息，减少了流通环节，简化了交易程序，节约了交易费用。同时减少生产的盲目性和滞后性，降低市场风险。三是农村信息化将推动农业产业化和规模化经营的发展。农业产业化和规模化经营是我国农业发展的出路，是走出国门、走向市场经济的必由之路。信息技术应用在加强龙头企业与不同类型的农户联系，加快龙头企业发展，提升经营、管理和生产水平，扩大市场交易范围，降低农民的生产成本和风险，发挥专业大户带动作用，促进农业产业化方面发挥了积极的作用。因此，农业信息技术将使得农业生产更加适应市场需求，推动农业产业化和规模化经营的发展。

我国农业和农村信息化基础差、起步晚、水平低，如不加以妥善解决，城乡之间的数字鸿沟将会进一步扩大。因此，作为一个二元经济结构矛盾突出，农业和农村发展相对滞后的发展中国家而言，中国的信息化要把农业和农村信息化放到更加突出的位置，国家的农村基础设施建设要将信息化基础设施纳入其中，国家信息技术创新要把低成本的适用技术与产品开发作为自主创新的重要内容，国家的财政支持要把农村和农民作为扶持的主要领域，国家的信息化培训要把广大农民作为培训的重点对象，这是中国国情所要求的，也是中国特色信息化道路的重要体现。

80.6　坚持低成本导向

作为一个发展中国家，中国拥有庞大的低收入群体，中小企业竞争力仍较弱，地方政府财力紧张，中国没有条件、没有能力，也没有必要片面追求技术、设备的先进性，应用简单、适用、价廉的信息技术装备，寻求一种低成本、高效益的信息化发展道路才是中国信息化发展的现实选择。"低成本导向"不是简单地降低成本而牺牲性能要求，它是结合现实需求，通过技术创新满足基本性能、实现基本功能条件下的低成本。十六大报告提出，"用高新技术和先进适用技术改造提升传统产业"，《2006—2020 年国家信息化发展战略》明确提出要以需求为主导，充分发挥市场机制配置资源的基础性作用，探索成本低、实效好的信息化发展模式。因此，在中国推进信息化的进程中坚定不移贯彻"低成本战略"，以"够用就行"作为一个基本原则，通过自身自主创新，开发价格便宜、不需要频繁升级、使用年限更长的新型终端产品。低成本、高效益的信息化道路是中国信息化发展的重要特征。

低成本、高效益的信息化道路是中国现实国情所决定的。从地方政府来看，尽管国家财政收入持续增长，但地方基层政府财力紧张，全国2800 多个县（市）中，有超过 1/3 的县级政府面临财政赤字，县级财政由于长期以来的历史积累而背上了沉重的债务包袱。2006 年我国乡、村两级净债务 3259 亿元，其中乡级债务 1776 亿元，平均每个乡镇负债 400万元。县级财政虽然收入不多，但是支出项目却十分繁多，收支矛盾一直没有得到有效缓解。从中小企业来看，我国中小企业存在着资金短缺、人才缺乏、技术落后、融资能力差和管理水平低等一系列问题，资金问题本身就是制约中小企业发展的重要因素，中小企业在信息化投入上总是捉襟见肘，2005 年中小企业信息化平均年投入不超过 10 万元人民币。从低收入群体来看，根据联合国每天收入 1 美元以下的属于贫困人口的标准，目前中国仅农村地区的贫困人口就多达 4 亿人。即使在经济发展水平较高的京津地区，也存在一条环京津的"贫困带"，在河北与京津接壤的 6 个设区市有 32 个贫困县和 3798 个贫困村。因此，尽管在很多领域中国和发达国家的技术设备几乎一样，但中国有更多的人群并没有进入信息化应用阶段。在整个社会的财力极为有限的背景下推进信息化，决定了中国需要找到一条低成本、高效益的信息化道路。

低成本、高效益的信息化道路是一条现实的、可行的发展道路。中国信息化的实践表明，凡是遵循低成本、高效益的发展思路，信息技术在各行业的应用就更加广泛、更加深入，效果也更加明显。"十五"期间，国家围绕电子政务建设出台了多个指导文件，其中一项重要工作就是要加强对各种网络平台资源、信息资源的整合，其最基本的出发点就是要减少重复建设、盲目投资，树立节约搞信息化的观念，走一条低成本的电子政务道路。河南省济源市的行政审批中心、便民服务电话中心、"济源之窗"网站和 120 急救中心采取"四合一"的模式，由一个机构来统一运行管理，不仅节约了很多人力、物力和财力，而且提高了办事效率。我国信威公司自主开发的 400MSCDMA 以其成本低廉、覆盖广泛、易于维护成为"村村通"工程的首推解决方案，这一系统以农民用得起的价格提供完整的农村信息化解决方案，在多个省（市）的农村地区得到应用。同时，信威联合清华同方、北大众志、中科红旗、永中科技和银河麒麟等国内自主创新的众多企业，携手建立"农村信息化产业联盟"，打造农村信息化产业链。在中小企业管理信息化领域，阿里软件推出 SAAS（在线软件服务），通过低成本地让中小企业构建管理和营销平台，正成为加快中小企业管理信息化的重要途径。

低成本推进信息化的基础和条件更加成熟。一是在认识层面上，信息技术应用各个领域的实践表明，并非是技术越先进信息化的效果就越好，以需求为导向，采用先进适应的信息技术，低成本推进信息化的思路正成为一种共识。二是作为全球信息产业大国，中国已成为全球最大的信息产品制造大国，有能力和条件提供先进适用、更加低廉的信息产品和服务。20 世纪 90 年代初期，国外进口的程控交换机每线最高达到 500 美元，由于国内企业在程控交换机领域取得突破，中国市场上的程控交换机每线售价已下降到了 1998 年的 50 美元。1989—2001 年，全国电话普及率由 1989 年每百人 0.98 部提高到每百人 30.2 部，通电话的行政村比重从 1989 年的 43.6% 提高到 85.3%，我国电话网总规模在世界的排名从 1989 年的第 16 位到目前的第一位，只用了短短的 13 年时间。中国信息基础设施的跨越式发展得益于在通信领域的重大突破。三是从国际发展趋势来看，低成本推进也正成为发展中国家推进信息化的共同选择。国际社会正在推动 100 美元电脑、30 美元手机等低成本信息终端的生产和普及，印度、南非、巴西等发展中国家也结合各自的国情，在农村信息化、政务信息化建设、中小企业信息化等各个领域，探索低成本推进信息化道路。

总之，中国要实现信息化，只有低成本推进，勤俭办信息化，才符合中国现实国情，才是理性和成熟的，才是可持续的。为此，我们要把低成本推进信息化的发展思路作为整个社会的共识，使其深入人心，成为我们政府、企业推进信息化的行为准则；同时，要不断提高信息产品和服务的创新能力，能够为中国的信息化提供先进适用、质优价廉的产品和服务。最后，要根据中国信息化发展的基础、背景和条件，创造性地推进新技术应用，不断探讨信息化发展过程中的新思路、新模式。

80.7　注重多层次推进

中国信息化起步于 20 世纪 90 年代的"三金"工程，新世纪新成立的国家信息化领导小组把电子政务作为推进整个信息化的突破口，这些重点突破的发展思路都是在当时信息化特定的历史阶段的现实选择。以《2006—2020 年国家信息化发展战略》的出台为标志，中国信息化进入了全方位、多层次推进的新阶段。全方位就是要在国民经济和社会的各个领域、各个行业、各个地区全面推进；多层次是要根据不同的经济发展水平、不同的信息化基础、不同的发展条件和不同的信息化需求因地制宜地推进。

多层次推进是新时期我国信息化建设的紧迫任务。在相当长的一段时间内，中国优先推动了重点领域、重点地区的信息化，信息基础设施实现跨越式发展，重要政府部门的信息系统开始发挥作用，重点行业的大中企业信息化水平不断提高。随着信息技术应用日益深化，中国的信息化建设进入全面推进的新阶段。这是因为，一方面，信息化作为一个系统，任何某一领域信息化的推进最终都会受到其他应用系统和水平的制约，只有整体水平的提高才能更好地发挥某一领域的信息化的效果；另一方面，随着信息化效果日益显著，信息化的认识不断深化，大力推进信息化的已不仅仅是各级政府，推进信息化主体日益多元化，政府部门、生产企业、金融机构、中介组织等不同机构都在推进各个领域的信息化，推进信息化正成为整个社会的共识。此外，在科学发展观的指导下，正确处理好效率与公平的关系、长期利益与短期利益的关系及经济发展和社会进步的关系，追求经济的可持续发展，已成为整个社会的共同选择。多层次推进信息化，通过不断缩小数字鸿沟，避免"先扩大、后缩小"的老路，推进社会主义和谐社会建设。

多层次推进信息化的条件日趋成熟。多年来，中国在信息基础设施、电子政务、电子商务、企业信息化等方面已经取得了一定的突破，中国在推进信息化方面积累了丰富的经验，在信息化的人才、体制、机制等方面的环境不断优化，为全方位推进信息化创造了条件。同时，从国家推进信息化的战略布局来看，在一些过去发展相对比较滞后的领域，也进行了积极的探索，并取得了一定的成绩。农业信息化、传统产业改造、中小企业信息化、社区信息化等都取得了一定的进展，为全方位推进信息化提供了有利条件。尤其是随着《2006—2020 年国家信息化发展战略》从经济、政治、文化、军事等各个领域对中国的信息化发展进行全线部署，标志着中国信息化已经进入全方位、多层次的新阶段。

积极落实多层次推进信息化的战略部署。全方位、多层次推进信息化是新时期我国信息化发展思路的重大调整，是信息化工作重点由点到线、由线到面的重大转变。首先，各级政府和部门要深刻认识到全方位、多层次推进的战略意义，尤其是在缩小地区、城乡、经济社会和大、中、小企业之间的数字鸿沟方面，紧紧围绕国家信息化总体部署，在实际工作中做好顶层设计，全面、系统考虑新阶段我国信息化发展的重点。其次，多层次推进要充分调整政府、企业、中介组织等各方面的积极性。在信息化的起步阶段，政府加强信息化重点领域的工作是必要的，也是可行的，随着信息化进入全方位推进的新阶段，迫切需要全社会的共同努力。最后，多层次推进在实践上是一个不断探索的过程。中国信息化全面推进仍面临着经济发展阶段、信息化基础水平、人员素质条件和信息化发展需求的不同，需要在实践中不断摸索和探讨。欠发达地区的电子政务建设不能完全照搬东部发达地区的发展思路，中小企业信息化也不是大型企业信息化的"缩略版"，各地推进信息化应当在遵循一般规律的基础上，形成自己的发展思路、发展模式和实施方案。

（本章作者　安筱鹏）

参考文献

［1］国务院信息化工作办公室：《中国信息化发展报告2007》，电子工业出版社 2007 年版。

［2］曲维枝：《信息社会：概念、经验与选择》（上、下册），经济科学出版社 2005 年版。

［3］胡启立：《中国信息化探索与实践》，电子工业出版社 2001 年版。

［4］胡启立：《"芯"路历程——"999"超大规模集成电路工程纪实》，电子工业出版社 2006 年版。

［5］吕新奎：《中国信息化》，电子工业出版社 2001 年版。

［6］周宏仁：《信息革命与信息化》，人民出版社 2001 年版。

［7］白和金、林兆木：《21 世纪初期中国经济和社会发展战略》，中国计划出版社 2000 年版。

［8］［美］保罗·利文森：《软边缘：信息革命的历史和未来》，清华大学出版社 2002 年版。

［9］崔保国：《信息社会的理论与模式》，高等教育出版社 1999 年版。

［10］陈佳贵：《经济改革发展中的若干重大问题研究》，社会科学文献出版社 2006 年版。

［11］陈小洪、马骏、袁东明等：《产业联盟与创新》，经济科学出版社 2007 年版。

［12］承继成、王宏伟：《城市如何数字化》，中国城市出版社 2002 年版。

［13］杜朝晖：《现代产业组织学理论与政策》，高等教育出版社 2005 年版。

［14］［德］乌韦让·豪斯：《信息时代的资本主义——新经济及后果》，社会科学文献出版社 2004 年版。

［15］［德］马科斯·韦伯：《经济与社会》，商务印书馆 2000 年版。

［16］董焱：《信息文化论——数字化生存状态冷思考》，北京图书馆出版社 2003 年版。

［17］《电子政务发展概况》编写组：《电子政务发展概况》，中共中央党校出版社 2005 年版。

［18］刁生富：《信息时代的中国现代化》，华南理工大学出版社 2001 年版。

［19］［俄］伊诺泽姆采夫：《后工业社会与可持续发展问题研究》，安启念译，中国人民大学出版社 2004 年版。

［20］方甲：《产业结构问题研究》，人民出版社 1997 年版。

［21］国务院信息化工作办公室政策规划组：《国家信息化发展战略学习读本》，电子工业出版社 2007 年版。

［22］胡春力：《重构生产组织：发展中国装备工业的新思路》，中国计划出版社 2002 年版。

［23］胡鞍钢：《知识与发展：21 世纪新追赶战略》，北京大学出版社 2001 年版。

［24］黄奇等译：《数字经济 2000》，国家行政学院出版社 2000 年版。

［25］黄胜平、姜念涛：《中国自主创新探路》，人民出版社 2007 年版。

［26］［美］H. 钱纳里等：《工业化和经济增长的比较研究》，上海三联出版社 1995 年版。

［27］季金奎：《中国电子政务领导干部知识读本》，中共中央党校出版社 2002 年版。

［28］江小涓：《中国经济运行与政策报告 No.2——中国服务业的增长与结构》，社会科学文献出版社 2004 年版。

［29］李晓东：《信息化与经济发展》，中国发展出版社 2000 年版。

［30］李孝全：《国家战略与信息产业发展——韩国信息技术发展透视》，经济科学出版社 2001 年版。

［31］娄勤俭、周子学：《韩国信息产业与大公司发展实践及启示》，电子工业出版社 2006 年版。

［32］刘丽文、张尔正：《工业信息化》，京华出版社 1998 年版。

［33］路风：《走向自主创新：寻求中国力量的源泉》，广西师范大学出版社 2006 年版。

［34］马洪、王梦奎：《2006 版中国发展研究：国务院发展研究中心研究报告选》，中国发展出版社 2006 年版。

［35］［美］杰索娃拉、泰勒：《亚太信息技术园——地区性数字鸿沟之启示》，张彬译，北京邮电大学出版社 2006 年版。

［36］［美］戴维·莫谢拉：《权利的浪潮》，社会科学出版社 2000 年版。

［37］［美］保罗·利文森：《信息革命的历史和未来》，清华大学出版社 2002 年版。

［38］［美］迈克尔·波特：《国家竞争优势》，华夏出版社 2002 年版。

［39］［美］曼纽尔·卡斯泰尔：《信息化城市》，江苏人民出版社 2001 年版。

［40］［美］戴维·S·兰德斯：《国富国穷》，新华出版社 2002 年版。

［41］牛文元：《持续发展导论》，科学出版社 1994 年版。

［42］齐从谦：《制造业信息化导论》，中国宇航出版社 2003 年版。

［43］苏波：《工业结构调整及重点产品国际竞争力研究》，中国经济出版社 2003 年版。

［44］沈威风：《淘宝：倒立者赢》，浙江人民出版社 2007 年版。

［45］上海财经大学区域经济研究中心：《2003 中国区域经济发展报告》，上海财经大学出版社 2003 年版。

［46］宋旭光：《资源约束与中国经济发展》，《财经问题研究》2004 年第 11 期。

［47］王立军、凌云：《高新技术改造传统产业的理论与实践》，中国经济出版社 2003 年版。

［48］吴敬琏：《当代中国经济改革》，上海远东出版社 2003 年版。

［49］汪向东、姜奇平：《电子政务行政生态学》，清华大学出版社 2007 年版。

［50］王梦奎、陆百甫：《新阶段的中国经济》，人民出版社 2002 年版。

［51］吴晓波、凌云：《信息化带动工业化的理论与实践》，浙江大学出版社 2005 年版。

［52］王长胜、张新红、于施洋等：《中国电子政务发展报告 No. 3》，社会科学出版社 2006 年版。

［53］许江萍、张洪：《我国新兴服务业发展政策研究》，中国计划出版社 2003 年版。

［54］徐匡迪：《不能走工业化老路》，《中国信息界》2005 年第 4 期。

［55］［英］曼纽尔·卡斯特著：《认同的力量》，夏铸九译，社会科学文献出版社 2003 年版。

［56］虞和平：《中国现代化历程》（共三卷），江苏人民出版社 2001 年版。

［57］殷醒民：《中国工业与技术发展》，上海人民出版社 2003 年版。

［58］游五洋、陶青：《信息化与未来中国》，中国社会科学出版社 2003 年版。

［59］余志和：《信息时代纵横》，京华出版社 1998 年版。

［60］周惠明等：《现代化：历史、理论与反思》，中国广播电视出版社 2002 年版。

［61］张坤：《循环经济理论与实践》，中国环境科学出版社 2003 年版。

［62］赵刚、孙健：《自主创新的人才战略》，科学出版社 2007 年版。

［63］中国现代化战略研究课题组：《中国现代化战略》，北京大学出版社 2002—2004 年版。

［64］郑新立、周喜安：《中国：21 世纪的工业化》，经济科学出版社 2003 年版。

［65］张志檩：《信息技术应用读本》，中国石油出版社 2006 年版。

［66］中国信息年鉴期刊社：《中国信息年鉴 2006》，中国信息年鉴出版社 2006 年版。

［67］朱启贵、李建阳：《信息化：可持续发展之路》，中国经济出版社 2005 年版。

［68］周叔莲、郭克莎：《中国工业增长与结构变动研究》，经济管理出版社 2000 年版。

［69］中国金融信息化发展战略研究课题组：《中国金融信息化发展战略研究报告》，中国金融出版社 2006 年版。

［70］中国"三农"形势跟踪调查课题组：《小康中国痛》，中国社会科学出版社 2004 年版。

［71］周振华：《信息化与产业融合》，上海人民出版社 2003 年版。

［72］中华人民共和国信息产业部：《信息产业"十五"回顾（电子卷）》，2006 年。

［73］张新红：《2006 中国数字鸿沟报告》，《中国信息界》2006 年第 12 期。

［74］张尧学：《我国信息人才培养的发展现状》，《信息化研究通信》2007 年第 1 期。

［75］周大地等：《2020 年中国可持续能源情景》，环境科学出版社 2005 年版。

［76］赵苹：《步入 21 世纪的农业信息化》，经济科学出版社 2000 年版。

第十二篇

中国信息化的展望

第 81 章
中国信息化水平的
国际比较

引　言

　　20 世纪末到 21 世纪初，国民经济和社会信息化在全世界、特别是发达国家迅速发展，信息通信技术革命作为一种可持续发展的手段，已经和继续对经济社会发展产生巨大和深刻的影响，信息化发展水平已经成为衡量国家综合国力和国际竞争力的重要标志。2003 年以来，由世界各国首脑参加的全球信息社会高峰会议提出，国际社会需要确定一套共同的核心信息通信技术（ICT）指标，提供更多的具有国际可比性的 ICT 统计数据，对于全球在使用 ICT 方面取得的进展进行跟踪比较，以便为制定经济社会发展战略提供数据支持。随着信息化的发展，国际社会要求对信息化进行监测和定位的呼吁在不断加强。在此背景下，中国国家统计局继续深入开展了从 1996 年开始的在信息化综合指数测评方面的探索和研究；同时以国际电信联盟（ITU）为主导的、由联合国贸发会议、联合国教科文组织、世界经济论坛等多个国际组织参与的信息化评价综合指数的研究也不断深入，并公布了从不同角度测算的信息化综合指数，以进行信息化水平的国际比较，通过信息化综合指数的国际比较，各国可以了解本国与其他国家的发展和比较情况，分析自己的相对实力和弱势。信息化综合指数研究工作，已经引起各国政府和使用者的巨大兴趣和高度关注，国际社会对这样一种指数统计工具有着强烈的需求。信息化综合指数作为信息化水平的国际比较研究的测评结果，为相关部门决策提供了重要量化参考依据。

81.1　中国信息化发展指数(IDI_{CN})的国际比较

中国国家统计局从 1996 年开始研究信息化综合评价指数，推出了信息化水平总指数（II）、信息化水平评价指数（II_E）等，测评了中国各地区信息化发展水平和进程，进行了信息化水平的国内外比较。2004—2005年国家发改委研究制定国家"十一五"信息化发展规划，国务院信息办研究制定 2006—2020 年国家信息化发展战略。为了做好这方面的工作，国家发改委和国务院信息办要求全面地、科学地、量化地把握中国信息化发展水平及发展趋势，两单位分别委托国家统计局进行了信息化统计调查和中国各省区市信息化水平的测算评价以及中国与世界主要国家信息化水平的测算评价的研究工作。国家统计局为此制定了信息化发展指数（IDI_{CN}）来进行测算和比较研究。国家发改委在制定的《国民经济和社会发展信息化"十一五"规划》中，就我国到 2010 年信息化发展的总体目标中首次引入了国家统计局研究制定的信息化发展指数（IDI_{CN}）指标体系和数据时指出，这一指标体系从信息化基础设施、使用、知识、环境与效果和信息消费五个方面诠释了国家信息化的总体水平，对发展状况做出综合性评价。该指标设定有两个突出特点：第一，希望通过指标设定，使社会各界对信息化有一个更全面、更深刻的认识，树立和倡导科学的信息化发展观。第二，力求从定性和定量两个角度设定目标，使指标更具代表性。信息化发展指数成为国家信息化"十一五"规划中的综合性规划指标，能够量化地评价中国各省市信息化发展水平，以及测算和进行信息化水平的国际比较。

81.1.1　信息化发展指数（IDI$_{CN}$）指标体系和评价方法

2005 年，国家统计局建立并发布了信息化发展指数（Informatization Development Index，简称 IDI$_{CN}$），该指数从信息化基础设施建设、信息化应用水平和制约环境以及居民信息消费等方面综合性地测量和反映一个国家或地区信息化发展总体水平。IDI$_{CN}$ 可作为衡量国家或地区信息化发展的综合评价尺度，并以此进行信息化水平的国际比较。信息化发展总指数由 5 个分类指数和 10 个具体指标构成（见表 81.1）。

表 81.1　信息化发展指数（IDI$_{CN}$）指标体系

总指数	分类指数		指标
信息化发展总指数	一、基础设施指数	1	电视机拥有率（台/百人）
		2	固定电话拥有率（部/百人）
		3	移动电话拥有率（部/百人）
		4	计算机拥有率（台/百人）
	二、使用指数	5	每百人互联网用户数（户/百人）
	三、知识指数	6	教育指数（国外：成人识字率 ×2/3 +综合入学率 ×1/3 国内：成人识字率 ×2/3 +平均受教育年限 ×1/3）
	四、环境与效果指数	7	信息产业增加值占国内生产总值（GDP）比重（%）①
		8	信息产业研究与开发经费占国内生产总值（GDP）比重（%）②
		9	人均国内生产总值（GDP）（美元/人）
	五、信息消费指数	10	信息消费系数（%）

---

① 用第三产业增加值占 GDP 比重代替。

② 用全部研究与开发经费占 GDP 比重代替。

信息化发展指数的计算公式为：

$$IDI_{CN} = \sum_{i=1}^{n} W_i \left(\sum_{j=1}^{m} W_{ij} P_{ij} \right)$$

其中，IDI_{CN} 为国家或地区信息化发展指数的数值（下标CN表示中国），P_{ij} 为第 i 类指数的第 j 项指标标准化后的值，W_{ij} 为第 j 个指标在第 i 类指数中的权重，W_i 为第 i 类指数在总指数中的权重，n 为信息化发展指数分类的个数，m 表示信息化应用水平第 i 类指数的指标个数。

81.1.2 世界主要国家信息化发展指数（IDI_{CN}）测算与比较

据最新统计数据资料测算，2008 年中国信息化发展总指数为 0.640，比上年增长 13.5%。北京、上海信息化发展水平居全国 31 个省（自治区、直辖市）前列。2007 年，中国信息化发展水平在比较研究的 57 个国家中位居第 42 位，比 2000 年上升了 2 位。

1. 世界及各国（地区）信息化发展指数逐年提高

2007 年世界信息化发展总指数达到 0.657，比 2006 年增长 1 个百分点，比 2000 年提高 7.9 个百分点。世界及各个国家和地区的信息化发展指数呈现出逐年稳步提高的趋势。

表81.2　世界信息化发展总指数与分类指数比较

	2000	2001	2002	2003	2004	2005	2006	2007
总指数	0.578	0.592	0.594	0.606	0.620	0.630	0.645	0.657
基础设施指数	0.207	0.223	0.228	0.247	0.279	0.305	0.336	0.364
使用指数	0.745	0.769	0.804	0.820	0.838	0.849	0.865	0.879
知识指数	0.717	0.727	0.686	0.695	0.700	0.693	0.689	0.684
环境与效果指数	0.742	0.748	0.748	0.751	0.750	0.756	0.779	0.785
信息消费指数	0.479	0.487	0.496	0.499	0.510	0.514	0.517	0.523

2. 瑞典信息化发展总指数列居世界第一位

2007 年瑞典的信息化发展总指数达到 1.097，位居所比较的 57 个国家（地区）之首；从 1997 年开始，瑞典超过美国已经连续 11 年居世界第一位；英国信息化发展总指数为 1.015，居第二位；荷兰为 0.967，居第三位；挪威和丹麦分别居第四位和第五位。

排位最后的三个国家分别是巴基斯坦、尼日利亚和孟加拉国，他们的信息化发展总指数分别只有 0.417、0.412 和 0.303。但这三个国家信息化水平比上年均有显著提高。

3. 世界信息化发展总指数增长较快

2001—2007 年，世界信息化发展总指数年均增长速度为 7.71%，大大高于同期世界经济增长率。在世界信息化各分类指数中，年均增长速度由高到低分别为：使用指数、基础设施指数、环境与效果指数、信息消费指数和知识指数，其年均增长速度分别为：18.18%、9.82%、3.59%、1.26% 和 -0.67%。

表81.3　2000—2007 年世界信息化发展总指数排名前十位国家与中国比较

	2000 年	2001 年	2002 年	2003 年	2004 年	2005 年	2006 年	2007 年
瑞典	0.896	0.949	0.962	0.986	1.006	1.031	1.054	1.097
英国	0.832	0.853	0.871	0.888	0.916	0.943	0.962	1.015
荷兰	0.851	0.853	0.855	0.870	0.902	0.925	0.941	0.967
挪威	0.828	0.856	0.894	0.924	0.933	0.935	0.939	0.946
丹麦	0.877	0.902	0.910	0.928	0.941	0.946	0.952	0.940
美国	0.893	0.907	0.905	0.913	0.923	0.931	0.934	0.935
瑞士	0.873	0.894	0.895	0.907	0.918	0.924	0.924	0.934
德国	0.822	0.842	0.849	0.865	0.881	0.894	0.903	0.917
奥地利	0.822	0.847	0.838	0.855	0.872	0.887	0.900	0.910
加拿大	0.824	0.839	0.841	0.844	0.866	0.879	0.889	0.907
中国	0.478	0.501	0.534	0.560	0.576	0.591	0.612	0.630

表81.4　世界信息化发展总指数与分类指数增长速度比较

（单位:%）

	2001	2002	2003	2004	2005	2006	2007	2001—2007年平均增长
总指数	9.05	8.16	7.54	9.83	5.80	8.90	6.07	7.71
基础设施指数	11.06	0.63	11.10	18.71	10.39	11.45	8.29	9.82
使用指数	23.04	35.83	14.89	16.88	10.75	14.77	12.87	18.18
知识指数	1.39	−5.74	1.32	0.84	−1.03	−0.65	−0.65	−0.67
环境与效果指数	0.36	0.08	3.60	2.83	3.13	12.13	3.97	3.59
信息消费指数	1.78	1.83	0.63	2.01	0.94	0.47	1.18	1.26

4. 世界信息化各个分类指数比较

2007 年，世界信息化发展总指数的五个分类指数中，使用指数最高，为 0.879；环境与效果指数和知识指数紧随其后，分别为 0.785 和 0.684，第四是信息消费指数，为 0.523，最后是基础设施指数，仅为 0.364。排名首位的使用指数是排名末位的基础设施指数的 2.4 倍，但差距比上年的 2.6 倍有所缩小。

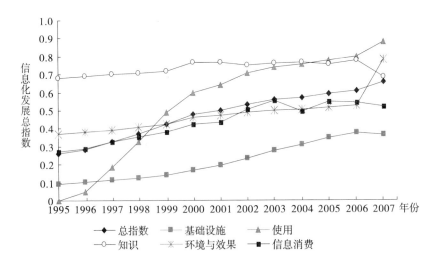

图81.1　2000—2007 年世界信息化发展总指数及分类指数比较

5. 国家和地区之间信息化发展水平差距较大

对 2007 年世界信息化每个分类指数进行国家和地区间的比较，可以看出国家和地区之间信息化发展水平差距较大。

①信息消费指数差距最大。2007 年信息消费指数最高的是挪威，与末位的孟加拉国之间差距为 100∶3。挪威用于通信、信息类商品和服务的支出占居民消费总支出的比重（即信息消费系数）达到 15.78% 以上，而尼日利亚和孟加拉国等不发达国家不足 0.5%。

②基础设施指数差距也较大。2007 年基础设施指数最高的国家是瑞典，与末位的尼日利亚差距为 100∶6。从具体指标来看，瑞典和挪威等北欧国家每百人电视机拥有率已达到 90% 以上，而尼日利亚每百人电视机拥有率还不到 10 台；瑞士、德国等国家的固定电话普及率达到了每百人 60 部以上，而孟加拉国每百人还不到 1 部；中国香港和英国的移动电话拥有率达到每百人 150 部以上，而印度每百人还不足 20 部；加拿大和荷兰的计算机拥有率达到了每百人 100 台以上，而巴基斯坦每百人还不到 1 台。信息化基础设施建设在国家和地区间的差距巨大。

③2007 年环境与效果指数最高的国家是瑞典，其指数值与最低的阿塞拜疆比为 100∶38。从具体指标看，发达国家（地区）的第三产业增加值占国内生产总值的比重达到 70% 以上，而阿塞拜疆仅为 21%；瑞典、芬兰、日本和韩国等国家的研发经费占国内生产总值比重达到 3% 以上，而菲律宾、哥伦比亚、委内瑞拉等国还不足 0.2%；挪威、冰岛等国家的人均国内生产总值已经超过 6 万美元，而孟加拉国仅为 431 美元。

④使用指数最高的国家是挪威，其指数值与最低的孟加拉国比为 100∶38。2007 年挪威、荷兰和瑞典每百人互联网用户达到 80 人以上，而最低的孟加拉国平均每百人互联网用户不足 1 人，差距极为巨大。

⑤知识指数差距较小。知识指数最高的是爱尔兰，与末位的巴基斯坦之间比为 100∶44。在联合国《2007/2008 年人类发展报告》公布的教育指数中，发达国家教育指数基本都达到 0.95 以上，而巴基斯坦只有 0.466。

81.1.3　中国跨入信息化发展中等水平国家行列

经过十几年的努力，中国的信息化水平已经跨入中等水平国家行列，与中国的经济和社会的快速发展相互呼应。

1. 世界信息化水平五个类型国家（地区）的比较

通过比较分析，进行比较的 57 个国家（地区）依据信息化发展水平可划分为以下五个类型国家（地区）：

第一类国家（地区）［信息化发展高水平国家（地区）］：包括瑞典、英国、荷兰、挪威、丹麦、美国、瑞士、德国、奥地利、加拿大、冰岛、卢森堡，共 12 个国家。2007 年这 12 个国家的信息化发展总指数平均为 0.948，是世界平均水平的 1.44 倍，其信息化发展水平在世界居于领先地位。

第二类国家（地区）［信息化发展中高水平国家（地区）］：包括澳大利亚、日本、芬兰、法国、中国香港、爱尔兰、新加坡、韩国、新西兰、爱沙尼亚、比利时、意大利、西班牙、斯洛文尼亚、捷克、拉脱维亚，共 16 个国家（地区）。2007 年这 16 个国家（地区）信息化发展总指数平均为 0.853，相当于信息化发展高水平国家（地区）的 90%。

第三类国家（地区）［信息化发展中等水平国家（地区）］：包括希腊、匈牙利、立陶宛、葡萄牙、斯洛伐克、白俄罗斯、保加利亚、波兰、俄罗斯、巴西、乌克兰、马来西亚、阿根廷、中国、委内瑞拉、哥伦比亚、墨西哥、泰国共 18 个国家。2007 年这 18 个国家信息化发展总指数平均为 0.702，相当于信息化高水平国家（地区）的 74%。

第四类国家（地区）［信息化发展中低水平国家（地区）］：包括危地马拉、吉尔吉斯斯坦、菲律宾、蒙古、洪都拉斯、斯里兰卡、阿塞拜疆、印度、巴基斯坦、尼日利亚，共 10 个国家。2007 年这 10 个国家信息化发展总指数平均为 0.500，相当于信息化高水平国家（地区）的 53%。

第五类国家（地区）［信息化发展低水平国家（地区）］：孟加拉国。2007 年该国家信息化发展总指数为 0.303，相当于信息化高水平国家（地区）的 32%。

表81.5　2007年世界及信息化五类国家（地区）的总指数与分类指数比较

	基础设施指数	使用指数	知识指数	环境与效果指数	信息消费指数	总指数
世界平均水平	0.364	0.879	0.684	0.785	0.524	0.657
第一类国家（地区）	1.134	1.026	0.861	0.851	0.656	0.948
第二类国家（地区）	0.845	1.001	0.858	0.780	0.636	0.853
第三类国家（地区）	0.562	0.921	0.825	0.585	0.520	0.702
第四类国家（地区）	0.211	0.777	0.687	0.458	0.239	0.500
第五类国家（地区）	0.103	0.397	0.416	0.463	0.024	0.303

2. 中国跨入信息化发展中等水平国家（地区）行列

由于中国信息化发展水平以较快速度增长，2006年起，中国从信息化发展中低水平国家跨入信息化发展中等水平国家行列。本章附录1给出了2000—2007年世界各国信息化发展指数（IDI_{CN}）的数据比较。

①2007年中国信息化发展总指数居世界第42位

2007年中国信息化发展总指数在所比较的57个国家（地区）中由2000年的第44位上升至第42位，上升了2位。中国与世界平均水平及排名首位的瑞典相比差距有所缩小，2000年中国信息化发展总指数比世界平均水平低17.3%，2007年差距缩小为比世界平均水平低4.1%。同时，与排名首位的瑞典相比，2007年中国相当于瑞典的57%，而2000年为53%。

从分类指数排位看，中国的信息消费指数在所比较国家（地区）中排名第32位，其次是环境与效果指数排名第41位，知识指数排在第43位。

②中国信息化发展总指数增长速度居所比较国家（地区）前列

2001—2007年，中国信息化发展总指数年均增长速度为15.52%，居世界第14位，是世界平均增长水平的2倍。中国信息化五个分类指数的年均增长速度多数居世界前列，其中知识指数年均增长速度居所比较国家（地区）的第七位，环境与效果指数年均增长速度居第12位，基础设施指数年均增长速度居第12位，信息消费指数年均增长速度居第13位，使用指数年均增长速度居第14位。2008年中国信息化发展指数继续较快增长，增长速度为 13.5% 。

③中国信息化发展与发达（地区）国家比较仍存在较大差距

从信息化的各个分类指数来看，中国与最高水平国家和地区相比差距较大，其中基础设施指数差距最大。2007 年中国基础设施指数相当于该分类指数值最高国家瑞典的 25%，环境与效果指数相当于瑞典的 56%，信息消费指数和使用指数分别相当于挪威的 70% 和 81%；知识指数相当于爱尔兰的 88%。我国在整体经济发展实力、研究开发经费投入以及计算机人均拥有率等方面与发达国家（地区）差距较大。

总之，从世界信息化发展的国际比较结果可以看出，世界信息化水平在快速提高，正在成为经济社会发展的新的和重要的影响力与推动力。但各国信息化发展不平衡，尤其是在基础设施建设以及信息消费方面差距极大。因此，在信息化发展过程中世界各国和地区之间存在的数字鸿沟问题不容忽视。

81.2 国际电信联盟的信息化发展 指数（IDI_{ITU}） 国际比较

国际电信联盟（ITU）在全球电信和信息通信技术统计数据的收集和传播方面发挥着主导作用。近年来该机构一直在积极研究建立新的统计工具进行信息化发展水平测算，探索和制定信息化综合评价指数的统计方法和指标体系，使得各国能够在全球和区域范围内评估和定位各自信息社会的进程。国际电信联盟单独或与其他国际组织合作推出了五个主要的信息化综合评价指数：2003 年国际电信联盟发布数字接入指数（DAI），同年与联合国教科文组织（UNESCO）发布数字鸿沟指数（DDIX）；2005 年国际电信联盟发布信息化机遇指数（ICT-OI）和数字机遇指数（DOI）；2007 年在日内瓦举行的第六届世界电信和信息通信技术指标会议（WTIM）上国际电信联盟最新推出信息化发展指数（IDI_{ITU}）。

81.2.1 信息化发展指数（IDI$_{ITU}$）的构建及指标体系

信息化发展指数（Information Development Index，简称 IDI$_{ITU}$）是国际电信联盟（ITU）将两个重要的信息化评价指数综合而成：一个是 ITU 在 2005 年推出的数字机遇指数（DOI），另一个是 ITU 在 2005 年改进而成的信息化机遇指数（ICT-OI）（ICT-OI 在本文 81.3 节介绍）。

1. 数字机遇指数（DOI）

2005 年国际电信联盟为响应信息社会全球峰会日内瓦行动计划的要求，创建了数字机遇指数（Digital Opportunity Index，简称 DOI）。该指数的初稿在 2005 年信息社会全球峰会上发布，其完整版本于 2006 年发布，其更新版本于 2007 年发布。

"数字机遇指数"的主要目标是衡量"数字机遇"或者说是衡量一个国家通过吸收信息通信技术而受益的潜力。"数字机遇指数"的构建基于三大因素：机会、基础设施和利用水平，指标采用的是绝对数值，而不是相对数值。一些国家用该指数的方法来制作各自的评估体系（指标体系见表81.6）。

表 81.6　数字机遇指数（DOI）指标体系

总指数	分类指数		指标
数字机遇指数	一、机遇指数	1	移动电话网覆盖的人口比例
		2	互联网接入费占人均收入的比重
		3	移动电话资费占人均收入的比重
	二、基础设施指数	4	拥有固定电话的家庭比重
		5	拥有电脑的家庭比重
		6	接入互联网的家庭比重
		7	每百人中移动电话用户数
		8	每百人中移动互联网用户数
	三、使用指数	9	使用互联网的人口比例
		10	固定宽带用户占总互联网用户数的比重
		11	移动宽带用户占总互联网用户数的比重

2. 信息化发展指数（IDI$_{ITU}$）指标体系

随着国际电信联盟的"信息化机遇指数"和"数字机遇指数"各自发布，各国要求统一信息化指数、进一步发展和改善评估体系的呼吁开始进入信息社会全球峰会的议题。因此，国际电信联盟在 2007 年将两个指数合并而建立了"信息化发展指数（IDI$_{ITU}$）"。

信息化发展指数（IDI$_{ITU}$）的主要目标是衡量四个方面：一是衡量和跟踪世界各国的信息通信技术进程和发展。二是对世界各个国家（地区）信息化水平进行测算和比较，即指数是全球性的，既反映发达国家也反映发展中国家。三是衡量数字鸿沟，即反映不同信息化发展水平国家（地区）间的差距。四是衡量信息化发展潜力，反映一个国家（地区）能在何种程度上根据现有能力和技能来利用信息通信技术，以提高增长和发展。为此，ITU 设置了包含三个分类指数、11 个具体指标的 IDI$_{ITU}$ 指数指标体系（见表 81.7）。

表 81.7　信息化发展指数（IDI$_{ITU}$）指标体系

总指数	分类指数		指标
信息化发展指数	一、ICT 接入指数	1	每百居民固定电话线长
		2	每百居民移动电话用户数
		3	每用户国际互联网带宽（bit/s）
		4	家庭计算机拥有率
		5	家庭接入互联网比重
	二、ICT 应用指数	6	每百居民互联网用户数
		7	每百居民固定互联网用户数
		8	每百居民移动互联网用户数
	三、ICT 技能指数	9	成人识字率
		10	初中毛入学率
		11	高中毛入学率

81.2.2　信息化发展指数（IDI$_{ITU}$）测评结果的比较分析

2009 年 ITU 发布了最新的 IDI$_{ITU}$ 指数研究报告，应用信息化发展指数

（IDI$_{ITU}$）比较了全球154个国家（地区）在2002年至2007年期间的信息化发展情况（2004—2007年世界各国（地区）信息化发展指数（IDI$_{ITU}$）数据比较可参见本章附录2），其主要的结论为：

1. 全球各区域的信息化发展不平衡

全球信息化发展指数在北欧、西欧和北美的分值最高，这些地区的国家大部分都名列排行榜的前20名；低收入国家特别是最不发达国家，依然排名信息化发展指数的末端。全球数字鸿沟仍然没有得到弥合。

2. 发展中国家信息化的排名迅速提升

在过去的5年间，沙特阿拉伯、中国和越南等发展中国家排名迅速提升，这主要得益于移动电话的迅速普及以及互联网用户的大幅度增加。

3. 固定电话向移动电话转移的趋势明显

截至2008年底，全球移动电话用户数达到41亿，比固定电话用户多出3倍，其中三分之二的移动用户来自发展中国家。

4. 发展中国家电信资费较高

按通信开支占总收入的比重计算，新加坡是世界上电信资费最低的国家。发达国家电信服务支出占国民总收入的比重在3%以下，发展中国家大约为25%，而排名在最后的25个国家这一比重甚至高达72%。一些发展中国家互联网宽带的高价格抑制了人们的需求。

5. 中国信息化进程显著

2002—2007年，中国信息化水平的排名从第90名上升到第73名，是全球信息化发展指数增长最快的十个国家之一。中国在信息化可接入性和使用方面，是全球进步最快的国家。全球固定线路的平均年增长率仅为3.4%，而中国为11%，这主要是由于中国对无线本地环路（WLL）的大量投入。中国固定宽带用户的普及率为5%，是亚太地区同等经济收入水平国家中最高的。特别是中国已开始提供光纤到户服务。截至2007年底，有1.5%的中国家庭拥有光纤，在世界排名第11位。报告指出，尽管中国取得了很大进步，但是也面临着一些挑战。例如，在移动宽带业务方面比较落后，农村地区的信息和通信技术水平仍然很低。但中国在2009年初颁布3G

许可证，并调整市场，增加提供有线和无线服务运营商的竞争，将可能推动移动宽带的发展，并进一步提高其在信息和通信技术领域的普及水平。

81.3 国际电信联盟的信息化机遇指数(ICT-OI) 国际比较

信息化机遇指数（Information Communication Technology-Opportunity Index，简称 ICT-OI）是由国际电信联盟（ITU）在 2007 年公布的信息化综合指数。该指数不仅可以衡量一个国家或地区信息通信技术发展程度，也可以作为跟踪数字鸿沟的一项重要工具。

81.3.1 信息化机遇指数 (ICT-OI) 的构建基础

信息化机遇指数（ICT-OI）是将两个著名指数合并得到的，被合并的两个指数分别是国际电信联盟（ITU）在 2003 年推出的数字接入指数（DAI）和 2003 年由联合国教科文组织（UNESCO）推出的数字鸿沟指数（DDIX）。

1. 数字接入指数（DAI）

数字接入指数（Digital Access Index，简称 DAI）是 2003 年由国际电信联盟构建的，旨在衡量各国接入数字信息产品的能力。DAI 指数中评价指标的选取注重国际可比性，没有选用定性指标。DAI 指数不仅能使各国发现信息化接入能力建设的长处与不足，同时也提供了公开透明的统计方法来追踪提高信息化接入能力的发展之路。DAI 指数由五个基础分类指数和 8 个具体指标构成（见表 81.8）。

2003 年，ITU 发布 DAI 测评研究报告。根据信息化发展水平，将世界 181 个国家（地区）划分为高水平、较高水平、中等水平和低水平等四个类型地区。报告结果发现，欧洲国家信息化接入能力最高。

表81.8　数字接入指数（DAI）指标体系

总指数	分类指数		指标
数字接入指数	一、基础设施指数	1	每百人固定电话用户数
		2	每百人移动电话用户数
	二、支付能力指数	3	因特网接入费用占人均国民收入的比重
	三、知识指数	4	成人识字率
		5	小学、中学和高等院校入学率
	四、质量指数	6	人均国际互联网带宽
		7	每百人宽带用户数
	五、使用指数	8	每百人因特网用户数

2. 数字鸿沟指数（DDIX）

数字鸿沟指数（Digital Divide Index，简称DDIX）是2003年由联合国教科文组织（UNESCO）推出的。数字鸿沟指数（DDIX）从性别、年龄、受教育程度、收入差别四个方面考察数字鸿沟状况，并从这四个方面测量弱势群体在计算机和互联网应用方面与平均水平的差距，其中互联网应用又分成总体情况和在家上网两类。测算的DDIX值应在0—100之间，值越大，表明弱势群体信息技术应用水平越接近于总体平均水平，即数字鸿沟越小；反之，值越小，表明弱势群体信息技术应用水平越偏离总体平均水平，即数字鸿沟越大（指标体系见表81.9）。

表81.9　数字鸿沟指数（DDIX）指标体系

	指标	独立变量
数字鸿沟指数	计算机普及率（50%）	1. 性别变量（女性） 2. 年龄变量（50岁及以上人口） 3. 教育变量（受正规学校教育年限在15年及以下人口） 4. 收入变量（低收入人口组）
	互联网普及率（30%）	
	在家上网普及率（20%）	

注：独立变量对每个指标进行计算。

2003年联合国教科文组织发布了DDIX指数测评研究报告。报告指出，近年来弱势群体信息技术应用水平与总体平均水平的差距有所缩小。但是，教育因素对数字鸿沟仍然有很大影响，在受教育年限不满 15 年的人群中，只有 28％的人使用互联网，而互联网的平均使用水平已达 39％。

81.3.2 信息化机遇指数（ICT-OI）指标体系

信息化机遇指数（ICT-OI）可以全面衡量个人和家庭的信息通信技术获得和使用的情况，其目的是解读在全球信息社会环境下获得和使用信息通信技术的状况，衡量发展中国家与发达国家的信息化发展差距，分析数字鸿沟自本世纪初以来的演变情况。信息化机遇指数（ICT-OI）由两个大类的分类指数和四个中类的分类指数及 10 个具体的指标构成（见表81.10）。关于 2007 年世界各国信息化机遇指数（ICT-OI）的数据比较可参见本章附录 3。

表 81.10　信息化机遇指数（ICT-OI）指标体系

总指数	分类指数		指标
信息化机遇指数	一、信息密度指数	网络指数	每百人电话主线长度
			每百人移动电话用户数
			国际互联网带宽（kbps/人）
		技术指数	成人识字率
			毛入学率（小学、中学、大专）
	二、信息应用指数	使用指数	每百人互联网用户数
			拥有电视家庭占有率
			每百人计算机数量
		密度指数	每百人宽带互联网用户数
			国际呼出话务量（分钟/每人）

81.3.3 信息化机遇指数（ICT-OI）测算结果的分析

2007 年，国际电信联盟（ITU）在 2007 年测算了 128 个国家（地区）的信息化机遇指数（ICT-OI），并发布了测评报告。测算结果表明，从本世纪初以来，全球几乎所有的国家和地区以及所有领域的信息化发展都取得了重大进展。其特点为：

1. 欠发达国家（地区）的信息化机遇指数（ICT-OI）高速增长

ICT-OI 指数值较低的国家（地区）都是欠发达国家（地区），主要集中在非洲和亚洲。此外，美洲的海地、古巴、洪都拉斯和尼加拉瓜的机遇指数值也较低。但近年来，许多欠发达国家（地区）都拥有较高的 ICT-OI 值增长率。在肯定这一积极发展的同时，报告指出应以客观的观点来看待增长速度，因为高增长率并不一定足以克服数字鸿沟，特别是对那些信息化水平非常低的国家而言。

2. 各国 ICT-OI 水平在宽带指标上差距最大

通过对国际互联网带宽（kbps/人）指标的分析，多数国家（地区）在宽带使用方面的表现欠佳，尤其是信息化水平较高与较低的国家（地区）差距更为明显。因此，对政策制定者而言，有必要加大投入整合宽带建设和制定相关促进策略。

81.4　联合国贸发会议信息化扩散
指数(ICT-DI) 国际比较

2003 年联合国贸发会议（UNCTAD）推出了信息化扩散指数（Diffusion Index，简称 ICT-DI）。该指数可用来衡量和评价国家或地区信息通信技术应用发展状况。

81.4.1　信息化扩散指数（ICT-DI）指标体系

联合国贸发会议在创建信息通信技术扩散指数（ICT-DI）时由于考虑到经济发展水平等因素对信息通信技术应用水平的影响，选取指标的范围更加宽泛，指标体系涵盖了多个领域：ICT-DI 指数首次应用了一个综合指标——人类发展指数；指标中包含互联网交换点状况；引入了财富指标（人均 GDP）以反映较富裕的国家可能有更高层次的信息和通信技术普及率。ICT-DI 指数的指标体系包含四个分类指数和 14 个具体指标（见表81.11）。

表81.11　信息化扩散指数（ICT-DI）指标体系

总指数	分类指数		指标
信息化扩散指数	连接指数	1	人均互联网主机数
		2	人均个人计算机拥有量
		3	人均电话主线数
		4	人均移动电话用户数
	获取指数	5	互联网用户数
		6	成人识字率
		7	本地电话通话费
		8	人均 GDP（根据购买力评价法折算成美元）
	政策指数	9	互联网交换点
		10	本地电信竞争程度
		11	国内长途电话竞争程度
		12	互联网服务提供市场竞争程度
	应用指数	13	国际电话呼入（分钟/人）
		14	国际电话呼出（分钟/人）

在该指标体系中，连接指数反映一个国家的基础设施建设状况，它代表了获取和利用信息通信技术的基本"限制因素"，即基本的硬件设施；获取指数从人们使用水平和制约因素状况描述信息通信技术的应用；政策指数主要侧重于描述电信市场的竞争环境；应用指数侧重描述一个国家与世界其他各国之间的国际通讯交流程度。

81.4.2　信息化扩散指数（ICT-DI）测算结果的分析

2005 年，联合国贸发会议发布 ICT-DI 指数测算研究报告，对全球

180 个国家（地区）信息化水平进行了测算和分析（1997—2004 年世界
各国扩散指数（ICT-DI）的数据比较可参见本章附录 4）。其主要的结
论为：

1. 收入因素对信息化发展影响最大

信息化扩散指数测算结果表明信息化发展水平受收入因素影响明显，
ICT-DI 指数和各国（地区）人均 GDP 呈现较强的相关关系。但是，值得
注意的是，当收入水平较低时，ICT-DI 指数和各国（地区）人均 GDP 的
相关性却有所减弱，在 42 个人均 GDP 少于 2373 美元的国家（地区）分
组中，其 ICT-DI 值小于 0.231。

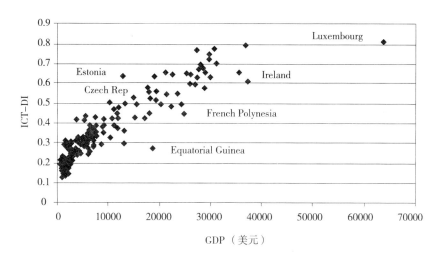

图 81.2　ICT-DI 和人均 GDP 的关系

2. 中国信息化发展迅速，与印度的发展形成对比

报告指出，中国信息化已取得巨大的进步，与印度的 ICT 发展形成鲜
明的对比。早在 1990 年，中印两国在信息化领域发展水平基本相当，每
百人电信密度都只有 0.6，分别排在世界的第 159 名和第 160 名。但到
2003 年，中国信息化的发展速度十分惊人，世界排名升至第 95 位，而印
度的世界排名只有第 145 位，中国每百人电信密度已达到 17.8，约是印

度的 5 倍，中国信息化取得了举世瞩目的成就。

促使中国信息化迅速发展的原因是多方面的，主要有三个方面：一是中国市场经济体制的成功建立带来了巨大的外商投资，大量的 ICT 技术与产品被广泛引入；二是对电信业基础设施的战略性投资政策带动了中国内地各省竞相开展网络、电信等基建项目；三是竞争机制成功引入国有企业极大地保证了电信发展的效率。1994 年，中国联通的建立改变了中国电信对市场的垄断局面。

81.5 世界经济论坛的网络就绪
指数（NRI）国际比较

2001 年，世界经济论坛推出网络就绪指数（Networked Readiness Index，简称 NRI），对世界各国（地区）利用信息和通信技术推动经济发展及竞争力的成效进行打分和排名，从而对各国（地区）的信息化水平进行评估。为分析各国信息化的优劣因素、评价 ICT 政策和制度环境提供量化的参考依据。

81.5.1 网络就绪指数（NRI）指标体系构成

网络就绪指数（NRI）是指一个国家和地区融入网络世界所做的准备程度，包含一个国家和地区加入未来网络世界的潜在能力。网络就绪指数的指标主要从三方面来衡量各国和地区对信息科技的应用：（1）总体宏观经济环境、监管和基础设施；（2）政府、企业和居民应用信息技术的准备就绪程度；（3）政府、企业和居民最新信息技术的应用情况。网络就绪指数指标体系包括三个大类的分类指数和九个中类的分类指数，共计 68 个具体指标（见表81.12）。

表81.12　网络就绪指数（NRI）指标体系

总指数	分类指数		指标
网络就绪指数	一、环境指数	市场环境指数	总税率[1]、风险投资可获得性[2] 等 14 个指标
		政治环境指数	强制执行合同的时间[1]、立法机构的效力[2] 9 个指标
		基础设施指数	电话线长度[1]、科研机构的水平[2] 等 7 个指标
	二、就绪指数	个人就绪指数	手机通话费用[1]、数学及其他理科教育的质量[2] 等 9 个指标
		商务就绪指数	商务电话连接收费[1]、员工培训程度[2] 等 10 个指标
		政务就绪指数	电子政务就绪指数[1]、政府对 ICT 的优先权[2] 等 4 个指标
	三、使用指数	个人使用指数	移动电话用户数[1]、个人电脑[1] 等 5 个指标
		商务使用指数	外国电信执照的发放[2]、企业的技术吸收[2] 等 5 个指标
		政务使用指数	电子参与指数[1]、政府在 ICT 推广方面的成就[2] 等 5 个指标

注：上标为 1 的为定量指标；上标为 2 的为调查指标。

81.5.2　网络就绪指数（NRI）测算结果的分析

2009 年，世界经济论坛发布了 2008/2009 年网络就绪指数（NRI）测算研究报告，对全球 134 个国家信息化发展情况进行了测评和分析（2007—2009 年世界各国网络就绪指数比较可参见本章附录 5），其主要的结论为：

1. 北欧及美国引领全球信息化发展

北欧及美国在网络就绪指数排行榜上始终名列前茅，凸显其较高的信息化水平。北欧各国信息化呈现的政府领导高效、通信高度自由化、规章制度一流、电子政府服务普及等特点，更是代表了世界信息化的发展方向。

2. 新加坡信息化发展表现突出

亚太地区部分国家（地区）对信息化发展高度重视，表现突出。新加坡、中国香港、中国台湾等国家和地区的排名都较靠前。新加坡在2004年至2005年度的排名中位列亚太地区第一。新加坡的突出表现很大程度上要归功于政府精通信息通信技术，具有通盘规划的发展战略眼光。新加坡政府创造性地运用信息通信技术，改造政府、私营部门和公共领域，建立起高效率的市场环境，对新加坡竞争力的提升起到了直接而巨大的推动作用。新加坡的成功经验对于亚太地区的信息化发展无疑具有重大的借鉴和参考价值。

3. 数字鸿沟问题依然困扰全球信息化进程

从已发布的历年网络就绪指数排名来看，全球各国（地区）信息化发展速度差异明显，数字鸿沟问题依然严峻。有些指标如每百人互联网用户数、每百人移动电话用户数等，排名最高的国家与最低的国家相差数百倍甚至数千倍。

4. 中国信息化进程取得了令人瞩目的进展

近年来，中国信息化快速发展，2008年中国网络就绪指数排名由2001年的第65位升至第46位，首次在"金砖四国"中居于首位。但中国的网络就绪指数排名却波动较大。在世界经济论坛2006—2007年的网络就绪指数排名中，中国甚至比上年下跌九位。中国与印度作为世界上最大的两个发展中国家的排名也并不靠前，这与其经济崛起的大国地位不相符。

在信息化时代，提高国家综合国力的重要途径是提高国家的信息化水平，中国要提高国家综合国力和国际竞争力，必须要加快信息化发展，以尽快缩小与发达国家之间的差距。

（本章作者　杨京英　熊友达　姜澍）

参考文献

[1] ITU, *Measuring the Information Society: The ICT Development Index*, Geneva, 2009.

[2] World Economic Forum, INSEAD, *The Global Information Technology Report 2008—2009*, Geneva, 2009.

[3] ITU, *World Information Society Report 2007 Beyond WSIS*, Geneva, 2007.

[4] UNCTAD, *The Digital Divide Report: ICT Diffusion Index 2005*, New York and Geneva, 2006.

[5] ITU, Orbicom, *From the Digital Divide to Digital Opportunities-Measuring Infostates for Development*, Orbicom, 2005.

[6] Hannes Selhofer, Tobias Hüsing, *The Digital Divide Index-A Measure of Social Inequalities in the Adoption of ICT*, Oxford, 2002.

附录1：2000—2007年世界主要国家（地区） 信息化发展总指数（IDI_{CN}）比较

国家（地区）	2000年	排名	2001年	排名	2005年	排名	2006年	排名	2007年	排名
世界	0.578		0.592		0.630		0.645		0.657	
瑞典	0.896	1	0.949	1	1.031	1	1.054	1	1.097	1
英国	0.832	9	0.853	9	0.943	3	0.962	2	1.015	2
荷兰	0.851	7	0.853	8	0.925	6	0.941	4	0.967	3
挪威	0.828	10	0.856	7	0.935	4	0.939	5	0.946	4
丹麦	0.877	3	0.902	3	0.946	2	0.952	3	0.940	5
美国	0.893	2	0.907	2	0.931	5	0.934	6	0.935	6
瑞士	0.873	4	0.894	4	0.924	7	0.924	7	0.934	7
德国	0.822	13	0.842	13	0.894	9	0.903	8	0.917	8
奥地利	0.822	12	0.847	12	0.887	11	0.900	9	0.910	9
加拿大	0.824	11	0.839	14	0.879	13	0.889	11	0.907	10
冰岛	0.864	5	0.884	5	0.904	8	0.898	10	0.905	11
卢森堡	0.810	15	0.848	11	0.877	15	0.886	15	0.901	12
澳大利亚	0.833	8	0.851	10	0.888	10	0.887	13	0.896	13

续表

国家（地区）	2000 年	排名	2001 年	排名	2005 年	排名	2006 年	排名	2007 年	排名
日本	0.817	14	0.839	15	0.879	14	0.887	14	0.891	14
芬兰	0.864	6	0.877	6	0.887	12	0.888	12	0.890	15
法国	0.785	20	0.816	18	0.860	16	0.874	16	0.885	16
中国香港	0.772	21	0.785	21	0.839	18	0.855	17	0.878	17
爱尔兰	0.735	23	0.758	24	0.830	21	0.855	18	0.873	18
新加坡	0.791	18	0.801	20	0.834	20	0.842	21	0.863	19
韩国	0.803	16	0.825	16	0.841	17	0.844	19	0.853	20
新西兰	0.793	17	0.817	17	0.836	19	0.843	20	0.851	21
爱沙尼亚	0.710	26	0.726	26	0.804	24	0.821	24	0.844	22
比利时	0.785	19	0.806	19	0.828	22	0.832	22	0.839	23
意大利	0.744	22	0.762	22	0.806	23	0.824	23	0.835	24
西班牙	0.727	24	0.753	25	0.801	25	0.815	25	0.823	25
斯洛文尼亚	0.722	25	0.758	23	0.799	26	0.808	26	0.816	26
拉脱维亚	0.645	31	0.669	31	0.769	28	0.789	28	0.802	27
捷克	0.678	29	0.721	28	0.782	27	0.794	27	0.802	28
希腊	0.689	28	0.710	29	0.762	29	0.774	29	0.787	29
匈牙利	0.650	30	0.693	30	0.752	30	0.765	30	0.785	30
立陶宛	0.608	34	0.634	34	0.734	32	0.749	32	0.765	31
葡萄牙	0.700	27	0.723	27	0.746	31	0.754	31	0.763	32
斯洛伐克	0.635	32	0.661	32	0.730	33	0.730	33	0.758	33
保加利亚	0.588	36	0.611	36	0.689	35	0.712	35	0.737	34
波兰	0.623	33	0.643	33	0.707	34	0.722	34	0.731	35
白俄罗斯	0.457	46	0.541	41	0.639	40	0.661	40	0.729	36
俄罗斯	0.549	39	0.575	39	0.678	36	0.704	36	0.717	37
巴西	0.552	38	0.591	38	0.656	38	0.682	37	0.700	38
乌克兰	0.487	43	0.513	44	0.651	39	0.682	38	0.695	39
马来西亚	0.587	37	0.615	35	0.661	37	0.669	39	0.686	40
阿根廷	0.590	35	0.609	37	0.633	41	0.654	41	0.677	41
中国	0.478	44	0.501	45	0.591	42	0.612	42	0.630	42
委内瑞拉	0.512	41	0.534	42	0.576	44	0.601	43	0.628	43

续表

国家（地区）	2000 年	排名	2001 年	排名	2005 年	排名	2006 年	排名	2007 年	排名
哥伦比亚	0.501	42	0.514	43	0.569	45	0.590	45	0.617	44
墨西哥	0.529	40	0.553	40	0.590	43	0.595	44	0.606	45
泰国	0.443	47	0.480	47	0.560	46	0.572	46	0.603	46
危地马拉	0.389	52	0.428	50	0.502	50	0.528	48	0.560	47
吉尔吉斯斯坦	0.394	51	0.447	48	0.504	49	0.526	49	0.555	48
菲律宾	0.466	45	0.481	46	0.517	47	0.528	47	0.538	49
蒙古	0.413	48	0.432	49	0.508	48	0.518	50	0.537	50
洪都拉斯	0.405	49	0.418	51	0.470	52	0.494	51	0.519	51
斯里兰卡	0.397	50	0.404	52	0.446	53	0.465	53	0.499	52
阿塞拜疆	0.358	53	0.389	53	0.483	51	0.488	52	0.498	53
印度	0.330	54	0.354	54	0.422	54	0.451	54	0.462	54
巴基斯坦	0.307	55	0.319	55	0.377	55	0.394	56	0.417	55
尼日利亚	0.232	57	0.247	57	0.376	56	0.401	55	0.412	56
孟加拉国	0.233	56	0.262	56	0.280	57	0.293	57	0.303	57

（资料来源：国家统计局科研所）

附录 2：2007 年和 2002 年世界各国（地区）信息化发展指数（IDI$_{ITU}$）比较

国家（地区）	2007 年					2002 年			
	排名	IDI 指数	接入	使用	技能	IDI 指数	接入	使用	技能
瑞典	1	7.50	8.67	5.48	9.17	6.05	7.68	2.89	9.14
韩国	2	7.26	7.48	5.85	9.63	5.83	6.82	3.21	9.07
丹麦	3	7.22	8.33	5.10	9.26	5.78	7.47	2.60	8.74
冰岛	4	7.14	8.48	4.80	9.14	5.88	7.40	3.10	8.43
荷兰	5	7.14	8.42	5.11	8.65	5.43	6.90	2.44	8.48
挪威	6	7.09	7.89	5.25	9.18	5.64	6.90	2.67	9.08
卢森堡	7	7.03	8.60	5.56	6.84	4.62	6.68	1.40	6.91

续表

国家（地区）	2007 年					2002 年			
	排名	IDI 指数	接入	使用	技能	IDI 指数	接入	使用	技能
瑞士	8	6.94	8.41	4.97	7.92	5.42	7.27	2.42	7.73
芬兰	9	6.79	7.23	4.84	9.78	5.38	6.36	2.36	9.45
英国	10	6.78	8.16	4.51	8.53	5.27	6.82	1.99	8.72
中国香港	11	6.70	8.53	4.64	7.16	5.10	6.86	2.45	6.85
日本	12	6.64	6.89	5.41	8.60	4.82	5.93	1.96	8.31
德国	13	6.61	8.39	4.07	8.17	5.02	6.62	1.85	8.16
澳大利亚	14	6.58	7.24	4.68	9.05	5.02	5.97	2.00	9.17
新加坡	15	6.57	8.06	4.83	7.07	4.83	6.54	2.01	7.02
美国	16	6.44	7.20	4.32	9.13	5.25	6.21	2.37	9.07
新西兰	17	6.44	7.11	4.40	9.20	4.79	5.44	2.06	8.93
爱尔兰	18	6.37	7.40	4.23	8.60	4.36	5.82	0.88	8.41
加拿大	19	6.34	7.43	4.01	8.81	5.33	6.34	2.67	8.63
奥地利	20	6.32	7.35	4.29	8.32	4.64	5.97	1.54	8.18
中国澳门	21	6.25	8.21	3.24	8.38	4.41	5.80	1.06	8.19
意大利	22	6.18	7.33	3.67	8.92	4.38	5.74	1.01	8.40
法国	23	6.16	7.16	3.99	8.50	4.37	5.57	1.16	8.40
比利时	24	6.14	7.23	3.76	8.73	4.91	6.01	1.97	8.62
中国台湾	25	6.04	7.63	4.26	6.43	4.82	6.73	2.10	6.43
爱沙尼亚	26	5.97	7.12	3.40	8.79	3.93	3.96	1.58	8.57
西班牙	27	5.91	6.83	3.50	8.91	4.10	5.06	0.83	8.70
斯洛文尼亚	28	5.88	6.83	3.18	9.36	4.47	5.65	1.10	8.85
以色列	29	5.60	6.86	3.05	8.19	4.24	5.71	0.79	8.20
马耳他	30	5.54	7.09	2.77	7.97	4.04	5.41	1.21	6.95
葡萄牙	31	5.47	6.39	3.10	8.34	3.87	4.69	0.77	8.41
阿拉伯联合酋长国	32	5.29	6.22	3.75	6.49	3.27	4.30	0.93	5.89
立陶宛	33	5.29	6.04	2.61	9.13	3.17	2.94	0.63	8.68
希腊	34	5.25	6.22	1.94	9.94	3.94	5.04	0.50	8.65
匈牙利	35	5.19	5.97	2.57	8.88	3.49	4.05	0.61	8.12

续表

国家（地区）	2007 年				2002 年			
	排名	IDI 指数	接入	使用	技能	IDI 指数	接入	使用	技能
拉脱维亚	36	5.01	5.76	2.27	8.99	3.30	3.16	0.75	8.66
塞浦路斯	37	4.97	6.33	2.29	7.61	3.78	4.80	0.98	7.31
波兰	38	4.95	5.77	2.17	8.85	3.34	3.34	0.72	8.57
斯洛伐克共和国	39	4.95	5.83	2.47	8.17	3.51	3.76	1.34	7.36
捷克共和国	40	4.88	5.68	2.40	8.23	3.74	4.73	0.80	7.65
文莱	41	4.80	5.80	2.76	6.87	3.27	4.37	0.55	6.50
巴林	42	4.69	6.09	1.95	7.39	3.30	3.95	0.63	7.34
克罗地亚	43	4.68	5.66	2.12	7.83	3.19	3.70	0.58	7.37
卡塔尔	44	4.44	5.83	1.95	6.67	2.84	3.67	0.34	6.17
保加利亚	45	4.37	5.26	1.57	8.21	2.74	2.64	0.30	7.81
罗马尼亚	46	4.16	4.84	1.47	8.16	2.48	2.40	0.22	7.16
阿根廷	47	4.12	5.02	1.23	8.12	3.06	2.99	0.38	8.57
智利	48	4.00	4.62	1.48	7.81	2.97	3:02	0.70	7.41
乌拉圭	49	3.88	4.37	1.24	8.17	2.90	2.95	0.37	7.87
俄罗斯	50	3.83	4.45	0.86	8.54	2.71	2.36	0.14	8.53
乌克兰	51	3.80	4.17	0.84	8.98	2.50	1.94	0.06	8.49
马来西亚	52	3.79	4.14	2.26	6.15	2.74	2.73	1.09	6.07
牙买加	53	3.78	4.17	2.04	6.48	2.79	3.01	0.78	6.36
白俄罗斯	54	3.76	4.01	1.02	8.76	2.53	1.92	0.30	8.19
沙特阿拉伯	55	3.62	4.96	1.08	6.00	2.13	2.29	0.21	5.64
特立尼达和多巴哥	56	3.61	4.96	0.95	6.22	2.50	2.88	0.36	6.04
科威特	57	3.57	4.54	1.21	6.34	2.77	3.38	0.37	6.36
波斯尼亚	58	3.54	4.27	1.01	7.14	2.33	2.19	0.09	7.08
土耳其	59	3.49	4.43	0.88	6.85	2.41	2.46	0.37	6.38
巴西	60	3.48	3.64	1.41	7.28	2.55	2.58	0.33	6.92
巴拿马	61	3.46	4.15	0.98	7.02	2.42	2.31	0.31	6.84
毛里求斯	62	3.45	4.04	1.37	6.40	2.41	2.81	0.35	5.93
泰国	63	3.44	3.99	0.78	7.65	2.17	1.74	0.26	6.83

续表

国家（地区）	2007 年					2002 年			
	排名	IDI 指数	接入	使用	技能	IDI 指数	接入	使用	技能
黎巴嫩	64	3.43	3.55	1.33	7.39	2.53	2.48	0.44	6.83
马其顿	65	3.42	3.56	1.42	7.14	2.65	2.61	0.58	6.89
哥斯达黎加	66	3.41	3.75	1.28	6.97	2.54	2.67	0.66	6.03
委内瑞拉	67	3.34	3.45	1.04	7.72	2.18	1.96	0.18	6.62
摩尔多瓦	68	3.31	3.87	0.68	7.44	2.13	1.63	0.12	7.15
哥伦比亚	69	3.25	3.60	1.02	7.00	2.13	2.06	0.16	6.22
哈萨克斯坦	70	3.25	3.56	0.51	8.09	2.18	1.55	0.06	7.69
马尔代夫	71	3.16	4.32	0.56	6.03	1.96	2.01	0.17	5.45
亚美尼亚	72	3.12	3.85	0.22	7.46	2.03	1.52	0.07	6.98
秘鲁	73	3.11	3.04	1.02	7.42	2.15	1.52	0.31	7.08
中国	74	3.11	3.87	0.81	6.21	1.95	1.95	0.17	5.53
墨西哥	75	3.09	3.29	0.99	6.90	2.38	2.33	0.45	6.35
约旦	76	3.06	3.28	0.71	7.33	2.36	2.15	0.20	7.11
阿曼	77	3.00	3.77	0.48	6.51	2.12	2.21	0.24	5.72
伊朗	78	2.94	3.17	1.08	6.21	1.93	1.74	0.16	5.83
巴勒斯坦	79	2.92	3.06	0.40	7.70	2.20	1.92	0.10	6.95
格鲁吉亚	80	2.91	3.09	0.41	7.54	2.13	1.56	0.05	7.39
利比亚	81	2.84	2.92	0.17	8.04	2.08	1.20	0.08	7.85
厄瓜多尔	82	2.75	3.31	0.60	5.95	1.97	1.96	0.14	5.64
阿尔巴尼亚	83	2.73	2.83	0.63	6.69	1.92	1.87	0.01	5.82
斐济	84	2.73	3.18	0.45	6.42	2.00	1.62	0.20	6.34
突尼斯	85	2.73	2.98	0.62	6.49	1.86	1.58	0.17	5.79
阿塞拜疆	86	2.71	3.12	0.37	6.56	1.71	0.91	0.12	6.49
南非	87	2.70	3.04	0.40	6.63	2.11	1.88	0.22	6.33
蒙古	88	2.67	2.25	0.45	7.93	1.97	1.39	0.07	6.94
叙利亚	89	2.66	3.29	0.58	5.58	1.69	1.88	0.07	4.53
多米尼加	90	2.65	2.61	0.66	6.70	1.97	1.56	0.24	6.24
菲律宾	91	2.63	2.86	0.26	6.94	2.07	1.57	0.15	6.91

续表

国家（地区）	2007 年					2002 年			
	排名	IDI 指数	接入	使用	技能	IDI 指数	接入	使用	技能
吉尔吉斯斯坦	92	2.61	2.25	0.47	7.60	1.97	1.05	0.10	7.54
越南	93	2.61	2.89	0.76	5.76	1.59	1.05	0.06	5.73
埃及	94	2.54	2.74	0.51	6.20	1.81	1.55	0.09	5.77
古巴	95	2.53	1.30	0.39	9.26	1.94	1.28	0.05	7.03
巴拉圭	96	2.52	2.83	0.34	6.26	2.02	1.89	0.06	6.22
阿尔及利亚	97	2.51	2.86	0.39	6.03	1.61	1.27	0.05	5.38
玻利维亚	98	2.45	2.21	0.37	7.07	2.03	1.45	0.11	7.03
萨尔瓦多	99	2.43	2.84	0.44	5.59	1.74	1.59	0.15	5.19
斯里兰卡	100	2.38	2.66	0.18	6.23	1.75	1.30	0.03	6.11
摩洛哥	101	2.34	3.03	0.79	4.07	1.37	1.64	0.08	3.41
洪都拉斯	102	2.28	2.88	0.20	5.25	1.31	1.11	0.08	4.18
危地马拉	103	2.28	2.95	0.48	4.55	1.60	1.83	0.11	4.11
土库曼斯坦	104	2.23	1.84	0.05	7.34	1.96	1.37	0.01	7.03
佛得角	105	2.18	2.41	0.25	5.58	1.67	1.66	0.11	4.81
加蓬	106	2.14	2.75	0.21	4.75	1.48	1.39	0.06	4.49
塔吉克斯坦	107	2.14	1.74	0.24	6.74	1.76	1.22	0.00	6.38
印度尼西亚	108	2.13	2.21	0.24	5.76	1.54	1.11	0.07	5.36
博茨瓦纳	109	2.10	2.31	0.19	5.49	1.70	1.49	0.11	5.28
乌兹别克斯坦	110	2.05	1.49	0.15	6.95	1.75	0.96	0.04	6.77
尼加拉瓜	111	2.03	2.37	0.14	5.12	1.37	0.96	0.06	4.81
纳米比亚	112	1.92	2.12	0.16	5.03	1.58	1.42	0.04	4.90
斯威士兰	113	1.73	1.96	0.12	4.48	1.32	1.11	0.06	4.27
不丹	114	1.63	1.96	0.15	3.91	1.17	1.05	0.02	3.72
加纳	115	1.63	1.72	0.13	4.46	1.10	0.82	0.03	3.82
肯尼亚	116	1.62	1.40	0.30	4.70	1.21	0.84	0.04	4.27
老挝	117	1.60	1.87	0.06	4.14	1.08	0.85	0.01	3.66
印度	118	1.59	1.57	0.25	4.32	1.19	0.98	0.05	3.91
缅甸	119	1.57	1.48	0.00	4.90	1.64	1.78	0.00	4.62

续表

国家（地区）	2007 年					2002 年			
	排名	IDI 指数	接入	使用	技能	IDI 指数	接入	使用	技能
苏丹	120	1.56	1.85	0.32	3.48	1.03	0.97	0.02	3.19
柬埔寨	121	1.53	1.80	0.02	4.00	1.07	1.10	0.01	3.15
冈比亚	122	1.49	2.01	0.20	3.03	0.96	0.96	0.06	2.76
莱索托	123	1.48	1.45	0.12	4.24	1.15	0.85	0.04	3.99
也门	124	1.47	1.77	0.05	3.69	1.04	0.85	0.02	3.48
巴基斯坦	125	1.46	1.84	0.36	2.89	0.89	0.92	0.09	2.44
津巴布韦	126	1.46	1.05	0.34	4.50	1.29	0.86	0.13	4.49
喀麦隆	127	1.46	1.69	0.10	3.72	1.12	0.96	0.01	3.64
科特迪瓦	128	1.41	1.86	0.10	3.12	1.01	1.15	0.02	2.73
尼日利亚	129	1.39	1.31	0.23	3.88	1.09	0.94	0.01	3.55
赞比亚	130	1.39	1.19	0.15	4.30	1.08	0.86	0.02	3.67
塞内加尔	131	1.38	1.97	0.24	2.48	0.95	1.33	0.03	2.04
刚果	132	1.37	1.01	0.09	4.65	1.10	0.69	0.00	4.11
马达加斯加	133	1.36	1.69	0.02	3.38	0.96	0.98	0.01	2.81
毛里塔尼亚	134	1.36	2.13	0.06	2.41	1.00	1.39	0.01	2.21
贝宁	135	1.28	1.76	0.06	2.76	0.76	0.75	0.02	2.27
海地	136	1.27	1.38	0.35	2.90	1.05	1.23	0.03	2.74
多哥	137	1.26	1.15	0.17	3.65	1.03	0.81	0.12	3.32
孟加拉	138	1.26	1.62	0.01	3.03	1.02	0.97	0.01	3.16
尼泊尔	139	1.23	1.33	0.05	3.37	1.01	1.01	0.01	3.03
乌干达	140	1.21	1.30	0.12	3.22	0.92	0.79	0.01	3.01
科摩罗	141	1.17	1.26	0.09	3.15	0.91	0.82	0.01	2.87
卢旺达	142	1.17	1.26	0.07	3.17	0.99	1.07	0.01	2.78
马拉维	143	1.17	1.32	0.03	3.15	0.95	0.83	0.01	3.11
巴布亚新几内亚	144	1.14	1.00	0.06	3.56	1.05	0.85	0.05	3.44
坦桑尼亚	145	1.13	1.30	0.04	2.97	0.96	1.00	0.01	2.79
马里	146	1.12	1.66	0.03	2.24	0.75	0.99	0.01	1.76
埃塞俄比亚	147	1.03	1.23	0.01	2.69	0.78	0.94	0.00	2.04

续表

国家（地区）	2007 年					2002 年			
	排名	IDI 指数	接入	使用	技能	IDI 指数	接入	使用	技能
莫桑比克	148	1.02	1.33	0.05	2.36	0.77	0.98	0.01	1.86
厄立特里亚	149	1.00	0.86	0.08	3.13	0.96	0.97	0.01	2.85
布基纳法索	150	0.97	1.60	0.03	1.61	0.68	1.08	0.01	1.25
刚果	151	0.95	0.80	0.01	3.14	0.92	0.82	0.00	2.94
几内亚比绍	152	0.90	0.99	0.09	2.35	0.56	0.29	0.03	2.13
乍得	153	0.83	0.87	0.03	2.33	0.65	0.63	0.01	2.00
尼日尔	154	0.82	1.49	0.01	1.08	0.51	0.86	0.00	0.82

（资料来源：国际电信联盟）

附录3：2007 年世界各国（地区）信息化机遇指数（ICT-OI）比较

国家（地区）	ICT-OI 指数	信息密度指数	网络指数	技术指数	信息应用指数	吸收指数	强度指数
瑞典	377.69	305.10	605.10	153.80	467.56	464.50	470.59
卢森堡	371.10	275.10	675.50	112.00	500.61	412.60	607.37
中国香港	365.54	254.50	553.70	117.00	525.01	366.70	751.74
荷兰	362.82	280.50	555.60	141.60	469.35	472.60	466.09
丹麦	360.79	299.80	616.50	145.80	434.22	390.20	483.22
瑞士	353.60	246.00	548.70	110.30	508.32	417.80	618.51
新加坡	346.68	244.20	437.60	136.30	492.08	395.90	611.56
英国	346.37	304.40	590.40	156.90	394.17	391.10	397.26
冰岛	340.57	262.20	486.20	141.40	442.36	411.50	475.50
挪威	338.53	269.50	492.80	147.40	425.20	387.70	466.27
加拿大	337.16	232.80	398.50	136.00	488.36	422.10	565.06
比利时	324.21	276.30	498.00	153.30	380.37	304.50	475.09
美国	323.85	222.80	346.70	143.30	470.64	443.60	499.37

续表

国家（地区）	ICT-OI 指数	信息密度指数	网络指数	技术指数	信息应用指数	吸收指数	强度指数
澳大利亚	322.73	257.70	426.00	155.90	404.22	447.50	365.16
奥地利	305.60	243.30	449.10	131.80	383.94	365.10	403.75
德国	303.42	255.00	496.00	131.20	360.97	355.90	366.09
中国台湾	302.71	218.10	432.00	110.10	420.12	381.30	462.92
以色列	296.71	211.70	335.40	133.70	415.77	358.20	482.61
芬兰	293.51	239.10	371.30	154.00	360.33	347.90	373.18
爱尔兰	286.32	246.10	440.40	137.50	333.15	308.80	359.46
中国澳门	280.45	216.70	358.40	131.00	362.94	272.70	483.08
韩国	280.08	191.90	254.10	144.90	408.74	392.30	425.85
法国	278.34	220.60	354.40	137.30	351.26	341.40	361.42
爱沙尼亚	269.81	215.90	339.60	137.20	337.24	346.20	328.50
巴巴多斯	264.85	199.00	303.70	130.40	352.57	239.70	518.63
新西兰	257.73	194.00	256.20	146.90	342.35	387.00	302.89
日本	256.90	179.70	243.30	132.70	367.25	386.50	348.96
意大利	255.68	211.80	332.40	135.00	308.63	305.70	311.60
西班牙	249.28	217.30	331.90	142.30	285.92	255.20	320.37
斯洛文尼亚	246.13	195.50	261.80	146.00	309.86	332.20	289.02
安提瓜和巴布达	244.92	234.40	444.00	123.80	255.86	236.10	277.26
阿鲁巴	238.36	198.10	316.90	123.80	286.85	155.70	528.52
塞浦路斯	221.95	168.30	233.60	121.30	292.72	279.10	307.04
拉脱维亚	218.77	178.00	228.70	138.50	268.90	262.10	275.85
马耳他	212.27	182.00	298.30	111.10	247.55	202.00	303.39
葡萄牙	209.57	184.90	253.40	134.80	237.57	184.30	306.29
捷克共和国	202.72	192.30	295.80	125.00	213.74	231.50	197.35
立陶宛	201.63	185.70	245.90	140.30	218.90	219.20	218.66
卡塔尔	196.92	156.70	215.60	113.90	247.40	199.40	306.99
匈牙利	192.41	176.30	232.60	133.70	209.96	192.40	229.06
阿拉伯	190.99	143.80	222.10	93.10	253.60	218.70	294.05

续表

国家（地区）	ICT-OI 指数	信息密度指数	网络指数	技术指数	信息应用指数	吸收指数	强度指数
斯洛伐克	188.92	174.70	249.20	122.40	204.36	274.60	152.06
巴哈马	184.13	150.80	195.40	116.40	224.77	183.20	275.83
巴林	182.40	152.60	203.10	114.70	217.98	182.20	260.73
克罗地亚	176.41	171.20	241.50	121.30	181.79	217.80	151.75
波兰	166.36	162.00	190.70	137.50	170.86	211.60	137.94
牙买加	165.16	185.00	363.90	94.10	147.41	154.50	140.65
希腊	162.34	187.40	252.20	139.20	140.65	140.20	141.11
美属维尔京群岛	160.13	172.50	228.30	130.40	148.65	84.40	261.72
智利	157.65	146.80	176.00	122.40	169.33	157.00	182.68
格林纳达	156.79	146.30	164.30	130.40	168.00	168.10	167.94
文莱	156.09	147.00	195.70	110.50	165.70	173.80	157.95
法属波利尼西亚	154.21	132.00	126.90	137.30	180.17	153.70	211.23
科威特	153.88	133.10	159.30	111.30	177.88	210.40	150.38
罗马尼亚	150.45	138.20	158.30	120.80	163.72	165.10	162.38
毛里求斯	150.27	119.40	141.60	100.70	189.08	185.00	193.28
马来西亚	150.19	118.10	133.30	104.70	190.96	244.30	149.28
新喀里多尼亚	146.61	147.20	158.10	137.10	146.01	102.00	208.96
乌拉圭	143.31	136.80	145.90	128.20	150.15	164.00	137.49
阿根廷	140.40	143.10	149.40	137.10	137.72	135.30	140.23
塞舌尔	139.67	124.30	151.30	102.10	157.00	197.50	124.83
黎巴嫩	139.15	115.60	110.60	120.90	167.45	153.90	182.19
俄罗斯	137.27	150.10	161.90	139.20	125.53	144.70	108.89
巴西	136.44	122.60	124.20	121.00	151.86	168.60	136.78
圣文森特	132.19	121.20	122.20	120.20	144.18	115.60	179.83
哥斯达黎加	130.58	112.80	121.20	105.00	151.12	197.20	115.79
土耳其	128.53	135.60	158.60	116.00	121.80	109.60	135.32
特立尼达和多巴哥	127.22	130.00	156.40	108.10	124.50	122.00	127.02
伯利兹	127.06	110.80	117.00	105.00	145.66	149.30	142.13

国家（地区）	ICT-OI指数	信息密度指数	网络指数	技术指数	信息应用指数	吸收指数	强度指数
墨西哥	124.68	111.20	113.70	108.80	139.80	150.90	129.47
保加利亚	123.46	154.00	185.50	127.80	99.01	128.70	76.15
波多黎各	122.83	147.40	185.30	117.30	102.34	68.00	154.02
马其顿	120.36	126.00	137.60	115.30	115.01	140.60	94.10
白俄罗斯	120.09	134.00	133.50	134.40	107.65	148.90	77.82
沙特阿拉伯	116.20	102.20	111.10	94.00	132.10	174.60	99.93
委内瑞拉	114.03	108.10	102.00	114.60	120.24	120.00	120.47
波斯尼亚	113.44	119.80	118.30	121.30	107.46	117.90	97.96
塞尔维亚和黑山	111.23	141.50	165.10	121.30	87.43	95.90	79.75
中国	109.41	109.60	113.30	106.10	109.21	81.60	146.17
哥伦比亚	105.32	120.70	131.40	110.90	91.89	87.30	96.71
秘鲁	104.50	91.30	73.60	113.30	119.62	125.20	114.31
乌克兰	102.26	126.40	118.00	135.30	82.75	85.40	80.14
摩尔多瓦	102.19	106.10	101.20	111.20	98.44	114.20	84.82
约旦	102.17	99.60	87.00	114.10	104.80	116.70	94.12
圭亚那	100.69	104.50	97.40	112.10	97.03	108.60	86.71
阿曼	100.44	101.90	103.40	100.40	99.01	90.70	108.06
泰国	99.20	108.00	102.30	114.10	91.13	105.30	78.87
马尔代夫	99.06	95.30	96.20	94.30	102.99	99.70	106.37
苏里南	97.30	113.40	119.30	107.90	83.46	70.50	98.76
南非	96.78	102.80	104.70	101.00	91.08	96.30	86.15
巴拿马	96.69	113.30	109.40	117.30	82.50	72.80	93.44
厄瓜多尔	96.42	109.70	105.30	114.20	84.77	89.40	80.40
萨尔瓦多	95.27	93.80	92.80	94.80	96.73	87.40	107.06
突尼斯	95.12	103.10	107.10	99.20	87.78	93.60	82.35
多米尼加	94.50	97.30	86.40	109.60	91.77	79.20	106.39
斐济	92.97	94.60	82.90	107.90	91.39	78.80	105.95
格鲁吉亚	90.28	106.40	93.30	121.30	76.63	75.40	77.84
伊朗	89.74	86.90	76.80	98.40	92.65	117.40	73.11

续表

国家（地区）	ICT-OI 指数	信息密度指数	网络指数	技术指数	信息应用指数	吸收指数	强度指数
巴勒斯坦	89.33	98.00	78.40	122.70	81.40	81.50	81.27
蒙古	87.68	84.80	58.30	123.40	90.61	111.20	73.82
亚美尼亚	87.30	90.70	69.60	118.00	84.07	92.80	76.17
哈萨克斯坦	85.32	114.10	98.90	131.50	63.81	55.10	73.90
阿塞拜疆	83.90	94.90	83.00	108.50	74.16	74.90	73.42
汤加	80.54	98.10	87.10	110.60	66.10	43.00	101.69
摩洛哥	79.50	71.00	73.10	68.80	89.09	78.50	101.15
阿尔巴尼亚	79.25	100.00	91.80	108.90	62.83	53.90	73.29
埃及	78.82	83.20	75.90	91.20	74.68	71.50	77.97
菲律宾	78.81	86.10	64.90	114.20	72.12	67.80	76.73
佛得角	77.70	70.20	75.00	65.70	86.02	89.70	82.53
巴拉圭	77.59	83.50	64.70	107.70	72.09	68.50	75.82
越南	76.66	82.80	71.00	96.60	70.97	62.70	80.37
叙利亚	76.53	82.10	71.70	94.00	71.32	68.80	73.90
阿尔及利亚	75.55	87.00	79.90	94.60	65.63	45.40	94.83
纳米比亚	73.74	75.00	64.00	87.90	72.52	68.40	76.91
密克罗尼西亚	73.67	83.00	62.30	110.60	65.39	55.70	76.73
玻利维亚	73.24	89.10	67.70	117.30	60.20	47.20	76.80
危地马拉	72.34	81.80	84.50	79.10	63.98	48.20	84.96
萨摩亚	68.48	79.80	61.30	103.90	58.77	46.60	74.20
科摩罗	68.43	71.60	63.60	80.60	65.41	52.20	81.96
吉尔吉斯斯坦	67.72	79.50	51.60	122.50	57.68	43.90	75.72
印度尼西亚	67.68	76.80	57.50	102.60	59.62	48.80	72.84
利比亚	66.71	78.30	48.50	126.30	56.86	42.00	77.07
博茨瓦纳	66.16	87.60	82.40	93.10	49.98	30.10	83.02
尼加拉瓜	64.18	69.30	48.30	99.40	59.42	44.70	78.98
洪都拉斯	63.35	75.80	57.70	99.60	52.93	38.70	72.33
圣多美和普林西比	61.01	52.00	38.60	69.90	71.60	69.70	73.54

续表

国家（地区）	ICT-OI 指数	信息密度指数	网络指数	技术指数	信息应用指数	吸收指数	强度指数
津巴布韦	60.02	47.60	29.00	78.20	75.61	74.30	76.89
斯里兰卡	58.82	72.90	54.00	98.30	47.48	29.40	76.72
乌兹别克斯坦	58.54	58.80	30.40	113.60	58.27	46.80	72.56
斯威士兰	56.31	60.00	46.80	76.90	52.83	36.90	75.64
不丹	55.88	61.50	30.60	123.40	50.81	35.80	72.12
古巴	55.30	56.90	24.40	133.10	53.70	40.50	71.26
印度	53.55	55.30	38.90	78.60	51.81	35.60	75.48
土库曼斯坦	53.29	53.30	25.00	113.60	53.28	39.20	72.35
苏丹	49.83	38.40	25.10	58.60	64.73	58.60	71.54
塞内加尔	47.11	41.30	38.90	43.80	53.76	36.20	79.78
也门	46.47	51.90	41.00	65.90	41.58	24.30	71.17
多哥	45.81	36.20	22.50	58.40	57.93	47.00	71.47
巴基斯坦	45.50	44.30	35.50	55.30	46.73	30.30	72.11
塔吉克斯坦	45.20	57.00	29.60	109.70	35.86	18.10	71.19
尼日利亚	44.23	45.00	27.40	74.00	43.45	26.50	71.24
冈比亚	43.99	46.00	42.10	50.70	42.11	23.60	75.27
瓦努阿图	43.50	53.20	31.20	90.70	35.57	16.90	74.96
毛里塔尼亚	43.38	47.10	37.30	59.40	39.99	22.00	72.74
肯尼亚	42.26	43.50	25.90	73.20	41.03	23.70	70.97
吉布提	41.13	35.20	25.80	48.20	48.01	30.10	76.67
海地	40.92	46.60	25.20	86.10	35.92	18.00	71.53
加纳	40.23	46.90	30.90	71.10	34.52	16.60	71.76
喀麦隆	39.62	41.40	23.80	72.00	37.94	20.20	71.41
几内亚	39.30	38.30	39.80	36.90	40.31	22.10	73.62
老挝	39.29	46.70	27.80	78.30	33.09	15.40	71.28
科特迪瓦	39.15	38.20	30.70	47.60	40.12	22.50	71.62
赞比亚	38.52	35.90	21.80	59.10	41.38	24.10	70.98
贝宁	35.20	32.80	25.20	42.60	37.82	20.00	71.56
新几内亚	34.38	25.90	12.90	51.80	45.68	29.50	70.85

续表

国家（地区）	ICT-OI 指数	信息密度指数			信息应用指数		
			网络指数	技术指数		吸收指数	强度指数
所罗门群岛	34.05	35.60	14.60	86.60	32.60	13.80	77.05
孟加拉	31.56	34.60	19.50	61.30	28.77	11.70	70.91
索马里	31.51	35.90	22.60	56.90	27.69	10.80	71.06
莱索托	31.45	56.00	38.80	80.80	17.67	4.30	73.16
坦桑尼亚	31.24	32.10	17.70	58.10	30.40	13.10	70.81
刚果	30.54	38.10	19.70	73.80	24.49	8.40	71.12
乌干达	29.66	29.10	13.00	65.40	30.23	12.80	71.11
安哥拉	28.82	34.00	21.30	54.20	24.47	8.40	71.22
加蓬	28.75	32.80	14.00	76.70	25.20	8.90	71.24
科摩罗	28.55	25.10	18.80	33.40	32.48	14.70	71.74
尼泊尔	27.91	29.80	13.30	66.80	26.14	9.60	70.97
厄立特里亚	27.36	24.10	10.70	54.40	31.01	13.60	70.98
几内亚比绍	27.34	24.50	20.40	29.50	30.49	13.10	71.00
马达加斯加	26.03	29.80	11.60	77.00	22.72	7.30	70.78
莫桑比克	25.70	27.00	15.00	48.40	24.49	8.50	70.88
马里	22.92	21.90	19.90	24.00	24.02	8.00	71.74
马拉维	22.79	33.10	16.10	68.30	15.68	3.40	71.90
几内亚	21.46	18.90	10.70	33.60	24.35	8.20	72.01
布隆迪	21.26	17.40	10.90	27.60	26.04	9.60	70.73
卢旺达	20.27	25.30	10.70	60.10	16.22	3.70	71.86
布基纳法索	19.69	20.30	17.30	23.70	19.13	5.10	71.76
缅甸	19.11	26.10	7.80	86.70	14.01	2.80	70.76
埃塞俄比亚	17.68	20.70	8.70	49.50	15.08	3.20	70.77
中非共和国	16.97	20.00	9.90	40.70	14.38	2.90	71.12
阿富汗	14.91	25.30	12.80	49.90	8.79	1.10	70.77
尼日尔	14.75	16.70	8.30	33.60	13.00	2.40	70.81
乍得	13.82	13.20	7.70	22.80	14.47	3.00	70.82
刚果	12.33	17.00	5.20	55.80	8.97	1.10	71.20

（资料来源：国际电信联盟（ITU））

附录4：1997—2004 年世界各国（地区）
信息化扩散指数（ICT-DI）比较

国家（地区）	1997	1998	1999	2000	2001	2002	2003	2004
阿尔巴尼亚	105	106	106	108	102	95	92	95
阿尔及利亚	127	129	127	127	134	133	132	132
安哥拉	143	151	144	148	147	148	148	143
安提瓜和巴布达	36	38	36	36	40	38	38	36
阿根廷	59	61	62	62	59	67	70	71
亚美尼亚	109	111	113	119	109	110	109	98
澳大利亚	13	12	15	16	10	9	8	9
奥地利	20	18	17	17	14	17	18	21
阿塞拜疆	117	142	140	139	103	104	104	100
巴林	44	44	42	44	44	43	47	46
孟加拉国	164	164	164	163	171	171	171	171
巴巴多斯	40	41	40	41	47	44	44	333
白俄罗斯	48	50	50	54	61	60	60	64
比利时	25	26	26	25	23	25	25	28
伯利兹	104	104	99	94	87	89	89	88
贝宁	172	172	172	171	174	174	174	174
百慕大	6	8	12	19	12	10	10	8
不丹	148	146	143	152	153	152	152	156
玻利维亚	124	123	124	125	120	120	120	122
波黑	68	69	68	65	66	65	65	70
博茨瓦纳	116	115	104	99	101	102	102	111
巴西	93	87	75	72	75	77	77	76
文莱	33	36	37	39	43	50	50	59
保加利亚	55	59	60	60	58	57	57	52
布基纳法索	176	176	177	177	179	178	178	178
布隆迪	150	149	148	144	158	160	160	161
柬埔寨	137	136	131	131	138	138	138	140
卡梅隆	140	140	138	137	140	141	141	139
加拿大	9	9	10	11	13	15	15	13
佛得角	123	122	118	113	114	112	116	116

续表

国家（地区）	1997	1998	1999	2000	2001	2002	2003	2004
中非	180	180	180	180	167	168	169	169
乍得	175	175	176	175	176	176	176	176
智利	74	65	61	53	48	53	52	56
中国	111	108	103	98	99	94	90	90
哥伦比亚	73	75	80	83	89	88	89	85
科摩罗	167	168	167	166	157	159	158	160
刚果（金）	174	174	174	173	180	180	180	179
哥斯达黎加	61	60	59	61	62	56	57	61
科特迪瓦	166	159	158	155	161	161	161	162
克罗地亚	46	46	48	45	42	41	42	45
古巴	96	94	101	106	94	97	99	106
塞浦路斯	23	25	27	28	30	28	29	32
捷克	41	39	41	38	32	31	31	30
丹麦	7	6	7	8	6	5	5	5
吉布提	156	157	162	165	141	140	140	141
多米尼克	72	71	79	75	67	66	63	58
多米尼加	76	77	74	74	69	75	78	80
厄瓜多尔	99	101	97	107	110	107	105	94
埃及	135	134	135	132	137	135	134	134
萨瓦尔多	121	120	115	115	117	116	113	108
赤道几内亚	125	124	119	116	111	113	117	117
厄立特里亚	147	147	145	143	156	157	159	158
爱沙尼亚	35	32	33	31	33	33	28	20
埃塞俄比亚	162	165	163	162	172	172	172	173
斐济	100	98	98	97	96	96	97	103
芬兰	3	4	6	10	8	7	10	11
法国	22	23	24	26	25	24	23	25
玻利尼西亚	52	54	57	58	41	42	46	48
加蓬	141	143	149	157	131	130	131	128
冈比亚	178	177	179	179	165	165	164	164

续表

国家（地区）	1997	1998	1999	2000	2001	2002	2003	2004
格鲁吉亚	89	92	90	100	104	103	98	101
德国	21	21	21	18	20	18	17	18
加纳	159	156	156	150	159	158	156	155
希腊	34	34	32	32	34	35	39	40
格林纳达	51	52	52	51	65	64	58	67
危地马拉	134	131	132	130	129	128	128	127
几内亚	171	170	170	170	173	173	173	172
几内亚-比绍	165	167	168	168	155	156	157	157
圭亚那	86	89	88	80	85	86	87	86
海地	130	130	129	129	139	139	138	138
洪都拉斯	129	128	128	128	128	129	129	130
中国香港	10	13	11	12	11	12	11	12
匈牙利	45	43	44	42	39	39	37	39
冰岛	4	3	2	3	2	3	3	3
印度	136	135	136	136	148	146	146	142
印度尼西亚	120	117	120	121	123	125	125	124
伊朗	107	110	111	109	115	111	103	114
爱尔兰	24	22	23	23	21	21	19	23
以色列	18	20	22	22	24	26	26	17
意大利	26	24	25	24	26	23	24	24
牙买加	91	88	89	84	83	62	60	57
日本	15	17	19	21	22	22	20	22
约旦	103	100	100	96	93	92	95	93
哈萨克斯坦	60	63	64	66	76	79	81	78
肯尼亚	133	133	134	135	135	137	136	136
韩国	27	27	18	15	17	16	16	19
科威特	43	45	45	49	55	55	53	53
吉尔吉斯斯坦	112	113	114	117	116	117	118	118
老挝	131	132	133	133	143	142	142	145
拉脱维亚	54	49	55	56	51	51	41	44
黎巴嫩	63	67	66	71	78	80	82	83

续表

国家（地区）	1997	1998	1999	2000	2001	2002	2003	2004
莱索托	106	107	107	110	119	119	121	120
利比亚	94	91	92	95	108	106	110	112
立陶宛	49	48	53	55	54	52	49	43
卢森堡	8	7	8	5	3	2	2	1
中国澳门	30	29	31	34	35	34	34	35
马达加斯加	144	144	141	147	142	143	143	149
马拉维	142	138	155	151	151	153	154	153
马来西亚	53	51	46	46	50	54	64	55
马尔代夫	80	80	82	77	73	72	72	72
马里	177	178	175	174	177	177	177	177
马耳他	38	37	38	35	29	29	30	27
马绍尔群岛	70	72	70	73	88	91	93	96
毛里塔尼亚	163	163	160	160	160	165	155	152
毛里求斯	69	64	65	63	64	63	67	62
墨西哥	101	97	95	92	72	73	77	77
摩尔多瓦	92	90	93	90	100	98	91	92
蒙古	108	109	108	102	112	114	106	105
摩洛哥	164	153	154	149	136	136	137	133
莫桑比克	161	166	166	167	169	169	168	168
缅甸	88	93	94	101	118	118	120	123
纳米比亚	113	114	116	111	113	115	114	115
尼泊尔	153	154	150	152	166	166	166	167
荷兰	17	11	9	7	7	8	9	6
喀里多尼亚	50	55	56	57	37	37	40	42
新西兰	11	15	14	14	19	19	21	15
尼加拉瓜	126	127	130	134	130	131	130	131
尼日尔	179	179	178	178	178	179	179	180
尼日利亚	151	150	152	156	150	149	149	144
挪威	1	2	4	6	9	13	14	14
阿曼	102	103	110	112	98	100	100	107
巴基斯坦	152	152	153	154	163	163	165	165

国家（地区）	1997	1998	1999	2000	2001	2002	2003	2004
巴拿马	95	95	91	91	84	87	88	91
巴布亚新几内亚	170	173	173	176	149	150	150	151
巴拉圭	110	105	100	105	97	99	102	109
秘鲁	114	112	112	114	107	108	108	104
菲律宾	97	99	96	93	106	105	101	97
波兰	57	53	51	52	53	48	48	49
葡萄牙	29	28	28	30	31	32	33	34
波多黎各	32	33	35	37	36	36	35	38
卡塔尔	39	40	39	40	49	49	44	41
罗马尼亚	77	84	87	89	77	70	68	66
俄罗斯联邦	66	70	69	69	79	76	71	63
卢旺达	138	137	139	138	133	134	135	137
圣基茨和尼维斯	42	42	43	43	52	47	50	54
圣卢西亚	85	86	86	78	71	68	64	50
萨摩亚	98	102	105	103	105	109	112	113
圣马力诺	12	10	3	2	18	20	22	26
沙特阿拉伯	84	85	85	88	86	82	76	74
塞内加尔	169	169	169	169	168	167	167	166
塞舌尔	58	57	49	48	46	46	51	51
塞拉里昂	168	163	161	161	170	170	170	170
新加坡	16	16	16	13	16	11	13	16
斯洛伐克	47	47	47	47	45	45	45	37
斯洛文尼亚	28	30	29	27	27	27	27	29
所罗门群岛	173	171	171	172	175	175	175	175
索马里	157	161	165	164	162	162	162	159
南非	79	76	76	85	82	83	84	84
西班牙	31	31	30	29	28	30	32	31
斯里兰卡	118	118	122	122	122	124	124	125
圣文斯特和格林纳丁斯	81	82	84	86	74	81	62	75
苏丹	145	145	142	141	154	154	151	150
苏里南	65	66	72	67	70	74	73	69

续表

国家（地区）	1997	1998	1999	2000	2001	2002	2003	2004
斯威斯兰	132	125	125	126	127	127	127	129
瑞士	5	5	5	4	4	4	4	4
瑞典	14	14	13	9	5	6	6	7
叙利亚	115	116	117	118	124	123	122	119
马其顿	67	68	67	68	80	78	74	79
塔吉克斯坦	75	78	83	82	95	101	107	110
坦桑尼亚	149	148	147	146	145	144	145	146
泰国	90	96	102	104	91	84	80	82
多哥	160	160	159	159	152	151	153	154
汤加	87	81	78	81	63	69	83	89
特立尼达和多巴哥	64	62	63	59	60	61	65	65
突尼斯	122	121	121	120	121	121	115	102
土耳其	78	74	71	70	68	71	75	73
乌干达	158	158	157	158	144	145	144	147
乌克兰	82	83	814	79	90	90	85	81
阿联酋	37	35	34	33	38	40	43	47
英国	19	19	20	20	15	14	12	10
美国	2	1	1	1	1	1	1	2
乌拉圭	62	56	58	64	56	59	66	68
乌兹别克斯坦	71	73	73	76	92	93	96	99
瓦努阿图	139	139	146	145	132	132	133	135
委内瑞拉	83	79	77	87	81	85	86	87
越南	128	126	126	123	125	126	126	121
也门	155	155	151	153	164	164	163	163
塞尔维亚	56	58	54	50	57	58	61	60
赞比亚	146	141	137	140	146	147	147	148
津巴布韦	119	119	123	124	126	122	123	126

（资料来源：联合国贸发会议）

附录5：2007—2009 年世界各国（地区）网络就绪指数（NRI）比较

国家（地区）	2008/2009 排名	得分	2007/2008 排名	得分	国家（地区）	2008/2009 排名	得分	2007/2008 排名	得分
丹麦	1	5.85	1	5.78	葡萄牙	30	4.63	28	4.60
瑞典	2	5.84	2	5.72	斯洛文尼亚	31	4.57	30	4.47
美国	3	5.68	4	5.49	捷克	32	4.53	36	4.33
新加坡	4	5.67	5	5.49	塞浦路斯	33	4.52	41	4.23
瑞士	5	5.58	3	5.53	西班牙	34	4.50	31	4.47
芬兰	6	5.53	6	5.47	立陶宛	35	4.40	33	4.41
冰岛	7	5.50	8	5.44	巴巴多斯	36	4.38	38	4.26
挪威	8	5.49	10	5.38	巴林	37	4.38	45	4.13
荷兰	9	5.48	7	5.44	突尼斯	38	4.34	35	4.33
加拿大	10	5.41	13	5.30	智利	39	4.32	34	4.35
韩国	11	5.37	9	5.43	沙特阿拉伯	40	4.28	48	4.07
中国香港	12	5.30	11	5.31	匈牙利	41	4.28	37	4.28
中国台湾	13	5.30	17	5.18	波多黎各	42	4.23	39	4.25
澳大利亚	14	5.29	14	5.28	斯洛伐克	43	4.19	43	4.17
英国	15	5.27	12	5.30	约旦	44	4.19	47	4.08
奥地利	16	5.22	15	5.22	意大利	45	4.16	42	4.21
日本	17	5.19	19	5.14	中国	46	4.15	57	3.90
爱沙尼亚	18	5.19	20	5.12	泰国	47	4.14	40	4.25
法国	19	5.17	21	5.11	拉脱维亚	48	4.10	44	4.14
德国	20	5.17	16	5.19	克罗地亚	49	4.09	49	4.06
卢森堡	21	5.10	24	4.94	阿曼	50	4.08	53	3.97
新西兰	22	5.04	22	5.02	毛里求斯	51	4.07	54	3.96
爱尔兰	23	5.03	23	5.02	南非	52	4.07	51	4.05
比利时	24	5.02	25	4.92	牙买加	53	4.03	46	4.09
以色列	25	4.98	18	5.18	印度	54	4.03	50	4.06
马耳他	26	4.79	27	4.61	希腊	55	4.00	56	3.94
阿联酋	27	4.76	29	4.55	哥斯达黎加	56	3.99	60	3.87
马来西亚	28	4.76	26	4.82	科威特	57	3.98	52	4.01
卡塔尔	29	4.68	32	4.42	罗马尼亚	58	3.97	61	3.86

续表

国家 (地区)	2008/2009		2007/2008		国家 (地区)	2008/2009		2007/2008	
	排名	得分	排名	得分		排名	得分	排名	得分
巴西	59	3.94	59	3.87	秘鲁	89	3.47	84	3.46
阿塞拜疆	60	3.93	67	3.72	尼日利亚	90	3.45	94	3.32
土耳其	61	3.91	55	3.96	冈比亚	91	3.44	101	3.17
乌克兰	62	3.88	70	3.69	纳米比亚	92	3.44	93	3.33
文莱	63	3.87			蒙古	93	3.43	87	3.43
哥伦比亚	64	3.87	69	3.71	叙利亚	94	3.41	110	3.06
乌拉圭	65	3.85	65	3.72	洪都拉斯	95	3.41	90	3.35
巴拿马	66	3.84	64	3.74	委内瑞拉	96	3.39	86	3.44
墨西哥	67	3.84	58	3.90	肯尼亚	97	3.35	92	3.34
保加利亚	68	3.80	68	3.71	巴基斯坦	98	3.31	89	3.37
波兰	69	3.80	62	3.81	摩尔多瓦	99	3.30	96	3.21
越南	70	3.79	73	3.67	圭亚那	100	3.29	102	3.16
黑山	71	3.79			利比里亚	101	3.28	105	3.10
斯里兰卡	72	3.79	79	3.58	赞比亚	102	3.26	112	3.02
哈萨克斯坦	73	3.79	71	3.68	加纳	103	3.25		
俄罗斯	74	3.77	72	3.68	塔吉克斯坦	104	3.25	98	3.18
多米尼加	75	3.76	75	3.66	阿尔巴尼亚	105	3.23	108	3.06
埃及	76	3.76	63	3.74	波黑	106	3.23	95	3.22
博茨瓦纳	77	3.72	78	3.59	马里	107	3.18	99	3.17
萨尔瓦多	78	3.69	66	3.72	阿尔及利亚	108	3.14	88	3.38
马其顿	79	3.67	83	3.49	毛里塔尼亚	109	3.12	97	3.21
塞内加尔	80	3.67	85	3.46	马拉维	110	3.12		
特立尼达和多巴哥	81	3.67	82	3.55	科特迪瓦	111	3.12		
危地马拉	82	3.64	80	3.58	马达加斯加	112	3.09	104	3.12
印度尼西亚	83	3.62	76	3.60	布基纳法索	113	3.07	103	3.12
塞尔维亚	84	3.62			亚美尼亚	114	3.06	106	3.10
菲律宾	85	3.60	81	3.56	吉尔吉斯斯坦	115	3.04	114	2.99
摩洛哥	86	3.59	74	3.67	厄瓜多尔	116	3.03	107	3.09
阿根廷	87	3.58	77	3.59	苏里南	117	3.03	117	2.91
格鲁吉亚	88	3.48	91	3.34	莱索托	118	3.02	122	2.79

续表

国家 （地区）	2008/2009		2007/2008		国家 （地区）	2008/2009		2007/2008	
	排名	得分	排名	得分		排名	得分	排名	得分
坦桑尼亚	119	3.01	100	3.17	尼泊尔	127	2.85	119	2.88
乌干达	120	2.98	109	3.06	玻利维亚	128	2.82	111	3.05
贝宁	121	2.96	113	3.01	埃塞俄比亚	129	2.80	123	2.77
巴拉圭	122	2.93	120	2.87	孟加拉国	130	2.70	124	2.65
喀麦隆	123	2.93	118	2.89	布隆迪	131	2.63	126	2.46
莫桑比克	124	2.91	121	2.82	津巴布韦	132	2.49	125	2.50
尼加拉瓜	125	2.90	116	2.95	东帝汶	133	2.47		
柬埔寨	126	2.89	115	2.96	乍得	134	2.44	127	2.40

（资料来源：世界经济论坛）

第82章

中国信息化建设
任重道远[①]

引　言

2006 年中共中央办公厅、国务院办公厅印发了《2006—2020 年国家信息化发展战略》，对未来 15 年我国信息化发展进行了全面部署，提出了我国信息化发展的 32 字战略方针，即"统筹规划、资源共享，深化应用、务求实效，面向市场、立足创新，军民结合、安全可靠"。这一发展方针总结了 10 多年来我国信息化发展的基本经验，结合了新时期、新阶段对信息化工作的要求，站在新的历史起点上，前瞻性地部署和推进信息化，这一发展思路事实上是对中国信息化发展道路的阐释。

---

① 此部分内容主要根据曲维枝主编的《中国信息化道路探索》第三章内容整理修改完成（经验部分）。

82.1 推进国民经济信息化，促进增长方式转变

发达国家的信息化是建立在完成工业化之后经济已相当发达的基础之上的，信息技术的应用和普及有较长的历史，在信息技术领域占优势地位，推进信息化的技术和物质基础比较充实。我国经济总量虽已初具规模，但总体生产力水平尚低，经济结构还相当落后，国民经济整体素质不高，工业化的任务还很重，利用信息技术提升传统产业的结构和素质显得尤为迫切和重要。这个基本国情既决定了我国信息化与工业化融合推进的必然性，又反映了我国信息化过程的艰巨性、长期性。

工业化的实质是新技术的不断应用，中国工业化与信息化的互动是新世纪实现现代化的现实选择。信息技术革命赋予工业化以新的内涵，使工业化有别于机械化时代的传统工业化，以信息化带动工业化，以工业化促进信息化，成为加速向集约型经济增长方式转变的新型工业化道路。在人类社会已经进入信息时代的今天，中国所要实现的工业化已经不是传统意义上的工业化，而是由信息化主导，与信息化相融合，通过信息化不断改造的工业化。因此我国经济建设，必须走以工业化培育和支撑信息化，以信息化带动和促进工业化的新型工业化道路。

1. 推进农业信息化，加快现代农业发展

加快信息技术在农村地区和农业生产的推广和应用，提高信息技术服务"三农"的广度和深度，着力提高农业综合生产能力，促进农民稳定增收和农村经济社会全面进步。

——推动农村信息网络的整合与延伸，完善农村信息基础设施建设。在迈向信息社会的过程中，信息基础设施已成为社会公共基础设施的重要组成部分。当前，农村信息化手段应用水平远远落后于城市，城乡数字鸿沟和东、西部差距有进一步扩大的可能。把信息基础设施建设纳入农村基

础设施建设体系中，因地制宜地推进农村信息基础设施建设，完善农村信息基础设施，是政府一项长期而艰巨的历史任务，也是提高信息技术服务"三农"的广度和深度的必要条件。在各地不断探索采用多种技术手段，基本解决未通电话的行政村的通电话问题的基础上，要整合互联网、广播、电视、电话等各类信息传输渠道，鼓励多种接入方式的竞争，优先推进农村的多网融合，建立和完善多渠道、多终端、多用途的社区公共接入点，加快农村地区各种信息终端接入能力建设。

——整合涉农公共信息资源，加强涉农信息服务体系建设。在当前农民的收入水平、信息技能、信息意识等仍相当薄弱的背景下，应加快熟悉农业技术、市场分析，又懂信息技术的复合型人才队伍建设，积极推进农村各类信息服务组织和农村信息员队伍建设。建立能够适应农村市场经济体制运行的、涵盖国内外涉农信息的动态监测体系。整合涉农信息资源，发展面向农村经济、科技、教育、文化、卫生医疗以及农产品流通等领域的信息服务，逐步完善"三农"综合信息服务体系，探索新的信息发布渠道，扩大信息覆盖范围，为农民提供低成本、高质量的信息服务。

——提高信息技术在农业生产中的应用水平，加快现代农业发展。通过信息技术增强种植、养殖大户，龙头企业的辐射带动作用，探索形成若干在全国有影响力，具有地方特色的农业信息化应用的新典型和新模式。逐步提高农业生产过程的信息化水平，重点推进农田作业系统、良种工程、农产品加工与储藏、病虫害防治、农业气象服务等方面的信息化应用。

——建立农民工信息服务体系。农民工已经达到中国工人总数的三分之二以上，无论是"三农"问题、就业问题、城市化问题、社会和谐问题、社会建设和管理问题、以人为本可持续发展问题、转变经济增长方式问题等，无一不与农民工问题相关。中国需要建设一个以农民工为主要目标、一体化的信息服务体系，这一体系包括涉及农民工的各大部委、主要农民工的输出省份和输入省份，需要整合这些部门和地方的现有信息资源，建立统一的、标准化的资源整合平台，在此基础上完善面向农民工的信息服务能力，将农民工工作纳入统一、规范、有效管理的轨道。

2. 加快推进制造业信息化，促进经济增长方式转变

信息化带动工业化，是对传统产业的全面改造，是从生产方式、营销模式、产品性能、生产组织、管理体制等方面进行全方位的渗透，以提升传统产业技术水平和生产效率，促进企业节能、降耗、减排，提高能源、资源的利用效率，促进传统经济转型，这也是信息化带动工业化的着力点。具体来讲：

——加速高耗能行业的结构调整和优化升级。加快高能耗、高物耗和高污染行业的信息化改造，充分挖掘利用各种潜在的信息资源，促进节约能源、降低物耗、控制污染、保护环境。通过信息化改造提高工艺装备的智能化水平和企业信息集成水平，发展循环经济模式。结合产业结构调整、产品升级和工艺改造，在钢铁、有色金属、建材等行业大力推广以物流控制为核心的智能控制和优化调度，实现管控一体化，达到节能、降耗、高效、洁净生产的目的。

——提高能源和资源的开发利用集约化程度。在煤炭、矿业、电力和石油化工等基础行业，以安全生产、提高能源和资源利用层次为重点，推广应用洗选加工等过程自控技术，提高产品质量和生产效率；加快地理信息系统、遥感技术、新一代移动通信等信息技术的应用步伐，建立和完善网络化的安全生产综合自动监测、监控系统和安全生产信息管理系统。加强能源和资源的勘探、生产、储运、销售的网络体系建设，促进能源和资源的优化配置、合理利用。

——提升装备制造业竞争力。以提高产品智能化水平为核心，加快建立重大技术装备、汽车、船舶等具有国际竞争力的产业体系。大力推广计算机辅助设计（CAD）技术，提升产品设计自动化水平，推动优势骨干企业开展各种计算机辅助系统和管理信息系统（4CEP）的集成应用，探索实施虚拟制造、敏捷制造、并行工程等先进制造技术，应用网络协同设计（制造）平台等形式促进企业之间的生产和研发合作。大力发展数控机床等智能生产工具，推进装备数字化，提高大型机电产品和成套设备的

研发和产业化能力。

——带动企业生产管理提升，提高核心竞争力。由于市场需求变动及竞争的加剧，产品更新换代速度加快，适应人们的多样化和个性化需求，制造业向多品种、小批量生产方式转变，对生产管理提出更高的要求。电子信息技术向生产管理的渗透，形成各种专用的信息系统，实现产品报价、跟踪重要零部件的生产状况、辅助高层领导决策等功能，使企业能对市场做出快速反应，提高生产效率和水平。利用信息技术形成的现代生产管理方法主要有即时生产（JIT）、制造资源计划（MRP－Ⅱ）、柔性制造系统（FMS）、计算机集成制造系统（CIMS）、供应链管理（SCM）、企业资源计划（ERP）等。

3. 大力发展电子商务

电子商务广泛深入地渗透于生产、流通、消费各个领域，改变着企业生产经营模式、组织形态以及社会经济的运行方式，推动世界范围内产业结构调整和资源优化配置，加速经济全球化进程。随着我国经济增长方式转变和结构调整的力度继续加大，对外开放水平不断提高，电子商务发展的内在动力持续增强。我国要结合全球电子商务发展的趋势，根据我国电子商务发展的环境，走一条有特色的电子商务之路。

——深化重点行业骨干企业电子商务应用。充分发挥骨干企业在采购、销售等方面的带动作用，以产业链为基础，以供应链管理为重点，整合上、下游关联企业相关资源，实现企业间业务流程的融合和信息系统的互连互通，深化企业间的业务协同，提高企业群体的市场反应能力和综合竞争力。推动中小企业电子商务发展，积极运用第三方电子商务服务平台，开展在线销售、采购等经营活动，普及电子商务应用，降低投资、技术、人才等方面的风险和交易成本，提高生产经营效率。

——积极培育电子商务服务业，发展交易服务、内容服务和技术服务等公共平台。围绕钢铁、汽车、石化、医药、食品、农产品、农业生产资料行业建立第三方电子商务交易与服务平台。引导行业、区域和中小企业开展灵活多样的电子商务活动，提供行业信息发布、采购销售、管理咨询、技能培训、数据托管、应用系统外包等服务，形成行业电子商务发展模式，引导其他行业电子商务发展。

——推进面向居民服务的电子商务发展。以大中城市的社区服务为重点，加快建设面向居民的公共服务平台，整合包括水、电、气、交通、银行等机构业务，为社区居民提供方便、快捷的一站式、一卡式、一网式服务，强化政府及相关机构的公共服务能力，提高公民的电子商务应用意识。

——完善电子商务发展的支撑环境。完善电子认证基础设施，规范电子认证服务，建立布局合理、适度竞争的电子认证体系。推进在线支付体系建设，引导商业银行、中国银联和第三方支付机构建设安全、快捷、方便的在线支付平台。建立健全相关部门间信用信息资源的共享机制，建设在线信用信息服务平台，逐步形成既符合我国国情又与国际接轨的信用服务体系。支持物流公共信息服务平台建设、完善电子商务的国家标准体系，积极推进电子商务标准化进程，加强推广标准的应用。

82.2 深化电子政务应用，提高公共服务水平

信息化是一场社会变革，要构建和完善信息化发展的制度环境。信息化带来了整个社会发展的全面变革，在全球范围内，市场经济仍然是一种发展中的体制形态，即使是发达的市场经济国家，面对信息化浪潮，也存在体制落后、僵化的问题，面对新的挑战必须进行体制改革和创新。西方发达国家的政府行政改革和发展实践是建立在西方文化传统和社会经济、政治基础之上的，有其特殊的社会发展背景和价值取向。中国信息化发展面临完善市场经济体制与适应新经济发展环境的双重任务。中国的政府改革，需要从中国的历史背景、文化传统和中国革命及建设的具体国情实际出发，在充分借鉴国外实践经验的基础上，在推进信息化的过程中，要适

应信息科技革命的重大突破要求，积极变革不适应先进社会生产力发展要求的生产关系与上层建筑。要突破制约信息化发展的深层次体制性障碍，造就更有效地激励信息技术创新并迅速转化为现实生产力，更有利于信息技术推广应用的体制动力和体制环境。中国的电子政务建设要以转变政府职能为重点，以管理方式改革为关键环节，建设有中国特色的公共服务型政府。

当前，利用信息技术重塑政府的组织与管理，提高政府的信息化管理水平，加快电子政务，有利于提高行政效率，降低行政成本，改进政府管理，方便人民群众。我国的电子政务建设要根据行政体制改革的总体部署，结合世界电子政务发展趋势，围绕服务政府、责任政府、法治政府的总体目标，突破服务导向，把电子政务建设与转变政府职能结合起来，提高办事效率和管理水平，促进政务公开和廉政建设，增强网络环境下的治国理政能力，探索一条有中国特色的电子政务发展道路，增强网络环境下的治国理政能力。《电子政务框架》以及《2006—2020 年国家信息化发展战略》对我国未来电子政务发展做出了具体的部署，突出体现在以下几方面：

一是在行政体制改革的背景下稳步推进电子政务建设。深化行政体制改革是完善社会主义市场经济的重要组成部分。党的十六大报告提出要进一步转变政府职能，改进管理方式，推行电子政务，提高行政效率，降低行政成本，形成行为规范、运转协调、公正透明、廉洁高效的行政管理体制。中央十六届四次会议通过的《中共中央关于加强党的执政能力建设的决定》也提出，要深化行政体制改革，真正实现政企分开、政资分开、政事分开，主要运用经济和法律手段管理经济活动，集中精力抓好经济调节、市场监管、社会管理和公共服务。国家"十一五"规划提出要着力推进行政管理体制改革，按照精简、统一、效能的原则和决策、执行、监督相协调的要求，建立决策科学、权责对等、分工合理、执行顺畅、监督有力的行政管理体制，加快建设服务政府、责任政府、法治政府。从行政管理改革的要求和任务来看，尤其是要加强社会管理职能，管理和规范社会组织、协调社会矛盾、保证社会公正、维护社会秩序和稳定、保障人民群众生命财产安全等方面的职能。这些是中央站在时代和战略的高度对新世纪、新阶段，对完善经济体制、完善政治体制、转变政府职能、深化行政改革和加强党的执政能力建设做出的全面部署，体现新时期中央的治国理政的思想和方略，是指导中国特色服务型政府建设的纲领性文件。中国的电子政务建设要在国家深化行政体制改革过程中稳步推进。

二是以公共服务为核心加快电子政务建设。以人为本，为人民服务是中国特色公共服务型政府行政理念的精神内核，要求服务型政府及公务人员在提供具体的公共行政服务过程中做到确立权力导向、顾客至上的公共服务理念。在保证人与自然和谐发展的基础上不断改善人的生存环境，提高人的生活质量，完善人的权利，拓展人的自由。在扶助社会贫弱群体的基础上惠及社会所有公民，在解决公民正常生存问题的前提下推动公民全面发展。经过 20 多年的经济发展，人民生活水平有了明显提高，人民群众对于教育培训、公共卫生、医疗保健、社会保障、公共安全、民主生活等方面的要求逐步增多。从国际电子政务发展的趋势来看，突出公共服务是一个基本趋势。近年来，中央把强化公共服务作为行政管理体制改革的基本目标，提出加快行政管理体制改革，是全面深化改革和提高对外开放水平的关键。从中国 20 多年的改革开放实践来看，伴随市场化改革的进程，我国出现了基本公共产品供给严重缺失的突出矛盾和问题。现实生活中基本公共产品供给的缺失和公共服务的不到位，充分地反映了政府转型的严重滞后，基本公共产品供给的矛盾和问题全面凸显。当前，我国公共需求全面快速增长与政府公共服务不到位是一个越来越突出的问题。因此，加强公共服务是我国行政体制改革的重要任务。电子政务建设是改善公共服务的重要手段和途径，要逐步建立以公民和企业为对象、以互联网为基础、中央与地方相配合、多种技术手段相结合的电子政务公共服务体系。同时，重视推动电子政务公共服务延伸到街道、社区和乡村，逐步增加服务内容，扩大服务范围，提高服务质量，推动服务型政府建设。

三是应用信息技术加强社会管理。党的十六届六中全会明确提出：加强社会管理，维护社会稳定，是构建社会主义和谐社会的必然要求。进一步推进行政管理体制改革，是完善社会管理，构建社会主义和谐社会的重要内容和体制保证。政府加强社会管理就是要为人民群众提供安居乐业的社会环境和生活环境，妥善协调各种利益关系，化解社会矛盾，调节收入分配，完善社会保障体系；加强社会治安综合治理，打击违法犯罪，确保公民的人身与财产安全以及其他合法权益的实现；强化危机管理意识，加快建立健全各种突发事件应急机制，增强维护公共安全和处置突发事件的能力，维护社会公正、社会秩序和社会稳定。同时要按照建设服务型政府的要求，创新公共服务体制，改进公共服务方式。以发展社会事业和解决民生问题为重点，着力解决就业、就学、就医、环境保护等人民群众最关心的利益问题，优化公共资源配置，加强公共设施建设，为全体人民提供更多、更好的公共服务。在这一背景下，电子政务建设就是要整合资源，形成全面覆盖、高效灵敏的社会管理信息网络，增强社会综合治理能力。协同共建，完善社会预警和应对突发事件的网络运行机制，增强对各种突发性事件的监控、决策和应急处置能力，保障国家安全、公共安全，维护社会稳定。

四是通过信息化手段强化综合监管。成熟的市场经济国家已经建立起了完善的政府监管体系，而对中国这样一个从计划经济向市场经济转型的国家而言，需要建立和完善政府监管体系。中国的电子政务建设要在加强政府监管目标的前提下，提高政府的监管效率和管理水平，这是中国的电子政务建设区别于发达国家的重要特征。因此，在中国电子政务建设的起步阶段，把加强监管作为工作的一项重要任务。从20世纪90年代初的"三金"工程到"十五"期间部署和建设的财政、税务、金融、海关、公共安全、质量监督、检验检疫、环境保护、城市管理、国有资产监管、企业信用监管、药品监管等重点业务系统，都把加强政府监管能力作为一项重要工作。在新的历史阶段，电子政务重心从当初的加强监管向公共服务和社会管理转变，但是应当看到，中国政府监管能力仍不能完全适应市场经济发展的要求，加强政府监管仍是一项长期而艰巨的历史任务。在这一背景下，通过电子政务建设提升政府监管能力在很长的一段时间内仍是重要工作。但未来加强监管能力建设应主要突出以下几个方面：第一，各级政府继续建设完善重点业务应用系统，要把加强跨部门的业务应用系统之间的信息共享，促进业务协同作为工作重点，以发挥政务系统在资源计划、财政税收、市场监管等方面的辅助作用，提高政府调控经济的能力。发挥政务系统在应急指挥、治安管理、社会保障等方面的辅助作用，提高政府维护社会稳定的能力。第二，加强对高耗能、高污染企业和重点耗能单位的全国联网实时监管，确保监测数据的及时、准确和真实。第三，电子政务建设要坚持以政府的核心业务流为主线展开。政府的核心业务带有不变性，不会随政府机构调整的变化而变化，很多核心业务都不是政府一个部门能完成的。因此，围绕政府的核心业务流需要把政府现有业务的流程改造和优化作为重点，这也是电子政务建设过程中最重要的组成部分。

82.3　协调推进社会信息化，加快和谐社会建设

改革开放 30 年来，中国的经济社会发生了翻天覆地的变化，但是效率优先的改革思路也带来了一些新的问题和矛盾，地区之间、城乡之间的差距不断拉大，经济发展与社会发展越来越不协调。加快信息化发展是化解社会矛盾的重要手段，是建设和谐社会的重要举措。作为一个发展极不平衡的发展中国家而言，让所有的人充分享受改革的成果，建设和谐社会成为新世纪中国发展的重要目标。根据建设社会主义和谐社会的要求，加快医疗卫生、社会保障、社区服务等方面的信息技术应用，加快社会化服务体系建立。

一是建设完善、高效、快速、通畅的全国性医疗卫生信息系统，提高各级医疗卫生机构的信息化水平，显著改善我国公共卫生管理水平，大幅提升医疗服务质量。建立及完善公共卫生突发事件预警和应急处理系统，

为突发性公共卫生事件和重大疫情的监控、防治及应急处理提供信息保障。大力发展远程医疗，统筹整合城乡医疗卫生资源，以农村为重点，加强公共卫生服务体系信息化建设，健全县、乡、村三级医疗卫生服务网络，推动农村以大病统筹为主的新型合作医疗制度的建立和完善。加快医疗机构信息化，强化药品监管信息系统建设，推动医疗、医药、医保信息系统的联网互动，为医疗体制改革提供支撑。

二是加快就业和社会保障信息服务体系建设，完善就业信息服务体系，提高社会保障工作的效率与水平。完善就业服务信息网络，全面整合"医疗、养老、失业、工伤、生育"社会保险服务系统。建设最低生活保障信息系统，实现各级管理机构的互连互通、业务协同。根据我国社会保障体系改革的进展，逐步推进农村社会保障信息服务系统建设，重点建设和完善农村养老保险和农民工社会保障信息系统。整合政府、学校、农村等信息网络及相关资源，建设多层次、多功能的就业信息服务体系。

三是利用信息化提高社区管理水平和服务水平。加快推进政务和公共服务进社区步伐，建设融服务与管理为一体的社区信息化平台，建设数字化社区，完善社区政务和公共信息服务平台，扩展公共服务延伸到基层的渠道，方便百姓生活。提升政务服务、商务服务、金融服务、物业服务、资讯服务的水平，营造数字化新生活。

四是要缩小数字鸿沟。在中国这样一个区域、城乡、人群经济发展水平极不平衡的国家，缩小数字鸿沟是国家信息化发展的一项战略任务，国家信息化发展战略也把缩小数字鸿沟作为一项战略行动计划加以部署。战略提出坚持政府主导、社会参与，缩小区域之间、城乡之间和不同社会群体之间信息技术应用水平的差距，创造机会均等、协调发展的社会环境。要加快推进中、西部地区的信息网络建设，普及信息服务。把缩小城乡数字鸿沟作为统筹城乡经济社会发展的重要内容，并逐步在行政村和城镇社区设立免费或低价接入互联网的公共服务场所，提供电子政务、教育培训、医疗保健、养老救助等方面的信息服务。

82.4 建设先进的网络文化，增强国家"软实力"

人类文明的进步从来就是在不同民族、国家、地域文化的冲突、碰撞、融合中完成的，在信息社会建设的进程中，需要不断丰富和发展我们自己的民族传统文化。中国有 5000 多年文明史，拥有丰富灿烂的文化宝库。作为一个拥有悠久历史和全球五分之一人口的大国，在推进信息化的进程中，要大力推进先进的网络文化工程，开发中华优秀文化资源，丰富互联网信息内容，繁荣网络文化，壮大信息内容，让文化为网络注入灵魂，网络为中华文化的发展插上翅膀。

一是坚持用社会主义核心价值体系引领网络文明建设。要坚持社会主义先进文化的发展方向，建设社会主义核心价值体系，形成全社会共同的理想信念、道德规范和精神追求，唱响网上思想文化的主旋律，努力宣传科学真理、传播先进文化、倡导科学精神、塑造美好心灵、弘扬社会正气。要发展先进文化，发扬健康文化，改造落后文化，抵制腐朽文化，满足广大网民日益增长的精神文化需求，鼓舞网民投身和谐社会建设，打牢建设社会主义核心价值体系的社会基础。加强社会主义先进文化的网上传播。牢牢把握社会主义先进文化的前进方向，支持健康、有益文化，加快推进中华民族优秀文化作品的数字化、网络化，规范网络文化传播秩序，使科学的理论、正确的舆论、高尚的精神、优秀的作品成为网上文化传播的主流。

二是大力开发中文信息资源，增强文化产品的网上供给能力。推动新闻出版、广播影视、文学艺术等行业加快信息化步伐，提高文化产品质量，增强文化产品供给能力。要大力运用新技术，积极开发新业务，培育新的文化产品和服务，不断提高网络文化产业的规模化、专业化水平，把博大精深的中华文化作为网络文化的重要源泉，推动我国优秀文化产品的数字化、网络化，形成一批具有中国气派、体现时代精神、品味高雅的网络文化品牌，使互联网成为传播社会主义先进文化的新途径、公共文化服务的新平台、人们健康精神文化生活的新空间。

三是要加强网上思想舆论阵地建设，提高网络管理水平。加强对网络信息的分析，提高宣传的针对性和宣传质量。坚持正确的舆论导向，加强政府网站建设，扶持拥有优秀网络文化内容的网站，积极开发具有自主知识产权的网络文化产品，加大正面宣传力度，形成积极向上的主流舆论。整合互联网对外宣传资源，完善互联网对外宣传体系建设，不断提高互联网对外宣传工作整体水平，持续提升对外宣传效果，扩大中华民族优秀文化的国际影响力。

四是营造积极、健康的网络文化。倡导文明办网、文明上网，净化网络环境，努力营造文明健康、积极向上的网络文化氛围，营造共建共享的精神家园。倡导网络文明，强化网络道德约束，建立和完善网络行为规范，积极引导广大群众的网络文化创作实践，自觉抵御不良内容的侵蚀，摈弃网络滥用行为和低俗之风，全面建设积极、健康的网络文化。

五是加强网络管理和规范。要坚持依法管理、科学管理、有效管理，综合运用法律、行政、经济、技术、思想教育、行业自律等手段，加快形成依法监管、行业自律、社会监督、规范有序的互联网信息传播秩序，切实维护国家文化信息安全。制定政策、创造条件，加快网络文化队伍建设，形成与网络文化建设和管理相适应的管理队伍、舆论引导队伍、技术研发队伍，培养一批政治素质高、业务能力强的干部。

82.5　完善自主创新体系，推进创新型国家建设

建设创新型国家已成为新时期我国现代化建设的战略目标。《国家中长期科学和技术发展规划纲要（2006—2020 年）》明确提出，把掌握信息

产业核心技术的自主知识产权，作为提高我国产业竞争力的突破口。同时，加快信息产业发展，实现从产业大国向强国的转变，也是增强我国信息化基本装备能力的迫切要求。紧紧抓住国民经济和社会信息化的重大需求和重大系统工程建设的机遇，推动信息技术创新和产业化步伐，在具有战略影响的信息技术领域，掌握一批具有自主知识产权的关键技术和核心技术，尽快形成结构合理、自主发展、竞争力强的信息技术创新体系和信息产业体系，推进创新型国家建设。

一是营造信息技术自主创新的环境。规范市场秩序，鼓励竞争，进一步完善创新环境。逐步把政府对企业的研发投入和补贴转为政府采购预算；进一步细化和规范政府采购程序，在信息产业重大关键技术研发领域和影响国计民生的重点部门，优先采购具有自主知识产权的国产设备、产品和服务；根据信息技术研发动向和国内自主创新能力发展特点，适时更新政府采购信息技术设备、产品和服务清单，建立低价竞标防范和惩戒机制；完善创新型产品和服务的市场定价机制，建立应对知识产权、反垄断、反倾销等国际贸易争端协调机制；加大技术转让人才的培养力度，加强专利分析师和专利律师的培养；完善知识产权保护政策，制定有利于技术转让的知识产权管理政策。

二是围绕国家战略重点整合利用国家科技资源。跟踪国际信息技术发展前沿，贴近国内需求，组织实施一批能够迅速提升创新能力和跨越技术门槛的关键核心技术重大专项，整合政府和社会的科技资源，围绕信息化发展的技术瓶颈，突破集成电路、系统软件、关键应用软件、自主可控关键装备等涉及自主发展能力的关键技术和核心技术；加强国家公共资金支持的研发项目成果管理和规范，促进科研机构的技术转让，促进产业共性技术扩散。

三是建立以企业为主体的技术创新体系。以自主创新为重点，依托国家信息应用重大工程，加速人才、资金、技术等创新资源向企业转移和集聚，推动信息技术创新的孵化、应用和扩散；以产业链为纽带，支持相关企业建立产业联盟，建立行业信息技术专利池，形成利益共享、合作共赢的发展格局；推进产业聚集式发展，支持产业规模大、研发能力强、骨干企业相对集中的产业集群发展，促进科研、教育、生产一体化；把创新能力提升作为国有大中型企业业绩考核的重要指标，推进企业技术、管理、组织创新，增强企业核心竞争力。完善企业家成长环境，培育创新型企业家。

四是建立有利于促进技术创新的综合服务体系。支持信息产业关键技术领域的共性技术研发平台等技术创新基础设施，建设和整合一批支撑共性技术创新的、开放式的工程实验室和工程中心；发展一批公共技术转移中心和技术创新服务中心，促进科技中介服务机构专业化、规模化和规范化；建立中立的技术创新认证评估机制，完善科研机构科技创新成果的评价体系，引导大专院校、科研机构和企业在知识创新和技术创新中合理定位；鼓励产学研联合制定技术标准，加大对基础性、战略性标准的投入力度，加强标准实施的组织和引导，形成以企业为主体的信息技术标准化体系。

五是完善鼓励信息技术创新的财税金融政策。完善针对企业技术开发费用、研发设备购置的税收优惠政策，在两税合一的基础上，加速增值税转型；加大对企业自主创新投入的所得税税前抵扣力度，允许企业加速信息技术自主创新研究开发所用和信息技术应用所用仪器设备折旧，对首购通过认证的电子信息自主创新产品，给予税收优惠；将新兴信息相关产业纳入高新技术产业的管理范畴，享受高新技术产业的所得税优惠政策；发展创业风险投资，鼓励政策性银行对符合国家产业政策的企业技术研发、产业化和技术引进消化吸收项目等提供优惠利率贷款，完善中小企业信用担保体系。

82.6　提升国民信息素质，推动
人力资源大国转变

把培育信息化人才队伍，作为一项刻不容缓的战略任务，充分发挥正规教育、成人教育、普及教育和社会教育体系的作用，采取政策和措施，创造一个吸引、稳定和培育信息化人才的良好环境。国家信息化发展战略也把"国民信息技能教育培训计划"作为国家信息化战略行动计划的重要组成部分，通过政府主导、社会参与、逐步形成使用便捷、内容丰富、手段多元化的网络教育环境，共享优质教育资源，加速提高全民的受教育年限和科学文化知识水平，提高国民素质，促进人力资源优势开发。因此，把提升国民信息素质，从人口大国向人力资源大国转变作为信息化建设的战略任务。

一是高度重视教育，促进广大劳动者转变成适合信息社会的人才。全面建设小康社会和实施"信息化带动工业化，走新兴工业化道路"战略，必须解决好把巨大的人口压力转变为发展动力和充分发挥人力资源优势的战略性问题。特别是在我国这样一个人口超级大国，需要全面提升我国劳动力的各种素质，以满足现代社会中人们对产品和服务个性化、专业化的需求。这就要求我们大力发展全民终身教育制度，提升国民素质，开发人力资源，使劳动大军同时成为学习大军，提高劳动者素质，促进广大劳动者转变成适合信息社会的有用人才，从根本上和长远战略上促进就业问题的解决。

二是加强信息化的普及教育和培训工作，普遍提高全社会（公众）信息化意识与技能。在全国中小学普及信息技术教育，建立完善的信息技术基础课程体系，优化课程设置，丰富教学内容。同时，也要认识到学校只是培养人才的基地，岗位和环境才是造就信息化人才的更有效的载体。

特别是高层管理人才和复合型人才，要在实际岗位上锻炼、培养和提拔。形成学校、培训机构和使用单位等协同的人才培养和使用"一条龙"的良好机制。

三是加大政府资金投入及政策扶持力度，吸引社会资金参与，把信息技能培训纳入国民经济和社会发展规划。依托高等院校、中小学、邮局、科技馆、图书馆、文化站等公益性设施，以及全国文化信息资源共享工程、农村党员干部远程教育工程等，积极开展国民信息技能教育和培训。

（本章作者　安筱鹏）

第 83 章

2020年的展望

引　言

建国60年来，尤其是改革开放30年来，中国经济社会飞速发展，创造了令世界瞩目的"东方奇迹"。中国的信息化建设也从无到有，抓住后发优势，取得了骄人成绩。本世纪头20年，是中国全面建设小康社会的战略机遇期，在科学发展、和谐社会、创新国家等战略的指导下，中国的信息化建设必将再续辉煌。到2020年，中国信息化水平将再上新台阶，与发达国家的差距进一步缩小，为迈向信息社会做好充分准备。

83.1　2020年中国经济社会发展展望

60年的发展使中国积累了雄厚的物质基础和科技文化基础。在未来十几年，中国仍存在诸多有利因素使经济保持着较快的增长，比如，中国工业化进程还未完成，现代化建设正在大规模开展，有着广阔的增长空间和市场潜力；中国具有丰富和廉价的劳动力，建设小康社会和现代化得到群众的拥护和积极参与；农村基础环境的完善和农民收入的提高将带来农村经济的快速发展和农民消费的急遽增长；与经济建设的成就相比，中国在社会建设方面还有着极为广阔的发展空间；随着科教兴国战略的实施，国民教育程度不断提高，国民科技素质和文化素质得到不断提升；物质技术基础日渐雄厚，交通、能源等瓶颈因素有望得到较好的缓解；政府在宏观经济调控方面的经验不断丰富，将为今后的经济发展创造更好的法律、市场和社会环境，等等。到 2020 年，中国将超过日本，追赶美国，成为全球第二大经济体。而经济的持续较快发展和科学发展、和谐社会、创新国家等战略的不断推进，必将带动中国的社会、文化、科技等共同发展。到 2020 年，中国将实现全面建设小康社会的目标，进入创新型国家行列。

83.1.1　总体情况

2020 年，中国将实现全面建成小康社会的目标。届时，中国"将成为工业化基本实现、综合国力显著增强、国内市场总体规模位居世界前列的国家，成为人民富裕程度普遍提高、生活质量明显改善、生态环境良好的国家，成为人民享有更加充分的民主权利、具有更高文明素质和精神追求的国家，成为各方面制度更加完善、社会更加充满活力而又安定团结的国家，成为对外更加开放、更加具有亲和力、为人类文明作出更大贡献的国家"。

2020 年，中国的 GDP 将超过日本，追赶美国，成为全球第二大经济体系，中国的国际竞争力将提高到全球前 15 名行列。2020 年，即使按照保守估计，中国的工业化水平（制造业产值/总商品产值比重）也将超过 70%，无疑意味着工业化的基本实现。2020 年，中国的城市化率将提高到 60%，形成结构合理、功能互补、整体效益最大化的大、中、小"城市体系"。

2020 年，中国人均 GDP 将比 2000 年翻两番，将达到或超过世界平均水平。届时，人民更加富裕，收入分配将更加合理，恩格尔系数不超过 0.35，基尼系数保持在 0.35—0.40 的水平，人文发展指数不低于 0.80，人均预期寿命将达到 76 岁。

2020 年，中国将基本普及高中阶段教育，人均受教育年限将超过 10 年；科技创新能力大大提高，科技进步在整个国民经济中的贡献率达到 60% 以上；主要工业产品单位能耗指标达到或接近世界先进水平，单位 GDP 能耗比 2005 年降低 40%—60%，单位 GDP 的二氧化碳排放降低 50% 左右。

2020 年，中国将进入国际体系的核心，成为体系的建设者和影响者。2020 年的中国将以更加开放、更具亲和力的心态来确定切合实际的外交战略，融入并影响世界。

83.1.2　经济发展

改革开放 30 年来，中国经济保持了快速增长，平均增长率达到 9%。按照国际货币基金组织的统计数据，2008 年中国 GDP 达到 44016.14 亿美元，位列世界第三位，人均 GDP 为 3313.32 美元，位列世界第 105 位（见表 83.1 和表 83.2）。无论是对中国这样一个基础薄弱、人口众多的国家而言，还是与世界其他国家的发展进程相比，这都是一个奇迹。

表 83.1　2008 年世界各国（地区）GDP 排名（前 10 名）

名次	国家	GDP（亿美元）
1	美国	142646.00
2	日本	49237.61
3	中国	44016.14
4	德国	36675.13
5	法国	28657.37
6	英国	26740.85
7	意大利	23138.93
8	俄罗斯	16765.86
9	西班牙	16117.67
10	巴西	15728.39

（资料来源：IMF，2009 年 4 月）

表 83.2　2008 年人均 GDP 排名（前 20 名和中国）

名次	国家	人均 GDP（美元）
1	卢森堡	113043.98
2	挪威	95061.80
3	卡塔尔	93204.05
4	瑞士	67384.51
5	丹麦	62625.57
6	爱尔兰	61809.61
7	冰岛	55462.16
8	阿拉伯联合酋长国	54606.51
9	瑞典	52789.61
10	荷兰	52019.03
11	芬兰	51989.38
12	奥地利	50098.43
13	澳大利亚	47400.43
14	比利时	47107.83
15	美国	46859.06
16	法国	46015.92
17	科威特	45920.25
18	加拿大	45428.23
19	德国	44660.41
20	英国	43785.34
105	中国	3313.32

（资料来源：IMF，2009 年 4 月）

以这样的发展态势，2020 年的中国将成为全球第二大经济体，在世界经济中起着举足轻重的作用。对此，众多的国际组织、研究机构和经济学家都深信不疑。世界银行在 2006 年发布的《2007 年全球经济展望：应对下一波全球化浪潮》认为，2020 年的中国将进入发达国家行列。英国经济学人信息部（EIU）在 2006 年发布的《2020 全球经济展望》报告认为，到 2020 年，中国经济将追上美国成为世界经济第二大国。

第一，经济总量大幅提升。中国过去 30 年的年平均增长率为 9%，未来十几年的经济增长即使按照保守的较低年增长率（6%）来计算，且不考虑通货膨胀和人民币升值，到 2020 年 GDP 也将达到近 9 万亿美元。实际上，许多研究机构和经济学家认为未来十几年中国经济保持 7%—8% 的年增长率是完全可以达到的，有的甚至认为保持 9% 的年增长率也是能够做到的。

表 83.3 2006—2020 年部分国家和地区年平均国内生产总值增速比较

地 区	平均国内生产总值增速	国家（地区）	平均国内生产总值增速
全世界	3.5%	美国	2.9%
欧盟 25 国	2.1%	法国	1.9%
欧盟 15 国	2.0%	德国	1.9%
亚洲	4.9%	意大利	1.0%
拉丁美洲	3.2%	英国	2.3%
中东/北非	4.0%	俄罗斯	3.3%
撒哈拉沙漠以南非洲	2.8%	日本	0.7%
		中国	6.0%
		印度	5.9%
		巴西	3.2%

（资料来源：英国经济学人信息部（EIU）/奥地利《标准报》）

第二，人均 GDP 达到中等收入国家水平，人均收入比 2008 年翻一番。按照 2020 年人口 14.5 亿计算，2020 年时中国人均 GDP 将达到 6000 美元，超过当前中等收入国家平均水平。2008 年，中国农民人均纯收入为 4761 元，城镇人均可支配收入 15781 元。今后 12 年，只要城镇人均可支配收入按 6% 的速度增长，2020 年时也将接近 3.2 万元，比 2008 年翻一番；只要农民纯收入年均增速达到 5.95%，就能实现到 2020 年农民人均纯收入比 2008 年翻一番，名义收入达到 1 万元左右。这样的增速是可实现的，2001 年以来中国农民纯收入平均年增速为 6.4%，城镇人均可支配收入平均年增速为 9.9%。

第三，三次产业关系趋于协调。2007 年中国三次产业的生产结构为 11.3:48.6:40.1，就业结构为 40.8:26.8:32.4，同工业化国家相比，第三产业在生产、就业结构中的比重都明显偏低，第一产业在就业结构中的比重过高。中国第三产业在生产、就业结构中的比重 1991—2006 年平均每年分别提高 0.5 个百分点和 0.85 个百分点，考虑到今后十几年第二产业发展速度可能有所放缓，第三产业发展速度可能加快，预计到 2020 年第三产业在生产、就业结构中的比重将提高到 50% 和 44% 左右，第一产业在就业结构中的比重可能降低到 30% 左右。

第四，城市化水平有望达到 60%。国际经验表明，基本实现工业化国家的城市化率一般在 60% 以上。2007 年，中国城市化率为 44.9%。过去 20 年来中国城市化率平均每年提高约 1.1 个多百分点，按这样的速度发展，到 2020 年我国城市化率有可能接近 60%，基本达到工业化的要求。

第五，制造业由大变强，基本实现工业化。国际经验表明，制造业产值占总商品生产总值的比重超过 60% 是工业化的标志之一。目前中国这一比重超过 50%，到 2020 年可以提升到 70% 左右，再加上人均 GDP 和城市化率的提高、三次产业关系的协调等，届时中国将进入工业化国家行列。更为重要的是，中国坚持走新型工业化道路，产业结构将进一步优化，制造业由大变强，不仅在比重上，而且在质量、水平上都达到工业化国家的先进水平。

第六，经济发展方式得以转变，经济增长由主要依靠物质资源消耗向主要依靠科技进步转变。今后十几年中国自主创新能力将显著增强，科技进步对经济增长率的贡献率接近 60%；主要工业产品单位能耗指标达到或接近世界先进水平，单位 GDP 能耗比 2005 年降低 40%—60%，单位 GDP 的二氧化碳排放降低 50% 左右。

第七，国内需求不断扩大，国内市场总体规模位居世界前列。中国有着庞大的国内市场基础，未来十几年，随着居民收入、消费水平不断提高和消费结构逐步升级，中国国内消费市场扩大将呈加速趋势。瑞士信贷银行2007年预测称，中国消费额在全球的比重将由2006年的5.4%上升到2015年的14.1%，超过意大利、英国、德国和日本等国，成为仅次于美国的世界第二大消费市场。显然，到2020年，中国国内市场的总体规模将比现在成倍地扩大，并位居世界前列。

第八，对外贸易深入发展，成为全球数一数二的贸易大国。2008年，中国货物进出口总额达25616亿美元，贸易大国的地位已经坐稳。未来12年仍是全球经济发展的黄金时期。按照国际贸易增长6%、中国出口增长10%左右计算，2020年我国有望成为全球数一数二的贸易大国。同时，中国未来12年的对外贸易发展也将由数量型向质量型转变。

83.1.3 社会发展

建国60年以来，尤其是改革开放30年以来，中国社会发展取得重大进步，人民生活质量水平大大提高，各项社会事业发展迅速。居民消费水平提高了七倍多，覆盖城乡的社会保障制度逐步建立和完善，教育普及程度接近中等收入国家平均水平，有效应对重大疫情的公共卫生网络体系基本建成，多层次医疗保障体系初步形成。

已经取得的成就为2020年全面建设小康社会奠定了良好的基础。在未来的12年里，中国的各项社会事业将在现有基础上加快发展，达到新的水平。2020年，中国人民富裕程度普遍提高，生活质量进一步改善；现代国民教育体系更加完善，终身教育体系基本形成，全面受教育程度和创新人才培养水平明显提高；社会就业更加充分；覆盖城乡居民的社会保障体系基本建立，人人享有基本生活保障；合理有序的收入分配格局基本形成，绝对贫困现象基本消除；人人享有基本医疗卫生服务。

第一，人民生活水平和生活质量普遍提高。2020年，中国人均收入将比2008年翻一番，城镇人均可支配收入接近3.2万元，农民人均纯收入达到1万元。改革开放30年，城镇居民人均消费水平和农村居民人均消费水平年均分别增长6.3%和5.9%，如果按照这一速度继续增长，到

2020 年时中国人均消费水平将达到 1.5 万元,是 2007 年的两倍还多。届时,反映居民家庭富裕程度的恩格尔系数也将进一步下降到 0.35 以下,接近 0.3。

第二,人口总数达到 14.5 亿,出生人口素质明显提高。未来 12 年,中国人口将继续维持低增长率态势。2020 年,中国人口总量将达到 14.5 亿,而且 60 岁以上老年人口比重将达到 11% 以上。随着医疗卫生方面的进步和优生优育工作的大力推行,到 2020 年时中国出生人口素质将有较大提高,出生缺陷发生率明显降低,婴儿死亡率降到 13‰ 以下,孕产妇死亡率降低到十万分之二十四以下。

第三,现代国民教育体系更加完善,基本实现教育现代化。目前,中国三级教育综合入学率达到甚至略高于世界平均水平,但离中等发达国家先进水平还有七个左右百分点的差距。在接下来的 12 年,中国会继续实施"科教兴国"战略,继续巩固发展九年义务教育,大力发展职业教育,积极稳妥发展高等教育。2020 年,中国将基本实现教育现代化。基本普及高中阶段教育,形成规模适当、结构合理的初中等教育、高等教育和职业教育体系。国民平均受教育年限达 11 年左右,高等教育毛入学率达到 40%。终身教育和继续教育得到较快发展,基本建成学习型社会。

第四,覆盖城乡居民的社会保障体系基本建立。目前,中国的社会保障覆盖率还比较低,其中社会保险覆盖率仅有两成左右,尤其农村的社会保障还比较落后。但中国政府对社会保障问题高度重视,十七大报告明确提出到 2020 年要基本建立覆盖城乡居民的社会保障体系,人人享有基本生活保障,并正在积极采取各种措施来建立和完善各项社会保障制度。到 2020 年,中国新型农村社会养老保险将覆盖全国,所有老年居民都能享有基本的生活保障;城镇失业保险、医疗保险和基本养老保险覆盖率超过 85%;全国城乡居民都享有基本医疗保障。

第五,人人享有基本医疗卫生服务,人民群众健康水平进一步提高。2020 年,覆盖城乡居民的基本医疗卫生制度基本建立。普遍建立比较完善的公共卫生服务体系和医疗服务体系、比较健全的医疗保障体系、比较规范的药品供应保障体系、比较科学的医疗卫生机构管理体制和运行机制，形成多元办医格局，人人享有基本医疗卫生服务。2020年，农村三级卫生服务网络建成，农村医疗卫生服务大为改善；人民群众健康水平进一步提高，人均预期寿命将达到76岁；每千人医生数达到2.5人，超过目前中等收入国家的平均水平。

第六，城乡收入差距扩大的趋势得以控制，贫富差距扩大的势头得以控制。2007年，中国城乡收入差距是3.33∶1。从过去10年的情况看，城镇居民收入的年平均增长速度超过农村居民收入的年平均增长速度。未来随着中国政府对农村建设力度的不断加大和各种农民增收措施的实施，农村居民收入的增长速度有望达到甚至超过城镇居民收入的增长速度。2020年，中国城乡居民收入差距可能还难以达到开始缩小的拐点，但其扩大的趋势将得到控制。按照世界银行的数据，目前中国的基尼系数达到0.47，高于所有发达国家和大多数发展中国家，贫富差距明显。通过福利政策和税收政策等方面的调节，未来中国的贫富差距将得以控制并逐步缩小。2020年，中国的基尼系数将缩小至0.35—0.4。届时，中等收入群体将扩大，全国约有2.5亿人达到中等收入水平。

第七，绝对贫困现象基本消除，实现更加充分的就业。目前中国绝对贫困人口数不足全部人口的2%。2020年，随着中国经济的发展和扶贫工作的持续推进，中国的绝对贫困人口数量将比目前减少一半。就业是中国经济发展中面临的一个重要问题。在未来12年，通过充分发挥人力资源市场作用、加大职业教育和社会培训、消除体制障碍等，绝大部分劳动者可以顺利实现就业。2020年，中国就业总量将由现在的7.6亿人提高到8.5亿人左右，城镇调查失业率在6%以下。

83.1.4　文化发展

当今时代，文化越来越成为民族凝聚力和创造力的重要源泉，越来越成为综合国力竞争的重要因素。建国以来，中国文化事业和文化产业快速发展，人民精神文化生活日益丰富。在当前创新和知识经济社会里，加强文化建设，发展文化产业，提高文化国际竞争力已成为整个国家和社会的共识。2020年，中国将基本建立覆盖全社会的公共文化服务体系，文化产业占国民经济比重明显提高、国际竞争力显著增强，文化产品更加丰富。

第一，覆盖全社会，包括省、市、县、乡、村五级的公共文化服务体系基本建立，公共文化产品和服务供给能力明显增强。2020年，覆盖全社会的城乡文化服务网络基本建立，基本实现农村广播电视户户通，广播电视节目覆盖率达到100%；基本实现所有乡镇有综合文化站，村有文化活动室，社区有文化活动中心。2020年，公共文化设施显著改善，基本覆盖全部省、市、县、乡、村，所有省、市、县建有达到标准的公共图书馆，乡镇和行政村建有图书室。2020年，公共图书馆总藏量有望超过8.5亿册。

第二，文化产业快速发展，有望成为国民经济支柱产业之一。中国有着丰富的文化资源，但中国文化产业的发展还远远滞后于发达国家。2006年，中国文化产业增加值占GDP的比重约为2.5%，而美国同期仅版权产业增加值占GDP比重就达到12%。但近几年来，中国文化产业的年增长率都高于17%，高于GDP年增长5至7个百分点，极具发展前景。预计中国文化产业在未来12年将保持14.5%左右增长率，2020年，产业增加值将达到3万亿元规模，占全国GDP的比重为5%，力争成为国民经济支柱产业之一。

第三，文化产业就业率大幅提高，成为吸纳就业主渠道之一。目前，中国文化产业占全部就业的比重还比较低，2006年仅为1.48%，不到发达国家和地区的一半，有很大的发展空间。未来12年，中国文化产业就业总量预计可保持9.5%的年增长速度，远高于国民经济就业总量年增长1%的速度。2020年，中国文化产业就业总量预期达到4600万人，占同期国民经济全部就业总量的5.3%左右，将成为吸纳就业的主渠道之一。

第四，城乡居民人均文化消费支出及比重进一步提高。居民的文化消费需求是文化产业发展的动力。2020年，随着中国城乡家庭收入的增长和恩格尔系数的逐步下降，中国城乡居民人均文化消费支出及比重将得到明显提高，预计农村文教娱乐用品及服务人均支出在 750 元左右，占消费性支出的 28%；城镇文化娱乐用品及服务支出预计在 1480 元左右，占消费性支出的 20%。

第五，文化产品和服务出口保持较快的稳定增长，文化竞争力明显增强。随着国际文化交流和文化贸易的发展，中国的文化产品和服务出口在未来 12 年将保持 9% 左右的年增长率；2020 年，中国文化产品和服务进出口占世界文化贸易中的比重与我国外贸进出口总额占世界贸易进出口总额的比重大致相当，进口占 10% 左右，出口占 12% 左右。届时，中国文化国际竞争力明显增强，在世界文化之林中占有重要位置，人均文化增加值、人均入境旅游收入将比现在翻一番，文化投资比例将比现在提高 60%。

83.1.5　科技发展

建国 60 年来，中国科技事业取得了令人鼓舞的巨大成就。以"两弹一星"、载人航天、杂交水稻、陆相成油理论与应用、高性能计算机等为标志的一大批重大科技成就，极大地增强了中国的综合国力，提高了中国的国际地位。但同发达国家相比，中国科学技术总体水平还有较大差距，创新能力还很薄弱。进入 21 世纪，中国作为一个发展中大国，加快科学技术发展、缩小与发达国家的差距，也有着诸多有利条件，比如：中国经济持续快速增长和社会进步，对科技发展提出巨大需求，也为科技发展奠定了坚实基础；中国已经建立起比较完备的学科体系，拥有丰富的人才资源，部分重要领域的研究开发能力已跻身世界先进行列，具备科学技术大发展的基础和能力；日趋活跃的国际科技交流与合作，使中国能分享新科技革命成果，等等。

在未来 12 年，通过深入实施科教兴国战略和人才强国战略，中国的科技发展必将取得重要突破。2020 年，中国自主创新能力以及科技促进经济社会发展和保障国家安全的能力显著增强；基础科学和前沿技术研究综合实力显著增强，取得一批在世界具有重大影响的科学技术成果，进入创新型国家行列。

第一，研发投入居世界前列。2003 年以来，中国研发投入年平均增加超过 20%，2008 年达到 4570 亿元，研发投入占 GDP 的比重达到1.52%。科教兴国战略和国家中长期科学技术发展规划的实施，将进一步加大对科技研发的投入。未来 12 年，中国研发投入的年平均增长率将不会低于 15%。2020 年，中国研发投入将居世界前列，仅次于美国，研发投入占 GDP 的比重将提高到 2.5% 以上。

第二，自主创新能力明显增强，对外技术依存度降到创新型国家标准。中国目前的对外技术依存度超过 50%，与发达国家的差距很大。通过加大自主创新投入，加快创新体系建设，着力突破重要领域的关键技术，中国对外技术依存度将逐步下降，到 2020 年降到 30% 以下，达到创新型国家标准。

第三，科技进步贡献率提高到 60%，经济发展转向主要依靠科技进步。目前中国的科技进步贡献率为 40%，与发达国家 70%—80% 的水平相差较远。中国对科技进步在经济社会发展中的作用十分重视，正采取各种政策措施推动自主创新、促进科技成果向现实生产力转化。到 2020 年，中国科技进步贡献率将提高到 60% 以上，与发达国家的差距明显缩小，经济发展由主要依靠资源消耗和投资驱动转向主要依靠科技进步上来。

第四，科技产出数量进一步增长，发明专利授权量和论文引用数均进入世界前五位。目前，中国在发明专利申请数量和获得发明专利授权数量方面与发达国家差距很大，大约是美国和日本的 1/25、德国的 1/8 左右，但中国的增长速度明显高于这些发达国家，比如，2004—2006 年，中国对外发明专利申请年均增长 49.3%，明显高于韩国的 28.6%、美国的19.4%、德国 14.2% 和日本的 9.9%。2020 年，中国发明专利申请量和发明专利授权量有望进入世界前五位。中国国际科技论文数量（SCI 索引）在 2007 年达到 9.48 万篇，居世界第三位，论文的引用数在世界排名从2003 年第 19 位上升到 2008 年的第十位。按照目前的速度发展，2020 年，中国国际科技论文数量将居世界第一位，论文的引用数进入世界前五位，甚至可能进入世界前三位。

第五，取得重点领域的关键技术突破。《国家中长期科学和技术发展规划纲要（2006—2020年）》安排了八个技术领域的27项前沿技术。这八个技术领域是：生物技术、信息技术、新材料技术、先进制造技术、先进能源技术、海洋技术、激光技术、空天技术。未来12年，这八个技术领域的27项前沿技术有望逐步取得突破。2020年，中国有望掌握这些领域中的关键技术。

83.2 2020年信息产业发展预测

改革开放30年来的大多数时间，中国信息产业持续以2—3倍于国民经济的发展速度高速增长，产业规模跃居全球前列，综合实力不断增强，对经济增长的贡献不断提高。信息产业已成为中国国民经济重要的支柱性、先导性、基础性和战略性产业。在接下来的十几年，全球信息技术创新和信息产业发展的势头仍将迅猛，国内经济实力的不断增强、市场需求的持续强势和科技环境的不断改善将推动中国信息产业的快速发展和信息技术创新的加速。

83.2.1 产业规模

改革开放以来，特别是20世纪80年代末以来，中国信息产业一直是国民经济中发展最快的产业之一，实现了跨越式发展。2008年，中国信息产业实现销售收入6.3万亿，比1978年增加了4000多倍，年平均增长超过30%，产业规模已居国内工业部门首位；产业增加值达到1.49万亿，是1978年的400多倍，年平均增长超过20%；产业增加值占全国GDP的比重由1978年的0.8%上升到2008年的5%。

本世纪的头 20 年，是中国全面建设小康社会的战略机遇期。作为引领经济发展的先导产业、支柱产业和基础产业，中国信息产业在未来 12 年将继续保持快速增长，并不断提高技术水平和产业层次。过去 30 年，中国信息产业以 2—3 倍于国民经济的速度增长，在未来的 12 年仍会保持高于 GDP 增长速度 2 倍以上的速度增长。即使按 15% 的增长速度来计算，2020 年，中国信息产业市场规模也将达到 33.7 万亿，接近 2008 年的 5 倍多；产业增加值将达到 7.97 万亿，是 2008 年的 5 倍多；增加值占 GDP 的比重也将提高到 15% 左右（见图 83.1）。从过去 30 年平均超过 30% 的年增速来看，未来 12 年中国信息产业保持 15% 以上的增速是可以实现的。

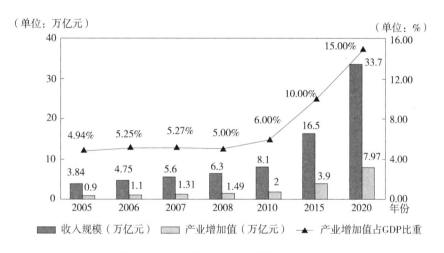

图 83.1　中国信息产业发展情况及预测

83.2.2　关键技术突破

经过改革开放 30 年来的发展，中国信息技术水平不断提高，一些重要产品和技术取得突破，部分技术及应用达到世界先进水平。但中国信息产业还存在着核心技术受制于人、自主创新能力不足等问题。中国提出了要走新型工业化道路，把增强自主创新能力作为科学技术发展的战略基点和调整产业结构、转变经济增长方式的中心环节，在未来必将以信息技术的自主创新为战略主体，持续突破核心技术，掌握关键技术，由资本和劳动力驱动转向科技引领的发展模式。

从全球的角度来看，信息技术的发展正处于升级换代阶段：IC 正在全面转入更精微化的纳电子时代，超级计算机的性能正在持续快速的提升；微电脑与手机正在"合二为一"成为便携的综合信息终端；融合通信正在打破多网分立、各自为业的离散状态，整合为统一的、能实现所有业务的多功能平台；互联网不断在地理空间和信息空间扩展，正在链接和纳入越来越多的事物和内容。

《信息产业科技发展"十一五"规划和 2020 年中长期规划纲要》提出了中国 2020 年前要大力发展 15 个领域的重点技术：集成电路、软件、新型元器件、电子材料、网络和通信、计算机、存储、数字音视频、网络和信息安全、光电子、平板显示、测量仪器、电子专业设备制造、信息技术应用以及导航、遥测、遥控和遥感。2020 年，中国有望取得通用 CPU 芯片技术、SoC 设计技术、纳米器件生产工艺技术、可信网络计算平台、新型元器件技术、新一代网络通信技术、高效能可信计算机技术、传感器网络和智能信息处理技术、数字媒体处理先进技术、高清晰度大屏幕显示技术、新型电子材料技术、新一代音视频技术等关键技术突破，在重要的信息科技领域拥有大量自主知识产权的核心技术，实现关键产品的基本自给。

83.2.3 重点产业发展

未来 12 年，中国与现代信息技术相关的各个产业的发展情况可以预测如下。

1. 软件产业

在中国信息产业中，软件业从无到有，增长迅速。2000 年到 2008 年，中国软件产业的市场规模以超过 30% 的速度增长，2008 年达到 7572.9 亿元；软件业占 GDP 的比重也从 0.67% 上升到 2.5%。未来 12 年，中国软件产业的增长速度有望超过整个信息产业的增长速度，将成为中国增长最快的行业之一，预计将保持 20% 以上的增长率，2020 年的产业规模将达到 5.5 万亿。

2. 计算机行业

中国计算机行业萌芽于 20 世纪 50 年代，80 年代初步形成，90 年代后快速发展。2007 年，中国计算机行业产值达 17134 亿元，比 2001 年增加了 6 倍多。2000 年至 2008 年中国计算机行业年平均增长率为 35%。在未来的十几年里，中国计算机行业继续保持近 40% 的增速不太可能，但平均增速仍将在 10% 以上。按保守的 10% 增速计算，到 2020 年，中国计算机行业的产值将超过 6000 亿美元。届时，市场更加多元化，产业分工也将比现在进一步细化，产业高度聚集。

3. 电子元器件行业

经过近 60 年的建设，特别是改革开放 30 年来，中国的电子元器件行业经历了从小到大的快速发展。目前，中国元器件产品产量位居世界前列，30 年来增长了 464 倍。2007 年，中国电子元器件行业销售收入为 8584.64 亿元，比 1998 年增长了 12 倍。在未来 12 年，中国电子元器件行业平均增长率将超过 10%。到 2020 年，中国元器件行业市场规模将达到 2.7 万亿元，是 2007 年的 3 倍多，占全球市场份额有望达到 45%。

4. 视听产品行业

改革开放以来，中国视听产品行业产值规模快速增加。2007 年，行业规模为 3712 亿元，比 1987 年扩大了 24 倍多。2000 年至 2007 年，中国视听产品行业平均增长率超过 15%。当前，数字化和网络化的变革融合的趋势对视听行业影响日益加深，视听行业处于技术升级引发的结构调整阶段，近两三年出现了增速下滑甚至负增长的现象。但通过数字化转型和产业链的升级，中国视听产品行业仍将有良好的发展前景。预计未来 12 年平均增长率将达到 8%，2020 年产值规模将达到 1 万亿元。

5. 集成电路行业

1965 年，中国研制成功第一块集成电路后，集成电路行业从技术探索发展到大生产产业链形成，2000 年后进入快速成长期。从 2000 年到

2007 年，中国集成电路行业产量和销售额分别扩大 18 倍和 17.5 倍，10
年间的平均增长率达到 38%。但 2007 年后受全球集成电路不景气影响，
中国集成电路行业的增速下降，2008 年完成销售收入 2107.3 亿元，仅比
2007 年增长 5.2%。预计 2009 年中国集成电路增速将进一步下降至 3%，
2010 起有望逐步回升，2010 至 2012 年平均增速在 7% 左右，2012 至 2020
年平均增速在 10% 左右。2020 年，中国集成电路行业产业规模有望达到
5500 亿元。

83.3   2020 年信息化发展展望

从 20 世纪 80 年代初期开始，中国走上了应对当代的信息革命、大力
推动信息化建设之路。经过近 30 年的努力，中国在信息技术应用、信息
知识传播和全面信息能力提升等方面都取得了重大进展。中国是发展中国
家跟进全球信息化进程取得显著成效的范例之一。中国已经取得的信息化
基础、经济基础和教育科技的发展，为进一步的大规模信息化建设提供了
良好的条件。在接下来的时间里，中国将在加快信息化建设的同时进行信
息化的均衡调整，弥合"数字鸿沟"，扩大信息化内需，构建信息化和信
息产业的良性互动关系。2020 年，中国在信息技术的应用方面更加普及、
广泛和深入，信息化水平将达到或超过中等发达国家的水平。

83.3.1   信息技术应用

经过近 30 年的信息化建设，中国信息技术得到日益广泛的应用，信
息基础设施和服务水平不断提高，信息网络规模跃居世界首位。2008 年，
中国固定电话普及率为 25.8 部/百人，大大高于中等发达国家水平和世界
平均水平；移动电话普及率为 45.8 部/百人，达到世界平均水平，大大超
过印度等发展中国家；互联网用户达到 2.98 亿，居世界第一位，互联网

普及率为 22.6%，超过世界平均水平。

初步的测算表明（参见表 83.4），仅就信息化就绪度的基本指标而言，如果我国要在 2020 年达到美国 2005 年的水平，即仍有 15 年的差距，则每百人平均的微机数应为 66 台、互联网主机数应为 37.29 台（2002 年数据）、固定电话应为 62.38 线、移动电话应为 54.58 部、彩色电视应为 84.4 台、互联网用户应为 55.6 户。与此相对应，则至 2020 年，中国的微机总数需要达到 8 亿 5800 万台、互联网主机总数为 4 亿 8477 万、固定电话总数为 8 亿 1094 万线、移动电话总数为 7 亿 954 万部、彩色电视机总数为 10 亿 9720 万台、互联网用户总数为 7 亿 2280 万户。

表 83.4　中美信息化主要指标的对比

序号	指标名称（每百人数）	美国2005 年	中国2005 年	中国2005 年总量	中国2020 年总量	备注
1	计算机（PC）	66.00	2.80	3640 万	85800 万	
2	互联网主机	37.29	0.68	884 万	48477 万	以 2002 年数据为基数
3	固定电话	62.38	20.90	27170 万	81094 万	
4	移动电话	54.58	21.48	27924 万	70954 万	
5	电视机	84.40	29.10	37830 万	109720 万	
6	互联网用户	55.60	6.30	8190 万	72280 万	

本书的附录二显示，2008 年底，中国的计算机拥有量为 1 亿 1415.6 万台，服务器保有量仅为 257.8 万台，固定电话用户为 3 亿 4080.4 万户，移动电话用户为 6 亿 4123 万部，互联网用户数为 2 亿 9800 万。从目前的发展趋势来看，2020 年有可能达到预期目标的指标仅为移动电话和互联网用户两项，其他指标，特别是互联网主机（或服务器）指标则相差甚远。由此可见，中国信息化的发展依然任重而道远，还需要全国人民，特别是与中国信息化发展密切相关的领导干部和科学技术人员的共同努力奋斗。

当然，我们也有理由相信，在未来 12 年，随着中国国家信息化战略的深入推进、信息技术的不断创新和应用普及，以及经济和社会的进一步发展，中国信息化的发展将继续保持一个比较高的速度，信息化建设也将提高到一个新的水平，信息技术应用水平将在现有基础上不断提高，信息技术在经济与社会各领域应用的广度与深度均将显著提高，逐步赶上甚至超过国外中等发达国家的平均水平。

第一，信息基础设施进一步完善，各类用户数大幅增长。2020 年，中国将实现电话"家家通"，固定电话普及率有可能达到 35—40 部/百人，移动电话用户数将达到 9 亿，移动电话普及率将超过 60%。2020 年，中国计算机拥有量将超过 4 亿台，互联网用户数将超过 7 亿，互联网普及率达到 50%，其中北京、上海、深圳等发达城市的互联网普及率将超过 80%。而且，2020 年时，互联网用户将几乎普遍实现宽带接入。2020 年，中国的无线宽带也将取得广泛的应用，将在中国省会城市、计划单列市和部分发达地级市得到推广和普及；新型终端用户普及率将达到 50%。

第二，电子政务与政府信息化将有重大进展，政府信息资源进一步共享，政府积极为广大企业和人民群众提供信息服务，政府工作透明度及效率也进一步提高。2010 年，12 个"金"字系列重点应用工程基本完成，电子政务与政府信息化普及率、覆盖率将达到 70%—80%。2020 年，全面实现政府网上办公。

第三，国民经济信息化将有重大进展。各类电子商务（B2B、B2G、B2C、G2C、C2C）在国民经济主要领域如工业、农业、商业、交通运输业、金融、保险、证券业及信息服务业全面发展，以网络营销为重点的电子商务基本普及，网上支付随环境改善而逐步发展，主要行业的信息化有很大发展。信息技术在传统产业改造中有显著成效，计算机辅助设计、辅助制造、过程控制及辅助管理在各类企业中进一步普及，分阶段实现了不同层次的企业信息化：30% 以上的大中型企业、10% 以上的中小骨干企业将达到高层次的信息化水平；90% 以上的大中型企业、35% 以上的中小骨干企业达到信息化的中等水平；60% 以上的中小骨干企业达到信息化的初

级水平①。网上采购与销售额占采购和销售总额的比重分别超过 35% 和
20%。中小企业电子商务应用普及水平大幅提高，经常性应用电子商务的
中小企业达到中小企业总数的 45% 以上。

第四，社会信息化将有重大进展。在继续坚持信息化"以经济建设
为中心"的同时，信息化促进和谐社会建设将放在突出位置。充分利用
信息化提供的各种手段，从经济建设、社会建设、政治建设和文化建设的
不同角度，协助解决与老百姓切身利益相关的就业、医疗、社保、教育、
住房等民生问题。同时，在这些领域大力推进信息化建设，提高社会管理
和公共服务水平。信息化还必须关注农民工问题，促进城镇化的发展。利
用信息化手段，可以发展针对农民工的网络教育和培训，提高劳动力素
质，帮助农民工适应城镇的就业市场需求。

第五，高端计算将加快发展。随着中国国民经济和科学技术的发展，
对于高端计算的需求将会与日俱增。作为国家在科学、工程和技术领域内
占有领导地位的战略工具，将会在各行业部门的信息化推进中，受到越来
越多的重视，对真正提高劳动生产率、提高产出、提高科学技术含量的信
息化应用也会给予更多的关注，国家信息化的战略重点将从管理信息系统
的建设转移到利用高端计算提高行业的科学技术水平和自主创新能力上来。

第六，家庭信息化渐趋普及。2020 年，全国家庭电脑普及率将达
35%—40%，城市家庭电脑普及率达 70%—80%，全国信息家电数字化、
智能化、家庭影院、居家办公将逐步普及，家庭信息化的发展将大大提高
生活质量。

83.3.2　信息化发展水平

过去十年中，中国的信息化表现出了强劲的发展态势。在未来的 12
年，中国将深入贯彻和落实科学发展观、建设和谐社会和创新型国家三大

---

① 初级企业信息化指 CAD、CAM、DCS、MIS、ERP 的普及率达 30%—50%；中级企业信息
化指 CAD、CAM、MIS、ERP、EC 的普及率达 60%—80%；高级企业信息化指 CAD、
CAM、ERP、EC 的普及率达 80%—90% 以上。

战略，中国的信息化建设也将转向全方位、高效益的轨道。同时，中国的信息化机制、体制和法制建设将得到持续地改进和完善，完善市场规则、促进开放竞争、保护知识产权、保护个人隐私、净化网络环境、打击网络犯罪等都将纳入信息化法制的范畴，中国的信息化发展环境与现在相比将得到极大改善。

表83.5 中国在主要国际组织和机构中的信息化水平排名

指数名称	评估机构	排名①						
		2005	2006	2007	2008	2009	2015	2020
信息化发展指数（ICT Development Index）②	国际电信联盟			77（181）		73（154）	50	30
网络化准备指数（Networked Readiness Index）	世界经济论坛	41（104）	50（115）	59（122）	57（127）	46（134）	35	25
电子政务准备指数	联合国	57（179）			65（182）		50	30
电子准备度（E-readiness）	EIU	54（65）	57（68）	56（69）	56（70）	56（70）	45	30

2020年，中国信息化水平将大幅提升，为迈向信息社会奠定坚实基础。届时，中国信息化水平与国外中等发达国家的差距将从目前的10年左右缩短到2至3年，不少指标将达到或超过中等发达国家水平；在各种世界组织和机构的信息化排名将从目前50至70名进入全球前30名、亚洲前5名；我国东部沿海经济发达地区将开始步入初级信息化社会。

（本章作者 周宏仁 刘九如）

---

① 这里排名的年份是指排名公布的时间；2015年和2020年的排名为本书的预测值。

② 2007年，国际电信联盟推出数字机遇指数（ICT Opportunity Index）；2008年起，对评估指标和方法进行了进一步的改进和完善，并改名为信息化发展指数（ICT Development Index）。

参考文献

［1］胡锦涛：《高举中国特色社会主义伟大旗帜　为夺取全面建设小康社会新胜利而奋斗——在中国共产党第十七次全国代表大会上的报告》，人民出版社 2007 年版。

［2］工业和信息化部：《改革·创新·跨越式发展——中国电子信息产业改革开放 30 年》，电子工业出版社 2009 年版。

［3］中国计算机学会：《中国计算机事业创建 50 周年大事》，2007 年。

［4］工业和信息化部信息化推进司：《跨越与融合——中国信息化发展报告 2009》，电子工业出版社 2009 年版。

［5］INSEAD, *Word Economic Forum: The Global Information Technology Report 2008—2009, 2009*。

附录一

中国信息化大事年表

1956 年

中国政府制定的《十二年科学技术发展规划》，选定"计算机、电子学、半导体、自动化"作为发展中国科学的四项紧急措施。

我国第一个计算机方面的研究所——中国科学院计算技术研究所开始组建。

1957 年

以中科院计算所为主，根据苏联提供的技术资料，开始仿制苏联 M－3 小型电子管数字计算机和 БЭС M－2 大型电子管数字计算机。前者命名103 机，后者命名 104 机。

北京电子管厂通过还原氧化锗，拉出了锗单晶。当年，中国相继研制出锗点接触二极管和三极管（即晶体管）。

5 月 1 日，我国第一座电视台——北京电视台（今中央电视台）开始实验性播出。同年 9 月 2 日正式播出。

1958 年

中科院计算所、北京有线电厂等合作研制出第一台小型电子管数字计

算机 "103" 机。

国营天津无线电厂研制生产的我国第一台电视接收机，定名为 "北京牌"，被誉为 "华夏第一屏"。

国产首部 12 路载波电话设备研制成功。

1959 年

中科院计算所、北京有线电厂等合作研制成功每秒计算 1 万次的大型电子管计算机——104 机。

北京——莫斯科国际用户电报电路开通。

北京电子管厂试制成功 1000 千瓦大型广播发射机用 8 种大型电子管。

1960 年

我国首套 1000 门纵横制自动电话交换机在上海吴淞电话局开通使用。

中国科学院计算所与中国科技大学合作自主设计的 107 电子计算机研制成功并交付使用。

1961 年

我国自己设计并定型生产的 312—1V 型明线 12 路载波机投产使用。

北京无线电制造厂试制出 DMJ－16A 型电子管模拟计算机。

1962 年

中国电子学会电子计算机专业委员会正式成立，挂靠在中科院计算所。

1963 年

第四机械工业部成立。

中科院计算所研制成功中国第一台大型晶体管电子计算机 109 机。

成都—拉萨 3 路载波电话工程建成投产。

1964 年

中央广播事业局立项研究共用天线系统，拉开了中国发展有线电视的序幕。

600 路对称电缆载波系统和 600 路微波中继系统及配套设备研制成功并相继投产。

在国产 J501 机上开发成功 ALGOL 语言。

1965 年

12 月 9 日，《人民日报》发表毛泽东为中国广播事业创建 20 周年题词："努力办好广播，为全中国和全世界人民服务"。

河北半导体研究所在国内首个 DTL 型二极管数字逻辑电路的鉴定。

中国第一台百万次集成电路计算机 DJS－2 型操作系统编制完成。

1966 年

我国第一套长途自动电话编码纵横制交换机在北京安装使用。

上海元件五厂鉴定 TTL 电路产品，标志着中国已经制成了自己的小规模集成电路。

1967 年

中国科学院计算所研制成功 109 丙大型晶体管计算机。这台计算机的使用时间长达 15 年，被誉为"功勋计算机"，是我国第一台具有分时、中断系统和管理程序的计算机，我国第一个自行设计的管理程序就是在它上面建立的。

1968 年

上海无线电十四厂首家制成 PMOS 电路（MOSIC），拉开了我国发展 MOS 电路的序幕。

中科院计算所研制成功 717 晶体管计算机。

1969 年

邮政总局和电信总局成立。

1970 年

我国第一颗人造卫星东方红 1 号发射成功。

中国第一台具有多道程序分时操作系统和标准汇编语言的计算机——441B – Ⅲ 型全晶体管计算机研制成功。

1971 年

北京与华盛顿之间开通直达无线电报、传真和电话电路。

1972 年

国际电信联盟恢复中华人民共和国在该联盟的代表席位。

1973 年

中央批准恢复邮电部。

四机部在北京召开了"电子计算机首次专业会议（代号 7301 会议）"。

1974 年

北京人造卫星地球站二号站建成投产，我国与亚非各国和地区开通了卫星通信直达电路。

北京饭店安装了中国第一个共用天线电视系统，标志着中国有线电视的诞生。

中日海底电缆开始建设，这是我国参与建设的首条国际海底电缆。

DJS130 小型多功能计算机分别在北京、天津通过鉴定，从此宣告我国 DJS100 系列机的诞生。软件与美国 DG 公司 NOVA 系列兼容。

1975 年

我国自行研制设计的纵横制自动电话交换设备通过国家鉴定，开始批量生产。

1976 年

四机部成立第三生产技术局，主管计算机工业生产和技术。

我国自己研制的首条大容量传输系统——1800 路中同轴电缆载波系统在京、沪、杭间建成投产，全长 1700 公里。

1977 年

960 路微波系统通过国家鉴定。

全国第一次微型计算机专业会议在安徽合肥召开，确定我国发展 DJS050 和 DJS060 两个微型机系列。

1978 年

3 月，邓小平同志专门听取了关于计算机发展情况的汇报。决定亿次巨型计算机由国防科技大学负责研制。

国家科委主持制定《1978—1985 年全国科学技术发展规划纲要》。

国家计委、国家统计局计算中心成立，是当时国务院各部委最早成立的规模较大的计算中心。

南京卫星地面站和联邦德国莱斯汀地面站首次进行对通试验，开通了 24 路电话通道。

中国第一个通用程序设计语言 XCY 在 200 系列机上运行成功，标志着中国在程序设计方面有了自己独创的语言。

华东计算所研制成功 905 甲大型计算机，运算速度每秒 500 万次。

1979 年

国务院决定成立国家电子计算机工业总局。

我国开放对台湾省的电话业务。

1980 年

我国首次利用大型计算机系统处理人口普查数据，在全国各省、自治区、直辖市均成立了电子计算机站或中心，形成了后来的国家经济信息系统的原型。

王选设计的中国第一台激光照排机排出样书《伍豪之剑》，这是中国印刷史上第一本没有用铅字印刷的书。

长江计算机（集团）公司研制成功我国第一台全部采用国产器件的DJS051 微型计算机。

电子科学技术情报研究所与美国国际数据集团（IDG）合作，出版了中国第一份面向计算机与信息产业领域的行业报纸《计算机世界》。

1981 年

我国第一个中文信息研究的一级学会——中国中文信息学会成立。

《信息处理交换用汉字编码字符集（基本集）》GBZ312 – 80 国家标准正式颁发。

大容量 HJ941 型纵横制自动电话机通过鉴定。

武汉邮电科学研究院在中国率先开发出光纤通信用长波长光器件。

1982 年

国务院成立电子计算机和大规模集成电路领导小组，万里任组长。

国家计委计算中心和中科院计算所、人民大学等在黄山联合举办全国首届数据库应用技术交流会，揭开了我国数据库建设的序幕。

长江计算机（集团）公司研制成功我国第一台 TQH – 100 汉字智能终

端。

武汉邮电科学研究院牵头在武汉开通了中国第一个光纤通信系统工程。

福建邮电管理局率先引进万门数字程控交换机。

江苏无锡的江南无线电器材厂（742 厂）IC 生产线建成验收投产，这是中国第一次从国外引进集成电路技术。

1983 年

中共中央颁发通知，批转广电部《关于广播电视工作的汇报提纲》，对指导广播电视事业的改革和发展意义重大。

我国第一台每秒运算一亿次以上的巨型计算机——"银河 I 型"，由国防科技大学计算机研究所在长沙研制成功，运算速度达每秒 1 亿次。

中国和比利时贝尔公司签订《上海贝尔电话设备制造公司合营合同》。

我国自行研制的 PDH 二次群（8Mb/s）光缆传输系统实验成功。

广东省南通县建成中国首个全县城乡自动电话网。

五笔字型汉字输入法通过鉴定。

首钢对高炉进行改造，采用了当时最先进的计算机通信网络，在高炉炉体及各生产环节设置了 3000 多个控制点和监测点，实现了高炉生产过程的全部自动化控制。

1984 年

2 月，邓小平同志在上海指出"计算机的普及要从娃娃抓起"。

9 月，邓小平同志为《经济参考》创刊题词"开发信息资源，服务四化建设"，体现了小平同志对信息化建设的深思熟虑。

我国自行研制的第一颗试验通信卫星发射成功。中央电视台、国际广播电台开始通过通信卫星向全国传送节目。

广州用 150MHz 频段开通了我国第一个数字寻呼系统。

中国科学院计算所新技术发展公司（联想集团前身）成立。

中国首个万门以上大容量纵横制自动电话交换系统在天津建成投产。

1985 年

中共中央下发了《关于科技体制改革的决定》。

我国第一次利用大型计算机系统和数据库技术进行第二次全国工业普查数据处理，开创了我国利用数据库技术存储我国海量经济数据的先河。

中国计算机学会成立。

北京至南极无线电话通话成功。这是我国电信史上最远距离的短波通信。

湖北沙市有线电视网络播出标志真正进入有线电视时代。

安徽电视台在 Z80 单板计算机的基础上，开发出了灯光和布景控制系统，这是我国第一次将计算机应用于电视节目制作工艺。

全国首个省内公众快速传真通信网在江苏建成。

中科院计算所研制成功联想式汉字微型机 LX – PC 系统。

《信息快报》（现《中国计算机报》）创刊。

1986 年

中共中央、国务院批准了《高新技术研究开发计划纲要》。

863 计划启动。

国务院下达 25 号文件，正式批准由原国家计委计算中心、经济预测中心、经济信息管理办公室联合组建成立国家经济信息中心。

我国首个全部国产化的卫星通信地球站——通辽站建成。

邮电部第一研究所成功研制出容量达到 2000 门的数字市话程控交换样机。

长江计算机（集团）公司研制成功我国第一套 TQ – 031 银行业务计算机应用系统。

第一台局用程控数字电话交换机（DS – 2000）研制成功。

中华学习机投入生产。

1987 年

经邓小平同志亲笔题名，国家经济信息中心正式改名为国家信息中心。

国家计委正式批准国家信息中心关于使用第三批日元贷款建设国家经济信息系统工程的可行性报告。这是我国利用外资进行的最大规模的信息系统工程建设。

北京北大方正集团公司运用汉字激光照排系统，诞生了世界上第一张整页输出的中文报纸《经济日报》。

王运丰教授和李澄炯博士等在北京计算机应用技术研究所向德国成功发出了一封电子邮件，邮件内容为"Across the Great Wall we can reach every corner in the world.（越过长城，走向世界）"。

华为技术有限公司成立。

第一台国产的 286 微机——长城 286 正式推出。

深圳市紫金支点技术股份有限公司与工行合作推出金融界第一套微机分布式通兑网络业务处理系统。

1988 年

经国务院批准，北京市人民政府发布了《北京市新技术产业开发试验区暂行条例》。由此，中国第一个国家级高新技术产业开发区正式成立。

国家信息中心开始组织国家"七五"科技攻关项目——国家经济信息系统关键技术研究。国家经济信息系统计算机网络，成为我国第一个跨省市的大型计算机网络，其中固定资产投资项目库、国际收支库等陆续建成。

北京高能物理所成为我国最早使用因特网的单位，实现了与欧洲及北美地区的电子邮件通信。

中国第一个 X. 25 分组交换网 CNPAC 建成，覆盖北京、上海、广州、沈阳、西安、武汉、成都、南京、深圳等城市。

12 月，清华大学校园网采用引进的 X400 协议的电子邮件软件包，通过 X. 25 网与加拿大 UBC 大学相连，开通了电子邮件应用。

1989 年

国务院批准《关于我国电子信息产业发展战略的报告》。

国家计委利用世界银行贷款立项建设中关村地区教育与科研示范网络，世界银行称为 NCFC，主要目标是建成北京大学、清华大学和中科院三个院校网。1992 年底，建设全部完成。

中国研究网（CRN）通过当时邮电部的 X. 25 试验网（CNPAC）实现了与德国研究网（DFN）的互连。并能够通过德国 DFN 的网关与 Internet 沟通。

我国移动式卫星通信地球站研制成功。

北京大学开发的华光 IV 型计算机——激光照排系统，获中国专利发明金奖。向 ISO 联合提出《多八位汉字编码字符集》国际标准草案。

金山 I 型汉卡及 WPS1. 0 发布，填补了我国计算机中文字处理的空白，并带动了整个汉卡产业。

中科院计算所创办的北京联想集团公司成立。

1990 年

国务院批准《有线电视管理暂行办法》。

中国信息协会在北京成立。

中国的顶级域名.CN 完成注册。从此在国际互联网上中国有了自己的身份标识。

安徽省现代电视技术研究所开发的电视节目彩色数字式字幕机通过鉴定，打破了电视节目制作设备由外国企业垄断的局面。

我国首台高智能计算机——EST/IS4260 智能工作站诞生。

国内首次可视电话业务在北京与上海间开通。

1991 年

国务院发布《计算机软件保护条例》。

新华社、科技日报、经济日报正式启用汉字激光照排系统。

KJ8920 石油地质勘探油田开发大型数据处理系统研制成功并移交生产。

中国科学院高能物理研究所与美国斯坦福大学直线加速器中心（SLAC）的计算机网络连接建立。

HJD04 大型数字程控交换机研制成功，该机在技术性能上取得了重大突破，结束了中国电信市场被外国交换机垄断的历史。

565Mb/s 光纤通信数字复用设备（五次群复用设备）研制成功。

1992 年

国务院批准《国家中长期科学技术发展规划》。

国务院办公厅下发了《国务院办公厅关于建设全国政府行政首脑机关办公决策服务系统的通知》（国办发〔1992〕25 号）。

在日本神户举行的 INET92 年会上，第一次正式讨论中国接入 Internet 的问题。

最大的汉字字符集——6 万电脑汉字字库正式建立。

国内首套小同轴 3600 中载波通信系统通过验收并开通。

深圳中兴通讯股份有限公司成立。

IBM 在北京正式宣布成立国际商业机器中国有限公司，这是 IBM 在中国的独资企业。

1993 年

朱镕基副总理主持国务院会议，批准建设"三金"工程，即金桥、金关、金卡工程。金桥工程成为"三金工程"的启动工程。

国务院批准成立国家经济信息化联席会议，国务院副总理邹家华任主席。

中国科学院计算机网络信息中心提出并确定了中国的域名体系。

我国第一台 10 亿次巨型银河计算机 II 型通过鉴定。

安徽省现代电视技术研究所，购买美国 mpeg－1 芯片使用权，自主开发出世界第一款家用光盘放像设备，命名为 VCD。

我国首个全数字移动电话 GSM 系统建成开通。

上海——无锡 565Mb/s 单模光传输系统工程通过邮电部鉴定验收。

国家智能计算机研究开发中心（后成立北京市曙光计算机公司）研制成功曙光 1 号全对称共享存储多处理机，是我国自行研制的第一台用微处理机芯片构成的全对称多处理机，是一台通用的并行计算平台。

中国第一套 565Mb/s PDH 设备在武汉邮电科学研究院诞生。

浪潮在新加坡的技术人员研制出中国第一台小型机服务器。

1994 年

NCFC 工程通过美国 Sprint 公司连入 Internet 的 64K 国际专线开通，实现了与 Internet 的全功能连接。从此，中国被国际上正式承认为真正拥有全功能 Internet 的国家。

国务院颁布实施《计算机信息系统安全保护条例》。

邮电部成立移动通信局和数据通信局。

中国科学院计算机网络信息中心完成了中国国家顶级域名（CN）服务器的设置，改变了中国的 CN 顶级域名服务器一直放在国外的历史。

中国科学院高能物理研究所设立了国内第一个 WEB 服务器，推出中国第一套网页。

银河计算机 II 型在国家气象局投入正式运行，用于天气中期预报。

中国公用计算机互联网（CHINANET）的建设开始启动。

国家智能计算机研究开发中心开通曙光 BBS 站，这是中国大陆的第一个 BBS 站。

中国联通成立。

1995 年

党的第十四届五中全会通过了《中共中央关于制定国民经济和社会发展"九五"计划和 2010 年远景目标的建议》，提出加快国民经济信息化进程。

电子部提出"九五"集成电路发展战略。

国家广电部批准了"全国有线广播电视网络总体规划"。

邮电部电信总局分别在北京、上海开通 64K 专线，开始向社会提供 Internet 接入服务，中国互联网进入商用化阶段。

"中国教育和科研计算机网（CERNET）示范工程"建设完成。

中国科学院启动京外单位联网工程（即"百所联网工程"）。

中央电视台采用码率压缩技术，在中星 5 号的 C 频段转发器上传输 CCTV－3/5/6/8 等四套数字电视节目，标志着卫星广播电视传输由模拟向数字的转换。

曙光 1000 大规模并行计算机通过鉴定，其峰值可达每秒 25 亿次。

邮电工业总公司与原邮电部第五研究所联合开发出 155 和 622Mb/s SDH 产品。

1996 年

国务院信息化工作领导小组及其办公室成立，国务院副总理邹家华任领导小组组长。

国务院发布了《中华人民共和国计算机信息网络国际联网管理暂行规定》。

外经贸部中国国际电子商务中心正式成立。

中国公用计算机互联网（CHINANET）全国骨干网建成并正式开通，全国范围的公用计算机互联网络开始提供服务。

国家科委开始 CIMS 的推广和应用，有 100 多家企业积极参与，由此掀起了中国大中型制造企业信息技术应用的高潮。

我国公用无线电寻呼网投入全国联网漫游试运行。

实华开公司开设了中国第一家网络咖啡屋（网吧）。

1997 年

国务院信息化工作领导小组出台《国家信息化"九五"规划和 2010 年远景目标纲要》。

全国信息化工作会议在深圳市召开。提出了"统筹计划，国家主导；统一标准，联合建设；互联互通，资源共享"二十四字信息化建设指导方针及八项原则。

国务院信息化工作领导小组办公室发布《中国互联网络域名注册暂行管理办法》，授权中国科学院组建和管理中国互联网络信息中心（CNNIC）。

公安部发布了由国务院批准的《计算机信息网络国际联网安全保护管理办法》。

《人民日报》主办的人民网进入国际互联网络，这是中国开通的第一家中央重点新闻宣传网站。

中国互联网络信息中心（CNNIC）发布了第一次《中国互联网络发展状况统计报告》。

国内首次开发出应用于超大容量超长距离光传输的 EDFA 产品，中国第一套 DWDM 系统在武汉邮电科学研究院诞生。

具有我国自主知识产权的国产商用 GSM900/1800 系统设备开发成功。

我国在省际干线（西安—武汉）引入第一条 WDM 系统，从此揭开了 WDM 系统在中国大规模应用的序幕。

银河--Ⅲ并行巨型计算机研制成功。

瀛海威全国大网开通，成为中国最早，也是最大的民营 ISP、ICP。

网易成立。

1998 年

第九届全国人大第一次会议批准成立信息产业部，主管全国电子信息制造业、通信业和软件业，推进国民经济和社会信息化。

国务院信息化工作领导小组办公室发布《中华人民共和国计算机信息网络国际联网管理暂行规定实施办法》。

国家保密局制定《计算机信息系统保密管理暂行规定》。

中国互联网络安全产品测评认证中心通过国务院信息化工作领导小组办公室验收，开始试运行。

向 ITU 提交 TD – SCDMA 标准建议。

由西安交通大学开元集团微电子科技有限公司自行设计开发的我国第一个 CMOS 微型彩色摄像芯片开发成功。

搜狐、瑞星、腾讯、新浪成立。

163. net 开通了中国第一个免费中文电子邮件系统。

1999 年

国家信息化工作领导小组成立，国务院副总理吴邦国任组长。国家信息化办公室改名为国家信息化推进工作办公室。

中共中央国务院下发《关于加强技术创新、发展高科技，实现产业化的决定》。

国家信息化办公室成立国家信息化专家委员会。

国务院发布《商用密码管理条例》。

我国正式启动卫星直播到村的第一期"村村通"工程。

中央电视台使用高清晰电视技术转播国庆 50 周年庆典，北京地区开始试验播出地面数字电视。

银河Ⅳ型巨型机研制成功。

北京大学研制成功我国第一套支持 CPU 正向设计的软硬件协同设计环境及北大众志自主指令系统 CPU 原型。

中国电信基本完成了移动通信业务的剥离，筹建中国移动通信集团公司。

招商银行率先在国内全面启动"一网通"网上银行服务，成为国内首先实现全国联通"网上银行"的商业银行。

2000 年

党的第十五届五中全会就信息化建设作出重大决策，审议并通过了《中共中央关于制定国民经济和社会发展第十个五年计划的建议》，明确指出："大力推进国民经济和社会信息化，是覆盖现代化建设全局的战略举措。以信息化带动工业化，发挥后发优势，实现社会生产力的跨越式发展。"

第十六届世界计算机大会在北京召开，江泽民发表重要讲话。

九届全国人大常委会第十九次会议表决通过《全国人民代表大会常务委员会关于维护互联网安全的决定》。

国务院印发《鼓励软件产业和集成电路产业发展若干政策》。

国务院公布施行《互联网信息服务管理办法》。

国务院发布《中华人民共和国电信条例》，这是中国第一部管理电信业的综合性法规。

公安部颁布《计算机病毒防治管理办法》。

国家保密局发布的《计算机信息系统国际联网保密管理规定》开始施行。

国家级互联网交换中心在北京开通。

国际电信联盟在伊斯坦布尔会议上，正式公布第三代移动通信标准，我国提交的 TD – SCDMA 正式成为国际标准，与欧洲 WCDMA、美国 CD-MA2000 成为 3G 时代最主流的三大技术之一。

中国电子商务协会成立。

"企业上网工程"正式启动。

信息产业部发布《互联网电子公告服务管理规定》和《关于互联网

中文域名管理的通告》。

全球最大的中文搜索引擎百度创立于北京中关村。

中国第一套 32X10G DWDM 系统在武汉邮电科学研究院诞生，在国内首次开发出 OXC，OADM 设备，向国际电联提交中国第一个 IP 通信标准（ITU－T X.85）并批准。

我国自行研制成功高性能计算机"神威 I"。

曙光公司推出每秒 3000 亿次浮点运算的曙光 3000 超级服务器。

2001 年

第九届全国人大第四次会议通过了《国民经济和社会发展第十个五年计划纲要》，明确提出要按照应用主导、面向市场、网络共建、资源共享、技术创新、竞争开放的发展思路，努力实现我国信息产业的跨越式发展，加速推进信息化，提高信息产业在国民经济中的比重。

中共中央决定重新组建国家信息化领导小组，国务院总理朱镕基任组长。同时决定成立国务院信息化工作办公室和国家信息化专家咨询委员会。

国家信息化领导小组批准颁布《"十五"信息化发展重点专项规划》。

朱镕基总理主持召开国家信息化领导小组第一次会议。

中国互联网协会成立。

国家计算机网络与信息安全管理中心组建"中国计算机网络应急处理协调中心"。

中国信息安全产品测评认证中心成立。

3GPP 正式接纳了中国提出的 TD－SCDMA 第三代移动通信标准全部技术方案。

中国联通 CDMA 移动通信网一期工程建成开通运营。

金山公司发布《WPS Office 金山办公组合》。

全球第一套互连互通的全光网设备在武汉邮电科学研究院诞生并开通。

2002 年

党的十六大明确提出："信息化是我国加快实现工业化和现代化的必然选择。坚持以信息化带动工业化，以工业化促进信息化。"

朱镕基总理主持召开国家信息化领导小组第二次会议，审议通过了《国民经济和社会发展第十个五年计划信息化重点专项规划》、《关于我国电子政务建设的指导意见》和《振兴软件产业行动纲要》。

国家信息化专家咨询委员会第一届委员会成立。

我国第一款通用 CPU 流片成功，龙芯 1 号在中科院计算所诞生。

中国银联股份有限公司成功向国际标准化组织（ISO）申请首批国际 BIN 号代码。

全球互联网地址、域名管理机构，国际互联网络名字与编号分配公司（ICANN）在上海举办会议，这是 ICANN 会议第一次在中国举行。

"第一届中国互联网大会暨展示会"在上海召开。

武汉邮电科学研究院和华为分别推出 1.6Tb/s DWDM 系统。

2003 年

温家宝总理主持召开国家信息化领导小组第三次会议，讨论了《关于加强信息安全保障工作的意见》。

温家宝总理在国家行政学院省部级干部"政府管理创新与电子政务"专题研究班的讲话中指出，要加快政府职能的根本性转变，加快推进政府管理创新。

国务院正式批复启动"中国下一代互联网示范工程"——CNGI（China Next Generation Internet）。

国家广电总局先后在全国 53 个城市和地区开展有线数字电视试点。

信息设备资源共享协同服务标准工作组在信息产业部支持下成立，中文简称闪联，英文简称 IGRS。

中央、各省市区的广播电视节目全部应用数字码率压缩技术上星传输。

中国第一套独具自主知识产权的超长距离光传输系统（ULH），在武汉邮电科学研究院诞生。

百万亿次数据处理超级服务器曙光4000L通过国家验收。

2004 年

温家宝总理在第十届全国人大第二次会议上所作的《政府工作报告》中指出，要按照走新型工业化道路的要求，推进国民经济和社会信息化，促进产业结构优化升级。

国家信息化专家咨询委员会第二届委员会成立。

第十届全国人大常委会第十一次会议通过《中华人民共和国电子签名法》，并决定于2005年4月1日开始实行。

最高人民法院和最高人民检察院出台的《关于办理利用互联网、移动通信终端、声讯台制作、复制、出版、贩卖、传播淫秽电子信息刑事案件具体应用法律若干问题的解释》开始施行。

"2004中国信息化推进大会暨国家信息化专家论坛"在北京召开。

温家宝总理主持召开国家信息化领导小组第四次会议。会议讨论了《关于加强信息资源开发利用工作的若干意见》和《关于加快我国电子商务发展的若干意见》。

经人民银行批准，正式开办内地银联人民币卡在香港地区的POS消费业务、ATM查询和取现业务，迈出了银联国际化的第一步。

广电总局组织出台《广播电视音像资料编目规范》，为各级电台、电视台的音像资料管理、媒体资产管理库的建设奠定了基础。

每秒10万亿次运算速度的曙光4000A研制成功，10月在上海超级计算中心正式运行。

我国国家顶级域名. CN服务器的IPv6地址成功登录到全球域名根服务器，表明我国国家域名系统进入下一代互联网。

联想兼并IBM PC业务。

2005 年

温家宝总理主持召开国家信息化领导小组第五次会议，审议并原则通过《国家信息化发展战略（2006—2020）》。

"2005 中国信息化推进大会暨国家信息化专家论坛"在北京召开。

国务院批准成立中国有线电视网络公司，进一步推进有线电视产业化发展。

国家广电总局批准开办以电视机、手持设备为接收终端的视听节目传播业务。

龙芯 2 号高性能通用处理器研制成功。

中国—欧盟信息社会项目正式启动。

2006 年

国家信息化领导小组印发《国家电子政务总体框架》。

国家信息化专家咨询委员会第三届委员会成立。

中央人民政府门户网站（www.gov.cn）正式开通。

"2006 中国信息化推进大会暨国家信息化专家论坛"在北京召开。

"中国下一代互联网示范工程 CNGI 示范网络核心网 CNGI – CER-NET2/6IX"项目正式通过国家验收。

有线电视数字化由部分城市试点向全国大中城市全面推开。

移动多媒体广播（CMMB）形成了具有自主知识产权的移动多媒体广播电视信道编码方案。

"金盾工程"在北京正式通过国家竣工验收。

中国电信、中国网通、中国联通、中华电信、韩国电信和美国 Verizon 公司六家运营商在北京宣布，共同建设跨太平洋直达光缆系统。

龙芯 2 号增强型处理器芯片（龙芯 2E）研制成功。

2007 年

胡锦涛总书记在党的十七大报告中指出："全面认识工业化、信息化、城镇化、市场化、国际化深入发展的新形势新任务"，"大力推进信息化与工业化融合"，"加强网络文化建设和管理，营造良好网络环境"，对信息化和互联网的发展提出明确要求。

胡锦涛总书记在中共中央政治局进行集体学习时，就世界网络技术发展和中国网络文化建设与管理问题做出重要指示。

国家信息化领导小组第六次会议审议并原则通过《国民经济和社会发展信息化"十一五"规划》。

国务院通过《中华人民共和国政府信息公开条例》，2008 年 5 月 1 日正式施行。

国家电子政务网络中央级传输骨干网网络正式开通，这标志着统一的国家电子政务网络框架基本形成。

"2007 中国信息化推进大会暨国家信息化专家论坛"在北京召开。

《人民日报》面向全国正式发行手机报，成为现代通信技术与新闻传媒融合的标志性事件。

中国互联网协会反垃圾邮件综合处理平台正式开通。

移动多媒体广播（CMMB）芯片研发成功。

由电信研究院和华为公司主导、具有我国自主知识产权的下一代网络系列标准在 ITU － T 批准。

2008 年

胡锦涛主席通过人民网强国论坛，同网友在线交流，在国内外产生了巨大的影响。

工业和信息化部成立，6 月 29 日正式挂牌。

江泽民在《上海交通大学学报》上发表题为《新时期我国信息技术产业的发展》的重要论文。

国务院常务会议通过决议，同意启动3G牌照发放工作。

工业和信息化部、国家发改委以及财政部联合发布《关于深化电信体制改革的通告》，鼓励中国电信收购联通CDMA网，联通与网通合并，卫通的基础电信业务并入中国电信，中国铁通并入中国移动，标志着电信进行了第三次重组。

"2008中国信息化推进大会暨国家信息化专家论坛"在湖南长沙举行。

国务院办公厅转发发展改革委等部门《关于鼓励数字电视产业发展若干政策的通知》。

中央电视台高清晰度电视广播在北京开播。

直播卫星——中星9号成功发射，采用我国自主研发的ABS－S技术体制，能够提供150至200套标准清晰、清晰度的电视节目。

北京奥运会期间，北京、天津、上海、沈阳、青岛、秦皇岛、广州、深圳8个城市开始播出地面高清和标清电视广播。

移动多媒体广播（CMMB）第一次转播奥运会。

2009 年（截止到 8 月 31 日）

我国第三代移动通信（3G）牌照正式发放，中国移动获得TD－SCD-MA牌照，中国电信获得CDMA2000牌照，中国联通获得WCDMA牌照。

国务院常务会议审议并原则通过了《电子信息产业调整振兴规划》。

开放使用其他语言，包括中文等，作为互联网顶级域字符。

"曙光5000A"通过由中科院组织的成果鉴定会，每秒可进行230万亿次浮点运算，是进入世界高性能计算机前十名的唯一非美国造超级计算机。

我国第一套单精度峰值超过每秒1000万亿次浮点运算的超级计算系统，已由中国科学院过程工程研究所研制成功并投入使用。

（附录一作者 徐愈 方欣欣 杨春艳）

附录二

关于中国信息化发展水平的主要数据

信息基础设施

指标	数据			单 位	来 源
	2006	2007	2008		
局用电话交换机容量	47196.1	51034.6	50878.9	万门	《中国统计年鉴》
移动电话交换机容量	61032.0	85496.1	114350.8	万户	《中国统计年鉴》
固定长途电话交换机容量	1448.5	1747.0	1704.6	万路端	《全国通信业发展统计公报》
光缆线路长度	425.9	573.7	676.8	万公里	《全国通信业发展统计公报》
已通电话行政村比重	98.9	99.5	99.7	%	《全国通信业发展统计公报》
广播综合人口覆盖率	95.04	95.43	95.96	%	广电总局
电视综合人口覆盖率	96.23	96.58	96.95	%	广电总局
互联网普及率	10.5	16.0	22.6	%	《中国互联网络发展状况统计报告》
国际出口带宽	256696.0	368927.0	640286.7	Mbps	《中国互联网络发展状况统计报告》

信 息 产 业

指　标	数　据			单　位	来　源
	2006	2007	2008		
电子信息产品制造销售收入	47500.0	56000.0	63000.0	亿元	《电子信息产业主要经济指标完成情况》
电子信息产品制造工业增加值	11000.0	13000.0	14900.0	亿元	《电子信息产业主要经济指标完成情况》
电子信息产品制造进口总额	2877.0	3452.0	3637.0	亿美元	《电子信息产业主要经济指标完成情况》
电子信息产品制造出口总额	3640.0	4595.0	5218.0	亿美元	《电子信息产业主要经济指标完成情况》
软件产品销售额	2310.0	3109.0	3165.8	亿元	中国软件行业协会
软件服务收入	2022.0	1998.0	4407.0	亿元	中国软件行业协会
软件产品出口额	60.6	102.4	142.0	亿美元	中国软件行业协会
电信业务总量	15321	19360.5	22439.5	亿元	《全国通信业发展统计公报》
电信业务收入	7120.6	8051.6	8139.9	亿元	《全国通信业发展统计公报》
电信业增加值	4641.7	4712.1	4726.2	亿元	《全国通信业发展统计公报》

信息化应用

指　标	数　据			单　位	来　源
	2006	2007	2008		
电子商务交易额	1.50	2.17	3.1	万亿	商务部
固定电话用户数	36778.6	36563.7	34080.4	万户	《中国统计年鉴》
移动电话用户数	46105.8	54730.6	64123.0	万户	《中国统计年鉴》
电话普及率	63.4	69.5	74.3	部/百人	《中国统计年鉴》
固定电话普及率	28.1	27.8	25.8	部/百人	《全国通信业发展统计公报》
移动电话普及率	35.3	41.6	48.5	部/百人	《中国统计年鉴》

指 标	数 据			单 位	来 源
	2006	2007	2008		
有线广播电视用户数	13995.0	15325.0	16398	万户	广电总局
数字电视用户数	1266.0	2686.0	4528	万户	广电总局
有线电视入户率	37.0	40.0	41.63	%	广电总局
互联网用户总数	13700.0	21000.0	29800.0	万人	《中国互联网络发展状况统计报告》
宽带上网用户数	9070.0	16338.0	27000.0	万人	《中国互联网络发展状况统计报告》
互联网普及率	10.5	16.0	22.6	%	《中国互联网络发展状况统计报告》
全国计算机保有量	6983.4	9440.4	11415.6	万台	赛迪顾问
台式 PC 保有量	5634.8	7514.5	8642.5	万台	赛迪顾问
笔记本电脑保有量	1124.0	1685.4	2515.3	万台	赛迪顾问
服务器保有量	224.6	240.5	257.8	万台	赛迪顾问
城镇家庭每百户计算机拥有量	47.2	53.8	61.9	台	赛迪顾问
农村家庭每百户计算机拥有量	2.7	3.7	5.2	台	赛迪顾问

信息化人才

指 标	数 据			单 位	来 源
	2006	2007	2008		
电子信息产品制造业就业人数	626	675	663	万人	《电子信息产业经济运行公报》赛迪顾问
软件业就业人数	98	102	105	万人	《电子信息产业经济运行公报》赛迪顾问
电信和其他信息传输服务业就业人数	96	98	99	万人	《中国统计年鉴》赛迪顾问

信息化创新能力

指　标	数　据			单　位	来　源
	2006	2007	2008		
计算机软件著作权登记数量	23095	24518	47398	件	中国版权保护中心
信息技术领域专利申请占总专利申请比例	30.3	32.24	33.7	%	《信息技术领域专利态势分析报告》
信息技术领域发明专利申请国内申请所占比例	32.83	42.14	43.5	%	《信息技术领域专利态势分析报告》

（附录二作者　中国电子信息产业发展研究院）

附录三

本书作者、编委会成员一览表

作者

序号	章 节 名		作者	单 位	职 务	职 称
1	序言		曲维枝	国家信息化专家咨询委员会	主任	研究员
2	前言		周宏仁	国家信息化专家咨询委员会	常务副主任	研究员
	第1章	当代的信息革命	周宏仁	国家信息化专家咨询委员会	常务副主任	研究员
	第2章	中国抓住机遇	周宏仁	国家信息化专家咨询委员会	常务副主任	研究员
	第3章	信息化成就综述	周宏仁	国家信息化专家咨询委员会	常务副主任	研究员
3	第4章	中国信息化进程的国际影响和评价	刘 博	国家信息化专家咨询委员会秘书处		助理研究员
4			杨煜东	国家信息化专家咨询委员会秘书处	副处长	
	第5章	艰苦中创业	周宏仁	国家信息化专家咨询委员会	常务副主任	研究员
5			杜 魏	中国信息安全测评中心	科研管理部主任	副研究员
	第6章	"文革"中曲折发展	周宏仁	国家信息化专家咨询委员会	常务副主任	研究员
			杜 魏	中国信息安全测评中心	科研管理部主任	副研究员
	第7章	改革开放开创新局	周宏仁	国家信息化专家咨询委员会	常务副主任	研究员

续表

序号	章 节 名	作者	单 位	职 务	职 称
6		乔燕婷	国家信息化专家咨询委员会秘书处		工程师
	第8章 全方位高效益推进	周宏仁	国家信息化专家咨询委员会	常务副主任	研究员
		乔燕婷	国家信息化专家咨询委员会秘书处		工程师
7	第9章 农业与农村	方 瑜	农业部信息中心	委员	高级工程师
8		郭作王	农业部信息中心	主任	研究员
9	第10章 机械制造	朱森第	中国机械工业联合会	特别顾问	教授级高工
10	第11章 钢铁	王魏魏	中国钢铁工业协会网络信息化管理处	处长	教授级高工
11	第12章 石油石化	刘希俭	中石油信息管理部	总经理	教授级经济师
12		李德芳	中国石油化工集团公司信息系统管理部	主任	教授级高工
13	第13章 交通运输	邹 力	交通运输部科技司	处长	高级工程师
14		高 翔	交通运输部科技司	副主任科员	工程师
15	第14章 民用航空	杨宏宇	中国民航大学	教授	
16		吴 刚	民航局人事科教司		
17	第15章 铁路运输	谷晓明	铁道部信息办	主任	工程师
18	第16章 商务与对外贸易	李晋奇	商务部信息化司	司长	
19	第17章 金融	陈 静	中国人民银行	原科技司司长	教授级高工
20		张海燕	中国人民银行科技司信息化发展研究室		
21		潘润红	中国人民银行科技司信息化发展研究室	主任	高级工程师
22	第18章 其他行业信息化发展概述	张新红	国家信息中心信息化研究部	常务副主任	高级经济师

续表

序号	章 节 名	作者	单 位	职 务	职 称
23		王渝次	国家邮政局	国家邮政局党组成员、副局长	
24		李红升	国家信息中心信息化研究部	副处长	副研究员
25	第19章 微电子技术与产业	程 旭	北京大学	教授	高级工程师
26		罗 文	中国电子信息产业发展研究院	院长	高级工程师
27	第20章 计算机技术与产业	李国杰	中科院计算技术研究所	所长	中国工程院院士
28		张复良	原中国电子工业发展规划研究院	院长	研究员
31	第21章 通信技术与产业	邬贺铨	中国工程院	副院长	中国工程院院士
32		曹淑敏	工业和信息化部电信研究院	副院长	教授级高工
33	第22章 软件技术与产业	杨天行	中国软件行业协会顾问委员会	主任	教授级高工
34		刘九如	工业和信息化部电子科学技术情报研究所	副所长	副编审
35	第23章 电信服务业	李默芳	中国移动通信集团公司	原总工程师	教授级高工
36		张 炎	中国移动通信研究院业务研究所	所长助理	
37		胡 伟	中国移动通信研究院业务研究所		工程师
38	第24章 广播电视业	杜百川	国家广播电影电视总局科技委	副主任	教授级高工
39	第25章 计算机网与互联网	吴建平	清华大学	教授	
40	第26章 互联网应用	毛 伟	中国互联网络信息中心	主任	研究员
41		郝建彬	中国互联网络信息中心		工程师
42	第27章 信息服务产业	高新民	中国互联网协会	常务副理事长	高级工程师

续表

序号	章　节　名	作者	单　位	职　务	职　称
43		赵争朝	中国电子信息产业发展研究院		工程师
44	第28章 政府信息化发展综述	杜链	中国信息协会副会长	副会长	高级工程师
45		王江	国家信息中心公共技术服务部	副处长	工程师
46	第29章 税务	许善达	中国注册税务师协会	会长	
47	第30章 海关	杨国勋	国家海关总署	原总工程师	教授级高工
48	第31章 公共安全	吴恒	公安部科技和信息化局	副总视员	研究员
49	第32章 公文管理系统与国家应急系统	高小平	中国行政管理学会	执行副会长	
50		陈拂晓	国务院办公厅秘书局	原局长	高级工程师
51		刘悦	北京林业大学人文学院		
52	第33章 服务型政府建设	汪玉凯	国家行政学院	教授	
53	第34章 电子商务	宋玲	中国电子商务协会	理事长	
54		龚炳铮	华北计算机系统工程研究所（信息产业部电子六所）	研究员	教授级高工
55		王汝林	中国信息经济学会电子商务专委会	副主任	
56	第35章 企业信息化	胡建生	CECA 国家信息化测评中心	常务副主任	
57		龚炳铮	华北计算机系统工程研究所（信息产业部电子六所）	研究员	教授级高工
58	第36章 教育	姜奇平	中国社会科学院信息化研究中心	秘书长	副研究员
		冯吉兵	教育部科技司	处长	

续表

序号	章 节 名	作者	单 位	职 务	职 称
59	第37章 科学研究	陶保平	中国科学院计算机网络信息中心	总工程师	研究员
60		桂文庄	中国科学院高技术局	原局长	研究员
61		罗 泽	中国科学院计算机网络信息中心		副研究员
62	第38章 人力资源与社会保障	赵锡铭	人力资源和社会保障部信息中心	主任	副研究员
63		张加会	人力资源和社会保障部信息中心	处长	高级经济师
64		王旭景	人力资源和社会保障部信息中心		工程师
65	第39章 公共卫生与医疗	王才有	卫生部统计信息中心	副主任	高级工程师
66	第40章 司法	张根大	最高人民法院办公厅	副主任	
67		江一山	最高人民检察院技术信息研究中心	副主任	高级工程师
68	第41章 文化信息资源开发	张彦博	文化部全国文化信息资源建设管理中心	主任	高级经济师
69		魏大威	国家图书馆	副馆长	
70	第42章 创意产业发展	贺寿昌	上海经济和信息化委员会	局级巡视员	教授
71	第43章 北京市		北京市经济和信息化委员会		
72	第44章 天津市		天津市经济和信息化委员会		
73	第45章 河北省		河北省工业和信息化厅		
74	第46章 山西省		山西省信息化领导小组办公室		
75	第47章 内蒙古自治区	兰 惠	内蒙古自治区人民政府信息化工作办公室	副主任	
76	第48章 辽宁省		辽宁省经济和信息化委员会		教授级高工

续表

序号	章	节	名	作者	单　　位	职　　务	职　称
77	第 49 章	吉林省		岳　欣	吉林省工业和信息化厅	副处长	
78	第 50 章	黑龙江省			黑龙江省工业和信息化委员会		
79	第 51 章	上海市			上海市经济和信息化委员会		
80	第 52 章	江苏省			江苏省信息产业厅		
81	第 53 章	浙江省		吴晓明	浙江省经济和信息化委员会		
82	第 54 章	安徽省		尹　健	安徽省经济和信息化委员会	副主任	
83				杨全城	安徽省经济和信息化委员会	信息化推进处处长	
84				杜　魏	安徽省经济和信息化委员会	信息化推进处副处长	
	第 55 章	福建省		刘　博	中国信息安全测评中心	科研管理部主任	副研究员
85	第 56 章	江西省		金　锋	国家信息化专家咨询委员会秘书处		助理研究员
86				樊干根	江西省信息中心	主任	
87				徐依庚	江西省信息中心	副主任	
88	第 57 章	山东省			江西省信息中心	副主任	
89	第 58 章	河南省			山东省经济和信息化委员会		
90	第 59 章	湖北省			河南省信息化工作办公室		
91	第 60 章	湖南省			湖北省经济和信息化委员会		
					湖南省信息产业厅		

续表

序号	章 节 名		作者	单 位	职 务	职 称
92	第61章	广东省		广东省信息产业厅	局长	
93	第62章	广西壮族自治区	杨京凯	广西壮族自治区信息产业局	办公室主任	
94			廖忠群	广西壮族自治区信息产业局	调研员	
95			吕稚敏	广西壮族自治区信息产业局		
96	第63章	海南省		海南省工业和信息化厅		
97	第64章	重庆市		重庆市经济和信息化委员会		
98	第65章	四川省		四川省信息产业厅		
99	第66章	贵州省		贵州省信息中心		
100	第67章	云南省		云南省工业和信息化委员会		
101	第68章	西藏自治区		西藏自治区信息化领导小组办公室		
102	第69章	陕西省		陕西省工业和信息化厅		
103	第70章	甘肃省	赵 炬	甘肃省信息化工作办公室、甘肃省工业和信息化委员会		
104	第71章	青海省		青海省信息化领导小组办公室		
105	第72章	宁夏回族自治区		宁夏回族自治区经济和信息化委员会		
106	第73章	新疆维吾尔自治区		新疆维吾尔自治区经济和信息化委员会		
107	第74章	新疆生产建设兵团		新疆生产建设兵团信息化工作办公室		
108	第75章	数字城市	朱 炎	北京市经济和信息化委员会	主任	
109			俞慈声	北京市经济和信息化委员会	副主任	

续表

序号	章　节　名	作　者	单　位	职　务	职　称
110		刘　权	中国电子信息产业发展研究院信息化研究中心	副主任	中国工程院院士
111	第76章　信息安全	何德全	中国信息安全测评中心管委会	主任	
112		赵泽良	工业和信息化部安全协调司	副司长	研究员
113	第77章　信息化法律法规建设	周汉华	中国社科院法学研究所		
114		苏苗罕	中央财经大学法学院	讲师	
115	第78章　信息化标准规范建设	信忠民	国家质检总局标准法规中心	副主任	高级工程师
	第79章　中国信息化发展的基本经验	安筱鹏	中国电子信息产业发展研究院规划研究所	所长	高级经济师
	第80章　中国特色信息化道路探索	安筱鹏	中国电子信息产业发展研究院规划研究所	所长	高级经济师
116	第81章　中国信息化水平的国际比较	杨京英	国家统计局统计科研所	司长级	高级统计师
117		熊友达	国家统计局统计科研所	处长	高级统计师
118		姜　澍	国家统计局统计科研所		统计师
	第82章　中国信息化建设任重道远	安筱鹏	中国电子信息产业发展研究院规划研究所	所长	高级经济师
119	第83章　2020年的展望	周宏仁	国家信息化专家咨询委员会	常务副主任	教授级高工
		刘九如	工业和信息化部电子科学技术情报研究所	副所长	副编审
	附录一　中国信息化大事年表	徐　愈	工业和信息化部信息化推进司	司长	
120		方欣欣	国家信息化专家咨询委员会	副秘书长	
121		杨春艳	国家信息化专家咨询委员会	副秘书长	
122	附录二　关于中国信息化发展水平的主要数据		中国电子信息产业发展研究院		

编委会成员

策　　划:张文勇
责任编辑:刘　恋　张京丽
封面设计:肖　辉
版式设计:曹　春
责任校对:张　彦

图书在版编目(CIP)数据

中国信息化进程/周宏仁 主编.
-北京:人民出版社,2009.9
(辉煌历程——庆祝新中国成立60周年重点书系)
ISBN 978－7－01－008285－1

Ⅰ.中…　Ⅱ.周…　Ⅲ.信息技术-高技术产业-发展-概况-中国
Ⅳ.F49

中国版本图书馆 CIP 数据核字(2009)第 167757 号

中国信息化进程

ZHONGGUO XINXIHUA JINCHENG

(上下册)

周宏仁　主编

人民出版社 出版发行
(100706　北京朝阳门内大街166号)

北京瑞古冠中印刷厂印刷　新华书店经销

2009年9月第1版　2009年11月北京第2次印刷
开本:700 毫米×1000 毫米 1/16　印张:94
字数:1300 千字

ISBN 978－7－01－008285－1　　定价:168.00 元

邮购地址 100706　北京朝阳门内大街166号
人民东方图书销售中心　电话 (010)65250042　65289539